Klaus Kienzler

Bewegung in die Theologie bringen

Klaus Kienzler

Bewegung in die Theologie bringen

Theologie in Erinnerung an Klaus Hemmerle

HERDER

FREIBURG · BASEL · WIEN

MIX
Papier aus verantwortungsvollen Quellen
FSC® C005833
www.fsc.org

www.herder.de

Umschlaggestaltung: Verlag Herder
Umschlagmotiv: © kna 2004
Satz: Meta Systems Publishing & Printservices GmbH, Wustermark
Herstellung: Těšínská Tiskárna a.s., Český Těšín

Printed in Czech Republic

ISBN 978-3-451-32656-1

Inhalt

Teil I:
Vorschau

Teil II:
Phänomenologie als Methode

Teil III:
Offenbarung: Wort Gottes und Glauben

Teil IV:
Gott und Trinität

Teil V:
Jesus Christus – Christologie

Teil VI:
Heiliger Geist

Einleitung

„Bewegung in die Theologie bringen". Der Titel will kein Aufreißer sein, sondern ist wörtlich gemeint. Bewegung in die Theologie bringen, meint, auch in die Theologie Bewegung bringen. Es gibt zwei Zustände, Bewegung und Ruhe, Gehen und Stehen usw. Diese beiden Zustände sind aber nicht nur für das Leben, alles Werden und Vergehen, entscheidend, sondern auch für das Denken. Denken kann sein ein Stillstellen, ein Feststellen, ein Fixieren u. ä., oder es kann versuchen, in die Bewegung einzusteigen, sie mitzumachen.

Bewegung in die Theologie bringen, damit ist gemeint, dass in der Theologie Bewegung vor allem still gestellt wird, nicht weil die Theologen sich nicht bewegen wollen, sondern weil die Wissenschaft der Theologie insgesamt Bewegung vermeidet. Und nicht nur die Theologie. Bewegung ist eine Grundform allen Daseins und auch des Denkens. Aristoteles hat seine Philosophie mit der Besinnung auf die Bewegung begonnen. Er hat überall Bewegung (κίνησις) gesehen und wollte sie philosophisch und wissenschaftlich erforschen. Heidegger spricht von Be-wegung. Bewegung meint einen Weg gehen. Be-wegung hat mit der Grundform aller Wissenschaften, der Methode, ein Gemeinsames, den „Weg". Methode ist griechisch Met-hodos (μέθ-ὁδος), „Weg zu etwas hin" oder Weise des Gehens, die „Vor-Gehens-Weise". Jede Wissenschaft ist von ihrer Vorgehensweise bestimmt. Methode ist somit die Vor-Gehens-Weise der Be-wegung, die Weise, wie eine Wissenschaft vor-geht, die Beschreibung ihres Weges oder Ganges. Vorausgesetzt ist allerdings, dass sich die Wissenschaft als Bewegungs-Lehre versteht, oder einen Weg voraussetzt und einen Weg gehen will, sich also wirklich bewegen will. Das ist aber nicht selbstverständlich. Denn Wissenschaft ist weithin ein Stillstellen von Bewegung durch Begriffe und Definitionen. Nicht anders die Theologie. Und um diese Bewegungslosigkeit der Theologie geht es.

Theologie einmal anders zu betreiben, hat einen inneren Grund: Eine bestimmte Art des Theologietreibens scheint an ein gewisses Ende gekommen zu sein; die Tradition und Routine, die sich in der Theologie – ohne kritisches Bedenken – breit gemacht hat. Der innere Grund ist ein relativ einfacher: Die Theologie vermag „Bewegung" nicht zu denken. Das betrifft nicht nur die Theologie, sondern einen wesentlichen Teil des abendländischen Denkens. Aber für die Theologie ist dieser Ausfall besonders gravierend. Die provozierende Aussage von Klaus Hemmerle dazu lautet: „Keine andere Wahrheit ist zeitlicher als die des Religiösen" (Wahrheit 183). Ob das in der Tat nicht auch für den christlichen Glauben gilt? Wenn schon der Gottesname in Ex 3,14 kein fester Name ist, sondern einen (zeitlichen) Geschehenszusammenhang von Gott und Mensch benennt? Und wenn die Person Jesu nicht „historisch" fixiert werden kann, sondern eine „eschatologische" Größe ist? Und so weiter mit den großen und unterschiedlichen Themen der Theologie. Theologie ist die Reflexion auf „Bewegung", besser auf Bewegungen und Beziehungen, nicht nur der Geschichte des Christentums, sondern auch seiner wesentlichen Gehalte wie Trinität, Christologie, Erlösung usw.

Worauf stützt sich die befremdliche und doch einfache Behauptung, Theologie (wie andere Wissenschaften) dürften sich schwer tun, „Bewegung" zu denken. Das geht aus den einleitenden Sätzen eines Artikels über „Bewegung" im *Handbuch phi-*

losophischer Grundbegriffe hervor: „Bewegung im eigentlichen Sinn ist nicht definierbar oder begrifflich exakt fassbar. Charakteristisch für jeden Versuch einer Begriffsbestimmung ist die Paradoxie, dass einerseits feste Grenzen gezogen werden sollen, andererseits aber Bewegung gerade Vollzug und somit Verneinung jedes Statischen ist. Der Bewegungsbegriff muss sich gleichsam selbst bewegen, um dem Bewegungsvollzug nachzukommen".[1] – Also hier ist das Problem deutlich ausgesprochen: Bewegung kann nicht in Begriffe gegossen und so definiert werden. Bewegung ist gerade Verneinung des Statischen.

Mit dieser Aussage ist zugleich das Motiv verbunden, Theologie einmal anders als bisher zu betreiben: Theologie wird vor allem statisch betrieben, dem entspricht der überwiegend feststellbare Zug, vor allem die Anstrengung der Begriffe voranzutreiben, ohne damit die Sache der Theologie wirklich voranzubringen. Dem steht die provozierende Aussage Hemmerles von der Zeitlichkeit des Religiösen und des Glaubens entgegen; denn Zeit ist die Grundform der Bewegung. Die Aussage mag befremdlich erscheinen. Sie wird deutlicher, wenn eine Aussage Heideggers zur Erfahrung des Urchristentums bedacht wird, die frühen Christen hätten nicht nur ‚in der Zeit gelebt, sondern die Zeit selbst gelebt'. Diese Zeiterfahrung sollte für den christlichen Glauben und die Theologie überhaupt gelten. Die Aussagen Hemmerles und Heideggers werden in dem vorliegenden Buch ein wichtiges Motiv sein. Peter Hünermann nennt die Theologie „Interpretatio temporis".[2]

Nun liegen zwei Ansätze vor, ein philosophischer und ein theologischer, die zum Ausgang ihres Denkens ausdrücklich die „Bewegung" machen. Heinrich Rombach nennt seine Strukturontologie eine „Philosophie bzw. Ontologie der Bewegung".[3] Klaus Hemmerle ist so sehr von der Strukturphänomenologie Rombachs angetan, dass er sich in weiten Teilen auf dessen philosophisches Denken theologisch eingelassen hat. Hemmerle spricht hinsichtlich der Philosophie und Theologie heute deutlich aus: „Unsere Frage heißt also nicht mehr wie im Mittelalter: Wie *ist* alles?, sondern: Wie *geht* alles, wie spielt es sich ab und spielt alles zusammen? Die Frage nach dem Geschehen und in der Konsequenz nach der Geschichte hat die Führung übernommen. Der mittelalterliche Mensch stand in einer gefügten Ordnung, und vor ihm stand das Seiende, das er betrachten konnte, um in dieser Betrachtung sich über es hinaustragen zu lassen ins Ganze und übers Ganze, in dessen gewährenden Grund und Sinn. Wir finden uns, ohne Stand, in der *Bewegung* [kursiv – KK], im Vorgang, und nur in dieser Bewegung und in diesem Vorgang erschwingen wir den Zusammenhang, das Ganze. Nicht das Seiende trägt uns zum Sein, sondern im Fortgang, im Geschehen legt Sein sich uns aus, spricht Sein sich uns zu" (Vorspiel 64).

Beide zitierten Werke, die *Strukturontologie* von Heinrich Rombach wie die *Thesen zu einer trinitarischen Ontologie* gehören hier neben anderen Werken zu den Grundbüchern.

---

[1] Norbert Herold, Art. „Bewegung", in: Handbuch philosophischer Grundbegriffe 1, München 1973, 209.

[2] Hünermann, Peter (2013), Gottes Handeln in der Geschichte. Theologie als Interpretation temporis, in: Bausenhart, Guido u. a. (Hg.) (2013), Theologie und Phänomenologie im Gespräch. Impulse von Bernhard Welte und Klaus Hemmerle, Freiburg, 560–592.

[3] StO 9f; StA 102.

Rombachs Ansatz ist die *Strukturphänomenologie*. Entsprechend könnte Hemmerles Ansatz Strukturtheologie genannt werden. Damit ist zunächst die Methode genannt, die Phänomenologie im Sinne Rombachs, die auch in Hemmerles Theologie Eingang gefunden hat. Die Besinnung auf die Methode ist diesem Buch sehr wichtig. Besinnung auf die Methode sollte der Theologie überhaupt wichtig sein. Es kann nicht sein, einfach los zu theologisieren, ohne sich über das Wie klargeworden zu sein. Im Rückgriff auf Rombachs Rede können in der heutigen Theologie vor allem zwei große Methoden, Vor-Gehens-Weisen, benannt werden: einmal die ‚Substanz'-Theologien und dann die ‚System'-Theologien. Die Substanztheologien sind weit verbreitet, die Systemtheologien sind neueren Datums. Beide Formen von Theologien werden aber der Grundfrage dieses Buches nicht gerecht, da sie nicht vermögen, die Formen von Bewegung, wie sie in der Theologie von Bedeutung sind, zur Sprache zu bringen. Letztlich sind sie statisch und können die Dynamik von Bewegungen nicht darstellen. Beide Formen werden später zu behandeln sein.

Michael Böhnke hat das Motiv dieses Buches gut benannt: „Für die Reformulierung des klassischen Seinsverständnisses durch deren Transformation in *eine Ontologie der Beziehung und Bewegung* [kursiv – KK] findet Hemmerle in der Rombachschen Strukturontologie die formalen Denkkategorien".[4] Für dieses Buch nehme ich einen herausragenden Fall von Substanztheologie, nämlich die Joseph Ratzingers, des späteren Papst Benedikt XVI. Es geht mir dabei nicht, um es gleich zu sagen, um irgendwelche Polemik, sondern um dieses bestens geeignete Beispiel zu zeigen, wie das Substanzdenken (nicht nur bei Joseph Ratzinger) die ganze Theologie durchdringt und welche weitreichenden Folgen dieses Denken für die großen Themen der Theologie hat. Für die Systemtheologien ist es nicht möglich, entsprechende Beispiele zu nennen. Das hängt vor allem damit zusammen, dass idealistische oder nachidealistische Systemtheologien im katholischen Bereich kaum Chancen hatten, wenn man einmal von der Tübinger Schule absieht. Es mag nur ein Hinweis auf die neuere Gemeinsamkeit der Berufung auf eine „Letztbegründung" der Philosophie und Theologie gegeben werden. Im Rückgriff auf den Deutschen Idealismus hat vor allem Hansjürgen Verweyen, mit besonderer Berücksichtigung von Fichte, die „Letztbegründung" für die Theologie maßgeblich gemacht.[5]

Wenn es nicht die Substanz- und nicht die Systemphilosophie bzw. -theologie ist, welche Methode empfiehlt sich dann für das Grundproblem des Buches, die Beschreibung der Bewegung? Rombach und Hemmmerle betreiben Phänomenologie. Phänomenologie sucht einen Mittelweg zwischen Substanz und System zu gehen, d. h. überhaupt einen Weg zu gehen zwischen zwei Extremen, nämlich entweder bei einem Bestand, der Substanz, oder einem Ganzen, dem System, zu beginnen. Das hat Folgen für die Sprache des Folgenden. Bertrand Russel nannte es einen „metaphysischen Irrtum" anzunehmen, die Wirklichkeit der Welt folge eins zu eins der Struktur der

[4] Böhnke, Michael (2000), Einheit in Mehrursprünglichkeit. Eine kritische Analyse des trinitarischen Ansatzes im Werk von Klaus Hemmerle (Bonner Dogmatische Studien 33), Würzburg, 114–118, 132–136.

[5] Verweyen, Hansjürgen (1991), Gottes letztes Wort. Grundriß der Fundamentaltheologie, Düsseldorf, 182–255.

normalen Sprache, der Sprache der Substanzphilosophie. Die Hinwendung zur Phänomenologie hat deshalb auch zur Folge, die Theologie in der nicht üblichen aristotelischen Sprache vorzutragen, sondern in erneuerter Form, die der phänomenologischen Bewegungsgestalt der Vorgänge angemessener ist.

Dieses Buch hat die Absicht, die theologischen Anregungen Klaus Hemmerles zu sichten und daraus den Entwurf einer erneuerten Theologie vorzulegen. Hemmerle hat nie eine gesamte Theologie ausgearbeitet. Er hat als Professor Vorlesungen im Fach Fundamentaltheologie in Bochum und Religionsphilosophie in Freiburg gehalten. Dazu hat er zahlreiche Bücher veröffentlicht, viele Vorträge und eine Reihe wichtiger Artikel verschiedensten Themen gewidmet. So ergibt sich ein bunter Teppich an anregenden Gedanken für die Theologie in unterschiedlicher Bedeutsamkeit. Sie sollen systematisch zu einem Gesamtbild der Theologie gesammelt werden. Es hat sich gezeigt, dass dort, wo Hemmerle Themen aus unterschiedlichen Gründen nicht zu Ende dachte, es sehr anregend ist, auf andere philosophische und theologische Konzepte zurückzugreifen. In Frage kamen dabei vor allem Phänomenologen wie Heidegger, die Franzosen Emmanuel Levinas, Paul Ricoeur und Bernhard Waldenfels, der der Französischen Phänomenologie nahesteht. Das mag nicht von ungefähr sein, denn Hemmerle kannte, außer Waldenfels, alle, hielt Vorträge und diskutierte mit ihnen, obwohl er sich aus Zeitmangel nicht wie gewünscht in ihre umfangreichen Werke einlesen konnte.[6] Aber es war deutlich, dass man sich gut verstand und sich gut miteinander austauschen konnte. Da es sein mag, dass nicht alle genannten Phänomenologen bekannt sind, werde ich sie bei Rückgriffen auf ihre Beiträge bisweilen länger zitieren, um einen Gedanken nicht nur punktuell aufzugreifen, sondern ihn ausführlicher mitvollziehen zu können.

Entsprechend diesen Hinweisen ergibt sich die Anlage des Buches. Es bedarf eines größeren Anweges, um in die genannte Problematik einzuführen und danach zu den sachhaltigen theologischen Themen zu kommen. Natürlich ist es möglich, das eine oder andere Thema zu überspringen, um zu einem besonders interessierenden Thema zu gelangen. Aber es dürfte schwierig sein, den ganzen Gedanken ohne seine Grundlegungen zu erfassen. Dementsprechend wird im I. Teil eine Vorschau auf die Philosophie und Theologie Hemmerles mit einer ersten Interpretation seines kleinen, aber zentralen Büchleins *Thesen zu einer trinitarischen Ontologie* gegeben. Danach wird der II. Teil die Problematik des Buches, Bewegung in die Theologie zu bringen, ausführlich vortragen, da mit ihr das Problem der Themen von Zeit und Raum gegeben sind, den kritischsten philosophischen Themen. Danach wird in II.3–4 der Versuch gemacht, wenigstens anfänglich einige Grundideen der Philosophie Heinrich Rombachs und danach der Theologie Klaus Hemmerles vorzulegen. Erst dann werden wir zu den großen Themen der Theologie kommen. Zuerst wiederum in einem III. Teil zum eigentlichen Methodenproblem der Theologie, nämlich dem Wie ihres Vorgehens, dem Wie der Kundgabe der „Offenbarung" im Wort Gottes, in der „Schrift" und in der „Tradition". In den Teilen IV–VI schließlich werden wir den Blick auf die

[6] Etwa der Vortrag 1983 in Simpelfeld (NL) im Gespräch mit Levinas und Ricoeur (AS II, 224–237); Vortrag und Kommentar zu Beethoven mit Levinas 1984 in Wahlwiller (NL) (AS II, 258–279); Diskussion mit Levinas u. a. in Rolduc (NL) (AS V, 326–340).

großen theologischen Sachthemen richten wie Gotteslehre, Christologie, Pneumatologie, Soteriologie und Ekklesiologie, um wenigstens die neuen Verstehens- und Lesemöglichkeiten einer Theologie der Bewegung in Grundzügen aufzuzeigen.

Das vorliegende Buch ist kein Handbuch der Theologie. Es ist von seiner Anlage her ein „work in progress". Es ist Stufe für Stufe entstanden. Der Antrieb dazu war, die Theologie einmal im Blick auf eine erneuerte Methode und Sprache durchzugehen. Die Methode ist eine erneuerte Phänomenologie, wie sie bei den französischen Phänomenologen vorliegt und bei Heinrich Rombach vorgetragen wird. Damit wird die Sprache auch eine andere, eine nicht von der klassischen Tradition durchformte Sprache der Substanz sein. Es bedarf zur Darstellung einer neuen Sprache der Theologie. Der „Rückblick" (Abschnitt 13) und der Blick auf die Folgen für die Theologie am Ende des Buches mögen als eine Zusammenfassung in Kurzform dienen.

Teil I:

Vorschau

1 Hemmerle „Thesen zu einer trinitarischen Ontologie“

Ernsthafte kritische Anfragen an die heutige Theologie sind erstaunlicherweise vor allem bei Studien zur Trinität entstanden. Stellvertretend dafür sei nur die umfangreiche Studie von Gisbert Greshake *Der Dreieine Gott* genannt. Vor diesem Hintergrund mag interessieren, ob Klaus Hemmerles kleine Schrift *Thesen zu einer trinitarischen Ontologie* davon bereits etwas enthält und wie er darauf antwortet. Die Schrift *Thesen* ist Hemmerles programmatischste. Sie mag als erste Einführung in seine Theologie dienen, eine erste Vorschau bieten über die Schritte und Themen, die Hemmerles Theologie und Philosophie insgesamt charakterisieren.

Der Titel der *Thesen* mag zuerst verwirren. Genannt wird ein Hauptstück der Theologie, die Trinität, und ein Hauptthema der Philosophie, Ontologie. Ist aber Trinität nicht ein Spezialthema der christlichen Theologie? Wie kann damit ein Zugang zur Theologie Hemmerles verbunden werden? Und ist Ontologie nicht die Bezeichnung einer Tradition der abendländischen Philosophie, die heute nicht mehr den Konsens der Philosophie findet? Für das Vorhaben dieses Buches ist aber wichtig zu bemerken, dass eigenartiger Weise gerade die Kritik an der klassischen Trinitätstheologie die Kritik an entscheidenden Denkschemata der Theologie wie Substanz- und Systemdenken hervorgebracht und befördert hat. Im Folgenden sollen die *Thesen* nicht ausführlich kommentiert werden, die zentralen Inhalte der Theologie Hemmerles nur genannt, dagegen seine Methode und Denkweise in den Blick genommen werden. Die zentralen Themen der Schrift werden dabei kurz angesprochen; eine gründlichere Behandlung der Theologie wird später im thematischen Teil vorgetragen werden.

Es ist wichtig zu wissen, dass der Anlass der Schrift ein kürzerer Geburtstagsbrief Hemmerles an Hans Urs von Balthasar zu seinem 70. Geburtstag war. Die kleine Schrift *Thesen* ist die ausführlichere Erläuterung dessen, was Hemmerle dort dicht und kürzer aus Anlass des Jahrestages des großen und von ihm sehr geschätzten Theologen zum Ausdruck gebracht hatte.[1]

Hemmerle formuliert, was ihn am Werk Balthasars beeindruckte: „In seinem Werk begegnet mir die Alternative zu einem bloß anthropologischen Ansatz der Theologie, der Gott in die Bedürfnisse und Verständnismöglichkeiten des Menschen hinein verrechnet, aber auch zu einem statischen und deduktiven theologischen Denken, das die Heilsereignisse zu Exempeln einer in sich stimmigen Metaphysik degradiert“. Diese Fähigkeit Balthasars sieht er in der „Dynamik eines geschichtlichen Denkens, [den] Perspektiven eines verwandelten Seinsverständnisses [...]. Mit der Theologie werden Philosophie und Spiritualität neu.“ Hemmerle sucht wie Balthasar nach der Mitte, die genannten Positionen zu vermeiden. Diese käme nicht von „irgendwoher, sondern aus der Mitte unseres Glaubens, aus dem trinitarisch gelesenen Christuser-

[1] Vgl. Böhnke, Einheit, 171, 176.

eignis. Treibt dieser Impuls eines Hans Urs von Balthasar nicht hin zu einer neuen, zu einer trinitarischen Ontologie?“ Das ist Hemmerles Frage und Anstoß des Büchleins.[2]

In diesem kurzen Vorwort sind bereits einige wichtige Hinweise gegeben, wie die *Thesen* zu lesen sind. Zunächst mag der Titel etwas befremden: Es sind die beiden Stichworte „Ontologie“ und „Trinität“ genannt. Kann daraus etwas Aktuelles und Vorausweisendes zur Theologie entstehen? Aber Hemmerle deutet gleich an, „Ontologie“ nicht als bereits bekannten Traktat aufzufassen, sondern sich auf das verwandelte „Seinsverständnis“ bei Balthasar einzulassen. Wir werden sehen, dass Heinrich Rombach in der *Stukturontologie* ebenfalls von „Ontologie“ gesprochen hatte, um zugleich immer wieder zu betonen, dass er damit das altbekannte Denken geradezu aufbrechen wollte.[3]

Etwas Ähnliches ist zu sagen zu dem Stichwort „Trinität“. Es ist an Karl Rahner mahnendes Wort zu erinnern, das zentrale Glaubensbekenntnis zur Trinität sei in weiten Teilen der Kirche zu einem rituellen Gerede geworden, obwohl es doch das zentrale Geheimnis des christlichen Glaubens zum Ausdruck bringe. In der Tat stimmt Hemmerle mit Balthasar und darin mit Rahner überein, „das trinitarische Geheimnis [sei] für das Ganze der Theologie und der christlichen Sicht des Menschen und der Welt [relevant]“.[4] Mit anderen Worten ist Gisbert Greshake zuzustimmen, dass alle Aussagen christlichen Glaubens letztlich trinitarischen Charakter tragen müssten.[5] Wie diesem Anspruch zu entsprechen ist, wird sich erweisen.

Das Vorwort lässt auch schon etwas erkennen von Hemmerles charakteristischem theologischen Ansatz. Er nennt zu Beginn oft gängige theologische Ansätze, die sehr wohl ein gewisses Recht in der Theologie hätten, aber kein exklusives; andere Ansätze hätten aus anderer Hinsicht ebenso ein Recht. Im Vorwort nennt er die beiden weit verbreiteten Ansätze, den anthropologischen und den theozentrischen, die Balthasar bekanntlich vor allem beschäftigt haben, wobei er sich auf keinen von ihnen festlegt, sondern eine größere Perspektive, eine ‚Mitte‘, suchte. Wo Ansätze Alleinvertretungsansprüche anmelden, gerinnen sie zu Systemen, ein bekanntes Schema der Systematischen Theologie. Hemmerle hat immer wieder die gängigen Wege der Systematischen Theologie genannt, um einen weiteren Weg, eine Mitte, zu finden.

Hemmerle sieht diese Möglichkeit in Balthasars Werk grundgelegt in dessen innerer „Dynamik“ des Denkens, seiner Befähigung zu „geschichtlichem Denken“. D. h. Hemmerle sieht in Balthasar ein dynamisches, Geschichte übergreifendes und verwandelndes Denken am Werk. Und in der Tat ist Zeitlichkeit und Geschichtlichkeit eines der zentralen und bewegenden Motive des Denkens Hemmerles. Es sei wieder erinnert an Hemmerles Wort, dass nichts so zeitlich sei wie das Religiöse. Und wiederum nennt Hemmerle eigenartigerweise den Motor dafür die trinitarische Gründung in Balthasars Theologie. Ohne Zweifel fühlt sich Hemmerle einem solchen Den-

[2] Hemmerle, Thesen, 7–8 (Vorwort).

[3] Vgl. Lorenz, Dominik (2013), Das Phänomenologieverständnis Heinrich Rombachs, in: Bausenhart, Phänomenologie, a. a. O., 127–150, hier 138–140.

[4] Rahner, Karl, Der dreifaltige Gott als transzendenter Urgrund der Heilsgeschichte, in: MySal II, 319f; s. Hemmerle, Leben, 33.

[5] Greshake, Dreieine, 15.

ken besonders verbunden. Wie löst Hemmerle selbst einen solchen Anspruch ein? Was bedeutet für ihn Zeitlichkeit? Was Geschichtlichkeit?

Mit diesen wenigen einführenden Bemerkungen ist bereits einiges zum Programm und Inhalt des kleinen Büchleins der *Thesen* angedeutet. Im Folgenden soll eine erste Übersicht über Anlage, Vorgang und Inhalt der kleinen Studie gegeben werden, um einen ersten Einblick in Hemmerles Theologie zu geben und die wichtigsten Stichworte seines Denkens zu nennen.[6] Ich folge dabei dem großen Dreischritt, die Hemmerle selbst den *Thesen* mitgegeben hat.

1.1 „I. Neue Ontologie als theologisches und philosophisches Postulat"

Hemmerle beginnt mit der Forderung nach einer neuen Ontologie. Die klassische Ontologie ist in Bewegung geraten. Sie gab Antwort auf die Frage: Was ist Sein? Und was ist das Seiende in sich? Diese Frage greift aber für ein heutiges Verständnis der Philosophie und Theologie zu kurz: „Unsere Frage heißt also nicht mehr wie im Mittelalter: Wie *ist* alles?, sondern: Wie *geht* alles, wie spielt es sich ab und spielt alles zusammen? Die Frage nach dem Geschehen und in der Konsequenz nach der Geschichte hat die Führung übernommen" (Vorspiel 64). Oder mit Heinrich Rombach: „Das ‚Seiende' ‚ist' nicht, sondern es ‚ergibt sich'. Es ist nur in dieser seiner Dynamik zu fassen, einer Dynamik, die an die Stelle der Ontik tritt. Dass die Begriffe *Bewegung* [kursiv – KK] und Kraft jetzt von entscheidender Wichtigkeit werden, hat seinen Grund in dieser Umgestaltung der Ontologie in Dynamik" (SSS I 291).

Mit anderen Worten ist ein neues Denken und eine neue Methode gefordert. Ein statisches Denken reicht nicht mehr aus; an seiner Stelle ist ein dynamisches Denken nötig. Die klassische Ontologie erreicht die Wirklichkeit, das Leben, nicht mehr. Gefragt ist das Wirken und Geschehen, das Leben selbst; oder eben die Grundform des Lebens: „Bewegung".

Wie aber Bewegung beschreiben und denken? Die klassische Frage: Was ist Bewegung? greift ja gerade ebenfalls zu kurz. Hemmerle mustert im 1. Teil der *Thesen* einige Antworten und Ansätze durch, welche die Theologie auf die sie bewegenden Fragen gibt. Es sind vor allem systematische Antworten. Bewegung stellt die klassischen Antworten aber gerade vor die genannten Probleme. Es bedarf einer neuen Denk- und Erkenntnisweise. Auch neue und nicht vorgesehen Ereignisse und Bewegungen bedürfen eines neuen Zugangs und einer erneuerten Zugangsweise. Vor allem bringen für Hemmerle Jesus Christus und das Evangelium etwas völlig Neues. Für ihn wird das Neue unüberhörbar im Auftakt des Evangeliums angesagt: „Die Zeit ist erfüllt, das Reich Gottes ist nahe. Kehrt um und glaubt an das Evangelium" (Mk 1,15). Am Anfang seines wichtigen Artikels *Die Wahrheit Jesu* mustert Hemmerle die gängigen Wege und Erkenntnisweisen durch, um zu eruieren, welche Methode tatsächlich „Neues" zu denken vermag.

[6] Vgl. die Übersicht bei Böhnke, Einheit, 53–63.

Hemmerle findet keine geeignete Methode und optiert deshalb für eine neue Weise der Wahrheitsfindung. Bei Hemmerle wie bei Rombach ist es die „Differentialanalyse (oder) -interpretation“. Hemmerle führt diese bald zu Anfang der Schrift ein (Thesen 133). Für Rombach ist die „Differentialinterpretation“ die Methode, die der „Phänomenologie der Bewegung“ entspricht (StO 144).[7] Die gesuchte Methode ist die Phänomenologie, allerdings in erneuerter Form. Im Folgenden sei in der Relecture der *Thesen* aufgezeigt, wie die kleine Schrift insgesamt phänomenologisch vorgeht. Die drei großen Abschnitte folgen einem phänomenologischen Dreischritt, wie aufzuzeigen sein wird.

Auf die Bedeutung der Differentialanalyse werden wir noch ausführlich zu sprechen kommen. Vor allem wird sie in der *Strukturphänomenologie* Rombachs die führende Methode sein. Differentialanalyse und -interpretation ist nach Rombach die „Methode der Phänomenologie“. In der Tat ist es die erneuerte Art, die Methode der Phänomenologie zu beschreiben. Die Methode der Phänomenologie kann nach Husserl folgendermaßen kurz zusammengefasst werden: Phänomenologie vollzieht eine Grundoperation, eine Handlung, die eine Bewegung vollführt. Es sind die Bewegungen der Reduktionen und der Konstitution. Die „Reduktionen“ der Phänomenologie, die phänomenologische, eidetische und transzendentale Reduktion, sind Grundoperationen, welche die Bewegungen ‚zurück zu den Sachen‘ leiten. Intentionalität und Konstitution sind dabei die beiden Grundbewegungen, welche die Phänomenologie ausführt. In ihrem Vollzug ereignet sich Wissen. Intentionalität bezeichnet die „signifikative Differenz“ (Waldenfels), sie zeigt „etwas als etwas“ auf (das entspricht der Unterscheidung Freges von Sinn und Bedeutung). Mit anderen Worten geht die Intentionalität auf die Differenzen, wie etwas vor einem größeren Kontext oder Horizont erscheint: etwas als etwas. Die „Konstitution“ zeigt die Genese des Phänomens auf, das Hervorgehen des Phänomens aus den es freilegenden Operationen.

Differentialanalysen und -interpretationen geben die Methode der Phänomenologie auf erneuerte Weise wieder. Differenz und Differenzen sind dabei die entscheidenden Begriffe. An einem Phänomen werden wesentliche Differenzen festgestellt und herausgearbeitet (s. „Reduktionen“). Die Differenzen werden dann einander gegenübergestellt und verglichen. Es ergeben sich „signifikative Differenzen“; es wird „etwas als etwas“ erkannt. Aus den wesentlichen Differentialen re-„konstituiert“ sich, d. h. geht das Phänomen hervor.

Einige weitere einführende Hinweise zu dieser zentralen Methode der Differentialanalyse seien genannt. Diese entspricht offensichtlich nicht der klassischen Erkenntnisform. Erkenntnis und Wissenschaft sind seit Aristoteles vor allem von den klassischen (Natur)Wissenschaften geprägt. Sie sind vor allem statischem Denken verpflichtet. Dort jedoch, wo Bewegung, Geschehen und Leben ins Spiel kommen, kommt diese Erkenntnis an ihre Grenzen.

Die Methode der Differentialanalyse bzw. -interpretation ist heute keineswegs unbekannt. Sie beherrscht die heutigen Wissenschaften, wenn dies auch nicht genügend bedacht wird. Heinrich Rombach führte eine wichtige Unterscheidung ein. Wissenschaften werden üblicherweise auch heute noch vom Konzept des Aristoteles der

[7] Vgl. Welt 51.

(Natur)Wissenschaften und entsprechend der klassischen Logik der Begründungs- und Argumentationsformen her verstanden. Rombach unterscheidet dagegen zwischen *Wissenschaft* und *Forschung*. Er beruft sich dabei auf Galilei: „An die Stelle des stumpfen Gegensatzes von Rationalität und Empirie trat bei Galilei der produktive Zusammenhang von (rationaler) Hypothese und (empirischem) Experiment. Damit war ‚Forschung' entdeckt, denn sie besteht in dem lebendigen Wechselspiel von Hypothesen und Experiment [...]. Galilei darf als der Entdecker der ‚ars inveniendi' (Entdeckungskunst) gegenüber der bloßen ‚ars demonstrandi' (Erweisungskunst) bezeichnet werden. Seither gibt es nicht mehr nur *Wissenschaft*, wie seit den Griechen, sondern *Forschung*, was etwas ganz Neues ist [...]. Mit dem Übergang vom statischen ‚Wissenschafts-Standpunkt' der Substanzontologie zum dynamischen ‚Forschungs-Standpunkt' [...] wurde auch der Mensch in eine Prozessualität hineingerissen, die einen neuen Sinn von Geschichte erschloss" (StA 42–43). – Gegenüber einem tief sitzenden Vorurteil dürfte deutlich sein, dass die treibende Kraft der heutigen innovativen Forschungslandschaft gerade die ‚ars inveniendi' ist, nämlich die produktive Differenz und der Zusammenhang von Hypothese und Experiment, während die ‚ars demonstrandi' eher zu einer Hilfswissenschaft geworden ist. Hypothese und Experiment sind aber nichts anderes als der Prozessvorgang der Differenzierung und Diffferentialanalyse.[8]

Rombach kann dabei an Heideggers Vorlesung von 1925 erinnern, der die Forschung auf besondere Weise mit der Phänomenologie verbindet: „Das Große der Entdeckung der Phänomenologie liegt nicht in den faktisch gewonnenen, abschätzbaren und kritisierbaren Resultaten [...], sondern darin, dass sie die Entdeckung der Möglichkeit des Forschens in der Philosophie ist" (GA 20,184).

Der Unterschied zwischen ‚Wissen' und ‚Forschen bzw. Finden' ist für die Philosophie und die Wissenschaften von grundlegender Bedeutung, etwa entsprechend der Aussage von Albert Einstein: „Der intuitive Geist ist ein heiliges Geschenk und der rationale Verstand ein treuer Diener. Wir haben eine Gesellschaft erschaffen, die den Diener ehrt und das Geschenk vergessen hat".

Aber nicht nur für die Wissenschaften gilt das, sondern vor allem auch für die innovative Kultur schaffenden Werke. Pablo Picasso hat treffend formuliert: „Ich suche nicht – ich finde. / Suchen, das ist das Ausgehen von alten Beständen / und das Finden-Wollen von bereits Bekanntem. / Finden, das ist das völlig Neue. / Alle Wege sind offen, und was gefunden wird, ist unbekannt. / Es ist ein Wagnis, ein heiliges Abenteuer. / Die Ungewissheit solcher Wagnisse können eigentlich nur jene auf sich nehmen, die im Ungeborgenen sich geborgen wissen, / die in der Ungewissheit geführt werden, / die sich vom Ziel ziehen lassen / und nicht selbst das Ziel bestimmen".[9]

Geschehen und Leben sind Formen der Bewegung und damit gerade nicht statisch zu begreifen, sondern sie befinden sich in stetiger Veränderung und Verwandlung. Wie aber solche Veränderung und Verwandlung beschreiben? Wie phänomenolo-

[8] Rombach hat die Geschichte der neuen Wissenschaftstheorie anschaulich dargestellt in: Rombach, Heinrich (1977), Leben des Geistes. Ein Buch der Bilder zur Fundamentalgeschichte der Menschheit, Freiburg, 259–280.

[9] Picasso Pablo (1988), Über Kunst, Zürich, 12.

gisch die Bewegung, die Differenzen ihrer Bewegungsformen der Veränderung und Verwandlung beschreiben? Es genügt nicht, zeitliche Vorgänge mit temporären Parametern zu versehen und damit fortzuschreiben. Lebendige Bewegungen sind anderer Art. Die Veränderungen und Verwandlungen sind Schritt für Schritt zu verfolgen und zu beschreiben, eben die Differenzen zu benennen, welche eine Bewegung Schritt zu Schritt vollzieht. Damit ist eine entscheidende phänomenologische Erkenntnisform gewonnen, die nicht monolinear auf Begründungen aufbaut, sondern die Differenzen, Veränderungen, in den Blick nimmt. Denn die Weise des Begründens kommt in den Weisen des Lebens und (Freiheits-) Geschehens offensichtlich zu kurz. Durch das Beschreiben der Differenzen, entweder durch Differentialanalyse oder -interpretation, scheint man dem Phänomen der Freiheit und des Lebens gerechter zu werden.

Auf diesem Hintergrund ist bereits Hemmerles Buch *Unterscheidungen* zu lesen. Es ist in der Zeit entstanden, als Hemmerle sich zum ersten Mal mit Heinrich Rombachs *Strukturontologie* beschäftigte. Er nennt die Methode des Buches, die großen Themen durch Unterscheidungen (Differenzen) zu behandeln, ausdrücklich „phänomenologisch"; aber die Methode sei, wie er hinzufügt, in einem geschichtlich weiterentwickelten Sinn zu nehmen. Dabei denkt er offensichtlich an die Phänomenologie Rombachs.[10] Damit will er Phänomene, die er zu beschreiben beabsichtigt, nicht durch Definitionen, sondern ‚aus ihrer inneren Genese bzw. Geschichte heraus' beschreiben, „welche die Phänomene konstituiert". Damit hat Hemmerle die Konstitution als Grundoperation der klassischen Phänomenologie genannt. Seine Beschreibung erinnert an Merleau-Ponty, bei dem es heißt, die Phänomenologie habe es mit einem Geschehen „in statu nascendi" zu tun und nicht mit einer fertigen Welt. Bernhard Waldenfels charakterisiert diese Aussage als ein Verständnis der Phänomenologie, die ein Geschehen beschreibt, „in dem ‚die Sachen selbst' [das Motiv der Phänomenologie nach Husserl – KK], von denen jeweils die Rede ist, zutage treten".[11] Auf der Grundlage dieser Methode behandelt Hemmerle dann in *Unterscheidungen* die großen Themen Mensch, Religion, Christentum, aber auch Politik, Wissenschaften u. a. Heinrich Rombach hat in dem Artikel *Religionsphänomenologie* eigens auf Hemmerles Methode der Unterscheidungen aufmerksam gemacht. Über diese Zusammenhänge wird eigens noch eingegangen werden müssen.[12]

Differentialanalyse und -interpretation reichen tiefer, sie sind nicht nur gültig für eine bestimmte – die phänomenologische – Sehweise, sondern für jede Form des Erkennens. Differentialanalyse ist unterscheiden. Unterscheiden ist, die Differenzen aufzuzeigen, sie sodann aufeinander zu beziehen und zu benennen. Unterscheiden ist die Grundoperation von Philosophie überhaupt. Bernhard Waldenfels hat darauf hingewiesen, dass der Ursprung der Philosophie, das „Staunen", das Aufgehen einer Differenz, der „Grunddifferenz" von Sein und Seiendem ist (GN 24). Für jedes Sehen und

[10] Hemmerle, Klaus (1972), Unterscheidungen. Gedanken und Entwürfe zur Sache des Christentums heute, Freiburg, 14 Anm. 2.

[11] Waldenfels, Bernhard (1997), Topographie des Fremden. Studien zur Phänomenologie des Fremden 1, Frankfurt, 19.

[12] Rombach, Heinrich (1973), Die Religionsphänomenologie. Ansatz und Wirkung von M. Scheler bis H. Kessler, in: Theologie und Philosophie 48 (1973), 477–493.

Denken ist das Auftreten von Differenzen entscheidend. Man denke an Merleau-Pontys Ikonographie und die Philosophie des Sehens: Sehen ist auf Bewegung angewiesen. Wo keine Bewegung kein Sehen. Wo Bewegung, da wird die Aufmerksamkeit, das Hinsehen, angeregt. Oder Sehen selbst ist Bewegung. Wo die Augen sich nicht bewegen, sondern nur starren, sehen sie gar nichts. Daraus folgt: Sehen heißt unterscheiden. Was sich nicht von anderem unterscheidet, wird nicht gesehen. Oder man kann sich auch verstecken, indem man sich völlig dem Hintergrund angleicht. Die Folge ist, dass man nicht gesehen wird bzw. gesehen werden kann.[13]

Ähnliches wäre von jedem Erkennen zu sagen. Das gilt selbst für den Anfang der klassischen Logik. Erkennen geschieht durch Unterscheiden: ‚Dieses ist nicht das andere'. ‚Dieses' wird bestimmt durch Unterscheidung vom (unbestimmten) ‚anderen'. Man denke an die platonische Dialektik. Dies gilt dann auch für die klassische Logik, wenn diese sich auch vor allem auf die positive Bestimmung des ‚dieses' konzentriert und dabei die Bestimmung des anderen und des umfassenden Horizontes vernachlässigt. Umso mehr gilt dies für die Geisteswissenschaften und ihre Sachbereiche, die nicht ohne weiteres aus der klassischen Logik abgeleitet werden können.

Zurück zu den *Thesen* Hemmerles und ihrem Einstieg. In der klassischen Philosophie war die Ontologie, das Seinsverständnis, der fraglose Horizont alles Seienden. Das Sein war sozusagen der Schirm (Horizont), der aufgespannt wurde, auf dessen Hintergrund alles Seiende sich erhob und abhob. Das Seinsverständnis schien in der alten Welt fraglos zu sein; die Ontologie die Grundlage der Metaphysik. Heidegger destruierte bekanntlich diese Fraglosigkeit. Er wies auf die ‚ontologische Differenz' hin. Auf vielfache andere Weise ist der Hintergrund der Ontologie in der Neuzeit fraglich geworden. Mit dieser Unsicherheit beginnt Hemmerle die *Thesen:* der ‚Sinn von Sein' und damit ‚von Seiendem von sich selbst' ist nicht mehr fraglos. Der Schirm umfasst offensichtlich nicht mehr die wichtigen und in der neuen Zeit aufgebrochenen fundamentalen Fragen nach dem Leben und nach der Lebenspraxis. Auf Grund der Verflechtung von Theologie und Philosophie mit der Ontologie begegnet die gleiche Schwierigkeit in der Theologie. Auch die systematische Theologie scheint nicht mehr zu den entscheidenden Lebensfragen und zur Lebenspraxis durchzudringen.

Hemmerle verabschiedet mit dieser Erkenntnis die Ontologie nicht schlechthin, sondern fordert eine neue „fundamentale Ontologie". In ihrer Mitte steht die „Differentialanalyse". Hemmerle spricht immer wieder von der „Ur-Differenz" oder „Ur-Teilung".[14] Auf sie ist am Anfang von allem zurückzukommen. Es ist aber nicht bei Differenzierungen stehen zu bleiben. Es bedarf der „Vermittlung" der Differenzen. Es bedarf der Mitte.

Hemmerle hat an anderer Stelle die *Differentialanalyse* mit der *Konsonanzanalyse* und der *Explikationsanalyse* in Zusammenhang gebracht.[15] Diese Erweiterung der

[13] Merleau-Ponty, Maurice (2003), Das Auge und der Geist. Philosophische Essays. Philosophische Bibliothek 530 (darin dt.: L'œil et l'esprit, in: Art de France 1 (1961) 275–317) Hamburg, 287, 307–311 (L'œil 21).

[14] Vorlesung 13.11.73, 49–53.

[15] „Differentialanalyse, die zugleich eine Konsonanzanalyse ist, eine Explikationsanalyse ist" (Vorlesung 16.11.73, 151).

Methode weist auf weitere wichtige Motive in Hemmerles Denken hin. Dieses ist ein Denken, das Vermittlung sucht, es ist auf dem Weg zur Mitte. Es ist zugleich die umfassendere Bedeutung der Differentialanalyse gemeint: Es geht in ihr um die Suche nach Konsonanz und Einheit durch Unterscheidung, oder mit anderen Worten: die Unterscheidungen werden nicht nur um ihrer selbst willen beschrieben, sondern darin wird die Einheit, ihre *Konsonanz,* gesucht. Jedes Erkennen in der Form: ‚dieses und nicht das andere‘ eröffnet einen Horizont oder Kontext (‚anderes‘), in dem ‚dieses‘ erscheint und bestimmt wird. Dieser Horizont oder Kontext ist für die Phänomenologie das Interessante, das Mitgemeinte. In der Erhebung des Horizontes oder Kontextes ‚expliziert‘ sich ‚dieses‘, das phänomenologisch Gesuchte (die *Explikationsanalyse*).

Hemmerle nennt drei große Weisen der Vermittlung, Vermittlungsinstanzen, die für sein Denken entscheidend sind: „a) Vermittlung (= philosophisches Denken), b) Gestaltung (= künstlerisches oder gesellschaftliches Gestalten), c) [...] Unmittelbarkeit zum Unbedingten, zur Transzendenz (= Religion). Vermittlung, Gestaltung, Unmittelbarkeit, Philosophie, künstlerische, kulturelle, soziale Poetik oder Religion“.[16] Vor allem in der Philosophie und in der Metaphysik geschieht die notwendige Vermittlung, etwa im Sinne von Heideggers „ontologischer Differenz“, aber auch in der künstlerischen oder in der gesellschaftlichen Gestaltung geschieht Vermittlung. Hemmerle ist auf alle Weisen der Vermittlung aufmerksam: selbstverständlich auf die Vermittlung durch philosophisches Denken, hier vor allem in Form der Phänomenologie; dann auf die künstlerische Vermittlung, die vor allem bei Heinrich Rombach zum Paradigma seines Denkens wurde; schließlich als Hemmerles zentrales Thema auf die Vermittlung des Religiösen, Christlichen, mit der Transzendenz.

Um die Vermittlung in diesem letzteren Sinne geht es der Theologie: um die Unmittelbarkeit zur Transzendenz. Die „Ur-Differenz“ wird theologisch vor allem spürbar im Menschen, in der „Ur-Teilung“ des menschlichen Daseins. Der Mensch und sein Verhältnis zu Gott ist das erste Thema der Theologie. Wie bei Heidegger kommt die Urdifferenz von Sein und Seiendem in der Ur-Differenz des Menschen und seinen Unterscheidungen zum Ausdruck. Es gilt also, die Differentialanalyse vor allem am Menschen zu vollziehen, d. h. die „Grundanalyse menschlichen Daseins“ in seinen Unterscheidungen durchzuführen. Das unterscheidend Menschliche gibt die „Grundbewegung“ menschlichen Daseins wieder.[17]

Die klassische Ontologie ist nicht mehr in der Lage, das Ganze menschlichen Daseins zur Sprache zu bringen. Die Folge davon ist eine Aufsplitterung des Ganzen in unterschiedliche Perspektiven und Sehweisen. Die Philosophie löst sich auf in Einzeldisziplinen, vor allem in sich unterscheidende Systeme. Nicht anders die Theologie. Damit beginnt Hemmerle die kleine Schrift der *Thesen.* Am Anfang der *Thesen* nennt Hemmerle einige der bestimmenden systematischen Ansätze der Philosophie und Theologie heute: das Verhältnis von Philosophie und Theologie insgesamt; von Philosophie, Theologie und Ontologie; sodann für die Theologie heute insbesondere: historische Theologie, Anthropologie, Dogmatismus oder Theozentrik. Er nennt sie, wie er sie oft in seinem Werk einführt. Er gibt aber dann gewöhnlich vorerst keine Antwort.

---

[16] Vorlesung 13.11.73, 62.
[17] Vorlesung 13.11.73, 50–51.

Hemmerle beschreibt im Grund die Lage der Theologie und nennt die daraus sich ergebende Aufgabe. Er verbleibt zunächst im Rahmen des sozusagen üblichen Theologisierens. Diese erhebt sich im Idealfall zur Dialektik der zu lösenden Aufgaben. Im ersten Teil der *Thesen* formuliert Hemmerle die fundamentale theologische Dialektik im Blick auf die Offenbarung. Die Spitze der christlichen Offenbarung ist die Dialektik von „Gotteswort und Menschenwort". Die Dialektik wird in Form von Postulaten formuliert, Gotteswort und Menschenwort stellen das „doppelte A priori" der christlichen Religion dar (Thesen 127–130). Ein Grundsatz, der offensichtlich sehr weit reichend ist, an der Stelle aber nicht aufgelöst wird, sondern als theologische Aufgabe stehen bleibt. Das Folgende wird eine Antwort versuchen müssen.

Um die Vorgabe des 1. Teils der *Thesen* zusammenzufassen, so ergibt sich als Aufgabe für unsere Studie: Es ist von der „Bewegung" in Philosophie und Theologie auszugehen. Dabei sind „Differentialanalysen" durchzuführen. Aus der Urdifferenz ist der Gedanke einer „fundamentalen Ontologie" zu erheben. Es ist das unterscheidend Menschliche zu bedenken. Vor allem spitzt sich die Problematik auf die systematischen Ansätze der Theologie zu. Die unterschiedlichen Ansätze müssen genannt, dann aber ihre Vermittlung gesucht werden. Bisher blieb es im Grund bei der Aufzählung verschiedener systematischer Ansätze. Diese können als „Systeme" bezeichnet werden, wobei bereits deutlich wird, dass eine Vermittlung aus den Systemen heraus sehr schwer sein dürfte. Es bedarf des Versuches einer anderen Vermittlung. Es bedarf der Durchführung der Differentialanalyse und -interpretation.

1.2 „II. Der Einsatz beim unterscheidend Christlichen"

Hemmerle formuliert am Anfang des 2. Teils der *Thesen* das Ergebnis des Bisherigen in der nun bekannten Weise und gibt einen Vorblick auf die kommende Aufgabe. Es ist Aufgabe, die „Differentialanalyse" durchzuführen und nicht nur die Differenzen zu nennen: „Eine neue Ontologie ist gesucht, eine Ontologie, die beim Proprium des Christlichen ansetzt. Doch von woher tritt dieses Proprium in den Blick? Die Weise, es zu bestimmen, kann in unserem Kontext nicht eine historische Untersuchung sein, die auf Einmaligkeiten, Parallelen und Abhängigkeiten reflektiert, aber auch nicht eine systematische Herausarbeitung der Inhalte, in denen sich christlicher Glaube zentriert. Eher ist unserem Vorhaben eine *Differentialanalyse* [kursiv – KK] angemessen: Wie verwandeln sich von innen her menschliche Grunderfahrungen und Grundverständnisse von Gott, Welt und Mensch, wenn der Glaube an Jesus Christus in sie einbricht?" (Thesen 133)

Warum und wie die Differentialanalyse durchführen? Es ist der zweite Schritt der phänomenologischen Methode, wie wir sie oben beschrieben haben. Nach der Nennung der Differenzen geht es um die Herausarbeitung der „signifikativen Differenzen", der Erkenntnis von „etwas als etwas". Der Methode der Phänomenologie entsprechend ist auch die *Strukturontologie* Heinrich Rombachs aufgebaut. Eine grundsätzliche Aussage von Rombach zum Plan der *Strukturontologie* lässt den Ort dieses 2. Teils der *Thesen* besser erkennen: „Die *Dynamik* scheidet System von *Struktur* ab, die *Genese* lässt die Entstehung anderer Ontologien aus der Dynamik verstehen“ (kursiv – KK) (StO 163). In diesem Satz nennt Rombach die drei Grundbegriffe der Strukturphänomenologie, es sind die drei Grundbegriffe der „Phänomenologie der Bewegung“: *Struktur, Dynamik, Genese.* Dementsprechend ist die *Strukturontologie* Rombachs gebaut; sie besteht im Wesentlichen aus den großen Teilen „I. *Strukturverfassung*“, „II. *Strukturdynamik*“ und „III. *Strukturgenese*“. Der I. Teil gilt dort der Darstellung der „Verfassung“ der Struktur. Es werden dabei die Einzelheiten der Verfassung von Sachbereichen, Systemen, genannt. Man kann den 1. Teil der *Thesen* mit der Bestandsaufnahme Rombachs dort vergleichen. Es geht um die Nennung von Differenzen, (theologischen) Systemen, und ihren Grundsätzen. Dabei ist jedoch das, worum es dann in der *Strukturontologie* geht, noch nicht in „Bewegung“ geraten. Bewegung kommt im II. Teil auf; ein anderer Name dafür ist Dynamik, *Strukturdynamik.* Und auch bei Hemmerle ist nun die Beschreibung der „Bewegung“ die Grundlage des 2. Teils der *Thesen.* Die Differenzen in Bewegung versetzen, sie miteinander zu vergleichen und aneinander zu messen, bringt die signifikativen Differenzen hervor.

Wenn nun der Grundvorgang dieses Teils „Bewegung“ sein soll, wie ist Bewegung zu erkennen und zu beschreiben – nach all den anfänglichen Schwierigkeiten, die schon genannt wurden und die ausführlich zu besprechen sein werden? Bewegung ist Fort-Bewegung, Veränderung. Werden und Vergehen u. a. Und hier sitzt die Problematik für Wissen und Erkennen. Die klassische Logik stellt fest, fixiert, stellt den Bestand fest. Wollte sie Bewegung erkennen und beschreiben, müsste sie Schritt für Schritt die Bewegung mitgehen, die sich verändernden Positionen von Ort zu Ort mitgehen und festhalten. Aber jedes Festhalten ist bereits wiederum gegen die Bewegung. Hier ist der Grund für die Bedeutung der „Differentialanalyse“. Sie versucht mit der Bewegung mitzugehen, die Differenzen nicht festzuhalten, sondern sie miteinander zu verbinden, zu vergleichen und zu vernetzen. Wie könnte Bewegung in ihrer Bewegtheit anders beschrieben werden?

Die Differentialanalyse geht die Bewegung mit. Es genügt nicht, nur Unterschiede zu nennen. Die Unterschiede sind zu vergleichen, die Differenzen zu analysieren und herauszuarbeiten. Vor allem geht es um das Ergebnis einer solchen Analyse: Es geht um die Erkenntnis eines „Neuen“[18], es geht um den Erkenntnisfortschritt, hier um die neue Ontologie. Diese wird gewonnen aus der Erkenntnis des Propriums des Christlichen. Aus der Differentialanalyse von klassischer Ontologie und christlichem Seinsverständnis wird das unterscheidend Christliche gewonnen. Es ist vor allem das Ziel der Überlegungen Hemmerles, das Neue des christlichen Glaubens zur Darstellung zu bringen. Das neue christliche Verständnis ist gegenüber dem alten Seinsverständnis zur Sprache zu bringen, und wiederum in Rücksicht auf die Ontologie das neue Verständnis explizieren. Die „neue Ontologie“ wird zu reformulieren versucht.

Um es der inhaltlichen Seite nach mit Hemmerle zu sagen, ist zu fragen, wie sich die menschlichen Grunderfahrungen von Gott, Welt und Mensch – die philosophischen Grundthemen – verwandeln, wenn diese Grunderfahrungen aus dem Glauben an Jesus Christus gelebt werden. Es geht um die „Verwandlung“ menschlicher Erfahrungen durch die christlichen. Erfahrungen bleiben Erfahrungen. Aber sie können

[18] Zum Ereignis des „Neuen“ s. Böhnke, Einheit, 66.

sich verwandeln, verändern, neu werden. Folgenreich ist diese Verwandlung für das früher genannte A-priori der Theologie. Denn nun bleibt das A-priori nicht bei der Dialektik stehen, sondern es vermag gelesen zu werden: im Medium des Menschlichen, dem Ort der Vermittlung, kann das Neue der christlichen Botschaft im Gegenüber zum Alten, dem vorherigen menschlichen Verständnis, dargestellt und expliziert werden (die „Explikationsanalyse“).

An anderer Stelle stellt Hemmerle die Aufgabe der Differentialanalyse für die Theologie folgendermaßen dar: „Fundamentaltheologie kann nicht den Glauben herstellen. Der Glaube muss geschehen. Aber Fundamentaltheologie kann die Sache des Glaubens ins menschliche Verstehen und in die menschliche Geschichte hinein explizieren, sie kann die Differentialanalyse des Glaubens leisten, jene Differentialanalyse des Glaubens, die aus dem Glauben das andere des Glaubens auf den Glauben hin zu interpretieren vermag. Gibt es dabei ein Kriterium? Ist es möglich, dass Fundamentaltheologie ein Kriterium aufstellt für das, was sie sagt, so dass der, der nicht glaubt oder draußen steht oder fragt, zugleich etwas davon erkennt, ob er sich auf den Glauben verlassen kann oder nicht“.[19] Die Theologie ist auf Grund der Differentialanalyse im Gespräch mit den anderen, den Ungläubigen, den Unverständigen oder den Fragenden. Sie bringt das Proprium des Christlichen in das Gespräch mit ein. Da taucht allerdings sofort die Frage auf: Gibt es ein Kriterium, gibt es Kriterien, an denen die Gesprächspartner die Glaubwürdigkeit und Lebbarkeit des Christlichen verstehen und erkennen können? In der Tat macht die Frage nach den Kriterien, letztlich hinauslaufend auf die Frage nach Kriterien neuer Wahrheit, ein Großteil der Arbeit Hemmerles aus. Es zeigt sich, dass der 2. Teil der *Thesen* dieses Thema zum Gegenstand hat, nämlich über Kriterien zum unterscheidend Christlichen zu führen.

Welche Kriterien nennt Hemmerle? Ein wichtiges Kriterium hat er schon genannt: „Verwandlung“. Es geht ja gerade darum, dass sich das Neue auf ein Altes bezieht, das neue christliche Verständnis etwa auf das alte menschliche Verständnis. Es geht um die Konsonanz (die „Konsonanzanalyse“), das Menschliche ist die Mitte, in der sich Altes und Neues treffen. Oder das Alte ist im Neuen aufgehoben, nur verwandelt. Hemmerle nennt ein Beispiel: „Es ist unter Umständen so: Wenn ich einmal gelernt habe von mir aus die Sachen anzusehen, sehe ich zwar manches. Wenn ich aber dann einmal mit Kokoschka verschiedene Städtebilder ausgesucht habe, dann kann es mir passieren, dass ich durch diesen Blick von Kokoschka selber mehr und andere Sachen lerne. Ich sehe nicht weniger, sondern mehr durch diese Kommunikation. Wenn ich gar mehrere Maler kenne und deren Blick habe und bin einfach im Umgang mit diesen Leuten, dann kann sich mir Landschaft, Städtebild auf vielfältigere Weise in sich selber entbergen. Sehen lassen durch anders sehen verringert nicht, sondern vermehrt die Kraft des eigenen Sehens.“[20]

Und hier fällt ein anderes wichtiges Kriterium, das für Hemmerle von Bedeutung ist. Es kann nicht sein, dass Altes und Neues nur nebeneinander stehen, sondern sie sind in ihrem Verhältnis zu betrachten: „Steigerung“ ist nötig. „Sie können das sozusagen durch eine Differentialanalyse, durch eine Steigerung merken. Derjenige, der

[19] Vorlesung 12.11.73, 15–16.
[20] Vorlesung 12.11.73, 17–18.

sehr interessiert ist an einer Sache, dem fällt mehr auf. Je mehr einer aus sich herausgezogen wird durch sein Interesse, desto mehr sieht er, desto mehr fällt ihm auf, desto mehr nimmt er wahr, desto lebendiger, reicher, fülliger wird seine Beobachtung.“[21] Dieses Kriterium erinnert an das Diktum Edmund Husserls: „Wer mehr sieht, hat mehr recht“.

Um das unterscheidend Christliche nun sichtbar zu machen, unterzieht Hemmerle zwei „Grundphänomene“ menschlichen Daseins der „Differentialanalyse“.[22] Er nennt sie Kontexte des christlichen Glaubens. Es sind „Grundweisen menschlichen Transzendenzbezuges“: die Kontexte von „Religion“ und „Logoserfahrung“. Es sind in Wahrheit nicht irgendwelche Grundphänomene menschlichen Daseins, sondern die für die christliche Religion entscheidenden Grundlagen des Menschseins: der Transzendenzbezug, gelebt in den Religionen als möglicher Zugang zu Gott, und die Logoserfahrung, die Gabe des Wortes und der Kommunikation als Basis christlicher Offenbarung.

„Religion“ ist für Hemmerle zunächst ein „menschliches Grundphänomen“, ohne an dieser Stelle auf die besonderen Gestalten von Religionen einzugehen. Er charakterisiert Religion allgemein so: der Mensch lebe sein Leben nicht mehr von sich aus, sondern von dem Anderen (Gott o. ä.) her. Philosophisch könne man von einem reziproken Transzensus sprechen, da in der Religion das Transzendente in die Immanenz einbreche (Thesen 133–135). Daraus erwächst die bleibende Spannung der Religion, schließlich die doppelte Aporie, dass sich die Immanenz gegen die Transzendenz durchsetzt oder die Immanenz in der Transzendenz aufgeht.

Mit der „Logoserfahrung“ greift Hemmerle auf die christliche, aber auch philosophische Tradition zurück, wo der Transzendenzbezug des Menschen vor allem sichtbar wird: im Wort, im Geist, der zur Sprache kommt. Im Logos wird die Offenheit des Menschen auf Transzendenz hin deutlich. Solche Transzendenz aber steht in der Unentschiedenheit einer weiteren doppelten Aporie, entweder transzendentale Offenheit zu sein, die alles abschließt, oder reine Offenheit ohne Sinnhorizont zu sein.

Die Differenzanalyse bringt nun die christliche Religion mit den Charakteristika von Religion allgemein und mit der alttestamentlichen Religion in Verbindung. Sie sucht nach der Entsprechung, um damit das Proprium des unterscheidend Christlichen sichtbar zu machen: „Das doppelte A-priori, unter dem die Theologie steht, wird so gewahrt: der Ansatz beim Neuen, beim unmittelbar Christlichen wird abgelesen im Medium des Menschlichen, wird abgelesen am ‚Alten‘, an welchem sich die Neuheit des Christlichen erweist“ (Thesen 133). – In den Worten Hemmerles wird das Alte und das Neue jeweils auf die gemeinsame Mitte, das Menschliche, bezogen und damit das Neue in seinem Proprium vom Alten abgesetzt.

Hemmerle bezieht zuerst den Glauben Israels auf die menschlichen Grunderfahrungen der Religion und der Logoserfahrung und kommt zu dem Ergebnis, dass die Religion Israels sowohl die Logoserfahrung wie auch die Religion allgemein „einbringt“ und „überbietet“. Die Religion Israels ist für ihn eine bleibend gültige Antwort (Thesen 136–137).

---

[21] Vorlesung 13.11.73, 47.

[22] Religion „menschliche Grundphänomene der Religion“ (Vorlesung 13.11.73, 45).

In einem weiteren Schritt bringt Hemmerle die Religion Israels und die christliche Religion zum Vergleich. Und hier konstatiert er sowohl hinsichtlich der Religion allgemein wie der Religion Israels, dass der christliche Glaube diese „integriert", „umdreht" und „überbietet" (Thesen 137–138). Christentum ist geradezu „Radikalisierung" und „Umkehr" von Religion (Thesen 137): Christlicher Glaube lebt „allein von Gott her" und zugleich ist Gott, der Transzendente, in die Geschichte eingetreten, ja die Geschichte ist Ort seines Erscheinens (Thesen 137).

Im Rückblick auf den 2. Teil der „Thesen", in denen Hemmerle die Differentialanalyse zur Gewinnung des unterscheidend Christlichen anwendet, werden die „Kriterien" sichtbar, die verbürgen, das Neue des christlichen Glaubens gegenüber dem Alten von Religion und Religion Israels zu explizieren: Es sind die Kriterien der „Umkehr", „Erfüllung" und „Überbietung". An anderer Stelle entwickelt Hemmerle diese Kriteriologie des Unterscheidens ausführlich. In seinem Gesamtwerk findet sie überall Anwendung.

Die Kriterien bringen das Neue, die Kontur, das Proprium des Christlichen zur Erscheinung. Gegenüber der Religion allgemein und gegenüber der Religion Israels „geschieht [in ihr] eine radikale, vorbehaltlose Kommunikation zwischen Gott und uns. Er selbst teilt in Jesus all das Unsere und all das Seine. Nichts von sich ist draußen aus dem Geschenk, das er in Jesus Christus uns macht; nichts von uns ist draußen aus der Geschichte, die Gottes eigene Geschichte ist. [...] In Jesus kommt Gott ganz hinein in die Geschichte – und bleibt doch über ihr" (Thesen 138–139).

Diese Kennzeichnung des Christlichen zum Schluss des 2. Teils kann als Kernaussage der Christologie im Sinne Hemmerles verstanden werden. Sie ist auch die Kernaussage Hemmerles zur christologischen Formel von Chalkedon. Es zeichnet sich zugleich die Kontur des trinitarischen Gottes ab: „Gott über uns" und „Gott unter uns", durch das Band des Geistes geeint: „Was den Gott über uns und den Gott unter uns eint, die unbedingte Liebe, der Heilige Geist ist uns gegeben" (Thesen 139). Diese dichten trinitarischen Aussagen werden wir im systematischen Teil zu erläutern haben.

1.3 „III. Grundzüge einer trinitarischen Ontologie"

Mit der „Differentialanalyse" ist die *Strukturphänomenologie* Heinrich Rombachs und auch Klaus Hemmerles noch nicht zu Ende. Die Differentialanalyse ist Analyse einer sich zeigenden Struktur – sozusagen von außen, für den Beobachter oder den Analysten. Die Entstehung und Entfaltung der Struktur – der Vorgang von innen – ist damit noch nicht im Blick. Der Phänomenologie entsprechend geht es um die „Konstitution", den Hervorgang des Phänomens aus den bisherigen Bewegungen und Operationen. Darum geht es der *Strukturontologie* letztlich, die Struktur in ihrer „Genese" zu verfolgen und zu beschreiben, bei der „‚die Sachen selbst', von denen jeweils die Rede ist, zutage treten".[23] Es sei noch einmal Rombachs programmatische

[23] Waldenfels, Topographie, a. a. O., 19.

Aussage zitiert: „Die Dynamik scheidet System von Struktur ab, die Genese lässt die Entstehung anderer Ontologien aus der Dynamik verstehen" (StO 163). Damit ist die Großstruktur der „Phänomenologie der Bewegung" nach Rombach und entsprechend nach Hemmerle gegeben. Der 1. Teil der *Thesen* kann unter den Titel der *Verfassung* subsumiert werden, der 2. Teil war deutlich von der Differentialanalyse, der Analyse der *Dynamik,* geprägt. Den 3. Teil, den Rombach mit *Strukturgenese* überschreibt, führt Klaus Hemmerle zu Beginn des 3. Teils folgendermaßen ein:

„Für eine Ontologie, die vom unterscheidend Christlichen ausgeht, kann die Grundfrage nicht mehr heißen: Was bleibt und was verändert sich? So wenig diese Frage ausfallen darf, so wenig kann sie der unbefragte Ansatz sein. Denn wer vom Bleiben allein her denkt, der denkt von einem einsamen Ansatz, von einem Sich-Durchhalten, von einer Selbstintentionalität her. – Die revolutionierende Kraft des schlichten Wortes, dass allein die Liebe bleibt, ist kaum zu überschätzen. Denn wenn das Bleibende die Liebe ist, dann ist die Verlagerung des Schwerpunktes aus dem Selbst ins Andere, dann ist die (nicht mehr aristotelisch verstandene) Bewegung, dann ist die (ebenfalls nicht mehr als Kategorie, gar als seinsschwächstes Akzidens verstandene) relatio in die Mitte gerückt. Aber Beziehung, Bewegung werden nicht als ein neues Prinzip statuiert, aus dem sich alles doch wiederum in einsamer Deduktion ableiten ließe. Nur eines bleibt: das Mittun jener Bewegung, welche die agape selbst ist. Diese Bewegung ist der Rhythmus des Seins; es ist der Rhythmus des Gebens, das sich selber gibt" (Thesen 140–141).

Wie kaum an einer anderen Stelle verdichtet Hemmerle die Aussage auf die zwei Grundvollzüge der von ihm vorgetragenen „Phänomenologie der Bewegung", nämlich auf „Bewegung" und „Beziehung". Hier ist der Ort, wo Böhnke Hemmerles Philosophie und Theologie zurecht als *„eine Ontologie der Beziehung und Bewegung"* (kursiv – KK) charakterisiert.[24]

Deutlich ist im Text Hemmerles Distanzierung von der klassischen Substanzphilosophie und -theologie.[25] Aber auch die Systematisierung einer Systemphilosophie und

[24] Böhnke, Einheit, 114–118, 132–136.

[25] Für eine Philosophie der Bewegung wäre es anregend, die Prozessphilosophie und -theologie von Alfred North Whitehead (1861–1947) mit den Ansätzen von Rombach und Hemmerle zu vergleichen. Es gibt eine Reihe von Gemeinsamkeiten zwischen den Konzeptionen. Der Anlass ist zuerst ein ähnlicher: die Substanzphilosophie reicht in der Neuzeit nicht mehr aus, die Erkenntnisse der Natur-, aber auch Geisteswissenschaften zu formulieren. Whitehead hat in seinem Hauptwerk *Process and Reality, An Essay in Cosmology* (1928) das Modell einer erneuerten philosophischen Kosmologie entworfen, das nicht mehr auf der Grundlage der aristotelischen Substanzphilosophie ruht, sondern die Bewegung bzw. den Prozess zum Ausgangspunkt der wissenschaftlichen Forschung gemacht hat. Der größte Unterschied zwischen den genannten Ansätzen ist, dass Whitehead an die Stelle der Substanz die „actual entity" einführt. Diese erscheint aber als ein philosophischer Zwitter, ein Hybride, der einmal als eine (substanzhafte) „Entität" gebraucht, aber ganz „dynamisch" gedacht werden soll. Mit anderen Worten versucht Whitehead Aristoteles und Plato weiter zu entwickeln, dabei der alten Ontologie und Metaphysik Tribut zu leisten und zugleich einen radikal anderen Weg zu gehen. Vgl. dazu Wolf-Gazo, Ernest (Hg.) (1980), Whitehead, Freiburg, 45–53. Bei Rombach und Hemmerle geht die Strukturdynamik den Momenten voraus bzw. diese gehen aus den dynamischen Bewegungen hervor.

-theologie wird dem neuen Ansatz nicht gerecht. „Allein die Liebe bleibt“, so führt Hemmerle den neuen Ansatz der Theologie nach 1 Kor 13,8 und 1 Joh 4,8 ein. Dieser Ansatz beginnt vom Innersten der Offenbarung und der Theologie. Zu seiner Beschreibung sind andere Sprechweisen und Kategorien notwendig: Es handelt sich um eine grundsätzliche „Verlagerung des Schwerpunktes aus dem Selbst ins Andere“. Es ist eine andere Philosophie und Ontologie als die klassische gefordert. Ihre Grundbegriffe sind „Bewegung“ und „Beziehung“, aber nicht im klassischen Aristotelischen Sinn, sondern in der neuen, strukturgenetischen Beschreibung. Sehr deutlich tritt hier die „Bewegung“, von der wir ausgegangen sind, und mit ihr die „Beziehung (relatio)“ in den Vordergrund bzw. in die Mitte des Ganzen ein. Eine „Ontologie, die vom unterscheidend Christlichen ausgeht“, muss mit der „Ontologie der Bewegung“ (Rombach) beginnen.

An dieser Stelle spricht Hemmerle in den *Thesen* zum ersten Mal ausdrücklich von „Phänomenologie“, die hinter seinem Anliegen steht. Es ist die „Struktur-Phänomenologie“, die ihm die Mittel und Wege zur Hand gibt, die neue Ontologie des Christlichen zu beschreiben. Es geht jetzt um die Genese, um die Begleitung der Entwicklung der Bewegung von Anfang an, sozusagen aus ihrem Inneren, aus ihrer Mitte, bis zur Entfaltung ihres Weges und ihrer Konkretion. Hemmerle gibt diese Mitte, das Innerste der Theologie, in seinem Werk immer wieder auf die gleiche Weise wieder: Es ist das „Sich-Geben Gottes“.

„Woher sonst als aus einer Phänomenologie des Sich-Gebens, aus einer Phänomenologie der Liebe könnte diese neue Ontologie entwickelt werden? Eine solche Phänomenologie der Liebe bildet in der Tat den Hintergrund der folgenden Aussagen. Es geht indessen nicht darum, das Phänomen Liebe, Sich-Geben einzubringen in eine umgreifende Phänomenalität dessen, was ist, sondern umgekehrt die Phänomenalität all dessen, was ist, aus der Liebe, aus dem Sich-Geben neu und unverkürzt zu lesen“ (Thesen 141). – Die ‚Verlagerung aus dem Selbst in das Andere‘ bringt auch eine Verlagerung der Philosophie und Ontologie mit sich. Ausgangspunkt ist dann nicht mehr zuerst das metaphysische Sein, das sich wie ein Netz über alles legt oder sich wie ein Schirm über alles spannt, und das nach Levinas das immer „Selbe“ ist, sondern auch das Sein ist vom „Anderen“, hier von der Offenbarung her, in seiner Phänomenalität beschreiben.[26]

---

[26] Auf ähnliche Weise identifiziert Hemmerle den Weg, den es zu gehen gilt, in den früheren Unterscheidungen mit der „phänomenologischen Methode“. „Damit ist etwas gesagt über die Methode, wie die nachfolgenden Unterscheidungen durchgeführt werden sollen. Man könnte, in einem freilich von der geschichtlichen Grundlage weiterentwickelten Sinn, sagen, sie seien ‚phänomenologisch‘ angesetzt. Sie gehen nicht von fraglos fixierten Prämissen aus, sondern versuchen diese als das im jeweils Betrachteten selbst Mitgesetzte herauszustellen. Sie suchen das je in seine Unterscheidung Gebrachte aus jenem inneren Entscheiden, aus jener inneren Genese heraus zu sehen und zu verdanken, aus jener inneren Geschichte, welche die Phänomene konstituiert, um von ihnen aus die Sicht des Ganzen zu gewinnen, die ihnen zugehört [...]. Der innere Ansatz der Theologie [...] ist also insofern dem skizzierten ‚phänomenologischen‘ verwandt: Aufgang der Offenbarung und Aufgang der Welt und des Menschen im Licht der Offenbarung aus dem Licht dieser Offenbarung, nicht über theologische Daten gestülpte gegenstandsfremde Methodik, sondern die Frage, wie der sich zusprechende Gott und wie das, was er spricht, in seinem Wort unmittelbar wird und was von ihm her alles und jedes bedeutet. Und da es Gott ist, der sich zuspricht, so ist es jener, der alles sein

Die Mitte der Theologie ist nach Hemmerle das „Sich-Geben Gottes". Wie aber vom „Geben" und „Sich-Geben" Gottes sprechen? Abgesehen davon, dass Geben und Gabe in der heutigen Philosophie und vor allem in der Phänomenologie zu einem Thema ersten Ranges geworden sind, gibt Hemmerle an dieser Stelle den entscheidenden Hinweis: „Ansatz bei der Liebe, beim Sich-Geben ist Ansatz beim Geschehen, beim Vollzug. Am Anfang steht nicht mehr das Problem; Wie kommt das Subjekt über sich hinaus und wieder zu sich zurück? Anders gewendet: Wie kommt die Substanz zu ihren Differenzierungen, Bestimmungen, Wirkungen, ohne ihren Rang und ihren Stand in sich selbst zu mindern? Das Denken ist nicht Rückgang hinter den Vorgang, um ihn von einem isolierten Ursprungspunkt aus zu konstruieren. Vielmehr findet sich das Denken je schon bzw. allererst im Vorgang selbst. – Das Hauptwort eines solchen Denkens ist nicht mehr das Substantiv, sondern das Verb. Vom Mitgang mit dem Vorgang aus eröffnet sich, was vorgeht, wer vorgeht, woher und wohin das Vorgehen geht" (Thesen 141–142).

In den *Thesen* finden sich die schwersten und folgenreichsten Aussagen Hemmerles gegen Substanz- und Systemtheologien, wie im Zitat eben geschehen. Ansatz und Einsatz des Sprechens von Geben und Sich-Geben ist also Geschehen und Vollzug; d. h. „Bewegung" ist das erste Wort, „Beziehung" das zweite, wie oben gesehen. Und wiederum setzt sich Hemmerle entschieden vom Substanz- und Systemdenken ab, die beide nicht das entsprechende Denken mitbringen, um die Bewegung und den Vollzug des Gebens wiederzugeben. Es geht hier nicht wie im Substanzdenken darum, der Substanz Eigenschaften (Akzidenzien) zuzuschreiben, noch die Reflexionsgestalt des Subjekts zu vollziehen. Das Denken, das hier erfordert ist, bildet sich im Mitvollzug des Vorgangs und des Geschehens.

Für Hemmerle ist es das Sprechen selbst, das Vorgang und Bewegung am anschaulichsten abbildet: Ein solches Denken beginnt sprachlich nicht beim Subjekt oder Substantiv, sondern beim Verbum. Es geht den Vorgang der Bewegung des Sprechens mit; es macht die Bewegungen mit: was vorgeht, wer vorgeht, woher und wohin es geht. Als Beispiel eines solchen verbalen Geschehens nennt Hemmerle das Grundphänomen der Bewegung: „leben", „verbal verstandenes Leben".

Es ist kein Zufall, dass Hemmerle „Geben" und „Sprechen" in die Mitte seiner Phänomenologie rückt. Wir werden mit den Phänomenologien von „Geben" und „Sprechen", die wir mit den Phänomenologen und Hemmerle „Grundphänomene" nennen werden, die beabsichtigte erneuerte Theologie systematisch vortragen. Dabei wird das „Sprechen" für die „Offenbarung" Gottes stehen: „Gott spricht", und das „(Sich-)Geben" für die „Gottes- und Christuslehre".

Bewegung und Beziehung sind aber nicht nur zu nennen, sondern zu beschreiben. „Bewegung" ist nicht nur reines Geschehen, sondern bildet „Beziehungen": „Vorgang ist kein ungeschiedenes Strömen – in einem solchen ginge gerade nichts vor. Sondern Vorgang ist geschehende Beziehung, die nicht ginge ohne das Zueinander, Ineinander und Auseinander von Polen, zwischen denen sie spielt." (Thesen 142–

lässt, was es ist, der also die Vielfalt der eigenen Ordnungen, des je eigenen Aufgangs dessen, was ist, nicht verfremdet, sondern gewährt" (Klaus Hemmerle, Unterscheidungen, a. a. O., 14–15).

143). – Bewegung ist ein sich aus sich entfaltendes Geschehen. Es ist aber kein ungeschiedenes Strömen. Sondern der Vorgang der Bewegung entfaltet aus sich ein Geflecht von Polen, wobei die Pole sich zueinander verhalten, ein Beziehungs- und Kommunikationsnetz bilden. Es bildet sich eine Gliederung, ein Geflecht bildet sich aus ihnen heraus, eine Ordnung. Diese Ordnung nennen Heinrich Rombach und Klaus Hemmerle „Struktur". Es ist die Struktur der Bewegung.

An diesem Punkt wird Hemmerle ausdrücklicher als Rombach. Die sich ausdifferenzierenden Pole – Rombach spricht gewöhnlich von Momenten – sind nicht bloße Funktionsstellen eines übergeordneten Systems, sondern sie sind selbst Ursprünge. Dieses Denken der „Mehr-Ursprünglichkeit" ist für Hemmerle von großer Bedeutung.[27] Und wiederum nimmt er das Sprechen als Beispiel. Sprechen ist nicht einfach Daherreden. Sondern Sprechen ergeht in einer gewissen Ordnung. Hemmerle nimmt das „Wort" als Beispiel. Das Wort hat seinen Ursprung im Sprechenden. Der Sprechende erfindet jedoch die Sprache nicht, sondern er verwendet die Sprache, die ihren eigenen Ursprung hat. Und schließlich ergeht das Wort normalerweise nicht irgendwohin, sondern meint einen Gesprächspartner, der seinerseits Ursprung dafür ist, wie ich das Wort an ihn richte. Das sind nur die drei wichtigsten und augenfälligsten Ursprünge, die im Sprechen wirken, andere kommen in der mehrursprünglichen Sprache zu Wort.

Was ist dann aber mit den klassischen Sprachformen und Sprachkategorien? Mit den Substantiven und Subjekten der Sprache, den Prädikationen? Für Hemmerle „restituieren" sie sich aus dem Verbum. Subjekt und Substantiv restituieren sich in der Bewegung des Sprechens. Die Ursprünge und Pole sind nicht nur Übergangsweisen einer Bewegung, die über sie hinwegrollt, sondern sind wirklich Ursprünge und Pole. Sie sind eben wirklich Subjekte, die das Geschehen entscheiden, sind Substantive, die den Bestand des Geschehens versammeln. Aber sie sind eben nicht Fixationen, die außer der Bewegung bestehen, sondern im Geschehen und in der Bewegung zu sich finden und zu sich kommen und sich im Geschehen wiederfinden und sich rekonstituieren. (Thesen 145–147)

Was sich am Phänomen des „Sprechens" und des Wortes gezeigt hat, ist auf die Mitte des Geheimnisses Gottes, das „Geben" und Sich-Geben Gottes zu übertragen. Wie am Anfang mit dem Verbum jedes Sprechen zu beginnen hat, so ist das Geben von allem Anfang an verbal zu nehmen. Mit dem Geben entfalten sich Beziehungen, Pole des Gebenden, der Gabe und des Beschenkten, die Ordnung oder Struktur des Gebens, ein mehrursprüngliches Geschehen, wie es beim Sprechen ansichtig geworden ist.

„Das Neue der neuen Ontologie ist ihr Ansatz in einer Tiefe, die sich von unten nicht aufschließen lässt: beim dreifaltigen Geheimnis Gottes, das uns im Glauben offenbar ist. Das Geheimnis dieses Geheimnisses heißt Liebe, Sich-Geben. Von hier aus aber schließt sich alles Sein, alles Denken, alles Geschehen in seiner Struktur auf; es erfolgt die relecture des für den Glauben Offenbaren an den Phänomenen, im unmittelbaren Hinblick auf sie. Das Denken selbst lernt sich bei dieser ‚Phänomeno-

[27] S. Böhnke, Einheit, a. a. O., der die Mehrursprünglichkeit zum Thema seiner Promotion zu Klaus Hemmerle gemacht hat.

logie‘ neu, es wird verwandelt, indem es Mitgang mit dem Gang des Sich-Gebens, mit dem Gang der Liebe wird“ (Thesen 150).

In einer solchen Phänomenologie erschließt sich das „Sich-Geben“ Gottes als trinitarisch. Hemmerle stützt sich dabei auf Röm 8,22: „Wie sollte der, der seinen eigenen Sohn nicht geschont, sondern für uns alle dahingegeben hat, nicht uns mit ihm auch alles geben?“ (Thesen 150–151). – Gott hat sich gegeben, in seinem Sohn, er hat uns mit ihm uns alles gegeben. Hemmerle fasst die Konsequenz dieses trinitarischen Ansatzes aus dem Sich-Geben dicht zusammen: „Das Sich-Schenken Gottes schenkt ihn. Vater und Sohn und Geist sind in diesem einen Sich-Schenken auf je ihre Weise wirksam, auf je ihre Weise an ihm ablesbar. Unsere Antwort, unser Denken und Tun, bezieht sich auf den einen Gott – aber gerade die Einheit unserer Antwort konstituiert sich im Eingehen und Wiederholen der Momente, in denen sich die Einheit des trinitarischen Geschehens konstituiert“ (Thesen 151–152).

Aus dem trinitarischen Ansatz erfolgt die Relecture der neuen „fundamentalen Ontologie“, die eine trinitarische Ontologie ist, die Relecture des Denkens und Seins, der Phänomenologie und des Lebens, des Daseins und der Welt.

„IV. Nachtrag: Konsequenzen einer trinitarischen Ontologie“ – In dem kurzen Nachtrag des 4. Teils der *Thesen* zeigt Hemmerle seine Überzeugung auf, dass das trinitarischen Sprechen unseren Glauben und die Theologie in allen ihren Bereichen prägen und bestimmen sollte; aber nicht nur die Theologie, sondern auch die Philosophie; denn all unser Tun und Sprechen ist davon betroffen. Der Ansatz ist umfassend: Der Anspruch ist der einer neuen und fundamentalen Ontologie.

Was sich aus der Vorschau der *Thesen* auf das kommende Buch ergibt, kann folgendermaßen zusammengefasst werden: Um Hemmerles *Thesen zu einer trinitarischen Ontologie* zu verstehen, ist zuerst auf die Methode seines Denkens zu achten. Es ist vor allem auf den Grundzug seines Denkens zurückzukommen, einer Ontologie und Phänomenologie der „Bewegung“ und „Beziehung“. Dazu ist die „Phänomenologie der Bewegung“ von Heinrich Rombach vorzustellen, die Hemmerle offensichtlich neue Wege der Methode eröffnet hat. Es ist die *Strukturontologie* Heinrich Rombachs in den Blick zu nehmen, deren Programm eine Durchführung der Phänomenologie der Bewegung in den Etappen *„Strukturverfassung“*, *„Strukturdynamik“* und *„Strukturgenese“* darstellt. Es zeigte sich, dass *Hemmerle* in den *Thesen* diesem Duktus folgt. Insbesondere sind die Differentialanalyse zur Kontur der Strukturverfassung, die Kriterien der Strukturdynamik und schließlich der Vorgang der Strukturgenese von Bewegung und Beziehung zu verfolgen. Es zeigte sich, dass dabei vor allem die Vorgänge oder Grundphänomene des „Sagens / Sprechens“ und des „(Sich)-Gebens“ von herausragender Bedeutung für die Theologie sind.

Auf dem Hintergrund der Phänomenologien von „Sprechen“ und „Geben“ wird es möglich sein, nach den methodischen Hinführungen die inhaltlichen Themen der Theologie wie Offenbarung, Glaube, Trinität, Christologie, Soteriologie, Kirche u. a. anzugehen, sie aus den phänomenologischen Vorgaben zu entfalten, zu bedenken und zu erörtern. Dabei ist die Theologie kein Abklatsch der Philosophie oder Phänomenologie, sondern die Möglichkeit, im Licht einer erneuerten Philosophie und Ontologie die Grundaussagen der Theologie neu zu verstehen, in einer unüblichen Sprache die Theologie neu zu durchdenken, sie vor allem nicht nur statisch, sondern zeitlich dynamisch zu beschreiben. Dazu ist aber zuerst einmal die Aporie, welche dem ganzen Buch zugrunde liegt, gründlicher zu erörtern, nämlich die Aporie der Bewegung, d. i. die Aporie von Raum und Zeit.

Teil II:

Phänomenologie als Methode

Freiburger Phänomenologie

Heinrich Rombach steht in der Tradition der Freiburger Phänomenologie von Edmund Husserl und Martin Heidegger. Klaus Hemmerle steht in der Tradition der Freiburger Religionsphänomenologie von Bernhard Welte.[1] Beide, die philosophische wie theologische Phänomenologie, waren sich nahe. Die philosophische Phänomenologie wurde von den zwei Häuptern Edmund Husserl und Martin Heidegger angeführt. Von Husserl stammt das Axiom der Phänomenologie „zu den Sachen selbst". Heidegger hat in dem zentralen § 7 von *Sein und Zeit* diese Maxime aufgenommen und kommentiert, wie sie für die Phänomenologie schulbildend geworden ist (SZ 27). Heidegger vertieft sodann im selben § 7 das Wesen der Phänomenologie und formuliert nicht weniger schulbildend: „Phänomenologie sagt dann: [...] Das, was sich zeigt, so wie es sich von ihm selbst her zeigt, von ihm selbst her sehen lassen". Einmal ist hier das Axiom „zu den Sachen selbst" wiedergegeben in der Formulierung „Das, was sich zeigt, so wie es sich von ihm selbst her zeigt". Das also ist die ‚Sache' oder der Gegenstand der Phänomenologie. Nicht weniger bedeutsam ist aber der Zusatz: „Das, was sich zeigt, [...] von ihm selbst her sehen lassen". Das meint nicht tautologisch dasselbe, sondern bringt einen neuen Gesichtspunkt ein: die Sehweise oder Methode, wie die Sache zum Sehen oder Sprechen gebracht werden soll.

Und in der Tat sind dies zwei unterschiedliche, aber zentrale Gesichtspunkte, die zwar unterschieden werden müssen, auf der anderen Seite aber zusammengehören. Dem Denken geht es nicht nur um das „Was", sondern vor allem auch um das „Wie". Das entspricht der zentralen Aussage Heideggers, die in *Sein und Zeit* folgt: „Der Ausdruck ‚Phänomenologie' bedeutet primär einen Methodenbegriff. Er charakterisiert nicht das sachhaltige Was der Gegenstände der philosophischen Forschung, sondern das Wie dieser" (SZ 27 bzw. 37). Methode und Gegenstand sind gleich wichtig, sie korrelieren.

Im Grunde basieren der Zusammenhang von Methode (Wie) und Sache (Was) und ihr Verhältnis, wie es Heidegger für die Phänomenologie reklamiert, auf einer alten traditionellen Erkenntnis, wie es Waldenfels formuliert: „[...p]hilosophisches Denken [...] unterscheidet zwischen dem, *was* es sucht, und der Art und Weise, *wie* es dies tut. Sachbezug und Zugangsweise, Erfassung und Auffassungsweise fallen nicht zusammen. Wenn Husserl Platons Suche nach den ‚Dingen selbst' [‚Zu den Sachen selbst' – KK] wieder aufnimmt, so geht er nicht geradewegs auf die erscheinenden Sachen zu, sondern achtet in besonderem Maße auf die verschiedenen Weisen ihres Erscheinens. Das *Was* unseres Weltverhaltens, verbunden mit dem *Wozu* unseres Handelns, fällt nicht zusammen mit dem *Wie* und dem *Als-was* unserer Auffassungen. Diese Differenz tritt in verschiedenen historischen Differenzen zutage, als ontologische Differenz des ὂν ᾗ ὄν bei Aristoteles, als die transzendentale Differenz zwischen Gegenstand und ‚Erkenntnisart' von Gegenständen bei Kant oder als her-

[1] Kienzler, Klaus (1997), Zur Einführung, in: Bernhard Welte, Religionsphilosophie, 5., überarbeitete und erweiterte Auflage, hg. von Bernhard Casper und Klaus Kienzler, Frankfurt, 13–42.

meneutisches ‚Als' und als ontologische Differenz zwischen Sein und Seiendem bei Heidegger" (GN 49–50). Levinas hat es rückblickend einmal knapp formuliert: „Mit Husserl haben wir gelernt, uns dessen, was wir dachten, zu versichern, indem wir untersuchten, wie wir es dachten".[2]

Es sei nur ausdrücklich an die bekannte Aussage des Aristoteles erinnert: „Ἡ ἐπιστήμη τὰ ἐπίστετα πῶς ἐστίν – Wissenschaft ist gewissermaßen das zu Wissende".[3] Diese Aussage und Einstellung hat bei Bernhard Welte und seinen Schülern eine zentrale Bedeutung gefunden.[4] In anderer Form ist die Aussage auch einem Grundaxiom der Philosophie des Thomas von Aquin entnommen: „cognoscens in actu est ipsum cognitum in actu"[5] – eine alte Erkenntnis, die im Kern schon Phänomenologie enthält, aber in der Tradition kaum bedacht worden ist.

Diese Einstellung der Phänomenologie hat entscheidende Bedeutung für die gesamte Anlage dieses Buches. Das Anliegen könnte mit einem Wort von Goethe verbunden werden: „Das Was bedenke, mehr das Wie" (Faust). Mit anderen Worten geht es der Phänomenologie sowohl um das „Was" (die Sache, das ‚Außen') als auch um das „Wie" (die Methode bzw. die Zugangsweise, das ‚Innen'). Dies hat für dieses Buch zur Folge, dass es aus drei großen Teilen besteht, einem ersten Teil, der die Methodenfragen behandelt (Teil II.2 Die Problematik der Aporie der Bewegung und Teil II.3–4 die phänomenologischen Ansätze von Heinrich Rombach und Klaus Hemmerle), sodann einem zweiten Teil, der die Theologie insgesamt berücksichtigt: zuerst wieder methodisch dem *Wie* entsprechend „Offenbarung" und „Glauben" (Teil III.4–7), und einem dritten, dem *Was* der Theologie entsprechend: „Gotteslehre", „Trinität", „Jesus Christus", „Heiliger Geist", „Soteriologie" und „Ekklesiologie" (Teil IV–VI).

Das Buch hat offensichtlich eine besondere methodische Nähe zur Phänomenologie Emmanuel Levinas', der in einer persönlichen Rückschau drei zentrale Dimensionen seiner Philosophie bzw. Phänomenologie nannte: „Ontologie/Subjektivität (1), Sprache (2) und Zeit (3)" (Noms 110). Ein Großteil der Philosophie Levinas' ist diesen Kernfragen gewidmet: dem Seinstatus der Subjektivität (1), der Sprache (2) und der Zeitlichkeit (3). Ontologie, Sprache und Zeitlichkeit durchdringen sich auf besondere Weise. Levinas steht dabei in der Nähe zu Franz Rosenzweig, der als Überzeugung vertrat: „Sein ist erst dadurch, dass es sich zwischen Menschen zeitigt. Ich bedarf, um wirklich zu sein, des Anderen wie der Zeit".[6] Demnach kommt der Zeit-

[2] Noms, Vorwort, 7.

[3] Aristoteles, Peri Psyches 432 b22.

[4] Vgl. Welte, Bernhard, Die Philosophie in der Theologie (1957), in: ders. (1965), Auf der Spur des Ewigen, Freiburg, 366–379; 376 (GS IV/3, 137–152; 149 f); ders., Die Wesensstruktur der Theologie als Wissenschaft (1955), in: ders., Auf der Spur des Ewigen, a. a. O., 351–366; 353. (GS IV/3, 167–183; 169); s. auch PhG 495, 482, und Propädeutische Überlegungen zur Glaubensvermittlung (1988): AS IV, 351–362; 351. – In Klammern zitiere ich zusätzlich Bernhard Welte, Gesammelte Schriften I–V, hg. von Bernhard Casper, Freiburg 2006–2011 [GS I–V].

[5] Thomas von Aquin, In Aristoteles De anima II, 12 nr 377.

[6] Casper, Bernhard (2002), Das dialogische Denken. Franz Rosenzweig, Ferdinand Ebner und Martin Buber, Freiburg, 363.

lichkeit (3) bei Rosenzweig und Levinas eine besondere Bedeutung zu. Sie macht das Leben oder die Bewegungsform von Sprechen und Sein aus. Wir werden uns so zuerst mit der Aporie der Bewegung, der Aporie von Zeit und Raum, befassen (Teil II.2). Teil III. wird dann die „Sprache" bzw. das „Sprechen" theologisch zum Thema haben (2), da es sich dabei um die Offenbarung Gottes handelt, um „Gott, der spricht". Im Teil IV–VI. wird es dann um die ‚Ontologie' (1) gehen, da sich „Sein" als „Gabe" und Gott als „Sich-geben" erweist.

2 Aporien der Bewegung – Zeit und Raum

Die Hauptaporie, die zu dieser Studie einer Neubesinnung auf die Theologie geführt hat, ist die Aporie der „Bewegung". Sie ist in der Spitzenaussage von Klaus Hemmerle enthalten, wenn er knapp formuliert: „Keine andere Wahrheit ist zeitlicher als die des Religiösen" (Wahrheit 183). Es ist zunächst dieser Aporie nachzugehen, sie überhaupt erst verständlich zu machen und in ihr ein Hauptproblem der abendländischen Philosophie zu erkennen. Nennen wir noch einmal die grundlegende Aporie, von der wir ausgehen, mit der Aussage des Artikels über „Bewegung" im *Handbuch philosophischer Grundbegriffe:* „Bewegung im eigentlichen Sinn ist nicht definierbar oder begrifflich exakt fassbar. Charakteristisch für jeden Versuch einer Begriffsbestimmung ist die Paradoxie, dass einerseits feste Grenzen gezogen werde sollen, andererseits aber Bewegung gerade Vollzug und somit Verneinung jedes Statischen ist. Der Bewegungsbegriff muss sich gleichsam selbst bewegen, um dem Bewegungsvollzug nachzukommen".[7]

In dem Artikel ist die Aporie der Bewegung dadurch zum Ausdruck gebracht, dass Bewegung nicht auf einen Begriff oder in eine Definition gebracht werden kann. Das deswegen nicht, weil Bewegung die Paradoxie enthält, feststellbar sein zu sollen, wo sie doch gerade bewegt ist. Mit anderen Worten beinhaltet sie die Paradoxie von Statik und Dynamik. Diese Paradoxie gründet in der Darstellbarkeit von Raum und Zeit in ihrem Zusammenhang. Bernhard Waldenfels fasst seine phänomenologischen Studien zu Raum und Zeit und ihrem möglichen Zusammenhang folgendermaßen zusammen und bringt die Aporie zu einem ersten Verständnis:

„Vergegenwärtigen wir uns [...] die beiden Leitfragen, die unsere Untersuchungen in Gang gesetzt haben, nämlich die *Wo-Frage* und die *Wann-Frage.* Offensichtlich kann eine Wo-Frage nicht mit Zeitangaben, eine Wann-Frage nicht mit Ortsangaben beantwortet werden. Eben deshalb rekurriert man auf verschiedene Aussageweisen, Anschauungsformen oder Datentypen. Die Aussage, dass Berlin erstmals 1244 urkundlich erwähnt wird, enthält keine Angabe darüber, ob die Stadt an der Spree oder an der Havel liegt, und der Hinweis auf die Flusslage, verrät uns nichts über die Umstände, die zur Wahl dieses Ortes geführt haben" (Ort 236).

Und grundsätzlich stellt Waldenfels zu dieser Aporie fest: „Die Zweiheit von Ort/Raum und Zeit lässt sich nicht überspringen, aber auch nicht aufheben. Jede Hierarchisierung von Zeit und Raum, die ein einseitiges Gefälle herstellt, würde erfordern, dass man letzten Endes die Räumlichkeit aus der Zeitlichkeit oder die Zeitlichkeit aus der Räumlichkeit herleiten will. Dies würde bedeuten, dass hinter der Wo-Frage eine verkappte Wann-Frage oder aber hinter der Wann-Frage eine verkappte Wo-Frage steckt. Wir geraten auf spekulatives Glatteis, so dass die ‚Reibung mit der Wirklichkeit' verloren geht. Versuchen wir es dagegen mit einer Gleichursprünglichkeit von Zeit und Raum, so stellt sich die Frage, worin die Gemeinsamkeit dieses Ursprungs besteht. Damit öffnet sich eine Schleuse für vielerlei Fragen. Das Medium, in dem Zeit und Raum oder Zeit und Ort sich treffen, lässt sich verschieden bestim-

[7] Herold, Art. „Bewegung", a. a. O., 209.

men. Die Geschichte der Philosophie zeigt, wie sehr man versucht ist, der Zweiheit von Zeit und Raum ein Drittes zu unterlegen, das als ontologische Substanz oder als transzendentales Subjekt in seiner Dauerhaftigkeit letzten Endes Zeit- und Raum enthoben ist oder aber als anonymer Lebensstrom alle Differenzen hinwegschwemmt. Die Sichtweise, die sich aus unseren Untersuchungen ergibt, deutet dagegen in eine andere Richtung. Sie verweist auf ein leibliches Geschehen, in das wir wohl oder übel verwickelt sind, und speziell verweist sie auf die Bewegung eines Selbst, das sich zeitigt und verortet, indem es kraft seiner Leibkörperlichkeit zugleich bei sich und außer sich ist" (Ort 238–239).[8]

Bernhard Waldenfels diskutiert die Aporie von Raum und Zeit grundsätzlich und erörtert die Möglichkeiten einer Lösung. Die philosophischen Lösungen weisen entweder in die Richtung einer ontologischen ‚Substanz', der Substanzphilosophie, oder eines transzendentalen ‚Subjekts', dem Prinzip der Systemphilosophie. Für Waldenfels sind das ebenfalls keine Lösungen, wie wir zu Anfang mit Rombach feststellten, dass weder die Substanz- noch die Systemphilosophie die Aporie der Bewegung auflösen kann. Die Antwort, die er selbst andeutet, nämlich der Hinweis auf die Leiblichkeit, wird uns später beschäftigen.

Die Grundaporie der Bewegung ist uns aus den Naturwissenschaften bekannt. Sie hat aber nicht nur die Naturwissenschaften revolutioniert, sondern sie betrifft nicht weniger die Geisteswissenschaften wie Philosophie und Theologie. Im Gegenteil, die Aporie von Zeit und Raum wird geradezu zum Kardinalproblem der Geisteswissenschaften. Denn sie können nicht von Zeit und Zeitlichkeit abstrahieren, sondern je mehr sie sich mit dem Leben des Geistes befassen, umso mehr wird das Problem der Zeitlichkeit erfahren. Und nicht nur mit dem Leben des Geistes, sondern mit dem Leben überhaupt. Leben ist Bewegung, und die Geschichte des Lebens kann nicht ohne ein fundamentales Verständnis von Geschichtlichkeit verstanden werden. Zwar hat sich das Problem von Zeit und Geschichte zu allen Zeiten gestellt, es konnte aber anscheinend beruhigt werden durch die scheinbare universale und ideale Geltung der kosmischen Gesetze. Als dieses Verständnis seine allgemeine Gültigkeit für alle Bereiche des Lebens schwand, traten im Gegenzug die Geisteswissenschaften auf den Plan. Vor allem waren es die Fragen nach der existentialen Zeitlichkeit und der historischen Geschichtlichkeit, die in den Mittelpunkt rückten. Heute scheint die Besinnung auf die Zeit wieder auf die Tagesordnung zu kommen, wie das neue Buch von Rüdiger Safranski zur Zeit zeigt.[9] Wir wollen das Problem nicht in extenso verfolgen, sondern sozusagen nur die allergischen Punkte nennen.

Paul Ricoeur hat in seinem Meisterwerk *Temps et récit* (ZE) die fundamentale Aporie von Zeit und Raum von Aristoteles über Augustinus bis zu Kant und Heidegger gründlich analysiert. Heidegger stellt in der modernen Situation die Frage nach der Zeitlichkeit und Geschichtlichkeit neu. Dabei erscheint vor allem der frühe Ein-

---

[8] Interessante Beobachtungen zur Darstellung von Raum und Zeit stammen von dem Installationskünstler Olafur Eliasson (2014), Reise von Manchester nach Liverpool, in: Your Exhibition Guide (App): Clip „Zeit".

[9] Safranski, Rüdiger (2015), Zeit: Was sie mit uns macht und was wir aus ihr machen, München.

stieg Heideggers in die Problematik relevant. Denn Heidegger versucht in seiner frühen Zeit, die Problematik der Historizität und Zeitlichkeit nicht durch Existenzialisierung zu umgehen, wie oft gesagt wird, sondern ein Rückblick auf die Anfänge zeigt, dass er sich gerade in die damalige Zeit der Diskussionen um Geschichtstheorien und -wissenschaften eingemischt hat, um sie tatsächlich zu überwinden, nicht durch Ausflucht, sondern durch ein neues Konzept von Raum und Zeit. Was daraus geworden ist, erscheint zunächst nicht so entscheidend. Es ist aber Emmanuel Levinas Recht zu geben, dass ohne diesen frühen Heidegger die Geschichte der neueren Philosophie nicht zu verstehen ist (EU 32–33, ZU 147).

Das Problem der Zeitlichkeit wird natürlich vor allem in den historischen Wissenschaften dringlich. Paul Ricoeur hat in dem Zweiten Band von *Temps et récit* (ZE) den langjährigen Streit der französischen Historiker referiert. Es spricht für sich und entspricht dem Thema dieser Studie, dass sich der Streit der französischen Historiker (dabei aber der Geschichtswissenschaften überhaupt) zwischen den Extremen eines faktisch-empirischen und idealistisch-systematischen Geschichtsverständnis, also zwischen einer substanzhaft faktischen und einer systematisch-idealistischen Konzeption bewegt.

Paul Ricoeurs Meisterwerk, die drei Bände von *Zeit und Erzählung (Temps et récit)*, gehen von der Grundaporie des Abendlandes aus, nämlich von dem Raum- und Zeitverständnis des Aristoteles und des Augustinus. Deren jeweiliges Verständnis von Zeit, Ricoeur nennt jenes von Aristoteles das quantitative und jenes von Augustinus das phänomenologische, ist nicht miteinander vereinbar. Aristoteles transponiert die Zeit in den Raum, Augustinus findet die Zeit im Innenraum der Seele. Wenn Ricoeur mit dieser Unterscheidung eine bleibende Dissonanz der abendländischen Philosophie aufdeckt, dann kann er sich auf Martin Heidegger beziehen, der bereits in *Sein und Zeit* vom Grundproblem der abendländischen Philosophie sprach und dort auf einen anderen hinwies, nämlich auf Immanuel Kant, welcher für Heidegger als einziger seit der Antike das Grundproblem erneut aufgriff. Diese Einsicht von Kant brachte Heidegger zu den Kantvorlesungen und Studien, welche im Umkreis von *Sein und Zeit* zu datieren sind. Denn bei genauem Hinsehen sind die beiden großen Themen von *Sein und Zeit* selbst vor allem die von „Raum" (SZ 41–230) und von „Zeit" (SZ 231–437). Aber die Aporie ist nicht nur für die Philosophie festzustellen, sondern auch für die Kunst und andere Wissenschaften. Nur die Theologie scheint weitgehend davon noch nicht Kenntnis genommen zu haben. Wir werden zum Verständnis der Aporie von Raum und Zeit auf die genannten Philosophen und Philosophien, vor allem im Anschluss an Paul Ricoeur, eingehen.

Auf welche Weise wird es nun möglich, mit dieser Aporie umzugehen, wie es Hemmerle und Rombach versuchen? Sie versuchen Bewegung zur Sprache zu bringen, Bewegung in ihrer Dynamik, in ihrer spezifischen Bewegungsart, in ihrer Struktur. Das kommt bei ihnen sprachlich zum Ausdruck. Zunächst bildet Sprache die Wirklichkeit aporetisch ab; die prädikative Form ist das Normale: Subjekt, Prädikat und Objekt. „Bei dem Begriff ‚Substanz' wird wie bei dem des ‚Wesens' etwas in die Metaphysik übertragen, was nur eine sprachliche Vereinfachung ist; ein metaphysischer Irrtum, der dadurch entsteht, dass die Struktur von Subjekt-Prädikat-Sätzen auf die Struktur der Welt [und – schlimmer noch – induziert auf die ‚Überwelt'] übertragen wird" (Russell).[10]

Hemmerle und Rombach ziehen die Verben vor, die Tunwörter, die ein reines Handeln oder Erleiden aussagen, ohne zunächst Subjekte oder Objekte, also Begriffe, zu nennen. Übrigens verfährt Aristoteles ähnlich, indem er als Grundwort der „Bewegung" das Verb „Bauen" angibt (Physik 201a). Aristoteles fügt hinzu, die Grundbewegung und Grundstruktur des Bauens gelte für eine Reihe anderer Handlungsweisen wie „Lernen, Heilen, Gehen und Springen, vom Altern und Reifen" (Physik III und V). Bernhard Waldenfels macht darauf aufmerksam, dass die Phänomenologen wie Max Scheler, Merleau-Ponty u. a. bei ähnlichen Grundhandlungen ebenfalls das Verbum bevorzugen gegenüber irgendwelchen Hypostasierungen, um hervorzuheben, dass es sich hierbei um Vollzüge oder Prozesse handelt. Wir werden diese Grundhandlungen mit Rombach „Grundphänomene" nennen.[11]

Welche Folgen ergeben sich aus einer Sichtweise, welche die Wirklichkeit nach der Struktur der Normalsprache abbildet? Was ergibt sich, wo das Verbum, die Tätigkeitsform, führend wird? Das mag an einem Beispiel gezeigt werden, das als wichtiges Paradigma im ganzen vorliegenden Buch dienen wird, am Beispiel des „Gebens". Gabe und Geben sind in der neueren Philosophie zu einem zentralen Thema geworden. Aber auch zu einem kontroversen. Als Beispiel mag die Auseinandersetzung in Frankreich zwischen Jean-Luc Marion und Derrida angeführt werden. Während Marion Geben und Gabe als Grundphänomen in die Philosophie zurückbringt, bestreitet Derrida die Möglichkeit eines reinen Gebens insgesamt. Für ihn gleitet jedes Geben in Ökonomie ab, was dem Geben selbst widerspricht. Ob man das Geben von Seiten des Gebenden, des Beschenkten oder auch der Gabe bedenkt, das Geben verdirbt sofort, sobald es von einer Seite allein betrachtet wird. Denn dann bemächtigt sich nach Derrida die Ökonomie sofort der Gabe und des Gebens. Wie das Dilemma vermeiden? Das Geben ist aus der Ökonomie zu befreien. Was heißt das? Geben wird im Allgemeinen im Zusammenhang von Geben und Nehmen verhandelt. Dem Geben auf der einen Seite entspricht ein Nehmen auf der anderen; hier der Geber, dort der Empfänger. Damit ist Geben aber in der Falle des ökonomischen Rechnens. Anökonomisches Geben ist verwickelter. Bernhard Waldenfels spricht von einem „nehmenden Geben" und einem „gebenden Nehmen" (AR 609 ff, DG 2 280).[12] D. h. der Empfänger wirkt auf den Geber ein und so auch der Geber auf den Empfänger. Mit anderen Worten, das Geben in seinem Vollzug ist als ganzer zu sehen, aus ihm konstituieren sich die Momente. Es ist die Beziehung zwischen Geber und Empfänger in ihrem Zu- und Ineinander zu betrachten; davon ist dann auch die Gabe bzw. Gegengabe betroffen. Derrida selbst gesteht zu, dass es natürlich ein Geben gibt, wenn es auch nicht gedacht oder zum Ausdruck gebracht werden kann. Die Antwort zeigt die Stärke der Strukturphänomenologie: ihr geht es um die Handlung selbst

---

[10] Russell, Bertrand (1988), Die Philosophie des Abendlandes: Logik des Aristoteles, Wien, 215–223.

[11] Waldenfels, Bernhard (2000), Das leibliche Selbst. Vorlesungen zur Phänomenologie des Leibes, hg. v. Regula Giuliani, Frankfurt, 46.

[12] Zum Begriff des „An-ökonomischen" s. Waldenfels, Hyperphänomene, 228–233, bes. 230

(das Geben), ohne sich auf die einzelnen Positionen (Geber, Gabe, Beschenkter) festzulegen. Es ist also die gesamte Beziehung zum Ausdruck zu bringen, die Beobachtung einzelner Positionen verdirbt sofort die Handlung, das Geben. Diesem Paradigma werden wir im Folgenden immer wieder begegnen. Es wird geradezu zum Markenzeichen der Strukturphänomenologie werden (DG 2 278, 288).[13]

Diese Zusammenhänge mögen zunächst befremdlich erscheinen. Bei näherem Zusehen sind sie uns aber durchaus vertraut. Unsere Beobachtungen müssen nicht der normalen Sprache folgen; nicht nur die Logik der Normalsprache vermag die Welt abzubilden. Es gibt andere Weisen der Erfahrung: etwa die reine Konzentration auf eine Bewegung, einen Vorgang oder eine Handlung. Besinnung und Anschauung vermögen intensiver zu sein als ein Besprechen und Erörtern. Als Beispiel mag das bekannte Gedicht von Conrad Ferdinand Meyer dienen:

Der römische Brunnen
Aufsteigt der Strahl und fallend gießt
Er voll der Marmorschale Rund,
Die, sich verschleiernd, überfließt
In einer zweiten Schale Grund;
Die zweite gibt, sie wird zu reich,
Der dritten wallend ihre Flut,
Und jede nimmt und gibt zugleich
Und strömt und ruht.[14]

Das Gedicht lebt rein von der Bewegung, von den Verben. Feste Begriffe oder Objekte kommen nicht vor, nur im Sinne von Grenzen oder Umschwüngen, dort nämlich wo die Bewegung und das Fließen gebrochen oder in der Richtung verändert werden. Es wird niemand bestreiten, dass ein solches verbale Sprechen nicht weniger eindrucksvoll eine Wirklichkeit beschreibt als eine wissenschaftliche Erörterung. Poetik ist insgesamt eine andere Weise des Sprechens, auch eine andere Weise, die Welt zu besprechen. oder besser: selbst sprechen zu lassen.

2.1 Aporien der Wissenschaften – Bewegung

„Ein grundlegendes Problem [des Buches der Natur], das durch Tausende von Jahren wegen seiner Komplikation gänzlich verschleiert blieb, ist das der Bewegung“ (Einstein).[15]

Bewegung ist heute zunächst ein physikalischer und naturwissenschaftlicher Begriff. Nähern wir uns dem Begriff von dieser Seite. Bewegung ist ein Grundbegriff der Naturwissenschaften. Es ist der Grundbegriff der *Mechanik*. Er meint das Ver-

---

[13] Waldenfels, Hyperphänomene, 233.

[14] S. auch Bayer, Oswald, Ethik der Gabe, in: Veronika Hoffmann (Hg.) (2009), Die Gabe. Ein „Urwort“ der Theologie, 99–124, hier 102.

[15] Einstein, Albert (1988), Die Evolution der Physik. Von Newton bis zur Quantentheorie, Hamburg, 17.

hältnis eines Körpers (Masse) in Raum und Zeit. Kinematik und Dynamik sind Teilgebiete der Mechanik. Dabei ist die Kinematik (gr.: κίνημα) die Lehre der Bewegung von Punkten und Körpern im Raum, beschrieben durch die Größen des Weges *s* (Änderung der Ortkoordinate), Geschwindigkeit *v* und Beschleunigung *a* [Änderung der Zeitkoordinate], – ohne die Ursachen der Bewegung (Kräfte) zu betrachten. Ihr Gegenstück ist die *Dynamik,* die sich mit der Bewegung von Körpern unter Einwirkung von Kräften beschäftigt. Die Dynamik wiederum wird unterteilt in Statik und Kinetik; die Statik beschreibt die Kräfte im Gleichgewicht der ruhenden Körper; die Kinetik mit dem Faktor Zeit verändert den Bewegungszustand.[16]

Zusammenfassend kann gesagt werden, die physikalische Bewegungslehre enthält die drei Größen von „Raum" (Mechanik), „Zeit" (Dynamik, Kraft und Geschwindigkeit) und Masse bzw. Körper. Auf eine einfache Formel gebracht, kommt in der Bewegung das Verhältnis von Raum (Ort) und Zeit (Geschwindigkeit) eines Massepunktes oder Körpers zur Sprache. Und dies ist nun die Grundthese dieses Buches: das Verhältnis von Raum und Zeit kann nicht exakt zum Ausdruck gebracht werden. Entweder wird der Ort (Raumstelle) exakt bestimmt (Statik) oder die Zeit beschrieben (Dynamik). Im ersten Fall kann der Ort eines Körpers exakt bestimmt werden,

---

[16] Das Verständnis von „Bewegung" und „Dynamik" mögen zusammenfassend mit den entsprechenden Artikeln im Brockhaus (2002) wiedergegeben zu werden: „Bewegung: Als Veränderung und Werden ist Bewegung die Grunderscheinung einer Welt, in der sich alles verändert (lateinisch ens mobile ‚bewegtes Sein'; Gegensatz: ewiges, unveränderliches Sein). Bewegung stellt einen Zusammenhang dar, innerhalb dessen der Übergang von einem bestehenden Zustand in einen anderen abläuft. Solchem Wechsel liegt etwas zugrunde, das Bewegung erfährt, verschiedene Bestimmungen durchläuft, sich selbst aber erhalten bleibt. Bewegung ist eine Art Zusammenschluss ‚zweier Naturen', einer wirklichen und einer möglichen: Das Wesen eines bewegten Seienden liegt darin, dass es sich durch Bewegung verwirklicht; indem es sich bewegt, ‚wachsen Anfang und Ende zusammen', die gegenwärtige Wirklichkeit als Ursprung und ein möglicher Zustand als in der Zukunft stehendes Ziel (‚Das Wesen der Bewegung ist die Bewegung des Wesens', F. Kaulbach). In der Begriffsgeschichte sind fünf Positionen bedeutsam: die vom quantitativ-mechanischen Mehren/Mindern, vom qualitativ-eidetischen Wandel, von der dialektischen Bewegung, vom organischen Wachstum und das Theorem vom paradox – aporetischen Schein (Zenon von Elea). Manche Arten der Bewegung, ob stetig oder sprunghaft, ob in Kreisen, linear oder spiralförmig, sind Vorbild systembildender Vorstellungen in Naturphilosophie und Geschichtsphilosophie".

„Dynamik: die Lehre von den Kräften und Wechselwirkungen und den von ihnen hervorgerufenen Bewegungs- oder Zustandsänderungen in physikalischen Systemen; im engeren Sinn das Teilgebiet der Mechanik, das die Änderung des Bewegungszustandes von Körpern u. a. durch von außen einwirkende Kräfte behandelt (im Unterschied zur Statik und Kinematik), die Beziehungen zwischen den Beschleunigungen und den sie verursachenden Kräften aufstellt und Methoden zur Lösung der sich ergebenden Bewegungsgleichungen entwickelt. Ausgangspunkt ist im Allgemeinen die als dynamische Grundgleichung bezeichnete Newtonsche Bewegungsgleichung: Kraft = Masse · Beschleunigung oder Kraft = zeitliche Änderung des Impulses. Die zweite Form dieser Grundgleichung der Dynamik gilt etwas modifiziert auch in der relativistischen Dynamik, in der solche Bewegungsvorgänge behandelt werden, bei denen die Geschwindigkeiten der Körper nicht mehr klein gegen die Lichtgeschwindigkeit sind".

aber nur unbewegt (statisch). Im zweiten Fall gelten die Gesetze der Zeit bzw. Geschwindigkeit, aber die Raumstelle verschwimmt. Diese Grundaporie ist uns aus den Naturwissenschaften, vor allem natürlich in der Quantenphysik bekannt. Diese gewohnte Beschreibung gibt aber nicht den ganzen Sachverhalt wieder. Die Sprache ist verräterisch, als ob es sich um die getrennten Entitäten von „Raum“, „Zeit“ und „Körper“ (Aktant) handelte. In Wirklichkeit sind alle drei Dimensionen jeweils durch die anderen mitbestimmt, also die Zeit durch den Raum und den Aktanten; der Raum aber ebenso durch Zeit und den jeweiligen Aktanten; und schließlich der Aktant (Subjekt) durch Raum und Zeit.[17]

Die Aporie der Bewegung beruht also auf der Problematik des Verhältnisses von Raum und Zeit. Soll die Gegenwart durch die beiden Dimensionen von Raum und Zeit beschrieben werden, so nennt Hegel sie „den daseienden Widerspruch“ selbst.[18] Die Aporie hat nicht nur die Naturwissenschaften revolutioniert, sondern sie betrifft auch die Geisteswissenschaften wie Philosophie und Theologie.

Der wissenschaftliche Begriff der Bewegung verdankt sich vor allem dem philosophischen Begriff der Bewegung des Aristoteles. Bewegung (κίνησις) ist der Grundbegriff der aristotelischen Philosophie. Bewegung ist philosophisch bei Aristoteles die Grundbewegung von Veränderungen, von Werden und Vergehen unterschiedlicher Formen: sei es akzidentell als Ortsbewegung, als Wachstum oder Vergehen, oder substanziell als Entstehen und Vergehen von Seiendem überhaupt. Sich Bewegen ist für Aristoteles dann das Grundphänomen des Lebens. Zur Beschreibung der Bewegung hat Aristoteles die wichtigsten metaphysischen Kategorien eingeführt, vor allem Substanz und Akzidenz, von Möglichkeit und Wirklichkeit (Akt Potenz), von Sein und Nichtsein. Vor allem löste man das Problem der Bewegung „substantiell“ (Einstein). Man führte sie auf Ursache und Wirkung zurück. Die Frage war „Was ist Ursache?“, „was die Wirkung?“ Und man meinte, mit Ursache und Wirkung bestimmte Dinge (Substanzen) und ihre Wirkungen an ihnen identifiziert zu haben. Der Weg dahin war aber „induktiv“ (durch Beobachtung) oder „intuitiv“ (Einstein). Denn es ist nicht ausgemacht, dass jede Bewegung aus Ursache und Wirkung resultiert. Allerdings blieb diese Anschauung über viele Jahrhunderte in Geltung.

Erst die Kopernikanische Wende brachte eine entscheidende Wende in die Erkenntnis der Bewegung. Einstein: „Das Bemühen, in das große Geheimnis [des Buches der Natur] einzudringen, lässt sich bis in die Anfänge der Geistesgeschichte zurückverfolgen, doch erst vor etwas mehr als dreihundert Jahren fingen die Wissenschaftler an, die Sprache des Buches zu verstehen. Seit jenen Tagen, dem Zeitalter Galileis und Newtons, ist man mit der Lektüre rasch vorwärts gekommen“.[19]

---

[17] Interessant auch die Beobachtungen von Timothy Morton: „Objekt befinden sich nicht ‚in‘ Raum und Zeit. Vielmehr ‚zeiten‘ und ‚räumen‘ sie. Sie produzieren Zeit und Raum [...]. Es gibt schlicht keinen Raum und keine Zeit, ‚in‘ denen die Objekte treiben. Es gibt kein Umfeld, das sich von Objekten abgrenzen ließ. Das Objekt ist das Umfeld, und es räumt und zeitet“. Timothy Morton (2011), Objects as Temporary Autonomous Zones, in: Continent, Nr. 1.3 (2011), aus: Olafur Eliasson, Exhibition, a. a. O., Clip „Bewegung“.

[18] Herold, Art. „Bewegung“, a. a. O., 214.

[19] Einstein, Evolution, a. a. O., 17.

Das Zeitalter Galileis und Newtons brachte eine entscheidende Wende. Kopernikus, und vor allem Kepler und Galilei erkannten, dass die Bewegungen des Kosmos und seiner Gestirne nicht mehr durch die metaphysischen Fragen nach dem *Was* geklärt werden konnten, sondern die neue Frage nach dem *Wie* der Bewegung der Gestirne herausforderten. Die metaphysischen Fragen ruhten auf dem statischen Weltbild des Aristoteles und entschieden damit auch über die Bewegung der Gestirne – die Beobachtung des Himmels widersprach dem allerdings. Die Beobachtung des Himmels erforderte eine Antwort auf das Wie der Bewegung, die beobachtet wurde, und diese Antwort ging auf eine völlig neue Fragesituation ein. „Die Konfrontation mit dem neuzeitlichen naturwissenschaftlichen Denken, das seit Galilei von der Wesensfrage abrückt und stattdessen nach dem Wie der Bewegung fragt, zwingt dazu, die ontologische Fragestellung in einem neuen Problemzusammenhang vorzubringen.[20]

Dieser Vorgang hat allerdings nicht nur die Astronomie, nicht nur die Naturwissenschaften, sondern die Wissenschaften insgesamt, dann auch die Philosophie und Theologe nachhaltig beeinflusst (StA 38–42).

2.2 Aporien der Philosophie – Zeit und Raum (Ricoeur)

In jüngerer Zeit hat der französische Phänomenologe Paul Ricoeur die Aporie von Raum und Zeit zum Thema seines dreibändigen Meisterwerkes *Temps et recit (Zeit und Erzählung)* gemacht. Auf diese Aporie läuft das frühere Werk Ricoeurs zu, und von ihr aus ist auch sein späteres Werk zu sehen. Hinsichtlich der Aporie, die vor allem eine Aporie der Zeit ist, lässt sich in Anlehnung an eine Formulierung Ricoeurs fragen, ob die Zeit etwas ist, das durch das Denken schlechthin nicht fassbar ist, oder ob sie nur eine besondere Herausforderung an dasselbe darstellt: Geht die Zeit letztlich als Sieger aus dem Kampf mit dem Denken hervor oder scheint sie nur der Sieger zu sein in einem noch offenen und vielleicht unabschließbaren Kampf? (ZE III 436)

Zunächst sei etwas zu dem Werk Ricoeurs gesagt.[21] Er sagt von sich: „Ich würde heute sagen, dass das Phänomen, um das letztlich meine Gedanken kreisen, der Zusammenhang zwischen dem Schöpferischen und der Regel ist. Die Spur dieses Zusam-

[20] Herold, Art. „Bewegung", a. a. O., 211. Heinrich Rombach hat gerade für die Entwicklung der Grundbegriffe der Wissenschaften dieser Zeit sehr gründliche Untersuchungen vorgelegt (SSS 1–2).

[21] Zu Ricoeur: Orth, Stefan (1999), Das verwundete Cogito und die Offenbarung. Von Paul Ricoeur und Jean Nabert zu einem Modell fundamentaler Theologie, Freiburg; ders.; Reifenberg, Peter (Hg.) (2004), Facettenreiche Anthropologie. Paul Ricoeurs Reflexionen auf den Menschen, Freiburg, hier 15–36; ders; Reifenberg, Peter (Hg.) (2009), Poetik des Glaubens. Paul Ricoeur und die Theologie, Freiburg, hier 11–28; Hoffmann, Veronika (2007), Vermittelte Offenbarung. Paul Ricoeurs Philosophie als Herausforderung der Theologie, Ostfildern; dies. (2008), Nachwort: An den Grenzen der Hermeneutik, in: Ricoeur, Paul, An den Grenzen der Hermeneutik. Philosophische Reflexionen über die Religion, hg., übers. und mit einem Nachwort versehen von Veronika Hoffmann, Freiburg.

menhangs ist in der Sprache zu erkennen; seine Dynamik beruht auf der Einbildungskraft".[22] – Die beiden Stichworte des „Schöpferischen" und der „Regel" und ihr Zusammenhang entsprechen unserer Grundaporie der Bewegung, entsprechen der Grundaporie von Zeit und Raum in *Zeit und Erzählung*. Regeln stehen für Statik, das Schöpferische für Dynamik. Das Schöpferische steht für den Menschen, seine Kreativität, seine Freiheit; die Quelle dafür ist eine Dynamik, d. i. eine Bewegung, die sich nach Ricoeur vor allem in der Sprache äußert.

Der Philosoph schreibt dazu in seinen autobiographischen Texten, in denen er Rechenschaft über seinen philosophischen Werdegang ablegt, von einer dreifachen Herkunft seiner Philosophie: „[S]ie liegt in der Linie der *reflexiven* Philosophie; sie bleibt im Geltungsbereich der Husserlschen *Phänomenologie;* sie will eine *hermeneutische* Variante dieser Philosophie sein".[23]

Ricoeur nennt somit als philosophische Traditionen, in denen er steht: Reflexionsphilosophie, Phänomenologie, Hermeneutik. Er reiht sich ein in die Linie der reflexiven Philosophie Frankreichs, und damit in die Tradition Descartes. Das Thema Descartes ist bekanntlich: cogito ergo sum – Wer oder Was bin ich? Was ist der Mensch? Nach Descartes wird der Mensch durch das Denken Mensch. Aber so direkt kann Ricoeur die Frage nicht beantworten, sondern was der Mensch ist, ist nicht einfach im Denken zu fassen, sondern für Ricoeur viel umfassender: in Denken und Handeln; in Zeichen, Gesten und vor allem in der Sprache. Damit ist der Bezug zur Phänomenologie Husserls gegeben, der sich ebenfalls (etwa in den Cartesischen Meditationen) auf Descartes bezieht, aber auf das reine Bewusstsein als konstitutive Grundlage allen Denkens und Handelns. Und auch hier weicht Ricoeur von Husserl ab, weil für ihn das Selbst des Menschen nicht unmittelbar in einem reinen Bewusstsein zu erreichen ist, sondern mittelbar in seinem Denken und Handeln. Nur auf Umwegen gelangt die Phänomenologie nach Ricoeur zum Selbst des Menschen, so in seinem Frühwerk zu Willen und Freiheit und damit zur Fehlbarkeit des Menschen oder schließlich zum Bösen. Was sich in der Darstellung der *Symbolik des Bösen* aufdrängte, geriet immer mehr in die Mitte des Denkens Ricoeurs: der Umweg über die Sprache, die verschiedenen Stufen der Sprache von den Symbolen zur Metapher, schließlich zur Erzählung. Es war der Umweg über die Sprachphilosophie und genauer über die Hermeneutik der Sprache, so dass sich Ricoeur schließlich vor allem als hermeneutischer Phänomenologe verstand. Dieser Weg fand dann in der Ethik und der Handlungstheorie seine Fortsetzung.[24]

Nach Ricoeur spielt sich der Kampf um die Zeit vor allem zwischen Aristoteles und Augustinus ab. Es ist die Grundlage seines dreibändigen Meisterwerkes von *Zeit und Erzählung* (ZE) *(Temps et recit,* TR*)*. Ricoeurs frühere hermeneutische Studien steuerten über die Sprachstufen der Symbole und über die Metapher auf die Narrativität zu. Und Ricoeur erkannte, dass der Knackpunkt der Erzählung die Zeit ist. Ricoeur schreibt in seiner *Autobiographie* über die Hintergründe seines Hauptwerkes *Zeit und Erzählung:*

---

22 Ricoeur, Paul (1975), Die lebendige Metapher, übers. von R. Rochlitz, München, I Vorwort.

23 Zitiert nach Orth, Anthropologie, a. a. O., 16–17.

24 Orth, ebd., 19 ff.

„Was auf Seiten der Zeiterfahrung dem Leitgedanken von *Temps et recit* eine gewisse Glaubwürdigkeit verleihen konnte, nämlich die Existenz eines wechselseitigen Bedingungsverhältnisses zwischen Narrativität und Zeitlichkeit, war der Schluss, zu dem die Studien über die Zeit zu tendieren schienen, die, wie ich gesagt habe, stets meine Lehre in meinen Kursen oder in meinen Seminaren prägten. Dieser Schluss lautete, dass der Begriff der Zeit ein Komplex anscheinend auswegloser Probleme und Aporien blieb. Die wichtigste Aporie, die mir alle anderen in den Schatten zu stellen schien, bestand in einer unüberwindlichen wechselseitigen Irreduzibilität eines physikalischen, kosmologischen Ansatzes [Aristoteles – KK] und eines psychologischen, phänomenologischen Ansatzes [Augustinus – KK]. So sehr mir ein jeder für sich genommen stark erschien, so sehr erschienen mir die Versuche, die ‚Weltzeit' [Aristoteles – KK] von der ‚Zeit der Seele' [Augustinus – KK] – oder umgekehrt – abzuleiten, vergeblich und auf unbestimmte Zeit zum Scheitern verurteilt. Diese Aporie hat sich um die Struktur der Gegenwart verdichtet, die aus meiner Sicht in zwei Modalitäten aufbrach, den auf einen Schnitt zwischen einem unbegrenzten Vorher und Nachher beschränkten punktuellen Moment [Aristoteles – KK] und die lebendige Gegenwart, die eine unmittelbare Vergangenheit und eine unmittelbare Zukunft in sich trägt [Augustinus – KK]" (Autobiographie 60ff).

Es ist bereits hier deutlich, dass für Ricoeur die unterschiedlichen Zeitverständnisse des Aristoteles und des Augustinus paradigmatisch sind für die Aporie von Zeit und Raum. Er nennt Zeit einmal „Weltzeit" und meint damit das Zeitverständnis des Aristoteles und dann „Zeit der Seele" und meint damit das des Augustinus. Und weiterhin bleibt die Charakteristik der beiden Zeitverständnisse bedeutsam. Sie spitzt sich im Verständnis der Gegenwart, des Jetzt, zu: entweder Jetzt als Zeitpunkt zwischen Vorher und Nachher (Aristoteles) oder Jetzt als lebendige Gegenwart mit Beziehungen zu Vergangenheit und Zukunft (Augustinus).

Im Anschluss an Aristoteles nennt Ricoeur dessen Zeitverständnis kosmologisch, weil die Zeit etwas an der Bewegung des Kosmos ist; er nennt sie physikalisch, weil es die Zahlen sind, welche die Bewegung der Zeit messen, also eine physikalische Größe. Im Anschluss an Augustinus nennt er dessen anderes Verständnis psychologische Zeit, weil für Augustinus Zeit in der Seele erfahren wird, und phänomenologisch, weil dieses Zeitverständnis in der Phänomenologie Husserls eine bedeutende Rolle spielte, und mit Husserl angefangen in den Phänomenologien Heideggers, Merleau-Pontys, Levinas und nicht zuletzt Ricoeurs weiter gedacht wurde.

Ricoeur verfolgte die Zeitproblematik in den Hauptstationen der Philosophie weiter: Kant, Husserl und Heidegger. Er fand bei Kant „Eine weitere Aporie, welche die Freilegung der rein phänomenologischen Erfahrung zutage förderte, ist folgende: Die ‚erlebte' Zeit erschien mir unerforschlich als Totalität einer einzigen Zeit, deren Zeitabschnitte nach Kants Beteuerung nur Teile sein sollen. Weder Kant noch Bergson schienen mir der Vorstellung einer auf die Zeit als solche angewandten Anschauung einen annehmbaren Sinn verliehen zu haben, sei es, dass die Anschauung eine Form der Sinnlichkeit oder die eines kontinuierlichen Bewusstseinsstroms sei. Die Unerforschlichkeit der Zeit schien mir unüberwindlich" (Autobiographie 61).

Nach Kant spricht man von der Zeit im Anschluss an Aristoteles auch von der „objektiven" oder linearen Zeit, weil die Zeit zwar die Anschauung der Gegenständlichkeit besorgt, sie dies aber in Aristoteles Bahnen auf die lineare Weise des Vorher und Nachher tut. Für Bergson dagegen ist die Zeit ein kontinuierlicher Bewusstseinsstrom.

Eine Alternative schienen Husserl und Heidegger zu bringen. Beide schienen nicht mehr den Weg des Aristoteles zu verfolgen, sondern den des Augustinus: „Nicht dass mir die Zeitlichkeit völlig undurchdringlich erschienen wäre: Die Analysen, die ich Augustinus, Husserl und Heidegger widme und die ich im ersten Teil von *Temps et recit* III zusammenstelle, berichten über die Gliederung sui generis oder, besser gesagt, über die Verflechtung der Vergangenheit als Milieu der Erinnerung und der Geschichte, der Zukunft als Milieu der Erwartung, der Befürchtung und der Hoffnung, und der Gegenwart als Augenblick der Aufmerksamkeit und der Initiative. In dieser Hinsicht ist Augustinus für mich der unbestrittene Meister geblieben, obgleich die Genialität Husserls und Heideggers feststeht. Es ist eine paradoxe Meisterschaft, insofern seine Analyse der Erfahrung der inneren Zeit deren Aporien aufgedeckt hat, nämlich die Unmöglichkeit, aus dieser inneren Erfahrung die Strukturen der kosmologischen Zeit abzuleiten. Bis zu einem bestimmten Punkt schien mir die Zeiterfahrung analysierbar zu sein: bis zu dem Punkt, an welchem der in Gestalt von Aporien zu entrichtende Preis mit der Schärfe des Blicks zunimmt" (ebd.).

Für Husserl ist der Gegenstand der Zeit die Analyse der inneren Erfahrung, Zeit ist innere, gelebte oder erfahrene Zeit, wobei die Frage nach dem Verhältnis zur äußeren Zeit bleibt. Sie ist phänomenologische Zeit, weil sie intentional auf Gegenwart, Vergangenheit und Zukunft ausgerichtet ist und von diesen Zeitmodi, die keine physikalischen Größen sind, konstituiert wird. Heidegger hat in *Sein und Zeit* versucht, die äußere Zeit aus der inneren abzuleiten, was ihm nach einer späteren Aussage aber nicht gelang.

Der Aufweis der Augustinischen Zeittheorie führt Ricoeur in immer tiefere Aporien. Nicht anders die Husserlsche *Phänomenologie des inneren Zeitbewusstseins* wie auch die Zeitphilosophie in Heideggers *Sein und Zeit.* Gibt es deshalb einen Ort oder eine Möglichkeit, wo Zeit und vor allem Lebenszeit zur Sprache gebracht werden kann oder immer schon zur Sprache gebracht wird? Die objektive Sprache von Zeit (Aristoteles) kann menschliche Zeit offensichtlich nicht genügend zum Ausdruck bringen, aber auch die subjektive Sprache von Zeit (Augustinus) ist nicht in der Lage, das Leben in der Welt zu beschreiben. An dieser Stelle kommt Ricoeur der ‚Einfall', in dem, was Aristoteles „Fabel" und wir „Erzählung" nennen, werde schon immer von zeitlichen Verhältnissen und von Lebenszeit erzählt. Wie ist das möglich? Wie vermögen zeitliche Verhältnisse so in unsere Sprache und Erfahrung einzugehen? Ricoeur kommt zu dem Ergebnis: die Zeit wird in dem Maße zur menschlichen, in dem sie narrativ artikuliert wird. Dieses Ergebnis folgt aus der Überzeugung, die er aus der Philosophie gewonnen hat, dass die philosophische Spekulation über die Zeit eine „nicht abschließbare Grübelei ist, auf die nur das Erzählen eine Antwort gibt" (ZE I, 17).

Ricoeur fährt sodann fort, das Programm von *Zeit und Erzählung* zu beschreiben, wie er dazu kam, auf die Zeiterfahrung und -beschreibung in der Erzählung aufmerksam zu werden. – „Man kann sagen, dass mein Nachdenken über die Erzählung und jenes über die Zeit beide einen unterschiedlichen Verlauf genommen haben, bis zur ‚Erfindung' des exemplarischen Überschneidungspunktes, den für mich die Überkreuzung des dem Buch XI der *Confessiones* des Augustinus entnommenen Begriffs der distentio animi und der der Poetik des Aristoteles entliehenen Theorie des tragischen μῦθος dargestellt hat. Ich spreche von Erfindung, da man die eben erwähnte Überkreuzung sowohl als ‚gefunden' wie auch als ‚konstruiert' betrachten kann. Der Aporie der Zeit der Seele, die zwischen der Vergangenheit der Erinnerung, der Zukunft der Erwartung und der Gegenwart der Anschauung ‚ausgespannt' ist, entsprach die ‚Fabelkomposition' der Wechselfälle einer fingierten Handlung. So bot sich ein Modell der Gliederung zwischen der aporetischen Erfahrung der Zeit und der narrativen Verständlichkeit an, deren Darlegung man im ersten Teil von *Zeit und Erzählung I* findet. Der Hauptakzent wurde dort auf die umgekehrte Beziehung zwischen den Merkmalen der Konkordanz und jenen der Diskordanz gesetzt, indem von der Ebene der Zeiterfahrung, auf der die Diskordanz die Oberhand über die intentionale Ausrichtung gewinnt, zur Ebene der tragischen Fabel übergegangen wurde, auf der die durch den μῦθος gestiftete Konkordanz die Oberhand über die Wechselfälle der tragischen Handlung gewinnt. [...]

Wie auch immer es sich mit den Überschreitungen verhalten mag, die durch meine parallele Lektüre der *Confessiones* des Augustinus und der *Poetik* des Aristoteles erzeugt wurden, die Idee, die darin bestand, die für die lebendige Temporalität bei Augustinus kennzeichnende konkordante Diskordanz und die der narrativen Fabel bei Aristoteles eigentümliche diskordante Konkordanz miteinander zu verbinden, war da und wurde zur Diskussion gestellt. Die Ausarbeitung dieser wichtigsten Korrelation nimmt den ersten Teil von *Temps et recit* in Anspruch. Das Werk stellt das schlichte Ergebnis der vorhergehenden Schritte dar, deren Entstehung ich hier darlege" (Autobiographie 61–63).

Ricoeur belegt das punktuelle Zeitverständnis des Aristoteles mit dem Begriff der „Diskordanz", das der lebendigen Gegenwart aus Vergangenheit und Zukunft des Augustinus mit dem der „Konkordanz". Zunächst scheinen sich die Zeitverständnisse zu wiedersprechen. Interessanterweise verknüpfen sich aber in der Fabel diskordante und konkordante Dimensionen, da Erzählungen zwar einzelne historische Ereignisse nennen, diese aber in einen geschichtlichen Zusammenhang stellen. Erzählungen sind das Paradigma einer gesuchten konkordanten Diskordanz. Das ist noch nicht Augustinus Zeitverständnis. Dieses wäre aber in Entsprechung zum Zeitverständnis der Erzählung diskordante Konkordanz zu nennen. Entsprechend diesen Überlegungen sind die drei Bände von *Zeit und Erzählung* thematisch angelegt:

Zeit und Erzählung I: „Zeit und historische Erzählung" bringt die Problematik der Zeit zur Sprache. Es sind die Aporien der Zeitverständnisse des Aristoteles und des Augustinus. Zum Ausgleich wird die „Erfindung" der Fabel und der historischen Erzählung bei Aristoteles eingeführt.

Zeit und Erzählung II: „Zeit und literarische Erzählung". Der Fund der historischen Erzählungen wird an literarischen Erzählungen überhaupt erprobt und angewandt. Der französische Streit innerhalb der historischen Geschichtswissenschaften wird besprochen.

Zeit und Erzählung III: „Die erzählte Zeit". Schließlich wird die „menschliche Zeit" mit der „erzählten Zeit" identifiziert und die weitreichenden Folgen für die Philosophie erläutert.

Ricoeur macht die Aporie von Raum und Zeit an dem Verhältnis von Aristoteles und Augustinus fest. Er kennzeichnet das Verhältnis als physikalischen, kosmologischen Ansatz (Aristoteles, Kant) und psychologischen, phänomenologischen Ansatz (Augustinus, Husserl, Heidegger). Oder er spricht bei Aristoteles von „Weltzeit“ und bei Augustinus von der „Zeit der Seele“. Welche Antwort gibt Ricoeur selbst? Zunächst sei das Verständnis der Aporie von Raum und Zeit und ihre mögliche Auflösung bei den genannten Philosophen und Theologen näher betrachtet.

2.2.1 Zeit von Aristoteles und Augustinus bis zu Kant und Heidegger

2.2.1.1 Zeit bei Aristoteles

Die Aporie von Raum und Zeit liegt allem Werden und Vergehen zugrunde. Aristoteles machte das Problem der irdischen Welt, das von Werden und Vergehen, zum metaphysischen Grundproblem. Der Grundbegriff dafür ist „Bewegung“.[25] Aristoteles versteht unter Bewegung (altgriechisch κίνησις) jegliche Art von Veränderung. Dazu gehören Ortsveränderung, quantitative und qualitative Veränderungen.

Die Bewegung hat für Aristoteles zuerst fundamentale metaphysische Bedeutung. Mit ihr beschäftigen sich die Kapitel *Physik* I, 7, III, 1–3, V, 1–2 und Buch VII. Aristoteles definiert Bewegung dabei wie folgt: „Das endliche Zur-Wirklichkeit-Kommen eines bloß der Möglichkeit nach Vorhandenen, insofern es eben ein solches ist – das ist Bewegung“ (*Physik* 201 a). Aristoteles beschreibt Bewegung demnach durch die metaphysischen Begriffe von Möglichkeit und Wirklichkeit. Nach seiner Auffassung muss jede Veränderung bereits in den Möglichkeiten des sich verändernden Dings angelegt sein. Wird diese Anlage realisiert, dann ist dies eine Veränderung. Aristoteles selbst gibt folgendes Beispiel: „Wenn etwas, das gebaut werden kann, insofern wir eben diese Eigenschaft von ihm aussagen, zu seiner endlichen Verwirklichung kommt, dann wird es eben gebaut und dies ist dann ‚Bauen‘“ (ebd.) (s. TR III, 19 ff). – Hier wird die Antwort des Aristoteles auf die Aporie der Bewegung deutlich. Alles Seiende hat in sich die beiden Dimensionen von Wirklichkeit (räumliche Vorhandenheit) und Möglichkeit (zeitliche Möglichkeit zur Verwirklichung).[26]

Bewegung ist zugleich fundamentaler Begriff der Physik. Wie die metaphysische Begrifflichkeit von Wirklichkeit und Möglichkeit schon nahelegte, sind für Aristoteles Raum und Zeit die Dimensionen aller Veränderungen der physikalischen Welt.

Raum und Zeit werden bei Aristoteles als kosmische Dimensionen aufgezeigt. Aristoteles behandelt den Raum nicht im modernen Sinne, sondern erörtert in *Physik* IV 1–5 den Begriff des ‚Ortes‘. Seine Definition des Ortsbegriffs lautet: „Die unmittelbare, unbewegliche Grenze des Umfassenden – das ist Ort“ (*Physik* 212 a). Die Idee dabei ist, dass der Ort einen Körper – z. B. einen Tisch – „unmittelbar umfasst“, so wie ein passgenauer Handschuh die Hand. Im Gegensatz zum Handschuh ist der Ort aber unbeweglich, d. h. wird der Tisch fortgetragen, so wird sein Ort nicht mitbe-

---

[25] Herold, Art. „Bewegung “, a. a. O., 210.

[26] S. Weizsäcker, Carl Friedrich von (1971), Möglichkeit und Bewegung. Eine Notiz zur aristotelischen Physik, in: ders., Die Einheit der Natur, München, 428–440.

wegt, sondern der Tisch kommt an einen anderen Ort. Der Ort ist der natürliche Ort. Alles Seiende hat dabei seinen bestimmten Ort im Kosmos.

Aristoteles Ausführungen zur Zeit finden sich in *Physik* IV 10–14. Zeit ist nach Aristoteles nicht mit der Bewegung identisch, aber auch nicht ohne Bewegung denkbar: die Zeit ist „etwas an der Bewegung". Für Aristoteles ist der Zeitbegriff untrennbar an Bewegung und Veränderungen gebunden. Veränderungen geschehen in der Zeit, aber von der Zeit selbst gilt das nicht. Sie selbst ist keine Bewegung, sondern das Maß jeder Bewegung. „Wir messen nicht nur die Bewegung mittels der Zeit, sondern auch mittels der Bewegung die Zeit und können dies, weil sich beide wechselseitig bestimmen" (*Physik* IV 12, 220b 14–16). Er geht aber nicht soweit, die Zeit auf eine reine Maßeinheit im modernen Sinn zu reduzieren. So war Aristoteles der Auffassung, dass sich die Zeit in unendlich viele Zeitintervalle einteilen lässt. Damit hat er die Vorstellung eines Kontinuums von Raum und Zeit vertreten.

Nach dem Versuch der Vorsokratiker, über Bleibendes und Veränderungen nachzudenken und im Anschluss an Platons Charakterisierung der Zeitmodi definiert Aristoteles die Zeit als „Zahl der Bewegung" nach ihrem Vorher und Nachher. Zeitpunkte sind dabei Grenzbegriffe von Zeitintervallen, deren Länge mit Hilfe der Himmelskörper gemessen wird. Die Aristotelische Kette der Zeitmomente erlaubt dabei lediglich die Differenzierung von Vorher und Nachher bzw. Früher und Später, nicht aber von tatsächlich Vergangenem und wirklich Zukünftigem.

Die bis zu Augustinus (und auch über ihn hinaus) maßgebende aristotelische Konzeption der Zeit ging davon aus, der menschliche Geist sei in die Zeit des physikalischen Universums integriert. Aristoteles hatte in der Physik Zeit und Bewegung miteinander verknüpft und die gleichförmige Drehung des Firmaments als Grundlage der Zeit angesehen; eine Frage nach dem Prozess subjektiver Zeitwahrnehmung stellte sich auf dieser Grundlage nicht. Dieses Verständnis verbindet Ricoeur mit dem „unüberbietbaren Spruch", „der uns vor aller Philosophie und ungeachtet aller Phänomenologie des Zeitbewusstseins lehrt, dass wir die Zeit nicht erzeugen, sondern dass sie uns umgibt, uns umschließt und uns mit ihrer furchtbaren Gewalt beherrscht" (ZE III 16, 25).[27]

Damit gerät Aristoteles in das Paradoxon des Zeno von Elea: Im Pfeil-Paradoxon denkt Zenon von Elea über die Wirklichkeit von Bewegung nach. Zenon sagt, dass ein fliegender Pfeil in jedem Moment seiner Flugbahn einen bestimmten, exakt umrissenen Ort einnimmt. An einem exakt umrissenen Ort befindet sich der Pfeil aber in Ruhe, denn an einem Ort kann er sich nicht bewegen. Da sich der Pfeil in jedem Moment also in Ruhe befindet, müsste er sich insgesamt in Ruhe befinden. Paradox: Wir nehmen aber an, dass der Pfeil fliegt.[28]

2.2.1.2 Zeit bei Augustinus

Augustinus Beitrag zur Zeit ist immer beachtet worden, in einem hohen Maß etwa von Edmund Husserl innerhalb seiner *Phänomenologie des inneren Zeitbewusstseins.*

---

[27] Polti, Adolf (1997), Eine Philosophie der Narrativität. Zur Funktion der „Synthesis des Heterogenen" bei Paul Ricoeur, Bochum, 46, 56 Anm. 39.

[28] Waldenfels, Selbst, a. a. O., 127–128.

Husserl eröffnete seine Vorlesungen von 1905 zu diesem Thema mit der Bemerkung: „Die Analyse des Zeitbewusstseins ist ein uraltes Kreuz der deskriptiven Psychologie und der Erkenntnistheorie. Der erste, der die gewaltigen Schwierigkeiten, die hier liegen, tief empfunden und sich daran fast bis zur Verzweiflung abgemüht hat, war Augustinus“.[29]

Es kann hier nicht darum gehen, Augustinus Zeittheorie im Einzelnen zu entfalten und zu besprechen.[30] Es sollen nur die wichtigsten Schritte zu einem solchen Zeitverständnis im XI. Buch der *Confessiones* nachgezeichnet werden. Für Ricoeur ist die phänomenologische Zeit des Augustinus geradezu paradigmatisch. Augustinus vertritt die psychologische Zeit, Ricoeur spricht von der „Zeit der Seele“, oder von der phänomenologischen Zeit, weil es die erlebte oder empfundene Zeit ist.

Augustinus beginnt mit der wiederholten Frage: „Was ist Zeit?“ und ist sich dabei der Schwierigkeiten der gestellten Aufgabe durchaus bewusst: „Wer könnte das leicht und kurz erklären? Wer vermöchte es auch nur gedanklich zu begreifen, um sich dann im Wort darüber auszusprechen? Gleichwohl, was ginge uns beim Reden vertrauter und geläufiger vom Munde als ‚Zeit'? Beim Aussprechen des Wortes verstehen wir auch, was es meint, und verstehen es gleich so, wenn wir es einen anderen aussprechen hören. [...] Wenn mich niemand danach fragt, weiß ich es; will ich einem Fragenden es erklären, weiß ich es nicht“ (C 14,17).

Grob gesprochen lassen sich in Augustinus Untersuchungen zur Zeit in den *Confessiones* etwa drei Schritte unterscheiden: In einem ersten Teil unterwirft er unser Sprechen von Zeit der Sprachkritik (C 14,17 – 22,28); dann unterzieht er einige antike Zeittheorien (Aristoteles u. a.) ebenfalls der Kritik (C 23,29 – 25,32); schließlich legt er Grundzüge seiner eigenen Theorie vor (C 26,33 – 30,40).

Zunächst unterzieht Augustinus unser Sprechen von Zeit einer rigorosen Sprachkritik. Zum Ausgang nimmt er unsere gewohnte Sprechweise, mit der wir selbstverständlich umgehen, dass es drei unterschiedene Zeitformen gibt: Vergangenheit ‚ist‘, Gegenwart ‚ist‘, Zukunft ‚ist‘. Wenn aber die Zeit auf dieses ‚ist‘ hin genauer befragt wird, so zeigt es sich, dass sie eher „zum Nichtsein hin tendiert“ (C 14,17). Schon die Frage nach der Gegenwart ist nicht einfach zu beantworten. Weil Vergangenheit und Zukunft nicht ‚sind‘, steht die Gegenwart auf der Grenze, ist die Gegenwart die Grenze – zum Nichts: „Diese beiden Zeiten, Vergangenheit und Zukunft, wie sollten sie seiend sein, da das Vergangene doch nicht mehr ‚ist‘, das Zukünftige noch nicht ‚ist‘? Die Gegenwart hinwieder, wenn sie stetsfort Gegenwart wäre und nicht in Vergangenheit überginge, wäre nicht mehr Zeit, sondern Ewigkeit. Wenn also die Gegenwart nur dadurch zu Zeit wird, dass sie in Vergangenheit übergeht, wie könnten wir

---

29 Edmund Husserl, Zur Phänomenologie des inneren Zeitbewußtseins. Hua X, Den Haag 1966, 3.

30 Beiträge zu Augustinus Zeittheorie: s. Fischer, Norbert (2006), Schöpfung, Zeit und Ewigkeit: Confessiones 11–13, Paderborn; ders. (2000), Augustinus. Was ist Zeit? (Confessiones XI / Bekenntnisse 11). Eingeleitet, übersetzt und mit Anmerkungen versehen von Norbert Fischer, Hamburg; Flasch, Kurt (1993), Was ist Zeit? Augustinus von Hippo, das XI. Buch der Confessiones, Frankfurt; Hermann, Friedrich-Wilhelm von (1992), Augustinus und die phänomenologische Frage nach der Zeit, Frankfurt; Kienzler, Klaus (1998), Gott in der Zeit berühren: Eine Auslegung der Confessiones des Augustinus. Würzburg, 273–296.

dann auch nur von der Gegenwartszeit sagen, dass sie ist, da doch ihr Seinsgrund eben der ist, dass sie nicht sein wird?“ (C 14,17) – Diese Sprachkritik des Augustinus ist zugleich eine zutiefst ontologische Kritik. Vor der Zeit versagt die ontologische ‚Seins‘-Rede. Die Zeno-Aporie steht im Hintergrund. Die Sprache scheitert daran, dem Phänomen der Bewegung gerecht zu werden; Zeit kann nicht auf einen seienden Punkt fixiert werden, ein Vorher und Nachher, oder Zeit kann nicht verortet oder verräumlicht werden.

Und doch, so Augustinus, nehmen wir Zeit-Räume wahr (spatium). Vor allem in der Bibel sind wir gewohnt, von Zeiträumen, wie von der Schöpfung, der Erlösung u. a. zu sprechen. Aber auch sonst messen wir: „Und gleichwohl, Herr, nehmen wir Zeiträume wahr und vergleichen sie miteinander und sprechen von längeren und kürzeren. Wir messen auch, um wie viel diese Zeitspanne länger oder kürzer ist als jene, und sagen, sie sei doppelt so lang oder dreimal so lang im Vergleich zu dieser einfachen, oder sie sei ebenso lang wie diese“ (C 16,21). Ricoeur betont den ‚Protest des sentimus, comparamus, metimur’, der ‚von unserer sinnlichen, geistigen und pragmatischen Tätigkeit hinsichtlich der Zeitmessung’ ausgeht (ZE I, 21). Räume sind für Augustinus also vor allem Zeit-Räume.

Wo ist dann aber die Zeit? Was messen wir? Was ist dann die Gegebenheit der Zeit? Augustinus problematisiert dazu unsere Sprechweise von ‚Vergangenheit‘ und ‚Zukunft‘ (C 15, 18). Nur die ‚Gegenwart‘ ist uns gegeben, indem wir sie ‚wahrnehmen‘, und nur sie können wir ‚messen‘, wenn überhaupt etwas an der Zeit zu messen ist, wie die Alten sagen (C 15,19 – 16,21). Die ‚Gegenwart‘ stellt sich als die uns gegebene fundamentale Zeit heraus, auf sie sind auch Vergangenheit und Zukunft bezogen (C 17,21 – 20,26).

Wo also ‚sind‘ Zukunft und Vergangenheit? Es ist die Frage nach dem ‚Ort‘ der Zeit, nach ihrem Raum. Durch die Frage nach dem *Wo* gelangt Augustinus zu einer Konzeption der Gegenwart, die sich von der aporetischen Konzeption der punktuellen Gegenwart unterscheidet; es handelt sich um eine ‚ganz andere Gegenwart‘, die eine ‚innere Vielfalt‘ – Vergangenheit, Gegenwart und Zukunft – in sich aufzunehmen vermag (ZE I, 23). Der Ort für die erzählbare Vergangenheit wie für die vorhersagbare Zukunft ist die Seele, denn nur in ihr ‚sind‘ Vergangenheit und Zukunft als Gegenwart vorhanden. Während sich die Erzählung des Vergangenen auf Erinnerungen bezieht, nimmt die Vorhersage des Künftigen bei Anzeichen ihren Ausgangspunkt (vgl. C 18, 23/24); Vergangenheit und Zukunft ‚sind‘ also nicht im direkten Sinne: „So viel aber ist nun klar und deutlich: Weder die Zukunft noch die Vergangenheit ‚ist‘, und nicht eigentlich lässt sich sagen: Zeiten ‚sind‘ drei: Vergangenheit, Gegenwart und Zukunft; vielmehr sollte man, genau genommen, etwa sagen: Zeiten ‚sind‘ drei: eine Gegenwart von Vergangenem, eine Gegenwart von Gegenwärtigem, eine Gegenwart von Künftigem.[31] Denn es sind diese Zeiten als eine Art Dreiheit in der Seele, und anderswo sehe ich sie nicht: und zwar ist da Gegenwart von Vergangenem, nämlich Erinnerung (memoria); Gegenwart von Gegenwärtigem, nämlich Augenschein (contuitus); Gegenwart von Künftigem, nämlich Erwartung (expectatio)“

[31] C XI, 20, 26 (281,8 f): praesens de praeteritis, praesens de praesentibus, praesens de futuris.

(C 20, 26). Erinnerung, Augenschein und Erwartung sind die drei Formen der Zeit, die mit ‚Vergangenheit', ‚Gegenwart' und ‚Zukunft' bezeichnet werden. Diese Konzentration auf die Gegenwart als der Mitte von Zeit ist auffällig und wird bei Ricoeur eine entscheidende Rolle spielen.

Diese Auffassung aber, dass Zeit eine Gegebenheit der Seele sei, ist neu. Zum Thema der Zeit gibt es in der Antike eine umfangreiche Diskussion. Deshalb muss Augustinus nun in die Auseinandersetzung mit den herrschenden Zeittheorien eintreten (C 23,29 – 25,32). Die Einbettung der Frage nach der Zeit in den Zusammenhang der Bibelexegese ist der Grund dafür, dass Augustinus die aristotelische bzw. stoische Verknüpfung von Zeit und Bewegung als unzureichend ablehnt. Die Vorstellung einer Bewegung von Körpern vermag nicht die Innenperspektive einer aus Vergangenem (der Schöpfung) auf Zukünftiges (die Erlösung) gerichteten gegenwärtigen Erwartung zu erklären. Seine eigene Auffassung steht vor allem im Gegensatz zu den objektiven und kosmologischen Zeitauffassungen, wie sie vor allem von Aristoteles u. a. vorgetragen worden waren. Sie haben vorgeschlagen, die Zeit als objektive Gegebenheit anzunehmen und sie nach dem Umlauf der Gestirne, der Sonne oder der Erde u. ä. zu messen (C 23,29 ff). Augustinus widerspricht dem und kommt etwa mit Plotin zu dem Ergebnis, zwar sei die Zeit „eine Art Ausdehnung (distentio)" (C 23,30), aber man könne nicht sagen, die Zeit ‚sei' die „Bewegung eines Körpers", sondern umgekehrt müsse gesagt werden, auch jeder Körper sei zuvor „in der Zeit" (C 24,31). Die Gegebenheit der Zeit in der Seele ist also für Augustinus mit Plotin der vorrangige Gesichtspunkt.

Das für Ricoeurs Interpretation wichtigste Ergebnis dieser Argumentationskette besteht in einer terminologischen Wandlung: war vorher von Ausdehnung als *spatium* – räumliche Strecke, Dauer, Zeitraum – die Rede, tritt nun (erstmals am Ende von C 23,30) die Ausdehnung als *distentio* – ‚Zerspannung' – an ihre Seite. An die Stelle von ‚spatium' (Raum) tritt ‚distentio' (Zeit); die Zeitdauer wird sukzessive von der räumlichen Ausdehnung zur seelischen ‚Zerspannung' umformuliert (ZE I, 32). Die Transposition von Raum zu Zeit wird notwendig.

Am Ende dieser Argumentation steht die entscheidende Formel: „Darum wollte es mich dünken, Zeit sei Ausdehnung und nichts anderes: aber wessen Ausdehnung, weiß ich nicht. Es sollte mich wundernehmen, wäre es nicht der Geist selbst (ipse animus)" (C 26,33). Und Augustinus leitet über zu seiner eigenen Anschauung von Zeit (C 26,33 – 30,40): „In dir, mein Geist, messe ich die Zeiten. […] Der Eindruck (affectio), der von den Erscheinungen bei ihrem Vorüberziehen in dir erzeugt wird und dir zurückbleibt, wenn die Erscheinungen vorüber sind, der ist es, den ich messe als etwas Gegenwärtiges, nicht das, was da, den Eindruck erzeugend, vorüberging; nur ihn, den Eindruck, messe ich, wenn ich Zeiten messe" (C 27,36).

Zur Verdeutlichung führt Augustinus dann das bekannte Beispiel eines Liedes an, das Ricoeur zu Recht – und, wie später ersichtlich wird, in doppeltem Sinn – das ‚Juwel' des 11. Buches der *Confessiones* nennt. Hier wird die *distentio animi* mit der *intentio* verknüpft, Passivität und Aktivität gehen eine unentwirrbare Einheit ein. Ich zitiere hier, Ricoeur folgend, das Beispiel ganz (ZE I, 37):

„Ich will ein Lied singen, eines, das ich kenne. Ehe ich beginne, erstreckt sich meine Erwartung (expectatio) über das Ganze; habe ich begonnen, so erstreckt sich so viel, als ich von meiner Erwartung schon zum Vergangenen hinübergepflückt habe, nun in Erinnerung (memoria), und zerstreckt (distenditur) ist das Leben meines Tuns: es ist Erinnerung, soweit ich schon gesungen habe, es ist Erwartung, soweit ich erst noch singen will: was dennoch in Gegenwärtigkeit da bleibt, ist eben mein Bedacht im Vollzug (attentio), durch den, was erst noch künftig war, hinüberfährt, so dass es nun zu Vergangenem wird. In dem Maße, als das fortschreitend geschieht, längt sich die Erinnerung und kürzt sich die Erwartung, bis endlich alles, was Erwartung gewesen, sich erschöpft, wenn mein Ganzes vollendet und in Erinnerung übergegangen ist (C 28,38)."

Der Schluss von C 28,38 lautet: „Und so wie mit dem Liedganzen, geht es mit jedem seiner Teilchen, mit jeder seiner Silben; geht es auch mit der szenischen Handlung (*in actione longiore:* ‚der größeren Handlung'), von der jenes Lied etwa ein Teilchen ist; geht es mit dem ganzen Menschenleben, dessen Teile die Handlungen alle des Menschen sind; geht es mit der ganzen Geschichte des Menschengeschlechts (*in toto saeculo filiorum hominum:* ‚dem Gesamtschicksal aller Menschenkinder'), von der die Einzelleben alle doch nur Teilchen sind." – Ricoeur misst dieser Stelle große Bedeutung zu: sie wird – neben der engen Verknüpfung von Mimesis und Mythos in der schöpferischen Fabelkomposition – zur zweiten Keimzelle von *Zeit und Erzählung*. Das vorher „schwache Beispiel des auswendig aufgesagten *canticus*" wird durch die abschließende Ausweitung „plötzlich zu einem starken Paradigma für andere *actiones,* bei denen die sich betätigende Seele eine Aufspaltung erlebt". Die Ausweitung vom Liedtext über das Ganze eines Lebens bis hin zur Weltgeschichte entfaltet ‚virtuell' das ‚ganze Reich des Narrativen', und das heißt zugleich, dass wir es hier, wie Ricoeur seinen Lesern zu verstehen gibt, mit dem zu tun haben, wovon *Zeit und Erzählung* handelt: „Gegenstand des vorliegenden Buches sind diese von Augustinus nur angedeuteten Extrapolationen" (ZE I, 39).

Augustinus erhebt das kleine Beispiel des Liedes in seiner Bedeutung für alle Zeit und für das menschliche Leben insgesamt: „Siehe, Zerfahrenheit (distentio) ist mein Leben". Und er sieht seine Sicht durch den Vers Phil 3,13 bestätigt, den er nun anführt und in seinem Sinne auslegt:

„Was dahinten liegt ‚vergessend', nicht zerspannt in das Viele (distentus), was da kommt und geht, sondern ‚ausgespannt (extentus) nach dem, was vorweg (zeitlos) da ist', ‚ringe ich', nicht in der Weise des Zerfahrens (distentio), sondern in der Weise der gespannten Sammlung (intentio) ‚um die Palme der Berufung nach oben', wo ‚ich das Loblied vernehmen und Deine Wonnen schauen soll', die nicht kommt und nicht geht (C 29,39)."

Wie Augustinus hier bereits den christlichen Hintergrund seiner Sicht von Zeit andeutet, unterstreicht er zum Schluss sehr nachdrücklich die Geschöpflichkeit aller Zeit gegenüber allen anderen Theorien:

„Möchten sie (die Gegner) also einsehen, dass es ohne Schöpfung auch Zeit nicht geben kann, und aufhören mit ihrem nichtigen Gerede. Möchten sie ihr Verlangen strecken ‚nach dem, was vorweg da ist' (Phil 3,13), und erkennen, dass Du vor allen Zeiten der ewige Schöpfer aller Zeiten bist und dass keine Zeit und kein Geschöpf teilhat an Deiner Ewigkeit, mag es auch ein Schöpfungswerk geben, das über den Zeiten steht" (C 30,40).

Augustinus macht am Schluss sehr deutlich, warum er die zunächst eigenartig anmutende Analyse der ‚Zeit' in die Confessiones aufgenommen hat. Sie ist ein Grundthema der hier zu besprechenden Wirklichkeit: der Schöpfung. Nur wer Schöpfung radikal als Schöpfung Gottes denkt, der versteht nach ihm auch, was Zeit ist. Weil die antiken Philosophen aber die Schöpfung nicht in der rechten Weise begriffen, deshalb verstehen sie auch nicht, auf überzeugende Weise von Zeit zu sprechen. Das ist Augustinus Grundaussage. Es ist also auch nicht besserwisserische Neugierde, die Augustinus zu einem „Exkurs" über die Zeit verleitet hätte, sondern Zeit ist ein Eckpfeiler des christlichen Glaubens, von Schöpfung überhaupt. Es erscheint deshalb bisweilen nicht sehr sinnvoll, dieses Stück ‚Zeittheorie' aus dem Gang der *Confessiones* herauszulösen und davon isoliert in sich zu behandeln, wie es allzu oft geschehen ist.

2.2.1.3 Raum und Zeit bei Immanuel Kant

Heidegger macht die erstaunliche Aussage: „Der Erste und Einzige, der sich eine Strecke untersuchenden Weges in der Richtung auf die Dimension der Temporalität bewegte, bzw. sich durch den Zwang der Phänomene selbst dahin drängen ließ, ist Kant" (SZ 23 f).

Es ist gleich zu bemerken, dass Kant den Grundbegriff der „Bewegung" als Ausgangspunkt seiner Überlegungen zu Raum und Zeit ausdrücklich erkannte: „Hier füge ich noch hinzu, dass der Begriff der Veränderung und mit ihm der Begriff der *Bewegung* (als Veränderung des Orts) [kursiv – KK] nur durch und in der Zeitvorstellung möglich ist; dass, wenn diese Vorstellung nicht Anschauung (innere) a priori wäre, kein Begriff, welcher es auch sei, die Möglichkeit einer Veränderung, d. i. einer Verbindung contradictorisch entgegengesetzter Prädicate (z. B. das Sein an einem Orte und das Nichtsein eben desselben Dinges an demselben Orte) in einem und demselben Objecte, begreiflich machen könnte. Nur in der Zeit können beide contradictorisch-entgegengesetzte Bestimmungen in einem Dinge, nämlich nacheinander, anzutreffen sein. Also erklärt unser Zeitbegriff die Möglichkeit so vieler synthetischer Erkenntniß a priori, als die allgemeine Bewegungslehre, die nicht wenig fruchtbar ist, darlegt" (KrV B 48–49).

Es ist eine erstaunlich klare Aussage Kants: eine Bewegungslehre ist nur durch die Zeitvorstellung möglich, und damit jede Art der Veränderung und des Werdens, von der Ortsveränderung (die bei ihm paradigmatisch genannt wird) bis hin zu allen Vorgängen des Werdens und Vergehens. Der Bewegungsbegriff und vor allem sein zeitlicher Gehalt macht es möglich, die Aporie oder Paradoxie von Raum und Zeit, wie wir sie beschrieben haben, denkend zu erfassen. Kants Formulierung erinnert an das Zeno-Paradox, das die kontradiktorische Aussage enthält, etwas sei an einem bestimmten Ort und nicht an demselben Ort. Um eine solche Kontradiktion zusammen zu denken, eine Synthesis der divergierenden Momente zu erfassen, ist bei Kant nur durch zeitliche Erfahrung möglich. Und damit ist diese Erfahrung ebenso Grundlage aller synthetischen Erkenntnisse. Kant spricht davon, dass die synthetischen Erkenntnisse jeglicher Art ebenfalls Bewegungsabläufe sind, die ohne Zeitvorstellung nicht denkbar sind, also allen unseren Begriffen und synthetischen Urteilen a-priori zu Grunde liegen. Wie Kant von Ort und Raum spricht, erinnert an die Tradition bzw. an die Wissenschaftssprache seiner Zeit, an Newtons Vorstellung: Raum ist demnach ein absolut unendlicher Raum, der definitiv umgrenzte Raumstellen hat.

Kant verdeutlicht das immer und immer wieder am einfachen Begriff einer Linie. Die Linie steht für ihn für die Geometrie, also die Lehre vom Raum und von den Orten. Die Erkenntnisse der Geometrie sind aber nicht analytisch, sondern synthetisch (d. h. zeitlich) zu gewinnen:

„Eben so wenig ist irgendein Grundsatz der reinen Geometrie analytisch. Dass die gerade Linie zwischen zwei Punkten die kürzeste sei, ist ein synthetischer Satz." (KrV B 16). Das Beispiel von der Linie gilt für alle Gegenstände der Geometrie: „Wir können uns keine Linie denken, ohne sie in Gedanken zu ziehen, keinen Cirkel denken, ohne ihn zu beschreiben, die drei Abmessungen des Raums gar nicht vorstellen, ohne aus demselben Punkte drei Linien senkrecht auf einander zu setzen, und selbst die Zeit nicht, ohne indem wir im Ziehen einer geraden Linie (die die äußerlich figürliche Vorstellung der Zeit sein soll) bloß auf die Handlung der Synthesis des Mannigfaltigen, dadurch wir den inneren Sinn sukzessiv bestimmen, und dadurch auf die Sukzession dieser Bestimmung in demselben, Acht haben" (KrV B 154 f).

Erkenntnissätze sind synthetische Sätze, sie bringen das Mannigfaltige synthetisch zusammen: „Um aber irgendetwas im Raume zu erkennen, z. B. eine Linie, muß ich sie ziehen und also eine bestimmte Verbindung des gegebenen Mannigfaltigen synthetisch zu Stande bringen, so dass die Einheit dieser Handlung zugleich die Einheit des Bewußtseins (im Begriffe einer Linie) ist, und dadurch allererst ein Object (ein bestimmter Raum) erkannt wird" (KrV B 137 f).

Das Paradigma der Linie ist so ein einfaches anschauliches Beispiel der synthetischen Urteile a-priori. Für Kant gilt die Linie als einfaches Beispiel einer jeden Erkenntnis, die immer ein Moment a-priori enthält, eine „Handlung der Synthesis des Mannigfaltigen [...], indem wir im Ziehen einer geraden Linie (die die äußerlich figürliche Vorstellung der Zeit sein soll) [...] den inneren Sinn successiv bestimmen" (KrV B 154 f). Erkenntnis ist Synthesis des Mannigfaltigen, die geschieht in einer Handlung, welche zeitlich ist, das Ziehen der Linie. Dadurch wird der „innere Sinn sukzessive" bestimmt, d. h. die Synthesis vollzogen.

Eine Linie kann nicht rein theoretisch – begrifflich, definitorisch, örtlich – vorgestellt werden, sondern sie muss gezogen werden, also zeitlich, die heterogenen Punkte zu einer homogenen Linie (Synthese) ausgezogen werden.

Für Kant sind bekanntlich die zwei Grundquellen des Gemütes entscheidend: Anschauung und Vernunft. Die Zeit ist nach Kant aber reine Form der Anschauung: „Unsre Erkenntniß entspringt aus zwei Grundquellen des Gemüths, deren die erste ist, die Vorstellungen zu empfangen (die Receptivität der Eindrücke), die zweite das Vermögen, durch diese Vorstellungen einen Gegenstand zu erkennen (Spontaneität der Begriffe)" (KrV B 74) und das Verhältnis beider zueinander: „Gedanken ohne Inhalt sind leer, Anschauungen ohne Begriffe sind blind" (KrV B 75). Die beiden Anschauungsformen sind für Kant „Raum" und „Zeit". Die Zeit ist ebenso wie der Raum „reine Anschauungsform" und zwar die des „inneren Sinnes". Sie ist unser Zugang zur Welt, gehört also zu den subjektiv-menschlichen Bedingungen der Welterkenntnis und ist somit die besondere Form, die das menschliche Bewusstsein den Sinneseindrücken verleiht. Wir können uns aus unserer Erfahrung die Zeit nicht wegdenken, da sie eben selbst eine Art und Weise unserer Anschauung (Wahrnehmung) ist. Das Beispiel der Linie ist eine einfache Demonstration dieses Sachverhaltes.

In Kants Konzeption der beiden Quellen der Erkenntnis kommt der Zeit aber eine besondere Bedeutung zu. Denn es stellt sich die Frage, wie kommt die Sinnlichkeit bzw. die Anschauung mit der Vernunft zusammen, da es nur so zum Begriff und damit zur Erkenntnis kommen kann. Kant nennt dieses Kapitel der Zusammenführung von Anschauung und Vernunft „Schematismus“. Zur Einführung des Schematismus formuliert Kant das Problem entsprechend: „In allen Subsumtionen eines Gegenstandes unter einen Begriff muß die Vorstellung des ersteren mit der letztern gleichartig sein, d. i. der Begriff muß dasjenige enthalten, was in dem darunter zu subsumirenden Gegenstande vorgestellt wird, denn das bedeutet eben der Ausdruck: ein Gegenstand sei unter einem Begriffe enthalten. So hat der empirische Begriff eines Tellers mit dem reinen geometrischen eines Cirkels Gleichartigkeit, indem die Rundung, die in dem ersteren gedacht wird, sich im letzteren anschauen läßt. [...]

Diese vermittelnde Vorstellung muß rein (ohne alles Empirische) und doch einerseits intellectuell, andererseits sinnlich sein. Eine solche ist das transcendentale Schema.“ (KrV B 176 ff)

Zwischen Sinnlichkeit und Vernunft bedarf es eines Mittlers, eine Vermittlung, die sowohl in der Anschauung wie in der Vernunft ihren Anhalt hat. Und diese besondere Bedeutung der Vermittlung kommt der Zeit zu. Aber, und das ist nun das Entscheidende, welches Zeitverständnis liegt bei Kant vor? Wie aus dem folgenden Text der Vermittlungsarbeit der Schemata hervorgeht, hat Kant ein deutliches (nur) lineares (aristotelisches) Zeitverständnis. Es ist zu berücksichtigen, dass der Schematismus Aufschluss geben muss über die Konstituierung von Gegenständlichkeit überhaupt, also über die Möglichkeit der Kategorien, die da sind Quantität, Qualität, Relation und Modalität. Die vermittelnde Zeitlichkeit muss demnach die Kategorien ermöglichen. Entsprechend geht Kant in diesem Passus vor:

„Man sieht nun aus allem diesem, dass das Schema einer jeden Kategorie, als das der Größe die Erzeugung (Synthesis) der Zeit selbst in der successiven Apprehension eines Gegenstandes, das Schema der Qualität die Synthesis der Empfindung (Wahrnehmung) mit der Vorstellung der Zeit oder die Erfüllung der Zeit, das der Relation das Verhältniß der Wahrnehmungen unter einander zu aller Zeit (d. i. nach einer Regel der Zeitbestimmung), endlich das Schema der Modalität und ihrer Kategorien die Zeit selbst als das Correlatum der Bestimmung eines Gegenstandes, ob und wie er zur Zeit gehöre, enthalte und vorstellig mache. Die Schemate sind daher nichts als Zeitbestimmungen a priori nach Regeln, und diese gehen nach der Ordnung der Kategorien auf die Zeitreihe, den Zeitinhalt, die Zeitordnung, endlich den Zeitinbegriff in Ansehung aller möglichen Gegenstände“ (KrV B 184–5).

Mit anderen Worten kennt Kant für die Zeit nur die Möglichkeiten der *Zeitreihe, der Zeitordnung und des Zeitinhaltes,* also die Zeit in ihrer Reihung des Nacheinanders zu betrachten, in der Ordnung des Vorher und Nachher oder nach ihrer gehaltlichen Position (KrV B 184–5). Man könnte diese Festlegung wiederum am einfachen Beispiel der Linie überprüfen und bei einem ersten Augenschein meinen, Kants Aussagen würden durch das Zeichnen einer Linie geradezu bestätigt. Denn die Linie ist doch vermeintlich das Reihen von Punkten in ein Vorher und Nachher nach einer bestimmten Ordnung. Aber eine Betrachtung der Linie etwa in der Kunst, zu denken wäre etwa an Kandinsky und Klee, die ihre Kunsttheorien ebenso mit dem Ziehen einer Linie begannen, könnte zeigen, dass schon Linien nicht diese einfachen Geraden sind, sondern eine lebendige Vielfalt an Gestalt und Formen eröffnen. Das wirft ein Licht darauf, dass Kant offensichtlich ein „lineares“ Zeitverständnis hat.

Zusammenfassend mag als Ergebnis des Zeitverständnis Kants folgende Aussage stehen „Wenn man Kants Ausführungen am Leitfaden der Frage nach den Abhängigkeiten liest, die zwischen den beiden unterschiedlichen Zeitvokabularen bestehen, zeigt sich, dass es sich bei dem Zeitvokabular, dessen transzendentalphilosophische Begründung Kant zu leisten beansprucht, um die lineare Reihe ‚früher', ‚später', ‚gleichzeitig' handelt. Das dimensionierte Zeitvokabular (‚vergangen', ‚gegenwärtig', ‚zukünftig') erscheint aus kantischer Perspektive demgegenüber als derivativer Zeittypus. Kants Argumentationsstrategie besteht darin, dass er die dimensionierte Zeit als empirischen Zeitbegriff, der unsere individuelle Zeiterfahrung beschreibt, aus der linearen Zeit ableitet, die der Newtonschen Physik zugrunde liegt und von Kant als transindividuelle, d. h. intersubjektiv verbindliche Form des inneren Sinns begriffen wird. Explizit kommt diese Strategie in dem von Kant formulierten ‚Gesetz' zum Ausdruck, ‚dass alle empirischen Zeitbestimmungen unter Regeln der allgemeinen [d. h. der transzendentalen – M.S.] Zeitbestimmung stehen müssen.' [...] In seiner *Anthropologie* (1798) hat Kant auf dieser Grundlage zu zeigen versucht, dass die Bestimmungen des dimensionierten Zeitvokabulars sich mit Hilfe der Bestimmungen des linearen Zeitvokabulars definieren und insofern auf dieses reduzieren lassen. Vergangenheit wird dabei in linearer Terminologie als das bestimmt, ‚was nicht *mehr* ist' und Zukunft als das, ‚was *noch nicht* ist'.[32]

Heidegger wurde im Zuge seiner Untersuchungen auf Kants Zeitverständnis aufmerksam. Es hatte für ihn und seine eigenen Überlegungen außerordentliche Bedeutung. Heidegger zielt in *Sein und Zeit* auf die Schwachpunkte von Kants Zeitverständnis. Zugleich erhellt, warum vor allem das Schematismuskapitel der KrV für Heideggers Buch *Kant und das Problem der Metaphysik* Angelpunkt der Relecture und der Kritik geworden ist:

„Im Verfolg der Aufgabe der Destruktion am Leitfaden der Problematik der Temporalität versucht die folgende Abhandlung das Schematismuskapitel und von da aus die Kantische Lehre von der Zeit zu interpretieren. Zugleich wird gezeigt, warum Kant die Einsicht in die Problematik der Temporalität versagt bleiben mußte. Ein Zweifaches hat diese Einsicht verhindert: einmal das Versäumnis der Seinsfrage überhaupt und im Zusammenhang damit das Fehlen einer thematischen Ontologie des Daseins, Kantisch gesprochen, einer vorgängigen ontologischen Analytik der Subjektivität des Subjekts. Stattdessen übernimmt Kant bei allen wesentlichen Fortbildungen dogmatisch die Position Descartes'. Sodann aber bleibt seine Analyse der Zeit trotz der Rücknahme dieses Phänomens in das Subjekt am überlieferten vulgären Zeitverständnis orientiert, was Kant letztlich verhindert, das Phänomen einer ‚transzendentalen Zeitbestimmung' in seiner eigenen Struktur und Funktion herauszuarbeiten. Zufolge dieser doppelten Nachwirkung der Tradition bleibt der entscheidende Zusammenhang zwischen der Zeit und dem ‚Ich denke' in völliges Dunkel gehüllt, er wird nicht einmal zum Problem" (SZ 23).

---

32 Sandbothe, Mike (2002), Lineare und dimensionierte Zeit. Ein Grundproblem der modernen Zeitphilosophie [Vortrag im Rahmen des Philosophischen Symposions: Zeit – Anfang und Ende, Straniak-Stiftung (Sarnen/Obwalden, Schweiz), Kloster Weingarten, 29. September – 2. Oktober 2002].

Dann spricht Heidegger davon, wie das Schematismuskapitel von KrV neu konzipiert werden müsste:

„Wenn erst die Problematik der Temporalität fixiert ist, dann kann es gelingen, dem Dunkel der Schematismuslehre Licht zu verschaffen. Auf diesem Wege läßt sich aber dann auch zeigen, warum für Kant dieses Gebiet in seinen eigentlichen Dimensionen und seiner zentralen ontologischen Funktion verschlossen bleiben musste. Kant selbst wusste darum, dass er sich in ein dunkles Gebiet vorwagte: 'Dieser Schematismus unseres Verstandes, in Ansehung der Erscheinungen und ihrer bloßen Form, ist eine verborgene Kunst in den Tiefen der menschlichen Seele, deren wahre Handgriffe wir der Natur schwerlich jemals abraten, und sie unverdeckt vor Augen legen werden' (KrV B, S. 180 f.). Wovor Kant hier gleichsam zurückweicht, das muss thematisch und grundsätzlich ans Licht gebracht werden, wenn anders der Ausdruck ‚Sein' einen ausweisbaren Sinn haben soll. Am Ende sind gerade die Phänomene, die in der folgenden Analyse unter dem Titel ‚Temporalität' herausgestellt werden, die geheimsten Urteile der ‚gemeinen Vernunft', als deren Analytik Kant das ‚Geschäft der Philosophen' bestimmt […]. Durch die Übernahme der ontologischen Position Descartes' macht Kant ein wesentliches Versäumnis mit: das einer Ontologie des Daseins" (SZ 23 f).

2.2.1.4 Zeit und Raum bei Martin Heidegger

Martin Heideggers Zeitverständnis ist in der Tradition von Aristoteles zu Augustinus und Kant zu lesen. Wie bekannt habilitierte Heidegger 1915 über die *Kategorien- und Bedeutungslehre bei Duns Scotus.* Dazu hielt er eine Probevorlesung mit dem Thema *Der Zeitbegriff in der Geschichtswissenschaft.*[33] Im Mittelpunkt stand der Unterschied zwischen dem Zeitverständnis der Natur- und Geisteswissenschaften. Dabei stellt er fest: „Ein interessantes Beispiel für die umfassende Funktion des Zeitbegriffs in der Geschichte bietet neuerdings die Untersuchung von Troeltsch über Augustinus".

Diese Aussage ist für uns in zweifacher Weise interessant. Einmal wie der Zeitbegriff bei Heidegger in den Vordergrund rückt; zum anderen wie sehr das Zeitverständnis Augustinus bei ihm Beachtung findet. Damit scheint sich ein Umschwung in Heideggers Philosophie anzudeuten.

Ein weiterer Hinweis verdichtet diese Vermutung auf einen Umschwung in der frühen Philosophie Heideggers. Für unser Thema scheint von großer Bedeutung zu sein, dass nun in Heideggers Philosophie das Schlagwort vom ‚Verflüssigen' führend wird. Rüdiger Safranski hat auf dieses neu leitende Motiv des frühen Heidegger aufmerksam gemacht. Heidegger formuliert diese neue Überzeugung im Hinblick auf seine künftige wissenschaftliche Arbeit hinsichtlich der überkommenen Traditionen

---

[33] Heidegger, Martin, Der Zeitbegriff in der Geschichtswissenschaft, in: ders. (1975), Frühe Schriften, Frankfurt, 355–375, hier 372, s. Pöggeler, Otto (1999), Heidegger in seiner Zeit, München, 42.

von Scholastik und der üblichen philosophischen Kategorien.[34] Er schreibt 1915 an das Freiburger Ordinariat, dass nur eine „Flüssigmachung des in der Scholastik niedergelegten Gedankengutes für den geistigen Kampf der Zukunft um das christlich-katholische Lebensideal" rüste.[35] In der Habilitation zu Duns Scotus „verflüssigt" er dessen Philosophie, indem er sie teilweise mit der modernen Phänomenologie Husserls, die er inzwischen studiert, in Verbindung bringt. Er hat den Begriff vom „Verflüssigen" offensichtlich von Dilthey übernommen.[36] Verflüssigen meint dabei offensichtlich, die Begriffe und Kategorien der Metaphysik in Bewegung zu versetzen, sie als beweglich und in den Rahmen von Raum und Zeit einzuordnen.

Das Zeitverständnis des Augustinus hat Heidegger wie seinen Lehrer Husserl lange Zeit nicht mehr losgelassen. Bis ins Jahr 1960 sind dazu Studien Heideggers nachgewiesen (Schaber). Nach seiner Habilitation gab Heidegger in den Kriegsjahren als Privatdozent für die Theologiestudenten Vorlesungen und Übungen zur Scholastik, aber auch zu Kant und Aristoteles. Es ereignete sich eine entscheidende Wende, von der Heidegger 1919 selbst spricht: „Die vergangenen zwei Jahre, in denen ich mich um eine prinzipielle Klärung meiner philosophischen Stellungnahme mühte u. jede wissenschaftliche Sonderaufgabe beiseiteschob, haben mich zu Resultaten geführt, für die ich, in einer außerphilosophischen Bindung stehend, nicht die Freiheit der Überzeugung u. der Lehre gewährleisten haben könnte".[37]

Wie ist diese Aussage zu verstehen? Heidegger hat sich 1918/19 nachweislich mit Augustinus intensiv befasst. Dann wurde er 1919 Assistent am Lehrstuhl von Edmund Husserl. Damit waren Vorlesungen zur Phänomenologie verbunden wie 1919 *Grundprobleme der Phänomenologie* (GA 58) und *Phänomenologie der Anschauung und des Ausdrucks* 1920 (GA 59). Aber auch ein intensives Befassen mit dem Urchristentum und mit Augustinus, wie es die Vorlesungen 1920 *Einleitung in die Phänomenologie der Religion* (GA 60) und 1921 *Augustinus und der Neuplatonismus* (GA 60) bezeugen. Daneben hielt er Seminare zu Aristoteles und Husserls *Logischen Untersuchungen* ab. Heidegger wurde 1923 nach Marburg berufen. Er hatte angekündigt, dort über Augustinus zu lesen. Tatsächlich las er aber über Aristoteles. In die Zeit von 1924 fällt auch ein Vortrag zum *Begriff der Zeit,* den er vor Marburger

---

34 S. Safranski, Rüdiger (2009), Ein Meister aus Deutschland. Heidegger und seine Zeit, München, 63–68; Ott, Hugo (1992), Martin Heidegger. Unterwegs zu seiner Biographie. Neuausgabe, Frankfurt, 80.

35 Safranski, Meister, a. a. O. 63.

36 Safranski, Meister, a. a. O., 67–68, 78.

37 Zum frühen Heidegger s. Bausenhart, Guido (2013), Martin Heideggers Weichenstellung für eine mögliche Rezeption der Phänomenologie in der Theologie. Ausgehend von der Vorlesung „Einleitung in die Phänomenologie der Religion" (1920/21), in: Bausenhart, Phänomenologie, a. a. O., 95–126. Zu Augustinus bei Heidegger s. Schaber, Johannes (1996), Zur philosophischen Aktualität der augustinischen Trinitätslehre. Martin Heidegger und Augustinus, in: Münchener Theologische Zeitschrift 47 (1996) 385 ff, hier 389; Grondin, Jean (1997) Heidegger und Augustin. Zur hermeneutischen Wahrheit, in: E. Richter (Hg.), Die Frage nach der Wahrheit, 161–173; Kienzler, Klaus (2005), Augustinus und Heidegger: Confessiones X., in: Fleteren, F. Van, Martin Heideggers Interpretations of Saint Augustine. Mellen Press New York, 27–76.

Theologen hielt und der als die Urzelle von *Sein und Zeit* gilt. Es ist anzunehmen, dass 1924 in der Tat die Vorbereitungen zu *Sein und Zeit* begannen, das 1926 vorgelegt wurde. Dem gingen 1925 *Prolegomena zur Geschichte des Zeitbegriffs* (GA 20) voraus.[38] Die Aristoteles Studien wurden abrupt durch die Kant-Lektüre unterbrochen, die sich vor dem Hintergrund des Neukantianismus in Marburg wohl aufdrängte. Heidegger erinnert sich: „Als ich vor einigen Jahren die ‚Kritik der reinen Vernunft' las, fiel es mir wie Schuppen von den Augen, und Kant wurde mir zu einer wesentlichen Bestätigung der Richtigkeit des Weges, auf dem ich suchte" (1928).[39] Im Jahr nach der Kant-Vorlesung erfolgte die Veröffentlichung des Buches *Kant und das Problem der Metaphysik* (GA 3) im Jahr 1929. „Die folgende Untersuchung stellt sich die Aufgabe, Kants Kritik der reinen Vernunft als eine Grundlegung der Metaphysik auszulegen, um so das Problem der Metaphysik als das einer Fundamentalontologie vor Augen zu stellen".[40]

Neben der rasch aufeinander folgenden Beschäftigung mit Augustinus und der christlichen Religion, mit Aristoteles und dann Kant trat mit dem Lehrauftrag am Lehrstuhl Husserls die Phänomenologie in den Vordergrund. Eine Reihe von Veranstaltungen weisen darauf hin. Wichtig dabei ist aber eine frühe Bemerkung Heideggers 1919, die seine grundlegenden Probleme mit dem Ansatz der Phänomenologie Husserls offen ansprachen. Es handelt sich um Heideggers Ringen um ‚das Prinzip der Prinzipien', das Herzstück der Philosophie Husserls und damit seines Verständnisses von Phänomenologie: „Das methodische Grundproblem der Phänomenologie, die Frage nach der wissenschaftlichen Erschließung der Erlebnissphäre, steht selbst unter dem ‚Prinzip der Prinzipien' der Phänomenologie. Husserl formuliert es so: *‚Alles, was sich in der Intuition originär ... darbietet, ist einfach hinzunehmen ... als was es sich gibt'.* Das ist das ‚Prinzip der Prinzipien', an dem uns keine erdenkliche Theorie irre machen kann'. Verstünde man unter Prinzip einen theoretischen Satz, dann wäre die Bezeichnung nicht kongruent. Aber schon, dass Husserl von einem Prinzip der Prinzipien spricht, also von etwas, das allen Prinzipien vorausliegt, woran keine Theorie irre machen kann, zeigt, dass es nicht theoretischer Natur ist, wenn auch Husserl darüber sich nicht ausspricht. Es ist die Urintention des wahrhaften Lebens überhaupt, die Urhaltung des Erlebens und Lebens, als solchem, die absolute, mit dem Erleben selbst identische *Lebenssympathie.* Vorläufig, d. h. auf diesem Weg vom Theoretischen herkommend, in der Weise der immer mehr Sich Freimachens von ihm, *sehen* wir diese Grundhaltung immer, wir haben *zu* ihr eine Orientierung. Dieselbe Grundhaltung ist absolut, wenn wir in ihr selbst leben – und das erreicht kein noch so weit gebautes Begriffssystem, sondern das phänomenologische Leben in seiner wachsenden Steigerung selbst".[41]

Wir werden auf Husserls ‚Prinzip der Prinzipien' immer wieder zurückkommen müssen. Hier stellen sich grundsätzliche Fragen: Was meint Heidegger mit der Beto-

---

[38] Pöggeler, Zeit, a. a. O., 49 f.

[39] Heidegger, Martin (1927), Phänomenologische Interpretation von Kants Kritik der reinen Vernunft (GA 25) 431.

[40] Heidegger, Martin (1929), Kant und das Problem der Metaphysik (GA 3), Anfang.

[41] Heidegger, Martin (1919), Die Idee der Philosophie und das Weltanschauungsproblem (GA 56/57) 109 f.; s. Schaber, Heidegger, a. a. O., 392.

nung des Lebens und Erlebens, das als Prinzip allen theoretischen Begriffen vorausliegt? Und wie diese Erfahrung zur Sprache bringen, wenn sie allen theoretischen Begriffen vorausgeht? Heidegger meint damit offensichtlich das „faktische Leben", das er in der frühen Zeit zur Ursprungswissenschaft Phänomenologie erklärt. Und er hat dies offensichtlich im Urchristentum gefunden: „Tun wir den Schritt von Heideggers ersten Veröffentlichungen zu den Vorlesungen, die Heidegger nach dem Ersten Weltkrieg gehalten hat [...], dann zeigt sich ein ganz neuer Ansatz. [...] Zur Frage steht nun das faktische Leben, das Leben in seiner Tatsächlichkeit" (Otto Pöggeler).[42] Wie aber das faktische Leben zur Sprache bringen bzw. wo hat es sich zum Ausdruck gebracht? Heidegger wendet sich auffällig der christlichen Theologie zu.

Warum? Es ist das „faktische Leben", das bei ihm nun in den Mittelpunkt tritt. „Der urchristliche Glaube erfährt das Leben in seiner Tatsächlichkeit. Er ist, wie der frühe Heidegger sagt, in der faktischen Lebenserfahrung, ist diese Lebenserfahrung selbst. Die faktische Lebenserfahrung aber ist ‚historisch'; sie versteht das Leben historisch oder, wie wir heute sagen würden, ‚geschichtlich'. Sie lebt nicht nur die Zeit, sondern lebt die Zeit selbst. Durch die Besinnung auf die urchristliche Religiosität als das Modell des faktischen Lebens gewinnt Heidegger die leitenden Begriffe, die die Struktur des faktischen Lebens oder, wie Heidegger später sagt, der ‚faktischen Existenz' herausstellen".[43]

Was Heidegger an dieser Zeitlichkeit fasziniert, ist, dass es – entgegen der traditionellen Auffassung der Zeit (Aristoteles) als eines Kalküls des Geschehens – eine Zeit ist, mit der man gerade nicht ‚rechnen' kann. Das geläufige Rechnen mit der Zeit ist deshalb für Heidegger uneigentlich, weil es eine abstrakte, unendliche und lineare Zeit konstruierte, die sozusagen die grundlegendere Unberechenbarkeit der Zeit verdecken will. Die neue Erfahrung der Zeitlichkeit fand Heidegger im Urchristentum. Für den Christen komme es allein auf dieses neue ‚Wie' des faktischen Lebens an, nicht um einen festen Halt, vielmehr um das gerade Gegenteil: "Für das christliche Leben gibt es keine Sicherheit; die ständige Unsicherheit ist auch das Charakteristische für die Grundbedeutendheiten des faktischen Lebens. Das Unsichere ist nicht zufällig, sondern notwendig".[44]

Man wird dem Urteil Karl Lehmanns zustimmen, wenn er die Bedeutung des Fundes der urchristlichen Religiosität nicht nur für den frühen Heidegger, sondern für dessen ganzes weiteres Denken pointiert formuliert: „Genau hier ist die große fundamentalontologische (und nicht bloß existenzialanalytische) Bedeutung der urchristlichen Geschichtserfahrung für den frühen Heidegger. Heidegger ist darin eine Erfahrung gelungen, die radikal die bisherigen Grundprinzipien der Ontologie unterläuft. Die Frage nach der Geschichtlichkeit ist eben nicht nur eine bloß vereinzelt thematisch gewordene Äußerung dieses Denkens. Die Erfahrung des urchristlichen Geschichtsverständnisses ist vielmehr der einzig mögliche ‚Standort', von dem aus die Beschränkung der bisherigen Ontologie in ihrem Verständnis des Sinnes von Sein und auch in der Beharrlichkeit dieser Beschränkung auffallen konnte. Nur hier hat

42 Pöggeler, Otto (1963), Der Denkweg Martin Heideggers, Pfullingen, 27.
43 Pöggeler, Denkweg, a. a. O., 38.
44 Heidegger, Martin (1921), Phänomenologie des religiösen Lebens (GA 60), 105.

Heidegger den archimedischen Punkt gefunden, von woher er die mehr oder weniger eindeutige, meist aber indifferente Auslegung des Sinnes von Sein als Vorhandenheit in eine Krise bringen konnte, wenn die abendländische Metaphysik bis Hegel fast ausschließlich von dieser Blickbahn beherrscht ist […]. Die ‚Selbstverständlichkeit' und ‚Natürlichkeit' der Orientierung am griechischen Seinsverständnis konnte nur wahrgenommen und gebrochen werden durch eine radikal andere Auslegung von Sein. Ohne eine solche Konfrontation von griechischer Ontologie und urchristlicher Geschichtserfahrung kann die Frage nach dem Sinn von Sein gar nicht gestellt werden. Die ‚Naivität', die dem Durchschnittsleser jener Kapitel aus dem ersten Thessalonicherbrief [GA 60,87–115 – KK] unmöglich so viel Sprengkraft zu versprechen scheint, zeigt sich dem Blick Heideggers viel abgründiger. Das wiederum war möglich, weil das Denken Heideggers durch die genaue Kenntnis und strenge Deutung der griechischen Philosophie in der Lage war, eine anderes Denken als anderes in den Blick zu bekommen. So lässt sich nichts gegeneinander ausspielen".[45]

Heidegger ist sich dessen durchaus bewusst, was die Hervorhebung des faktischen Lebens für die philosophische Tradition des Abendlandes bedeutet, vor allem im Blick auf die griechische Tradition. In Heideggers früher Freiburger Vorlesung vom Sommersemester 1920 *Phänomenologie der Anschauung und des Ausdrucks* heißt es programmatisch (GA 59, 91): „Es besteht die Notwendigkeit einer prinzipiellen Auseinandersetzung mit der griechischen Philosophie und der Verunstaltung der christlichen Existenz durch sie. Die wahrhafte Idee der christlichen Philosophie; christlich keine Etikette für eine schlechte und epigonenhafte griechische. Der Weg zu einer ursprünglichen christlichen – Griechentum freien – Theologie" Dieses Programm der wahrhaften Idee der christlichen Philosophie erhält in der Vorlesung des anschließenden Wintersemesters 1920/21 *Einleitung in die Phänomenologie der Religion* seine erste entscheidende Ausführung. Diese Vorlesung endet mit der abschließenden Bestimmung (GA 60, 124): „Die echte Religionsphilosophie entspringt nicht vorgefassten Begriffen von Philosophie und Religion. Sondern aus einer bestimmten Religiosität – für uns der christlichen – ergibt sich die Möglichkeit ihrer philosophischen Erfassung. Die in ihrem Wesen grundlegend neu zu bestimmende Philosophie entspringt der faktischen Lebenserfahrung" (GA 60, 8), indem sie ihren Weg durch die faktische Lebenserfahrung bahnt.

Was meint nun „faktisches Leben" in der Ursprungswissenschaft Phänomenologie (GA 60, 9–14): „Wir versuchen zu verstehen: wie das Leben sich selbst erfährt, wie lebendige Erfahrung vom Leben vollzugsmäßig charakterisiert ist und zwar in der Gestalt, in der Leben sich nicht etwa als Objekt erkennt und terminiert in seiner Erkenntnishabe, sondern – um theoretische Objektivierung unbekümmert – sich lebendig nimmt, hat und in diesem Haben sich erfüllt. Michselbsthaben: Richtung des Lebens auf seine Lebendigkeit, Zurückweisung seiner Entgleisungen im Ursprungswege" (GA 58, 156). – Leben ist vollzugsmäßig oder vollzugsgeschichtlich anzugehen. In seinem Grundsinn ist Leben „leben" und „er-leben", ‚verbum transitivum', ‚in seinem aktiven und passiven Sinn' (GA 60, 82 bzw. 9). Das Leben ist nicht theore-

[45] Lehmann, Karl (1984), Christliche Geschichtserfahrung und ontologische Frage beim jungen Heidegger, in: Pöggeler, Otto, Perspektiven, Königsstein, 154 f.

tisch aufzusuchen, sondern konkret. Das faktische Leben tut sich in den „faktischen Lebenssituationen" kund (GA 60, 13). Die Aufgabe der Phänomenologie ist es, die „Urstruktur der Situation" aufzusuchen und zu erheben (GA 59, 261). Aber der Sinn des faktischen Lebens und Daseins lässt sich nicht mit den bisherigen philosophischen Mitteln fassen. Durch die Auslegung des faktischen Lebens wird „das gesamte traditionelle Kategoriensystem gesprengt – so radikal neu werden die Kategorien des faktischen Daseins sein" (GA 60, 54).

Dem ‚transitiven Leben' nachdenken führt bei Heidegger zu einem neuen „Denken". Hannah Arendt hat zum 80. Geburtstag Heideggers einen großen Vortrag gehalten. Dabei ging sie nicht auf die kritischen Jahre 1933 ein, sondern auf die frühen Jahre Heideggers. Während es von Hannah-Arendt und Karl Jaspers bekanntlich deutliche Aussagen nach dem Krieg über den Nationalsozialisten Heidegger gab, beherrschte dieses Thema nicht ihre Laudatio, sondern der grundsätzliche Charakter des „Denkens" Heideggers seit den frühen Jahren.[46] Sie beschrieb das Denken Heideggers in unserem Zusammenhang als Grundphänomen: Ein „transitives" Geschehen, das nicht zuerst ein „Denken über etwas", sondern ein „Etwas Denken" sein wollte, also auf den Vollzug und die Lebendigkeit des Denkens aus war. Sodann beschrieb Hannah-Arendt das Denken Heideggers von den Anfängen bis zum Ende als eben diese Lebendigkeit und Wandlungsfähigkeit des Denkens, dessen Ziel nicht zuerst ein Ergebnis suchte, sondern sich im Vollzug des Denkens erfüllte.[47] Solches Denken kann als Paradigma dessen gelten, was wir später Grundphänomen nennen werden.

Welt ist „Lebenswelt", Welt, worin wir leben. Wir leben nicht nur in der Welt als Umwelt, sondern die Welt differenziert sich je nach dem, worin wir leben. Es sind die „genuinen Lebenswelten" aufzusuchen. Für Heidegger sind *„Umwelt"*, *„Mitwelt"* und *„Selbstwelt"* die entscheidenden Lebenswelten (GA 60, 11). Diese liegen aber nicht einfach vor, sondern sind in der Urstruktur der Situation vielfach miteinander verwoben. Sie sind phänomenologisch erst zu erheben: „Wir müssen erforschen, wie sich Umwelt, Mitwelt, Selbstwelt abheben und ausformen und ob sie sich vielleicht zugleich ausformen. Wie sieht die Grunderfahrung der Selbstwelt aus? Was ist durch sie für die theoretische Wissenschaft von der Selbstwelt vorgezeichnet? Ist mit der theoretischen Bestimmung der Selbstwelt das Ursprungsgebiet selbst bestimmt?" (GA 58, 227)

Zur Erhebung des faktischen Lebens bedarf es eines eigenen Zugangs. Weder Wissenschaft noch die Philosophie bieten für Heidegger die entsprechenden Zugangsweisen. Es bedarf einer neuen Sprache. Im Zusammenhang mit dem faktischen Leben wird für Heidegger die *formale Anzeige* zur zentralen Zugangsart der Phänomenologie. In den Vorlesungen der *Phänomenologie des religiösen Lebens* (1920–1921) (GA 60) macht er davon Gebrauch. Er scheint zu Beginn der Vorlesungsreihe eine beson-

[46] Zum Anti-Judaismus Heideggers sei auf Nierenberg, David (2015), Anti-Judaismus. Eine andere Geschichte des westlichen Denkens, München, verwiesen, der den Systemfleck des Anti-Judaismus in der abendländischen Philosophie studiert hat.

[47] Arendt, Hannah (1969), Martin Heidegger ist achtzig Jahre alt, in: Merkur 23 (1969), 902–917.

dere Einführung in diese Weise der Phänomenologie beabsichtigt zu haben. Heidegger geht darin auf die Thematik der formalen Anzeige ein, behandelt den Unterschied zwischen Generalisierung und Formalisierung und doziert über die subtilen Unterscheidungen zwischen Objekt, Gegenstand und Phänomen. Er spricht über die unentrinnbar vermittelte Einheit in der Mitte der faktischen Lebenserfahrung, die immer zugleich aktives und passives Erfahren ist, über den formal anzeigenden Begriff des „Historischen", sowie über die Notwendigkeit vorläufiger Vorgriffe. Die Studenten interessiert das aber wenig, sie wenden sich an das Dekanat und reklamieren Mangel an religiösen Inhalten. Daher bricht Heidegger seine Behandlung der phänomenologischen Formalisierung abrupt ab. So blieb eine ausführliche Beschreibung der formalen Anzeige ein Desiderat, das Heidegger nie erfüllte. Aber es blieb die zentrale Zugangsweise zur Philosophie.

Kisiel beschreibt die formale Anzeige geradezu als „Geheimwaffe" des Heideggerschen Denkens.[48] Was ist „formal anzeigend" in der Philosophie Heideggers? Heidegger hatte in seiner Habilitation von der „Form der Individualität" (GA 1, 195) gesprochen – zwei Dinge sind bei dem „formalen Anzeigen" zu beachten: einmal das An-zeigen, d. i. ein Zeigen auf ein Individuelles und Konkretes, und zum anderen die Formalität des Zeigens. Es geht also im Sprechen um ein „Zeigen" auf etwas Konkretes und zugleich um das „formal" dabei Aussagbare, da das Konkrete ja selbst nicht ausgesagt werden kann. Das Konkrete und Individuelle ist nicht aussagbar, aber aufzuzeigen. Die formale Anzeige entspricht so dem Denk- und Sprachduktus des neuen philosophischen Ansatzes Heideggers.

Mit Anzeigen und Zeigen dürfte Heidegger die „haecceitas" von Duns Scotus übernommen haben. Heidegger hat sich in seiner Habilitation auffallend mit der eigenartigen Kategorie der haecceitas beschäftigt. Er fasst dort zusammen: „Was real existiert, ist ein Individuelles [...]. Alles, was real existiert, ist ein ‚Solches-Jetzt-Hier'. Die Form der Individualität (haecceitas) ist dazu berufen, eine Urbestimmtheit der realen Wirklichkeit abzugeben" (GA 1, 195).[49] Eine ähnliche Aussage findet Heidegger in den *Logischen Untersuchungen* von Husserl. Haecceitas ist dort das situative „hierjetztich". Dieses-Sein oder Diesheit bezeichnet einen philosophischen Kunstbegriff, der in der Scholastik, ausgehend von Duns Scotus, insbesondere von der ihm nachfolgenden, weitverbreiteten Denkrichtung der Scotisten, entwickelt wurde. Die Haecceitas bezeichnet das Spezifische eines einzelnen Objekts, im Gegensatz zur Quidditas, den allgemeinen Eigenschaften einer Objektklasse. Der Begriff gehört in den Bereich der Individuation, also der Sonderung des Allgemeinen in Einzelnes.

In der Scholastik wurde von Thomas von Aquin mit Aristoteles das Individuelle als Spezialfall des Allgemeinen angesehen. Das Einzelne selbst sei wissenschaftlich nicht diskutierbar (individuum est ineffabile). Der Kern der Lehre von der Haecceitas basiert auf dem Gedanken, dass die individuelle Existenz nicht ein Mangel, sondern gerade eine Vollkommenheit ist. Sie ist ein Einmaliges und Besonderes. Auf das Individuum kann man als etwas Einzigartiges nur zeigend hinweisen: ein „Dies-Da".

---

[48] Kisiel, Theodore (1997), Die formale Anzeige. Die methodische Geheimwaffe des frühen Heidegger, in: Heidegger – neu gelesen, hg. von Markus Hapel, Würzburg, 22–40.

[49] S. Safranski, Meister, a. a. O., 84.

Eine Entsprechung findet sich in der Sprachtheorie von Karl Bühler. Bühler macht besonders auf das „Zeigefeld" aufmerksam.[50] Das Zeigefeld, die Deixis, gibt Richtungen vor, fungiert als Zeiger, Pfeile, die zeitliche oder räumliche Richtungen zuweisen. Ein Zeigefeld ist das Sinnbild für ein Netz von Weg- oder Richtungszeichen. Wie ein Wegweiser an einer Straßenkreuzung, der die Richtung weist, können in der Sprache ebensolche „Wegweiser" fungieren – die sogenannten Zeigewörter. Zeigewörter sind z. B. „hier", „du", „jetzt" oder „dort" u. a.

Das Zeigefeld weist auf eine besondere Sprechsituation hin. Eine Sprechsituation ist eine Situation, in der ein Sprechakt ausgeführt wird. Sie umfasst im weitesten Sinne alle Informationen, die während des Sprechaktes implizit gegeben sind, also nicht nur explizit verbal geäußert werden. Dazu gehören etwa der Ort und Raum, in dem sich die Kommunizierenden befinden, das Weltwissen, über das die am Sprechakt beteiligten Personen verfügen, oder Informationen über den Zeitpunkt, zu dem kommuniziert wird.

Deixis (von griech. δείκνυμι, „zeigen"), auch indexikalische Semantik, ist ein Fachbegriff der Sprachwissenschaft. Er bezeichnet die Bezugnahme auf Personen, Orte und Zeiten, die mit Hilfe von deiktischen oder indexikalischen Ausdrücken wie ich, du, dort, hier, morgen, heute … erfolgt. Deiktische Ausdrücke sind solche Ausdrücke, die sich auf eine dieser nicht verbal gegebenen Informationen beziehen, deren Bedeutung also erst in der bestimmten Sprechsituation ersichtlich wird. Man nennt solche Ausdrücke auch indexikalische Ausdrücke, deiktische Ausdrücke, Indexausdrücke, Deiktika (Singular: Deiktikon), Indikatoren oder auch Zeig(e)wörter.[51]

Formale Anzeigen sind darüber hinaus „formal", d. h. sie sind selbst nicht gegenständlich.[52] Soviel kann zur formalen Anzeige gesagt werden. Sie ist gedacht gegen die vergegenständlichende Redeweise der Philosophie und gegen die verobjektivierende Sprache der Wissenschaften. Für Heidegger erreichen diese nie die Dimension des faktischen Lebens. Ein einfaches Beispiel eines formal anzeigenden Begriffs kann etwa ein Eigenname wie Peter sein. Der Name Peter sagt den betreffenden Peter nicht aus, sondern um ihn zu meinen, ist der Name zu nennen und darüber hinaus auf ihn hinzuzeigen. Der Name Peter ist in der Weise formal anzeigend, dass es sich um einen Menschen namens Peter handelt. Geht es aber um den konkreten Peter selbst, kann nur dieser selbst sagen, wer er ist.

Die formale Anzeige zeigt die tieferen Dimensionen des Lebens an; sie erschließt den entscheidenden Sinn des Lebens, auch den Sinn des Seins, bzw. sie weist nach Heidegger auf die verschiedenen Sinne hin, welche im faktischen Leben walten. Der entscheidende Sinn, auf den die formale Anzeige hinweist, ist der *Vollzugssinn.* Er besagt, entscheidend für das Verstehen des Lebens ist das Mitgehen, Miterleben und Mitvollziehen der Lebenserfahrung, des Vollzugs. Er ist dabei auf die Leitungen angewiesen, in welche die Erfahrung selbst einweist, in die schon genannten Bezüge von

---

[50] Bühler, Karl (1934), Sprachtheorie. Die Darstellungsfunktion der Sprache, Stuttgart 1982, 79–82.

[51] S. Waldenfels OZ 43 ff, 137 ff, 210, 221 ff 236 ff.

[52] Hemmerle AS I, 125: „Das Gegenständliche ist von seinem Wesen her das Beständige, Selbige, ‚nichts Neues'".

Umwelt, Mitwelt und Selbstwelt. Es ist dann der Sinn für die Bezüge und Richtungen, in denen das Leben sich vollzieht: der *Bezugssinn*. Vollzugssinn und Bezugssinn machen schließlich die Bedeutsamkeit der Erfahrung aus; sie sind die Sinndimensionen, in denen sich Leben vollzieht; sie sind bis in den Ausdruck der zur Sprache kommenden Lebenserfahrung zu wahren: im *Gehaltssinn*. Der Gehaltsinn ist sozusagen die Oberfläche dessen, was die Sinne bzw. Perspektiven der formalen Anzeige zu Tage fördern, die Thematisierungen und Objektivierungen des Erfragten, wie sie uns in der Philosophie und den Wissenschaften begegnen.

Doch bald wird Heidegger von einem weiteren Sinn sprechen, vom „Zeitigungssinn" (GA 61, 53). Die Zeitlichkeit des Lebens und des Daseins kündigt sich in der *Phänomenologie der Religion* bereits unüberhörbar im beständigen Nachfragen nach dem ‚Historischen' bzw. Geschichtlichen an: „Das Kernproblem ist das ‚Historische'" (GA 60, 31). Wie ist die Selbstbekümmerung zu verstehen? Woher kommt sie? „Die faktische Lebenserfahrung aber ist ‚historisch'; sie versteht das Leben historisch oder, wie wir heute sagen würden, ‚geschichtlich'. Sie lebt nicht nur die Zeit, sondern lebt die Zeit selbst".[53]

Die formale Anzeige ist für Heidegger wichtig geworden bis zu *Sein und Zeit* und darüber hinaus. In *Sein und Zeit* sind die Sinndimensionen der formalen Anzeige *Umwelt, Mitwelt* und *Selbstwelt* zwar eingegangen. Nun sind sie aber als Dimensionen des Sinnes von Sein umbenannt: das *In-der-Welt-Sein, Mit-Sein, Da-Sein*. Kisiel macht auf die Bedeutung der *formalen Anzeige* bei Heidegger aufmerksam; er nennt sie geradezu Heideggers „Geheimwaffe" und zeigt ihre Entwicklung und Weiterentwicklung von der frühen Phase bis zu *Sein und Zeit:* „Nach 1922 spricht Heidegger nicht mehr über Intentionalität als seine leitende formale Anzeige, auch nicht in ihren drei Sinnrichtungen [Vollzug-, Bezug-, Gehaltsinn – KK], sondern über ihr Sein auf der vortheoretischen Ebene der situativen Existenz. Die neuen formalen Anzeigen, Da-sein (1923), In-der-Welt-sein (1924), Zu-sein (1925), sind Ausdrücke dieses Seins der Intentionalität".[54]

Kisiel macht zugleich darauf aufmerksam, dass die formale Anzeige für Heideggers Philosophie derart entscheidend ist, dass sie eine neue Sprache erfordert. Das Bemühen um eine neue, bisweilen befremdliche Sprache ist in der frühen Philosophie Heideggers unübersehbar. Die Sprache kann nicht mehr die normale Sprache und nicht die objektivierende der Wissenschaft und Philosophie sein, sondern es bedarf einer neuen Sprache, an welcher er offensichtlich zeit seines Lebens unaufhörlich experimentiert. Kisiel verfolgt Schritt für Schritt die Entwicklung, wie sich die Sprache Heideggers verändert und entwickelt und formuliert für die Stufe von 1925: Das „‚Zu-sein' ist nah dem impersonalen Infinitiv, ‚sein', und sollte nicht nur in den ganzen grammatikalischen Komplex seiner Tempora gegliedert werden, sondern auch in seinen Modi (es kann [soll, muss, hat] sein) und seinen Zeitstufen, in Kategorien, die Heidegger pauschal als Temporalien identifiziert." In der Tat bedarf es nach Heidegger einer totalen Transposition der Sprache in allen ihren grammatikalischen Ausdrucksmöglichkeiten, in den kategorialen Aussagen, in den Modalitäten der Spra-

[53] Pöggeler, Denkweg, a. a. O., 38.

[54] Hier Kisiel, Anzeige, a. a. O., 38, und zum Folgenden ebd., 38–40.

che, vor allem, und das wird zentral werden in den Zeitstufen, den Tempora. Kisiel verfolgt die Entwicklung von Heideggers Sprache bis zu *Sein und Zeit.*

Schauen wir auf die Grundbegriffe der Sprache bei Heidegger. Führend in *Sein und Zeit* wird dann die *Ex-istenz,* der Nachfolger des *Vollzug*ssinnes. Kisiel gibt eine Analyse dafür, wie es dazu gekommen ist, dass Heidegger 1926 „Ex-sistenz" als die leitende formale Anzeige einsetzt und damit *Sein und Zeit* selbst, wie wir es kennen, von einer wahrhaften Sprachflut von Existenzialen beherrscht wird. Welches Sprachspiel stellt die etymologisch verstandene „Ex-sistenz" dar, welches das grammatikalisch verstandene „Zu-sein" nicht ergeben konnte? Kisiel folgert: „Die kleine Nuancierung des Wortes wird eine radikal neue Grammaontologie von Adverbien und Präpositionen ergeben."

Wie das? Schon in der Rezension von Karl Jaspers Buch 1920 identifiziert Heidegger „Existenz" als die formale Anzeige des Seinssinns des „ich bin". Es besagt die eigenste Möglichkeit des Daseins innerhalb seiner Faktizität. Aber erst im Wintersemester 1925/26 wurde „Existenz" die Anzeige der Daseinsmöglichkeit; damit verband Heidegger nun die „kairologische" Zeitlichkeit, welche die Sprache prägte. Mit dieser Pointierung der formalen Anzeige der Existenz nimmt Heidegger Abschied von der Wesens-Sprache des Aristoteles. Es ist der entscheidende Schritt zur kairologischen Sprache von *Sein und Zeit.* Denn die Sprache des Wesens (ousia) ist die Sprache der Habe und Präsenz, die Sprache des Besitztums und Anwesens. Aber in *Sein und Zeit* selbst fallen solche Redewendungen weg. Es gibt Sachen, die der Mensch nicht hat, sondern die er ist und die ihn leben, deren „Was" lediglich in dem „Dass es ist" ruht (Kisiel 38).

Kisiel macht diesen entscheidenden Umschwung an einem Text und einer Aussage Heideggers fest: „Von dieser formalen Anzeige des Seinsverständnisses fährt Heidegger nun fort, um die Grundlage für die Radikalisierung der Existenz zu entfalten. Ich möchte den Text im Ganzen zitieren, denn es ist ein ausgezeichnetes Beispiel für die Formalität seines Sprachspiels, besonders in der Grammaontologie von Präpositionen und Adverbien, die Heidegger für sich selbst in *Sein und Zeit* konstruiert hat. Den Text muss man in Ruhe lesen!

‚In dem ‚es geht um' liegt, dass das, worum es geht, nicht feste Habe ist; und sofern dieses ‚es geht um' zum Dasein als solchem gehört, d.h. zu ihm, sofern es ist und d.h. solange es ist, besagt es: das ‚worum es geht' ist nie feste Habe, und doch ist gerade das ‚es geht um' ein Sein-zu dem ‚Worum'. Und dieses Sein-zu ist kein Sein bei Vorhandenem, sondern Sein-zu, was ja noch nicht feste Habe ist und am Ende nie werden kann – seinem eigensten Sinn nach. Dieses Wozu des Seins-zu, das Sorge ist, ist aber nichts anderes als das Sein des Daseins, nämlich je das Sein, das es noch nicht ist, aber sein kann; in dem ‚es geht um' liegt demnach ein Aussein-auf das eigene Sein qua Sein-können".[55]

Und Kisiel fasst die Bedeutung der Ex-istenz zusammen: „Das bloße präpositionale Adverb ‚aus', ‚ἐκ', ‚ex', wird in dieser Weise die operative Formalität, die eine ganz neue Seinsdimension anzeigt. Es ist die Dimension der ruhelosen Endlichkeit unserer Transzendenz in zweierlei Sinn: als sich enteignendes Unterwegssein und als sich ereignende Endlichkeit" (Kisiel 39).

[55] Heidegger, Martin, Logik. Zur Frage der Wahrheit (GA 29–30), 234f.

Diese Hinweise sind derart von Bedeutung, dass es ohne ihre Beachtung schwer möglich erscheint, *Sein und Zeit* angemessen zu lesen. Demnach erscheint das *Wie,* wie das Thema von *Sein und Zeit* zur Sprache kommt, nicht weniger wichtig als das *Was,* die Themen, die dort behandelt werden. Es ist einmal sehr aufschlussreich, unter diesem Gesichtspunkt *Sein und Zeit* zu betrachten. Oder um es mit Kisiel zu formulieren, Heidegger verwendet in *Sein und Zeit* offensichtlich eine neue Sprache, eine „Grammaontologie der Präpositionen und Adverbien", aber auch der Zeitstufen, Aktionsarten und Modalitäten.

Der Sinn von *Sein und Zeit* ist vor allem in diesen Dimensionen zu suchen. Und in der Tat *Sein und Zeit* lässt sich in zwei großen Teilen lesen: Ein erster Teil hat „Raum" bzw. „Räumlichkeit" zum Thema (SZ 41–230), ein zweiter folgender Teil „Zeit" bzw. „Zeitlichkeit" (SZ 231–437). Das zu sehen ist wichtig. Raum und Zeit sind die zwei großen Dimensionen von *Sein und Zeit,* die dritte Dimension der „Existenz" übergreift noch einmal beide und ist deren Grundlage, der Sinn der Fundamentalontologie. Alles aber wird mit dem Versuch angegangen, die angemessene Sprache (neu) zu finden. *Sein und Zeit* ist in der Tat in der Sprache einer „neuen Grammaontologie (der Präpositionen und Adverbien)" geschrieben. Ein Blick auf die Grundbegriffe von SZ wie Existenz, Raum und Zeit können die neue Sprache verdeutlichen.

Die Sprachflut der Existenzialien von *Sein und Zeit* hat ihren Grund und Ursprung in der sich entfaltenden Struktur der zugrundeliegenden Existenz. Heidegger selbst: „Alle Explikate, die der Analytik des Daseins entspringen, sind gewonnen im Hinblick auf seine Existenzstruktur. Weil sie sich aus der Existenzialität bestimmen, nennen wir die Seinscharaktere des Daseins *Existenzialien.* Sie sind scharf zu trennen von den Seinsbestimmungen des nicht daseinsmäßigen Seienden, die wir *Kategorien* nennen. Dabei wird dieser Ausdruck in seiner primären ontologischen Bedeutung aufgenommen und festgehalten. Die antike Ontologie hat zum exemplarischen Boden ihrer Seinsauslegung das innerhalb der Welt begegnende Seiende. Als Zugangsart zu ihm gilt das νοεῖν bzw. der λόγος" (SZ 44).

Das ‚Wesen' des Seienden liegt nun nicht mehr im Vorhandensein, sondern in einem gerichteten „Zu-sein" (SZ 42). Und dies hat für die Philosophie Folgen. Heidegger macht deutlich, dass Dasein nur formal anzeigend ausgesagt werden kann: „Das ihnen entsprechende Seiende fordert eine je verschiedene Weise des primären Befragens: Seiendes ist ein Wer (Existenz) oder ein Was (Vorhandenheit im weitesten Sinne)" (SZ 45). Deshalb wird *Existenz* folgendermaßen charakterisiert: „Die Antwort auf die Frage, wer dieses Seiende (das Dasein) je ist, wurde scheinbar bei der formalen Anzeige der Grundbestimmtheiten des Daseins (vgl. § 9) schon gegeben. Dasein ist Seiendes, das je ich selbst bin, das Sein ist je meines. Diese Bestimmung zeigt eine ontologische Verfassung an, aber auch nur das. Sie enthält zugleich die ontische – obzwar rohe – Angabe, dass je ein Ich dieses Seiende ist und nicht Andere. Das Wer beantwortet sich aus dem Ich selbst, dem ‚Subjekt', dem ‚Selbst'. [...] Substanzialität [dagegen] ist der ontologische Leitfaden für die Bestimmung des Seienden, aus dem her die Werfrage beantwortet wird. Dasein ist [dann] unausgesprochen im Vorhinein als Vorhandenes begriffen." (SZ 114) Oder ausgedrückt in der adverbial und temporal anzeigenden Sprache: „Als Grundverfassung des Daseins wurde die Sorge sichtbar gemacht. Die ontologische Bedeutung dieses Aus-drucks drückte sich in der ‚Definition' aus: Sich-vorweg-schon-sein-in (der Welt) als Sein-bei (innerweltlich) begegnendem Seienden" (SZ 249).

Die Definition des Daseins besteht in einem formalen Zeigen nach allen Richtungen der Zeit und des Raumes, von Präpositionen und Adverbien. *Räumliches* Sein ist dann ein In-Sein: „In-Sein [...] meint eine Seinsverfassung des Daseins und ist ein Existenzial. Dann kann damit aber nicht gedacht werden an das Vorhandensein eines Körperdinges (Menschenleib) ‚in' einem vorhandenen Seienden. Das In-Sein meint so wenig ein räumliches ‚Ineinander' Vorhandener, als ‚in' ursprünglich gar nicht eine räumliche Beziehung der genannten Art bedeutet; ‚in' stammt von innan-, wohnen, habitare, sich aufhalten; ‚an' bedeutet: ich bin gewohnt, vertraut mit, ich pflege etwas; es hat die Bedeutung von colo im Sinne von habito und diligo. Dieses Seiende, dem das In-Sein in dieser Bedeutung zugehört, kennzeichneten wir als das Seiende, das ich je selbst bin. Der Ausdruck ‚bin' hängt zusammen mit ‚bei'; ‚ich bin' besagt wiederum: ich wohne, halte mich auf bei ... der Welt, als dem so und so Vertrauten. Sein als Infinitiv des ‚ich bin', d. h. als Existenzial verstanden, bedeutet wohnen bei ..., vertraut sein mit ... In-Sein ist demnach der formale existenziale Ausdruck des Seins des Da-seins, das die wesenhafte Verfassung des In-der-Welt-seins hat. Das ‚Sein bei' der Welt, in dem noch näher auszulegenden Sinne des Aufgehens in der Welt, ist ein im In-Sein fundiertes Existenzial" (SZ 54).

Die *Zeitlichkeit* wird für Heidegger zum entscheidenden Existenzial des Daseins: „Der ursprüngliche ontologische Grund der Existenzialität des Daseins aber ist die Zeitlichkeit" (SZ 234).

Nicht nur die Präpositionen und Adverbien geben die Richtungen vor, räumlich und zeitlich. Die temporalen Bildungen der Begriffe von *Sein und Zeit* sind ebenso signifikativ. Sie ergeben sich aus der Sache selbst: „Die Tempora ebenso wie die übrigen zeitlichen Phänomene der Sprache, ‚Aktionsarten' und ‚Zeitstufen', entspringen nicht daraus, dass die Rede sich ‚auch' über ‚zeitliche', das heißt ‚in der Zeit' begegnende Vorgänge ausspricht. Auch nicht darin haben sie ihren Grund, dass das Sprechen ‚in einer psychischen Zeit' abläuft. Die Rede ist an ihr selbst zeitlich, sofern alles Reden über..., von... und zu... in der ekstatischen Einheit der Zeitlichkeit gründet. Die Aktionsarten sind verwurzelt in der ursprünglichen Zeitlichkeit des Besorgens, mag dieses auf Innerzeitiges sich beziehen oder nicht. Mit Hilfe des vulgären und traditionellen Zeitbegriffes, zu dem die Sprachwissenschaft notgedrungen greift, kann das Problem der existenzial-zeitlichen Struktur der Aktionsarten nicht einmal gestellt werden" (SZ 349 f). Für die Zeitlichkeit stehen die Tempora der Verben, aber auch die Zeitadverbien „jetzt, soeben, sogleich" u. a. oder Zeitangaben „heute, gestern, morgen" (OZ 214), sodann eine Reihe von Präfixen „vor- prä-, re- nach-" u. a. (OZ 219). Deshalb drückt Heidegger die Zeitlichkeit selbst in temporalen Verbbildungen aus: „Dies dergestalt als gewesend – gegenwärtigende Zukunft einheitliche Phänomen nennen wir die Zeitlichkeit" (SZ 326).

„Die Zeitlichkeit ‚ist' überhaupt kein *Seiendes*. Sie ist nicht, sondern zeitigt sich. [...] Zukunft, Gewesenheit, Gegenwart zeigen die phänomenalen Charaktere des ‚Auf-sich-zu', des 'Zurück auf', des ‚Begegnenlassens von'. Die Phänomene des zu ..., auf ..., bei ... offenbaren die Zeitlichkeit als das ἐκστατικόν schlechthin. *Zeitlichkeit ist das ursprüngliche ‚Außer-sich' an und für sich selbst.* Wir nennen daher die charakterisierten Phänomene Zukunft, Gewesenheit, Gegenwart die *Ekstasen* der Zeitlichkeit" (SZ 328–329).

Heidegger hat später eingestanden, dass er in *Sein und Zeit* mit der Temporalität nicht zu Ende gekommen ist. Es sollte ein weiterer Band erscheinen, der nie erschienen ist. Spuren, die etwas von dem Kommenden erkennen lassen, etwa in *Zeit und Sein,* werden wir später aufgreifen. Doch Heideggers Bemühungen haben für das Zeitverständnis eine wichtige Wende gebracht. Bei Heidegger ist zu erkennen der Vorrang der „Zeitlichkeit der daseinsmäßigen Räumlichkeit", „der Zeit gegenüber dem Raum im Sinne Kants" (SZ 367). Heidegger hat Zeitlichkeit in *Sein und Zeit* entwickelt.[56] Kant war vom Menschen als dem erkennenden ‚Subjekt' ausgegangen und hatte die Bedingungen der Möglichkeit menschlicher Erkenntnis untersucht. Heidegger setzt demgegenüber beim Menschen als einem Wesen an, das als in die Welt geworfenes ‚Dasein' je schon in Verhältnis zu seiner konkreten Umwelt steht. Mit Blick auf die existenziale Geworfenheit menschlichen Daseins bestimmt Heidegger das Selbstbewusstsein, das von Kant als zeitlose Instanz des ‚Ich denke' vorausgesetzt wurde, auf temporale Art und Weise. Heidegger zufolge verhalten wir uns zu uns selbst in einem zeitlichen Geschehen, in dem wir uns auf unsere eigene Zukunft hin entwerfen.

Die ‚dimensionierte' Grundstruktur der ‚Zeitlichkeit' menschlichen Daseins wird von Heidegger als ein zweigliedriges temporales Geschehen beschrieben. Die erste Teilbewegung besteht im Vorlaufen in die Zukunft, die zweite im Zurückkommen auf die Gegenwart als einer von der Vergangenheit bzw. (wie Heidegger sagt) der ‚Gewesenheit' her bestimmten Offenheit. Auf der existenzialen Ebene der Bedingungen der Möglichkeit versteht Heidegger dabei unter ‚Zu-kunft' nicht die konkrete, durch spezifische inhaltliche Ziele bestimmte Zukunft, sondern das reine, alle konkreten und inhaltlichen Lebensziele transzendierende Vorlaufen in die ‚Möglichkeit der maßlosen Unmöglichkeit der Existenz', also das von ihm so genannte „Sein zum Tode".

Als Negativbild setzt Heidegger dieser ausgezeichneten Grundgestalt menschlicher Zeitlichkeit einerseits die von ihm sogenannte „uneigentliche Zeitlichkeit", andererseits den „vulgären Zeitbegriff" entgegen. Heideggers Vorstellung ist dabei die, dass wir uns in der eigentlichen Zeitlichkeit als dem entschlossenen Vorlaufen in den Tod immer nur vorübergehend, d. h. in ausgezeichneten Augenblicken halten können. Im Normalfall verstehen wir uns von der Gegenwart her auf eine Zukunft hin, die wir durch unsere konkreten Bedürfnisse und Pläne inhaltlich bestimmen und aus der wir den Letzthorizont des Todes gerade ausklammern. Diese reduzierte, alltagspraktisch übliche und bequemere Form der Zeitigung des Daseins bezeichnet Heidegger mit dem Begriff der „uneigentlichen Zeitlichkeit". Sie unterscheidet sich von der eigentlichen Zeitlichkeit vor allem dadurch, dass in ihr die Zukunft nicht als die ausgezeichnete Dimension fungiert, von der her sich Vergangenheit und Gegenwart erschließen, sondern stattdessen die Gegenwart als Fixpunkt dient, von dem aus Vergangenheit und Zukunft (als Nicht-mehr- bzw. Noch-nicht-Gegenwart) bestimmt werden.

Während in der uneigentlichen Zeitigungsform als defizientem Modus der in Zukunft, Vergangenheit und Gegenwart dimensionierten Zeit noch ein „Widerschein der ekstatischen Verfassung der Zeitlichkeit" zu spüren bleibt, ist im „vulgären Zeitbegriff" die Herkunft der Zeit aus der Zeitlichkeit menschlichen Daseins ausgeblendet. Heidegger macht diesen Unterschied an unserem Umgang mit der Uhr deutlich

[56] S. Sandbothe, Lineare und dimensionierte Zeit, a. a. O.

und zwar an dem Paradox, dass „gerade das Dasein, das mit der Zeit rechnet, mit der Uhr in der Hand lebt, [ständig sagt]: ich habe keine Zeit." Dem methodischen Zeitstrategen ist die Zeit zu einer reinen Jetztfolge von austauschbaren Sekunden, Minuten, Tagen, Wochen, Monaten und Jahren geronnen, zu einer gegenständlich gewordenen, äußeren Zeitmacht also, die als eine unendlich teilbare, endlose Linie vor ihm liegt, die auszufüllen ihm nie wirklich gelingen kann.

Zusammenfassend kann zu der Bedeutung Heideggers für unser Thema gesagt werden. Mit Heidegger ist eine folgenreiche Wende in der Philosophie von Zeit und Raum gegeben. Diese Wende erfolgt in der frühen Zeit, die im Allgemeinen mit dem „frühen Heidegger" wiedergegeben wird. Für uns ist die Bedeutung deswegen besonders groß, weil für den frühen Heidegger die Lebens- und Zeiterfahrung des Urchristentums Pate stand. Die folgenreiche Beschäftigung mit dem Christentum kann schlagwortartig wiedergegeben werden: die Urchristen „lebten nicht in der Zeit", sondern „sie lebten die Zeit" (Pöggeler). Diese Entdeckung machte für Heidegger eine neue Philosophie und Phänomenologie notwendig. Heidegger versuchte, die Philosophie des Seins im Rahmen von Raum und Zeit zu formulieren. Dafür steht zunächst *Sein und Zeit*. Das Buch umschreibt die neue Räumlichkeit und Zeitlichkeit der Phänomenologie Heideggers in einer neuen Sprache. Sie machte auch eine neue Sprache notwendig, die Heidegger in dieser frühen Zeit immer wieder versuchte und in *Sein und Zeit* einen gewissen Abschluss fand. Für unser Thema ist der Fund des frühen Heidegger im Christentum wichtig und darüber hinaus, wie er zunächst damit umgegangen ist. Wie Heidegger seine Philosophie weiterentwickelte, ob konsequent oder nicht, mag zu unterschiedlichen Meinungen führen. Sie ist nicht mehr Thema dieses Buches. Das dürfte berechtigt sein, um nur an die Geburtstagsrede von Hannah Arendt im Jahre 1969 zu erinnern. Auf weitere Anregungen Heideggers für die kommenden Themen werden wir später zurückkommen und sie im Einzelnen behandeln.

2.2.1.5 Zeit bei Carl Friedrich von Weizsäcker

Es ist nicht bekannt, ob Heidegger auf intensivere Weise an der großen Diskussion seiner Zeit beteiligt und wieweit er darüber informiert war. Gemeint ist die Diskussion über Raum und Zeit in den Naturwissenschaften der 20er Jahre des 20. Jahrhunderts, also in der Zeit, in welcher Heidegger sich ebenfalls intensiv mit den Fragen von Raum und Zeit beschäftigte und wie es sich in *Sein und Zeit* niedergeschlagen hat. Gemeint ist die berühmte „Kopenhagener Deutung" der Quantenphysik. Weizsäcker macht in seinen Erinnerungen an die Gespräche mit Heidegger selbst darauf aufmerksam.[57] Allerdings fällt eine Bemerkung Heideggers bereits im Jahr 1912 in einem Glückwunschreiben an seinen Freiburger Förderer Prof. Josef Sauer auf, wo er hinsichtlich der Lage der Philosophie und Theologie die Meinung vertritt, man könne nicht wie bisher schulmäßig verfahren, sondern man müsse das „Raum- und Zeitproblem" in Anschlag bringen, nachdem „gegenwärtig in der Physik durch die Relativitätstheorie alles in Fluss geraten ist". Es fällt auf, dass diese Überzeugung

[57] Weizsäcker, Carl Friedrich von (1977), Der Garten des Menschlichen, München, 420.

vom ‚in Fluss Geraten' der Wissenschaften sich in dem von nun bei Heidegger wie ein Schlagwort gebrauchten ‚Verflüssigen' und geradezu vom „Flüssigmachen" niedergeschlagen hat. Heidegger formuliert diese seine Überzeugung im Hinblick auf seine künftige wissenschaftliche Arbeit hinsichtlich der überkommenen Traditionen von Scholastik und der üblichen philosophischen Kategorien.[58]

Bekannt ist allerdings, dass Heidegger mit einem der Beteiligten im Gespräch war: mit Carl Friedrich von Weizsäcker. Allerdings erzählt Weizsäcker in seinen Erinnerungen, dass er *Sein und Zeit* erst um 1933 gelesen habe. Aber er berichtet weiter von seinen Spaziergängen und Gesprächen mit Heidegger, die sich meist um das Zeitproblem drehten.[59]

Selbstverständlich ist das herausragende Paradigma für das neue Verhältnis von Raum und Zeit, wie wir es zum Ausgang dieses Buches gemacht haben und wonach wir unsere Grundthese formulierten, die Quantenphysik und ihre Deutung in der ersten Hälfte des 20. Jahrhunderts, und vor allem die Kopenhagener Deutung.[60] Während die klassische Physik von der grundsätzlichen Entscheidbarkeit einfacher Alternativen ausgeht, gibt die Quantenmechanik dieses Prinzip auf, indem sie Orts- und Impulserkenntnis eines Teilchens für unvereinbar erklärt, den Begriff der Komplementarität einführt und so die Objektivierbarkeit der Erkenntnisse einschränkt. Wir haben in diesem Fall die besondere Konstellation vor uns, dass in einem Gespräch eines Philosophen mit einem Naturwissenschaftler, sich der Philosoph nicht voreilig an die Thesen der Quantenphysik anhängt und sich damit den Vorwurf des Naturwissenschaftlers auf sich zieht, die Ergebnisse der Quantenmechanik unkontrolliert zu übernehmen, sondern der Naturwissenschaftler von dem Vortrag des Philosophen zu eigenen Überlegungen angeregt wird. Es scheint so zu sein, dass das quantenmechanische Paradigma der Nichtentscheidbarkeit über die Wirklichkeit nicht nur für den mikrokosmischen Bereich Gültigkeit hat, sondern ein Problem der Verhältnisse von Raum und Zeit überhaupt ist.

Weizsäcker weist am Anfang seiner *Geschichte der Natur* auf den Umgang der Naturwissenschaften mit Raum und Zeit hin. Er spricht von der „Verräumlichung" der Zeit in der Physik.[61] Er versucht einen ursprünglichen Begriff zu finden, der dem, was Zeit und Geschichte ausmacht, gerechter wird. Die Versuche, Zeit und Geschichte zu verstehen, haben oftmals die Tendenz, die Zeit vom Raum her zu deuten. Das aber wird den drei Dimensionen der Zeit nicht gerecht, sondern ebnet den Unterschied von Vergangenheit, Gegenwart und Zukunft unzulässig ein.

Das menschliche Leben vollzieht sich in diesen drei Dimensionen, aber wesentliche Teile der klassischen Physik und auch der Metaphysik hatten versucht, den Unterschied zu beseitigen. Es ist nach Weizsäcker nicht übertrieben zu sagen: Der wissenschaftliche Triumph ist der Triumph über die Zeit. Aber wie weit geht der Triumph?

---

[58] Ott, Heidegger, a. a. O., 73 bzw. 80; Safranski, Meister, a. a. O., 63–68.

[59] Weizsäcker, Garten, a. a. O., 404–412.

[60] Weizsäcker, Carl Friedrich von (1971), Die Einheit der Natur, München, 224–232. Zu Weizsäcker s. Hattrup, Dieter (2004), Carl Friedrich von Weizsäcker. Physiker und Philosoph, Darmstadt.

[61] Hattrup, Weizsäcker, a. a. O., 207–222.

Wenn der Astronom die Bewegung der Planeten beobachte, wenn der Physiker das Abklingen einer Pendelschwingung untersuche, wenn der Biologe eine Zeitskala der Evolution entwerfe, wenn der Ingenieur eine Maschine baue, so behandeln sie die Zeit als vierte Koordinate neben den drei Koordinaten des Raumes.

„Das sichtbarste Symbol dieser Verräumlichung der Zeit ist der graphische Fahrplan der Eisenbahn".[62] Der Fahrplan versucht, den Augenblick des Jetzt auszuschalten oder, was das Gleiche ist, alle Augenblicke vor dem Auge des Betrachters auszubreiten. Wie für den Fahrplan, so ist für die Physik das ‚jetzt' ein ‚Fremdkörper'.[63] Um das Jetzt auszuschalten, wird auf der einen Koordinate die Strecke aufgetragen, die der Zug zurücklegt, auf der anderen die Zeitdauer, in der sie zurückgelegt wird. Wo Vergangenheit und Zukunft liegen, ist für den Fahrplan gleichgültig. Ob der Zug schon gefahren ist oder erst fahren wird, kümmert ihn nicht. Mit dem Blick auf die Uhr kann aber der Reisende erkennen, wie es mit dem Zug steht, ob der Zug schon abgefahren ist oder nicht. Die Abbildung der Zeit auf den Raum erhöht die Möglichkeiten des Menschen, das heißt, sie erhöht seine Macht.

Es liegt nahe, es mit der Verräumlichung der Zeit weiter zu versuchen. Deshalb das Programm der klassischen Physik: Tilgung der Zeit in der Wissenschaft, um Überblick über Vergangenheit, Gegenwart und Zukunft zu bekommen. Deshalb der Zorn von Physikern gegen Kollegen, die Zweifel am Programm der Naturwissenschaften erwecken und die Zeit des Universums als endlich behandeln.[64]

Einer, der seinen Unwillen gegenüber der Zeit in der Physik zum Ausdruck brachte, war Einstein. Einstein nannte den Unterschied von Vergangenheit, Gegenwart und Zukunft eine Illusion. Weizsäcker berichtet über die Einstellung Einsteins zur Zeit eindrücklich, indem er ein Gespräch zwischen Einstein und Carnap als Anekdote wiedergibt.[65] Das Gespräch drehte sich über das ‚Jetzt' in der Physik als Ausgangsbedingung auch aller wissenschaftlichen Erkenntnis. Beide waren sich einig, dass das Jetzt in der Physik nicht wirklich vorkommt, obwohl es immer unbedacht am Anfang der Aussagen steht. Einstein war darüber sehr beunruhigt, wie Weizsäcker in einer längeren Wiedergabe des Gesprächs zwischen Einstein und Carnap, zu erkennen gibt:[66]

„Einmal sagte Einstein, das Problem des Jetzt beunruhige ihn ernstlich. Er erklärte, die Erfahrung des Jetzt bedeute etwas Besonderes für den Menschen, etwas von Vergangenheit und Zukunft wesentlich Verschiedenes, aber dieser wichtige Unterschied komme in der Physik nicht vor und könne dort auch nicht vorkommen. Dass die Wissenschaft diese Erfahrung nicht fassen könne, schien ihm ein Gegenstand schmerzlicher aber unvermeidlicher Resignation zu sein. Ich (d. h. Carnap) bemerkte, dass alles, was objektiv geschieht, von der Wissenschaft beschrieben werden kann; einerseits wird die zeitliche Reihenfolge der Ereignisse in der Physik beschrieben, und

---

[62] Weizsäcker, Carl Friedrich von (1948), Die Geschichte der Natur. Zwölf Vorlesungen, Stuttgart, 11.

[63] Weizsäcker, Carl Friedrich von (1992), Zeit und Wissen, München, 84.

[64] Hattrup, Weizsäcker, a. a. O., 208–209.

[65] Weizsäcker, Zeit und Wissen, a. a. O., 81–83.

[66] Ebd.; s. Hattrup, Weizsäcker, a. a. O., 209.

andererseits können die Eigentümlichkeiten der menschlichen Erfahrungen mit der Zeit, einschließlich seiner verschiedenen Einstellung zu Vergangenheit, Gegenwart und Zukunft, in der Psychologie beschrieben und (im Prinzip) erklärt werden. Aber Einstein meinte, diese wissenschaftlichen Beschreibungen könnten keinesfalls unsere menschlichen Bedürfnisse befriedigen; es gebe etwas Wesentliches bezüglich des Jetzt, das schlicht außerhalb des Bereiches der Wissenschaft liege. Wir waren beide einig, dass es sich dabei nicht um einen Defekt handle, den man der Wissenschaft vorwerfen könnte". In Gesprächen führte Weizsäcker dann weiter aus, dass Carnap somit als Lösung anbot, dass – wenn nicht die Physik – dann halt die Psychologie die für das „Jetzt" zuständige Wissenschaft sei.

In seiner Auseinandersetzung mit Carnaps Argumenten weist Weizsäcker darauf hin, dass dieser Einsteins philosophisches Problem offenbar überhaupt nicht verstanden hat. Vor allem seine Behauptung, dass kein theoretisches Problem vorliege, sei nicht zu halten. Eine psychologische Erklärung des Jetzt und der Zeitmodi – ohne deren „Realität" vorauszusetzen – erscheine aussichtslos.

Weizsäcker schreibt: „Wenn Carnap von der ‚verschiedenen Einstellung zur Vergangenheit, Gegenwart und Zukunft' als Gegenstand der Psychologie spricht, so scheint er vorauszusetzen, dass Vergangenheit, Gegenwart und Zukunft etwas sind, ‚was objektiv geschieht' und wozu wir eben deshalb verschiedene psychische Einstellungen haben können. Vorher sagte er aber nur, ‚die zeitliche Reihenfolge der Ereignisse' werde von der Physik beschrieben. Gewöhnlich verstehen Physiker unter dieser Reihenfolge nur den Unterschied relativ früherer von relativ späteren Ereignissen, eine Ordnungsrelation zwischen ‚Zeitpunkten', also gerade nicht die Angabe, welches Ereignis jetzt stattfindet, also was Gegenwart (und folglich Vergangenheit und Zukunft) bedeutet. In der Tat waren Einstein und Carnap einig, dass das Jetzt in der Physik nicht vorkommt. Also gibt es weder in der Physik noch in der Psychologie einen theoretischen Ort für das Jetzt; in der Physik, laut Übereinstimmung der beiden Forscher, überhaupt nicht; in der Psychologie, nach Carnaps Wortwahl, nur für die (emotionale) Einstellung zu ihm. Diese begriffliche Unklarheit teilt Carnap mit den meisten Physikern. Einstein durchschaute die Unklarheit und war darüber beunruhigt; Carnap aber verstand gar nicht, was Einstein beunruhigte".

Und Weizsäcker weiter: „Nach meiner Auffassung ist das Jetzt, im Rahmen der Struktur der Zeitlichkeit, Voraussetzung des begrifflichen Denkens, und so auch der Wissenschaft. Die Wissenschaft kann Fakten und Möglichkeiten begrifflich beschreiben; dabei setzt sie das Jetzt stets implizite voraus. Sie formuliert allgemeine Sätze, die so gemacht sind, dass in ihnen das Jetzt, in dem sie gesagt werden, nicht genannt wird; sie sollen ja immer gelten. Einstein weiß, dass Begriffe nur im Rahmen einer Theorie, also im Rahmen allgemeiner Sätze, einen Sinn haben. Er kommt ferner von einer Fassung der Physik her, in der die Zeit durch eine reelle Koordinate beschrieben wird. So stößt er auf die Grundtatsache aller Erkenntnis, auf das Jetzt, wie auf einen Fremdkörper. Er hat den Mut, darüber zu staunen."

Weizsäcker versteht seine Aufgabe darin, das Gespräch der Physik mit der Philosophie zu führen. Vor diesem Hintergrund kommt er zu der Analyse, wie sie hier wiedergegeben worden ist. Weizsäcker analysiert das Vorgehen der Naturwissenschaften und zieht daraus philosophische Konsequenzen. Für unseren Zusammenhang ist es bedeutsam, dass Weizsäcker eine „temporale Logik", eine Logik der zeitlichen Aussagen, auch von der Physik fordert.

Doch wie kam Weizsäcker zu dieser Erkenntnis? Die *Geschichte der Natur* geht auf eine Vorlesung zurück, die Weizsäcker im Jahr 1946 hielt. Es ist zugleich ein Einschnitt in der Arbeit Weizsäckers. Das Thema ist vor allem Zeit und Geschichte. Es geht um die Einführung der Zeitlichkeit in die Physik. Weizsäcker begnügt sich nicht mit der Form, in welcher die Zeit als Parameter „t" in der Physik und in der Bewegungslehre vorkommt, um den zeitlichen Verlauf messbarer Größen zu beschreiben. Das ist nur ein formaler Parameter, der mit wirklicher Zeit wenig zu tun hat. Weizsäcker interessiert vielmehr die Struktur der Zeit als Gegenwart, Vergangenheit und Zukunft. Der Physiker neigt dazu, den Zeitparameter „t" für die objektive Beschreibung der Zeit zu halten. Gegenwart, Vergangenheit und Zukunft werden in den physikalischen Formeln nicht sichtbar. Es sind vor allem nicht die zeitlichen Unterschiede von Vergangenheit und Zukunft sichtbar; denn der Parameter „t" ist universal, gültig, und gegen die Zeit gleichgültig. Physikalische Zeit ist reversibel; physikalische Zeit kann vor und zurückgedreht werden; sie ist zunächst gleichgültig gegen eine bestimmte Richtung.

Die großen physikalischen Theorien sind reversibel, außer einer, der Thermodynamik, also der Lehre von der Wärme. Und das war nach der Aussage Weizsäckers auch der Einbruch in eine neue Erkenntnis, wie er im Vorwort zum Aufbau der Physik erinnert: „Die zentrale Rolle der Zeit wurde mir in einer Arbeit über den zweiten Hauptsatz der Thermodynamik (1939) klar".[67] Die Thermodynamik wurde im Zusammenhang mit der Erfindung der Dampfmaschine formuliert. Sie erwies sich bald als anwendbar für verschiedenste Phänomene. Der Zweite Hauptsatz der Thermodynamik, auf den sich Weizsäcker bezieht, beschreibt unbestreitbar irreversible Vorgänge der Physik, denn er formuliert die so genannte Entropie. Entropie besagt, dass in einem geschlossenen System die Entropie zunimmt oder wenigstens gleichbleibt, jedenfalls nie abnimmt. D. h. wir haben es mit einem Vorgang zu tun, der sich unbestreitbar in der Zeit abspielt. Die Beachtung der zeitlichen Abfolge ist unvermeidbar. Die Zeit ist nicht hintergehbar involviert. An dieser Stelle beginnt das Verständnis einer neuen, nicht nur physikalischen Zeit. Die Zeit von Leben. Es ist ersichtlich, dass Organismen und schließlich von Leben thermodynamische Systeme und Haushalte sind, in denen die Irreversibilität und d. h. die Zeit unabkömmlich ist. Der Tod ist eben das zu Ende Kommen des entropischen Vorgangs.

Wie kann demnach die klassische Physik, deren klassische Mechanik reversibel ist, mit der Thermodynamik, die irreversibel ist, zusammenpassen. Wie kommt in diese klassische Physik der Unterschied von Vergangenheit und Zukunft, wie kommt der Zeitpfeil in die Physik hinein? Weizsäcker stellt seine Lösung in *Die Einheit der Natur* (1961) vor, die sich ihm in dem besagten Jahr 1939 zum ersten Mal eröffnete: „Der Zweite Hauptsatz und der Unterschied von Vergangenheit und Zukunft".[68] Nach Weizsäcker wissen wir vor jeder Physik, was Vergangenheit, Gegenwart und Zukunft sind. Wenn die Thermodynamik Wahrscheinlichkeitsbetrachtungen in die Mechanik und Physik einbringt, dann setzt sie zeitliche Verhältnisse voraus. Die Thermodynamik erwies sich ja als allgemeinste Theorie physikalischer Vorgänge, die nicht exakt,

[67] Weizsäcker, Carl Friedrich von (1988), Aufbau der Physik, München, 17.
[68] Weizsäcker, Einheit, a. a. O., 172–183.

sondern nur statistisch beschrieben werden können. D. h. Thermodynamik arbeitet mit Wahrscheinlichkeiten. Solche Wahrscheinlichkeitsberechnungen sind aber nicht weniger anerkannt und unersetzbar für die Physik. Wahrscheinlichkeiten werden mit Prognosen über Entwicklungen verbunden. Sie enthalten deshalb bereits ein zeitliches Verständnis. Für Weizsäcker ist es deshalb so, dass die Physiker selbst die Zeit, Vergangenheit und Zukunft, in die Wissenschaft eingeführt haben – sozusagen unbemerkt. Und sie wundern sich dann, woher die Irreversibilität und die unverzichtbare Zeit kommen.[69]

Die Diskussion um Raum und Zeit fand ihren Höhepunkt durch die so genannte „Kopenhagener Deutung" aus dem Jahr 1927. Diese ist die erste grundsätzliche Interpretation des mathematischen Gebäudes der Quantenmechanik. Ihr folgte eine intensive philosophische Diskussion über die Grundlagen der Physik. Diese Interpretation und Deutung hat höchste Bedeutung nicht nur für die Naturwissenschaften, sondern für alle Wissenschaften einschließlich der Theologie. Sie betrifft die Grundlagen aller Erkenntnis. Leider ist die grundsätzliche Diskussion von damals bald abgebrochen und nicht weitergeführt worden.[70]

Das Konzept der Kopenhagener Deutung wurde von Werner Heisenberg und Niels Bohr formuliert. Sie umfasst im Wesentlichen drei Grundsätze: 1. Unverzichtbarkeit klassischer Begriffe 2. Komplementarität 3. Ganzheitlichkeit der Quantenphänomene.[71]

Weizsäcker fasst 1 zusammen: „Akzeptieren wir den Formalismus der Quantentheorie in seiner üblichen Deutung, so müssen wir zugeben, dass er keine Zustände umfasst, in denen ein Teilchen einen bestimmten Ort und einen bestimmten Impuls hat; es erscheint notwendig, diese Zustände auszuschließen, um Widersprüche gegen die Wahrscheinlichkeitsvorhersagen der Theorie zu vermeiden. Nun wird der Einwand erhoben, dass sowohl Ort wie Impuls messbar sind und somit existieren. Diesem Einwand begegnet die Feststellung, dass, falls die Quantentheorie richtig ist, Ort und Impuls nicht zugleich gemessen werden können, und dass darum der Verteidiger der Quantentheorie nicht gezwungen werden kann, zuzugeben, dass sie zugleich, d. h. im selben Zustand des Teilchens, existieren".[72]

---

[69] Weizsäcker, Aufbau, a. a. O., 49; s. Drieschner, Michael (1992), Carl Friedrich von Weizsäcker zur Einführung, Hamburg, 33–51.

[70] Einer der die Diskussion weitergeführt hat und Konsequenzen für die heutige Kultur- und Wissenschaftswelt gezogen hat ist Hans-Peter Dürr. Er sieht in diesem Zusammenhang eine besondere Verantwortung der Religion und Kirche: „Die Kirche darf sich nicht so oft auf Nebenkriegsschauplätze begeben. Es wäre viel wichtiger, die Menschen darauf aufmerksam zu machen, dass sie eingebettet sind in etwas, das nicht greifbar ist – weder für die Naturwissenschaften noch die zukünftige Menschheit. Aber das, was nicht greifbar ist, ist nicht weniger wahr. Für mich ist die Wahrheit nicht mit der Objektivität verkoppelt, wie die Wissenschaft annimmt. Wenn das so wäre, könnte die moderne Physik gar nicht wahr sein. Wahrheit muss anders erfasst werden als über die Objektivierbarkeit. Hier ist der Dialog, die menschliche Kommunikation von großer Bedeutung. Wir könnten mit menschlicher Sprache an Dinge rühren, die nicht zu begreifen sind. In diesem Sinne könnten die Religionen eine wichtige Rolle spielen" (Hans-Peter Dürr, in: Evangelische Kommentare 2/1996).

[71] Weizsäcker, Einheit, a. a. O., 224–232.

[72] Weizsäcker, Einheit, a. a. O., 226.

Weizsäcker zu 2: „Bohr nannte meist zwei Bedingungen (von Erfahrung): Raum-Zeit-Beschreibung und Kausalität. Sie lassen sich vereinbaren in dem objektivierten Modell des Geschehens, das die klassische Physik bietet, werden aber durch die Entdeckung des Wirkungsquantums auseinandergebrochen und auf komplementäre Beschreibungsweise reduziert [...]. Bohr hat aus der modernen Atomphysik die Lehre gezogen, dass es Wissenschaft jenseits des Bereiches gibt, in dem man Vorgänge sinnvoll durch Eigenschaften von Objekten beschreiben kann, die von der Situation des Beobachters unabhängig wären; das drückt sein Gedanke der Komplementarität aus".[73]

Zu 3: betrifft die Auseinandersetzung von Bohr und Heisenberg.

Im Grundsatz 1 ist unsere Grundthese von der Unvereinbarkeit der Gleichzeitigkeit von Raum und Zeit ausgesprochen.

Der Grundsatz der „Komplementarität" folgt aus dem Grundsatz 1 und hat große Bedeutung nicht nur für die Atomphysik, sondern für die Wissenschaft einschließlich der Theologie, wie Niels Bohr nicht aufhörte zu betonen.

Zunächst definiert Weizsäcker an anderer Stelle die Komplementarität wissenschaftlicher Forschungsmethode und ihrer Ergebnisse: „Die Komplementarität besteht darin, dass sie [zwei Perspektiven] nicht gleichzeitig benutzt werden können, gleichwohl beide benutzt werden müssen".[74]

„Im engeren Bereich der Quantenphysik wird als prominentes Beispiel immer wieder die Dualität von Welle und Korpuskel zitiert. Das ist insofern korrekt, als diese Dualität tatsächlich auf komplementäre Aspekte der Materie hinweist. Andererseits führte dieses Beispiel auch zu vielen Missverständnissen: Komplementarität ist nicht dasselbe wie Dualität. Die moderne Quantenphysik ist keine dualistische, sondern eine holistische Theorie. Komplementäre Quantenphänomene sind nie lediglich dualistisch, sondern in der Quantenmechanik gibt es immer unendlich viele gleichberechtigte, aber einander ausschließende Beschreibungsformen. Alle diese Aspekte sind notwendig, keiner ist richtiger als der andere, keiner kann einen anderen ersetzen. Die Einführung der Komplementaritätsidee in die Physik durch Niels Bohr ist ein ideengeschichtlich überaus wichtiges Ereignis und markiert das Ende der kartesischen Epoche. Obwohl die Komplementaritätslogik im mathematischen Formalismus der als fundamental angesehenen Quantentheorie vollumfänglich integriert ist, hat diese grundsätzlich neue Sicht die Denkweise der meisten Naturwissenschaftler noch wenig beeinflusst. Auch heute ist die Komplementarität noch ein Faszinosum – ein Indiz dafür, dass wir die neue Situation noch nicht assimiliert haben".[75]

Die ersten Überlegungen, das Konzept der Komplementarität über die Grenzen der Erkenntnisweise der Physik hinaus auch für die anderen Wissenschaften fruchtbar zu machen, stammen von Bohr selbst. So schlug er beispielsweise vor, das Konzept der

[73] Weizsäcker, Einheit, a. a. O., 228.

[74] Weizsäcker, Carl Friedrich von (1958), Komplementarität und Logik, in: ders., Zum Weltbild der Physik, Stuttgart, [7]1958. 281–331, hier 284.

[75] Zum Folgenden: Schirrmacher, Thomas (2006), Die Entdeckung der Komplementarität, ihre Übertragung auf die Theologie und ihre Bedeutung für das biblische Denken, in: MBS Texte 66, Pforzheim, 1–30, hier 15.

Komplementarität zur Klärung von verschiedenen philosophischen und psychologischen Problemen wie zum Beispiel dem Leib-Seele-Problem, der Frage nach dem Verhältnis von Gerechtigkeit und Liebe oder auch dem Verhältnis verschiedener menschlicher Kulturen und den Schwierigkeiten ihrer Beobachtung heranzuziehen und in Hinsicht auf diese Problemstellungen konstruktiv anzuwenden.

In einem Vortrag auf dem Internationalen Kongress für Anthropologie und Ethnologie in Kopenhagen, der 1939 in der Zeitschrift *Nature* erschien, übertrug Bohr den Gedanken schlagwortartig auf Biologie, Mathematik, Ethnologie und Psychologie. In einem Vortrag *Einheit des Wissens* von 1954 empfiehlt Bohr den Begriff sogar der Theologie und meinte, dass Gerechtigkeit und Nächstenliebe in den Religionen ein klassisches Beispiel für Komplementarität seien. Auch das Verhältnis von Wissenschaft und Glaube sei ein komplementäres. Nach John Baillie sagte Bohr in seinen ‚Clifford Lectures' 1949: „I think you theologians should make much more use than you are doing of the principle of Complementarity" [„Ich denke, dass ihr Theologen viel mehr Gebrauch von dem Prinzip der Komplementarität machen solltet, als ihr es tut"].[76] In der Tat kann Komplementarität Kennzeichen einer Strukturtheologie werden. Wir werden in VI.11 auf die Komplementarität von „Gerechtigkeit und Liebe" zu sprechen kommen.

2.2.1.6 Aporien von Zeit und Raum bei Paul Ricoeur

Ricoeur hat die Aporie von Raum und Zeit aufgegriffen. Er treibt die Aporie mit den beiden Zeitvorstellungen von Aristoteles und Augustinus auf die Spitze. Die objektive Zeit des Aristoteles vermag die Erfahrung von Zeit nicht zu lösen. Die subjektive Zeitvorstellung des Augustinus vermag der objektiven Zeit nicht gerecht zu werden. Wie löst Ricoeur die Aporie von Raum und Zeit zwischen Aristoteles und Augustinus auf? Ricoeur erkennt in dem Ansatz von Augustinus den „genialen Gedanken des 11. Buches der *Confessiones*, an den Husserl, Heidegger und Merleau-Ponty anknüpfen"[77], aber er kennt auch den Ort des Augustinischen Fehlschlags. Den Versuch, aus der Zerspannung der Seele die Möglichkeit der Zeitmessung verständlich zu machen, betrachtet er als unbefriedigend. Die Aporie zwischen Aristoteles und Augustinus besteht für Ricoeur letztlich darin, dass Aristoteles die kosmologische Zeit als eine Abfolge von Zeitpunkten thematisiert und Augustinus die phänomenologische Zeit dagegen stellt, welche die qualitative Gegenwart des Jetzt, den Kairos aus Zukunft und Vergangenheit hervorbringt.

Zur Lösung der Aporie geht Ricoeur einen Umweg. Er legt zwar die Konzeption der Zeit von Augustinus zugrunde, aber zunächst nicht die Philosophie der Zeit nach Aristoteles. Und doch bemerkt er, dass Aristoteles in anderem Zusammenhang ‚historisch', d. i. zeitlich, arbeitet, nämlich auf dem Feld der Fabel oder Erzählung. Er

[76] Zu den einzelnen Belegen s. Schirrmacher, a. a. O., 23–30.

[77] Bardt, Ulrike (2002), Person und Zeit. Eine Auseinandersetzung mit Paul Ricoeur und Marcel Proust, in: Kanzian, Christian; Quitterer, Josef; Runggaldier, Edmund (Hg.): Personen. Ein Interdisziplinärer Dialog. Beiträge des 25. Internationalen Wittgenstein-Symposiums, Bd. X, Kirchberg a. Wechsel 2002, 22–24, hier 22.

erkennt einen Zusammenhang von Fabelkomposition bzw. Erzählung (Aristoteles) und lebendiger Zeiterfahrung (Augustinus). Die Zusammenschau wird bei Ricoeur durch „die dissonant – konsonante Struktur der Zeit" (ZE III, 15) ermöglicht. Die Lösung, die Ricoeur in *Temps et recit* vorsieht, besteht darin, Aristoteles auf Augustinus Aporien antworten zu lassen. Dabei greift er aber nicht Aristoteles chronologisches Zeitverständnis auf, sondern er lässt dessen *Poetik* auf die *Confessiones* des Augustinus antworten. Ricoeur sieht eine Ähnlichkeit zwischen der Zeiterfahrung der Zerspanntheit (distentio animi) des Augustinus und der Struktur des Mythos bzw. der Erzählung von Aristoteles. Es ist die Struktur der von ihm so genannten ‚diskordanten Konkordanz'. Die Komposition der Erzählung besteht darin, heterogene Faktoren in einer Geschichte zusammenzubringen. Aus diesem Zusammenlesen (Konkordanz) der verschiedensten Umstände und Ereignisse (Diskordanz) besteht die Konfiguration einer jeden Erzählung und Geschichte. Diese dissonante Konkordanz, welche die Erzählung erarbeitet, kann als eine zeitliche Synthese (Konkordanz) des zeitlich Heterogenen (Diskordanz) gefasst werden. Zu erzählen oder einer Geschichte zu folgen bedeutet, das Sukzessive als bedeutungsvolle Ganzheit zu erfassen. Die Zeitlichkeit ist narrativer Natur, insofern als es sich um eine zwischen Ereignis und Konfiguration vermittelnde Zeit handelt.

Für unseren Zusammenhang der Theologie wird sich zeigen, wie wichtig die narrative Theorie ist, die Ricoeur erarbeitet und für theologische Zusammenhänge wie das Lesen der Bibel immer wieder fruchtbar gemacht hat. Es erweist sich vor allem als wichtig, dass in der narrativen Theorie Ricoeurs beide Zugänge zur Zeit offenstehen: der über den Geist (Augustinus) und der über die Welt (Aristoteles). Die Aporie der Zeitlichkeit, auf die die narrative Operation auf verschiedene Weise antwortet, besteht genau in der Schwierigkeit, die es macht, beide Enden der Kette festzuhalten: die Zeit der Seele und die Zeit der Welt. Deshalb muss man der Ausweglosigkeit auf den Grund gehen und zugestehen, wie Ricoeur schließlich bemerkt, dass eine psychologische und eine kosmologische Theorie der Zeit sich in dem Maße wechselseitig verbergen, wie sie sich gegenseitig implizieren (ZE III, 19).

In den Focus des Interesses tritt damit die Bedeutung des „Jetzt". Beide Theorien bedienen sich seiner, aber auf durchaus unterschiedliche Weise: „Das Aristotelische Jetzt verlangt zu seiner Denkbarkeit nicht mehr, als dass der Geist einen Schnitt in die Kontinuität der Bewegung legt, sofern diese zählbar ist. Dieser Schnitt aber kann ein beliebiger sein: egal welches Jetzt eignet sich also dazu, die Gegenwart zu sein. Aber eine Augustinische Gegenwart, würden wir heute mit Benveniste sagen, ist nur dasjenige Jetzt („instant"), das vom Sprecher als das ‚Jetzt' („maintenant") seines Aussageaktes bezeichnet wird" (ZE III, 29). Die Vorstellung der physikalischen Zeit erlaubt zu sagen, dass ein Ereignis A einem Ereignis B vorhergeht (oder dass ein Ereignis B auf ein Ereignis A folgt), aber sie erlaubt keine Relationierung, die die Ereignisse A und B als vergangen oder Ereignis A als vergangen und Ereignis B als zukünftig charakterisieren würde. Umgekehrt erlaubt die Augustinische Konzeption keine Rede von Vergangenheit und Zukunft, die nicht auf eine Gegenwart bezogen wären.

Der Gedankengang Ricoeurs erinnert an die Überlegungen, die Weizsäcker zur Bedeutung des Jetzt von naturwissenschaftlicher Sicht vorgetragen hatte. Aus der kosmologischen Konzeption eines ‚Nacheinander', eines Vorher und Nachher in der

Zeit, das der Geist in den Dingen vorfindet und erst anschließend für sich übernimmt, kann die distentio der Seele ebenso wenig abgeleitet werden, wie sich die Extension der Zeit aus letzterer extrapolieren lässt. Die Gegenwart, die Augustinus mit der Dialektik von intentio und distentio beschrieben hat, steht der Vorstellung eines Jetzt der physikalischen (kosmologischen) Zeit inkompatibel gegenüber.

Das Vorher und Nachher der Zeit der Welt, so lautet die ‚größte Aporie des Zeitproblems', hat nichts zu tun mit dem Verhältnis von Vergangenheit, Gegenwart und Zukunft (ZE III, 29). Jetzt und Gegenwart stellen eine Dualität dar. Diese Dualität bedeutet, wie Ricoeur festhält, „dass es zwischen einer Augustinischen und einer Aristotelischen Konzeption keinerlei denkbaren Übergang gibt. Nur durch einen Sprung gelangt man von einer Konzeption, in der das gegenwärtige Jetzt bloß eine alltagssprachliche Variante desjenigen Jetzt ist, das seinen Ort in der Physik hat, zu einer Konzeption, in der die Gegenwart der Aufmerksamkeit primär und prinzipiell bezogen ist auf die Vergangenheit des Gedächtnisses und die Zukunft der Erwartung" (ZE III, 34–35).[78]

Vor diesem Hintergrund kann Ricoeur die philosophischen Zeitvorstellungen neu würdigen: „Wir verdanken Heidegger drei bewundernswerte Entdeckungen: der ersten zufolge ist die Frage nach der als Ganzheit begriffenen Zeit auf eine erst noch zu klärende Weise eingebettet in die grundlegende Struktur der Sorge. Der zweiten zufolge ist die Einheit der drei Zeitdimensionen – Zukunft, Vergangenheit und Gegenwart – eine ek-statische Einheit, in der die drei Ekstasen, gerade weil sie sich gegenseitig implizieren, die Zeit als Außer-sich konstituieren. Die Entfaltung dieser ekstatischen Einheit enthüllt schließlich noch eine gleichsam geschichtete Konstitution der Zeit, eine Hierarchie von Stufen der Zeitigung, die unterschiedliche Benennungen verlangen: Zeitlichkeit, Geschichtlichkeit, Innerzeitigkeit" (ZE III, 101).

Die Auseinandersetzung mit Aristoteles und Augustinus haben Ricoeur schließlich zu einer seiner wichtigsten Erkenntnisse geführt: „[D]ie Zeit wird in dem Maße zur menschlichen, wie sie narrativ artikuliert wird: umgekehrt ist die Erzählung in dem Maße bedeutungsvoll, wie sie die Züge der Zeiterfahrung trägt" (TR I, 17 / ZE I, 13). D. h. einem integralen Zeitverständnis genügt nicht die Beschränkung auf die kosmologische Zeit, sie bedarf der menschlichen Tiefe. Dies erreicht sie durch die Erzählung, d. i. die Narrativität. Auf der anderen Seite ist Erzählung nicht aus sich schon bedeutungsvoll, sondern erst dort, wo sie zeitliche Dimensionen verwendet und transponiert. Der Zusammenhang von menschlicher Zeit und Erzählung ist schließlich die Basis, auf der *Temps et recit I–III* stehen. Narrativität und Erzählung werden dann auch Basis der Lektüre der Heiligen Schrift und der Exegese, zu der Ricoeur viele hilfreiche Hinweise gegeben hat, wie wir sehen werden.

2.2.2 Dialogische und responsive Zeitlichkeit

Die Aporie von Zeit und Raum lässt sich weder durch das Aristotelische noch durch das Augustinische Zeitverständnis lösen. Es bedarf nach Ricoeur des Umweges über

[78] Polti, Narrativität, a. a. O., 56.

die Narrativität. Aber sind beide modellhafte Zeitverständnisse die einzige Möglichkeit, die Frage, was Zeit sei, zu verstehen? Ein noch einmal anderes Verständnis von Zeit und Zeitlichkeit liegt im Werk von Emmanuel Levinas vor. Zeit ist für Levinas das Verhältnis des Subjekts zum Anderen. Dafür steht der Titel eines der frühen Werke Levinas' *Die Zeit und der Andere*. Levinas stellt an den Anfang der Schrift *Die Zeit und der Andere* programmatisch die Aussage: „Das Ziel dieser Vorlesungen besteht darin zu zeigen, daß die Zeit nicht das Faktum eines isolierten und einsamen Subjektes ist, sondern dass sie das eigentliche Verhältnis des Subjektes zum Anderen ist" (ZA, 17). Mit anderen Worten will Levinas Zeit weder ‚faktisch' objektiv noch idealistisch ‚subjektiv' beschreiben. Ähnliches wäre von Bernhard Waldenfels zu sagen. Man kann von ‚dialogischer' Zeitlichkeit sprechen, wenn man dabei an Levinas, oder von ‚responsiver' Zeitlichkeit, wenn man an Waldenfels denkt. Waldenfels hat manche Entsprechungen mit Levinas, wenn auch gerade seine Unterscheidungen für uns wichtig werden. Im Verständnis der Zeit bzw. Zeitlichkeit, das bei beiden ein fundamental ethisches ist, gibt es Entsprechungen, aber auch bedeutsame Unterschiede. Auf Waldenfels sei als Zugang zu diesem anderen Zeitverständnis zuerst eingegangen.

2.2.2.1 Bernhard Waldenfels – responsive Zeitlichkeit

Waldenfels hat zwar meines Wissens nicht selbst von responsiver Zeitlichkeit gesprochen. Aber bei der Bedeutung der Zeit für die responsive Philosophie kann man sie so nennen. Früher haben wir bereits auf Waldenfels' Beiträge zur Aporie von Raum und Zeit in *Ortsverschiebungen Zeitverschiebungen* (OZ) hingewiesen. Zeitlichkeit ist ein bedeutsames Thema seiner Philosophie der Responsivität. Dazu ist zuerst etwas ausführlicher auf Bernhard Waldenfels einzugehen. Wir werden im Zusammenhang und als Ergänzung zu Levinas immer wieder auf ihn zurückkommen. Waldenfels ist der beste Kenner der Französischen Phänomenologie, aber auch ihrer deutschen Wurzeln. Er studierte 1960–1962 in Paris bei Paul Ricoeur und vor allem bei Maurice Merleau-Ponty. Später kam es zu engen Kontakten mit Emmanuel Levinas, Jacques Derrida und Cornelius Castoriadis. In der Folge trug Waldenfels erheblich dazu bei, die neuere französische Philosophie in Deutschland bekannt zu machen: Er schrieb nicht nur mehrere Bücher zu den Themen *Phänomenologie in Frankreich* (1983), *Deutsch-Französische Gedankengänge* oder auch *Idiome des Denkens* (1995), *Deutsch-Französische Gedankengänge II* (2005), sondern gab auch verschiedene Sammelbände zum Denken Derridas, Foucaults und Merleau-Pontys (mit) heraus und übersetzte einige Werke Merleau-Pontys ins Deutsche. Bernhard Waldenfels ist zudem Mitbegründer der Deutschen Gesellschaft für phänomenologische Forschung.

In seinen Werken entwickelte er eine eigene Form der so genannten *responsiven Phänomenologie*, die vor allem in den Werken *Antwortregister* (1994) und *Bruchlinien der Erfahrung* (2002) ihre Gestalt annahm. Darin spielen sogenannte pathische Formen der Erfahrung, das Urphänomen der Fremdheit und der Anspruch des Anderen, eine entscheidende Rolle. Hinzu kommen zahlreiche Einzelstudien zu Phänomenen wie Aufmerksamkeit, Bild, Lebenswelt, Leiblichkeit, Ordnung, Raum und Zeit und zu Grenzbereichen wie Phänomenotechnik und Psychoanalyse. Die Forschung im Bereich der Phänomenologie und neueren französischen Philosophie wurde intensiviert durch die gemeinsame Arbeit in der Bochumer Abteilung *Phänomenologie und Hermeneutik,* die von 1992–98 andauerte und aus der viele Einzelarbeiten hervorgingen; diese sind größtenteils in den Reihen *Übergänge* und *Phänomenologische Untersuchungen* im Fink-Verlag erschienen.[79]

Um den Beitrag Waldenfels zum Thema der Zeit im Rahmen der responsiven Phänomenologie anfänglich zu charakterisieren, sei die zentrale Stelle angeführt, an der Waldenfels Maurice Merleau-Pontys *Phänomenologie der Wahrnehmung* zitiert, um auf die Zeitlichkeit der Responsivität zu sprechen zu kommen. Es ist die Beschreibung des für Merleau-Ponty fundamentalen Erkenntnisvorganges der Wahrnehmung. Zugleich kommentiert Waldenfels die Stelle als zentralen Fundort der ihm eigenen responsiven Phänomenologie. Was dort über Wahrnehmung gesagt ist, kann von allen ähnlichen „Grundphänomenen“[80], also auch vom Glauben, gesagt werden. Allen liegt ein Zeitgeschehen zugrunde, wie der folgende Text an einem einfachen Beispiel sehr plastisch verdeutlicht: „So lesen wir also [in der *Phänomenologie der Wahrnehmung*]: ‚Ich öffne die Augen über meinem Tisch: mein Bewusstsein saugt sich voll mit Farben und konfusen Reflexen, es unterscheidet sich kaum von dem, was ihm begegnet, es verbreitet sich durch seinen Leib hindurch in diesem Schauspiel, das zunächst noch ein Schauspiel von Nichts ist.' – Das virtuelle Objekt wird zu einem aktuellen Objekt, sobald ich den Tisch fixiere [...]. Nun aber setzt eine überraschende Wende ein, die den Gang der Wahrnehmung [...] verwandelt. Der Augenblick entpuppt sich selbst als ein Rückblick, der einen Vorblick fortsetzt. Es lohnt sich, Merleau-Pontys Beschreibung ausführlich zu zitieren. ‚So vermag ich etwas, was mich berührte, auf seinen Platz in der Welt zu verweisen, da ich zurückweichend in die Zukunft, den ersten Angriff der Welt auf meine Sinne in die unmittelbare Vergangenheit verweisen und mich auf den bestimmten Gegenstand als eine nächste Zukunft hin orientieren kann. Der Akt des Blickens ist in eins prospektiv, da der Gegenstand im Zielpunkt meiner Existenzbewegung steht, und retrospektiv, da er sich als einer Erscheinung vorgängig gegeben wird, als der ‚Reiz‘, das Motiv oder das erste Bewegende des ganzen Prozesses von seinem Anfang an'. [...] – Dieser dichte Text enthält einige höchst bemerkenswerte Aspekte. Da ist zunächst das Hin und Her zwischen dem Akt, den ich vollziehe: *Ich fixiere,* und dem was mir widerfährt: was *mich berührte,* eine *Attacke auf meine Sinne,* etwas, *was mich bewegt,* und zwar von Anfang an, so dass meine Blickbewegung nicht schlechthin meine ist. Eine bloße Mischung aus Aktivität und Passivität würde der schlechten Ambiguität verfallen [...]. Eine Erlösung aus dem Dilemma, das aus einer Kombination realer und idealer Faktoren entsteht, bietet die Zeit, aber eine Zeit, die sich von der Vorstellung einer Zeitlinie weit entfernt. Der Blick ist retrospektiv, weil der Gegenstand ‚sich als *seiner Erscheinung vorgängig* gegeben wird‘, nämlich der Reiz, der zur Gegenstandsbildung anregt.

[79] Zu Waldenfels: Feiter, Reinhard (2002), Antwortendes Handeln. Praktische Theologie als kontextuelle Theologie, Düsseldorf.

[80] Merleau-Ponty, Maurice (1966), Phänomenologie der Wahrnehmung. Übers. und mit einem Vorw. versehen von Rudolf Boehm. Berlin 2003, hier 66.

Der Blick ist prospektiv, weil dieses Vorgegebene allererst *zur Erscheinung kommen wird*. Das Vorher zeigt sich erst im Nachhinein, das Nachher greift auf das Vorher zurück. Entscheidend ist dabei, dass nicht etwas dem Gegenstand vorausgeht, sondern dass dieser sich selbst vorausgeht, sofern er buchstäblich zur Erscheinung kommt und nicht schon fertig vor Augen liegt. Umgekehrt greift der Blick nicht auf etwas zurück, das bereits vorliegt, sondern im Vorliegenden entdeckt er künftige Möglichkeiten. Was ich sogleich sehen werde, ist schon da in dem, was ich soeben sah. Dies erinnert an das Platonische Paradox, demzufolge alles Werdende älter und jünger ist als es selbst.

Doch die außerordentliche Spannkraft dieser inneren Dialektik erlischt, kaum dass ihre Wirkung eingesetzt hat. Mein Leib knüpft Gegenwart, Vergangenheit und Zukunft zusammen zu einem Knoten, mein Leib greift Besitz von der Zeit, er macht die Zeit, anstatt ihr zu unterliegen, lässt Vergangenheit und Zukunft für die Gegenwart existieren" (OZ 221–222).

Waldenfels beschreibt mit Merleau-Ponty eindrücklich, wie dieses Zeitverständnis das Modell der üblichen Zeitlinie von Vorher, Nachher und Jetzt übersteigt, indem die Momente der Zeit nicht wie bei Kant nur gereiht werden, sondern gegenseitig eine innere Dynamik entwickeln. Die innere Dynamik resultiert aus der Sehweise, alle Wahrnehmung bzw. Erkenntnis responsiv, als Antwortgeschehen, zu begreifen. Responsiv, d. i. als Doppelereignis von Anruf (Pathos) und Antwort (response), von Subjekt und Anderem.

Zum anderen macht die Beschreibung deutlich, dass Wahrnehmung der Anfang allen geistigen Lebens, aller Erfahrung und Erkenntnis, ist. Alles geistige Leben fängt mit der Wahrnehmung an, mit Sinnlichkeit und Leiblichkeit. Die erste Wahrnehmung ist schon responsiv. In der leiblichen Wahrnehmung entspringt die Zeitlichkeit. Der Leib verknüpft die Zeitdimensionen von Vergangenheit und Zukunft zur erlebten Gegenwart. Zeit ist so kein rein geistiges, reflexives Ereignis (wie etwa bei Augustinus' Gedächtnis, Intelligenz und Liebe), sondern elementar responsiv; Sinnlichkeit und Leiblichkeit sind Sitz der Zeiterfahrung. Der Leib verknüpft die Zeitdimensionen von Vergangenheit und Zukunft zur Gegenwart responsiv; er ist ein wichtiges Moment des Zeitverständnisses bei Waldenfels. Wir werden sehen, auch Levinas lässt die Zeiterfahrung aus Leiblichkeit und Sinnlichkeit entspringen.

2.2.2.2 Emmanuel Levinas – dialogisch diachrone Zeitlichkeit

Levinas spricht in *Ethik und Unendliches* davon, dass ihm Henri Bergson eine neue Sicht der Zeit ermöglicht habe (EU 18–19). Bergson komme das Verdienst zu, die Zeit des Lebendigen, la durée, gedacht und vom bestehenden Modell der physikalischen Zeit getrennt zu haben. Dies hätte auch für Husserl und Heidegger die Möglichkeit ergeben, Zeit anders zu denken, die endliche Zeitlichkeit des Daseins zu denken. Zeit ist für Levinas zuerst das Verhältnis des Subjekts zum Anderen. Levinas stellt an den Anfang der frühen Schrift *Die Zeit und der Andere* programmatisch die Aussage: „Das Ziel dieser Vorlesungen besteht darin zu zeigen, dass die Zeit nicht das Faktum eines isolierten und einsamen Subjektes ist, sondern dass sie das eigentliche Verhältnis des Subjektes zum Anderen ist" (ZA 17, EU 42–43).

Das Zeitverständnis Levinas' ist mit seinem Philosophieverständnis verbunden. Um Levinas Ansatz zu verstehen ist es nützlich, seine Philosophie in der Gesamtschau der abendländischen Philosophie zu betrachten.[81] Bei Levinas kommt von Anfang an eine Zweideutigkeit in den Blick. Levinas spricht von der abendländischen Philosophie wie Franz Rosenzweig als der „von Jonien bis Jena [von Vorsokratikern bis Hegel – KK]". Einsatzpunkt für Levinas Philosophie ist eine fundamentale Zweideutigkeit der europäischen Philosophie. Einerseits ist die Philosophie eine Bewegung der Befreiung der Menschen. Sie identifiziert den Menschen nicht mehr mit seiner materiellen Existenz, sondern trennt Leib und Seele. Die Wahrheit des Menschen liegt im Geistigen (Idealismus). So entwickelt sie das Konzept des Menschen, der eine eigene Würde hat unabhängig von den materiellen, rassischen oder sozialen Bedingungen, unter denen er lebt. Aus der mythischen Bindung an ein anonymes Schicksal tritt der Mensch in die Freiheit des Geistes. Anderseits droht die Entdeckung des Ideellen ihrerseits zu einer neuen Tyrannei zu werden, zum Totalitarismus einer Vernunft, die nichts anderes anerkennt. Totalität, die totale Herrschaft des Subjekts über das Objekt bannt das einsame Subjekt in eine abstrakte Existenz und schneidet es vom Sein ab. Daher die Frage Heideggers nach dem Sein des Subjekts. Die Abstraktheit des Subjekts scheint nur überwunden werden zu können, wenn der Gegensatz von Subjekt und Objekt eingeebnet wird, wenn das Subjekt nicht wiederum im Sein aufgeht und damit den Bann des Idealismus bricht. So ist das europäische Denken in zwei Weisen vom Totalitarismus bedroht: von der totalen Herrschaft des Subjekts über das Objekt, des Seienden über das Sein, einerseits und vom Totalitarismus der mythischen Welt oder der Herrschaft des Seins über das – individuelle – Seiende andererseits.

Biographisch kommt Levinas zunächst von der Phänomenologie Husserls her.[82] Intentionalität ist ein Grundbegriff der Phänomenologie Husserls. Intentionalität

[81] Zu Levinas: Krewani, Wolfgang Nikolaus (1992), Emmanuel Levinas. Denker des Anderen, Freiburg; ders. (2006), Es ist nicht alles unerbittlich. Grundzüge der Philosophie Emmanuel Levinas, Freiburg; Dirscherl, Erwin (1996), Die Bedeutung der Nähe Gottes. Ein Gespräch mit Karl Rahner und Emmanuel Levinas, Würzburg; Strasser, Stephan (1978), Jenseits von Sein und Zeit. Eine Einführung in Emmanuel Levinas Philosophie, Den Haag; Casper, Bernhard (2009), Angesichts des Anderen. Emmanuel Levinas – Elemente seines Denkens, Paderborn; Funk, Rudolf (1989), Sprache und Transzendenz im Denken von Emmanuel Lévinas. Zur Frage einer neuen philosophischen Rede von Gott, Freiburg; Wenzler, Ludwig (2006), Das „Tiefe Werk der Zeit". Paradox und Wunder der Zeitlichkeit bei Emmanuel Levinas, in: Athena 1(2006), 43–54; ders., Nachwort, in: Levinas, Emmanuel (1948), Die Zeit und der Andere. Aus d. Franz. v. Ludwig Wenzler, (frz.: Le temps et l'autre), Hamburg 1984, 67–92; Wiemer, Thomas (1988), Die Passion des Sagens. Zur Deutung der Sprache bei Emmanuel Levinas und ihrer Realisierung im philosophischen Diskurs, Freiburg; Wohlmuth, Josef (1999), Emmanuel Levinas. Eine Herausforderung für die christliche Theologie, Paderborn; ders. (2002), Die Tora spricht die Sprache der Menschen. Theologische Aufsätze und Meditationen zur Beziehung von Judentum und Christentum, Paderborn; ders. Wohlmuth, Josef (1996), Im Geheimnis einander nahe. Theologische Aufsätze zum Verhältnis von Judentum und Christentum, Paderborn.

[82] Zum Weg und Profil der Philosophie Levinas' s. die sehr eindrückliche Darstellung von Dirscherl, Nähe Gottes, a. a. O., 346–480.

meint die Trennung von Subjekt und Objekt, Trennung also schon der Totalität. Levinas bemerkt jedoch, dass beides, Subjekt wie Objekt, wiederum vom Sein umfangen und umfasst werden, so bei Heidegger (EU 28–29). Für Levinas ist der Ausweg *(Evasion)* aus der Aporie der „Andere". Levinas' entschiedener Ansatz beim „Anderen" lässt die Aporie gar nicht aufkommen.[83] Das Denken des Anderen bricht die Totalität auf. Der Andere hebt die Einsamkeit des Subjekts auf und lässt ihm doch seine Unabhängigkeit, seine ‚Getrenntheit' (séparation). Von nun an wird der Andere und damit das Verhältnis des Selben zum Anderen zum Mittelpunkt von Levinas' Philosophieren.

Aus der ontologischen Aporie der abendländischen Philosophie, der Totalität des Seins, sucht Levinas einen Ausweg. Er versucht die Totalität des Seins zu durchbrechen. Dies ist für ihn keine nur abstrakt theoretische und philosophische Frage, sondern eine grundsätzliche Anfrage an die abendländische Welt insgesamt. Er beginnt eines seiner Hauptwerke *Totalität und Unendlichkeit* (TU) mit der Frage: „Es ist höchst wichtig ist zu wissen, ob wir nicht von der Moral zum Narren gehalten werden" (TU Vorwort, 19) (SpA 182). Denn für ihn ist die herrschende Moral die Folge der abendländischen Einstellung, d. i. der Totalität des Seins. Ausdruck dieser verkehrten Moral sind in TU vor allem die Kriege des 20. Jahrhunderts).

In einer kurzen Selbstdarstellung „Signature (Unterschrift)" spricht Levinas von seinem Weg, aus der Aporie herauszufinden. Er knüpft an Heideggers ontologische Differenz von Sein und Seiendem an. Sie ist in Heideggers Rede „es gibt" enthalten. Levinas gibt seinen Eindruck dieses „Es gibt" wieder und nennt einen zweifachen Weg, aus der Seinssage herauszukommen: „Diesem Weg folgt der Unterzeichner dieses Buches. Eine Analyse, die sich alles, was existiert – und selbst das Cogito, das das Existierende denkt – einmal fortdenkt [Heidegger – KK], wird vom chaotischen Rauschen eines anonymen Seins überschwemmt, eines Seins ohne Seiendes, das von keiner Negation mehr aufgehoben werden kann. ‚Es gibt' (il y a) ist ein unpersönlicher Ausdruck wie ‚es regnet' oder ‚es ist Nacht'. Die Großzügigkeit, die anscheinend dem deutschen Ausdruck ‚es gibt' innewohnt [gemeint ist das ‚es gibt' bei Heidegger – KK], vermißte man zwischen 1933 und 1945 völlig. Das sollte nicht verschwiegen werden! Licht und Sinn kommen erst mit dem Seienden auf und bevölkern diese grauenvolle Neutralität des *‚il y a'*. Sie befinden sich auf dem Weg vom Sein zum Seienden und vom Seienden zum Anderen – ein Weg, der die Zeit selbst aufspannt" (Noms 109–110).[84]

Levinas deutet im Schlusssatz an, dass er, um dem neutralen Sein zu entrinnen, zwei Wege gegangen ist: den Weg „vom Sein zum Seienden und vom Seienden zum Anderen". Es ist ein Hinweis auf seine beiden Hauptwerke *Totalität und Unendlichkeit* (TU) und *Jenseits des Seins oder anders als Sein geschieht* (JS). Dieser Hinweis hat Strasser dazu geführt, bei Levinas von einer „Kehre im Denken von Levinas"[85] zu sprechen: Der Weg „vom Sein zum Seienden", der den Ausbruch des Seienden aus

83 Levinas, Emmanuel (1982), Ausweg aus dem Sein. Französisch-Deutsch [Philosophische Bibliothek 567] (frz.: De l'évasion, Paris), Hamburg 2005.

84 S. SpA 20; DL 375; s. dazu Dirscherl, Nähe Gottes, a. a. O., 371–376.

85 Strasser, Jenseits, a. a. O., 219.

der Totalität des Seins verfolgt (TU), und der Weg „vom Seienden zum Anderen", der den Weg vom Seienden zum Anderen nimmt (JS). Etwas deutlicher werden die beiden Wege noch, wenn man Levinas weitere Hinweise verfolgt, dass der erste Weg das „Jenseits von Sein" zum Thema hat, die „Unendlichkeit" oder Transzendenz (TU); der andere Weg das „Diesseits", nämlich das „Derselbe-im-Anderen" (JS).[86] Oder TU und JS charakterisiert Levinas einmal folgendermaßen: „Sie gehören noch der Metaphysik des Transzendenten an (TU). In der Phänomenologie kündigt sich eine Metaphysik des Transzendentalen an (JS)".[87]

Die Alternative zur abendländischen Philosophie, der Totalität des Seins, kann als Levinas' Weg vom „Sein zum Anderen" bezeichnet werden. Die Totalität des Seins wird durch den „Anderen" fundamental aufgebrochen. Das Aufbrechen der Totalität des Seins durch den Anderen wird in Levinas Werk sodann vor allem auf drei Weisen durchgeführt. In *Unterschrift (Signature)* nennt er dazu die drei Dimensionen „der Zeit, Sprache und Subjektivität" (Noms 110), Es sind die drei großen Themen des *Anderen (Ontologie)*, der *Sprache* und der *Zeit*. Sie werden uns im Folgenden in der Darstellung Levinas' begleiten.

Philosophie – vom „Sein" zum „Anderen"

Gehen wir zunächst auf das Verständnis der *Ontologie* bei Levinas' ein. Die Totalität des Seins, das Thema der klassischen Ontologie, wird bei Levinas vom Anderen durchbrochen. Der Andere ist meta-ontologisch. Nicht mehr die Ontologie, die Totalität des Seins, ist umfassend, sondern das Gute, die Ethik, wird zur ersten Philosophie. Die Beziehung von Subjekt und Anderem kehrt die klassische Fragerichtung um. Das Subjekt ist nicht mehr Anfang (arché), sondern der Andere (an-archisch, ohne Anfang). Das Gesicht, der Andere, tritt dem Subjekt entgegen. Die Beziehung beginnt mit dem An-Sprechen des Anderen. Das Subjekt ist zum Antworten aufgefordert. Das Gesicht, der Andere, ist schon *Sprechen*. Das Werk des klassischen Subjekts ist das Definieren und Identifizieren von allem, ist das Re-präsentieren, Ver-Gegenwärtigen von allem. Gegenwart wird zum universalen Zeitmaß. Nicht so beim Sprechen. Das Ereignis des Sprechens, das vom Anderen herkommt und auf Anderes zugeht, das jedenfalls nicht auf Gegenwärtiges fixiert werden kann, ist dia-chron, d. i. es ergeht nicht auf der linearen Zeitlinie. Sprechen ist der Ursprung einer eigenen *Zeitlichkeit*.[88]

Um diesen Ansatz Levinas' zu verstehen, ist zuerst auf die Bedeutung der Philosophie Heideggers hinzuweisen. Es ist der Unterschied der *Ontologie* Levinas' zu Heidegger' anzugegeben. Bekannt ist Levinas Einspruch gegen Heidegger. Bernhard Casper hat auf die gewichtige Aussage Levinas' in den *Carnets* hingewiesen (*Carnets* sind

---

[86] S. SpA 18–19, 310.

[87] „Die ontologische Sprache, deren sich noch Totalität und Unendlichkeit bedient hatte, um die rein psychologische Bedeutung der vorgebrachten Analyse auszuschließen, wird von nun an vermieden" (Noms 114); s. SpA 142.

[88] Zum Unterschied der Zeitlichkeit bei Levinas und Heidegger s. Krewani, Wolfgang Nikolaus (1999), Diachronie der Schöpfung, in: Wohlmuth, Josef (1999), Emmanuel Levinas. Eine Herausforderung für die christliche Theologie, Paderborn, 229, 43–63.

die Tagebücher Levinas' aus dem jüdischen Kriegsgefangenenlager in Deutschland): „le salut n'est pas l'être (Das Sein ist nicht das Heil)".[89] Er sollte aber nicht so verstanden werden, als ob Levinas Heidegger sozusagen immer als Todfeind angesehen hätte, obwohl er in ihm nach 1933 den furchtbaren Nazi, den Todfeind, der das Leben seiner Familie auslöschte, sah. Aber das hielt ihn nicht davon ab, immer von *Sein und Zeit*, das Levinas zeitlebens als dessen Hauptwerk ansah, geradezu zu schwärmen: „Es ist eines der schönsten Bücher in der Geschichte der Philosophie" (EU 26, ZU 268). Und Levinas mag auch jenen zu verstehen geben, die Heidegger von Anfang bis Ende verdammen, dass man heute Philosophie eigentlich nicht betreiben kann, indem man Heidegger schlichtweg übergeht. Gerade die frühen Jahre Heideggers hätten für die Philosophie Bedeutendes gebracht (EU 32–33, ZU 147).

Levinas denkt dabei vor allem an die „Fundamentalontologie" Heideggers. Levinas weist darauf hin, dass Heidegger auf einen Sinn von Sein hingewiesen habe, der weithin vergessen wurde. Vom Sein (être) hat man üblicherweise gesprochen, als wäre es ein Substantiv, eine Substanz, obwohl es das Verb ‚sein' schlechthin ist (être). Auf Französisch sagt man l'être (das Sein) oder un être (das Seiende). Mit Heidegger sei die Verbalität des Wortes ‚*sein*' wiederentdeckt worden. Sein ist vor allem Geschehen und Ereignis. „An diese verbale Klangfülle hat Heidegger uns gewöhnt. Diese Umerziehung unseres Hörens, auch wenn es heutzutage banal erscheint, ist unvergeßlich" (EU 27), „dank Heidegger erzogen wir unser Ohr dazu, das Sein in verbalem Durchtönen zu vernehmen, diesen unerhörten, unvergeßlichen Klang" (Noms, Vorwort 7).

Welche Bedeutung hat nun die Betonung des verbalen „sein" gegenüber dem substantivischen „Sein"? „Hier nimmt das Verb existieren in gewisser Weise einen aktiven Sinn an. Man könnte vielleicht sagen, daß alle Philosophie Heideggers darin besteht, das Verb existieren als transitives Verb zu betrachten".[90] Die Transitivität ist ein wichtiges Moment, das Levinas von Heidegger übernimmt. Ähnlich wie Heidegger spricht er von der „Zeitlichkeit" als der Verlaufsform des Lebens. „Leben der Elemente, deren Bewegung die Sprache in ihrem wesentlichen transitiven Charakter ist".[91] Und das hat seine Bedeutung für das Werk Levinas, vor allem für JS: „Wir schreiben ess-a-nce mit a, um damit den verbalen Sinn des Wortes Sein zu bezeichnen; das Sich-Vollziehen des Seins, das Sein, das vom Seienden verschieden ist" (GD 79 Anm.1). „Der Begriff *essence* bringt hier das von *étant* verschiedene *être* zum Ausdruck, das deutsche *Sein* im Unterschied zum *Seienden*, das lateinische *esse* im Unterschied zum *ens* der Scholastiker [...] ‚essence', [...] [das] expliziter als mit être, auf

[89] Casper, Bernhard (2013), Die Gründung des Heils in dem Ereignis des „Hier bin ich" Abrahams (Gen 22,11). Zur Genese des levinasschen Denkens im Rückgriff auf die „Carnets de captivité et autres inédits", in: Bruckmann, Florian; Dausner, René (Hg.) (2013), Im Angesicht des Anderen. Gespräche zwischen christlicher Theologie und jüdischem Denken. Festschrift für Josef Wohlmuth zum 75. Geburtstag, Paderborn, 59–74.

[90] Levinas, Emmanuel (1983), En découvrant l'existence avec Husserl et Heidegger, Paris, 80. Zur Transitivität bei Heidegger und Husserl s. Levinas ZU 12–13; zum transitiven Verb s. Böhnke, Einheit, 68–69; Dirscherl, Nähe Gottes, a. a. O., 368–371.

[91] Emmanuel Lévinas, Vorwort, in: Stéphane Mosès: System und Offenbarung. Die Philosophie Franz Rosenzweigs, München 1985, 11.

dem Geschehenscharakter des Seins insistiert, auf dem verbalen Seinsvollzug" (JS 17 Anm.), „das Seinsereignis – das *vom Seienden* verschiedene *Sein*" (JS 23 Anm. 1).

Es ist die Transitivität, eine wichtige Linie, die uns von Heidegger zu Levinas führt. Sie betrifft das Verständnis der Phänomenologie insgesamt. Levinas geht in der Beschreibung des Geisteslebens weit hinter das Bewusstsein (Husserls) zurück. Er sieht das Geistesleben in der Sinnlichkeit begründet. Sinnlichkeit ist nach Levinas als Kinästhesie zu begreifen, d. h. Sinnlichkeit ist Bewegung, die vor jedem Bewusstwerden geschieht. Bewusstsein ist Gegenstandbewusstsein; ihr Charakteristikum ist die Intentionalität. Intentionalität meint die Ausrichtung eines Aktes auf einen Gegenstand. Dies ist aber schon das Ergebnis eines Vorganges, einer vorgängigen Bewegung, der kinästhetischen Sinnlichkeit. Levinas spricht gegenüber der Intentionalität des Gegenstandsbewusstseins von „fungierender Intentionalität"[92] im Sinne von Merleau-Ponty und von „transitiver Intentionalität". In der Sprache von Levinas gründet so die Intentionalität des Bewusstseins, das ein thetisches Gegenstandbewusstsein ist, in der früheren Intentionalität, die transitiv, also reine Bewegung und Handlung ist, vor jedem Gegenstandsbezug und demnach vor der entsprechenden Aktmodalität. Es ist dabei an Rombachs „Grundphänomene" zu denken, wie wir später sehen werden. Auch Heidegger nennt die fundierende und vorauseilende Bewegung „Transzendenz".

Bei Levinas wird das „Sein" verbal, d. i. ‚sein' bzw. ‚leben'. Sein ist nicht zuerst die Kopula ‚ist'. Auch Sein ist nach Levinas zuerst transitiv. „Sein ist Denken. Von nun an charakterisiert die transitive Struktur des Denkens den Seinsakt. Wie das Denken immer Denken von etwas ist, so hat das Verb ‚sein' immer ein Akkusativobjekt: ich *bin* mein Schmerz, ich *bin* meine Vergangenheit, ich *bin* meine Welt. Es ist evident, dass das Verb ‚sein' in diesen Formeln nicht die Funktion der Copula hat", sondern den „transitive[n] Charakter des Verbs" (SpA 66–67).

Levinas nennt diesen Charakter von „Sein" und „sein" die wichtigste Erkenntnis, die er in Heideggers *Sein und Zeit* gefunden hat und die ihm für sein Philosophieren zeitlebens zentral geblieben ist: „Diese in *Sein und Zeit* von Anfang an aufgestellt Unterscheidung erlaubt es, bestimmte Äquivokationen der Philosophie aufzulösen, die im Lauf ihrer Geschichte auftraten, als man vom Sein ausging, um zu dem Seienden zu gelangen, das das Sein in vollem Maß besitzt, zu Gott. Diese Unterscheidung Heideggers ist für mich das Tiefste in *Sein und Zeit*" (ZA 21).

Diese wichtige Einsicht in die Transitivität des Seins ist nicht nur von größter Bedeutung für das Denken und sein Anfang in der Sinnlichkeit, sondern etwa auch für das Verständnis der Einheit von „Leib und Seele" und dann auch der Begegnung mit dem „Anderen": „Alles Sinnliche ist bei Husserl wesentlich kinästhetisch. Die zum Sinnlichen hin offenen Sinnesorgane bewegen sich: […] die Bewegung des Organs ist die Intentionalität des Empfindens, sie vollzieht gerade ihre Transitivität. [Es konstituieren sich] Raumpunkte [und] Raum […]. Hier ist das Empfinden die Bewegung selbst. Hier ist das Bewegen die Intentionalität der Kinästhese und nicht ihr

[92] „Der ‚Aktintentionalität', d. h. dem thetischen Gegenstandsbewußtsein […] liegt eine ‚fungierende Intentionalität' zugrunde, die jene erste ermöglicht; Heidegger nennt sie die Transzendenz" (Merleau-Ponty, Phänomenologie, a. a. O., 475); s. Levinas, Vorwort, a. a. O., 11.

Intendiertes. Die Beziehung zum Anderen als sich selbst ist einzig möglich als ein Durchdringen zu diesem Anderen als sich, als Transitivität. Das Ich bleibt nicht in sich, um alles Andere in der Vorstellung zu absorbieren. Es transzendiert sich wirklich. Hier ist die Intentionalität im starken und vielleicht ursprünglichen Sinne des Terminus ein Akt, eine Transitivität, Akt und Transitivität par excellence, die jeden Akt erst möglich macht. Hier ist die Intentionalität die Einheit von Leib und Seele. Nicht eine Apperzeption dieser Einheit, in der Leib und Seele als zwei Objekte sich vereint denken, sondern Apperzeption als Inkarnation. Die Heterogenität der Termini, die sich vereinen, unterstreichen die Wahrheit dieser Transzendenz, dieser transitiven Intentionalität" (SpA 146–149; vgl. 176–179).

Levinas spricht von transitiver Intentionalität in deutlicher Absetzung zur Intentionalität des Bewusstseins. Sie hat nicht zu Grunde das Gegenüber von Subjekt und Objekt, sondern gerade das Durchdringen beider. Oder wie Levinas sagte: „so hat das Verb ‚sein' immer ein Akkusativobjekt: ich *bin* mein Schmerz, ich *bin* meine Vergangenheit, ich *bin* meine Welt." In der Begegnung mit dem Anderen ist das Durchdringen des Selbst zum Anderen wirkliches Transzendieren. Die Transitivität der Handlungen und Geschehnisse wird im Kommenden entscheidend sein für die zentralen Verben wie „Sprechen" und „Geben", die die Grundhandlungen oder „Grundphänomene" des späteren systematischen Teils dieses Buches ausmachen werden. Es sind Transzendierungen, welche im Sprechen und Geben geschehen. Etwa im Sprechen:

Transzendieren und Transitivität sind für Levinas schließlich die Merkmale des „Geistes": „Geist ist nicht mehr das ein für allemal Gesagte. Er ist das Sagen, das sich vom Selbst zum Anderen ständig den Weg bahnt, da, wo noch nichts Gemeinsames ist. Das Nicht-gleichgültig-sein (die ‚non-indifférence') des Einen für den Anderen! [...] Nur eine Beziehung vom einen zum anderen kann als geistige bezeichnet werden" (Noms, Vorwort, 10). – Levinas nennt solches Sagen und entsprechend andere transitive Transzendierungen „Geist". Nach Levinas sind Transitivität und Transzendenz die Charakteristika des Geistes.

Und trotzdem sind die Unterschiede von Levinas und Heidegger gerade im Verständnis der ‚Ontologie' anzusetzen.[93] Im Verhältnis zur Ontologie Heideggers ist das/der Andere für Levinas meta-ontologisch. Heidegger unterscheidet zwar das Sein und das Seiende. Das Sein ist ‚etwas anderes' als das Seiende. Es teilt mit dem Anderen von Levinas die Eigenschaft, sich jeder Objektivierung zu entziehen. Aber im Unterschied zum Anderen besteht die Wahrheit des Seins darin, sich in die Bestimmungen des Logos zu entfalten und zu sammeln. Insofern ist das Sein doch wiederum nirgends anders als im Seienden; es ist das Seiende und ist es nicht. Das Seiende ist das Telos des Seins und selbst das Sein.[94] Diese Identität, die zugleich Differenz ist, nennt Levinas die ‚Amphibolie des Seins und des Seienden'. Gegen diese Amphibolie ist der Andere immun. Das Sein geht in der Welt auf. Der Andere entzieht sich definitiv der Welt. Insofern ist er vor- oder meta-ontologisch.

---

[93] Die fundamentale Kritik Levinas' an der Fundamentalontologie Heideggers vor allem auch in den *Carnets* wird von Casper, Gründung, a. a. O., 59–74, ausführlich behandelt.

[94] S. Böhnke, Einheit, 67 Anm.119; Pöggeler, Denkweg, 205.

Levinas vollzieht in der Philosophie eine Kehre. Er bricht mit dem Totalitätsanspruch des Seins. Er erkennt eine andere Tradition in der abendländischen Philosophie: „Indem wir die Termini umkehren, glauben wir einer zumindest ebenso alten Tradition zu folgen – derjenigen, die das Recht nicht aus der Macht liest und nicht alles Andere auf das Selbe reduziert [...], die Tradition des Anderen [ist] nicht notwendig religiös, sie ist philosophisch. Platon hält sich an sie, wenn er das Gute über das Sein setzt“ (SpA 196). Die abendländische Philosophie führt das Andere auf das Selbe zurück. Levinas nennt Hegel eine „Philosophie des Selben“ (Noms, Vorwort, 9). Der Andere kann aber nicht in die Totalität des Seins eingeordnet werden. Er ist nach Levinas „jenseits des Seins“. Damit greift Levinas auf die berühmte Formulierung Platos zurück „ἐπέκεινα τῆς οὐσίας“. „Jenseits des Seins“ ist bei Plato das „Gute“. Das Gute kann nicht in die Ordnungen des Seins eingereiht werden. „Bewegung ohne Wiederkehr [...] ἐπέκεινα τῆς οὐσίας [...]. *Radikal gedacht ist das Werk nämlich eine Bewegung des Selben zum Anderen, die niemals zum Selben zurückkehrt* [...], Odysseus [...], Abraham“ (SpA 213–215). Das Gute ist gerade keine Bewegung, die alles auf das Selbe zurückführt, sondern eine Bewegung vom Selben zum Anderen.

Mit dem Jenseits Platos ist die Idee des Unendlichen gegeben. Sie wird zur führenden Idee von *Totalität und Unendlichkeit,* da sie gerade den Ausbruch aus der Totalität thematisiert. „Idee des Unendlichen [...]. Der Platz des Guten oberhalb jeder Art von Wesen ist die tiefste, die endgültige Lehre – nicht der Theologie, sondern der Philosophie. Das Paradox eines Unendlichen, das außerhalb von sich ein Seiendes zulässt“ (TU 146). Das Gute ist bei Plato jenes, nach dem alles strebt. Auch bei Levinas ist das Streben „désir“, Sehnsucht, Grundzug des Menschen. Streben der Idee des Unendlichen. Noch bedeutsamer wird für Levinas das Gute, das „mich erwählt hat, bevor ich es erwählt habe“ (JS 41). Es ist die Grundlage der Ethik, der ersten Philosophie bei Levinas, die nicht mehr aus den Seinsordnungen wie Sollen, Wollen und Können des Subjekts abgeleitet werden kann. Das „Jenseits des Seins“ hat Levinas Hauptwerk *Autrement qu'Etre* den Namen gegeben (DG 1 342–344).

Diese Nichtvereinnahmung des Anderen durch das Subjekt und dementsprechend des getrennten Verhältnisses des Anderen zum Subjekt wird von Levinas vor allem auf die genannten drei Weisen beschrieben, in *Unterschrift (Signature)* nennt er dafür, wie wir sahen, die drei Dimensionen „Zeit, Sprache und Subjektivität“ (Noms 110), nämlich in Bezug auf die *Ontologie,* die *Sprache* und die *Zeit.* Nachdem wir uns mit der Ontologie befasst haben, kommen wir auf die *Zeitlichkeit* bei Levinas zu sprechen. Zeitlichkeit ist nach Levinas das Verhältnis des Subjekts zum Anderem. Sie kommt in der dritten Dimension, der *Sprache* und dem Sprechen, zur Erscheinung.

Franz Rosenzweig und Levinas

Levinas ist hinsichtlich des Verständnisses von Sprechen und Zeit von Franz Rosenzweig beeinflusst.[95] Die zentrale Aussage der kleinen Schrift Franz Rosenzweigs *Das*

[95] Emmanuel Lévinas hat sich verschieden zu Rosenzweig geäußert, in: Levinas, Emmanuel (1963), „Zwischen zwei Welten“. Der Weg von Franz Rosenzweig, in: ders. (1963), Schwierige Freiheit. Versuch über das Judentum, [frz.: Difficile liberté, Essais sur Judaisme, Paris 1983] Frankfurt a. M. 1996, 129–154, hier 153, 138.; Levinas, Emmanuel (1985), Vorwort, in: Stéphane Mosès: System und Offenbarung. Die Philosophie Franz Rosenzweigs, München, 9–18; s. Görtz, Heinz-Jürgen (2009), In der Spur des „neuen Denkens“. Theologie und Philo-

Neue Denken lautet: „So entspringt der Zeitlichkeit des neuen Denkens seine neue Methode [...]. An die Stelle der Methode des Denkens, wie sie alle frühere Philosophie ausgebildet hat, tritt die Methode des Sprechens. Das Denken ist zeitlos, will es sein; es will mit einem Schlag tausend Verbindungen schlagen; das Letzte, das Ziel ist ihm das Erste. Sprechen ist zeitgebunden, Zeit genährt" (DND 150–151).

Heinz-Jürgen Görtz charakterisiert Rosenzweigs Denken als „erfahrende" und „erzählende Philosophie", deren Quintessenz Rosenzweigs das „Sprachdenken" und deren Mitte die „messianische Erkenntnistheorie" ist.[96] Rosenzweigs Philosophie, das Neue Denken ist „Zeit genährt". Zuerst richten wir einen Blick auf die erfahrende Philosophie, später wird uns Rosenzweigs erzählende Philosophie beschäftigen.

Das neue Denken geht von der „erfahrenden Philosophie" aus (DND 139–161). Es „weiß nichts, als was es erfahren hat", es lebt vom „Zutrauen auf Erfahrung". Es braucht eine „vollständige und reinliche Darstellung der Erfahrung", wie Erfahrung geht, denn die Erfahrung weiß ja nichts von Gegenständen. Erfahrung ist vorgegenständlich, vorobjektiv; auch Erfahrung ist transitiv: „sie erinnert sich, sie erlebt, sie hofft und fürchtet" (DND 150). So wie das Verb ‚sein' nach Levinas immer ein Akkusativobjekt hat: ich bin mein Schmerz, ich bin meine Vergangenheit, ich bin meine Welt, so erfährt bei Rosenzweig Erfahrung das Leben.

Erfahrende Philosophie erfährt nach Rosenzweig das „Leben". Erfahren ist Erleben. Erleben hat die Verlaufsform der Zeitlichkeit. Nach Heinz-Jürgen Görtz hält Levinas fest, die Zeit sei bei Rosenzweig „das Pulsieren des Lebens selbst, in dem Gott mit dem Menschen und der Mensch mit der Welt in Beziehung tritt". Und so erscheine denn die Vernunft ihrerseits „als ein Moment des Lebens". Gerade dadurch werde das Denken „neu". „Anstelle der Totalisierung der Elemente, die unter dem synoptischen Blick des Philosophen erfolgt", gehe es um „das Inbewegungsetzen der Zeit selbst, des Lebens". Für Levinas macht es „das Neue dieses Begriffs des Lebens" aus, dass es „nicht als Beständigkeit oder Beharren im Sein" verlaufe, es ist vorthematisch, transitiv.[97]

Beim Leben geschehe, was Rosenzweig „Tage des Herrn" nenne, „d. h. Übergang zum Anderen".[98] Mit anderen Worten geschieht die Transzendenz der transitiven

---

sophie bei Franz Rosenzweig, Freiburg, 223–258, hat die verschiedenen Äußerungen Levinas zu Rosenzweig dankenswerter Weise gesichtet und kommentiert.

[96] Görtz, Heinz-Jürgen (1992), Franz Rosenzweigs neues Denken. Eine Einführung aus der Perspektive christlicher Theologie (Bonner dogmatische Studien, Band 12) Würzburg, 28–29, 49–68, 69–72; ders. (1984), Tod und Erfahrung. Rosenzweigs „erfahrende Philosophie" und Hegels „Wissenschaft der Erfahrung des Bewußtseins", Düsseldorf; Görtz, Spur, a. a. O., 171–175.

[97] Görtz, Heinz-Jürgen (2015), „Das Leben geht von der Transzendenz aus." – Skizze einer phänomenologischen Relecture des „neuen Denkens" Franz Rosenzweigs, in: Jahrbuch für Religionsphilosophie 14 (2015), 1–17, hier 7–8.

[98] Siehe dazu etwa Emmanuel Lévinas: „Gegen die Interessiertheit des Seins, gegen dessen primordiales Wesen, das der conatus essendi ist, Beharren gegenüber allem und gegen alles und alle, Verharren im Dasein, bedeutet das Menschsein – Liebe zum Anderen, Verantwortung für den Nächsten, eventuell Sterben für den Anderen, Opfer bis zum Wahnsinnsgedanken, wo das Sterben für den Anderen mich noch vor meinem und mehr als mein Sterben sorgt – den Beginn einer neuen Rationalität jenseits des Seins" (Der Andere, die Utopie und die Gerechtigkeit, ZU 265–278, hier 270 f).

Intentionalität im Sinne Levinas'. Von der sich ereignenden „Transzendenz" gehe das Leben insgesamt aus: von der „[Transzendenz] Gottes in der Schöpfung", von der „des in der Offenbarung auf den Menschen zukommenden Gottes", von der „von Mensch zu Mensch [und Welt, so wäre zu ergänzen,] in der Erlösung." Hier ereignet sich nach Levinas „ein ursprüngliches Außersichsein, das, wenn man so sagen kann, älter ist als die Intentionalität".[99] Was wir erfahren, sind die Brückenschläge zwischen Gott und Welt und Mensch, ihre „Beziehungen [...] in Schöpfung, Offenbarung, Erlösung" (DND 150). Die Brückenschläge vor aller Objektivität sind Transzendierungen, Vorgänge der Transitivität.

Das neue Denken weiß, „dass es nicht unabhängig von der Zeit erkennen kann". Es ist „in jedem Augenblick gebunden eben an diesen Augenblick und kann seine Vergangenheit nicht unvergangen, seine Zukunft nicht unzukünftig machen". Das Jetzt, der Augenblick, wird zum Kernpunkt der Zeitlichkeit. „Die Zeit nämlich wird ihm ganz wirklich"; der Augenblick ist „‚Zeit im zeitlichsten Sinn', die Zeitigung der Zeit selbst, die Zeitigung der Wirklichkeit jedes einzelnen und die Zeitigung der ‚Wirklichkeit im Ganzen'". Denn „nicht in der Zeit geschieht, was geschieht, sondern sie, sie selber geschieht". Dass Zeit nicht so sehr verstanden wird von dem, was in der Zeit geschieht, sondern dass sie selber geschieht, erinnert an die frühe Zeiterfahrung Heideggers.

Rosenzweig beschreibt das *Neue Denken,* das Sprachdenken, wie folgt. Es ist die Alternative des abendländischen Denkens „von Jonien bis Jena". Dabei ist erstaunlich, wie sehr Rosenzweig Waldenfels' Responsivität, bisweilen bis in die Formulierungen hinein, geradezu vorwegnimmt: „So entspringt der Zeitlichkeit des neuen Denkens seine neue Methode [...]. Sprechen ist zeitgebunden, Zeit genährt; es kann und will diesen Nährboden nicht verlassen; es weiß nicht im Voraus, wo es herauskommen wird; es lässt sich seine Stichworte vom [A]nderen geben. Es lebt überhaupt vom Leben des anderen, mag der nun der Hörer der Erzählung sein oder der Antwortende des Zwiegesprächs [...]; während Denken immer einsam ist [...]. Im wirklichen Gespräch geschieht eben etwas, ich weiß nicht vorher, was mir der andere sagen wird, weil ich nämlich noch nicht einmal weiß, was ich selber sagen werde; es kann ja sein, dass der andere anfängt, ja es wird sogar im echten Gespräch meist so sein, wie man sich bei einem vergleichenden Blick in die Evangelien und die sokratischen Dialoge überzeugen kann [...]. Zeit brauchen heißt: nichts vorwegnehmen können, alles abwarten müssen, mit dem Eigenen vom anderen abhängig sein. Das alles ist dem denkenden Denker völlig undenkbar, während es dem Sprachdenker einzig entspricht [...]. Der Unterschied zwischen altem und neuem, logischem und grammatischen Denken liegt nicht in laut und leise, sondern im Bedürfen des anderen, und was dasselbe ist, im Ernstnehmen der Zeit: denken heißt hier für niemanden denken und zu niemanden sprechen, [...] sprechen aber heißt zu jemandem sprechen und für jemanden denken; und dieser Jemand ist immer ein ganz bestimmter Jemand und hat nicht bloß Ohren wie die Allgemeinheit, sondern auch einen Mund" (DND 150–151).

Levinas spricht in *Ethik und Unendliches* davon, dass ihm Henri Bergson eine neue Sicht der Zeit ermöglicht habe (EU 18–19). Bergson komme das Verdienst zu,

---

[99] Levinas, Vorwort, a. a. O., 16.

die Zeit des Lebendigen, la durée, gedacht zu haben und vom bestehenden Modell der physikalischen Zeit getrennt zu haben. Dies hätte auch für Husserl und Heidegger die Möglichkeit ergeben, Zeit anders zu denken, die endliche Zeitlichkeit des Daseins zu denken. Es ist vor allem die Transitivität von Sein und Denken, welche die Brücke von Bergson zu Husserl und Heidegger und schließlich zu Levinas schlägt. Levinas fand sie in der Kinästhesie bei Husserl und Merleau-Ponty. Kinästhesie meint die Vorstellung, dass die Wahrnehmung und die Sinnlichkeit, der Anfang jeden Denkens und der Philosophie, in der Bewegung begründet ist. Levinas stellt so an den Anfang von Denken und Zeit die „Bewegung", die Bewegung des Lebens, der Sinnlichkeit und der Erfahrung (SpA 67–69).

„Zeit des Selben" und „Zeit des Anderen"

Levinas spricht von zwei Zeitformen, einer „Zeit des Selben" und einer „Zeit des Anderen". Die Zeit des Selben ist die natürliche Zeit, die Zeit des Anderen jedoch ist die Zeitlichkeit im Verständnis von Levinas. Die Zeit des Selben ist durch „Synchronie" gekennzeichnet; die Zeit des Anderen gibt Levinas als „Dia-chronie" wieder. Es gilt „in mehreren Zeiten zu denken" (ZA 89 f).

In einer Konferenz stellt T. C. Frederiksen an Levinas die Frage nach der Zeit in seiner Philosophie: „Ich möchte gerne wissen, ob Sie in Ihrer Philosophie nicht die Geschichte zu negativ beurteilen [...]. Wäre es nicht möglich, die Geschichte positiver zu beurteilen: als ein offenes Geschehen, bei dem der Nächste, von unserer gemeinsamen Vergangenheit ausgehend, auf mich zukommt und mir vorschlägt oder mich einlädt, mit ihm zusammen in eine neue Zukunft einzutreten? Grammatisch gesprochen: ist es nicht so, daß der Vokativ seine Daseinsberechtigung nur dann hat, wenn man das Verb im Imperfekt und im Futur zu seinem Recht kommen läßt? Bei der Lektüre von ‚Totalité et Infini' habe ich den Eindruck, daß das Antlitz des Anderen sozusagen aus dem Nichts auftaucht, was Ihrer Philosophie einen phantomartigen Charakter gibt" (GD 96–97).

Levinas antwortet auf diese Anfrage, indem er zwischen der „Zeit des Selben" und der „Zeit des Anderen" unterscheidet (SpA 217). Levinas charakterisiert zunächst das natürliche und weithin wissenschaftliche und philosophische Zeitverständnis. Die Zeit wäre dabei beständige Gegenwart bzw. Vergegenwärtigung: „Die Vergangenheit ist nur eine gewesene Gegenwart [...]. Die Vergangenheit wird ver-gegenwärtigt [...]. Die Immanenz meint zugleich diese Versammlung des zeitlich verschiedenen in die Gegenwart der Vergegenwärtigung [...] Synchronisierung [...]. In der Gegenwart – in der Gegenwart der Idealität – läßt sich alles zusammen denken [...]. Die zeitliche Veränderung selbst [...] wird ausgehend von der Metapher des Stroms interpretiert (des Stroms, der aus Tropfen zusammengesetzt ist, die sich unterscheiden, doch par excellence, als zwei Wassertropfen, die sich ähneln) [...], eine uniforme Bewegung [...]. Die Vergangenheit kann gegenwärtig werden, sie wird behalten oder wiedererinnert oder in einem historischen Bericht wiederhergestellt; die Zukunft – vorausgesehen, antizipiert, durch Hypo-thesen vorausgesetzt. [...] [B]ei Husserl als Pro-tention [...], Retention [...]. Die Zeitigung der Zeit – als Strömen oder zeitlicher Strom gedacht – wäre also immer noch intentional " (GD 202–204). – Die Beschreibung der natürlichen Zeit von Levinas erinnert an Aristoteles, besonders aber an Kant: Zeit als lineare Zeit des Strömens; Zeit sind die einzelnen Zeitpunkte, die sich summieren;

Punkte, die sich der Zahl nach unterscheiden, die sich aber auch ‚ähneln' (entsprechend der Analogie nach Kant).

Diesem natürlichen Zeitverständnis entsprechen die natürlichen Bilder von Zeit, sie sind ein Abbild des solchem Zeitverständnis zugrundeliegenden „sein": „Ist nicht vielleicht das Fließen, eher als eine Metapher, die der Bewegung des Wassers in einem Fluss entlehnt ist, genau die Zeitlichkeit der Zeit und das ‚Wissen', aus dem das ‚Bewußtsein' gemacht ist? Von der Zeit in Begriffen des Fließens sprechen heißt von der Zeit in Begriffen der Zeit und nicht zeitlicher Ereignisse sprechen [...]. Das Verb *sein* sagt das Fließen der Zeit [...]. Das *sein* – die Zeitigung – ist die Verbalität des Verbs" (JS 86–88). Das natürliche Zeitverständnis macht sich ein Bild von Zeit; es gibt das zeitliche Ereignis nicht wieder. „Bewußtsein haben heißt Zeit haben" (Noms 110; TU 348, 38).

Bei Levinas ist ein anderes Zeitverständnis vorrangig. „Wenn aber die Zeit die Ambiguität von *Sein* und *Anders-als-sein* zeigen soll, dann kann ihre Zeitigung nicht als *sein,* sondern dann muß sie als *Sagen* gedacht werden. Das *sein* erfüllt das Gesagte – oder das Epos des Sagens; das Sagen selbst jedoch entzieht sich durch seine Zweideutigkeit" (JS 38). Levinas kennt die „Zeit des Selben"; vor allem aber eine „Zeit des Anderen". Rosenzweig sagte entsprechend: „Das Denken ist zeitlos, will es sein [...]. Sprechen ist zeitgebunden, Zeit genährt" (DND 150–151).

Zeit des Anderen unterscheidet sich wesentlich von dem vulgären Zeitverständnis. Neben der synchronen Zeit als der geschlossenen Zeit des Bei-sich-Seins des Subjekts, die „Zeit des Selben", spricht Levinas von der diachronen Zeit als einer nicht-linearen Zeitlichkeit, als einer Zeit des Von-sich-Weggehens auf den Anderen zu, die „Zeit des Anderen". Diese Zeit ereignet sich als Bewegung, als Verhältnis zu einem Nicht-Gleichzeitigen, zu einem Anderen. „Es gibt in der komplexen Situation der Zeit, die Zeit des Selben, des einsamen Egos, die Zeit der Synchronie, des Seinsvollzugs. Und es gibt die Zeit des Verhältnisses zum Anderen, die Zeit der Diachronie. Sie bricht als Störung, die zur Befreiung werden kann, in die Zeit der Gegenwart ein" (ZA, 85). „Die Nähe des Nächsten bleibt dia-chronischer Bruch, Widerstand der Zeit gegen die Synthese der Gleichzeitigkeit" (Gott 110).

Die Zeit des Anderen ist nicht mehr linear als Zeitlauf zu denken. Die Zeit der Diachronie bricht in den linearen Zeitablauf des bewussten Subjekts ein, begegnet als Störung. Wie die Spur als Bedeuten des Anderen und das Angesicht des Anderen die logische Ordnung aufbrechen und stören, wenn man sich auf die Störung einlässt und sie nicht sofort abwehrt, bricht die Zeit der Diachronie in die logische Zeitigung ein. Sie ist Transzendenz, Bewegung auf das Unendliche zu. Zeit der Diachronie ist jenes Verhältnis zu einem Unendlichen, das sich nicht er- und begreifen, nicht thematisieren lässt. Krewani zeigt auf, dass Levinas vor allem in seinem Spätwerk den Gegensatz zwischen Synchronie der Zeit als Zeit des bewussten Subjekts und Diachronie der Zeit als Manifestation des Anderen ausarbeitet. Dabei fällt die Synchronie mit der traditionellen Ontologie zusammen, die Diachronie hingegen mit der Ethik, die für Levinas jenseits des Seinsgeschehens liegt.[100]

„Im Denken der ursprünglichen Zeit muss das Denken selbst zeitlich werden. Das heißt, es vollzieht immer wieder den Übergang aus der Dimension der Synchronie in

---

[100] Krewani, Grundzüge, a. a. O., 285.

die Dimension der Diachronie. Erst ein Denken, das sich nicht mehr in der Weise des Identifizierens, der Vorstellung, der Vergegenwärtigung (représentation) vollzieht, sondern das sich durch den Anruf des Antlitzes erschüttern lässt, ein Denken, das selbst Beunruhigung, Sorge, Besessenheit wird, das in sich selbst die Diachronie der Zeitlichkeit spürt, nur ein solches Denken wird fähig, Transzendenz auf die ihr entsprechende Weise zu denken".[101]

Vergangenheit, Gegenwart, Zukunft

Levinas Zeitverständnis kehrt das Verständnis der Zeitekstasen von Gegenwart, Vergangenheit und Zukunft um, wie sie etwa in den Zeitekstasen Heideggers formuliert sind.

Für Levinas ist die Urquelle der „Zeit des Anderen" das „Jetzt", der „Augenblick".[102] *„Der Augenblick ist das, wodurch etwas Neues beginnt"*.[103] Levinas situiert die Zeitdimension des Jetzt oder des Augenblicks im Blick auf das innere Zeitbewusstsein, wie es Husserl vorgetragen hatte, nämlich Zeit als konstituierendes Bewusstsein von Protention und Retention. Solches Zeitbewusstsein bedeutet für Levinas Idealismus. Der Augenblick ist dagegen Urquell aller Wirklichkeit: „Ein betonter Augenblick, lebendig, absolut, neu – die Urimpression [...] [vor jeder] Protention [...], Retention" (SpA 167–170). „[Das] Jetzt [...] die Urimpression ist die Nicht-Idealität in ausgezeichneter Weise [...], Quelle allen Bewusstseins und allen Seins, [...] Urzeugung, Übergang vom Nichts ins Sein [...], Zeugung, die es verdient, absolute Tätigkeit genannt zu werden, *‚genesis spontanea'* (Hua X,100) ganz Passivität, Rezeptivität eines ‚Anderen', das das ‚Selbe' durchdringt, Leben und nicht ‚Denken'. ‚Inneres Bewusstsein' [...]. Das Bewusstsein ist Altern und Suche nach der verlorenen Zeit" (SpA 172–173). Beim Augenblick ist an den Kairos denken.

Diese dichten Formulierungen meinen: Die Unmittelbarkeit der Gegenwart lässt sich mit unseren täglichen Kategorien nicht fassen. Sie widerspricht nicht nur unserem üblichen Verständnis von Sprache, sondern auch unserem Zeitverständnis. Nach den phänomenologischen Analysen zur Zeit greift die Gegenwart immer schon auf die Zukunft vor und ist Vergegenwärtigung von Zeiten, die bereits vergangen sind. Das Bewusstsein aber, so wie die Phänomenologen die natürliche Zeit beschrieben haben und Levinas festhält, kennt keine unmittelbare Gegenwart, also ein Bewusstsein des im unbedingten Sinne gegenwärtigen Eindrucks, eines wirklichen Jetzt. Damit ein Eindruck ins Bewusstsein tritt, muss er minimal vergangen sein, sonst kann er nicht gegenständlich werden (TU 239).

Der Anruf des Anderen geht dagegen jedem Begreifen voraus. Also ereignet er sich in der Unmittelbarkeit einer Gegenwart, die erst post festum zu Bewusstsein kommt. Im Verhältnis zum Anderen kommt das Bewusstsein immer schon zu spät. Das ist der Grund, warum Levinas das Bewusstsein vom Subjekt unterscheidet. Das Bewusst-

[101] Wenzler, Paradox, a. a. O., 43–54, hier 53.

[102] Hier findet sich übrigens bei Levinas eines der wenigen wörtlichen Zitate aus dem Stern: „Daß jeder Augenblick der letzte sein kann, macht ihn ewig". S. Rosenzweig, Stern, GS II, 252 f.

[103] Strasser, Jenseits, a. a. O., 172.

sein ist ontologisch, sprachlich, zeitlich. Das Subjekt dagegen in seiner Beziehung zum Anderen ist meta-ontologisch, vorsprachlich, vorzeitlich (diachron).

Vom Augenblick und vom Anderen her bestimmen sich auch die zeitlichen Dimensionen von Vergangenheit und Zukunft: Der Andere ist – so Levinas – „vorübergegangen, aber auch: er überlebt, er lebt weiter, er ist in diesem Sinn die Zukunft. Er ist nicht vorbeigegangen in seine Vergangenheit. Er kommt immer aus einer Vergangenheit, die nie meine Gegenwart war" (Noms 118).[104]

Vergangenheit. Die Zeit ist die Zeit des Anderen. Die Zeit ist an-archisch; sie hat keinen Anfang im Selben. Ihr Anfang ist im unvordenklichen Anderen. Deshalb ist Vergangenheit „tiefes, niemals ausreichend tiefes Einst (Paul Valéry)" (JS 235), eine Vergangenheit, „die älter ist als jeder erinnerbare Ursprung, eine *vor-ur-sprüngliche und anarchische Vergangenheit*"(JS 38).[105] „Die Zeit des Anderen ist bedeutsam von einer unvordenklichen Vergangenheit her, die das Subjekt nicht erinnern kann. Seine Zeit ist nie einholbar. Diachronie bedeutet jedoch nicht nur das Stehen-bleiben bei der Ungleichzeitigkeit, sondern die Einladung, der Spur des Anderen zu folgen, es bedeutet ein Hindurchgehen durch diesen Bruch, ein Hinübergehen zu einer zeitlichen Andersheit oder anderen Zeit, die als die Zeit des Anderen begegnet – doch gerade so, dass die Ungleichzeitigkeit in diesem Verhältnis erhalten bleibt".[106]

„Bewusstsein haben, das heißt, Zeit haben" (TU 239). Bewusstsein ist die Grundlage der Zeit des Selben, der linearen Zeit. Bewusstsein bringt die Zeit auf die Linie, auf eine Zeitlinie, das Jetzt, die Gegenwart, und ein Davor und Danach. Sie ist nicht eigentlich Zeitigung, sondern Vergegenwärtigung. Sie vergegenwärtigt die Vergangenheit, unterwirft sie dem Jetzt und extrapoliert die Zukunft ebenfalls aus dem Jetzt. Das Jetzt ist vermeintliche Gegenwart und soll zugleich universal gültig sein.

Nicht so die Zeit des Anderen. Die Zeitigung beginnt nicht im Bewusstsein. Sie beginnt zuvor. Ihre Grundlage ist die an-archische Empfänglichkeit des Menschen. „In welchem konkreten Fall kommt es zu der einzigartigen Beziehung mit einer Vergangenheit so, dass in ihr diese Vergangenheit nicht auf Immanenz, in der sie sich ankündigt, zurückgeführt wird, einer Beziehung, die die Vergangenheit vergangen sein und sie nicht wieder als Gegenwart – oder als Vorstellung – zurückkehren lässt, die sie Vergangenheit sein lässt ohne Rückbezug auf eine Gegenwart welcher Art immer?" (JS 39) – Die „Zeit des Anderen" fällt nicht in die Zuständigkeit des Bewusstseins des Subjekts, sondern in die Autorität des Anderen.

---

[104] „Die grenzenlose Verantwortung, in der ich mich vorfinde, kommt von diesseits meiner Freiheit, von einem ‚Früher-als-alle-Erinnerung' [und] einem ‚Später-als-alle-Vollendung', vom Un-gegenwärtigen, dem schlechthin Nicht-ursprünglichen, An-archischen, von einem Diesseits- oder Jenseits-des-sein. Die Verantwortung für den Anderen ist der Ort, an dem der Nicht-Ort der Subjektivität seinen Platz findet und an dem das Vorrecht der Frage: wo? verlorengeht. Die Zeit des Gesagten und des *sein* läßt dort das vor-ursprüngliche Sagen vernehmen, entspricht der Transzendenz, der Dia-chronie, dem irreduziblen Abstand, der hier zwischen dem Un-gegenwärtigen und allem vorstellbaren Abstand sich auftut" (JS 40–41).

[105] Von Paul Valery stammen die Aussagen „tiefes Einst, niemals genügend Einst" (TU 246) (SpA 228) und „profond jadis" (GD 219 Anm.), s. JS 235 Anm.

[106] Walter, Armin (1996), Der Andere, das Begehren und die Zeit, Cuxhaven, 220.

Die „Zeit des Anderen“ kann aber die „Zeit des Selben“ nicht einfach vereinnahmen. Es gibt die „Zeit des Selben“ und es gibt die „Zeit des Anderen“. Es gilt die „consecutio temporum“; es gilt „in mehreren Zeiten zu denken“ (ZA 89 f).

2.2.3 Klaus Hemmerle – Zwischen-Zeiten

Bei Klaus Hemmerle ist Zeit vor allem „Zwischen“-Zeit. Das Zwischen ist eine entscheidende strukturontologische Dimension, wie wir bei Rombach sehen werden.

In dem Artikel *Dialog* macht Levinas auf Martin Buber und dessen zentrale Kategorie der Relation, des „Zwischen“, aufmerksam. Zwar kann sich Levinas der dialogischen Philosophie Bubers nicht in allem anschließen, aber die Relation des Zwischen ist auch Levinas' zentrale Kategorie, die er Transzendenz oder Transitivität oder Brücke oder anders nennt: „Buber unterstreicht die eigentümlich und ursprüngliche Relation, die nicht im seelischen Leben des Ich oder des Du eingeschlossen werden kann. Sie ist das ‚Zwischen‘, der Ursprung, der das Ich als Ich und das Du als Du ‚ordiniert‘, was selbstverständlich wiederum nicht als etwaige dritte Instanz, als Subjekt oder Substanz, die hier eine Vermittlerrolle spielten, zu verstehen sei. Dieser Ansatz bedeutet nicht nur den Bruch mit der Psychologie, sondern auch mit den ontologischen Begriffen sowohl der Substanz wie auch des Subjektes; eine neue Modalität des Zwischen wird bejaht, die sowohl Ontologie als auch Seelenleben der Mitgegenwart und der Sozialität bedeutet“[107] – Das Zwischen ist eine Kategorie, die weder in der Substanzphilosophie noch in der subjektiven Systemphilosophie einen angemessenen Platz findet.

Das Zwischen ist wie die ursprüngliche Relation Bubers so auch die Rosenzweigs. Bernhard Casper nennt es Rosenzweigs Entdeckung, „dass der Mensch letztlich gar nicht über das Sein verfügt. Sondern dass vielmehr Sein erst dadurch ist, dass es sich *zwischen* Menschen zeitigt [kursiv – KK]. Ich bedarf, um wirklich zu sein, des Anderen wie der Zeit“. Hemmerle steht in dieser Tradition, wenn er auf Rosenzweig verweist: „Ich erinnere an das Denken Rosenzweigs, den Welte [Lehrer von Hemmerle – KK] schätzte, und der teilweise von ihm uns erschlossen wurde [...], und an jenes große Wort, dass ‚das neue Denken‘ der Zeit und des Andern bedarf.“[108]

Hemmerle greift auf das Zwischen Bubers und Rosenzweigs zurück und fasst das Zwischen ganz zeitlich. Zeit ist für ihn vor allem „Zwischen-Zeit“ – „Zwischen einem Woher und Wohin“ (Trinität 281, 284–289). Das macht grundsätzlich darauf aufmerksam, dass Zeit immer „relational“ ist: Zeit ist physikalisch – relativ, wie Einstein erkannt hat; Zeit ist geistig – relational, wie sie Augustinus trinitarisch fasst; Zeit ist sozial – kulturell, wie Luhmann die Zeit verstand; Zeit ist phänomenolo-

[107] Levinas, Emmanuel (1981), Dialog, in: Christlicher Glaube in moderner Gesellschaft. 1. Teilband, Freiburg, 61–85, hier 79.

[108] Casper, Dialogische, a. a. O., 363; Hemmerle, Klaus (1994), Weite des Denkens im Glauben, Weite des Glaubens im Denken, in: AS II, 354–370. 231. Hemmerle nennt einmal in Stichworten, was er Rosenzweig verdankt, ein Denken „lebendiger Beziehentlichkeit, Zeitlichkeit, Nicht-Substituierbarkeit von Zeit und Beziehung“ (AS V, 331). Es sind offensichtlich Kernbegriffe des Denkens Hemmerles.

gisch – responsiv bzw. dialogisch, wie sie von Waldenfels und Levinas vorgestellt wird. Auch Wohlmuth nennt Zeit, wohl in Anlehnung an Levinas' Dia-Chronie, „Zwischenzeit".[109]

Hemmerle hat keine eigene Studie zu Zeit und Zeitlichkeit vorgelegt. Aber Zeit ist eine Grundkategorie in Hemmerles Werk und Denken. Theologisch betrachtet ist die religiöse Wirklichkeit eminent zeitlich. Es ist bedeutsam zu wissen, was Hemmerle meinte, wenn er provozierend formuliert: „Keine andere Wahrheit ist zeitlicher als die des Religiösen" (Wahrheit 183). Welche Zeitvorstellung hat Hemmerle, nachdem wir eine Reihe von Zeitverständnissen genannt haben? Gibt es ein religiöses? Ja, vor allem das religiöse Verständnis ist zeitlich. Denn wie wären die christlichen Wahrheiten anders zu fassen als zeitlich: der Name Gottes nach Ex 3,14 ist radikal zeitlich: „Ich bin da, der ich dasein werde". Es ist sodann seit Albert Schweitzer Überzeugung der Exegese und Theologie, dass die Person Jesu Christi nur zeitlich, d. h. eschatologisch, zu verstehen ist usf. Die Wirklichkeit des Glaubens ist zuerst Beziehungswirklichkeit, Beziehung „zwischen" Gott und Mensch, und diese ereignet sich von Mal zu Mal, also konkret und zeitlich. Man darf nur die Anfangskapitel von DV zur Geschichte des Glaubens von den Anfängen bis zu Jesus Christus lesen, um zu sehen, wie diese Geschichte sich „zwischen" Gott und Mensch abspielte, sie ein buchstäbliches Gespräch ist, eine „Konversation" Gottes mit den Menschen, wie DV 2 den Dialog Gottes mit dem Volk Gottes im Alten und Neuen Testament nennt. Und so ist es mit den christlichen Wahrheiten insgesamt, so dass Hemmerle die theologischen Themen immer wieder zeitlich auslegt, d. h. sie nach ihrer inneren Zeitlichkeit beschreibt.

So überrascht es nicht ganz, wenn Hemmerle einen Vortrag zur Trinität *Trinität und Zeit* nennt und, vielleicht befremdend oder auch überraschend, die innere Zeitlichkeit der Trinität bespricht. Es ist nur ein Beispiel dafür, wie er theologische Themen vor dem Hintergrund der Zeit und Zeitlichkeit aufschließt. Dazu fasst er in dem genannten Artikel sein Zeitverständnis überblickshaft in die drei Hinsichten zusammen: „Zeit ist in dreifacher Hinsicht Zwischenzeit" (Trinität 286), wie sie im Folgenden betrachtet werden soll.[110]

„Erste Hinsicht: Zeitliche Gegenwart ist Gegenwart zwischen einem Vorher und einem Nachher, zwischen Herkunft und Zukunft, zwischen einem Nicht-mehr und einem Noch-nicht. Wie immer Zeit angeschaut oder gedacht wird, ihre Zeitlichkeit geht nur dann auf, wenn ich mich vorstellend oder denkend in sie einlasse, mich in ihr Innen hineinbegebe. Und dieses Innen ist stets ein Zwischen, ist je die Flüchtigkeit des Jetzt zwischen dem unwiderruflich entglittenen und dem unberührbar ausstehenden Jetzt, die eben nicht mehr bzw. noch nicht jetzt sind. Wir scheinen zu unserer Ausgangsparabel zurückzukehren: Zeit – Übermacht der Herkunft und der Zukunft über die Furche des Jetzt [in der Parabel vom Igel und Hasen – KK], wie immer ich mich in ihr drehen, wenden, verhalten mag. Die tragische Stimmung dieser Parabel ist freilich nicht die einzige Zeiterfahrung; denn Zeiterfahrung ist immer durch den

[109] Wohlmuth nennt die Zeit, welche nach Levinas durch Diachronie charakterisiert ist, „Zwischenzeit" (Wohlmuth, Geheimnis, a. a. O., 164).
[110] Vgl. Böhnke, Einheit, 155–157.

Charakter des Ernstes ausgezeichnet, aber es gibt auch den Ernst der Gelassenheit und Geborgenheit, wo das Jetzt sich umfangen weiß von der Gunst des Woher und Wohin. Damit aber hätten wir bereits eine weitere Perspektive erreicht" (Trinität 286).

Diese erste Weise von Zeitlichkeit entspricht offensichtlich der Problematik der Zeitlichkeit, wie sie Ricoeur in der Auseinandersetzung zwischen Aristoteles und Augustinus diskutiert hat. Auf der einen Seite die lineare oder objektive Zeit des Aristoteles, die Zeitreihung des bloßen Vorher und Nachher, andererseits der Einspruch der psychologischen Zeit, wie wir sie bei Augustinus kennen gelernt haben und welche Ricoeur die phänomenologische genannt hat, weil sie auch zum Ausgang der Zeitbetrachtungen bei Husserl und Heidegger geworden ist. Der objektiven Zeit entspricht ein grenzwertiges flüchtiges „Jetzt", das noch nicht und schon nicht mehr ist; der phänomenologischen Zeit der Ernst eines „Jetzt", das sich seines Woher und Wohin bewusst ist. Dieses letzte Verständnis von Zeit führt nach Hemmerle aber zu einer weiteren Weise von Zeitlichkeit.

„Zweite Hinsicht: Zeit ist immer Zwischenzeit, will sagen Beziehungszeit zwischen dem Gezeitigten und dem Zeitigenden, zwischen dem Zeitlichen und der es zeitigenden Herkunft und Zukunft. Die im Bild wie von selbst in der Waagerechte angeschaute lineare Verlaufszeit dreht sich zur Senkrechten, in welcher seit alters her die Abhängigkeit der Erde vom Himmel, des Zeitlichen vom Überzeitlichen versinnbildet wird. Dass ich zeitlich verfasst bin, dass das Leben und die Welt zeitlich verfasst sind, das wird zum Hinweis darauf, dass Zeitlichsein sich nicht selber trägt, sondern das, was zeitlich ist, gerade deshalb zeitlich ist, weil es nicht von sich selber stammt und nicht in sich selber mündet" (Trinität 286).

Diese Zeit entspricht offensichtlich der „dimensionierten" Zeit. Sandbothe hatte von der dimensionierten Zeit gesprochen vor allem, um den Unterschied des Zeitverständnisses von Kant und Heidegger zu verdeutlichen. Diese Hinsicht enthält in etwa drei Bedeutungsstufen. Einmal ist Zeit nicht nur „lineare" Verlaufszeit, sie ist nicht eindimensional. Das ist die Kritik an Kant. Sodann ist die qualitative Seite der Zeit zu berücksichtigen; Zeit ist nicht nur horizontal, sondern vertikal, d.h. qualitativ gestuft, im letzten zwischen Erde und Himmel, zwischen Endlich und Ewig. Auch das ist gegen Kant gesagt. Schließlich sind die Richtungen der Zeit, Vergangenheit, Gegenwart und Zukunft, zu berücksichtigen, wie es bei Heidegger geschieht. Hier kommt die theologische Betrachtung Hemmerles gegenüber den Zeitekstasen Heideggers zum Austrag.

Dieses Zeitverständnis ist für Hemmerle offensichtlich das Bedeutsamste. Es betrifft vor allem die Fabel vom Hasen und Igel, mit der Hemmerle die Aporien der Zeit zu veranschaulichen sucht. Die Fabel bringt die Eindimensionalität der Zeit gut zum Ausdruck. Das eindimensionale Zeitverständnis gerät in die merkwürdige Aporie, eben in jene des Ein-Mann-Stückes Igel und Hase. Der Mensch geht aus von sich – und kommt immer nur zu sich. Alles, was er erreicht, ist in seinem eigenen Ansatz schon drinnen, wahrhaft Neues widerfährt ihm nicht mehr, denn alles „Neue ist nur das, was er kann. Er wird zum Erfüllungsgehilfen seiner eigenen Pläne und Ansätze" (Trinität 282–283).

Hemmerle setzt sich dann, in der zweiten Bedeutung, wie an keiner anderen Stelle mit dem Zeitverständnis Kants auseinander.

„Wird mit dieser Aussage nicht Kants Kritik an der Reduktion der Zeitlichkeit auf die Kausalität und der Extrapolation der Kausalität aus dem Raum der Empirie übersprungen? Gewiß, diese Kritik Kants bleibt hier nicht das letzte Wort. Die großen Philosophien der Zeit sind ja auch merkwürdigerweise erst nach Kant, durchaus in der respektierenden Kenntnisnahme seiner Kritik und doch in Abhebung von ihr entstanden; ich erinnere an Kierkegaard, Heidegger und Rosenzweig. Es geht uns hier jedoch nicht um eine philosophische Aufarbeitung der entsprechenden Problematik. Wohl aber kann die Zeiterfahrung am Ende der Neuzeit, auf die wir anspielten, etwas wie eine innere Grenze jenes Zeitverständnisses offenlegen, das bei der Selbst- und Weltanschauung des Subjekts, bei seinem Selbstbezug ansetzt. Sozusagen außerhalb des systematischen Gedankenaufbaus seiner Zurückweisung des kosmologischen Gottesbeweises schreibt Kant den Satz: ‚Man kann sich des Gedankens nicht erwehren, man kann ihn aber auch nicht ertragen: dass ein Wesen, welches wir uns auch als das höchste unter allen möglichen vorstellen, gleichsam zu sich selber sage: Ich bin von Ewigkeit zu Ewigkeit, außer mir ist nichts, ohne das, was bloß durch meinen Willen etwas ist; aber woher bin ich denn?' (KrV B 641/A 613). Gott selber wird hier in seiner Absolutheit doch als das ‚Zwischen' vorgestellt, zwischen Ewigkeit und Ewigkeit als Herkunfts- und Zukunftsraum seines Jetzt. [...] Trifft dieser Blick auf den sich seiner Ewigkeit innewerdenden Gott in Kants Text indessen nicht viel eher das neuzeitliche Subjekt, das sich und alles aus sich setzt, dabei aber gerade von dem Erschrecken vor sich selbst und der Einsamkeit mit sich selbst überwältigt wird?" (Trinität 286–287)

Hemmerle sieht hier das Heraufkommen des Zeitverständnisses, das das heutige Zeitverständnis weitgehend beherrscht: „Dem entspricht ein praktischer Imperativ, der den großen Erfolgen neuzeitlichen Forschens, Planens und Herstellens zugrunde liegt. Man könnte diesen Imperativ etwa so fassen: Werde immer mehr zur einzigen Bedingung und zur einzigen Quelle dessen, was in der Welt ist und was in der Welt geschieht, lass alles immer mehr zu deinem eigenen Kunstwerk, zum Produkt deiner Selbstverwirklichung werden! Mache die Welt immer menschlicher, indem alles zu deinem, des Menschen, Kunstprodukt gerinnt und deinen, des Menschen, selbst entworfenen Bedürfnissen und Wünschen entspricht! Ein den Menschen transzendierendes Woher und Wohin wird auf solche Weise immer mehr draußen gehalten aus der theoretischen und praktischen Gestalt von Leben und Welt, zumindest aus deren Unmittelbarkeit. Gott wird allenfalls der Gott vor der Klammer. Seine Eingriffe werden aufgeklärt als Folgen bislang noch unerkannter Kausalzusammenhänge, diese selbst werden im Erkennen je besser steuerbar und beherrschbar gemacht, sie werden gezähmt zu Konsequenzen des sich selbst und aus sich alles vollbringenden Subjekts" (Trinität 281–282).

Die eindimensionale Zeit entwickelt sich immer mehr zur Systemzeit: „Zeit hat in einem solchen System, gleichviel, ob es sich nun absolutistisch, liberalistisch oder sozialistisch verfasst, den Zug einer eigentümlichen Einsamkeit an sich. Sie ist Zeit je meiner Brauchbarkeit für das Werk des Ganzen. Hierbei kann ich die Zeit dieser meiner Brauchbarkeit verstehen als Zwischenzeit zwischen den mir verbleibenden Freizeiten, die aber im System eine genau andere Funktion haben: Sie sind Zwischenzeiten der Regeneration der Kräfte zwischen den eigentlich nutzbaren Zeiten der Leistung im Werk des Ganzen.

[...] Zwei Folgen zeitigen sich mit logischer Stringenz: Einmal wird es immer schwerer, unmittelbare, nicht mediatisierte und medialisierte Zeit miteinander zu erleben, eben in Gespräch und Feier, Zuwendung und Muße" (Trinität 284–285).

Als dritte Bedeutung sind die Richtungen der drei Zeitekstasen von Vergangenheit, Gegenwart und Zukunft für Hemmerle wichtig. Er unterscheidet sich dabei grundsätzlich von der Ekstatik Heideggers, aber auch von dem gängigen Zeitverständnis. Hemmerle kommt in seinem Buch Brücken zum Glauben auf Michelangelos Erschaffung Adams in der Sixtina zu sprechen. Er bekennt, dass ihm dieses Bild das neue christliche und theologische Zeitverständnis eröffnet hat. Hemmerle macht auf die Bildlogik des Bildes aufmerksam, die außergewöhnlich ist: In der klassischen Philosophie und Theologie verliefe die Bildlogik von links nach rechts. Gott als Ursache käme von links, im Rücken des Menschen, um ihn ins Leben zu stoßen. Der geschaffene Mensch liefe nach rechts weiter in sein neues Leben. Gott wäre damit in der gängigen Zeitenfolge die Vergangenheit, der Mensch ginge auf die Zukunft zu. Nicht so bei Michelangelo: Adam liegt links am Boden und wird zum Leben erweckt, indem Gott, der Schöpfer, ihm von rechts mit ausgestreckter Hand den Finger berührt und ihm damit das Leben eingibt. Gott ist deutlich als Vorübergehender dargestellt: Er kommt als Zukunft von rechts, um sich um seinen eigenen Körper drehend in die Zeit der Zukunft wieder zu entschwinden. Die Bildlogik wird dadurch selbst umgedreht: Adam blickt in Richtung seiner Zukunft, die von Gott kommt. Die gängigen Zeitekstasen drehen sich um: Adam ist ganz auf seine Zukunft ausgerichtet, sie belebt ihn, seine Vergangenheit liegt nicht hinter, sondern vor ihm. „Die Zukunft beugt sich zurück zu mir, ruft mich, rührt mich an. Das erste, was geschieht, wenn das Geschöpf, bildhaft [...] gesprochen, seine Augen aufschlägt, ist der Blick nach vorne, ist das Schreiten in die Zukunft. Zukunft zugesprochen bekommen, damit fängt es an" (AS II, 238–242).

Hemmerle nennt die neue Zeitfolge: „Anfang bei der Zukunft – Anfang beim Vater – Anfang des Glaubens" (ebd.). Es ist ein ungewöhnliches Zeitverständnis, das von der Zukunft ausgeht, nicht um die Zukunft als „Sein zum Tode" (Heidegger) zu verstehen, sondern als ‚Sein zum Leben'. Es ist der „Anfang des Glaubens", des christlichen Glaubens. Christlicher Glaube lebt aus solchem Zeitverständnis. Glauben ist Vertrauen. Glauben ist Vertrauen in die Zukunft.

In der Aufmerksamkeit darauf stößt man immer wieder auf entsprechende Bekenntnisse, etwa von Gotthard Fuchs: „Von nun an geht es nicht länger um das Leben, das zum Tod führt, sondern um jenes, das aus dem Tod kommt. ‚Ich bin die Tür', die Passage, der Durchgang (Joh10,7). Für den Glaubenden bedeutet das: ‚Wir wissen, dass wir aus dem Tod zum Leben hinübergegangen sind, weil wir die Brüder lieben' (1 Joh 3,14)".[111] Oder ganz überraschend bei einem gewöhnlichen Christen wie Elmar Wepper. Er hatte in einem Film „Kirschblüten-Hanami" eine Hauptrolle gespielt. Es ging um Tod und Krankheit seiner japanischen Frau. Wie das ertragen? Der Film inszenierte buddhistisch fromm; Fragen steigen auf wie etwa: ‚wie wird man erlöst, kommt man in den Himmel, erreicht man das Nirvana u. a.' Der Schauspieler ringt um eine christliche Antwort und stellt überraschend fest: ‚Jesus Christus

[111] Fuchs, Gotthard, Christ in der Gegenwart 65 (2013) 187.

hat mit seinem Tod alle Schuld und Sünde dieser Welt auf sich genommen, man ist erlöst. Er überlegt: Es ist gerade anders, man geht nicht auf die Erlösung zu, man kommt von der Erlösung her. Er wiederholt: Es ist gerade andersrum. Der Gedanke fasziniert mich, weil er mir eine große Freiheit gibt im gegenwärtigen Leben'.[112]

Hemmerle nennt eine „Dritte Hinsicht: Zeit ist Zwischenzeit zwischen dir und mir, zwischen uns. Hier liegt der Punkt, an dem Zeit sich als Zwischenzeit uns enthüllte. Wir müssen diese dritte Dimension von allem Anfang an mitdenken, ja, sie ist im Grunde konstitutiv für das ‚andere', nachneuzeitliche Zeitbewusstsein. Die Furche läuft nicht nur längs, sie geht nicht nur von unten nach oben und von oben nach unten, sondern sie stellt sich auch quer: zwischen uns. Wir sind einander Herkunft und Zukunft, und nur wo wir dies wechselseitig ergreifen und ernst nehmen, gelingt Gegenwart, die nicht lastendes Stehenbleiben des in sich verharrenden Ich oder Moment auf der Flucht des Ich vor sich selber ist. Zeit, die als Zwischenzeit im kommunikativen Sinn verstanden wird, hat in sich vier Erstreckungen.

Erste Erstreckung: von dir zu mir. [...]. Zweite Erstreckung: von mir zu dir. [...] Dritte Erstreckung: vom Wir zu dir und mir. [...] Vierte Erstreckung: von der bloßen Verlaufszeit zur Gegenwart. [...] Es geht also darum, miteinander Zeit zu teilen, und nur so kann Zeit geheilt werden" (Trinität 286–289).

Das dritte Zeitverständnis hat offensichtlich Ähnlichkeit mit dem dialogischen von Buber und damit auch entfernte Ähnlichkeit mit dem von Levinas und dem responsiven von Waldenfels. Es deutet aber eher die Richtung an, als dass es ausgeführt wäre.

„Letztlich käme es darauf an, dass auch Zeit, die zwischen dem entzogenen Ursprung ihrer selbst und dem antwortenden Selbst des Menschen spielt (Zeit als ‚vertikale Zwischenzeit'), Zeit zwischen uns (‚horizontale Zwischenzeit') würde. Wir sprachen bereits vom Kult. Er ist in letzter Konsequenz Gemeinschaft zwischen Gott und dem Menschen, Gemeinschaft aber, die sich in der Gemeinschaft der Menschen miteinander begibt und aus der Gemeinschaft der Menschen miteinander erwächst" (Trinität 289).

Hemmerle kennt verschiedene Zeitverständnisse. Dabei kommt es auf den jeweiligen Kontext und die jeweiligen Umstände an. Auch für Hemmerle gilt, was wir bei Levinas zum Schluss festgestellt haben: Es gilt „in mehreren Zeiten zu denken" (ZA 89 f).

2.3 Phänomenologie des Raumes

Was bisher zur „Zeit" gesagt worden ist, wäre auf gleiche Weise beim „Raum" zu beobachten. Die Aporie, welche Waldenfels zur Zeit oben feststellte, ist gleichermaßen für den Raum festzuhalten. Die „Wo"-Frage führt zu ähnlicher Problematik wie die „Wann"-Frage: „Vergegenwärtigen wir uns [...] die beiden Leitfragen, die unsere Untersuchungen in Gang gesetzt haben, nämlich die *Wo-Frage* und die *Wann-Frage*. Offensichtlich kann eine Wo-Frage nicht mit Zeitangaben, eine Wann-Frage nicht

[112] In: BR-Fernsehen, „Stationen" vom 31. 01. 2012.

mit Ortsangaben beantwortet werden. Eben deshalb rekurriert man auf verschiedene Aussageweisen, Anschauungsformen oder Datentypen. Die Aussage, dass Berlin erstmals 1244 urkundlich erwähnt wird, enthält keine Angabe darüber, ob die Stadt an der Spree oder an der Havel liegt, und der Hinweis auf die Flusslage, verrät uns nichts über die Umstände, die zur Wahl dieses Ortes geführt haben" (Ort 236).

Es wäre also eine entsprechende Studie und Phänomenologie des Raumes zu unternehmen wie die zur Zeit. Das ist meist nicht der Fall. Bernhard Waldenfels stellt als Grund dafür fest: „Die geschichtsphilosophisch überstrapazierte *Chronologie* des Subjekts und des Sinns ist zu ergänzen durch eine *Topologie,* die selbst die Züge einer ‚Topophilie' (G.Bachelard) annehmen kann" (kursiv – KK).[113] Beide Dimensionen zu berücksichtigen wird unsere Überlegungen zur Theologie leiten müssen. Gerhard Lohfink stellt für die Botschaft Jesu fest: „Wie die Gottesherrschaft ihren *kairos*, also ihre qualifizierte Zeit hat, so hat sie auch ihren *Topos,* ihren Ort" (kursiv – KK).[114] Wir werden, wenn wir Jesu Kernbotschaft von der Gottesherrschaft betrachten, sowohl das damit gegebenen Zeit- wie auch Raumverständnis verfolgen.

Raum bei Michel Foucault

Wir können hier nicht in gleichem Umfang wie zur Zeit eine Phänomenologie des Raumes vorlegen. Ein Grund dafür hat Waldenfels genannt. Das Thema der Zeit beherrschte weitgehend die kulturwissenschaftliche und philosophische Diskussion. Michel Foucault hat im Dezember 1966 mehr nebenbei in „Culture française" zwei Radiovorträge „Der utopische Körper" und „Die Heterotopien" gehalten. Die Vorträge fanden weite Beachtung und wurden dann in einem Text *Andere Räume (Des Espaces Autres)* (1967) zusammengefasst.[115]

Die geradezu phänomenologischen Betrachtungen Michel Foucaults haben zahlreiche Studien zum Raum angestoßen. Zu Beginn hat er eine „Geschichte des Raumes" versucht. Er spricht davon, dass die Dimension des Raumes wie neu in das Bewusstsein gekommen sei, nachdem die Zeit die letzten Jahrhunderte beschäftigt hatte: „Die große Obsession des 19. Jahrhunderts ist bekanntlich die Geschichte gewesen: die Entwicklung und der Stillstand, die Krise und der Kreislauf, die Akkumulation der Vergangenheit, die Überlast der Toten, die drohende Erkaltung der Welt. Im Zweiten Grundsatz der Thermodynamik hat das 19. Jahrhundert das Wesentliche seiner mythologischen Ressourcen gefunden."

Hingegen wäre die aktuelle Epoche eher eine Epoche des Raumes. „Wir sind in der Epoche des Simultanen, wir sind in der Epoche der Juxtaposition, in der Epoche

---

[113] Waldenfels, Bernhard (1985), In den Netzen der Lebenswelt, Frankfurt, 197. Zu einer Phänomenologie des Raumes s. ders., (2009), Ortsverschiebungen, Zeitverschiebungen. Modi leibhaftiger Erfahrung, Frankfurt a.M. [OZ]; ders., (2001), Leibliches Wohnen im Raum, in: Gerhart Schröder, Helga Breuninger (Hg.). Kulturtheorien der Gegenwart. Ansätze und Positionen, Frankfurt, 179–203.

[114] Lohfink, Gerhard (2011), Jesus von Nazareth. Was er wollte, wer er war, Freiburg [Jesus], 66.

[115] Foucault, Michel (1967), Andere Räume, in: Barck, Karlheinz u.a. (Hg.), Aisthesis. Wahrnehmung heute oder Perspektiven einer anderen Ästhetik, Leipzig 1992, 34 – 46.

des Nahen und des Fernen, des Nebeneinanders, des Auseinander. Wir sind, glaube ich, in einem Moment, wo sich die Welt weniger als ein großes sich durch die Zeit entwickelndes Leben erfährt, sondern eher als ein Netz, das seine Punkte verknüpft und sein Gewirr durchkreuzt. Vielleicht könnte man sagen, daß manche ideologischen Konflikte in den heutigen Polemiken sich zwischen den anhänglichen Nachfahren der Zeit und den hartnäckigen Bewohnern des Raumes abspielen".

Dabei hatte der Raum das geistige Weltbild und die Philosophie über Jahrhunderte beherrscht. Das ist ein Erbe des kosmischen Weltbildes, wie es von Aristoteles vorgelegt worden ist. Foucault weiß davon und schildert die Folgen für das Mittelalter:

„Der Raum selber hat in der abendländischen Erfahrung eine Geschichte, und es ist unmöglich, diese schicksalhafte Kreuzung der Zeit mit dem Raum zu verkennen. [...] Um diese Geschichte des Raumes ganz grob nachzuzeichnen, könnte man sagen, daß er im Mittelalter ein hierarchisiertes Ensemble von Orten war, heilige Orte und profane Orte; geschützte Orte und offene, wehrlose Orte; städtische und ländliche Orte: für das wirkliche Leben der Menschen. Für die kosmologische Theorie gab es die überhimmlischen Orte, die dem himmlischen Ort entgegengesetzt waren; und der himmlische Ort setzte sich seinerseits dem irdischen Ort entgegen. Es gab die Orte, wo sich die Dinge befanden, weil sie anderswo gewaltsam entfernt worden waren, und die Orte, wo die Dinge ihre natürliche Lagerung und Ruhe fanden. Es war diese Hierarchie, diese Entgegensetzung, diese Durchkreuzung von Ortschaften, die konstituierten, was man grob den mittelalterlichen Raum nennen könnte; Ortungsraum".

Dieses Weltbild erfuhr die größte Veränderung zu Beginn der Neuzeit, vor allem mit den Verschiebungen der kosmischen Koordinaten durch die Kopernikanische Wende. Foucault macht diese Veränderung des Weltbildes am Namen Galileis fest:

„Dieser Ortungsraum hat sich mit Galilei geöffnet; denn der wahre Skandal von Galileis Werk ist nicht so sehr die Entdeckung, die Wiederentdeckung, daß sich die Erde um die Sonne dreht, sondern die Konstituierung eines unendlichen und unendlich offenen Raumes, dergestalt, daß sich die Ortschaft des Mittelalters gewissermaßen aufgelöst fand: der Ort einer Sache war nur mehr ein Punkt in ihrer Bewegung, so wie die Ruhe einer Sache nur mehr ihre unendlich verlangsamte Bewegung war. Anders gesagt; seit Galilei, seit dem 17. Jahrhundert, setzt sich die Ausdehnung an die Stelle der Ortung".

Der „Ortungsraum" des Mittelalters wurde nach Foucault abgelöst durch den Raum, dessen Kennzeichen die „Ausdehnung" ist. Es ist die Raumvorstellung, welche die Wissenschaften, die Philosophie und Theologie, aber auch das allgemeine Verständnis des abendländischen Menschen weithin beherrschte. Es ist der leere physikalische oder philosophische Anschauungsraum, in dem Dinge und Personen irgendwo vorkommen und vermessen werden.

Foucault sieht, dass sich dieses Weltbild wiederum gewandelt hat und kennzeichnet die neuere Raumerfahrung in kurzen Worten: „Heutzutage setzt sich die Lagerung an die Stelle der Ausdehnung, die die Ortschaften ersetzt hatte. Die Lagerung oder Platzierung wird durch die Nachbarschaftsbeziehungen zwischen Punkten oder Elementen definiert, formal kann man sie als Reihen, Bäume, Gitter beschreiben".

„Lagerung" erinnert an „Lage". Sie mag mit einer Beschreibung, was Lage meint, erläutert werden. Und in der Tat meint Lage eine räumliche Größe. Zugleich ist diese Größe vielfach dimensioniert. Zuerst steht sie für eine Ortsangabe, nämlich für eine

Stelle, wo etwas in Bezug auf seine Umwelt liegt. Dann meint Lage die bestehende Situation, die augenblicklichen Verhältnisse, die Umstände, welche im Raum für den Ort gelten, wo er sich befindet. Die Lage enthält so zugleich eine Ortsbestimmung mit einem Zeitindex. Aus der Situation heraus mag man eine Lagebesprechung abhalten. Zur Beobachtung der Lage gehören darüber hinaus noch andere Schichten, etwa die Ton- oder Stimmlage. Auch die Stimmungslage, die möglicherweise von der Wetterlage beeinflusst wird. Alles wird zu beachten sein, wenn ich selbst nach der „Lage" gefragt werde, in der ich mich in meiner konkreten Welt befinde.

Interessanterweise hat *Der Spiegel* im Februar 2016 einen neuen Newsletter herausgebracht mit dem Titel *Die Lage*. In der Ankündigung heißt es, er sei als „Morning Briefing" gedacht. Er erscheine täglich morgens, um über die „Lage" des Tages zu informieren. Das Briefing sieht dann auch so aus: „Die Lage am Montag, Dienstag ...". Informiert wird über alles, was die Lage des Tages bestimmt, angefangen von der Klimalage, zur politischen Großwetterlage, zur politischen Lage in Staat und Gesellschaft, bis zum alltäglichem Leben u. v. a. mehr. Die Lage ist demnach eine vieldimensionale Orts-Angabe, die auf eine bestimmte Zeit abgestellt ist und die wichtigsten Informationen des Leben-Raumes enthält. Das Symbol dieser neuen Raumerfahrung ist nicht mehr die Linie, sondern nach Foucault die Reihe, Bäume oder Gitter.

Raum bei Bernhard Waldenfels

Waldenfels hat ebenfalls von der „Wiederkehr des Raumes" gesprochen, nachdem über viele Jahrhunderte Zeit ein höheres Prestige als der Raum gehabt habe. „Raum ist Widersacher der Zeit". Waldenfels nennt dann auch die Gründe, welche nach seinem Ermessen der Zeit einen Vorrang vor dem Raum gaben: Zeit wird seit Augustinus mit dem „inneren Sinn" zusammen gesehen, sie entsteht im Geist der Seele; selbst Kant hat die Zeit dem „inneren Sinn" zugewiesen, den Raum dem „äußere Sinn"; Bergson hat sich gegen die Verräumlichung der Zeit gewehrt. Ähnlich wie Foucault sieht auch Waldenfels das Kennzeichen der Moderne als Anwachsen des geschichtlichen Fortschritts und der damit gegebenen zeitlichen Dynamik; Statik steht für die alten Kulturen. Schließlich trägt die moderne Physik zu dem Paradigmenwechsel bei: gegen die Veräußerlichung, Entleerung des Raumes; in einem leeren Behälter, im Schema bloßer Ausdehnung kann niemand wohnen; die Innerlichkeit wird dadurch verstärkt und damit die Erfahrung der Zeit.

Die große Umorientierung erfolgte vor allem in der modernen Physik, der Atom- und Quantenphysik. Deren Wissensbereiche sind u. a. vor allem Felder und Strukturen, räumliche Dimensionen. Der Einfluss der Naturwissenschaften auf verschiedene Bereiche der anderen Wissenschaften, Philosophie und des Kulturwissens ist nicht zu unterschätzen. Waldenfels stellt ein steigendes Interesse in der Gegenwart fest: in der Soziologie und Biologie mit den Themen der Umwelt und der Milieus; in der Geschichte die Beschäftigung mit Gedächtnisorten, Denkmälern (wobei die Zeit in den Raum eindringt); in der Geographie das Interesse an den Kulturen und das Thema der Globalisierung; nicht zuletzt in der Kunst mit den Formen der Installationen, der Gestaltung von Parks, der Raumkunst, der Architektur und den verschiedenen Bauformen.[116]

---

[116] Waldenfels, Wohnen, a. a. O., 179–182.

Waldenfels versucht sodann eine „phänomenologische Topik“, also eine Phänomenologie von Ort und Raum (OZ 32). Er bezieht sich dabei auf „Phänomenologien des Raumes“, wie sie ihm vorliegen, nicht nur bei Phänomenologen wie Husserl, Scheler, Heidegger und Merleau-Ponty, den Philosophen wie Bachelard und Foucault, sondern auch von medizinischen Anthropologen und Psychopathologen, Biologen und Psychologen (Netz 194–195). Die Phänomenologie legt sich nahe, da sie sowohl die inneren Raum wie die äußeren Räume (Foucault) berücksichtigt.

Die Phänomenologie von Waldenfels geht davon aus, dass wie bei der Frage nach der Zeit „Wann?“ auch auf die Frage „Wo?“ Wissenschaften wie die klassische Physik keine befriedigenden Antworten auf das „Jetzt“ bzw. „Hier“ geben können. Es ist deutlich, dass wenn ich angefragt werde, wo ich jetzt sei, darauf die Antwort gebe: „Es ist jetzt Montag, der 29. Februar 2016, in Stonehenge“, dabei wenig über meinen tatsächlichen Aufenthalt und vor allem meine Lage gesagt ist. Es erinnert an den Fahrplan der Eisenbahn, der zwar logistisch genau, aber konkret wenig aussagekräftig ist, wenn Ich mich nicht mit meiner eigenen Situation als Referenz einbringe. Das Gleiche geschähe, wenn die besagte Nachricht eine Woche später ankommt und der Adressat keine Beziehung zu Stonehenge hat. Es ist eine formalisierte und abstrahierte Standortbestimmung. Angeboten wird ein leeres Raum-und Zeitschema, dessen Raumstellen beliebig, qualitativ nicht unterscheidbar und dessen Zeitangaben formalisiert und quantitativ sind. Ohne eine konkrete Referenz zur Person des Adressaten ist zum „Hier“ und „Jetzt“ wenig gesagt, und damit auch wenig zu dem „Ich“, das angefragt ist. Eine Antwort erfordert nicht nur ein leeres Raum- und Zeitschema, sondern eine Phänomenologie des „gelebte Raumes“ und der Zeit (Minkowski, Merleau-Ponty) (Netz 195).

Waldenfels hat immer wieder Gedanken zu einer Phänomenologie des *gelebten Raumes* vorgelegt. Der „gelebte Raum“ unterscheidet sich wesentlich vom leeren physikalischen oder philosophischen Anschauungsraum, in dem Dinge und Personen irgendwo vorkommen. Der gelebte Raum ist geprägt durch einen Raum, in dem Menschen leben, die leiblich in ihm verankert sind und für die der Raum ihre Umwelt ist. Waldenfels hat in OZ den menschlichen Raum beschrieben. Es ist von seiner Verankerung im „Hier“ und „Jetzt“ zu beginnen, es sind die „Raumachsen“ zu verfolgen, es ist der Hervorgang des Raumes aus der „Bewegung“ und es sind die Bewegungsbahnen nachzuvollziehen. Schließlich ist die „Orientierung“ im Raum wiederzugeben wie Nähe und Ferne, Drinnen und draußen, Höhe und Tiefe u. a. (OZ 61–94).

Dieser leibhaft geprägte Raum ist ein *zentrierter Raum,* der in einem jeweiligen „Hier“ verankert und von da mit einer Reihe von „Dort“ umgeben ist. Waldenfels schließt sich Husserl an. Das „Hier“ nennt Husserl den absoluten Nullpunkt der Raumkonstitution und ist der Ort, wo jemand sich aufhält und von wo aus er sich bewegt. Raum ist für Husserl der Index „eines subjektiven Korrelationssystems“, der von einem absoluten Nullpunkt (Hier) aus konstituiert wird, an dem man verweilt und von dem aus man sich ins Dort bewegt. D. h. konkret, dass es Raum nur für denjenigen gibt, der selbst leiblich in ihm verankert ist und mit ihm die Eigenschaft einer Umwelt verbindet. Die Wesenheiten der im Raum erscheinenden Dinge setzt Husserl in Bezug zu je einem konkreten Leib-Subjekt.

Husserls Interesse geht auf den Anschauungs- und Bewusstseinsraum. Das Leib-Subjekt erfährt den (Welt)Raum von seiner besonderen Perspektive aus und nimmt jeden Gegenstand in räumlicher Hinsicht in einer Umwelt unterschiedlicher Klarheit und Deutlichkeit wahr. Heidegger hat, anknüpfend an Husserl, aber sein Denken vom Bewusstsein weg auf die Faktizität und Interpretation des menschlichen Daseins gerichtet. Es ist der Weg zurück zur Verankerung des Ich nicht im transzendentalen Ego, sondern im „faktischen Leben", im „hierjetztich". Heidegger erforscht die Grundbestimmungen des faktischen Lebens, des praktischen und religiösen Vollzugs des menschlichen Daseins. Dieses ist für ihn „Dasein zum Tode" und es begründet die Sorge als apriorisches Existenzial: Die Sorge liegt als ursprüngliche Strukturganzheit existenzial-apriorisch „vor" jeder, das heißt immer schon in jeder faktischen „Lage" des Daseins. Das „In-der-Welt-sein des Menschen ist wesenhaft Sorge", diese ist die tiefste existenzial-ontologische Bedingung der Menschen (SZ 193). Sie gehört als Fürsorge und als Besorgen in die ontologische Konstitution des menschlichen Daseinsvollzuges. Das In-der-Welt-sein ist eine Form, präsent zu sein und sich mit allen umgebenden Realitäten in Beziehung zu setzen. Weitere Grundbestimmungen der menschlichen Existenz des In-der-Welt-seins in Heideggers existentialer Analytik sind die Gestimmtheit, der Entwurf, die Geworfenheit (SZ 180–230)

Merleau-Ponty verankert die Raumerfahrung in der Leiblichkeit. Seine Kritik an Heidegger betrifft dabei die Welt als Horizont des bloßen Besorgens und sie erweitert den Gegenstand über die bloße Zeughaftigkeit hinaus. Grund dafür ist Merleau-Pontys Hinwendung zur Leiblichkeit in der *Phänomenologie der Wahrnehmung*. Ich erfahre die Welt als Leib, die ihrerseits räumlich und durch ein Ganzes von Bewegungsrichtungen geordnet ist. Unser Leib führt uns bewegend in den Raum ein. Das allgemeine Wesen des Raumes zieht sich durch alle möglichen Bewusstseinszustände. Gegenstände liegen in dem räumlichen Orientierungsraum, der sich auf den Leib als System möglicher Bewegungen bezieht. Das Wahrgenommene begegnet mir in einer räumlichen Welt. Für Merleau-Ponty heißt Sein Orientiertsein.

Waldenfels führt die räumlichen Orientierungen phänomenologisch aus. „Daraus ergeben sich qualitative unterschiedliche Richtungen, *Raumachsen* wie rechts – links, oben – unten, vorn – hinten. Die einfachen Hinweise auf diese qualitativ unterschiedlichen Perspektiven des Raumes macht schnell deutlich, dass der Raum keine neutrale Fläche oder ein leerer Behälter ist. Wir orientieren uns ständig nach diesen Perspektiven. Nicht zuletzt lehrt uns die Kunst, auf diese Unterschiede zu achten. Die Ausrichtungen hängen mit unserem Leib zusammen und reichen bis in die überall geltende Raumsymbolik hinein. Der Raum wird so zu einem *orientierten Raum*" (Netz 196).

Andere qualitative Eigenschaften prägen den „gelebten Raum". Waldenfels erläutert im Einzelnen die *Raumdimensionen* von „Nähe und Ferne", von „Drinnen und Draußen", von „Fülle und Leere". Auch die spezifische *Raumgliederung* bedarf der Beachtung. Aber auch diese Raummarkierungen sind nicht als gegeben und abstrakt zu nehmen. Im „gelebten Raum" ist beständig mit *Bewegungen* aller Art, mit Verschiebungen und Spaltungen zu rechnen. Waldenfels geht auf neuralgische Punkte des Raumerlebens und der Raumgestaltung ein: „Hier und Anderswo", „Aktualität und Virtualität der Bewegung", „Gedenkstätten", „Gemeinorte und Fremdorte" oder schließlich der Verweis auf „Gastlichkeit" (Wohnen 184–201).

Das Ich, das sich vom Hier zum Dort bewegt, erzeugt verschiedene Formen und Kreise von Welten oder Umwelt. Es sind verschiedene Raumordnungen, die die gelebte Raumerfahrung modulieren. Wir haben es dabei mit verschiedenen Formen der

Raumerzeugung und Raumveränderung zu tun. Der „gelebte „Raum“ hat seinen Schwer- und Angelpunkt im *Handlungsraum,* der dem leiblichen Menschen und seinem Handeln und Wirken entspricht. Den Hintergrund des Handlungsraumes bildet der *Stimmungsraum,* der die besondere Befindlichkeit des leiblichen Wesens zum Ausdruck bringt. Schließlich umfasst der Handlungsraum den *Anschauungsraum,* der um den sinnlich anschauenden Leib zentriert ist. Der *homogene Raum,* der den Messungen zugrunde liegt, beruht darauf, dass der gelebte und zentrierte Raum dezentriert wird. Das Hier wird zu einer beliebigen Raumstelle. Eine Aufhebung des Hier erfährt das Subjekt, indem es sich entleiblicht und den Leib nur noch als ein Körper unter anderen Körpern im Raum wahrnimmt. Mit der Formalisierung des Raumes wird auch das leibliche Subjekt neutral und verwandelt sich der Leib in ein „Körper“-Ding, das neben anderen Dingen im Raume vorkommt (ebd.).

Heterotopien bei Michel Foucault

Michel Foucault bringt mit seinem Text *Andere Räume* wichtige weitere Aspekte in die neuere Diskussion um den Raum ein. Er nennt die anderen Räume „Heterotopien“. Sie haben eine gewisse Bedeutung für unsere Untersuchungen. Sie behandeln zwar nicht das uns interessierende Thema von Raum und Religion, aber sie enthalten einige bemerkenswerte Anregungen zu diesem Thema.

Im zweiten Teil seines Vortrages stellt Foucault an Beispielen dar, was er mit der neuen Charakterisierung des Raumes als „Platzierung“ und „Lagerung“ meint. Raum ist demnach nicht mehr linear als Verbindung von Punkt zu Punkt zu vermessen, sondern in Dimensionen und Lagerungen sozusagen zu er-wägen.

Foucault denkt Raum immer auch im kausalem Zusammenhang und in der Einbindung in die aktuelle Zeit. Er stellt für die neuere Zeit eine Problematik fest, die den Raum betrifft. Grund des Übels – so Foucault – ist die verpasste Entsakralisierung alles Räumlichen. Es ist ein Beispiel der „Über-Lagerung“ von Räumen. Auch wenn es bei Galilei und anderen diesbezügliche Ansätze gegeben hat, wurde eine umfassende Entsakralisierung des Raumes niemals durchgehalten. „Von Gegensätzen, die wir als Gegebenheiten hinnehmen, etwa zwischen privatem und öffentlichem Raum, zwischen familiärem und gesellschaftlichem Raum, zwischen dem Raum der Kultur und dem der Nützlichkeit, zwischen dem Raum der Freizeit und dem der Arbeit. All diese Räume unterliegen immer noch einer blinden Sakralisierung. [...] [D]ie Beschreibungen der Phänomenologen haben gezeigt, dass wir nicht in einem leeren, homogenen Raum leben, sondern in einem Raum, der mit zahlreichen Qualitäten behaftet ist und möglicherweise auch voller Phantome steckt“.

Die Analysen, die fundamental für das heutige „moderne“ Denken sind, gelten nach Foucault vor allem dem „inneren Raum“. Er selbst will sich in den weiteren Ausführungen auf den „äußeren Raum“ konzentrieren und meint damit jenen Raum, der uns umgibt, den wir mit Qualitäten unseres Lebens füllen können. Dieser Raum ist seinerseits – kontrovers zum inneren Raum – homogen. „Wir leben nicht in einer Leere, die verschiedene Farben annähme. Wir leben vielmehr innerhalb einer Menge von Relationen, die Orte definieren, welche sich nicht aufeinander reduzieren und einander absolut nicht überlagern lassen“.

In diesen äußeren Räumen der Relationen sind für Foucault gerade jene Orte interessant, die mit *allen* anderen Orten in Verbindung stehen, „aber so, dass sie alle

Beziehungen, die durch sie bezeichnet, in ihnen gespiegelt und über sie der Reflexion zugänglich gemacht werden, suspendieren, neutralisieren oder in ihr Gegenteil verkehren. ‚Andere Orte' sind wirkliche Orte, wirksame Orte, die in die Einrichtung der Gesellschaft hineingezeichnet sind, sozusagen Gegenplazierungen oder Widerlager, tatsächlich realisierte Utopien, in denen die wirklichen Plätze innerhalb der Kultur gleichzeitig repräsentiert, bestritten und gewendet sind, gewissermaßen Orte außerhalb aller Orte, wiewohl sie tatsächlich geortet werden können." (Andere Räume, a. a. O. 39). – In dieser Form sind die „Anderen Orte" für uns interessant, da wir im Grund mit unserer Diskussion um „andere Zeiten" und „andere Orte" der Religion und Kirche inmitten dieser Diskussion stehen. Die Frage ist, ob Foucaults Äußerungen auch die unterscheidende Raum- und Zeiterfahrung von Religion und christlichem Glauben zu erhellen vermögen.

Nach Foucault haben Heterotopien räumliche Strukturen. Heterotopien unterscheiden sich in ihrer Struktur nach von anderen Räumen. So sind sie in der Lage, mehrere Räume an einem einzigen Ort zu vereinen und zueinander in Beziehung zu setzen, die eigentlich nicht vereinbar sind. Dies ist beispielsweise beim traditionellen Garten (etwa der Perser) der Fall, der als eigener Mikrokosmos die ganze Welt symbolhaft abbildet und verbindet, oder beim Kino, das Publikumssaal und Fenster zu anderen Welten zugleich ist.

Nach Foucault haben Heterotopien ebenso zeitliche Strukturen. Eine wichtige Rolle spielt die den Heterotopien eigene, ihnen zugrundeliegende Zeitstruktur, die Foucault als *Heterochronie* bezeichnet und die die Heterotopien nach außen hin abgrenzt: *„Die Heterotopie erreicht ihr volles Funktionieren, wenn die Menschen mit ihrer herkömmlichen Zeit brechen."* Foucault beschreibt zwei in dieser Hinsicht extreme Formen von Heterotopien: jene, in denen die Zeit endlos angesammelt wird, sich stapelt und drängt in Büchern oder Bildern, wie es in Bibliotheken und Museen der Fall ist, und solche, die zeitlich äußerst begrenzt sind und sich innerhalb weniger Stunden oder Tage wieder auflösen, wie dies bei Festen oder dem Jahrmarkt der Fall ist.

Für Heterotopien sind Öffnung und Schließung kennzeichnend. Heterotopien sind immer an ein System von Öffnungen und Schließungen gebunden, das sie nicht ohne weiteres für jeden zugänglich macht. Ihr Betreten und Verlassen ist an bestimmte Ein- und Ausgangsrituale geknüpft. Diese Rituale können in komplexen Reinigungsritualen bestehen wie bei japanischen Teehäusern, oder von relativ profaner Natur sein wie beim Entrichten eines Eintrittsgeldes im Kino. Die Beispiele zeigen, wie unterschiedlich diese Rituale sein können und wie stark der Grad der Öffnung beziehungsweise der Schließung nach außen hin variieren kann – in das Kino wird theoretisch jeder eingelassen, der das Eintrittsgeld bezahlt, beim japanischen Teehaus hingegen muss sich der Besucher zuerst ein bestimmtes Wissen über die Zeremonien angeeignet haben, bevor er den Ort betreten darf.

Bei Heterotopien kann man Illusionsraum und Kompensationsraum von normal gelebten Räumen unterscheiden. Heterotopien entfalten eine Differenz gegenüber dem verbleibenden Raum. Extreme Heterotopien sind in dieser Hinsicht der Illusionsraum und der Kompensationsraum.

Der *Illusionsraum* erschafft eine Wirklichkeit, innerhalb derer der gesamte reale Raum als noch illusorischer erscheint als die Heterotopie selbst. Illusionsräume werden als virtuelle und Cyberräume immer aktueller.

Der *Kompensationsraum* kreiert einen anderen „wirklichen“ Raum, der vollkommener und wohlgeordneter erscheint als der Realraum. Als Kompensationsraum ließe sich – neben den von Foucault angeführten Jesuitenkolonien in Südamerika – womöglich auch der Kibbuz einordnen als eine verwirklichte Utopie, die durch ihren Platz in der Welt, zumindest ihren ursprünglichen Gedanken nach, als der vollkommenere reale Raum erscheinen soll.

Wir befassen uns in diesem Buch mit den Möglichkeiten von Raum- und Zeitverständnissen letztlich auch des Glaubens und der Religion. Es handelt sich dabei offensichtlich nicht immer um die gewohnten Raum- und Zeitverständnisse. Das Zeitverständnis des Urchristentums ist dafür ein sprechendes Beispiel. Dafür sind die Hinweise auf die Heterotopien von Foucault anregend. Denn die Raum- und Zeitverständnisse der Religion und des Glaubens können gewisse Ähnlichkeiten mit den Heterotopien von Foucault zeigen. Vor allem zeigt Foucault, dass unsere Lebenswelt alles andere als monoton oder monolithisch ist. Sodann ergeben sich Verbindungen zu den räumlichen und zeitlichen Strukturen der Heterotopien, vor allem sind die Beschreibungen der unterschiedlichen Öffnungen und Schließungen dieser Räume wie der Hinweis auf Kompensationsräume (Jesuitenkolonien in Südamerika) aufschlussreich. In der Theologie und Kirche sind erste Aufbrüche, um diese Zusammenhänge zu diskutieren, zu erkennen.[117]

Rückblick

Eine „Ontologie der Bewegung“ (Rombach) und eine „Phänomenologie der Bewegung und Beziehung“ (Hemmerle) haben sich über die Grunddimensionen von Bewegung und Beziehung Rechenschaft zu geben. Bewegung, und das gilt übertragen auch für Beziehung, ist vor allem von den Aporien von Raum und Zeit geprägt. Denn Bewegung und Beziehung sind durch Zeitformen bestimmt. Damit ist das Problem mitgegeben, wie über Bewegung und Beziehung zu sprechen, d. h. nicht „über“ Bewegung und Beziehung zu sprechen, sondern Bewegung und Beziehung zur Sprache zu bringen sind. Dazu war es notwendig, sich der Aporie von Zeit und Raum zuzuwenden, die vor allem eine Aporie der Zeitlichkeit ist, da diese die Bewegung als Bewegung ausmacht. Damit ist die Aporie der Räumlichkeit keinesfalls gelöst, wenn auch die abendländische Philosophie immer wieder versucht hat, die Anschauung des Raumes auf die der Zeit zurückzuführen (Kant, Heidegger). Waldenfels hält deutlich an der nicht möglichen Reduktion des einen auf das andere fest. Wir sind auf die Aporie der Räumlichkeit eigens eingegangen (s. 2.3).

Die Betrachtung von Zeit und Zeitlichkeit kam zu dem Ergebnis, dass es keine eindimensionale Zeit und Zeitlichkeit gibt, sondern eine Reihe unterschiedlicher Zeitformen. Eine klassische Betrachtung der Großformen der Zeit mit Paul Ricoeur führ-

[117] Für das Thema „Raum und Religion“ s. das Sondereditorial von *Magazin für Theologie und Ästhetik,* Heft 42: Raum und Religion, 8 (2006); für das Thema „Raum und Kirche“ s. Dominik Bertrand-Pfaff, Heiliger Raum in profaner Zeit, in: ebd.

te zu dem Ergebnis, dass die lineare kosmische Zeitvorstellung des Aristoteles, die Wissenschaften, Philosophie und Metaphysik weithin prägte und prägt, von der dimensionierten psychologischen Zeit des Augustinus und ähnlicher Vorstellungen konterkariert wird. Die Auseinandersetzung darüber beherrschte die Philosophie von Aristoteles über Kant bis Heidegger. Das Ergebnis dieser Diskussion brachte kein eindeutiges Ergebnis, da eine Brücke von der kosmischen Zeit zur dimensionierten Zeit nicht erkennbar war, aber auch nicht von der psychologischen zur kosmischen.

Eine Erkenntnis allerdings brachten die Studien von Ricoeur: die lineare Zeit ist kosmischer Art; sie ist zuerst nicht menschlich. Sie muss menschlich angeeignet werden. Es gilt das Wort Ricoeurs: „Die Zeit wird in dem Maße zur menschlichen, wie sie narrativ artikuliert wird" (TR I, 17 / ZE I, 13). Das ist der Fund Ricoeurs. Natürlich konnte sich auch Aristoteles nicht mit der kosmischen Zeitlichkeit begnügen, um menschliches Leben zu beschreiben. Er tat es in der Weise der Fabel und der Erzählung, ohne auf deren innere Zeitform zu reflektieren. Darin sieht Ricoeur eine Brücke von Aristoteles zu Augustinus. Das heißt aber mit anderen Worten: Zeit, gerade kosmische Zeit, kann und muss, um menschliche Zeit zu werden, zwar berücksichtigt, aber umgewandelt werden; sie muss „erzählt" werden, um menschliche Zeit wiederzugeben. Zeit und Zeitlichkeit erscheinen so nicht eindimensional, sondern mehrdimensional. Aristotelisches und Augustinisches Zeitverständnis sind dafür die bekanntesten Paradigmen.

Zeit muss also erzählt werden, um menschliche Zeit zur Sprache und zum Ausdruck zu bringen. Das ist die Einsicht und der Beginn der weiteren Bemühungen Ricoeurs. Wie geschieht Erzählung? Wie geht Zeit in die Erzählung ein und wird darin zur menschlichen Zeit? Ein zentraler Teil des hermeneutischen Hauptwerkes *Zeit und Erzählung* gilt der Einführung der dreifachen Mimesis. Mimesis meint bereits bei Aristoteles die sprachliche Nachbildung des Lebens in der Erzählung. Ricoeur unterscheidet eine 1. Mimesis der „Präfiguration", das ist die symbolisch strukturierte Lebenswelt, die dem Erzähler vorliegt. Hier liegt die Zeit vor, aber nicht nur als vorhandene, sondern mit den Möglichkeiten der Gestaltung. Dann die 2. Mimesis der „Konfiguration", welche der Erzähler vollzieht, indem er seine Erzählung gestaltet und vorlegt. Der Erzähler nimmt die vorliegende Zeit auf, erforscht die in ihr mitgegebenen Möglichkeiten, wählt aus und gestaltet in der von ihm gewählten zeitlichen Form die Erzählung. Er ist für die erzählte Zeit zuständig. Sodann eine 3. Mimesis der „Refiguration", die der Leser beim Akt des Lesens vollzieht. Das Lesen der Erzählung ist eine neue, nicht zu übergehende Dimension der Erzählung. Mit ihr bringt der Leser seine eigene Zeitlichkeit in das Erzählgeschehen ein (ZE I, 87–136).

Ricoeurs Mimesis-Theorie führt zu der wichtigen Erkenntnis, dass Zeit nicht etwas Eindimensionales ist, sondern von unterschiedlichen Momenten abhängt wie kosmisch vorliegender Zeit (Aristoteles) und erzählter Zeit (Augustinus). Aber die Mimesis III enthält noch einen weiteren wichtigen Hinweis: Auch die Zeit des Lesers geht in die Zeitlichkeit der Erzählung ein. Es ist die Zeit des „Anderen". Der Andere, der Leser, wird durch die Erzählung angesprochen und zur eigenen Antwort aufgefordert. Damit bringt er seine eigene Zeitlichkeit mit ein. Dies ist aber der Anfang einer weiteren Form von Zeitlichkeit, die dem Lesen bzw. dem „Antworten" eigen ist. „Antworten" ist der Ansatz der responsiven Phänomenologie von Bernhard Waldenfels. Mit diesem Ansatz beim „Antworten" ist aber auch eine neue Form der Zeitlichkeit gegeben, wie wir gesehen haben. Es kann von responsiver Zeitlichkeit gesprochen werden.

„Antworten“ steht für das Sagen dem „Anderen“ gegenüber. Antworten ist die Form der Sprache der Beziehung. Der Andere macht den Anfang. Damit ist aber auch eine tiefgehende Veränderung im Sprechen gegeben. Levinas spricht von einer Umkehr der sprachlichen und zeitlichen Ordnung: „Umkehrung der Ordnung: die Offenbarung geschieht durch denjenigen, der sie empfängt, durch das inspirierte Subjekt“ (JS 341). Levinas radikalisiert den Anfang der Philosophie als Anfang beim „Anderen“. Damit führt er zugleich eine neue Zeitlichkeit ein, die für Levinas eine zentrale Dimension seines Werkes ausmacht. Levinas folgt dabei der Weisung Rosenzweigs, dessen Kernaussage Bernhard Casper so zusammenfasst, „dass der Mensch letztlich gar nicht über das Sein verfügt. Sondern dass vielmehr das Sein erst dadurch ist, dass es sich zwischen Menschen zeitigt. Ich bedarf, um wirklich zu sein, des Anderen wie der Zeit“.[118] Diese Erkenntnis ist Ausgangspunkt des Begriffs der Zeitlichkeit bei Levinas, der „Diachronie“. Diachronie bedeutet bei Levinas zuerst die Differenz von dem Selben und dem Anderem. Levinas unterscheidet deshalb zwischen einer „Zeit des Selben“ (Aristoteles, Kant) und einer „Zeit des Anderen“. Die Diachronie ist dann auch letzter Grund der Verzeitlichung von Vergangenheit, Gegenwart und Zukunft.

Levinas fordert nicht die Diktatur eines einzigen Zeitverständnisses. Er spricht von der „consecutio temporis“. Es bleibt die Frage, wie sich natürlich kosmische, subjektiv menschliche und religiöses Zeitverständnis verhalten. Als Antwort möchte ich auf eine Geschichte hinweisen, die Stéphane Mosès in einem Aufsatz zu Franz Rosenzweig erzählt hat und die auf ähnliche Weise für alle Zeitverständnisse bis Hemmerle gelten dürfte. Er bezieht sich dabei auf Samuel Becketts Warten auf Godot: „Dort kommen nämlich beide Zeiterfahrungen parallel und gleichzeitig zum Ausdruck [die natürliche und die messianisch religiöse – KK]: die beiden Landstreicher, die dort auf Godot warten, warten einerseits hoffnungslos, denn er kommt nie. Sie warten und warten [...] und Godot kommt nicht. Aber andererseits bedeutet ihr Warten auch, dass sie dennoch hoffen, dass er schon im nächsten Augenblick kommen wird. In der Spannung, die dort zum Ausdruck kommt, finden wir eine genaue Phänomenologie des Wartens“.[119]

Es gilt, in mehreren Zeiten zu denken. Dies gilt für das Zeitverständnis überhaupt, das kein monolineares ist. Hemmerle hat auf die verschiedenen Zeitverständnisse, ihre Richtungen und Bewegungsgestalten hingewiesen. Es hat sich gezeigt, dass solche unterschiedlichen Zeitverständnisse auch grundsätzliche Folgen für deren sprachliche Ausdrucksformen haben. Zwei fundamentale Sprachgestalten haben sich bereits gezeigt: „Erzählen“ und „Antworten“. Sie sind nicht einfach auf die Form präpositio-

---

[118] Casper, Dialogisches Denken, a. a. O., 363; Casper, in: Noor, Ashraf; Wohlmuth, Josef (Hg.) (2002), ‚Jüdisch‘ und ‚christliche‘ Sprachfigurationen im 20. Jahrhundert, Paderborn, 115.

[119] Mosès, Stéphane (1987), Von der Zeit zur Ewigkeit. Erlösung – eine problematische Kategorie bei Franz Rosenzweig, in: Gotthard Fuchs, Hans Hermann Henrix (Hg.), Zeitgewinn. Messianisches Denken nach Franz Rosenzweig, Frankfurt a.M., 154.

naler, zweiwertiger Sätze zu bringen. Es wird eine Aufgabe auch des Folgenden sein, den unterschiedlichen Zeitlichkeiten entsprechend die Sprache zu betrachten und weitere Sprachgestalten zu erheben. Dies hat erhebliche Bedeutung für die Sprache der Theologie und die Glaubenssprache. Es ist der Versuch zu unternehmen, einmal Theologie mit ihren Themen ohne dominante metaphysische, von der Substanz beherrschte Sprache zu formulieren.

3 Heinrich Rombach – Strukturontologie

Heinrich Rombach beginnt sein Buch *Strukturontologie* mit einer Betrachtung des „Weges“. „Wenn es darauf ankommt, in eine noch unbekannte Sache einzuführen, muss einiges über den Weg gesagt werden, der gegangen werden soll. Für einen Vorblick auf das Phänomen Weg gibt uns die Philosophie allerdings wenig Hilfen. Sie denkt den Weg vom Ziel her und bestimmt das Ziel als das Worum willen (οὗ ἕνεκα). Das Ziel ist ‚früher‘ als der Weg und selbständig gegenüber diesem. Eigentlich sollte man immer schon am Ziel sein. [...] Ein anders geartetes Denken, das dadurch charakterisiert ist, dass es aus der Erfahrung des Weges kommt, artikuliert sich im Tao. [...] Für dieses Buch und das darin niedergelegte Denken ist *Tao* ein Grundwort, und zwar ein Grundwort derselben Art wie *Logos* im Abendland. [...] Die Erfahrung des Weges führt auf ‚Wesen‘ eigener Art, auf *Struktur.* Der Weg scheint dabei die Erfahrungsweise der Struktur, die Struktur die Wirklichkeitsform des Weges zu sein. Eine Struktur kann nur auf einem Weg erfahren werden, im Übergang von einem zum andern. Nicht so der *Logos;* der Logos nennt eine Erfahrungsweise, die ‚über‘ den Dingen steht. [...] Die Weg-Erfahrung geht in der Struktur mit. Sie hat das Ganze weder als ‚Ganzes‘ noch als ‚Einzelheit‘, sondern nur im Wechsel der Einzelheiten. Die Schlüssigkeit des Zusammenhangs und dessen weittragende Konsequenz, die bis in das Höchste hinauf und Alltäglichste hinunter führt, erfährt man nur im Mitgehen der Wege, die die Einzelmomente miteinander verbinden, so dass man nur im ‚Ankommen‘ bei etwas dieses Etwas ‚sieht‘“ (StO 9–11).

Rombach bemerkt gleich, dass über das Thema des Weges in der Philosophie wenig zu erfahren sei, da die Philosophie gewöhnlich nicht vom Weg her denkt, sondern vom Ziel her, dem Worumwillen. Deshalb verweist er auf ein anderes Denken, in dem der Weg („Tao“) das Grundwort ist. Allerdings haben die Missionare in China „Tao“ (Weg) mit dem griechischen „Logos“ (Vernunft) übersetzt, da beide Worte in den jeweiligen Philosophien eine ähnlich zentrale Bedeutung haben. Doch gibt dies Rombach die Möglichkeit, die grundsätzlichen Unterschiede von „Tao“ und „Logos“, und damit die grundsätzliche Verschiedenheit von westlichem und östlichem Denken, zu formulieren: „Logos geht auf Sein, Tao auf Nichts, Logos auf Wissen, Tao auf Nichtwissen, Logos auf Wille, Tao auf Nichttun“ (StO 9).

Phänomenologie ist für Rombach „[...] eine Bewegung, kein System. [...] Phänomenologie folgt nicht einem Begriff, aber einem Weg“.[120] Phänomenologie ist für Rombach Be-wegung, ihre Gangart ist der Weg. „Strukturontologie ist Ontologie der Bewegung, die eine Antwort auf die Frage nach dem Wie der Wirklichkeit bereithält, [...] Lebendigkeit [...] denkt“ (StO 299).[121]

---

[120] Rombach, Heinrich (1975), Phänomenologie heute, in: Phänomenologie heute. Grundlagen- und Methodenprobleme (Phänomenologische Forschungen 1), Freiburg, 11–30, hier 30. Vgl. auch H. Rombach, Das Tao der Phänomenologie (Welt 51–70).

[121] Zu Rombach: Lorenz, Dominik (2007), Phänomenologie der Liebe als Phänomenologie der Freiheit. Ein Vergleich der trinitätstheologischen Denkmodelle Gisbert Greshakes und Alexander Ganoczys aus strukturphänomenologischer Perspektive (Kommunikative Theologie – interdisziplinär 8), Berlin, 98–117, 356–366; ders., Das Phänomenologieverständnis Heinrich Rombachs, in: Bausenhart, Phänomenologie, a. a. O., 127–150; Kienzler, Klaus

3.1 Phänomenologie von Husserl zu Rombach

Heinrich Rombach steht in der Tradition der Freiburger Phänomenologie und damit in der Tradition der Grundsätze, die von Edmund Husserl und Martin Heidegger formuliert worden sind. Das Buch *Strukturontologie* enthält beides, die „Methode" der Phänomenologie („Strukturphänomenologie") und die „Sache" der Phänomenologie („Strukturontologie").

Was Phänomenologie ist, sei in einem kurzen Artikel aus dem *Philosophischen Lexikon* von Alois Halder vorgestellt:

„Der Begründer der modernen Phänomenologie ist E. Husserl. Die phänomenologische Methode klammert jede Vormeinung und Vorentscheidung über den Erkenntnisgegenstand aus, auch darüber, ob er und die Welt im ganzen unabhängig von meinem Bewusstsein wirklich seien (Epoche als erster Schritt der *phänomenologischen Reduktion*), um ‚zu den Sachen selbst', wie sie sich im Bewusstsein zeigen, vorzudringen.

Dieser ersten Freilegung folgt die *eidetische Reduktion,* die das in veränderlichen Erscheinungen sich identisch durchhaltende Wesen als das eigentliche Phänomen im phänomenologischen Sinn sich zeigen lassen und erfahren will (Wesensschau). Dieses selbst ist das noematische Korrelat jeweils zu einem noetischen, nämlich den konstituierenden Akten des intentionalen [...] Bewusstseins.

Durch die *transzendentale Reduktion* erfolgt schließlich die Wendung zum Bewusstsein selbst als dem ursprünglichen und universalen Boden jeder Sinn- und Seinsgeltung. Die Konstitutionsleistungen des Bewusstseins erweisen sich damit als Formen des von Husserl so genannten absoluten Bewusstseinslebens, des weltvorgängigen absoluten ‚Ego' (Ich), in dem alles Verhalten zu Weltlich-Gegenständlichem gründet. Damit versteht sich diese Ph. als Vollendung der mit Descartes nur begonnenen, in der Folge durch die wissenschaftliche Objektinteressiertheit unterbliebene Besinnung des Subjekts auf sich selbst" (kursiv – KK).[122]

Die klassische Phänomenologie ist so vor allem durch den Weg „zu den Sachen selbst" charakterisiert. Es ist der Weg der „Reduktion": phänomenologische Reduktion auf die Sachen selbst, eidetische Reduktion auf die Form des Bewusstseins, das durch „Intentionalität", das Korrelat von Noesis und Noema, gekennzeichnet ist.

(2013), Strukturtheologie – von Heinrich Rombach zu Klaus Hemmerle, in: Bausenhart, Phänomenologie, a. a. O., 248–265; Böhnke, Einheit, 114–118; Negel, Joachim (2015), Projektion als Inspiration. Versuch einer phänomenologischen Reformulierung des Offenbarungsbegriffs, Freiburg; Salmann, Elmar (1986), Die Freiheit als Welt und die Welt als Gefüge. Zur theologischen Bedeutung der Strukturontologie Heinrich Rombachs, in: FZPhTh 33 (1986) 153–179 (zur Trinitätstheologie ebd. 169–173). Stenger, Georg; Röhrig, Margarete (Hg.) (1995), Philosophie der Struktur – „Fahrzeug" der Zukunft?, Freiburg; Blaschek-Hahn, Helga; Sepp, Hans Rainer (Hg.) (2010), „Mein Weg ist nicht mein Weg". Einführung in Heinrich Rombachs Phänomenologie des Konkreativen; Blaschek-Hahn, Helga (Hg.) (2010), Heinrich Rombach. Strukturontologie – Bildphilosophie – Hermetik, Würzburg; Dümpelmann, Leo; Hüntelmann, Raffael (1991), Sein und Struktur. Eine Auseinandersetzung der Phänomenologie Heideggers und Rombach, Pfaffenweiler.

[122] Halder, Alois (2000), Phänomenologie, in: Philosophisches Wörterbuch, Freiburg, 246.

Ziel der Phänomenologie ist die „Konstitution", der Aufbau der Gegenständlichkeit des Wissens und Erkennens nach gelungener Reduktion.

Um Heinrich Rombach vorzustellen wird man am besten auf seine kurze Selbstdarstellung, eine Art Autobiographie, zurückgreifen. Rombach ordnet sich selbst in die Bewegung der Freiburger Phänomenologie ein: „Ich weiß mich der ‚Freiburger Schule' verbunden, die vor allem durch den Zusammenhang von Husserl und Heidegger bestimmt ist. Diesen Zusammenhang kann man ‚Phänomenologie' nennen, obwohl dabei jeweils anders von Phänomen gesprochen wird. Bei Husserl finden wir die Grundeinsicht, dass alles Erkennen, Verstehen und Handeln innerhalb des großen Zusammenhangs des ‚Bewusstseins' steht und dieses in einer ‚transzendentalen Grundstruktur' begründet ist. Die Phänomenologie ist hier die Analyse dieser bleibenden und einheitlichen Grundstruktur.

Bei Heidegger finden wir die Erkenntnis, dass die Struktur des Bewusstseins in der fundamentaleren Struktur des ‚Daseins' begründet ist. Phänomenologie ist hier ‚Daseinsanalytik', zu der die Untersuchung des ‚Verstehens' und des in diesem Verstehen explizierten ‚Seins' gehört. Der ‚späte' Heidegger vollzieht die bekannte ‚Kehre', wonach nicht mehr das Sein im Dasein, sondern das Dasein im Sein begründet gesehen wird. Das Sein selbst schickt dem Dasein jeweils eine geschichtliche Offenbarkeit zu, die sich in ‚Grundworten' auslegt und jeweils epochal eine ‚Wahrheit des Seins' ausmacht.

Mit meiner eigenen Phänomenologie versuche ich diesen Gedanken aufzunehmen, ihn aber dadurch zu erweitern, dass ich die ‚Offenbarkeit des Seins' nicht nur im Verstehen des Menschen, sondern in jeder Wirklichkeitsform des Seienden sehe. Auch Pflanzen, Tiere, Wirklichkeitszusammenhänge überhaupt sind je eine Selbst-Interpretation des Seins, die sich in verflochtenen Grundzügen, in ‚Grundstrukturen' oder ‚Grundphänomenen' auslegt. Alles Sein, nicht nur der Mensch, ist ‚auslegend'; alles besteht in Strukturen, die je eine bestimmte Seinsweise, ein bestimmtes Dartun von Sein realisieren. Meine ‚Strukturphänomenologie' geht dahin, die Grundphänomene, die das Menschsein tragen, als elementarer denn ‚Dasein' und ‚Sein' anzusehen. Die Grundphänomene haben ein eigenes, über das menschliche Dasein hinausgreifendes Leben und liegen als ‚Tiefenphänomene' allem menschlichen und geschichtlichen Leben zugrunde. Die ‚Phänomenologie der Tiefenstrukturen' habe ich in ‚Phänomenologie des gegenwärtigen Bewusstseins' (1980) dargestellt. Das ‚Gegenwärtige' dieses Bewusstseins besteht dabei in der langsam steigenden Erkenntnis des Eigenlebens der Tiefenstrukturen" (Autobiographie 1).

Für Heinrich Rombach sind die entscheidenden Schritte der Phänomenologie offensichtlich „Reduktion" und „Konstitution". Er verfolgt die Methode der Reduktion von Husserl zu Heidegger und schließlich zu sich. Bei Husserl hat die Reduktion zur transzendentalen Reduktion geführt, die im umfassenden, alles begründenden transzendentalen „Bewusstsein" gründete. Heidegger lernt zunächst die Phänomenologie in dieser Form von Husserl kennen, setzt sich dann aber kritisch damit auseinander. Es ist vor allem die Reduktion, die er gegen Husserl ins Feld führt. Friedrich von Herrmann hat auf ein schönes Zeugnis hingewiesen. Im WS 1920/21 hielt Heidegger in Freiburg eine Vorlesung, die zuerst den Titel hatte: *Phänomenologie des religiösen Bewußtseins.* Heidegger streicht im Manuskript dick das Wort „Bewußtseins" durch und ersetzt es durch „Leben", so dass der heutige Titel *Phänomenologie des religiösen Lebens* ist.[123] Und in der Tat wird nun „Leben" das Grundwort der Philosophie Heideggers für eine gewisse Zeit: „die Philosophie [entspringt] der faktischen Lebenserfahrung [...]. Der Begriff der faktischen Lebenserfahrung ist fundamental" (GA 60, 8). Der Rückgang auf das Leben ist auch entscheidend für die (christliche) Religion: „Die echte Religionsphilosophie entspringt nicht vorgefassten Begriffen von Philosophie und Religion. Sondern aus einer bestimmten Religiosität – für uns der christlichen – ergibt sich die Möglichkeit ihrer philosophischen Erfassung" (GA 60, 124) .

In *Sein und Zeit* wird der allgemeine Begriff des Lebens durch den besonderen des menschlichen Daseins ersetzt werden. Beiden Weisen ist die Grundstruktur der Bewegung gemeinsam: „Es ist verständlich zu machen, [...] in welcher Bedeutung das Dasein (Leben) so etwas wie Bewegtheit ist, Bewegtheit ein Wie der Zeitlichkeit, der Faktizität" (GA 63, 65). Die Analyse der faktischen Lebenserfahrung wird so zur Daseinsanalytik. Die Daseinsanalytik ist nun die Form der Reduktion. Dabei fällt der Hinweis auf die Bewegung und die Bewegtheit des Daseins auf.[124]

Rombach möchte diese Phase der Phänomenologie bei Heidegger weiterführen, gerade weil Heidegger diese fundamentale Bewegtheit wieder aufgibt, indem er in der Daseinsanalytik eine unveränderliche und statische Grundstruktur des Daseins erreicht. Für Rombach ist das keine letzte Beschreibung des Daseins und des Lebens, sondern für ihn ist Dasein und Leben vielgestaltig. Rombach sucht dieser Vielgestaltigkeit durch das Aufzeigen von „Grundphänomenen" und „Grundstrukturen" gerecht zu werden. Das Ziel der Strukturontologie erreicht Rombach erst, wenn diese Grundphänomene in den Blick gekommen sind, die analytische Strukturphänomenologie, und die Konstitution der Strukturen, d. i. die Strukturgenese, begonnen werden kann.

Rombach hat versucht, die Konturen heutiger Philosophie in der Geistesgeschichte der Welt und des Abendlandes zu erkunden. In seiner Selbstdarstellung kommt er darauf zu sprechen. Er spricht in diesem Zusammenhang von einer Grundphilosophie, die sich aber veränderte hat: „Völker und Epochen haben jeweils eine ‚Grundphilosophie', die sich primär nicht in Worten und Begriffen auslegt, sondern zuerst in konkreativen Lebensweisen und kulturellen Grundstrukturen expliziert. Einer ‚Geschichte der Philosophie', also einer Beschreibung der aufeinander folgenden verbalen und terminologischen Systeme, geht eine ‚Geschichte der Grundphilosophie' voraus, die noch nicht thematisiert und gehoben worden ist. In *Gegenwart der Philosophie* (1962, 1988) zeige ich die Grundphilosophien der Antike und des Mittelalters, sodann die spezielleren, differenzierteren und kritischeren Grundphilosophien der Neuzeit auf" (s. Auto 4).

Einen besonderen und langzeitigen Schwerpunkt bildete die Erforschung der Wissenschaftsgeschichte im Übergang von der alten Welt zur Neuzeit. Besonderes Interesse fanden dabei die Naturwissenschaften, in denen sich das neue Wissenschaftsideal des Funktionalismus herausbildete, eine Vorform der Strukturtheorie. Die Untersuchungen sind in das zweibändige Standardwerk von *Substanz System Struktur* einge-

---

[123] GA 60, 345.

[124] Vgl. Lorenz, Phänomenologieverständnis, a. a. O., 140–143.

gangen. Die Naturwissenschaften waren Vorreiter, sie wurden das Ideal der Wissenschaften überhaupt bis hin zur Philosophie. Der Titel des Werkes gibt zum einen die Grundformen der Wissenschaftsgeschichte, aber auch der Philosophie im Verständnis Rombachs wieder, zum anderen auch die Entwicklung von der *Substanz-* zur *System-* und schließlich zur *Struktur*-Philosophie. „Die Konzeption der Strukturontologie ist nicht allein meine Erfindung. Sie steht im Zusammenhang einer lang hinlaufenden Entwicklung, die zumindest bis ins Hochmittelalter zurückreicht. Diese Entwicklung habe ich in *Substanz System Struktur. Die Ontologie des Funktionalismus und der philosophische Hintergrund der modernen Wissenschaft* (2 Bände, 1965/1966, 1986) dargestellt.

Die Konzeption des ‚Systems' löst zu Beginn der Neuzeit die der ‚Substanz' ab; zwischen beiden erscheint für kurze Zeit die Konzeption der ‚Struktur', die dann aber wieder verloren geht und nach einem Zwischenspiel im deutschen Idealismus erst wieder mit Nietzsche und Heidegger hervordrängt. Das Systemdenken beherrscht die Neuzeit, so wie das Substanzdenken die Antike und das Mittelalter beherrschte.

Gegenwärtig stehen wir im Umbruch vom Systemdenken zum Strukturdenken. Die Strukturontologie entstammt einer alternativen Denktradition, die in der deutschen Mystik ihre Wurzeln, bei Nikolaus Cusanus ihr erstes Erscheinen und in der Phänomenologie ihre methodische Möglichkeit hat. *Substanz System Struktur* zeigt diese ‚apokryphe Tradition'. Damit zeigt sie zugleich die Grenzen der neuzeitlichen Wissenschaft, die von dem ihr zugrundeliegenden Systemgedanken zugleich ermöglicht und begrenzt wird. Diese Grenzen gilt es jetzt zu überschreiten. Damit wird die Wissenschaft nicht aufgegeben, sondern erst richtig gefunden" (Auto 4).

Rombach unterscheidet so die drei großen Phasen der *Substanz-*, *System-* und *Struktur*-Philosophie. Sie bezeichnen die großen Denkrichtungen in den Wissenschaften, auf besondere Weise aber in der Philosophie. Nicht anders wird man von der der *Substanz-*, *System-* und *Struktur*-Theologie reden können, wie wir es im Folgenden tun.

Den Kern der *Substanz*philosophie kann man mit Bernhard Russel folgendermaßen wiedergeben: „Bei dem Begriff ‚Substanz' wird wie bei dem des ‚Wesens' etwas in die Metaphysik übertragen, was nur eine sprachliche Vereinfachung ist; ein metaphysischer Irrtum, der dadurch entsteht, dass die Struktur von Subjekt-Prädikat-Sätzen auf die Struktur der Welt [und – schlimmer noch – induziert auf die ‚Überwelt'] übertragen wird".[125]

Ähnlich Ute Guzzoni: „Die für die abendländische Einstellung zur Welt allgemein charakteristische Haltung ist die des Identifizierenwollens. Identität setzen zu wollen, heißt, Gleichheit zwischen sich und dem jeweils Anderen herstellen zu wollen. Es heißt, das Andere zwar zunächst als schlechthin Andersartiges zu sehen, als Grenze, als potentiell Unverstehbares und als etwas, das von sich aus etwas Befremdliches zu sagen, aufzuzwingen oder zu verweigern haben könnte, es aber nicht als solches stehen zu lassen".[126]

[125] Bertrand Russell, Die Philosophie des Abendlandes. Logik des Aristoteles, Wien 1988.
[126] Guzzoni, Ute (1981), Identität oder nicht. Zur Kritischen Theorie der Ontologie, Freiburg i. Br., 51–52.

Die *System*philosophie wird bei Rombach so eingeführt: „Ontologiegeschichtlich ist das System die Mischform zwischen Substanz und Struktur. Wird die Strukturverfassung angezielt, aber mit Substanzkategorien gefasst, so entsteht ein System; und dies in Theorie und Praxis. Früher aber als das organismische Grundbild, und besser als dieses, diente die Selbsterfahrung der Kunst zur Modellierung der Strukturverfassung“ (Welt 135–136).[127]

Die *Struktur*philosophie oder besser -phänomenologie ist für Rombach „eine Bewegung, kein System. [...] Phänomenologie folgt nicht einem Begriff, aber einem Weg.“ Sie folgt Bewegungen (StO 12–15, StA 76–80); ihr Ziel ist die Darstellung der „Ontologie der Bewegung“ (StO 19, 15–19).[128]

3.2 Strukturphänomenologie

Im Folgenden kann die Philosophie Rombachs nicht in Gänze behandelt werden, sondern nur die Strukturphänomenologie in Grundsätzen nach der *Strukturontologie* vorgestellt werden. Die *Strukturontologie* wurde für Klaus Hemmerle das Buch Rombachs, das ihn zur eigenen erneuerten Phänomenologie anregte.

3.2.1 Methode der Differentialanalyse – Korrekturgeschehen

Heinrich Rombach beginnt die Strukturontologie: „Was wird zuerst auf den Strukturontologen warten?“ „Er [...] versucht es mit der Korrekturmethode“ (StO 81). Korrektur meint Kehre, Wende, Umkehr. Korrekturmethode ist ein anderer Begriff des sonst gebrauchten Begriffs der „Differentialanalyse und -interpretation“. Damit ist der erneuerte Begriff der phänomenologischen „Reduktion“ gemeint. „Der Strukturkritik geht es vor allem um die Spurabweichungen. Sie versteht sich als Differentialanalyse, für die die Abweichungen keine ‚Fehler‘, sondern die besten, heute vielleicht einzigen Anzeichen auf den genetischen Kern sind [...] Geisteswissenschaften werden nur als Differentialinterpretationen menschlich und gesellschaftlich effektiv“ (StO 144). Phänomenologie arbeitet mit der Methode der Analyse von Differenzen und interpretiert diese. Differentialinterpretation bzw. -analyse meint die Methode der Phänomenologie. „Es geht im Folgenden nicht um Husserl- oder Heidegger-Philologie, sondern um den phänomenologischen Gedanken selbst. Wir nennen diese Methode ‚Differentialinterpretation‘, weil es auf die Differenz zwischen der sich selbst ernötigenden Position und der von dem betreffenden Denker entwickelten und niedergeschriebenen Position geht. Das ‚zu Denkende‘ erschließt sich erst, wenn wir uns mitten in diese Differenz bringen“ (Welt 51).[129]

---

[127] S. auch StA 38–71.

[128] Rombach, Phänomenologie heute, a. a. O., 11–30, 30. Vgl. auch Rombach, Tao (Welt 51–70).

[129] Vgl. Lorenz, Phänomenologieverständnis, a. a. O., 129.

Zur Beschreibung der Methode der Differential-Analyse und -Interpretation in der Phänomenologie sei auf Bernhard Waldenfels zurückgegriffen. Er hat vor allem die Weisen der Differentialanalysen in der Philosophie, der Kunst und den Wissenschaften herausgearbeitet. Er hat in seiner *Einführung in die Phänomenologie,* in *Grenzen der Normalisierung* (GN 19–68) und in *Topographie des Fremden*[130] u. a. ausführlich die Differenzen, die innerhalb der Phänomenologie aufbrechen, aufgezeigt und auf die daraus folgende Methode hingewiesen.

Bernhard Waldenfels umschreibt die Phänomenologie folgendermaßen: „(1) Phänomenologie *beschreibt* leitende Gesichtspunkte unserer *Erfahrung,* (2) indem sie selbst einen Gesichtspunkt *einnimmt* und (3) schließlich in ‚Rückbeziehung der Phänomenologie auf sich selbst' (Husserl Hua, Bd.I, S.178, Bd. III, § 65) die phänomenologische Praxis selbst noch einmal einer *kritischen Deutung* unterwirft" (GN 20).[131] Es sei auf die Nähe dieser Beschreibung mit den früheren Ausführungen zur Phänomenologie oben hingewiesen (1.1).

Waldenfels deutet durch das kursive Schreiben eine dreifache Aufgabe der Phänomenologie an: Zuerst geht Phänomenologie von unserer *Erfahrung* aus, die sie *beschreibt.* Die Erfahrungen können durch unterschiedliche Gesichtspunkte beschrieben werden, wobei die phänomenologische Arbeit *einen Gesichtspunkt* einnimmt und ausführt (‚Differentialanalyse'). Schließlich unterwirft die Phänomenologie ihre Arbeit einer *kritischen Deutung* (‚Differentialinterpretation'). Anschaulich gemacht werden kann dieses Vorgehen am Korrekturgeschehen, wie es bei Rombach eingeführt wurde.

(1) Phänomenologie geht von *Erfahrung* aus. Unter Erfahrung ist phänomenologisch zu verstehen, dass sich *‚etwas als etwas'* zeigt, was Husserl Intentionalität nennt. Die Phänomenologie befasst sich nicht direkt mit dem, was sich zeigt, sondern als wie oder ‚als was' es sich zeigt. Z. B. erfährt ein Waldarbeiter oder ein Naturliebhaber einen Baum sehr unterschiedlich. Das bedeutet, dass alles, was sich zeigt, ‚als' etwas gemeint, gegeben, verstanden, gedeutet oder behandelt wird. Das Schlagwort der Phänomenologie „Zu den Sachen selbst" kann leicht missverstanden werden. Die Sachen zeigen sich nicht direkt, sondern indirekt, indem sie sich über eine dritte Dimension oder leitende Gesichtspunkte eröffnen. Der leitende Gesichtspunkt des Naturliebhabers ist die Schönheit der Natur, die des Holzarbeiters die Pflege des Waldes. Die Sachen, das *Was,* zeigen sich je nach der Zugangsart, das *Wie.*

Waldenfels spricht von dieser Unterscheidung des *Was* und *Wie* als *„signifikativer Differenz".* „Als Theorie der Erfahrung befasst Phänomenologie sich nicht direkt, sondern indirekt mit dem, was sich zeigt, indem sie es so nimmt, *wie* oder als *was* es sich zeigt. Der Rückgang zu den Sachen selbst führt stets über eine dritte Dimension oder Instanz, die den Zugang eröffnet. So wird bereits in der *V. Logischen Untersuchung* (§ 17) [bei Husserl – KK] unterschieden zwischen dem ‚Gegenstand, welcher intendiert ist', und dem ‚Gegenstand, wie er intendiert ist' und das viel zitierte ‚Prinzip aller Prinzipien', das Husserl in den *Ideen I* aufstellt, gebietet, dass ‚alles, was sich uns in der Intuition originär (sozusagen in seiner leibhaftigen Gegenwart) darbie-

[130] Waldenfels, Topographie, a. a. O., 16–53.
[131] Vgl. Feiter, Handeln, a. a. O., 62–79.

tet, einfach hinzunehmen sei, *als was* es sich gibt, aber auch nur *in den Schranken, in denen* es sich gibt'. Heidegger schließt sich dem auf seine Weise an, wenn er in den methodischen Vorerwägungen von Sein und Zeit der Phänomenologie die Aufgabe zuweist, ‚das, was sich zeigt, so wie es sich von ihm selbst her zeigt, von ihm selbst her sehen zu lassen'" (GN 21–22).

(2) „Die Gesichtspunkte, unter denen etwas erscheint, stellen sich ihrerseits als *Differenzen* dar, abgehoben von anderen *Gesichtspunkten.* [...] Etwas tritt hier auf und nicht dort, heute und nicht gestern, nachher und nicht gleichzeitig, drinnen und nicht draußen, als dieses und nicht als jenes, als etwas und nicht als jemand, als Ich und nicht als Du, als Eigenes und nicht als Fremdes, als solches und nicht als solches usf. Die Einnahme des Gesichtspunktes geschieht *okkasionell,* von Fall zu Fall im jeweiligen Ereignis, das Ordnungen verwirklicht oder verändert und somit kein bloßes Ereignis unter anderen ist. Um das eigentümliche Privileg zum Ausdruck zu bringen, das dem Hier und Jetzt zukommt, spricht Husserl wiederholt von einem ‚Nullpunkt' (vgl. Hua, Bd.IV, S.158). Die Stelle, von der aus sich ein Bezugsfeld entfaltet, ist keine gewöhnliche Stelle im System. Karl Bühler hat diesen Gedanken sprachtheoretisch umgesetzt in der Konzeption eines ‚Zeigefeldes', das sich als ‚Hier-jetzt-ich-System der subjektiven Orientierung' darstellt" (GN 22).

Die „Formel ‚etwas als etwas' [die signifikative Differenz – KK], von der ich behaupten würde, dass sie gewissermaßen das methodische Nadelöhr der Phänomenologie darstellt" ist so etwas wie die Grundformel der Phänomenologie. Sie formuliert eine *„Grunddifferenz"* (GN 24), die in weiteren Differenzen gründet und nach Waldenfels weitere eröffnet: „Diese Differenz tritt in verschiedenen *historischen Differenzen* zutage, als *ontologische Differenz* des τὸ ὂν ᾗ ὂν bei Aristoteles, als die *transzendentale Differenz* zwischen Gegenstand und ‚Erkenntnisart' von Gegenständen bei Kant oder als hermeneutisches ‚Als' und als *ontologische Differenz* zwischen Sein und Seiendem bei Heidegger" (GN 49–50).

Waldenfels hat darauf hingewiesen, dass der Ursprung der Philosophie überhaupt, das „Staunen", das Aufgehen einer Differenz, der „Grunddifferenz" von Sein und Seiendem ist. Für jedes Sehen und Denken ist das Auftreten von Differenzen entscheidend. Dies gilt für jede (Natur)Wissenschaft, umso mehr für die Geisteswissenschaften und ihre Sachbereiche, die nicht ohne weiteres aus der klassischen Logik abgeleitet werden können. Bei Levinas entspricht die Dia-Chronie dem „Grundriss" von Zeit und Sprechen (ZA 70).

Die *Grunddifferenz* durchzieht die Grundoperationen der Phänomenologie, die Reduktionen, nämlich die der „phänomenologischen", „eidetischen" und „transzendentalen Reduktion". Dazu seien nur die wichtigsten Unterscheidungen genannt. Die methodischen Reduktionen der Phänomenologie gehen nach Waldenfels zurück auf eine Ausfaltung der Grunddifferenz. Sie werden zur *„eidetische Differenz"* und *„transzendentalen Differenz"*. „Dabei antwortet die *eidetische* Reduktion auf die Frage, wie das ‚als etwas' zu denken ist, während die *transzendentale* Reduktion erklärt, wie sich die Differenz von ‚etwas' und ‚als etwas', von Was und Wie ihrerseits denken lässt [...]. Transzendentale Phänomenologie geht damit über in eine genetische Phänomenologie" (GN 29–32). D. h. mit dem genetischen Charakter ist der notwendige Zeitfaktor der Phänomenologie angesprochen. Bei der Berücksichtigung der „Verzeitlichung" des Verfahrens (GN 36) können die phänomenologischen Differenzen von Was und Wie nach Waldenfels aber derart groß werden, dass sie nicht mehr mit den genannten Methoden aufgezeigt werden können, sondern nach Husserl der strukturalen Reduktion bedürfen, weil es sich um grundsätzliche *„strukturale Differenzen"* handelt (GN 37). Wird die Verzeitlichung von Anfang an in Betracht genommen, dann gewinnt die *signifikative Differenz* nach Waldenfels die neue Dimension einer *„responsiven Differenz"* (GN 44). Das gibt der Phänomenologie, wie sie Waldenfels vorträgt und auf die wir eingehend zurückkommen müssen, eine neue Ausrichtung.

Die Bedeutung der Differentialanalyse und -interpretation kann an einem anschaulichen Beispiel verdeutlicht werden. Rombach gibt am Beginn der Strukturontologie ein Schema der beschriebenen Methode, des grundlegenden Korrekturgeschehens. Dargestellt ist die Bewegung des Dreiecks A1-B1-C1 nach A2-B2-C2.

Schema „Korrekturgeschehen" (StO 81)

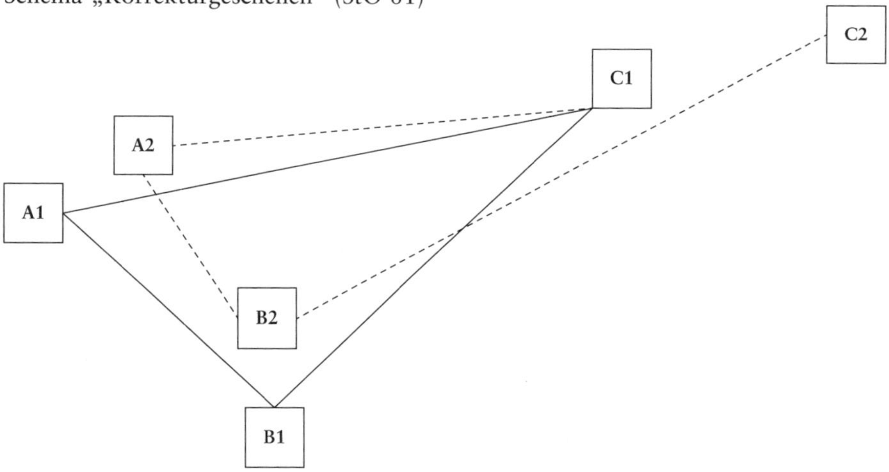

An diesem schematischen Modell können einige Grundsätze der Strukturphänomenologie veranschaulicht werden. Wichtig dabei ist vor allem, dass es kein statisches Modell ist, sondern ein dynamisches, worauf die Bezeichnung Korrekturgeschehen hinweist.

Ausgangspunkt ist eine „Struktur" mit einer gewissen Ordnung und Verfassung. Es geht um das „Ganze" einer Struktur und ihrer „Momente". Es geht nicht um Teile, die zu einem Dreieck montiert sind. Die Struktur konstituiert sich aus den Momenten, die Momente aus der Struktur. Struktur ist durch und durch relationales Geschehen; jedes Moment erhält seine Bestimmung aus jedem anderen Moment, aus der Struktur im Ganzen. Damit ist jedes Moment auf seine Weise das Ganze und das Ganze auf seine Weise die Momente. „Es besteht lückenlose und genaue Identität zwischen einem Moment des Ganzen und dem Ganzen selbst. Dies ist der Grundsatz der Strukturontologie." (StO 34)

Aber dies ist nur eine äußerliche Schematisierung dessen, was Struktur ist. Struktur ist mehr als *„Strukturverfassung"*, sie ist vor allem Strukturgeschehen. Denn es ist ja die Frage, wie es geschieht, dass die Momente korrelieren und sich zu einem Ganzen konstituieren bzw. wie das Ganze sich in seinen Momenten ausbildet. Dies ist ein fortlaufendes Geschehen. Die phänomenologischen Beschreibungen der Strukturontologie müssen übergehen in die Beschreibung der *„Strukturdynamik"*. Struktur ist Bewegung, Leben, Dynamik – ein ständiges Sich-in-Beziehung-Bringen und damit Korrigieren, Mitgehen, Weitergehen. Das obige Schema der Korrektur will diesen Vorgang anschaulich machen. Bewegt sich in der Struktur A1-B1-C1 ein Moment, etwa A2, dann wirkt das gleichzeitig auf das Moment B2, und C2 ist dabei, sich in die neue Struktur einzubringen, da A2 noch nicht mit C2 verbunden ist [s. Schema]. Die Verfassung konstituiert sich aus den sich bewegenden Momenten, so dass sich die gesamte Struktur re-konstituiert.

Aber Struktur meint noch mehr, es meint ein beständiges Werden und Vergehen, *„Strukturgenese"*. Rombach hat paradigmatisch für das Strukturgeschehen ein weiteres Bild angeführt, das obiges Schema eindringlich veranschaulicht: „Verwandlung geschieht auch im ‚Gespräch'. Das Gespräch hat, wenn überhaupt Gespräch, seinen eigenen Verlauf. Es nimmt seine Wendungen und führt die Partner, wohin diese vielleicht nicht wollen. Mögen diese auch mit einer ‚Position' in das Gespräch eingetreten sein, so ‚verwandelt' sich diese doch, und zwar dergestalt, dass die ‚Positionen' aller Teilnehmer über einen Weg konstellieren.

Das setzt freilich voraus, dass jeder ‚offen' ist, d. h. überhaupt die Bereitschaft hat, eine Verwandlung seiner Position zuzulassen und die Verwandlung anderer Positionen zu gewahren. Verwandlung ist nicht Veränderung. Eine veränderte Position hat man später so, wie sie verändert wurde. Eine verwandelte Position kann man nicht aus dem Gespräch mitnehmen. Das Gespräch behält die Positionen ein. Was das in Wahrheit besagt, was man sagte, bleibt allein durch den Weg des Gespräches präzisiert. Außerhalb dieses Zusammenhangs auf bloße ‚Meinungen' gebracht, sind die Positionen wieder tot, sprechen nicht, enthalten keine Wahrheit, was immer auch ihr Inhalt sein mag" (StO 94).

Das Gespräch zeigt geradezu paradigmatisch das Grundgeschehen der Strukturontologie auf: die Beziehentlichkeit aller auf alle, wenn es ein gutes Gespräch ist; das Gespräch als Ganzes, das nur als Ganzes die Wahrheit des Gesprächs enthält; die Bewegtheit des Gespräches, das jede einzelne Position mitbewegt und verändert; schließlich die Wahrheit jeder einzelnen Position, die nicht isoliert werden kann, sondern nur im ganzen Gespräch seine Wahrheit erhält.

Strukturontologisches Denken kann so charakterisiert werden als ein Denken, in welchem „jedes Moment durch die anderen Momente, also alles durch alles – und somit das Ganze durch sich selbst – zu verstehen ist" (PhB 296). Joachim Negel kommentiert die Aussage: „Nicht mehr ein metaphysischer Ordo, eine Gott-Substanz ist der Ausgangspunkt des neuen Denkens, auch nicht das sich selbst und seine Welt entwerfende Subjekt, auch nicht hypostasierte Prinzipien wie des sich selbst erfassenden Geschichtsprozesses, […] sondern das Strukturdenken versucht in gewisser Weise die Quadratur des Kreises: ‚Ganzheit zu denken, ohne zur Totalität [des Systems] zu verkommen'" (Negel 116–117).[132]

Hemmerle versteht unter Struktur offensichtlich dasselbe, wenn er auf dichte Weise zusammenfasst, was er unter Struktur versteht:

[132] Salman, Elmar, Freiheit, a. a. O., 160 Anm.258.

„Struktur ist Beziehung, ist Vorgang, der Beziehung stiftet und umfasst, sich entfaltend in Momente, die je das Ganze, aber auf je unverwechselbare Weise, in sich tragen. Struktur ist indessen kein allgemein reproduzierbares Schema, sondern der lebendige Vorgang, der je mitzugehen ist, damit er sich zeige und seine innere Stimmigkeit zeige. Während im System alles unter ein Prinzip untergeordnet und in ein von ihm konzipiertes Ganzes sozusagen von außen eingegliedert wird, ist Struktur eben jener Vorgang, der alles sein lässt, was es ist, durch seine Momente aber hindurchreichend das Ganze genetisch in seinen – nicht ableitbaren, sondern nur im Vor- und Mitgehen durch die Einzelheiten zu gewinnenden – Zusammenhang bindet".[133]

3.2.2 Formel „Es geht"

Struktur ist mehr als „Strukturverfassung", von der bisher die Rede war. Sie ist vor allem Bewegung. Sie ergibt sich aus einem fortlaufenden Geschehen. Die phänomenologischen Beschreibungen der Strukturontologie müssen übergehen in die Beschreibung der „Strukturdynamik". Struktur ist Bewegung, Leben, Dynamik. Bewegung ist die Geschehensweise von Struktur. Rombach wie Hemmerle haben für die Geschehensform der Bewegung die einfach lautende Formel gewählt: „Es geht". Für den weiteren Schritt der „Strukturdynamik" sind deswegen phänomenologisch die Momente „Bewegung" und deren Formel „Es geht"; für die Formel „Es geht" dazu die beiden Momente des „Gehens" und des „Es" zu erläutern.

Gelingende Bewegung ereignet sich dann, wenn man von einer Sache oder Aufgabe sagt: „es geht", oder gar: „es geht ‚wie von selbst'". Wo die Dinge „wie von selbst" gehen, da sagt man auch: „es gelingt", oder vielleicht sogar: „es glückt" (StA 212). Was meint demnach „Bewegung", bei der das „Gehen" gelingt? Was impliziert die Formel „Es geht", aus der die Struktur hervorgeht?

Struktur geht aus einem Geschehen hervor, aus der Be-wegung. Heidegger führt das Substantiv „Weg" auf den Vollzug, das Verbum „wëgen" zurück. Das Substantiv „Weg" ist demnach das Ergebnis der beiden Momente des objektiven Weges und des subjektiven Gehens, nämlich des Verbums „wëgen": „Einen Weg bahnen, z. B. durch verschneites Feld, heißt heute noch in der alemannisch-schwäbischen Mundart wëgen. Dieses transitiv gebrauchte Zeitwort besagt: einen Weg bilden, bildend ihn bereithalten. Be-wëgen (Be-wëgung) heißt, so gedacht, nicht mehr: etwas nur auf einem schon vorhandenen Weg hin- und herschaffen, sondern: den Weg zu [...] allererst erbringen und so der Weg sein" (Unterwegs 261, 197–198, 213). Gehen ist nach Heidegger ein transitiv gebrauchtes Zeitwort. Der „Weg" ist demnach die objektive ‚Raum'strecke, der durchmessen wird; das „Gehen" der subjektive ‚Zeit'aufwand dafür. Gehen ist so nach Heidegger phänomenologisch das Verbinden und Zusammen von „Raum" und „Zeit". Oder mit Handke: „An den Orten zu denen ich gefah-

[133] Hemmerle, Klaus, Wandlungen des Gottesbildes seit dem II. Vatikanum (1974), in: AS 1, 433–456, hier 448. NB. „'Zitieren' seines Buches hält er [Rombach] für ‚ein Unding. Es sei denn, man zitiere den Gedanken, nicht das Wort'. Dies rührt daher, dass das Buch eben ein Gespräch ist und daher in seiner Aussage ungemein mobil" (Rezension, a. a. O., 417).

ren wurde, bin ich nie gewesen. Nur im Gehen öffnen sich die Räume [...]. Nur der Geher holt sich ein und kommt zu sich. Nur was der Geher denkt, gilt".[134]

Bewegung bringt Struktur hervor. „Die Erfahrung des Weges führt auf ‚Wesen' eigener Art, auf Struktur" (StO 12). Aus dem Gehen entstehen schließlich die Strukturen mit ihren Momenten und Verknüpfungen: „Strukturen ‚gehen'. Sie gehen ihren eigenen Weg. Nur über diesen Weg gelingt die Strukturierung. – Eine einbahnige ‚Entwicklung', der Aufbau der Momente nach festgelegter Konstellation, ergibt System, nie Struktur. ‚Weg' und ‚Entwicklung' sind eine ontologische Alternative. Der Weg, in seiner Unvorwegnehmbarkeit, ist Eigenweg. Ihre Eigentümlichkeit erhält die Struktur aus dem Wegcharakter ihres Entstehens; sie ist ihr weder mitgegeben noch dem Zufall überlassen, insofern diese sich als Weg konstituiert" (StO 90). Die Bedeutung des Gehens kann mit Rombach zusammengefasst werden: „Gehen ist nicht nur eine Fortgehensweise, sondern hat seine eigene Struktur, seine eigene Totalität und Gesamtheit und bildet ein eigenes Sehen und Wissen, Wagen und Durchhalten, Wandeln und Handeln aus" (Welt 85).

„Strukturen ‚gehen'. [...] Nur über diesen Weg gelingt die Strukturierung" (StO 90). Die Erfahrensweise von Struktur bzw. Wesen ist der „Weg". Dem metaphysischen „Wesen" entspricht bei Rombach die „Struktur". Der Weg ist deshalb kein vorgezeichneter Weg, sondern ein Weg, der sich im „Gehen" eröffnet. „Gehen" ist die Voraussetzung dafür, dass sich ein Weg ergibt. Es kann an das Wort erinnert werden, das Franz Kafka zugeschrieben wird: „Die Wege entstehen dadurch, dass man sie geht". So habe Kafka gesagt und so ist es weitergegeben oder erstmals formuliert worden durch den spanischen Dichter und Philosophen Antonie Machados.

Heidegger spricht von der „Transitivität" des Zeitwortes „Gehen" („wëgen"). Auch Rombach streicht die Transitivität des Gehens eigens heraus. Und er beschreibt Transitivität des „es geht" auf eindrückliche Weise: „Die Formel ‚es geht' meint ursprünglich den aus sich selbst hervorgehenden Vorgang. In dieser Formel ist sowohl das ‚es' wie das ‚geht' wesentlich – und beides ist dasselbe. Das eine bezeichnet die Passivität, das andere die Aktivität, und die Formel meint die Selbigkeit beider. Das Gehen trägt sich selbst, aber dies, dass es sich trägt, muss geleistet und getragen werden. Das Ich und das Es handeln gleichsam mit derselben Hand. Und sie können dies, weil sie gar nicht Verschiedenes sind. [...] Im ursprünglichen Vorgang des ‚es geht' sind Subjekt und Objekt, und Außen nicht getrennt. Dieser Ursprung liegt nicht, wo man ihn zunächst suchte, irgendwo ‚im Anfang der Zeiten' oder im Zeitenthobenen, sondern in jedem noch so trivialen Vorgang des ‚es geht', verdeckt freilich und vergessen; wie denn auch vom Subjekt erinnert, wo doch Subjektivität erst ‚später' entsteht" (StO 228 f, PhB 193, 241).

In dieser Aussage kommen einige entscheidende Kennzeichen der Strukturphänomenologie, aber auch der Phänomenologie überhaupt im Sinne Rombachs zur Sprache. Zum einen wird die strenge Spaltung von „Subjekt" und „Objekt" nicht einfach geleugnet, sondern in eine andere, höhere Dimension aufgehoben. Das hat zur Folge die entsprechende Aufhebung der Spaltung von „Innen" und „Außen". Beides ist ja bereits grundlegend in der phänomenologischen Methode angelegt, da sie von Anfang

[134] Handke, Peter (1987), Die Abwesenheit. Ein Märchen, Frankfurt, 116.

an die beiden Dimensionen des „Was" (Außen, Objekt) und „Wie" (Innen, Subjekt) berücksichtigt, wie oben ausgeführt wurde (II, 1). Man sieht deutlich, wie sehr in der Strukturontologie, anders als in den substanz- oder systemontologischen Entwürfen vergangener Zeiten, „[...] die Idee einer Philosophie auf[scheint], die von Dingen spricht, aber nicht von außen und über sie, sondern von innen und zu ihnen. Nicht in allgemeinen Problemen und generellen Themen, sondern zugedacht dem Einzelnen, das in seiner Individualität als eine Welt von Sinnbeherbergung erscheint. Eine Philosophie, die davon weiß, daß der Mensch nicht für sich allein und auf einer puren Innerlichkeit zu stehen vermag, sondern daß er die Wirklichkeit [...] einer Welt von Dingen braucht, die je für sich zu tragen vermögen und dadurch in ihrer wechselseitigen, aus ihrer inneren Sinnfülle quellenden Bezogenheit ein Gehäuse erstellen, in dem wohnend der Mensch menschlich lebt" (SSS II, 467).

Die andere Folge ist die phänomenologische Erkenntnisweise. Sie überwindet die klassische Subjekt-Objekt Spaltung. Rombach wie Hemmerle haben die einfach lautende Formel gewählt: „Es geht". Aber wie es geht und dass es geht, ist eben nur im „Gehen" zu erkennen, nicht zuerst durch Begründen und Demonstrieren. Nicht durch die Anstrengung der Rationalität sind die entscheidende Wege vieler Phänomene zu finden und zu gehen, sondern durch das „(Zeit)Experiment" des Gehens: Oder wie Thomas Bernhard es ausdrückt: „Wir können nicht sagen, wir denken, wie wir gehen, wie wir nicht sagen können, wir gehen, wie wir denken, weil wir nicht gehen können, wie wir denken, nicht denken, wie wir gehen".[135]

Subjekt und Objekt sind keine Erstdaten, sondern sie sind das Produkt des rationalen Erkenntnisprozesses. Der Prozess, das Ereignis oder das Geschehen ist das Erste: „Subjekt und Objekt gehen aus einem gemeinsamen Prozeß hervor, der sie aus seiner Gemeinsamkeit [...] nie entläßt." Eben diese Zusammengehörigkeit nennt Rombach „Struktur": „Struktur ist weder ein Moment der Subjektivität, noch ein solches der Objektivität, sondern Subjektivität und Objektivität sind Momente der Struktur, die beide in einem gemeinsamen Prozeß auseinander entstehen läßt und aufeinander zuhält".[136]

Die Strukturphänomenologie in der Sicht Rombachs ist nach Negel eine Alternative zur klassischen Erkenntnisweise: „Während ein idealistischer Ansatz die Wirklichkeit im Sinne des sich selbst begründenden Erkennens rekonstruiert – und dabei letztlich immer nur bei sich selber landet, nämlich beim transzendentalen ‚Ego cogito' als letztem Wirklichkeitsprinzip (PhB 50–57); und während die klassische Physik Newtonscher Prägung die Welt im Sinne mehr oder weniger fest in sich stehender Funktionsabläufe begreift, die sich im Fortgang des Wissens empirisch immer genauer beschreiben lassen – mit der Folge, dass auch das Weltverstehen des Menschen schließlich darauf reduziert wird, ein empirisch beschreibbarer Funktionsablauf zu sein (PhB 15–16), versteht die Strukturontologie die Wirklichkeitsperzeption des Menschen als unhintergehbaren Teil des alles umfassenden Seinsprozesses, in wel-

[135] Bernhard, Thomas (1981), Gehen, Frankfurt, 65. Vgl. Waldenfels, Bernhard, „Gehen", in: ders. (1985), In den Netzen der Lebenswelt, Frankfurt, 191–192.

[136] Rombach, Heinrich, Mutmaßungen über das Ende der Hochkulturen, in: PhJ 82[1975] 241–258, 248.

chem Einheit und Unterschiedenheit von Subjekt und Objekt, der Ursprung-Folge-Zusammenhang in seinem Zusammenspiel von Autonomie und Heteronomie, das perichoretische Verhältnis von Geist und Natur sowie die Freiheit des Menschen in ihrer unabsehbaren Genese bedacht werden, ohne doch je die Sphären monistisch in eins fallen zu lassen oder aber sie dichotomisch zu trennen" (Negel 117; s. SSS I, 17, 21 f.).

„Gehen" hat seine eigene Erkenntnis- und Erschließungsweise. *Stephen Hawkings sprach davon: „Intelligenz ist die Fähigkeit, sich dem Wandel anzupassen"*. Man könnte die Erkenntnisweise „intuitiv" nennen. Es sei an Einstein erinnert: „Der intuitive Geist ist ein heiliges Geschenk und der rationale Verstand ein treuer Diener". Schon Aristoteles unterschied zwischen „analytischer" und „intuitiver" Systematik.[137] Intuition findet eigene Wege der Erkenntnis und Erschließung. Die Wege der Erschließung nennt der bekannte Forscher der Intuition Gerd Gigerenzer „heuristisch".[138] Heuristik ist „ein nützlicher, unentbehrlicher kognitiver Prozess zur Lösung von Problemen, die nicht durch Logik oder Wahrscheinlichkeitstheorie gelöst werden können". „Heuristik ist eine Strategie, welche mit nur wenig Informationen arbeitet und den Rest ignoriert. Eine Möglichkeit, Heuristiken zu entdecken, besteht darin, erfahrene (Spieler) zu beobachten. [...] Eine Heuristik kann man als Regel formulieren, die folgende drei Eigenschaften aufweist. [...] 1. Heuristiken nutzen erworbene Fähigkeiten. Eine Heuristik ist einfach, weil sie die im Laufe der Evolution erworbenen und individuell erlernten Fähigkeiten einsetzt. [...] 2. Heuristiken nutzen Umweltstrukturen. Die Rationalität von Heuristiken ist nicht logisch, sondern ökologisch. Ökologische Rationalität impliziert, daß eine Heuristik nicht an sich gut oder schlecht, rational oder irrationale ist, sondern nur in Bezug auf eine bestimmte Umwelt. [...] 3. Heuristiken können anderes Verhalten vorhersagen als ‚Als-Ob-Modelle'. [...] Mit einem guten heuristischen Modell kann man Vorhersagen ableiten, die Als-Ob nicht gestattet".[139]

Die Formel „Es geht" könnte deshalb als „heuristische" Formel der Strukturphänomenologie bezeichnet werden. Heuristische Formeln oder „Faustregeln" (Gigerenzer) lassen das Wesentliche in komplexen Zusammenhängen erkennen, ohne die Komplexität in ihre Einzelheiten aufzulösen, und ermöglichen so notwendige praktische Entscheidungen.

Klaus Hemmerle erkennt die Bedeutung der Formel des „Es geht": er wird sie zu seiner eigenen machen: „'Es geht', diese Formel weist auf das hin, worum es in Rombachs Buch (Strukturontologie) geht, zumindest auch geht. Es geht darum, Alternativen, die bislang philosophisches Denken beherrschten, die ihm ein Problem waren,

---

[137] Aristoteles, Nikomachische Ethik Buch VI, Kapitel 12 (1143ab): „Der intuitive Verstand ist auf das Letztgegebene in beiden Richtungen bezogen. Denn die obersten Begrifflichkeiten sowohl wie die letzten Einzelgegebenheiten – beide sind Gegenstand des intuitiven Verstandes und nicht des diskursiven Denkens [...]. Man muss also eine Wahrnehmung des Einzelnen haben und diese Wahrnehmung ist intuitiv".

[138] Gigerenzer, Gerd (2006), Heuristiken für komplexe Entscheidungen, in: Brüning, Jochen, Mathematisierung der Natur. Debatte 4 (Berlin-Brandenburgische Akademie der Wissenschaften), Berlin 2006, 37–44; ders., Intuition u. a.

[139] Ebd. 39–41.

auf ein neues Niveau zu heben, sie zu überholen in eine neue Ursprünglichkeit, in der bislang Unmögliches die Evokation neuer Möglichkeit, den Durchbruch zu ihr bedeutet (bes. 223–229)".[140]

Hemmerle schließt die Rezension zu Rombach und zeigt zugleich die Wirkung der Formel des ‚Es geht' auf: „Im Mitgehen und Weitergehen zeigt sich immer wieder: Es geht dennoch. Es geht, ohne dass andere Gedanken, andere Erfahrungen verfremdet werden müssten. In der Tat, kein System. Also ein Weg, aber kein Ende. Mitgehen kann nur als Selbergehen geschehen. Dabei verwandeln sich Ansätze. Neue Möglichkeiten, andere Grunderfahrungen sind nicht nur nicht ausgeschlossen; sie werden in dem Maß wahrscheinlich, wie das Gespräch, wie Selbergehen als Mitgehen, Mitgehen als Selbergehen einsetzt. Es geht, wie die ‚Strukturontologie' geht".[141] – Das Selber-Gehen als Mit-Gehen wird ermöglicht durch das „es geht"; das „Es geht" ist so etwas wie das innere Programm jeden Selber- und Mit-Gehens, der Strukturphänomenologie.

3.2.3 Grundphänomene

„Weg" ist der Vorgang der Be-wegung. Der Vorgang der Bewegung bringt die „Struktur" hervor. Struktur ist aber auch mehr als Bewegung. Denn woher kommt Bewegung und zu welchem Ziel führt sie? Wie ereignet sich Struktur? Es ist die Frage nach der *„Strukturgenese"*, nach der Konstitution von Gestalt und Struktur. Die Formel des Weges ist für Rombach: „Es geht": Beide Momente sind konstitutiv: „Gehen" ist die Bewegungsform; „es" hält die Bewegung zunächst im Unbestimmten. Gehen ist zuerst ein transitives Verbum; es weist auf einen Vorgang hin.[142] Rombach nennt das eigenartige Zusammen „es geht", von „Gehen" und „es", Konkreativität: „Die Konkreativität von Person und Sache wird in der Alltagssprache am unmittelbarsten in der Wendung ‚es geht' zum Ausdruck gebracht. Genau genommen sagen wir nur dann von einer Sache, von einem Vorhaben, von einem Unternehmen ‚es geht', wenn sich in dem, was die Menschen dabei tun, zugleich ein anderes, ein ‚es' ereignet, das alle Einzelmomente zusammenführt, zusammenhält und in ein gegenseitiges Unterstützen führt. Oft ‚geht' etwas trotz größter Anstrengungen nicht; dafür ‚geht es' manchmal wie ‚von selbst'. Ja, manchmal läuft es so gut, dass wir nicht mehr sagen ‚es geht', sondern ‚es gelingt'. Und manchmal, ganz selten, sagen wir vielleicht ‚es glückt'. Auf allen drei Stufen dieses eigentümlichen Phänomens (‚es geht', ‚es gelingt', ‚es glückt') ist das ‚es' entscheidend, das der eigentliche Handlungsführer ist. Alle einzelnen Handlungsteile werden zusammengeführt und vorangetrieben durch etwas, das von selbst tätig ist. Und eigentlich ‚geht es' nur, wenn sich

140 Hemmerle, Rezension, a.a.O., 419.

141 Hemmerle, Rezension, a.a.O., 431 f.

142 StO 158, 214, 228 f, 243, vgl. Lorenz, Phänomenologieverständnis, a.a.O., 127–128; ders., Klaus Hemmerles Strukturtheologie am Beispiel von „Theologie der Nachfolge", in: Bausenhart, Phänomenologie, a.a.O., 300–315.

solche Selbsttätigkeit tut".[143] – Konkreativität entsteht aus der Transitivität. Das transitive Gehen führt die einzelnen Orte, Positionen und Momente zusammen und stellt ihre Verbindungen her.

Und noch einmal ist auf die Formel „es geht" zurückzukommen. Es ist vor allem auf das „es" des „Es geht" zu achten. Rombach hebt das „es" durch Großschreibung „Es" heraus. Das erinnert daran, dass ähnliche Formulierungen wie „es gibt", „es gibt Sein, es gibt Zeit" nach Heidegger der höchsten Aufmerksamkeit wert sind, wie wir später sehen werden (s. 8.1.3.1). Ähnlich scheint es sich mit der Formel „es geht" zu verhalten. Was meint das „Es"? Rombach beklagt, dass „Es" in der abendländischen Philosophie zu „einer toten ‚Es' (Sache)" heruntergestuft wurde: das „Seiende", „Reale" usw. „Eine wahrhaft moderne Ontologie muß diesen jahrtausendealten Fehler korrigieren und den Menschen wieder ins Ganze der wahren Wirklichkeit zurückbringen".[144]

Das „Es" der Formel „Es geht" bedeutet für Rombach das genaue Gegenteil des metaphysischen Vorurteils. Es steht für den eigentlichen Beweger in der Bewegung. „Das ‚es' kann man nicht ‚machen' [... und auch] nicht nichtmachen. Wer in diesen Dingen einigermaßen zuhause ist, weiß, daß das ‚es' das wichtigste Agens des menschlichen Daseins ist. Der Phänomenologe erkennt in ihm das eigentliche Subjekt der *Konkreativität*. Das ‚es' gelingt weder aus der Kunstfertigkeit des handelnden Menschen [subjektiv – KK] noch aus dem Zufall des Geschehens [objektiv – KK], sondern nur aus jenem konkreativem Akt, in dem beide [...] zu einer dritten Handlungseinheit verschmelzen".[145]

Das „es geht" signalisiert ein Geschehen, das jeder Subjektivierung oder Objektivierung vorausgeht. Dieses Geschehen markiert das Konstitutionsgeschehen des Phänomens, wie es die Transitivität des Verbums anzeigt. Alle Dimensionen und Momente konstituieren und rekonstituieren sich in dem Geschehen: „Nicht nur Ich und Gegenstand, sondern auch die Korrelation zwischen beiden und die Dimension, innerhalb deren diese Korrelation spielt, werden innerhalb des Gesamtphänomens konstituiert und korrelieren so streng, daß sich das, was das eine ist, aus dem ergibt, was das andere ist, oder daß sich alles aus allem ergibt. Jedes Phänomen ist seine [je eigene] Struktur" (PhB 241) und damit zugleich Grundlage weiterer sich erwirkender und differenzierender Strukturen (PhB 250–258).

Das Phänomen konstituiert sich im Vorgang des „Es geht", indem die Momente korrelieren und gegenseitig auseinander hervorgehen. Es entstehen Räume des „Zwischen" (μεταξύ) (Ursprung 83), Räume, die ‚zwischen' Erkennen und Gegenstand, ‚zwischen' Mensch und Ding hervorgehen. „Konkreativität ist das ursprünglich einige Geschehen" – ein Vorgang, aus dem ein eigener, spezifischer Geist [als „Zwischen"] geboren wird, der die jeweilige Struktur aus ihr selbst erfüllt und sie auf keinen anderen Ursprung als auf sie selbst zurückführt (StA 381).

Das „Zwischen" ist die dritte Dimension, auf die Subjekt und Objekt gehoben werden. Ich und Welt stehen eben nicht einander getrennt gegenüber; vielmehr wach-

---

[143] Rombach, Heinrich (1994), Der Ursprung. Die Philosophie der Konkreativität von Mensch und Natur, Freiburg, 25.

[144] Rombach, Ursprung, a. a. O., 25–26.

[145] Ebd.

sen sie aneinander, bringen sich gegenseitig hervor, und erst in solchen „Vorgänge[n] der ‚Konkreativität‘ *zwischen* Mensch und Natur, *zwischen* Mensch und Situation, *zwischen* Mensch und Mensch“ wird „die bisherige Erfahrung der ‚Begegnung‘ und der ‚Kommunikation‘ zu höheren Ansätzen und Fruchtbarkeiten [be-freit]“ (StA 130). – Das „Zwischen“ wird zur einigenden und verbindenden Dimension sowohl der Begegnung von Mensch und Welt wie der Kommunikation von Mensch zu Mensch.

Im Verhältnis von Mensch und Welt heißt dies: dem Menschen spricht sich Welt zu, indem er sich der Welt zuspricht – und in diesem kor-reflexiven, kon-kreativen Vorgang erst ersteht, was wir „Wirklichkeit“ nennen. Rombach bezeichnet denn auch das Moment der konkreativen Begegnung, in welcher „[mehr] geschieht, als der Mensch allein vermag“ (StA 128), als das entscheidende Merkzeichen der Strukturontologie: „Alles Sein ist Konkreativität“ (PhB 297),

Negel fasst die vielfältigen Beziehungen, welche aus der Konkreativität hervorgehen zusammen: „Wir haben es in der Strukturontologie mit einem Denken zu tun, das der Vieldimensionalität der Wirklichkeit so präzise wie möglich nachzuspüren sucht, die ineinander liegenden Verflechtungen von Welt und Leib, Leib und Person, Person und Sprache, Sprache und Natur, Natur und Geschichte ans Licht zu heben sich müht, um dadurch der hebenden (meliorisierenden) wie abträglichen (deteriorisierenden) Bewegungen ansichtig zu werden, aus denen dem Menschen seine Welt in ihren vielfältigen Gestaltungen zuwächst. Denn erst in der vielschichtigen Dynamik wechselseitiger Kon-Permeabilität von Subjekt und Objekt, Freiheit und Notwendigkeit, einander hebender, in einem wechselseitigen Steigerungszusammenhang stehender Kon-Kreativität von Ich und Welt und aneinander wachsender Kon-Naszivität von Sprache und Natur, Natur und Geschichte, Geschichte und Person ersteht, was wir ‚Wirklichkeit‘ nennen – die es als solche, d. h. in abstracto und für sich genommen ja gar nicht gibt (vgl. PhB 297 ff.; StO 154 f.)“ (Negel 122).

In der Formel des „Es geht“ liegen die entscheidenden Momente der Bewegung zugrunde: der konkreative Akt, der Beweger der Handlungseinheit und der „Ursprung“ (nach dem bei Rombach eine eigene Studie benannt ist [U]): „Das Gehen trägt sich selbst, aber dies, dass es sich trägt, muss geleistet und getragen werden. Das Ich und das Es handeln gleichsam mit derselben Hand. Und sie können dies, weil sie gar nicht Verschiedenes sind. [...] Im ursprünglichen Vorgang des ‚es geht‘ sind Subjekt und Objekt, Innen und Außen nicht getrennt. Dieser Ursprung liegt nicht, wo man ihn zunächst suchte, irgendwo ‚im Anfang der Zeiten‘ oder im Zeitenthobenen, sondern in jedem noch so trivialen Vorgang des ‚es geht‘, verdeckt freilich und vergessen; wie denn auch vom Subjekt erinnert, wo doch Subjektivität erst ‚später‘ entsteht“ (StO 228 f).

Rombach nennt das „Es“ der Formel „Es geht“ schließlich „Ursprung“. Es ist der Beweger der Bewegung. Es ist das Einheit stiftende Dritte oder das „Zwischen“. „Dieses Dritte, das nicht verdinglicht, nicht versachlicht, nicht personalisiert werden darf, wird in der Sprache als das ‚es‘ bezeichnet, das in den Wendungen wie ‚es gelingt‘ oder ‚es glückt‘ zum Vorschein kommt. Hier nennen wir es *Ursprung* [...], das von alters her Sein, Gott, Schicksal, Vorsehung, Leben oder Allah genannt wird“ (U81–82). – An dieser Stelle wird Hemmerle die Strukturphänomenologie Rombachs, die eine „Ontologie der Bewegung“ ist, weiterführen zu einer „Ontologie der Beziehung", in welcher die Beachtung des „Ursprungs" zentral und die Beziehung als „Mehr-Ursprünglichkeit" konstitutiv sein wird.

Rombach und Hemmerle nennen das „Gehen" „Grundphänomen", also eine Grundhandlung der Phänomenologie. Gehen ist nur eines dieser Grundphänomene, die Rombach anführt. „Gehen" kann als Paradigma für andere Grundphänomene dienen. Grundphänomene sind jene einheitsstiftenden besonderen Handlungen, die wie das Gehen aus einem eigenen Ursprung hervorgehen und durch Transitivität und Konkreativität ausgezeichnet sind. Grundphänomene sind sie, weil sie ursprüngliche, nicht hintergehbare eigene Handlungsweisen aus eigenem Ursprung sind und eigene Strukturen ihrer Bewegungsgestalt hervorbringen.

Gehen ist darüber hinaus der Grundvollzug einer ganzen Reihe von Bewegungen und Gehweisen. Rombach hat auf ähnliche Weise am Beispiel des Grundphänomens „Handeln" eine solche Reihe von Handlungsweisen aufgewiesen, welche die Struktur des Handelns zum Grunde haben, ihr folgen und sie konkretisieren. Ähnliches wäre zu entfalten von den anderen unterschiedlichen Geh- und Bewegungsweisen.[146] Grundphänomene stehen hinter den Grundworten und Grundhandlungen. So erläutert etwa auch Aristoteles die Vollzugsweise der „Bewegung" am Beispiel des „Bauens" (Physik 201a). Und Aristoteles fügt hinzu, die Grundbewegung und Grundstruktur des Bauens gelte für eine Reihe anderer Handlungsweisen wie „Lernen, Heilen, Gehen und Springen, vom Altern und Reifen". Es sind offensichtlich fundamentale Handlungsweisen, die wir mit Rombach „Grundphänomene" nennen.

Grundphänomene sind Seinsweisen, die nicht mehr weiter abgeleitet werden können. Sie entfalten sich aus eigener Genese, sie entwickeln ihre eigene Verfassung, sie entfalten ihre eigene Struktur. Rombach versucht in der „Tiefenphänomenologie" ihrer Genese nachzuspüren, ihre Verfassung zu beschreiben und ihre Struktur aufzuzeigen. Um auf das „Handeln" zurückzukommen. Für das Existenzial des „Handelns" entfaltet Rombach die entsprechenden „Handlungsstrukturen" (StA 350). Handeln ist demnach ein Grundphänomen „der untergreifenden Phänomene"; die „Unterarten [des Handelns sind] […] Tun, Machen, Verhalten, Agieren, Herstellen, Hervorbringen, Bewirken, Leisten, Sich-mit- etwas-Beschäftigen" (StA 348).

„Gehen" und „Sprechen" sind im Sinne Rombachs andere „Grundphänomene". Rombach bezeichnet sie im Rückgriff auf Heidegger *Existenzialien* (StA 348). Heidegger hatte streng zwischen Existenzialien und Kategorien unterschieden. Existenzialien „entspringen der Analytik des Daseins […]. Weil sie sich aus der Existenzialität bestimmen, nennen wir die Seinscharaktere des Daseins *Existenzialien.* Sie sind scharf zu trennen von den Seinsbestimmungen des nicht daseinsmäßigen Seienden, die wir *Kategorien* nennen" (SZ 44).

Die Existenzialien, die die Existenzweisen des Daseins sind, wurden für Levinas' Philosophie von großer Bedeutung. Für seine früheren Studien konstatiert er die Bedeutung, die für Heidegger das „Existieren" hatte. „Hier nimmt das Verb existieren in gewisser Weise einen aktiven Sinn an. Man könnte vielleicht sagen, daß alle Philosophie Heideggers darin besteht, das Verb existieren als transitives Verb zu betrach-

[146] S. Waldenfels, Netze, a. a. O., 191–192 und OZ 226–230.

ten".[147] Levinas weist darauf hin, dass Heidegger auf einen Sinn von Sein hingewiesen habe, der weithin vergessen wurde. Vom Sein (être) hat man üblicherweise gesprochen, als wäre es ein Substantiv, obwohl es das Verb schlechthin ist (être). Mit Heidegger sei die Verbalität des Wortes *sein* wiederentdeckt worden. Sein ist vor allem Geschehen und Ereignis; *sein* ist ebenfalls ein Grundphänomen.

„Denken" ist ein anderes Grundphänomen. Hannah Arendt beschrieb das Denken Heideggers hellsichtig als ein „transitives" Geschehen, das nicht zuerst ein „Denken über etwas", sondern ein „Etwas Denken" sein wollte. Denken ist unserem allgemeinen Verständnis nach ein Denken „über etwas", Denken und Gegenstand stehen sich gegenüber, Denken ist gegenständliches Denken. „Etwas denken" dagegen geht nicht auf ein konkretes Etwas, sondern vor allem auf den Vollzug und die Lebendigkeit des Denkens selbst. Solches Denken ist transitiv. Es stellt sich das Etwas nicht als Objekt gegenüber, sondern geht sozusagen in das Etwas über, um es nicht von außen, sondern von sich selbst her zu bedenken. Denken und Etwas bilden keinen Gegensatz, sondern bilden eine Einheit, eben das „Etwas Denken". Hannah-Arendt beschrieb das Denken Heideggers von den Anfängen bis zum Ende als eben diese Lebendigkeit und Wandlungsfähigkeit des Denkens, dessen Ziel nicht zuerst ein Ergebnis suchte, sondern sich im Vollzug des Denkens erfüllte.[148]

Rombach nennt eine Reihe weiterer Grundphänomene. In der *Strukturanthropologie* kennzeichnet er sie im Anschluss einer Phänomenologie des „Handelns" (StA 347 ff): „Jedesmal ist ein Phänomen getroffen, das nicht ‚im menschlichen Dasein' vorkommt, sondern ein Phänomen, ‚in dem' das menschliche Dasein vorkommt. Es handelt also immer um eine Phänomenologie der untergreifenden Phänomene [...]. So beispielweise das Phänomen des ‚Glaubens' bei Kierkegaard, der ‚Arbeit' bei Marx, des ‚Spiels' bei Schiller, des ‚Werteschaffens' (der Kreativität) bei Nietzsche" (StA 354 Anm.1).

Grundphänomene entfalten ihre eigene Struktur, Verfassung und Genese. Sie konstituieren sich aus Eigenem. Rombach charakterisiert sie für sein Denken folgendermaßen: „Mit meiner eigenen Phänomenologie versuche ich diesen Gedanken aufzunehmen, ihn aber dadurch zu erweitern, dass ich die ‚Offenbarkeit des Seins' nicht nur im Verstehen des Menschen, sondern in jeder Wirklichkeitsform des Seienden sehe. Auch Pflanzen, Tiere, Wirklichkeitszusammenhänge überhaupt sind je eine Selbst-Interpretation des Seins, die sich in verflochtenen Grundzügen, in ‚Grundstrukturen' oder ‚Grundphänomenen' auslegt. Alles Sein, nicht nur der Mensch, ist ‚auslegend'; alles besteht in Strukturen, die je eine bestimmte Seinsweise, ein bestimmtes Dartun von Sein realisieren. Meine ‚Strukturphänomenologie' geht dahin, die Grundphänomene, die das Menschsein tragen, als elementarer denn ‚Dasein' und ‚Sein' anzusehen. Die Grundphänomene haben ein eigenes, über das menschliche Dasein hinausgreifendes Leben und liegen als ‚Tiefenphänomene' allem menschlichen und geschichtlichen Leben zugrunde" (Auto 2).

„Glauben" ist für Rombach ein anderes Grundphänomen; für Hemmerle ist es offensichtlich das zentrale. Eugen Fink hat sich den Grundphänomenen gewidmet:

---

[147] Levinas, Emmanuel (1949), En découvrant l'existence avec Husserl et Heidegger, Paris, 80.
[148] Arendt, Heidegger, a. a. O., 902–917.

Arbeiten, Kämpfen, Lieben, Spielen, Erkennen, Gestalten.[149] Rombach erweitert die von Fink genannten um Glauben, Wagen, Wahrnehmen, Situation (StA 133 f). Und er führt andere an, indem er die Bezugspersonen mit nennt: Glauben (Kierkegaard)[150], Bekennen (Augustinus) (Welt, 63 bzw. 65.; STA 133), Kennen, Erkennen, Bekennen (Pascal) (SSS II, 205–208); Habermas nennt Arbeit[151], Sprache, Herrschaft als solche[152]. Bei Hemmerle spielen die Grundphänomene eine zentrale Rolle, wie wir sehen werden: Gehen, Leben, Sprechen, Spielen (Thesen 124–162), ähnlich die Grundspiele: Interesse, Dasein, Sprechen, Sich-Geben (Vorspiel 12–123).

Für die klassische Phänomenologie ist das Grundphänomen der „Wahrnehmung" von herausragender Bedeutung. Wahrnehmung als Anfang aller Erkenntnis, um nur an Husserl und Merleau-Ponty zu erinnern. Deshalb verwundert es nicht, dass Rombach in seiner *Phänomenologie* eine ausführliche Phänomenologie der „Wahrnehmung" vorlegt.[153]

So findet sich hier bei Rombach eine exakte Beschreibung eines transitiven Grundphänomens, das aus allen Kategorien des Empirismus und des Idealismus, d. i. der Substanzphilosophie und der Systemphilosophie, herausfällt: „Das Wahrnehmen spielt sich in einem offenen Milieu ab und ist vielmehr als ein faktischer Vollzug zu verstehen, in dem sich stets neue Möglichkeitsräume ergeben. Den Vollzugscharakter des Wahrnehmens gilt es zu begreifen und zu beschreiben. Der Bestimmtheit des Seienden im Empirismus und der Bestimmung des Seienden im Idealismus begegnet Merleau-Ponty mit der Konzeption einer Bestimmbarkeit von Mensch und Welt, die sich allererst in Vollzügen ergibt und deren Wesen darin besteht, stets neue Vollzüge zu ermöglichen."

Interessant ist, wie Rombach bei Augustinus Anfänge der Tiefenphänomenologie findet. „Die früheste Entdeckung eines Tiefenphänomens finden wir bei Augustinus in seinen Confessiones. Dort ist das Bekennen, die confessio, das Grundphänomen, von dem alles andere abhängt. Bekennen ist der Grundbezug des Menschen zu sich selbst als dem Endlichen und zum Unendlichen als dem Unendlichen. Nur im Einbekennen der Endlichkeit scheint das Unendliche im Endlichen und das Endliche im Unendlichen auf. Es geht also hier erstmals um eine Doppelstruktur, die auf Identifikation gegründet ist; auf ein Identifikationsgeschehen freilich, das nicht das eine mit dem anderen verwechselt. Auch hier in dieser ersten – und vielleicht besten – Tiefenanalyse wird gezeigt, dass die Struktur ‚zunächst und zumeist' in Verkehrtheit, in ‚perversio', gelebt wird, und dass der Sinn menschlichen Daseins in der Umwendung,

---

[149] Fink, Eugen (1979), Grundphänomene menschlichen Daseins, Freiburg; s. Rombach StA 133 ff.

[150] Rombach, Heinrich (1988), Die Gegenwart der Philosophie. Die Grundprobleme der abendländischen Philosophie und der gegenwärtige Stand des philosophischen Fragens, 3. neu bearb. Auflage, Freiburg, 169–170.

[151] Rombach, Gegenwart, a. a. O., 168–169 (Marx).

[152] Vgl. Jürgen Habermas, Erkenntnis und Interesse (1965), in: ders., Technik und Wissenschaft als ‚Ideologie' (edition suhrkamp 287), Frankfurt 1968, 146–168.

[153] Rombach, Heinrich (1980), Phänomenologie des gegenwärtigen Bewusstseins. Der Weg der Philosophie zum Problem der Selbsthebung des Menschen, Freiburg; vgl. Merleau-Ponty, Phänomenologie, a. a. O., 66.

in der Kehre, in der ‚conversio' liegt. Ferner ist hier gesehen, dass die Neutralität, als die sich das menschliche Subjekt oder Ich zunächst und zumeist versteht, nur eine Verfallserscheinung des Grundphänomens ist, und es ist ferner gezeigt, wie die Megastruktur die Individualstruktur in der Form des Rückrufs auf sich vor holt. Ferner und vor allem ist gezeigt, dass alle negativen Phänomene des Daseins bis hinunter zu Krankheit und Tod, aus dem Verfallsgeschehen der Struktur erhellbar sind. So ergibt sich, dass menschliches Dasein nur dann strukturell richtig gelebt wird, wenn es über das Perversions-Konversions-Geschehen in die Identifikation einer Doppelstruktur vorgeholt wird. Nur hierin liegt mögliches ‚Ganzseinkönnen' oder das ‚Heil' des Daseins" (Welt 65).

Für Rombach sind offensichtlich die Grundphänomene des „Gehens" und „Sehens" bzw. Wahrnehmens von entscheidender Bedeutung. Man wird bei Rombach deshalb vor allem Phänomenologien des „Gehens" und „Sehens" bzw. Wahrnehmens finden. Für uns werden daneben aber vor allem die Grundphänomene „Sprechen" und „Geben" von zentraler Bedeutung werden. Denn „Sprechen" wird zur Grundhandlung der Offenbarung: „Gott spricht", „Geben" zur Grundhandlung der Gotteslehre: „Gott gibt sich". Hier deutet sich eine Unterscheidung der Strukturontologien von Rombach und Hemmerle an.

3.3 Strukturontologie

„Es geht, wie die ‚Strukturontologie' geht", beendet Hemmerle die Rezension zur *Strukturontologie.* Wie geht das Buch *Strukturontologie?* Dazu nur einige grundsätzliche Bemerkungen.

Die *Strukturontologie* ist eine „Ontologie der Bewegung". Bisher haben wir den Akzent vor allem auf den Vorgang der Bewegung gelegt mit den Stationen des „es geht" bis zu den Grundformen der Bewegung, den „Grundphänomenen". Der Aufbau der *Strukturontologie* entspricht dem Aufbau der ontologischen Bewegung: „der Ansatz [ist der] einer Ontologie der Bewegung. Die Ontologie der Bewegung ist selbst immer in Bewegung" (StO 19). „Lebendiges ist faktisch immer bewegt. Die Bewegtheit hat jedoch nur dann und nur insoweit Lebensbedeutung, als sie Einzelbestimmungen im Sinne der strukturalen Geschlossenheit durchkorrigiert. So ist ‚Ermüdung' eine strukturale Korrektur sämtlicher Lebensprozesse" (StO 85–86).

Struktur ist ein genetischer Vorgang. Struktur baut sich auf, wie sich Bewegung aufbaut – „Struktur ist eine Bewegungsgestalt. Sie ist als Bewegungsgestalt nur zu sehen, wenn das gesamte Strukturintervall ‚von Anfang bis Ende' in Betracht gezogen wird. [...] Die *Strukturverfassung* ist bedingt durch *Dynamik;* nur wo eine bestimmte Bewegung statthat, hat Struktur statt. Die Strukturdynamik ist selbst wieder bedingt, bedingt durch *Genese.* Nur wo die Dynamik in einer unverwechselbaren Weise beginnt – und in einer unverwechselbaren Weise endigt –, kommt die Struktur in die Verlaufsform, die wir als ihre Dynamik erfassen. Nur wo die Genese erfasst ist, ist Struktur erfasst [kursiv – KK]" (StO 221).

Rombach fasst in einem Satz den Aufbau der *Strukturontologie* zusammen: „Die Dynamik scheidet System von Struktur ab, die Genese lässt die Entstehung anderer

Ontologien aus der Dynamik verstehen“ (StO 163). In diesem Satz nennt Rombach die drei Grundbegriffe der Strukturphänomenologie, es sind die drei Grundbegriffe der „Phänomenologie der Bewegung“: *Struktur(Verfassung), Dynamik, Genese.* Dementsprechend ist die *Strukturontologie* Rombachs gebaut; sie besteht im Wesentlichen aus den großen Teilen „I. *Strukturverfassung*“, „II. *Strukturdynamik*“ und „III. *Strukturgenese*“. Die eigentliche Strukturontologie ist erst mit der Strukturgenese erreicht. Strukturverfassung und Strukturdynamik sind nur Vorstufen, sind Stufen, die hinführen und überschritten werden müssen: „Insofern Genese vor allem ‚Anfang‘ besagt, ist erst hier der Anfang der ‚Strukturontologie‘ erreicht. Die Strukturverfassung (‚Systemtheorie‘) und die Strukturdynamik (‚Strukturalismus‘) sind – präzis – nur Missverständnisse der Struktur“ (StO 221).

Schließlich kommt Rombach auf die der Struktur und Strukturontologie zugrundeliegende Kategorie der „Bewegung“ zu sprechen. Struktur ist die Form, dem Geschehen der Bewegung denkerisch und sprachlich zu entsprechen: „Struktur ist eine Bewegungsgestalt. Sie ist als Bewegungsgestalt nur zu sehen, wenn das gesamte Strukturintervall ‚von Anfang bis Ende‘ in Betracht gezogen wird. Der Einschluss von Anfang und Ende in die Struktur bedeutet eine eigene Zeitlichkeit. Sie ‚zeitigt‘ sich, sie produziert die Zeitform, die der ihrer Dynamik angemessene Verlaufsrahmen ist“ (StO 221).

Ein kurzer Eindruck auf die drei zentralen Begriffe und Stufen der Strukturontologie sei abschließend gegeben:

3.3.1 Strukturverfassung

Strukturverfassung ist sozusagen der Output der Bewegung. Die Strukturontologie versteht sich als Phänomenologie der Bewegung und geht von der Bewegung aus. Die Grundzüge der Bewegung sind in philosophischer Sprache (ohne dazu Rombach zu zitieren): „Bewegung ist stets als ein ganzheitlicher Vollzug zu begreifen, der eine Mannigfaltigkeit zu einer Einheit zusammenfasst. Sie ist kontinuierlich; daher können keine festen Grenzen ihren Verlauf aufhalten. In jedem Moment stellt sich das Ganze der Bewegung immer aufs Neue her und verweist ständig auf sich selbst“.[154] – Die Elemente der Bewegung sind nach dieser Beschreibung: der ganzheitliche Vollzug, darin die Einheit einer Vielheit, die Beziehung jedes Momentes zum Ganzen, Kontinuität der Bewegung und damit ständiges Neuwerden des Selben. Diese Elemente stellen sozusagen die Außenseite der Bewegung dar oder ihre äußere Verfassung.

Heinrich Rombach beginnt die Strukturontologie mit eben dieser Strukturverfassung (StO 25–74). Die Verfassung bringt „den Grundgedanken der Identität des Ganzen mit jedem Moment in ihm“ (StO 32). Vorausgesetzt ist die Bewegung. Es ist also die Identität des „Ganzen“ und jeden „Momentes“ in ihm in der fortlaufenden Bewegung zu verfolgen. Dazu bedarf es der Beschreibung der „Relationalität“ zwischen Ganzem und Moment: „Relationalität meint jenen grundlegenden Zug, wonach sich die inneren Momente der Struktur nur in dem zu bestimmen vermögen,

[154] Herold, Art. „Bewegung “, a. a. O., 217.

was sie in Bezug aufeinander sind. Ein ‚Moment' ist nichts außer der relationalen Bestimmtheit", so beginnt Rombach die Strukturontologie (StO 25). Dieses Ineinander und Zueinander der Momente zum bewegten Ganzen nennt Rombach „Struktur".

Für Rombach ist die Kunst das Paradigma par excellence zum Verständnis von Strukturphänomenologie und -ontologie: „Für die Strukturontologie ist alles Kunst" (Welt 135). Deshalb sei mit Rombach ein Beispiel aus der Kunst genommen, um näher zu beschreiben, was Rombach unter „Strukturverfassung" versteht. Struktur schafft eine eigene bestimmte Ordnung. Rombach bringt dazu ein Beispiel aus der Architektur:

„Dom. ‚Platz' hat ein beherrschendes Bauwerk dann, wenn andere Bauwerke entsprechend und gemäß ‚zurücktreten, Der sich im Zurücknehmen öffnende Raum gehört ins Innere (ins Wesen) des Bauwerkes. Es fordert von innen heraus Beziehungen zu anderem, Bauwerken, Natur, Landschaft, Erde, Himmel. Es macht den Raum zu seinem Vorraum; darum gehört das ‚Eintreten' zur Struktur des Domes hinzu: wesentliche architektonische Bedeutung des Portals. Der Dom will Verwandlung, darum will er das Außen; entwirft sich auf die Spannungsstruktur innen-außen" (StO 56).

Entscheidend für die Strukturontologie ist die Relation zwischen Ganzem und jedem der Momente. „Es besteht lückenlose und genaue Identität zwischen einem Moment des Ganzen und dem Ganzen selbst [...]. Man denkt den funktionalen Zusammenhang gewöhnlich vom Dinghaften her. Dinghaft gedacht ist das einzelne Moment ‚ein Teil' des Ganzen" (StO 34). Innerhalb der Struktur gibt es nur Momente, sie werden jeweils durch ihre Beziehung zu den anderen Momenten bestimmt. Jedes Moment stellt das Ganze der Relationen dar.

Struktur ist in der klassischen gegenständlichen Sprache nicht wiederzugeben. Die gegenständliche Sprache geht von sich gegenüberstehenden Subjekten und Objekten aus, um über sie Eigenschaften zu prädizieren. Nicht so das Strukturale oder Funktionale. Hier geht es um ein ganz anderes Verhältnis unter den Momenten: „Funktionales unterscheidet sich von Substanziellem vor allem und gegensätzlich dadurch, dass das Funktionale sein Sein ‚im anderen', das Substanzielle sein Sein ‚in sich' hat. Das Substanzielle ist zunächst für sich (per se) und bezieht sich dann noch auf anderes. Das wodurch es sich auf anderes bezieht, ist die ‚Eigenschaft' (accidens). Die Eigenschaften werden durch die Substanz regiert, sie erschöpfen aber die Substanz nicht. Vor allem ist das ‚Wesen' nicht eine Eigenschaft, sondern der eigentliche Regent aller Eigenschaften. Die Eigenschaften können wechseln, das Wesen aber bleibt. [...] Man kann die Eigenschaften eines Seienden wissen, ohne sein Wesen zu kennen, wer jedoch das Wesen kennt, ‚versteht' die Eigenschaften, d. h. hat deren Wechsel in der Hand, vermag damit umzugehen. – So die Substanzenontologie" (StO 27).

Mit der Substanzontologie ist aber die klassische Ontologie, die Lehre vom Sein, insgesamt betroffen: „Struktural ‚ist' Seiendes nicht, sondern wird; wird zu sich. Struktural ist überhaupt nicht ‚Seiendes'. Insofern unsere Sprache auf ‚Seiendes' angelegt ist, eignet sie sich schlecht für Strukturanalysen. Eine Ist-Sprache arbeitet immerzu an der Stabilisierung, dient der ‚Feststellung' und hält damit Struktureinsichten nieder" (StO 262). Es ist ein anderes Verständnis von Ontologie zu formulieren, das sich nicht auf ein substantielles Sein bezieht, sondern auf ein Sein im Werden.

3.3.2 Strukturdynamik

Strukturdynamik ist der Schritt von der „Verfassung" zum „Geschehen". „‚Geschehen' ist jedoch ein Gegenbegriff zur ‚Verfassung', vor allem dann, wenn dieses Geschehen nicht ‚nach Regeln' geht, sondern die Regeln selbst betrifft [...]. Struktur ist mehr ein Geschehen als eine Verfassung. Demgegenüber ist das System eine als Verfassung genommene Struktur" (StO 75).

„Die Strukturverfassung ist bedingt durch Dynamik; nur wo eine bestimmte Bewegung statthat, hat Struktur statt" (StO 221). Strukturverfassung ist kein ins sich bestehendes System. Verfassung ist nicht ohne das Geschehen. Strukturverfassung ergibt sich fortlaufend aus der sie hervorbringenden Bewegung selbst.

Wiederum sei die Kunst gewählt, um die Dimension der „Strukturdynamik" näher zu bringen. „Für die Strukturontologie ist alles Kunst" (Welt 135). Kunst ist nicht statisch, sie ist bewegt, dynamisch. Es gilt, als Beschauer in die Dynamik eines Bildes, dessen Bewegung, einzutreten.

„Mondrian. Wir können ein Bild nur so erfassen, dass wir von Moment zu Moment übergehen und die Proportionen in den konkreten Übergängen verfolgen, Wie spielen das Bild gleichsam durch. Es zeigt sich keinesfalls in einem simultanen Totalblick, in globaler Anschauung, sondern nur im ‚Betrachten', das ein lebendiges ‚Hin- und Hergehen' im Bildraum ist, ein Beziehungsgeschehen, durch das alles mit allem nacheinander und sehr konkret in Beziehung gesetzt wird. [...] Dieses nicht enden wollende Umhergetriebensein ist es, das uns den Eindruck von ‚Lebendigkeit' gibt. [...] Ein Zeichen wird im Draufschauen mit einem Schlag, ein Kunstwerk nur in sukzessivem Erleben erfaßt. Für seine ‚Betrachtung' müssen wir gleichsam schräg in das Bild hineinfahren" (StO 86–87).

Es gilt „Bewegtheit" neu zu verstehen (StO 75). „Lebendiges ist faktisch immer bewegt " (StO 85). In der Strukturdynamik tritt das Leben in seiner Lebendigkeit in den Mittelpunkt. Dynamik kann mit Lebensdynamik wiedergegeben werden: „Betrachtet man die ontologische Bewegtheit genauer, so bemerkt man, dass sie zweiseitig ist, Bewegung und Gegenbewegung, Vorgriff und Rückeinlösung [...], Leben [...], wo immer die Proportionen zur Ruhe kommen und sich Einzelmomente zu Bestimmtheiten verfestigen, schlägt ‚Leben' in ‚Sein' um, wird Struktur zur Sache" (StO 80–1).

Wieder gilt es, die Bewegtheit gegen Verfestigungen zu erhalten, die vor allem durch Substanzialisierung eintritt: „Solange man an einem ‚Etwas' festhält, ‚das' lebt (Substanz), so lange kann Leben eigentlich nicht gedacht werden. Substanzialität muss völlig getilgt werden, und das Geschehen hat rein als Geschehen zu erscheinen. Ein rein als Geschehen gedachtes Geschehen kann nur in der Gestalt der Struktur gedacht werden" (StO 88).

Die Dynamik kann durch Verfestigung, durch Stillstellen in Begriffen und Definitionen, gebremst oder ganz ausgeschaltet werden. Noch eine weitere Möglichkeit besteht, die Dynamik der Struktur zu blockieren: „Strukturen ‚gehen'. Sie gehen ihren eigenen Weg. Nur über diesen Weg gelingt die Strukturierung. Eine einbahnige ‚Entwicklung' [...] ergibt System, nie Struktur" (StO 90). Wo Bewegungen angehalten werden, verfällt Struktur zum System.

3.3.3 Strukturgenese

Die Entstehung und Entfaltung der Struktur – der Vorgang von innen – ist bisher noch nicht erreicht. Darum geht es der Strukturontologie aber letztlich, die Struktur in ihrer Genese zu verfolgen und zu beschreiben – ihre Genese, d. h. von Anfang an. Es sei noch einmal Rombachs programmatische Aussage zitiert: „Die Dynamik scheidet System von Struktur ab, die Genese lässt die Entstehung anderer Ontologien aus der Dynamik verstehen“ (StO 163). Strukturgenese meint, den Vorgang der Bewegung von innen zu beschreiben, von Anfang an. Denn am Anfang ist der Ursprung, der kein neutraler ist, sondern ein bestimmter. Damit wird die Struktur zu einer bestimmten. Sie wird zur bestimmten Struktur, die ihre eigene Dynamik entfaltet und sich in ihrer eigenen Verfasstheit äußert.

Es sei wiederum auf das Paradigma der Kunst zurückgegriffen, um die Dimension der „Strukturgenese“ zu erläutern. „Für die Strukturontologie ist alles Kunst“ (Welt 135). Die Kunst ist dabei besonders geeignet, die Strukturgenese einzuführen. Denn Kunst ist im Grunde der Vorgang der Strukturgenese: „Im Kunstwerk ist vor allem die Genese wesentlich, und zwar in der wichtigen Gestalt der Autogenese. Die Entstehung des Kunstwerks hat ihren Ursprung nicht im Künstler, sondern insofern in sich selbst, als die darin sich darstellende Gestalt aus ihrer eigenen Notwendigkeit hervorgeht und nur aus dieser verstanden werden darf. Der Künstler leiht der Gestalt nur seine Hand, damit sie sich durch diese selbst hervorbringe. Demnach bleibt das Kunstwerk nur solange unbeschädigt, als diese Hand nicht durch Absicht und Vorstellung des Künstlers, sondern nur durch die innere Gestaltungstendenz und Gestaltnotwendigkeit des Werkes selbst gebildet wird. Der Künstler bringt nicht eine Gestaltvorstellung in das Material hinein, sondern er holt aus dem Material und aus den in diesen schlummernden Gestaltprinzipien die Gestalt durch vorsichtiges Nach- und Mithelfen heraus. Es ist eine Geburt, wobei der Künstler nur Hebammendienste leistet, oder besser, durch die der Künstler selber noch zum Hervorbringer dieses Werkes gemacht wird. Der Künstler geht aus dem Kunstwerk hervor, nicht umgekehrt! Die besonderen Eignungen, Fähigkeiten und Sichtweisen, die zur Hervorbringung dieses bestimmten Werkes notwendig sind, bringt der Künstler nicht mit, sondern gewinnt sie erst aus dem Gestaltungsprozeß des Werkes selbst, wodurch er der vom Werk Gestaltete wird. Da das Kunstwerk auf diese Weise in einem höheren Sinn und in prägnanterer Einzelheit die Autogenese zur Darstellung bringt, ist das Kunstwerk das höhere und genauere Modell der Struktur, nicht der Organismus“ (Welt 135).

Struktur hat demnach eine eigene konkrete Gestalt, aber keine statische, sondern eine bestimmte Bewegungsgestalt. Die Bewegung gibt sich die Gestalt selbst: „Struktur ist eine Bewegungsgestalt. Sie ist als Bewegungsgestalt nur zu sehen, wenn das gesamte Strukturintervall ‚von Anfang bis Ende‘ in Betracht gezogen wird. Der Einschluss von Anfang und Ende in die Struktur bedeutet eine eigene Zeitlichkeit. Sie ‚zeitigt‘ sich, sie produziert die Zeitform, die der ihrer Dynamik angemessene Verlaufsrahmen ist“ (StO 221). – Wie der Anfang der Struktur für die Gestalt bedeutsam ist, weil es ihr Ursprung ist, so auch das Ende. Denn nur in seiner Ganzheit ist die Struktur entfaltet und bei sich.

Rombach bringt die Stufen von Strukturverfassung – Strukturdynamik – Strukturgenese in Verbindung mit anderen Wissenschaftsmethoden, welche eine gewisse Nähe zur Strukturontologie haben: mit „Systemtheorie" (Strukturverfassung) und „Strukturalismus" (Strukturdynamik). Wenn die ganze Bewegung der Strukturontologie an einer Stelle unterbrochen wird, dann verfällt sie zur Systemtheorie oder zum Strukturalismus.

Die Strukturontologie ist nach Rombach eine philosophische Theorie aller Wissenschaften und ihrer Sachbereiche. Sie integriert in ihrer Ganzheit die anderen Wissenschaftsbereiche. Rombach stellt immer wieder 'Verbindungen zu den gängigen Disziplinen her: „auf der ersten Stufe geht (vielleicht) der Mathematiker, Physiker und Chemiker mit *[Verfassung]*, auf der zweiten der Biologe *[Dynamik]*, auf der dritten der Geisteswissenschaftler *[Genese]*" (StO 222). Der letzte Vergleich mit den Wissenschaftsdisziplinen legt einen Hinweis auf die von ihnen vertretenen Sachbereiche nahe. Es sind die Sachbereiche der Wissenschaften insgesamt: „(materielles) Sein [Physik], Leben [Biologie], Geschichte [Geisteswissenschaft]" (StO 223, 163). So bietet sich für Rombach die Strukturontologie geradezu als universalwissenschaftliches Konzept an.

Der Aufbau der *Strukturontologie* bildet auch das Gerüst anderer Bereiche und Begrifflichkeiten. So findet sich ein ähnlicher Aufbau in der *Strukturanthropologie* (StA) und deren großen Themen. Das Thema der Anthropologie ist der Mensch. Der Mensch kann unter den drei verschiedenen Hinsichten und Stufen der Strukturontologie behandelt werden: „Man kann die Abfolge der drei Grundkonzeptionen auch so verstehen, dass die Substanzenanthropologie den Menschen nach dem Vorbild Gottes dachte (Ebenbildlichkeit Gottes), die Systemanthropologie den Menschen nach dem Vorbild der Welt, die Strukturanthropologie jedoch nach dem Vorbild des Menschen selbst, als eines endlichen schöpferischen Wesens" (StA 96). Und in der Tat wird man in der Geschichte der Anthropologie Ähnlichkeiten erkennen.

Rombach nennt schließlich die Grundworte, die für die Strukturontologie letztlich entscheidend sind: „'System, ‚Struktur', ‚Freiheit' wären dann die terminologischen Entsprechungen zu Strukturverfassung, Strukturdynamik und Strukturgenese. – Da es aber sehr schwer ist, Freiheitsphänomene als pure Ontologica zu sehen, und da es ein nahe liegendes Missverständnis ist, Strukturverfassung, -dynamik und -genese als ‚Stufen' zu nehmen (Sein, Leben, Geschichte), wollen wir auf diese Terminologie verzichten. Immerhin könnte der Hinweis auf die Dreigliedrigkeit des Strukturgedankens ein Denkanreiz sein" (StO 223).

Rombach gibt weiterhin einen Hinweis, wie er die einzelnen Verläufe der Bewegung von der Verfassung über die Dynamik zur Genese versteht. Die Strukturgenese steht dabei für „Freiheit". Damit ist die entscheidende Aussage erreicht, warum Rombach die Strukturontologie in ihrem Untertitel Eine Phänomenologie der Freiheit nennt.[155] Das Strukturgeschehen ist Freiheitsgeschehen. Es meint die Freiheit der Struktur von Anfang an, aus sich selbst, in der eigenen Gestalt, vom Ursprung bis zum Ende. Rombach nennt Strukturgenese schließlich „Autogenese", um das Freiheitsgeschehen in ein Wort zu fassen (Welt 23, 78). „Autogenese ist der Grundbegriff der Strukturontologie" (StA 95).

[155] S. Lorenz, Dominik (2013), Der göttliche Gott als Möglichkeit der Theologie. Grundzüge einer strukturphänomenologischen Theologiekonzeption, in: Bausenhart, Phänomenologie, a. a. O., 537–539; vgl. Loos, Religion als Freiheit, a. a. O., 249–264.

Die Bewegungsgestalt ‚von Anfang bis Ende' muss auch sprachlich zum Ausdruck kommen. Es wird die Sprache der Genese und Autogenese sein. Es ist die Sprache der Grundphänomene, deren Hauptwort das Verbum ist. Verbum gibt den Vollzug und den Vorgang einer Bewegung von Anfang bis zum Ende wieder. Aus dem Vollzug gliedert sich die entsprechende Struktur und die Ordnung der Momente aus.

4 Klaus Hemmerle – Strukturtheologie

4.1 Phänomenologie der Be-Wegung

Klaus Hemmerle hat in einem Vortrag *Die Zukunft der Zukunft* an der Universität Freiburg das „Wegmodell" auf eindrucksvolle Weise eingeführt: „Wenn wir als Wanderer einen Weg machen, dann ändert sich beim Weitergehen nicht nur andauernd unser Standort, sondern auch die Perspektive. Wollte man die Geschichte einer Wanderung schreiben, dann müsste sie eher die Geschichte der gewandelten Perspektiven als bloß die Registrierung der durchlaufenen Standorte sein. Wo immer ich stehe, schaue ich, wie es weitergeht. Davon, wie es weitergeht, hängt ab, wie ich gehe. Und wenn ich dann weitergegangen bin, geht es je nochmals anders weiter, so dass Wanderung nicht bloß Vollstreckung einer Vororientierung auf ein Ziel ist, Wanderung ist vielmehr ständiger Korrekturvorgang, in dem die Zukunft des Weges auf dem Weg je neu entworfen wird. Aus dem je neuen, sich korrigierenden Entwurf bestimmt sich das jeweilige Gehen. Die Sorge ist, dass es einmal nicht weitergehen könnte, die Hoffnung ist, dass es zwar ungefähr so weitergeht, wie man es sich gedacht hat, aber eben doch nicht ganz nur so, wie man es sich gedacht hat. ‚Zukunft' gibt es bei dieser Wanderung eigentlich nur, wenn mit der Planung die Überraschung schwesterlich Hand in Hand geht. Überraschung und Planung gehören zusammen. Die perfekte Planung, die alles im Vorhinein aus- und absieht, die minutiöse Vollstreckung eines vorweg gewählten Ansatzes, das störungslose Ablaufenlassen eines Programms wären tödlich. Leben geschieht im immer neuen Vorgang der Zukunft, aus dem und aus der immer neu Gegenwart wird. Zukunft wächst dann aber nicht *als* Zukunft aus der Vergangenheit, sondern kommt *als* Zukunft aus der Zukunft. So dürfen wir es aufgrund dieser anfänglichen Beobachtung vermuten. Daraus wachsen die Hoffnungen und Sorgen, die unser Verhältnis zur Zukunft abheben von dem zu Vergangenheit und Gegenwart. Wandert man nun in einem unvertrauten Gebiet, dann brechen Unsicherheiten und Befürchtungen auf, Fantasien und Ahnungen, die im Gewohnten und Heimatlichen zumindest nicht an die Oberfläche drängen. Daraus können Alpträume werden, wenn wir nicht nur die Wanderungen unserer Freizeit, sondern die Wanderung der Ganzzeit, die Wanderung unserer eigenen Geschichte in den Blick nehmen".[156]

In dieser eindringlichen Beschreibung einer Wanderung sind zentrale Momente und Motive der phänomenologischen Sehweise oder Methode Hemmerles bereits angedeutet: Wanderung ist Be-Wegung. Sie ist ständiger „Korrekturvorgang". Bewegung ist nicht nur ein ständiges Verändern des Standortes, sondern vielmehr wirkliches Geschehen, Geschichte. Es ist die Geschichte der sich wandelnden Perspektiven, Richtungen und Aussichten. Vor allem ist Gehen ein zeitliches Geschehen. Gehen hat sein Ziel, seine Zukunft, aber dieses kann nicht festgelegt werden, sondern hat sich am Woher ich komme und wo ich derzeit stehe, an Vergangenheit und Gegenwart,

[156] Hemmerle, Klaus (1980), Die Zukunft der Zukunft, in: Freiburger Universitätsblätter 20 (1981) H. 72, 35–45, 35; s. Glauben, 16–20, Jugend 31–46.

zu orientieren. Man kann von einer „Phänomenologie des Weges" als einer „Phänomenologie der Bewegung" sprechen.[157]

„Beziehung" ist nicht weniger Bewegung. Sie ist analog, aber auch unterschieden darzustellen. Dabei ist nicht so sehr die weghafte, raum-zeitliche Perspektive führend, sondern die dialogische Beziehung. Hemmerle spricht vom „allgemeinen Gesetz der Begegnung". Hemmerle hat einmal die Strukturgesetze der „Phänomenologie des Weges" als „Phänomenologie der Beziehung" gezeichnet.[158] Hemmerle stellt in diesem Text zwei Strukturgesetze für den Vorgang der Beziehung heraus; zunächst „das universale Gesetz der Gegenbewegung". Er beschreibt dieses Gesetz folgendermaßen: „Ich tue den ersten Schritt, wage den Weg ohne Vorgabe und Sicherheit – den Weg aber finde ich erst, indem ich denjenigen finde, der schon unterwegs war zu mir, ehe ich aufgebrochen bin" (AS IV, 172). Auf der Basis dieser Einsicht formuliert er zweitens „das Gesetz der doppelten Voraussetzung". Es besagt: „Solange ich nicht ungeschützt und grundlos den ersten Schritt auf den anderen zu wage, bleibe ich in der Isolation oder der Unverbindlichkeit stecken. Gemeinschaft wächst nur, wenn ich, ohne nach der Vorleistung des Anderen zu fragen, bereit bin, den Anfang zu machen. Mache ich aber den Anfang, dann entdecke ich, dass andere schon auf mich zukommen, schon zu mir hin unterwegs sind" (AS IV, 173). Mit diesen beiden Strukturgesetzen klärt Hemmerle, wie Beziehung geschieht, das heißt, er vermittelt phänomenologisch die Einsicht in die ständig neue Genese von Begegnung, ihr Spiel. Für die Genese von Beziehung ist die Gegenseitigkeit konstitutiv wie die Ursprünglichkeit. „Bausteine der Gemeinschaft sind deine und meine Freiheit" (AS IV, 176). Gemeinschaft ist nicht Unterordnung unter ein Vorgegebenes, sondern gleichursprüngliches Freiheitsgeschehen. – Es sei nebenbei bemerkt, wie sehr Hemmerles Beschreibung der Begegnung an die Responsivität Waldenfels' erinnert.

Böhnke hat dazu eine Geschichte angeführt, die Martin Buber in den Erzählungen der Chassidim überliefert hat. Sie expliziert den gleichen Sachverhalt narrativ: „Auf einer Fahrt erfuhr Rabbi Jehuda Zwi von Stretyn, dass Rabbi Schimon von Jaroslaw

---

[157] Zu Hemmerle s. Lorenz, Phänomenologie der Liebe, a. a. O., 367–389; ders. (2013), Klaus Hemmerles Strukturtheologie am Beispiel von „Theologie als Nachfolge", in: Bausenhart, Phänomenologie, a. a. O., 300–315; vgl. hier ders., Phänomenologieverständnis, a. a. O., 142; Kienzler, Klaus (2013), Phänomenologie des Glaubens – von Bernhard Welte zu Klaus Hemmerle, in: Bausenhart, Phänomenologie, a. a. O., 227–247; ders., Kienzler, Klaus (2013), Religionsphänomenologie bei Bernhard Welte, in: Bausenhart, Phänomenologie, a. a. O., 180–200; Böhnke, Einheit, a. a. O.; Loos, Stephan (2006), Religion als Freiheit. Eine hermeneutische Phänomenologie der Religion nach Klaus Hemmerle (Technik und Weisheit 3), Freiburg; Fenski, Matthias (2002), Klaus Hemmerle und die Ökumene. Weggemeinschaft mit dem dreieinen Gott (Paderborner Theologische Studien 32), Paderborn; Frick, Andreas (1998), Der dreieine Gott und das Handeln in der Welt. Christlicher Glaube und ethische Öffentlichkeit im Denken Klaus Hemmerles (Studien zur systematischen und spirituellen Theologie 24), Würzburg; Leputsch, Michael (2005), Intellectus fidei als intellectus unitatis. Zum Vernunftbegriff bei Klaus Hemmerle (Religion, Kultur, Recht 4), Frankfurt; Obst, Thorsten (2010), Das Heilige und das Denken. Untersuchungen zur Phänomenologie des Heiligen bei Klaus Hemmerle (Bonner dogmatische Studien 49), Würzburg.

[158] Hemmerle, Spiritualität und Gemeinschaft, AS IV, hier 117 bzw. 170–179.

in der entgegengesetzten Richtung desselben Weges fahre. Er stieg aus dem Wagen und ging ihm entgegen. Aber auch Rabbi Schimon hatte von seinem Nahen gehört, war ausgestiegen und kam ihm entgegen. Sie begrüßten einander brüderlich. Dann sprach Rabbi Jehuda Zwi: ‚Jetzt ist mir der Sinn des Spruchs aufgegangen: ‚Mensch und Mensch begegnen, Berg und Berg begegnen nicht'. Wenn der eine sich für einen einfachen Menschen hält und der andre desgleichen, können sie einander begegnen. Wenn aber der eine sich für einen hohen Berg hält und der andre desgleichen, können sie einander nicht begegnen."[159]

Eine schöne Metapher für den Unterscheid von „Bewegung" und „Beziehung". Es ist Böhnke recht zu geben, wenn er Hemmerles Denken als „Beziehungs- und Bewegungsdenken" charakterisiert. Und auch darin ist ihm recht zu geben: „Für die Reformulierung des klassischen Seinsverständnisses durch deren Transformation in eine Ontologie der Beziehung und Bewegung findet Hemmerle in der Rombachschen Strukturontologie die formalen Denkkategorien".[160] Dieser Charakteristik ist im Folgenden nachzugehen.

Bewegung ist das Motiv für unser Vorgehen insgesamt. Das Stichwort ist Klaus Hemmerle u. a. entnommen. Für Hemmerle wird Beziehung nicht weniger bedeutsam. Bewegung und Beziehung stehen in einem engen Verhältnis: „Dasein heißt in Beziehung treten. Ganz gewiss in Beziehung mit Gott, in Beziehung mit der Quelle, ohne die wir nichts sind. Aber diese Beziehung zur Quelle muss gelebt werden in der gegenseitigen Beziehung, im Geben und Schenken. Nur in diesem Rhythmus, in dem wir uns scheinbar verlieren, gewinnen wir uns selbst" (Glauben 147).

Bei Levinas findet sich eine kostbare Formulierung zur Phänomenologie. Das Zitat ist dem Vorwort zum Buch von Stéphane Mosès über Franz Rosenzweig entnommen: dass nämlich „die *Beziehung* und *Bewegung,* in denen das Denken Leben wird, ursprünglich nicht Intentionalität ist [kursiv – KK]". Mit anderen Worten geht dem phänomenologischen Bewusstsein, wie es Husserl formulierte, deren Ziel die Aufdeckung der Intentionalität war, ein anderes voraus: Leben.[161] Dieses ursprüngliche Leben eröffnet sich für Levinas in der „Phänomenologie der Beziehung zum Anderen" (Noms 112). Auch für Levinas steht „Bewegung und Beziehung (des Lebens)" am Anfang und Ursprung einer jeden phänomenologischen Betrachtung.

Die theologische Form der „Phänomenologie des Weges" wird bei Hemmerle zur zentralen Aussage des Evangeliums. Es handelt sich um Mk 1,15. „Bleiben wir einen Augenblick beim Wort: Umkehr. In der Tat, Umkehr ist von der Predigt Jesu und vom Vollzug der Nachfolge her die Grundbewegung des Glaubens. Die Zusammenfassung der Verkündigung Jesu in Mk 1,15 macht es deutlich: ‚Die Zeit ist erfüllt, das Reich Gottes ist nahe. Kehrt um, und glaubt an das Evangelium!' Umkehr und Glaube legen einander gegenseitig aus, umfassen einander gegenseitig. Aber worin

---

[159] Martin Buber (1949), Die Erzählungen der Chassidim, Zürich, 615f; s. Böhnke, Michael (2013), Wie Einheit geht. Zur Phänomenologie der Gemeinschaft bei Klaus Hemmerle, in: Bausenhart, Phänomenologie, a. a. O., 284–299, hier 287.

[160] Böhnke, Einheit, a. a. O., 114–118; 122–125.

[161] Levinas, Emmanuel (1985), „Vorwort", in: Stéphane Mosès, System und Offenbarung. Die Philosophie Franz Rosenzweigs, München 1985, S. 9–18, hier 18.

besteht diese Umkehr? Nicht nur in einer bessernden Veränderung der Lebensverhältnisse, die bislang nicht so ganz konsequent ausgerichtet waren an dem Gott, an den man bereits glaubte, vielmehr in jener ‚Kehrtwendung', deren Ursprung in Gott selber liegt" (Phänomenologie 492) – die Responsivität dieser Aussagen tritt deutlich hervor. „Botschaft" und „Nachfolge" sind die beiden Kernpunkte dieser Beziehung, wie wir sie oben dargelegt haben.

4.1.1 Formel „Es geht"

Hemmerle geht von einer ‚Theologie der Bewegung' aus. Was erbringt ein solcher Ansatz? Er erbringt im Verständnis Hemmerles die Sicht auf Neues. Die Botschaft und Wahrheit Jesu bedeutet „Neues". Das Evangelium, die Frohbotschaft, ist das Neue, Unerhörte. Wie dieses verständlich machen und aussagen? Hemmerle nennt dazu immer wieder das Motiv: „Das Gegenständliche ist von seinem Wesen her das Beständige, Selbige, ‚nichts Neues'. Ereignis und Person sind das je qualitativ Einmalige und Neue" (AS I, 125).[162]

An dieser Stelle setzt der zentrale Aufsatz Hemmerles *Die Wahrheit Jesu* ein. Er beginnt mit einer Überlegung zur Wahrheit, die Jesus in die Welt bringt: eine Wahrheit aber, die nicht von allgemeiner Art ist, sondern der Bewährung bedarf:

„Wahrheit, in der Neues aufgeht [Wahrheit Jesu]: Kann es Kriterien für solche Wahrheit geben? Muß sie sich nicht unerrechenbar aus sich selbst bewähren? Hat sie ihren Erweis nicht unmittelbar in ihrem Aufgang? In der Tat, einen Allgemeinbegriff der Wahrheit des Neuen, des Aufgehenden kann es nicht geben und ebenso wenig Kriterien, die als mitgebrachte Maßstäbe das beurteilen, was die bisherigen Maßstäbe sprengt. Kein Begriff und kein Kriterium kann es uns abnehmen, den Aufgang eines Neuen aus sich selbst zu verstehen. Doch in seinem Aufgang tritt das Neue ins Verhältnis, ins Verhältnis zu uns, zum Alten, zu allem. In solchem Verhältnis geschieht die Bewährung, in solchem Verhältnis gewinnt die neue Wahrheit ihre Kontur. Ihr Begriff ist also nicht Allgemein-, sondern Differentialbegriff. Ihre Kriterien sind nicht allgemeine Merkmale, sondern Verhältnisbestimmungen. Als Verhältnisbestimmungen sind sie freilich dennoch wahrhaft Kriterien; denn nur wo sie zutreffen, ist ein integrales Verhältnis des Neuen im Kontext des Ganzen gewährleistet" (Wahrheit 180).

Damit hat Hemmerle so etwas wie sein philosophisches und theologisches Programm vorausgeschickt: Es geht um Wahrheit, aber nicht irgendwelche, sondern eine, die Neues in die Welt bringt; denn es geht um die Wahrheit Jesu. Einen Begriff dieser Wahrheit gibt es nicht und auch nicht Kriterien dafür. Es geht Hemmerle darum, einen Begriff der Wahrheit zu formulieren, und diesen findet er im Begriff der „Bewährung". Die Wahrheit des Neuen kann nicht durch äußere Syllogismen erstellt werden, sondern muss aus ihr selbst hervorgehen. Es wird dann eine der Anstrengungen Hemmerles sein, Kriterien für eine Wahrheit, die sich bewähren muss, zu finden. Es sind Kriterien, die nicht von außen an die Bewährung herangetragen werden,

[162] S. Böhnke, Einheit, 66–69.

sondern solche Wahrheit bewährt sich selbst. Bewährung geschieht durch Verhältnisbestimmungen, durch Differentialanalysen und -interpretationen, wie wir gesehen haben. Die neue Wahrheit setzt sich als Differentialbegriff in das Verhältnis mit anderen Begriffen und Wirklichkeiten, um sich selbst zu erkennen.

Hemmerle findet Wahrheit, die sich bewährt, bei Franz Rosenzweig. Hemmerle verweist auf die Messianische Erkenntnistheorie Franz Rosenzweigs[163], eine Wahrheitserkenntnis, der es gerade um Bewährung geht:

„Wahrheit muß anders als die Wahrheit der Philosophen, die nur sich selber kennen darf, Wahrheit für jemanden sein. [...] Wahrheit hört so auf zu sein, was wahr ‚ist', und wird das, was als wahr – bewährt werden will. Der Begriff der Bewährung der Wahrheit wird zum Grundbegriff der neuen Erkenntnistheorie, die an die Stelle der Widerspruchslosigkeit- und Gegenstandstheorien der alten tritt und an Stelle des statischen Objektivitätsbegriffs jener einen dynamischen einführt; [...] Wahrheiten, die sich der Mensch etwas kosten läßt [...]. Diese messianische Erkenntnistheorie, die die Wahrheiten wertet nach dem Preis der Bewährung und dem Band, das sie unter den Menschen stiften, kann".[164]

Und im *Stern der Erlösung* fordert Rosenzweig kategorisch „Bewährung": „Bewährt also muß die Wahrheit werden".[165]

An dieser Stelle wird für Hemmerle Rombach bedeutsam. Auch Rombach versteht Wahrheit grundsätzlich als Be-wahrheitung, Be-währung:

„Wahrheit ‚hat' man nicht; Wahrheit geschieht. Das Gespräch ist das Geschehen der Wahrheit. In dieses bleibt sie zurückgezogen in ihre Ausschließlichkeit, die niemanden einlässt, es sei denn über den Weg. Nur wer mitgeht, ‚erfährt' Wahrheit. Wer Wahrheit nicht ‚erfahren' hat, weiß nichts von Wahrheit. Über Wahrheit gibt es keine Lehre. Über Wahrheit gibt es keine Wahrheit" (StO 95). „Gleichwohl behält er [der konservative Denker] in seiner Intention recht. Es geht wirklich um Bewahrung, mehr noch, um Bewahrheitung. Aber diese Bewahrheitung ist ein aktiver und schöpferischer Prozess, den nicht nur die Menschen zu vollziehen haben, sondern in dem sie selbst vollzogen werden und dem sie sich in einer ganz unkonservativen Form von Demut zur Verfügung stellen müssen".[166]

Hemmerle übernimmt die Formel des „Es geht", wie gezeigt, von Rombach. Zu Beginn wiederum ein sehr anschauliches Beispiel: „Man sollte sich öfters einmal die Freude gönnen, einem Kind ein Spielzeug zu schenken, und zwar möglichst eines, das nicht zu kompliziert ist. Dann kann man miterleben, wie die Welt entsteht. Das fremde Ding wird ausprobiert. Nach allen Seiten hin wird es gezerrt und gezogen, seine Widerstandsfähigkeit wird erprobt, die eigenen Kräfte werden an ihm gemessen,

---

[163] AS V, 330; Unterscheidungen, a. a. O., 48.

[164] Franz Rosenzweig, Das Neue Denken. Einige nachträgliche Bemerkungen zum „Stern der Erlösung", in: ders., Der Mensch und sein Werk. Gesammelte Schriften III: Zweistromland. Kleinere Schriften zu Glauben und Denken, Dordrecht-Boston-Lancaster 1984, 139–161; 158 f.; s. Görtz, Spur, a. a. O., 35–39, 54–55.

[165] Franz Rosenzweig, Der Stern der Erlösung, in: ders., Der Mensch und sein Werk. Gesammelte Schriften II, Haag 1976, 437. Zum Stern der Erlösung s. Stéphane Mosès (1985), System und Offenbarung. Die Philosophie Franz Rosenzweigs, München.

[166] Rombach, Religionsphänomenologie, a. a. O., 484.

es wird auf jede erdenkliche und kaum erdenkliche Weise mit anderen Gegenständen kombiniert. Dabei kommt zweierlei heraus, und beides lässt sich nicht voneinander trennen. Zum einen kommt heraus, was an Möglichkeiten in diesem Etwas drinnen steckt, und zum andern kommt heraus, was an Möglichkeiten im Kind drinnen steckt. Das Spielzeug bekommt seine Rolle, indem das Kind mit ihm spielt, im Spiel entscheidet sich, ‚was' es ist. Und das Kind gewinnt seine Rolle, indem es spielt. Es entfaltet seine Eigenart, seinen Charakter, wenn wir so wollen: sein Wesen im Vollzug des Spiels.

Wie geht das? Eine scheinbar harmlose Frage, die auf das Funktionieren einer Sache, auf den Gang eines Spiels abzielt. Aber in diesem ‚Gehen' laufen nicht nur Funktionen, nicht nur Regeln ab, in diesem Gehen geht das Leben, geht der Mensch, geht die Welt. Wenn wir uns auf einen neuen Mitarbeiter oder eine neue Stelle oder eine neue Wohnung oder auch nur auf ein neues Auto einzustellen haben, dann sind wir gespannt, ob und wie es gehen wird." (Glauben 11) – Das Bild erinnert sehr an die grundsätzlichen Überlegungen von Rombach zur Formel des „Es geht" und seine Momente des „Gehens" und des „es" (s. oben 3.2.2).

„Es geht" – diese Formel steht bei Hemmerle an den verschiedensten Orten.[167] Er hat sie von Rombach übernommen. Sie drückt aus, dass ein Vorgang, ein Tun oder Denken, tatsächlich geht und vorangeht. Und Hemmerle ist sich der neuen Denkweise, die mit dieser Formel aufbricht, und der folgenreichen Wirkung, die die Formel mit sich führt, durchaus bewusst.

„Unsere Frage heißt also nicht mehr wie im Mittelalter: Wie *ist* alles?, sondern: Wie *geht* alles, wie spielt es sich ab und spielt alles zusammen? Die Frage nach dem Geschehen und in der Konsequenz nach der Geschichte hat die Führung übernommen.

Der mittelalterliche Mensch stand in einer gefügten Ordnung, und vor ihm stand das Seiende, das er betrachten konnte, um in dieser Betrachtung sich über es hinaustragen zu lassen ins Ganze und übers Ganze, in dessen gewährenden Grund und Sinn. Wir finden uns, ohne Stand, in der Bewegung, im Vorgang, und nur in dieser Bewegung und in diesem Vorgang erschwingen wir den Zusammenhang, das Ganze. Nicht das Seiende trägt uns zum Sein, sondern im Fortgang, im Geschehen legt Sein sich uns aus, spricht Sein sich uns zu. Auf unserem so anderen Weg begegnen uns nun die Bestimmungen des Mittelalters, die aufs Wort zu bringen versuchen, wie alles ist. Schauen wir näher in diese Bestimmungen hinein, dann lebt in ihnen selbst etwas wie Beziehung, wie Geschehen, dann sagt sich Sein selber in ihnen als Ereignis, als Geschehen. Darum lohnt es, unser Denken mit solchem Denken ins Gespräch zu bringen" (Vorspiel 64).

Weg des „Es geht" ist eines der zentralsten Motive auch der Bibel. „Einen der ältesten Namen, vielleicht den ältesten, für das Christentum überliefert uns die Apostelgeschichte: der Weg (vgl. Apg 9,2; 19,9.23; 22,4; 24,14.22). Jesus selbst sagt von sich: ‚Ich bin der Weg' (Joh 14,6). Paulus spricht von dem, worauf ihm alles ankommt, von der Liebe als von jenem Weg, der über alle hinausführt (vgl. 1 Kor 12,31); der Hebräerbrief schließlich nennt das, was uns Jesu Erlösungstat ge-

[167] Lorenz, Strukturtheologie, a. a. O., 300–315.

schenkt hat, den ‚neuen und lebendigen Weg, den er uns erschlossen hat' (Hebr 10, 20). Ist uns hier nicht ein Stichwort zugespielt, das uns aus den Engführungen des bloß objektiven und bloß subjektiven Glaubensverständnisses herausführen könnte, ein Stichwort, das uns zum Programm werden könnte, damit Glaube wieder geht? Vor lauter Bäumen doch den Wald wieder sehen, in den vielen Bildern und Stationen des Glaubens den einen Weg finden – Christentum und Kirche nicht als eine in sich fertige und ferne Sache, sondern als den Weg erfahren, den Gott auf uns zugeht und den nun wir mit ihm selbst weitergehen – für unser Bemühen, für unsern je neuen Anlauf die Bahn und den Boden finden" (Glauben 6–7).

4.1.2 Grundphänomene

Gehen ist nach Heinrich Rombach eines der „Grundphänomene". Nicht anders bei Hemmerle. Bei Hemmerle spielen andere Grundphänomene eine ebenso wichtige Rolle wie Leben, Sprechen, Spielen (Thesen); ähnlich die „Grundspiele": Interesse, Dasein, Sprechen – Sich-Geben (Vorspiel).

Auffällig beim Eingehen auf die Grundphänomene oder Grundspiele bei Hemmerle ist der phänomenologische Blick auf den Vollzug der Handlung, wie er ihn in den *Thesen* folgendermaßen beschrieben hatte: „Das Substantiv aufs Verb, Dinge auf Vorgänge, Vorgänge auf ihre Mehrursprünglichkeit hin zu lesen: das wird den Phänomenen gerecht" (Thesen 144). Wie hier beim Grundphänomen des „Sprechens" und der Sprache hebt Hemmerle deutlich die Transitivität der Grundphänomene hervor. Sie macht die Handlungsstruktur der Grundphänomene und Vorgänge aus.

Transitivität ist ein Merkmal der Grundphänomene. Dieses Merkmal teilt Hemmerle mit der Phänomenologie von Levinas und Waldenfels. Die beiden Grundphänomene, die in diesem Buch für die unterschiedlichen Themen der Philosophie und Theologie paradigmatisch sein werden, sind „Sprechen" und „Geben". Ein anderes Merkmal dieser beiden Grundphänomene und anderer ist ein weiteres. Am deutlichsten ist es bei Levinas für das „Sagen" oder „Sprechen" herausgearbeitet. Es ist der Unterschied von „Sagen (dire)" und „Gesagtem (le dit)", also zwischen transitivem Vollzug und gesprochener Sprache. Ähnliches gilt vom „Geben" (Gott 116).

Waldenfels charakterisiert das Sagen von Levinas auf folgende Weise: „Die Unterscheidung zwischen Sagen und Gesagtem ist sicherlich eines der stärksten Motive im Denken von Levinas [...]. Die Rede spaltet sich auf in Sagen und Gesagtes, und dies im Zuge einer Diachronie des Sprechens. Der Diskurs gerät sich selbst gegenüber in Verzug, die Diachronie des Sagens greift über die Synchronie des Gesagten hinaus. Platonisch gesprochen überwiegt die Dihairesis gegenüber der Synopsis, sie überwiegt auch gegenüber der Synthesis." (DG 2, 208).

Eine andere Besonderheit des Grundphänomens „Sprechen", die Hemmerle herausstellt, ist die Dimension des Unsagbaren in allem Gesagten: „Schließlich lebt Sprache von einer dritten, paradoxen und doch konstitutiven Richtung. Sprache will nämlich das Unsägliche, den Überschuss des Seins über die Sprache, das Geheimnis einholen, es sagen. Paradox ist dies, weil das Unsägliche ja nur als ungesagt es selber bleibt, und doch wird sich sein Überschuss, seine Unsäglichkeit nur im Versuch des

Sagens offenbaren. Wo Sprache sich nicht selber verfehlt, weiß sie dies und wahrt sie dies. Sie geht immer weiter, sie spricht immer neu, aber das je neue Sagen ist ihr zugleich der Mantel, der das Mehr, das Unsägliche schützt" (Vorspiel 44–45). Dieses „Dritte" im Vollzug des „Sprechens" wird uns durch die Arbeit begleiten. Wir werden es besonders bei Levinas wiederfinden, dessen Unterscheiden von „Sagen (dire)" und „Gesagtem (le dit)" für alles Sprechen konstitutiv ist.

Was phänomenologisch vom „Sprechen" gilt, gilt in ähnlicher Weise vom „Geben". Geben ist sozusagen die ethische Seite des Sprechens. „Sagen" ist bei Levinas vor allem „ethisches Sagen", wie wir sehen werden, also ein ethisches Handeln, letztlich Geben. Waldenfels geht auf die Dialektik ein, die zwischen Sagen und Gesagtem bleibt, die aber keine eigentliche Dialektik ist, sondern das Zusammen beider Dimensionen: „Wenn das Ethische nicht in bestimmte Satztypen und Diskursarten eingeschlossen werden kann, so könnte es daran liegen, dass das Ethische *in allem Gesagten und über alles Gesagte hinaus* gegenwärtig ist, bevor es in die Sprache von Zielen, Geboten und Regeln eingeht [...]. Es könnte daran liegen, dass sich das Ethische als ein Sagen ereignet, das Sätze durchquert und niemals in gesagten Sätzen heimisch wird [...], die Bestimmung des Ethischen als *Überschuß,* als *Außer-ordentliches*" (DG 1 281–2).

Eine ähnliche Grundstruktur ist uns oben beim „Geben" begegnet (2.). „Geben" erschöpft sich nicht in Gabe, Geber oder Empfänger, sondern ist ein eigener, ganzheitlicher Vollzug. Für die Theologie ist für Hemmerle „Geben" bzw. „Sich-Geben" das zentrale Grundphänomen: „Ansatz bei der Liebe, beim Sich-Geben ist Ansatz beim Geschehen, beim Vollzug. Am Anfang steht nicht mehr das Problem: Wie kommt das Subjekt über sich hinaus und wieder zu sich zurück? Anders gewendet: Wie kommt die Substanz zu ihren Differenzierungen, Bestimmungen, Wirkungen, ohne ihren Rang und ihren Stand in sich selbst zu mindern? Das Denken ist nicht Rückgang hinter den Vorgang, um ihn von einem isolierten Ursprungspunkt aus zu konstruieren. Vielmehr findet sich das Denken je schon bzw. allererst im Vorgang selbst. Das Hauptwort eines solchen Denkens ist nicht mehr das Substantiv, sondern das Verb. Vom Mitgang mit dem Vorgang aus eröffnet sich, was vorgeht, wer vorgeht, woher und wohin das Vorgehen geht" (Thesen 141–142). – Das „Geben" wird neben „Sprechen" das andere Grundphänomen sein, das uns durch das gesamte Buch begleitet.

Einige weitere für Hemmerle wichtige Grundphänomene seien kurz genannt:

Immer wieder nennt Hemmerle „Leben" als Beispiel der Grundphänomene: „Nehmen wir zur Veranschaulichung ein Wort, das im Deutschen Verb und Hauptwort zugleich ist: Leben. Die ‚Sache', die das Hauptwort Leben meint, ist der Vorgang, das Geschehen, verbal verstandenes Leben. Seine Identität hat dieser Vorgang im Vorgehen selbst, in der Weise, wie er geht. Leben heißt Ausgehen von sich selbst. Im Ausgehen geschieht ständig die Reproduktion und Restitution des Ausgehens, Leben heißt Weiterleben. Im Ausgehen geschieht zugleich Assimilierung des Äußeren, Aufnahme des Äußeren ins Innere" (Thesen 142).

Bei Rilke findet sich ein Gedicht, welches den eigenartigen Vorgang des „Lebens" auf poetische Weise zur Sprache bringt . Es ist ein schönes Beispiel der Transitivität, dass ‚Leben gelebt' wird bis hin zur angedeuteten Transzendenz transitiven Lebens:

Alles Leben wird gelebt
UND doch, obwohl ein jeder von sich strebt
Wie aus dem Kerker, der ihn hasst und hält,–
Es ist ein großes Wunder in der Welt:
Ich fühle: alles Leben wird gelebt.
Wer lebt es denn? Sind das die Dinge, die
wie eine ungespielte Melodie
im Abend wie in einer Harfe stehn?
Sind das die Winde, die von Wassern wehn,
sind das die Zweige, die sich Zeichen geben,
sind das die Blumen, die die Düfte weben,
sind das die langen alternden Alleen?
Sind das die warmen Tiere, welche gehen,
sind das die Vögel, die sich fremd erheben?
Wer lebt es denn? Lebst du es, Gott, – das Leben?[168]

Das Grundphänomen „Spielen" nimmt einen wichtigen Platz in Hemmerles Philosophie, aber auch Theologie ein. In der Vorlesung und der Publikation *Vorspiel zur Theologie* gebraucht er statt des Begriffs der Grundphänomene den Begriff der „Grundspiele". Beide meinen letztlich dasselbe. Hemmerle hat mit den Grundspielen „Interesse", „Dasein", Sprechen" die Einübung in die Theologie gestaltet (Vorspiel). Es sind die Grundspiele des Lebens. Hemmerle zögert aber nicht, selbst die hohen theologischen Zentralthemen wie Trinität und Christologie mit ‚Spieltheorien' zu erörtern.

Ein eindrückliches Beispiel für die Grundphänomene mag die Beschreibung des Grundspiels „Interesse" im *Vorspiel* sein: „In letzter Instanz weist ein Interesse nicht mehr über sich hinaus. Es ist einfach da, es trägt sich selbst, es gründet in sich selbst. Ich spiele Fußball, weil es eben Fußball ist, fishing is fishing (Ramsey). Löse ich solche Sätze wie ‚Fußball ist Fußball, Fischen ist Fischen' aus der lebendigen Gesprächssituation heraus, dann werden sie zu nichtssagenden Tautologien, zu formalen, leeren Selbstverständlichkeiten. Dass eine Sache sie selbst ist und nichts anderes, ist der primitivste Grundsatz von Logik. In der konkreten Situation des Interessierten sagt solches Nichtssagende indessen alles: Was mich interessiert, geht aus sich selber auf, genügt sich selbst, erbringt aus eigenem Ursprung seine überzeugende, mich und alles neu erschließende Positivität" (Vorspiel 16).

„Dasselbe läßt sich in einem zweiten Durchgang gegenlesen. Zum Spiel gehören die drei Momente Interesse, Dasein, Sprache. Nur was sich mir zuspielt, erweckt mein Interesse. Nur wenn ich mitspiele, bleibt mein Interesse und wächst mein Interesse. Ganzes Spiel ist indessen mehr als bloßes Spiel. Das Spiel hat seine innere Dynamik, die mich selbst, mein Dasein begreift, die seinen Einsatz fordert. Spielfeld ist mein Lebensraum, letztlich stehe ich auf dem Spiel und steht alles auf dem Spiel. Und schließlich: sich zuspielen heißt das Gespielte artikulieren, es Gestalt, es Wort werden lassen. Das Spielfeld ist der Zwischenraum derer, die miteinander wahrnehmen und aussprechen, was ist" (Vorspiel 20).

„Außer der horizontalen Ordnung, der Ordnung des Nebeneinanders, gibt es eine vertikale, eine Tiefenstruktur, das Ineinander der vielen Spiele. Wir entdeckten es

[168] Rainer M. Rilke, Das Buch von der Pilgerschaft, Frankfurt, 1986

schon: In jedem einzelnen Spiel kreuzen und durchdringen sich die Grundspiele Interesse, Dasein, Sprache, Spiel. Gehen wir einmal diese Grundspiele je in sich an, lesen wir sie je in sich, lassen wir sie uns zu den Druckplatten werden, die insgesamt den Vierfarbendruck der Wirklichkeit ergeben" (Vorspiel 21–22).

Drei Grundphänomene werden dieses Buch prägen: „Gehen", „Sprechen" und „Geben". „Gehen", davon haben wir bereits gehandelt, um die Methode von Rombach und Hemmerle zu kennzeichnen. „Sprechen" wird das Paradigma für das Wort Gottes, die Offenbarung, die Heilige Schrift sein. „Geben" das Paradigma für Gott, die Trinität, Jesus Christus, Soteriologie und Kirche.

4.1.3 Kriterien der Wahrheit

Die phänomenologische Methode hat Hemmerle auf die Formel „Es geht" gebracht. Daraus ergibt sich die konsequente Frage, wie sich dieses Gehen ereignet und was sich aus solchem Gehen ergibt. Es kann ja nicht um ein einfaches Gehen lassen gehen, ein laisser faire. Das „Es geht" bedarf der Kriterien. Wir haben oben das „Es geht" die „heuristische Formel" der Strukturphänomenologie Rombachs genannt. Heuristik meint die Findungsweise einer Erkenntnis, meint den Weg oder die Methode des Findens und Erkennens. Es bedarf auch für die Strukturtheologie der Kriterien für die Findung des Weges. Hemmerle hat in seinen Überlegungen zu Welte zweierlei verfolgt. In *Die Wahrheit Jesu* legt er zunächst „Kriterien der Wahrheit" dar, die für das rechte Gehen gelten, die gewährleisten, dass sich bewährt, sich die Wahrheit Jesu bewährt (das *Wie* der Methode). Aus diesen Kriterien entwickelt er sodann die sachhaltigen Entsprechungen der Wahrheit Jesu (das *Was* der Sache). Seinem Ansatz folgend entwickelt er gleichzeitig das Wie der Methode und das Was der Sache.

In *Die Wahrheit Jesu* formuliert Hemmerle vier Kriterien der Wahrheit, die, wie wir sehen werden, ihren Anhalt bei Rombach haben. Die Kriterien werden durch Differentialanalyse und -interpretation gewonnen. Die Differenzen zwischen alter und neuer Wahrheit werden erhoben: 1. „Negation" – die Wahrheit Jesu ist zunächst anders als die gewohnte; 2. „Stimmigkeit" – in sich ist die Wahrheit Jesu durchaus stimmig; „es geht" mit ihr zu leben; 3. „Integration" – tatsächlich löscht die neue Wahrheit die alte nicht aus, sondern integriert sie; 4. „Steigerung" – das ist aber nur möglich, wenn sie die alte gewohnte Wahrheit integrierend übertrifft (Wahrheit 180–182).

Angewandt auf eine Wahrheit, die neu ist und die wie im Falle der Wahrheit Jesu gesucht wird, lässt sich eine solche Wahrheit mit Hilfe der Kriterien folgendermaßen charakterisieren: „Neue Wahrheit ist anders [Negation]; sie ist das, was sie ist [Stimmigkeit]; sie läßt alles sein, was es ist [Integration]; sie läßt alles mehr werden, als was es war [Steigerung], denn sie ist selbst in ihrer Identität ein Mehr" (Wahrheit 182).

Ein gleiches oder ähnliches Schema wird man bei Hemmerle überall wiederfinden. In der Vorlesung von 1973 spricht er von einem „schematischen Grundmuster": „Wenn wir uns fragen, worin denn die Struktur der Nachfolge Jesu besteht (1. Nachfolge, 2. Botschaft, 3. Leben, 4. Person) […], so zeigt sich ein Grundmuster, das ich zunächst einmal schematisch sage, dann aber inhaltlich ausfülle, weil dieses Grundmuster sich in all diesen Punkten als Leitfaden bewährt und [...] auch noch bei dem Verständnis der Kirche in Anschlag zu bringen sein wird. Dieses schematische Grundmuster sagt in sich sehr wenig, aber in der Auffüllung glaube ich, zeigt es doch eine Grundbewegung: a) Negativität, b) Totalität, c) Horizontalität, d) Umkehrung. Was bedeutet das?" (Vorlesung 16. 11. 1973, 162)

Die Kriterien der Wahrheit werden für Hemmerle zu einem „schematischen Grundmuster", das sich in den verschiedensten Themen und Bereichen durchhält und in Abwandlungen immer wieder Anwendung findet. Im Anschluss führt Hemmerle in dieser Vorlesung über Religion das Grundmuster für die angekündigten Themen der 1. „Nachfolge", der 2. „Botschaft" (das Evangelium), des 3. „Lebens Jesu" und der 4. „Person Jesu" aus. Die Themen variieren auf ihre Weise das angekündigte Grundmuster. Die Kriterien der Wahrheit werden sowohl zur formalen Grundstruktur von Ebenen und Ordnungen, zu deren Matrix und Kriterien, aber auch zu Positionen, Stufen und Stationen der verschiedenen theologischen Zentralthemen wie der Gotteslehre, Trinität, Christologie, Soteriologie, Kirche oder auch der theologischen Anthropologie entfaltet. Wir werden darauf zurückkommen.

Eine ähnliche Kriteriologie kann man bei Rombach finden. Nun ist oben bereits gesagt worden, dass Hemmerle den Artikel *Die Wahrheit Jesu* in großer Nähe zur Lektüre und intensiven Beschäftigung mit Rombachs *Strukturontologie* geschrieben hat. Hemmerle hatte hier offenbar Rombachs *Strukturontologie* besonders im Blick. Die Nähe zwischen Hemmerle und Rombach ist hinsichtlich der „Strukturontologie I. Strukturverfassung" gut erkennbar. Besonders dicht sind die Entsprechungen, was die *„Strukturontologie II. Strukturdynamik"* betrifft. Hier findet man die Stichworte der Kriterien der Wahrheit von oben nicht nur wieder, sondern in größerer Ausführlichkeit phänomenologisch eingeführt und erläutert. Es bedarf hier nur der Aufzählung der Überschriften der Abschnitte von *„Strukturontologie II. Strukturdynamik"*, um die wichtigsten Begriffe dort wieder zu finden (die entsprechenden Stichworte seien kursiv hervorgehoben):[169]

„II. Strukturdynamik"

1. Strukturgeschehen als ontologischer Prozess (StO 75–80)
2. Korrektur, Rekonstitution, Steigerung (StO 80–89):
   1) Leben: *Korrektur – Rekonstitution*
   2) Konsequenz (*Stimmigkeit*)
3. *Steigerung* als Kriterium der Struktur (StO 89–102):
   1) Verwandlung (StO 89–94)
   2) *Dynamik* (StO 95–97)
   3) *Hebung* und *Abhebung* (StO 97–100)
   4) *Sprung* (StO 100–102)

Für die beiden weiteren Teile der *Strukturontologie* Rombachs sind eher die großen Themen bei Hemmerle zu bemerken:

„III. *Strukturgenese*", s. Hemmerle *„Wahrheit":* „Theophanische Wahrheit" (vgl. StO 182–184), „Aufgang der Wahrheit Jesu" (vgl. StO 186–188)

[169] StO 75–102: Strukturontologie II. Strukturdynamik.

„IV. Strukturkombinatorik“, s. Hemmerle „*Wahrheit“*: „*Verwandlung* der Kriterien“ (vgl. StO 185–186), „Ineinander der Ebenen“ (vgl. StO 188–195).

4.2 Strukturphänomenologie

Wir sprachen bisher vor allem von einzelnen Motiven in Hemmerles phänomenologischem Denken. Bisher haben wir versucht, diese Phänomenologie „in statu nascendi“ vorzustellen, um es mit Merleau-Ponty auszudrücken, also Phänomenologie, wie sie aus dem Anfang des „Es geht“ hervorgeht und sich in den „Kriterien“ bewährt. Es soll noch ein anderes Verständnis von Phänomenologie bei Hemmerle in den Blick kommen. Es ist gesagt worden, dass Hemmerle ohne Zweifel von der Strukturphänomenologie Heinrich Rombachs angeregt. worden ist. Das heißt aber nicht, dass er diese unverändert übernommen hätte.[170] Er hat durchaus eigene Veränderungen eingebracht. Diese Modifikationen legten sich ihm von der Theologie her nahe. Mehr noch, und das ist wohl das Besondere des Werkes von Klaus Hemmerle, er hat die *Strukturphänomenologie* zu einer *Strukturtheologie* hin weiterentwickelt.[171] Entwicklung zu einer *Strukturtheologie,* wie ich sie nenne. Ich möchte von ihr einen Eindruck geben anhand einer Vortragsreihe Hemmerles in Freiburg.

Hemmerle hat in Freiburg insgesamt drei Vorträge zu Anlässen des Geburtstages oder des Gedächtnisses von Bernhard Welte gehalten. Alle drei Vorträge haben als gemeinsames Thema die Phänomenologie, wie sie Welte betrieben hat, und ebenso das Verständnis von Phänomenologie, wie sie sich Hemmerle in einer eigenen Relecture angeeignet hat. In solcher Ausführlichkeit hat Hemmerle nicht mehr über Phänomenologie gesprochen.

In dem Vortrag *Grenze des Denkens – Denken der Grenze* interpretiert Hemmerle den frühen Vortrag Weltes *Grenze als göttliches Geheimnis* aus dem Jahr 1957[172], den Welte zuerst beim Dies academicus der Freiburger Universität gehalten hat. Welte geht darin zunächst auf den Anlass des Vortrages ein, nämlich die Grenzen der einzelnen Wissenschaften zueinander und schließlich von Philosophie und Theologie zu beschreiben, um dann grundsätzlich über den Begriff der „Grenze“ in der Philosophie nachzudenken. Dieser fungiert vor allem in der fundamentalen philosophischen

[170] An dieser Stelle wäre zu erwähnen Ganoczy, Alexander (2001), Der dreieinige Schöpfer. Trinitätstheologie und Synergie, Darmstadt. Es ist meines Wissens bisher der einzige fachwissenschaftliche Versuch geblieben, auf der Grundlage der Strukturphänomenologie Heinrich Rombachs systematisch einen Haupttraktat der Theologie, nämlich die Trinität, neu zu formulieren. Das ist ein sehr bedenkenswertes Unternehmen. Was aber im Unterschied zu Hemmerle auffällt, ist, dass Ganoczy die Strukturontologie Rombachs sozusagen Eins zu Eins in die Theologie übersetzen will, was aber Fragen aufwirft. Vgl. dazu Lorenz, Phänomenologie der Liebe, a. a. O., 98–117, 356–366.

[171] S. dazu Lorenz, Gott, a. a. O.

[172] Hemmerle, Klaus (1982), Denken der Grenze – Grenze des Denkens. Zur Phänomenologie Bernhard Weltes: AS 1, 239–263; Welte, Bernhard (1958), Die Grenze als göttliches Geheimnis (1958), in: ders., Auf der Spur des Ewigen, a. a. O., 315–336 [GS III/3, 11–23].

Handlung der „determinatio“. Welte fasst die determinatio in die drei „Urworte“ jeder Bestimmung, nämlich das demonstrative „Dieses“, das die Unterscheidung bzw. Differenz markierende „Nicht(-Dieses)“ sowie das „Und“ beider Urworte. Welte legt dabei auf das „Nicht(s)“ und das „Und“ der determinatio, entgegen der üblichen Auslegungstendenz, besonderes Gewicht. Hemmerle entwickelt daraus den Ansatz einer Phänomenologie, indem er die Handlung der Grenzziehung (determinatio) verfolgt. Es ist im Grunde eine fundamentale Differentialanalyse. Hemmerle kommt zu dem Ergebnis, Welte weise hier „drei Urbegriffe“ auf, „Grundworte dessen, dass ist, was immer ist […]. Alles sagt: Dieses, Nicht, Und“.[173] Es ist erkennbar, dass Grenzen für Differenzen stehen. Denn wo Differenzen, dort treten Grenzen auf.

Hemmerle nimmt dann im zweiten Vortrag *Eine Phänomenologie des Glaubens* (1987) den Ansatz der philosophischen Phänomenologie Weltes wieder auf und vertieft ihn. Es wird nun deutlich, dass Hemmerle Weltes Phänomenologie auf dem Hintergrund des phänomenologischen Vorgehens überhaupt sieht: Er gibt nun die phänomenologische Handlung Weltes auf seine unvergleichliche Art wieder als: „Siehe“, „Nein lass“, „Ja (Und)“. Diese Beschreibung entspricht, wenn man genau hinsieht, zugleich den „Kriterien der Wahrheit“ in *Wahrheit Jesu.* Damit ist also nichts anderes als die phänomenologische Methode Weltes in Kürze wiedergegeben. Und im Ausblick auf das ganze Werk Weltes spricht Hemmerle davon, auf die Entsprechung von Methode und Sache anspielend, mit dieser Methode und den drei Urworten habe Welte ein “phänomenologisches Dreieck“ gefunden, das die großen Themen seines Werkes insgesamt kennzeichnet: „Geheimnis (Und) – der/das andere (Nicht) – ich (Dies)“ (PhG 489).

Stellen wir in einem Schema die vier Stufen bzw. Urbegriffe entsprechend den Vorträgen *Die Wahrheit Jesu* (1976), *Denken der Grenze* (1982) und *Phänomenologie des Glaubens* (1987) nebeneinander, um ihre Übereinstimmung zu erkennen.

„Strukturphänomenologie“

Wahrheit Jesu	*Grenze*	*Phänomenologie*
	1. Stufe: Siehe – „Dieses“	1. „Siehe“ (s. Rosenzweig)
2. Negation	2. Stufe: Grenze – „Nichts“	2. „Nein lass“
3-1. Stimmigkeit	3. Stufe: „Und“	3. „Ja“, Und
3-2. Integration	„drei Urbegriffe […] Grundworte dessen, dass ist, was immer ist. Alles sagt: Dieses, Nicht, Und“ (244)	*„phänomenologisches Dreieck“* (489) „Geheimnis – andere – ich“
4. Steigerung		

Das wichtigste Urwort für die aus der Phänomenologie hervorgehende Sache ist für Hemmerle das „Und“ (AS V, 331–333).

173 Hemmerle, Grenze, a. a. O., 244.

An dieser Stelle sei eine Überlegung dazwischen geschoben, um die weitere Bedeutung dieses „Und" zu ermessen. Ohne Zweifel denkt Hemmerle bei diesem „Und" an Franz Rosenzweig. Rosenzweig hatte in *Das Neue Denken* als Ergebnis der abendländischen Philosophie zusammengefasst: „Die Erfahrung entdeckt im Menschen [...] nur Menschliches, in der Welt nur Weltliches, in Gott nur Göttliches. Und nur in Gott Göttliches, nur in der Welt Weltliches, nur im Menschen Menschliches" (DND 144). Mit anderen Worten stellt Rosenzweig fest, dass die drei Urgrößen der Wirklichkeit von Gott, Mensch und Welt wie isolierte Urberge in der abendländischen Philosophie nebeneinander stehen. Was ihnen fehlt, ist das verbindende Und.

Vor diesem Hintergrund hat Rosenzweig den *Stern der Erlösung* geschrieben. Ein Hauptstück darin ist die Messianische Erkenntnislehre. Ihr geht es darum, mit dem Und die „Urphänomene" zu verbinden. Rosenzweig schreibt: „In ein Erkennen, bei dem etwas herauskommt, ist genau wie bei einem Kuchen auch etwas hineingetan. Hineingetan ist in den ‚Stern der Erlösung' zu Beginn die Erfahrung der Tatsächlichkeit vor allen Tatsachen der wirklichen Erfahrung. Die Tatsächlichkeit, die dem Denken statt seines Lieblingswortes Eigentlich das seiner Zunge ungewohnte Grundwort aller Erfahrung, das Wörtchen Und aufzwingt. Gott *und* die Welt *und* der Mensch. Dieses Und war das Erste der Erfahrung; so muss es auch im Letzten der Wahrheit wiederkehren. Noch in der Wahrheit selber, der letzten, die nur eine sein kann, muss ein Und stecken; sie muss, anders als die Wahrheit der Philosophen, die nur sich selber kennen darf, Wahrheit für jemanden sein" (DND 158).

Rosenzweigs Anstrengung geht dahin, „Gott *und* die Welt *und* den Menschen" zusammenzubringen. Das ist nur durch das *Und* möglich. Dieses Und ist aber nicht durch irgendwelche Erkenntnis, sondern allein durch „Erfahrung der Tatsächlichkeit" zu erreichen. Für Hemmerle wird das „Und" zum „Grundwort aller Erfahrung", mehr zum Kern und Stern seines Denkens. Die Art und Weise aber, das Und zu denken, ist allein der Phänomenologie möglich. Denn das Und meint das Zueinander von Beziehungen, Korrelationen, Polaritäten, die zu bedenken sind. Und es ist gerade die Auszeichnung der Phänomenologie, Polaritäten zu denken. Das Und ist das Grundwort von Struktur.

Struktur bedeutet nach Hemmerle deshalb: „Struktur ist Beziehung, ist Vorgang, der Beziehung stiftet und umfasst, sich entfaltend in Momente, die je das Ganze, aber auf je unverwechselbare Weise, in sich tragen. Struktur ist indessen kein allgemein reproduzierbares Schema, sondern der lebendige Vorgang, der je mitzugehen ist, damit er sich zeige und seine innere Stimmigkeit zeige. Während im System alles unter ein Prinzip untergeordnet und in ein von ihm konzipiertes Ganzes sozusagen von außen eingegliedert wird, ist Struktur eben jener Vorgang, der alles sein lässt, was es ist, durch seine Momente aber hindurchreichend das Ganze genetisch in seinen – nicht ableitbaren, sondern nur im Vor- und Mitgehen durch die Einzelheiten zu gewinnenden – Zusammenhang bindet".[174]

Zurück zu dem Vortrag Hemmerles. Er nennt dann im Anschluss an die Urbegriffe die drei ontologischen Größen von Mensch – Welt – Sein (wahrscheinlich im Blick

---

[174] Hemmerle, Klaus (1974), Wandlungen des Gottesbildes seit dem II. Vatikanum, in: AS 1, 433–456; 448.

auf Rosenzweig) strukturontologisch: (4) „Und-Gespräch", (5) „Und-Weltgefüge", (6) „Und-Wahrheit" (Denken-Sein).[175] Das obige Schema der „Strukturphänomenologie" kann nun durch die Stufen der „Strukturontologie" ergänzt werden:

Von der „Strukturphänomenologie" zur „Strukturontologie"

Wahrheit Jesu	*Grenze*	*Phänomenologie*
	1. Stufe: Siehe – „Dieses"	1. „Siehe"
2. Negation	2. Stufe: Grenze – „Nichts"	2. „Nein lass"
3-1. Stimmigkeit	3. Stufe: „Und"	3. „Ja", Und
3-2. Integration	Und ...	Und ...
3-3. Steigerung	Und ...	Und ...
		4. Und-Gespräch
		5. Und-Weltgefüge
		6. Und-Wahrheit
	7. Kunst	7. Gestaltung

Zum Verständnis der drei ontologischen Größen seien nur kurz die zentralen Aussagen Hemmerles im Text dazu angeführt. Sie werden verdeutlicht durch das Denken seines Meisters Bernhard Welte:

Und – „Gespräch" – „Wichtig ist zu betonen, dass ein aus dem phänomenologischen Vorgang gewonnenes Und des Gesprächs anderer Art ist als ein neutralisierend verstauender Allgemeinbegriff. Gewiss ist Sehen nur dann Sehen, wenn es sich auch im Sehen des andern, im andern Sehen bewährt, zumindest offen ist für solche Bewährung. Aber solche Bewährung im Sehen des andern nimmt eben diesem und einem selbst das Selbersehen keineswegs ab, sondern stößt es an. Allgemeinheit ja, aber Allgemeinheit als Gemeinsamkeit je neuer Ursprünge, je eigenen Sehens, in welchem die unerschöpfliche Fülle des Aufgangs der Wirklichkeit sich zeitigt. Was hier strukturell ermittelt ist, hat nicht nur im Wie, sondern auch im Was der Phänomenologie Bernhard Weltes seine begründende Entsprechung" (PhG 483–484).

Und – „Weltgefüge" – „Im Sinne von Bernhard Welte ließe sich sagen: Alles, was sich zeigt, bringt das Ganze ins Spiel, und Spiel wäre dann am ehesten eine Kategorie, diesen gefügten und doch nicht verfügbaren Zusammenhang, dieses Weltgefüge zu benennen" (PhG 485).

Und – „Wahrheit" (Denken-Sein) – „Die Strukturen entsprechen sich, aber in ihrer Entsprechung sind sie die Zueignung dessen, was beides, Sich-Zeigen *und* Sehen, Sehenlassen *und* Sehen einander zuweist, versammelt. Gerade diesem im Phänomen Versammelnden, gerade der sich in der Fügung von Erscheinen und Denken eröffnenden Wahrheit als dem gewährenden und versammelnden Ereignis hat sich zuletzt und

[175] Vgl. PhG 483–487.

zutiefst Bernhard Weltes Denken je zugewandt. [Wahrheit wird Ereignis]" (PhG 485–486).

Die drei ontologischen Bereiche sind nicht beliebig, sondern wir betreten mit ihnen die Struktur-Ontologie. Die Struktur-Ontologie ist zu verstehen als Entfaltung der strukturalen Seinsweise. Gerade in ihr wird die Strukturiertheit des Ganzen zum Merkmal. In der Tat ist die Tatsache des „Und" der Struktur des Seins in der Philosophie immer schon einmal erkannt, aber nicht zu Ende gedacht worden.

4.3 Von der Phänomenologie zur Strukturtheologie

Mit der Beschreibung der phänomenologischen Methode ist jedoch nur ein Teil, nämlich das Wie der Methode, beschrieben. Es ist nun von großer Bedeutung, wie das *Wie* auch das *Was* der Sache bestimmt. Und in der Tat geht es Hemmerle darum. An dieser Stelle steht bei Hemmerle signifikant der wichtige Hinweis auf das alte philosophische Axiom, wie es Aristoteles ausgesprochen hat: „Im Grunde [...] spiegelt sich in dem Verhältnis [...] die aristotelische Grundeinsicht, nach welcher die Sache selbst die Methode ist" (PhG 482) (s. oben 2.).

Dementsprechend geht im Folgenden der Blick von der Methode *(Wie)*, der „Strukturphänomenologie", auf die Sache, die „Strukturtheologie" *(Was)*. An dieser Stelle kommt Hemmerle im Anschluss an Heinrich Rombach zu seinem eigensten Ansatz: der „Struktur-Ontologie bzw. –Theologie". Bisher konnte er strukturphänomenologisch vorgehen. Jetzt aber geht es um die Sache des Glaubens, die struktural interpretiert werden soll. Und wie wichtig und notwendig ein solcher neuer Ansatz für die Sache der Theologie ist, hat Hemmerle immer wieder gesagt, wie etwa am Anfang von *Glauben – wie geht das?*:

„Manchmal haben wir den Eindruck, eine ungezählte Fülle von Perlen in der Hand zu haben, Schriftworte, Dogmen, Normen, Institutionen, Formen. Alles das gehört zum Glauben, zum Christsein – aber wir wissen nicht, wie wir diese einzelnen Perlen in der Hand behalten sollen, ohne die oder jene uns entgleiten zu lassen. Und wir wissen schon gar nicht, wie diese vielfältigen Perlen in einen inneren Zusammenhang bringen. Es fehlt uns sozusagen die eine Schnur, an der sie sich alle aufreihen und zur Kette werden, es fehlt uns der eine Weg, der durch die vielen Gestalten des Glaubens hindurchführt und daraus diese eine, überzeugende Lebensgestalt Glaube werden lässt. [...]

Vielleicht machen wir auch die entgegen gesetzte Erfahrung. Der Glaube kommt uns vor wie ein ungemein perfektes und stimmiges System, alles passt zusammen, alles läuft in sich ab – aber wir selbst kommen nicht dazwischen. Wir können es zwar in scheuer Bewunderung bestaunen, aber damit leben können wir nicht. Wir fühlen uns wie in einem Museum, in dem viele wertvolle Tische und Vasen und Teller und Einrichtungsgegenstände ausgestellt sind; nur sind wir durch ein Absperrseil davon getrennt und durch ein Schild ferngehalten: Bitte nicht berühren! [...] Glaube ist groß und ehrwürdig, aber Glauben geht nicht, so haben wir dann den Eindruck.

Tausend Perlen ohne die verbindende Kette; das perfekte System, aber ohne dass wir in diesem Museum leben könnten" (Glauben 5–6). – Das Problem des Glaubens kann offensichtlich weder substanztheologisch noch systemtheologisch gelöst werden. Es bedarf eines neuen Ansatzes.

Der neue Ansatz ist nach Hemmerle ein strukturaler Ansatz. Die Methode des neuen Ansatzes ist die Phänomenologie. Die Sache sind die Grunddaten des Glaubens. Hemmerle führt nun die Methode der Strukturphänomenologie und die Sache des Glaubens zusammen. Er zeigt, dass beide eine innere Nähe besitzen, einander zugetan sind und sich gegenseitig fordern. Hemmerle spricht von einer Phänomenologie auf den Glauben hin (Genitivus obiectivus) und einer Phänomenologie vom Glauben her (Genitivus subiectivus). Die Einheit von Methode und Sache, von *Was* und *Wie,* nenne ich „Strukturtheologie“:

Dazu macht Hemmerle die wichtige Aussage: „Phänomenologie gehört nicht nur in die eigenständigen und gerade in ihrem Eigenstand gültigen praeambula fidei, sondern sie ist auch eine Konsequenz und ein Auftrag des Glaubens selbst. Phänomenologie auf Glauben hin und Phänomenologie vom Glauben her sind einander zugewiesen. Und dabei kann die Phänomenologie auf den Glauben hin zum Weg werden, um verantwortet und durchsichtig jene Schritte zu setzen, in denen der Glaube sein eigenes Licht entbirgt und sich selbst dem Licht, das die menschliche Vernunft in sich trägt, aussetzt und bezeugt. Umgekehrt aber entdeckt sich im Glauben die ‚Phänomenologie auf den Glauben hin‘ als bewegt von jenem neuen und doch anfänglichen Anruf, der sich in der ‚Phänomenologie vom Glauben her‘ auslegt. Vielleicht muss Theologie in Zukunft noch mehr Phänomenologie des Glaubens (Genitivus subiectivus und obiectivus) werden, um ungetrennt und unvermischt die Einheit zwischen fides qua und fides quae, aber auch die Verwiesenheit und Entsprechung zwischen dem inneren Licht des Glaubens und dem inneren Licht der Vernunft, in welchem wir zu sehen vermögen, was sich von sich her zeigt, wahrzunehmen“ (PhG 497).

Diese Umkehr der Theologie bzw. des Glaubens mag im Folgenden schematisch dargestellt werden.[176] Phänomenologie des Glaubens hat bei Hemmerle die doppelte Bedeutung des genitivus obiectivus und des genitivus subiectivus, oder die Bewegung der Theologie geschieht in dieser Gegenwendigkeit: sie ist (philosophische) Phänomenologie auf den Glauben hin und (theologische) Phänomenologie vom Glauben her. Theologie als Religionsphänomenologie gestaltet sich zum einen als philosophische Phänomenologie, die zum Glauben hinführt, indem sie etwa die praeambula fidei darlegt, zum anderen aber auch als phänomenologische Theologie, die vom Glauben zur Philosophie hinführt bzw. sich der Phänomenologie öffnet.

Im seinem Vortrag zur *Phänomenologie* Weltes vollführt Hemmerle beide Bewegungen. Die erste Bewegung der philosophischen Phänomenologie, sie mag im Schema als *Phänomenologie I* bezeichnet werden, haben wir bisher und vor allem oben dargelegt; dabei hat sich ihre Bedeutung für die Theologie bzw. den Glauben ergeben: Wir haben das Schema der *Phänomenologie I* in sieben Stationen entfaltet. Jetzt gilt es, bei der Theologie einzusetzen, die als *Phänomenologie II* zu bezeichnen wäre, und

[176] Hemmerle spricht in einer wichtigen Bemerkung der *Rezension* von einer „Drehung“, die die Strukturphänomenologie für den Gebrauch des Glaubens und der Theologie ausführen müsste (AS I, 427); vgl. Lorenz, Fundamentaltheologie, a. a. O., 336–337; ders., Gott, a. a. O., 537f; Böhnke, Einheit, 127, 151.

ihre Bedeutung für die *Phänomenologie I* zu betrachten. Die *Phänomenologie II* setzt mit neuen Vorgaben ein. Es sind dies die Grunddaten des Glaubens. Hemmerle nennt sie: „Wort Gottes“ (das Neue), „Umkehr“ (Krisis), „Charis“ Evangelium („reine Gabe“, Wahrheit 103), Neue „Koinonia“, Neue „Schöpfung“, „Nachfolge“ (neue Wahrheit). (PhG 493–496) Die schematische Gegenüberstellung mag verdeutlichen, wie die Grunddaten des Glaubens der *Phänomenologie II* den Kriterien von *Phänomenologie I* entsprechen und ihnen antworten:

Vortrag „Phänomenologie“ II	*Vortrag „Phänomenologie“ I*
1) „Wort Gottes“ (das Neue)	1) „Siehe“
2) „Umkehr“ (Krisis)	2) „Nein, laß“
3) „Charis“ Evangelium	3) Ja „Und“
	„phänomenologisches Dreieck“ (S. 489)
	„Geheimnis-andere-ich“
	„Und“
4) Neue „Koinonia“	4) Und-Gespräch
5) Neue „Schöpfung“	5) Und-Weltgefüge
6) „Nachfolge“ (Neue Wahrheit)	6) Und-Wahrheit (Denken-Sein)
7) Zeugnis	7) Gestaltung

In der Gegenüberstellung der beiden Reihen ergeben sich erhellende Korrelationen: Es ist nicht nur so, dass die *Phänomenologie I* die *Phänomenologie II* erhellt, sondern auch umgekehrt, und darum geht es bei der Umkehr des Ansatzes, die Stationen der *Phänomenologie II* erhellen nicht weniger jene der *Phänomenologie I*. Der phänomenologische Ansatz Hemmerles vollführt beide Bewegungen, die (philosophische) Phänomenologie auf den Glauben hin und die (theologische) Phänomenologie vom Glauben her.

Es wird deutlich, wie sehr sich in der Korrelation der beiden Reihen im Schema oben das *„Wie“* (des Zugangs bzw. der Methode) und das *„Was“* (der Sache) bedingen. In den Worten Hemmerles: „beide Reihen laufen nicht nebeneinander her, als sozusagen imperativische und indikativische, es gibt nicht hier die Subjektivität des Lebens [Wie] und dort die Objektivität des Inhalts der Botschaft [Was]. Keines ist durch das andere zu ersetzen, aber jedes ist je im andern enthalten. Und beides verbindet sich im Einen, im Ereignis, das da verkündet wird, indem die Botschaft vom nahe herangekommenen Gottesreich verkündet wird. Die Botschaft Jesu [Was] und die Nachfolge Jesu [Wie] *sind* eins in der Botschaft von Jesus“ (PhG 495). – Die Strukturtheologie weist die Systemtheologie des Subjekts (Wie) einerseits und die Substanztheologie (Was) andererseits in ihre Grenzen, indem sie beide übergreift und in ihren Vollzug integriert.

Welche Konsequenz hat eine so verstandene phänomenologische Theologie für die Sache des Glaubens? Hemmerle fasst das Bisherige zusammen und gibt einen Hinweis auf die Aufgabe, die auf die Theologie wartet. Hemmerle skizziert zunächst wenigstens, auf welche Weise die theologische Phänomenologie (das *Wie*) die gesamte Sache der Theologie (das *Was*) zu strukturieren vermag. Man könnte in seinem Sinne von einer phänomenologischen Strukturtheologie sprechen. Zum Schluss seien nur noch die Skizzen und Beispiele genannt, die Hemmerle selbst vorgibt, um die Durchstrukturierung der wichtigsten Sachthemen der Theologie anzudeuten. Die Sachthemen ergeben sich dabei jeweils aus der gegenwendigen Bewegung von *Phänomenologie I* und *Phänomenologie II* oder der Bewegung einer Phänomenologie auf den Glauben hin und einer Phänomenologie vom Glauben her:

Zur Christologie sagt Hemmerle dementsprechend: „Die Botschaft Jesu und die Nachfolge Jesu *sind* eins in der Botschaft von Jesus. Dass Jesus die ganze Wirklichkeit der Welt auf sich nimmt, dass er Schuld und Tod und Grenze des Menschen in sich ausleidet und sterbend hinein gibt in den Vater, der ihn und in ihm uns auferweckt: das Paschageheimnis ist nichts anderes als die Gewähr Gottes, in welcher er sich selber und so seine Herrschaft und sein Reich schenkt, und es ist zugleich unser Weg der Stationen, die wir beschrieben haben: *Ecce* homo, *Ecce* Deus – *Krisis* – *Charis* – *neue Gemeinschaft* – *neues Leben* und *neue Welt*" (kursiv – KK) (PhG 495).

Zu Inkarnation und zu Ostern gibt Hemmerle vor: „Doch genauso ist, dieses österliche Geheimnis tragend, zusprechend und uns zuwendend, dieser Weg auch der Weg der Inkarnation. Die Botschaft und in ihr Gott selbst, sein Wort, treffen die Jungfrau – sie verlässt sich und öffnet sich – das Wort, der Sohn Gottes, wird in ihr Fleisch, geht von Gott in unsere Welt hinein und geht in ihr aus unserer Welt hervor – er wird Glied der Menschheit, neuer Adam, stiftet die neue Gemeinschaft – in ihm werden Welt und Leben anders und neu, die Zeit wendet sich. Wiederum: Botschaft und Leben als zweieine Gegenwart der Zuwendung Gottes" (PhG 495).

Die Trinität skizziert Hemmerle: „Und schließlich zuletzt, zuerst und zuinnerst: Geschichte zwischen dem Vater und dem Sohn im Geist. Das ‚*Ecce*', das ‚Adsum' des Sohnes (vgl. Hebr 10,5–9) – die *Kenose,* die Entäußerung des Sohnes (vgl. Phil 2,6–8) – die *Erhöhung* und Einsetzung des Sohnes (vgl. Phil 2,9–11; Röm 1,4) – der Auferstandene als der *Erstgeborene unter vielen Brüdern* (vgl. Röm 8,29) – der Angelpunkt und der Anfang der *neuen* zum Vater im Geiste heimgebrachten *Welt* (vgl. Eph 1,10): Dreifaltiges *Leben,* das sich öffnet und uns mit einbezieht, als Botschaft und Vollzug" (kursiv – KK) (PhG 495).

Diese theologischen Entwürfe und Skizzen sind im thematischen Hauptteil unten im Kopf zu behalten und dort auszuführen (Teil IV–VI).

4.4 Zusammenfassung

Hemmerle zieht zur Beschreibung des Strukturgeschehens gerne die Musik heran. Das mit einigem Recht. Wie bei Rombach die Kunst, so hat bei Hemmerle die Musik große Ähnlichkeiten mit dem Strukturgeschehen. Ein Blick auf die Musik mag das Strukturgeschehen in seiner Verfassung und seiner Bewegtheit noch einmal von einer anderen Seite anschaulich machen. Dazu ist ein Blick in die *Vorlesungen über die Ästhetik* über die Musik bei Hegel aufschlussreich. Hegel geht davon aus, dass Musik selbständig ist, d. h. Musik geht aus sich selbst hervor. Sie ist letztlich von nichts Äußerem abhängig. Hegel kennt die absolute Musik, das „reine Tönen". „Der wahrhafte Inhalt enthält also in sich selbst die Form, und die wahrhafte Form ist ihr eigener Inhalt".[177] Ihre Dimensionen gehen auseinander hervor. Zum anderen geht Hegel davon aus, dass die Zeit die entscheidende Dimension der Musik ist. Das hat zur Voraussetzung, dass Musik aufgeführt werden muss, sie muss zum Klingen gebracht werden, damit Musik Musik wird. Sie kann zwar als Partitur vorliegen, sie ist aber gerade kein ‚Vorhandenes' im Sinne Heideggers, sondern ein Spiel, das aufgeführt werden muss. – Eine sehr treffende Analogie zur Struktur.

Wie bei jedem Spiel spricht Hemmerle dazu von drei Ursprüngen, die für ein Musikstück, etwa eine Sonate von Mozart, zusammengehen müssen. Da sind natürlich die beiden Ursprünge der Mozartpartitur (A) und des Klavierspielers (B). Mozart erklingt nur, wenn beide Ursprünge zusammenspielen, d. h. die vorliegende Partitur gewinnt Leben durch den Spieler und der Mozartinterpret wird ein solcher nur durch das Spielen der Partiturvorlage.

Die Partitur enthält in einer kunstvollen Form die Gestalt, die dann als Musik erklingen wird. Es sind Töne, die durch Harmonik, Melodik und Rhythmik ein sensibles Werk ausmachen. Dabei gibt nach allgemeinem Verständnis der Rhythmus mit den unterschiedlichen Tempi die Bewegung des Stückes an. Oder der Rhythmus bildet, wie man sagt, die horizontale Abfolge der Töne ab. Die Harmonik gibt dazu die vertikale Koordinate der Töne wieder, indem sie die Beziehung der Töne untereinander bestimmt. Schließlich bildet die Sonate oder ein Lied ein Ganzes, eine unverkennbare Melodie, die durch unterschiedliche Lautstärke, Höhe und Tiefe und Klangfarbe gewonnen wird.

Die Partitur reicht natürlich nicht aus, sondern der Spieler setzt sie auf seine Weise um. Je mehr von seinem Ursprung in das Spiel eingeht, umso mehr macht er aus der Partitur und wird die Sonate lebendig und ist nicht nur eine technische Wiedergabe. Durch den Spieler wird das Musikstück zum Leben erweckt, und wird damit „Mozart".

Hemmerle macht allerdings darauf aufmerksam, dass zu einer kunstvollen Wiedergabe einer Mozartsonate noch ein Drittes, ein dritter Ursprung, gehört. Aus welcher Quelle schöpft der Spieler die Motivationen und die Kraft, Mozart nicht nur technisch gekonnt, sondern authentisch lebendig und dazu immer wieder neu wiederzugeben? Wir wissen ja von Spielern, die sich ein Leben lang etwa die Aufgabe gestellt haben, die „Appassionata" Beethovens wiederzugeben. Die Quelle liegt weder in der Partitur noch in (dem seit langem toten) Mozart oder Beethoven (die ich natürlich nach allen Richtungen hin gründlich studieren kann). Hemmerle nennt es die „inspirative" Kraft, die sich entzündet zwischen Mozart und dem Spieler, wenn sich also der Spieler von der Musik Mozarts inspirieren lässt und andererseits in Mozart tatsächlich eine Quelle der ständigen Inspiration gegeben ist. Hemmerle nennt diese inspirative Kraft den dritten Ursprung des ‚Mozart' in Gestalt der vorgetragenen Sonate.

---

[177] Hegel, *Enzyklopädie der philosophischen Wissenschaften,* § 303 Zusatz 34; s. Billeter, Bernhard (2004), Musiktheorie und musikalische Praxis, Peter Lang Verlag, 78.

Die Dimensionen des Rhythmus, Harmonie und Melodie sind offensichtlich gut in Analogie zu sehen mit den Ebenen des Strukturgeschehens: Rhythmus wird von Hemmerle oft gebraucht, um die Bewegung, die Tempi des Strukturgeschehens aufzuzeigen. Die Harmonie regelt sozusagen die Beziehungen der Momente innerhalb der Struktur; mit den Momenten sind die Töne gemeint, aber auch alle anderen Momente, die zur Aufführung des Musikstückes von Nöten sind, wie Instrumente, Dirigent und Spieler, Singstimmen und Sänger eines Chores. Die Momente stehen auf verschiedene Weise miteinander in Beziehung. An der Melodie ist aber ein Musikstück in seiner Ganzheit und Eigenheit zu erkennen; musikalisch erinnert sie an die Form des Stückes, die Sonate, oder die Melodie, das Kennzeichen des Liedes,

Es mag weiterhin an die Analogie mit der Musik erinnern, wenn Hemmerle oben von einem „schematisch gleichen Grundmuster" bei den vier großen „Ordnungen" des Glaubens spricht, nämlich den Ordnungen der „Botschaft", „Nachfolge", des „Weges" und des „Geheimnisses". Man könnte an eine Sonate mit ihren unterschiedlichen Sätzen denken. Die Ordnungen der Botschaft, Nachfolge, Weg und Geheimnis wären demnach Großformen wie die Sonate und hätten ein gleiches Muster (nach Hemmerle der „Grundbewegung") der Satzfolge (mit Hemmerle der „Kriterien" „Stationen") von „Negation", „Stimmigkeit", „Integration", „Steigerung". Aber wie jede Sonate bei gleicher Großform und gleichem Muster mit jeder anderen eine ganz individuelle ist (Mozart, Beethoven), so ist jede Ordnung des Glaubens nicht weniger einzig und nicht ersetzbar.

Teil III:

Offenbarung: Wort Gottes und Glauben

5 Wort Gottes – Offenbarung

Beginnen wir nach den Einführungen mit der Theologie. Allerdings ist es entsprechend unseren methodischen Überlegungen nicht möglich, direkt auf die „Sache" loszugehen, sondern wir haben uns zuerst des Weges, der „Methode", zu vergewissern, wie wir die Sache angehen wollen oder besser können. Das *Wie* geht dem *Was* voraus. So stellt sich die erste entscheidende Frage: *Wie* die Theologie beginnen?

Wie mit der Theologie anfangen? Beginnen wir wie Hemmerle mit Bonaventura die Theologie mit dem Wort Gottes. Oder in der Sprache der klassischen Theologie. Beginnen wir mit der Offenbarung. Offenbarung ist ein theologischer Begriff. Der klassische Ort dafür ist das Vatikanum I. Die zentrale Vorstellung der Offenbarungswahrheit nach dem Ersten Vatikanum ist das depositum fidei. Dies ist aber ein gegenständlicher, substantivischer Begriff, Offenbarung verstanden als ein Paket von Wahrheiten.[1]

Dagegen steht das Offenbarungsverständnis von *Dei Verbum* des Zweiten Vatikanum. Das Paradigma der Offenbarung ist dort von Anfang an nicht das depositum fidei, sondern Offenbarung ist ein Vorgang, genauer ein Sprechen und eine Kundgabe Gottes. Es ist die Selbstmitteilung Gottes. Genauer ist das Sprechen wie eine Konversation, die Gott mit den Menschen beginnt. Und Gott hält diese Konversation durch die ganze Heilsgeschichte hin durch, bis Jesus selbst, als Wort Gottes, das Gespräch Gottes in die Welt bringt (DV 2). Mit Jesus, dem Wort Gottes, beginnt aber ein neuer Weg, den Hemmerle „Weg des Wortes" nennt.[2] Wie aber das Kommen des Wortes Gottes in die Welt verstehen? Wie das Sprechen Gottes in der Sprache des Menschen auslegen?

Noch einmal: Wie anfangen? Wie die Theologie anfangen? Mit dem Glauben oder mit der Offenbarung? Mit der Botschaft oder mit der Nachfolge? Mit der Schrift oder mit der Dogmatik? Diese Fragen stellt Klaus Hemmerle an die Theologie Bonaventuras. Das Buch der *Nachfolge* über Bonaventura enthält vielleicht am Dichtesten

---

[1] Depositum fidei ist „ein ‚objektivierender', sachhafter Begriff (deutsch: Glaubenshinterlage, Glaubensschatz, Glaubensvermächtnis); er beruht auf der Vorstellung, dass aus dem Heilsgut, das Jesus Christus in seiner Verkündigung u. Praxis vermittelte, Wesentliches der Kirche anvertraut ist. Nach amtlichem katholischem Verständnis hat sie dieses Glaubensgut unverfälscht zu hüten (1 Tim 6, 20; 2 Tim 1, 12 ff.) und authentisch zu erklären, wobei sie vor Irrtum im Wesentlichen bewahrt wird (Unfehlbarkeit DSH 3070; II. Vatikanum DV 10, LG 25 Depositum der Offenbarung)" (Herbert Vorgrimler, Neues Theologisches Wörterbuch, 2012).

[2] DV 1–2. Eine wichtige Anregung erhielt die vorliegende Studie von Hoffmann, Veronika (2007), Vermittelte Offenbarung. Paul Ricoeurs Philosophie als Herausforderung der Theologie, Mainz. Sie eröffnet ihre Studie mit einer Typologie von Offenbarungsverständnissen in Vergangenheit und Gegenwart (S. 13–70). Zu Recht führt sie die Philosophie Ricoeurs als heutige Herausforderung an die Theologie hinsichtlich des Offenbarungsdenkens ein. Allerdings berücksichtigt sie dabei vor allem die Anregungen Ricoeurs. Damit wird vor allem die Texthermeneutik in die Mitte des Offenbarungsverständnisses gerückt. Unsere Studie beginnt mit einer Stufe davor.

die Theologie Hemmerles.[3] Also auf seine Anfrage antwortet Hemmerle mit Bonaventura: „Wenn wir nach dem theologischen Ansatz Bonaventuras fragen, dann heißt eine erste und allgemeinste Antwort: Sein Ansatz ist der Ansatz des Wortes."

Hemmerle konkretisiert jedoch diese erste und allgemeine Antwort vom Anfang des Wortes Gottes: „Die erste Frage, die er sich in seinem Spätwerk, den Collationes in Hexaemeron, den Predigten zum Sechstagewerk, stellt, lautet: An wen muss – ja kann allein – das Wort ergehen? (Quibus debet loqui?, Hexaemeron I, 1.) Bonaventura fängt also zu predigen an, und er fragt, welches die Stoßrichtung, die innere Verlaufsrichtung seines Wortes, damit aber des Wortes, das er zu verkünden hat, sein müsse". Mit anderen Worten bleibt Bonaventura zu Anfang nicht bei einer allgemeinen Theologie des Wortes Gottes stehen, sondern bei dem konkreten Wort der Predigt oder Verkündigung, also beim Wort Gottes im Vollzug oder Geschehen.

Und noch einmal fragt Hemmerle mit Bonaventura genauer nach, wo denn das Wort Gottes zuerst zu verkünden und anzufangen habe: „Bonaventuras Antwort auf die Frage, die er an sich selber richtet, ist freilich schockierend. Wohin spricht Gottes Wort, wohin setzt dieses Wort an? Wir Heutigen würden kaum zögern zu sagen: Adressat ist der ohne dieses Wort heillose, in sich selbst verfangene, der suchende Mensch. Bonaventura aber sagt: Das Wort ist zu richten ‚an die Kirche; denn das Heilige darf nicht den Hunden' und die Perlen dürfen nicht den Schweinen vorgeworfen werden" (Nachfolge 36–37).

Bei genauerem Betrachten zeigt sich, dass Bonaventura im Grunde bereits drei Anfänge der Theologie benennt: das Wort Gottes allgemein, das Wort Gottes in der Verkündigung, das Wort Gottes für die Kirche. Befremdlich wird in der Tat vor allem erscheinen, dass bei der Kirche als dem eigentlichen Adressaten anzufangen sei. Die Kirche als eigentlichen Ansprechpartner der Wortes Gottes zu verstehen und so mit der Kirche auch die Theologie beginnen zu lassen, erscheint ungewohnt. Bonaventura scheint dafür zu sprechen – es ist nur die Frage, was Bonaventura unter Kirche versteht. Bekannt ist die These von Joseph Ratzingers Habilitationsschrift, das Depositum der Offenbarung sei nach Meinung Bonaventuras größer als das, was die Heilige Schrift enthalte und werde deshalb von der Kirche verwahrt. Ratzinger identifiziert allerdings Kirche sofort mit der institutionellen und lehramtlichen Kirche, die hinter der Tradition stehe und somit zu Recht diese garantiere. Dies war bekanntlich die Meinung Ratzingers zur Zeit des Zweiten Vatikanischen Konzil.[4] Hemmerle ist offensichtlich nicht dieser Meinung und er kann sich dabei auf die folgende Aussage Bonaventuras selbst stützen: „Bonaventura weiß [...], dass das Wort eines Hörens bedarf, welches diesem Wort zugestaltet sein muss. Bonaventuras scheinbar selbstsichere Antwort klärt sich als höchst selbstkritisch. ‚Zunächst ist von uns selbst zu sprechen und zu sehen, wie wir sein müssen. Trifft nämlich der Lichtstrahl in ein krankes Auge, so wird dieses eher geblendet als erleuchtet'" (Nachfolge 37–38).

[3] S. Lorenz, Strukturtheologie, a. a. O., 300–315.

[4] „Offenbarung ist immer größer, als das bloß Geschriebene. Das bedeutet, dass es ein reines ‚Sola scriptura' (Luther) nicht geben kann, dass zur Schrift das verstehende Subjekt ‚Kirche' gehört, womit auch schon der wesentliche Sinn von ‚Überlieferung' gegeben ist" (so Benedikt XVI in: Aus meinem Leben (1927–1977), Stuttgart 1998, 84).

Diese Bemerkung Bonaventuras entspricht offensichtlich mehr seiner Auffassung von Kirche: „Es kommt Bonaventura selbstverständlich auf diese Institution Kirche an; aber was sie zur Kirche macht, genauer: was sie als Kirche existieren lässt und was sie als Kirche verifiziert, ist ein Vollzug. Kirche als Adressat des Wortes wird bestimmt als ‚die Einung der Verständigen, die eines Sinnes und in gemeinsamer Prägung leben, indem sie eines Sinnes und in gemeinsamer Prägung achten auf das *Gesetz* Gottes, einmütig und in gemeinsamer Prägung zusammenhalten im *Frieden* Gottes und einmütig und in gemeinsamer Prägung übereinstimmen im *Lob* Gottes. Doch dies ist aufeinander hin geordnet; denn Lob kann nicht sein, wo nicht Friede, und göttlicher Friede kann nicht sein, wo nicht Beobachtung des göttlichen Gesetzes herrscht' (Hexaemeron I, 2)" (kursiv – KK) (Nachfolge 38). – Adressat des Wortes Gottes ist demnach nicht die Kirche als Institution und Lehramt, sondern die hörende Kirche. Man könnte als ersten Adressaten durchaus an den „sensus fidelium" denken. Wir werden auf dieses Kirchenverständnis Bonaventuras noch zurückkommen.

Mit seiner letzten Bemerkung hat Bonaventura aber einen weiteren Ansatz der Theologie genannt: bei uns selbst, bei den Gläubigen ist anzufangen. Aber damit nicht genug. Hemmerle kommt auf den Anfang Bonaventuras später noch einmal zurück, fasst zusammen und fügt dem Bisherigen noch einen weiteren Anfang hinzu: „Unsere Frage nach Bonaventuras Ansatz der Theologie hat eine vielgestaltige Antwort erfahren. Er selbst konzentriert diese Vielgestalt in eine einzige Formel hinein. ‚Wo muss man anfangen?' Darauf erwidert er sich selbst: ‚Aus der Mitte, und das heißt aus Christus. Wird diese Mitte außer Acht gelassen, so entgleitet alles' (Hexaemeron I,1 und 10). Diese Auskunft steht nicht beziehungslos neben der bislang leitenden, dass der Ansatz der Theologie Ansatz des Wortes, Ansatz zum Hörer des Wortes, Ansatz zur Kirche hin sei. Vielmehr ist es derselbe Atemzug, in dem Bonaventura beide Fragen stellt" (Nachfolge 59–60).

Wo also anfangen? Beim Wort Gottes, bei der Verkündigung, bei der Kirche, bei uns, bei Jesus Christus oder – könnte man im Sinne Bonaventuras noch hinzufügen, beim Anfang allen Anfangens, Gott Vater? Hemmerle antwortet in seinem Bonaventurabuch: mit allen. Es ist der Ansatz seines Bonaventura-Buches. Es ist die Erkenntnis, dass man eigentlich mit allen Ansätzen zugleich anfangen müsste, um der Theologie (Bonaventuras) gerecht zu werden, es aber auf menschliche Weise nur nacheinander tun kann – das aber im Bewusstsein, beim Wählen eines Ansatzes die anderen nicht weniger im Blick zu behalten und auch zu berücksichtigen. Der vielfältige Ansatz Bonaventuras und die Übereinstimmung Hemmerles damit ist der typische Einsatz der strukturtheologischen Methode. Vielfältige Ansätze und verschiedene Perspektiven darauf sind die Kennzeichen von Strukturtheologie, wie wir sie bei Hemmerle kennenlernen werden.

Hemmerle ist sich dessen sehr wohl bewusst, wenn er Bonaventuras folgendermaßen charakterisiert: „Im selben Text des Hexaemeron, in derselben Reflexion über das Anfangen des Verkündigers mit seinem Wort, genau dort also, wo als der Umkreis der Struktur von Theologie die Kirche und als ihr Ziel die Weisheit, letztlich die sapientia nulliformis, erscheint [...], heißt die Antwort: ‚a medio, quod est Christus; quod medium si negligatur, nihil habetur'. Es genügt also nicht, einen strukturalen Zusammenhang aufzureißen, Linien eines Oben und Unten und Mit, eines Vor und Nach und Zugleich zu zeichnen, wenn diese Linien nur sich und nicht das zum

Ausdruck bringen, was ihre Mitte ist. Eine bloß dynamische und bloß strukturale Theologie ohne das sie Strukturierende wäre nichts" (AS II,173–175).[5] Hemmerle ist weit davon entfernt, die Strukturtheologie als Leerformel einzusetzen, sondern die notwendigen Strukturen haben ihre eigenen Dimensionen, Richtungen und Wertigkeiten. Vor allem bedarf es des insgesamt Strukturierenden.

In der folgenden längeren Passage stellt Hemmerle paradigmatisch das Denken Bonaventuras vor. Es ist zugleich sein eigener strukturtheologischer Ansatz: „Das unverwechselbar Eigene bei Bonaventura, aber auch das, was er heutigem theologischem Fragen und Denken zu sagen hat, liegt weniger in seiner ‚Position' als in seinem Weg, weniger im *Was* als im *Wie* [kursiv – KK] seines Denkens. Die Meinungen, die Bonaventura vertritt, liegen großenteils innerhalb der Bandbreite dessen, was man bei einem scholastischen Philosophen und Theologen vermuten kann; doch die Konstellation der unterschiedlichen Inhalte, ihre Kontexte und zumal ihre Genese sind frappierend. Daß Methode, daß Weg, daß Wie eine solche Rolle in seinem Denken spielt, zeichnet ihn innerhalb seines Zeitalters besonders aus. Aber dieses Wie und sein Rang sind eben nicht Zusatz zur Sache, zum Inhalt des Denkens, sondern Reflex, ja Konsequenz davon. Nachfolge, so sahen wir schon, hat Wegcharakter, und das Spezifische des Weges der Nachfolge ist, daß er *ein* Weg, aber Weg aus doppeltem Ursprung ist, Weg, der einzig und allein geprägt ist durch den, der vorgeht, Weg, der jedoch gerade so auch den spontanen und eigenen Weg dessen ausmacht, der nachfolgt. In der Tat sind das die beiden Grundzüge im Wie bonaventuranischen Denkens: Es ist weghaftes Denken, das eine Bahn entwickelt und die Stimmigkeit und Tragfähigkeit dieser Bahn nur dem entbirgt, der selbst, der im eigenen Engagement des Denkens und Lebens mitgeht. Das zweite Charakteristikum: Bonaventuranisches Denken ist strukturales Denken, will sagen, Denken, dessen innere Einheit nur dann aufgeht, wenn sie von verschiedenen Punkten zugleich genetisch gelesen wird. Ich muss aus der Position Gottes und aus der Position der eigenen Existenz zugleich den ganzen Denkweg ‚erzeugen', und ich muss ihn noch einmal erzeugen aus der vermittelnden Mitte des Christus, der göttlichen und menschlichen Anfang in sich beschließt; ich muss in objektiver spekulativer Entfaltung der Data, auf denen das Ganze aufruht, und zugleich in subjektivem personalem Vollzug dasselbe Geschehen durchlaufen und muss es nochmals als die Selbigkeit von beiden, als jenes durchlaufen, was Rationalität *und* Vollzug als seine beiden unlöslichen Dimensionen aus seiner Mitte entlässt; ich muss dasselbe als bleibende, gefügte ‚metaphysische' Gestalt und als sich begebende, prozesshafte Geschichte und muss es nochmals als den Zusammenhang von beidem, als die Gleichung von beidem begehen" (Nachfolge 32–33). – Wie es scheint ein höchst komplexes und kompliziertes Denken, das Hemmerle in Bonaventura vorfindet. Es ist strukturales Denken. Es ist nicht lineares Denken, es versucht, mehrfachen Anfängen und Ursprüngen gerecht zu werden. Es ist typisches Verfahren strukturalen Denkens, mehrfache Anfänge und Ursprünge zu verfolgen.

Was Hemmerle in seinem Bonaventurabuch durchexerziert, um seinen Einstieg in die Theologie Bonaventuras zu gewinnen, macht im Grunde die Textur seines eigenen Ansatzes aus. An anderer zentraler Stelle äußert sich Hemmerle auf seine Weise pro-

---

[5] Vgl. Nachfolge 59–60, 96.

grammatisch zum rechten Zugang zur Theologie. In dem wichtigen Aufsatz *Die Wahrheit Jesu* erläutert er, dass es mit dem Begriff der Offenbarung ähnlich bestellt ist wie bei Bonaventura. Die Zugänge sind zwar mehrfach und verschieden, haben aber doch eine gewisse innere Ordnung:

„Zugänglich ist die [...] [Offenbarung] Gottes in Jesus für uns nur im Zeugnis, und das Zeugnis hat seinen Ort in der Nachfolge – dieses Wort verstanden im doppelten Sinn des unmittelbaren vorösterlichen Mitziehens mit Jesus aufgrund seines Rufes und der nachösterlichen Sendung, des nachösterlichen Anschlusses an den auferstandenen Herrn in seinem Geist. Solche Nachfolge ist nicht äußere, zusätzliche Verstehensbedingung zur Sache, zur Wahrheit Jesu, sondern konstitutiv für sie selbst. Jesus ruft zur Nachfolge, sein Wort identifiziert sich nur, indem es angenommen wird, indem es sich geben darf und andere sich ihm geben. Erst in der Nachfolge kommen Jesu Werk, Wort und Weg bei sich selber, bei seinem Ziel an. Und in einem nehmen Wort, Werk und Weg Jesu das Fleisch, die Wirklichkeit derer an, die ihm nachfolgen: Welt und Mensch sind durch die Nachfolge in der Wahrheit Jesu integriert, kommen in der Wahrheit Jesu in ihre eigene Wahrheit.

Das aber, worauf sich Nachfolge bezieht, ist eben nicht nur Botschaft, die neutral ausrichtbar wäre, sondern Botschaft, die einen Weg auslegt, die ein Weg ist. In der Botschaft Jesu begegnen wir ihm selbst – und dies meint keine Reduktion Jesu auf das Kerygma, sondern umgekehrt die Identifizierung der Botschaft am Weg Jesu, an dem, was er tut, erfährt, ist.

Und dieser Weg ist nochmals nicht eine zusätzliche ‚Anwendung' dessen, was Jesus an sich selber wäre, eine zufällige Nachgeschichte zu seinem Wesen. Sein Weg eröffnet sein Geheimnis, in seinem Weg geschieht sein Geheimnis. Gott, den Jesus kündet, den er handelnd, liebend, lebend und sterbend verherrlicht, der Mensch, dem Jesus dient, den Jesus übernimmt, der Jesus ist, und Jesus, der sich gebender Gott und sich gebender Mensch, von Gott angenommener Gott und von Gott angenommener Mensch ist, gehen nur gleichzeitig auf. Es bestätigt sich: Die Wahrheit Jesu ist integral.

Die vier Ebenen – *Nachfolge, Botschaft, Weg, Geheimnis Jesu* [kursiv – KK] –, auf denen sich jeweils dieses Ineinander vollzieht, spielen so selbst ineinander" (Wahrheit 188–189).

Diese zentrale Aussage wird uns durch das gesamte Buch begleiten. Hier ist sozusagen der Leitfaden ausgesprochen, der uns durch die großen Teile des Buches führen wird. Zunächst ist in diesem Zitat offensichtlich von ähnlichen Ansätzen die Rede wie in der Theologie Bonaventuras. Es ist sozusagen das strukturale Programm seiner Theologie: Es ist die Rede vom Ansatz der Botschaft, dem Wort Gottes, vom Ansatz bei uns, der Nachfolge, und vom Ansatz bei Jesus Christus. Jeder Anfang hat seine Gründe und seine Berechtigung. Jeder Anfang ist somit auch ein berechtigter Ansatz der Theologie: bei der Botschaft, einer Wort Gottes Theologie; bei der Nachfolge, unserem Weg des Glaubens; und natürlich vor allem bei Jesus Christus. Vor allem ist in diesem Text die Rede vom Zueinander und Ineinander der Anfänge und Ansätze: das Wort Gottes eröffnet einen Weg, es ist der Weg unseres Glaubens; das Wort Gottes wird jedoch erst Botschaft dieses Weges, wenn der Glauben in der Nachfolge auch diesen Weg aufnimmt und geht. Schließlich erschließt die Botschaft nichts anderes als den Weg Jesu, den vorösterlichen Jesu wie nachösterlichen Weg Christi, der den Weg der Nachfolge vorzeichnet und selbst ermöglicht; es ist der Weg Jesu, der im Gehen der Nachfolge das Geheimnis Jesu Christi offenbart.

Es sind vier „Ebenen“, wie sie Hemmerle hier nennt, oder „Ordnungen“, nämlich der Nachfolge („Glauben“), der Botschaft („Schrift“), des Weges („Leben Jesu“) und des Geheimnisses Christi („Christologie“), die ‚ineinander spielen‘ und sich ‚ineinander vollziehen‘. „Ordnungen“ sind ein Strukturbegriff. Rombach verweist dazu auf Pascal: Es ist „legitim, ‚Ordnung‘ synonym mit ‚Struktur‘ zu verwenden. [...] Jede Struktur entwickelt eine ‚Ordnung. Die ‚Ordnung‘ schließt die Struktur und ‚alles andere‘ ein“ (StO 64–65). „Strukturen sind jeweils in ihren Ordnungen zu sehen“ (StO 68). Ordnungen haben ein Muster, mit ihnen lassen sich Strukturen vergleichen. Hemmerle hatte einmal von dem Zueinander und Ineinander solcher Ordnungen als von einem „Vierfarbendruck der Wirklichkeit“ gesprochen. Ein Bild, das sich auch für die Glaubenswirklichkeit nahelegt. Dort spricht er von „horizontalen Ordnungen“, einer Ordnung des Nebeneinanders, und von einer „vertikalen Ordnung“, einer Tiefenstruktur, die das Ineinander der Ordnungen bilden. In jeder einzelnen Ordnung durchdringen und durchkreuzen sich die Ordnungen. Sie sind wie „Druckplatten“, die insgesamt den „Vierfarbendruck“ (der Glaubenswirklichkeit) ergeben. Also jede Ordnung ist in jeder anderen auf ihre Weise ansichtig und anwesend. Erst der Gesamtdruck macht den Klang und die Farbe der Glaubenswirklichkeit aus (Vorspiel 21–22). Mit anderen Worten im Ineinander und Zusammen der „Ordnungen“ von „Botschaft“, „Nachfolge“ und „Weg“ wird das „Geheimnis“ ansichtig.

Ist dieses Nebeneinander, Miteinander und Ineinander der vier Ordnungen – Nachfolge, Botschaft, Weg, Geheimnis Jesu – ein Sprachspiel Hemmerles oder hat es einen tieferen Hintergrund? Grundlage solchen Sprechens ist der besondere Charakter der angesprochenen Ereignisse. Denn alle Begriffe wie Nachfolge, Botschaft, Weg, Geheimnis bilden Ereignisse oder „Grundphänomene“, wie wir sie genannt haben. Aber diese Ereignisse haben einen besonderen Charakter. Es sind keine linearen Ereignisse, sondern mehrursprüngliche Ereignisse, um es im Sinne Hemmerles zu sagen.

Die vier Ebenen oder Ordnungen Hemmerles – *Nachfolge, Botschaft, Weg, Geheimnis Jesu* – sind Ereignisse, die sich gegenseitig spiegeln. Mit anderen Worten ist die Nachfolge von den Ereignissen der Botschaft, des Weges, des Geheimnisses durchformt und Gleiches gilt von Botschaft, Weg und Geheimnis. Diese Gleichheit oder Analogie der Bewegungen, so wird sich zeigen, enthält eine gleiche Grundstruktur, die wir oben als Kriterien der Wahrheit entfaltet haben.

Die vier Ordnungen werden die folgende Darstellung bestimmen. Es wird über das Wort Gottes (Botschaft), den Glauben (Nachfolge), den Weg Jesu (den Weg der Botschaft und der Nachfolge) und darin aufgehend das Geheimnis Jesu Christi zu handeln sein. Die Frage ist nur: womit beginnen? Offensichtlich könnte bei jeder Ebene zu Recht begonnen werden: beim Wort Gottes, beim Glauben, beim Weg (der Heilsgeschichte) oder beim Geheimnis Jesu Christi (Dogmatik). Wie gesagt, wir werden immer alle Ordnungen im Blick haben müssen, die Aufgabe zugleich aber auf menschliche Weise nur angehen können, nämlich eine Ebene nach der anderen zu behandeln. Sinnvollerweise stellt sich am Anfang die Alternative, bei einem *Wie,* also entweder beim Wort Gottes oder beim Glauben anzufangen, denn das *Was,* der Weg und das Geheimnis Jesu sind ohne das Zueinander von Wort Gottes und Glaube nicht zu verstehen. Wir beginnen wie Bonaventura mit dem Wort Gottes und verstehen den Glauben als Antwort auf dieses Wort; dabei konstituiert sich der entsprechende Weg (Methode) – Wort Gottes und Glauben bilden so etwas wie den orientierenden Weg, die Methode der Theologie –, bevor wir uns thematisch und inhaltlich der Sache der Theologie, dem Geheimnis Gottes und Jesu Christi, zuwenden.

5.1 „Gott spricht" – Gott offenbart sich

Beginnen wir wie Hemmerle und Bonaventura die Theologie mit dem Wort Gottes, ohne uns zunächst auf die Begrifflichkeit der Offenbarung ausdrücklich einzulassen. Es ist ja zu beachten, dass Bonaventura den theologischen Begriff Offenbarung als systematischen Begriff nicht kannte. Das hat zum Vorteil, dass wir ursprünglicher mit dem Wort Gottes beginnen können. Es ist nämlich gleich zu beachten, auf welche Weise Hemmerle den Ansatz Bonaventuras beim Wort Gottes wiedergibt: „Wenn wir nach dem theologischen Ansatz Bonaventuras fragen, dann heißt eine erste und allgemeinste Antwort: Sein Ansatz ist der Ansatz des Wortes. Mit Bedacht sagten wir nicht: Ansatz *beim* Wort; denn das Wort wird nicht thematisiert aus einer Distanz zum Wort, sondern im Mitgehen mit dem Wort – Nachfolge wird nur in der Nachfolge und nicht jenseits von ihr reflektiert" (Nachfolge 36–37). – In der Tat macht es einen großen Unterschied, ob Hemmerle formuliert „Ansatz des Wortes" oder „Ansatz beim Wort". „Ansatz beim Wort" stellte das Wort Gottes als Bestand oder Gegenstand dem Menschen gegenüber.[6] Es wäre ein fertiges Wort, ein Wort, das ein Thema vorgibt, bereits thematisiert. „Ansatz des Wortes" geht nicht von einem bestimmten Wort aus, sondern vom Wort als Geschehen oder Ereignis: vom Sagen oder Sprechen, vom verbalen ‚worten' wäre etwa in Anlehnung an die französische Möglichkeit zu sprechen, das entsprechende Verb „parler" vom Substantiv „parole" ausgehend zu bilden.

Welche Gründe sprechen dafür, diese Auslegung auch für das „Im Anfang war das Wort und das Wort war bei Gott" (Joh 1,1) vorzuziehen. Zunächst einmal ist auffällig, dass Bonaventura zur Bestimmung des Anfangs der Theologie eigenartiger Weise nicht auf Joh 1,1 zurückgreift. Zum anderen besteht in der Exegese darin eine Übereinstimmung, dass „Im Anfang war das Wort" in Entsprechung steht zum Anfang der Heiligen Schrift „Im Anfang schuf Gott Himmel und Erde" bzw. „Gott sprach ... und es wurde" (Gen 1,1). Es geht um das Sprechen Gottes, woraufhin die Schöpfung wurde. Joh 1,1 will den neuen Anfang ankündigen und dieser besteht in dem Wort, das Gott in seinem Sohn in die Welt sandte. Auf ähnliche Weise hat bereits Augustinus „das Wort" (Verbum) von den „Worten" (verba) in Joh 1,3 unterschieden (C XI, 6,8; 7,9). Ein interessanter Hinweis gegen die allzu schnelle Hypostasierung des Wortes in Joh 1,1 gibt Weinrich, wenn er sagt, der Johannes-Prolog beginne deutlich mit einer Erzählung, also mit dem Sprechen Gottes; die Hypostasierung des Logos sei dabei nicht ohne weiteres gegeben.[7]

---

[6] S. auch Lorenz, Strukturtheologie, a. a. O., 309.

[7] Weinrich, Harald (1973), Narrative Theologie, in: Concilium 9 (1973), 329–334.

Als ich diesen Abschnitt schrieb, hörte ich im Radio überraschend eine Meditation von Philipp Harnoncourt[8], der kurz und prägnant die folgende Interpretation zugrunde lag:

„‚Im Anfang war das Wort' – Das Johannes-Evangelium beginnt mit dem geheimnisvollen Satz: ‚Im Anfang war das Wort'. Was heißt ‚das Wort' in diesem Satz? Was will Johannes damit sagen? Gemäß unserer Erfahrung als Menschen, die hören und sprechen können, ist Wort der kleinste Baustein in einem gesprochenen wie auch in einem geschriebenen Text. Weil es aber ‚im Anfang' ganz sicher noch keinen geschriebenen Text gegeben hat, kann nur ein gesprochenes Wort gemeint sein.

Wer spricht hier? Was wird gesagt? Und wem wird etwas gesagt? Weil es ‚im Anfang' weder jemand gegeben hat, der das gesprochene Wort hören konnte, noch irgendetwas, was durch das Wort benannt und ausgesagt werden konnte, kann dieser Satz nur bedeuten, dass es jemand gegeben hat, der sich selbst als ein sprechendes Wesen manifestiert.

Johannes knüpft in seinem geheimnisvollen Anfangssatz offenkundig an den ersten Satz der Bibel der Juden an. Das Buch Genesis beginnt mit dem Satz: ‚Im Anfang schuf Gott Himmel und Erde'. Und dann folgt der Bericht von der Schöpfung als ein Werk der Sprache: ‚Gott der Schöpfer spricht: Es werde Licht! und es wurde Licht'. Gott schafft, indem er spricht; er schafft durch sein Wort.

Johannes drückt etwas aus, was schon vor allem Anfang gilt: Das Wort, von dem er spricht, war schon vor allem, was durch die Schöpfung seinen Anfang genommen hat. ‚Das Wort war bei Gott; ja, Gott war das Wort; im Anfang war es bei Gott'.

In seinem ewigen Wort spricht Gott sich selber aus. Er setzt sich ein Gegenüber. Er offenbart sich als geheimnisvolles Miteinander und Gegenüber: Gott spricht und Gott hört. Gott war und ist und bleibt ein ewiges Gespräch! Ein Liebes-Gespräch!"

Hier ist auf treffende Weise ausgesprochen, um was es geht. Der kleine Unterschied in Hemmerles Rede von „Ansatz des Wortes" oder „Ansatz beim Wort" macht einen großen Unterschied in der Betrachtung Gottes aus. Es soll damit ja der Anfang der Rede von Gott gemacht werden. Der Unterschied würde besagen, dass man den Anfang des Prologs des Johannes nicht unbedacht lesen dürfte: „Im Anfang war das Wort und das Wort war bei Gott", sondern dem zuvor: „Im Anfang ist Gott, der spricht, der sich im Wort ausspricht". Und dies sollte durch die Kapitelüberschrift zum Ausdruck kommen: Gott ist zunächst ein „sprechender Gott". Damit ist gemeint, was in der klassischen Theologie „Offenbarung" genannt wird.

Diese Bemerkungen sind auch deshalb von Bedeutung, weil Joseph Ratzinger bekanntlich mit dem Logos des Johannesprologes sofort die griechische Hypostasierung des Logos verbindet. Nach ihm ist Logos Wort, Vernunft u. ä. Abgesehen davon, dass in einer solchen Hypostasierung die alttestamentliche Wort-Theologie keinen Platz mehr hat, bedeutet diese Vorstellung offensichtlich eine schwerwiegende Verengung des biblischen Logos auf die griechische Tradition hin.[9]

Beginnen wir also mit dem „Sprechen" Gottes: „Gott spricht". Was besagt dies aber? Wir müssen zuerst nach dem Sprechen fragen. Das Grundphänomen „Spre-

---

[8] Gedanken für den Tag, ORF 1, vom 24. Februar 2014.

[9] Benedikt XVI., Glaube und Vernunft. Die Regensburger Vorlesung. Kommentiert von Gesine Schwan, Adel Theodor Khoury, Karl Lehmann, Freiburg, 2006, 19–20.

chen" wird das Paradigma dieses Teiles des Buches zur Offenbarung sein. Wie vom Sprechen reden? Die Sprachtheorien und -philosophien unterscheiden gleich einmal „langage", das Sprechen, und „langue", die Sprache, die gesprochene Sprache. Oder mit Merleau-Ponty „la parole parlante" und „la parole parlée"; bei Levinas das Sagen „dire" und das Gesagte „le dit". Wir werden uns deshalb zuerst einmal dem „Sagen" (dire) zuwenden und dann dem „Gesagten" (le dit). Was meint solches „Sagen"?

Mit dem „Gesagten (le dit)" können wir vorläufig einmal die „Worte" als Ausgesagtes verbinden. Das Sagen (dire) ereignet sich nach Levinas weithin in „inkarniertem Sprechen". Das ist zunächst das „Wort" als leibhaftige Gestalt des Sprechens. Das ist dann aber auch die Sprache in allen ihren Dimensionen. Sprechen wird sozusagen leibhaftig in der Sprache. Sprache ist so etwas wie der Leib des Sprechens. Wir werden deshalb nach dem Sprechen die Sprache als Sprach-Raum betrachten; Sprach-Raum, der durch die Dimensionen von Raum und Zeit zu beschreiben ist. Lebendiges „Wort" ist jedoch flüchtig. Die einseitige Betonung einer Wort-Theologie ist nach Ricoeur der Gefahr der „Idealisierung" ausgesetzt (Gott 47–49). Es nimmt konkrete Gestalt an in der „Schrift" und bleibt als Schrift erhalten. Schrift ist eine neue und wichtige Funktion des Sprechens insgesamt. Schließlich geht das Wort in die „Tradition" ein.

Deshalb werden wir uns in vier Schritten dem Sprechen Gottes „Gott spricht" nähern: Zuerst werden wir nach der Bedeutung von „Sagen" und „Sprechen" (Gottes) (nach Levinas „dire") fragen, danach nach der Bedeutung von „Wort (Logos)" (Gottes), schließlich nach der Bedeutung des „Schrift" (Text im Sinne Ricoeurs) und „Tradition" gewordenen Wortes.

Reines Sprechen in der Musik Beethovens

Was will die Rede sagen von Gott, der von allem Anfang an „spricht"? Was meint Sagen (dire)? Ist Sprechen ohne „Worte" überhaupt möglich? Wir werden über das Sprechen überhaupt und über das Sprechen Gottes von allem Anfang an zu reden haben. Gibt es ein sozusagen reines Sprechen? Um dies zu verdeutlichen, sei auf einen eigenartigen, aber faszinierenden Beitrag Hemmerles hingewiesen mit dem Titel: *Gestalt als Zeugnis – zu Beethovens letztem Klavierstück*. Dabei hat Hemmerle aus der *Bagatelle* Beethovens das *Allegretto quasi Andante in g-Moll vom 27. 9. 1825* am Klavier selbst gespielt und zugleich interpretiert und kommentiert. Er nennt dieses letzte Klavierstück Beethovens eine „nicht gegenständliche oder absolute Erzählung" (AS II, 258–279, hier 260).

Mit anderen Worten ist für Hemmerle Musik „Erzählen", also ebenfalls ein Sagen oder Sprechen. Bei Beethoven unterscheidet er „vier Arten erzählender Musik". Dabei macht er eine Unterscheidung zwischen gegenständlicher und nicht gegenständlicher Musik oder von Musik, die ein bestimmtes Ereignis oder Motiv thematisiert. Gewöhnlich sprechen wir von dieser Art von Musik von erzählender Musik oder Programmmusik (z. B. „Pastorale" in der 6. Symphonie Beethovens). Dann kommt Hemmerle auf eine zweite Form musikalischer Erzählung zu sprechen: bekenntnishafte Musik wie in der „Eroica". „Dann gibt es eine dritte Gruppe von erzählender Musik bei Beethoven. Es ist jene Musik, die nicht mehr im eigentlichen Sinn etwas erzählt, sondern die das Erzählen erzählt oder einfach den erzählenden Grundton des

Sprechens zum eigenen Inhalt macht." Hemmerle nennt nun diese nicht thematischen Weisen der Musik, wie sie etwa in einigen Bagatellen Beethovens vorliegen, ausdrücklich Sprechen: „Es ist das Einhaltende des Sprechens, das Betonende, das das Wort Weitergebende, Sich-Zurücknehmende, das dieses Sprechen als solches wirkt. Es ist dieses in sich Bewegte des Sprechrhythmus und des Verhältnisses zwischen dem Sprecher und dem Sprechen, das als solches erzählt wird und das nicht nur eine objektive Mitteilung ist. Ich habe den Eindruck, dass Beethoven mitunter eine Freude daran hat, den sprechenden Gestus, diesen Grundvollzug ‚Sprechen' einfach als einen solchen darzustellen und nachzuahmen." Und nun kommt Hemmerle auf „eine vierte, für unsere Sache entscheidende Weise des Erzählens" zu sprechen. „In einer ganzen Reihe von Musikstücken geht es nicht mehr um den äußeren Gestus des Sprechens, sondern um die innere Dramatik des Erzählens selbst." Und nach dem Vorspiel eines Beispiels kommentiert Hemmerle das Gespielte: „Was da zu hören ist, ist einfach ein gleichmäßiger Rhythmus, ein Schema der Zeit des Nachher und Vorher, in dem aber die Unterschiedlichkeit des Sich-Einbringens, des Sich-Selber-Beteiligens an diesem Rhythmus sozusagen ein Hindeuten, einen Ausdruck als solchen darstellt, in dem aber nicht etwas ganz Bestimmtes ausgedrückt ist, so dass ein Rätseln, was dieses oder jenes bedeuten soll, im Grunde töricht wäre. Diese Musik ist nicht nur der Gestus des Ausdrucks im Sinne einer Sprachimitation, ja sie ist überhaupt keine Sprachimitation, sondern das Geschehen der inneren Dynamik des Sprechens selbst: in der Zeit inne stehen, aber zugleich Zeit gestalten, Zeit wiederholen, Zeit vollbringen, Zeit ballen, Zeit laden. Und indem ich solchermaßen Zeit gestalte, bringe ich mich selber ein" (AS II, 262–263).[10]

Hemmerle beschließt das Vorspiel des letzten Klavierstückes Beethovens mit dem Hinweis auf das „absolute Erzählen", das hier vor sich geht, und kommentiert: „Wird nicht in solch absolutem Erzählen die musikalische Gestalt selbst zum religiösen Zeugnis, zum Zeugnis menschlichen Ringens mit dem Gott seines Lebens und Sterbens? Denn wenn Sie mich fragen würden, was sagt dieses letzte Klavierstück Beethovens religiös aus, dann weiß ich keine andere Antwort als die jenes Mannes, der dem Jakob gesagt hat: Warum fragst du mich nach meinem Namen?" (AS II, 279)

Was an diesem Beitrag Hemmerles für unser Thema deutlich wird, ist, dass Sagen und Sprechen nicht auf unsere gewohnte Sprache beschränkt sind. Sagen und Sprechen gehen weiter. Es kann sich auch in Musik äußern; Hemmerle nennt die Ausdrucksweise der Musik Erzählen. Vieles, nicht nur die in Worte gefasste Sprache, spricht und sagt aus. Sagen und Sprechen mag einen Gegenstand, Worte, oder ein Thema haben, es muss nicht. Es gibt so etwas wie absolutes Sprechen oder Erzählen (s. oben 4.4 Hegel). Es kann versucht werden, dieses zu beschreiben; aber nicht mehr in Begriffen, sondern eher wie bei der Musik in Tempi, Intervallen, Rhythmen, Melodik u.a. Überraschend natürlich, dass Hemmerle solches absolute Erzählen zum

[10] Hemmerle hat dieses Klavierstück in Anwesenheit von Emmanuel Levinas vorgetragen. Levinas war besonders an Musik durch seine Frau, einer Pianistin, und seinen Sohn, ein ebenso begabter Pianist, interessiert. Levinas war offensichtlich vom Spiel des Bischofs und seiner Interpretation äußerst angetan.

Schluss als religiös charakterisiert, ohne den Namen eines religiös Anwesenden nennen zu müssen.

Rilke hat den Unterschied von Sprechen und (Aus)Sprechen, also Sagen und gegenständlichem Aussprechen, so zum Ausdruck gebracht:

Ich fürchte mich so vor der Menschen Wort.
Sie sprechen alles so deutlich aus:
Und dieses heißt Hund und jenes heißt Haus,
und hier ist Beginn, und das Ende ist dort.
Mich bangt auch ihr Sinn, ihr Spiel mit dem Spott,
sie wissen alles, was wird und war;
kein Berg ist ihnen mehr wunderbar;
ihr Garten und Gut grenzt grade an Gott.
Ich will immer warnen und wehren: Bleibt fern.
Die Dinge singen hör ich so gern.
Ihr rührt sie an: sie sind starr und stumm.
Ihr bringt mir alle die Dinge um.[11]

Wenn Hemmerle den Ansatz von Bonaventuras Theologie als „Ansatz des Wortes" und nicht als „Ansatz beim Wort" charakterisiert, weil der Ansatz bei Bonaventura zuerst nicht auf ein gegenständliches Gegenüber abzielt, sondern auf das Geschehen des Wortes, Sprechens („parler"), dann erinnert dies an solches absolute Erzählen, wie er es bei Beethoven gefunden hat. Der absolute Anfang Gottes wäre so ein ‚absolutes Sprechen'.

Wir beginnen also die Theologie mit dem Paradigma des Sprechens. Reines Sprechen begegnet uns bei Emmanuel Levinas, der zwischen ‚dire' und ‚le dit', zwischen reinem „Sagen" und „Gesagtem", also gegenständlich Gesagtem, unterscheidet. Aber nicht nur Levinas macht diesen Unterschied im Sprechen, sondern es hat eine Vorgeschichte bei Martin Heidegger und schließlich übernimmt Bernhard Waldenfels die nämliche Unterscheidung von „Sagen" und „Gesagtem" als Grundlage der responsiven Phänomenologie. Diese Überlegungen zum Sprechen und Sagen sind in den Blick zu nehmen, um zu ermessen, was die Aussage von „Gott, der spricht", als erste Aussage über die „Offenbarung" Gottes, meinen könnte.

5.1.1 Sprechen – Levinas gegen Heidegger

Logos bei Martin Heidegger

Bekannt ist die Aussage Heideggers: „Die Sprache spricht, nicht der Mensch".[12] Heidegger unterscheidet ein existenziales Sprechen von der vorhandenen gegenständlichen Sprache. Einige weitere Grundaussagen Heideggers hinsichtlich des Sprechens seien genannt. Für Heidegger ist der Ausgang seiner Überlegungen zur Sprache die „Rede", Rede als Sprachgeschehen. „Das existenzial-ontologische Fundament der Sprache ist die Rede." (SZ 160). „Weil für das Sein des Da, das heißt Befindlichkeit

[11] Rilke, Rainer Maria (1899), Mir zur Feier, 88.
[12] Heidegger, Satz vom Grund (GA 10) 143, Unterwegs (GA 12) 12–32, vgl. 254 ff, 267.

und Verstehen, die Rede konstitutiv ist, Dasein aber besagt: In-der-Welt-sein, hat das Dasein als redendes In-Sein sich schon ausgesprochen. Das Dasein hat Sprache." (SZ 165). Weiterhin zentral sind Heideggers Aussagen: Sprache ‚braucht' das Sprechen des Menschen[13] und Sprache sei das „Haus des Seins"[14].

Deutlich legt Heidegger den Akzent auf das Geschehen des Sprechens, nicht zuerst auf die gegenständliche Sprache. Von besonderem Interesse für unsere Interpretation von Joh 1,1 „Im Anfang war das Wort (Logos)" ist, wie Heidegger den Logos in der griechischen Philosophie wiedergibt. Nach Heidegger ist eine Hypostasierung des Logos in der griechischen Philosophie eine Folge des Fehlens eines Wortes für Sprache. Für die griechische Philosophie ist Logos deshalb zunächst Rede, Sprachgeschehen, nicht die Hypostase im Wort. „Ist es Zufall, dass die Griechen, deren alltägliches Existieren sich vorwiegend in das Miteinanderreden verlegt hatte, und die zugleich ‚Augen hatten', zu sehen, in der vorphilosophischen sowohl wie in der philosophischen Daseinsauslegung das Wesen des Menschen bestimmten als ζῶον λόγον ἔχον? Die spätere Auslegung dieser Definition des Menschen im Sinne von animal rationale, ‚vernünftiges Lebewesen ', ist zwar nicht ‚falsch', aber sie verdeckt den phänomenalen Boden, dem diese Definition des Daseins entnommen ist. Der Mensch zeigt sich als Seiendes, das redet. Das bedeutet nicht, dass ihm die Möglichkeit der stimmlichen Verlautbarung eignet, sondern dass dieses Seiende ist in der Weise des Entdeckens der Welt und des Daseins selbst. Die Griechen haben kein Wort für Sprache, sie verstanden dieses Phänomen ‚zunächst' als Rede. Weil jedoch für die philosophische Besinnung der λόγος vorwiegend als Aussage in den Blick kam, vollzog sich die Ausarbeitung der Grundstrukturen der Formen und Bestandstücke der Rede am Leitfaden dieses Logos. Die Grammatik suchte ihr Fundament in der ‚Logik' dieses Logos. Diese aber gründet in der Ontologie des Vorhandenen" (SZ 165 f). – Diese Bemerkungen Heideggers sind auch deshalb von Bedeutung, weil Joseph Ratzinger, wie gesagt, mit dem Logos des Johannesprologes sofort die griechische Hypostasierung des Logos verbindet. Nach ihm ist Logos Wort, Vernunft u. ä.

Wie kommt es nun nach Heidegger, dass mit dem Logos griechisch die verschiedensten Hypostasierungen verbunden werden: „Logos ist für die Griechen zuerst Rede, Sprache, Sprechen. Andere Begriffe für Logos sind Ableitungen davon, Ableitungen des ursprünglichen Sprechens. „Das ‚Wahrsein' des λόγος als ἀληθεῦειν besagt: das Seiende, wovon die Rede ist, im λέγειν als ἀποφαίνεσθαι aus seiner Verborgenheit herausnehmen und es als Unverborgenes (ἀληθὲς) sehen lassen, entdecken" (SZ 33). „Und weil die Funktion des λόγος im schlichten Sehenlassen von etwas liegt, im Vernehmenlassen des Seienden, kann λόγος Vernunft bedeuten. Und weil wiederum λόγος gebraucht wird nicht nur in der Bedeutung von λέγειν, sondern zugleich in der von λεγόμενον, das Aufgezeigte als solches, und weil dieses nichts anderes ist als das ὑποκείμενον, was für jedes zugehende Ansprechen und Besprechen je schon als vorhanden zum Grunde liegt, besagt λόγος qua λεγόμενον Grund, ratio. Und weil schließlich λόγος qua λεγόμενον auch bedeuten kann: das als etwas Angesprochene, was in seiner Beziehung zu etwas sichtbar geworden ist, in seiner ‚Bezo-

[13] Heidegger, Unterwegs (GA 12) 256; s. AR 615.

[14] Heidegger, Holzwege (GA 5) 286; Unterwegs (GA 12) 267.

genheit', erhält λόγος die Bedeutung von Beziehung und Verhältnis, Diese Interpretation der ,apophantischen Rede' mag für die Verdeutlichung der primären Funktion des λόγος zureichen" (SZ 34). – Nach dieser Aussage läge das „Sprechen" Gottes noch vor der Hypostase „Logos". Der Sohn Gottes wäre dann nicht sofort als Substanz oder Hypostase Logos zu definieren, sondern wäre zunächst als Gottes Sprechen zu begreifen, das sich dann allerdings im Wort inkarnierte, wie wir an Christen glauben.

Sagen (dire) bei Levinas

Emmanuel Levinas widersprach den Aussagen Heideggers ausdrücklich, besonders der Rede „Die Sprache spricht, nicht der Mensch". Das Sagen und Sprechen, die Rede, sei kein Rauschen oder Tönen wie das eines Wasserfalles. In seinem Frühwerk sprach Levinas noch von ,Existieren' und ,Existierendem' statt vom ,Sein' und ,Seiendem', ein Hinweis auf den Einfluss von Heidegger. Das Sein wird bei Levinas als ,Es gibt', Sein in seinem Wirken – wiederum ein Hinweis auf Heidegger – wiedergegeben. Sein erscheint als die Totalität, die alles Seiende verschluckt. Das Sprechen, die Rede Heideggers, ist für Levinas nichts anderes als der Ausdruck und das Sich-Äußern dieses anonymen neutralen Rauschens (s. oben 2.2.2).

Es geht Levinas darum, wie oben erläutert, die Totalität des Seins zu zerreißen, welche die abendländische Philosophie beherrscht, und eine andere Philosophie zu beginnen. Das Zerreißen der Totalität des Seins wird von Levinas vor allem auf drei Weisen beschrieben. In *Unterschrift* (Signature) nennt er dafür „Zeit, Sprache und Subjektivität" (Noms 110). Nach Levinas zerreißt die Totalität des Seins, nämlich in Bezug auf die *Ontologie*, die *Sprache* und die *Zeit*. Oben haben wir etwas zum Verständnis der Ontologie Levinas' ausgeführt. Jetzt wollen wir uns seinem Verständnis von Sprache zuwenden. Die Sprache, Sprechen und Sagen gehören zu den zentralen Themen seiner Philosophie.

Sagen zerbricht die Totalität des Seins: „Warum gibt es Sagen? Das Sagen ist der erste sichtbare Riss im seelisch-geistigen Leben" (GD 142). Einer der Grundzüge des Denkens Levinas' ist die Phänomenologie des Sprechens oder Sagens. Dabei ist die Unterscheidung zwischen „dire (Sagen)" und „le dit (das Gesagte)" entscheidend. Die Hintergründe für den ausdrücklichen Widerspruch Levinas gegen Heidegger liegen demnach in der Ontologie, besser in der ganzen Philosophie. Die Unterscheidung beider ist deren Folge und wird in der Sprache, im Sagen und Sprechen, manifest. Oben wurden die Auseinandersetzung Levinas mit Heidegger dargestellt, nun sind die Konsequenzen für das Sprechen zu erläutern (s. oben 2.2.2).

Das Gesicht des Anderen spricht

Es geht Levinas um die Philosophie insgesamt. Für Heidegger ist das Sein der Anfang der Philosophie, für Levinas der Andere. Die „*Weise* des Nächsten [Anderen] heißt Gesicht" (JS 199). Der Andere wird vertreten durch das Gesicht. Deshalb: „wenn das Wesen der Philosophie darin besteht, diesseits aller Gewissheiten zum Prinzip zurückzugehen, [...] dann ist das Antlitz des Anderen der eigentliche Anfang der Philosophie" (SpA 207). Levinas erinnert wiederholt an das Diktum Rimbauds „Ich ist ein Anderes" (JS 261–262 Anm.). Das Gesicht ist der Andere; der Andere ist deswegen der andere Anfang der Philosophie.

Gesicht ist bei Levinas aber bereits Sprechen. „Das Gesicht spricht" (TI 37 / TU 87). „Die Weise des Anderen, sich darzustellen, indem er *die Idee des Anderen in mir* überschreitet, nennen wir nun Antlitz" (TU 63). Doch was haben wir unter dem Gesicht zu verstehen, welche Seinsweise ist ihm zuschreiben? Levinas betont, dass schon die traditionelle Frageweise falsch ist, weil sie den entscheidenden Punkt verfehlt. Wenn das fremde Gesicht wirklich die Ontologie überschreitet, so sind wir außerstande zu sagen, *was* es ist, oder genauer: Wir können nur zeigen, dass es *nicht etwas* ist.[15]

In einer Konferenz wird Levinas nach seinem Verständnis von Antlitz (visage) gefragt. Es erscheine dem Fragesteller wie ein Phantom. Levinas antwortete: „In *Totalité et Infini* erscheine der Andere in der Art eines Phantoms, sagen Sie. Der Andere muss, wenn er als Anderer angenommen werden soll, unabhängig von seinen Eigenschaften angenommen werden. Wenn es das nicht gäbe, eine gewisse Unmittelbarkeit – es ist sogar dies die Unmittelbarkeit par excellence, die Beziehung zum Anderen ist die einzige, die nur als unmittelbare gilt –, dann verlöre der Rest meiner Untersuchungen seine ganze Überzeugungskraft. Dann wäre die Beziehung eine jener thematisierbaren Beziehungen, die zwischen Gegenständen hergestellt werden. Das Vergessen all jener ‚Verführungen' zur Thematisierung erschien mir als die einzige Weise, den Anderen als Anderen gelten zu lassen" (GD 97). „Das Unmittelbare ist das Von-Angesicht-zu-Angesicht" (TU 65).

Der neuartige Begriff des Gesichts scheint die alte Definition des Menschen zu überholen; fortan heißt es: ‚Der Mensch ist ein Wesen, das ein Gesicht hat'. Und dieses „[Anders]Seiende ist der Mensch, und der Mensch ist zugänglich als Nächster. Als Antlitz" (SpA 115; ZU 49). Alles kommt darauf an, die Andersheit des Anderen zu bewahren und ihn nicht zum alter Ego oder gar zum Objekt zu machen.

Schon „das Gesicht spricht". Im Sprechen bricht der Abstand zum Anderen auf, ein Abstand, der nicht von Seiten des Ich und nicht von Seiten des Anderen aufgebaut wird, sondern da ist, unendlich da ist. Im Sprechen ist die Dimension des „Unendlichen" mitgegeben. „Sagen, welches dem Anderen das Unendliche bezeugt, das mich zerreißt, wenn es mich im Sagen wachruft" (Gott 116). Die Beziehung zum Anderen geht jeder Frage nach dem Anderen voraus. Sprache ist „Beziehung mit einem unendlich entfernten – d. h. seine Idee übersteigenden – Wesen (être); und zwar so, dass seine Autorität als Seiendes in jeder Frage, die wir uns über die Bedeutung seines Seins auch nur stellen können, bereits angerufen ist. Man erkundigt sich nicht über es, sondern man erkundigt sich bei ihm. Es sieht einem immer ins Auge".[16]

Unendlich nennt Levinas den Abstand vom Subjekt zum Anderen. Damit ist gemeint, dass das Subjekt keinerlei Möglichkeit hat, das Andere von sich aus zu erreichen. In Beziehung zum Anderen treten kann das Subjekt nur, wenn der Andere die Beziehung mit dem Subjekt seinerseits aufnimmt. Dies ist ein Anrufen oder Appell des Anderen; das Angehen des Anderen in der Beziehung ist ein eminent ethisches: „Dieses Unendliche, das stärker ist als der Mord, widersteht uns schon in seinem Gesicht, ist sein Gesicht, ist der ursprüngliche Ausdruck, ist das erste Wort: ‚Du wirst

[15] S. ZU 133–134; s. Waldenfels DG 2, 192; Dirscherl, Nähe Gottes, a. a. O., 412–429.

[16] TU 58 (nach der Übersetzung von Funk, Sprache, a. a. O., 321); s. ZU 21–22.

keinen Mord begehen (tu ne commettra pas de meurtre)'" oder einfacher noch: „Du wirst nicht töten" (TI 173 / TU 285). Dieser Appell, nicht zu töten, bedarf keiner weiteren Worte. Er spricht schon. Er ist das „erste Wort" des Anderen an mich. „Die Epiphanie des absolut Anderen ist Antlitz, in dem der Andere mich anruft und mir durch seine Nacktheit, durch seine Not, eine Anordnung zu verstehen gibt. Seine Gegenwart ist eine Aufforderung zu Antworten. [...] In seiner Stellung ist es durch und durch Verantwortlichkeit oder Diakonie, wie im 53. Kapitel des Buches Jesaja (SpA 224)".[17]

Zur Epiphanie des Anderen im Antlitz und zur Verantwortung ihm gegenüber greift Levinas oft auf die Bibel, vor allem das Alte Testament zurück. Er findet auch einen dichten Hinweis im Neuen Testament, der zugleich ein starker Hinweis auf die Anwesenheit Gottes im Nächsten ist. „Ich zitiere stets, wenn ich mit einem Christen spreche, Mt 25: Die Beziehung zu Gott wird dort vorgestellt als eine Beziehung zum anderen Menschen. Da ist keine Metapher: Im Nächsten ist reale Anwesenheit Gottes. In meiner Beziehung zum Anderen vernehme ich Gottes Wort. Das ist keine Metapher, das ist nicht bloß extrem wichtig, es ist wörtlich wahr. Ich sage nicht, dass der Nächste Gott ist, aber dass ich in seinem Antlitz Gottes Wort höre".[18]

Ursprüngliches ethisches Sagen

„Das Gesicht spricht" (TI 37 / TU 87). „Das Antlitz spricht. Die Manifestation des Antlitzes ist schon Rede". „Die Epiphanie des Antlitzes ist ganz und gar Sprache".[19] Das Erste, wo der Andere begegnet, ist das Gesicht. Damit ist aber nach Levinas bereits das Sprechen gegeben: das „Gesicht, ist der ursprüngliche *Ausdruck,* ist das erste Wort: ‚Du wirst keinen Mord begehen'" (TI 173 / TU 285).

Sprechen ist Beziehung zum Anderen. Sprechen geht nicht im Gesagten auf, sondern eröffnet eine neue, andere Dimension. Levinas fragt, wie anders Sprechen zu verstehen wäre: „Warum gäbe es Sprechen? Wäre es, weil der Denkende etwas zu sagen hat? Aber warum hat er etwas zu sagen? Warum genügt es ihm nicht, dieses Etwas, das er denkt, zu denken? Sagt er nicht das, was er denkt, gerade weil er über das hinausgeht, was ihm genügt, und weil die Sprache diese Grundbewegung trägt".[20] Sprechen ist für Levinas die originäre Weise der Begegnung mit dem Anderen. „Das Gesicht spricht". „Wir werden versuchen zu zeigen, dass die *Beziehung*

[17] Jes 53,3. Krewani hat eine Entwicklung hinsichtlich des Anderen und seiner Beziehung zu ihm im Werk Levinas' festgestellt und verfolgt. Demnach stand der Andere und die Beziehung zu ihm im Mittelpunkt am Anfang; im Laufe der Zeit wandelt sich der Begriff, den sich Levinas von dieser Beziehung macht. In der frühen Philosophie ist es die Liebe, die den Zugang zum Anderen öffnet, in der späten hingegen die Verantwortung. Repräsentativ für die frühe Philosophie sind die Bücher *Vom Sein zum Seienden* und *Die Zeit und der Andere,* für die späte Philosophie *Jenseits des Seins oder anders als Sein geschieht. Totalität und Unendlichkeit* ist ein Werk des Übergangs (Krewani, Levinas, a. a. O., 27).

[18] ZU 140, vgl. 133 f. Levinas hat in der Diskussion von Rolduc gesagt, dass ihn Mt 25 sein Leben begleitet hat. Die Stelle habe ihm Sympathie zum Christentum eingebracht (AS V, 327).

[19] TU 87, SpA 221, 198f; Noms 113, TI 174, EU 66.

[20] Levinas, Dialog, a. a. O., 61–85, hier 82.

des Selben und des Anderen [...] die Sprache ist. Die Sprache realisiert in der Tat eine Beziehung des Selben und des Anderen von der Art, dass die Termini sich in dieser Beziehung nicht gegenseitig begrenzen, sondern der Andere trotz der Beziehung zum Selben dem Selben transzendent bleibt. Die Beziehung des Selben [,ich', frz. ,Je'] zum Anderen – oder die metaphysische Beziehung – vollzieht sich ursprünglich als Rede " (TU 44–45), „das Wesen der Sprache ist die Beziehung mit dem Anderen" (TU 298).

Die Beziehung zum Anderen, die sich im Sprechen aussagt, ist für Levinas so zentral, dass er dieses Geschehen sogar mit dem geistigen Geschehen schlechthin identifiziert: „Geist ist nicht mehr das ein für allemal Gesagte. Er ist das Sagen, das sich vom Selbst zum Anderen ständig den Weg bahnt, da, wo noch nichts Gemeinsames ist. Das Nicht-gleichgültig-sein (die „non-indifférence") des Einen für den Anderen! [...] Nur eine Beziehung vom einen zum anderen kann als geistige bezeichnet werden" (Noms, 10 Vorwort). – Die Kurzformel für das Sagen als „Nicht-gleichgültigsein (die „non-indifférence") des Einen für den Anderen" wird uns gleich beschäftigen.

Der Andere ist der Grund des Sprechens. Einige wichtige Unterscheidungen sind zur Beschreibung des Sprechens bei Levinas festzuhalten:

Sagen *(dire)* ist nicht gleich dem thematischen, gegenständlichen, Sprechen *(le dit)*. Sagen ist *transitives, ursprüngliches* und *ethisches* Sprechen. Sprechen ist das ethische Ereignis der *Kommunikation*. Das ursprüngliche Sagen *,verleiblicht'* sich im *Wort*. Versuchen wir diese Essentials des Sprechens bei Levinas der Reihe nach zu erläutern.

Levinas hat bei Heidegger das verbale Sein gefunden und andere *transitive* Bewegungsformen, die nicht auf das Schema der Intentionalität zurückgeführt werden können. Die Weisen der „Befindlichkeit" bei Heidegger etwa, wie vor allem die „Angst", erscheinen als „Bewegungen ohne Ursachen, oder genauer ,ohne Objekte'" (EU 29). Und gerade diese Aktionsweisen sind bei Heidegger von Bedeutung; es sind Geschehen oder Ereignisse vor jeder Objektivierung. Ähnlich ist auch das „an-archische" Sagen von Levinas *transitiv* zu verstehen. Es ist ohne arché, ohne Anfang und ohne Ende, es ist sich fortzeugende Bewegung.

Sagen ist *ursprüngliches* Sprechen – „Dieses Sagen ist ein Sprechen vor dem Sprechen" (SpA 287). „Das ursprüngliche oder vor-ursprüngliche Sagen – das Vor-wort im eigentlichen Sinne" (JS 29). Levinas nennt solches Sprechen „ursprüngliche Sprache" (langage im Gegensatz zu langue). „Das Antlitz eröffnet die ursprüngliche Rede, deren erstes Wort die Verpflichtung ist, [...] Rede, die verpflichtet, in die Rede einzutreten" (TU 289). Das Antlitz des Anderen ist Bedeutsamkeit für sich, nicht zuerst Inhalt oder Thema. Es sagt oder bedeutet nichts als dies: Du sollst nicht töten. Gerade die Schwäche und Wehrlosigkeit des Anderen ist es, die diese seine Unverletzbarkeit bedeutet – nicht das Vermögen auf Seiten des Anderen, auch nicht das Unvermögen auf Seiten des Ich, sondern die Widerständigkeit dessen, der keinen Widerstand leistet. Seine Widerständigkeit ist nicht ontologischer Natur, sondern ethisch – ist nicht bloße Negation, sondern zutiefst positiv. In ihr zeigt sich das ethische Wesen der Sprache. Der Andere nimmt das Ich in Pflicht. Es ruft zur Verantwortung.[21]

---

[21] S. Funk, Sprache, a. a. O. 329.

Sagen ist *ethisches* Sprechen – Levinas nennt das ursprüngliche Sprechen ethisches Sagen. Ethisches Sagen geht als Grundbewegung jedem thematischen und objektiven Sagen voraus (EU 31–32). „Doch erschöpft sich das Sagen im Gesagten? Muss nicht ausgehend vom Sagen, eine Sinnschicht freigelegt werden, die sich nicht auf Thematisierung und Ausstellung eines Gesagten reduziert?“[22] Ursprüngliches Sprechen ist ein ethisches Ereignis, sein Wesen „die Brüderlichkeit mit dem Nächsten“ (SpA 287). Sprechen ist ein menschliches und humanes Grundphänomen: „Der Mensch ist das einzige Sein, dem ich nicht begegnen kann, ohne ihm diese Begegnung selbst auszudrücken“ (SpA 112).

Ein Sprechen, das zu mir spricht, bevor es über etwas spricht, nimmt die Züge einer Anrede, eines Anrufs an; es privilegiert grammatische Formen wie den Imperativ, den Vokativ und die Personalpronomina. „Das Unmittelbare ist der Anruf (inter-pellation), und wenn man so sagen kann, der Imperativ der Sprache. Die Idee der Berührung stellt nicht den ursprünglichen Modus der Unmittelbarkeit dar“ (TI 23 / TU 65).

Die Beziehung zwischen dem Anderen und mir ist durch eine unwiderrufliche Asymmetrie geprägt ist, sie bezieht sich auf die Ursituation des Anrufs, die eine Dimension der Höhe eröffnet (TI 5,59 / TU 38,120; EU 67–68). Die Stimme des Anderen kommt von oben, ähnlich der Stimme Gottes, die vom Berg Sinai herabtönt. Doch im Gegensatz zu jeder Hierarchisierung menschlicher Beziehungen müssen wir davon ausgehen, dass die zwischenmenschliche Asymmetrie eine doppelseitige ist. Levinas betont ausdrücklich, dass der fremde Befehl mir zu befehlen befiehlt (TI 188 / TU 308).

Und wiederum fällt in diesem Zusammenhang eine Bemerkung Levinas zum Verhältnis des Antlitzes des Anderen zu Gott, das den Theologen elektrisieren muss. „In meinem letzten Buch *Wenn Gott ins Denken einfällt* wird der Versucht gemacht [...] zu fragen, in welchem Moment das Wort Gottes vernommen wird. Es ist ins Antlitz des Anderen eingeschrieben, in der Begegnung mit dem Anderen: doppelter Ausdruck von Schwäche und Forderung. Ist es Wort Gottes? Ein Wort, das mich fordert als verantwortlich für den Anderen; es ist eine Erwählung, weil diese Verantwortung nie aufhört. Eine Verantwortung, die Sie an niemanden abtreten, ist keine Verantwortung mehr. Ich springe für jeden Menschen ein, und kein Mensch kann für mich einspringen, und in diesem Sinn bin ich erwählt [...]. Ich habe immer so gedacht, dass die Erwählung kein Privileg darstellt; sie ist das Grundcharakteristikum der Person des Menschen, sofern er moralisch verantwortlich ist. Die Verantwortung ist eine Individuation, ein Individuationsprinzip. Bei der berühmten Fragestellung: ‚Wird der Mensch durch die Materie oder durch die Form individuiert?‘, vertrete ich die Individuation durch die Verantwortung für den Anderen“ (ZU 138).– Zum einen kann das Sprechen zum Wort Gottes werden, aber, so formuliert Levinas sofort den Unterschied zum Christentum, das Wort Gottes ist universal, es kann durch jeden anderen Menschen zu mir sprechen.

[22] Levinas, Emmanuel (1991), Außer sich. Meditationen über Religion und Philosophie, München, 191.

Sprechen und Wort

Bernhard Waldenfels charakterisiert das Sagen von Levinas auf folgende Weise: „Die Unterscheidung zwischen Sagen und Gesagtem ist sicherlich eines der stärksten Motive im Denken von Levinas [...]. Die Rede spaltet sich auf in Sagen und Gesagtes, und dies im Zuge einer Diachronie des Sprechens. Der Diskurs gerät sich selbst gegenüber in Verzug, die Diachronie des Sagens greift über die Synchronie des Gesagten hinaus. Platonisch gesprochen überwiegt die Dihairesis gegenüber der Synopsis, sie überwiegt auch gegenüber der Synthesis“ (DG 2, 208). Die Unterscheidung zwischen Sagen und Gesagtem stellt Waldenfels nicht nur bei Levinas fest, sie wird zu einem zentralen Charakteristikum auch seiner Phänomenologie der Responsivität.

Levinas macht einen deutlichen Unterschied von „Sagen“ und „Gesagtem“ (dire und le dit). „Dieses Sagen ist ein Sprechen vor dem Sprechen“ (SpA 287), „Rede vor der Rede“.[23] Das Sagen geht einher mit einem „Gesagten“. Zwar ist wichtig, den Überschuss des Sagens über das Gesagte zu erkennen und zu beachten, auf der anderen Seite gibt es aber auch kein Sagen ohne „Gesagtes“ (le dit):

„Das *Sagen* bezeichnet die Tatsache, daß ich dem Antlitz gegenüber nicht einfach dabei verbleibe, es zu betrachten, sondern ihm antworte. Das Sagen ist eine Art, den *Anderen* zu grüßen, aber ihn zu grüßen meint bereits, ihm zu antworten. Es ist schwierig, in Gegenwart von jemandem zu schweigen [...]. Man muß über etwas sprechen, über den Regen und über das schöne Wetter, über irgendetwas, aber man muß sprechen, ihm antworten *(répondre à lui)* und bereits seinen Erwartungen entsprechen *(répondre de lui)*“ (Noms 119–120).

Es gilt beides: „Das Antlitz ist gegenwärtig in seiner Weigerung, Inhalt zu sein“ (TU 277), es „ist das Selbst-Bedeuten (l'auto-signifiance) par excellence“ (SpA 282) auf der einen Seite; auf der anderen Seite: „Freilich kann man sich fragen, ob hinter der Rede [...] nicht das Singuläre [steht], das die Rede nicht auszudrücken vermag, ohne es zu idealisieren“ (SpA 269–270).

Waldenfels geht auf die Dialektik ein, die zwischen Sagen und Gesagtem bleibt, die aber keine eigentliche Dialektik ist, sondern das Zusammen beider Dimensionen: „Wenn das Ethische nicht in bestimmte Satztypen und Diskursarten eingeschlossen werden kann, so könnte es daran liegen, dass das Ethische *in allem Gesagten und über alles Gesagte hinaus* gegenwärtig ist, bevor es in die Sprache von Zielen, Geboten und Regeln eingeht [...]. Es könnte daran liegen, dass sich das Ethische als ein Sagen ereignet, das Sätze durchquert und niemals in gesagten Sätzen heimisch wird [...], die Bestimmung des Ethischen als *Überschuß*, als *Außer-ordentliches*“ (DG 1 281–2) („Surplus“ AR 621).

Levinas hat die zugrundeliegende Dialektik in folgende Anweisung gefasst: „Das Sagen *(dire)* wird dem Zu-Sagenden nur gerecht in einem ständigen *Widersagen* und *Widerrufen (dédire)* und einem *Wiedersagen (redire)* des Gesagten“ (EU 82–83) (ZA 86–87).[24] – Mit anderen Worten, das Sagen (dire) ist ein Ereignis, das sich selbst Zeichen, Bedeutung und Gegenstand ist und sich im Gesagten (le dit) in Zeichen, Bedeutung und Gegenstand auseinander legt. Im Sprechen muss das Sagen erhalten

[23] Krewani, Levinas, 146.
[24] TI XVIII / TU 33–34, vgl. DG 1, 314, Waldenfels in: Noor, Jüdisch, a.a.O., 61.

bleiben, wenn es auch im Gesagten unterzugehen scheint. Deshalb muss das Gesagte immer wieder widerrufen und wieder gesagt werden, um auf das ethische Sagen von Angesicht zu Angesicht aufmerksam zu bleiben.

„Reduktion vom ‚Gesagten' (le dit) der gesprochenen Sprache zum ‚Sagen' (dire) als einem leibhaftigen Geben":[25] Im Übergang vom Sagen zum Gesagten und in der Reduktion vom Gesagten auf das Sagen öffnet sich für Levinas eine weitere Dimension, die Öffnung zum gesprochenen Wort und zum „leibhaftigen Geben" hin, das uns später beschäftigen wird.

Zunächst zur Eröffnung des Wortes im Sprechen nach Levinas. „Das erste Wort sagt das Sagen selbst. Es bezeichnet noch kein Seiendes, hält keine Themen fest und will nichts identifizieren [...]. Vor jedem Seienden und jedem Denken, in dem sich das Sein spiegelt und bricht, sagt das erste Wort nichts als sich selbst. Aber wenn das erste Sagen dieses Sagen selbst sagt, so können hier das Sagen (dire) und das Gesagte (le dit) nicht übereinkommen" (SpA 293–294). Deshalb muss das Sagen das Gesagte immer wieder zerbrechen und wiedergesagt werden (re-dire) (ebd.).

Die erste Eröffnung zum Wort ist das Sagen selbst. Sagen ist selbst Wort. Und doch schreibt sich ein Unterschied ein zwischen Sagen und Wort. Es ist deutlich, dass wir diesen Unterschied im nächsten Kapitel zur Einheit und Unterscheidung von Gotteswort und Menschenwort bedenken sollten. Für jetzt mag aber die erstaunliche Bemerkung Levinas am Schluss des Artikels *Sprache und Nähe* zu denken geben: „Gewiss ist das erste Sagen nur ein Wort. Aber es ist Gott" (SpA 294). – Das erste Wort ist Gott. Aber wiederum ist damit nicht der Sohn, das Wort Gottes, im christlichen Sinn gemeint, sondern das Wort ist wiederum universal: überall wo ursprüngliches und ethisches Sagen geschieht, ist Wort Gottes, bei Levinas, Wort, das durch den Nächsten ergeht.

Schließlich ist das Sprechen bei Levinas „reine Kommunikation"[26], es ist „das ethische Ereignis der Kommunikation" (SpA 293). Kommunikation wird nicht aufgebaut durch mich und den Anderen, sondern Kommunikation geht dem bereits voraus. Levinas nennt die Kommunikation Hintergrund des Sprechens (dire): „Das Sagen ist Kommunikation, gewiss, aber als Bedingung aller Kommunikation, als Ausgesetztheit. Die Kommunikation beschränkt sich nicht auf das Phänomen der Wahrheit und der Manifestation von Wahrheit, aufgefasst als eine Kombination psychologischer Momente: Gedanke in einem Ich – Wille oder Intention, diesen Gedanken in einen anderen übergehen zu lassen – Übermittlung durch ein Zeichen, das diesen Gedanken bezeichnet – Wahrnehmung des Zeichens durch das andere Ich – Entzifferung des Zeichens [...]. Kommunikation besteht in der riskanten Entblößung seiner selbst, in der Aufrichtigkeit, im Zerbrechen der Innerlichkeit und in der Preisgabe jeglichen Schutzes, in der Ausgesetztheit an die Verletzung, in der Verwundbarkeit" (JS 116–118).

Fassen wir zusammen: Für Levinas ist nicht die „Ontologie", die Philosophie des „Seins", „die erste Philosophie", sondern die „Ethik", die Beziehung zum „Anderen" (EU 59). Der Andere tritt in Beziehung im „Sprechen". In diesem ersten Schritt zur

[25] Wohlmuth, Tora, a.a.O., 40.
[26] Wohlmuth, Tora, a.a.O., 40 ff.

Sprachphilosophie von Levinas ging es darum, das Sagen oder Sprechen (dire) bei Levinas eigens zu beachten und seine Beziehung zum Gesagten (le dit) herauszustellen. Dabei zeigte sich der Andere als das Signum dafür, dass das ethische Sprechen dem sachlichen Sprechen vorausgeht. Der Andere vermag in objektiver Sprache nicht ausgesagt zu werden; das ethische Sprechen geht allen anderen Sprachformen voraus. Der Andere ist – in einem gewissen Sinne – vorsprachlich. Die Grundelemente der gesprochenen Sprache sind das Zeichen, die Bedeutung, der Gegenstand. Das Zeichen weist vermittelst der Bedeutung oder des Begriffs auf einen Gegenstand. Die Sprache ist prädikativ, sie hat die Struktur des Satzes, weil in ihr das Sinnliche, der Gegenstand, als etwas aufgefasst wird. Was das Jeweilige und Singuläre ist, wird ihm vom Begriff vorgeschrieben. Der Begriff aber ist ein subjektives Konstrukt, und damit hat der begriffene Gegenstand seine Andersheit bereits verloren. Zugleich büßt er seine Individualität ein, sofern der Begriff die Sache nur in ihrer Allgemeinheit fasst. Von dieser signifikativen Sprache unterscheidet Levinas die ethische Sprache, ein Sagen *(dire)*, das nicht in seinen Bedeutungen, im Gesagten *(le dit)* aufgeht. Deutete man den Anruf des Anderen nach dem üblichen Sprachmodell, so müsste man ihn als das Zeichen verstehen, das mir eine bestimmte Bedeutung gegenwärtig macht – eine Aufforderung zur Hilfe – und schließlich meine Hilfe, meine Öffnung für den Anderen als den bedeuteten Gegenstand. Die ethische Sprache hingegen kennt diese Unterscheidungen nicht. Die Präsenz des Anderen ist selbst der Appell und fordert meine Antwort – eine Antwort freilich, die ich widerrufen kann. Im Bedeuten des Anderen sind Zeichen, Bedeutung und Gegenstand eins.

5.1.2 Responsive Philosophie (Waldenfels)

Der Zusammenhang von „Sagen" und „Gesagtem" ist bei Waldenfels ebenfalls gegeben. Was macht die Theorie der Responsivität aus? An dieser Stelle sei auf die responsive Phänomenologie Waldenfels hingewiesen. Waldenfels wurde u. a. von Levinas angeregt. Das betrifft vor allem die Phänomenologie des (Fremden und) Anderen, und dabei wiederum besonders das ethische Sprechen, ohne Levinas einfach zu übernehmen, sondern sich signifikant von ihm zu unterscheiden. Dies wird verständlich, da der Ansatz für Waldenfels Responsivität ist, also das Sprechereignis als Antworten.

Bernhard Waldenfels hat Emmanuel Levinas verschiedentlich vorgestellt und kommentiert. Für unseren Zusammenhang des ethischen Sprechens bei Levinas sind neben dem Kapitel in der *Phänomenologie in Frankreich* (Strasser) drei Aufsätze aus *Deutsch-Französische Gedankengänge 1* (DG1 302–382) und drei Aufsätze aus *Idiome des Denkens. Deutsch-Französische Gedankengänge 2* (DG2 163–245) von Bedeutung. Für Waldenfels gehört die Unterscheidung von „Sagen" und „Gesagtem", entsprechend dem „dire" und „le dit" von Levinas, das ursprüngliche Sprechen, zu den Grundlagen der Responsivität.

Das Schlüsselwort der Philosophie von Bernhard Waldenfels lautet „Responsivität" bzw. „responsive Rationalität". Damit ist ein neuer Zugang zur abendländischen Philosophie gegeben. Waldenfels ergreift damit gegenüber einer philosophischen Tradition, die sich der Frage verpflichtet weiß und ihren Einsatz beim Fragen nimmt,

Partei für das Antworten. Dass die Philosophie und die Wissenschaften wie selbstverständlich von den Fragen: Was ist das und jenes? ausgehen, angefangen von dem τόδε τὶ Aristoteles' bis zum fundamentalen Frageansatz Heideggers, darf ohne weitere Erläuterung vorausgesetzt werden. Für die responsive Rationalität ist das aber keine Selbstverständlichkeit mehr. Die Radikalität philosophischen Fragens wendet Waldenfels auf den Primat der Frage selbst zurück, gegenüber dem die Antwort bisher nur das Nachsehen hatte: „Es könnte sein, dass die Frage erst dann sie selbst ist, wenn sie von einem Anderen her gedacht wird – als Anspruch, der uns in Frage stellt und auf den zu antworten ist" (AR 186). Dann aber steht nicht immer schon fest, was Fragen ist, und gar nicht, was Antworten heißt; dann ist Antworten mehr und anderes als Geben dessen, was man schon hat und weiß. Antworten kommt in den Blick als die Art und Weise, wie wir auf das Fremde eingehen, ohne es durch Aneignung aufzuheben. Ähnlich wie bei Levinas fängt demnach die Philosophie nicht mehr beim Selbstbewusstsein an, in dem Fragen auftauchen, sondern beim Anderen bzw. Fremden, das an den Philosophen Fragen stellt. Die Philosophie der responsiven Rationalität wird zu einer Phänomenologie des Fremden bzw. Anderen. Im *Antwortregister* unternimmt Waldenfels den Versuch, „das, *worauf* wir antworten, zu umkreisen, ohne es selbst in etwas zu verwandeln, das sich beantworten lässt" (AR 14–15).[27]

Das Paradigma für die Responsivität ist das Geschehen des *Antwortens.* „Allerdings müssen wir dabei unterscheiden zwischen den Antworten *(answer),* die wir geben oder nicht geben, und dem Geben der Antwort selbst *(response).* Letzteres gehört zum Geschehen des Sagens, das niemals im Gesagten aufgeht. Nehmen wir eine Situation, in der ein Anderer mich anspricht, wortlos oder in Worten, so ergibt sich ein Anspruch, auf den ich nicht nicht antworten kann. Es liegt an mir, wie ich antworte, das heißt, was ich zur Antwort gebe; es liegt nicht an mir, ob ich antworte. Keine Antwort ist auch eine Antwort. Der recht abgenutzte Satz von Watzlawick: ‚Wir können nicht nicht kommunizieren' bekäme einen neuen Klang, wenn er umgeformt würde in ‚Ich kann nicht nicht antworten'. Die eigene Initiative geht hervor aus einem fremden Anspruch, also ist sie auf gewisse Weise *nicht* meine Initiative. Das Antworten ist ein *Ereignis,* vergleichbar dem Aufgreifen von etwas, was mir auffällt oder einfällt; ein Gedanke kommt, wie Nietzsche betont, wenn ‚er' will, und nicht wenn ‚ich' will" (KSA 5,20 f).[28]

---

[27] Vgl. Frettlöh, Magdalene L. (2001), Der Charme der gerechten Gabe. Motive einer Theologie und Ethik der Gabe am Beispiel der paulinischen Kollekte für Jerusalem, in: Ebach, Jürgen (Hg.), „Leget Anmut in das Geben". Zum Verhältnis von Ökonomie und Theologie, Gütersloh, 105–161, hier 127–136.

[28] DG 1,299. Ähnlich: „Nicht nur die Identifizierung des Sprechers und Täters, auch die Zuschreibung von Worten und Taten kommt hinterdrein. Sie setzt schon ein Ereignis des Antwortens voraus, das weder mein Akt ist noch mir widerfährt. So wie das Bewusstsein seinen blinden Fleck hat, so hat die Freiheit ihren toten Punkt. Wiederum empfiehlt es sich, zwischen Andersheit als Verschiedenheit und Andersheit als Fremdheit zu unterscheiden. Die Antwort, die ich gebe, lässt sich mit der fremden Äußerung vergleichen, sie ist mehr oder weniger verschieden von ihr. Das Antworten dagegen stößt auf einen Anspruch, der dem Antworten weder ähnlich noch unähnlich, sondern fremd ist, weil das, worauf, und der, dem wir antworten, sich unserem Zugriff entzieht. Die Pause zwischen Anfrage und Antwort ist durch keine Konjunktion zu überbrücken" (DG 1, 299–300).

Der entscheidende Punkt der responsiven Phänomenologie ist nach Waldenfels „das, *worauf* wir antworten". Waldenfels Formel dafür heißt: „beim Antworten ist zu unterscheiden zwischen dem: *was* geantwortet wird: der Antwort (answer), dem, *was beantwortet* wird: die Frage (question), und dem, *worauf wir* im Antwortgeben (response) *antworten:* dem Anspruch (appeal)" – die „responsive Differenz" (AR 242).

Der Unterschied eines Sprechens, das sachlich oder thematisch auf eine Frage antwortet, und eines Sprechens, das zuerst Antworten ist, wie ihn Waldenfels zugrunde legt, ist offensichtlich. Am wenigstens dürfte Sprechen in der linearen Abfolge von Fragen und Antworten stattfinden, es sei denn im Abfragen von Prüfungen oder logischem Ableiten von Begründungen in Wissenschaft und Philosophie – wobei ein solches Sprechen mit einem Fragezeichen zu versehen ist. Das überwiegende Sprechen ist ohne Zweifel das Antworten auf ein Ereignis, eine Situation, eine An-Frage, einen Appell, einen Anderen o. ä.

Das *Worauf* der Antwort führt in das Sprechen eine neue Dimension ein. Im Allgemeinen konzentrieren sich das Sprechen, Fragen und Antworten, auf ein *Was*. Die Frage wird beantwortet, indem man auf das Was ist? antwortet. Aber diese einfache gegenstandbezogene Wendung genügt nicht. Wie gesehen, öffnet sich im Was die signifikante Differenz „etwas als etwas", ein *Woraufhin,* der Sinn, die Bedeutung des Was. Die responsive Differenz öffnet aber noch einmal eine weitere Dimension, das *Worauf,* und diese ist nicht weniger fundamental. Die signifikative Differenz, dass es kein Erfahren, Sprechen oder Handeln ohne die Differenz des etwas als etwas gibt, wird in der Theorie der Responsivität zwar „nicht hinfällig, aber sie tritt aus ihrer beherrschenden Stellung heraus, wenn sie durch die responsive Differenz verstärkt wird: Stets wird *etwas auf etwas geantwortet*" (AR 242). Antwort- und Frage-Gehalt, ihr jeweiliges *Was* wie ihr jeweiliges *Woraufhin,* entsprechen sich zwar in Frage und Antwort, aber das *Worauf* des Antwortens entzieht sich jeglicher Entsprechung und jeglichem Vergleich. Es ist das, was sich entzieht, indem wir darauf eingehen. Waldenfels macht den Unterschied des Antwortens von *Was* und *Worauf* an den unterschiedlichen Begriffen im Englischen deutlich: *answer* meint die übliche Antwort auf Etwas, *response* die responsive Antwort *worauf:*

„Das Antworten, das als *response [worauf]* über jede bloße *answer [was]* [...] hinausgeht, trägt dazu bei, daß etwas *zur Sprache kommt,* daß etwas *Beachtung findet,* daß etwas *uns anspricht.* Der Anspruch, der im Imperativ seinen Ausdruck findet, hat als solcher keinen Sinn, und er folgt keiner Regel *[woraufhin]*. Darin gleicht er alldem, was Beunruhigung, Staunen oder Erschrecken auslöst. Als Anspruchsereignis entzieht er sich dem Verstehen und der Verständigung, da es ohne ihn buchstäblich nichts gäbe, was zu verstehen wäre oder worüber man sich verständigen könnte".[29]

Die Umwendung (Umkehr) vom Fragen zum Antworten hat nun aber schwerwiegende Bedeutung für alle am Sprechen Beteiligten. Die größte Veränderung ergibt sich für das Subjekt des Sprechens. „Beim Eingehen auf einen Anspruch handelt es sich um einen Bezug, der aus einem Entzug erwächst" (AR 235). Antworten ist Einge-

[29] Waldenfels, Topographie, 119

hen auf einen fremden Anspruch. Deshalb hat die Kreativität des Antwortens einen paradoxen Charakter: Im Antworten geben wir, was wir nicht haben. „Das Ereignis des Antwortens definiert sich nicht durch das Ich des Sprechers, sondern das Ich bestimmt sich umgekehrt durch das Antworten als Antwortender. Wo neuartige Gedanken entstehen, gehören sie weder mir noch dem Anderen. Sie entstehen zwischen uns".[30] – An dieser Stelle tritt das zentrale „Zwischen" in Erscheinung.

Der Anspruch umfassender Responsivität ist von solcher Radikalität, dass nach Waldenfels die traditionelle Bestimmung des Menschen als des vernunftbegabten Lebewesens übersetzt werden müsste in den Satz: „Der Mensch ist ein Lebewesen, das Antworten gibt"; und Freiheit hieße dann nicht Ausgang von sich selbst, sondern bedeutete die Fähigkeit, „nicht schlechthin bei sich selbst, sondern woanders anzufangen".[31]

Ein solches Antworten hat auch Folgen für das Sprechen im Sinne von Levinas. Zuerst ist aber festzustellen, dass auch bei Levinas die „Umkehr" vom synchronen Sprechen zum diachronen Sagen als „Antworten" geschieht[32]: „Die sprachliche Formel *me voici* beschränkt sich nicht auf den markierten Akkusativ, denn *ich* sage: *me voici.* Das Ich im Nominativ tritt hier durchaus mit auf, aber als ‚Subjekt des Aussagevorgangs', nicht als ‚Subjekt des Aussagegehalts', oder wie Husserl sagen würde, als ‚fungierendes Ich', nicht als thematisiertes Ich. Das Ich tritt auf als *Respondent,* also in einer bestimmten Obliquität. Jemand, der antwortet und nicht bloß vorhandene Antworten weitergibt, spielt also auch keine bloße Rolle, wenn er ‚ich' sagt; auf gewisse Weise *ist* er seine Rolle. Der Symmetrie, der wir auf der Ebene des Vergleichens begegnen, geht eine Asymmetrie voraus, die über jeden Vergleich erhaben ist. Daß diese Asymmetrie im Plural auftritt, bewirkt, daß jede ‚Suche nach Gleichheit' sich in einer Ungleichheit verfängt, die einer unaufhebbaren Unvergleichbarkeit entstammt" (DG 1, 300).

Zur ursprünglichen Weise des Responsiven gehört für Waldenfels die Differenz von „Sagen" und „Gesagtem", ähnlich wie bei Levinas. Das ergibt sich entsprechend dem Ansatz beim Fremden oder Anderen, den beide teilen. Auch Waldenfels fordert den „Rückgang auf das Ereignis des Sagens [...]. Vom Gesagten zurück auf das Sagen" (AR 194). Waldenfels arbeitet den Eigensinn des ursprünglichen oder ethischen Sagens in der Abhebung zum Gesagten deutlich heraus. Bei Levinas geht das Sagen (dire) ja nicht im Gesagten (le dit) auf, sondern das Sagen ist ein Rede-Ereignis oder Geschehen, wie es Waldenfels nennt. Das Ereignis ist „eine Bewegung (κίνησις)", aber eine „die [...] nicht [...] als zielgerichtete Bewegung ihre Ordnung, auch die Redeordnung in sich trüge oder als ziellose Bewegung durch Zusatzbestimmungen ihren Redecharakter [...] erhielte" (AR 196). Das Sagen ist in seiner eigenen und jeweiligen Bewegungsgestalt, als Geschehen zu betrachten: „Wir versuchen daher,

---

[30] Ebd., 53.

[31] Waldenfels, Bernhard (1998), Antwort auf das Fremde. Grundzüge einer responsiven Phänomenologie, in: ders., Därmann, Iris (Hg.) (1998), Der Anspruch des Anderen. Perspektiven phänomenologischer Ethik, München, 35–49, hier 45 und 48.

[32] Casper, Bernhard (2009), Illéité, in: ders., Angesichts des Anderen. Emmanuel Levinas – Elemente seines Denkens, Paderborn, 35–37.

das Ereignis des Sagens nicht nur der Übermacht des *Logos* zu entwenden, sondern auch der Übermacht des *Ego,* die in einem seiner selbst mächtigen Sagen gipfelt" (AR 196), also das Sagen weder im logifizierten Gesagten noch im subjektiven Bewusstsein untergehen oder aufheben zu lassen. Das Sagen enthält Dimensionen, die weder im Gesagten (Etwas, Objekt) noch im egologischen Bewusstsein (Logos) vertreten sind. Es sei nur an die signifikative Differenz, das *Woraufhin,* die Bedeutung, den Sinn oder auch das responsive *Worauf* erinnert. Das Sagen ist so mehr als das Gesagte, auch mehr als von dem Sprecher (Subjekt) intendierte:

„Das Redereignis ist weder subjektive Idee noch objektives Ding, weder aktiv vollzogen noch passiv erduldet, es ist mir als Sprecher weder völlig fremd noch völlig eigen" (AR 197); es „öffnet sich eine Differenz im und am Ereignis selbst, die aus der Verschiebung von Sagen und Gesagtem entspringt und eine Reihe weiterer Differenzen nach sich zieht. Wenn das Ereignis des Sagens sich dem Gesagtwerden entzieht, so deshalb, weil es das Gesagte nicht ist, *indem es mehr ist als das Gesagte,* nämlich ein Überschuss, ein ex-cès, ein Außer-ordentliches, das in den diversen Ordnungen des Gesagten rumort. Die Überbestimmtheit der Phänomene [...] macht es möglich, dass das Ereignis des Sagens sich nicht immanent entfaltet oder additiv erweitert, sondern sich differenziert, faltet, verzweigt, auseinanderlegt" (AR 199).

Responsivität erweitert die herrschenden Sprachtheorien

Waldenfels Ansatz der „Responsivität" kann im Anschluss an die Ausführungen von Levinas gelesen werden. Levinas Rede vom Sprechen und Sagen enthält eine eigene Philosophie und Theorie der Sprache, die etwas hermetisch erscheinen mag. Waldenfels verortet seine Sprachtheorie im Kanon der bekannten Sprachtheorien. Responsivität meint eine Erweiterung der gängigen Ansätze der Sprachphilosophie. Zuerst wäre die klassische Sprachtheorie von Karl Bühler zu nennen. Ihr folgt Hemmerle weitgehend (s. Thesen 143). Diese ist vor allem auf die Theorie der vorliegenden Sprache konzentriert und von daher unverzichtbar geworden. Sie bedarf aber der Vertiefung und Ergänzung durch die beiden weiteren und bedeutenden Ansätze der Sprachphilosophien, der „Intentionalität" und „Kommunikativität". Waldenfels Verdienst ist es, diese Ansätze durch seinen eigenen der Responsivität noch einmal zu erweitern und zu ergänzen.

„Intentionalität" untersucht die vielfältigen Bezeichnungen der Sprache des „etwas als etwas", von Bedeutung und Sinn des Sprachlichen. Unter Intentionalität ist das zu verstehen, was auch Levinas oben gesagt hat: Levinas spricht vom signifikativen Sinn der Sprache und nennt diese Weise, Sprache zu verstehen, ein subjektives Konstrukt, d. h. ein Produkt des subjektiven Bewusstseins.

Bei „Kommunikativität" denkt Waldenfels vor allem an die kommunikativen Theorien der Sprache bei Habermas und Appelt; Sprache wäre demnach eine Regel geleitete Handlung.

„Responsivität" dagegen vollführt einen Perspektivenwechsel. Sprache wird nicht mehr zuerst von der „Subjekt"-Seite und ihren Umständen betrachtet, sondern vom „Anderen" her. Bei Levinas fungiert der Andere im Sprechen vor allem als Anruf und Appell. Waldenfels betrachtet das Sprechen ebenfalls nicht von der Subjektseite, sondern vom Antworten her. Sprache ist für ihn vor allem antwortendes Handeln. Dies aber modifiziert die Sprachbetrachtung grundsätzlich.

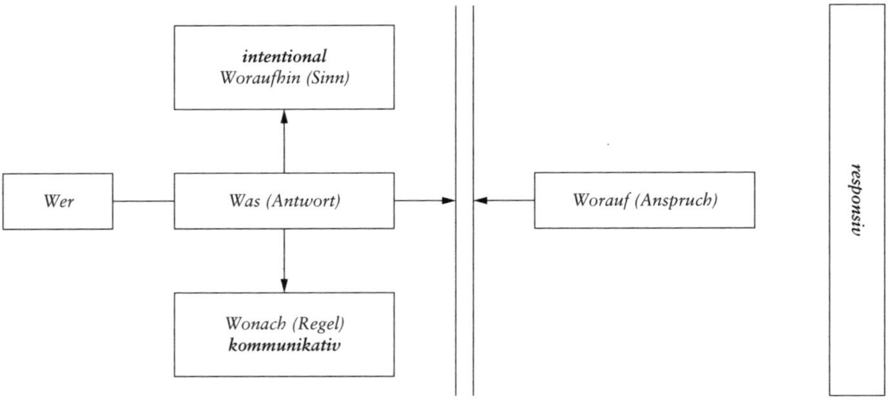

Im Schema von Waldenfels ist deutlich, dass die Perspektive des Subjektes nicht das ganze Geschehen des Sprechens enthält. Die Differenz bricht in der Unterscheidung von „Sagen“ und „Gesagtem“ auf. Im Schema sind links die gängigen Sprachtheorien schematisch dargestellt, sozusagen die subjektive Seite. In der Mitte das Ganze des Sprachgeschehens mit dem Anspruch, der vom Anderen bzw. Fremden kommt, das responsive Sagen.[33]

Rückblickend auf das Kapitel des „sprechenden Gottes“ sind wir mit Hemmerle vom „Wort“ Gottes ausgegangen. Dabei haben wir uns von der inneren Dynamik des Wortes überhaupt leiten lassen, das zuerst ein Sprachgeschehen ist und erst dann gegenständliches und thematisches Wort wird. Dieser Zug konnte im Rückgriff auf die Sprachphilosophien von Heidegger, Levinas und Waldenfels herausgearbeitet werden. Die Spitzenaussagen dieser Philosophien gipfeln in der Unterscheidung von „Sagen/Sprechen (dire)“ und „Gesagtem (le dit)“. Bisher war der Focus auf das ursprüngliche „Sagen“ gerichtet, ein Sprechen, das beim Anderen beginnt und deshalb als ethisch zu bezeichnen ist.

Das darf aber nicht so aufgefasst werden, als ob man ein reines ursprüngliches „Sagen“ aus der gesprochenen Sprache herauslösen könnte. Das „Sagen (dire)“ bedarf des „Gesagten (le dit)“. Es ist an die deutlichen Hinweise etwa von Heidegger zu erinnern: „Die Sprache spricht, nicht der Mensch“ auf der einen Seite, aber auf der anderen Seite auch „die Sprache bedarf des Menschen“. Oder Levinas: „Das vorursprüngliche anarchische Sagen, das Nähe ist, Berührung, nicht endende Pflicht […] erfordert die Bedeutung des Thematisierbaren“ (JS 351, ZA 86–87). Oder Waldenfels: „Das Sagen zeigt sich im Gesagten […]. Wäre das Sagen nicht als Überschuss des Sagens im Gesagten gegenwärtig, so wäre es als schlechtweg Unsagbares die bloße Negation des Gesagten und bliebe diesem auf solche Weise verhaftet. Der Durchgang durch die Linguistik könnte hier vor einem drohenden Irrationalismus der Sprachlosigkeit bewahren, der Levinas Intentionen gänzlich zuwiderliefe. Levinas selbst entgeht dem Absturz ins schlechthin Unsagbare, indem er in seinem späteren Werk das

[33] S. das Schema bei Feiter, Handeln, a. a. O., 271, vgl. dazu LS 365–370, AR 320–336.

Sagen durch eine Reduktion des Gesagten auf das Sagen gewinnt und nicht durch eine bloße Abkehr von ihm" (DG 1, 309–310).[34]

Abgekürzt könnte zum Verhältnis von „Sagen" und „Gesagtem" gesagt werden, das „reine Sagen" gibt es so nicht, sondern das Sprechen bedarf des „Wortes". In Analogie dazu könnte man sagen: Im Verständnis des „sprechenden Gottes" eröffnet sich wohl die Dimension des reinen Sagens, die aber immer in der Dimension eines „Wort"-Geschehens in Erscheinung tritt. Für das Gottesverständnis hieße das, dass Gott, indem er spricht, sich zugleich in der Weise des Sprechens, des Wortgeschehens, kundtut. Wie ist dann aber das Verhältnis von „Gottes- und Menschenwort" zu beschreiben?

5.2 Gotteswort im Menschenwort – Logos Gottes

„Gott spricht". In einer ersten Annäherung haben wir die Bedeutung des ursprünglichen Sagens oder Sprechens erhoben. „Das Sagen zeigt sich im Gesagten". Sprechen ohne Aussage oder Ausgesagtes gibt es nicht. Das erste Ausgesagte des Sprechens ist das „Wort". „Das erste Wort sagt das Sagen selbst" (SpA 293). Sprechen wird im Wort leibhaftig. Sagen ist nach Levinas „leibhaftiges Sprechen" (langage incarné) (TI 181 / TU 297). Leibhaftiges Sprechen eröffnet sozusagen einen Sprach-Raum, eine leibhaftige Gestalt in Zeit und Raum. Man wird von Sprach-Raum sprechen könne, so wie man von einem Klang-Raum, dem Raum der Musik, oder von dem Lebens-Raum, der Eröffnung aller Lebensmöglichkeiten, spricht. Solche Räume konstituieren sich durch die Ordnungen ihrer Elemente in Raum und Zeit. Der Sprach-Raum erbildet sich so vor allem durch die durchgreifende Ordnung aller Sprachelemente in Raum und Zeit. Wir werden den Sprach-Zeit-Raum im Folgenden beschreiben. Im Sprach-Zeit-Raum kommt das „leibhaftige Sprechen" zum Ausdruck, das „leibhaftige Wort". Im Sprachraum der Menschen kommt schließlich Gotteswort im Menschenwort in die Welt.

5.2.1 Gotteswort im Menschenwort bei Hemmerle und Levinas

Gotteswort im Menschenwort – Menschenwort im Gotteswort (Hemmerle)

Einer der dichtesten Texte Hemmerles steht in den *Thesen* unter der Überschrift: „Geschick des Gotteswortes im Menschenwort – Geschick des Menschenwortes im Gotteswort". Er wird für uns immer wieder Ausgang der vielfältigsten Überlegungen sein. Hier steht es für den Gedankenfortschritt vom „Gott, der spricht" zum „Gotteswort im Menschenwort". Wenn das Sprechen im angegebenen Sinn nicht egologisch anfängt, sondern im Sinne von Levinas und Waldenfels beim „Anderen", also das Sprechen nicht einfach ein Rauschen oder Tönen ist, sondern vom Anderen her und auf den Anderen zu, dann ist mit der Offenbarung „Gottes, der spricht", eine grund-

[34] Vgl. AQ 56 ff / JS 106 ff.

sätzliche Möglichkeit der Offenheit Gottes auf den ganz Anderen, auch den Menschen, eröffnet. Gotteswort im Menschenwort hat aber große Bedeutung für das Wort Gottes selbst. Diesem gegenwendigen einander Zugetansein ist schrittweise zu folgen. Hemmerles zentrale Aussage lautet:

„Bleiben wir bei der theologischen Reflexion des Satzes: Gott sagt sein göttliches Wort in ein Menschenwort hinein, so sehr, dass sein Eigenes, das Göttliche, nur im Menschenwort erreichbar ist. In diesem Wort sind Menschliches und Göttliches nicht mehr auseinanderzulegen; denn wie sollten wir das Göttliche in diesem Wort anders fassen als wiederum in menschlichen Worten?

Das Verhältnis zwischen Gotteswort und Menschenwort im Offenbarungswort ist aber ein Mehrfaches. Das ergehende Wort Gottes tritt unter die Voraussetzungen eines vorgegebenen Menschenwortes. Knüpfte das Wort Gottes nicht bei einem Menschenwort an, das es schon gibt, so sagte es dem Menschen nichts. Darin aber wird das Menschenwort nachträglich von dem Wort beansprucht, dem es sich allererst verdankt; das dem Gotteswort vorgehende Menschenwort ist ontologisch nachträglich zu dem Wort, das den Menschen als Sprachwesen und das somit die Möglichkeit von Sprache stiftet. Das von der Offenbarung beanspruchte menschliche Wort wird also zu sich selbst, zu seinem Ursprung heimgebracht und über sich hinaus gesteigert.

Zugleich ‚steigert' sich auch Gottes Wort über sich selbst hinaus, indem es sich herablässt, indem es Wort im Menschenwort, Wort unter Menschenworten wird. Gottes Wort ist von sich selber her Mächtigkeit, Anderes sein zu lassen. Indem dieses Wort jedoch unter die Bedingungen seines Anderen tritt, sich ins Menschenwort entäußert, nimmt es die Gestalt der Ohnmacht an: es wird missverständlich und missbrauchbar. In dieser Ohnmacht aber gewinnt es etwas hinzu: es wird Wirklichkeit im Medium seines Anderen, ja es wird Wirklichkeit seines Anderen. Gerade in diesem Vorgang, der zugleich Entäußerung und Steigerung bedeutet, geschieht Offenbarung.

Diese Verhältnisbestimmung ist nicht Zusatz zum Inhalt der Offenbarung, sondern ist bereits Inhalt. Gott ist Identität mit sich im Hinausgehen über sich, in der Weggabe von sich. Somit geschieht dem Wort Gottes in der Offenbarung umgekehrt dasselbe wie dem Menschenwort: Selbsteinholung, Selbstentäußerung und Selbstüberbietung.

Jedes Offenbarungswort und jede Theologie durchlaufen eine doppelte, gegenwendige Bewegung; Gottes Wort tritt unter menschliche Verstehensbedingungen; menschliches Selbstverständnis ist also Voraussetzung, Vorgabe und Vorurteil, um Gottes Wort zur Gegebenheit zu bringen. Doch ebenso hat menschliches Sprechen und Verstehen sich loszulassen in das, was es aus sich nicht vermag, in das, was ihm Voraussetzung und Erfüllung ist; es hat Maß zu nehmen an dem, was in seine Möglichkeit eintritt, aber in sie eintritt als das, was sie übersteigt.

In Offenbarung und Theologie waltet so ein doppeltes Apriori: das Apriori des Göttlichen fürs Menschliche und das Apriori des Menschlichen fürs Göttliche" (Thesen 128–130).

Die Sprengkraft, die in diesen Aussagen verborgen liegt, dürfte offensichtlich sein. Dabei geht es nicht nur um ein radikales Verständnis der Hermeneutik, nämlich das Gotteswort vom Menschenwort her zu erheben, sondern darin zugleich um das radikale christologische Prinzip, im göttlichen Wort, das Jesus Christus ist, geschehe durch sein menschliches Wortwerden die Selbsteinholung, Selbstentäußerung und Selbstüberbietung Gottes. „Aber auch dieses letztere Apriori ist ein göttliches, ein

Apriori ,von oben'; denn es hat den Grund seiner Möglichkeit in der Herablassung, in der unerfindlichen Freiheit des sich offenbarenden, des sich schenkenden Gottes. Gerade sie wird in der Notwendigkeit eines auch anthropologischen Ansatzes von Offenbarung und Theologie bezeugt, der bloß anthropologische Ansatz von Offenbarung und Theologie ist daher überholt" (Thesen 130).

Was hier in großer theologischer Dichte zur Sprache kommt, hat Hemmerle in einem ganz anderen Kontext, nämlich anlässlich eines Weihnachtsgrußes 1992, auf sehr viel einfachere, aber nicht weniger eindrucksvolle Weise niedergeschrieben:

> In den Worten das Wort finden
> Als das Wort Kind geworden
> auf unserer Erde erwachte,
> weckte es die Worte auf,
> die in den Dingen,
> in den Menschen
> in den Ereignissen schliefen,
> Worte, die zuvor sich verschwiegen, sich bekriegten,
> wie Rätselsilben Bruchstück blieben.
> Jetzt kam das Wort,
> in dem alle Worte geschaffen waren.
> Es kam, um sie aufzuwecken zueinander,
> zur Versöhnung, zur Ergänzung, zum Gespräch.
> Und heute: Wer weckt in den Worten
> das eine, einende Wort?
> Auf, laßt uns nach Bethlehem gehen
> – zum Bethlehem hier zwischen uns –,
> um in den Worten
> das Wort zu finden,
> das Gott die Ehre
> und uns den Frieden gibt.

Gotteswort im Menschenwort (Levinas)

Bei Levinas finden sich ähnliche Bemerkungen zum Verhältnis von Gottes- und Menschenwort. Levinas legt in seiner Einführung zu *Jenseits des Buchstabens* (L'au-delà du verset) wichtige sprachphilosophische und -theologische Gedanken zum Wort Gottes, zur Schrift, zur Bibel und zur Bibelhermeneutik vor. Es sind dies vor allem drei Gedanken, die er hier, wie sonst kaum, ausführt. Einmal sind es die Grundsätze zur Schrift: „Die Tora spricht die Sprache der Menschen" und „Kontraktion des Unendlichen in der Schrift", die für ihn zentral sind. Sodann sind es seine Gedanken zur Bibelexegese und schließlich seine Überlegungen zur Inspiration. (Verset, Vorwort, 7–9) Drei wesentliche Gesichtspunkte, die mit Levinas zu erläutern sind. Wir werden uns mit dem ersten Gedanken zum Verhältnis von Gotteswort (Tora) und Menschenwort befassen, später mit den Gedanken zur Bibelexegese und zur Inspiration.

Levinas beginnt mit dem Grundsatz: „Einen Grundsatz lehrt der Talmud, der im Fortgang der Traktate achtzehnmal wiederkehrt, einen Grundsatz des Rabbi Jischmael: ,Die Tora spricht die Sprache der Menschen'. [...] Der große Gedanke, der diesem Prinzip zugrunde liegt, besteht in dem Eingeständnis, daß das Wort Gottes in derselben Sprache (parler) Eingang findet, derer sich untereinander die Geschöpfe bedienen." – Der Grundsatz hört sich zunächst selbstverständlich an. Wir sind in der christlichen Theologie ähnlich gewohnt, von Gotteswort im Menschenwort zu reden. Aber bei Levinas ist nichts von einem dialektischen oder sonstigen Verhältnis von Gotteswort und Menschenwort zu hören, sondern von der einfachen Feststellung, die Tora spreche die Sprache der Menschen. Diese fundamentale Aussage ist im Folgenden auszulegen: Gottes Sprechen ergeht in der Sprache der Menschen. Dazu ist die Sprache der Menschen gründlich kennenzulernen, um das Sprechen Gottes zu verstehen. Levinas führt ausdrücklich das ursprünglich französische „parler" an, so dass klar ist, es geht nicht zuerst um Sprache (langue), sondern um das Sprechen (dire, parler). Sodann charakterisiert eine weitere Aussage das Verhältnis von Gottes- und Menschenwort: „Die Stimme Gottes ist eine menschliche Stimme, Inspiration und Prophetie im Sprechen des Menschen" (Verset 33). Die Stimme Gottes ergeht in der menschlichen Stimme. Statt einer dialektischen oder sonstigen Vermittlung spricht Levinas deshalb von Prophetie und gar von Inspiration. „Der Logos ist schon prophetisch" (Verset 141).

Sodann fährt Levinas nicht weniger erstaunlich fort: „Wunderbare Kontraktion des Unendlichen, Einwohnen des ‚Mehr' im ‚Weniger', des Unendlichen im Endlichen [...]. Kontraktion des Unendlichen in der Schrift". – „Kontraktion" ist bei Levinas einer der hervorgehobenen Begriffe. Er verwendet ihn, um die tiefsten Erkenntnisse von Philosophie und Theologie auszusprechen. Wir werden darauf zurückkommen, wenn wir über Gott und seine Schöpfung sprechen. Denn Schöpfung ist nach Levinas eine wunderbare contractio Dei. Gott kontrahiert sich und schafft so Raum für die Schöpfung. Deshalb die immer wiederkehrenden Formulierungen der wunderbaren Kontraktion des Unendlichen, des Unendlichen im Endlichen, des Mehr im Weniger u. a. Levinas drückt mit der Kontraktion nicht nur die Möglichkeit der Schöpfung aus (TU 148), sondern auch das Verhältnis von ‚Ich-Selbst' (JS 241–242), das Ein- und Ausatmen des Menschen bzw. das Leben der Seele (Psychismus) (JS 240–243) oder gar das Verhältnis ‚Ich-Andere' (TU 165): „So wie Gott durch seine Kontraktion die Welt schafft, so wird das Subjekt durch seine Kontraktion ‚Urheber' des anderen".[35] Eben in der Weise der Kontraktion beschreibt Levinas nun auch die Bibel bzw. die Tora und Schrift.

Darauf aufmerksam im Hinblick auf die grundsätzliche Aussage von Gotteswort und Menschenwort fährt Levinas nicht weniger überraschend fort: „Kontraktion des Unendlichen in der Schrift, es sei denn – und darin läge keinerlei Verarmung der kartesianischen Vorstellung von Gott noch des Ruhmes Gottes noch Seiner Nähe in der Religion –, es sei denn, es handele sich hier um die Prophetenwürde der Sprache (langage), fähig, stets mehr zu bedeuten als sie ausdrückt, Wunder der Inspiration, die den Menschen selbst erstaunt vernehmen läßt, was er ausspricht, wodurch er das Ausgesagte bereits liest und interpretiert, wodurch das menschliche Wort bereits Schrift ist. Schrift begönne dann mit jener Zeile, die sich in gewisser Weise in der fließenden Sprache (langue) – zweifellos jeder Sprache – abzeichnet und verdichtet oder abhebt als Vers, um in ihr Text zu werden als Sprichwort oder als Fabel oder

[35] Krewani, Levinas, a. a. O., 61, 128; s. Wohlmuth, Geheimnis, a. a. O., 51–52; Dirscherl, in: Wohlmuth, Levinas, a. a. O., 170–171.

als Gedicht oder als Sage, noch bevor der Griffel oder die Feder sie als Buchstaben in eine Tafel, in Pergament oder Papier ritzt. Literatur ohne Lettern: Literatur ‚avant la lettre'! In diesem inspirierten Wesen der Sprache".[36]

Diese Aussage ist so dicht, dass sie uns die nächsten Abschnitte begleiten und leiten wird: Gotteswort (Tora) als Kontraktion des Unendlichen; Kontraktion bis in die Schrift; Gotteswort im Menschenwort, darin Prophetenwürde des Sprechens/Sagens überhaupt (langage); Wunder der Inspiration, Inspiration als Wesen der Sprache; menschliches Wort, das Schrift wird; Gestalten des Wortes in Formen der Schrift (langue); Literatur ‚avant la lettre'. In diesem Absatz ist eine dichte Offenbarungs- und Schrifttheologie enthalten, die eine christliche Theologie ansprechen muss und die wir nach und nach entfalten wollen.

Wir werden uns zunächst der übereinstimmenden Aussage von Levinas und Hemmerle zuwenden, das Gotteswort erfolge im Menschenwort bzw. die Tora spreche die Sprache der Menschen. Wir werden angeregt von Levinas Redeweise vom „inkarnierten Sprechen (langage incarné)" im „Wort" (TI 181 / TU 297)[37]: Sagen verleiblicht, inkarniert sich, wird Gestalt, wird Wort; Sprechen ist nicht das normale, sondern das ursprüngliche Sprechen. Sprechen wird leibhaft, erfüllt Raum und Zeit; Sprechen erbildet sich so etwas wie einen Sprachkörper, einen Leib aus Raum und Zeit, das Wort. Für uns sind die Aussagen Levinas zum „Wort" im Zusammenhang des Sagens oder ursprünglichen Sprechens theologisch bedenkenswert. Zunächst ist die Bedeutung von Sprache und Wort auszuloten, um das Gotteswort, welches im Menschenwort ergeht, von Anfang an zu verstehen.

5.2.2 Sprechen in Zeit und Raum

Wir wurden angeregt von Levinas Redeweise eines „inkarnierten Sprechens (langage incarné)" im „Wort". Sagen verleiblicht, „inkarniert" sich; Sprechen nimmt Gestalt an, wird Wort. Sprechen wird leibhaft, erfüllt Raum und Zeit; Sprechen erbildet sich so etwas wie einen Sprachkörper, einen Leib aus Raum und Zeit, das Wort. Levinas findet hinsichtlich der Bibel einmal das schöne Bild: „Ist Lektüre nicht eine Form des Wohnens? Das Buch als Lebensraum".[38] Wir haben eine Reihe ähnlicher Formulie-

---

[36] Verset, Vorwort 7–8; vgl. Wohlmuth, Tora, a. a. O., 36–46.

[37] S. auch Levinas TI 149, TU 253, 295–297. – Das „inkarnierte Sprechen (langage incarné)", ist kaum zu übersetzen. Gemeint ist ein Sprechen, das nicht zuerst aus dem Bewusstsein kommt, das also vor der Trennung von dire und dit liegt. Es ist ein ursprüngliches, ethisches Sprechen. Sein Ursprung liegt vor dem Bewusstsein, liegt in der Leiblichkeit und Sinnlichkeit („Fleisch"). Man könnte im Deutschen in Analogie zum Ausdruck ‚aus dem Bauch heraus' denken und handeln vielleicht von einem ‚aus dem Leib heraus' sprechen. In TU 296–297 weist Levinas auf die Analogie im Denken hin: Ein „unleibliches Denken, das das Wort denkt, bevor es es ausspricht", sei, so habe Merleau-Ponty hingewiesen, ein Mythos. Denken ist zuerst leibhaftiges Denken. Entsprechend kann man beim ursprünglichen Sprechen an ein ‚leibhaftiges Sprechen' denken.

[38] Levinas, Emmanuel (1979), Die jüdische Lesart der Schriften, in: Anspruchsvolles Judentum. Aus dem Französischen von F. Miething (frz.: De la lecture juive des écritures, in: ders., L'au-delà du verset. Lectures et discours talmudiques, Paris 1982, 125–142), Frankfurt 1996, 68; ZU 139.

rungen im Neuen Testament wie vor allem zentral „Und das Wort ist Fleisch geworden und hat unter uns gewohnt“ bzw. „gezeltet“ (Joh 1,14). Oder Kol 3,13 „Lasst das Wort Christi reichlich unter euch wohnen“. Oder: „Wenn jemand mich liebt, wird er an meinem Wort festhalten. Mein Vater wird ihn lieben und wir werden zu ihm kommen und bei ihm wohnen.“ (Joh 14,23). Oder: „Seht die Wohnung Gottes unter den Menschen! Er wird in ihrer Mitte wohnen und sie werden sein Volk sein. Und er, Gott, wird bei ihnen sein." (Off 21,3). Das Gotteswort im Menschenwort bedeutet so etwas wie eine Wohnung unter den Menschen, von der menschlichen Sprache gebaut, von Gottes Wort bewohnt. Das „inkarnierte Sprechen“ ereignet sich im Sprech-Zeit-Raum. Wir werden deshalb im Folgenden eigens auf die Zeitlichkeit des Sprechens und den Raum der Sprache achten.

Auch Hemmerle hat von diesem Sprech-Zeit-Raum gesprochen. Im Mittelpunkt der Sprachtheologie Hemmerles steht ohne Zweifel das „Wort“. Wort als Gestalt gewordenes Sprechen. Das Wort wird dabei von Hemmerle von dem Grundspiel des Sprechens her verstanden. Das Sprechen, die Sprache, eröffnet sozusagen einen Raum, in dem sie etwas erschließt, und eine Zeit, in der sie ergeht. Nennen wir diese Eröffnung des Sprechens deshalb Zeit-Raum der Sprache im Anschluss an Hemmerle: „Um das Grundspiel Sprache zu verstehen, fragen wir uns nach der Zeit von Sprache, nach dem Ursprungsgeschehen von Sprache: Wer spricht? Wir fragen uns nach dem Raum, den Sprache erbildet, nach den Dimensionen, die sie eröffnet. Und wir fragen uns nach den Bewegungen, nach dem typischen Gang von Sprache, nach dem, was sie will, wohin sie zielt und führt [kursiv – KK]“ (Vorspiel 42).

Um das Grundphänomen oder Grundspiel Sprache bzw. Sprechen zu beschreiben, eröffnet Hemmerle einen weiten Raum von Bezügen und Dimensionen, in denen Sprache sich auslegt. Wir fragen deshalb im Anschluss an Hemmerles Bemerkungen nach dem „Ursprungs“-Geschehen von Sprache, nach dem Sprach-„Raum“ und nach der „Zeit“ von Sprache. Nennen wir das Ganze, das die Sprache eröffnet, den „Sprech-Zeit-Raum“.

Auch Waldenfels spricht auf ähnliche Weise davon. Nach ihm eröffnet die Rede einen „Zeit-Raum“ (OZ 55).[39] „Nicht nur der Adressat spaltet sich auf in I und Me, in das je de l'énonciation und das je de l'énonce, sondern der Adressat sowie Zeit (und Raum) der Rede unterliegen ebenfalls einer Spaltung. Das Hier und Jetzt der Rede fungiert als Nullpunkt der Rede, bevor es durch zeitliche und räumliche Daten ‚verraten‘, wird. Hier und Jetzt sind nicht einfach gegeben, sie markieren vielmehr den Zeit-Raum der Zeit- und Raumgebung“ (DG 2, 209–211).

Um das Grundspiel des Sprechens kennenzulernen werden wir wie Hemmerle vorgehen, der zunächst von der „Zeitigung“ der Sprache spricht (Vorspiel 42–43) und dann vom „Raum von Sprache“ (Vorspiel 43–44). Wir werden uns zunächst der Raum-„Zeit“ zuwenden, der Zeitlichkeit des Sprechens, sodann dem Zeit-„Raum“ des Sprechens. Es ist Zeit und Raum des „Wortes“ zu begehen.

[39] S. auch DG 2, 201–205; Feiter, Handeln, a. a. O., 239, 280.

5.2.3 Zeitlichkeit des Sprechens – inkarniertes Wort (Levinas)

Eine der provokantesten Aussagen Hemmerles ist wie wiederholt angeführt: „Keine andere Wahrheit ist zeitlicher als die des Religiösen. Erscheinung, Offenbarung, Berufung – Ereignisse also des Durchbruchs – sind nicht nur äußerliches Stiftungs-, sondern innerliches Ursprungsgeschehen von Religion" (Wahrheit 183).

Die Zeitlichkeit des Sprechens und der Sprache kommt bei Levinas am stärksten zum Ausdruck. Levinas' Philosophie ist von der Zeitlichkeit des Sprechens und der Sprache geprägt. Wir haben oben den Ansatz von Levinas charakterisiert. Im Mittelpunkt steht dabei die Beziehung zum Anderen. Die Nichtobjektivierbarkeit des Anderen und seines Verhältnisses zum Subjekt wird von Levinas immer wieder auf drei Weisen näher bestimmt, nämlich in Bezug auf die *Ontologie,* die *Sprache* und die *Zeit.* Bisher haben wir das Verständnis von Ontologie und Sprache bei Levinas erläutert: Der Andere ist meta-*ontologisch.* Das Gesicht, der Andere, ist *Sprechen.* Über den Anderen, die Ontologie, das Gesicht und das ursprüngliche Sagen haben wir gesprochen. Jetzt wenden wir uns der Zeitlichkeit zu. Die Zeitlichkeit im Verständnis Levinas', nämlich als „Zeit des Anderen", ist Folge des ursprünglich ethischen Sagens. Sprechen ist Ursprung der neuen Zeitlichkeit, der Zeit des Anderen.

Diachronie des Sprechens

Levinas spricht von zwei Zeitformen, einer „Zeit des Selben" und einer „Zeit des Anderen". Die Zeit des Selben ist die natürliche Zeit, die Zeit des Anderen die Zeitlichkeit, wie Levinas die Zeitlichkeit versteht. Die Zeit des Selben ist durch „Synchronie" gekennzeichnet (s. oben 2.2.2); die Zeit des Anderen gibt Levinas als „Diachronie" wieder.

Bei Levinas ist das Sprechen durchgehend von dem Begriff der Diachronie charakterisiert. Diachronie ist eine zeitliche Bestimmung. Die dichte Formel für die neue Zeitlichkeit im Verhältnis zum Anderen, und damit der Diachronie, ist nach Levinas die „Nicht-Indifferenz dieser Differenz: die Nähe des Nächsten" (Gott 110). Eine äußerst dichte Formulierung, wie Waldenfels festhält.[40]

In dieser Formel sind die zwei wesentlichen Dimensionen des Zeitverständnisse Levinas enthalten: „Differenz" meint den unendlichen Abstand des „Selben" zum „Anderen", wie er im Sagen zum Ausdruck kommt (Diachronie). „Nicht-Indifferenz" meint die gleichzeitige Nicht-Gleichgültigkeit angesichts des unendlichen Abstandes, das ist die gleichzeitige Verantwortung des Selben für den Anderen (Ethik). Die Formel bringt die Gleichzeitigkeit einer Ungleichzeitigkeit (Diachronie der Zeit) und verantworteter Gegenwart (Ethik der Verantwortung) zum Ausdruck. Die beiden gleichzeitigen Bewegungen von „Diachronie der Zeit" (Differenz des Anderen) und „Nicht-Differenz" (Ethik im Angesicht des Anderen) überkreuzen sich. Beschreiben wir beide Bewegungsrichtungen.

Interessant erscheint die Analogie im Vergleich mit Ricoeurs Versuch, Zeitlichkeit durch die zwei zunächst scheinbar inkompatiblen Bewegungen von Zeit bei Aristote-

[40] Waldenfels, Bernhard (2006), Schattenrisse der Moral, Frankfurt, 45–49.

les und bei Augustinus in eine Synthese zu überführen (s. oben 2.2.1). Ricoeur sieht diese Möglichkeit in der Fabel bzw. den historischen Geschichten, die durch die gegensätzlichen Momente der „Dissonanz" und „Konsonanz" geprägt sind. Dissonanz als Ergebnis des kosmischen Zielbewusstseins bei Aristoteles, Konsonanz als Ergebnis der phänomenologischen Zeit bei Augustinus. Eine gewisse Entsprechung drängt sich auf, die Zeit durch eine grundsätzliche Ungleichzeitigkeit zu beschreiben: bei Ricoeur durch „Dissonanz" und „Konsonanz", bei Levinas durch „Differenz" und „In-Differenz".

Versuchen wir das (zeitliche) Verhältnis von Differenz und In-Differenz im Verhältnis zum Anderen oder Nächsten zu erläutern. „Das Gesicht spricht" (TI 37 / TU 87). Das Erste, wo der Andere begegnet, ist das Gesicht. Damit ist aber nach Levinas bereits Sprechen gegeben. Sprechen setzt sich mit dem Anderen in Beziehung. Wie aber die Unendlichkeit zum Anderen wahren und zugleich in Beziehung zu ihm treten?

In der frühen Schrift *Die Zeit und der Andere* ist die Beziehung zum Anderen vor allem zeitlich charakterisiert. Levinas spricht später von der Absicht dieser Schrift: Die Beziehung zum Anderen vertritt die Transzendenz. Sie ist Dia-chronie, Un-gleichzeitigkeit. Transzendenz ist die Öffnung zum Anderen hin. Diese Transzendenz, die die Zeit eröffnet, ist aber nicht pure Differenz, sondern das Selbe ist bezüglich des Anderen zugleich nicht-indifferent, d. h. nicht gleichgültig, von einer ursprünglichen Betroffenheit, die jedoch den Anderen nie im Selben aufgehen lässt. Die Transzendenz der Zeit ist Fremdheit des Anderen zum Selben; sie ist Fremdheit einer Zukunft, die nicht in einem Bezug zur Gegenwart beschrieben werden kann; natürliche Zukunft wäre eine „Zu-Kommende (à-venir)" und könnte bereits aus der Vergangenheit antizipiert werden (EU 42).

Ferne und Nähe, gleichzeitige Anwesenheit und Abwesenheit des Anderen sind die Grundformen der Zeit, einer besonderen Zeit, der Zeit des Anderen. „Zwischen mir und dem Anderen klafft eine Differenz, die keine Einheit der transzendentalen Apperzeption überbrücken kann. Meine Verantwortlichkeit für den Anderen ist gerade die Nicht-Indifferenz dieser Differenz: die Nähe des Nächsten. Eine – im absoluten Sinne des Wortes – außer-ordentliche Beziehung. Sie stellt nicht die Ordnung der Vergegenwärtigung wieder her, in der jede Vergangenheit zurückkehrt. Die Nähe des Nächsten bleibt dia-chronischer Bruch, Widerstand der Zeit gegen die Synthese der Gleichzeitigkeit" (Gott 110).

Zeit ist das Verhältnis des Subjekts zum Anderen. Im Verhältnis zum Anderen eröffnet sich Zeit, aber Zeitlichkeit einer anderen Art, nicht Syn-, sondern Dia-chronie. Levinas entfaltet das Verhältnis von Zeitlichkeit und Subjekt. In der frühen Schrift *Die Zeit und der Andere* heißt es: „Die Einsamkeit ist die Abwesenheit der Zeit" (ZA 38) (EU 43). Levinas begann mit diesem existentialistischen Thema. Er wollte aus der Einsamkeit der Verzweiflung und der Angst herausführen, ein wichtiges Thema der damaligen Zeit. Einsamkeit resultiert für ihn aus der Vereinzelung des Existierens, der Gefangenheit im Sein. Der Ausbruch (évasion) aus der Totalität des Seins gelingt ihm im Anderen, der Andere, der das Andere des Selben (Existierens) ist: „Das Verhältnis zum Anderen ist die Abwesenheit des Anderen; nicht bloße und einfache Abwesenheit, nicht Abwesenheit des reinen Nichts, sondern Abwesenheit in einem Horizont der Zukunft, eine Abwesenheit, die die Zeit ist" (ZA 83 f.). Das einsame Existieren hat nicht wirklich Zeit. Es hat keine wirkliche Zukunft, weil es in sich eingeschlossen ist. Der Andere ist anders als der Selbe, er eröffnet eine neue Dimension, die Zukunft. Er entreißt das Selbe aber auch dem Sich-Selbst-Präsentieren; es eröffnet die Dimension der Herkunft von Anderem: „Die Abwesenheit, aus der heraus sich diese Beziehung ereignet, erstreckt sich in zwei Dimensionen, in die Vergangenheit und in die Zukunft. Diachronie besteht darin, dass es Distanz und Nähe, Abgrund und Brücke, Differenz und Nicht-Indifferenz bedeutet. Zeit ist ‚verbindende Trennung' (séparation liante)".[41]

Zusammenfassend meint die Kurzformel der Diachronie: „Nicht-Indifferenz dieser Differenz [der Beziehung des Selben zum Anderen – KK]: die Nähe des Nächsten" (Gott 110); das „Phänomen der Nicht-Übereinstimmung, das in der Diachronie der Zeit gegeben ist [...]. Die Zeit indes bedeutet das ‚Immer der Nicht-Übereinstimmung' wie auch das ‚Immer des Verhältnisses – der Sehnsucht und des Wartens'" (Noms 118).

Dia-chronie charakterisiert Levinas' neues Zeitverständnis. Von der zeitlichen Diachronie ist auch das Sprechen gezeichnet. Neben dem Sprechen (dire) ist die Zeit die Grunddimension, in der nach Levinas die Ethik zum Ausdruck kommt. Levinas trennt zwischen reinem Sagen (dire) und Gesagtem (dit). Der Grund der Trennung ist die Dia-chronie, die diachrone Zeitlichkeit des Sagens. Das reine Sagen ist nicht auszusagen. Es ist ethisches Sagen, das sich im Gegenüber und in der Verantwortung für den Anderen ereignet. Diese Relation ist nicht in unserer natürlichen Sprache auszusprechen. Sie ist dia-chron, sie steht gegen die natürliche Zeitlichkeit. Diachronie ist eine zeitliche Kategorie. Die Verantwortung für den Anderen besteht in einer Unmittelbarkeit, die eine andere Zeitlichkeit begründet. Sagen (dire) und Gesagtes (dit) meinen eine fundamentale Trennung und damit auch ein unterschiedenes Zeitverständnis.

Der Grund der Unterscheidung von dire et le dit ist in der Zeitlichkeit des Sprechens begründet. Das ursprüngliche Sagen und ethische Sprechen geschehen als Zeitigung. „Die Rede spaltet sich auf in Sagen und Gesagtes, und dies im Zuge einer Diachronie des Sprechens. Der entscheidende Punkt der Sprachauffassung Levinas ist die Unterscheidung von Sagen (dire) und Gesagtem (le dit). Diese Unterscheidung hat es mit der Zeit zu tun. Der Diskurs gerät sich selbst gegenüber in Verzug, die Diachronie des Sagens greift über die Synchronie des Gesagten hinaus. Platonisch gesprochen überwiegt die Dihairesis gegenüber der Synopsis, sie überwiegt auch gegenüber der Synthesis" (DG 2, 208).

Die ethische Zeitlichkeit resultiert aus der Verantwortung für den Anderen: „das Wesen der Sprache ist die Beziehung mit dem Anderen [...]. Der Sinn, das ist das Antlitz des Anderen, und jeder Rekurs zum Wort findet bereits innerhalb des ursprünglichen Von-Angesicht-zu-Angesicht der Sprache statt" (TU 298).

Die Grundzüge des Sprechens, wie wir sie bei Levinas beschrieben haben, sind zeitlicher Art: Die Beziehung zum Anderen, die im Sprechen realisiert wird, ist anarchisch, dia-chron. So ist das Sprechen ohne Anfang (arche) und außerhalb der

[41] Levinas, Emmanuel (1985), Vorwort, in: Stéphane Mosès: System und Offenbarung. Die Philosophie Franz Rosenzweigs, München, 18.

geläufigen Zeitlichkeit (Dia-chronie). Das Sprechen zeitigt eine besondere Zeitlichkeit. Nicht mehr die „Zeit des Selben", sondern eine „Zeit des Anderen". In der Beziehung des Sprechens bricht eine Differenz auf, die nur durch eine neue Zeitlichkeit ausgedrückt werden kann (séparation liante).

Und wiederum überrascht die Bemerkung, die Levinas im Anschluss an die Zeitlichkeit macht. Casper nennt Beziehung zum Anderen bei Levinas mit Vorsicht eine „religiöse Beziehung".[42] Folgende Aussage Levinas mag diese Feststellung erhärten: „‚von Angesicht zu Angesicht' – ein souveränes Uneins-Sein, das ‚mehr ist als das Eins-Sein', denn ‚gerade dieses Zu-Zweit-Sein' mit dem Anderen ‚ist das Menschliche, das Geistige', mithin das Göttliche, das im Antlitz des jeweils anderen Menschen sich zeigt, bevor es noch ‚gesehen' wird" (Noms 117). Die Beziehung zum Anderen ist ‚das Menschliche', ‚das Geistige', ‚das Göttliche'. „das Wort Gottes [ist] ins Antlitz des Anderen eingeschrieben" (ZU 138)

Inkarniertes Wort

Wenn Levinas von der Zeitlichkeit des Sprechens handelt, fällt bei ihm immer wieder der Begriff der „Inkarnation". Inkarnation ist natürlich nicht zu verwechseln mit der christlichen Menschwerdung. Was ist dabei gemeint? Gemeint ist damit das Werden des Wortes aus dem ursprünglichen Sagen. Wie ist das Verhältnis von Sagen und Wort, von dire und le dit? Wie ereignet sich das Wort aus dem Sagen oder im Sprechen? Levinas nennt in *Totalité et Infini* das Wort „inkarniertes Sprechen („langage incarné") (TI 181 / TU 297).[43] Wort ist demnach ein Sagen, das sich inkarniert. Sagen und Sprechen werden Wort. Das Sagen selbst ist schon Wort: „Das erste Wort sagt das Sagen selbst. Es bezeichnet noch kein Seiendes, hält keine Themen fest und will nichts identifizieren [...]. Vor jedem Seienden und jedem Denken, in dem sich das Sein spiegelt und bricht, sagt das erste Wort nichts als sich selbst. Aber wenn das erste Sagen dieses Sagen selbst sagt, so können hier das Sagen (dire) und das Gesagte (le dit) nicht übereinkommen" (SpA 294). Wie kann dann aber das Sagen zum Gesagten werden?

Was versteht Levinas demnach unter „inkarniertem" Sprechen und Wort? Er kommt auf den Anfang des Sagens zurück: „Das Gesicht spricht". Wann immer das Gesicht zu uns spricht, ist „der primäre Inhalt des Ausdrucks dieser Ausdruck selbst" (TI 22 / TU 64). Das Gesicht ist zunächst leibhaft, sinnlich wahrnehmbar. Aber schon das leibhafte Gesicht spricht, wird Ausdruck, wird Word, wird Sagen: „Indem man dem Antlitz sich nähert, wird das Fleisch – Wort, (Lieb)Kosung – Sagen" (Noms 121). Waldenfels kommentiert: „Wir werden Zeuge der Geburt des Anderen aus dem Wort und der Geburt des Wortes aus dem Anderen. Der Logos wird nicht gerade Fleisch, aber er wird Gesicht. Merleau-Ponty würde sagen: Wir bewegen uns auf der Ebene der sprechenden Sprache (parole parlante), nicht auf der Ebene der gesprochenen Sprache (parole parlée) und Levinas würde fortfahren: Wir haben es mit dem Sagen (dire) zu tun, nicht mit dem Gesagten (dit). Doch Levinas geht noch einen Schritt weiter. Er personalisiert die sprechende Sprache in Termini, die in den Ohren

[42] Casper, Angesichts, a. a. O., 37; s. ZU 18–20.
[43] S. auch Levinas TI 149, TU 253, 295

eines an Saussure geschulten Linguisten reichlich ungewohnt klingen müssen. Zeichensysteme bestehen aus Zeichen, die sich in Signifikant und Signifikat zerteilen, und Kommunikationssysteme bestehen aus Prozessen, in denen Zeichen gebraucht werden, um Botschaften auszutauschen. Nichts dergleichen hat Levinas im Sinn. Er vermeidet jedes etablierte Sprachsystem, bis er den Punkt erreicht, wo das sprechende Gesicht als ursprünglicher Zeichengeber fungiert: ‚Das Gesicht, Ausdruck schlechthin. Bildet das erste Wort. Das Gesicht ist der Signifikant, der an der Spitze seines Zeichens auftaucht, wie Augen, die dich ansehen‘ (TI 152 / TU 258)“ (DG 2, 193).

Levinas bezeichnet das ursprüngliche Bedeuten des Antlitzes als ein Sagen (dire). Dies meint ein Sprechen, das noch vor jeder gegenständlichen Aussage, vor jeder Formulierung und Thematisierung als reine Beziehung zum Anderen geschieht. Levinas kann nicht nachlassen, die Andersheit und den Anspruch des Antlitzes immer wieder herauszustellen: „Der Begriff des Antlitzes unterscheidet sich von jedem vorgestellten Inhalt […]. Sich auf ein Antlitz richten, heißt, die Frage Wer? eben dem Antlitz stellen, das die Antwort auf diese Frage ist. Das Antlitz, Ausdruck schlechthin, bildet das erste Wort: Das Antlitz ist signifikant, der an der Spitze seines Zeichens auftaucht, wie Augen, die dich ansehen“ (TU 258). Es eröffnet einen Raum von Kommunikation und Mitteilung, es ist die Gabe des Sprechenkönnens, die Eröffnung der Situation des Gesprächs. Es ist ursprüngliches ethisches Sprechen. Es ist zunächst ein wortloses Sagen, ein gegenstandsloses Sagen. Es ereignet sich vor dem thematischen Sprechen. Es kommt aus dem Gesicht, aus dem Leib, incarné ‚aus Fleisch und Blut‘. Es wird inkarniertes Sprechen. Es ist die „Grundfigur des Sagens vor allem Gesagten“ (ZA 87–88).[44] „Es ist vor-ursprünglich anarchisches Sagen, das Nähe ist, Berührung, nicht endende Pflicht – das gegenüber dem Gesagten noch indifferente Sagen, das sich selbst zur Sprache bringt im Geben, der Eine-für-den-Anderen“ (JS 351).

Und doch muss es sich inkarnieren in Gesagtes (le dit), in objektivierende und objektivierbare Rede.

Was ist dann Inkarnation nach Levinas? Der Mensch ist Sinnlichkeit und Leiblichkeit. Leiblichkeit und Sinnlichkeit bedeuten nach Levinas zugleich Abstand und Nähe zum Anderen, sind an-archische Empfänglichkeit, bringen die Differenz der Nicht-Differenz zum Ausdruck. Die Differenz der Zeit, die zugleich Abstand und Nähe ist, wird spürbar in der Leiblichkeit: „Sinnlichkeit ist immer schon mehr als Sinnlichkeit, sie drückt das Für oder das Gegen aus, sie ist Geben oder Nehmen, sie ist Medium und Modus aller Mitteilung – stumme Sprache vor der Sprache. Sinnlichkeit – Leiblichkeit ist greifbar gewordene Materialität der Zeit. Die Differenz der Zeit, die zugleich Abstand und Nähe ist, wird anschaulich und spürbar in der Leiblichkeit“.[45]

Was meint Sinnlichkeit nach Levinas? Davon spricht er in TU. Sinnlichkeit ist zuerst Genießen, vitales Ich. Das vitale Ich vollzieht sich im Genießen, in der sogenannten ökonomischen Existenz des Wohnens, Arbeitens und Besitzens. In ihnen baut sich die Identität des Ego auf. Aber Sinnlichkeit setzt den Menschen auch Bedrohungen aus. Sinnlichkeit impliziert beides: Genießen und Bedrohtsein. Diese Ambi-

[44] S. Wohlmuth, Geheimnis, a. a. O., 20–21.
[45] Wenzler, Zeit, a. a. O., 50; s. AQ 94–102 / JS 169–182.

guität wird vor allem an der leiblichen Existenz des Menschen sichtbar. Das Genießen ist immer auch bedroht: „In Gestalt der Leiblichkeit, deren Bewegungen Ermüdung sind und deren Dauer Alter heißt, ist die Passivität [...] nicht Akt, sondern Geduld, das heißt, von sich her, Sensibilität oder drohender Schmerz" (JS 133). Sinnlichkeit und Leiblichkeit machen die Erfahrung einer Passivität, über die sie nicht verfügen können. Sie sind das Tor der ethischen Erfahrung, der Begegnung mit dem Anderen.

Die Begegnung mit dem Anderen setzt für Levinas die Identität des Ego, den Selbststand des Selben, voraus. Die ethische Erfahrung ist das Aufbrechen und Zerreißen dieser Identität. Das Ego, das in sich verschlossen ist, folgt seinem eigenen „Psychismus", wie Levinas formuliert. Dieser Psychismus hat seine eigene Zeit, die „Zeit des Selben": „Das Ich ist aber nur dann ein getrenntes Seiendes im Selbstand, wenn es seine eigene Zeit besitzt, und das heißt auch: seinen eigenen Psychismus".[46] Sinnlichkeit ist entweder Bleiben im Selben oder Sein für den Anderen. Leiblichkeit ist dementsprechend: Genießen oder Verwunden, bis in Fleisch und Blut. Das Ende des Selben endet im Tod; die Alternative ist das Sein für den Anderen. Es gilt: „Sein-zum-Tode umzuwandeln in Sein-für-den-Anderen" (ZA 74–75).[47]

Die Zeitlichkeit, entweder Sein für sich oder Sein für den Anderen zu sein, prägt die menschliche Existenz und sein Zeitverständnis: „Der Punkt, an dem der Seinsvollzug, das ‚Interesse', umschlägt in ‚Sein für den Anderen', in ‚des-inter-essement', [...] erstreckt sich über die ganze menschliche Existenz, die in der an-archischen Passivität der Sinnlichkeit ‚diesseits jeder Intentionalität' auf keinen erinnerbaren Anfang zurückgehen kann und die ‚jenseits' jeder Intention und jedes Aktes nicht ‚endet', sondern sich in eine unendliche Zukunft hinein verunendlicht" (ZA 86–87).

Sprechen ist der Ausdruck dieses ursprünglichen Geschehens, einer anarchischen Empfänglichkeit. Das Sprechen inkarniert sich in Wort, in Fleisch und Blut; bzw. das Sprechen bringt das ethische Geschehen in Fleisch und Blut, ‚Inkarnation', zur Erscheinung. „Indem man sich dem Antlitz nähert, wird das Fleisch Verb, Liebkosung – Sagen" (AQ 120 / JS 211). Im konkreten Vollzug muss sich dieses ursprünglich wortlose Sagen wandeln, inkarnieren in Gesagtes (le dit), d. i. in Aus-Gesagtes, in objektivierende und objektivierbare Rede. Diese aber, weil Vergegenwärtigung des Nichtvergegenwärtigbaren, muss immer wieder in einem Widerruf (de-dire) auf das ursprüngliche Sagen zurück bezogen werden (re-dire) (ZA 87–88).

Vergangenheit, Gegenwart und Zukunft des Menschenwortes

Im Gegensatz zu den zeitlichen Ekstasen von Gegenwart, Vergangenheit und Zukunft, die Heidegger aus dem Sein-zum-Tode herleitet, haben die zeitlichen Dimensionen von Vergangenheit, Gegenwart und Zukunft bei Levinas eine ganz andere Dimensionierung. „Altern und Sterben sind für Levinas' Philosophie von entscheidender Bedeutung".[48] Sie sind Ausdruck der Leiblichkeit. Sie haben aber eine ambivalente Bedeutung, ambivalent wie die Zeit, die Sinnlichkeit und Leiblichkeit verkörpern. Die „Existenz ist, wenn sie im vollen Sinn gelebt wird, zu jedem ‚Augenblick' sowohl

---

[46] Strasser, Jenseits, a. a. O., 38.
[47] Wenzler, Zeit, a. a. O., 49–50.
[48] Strasser, Jenseits, a. a. O., 173.

‚Sterben' für den Anderen wie zugleich ‚Geborenwerden' für eine absolute Zukunft. Ge-dulden (patience) als Sterben für, als Eintreten-müssen-für den Anderen (substitution, être otage) und als Auferstehen im Sohne, machen ‚die Länge der Zeit' aus, das Altern, das ein ‚À-Dieu', ein Abschiednehmen ‚zu Gott hin' ist (ZA 86–87). „Das Werk der Zeit erstreckt sich in drei Richtungen: hin zum Anderen, hin zum Kind, hin zu Gott. [...] Stellvertretung [...], Fruchtbarkeit [...], À-Dieu [...], Hinübergehen in die Zeit des Anderen".[49] „Tod und Auferstehung machen die Zeit aus" (TU 415) (ZA 86, 76–78), [...] Gott vertraut mir den anderen Menschen an.[50]

So kommt Levinas zu folgenden überraschenden Aussagen: „Das zentrale Geschehen der Zeit ist die Wiederauferstehung. Es gibt also keine Kontinuität im Sein. Die Zeit ist diskontinuierlich. Der Augenblick geht nicht ohne Unterbrechung ekstatisch aus dem anderen hervor. In seiner Fortsetzung findet der Augenblick einen Tod und steht wieder auf. Tod und Auferstehung machen die Zeit aus. Aber eine solche formale Struktur setzt die Beziehung des Ich zum Anderen voraus und verlangt an ihrer Basis eine durch das Diskontinuierliche hindurchgehend Fruchtbarkeit, die die Zeit ausmacht" (TU 415).

Levinas' Aussagen zum ethischen Sagen als „inkarniertes Sprechen" und als „inkarniertes Wort" muss den christlichen Theologen herausfordern: „die Sprache [...], eine ursprüngliche Enteignung, [ist] eine erste Gabe", das Wort ist inkarniertes Wort (TU 297). Und dann gibt der erstaunliche Schluss des Artikels *Sprache und Nähe* zu denken: „Gewiss ist das erste Sagen nur ein Wort. Aber es ist Gott" (SpA 294).

Die Bedeutung der Zeitlichkeit für das ewige Wort, den Sohn Gottes, hat Bernhard von Clairvaux in eine berühmte Aussage gefasst, die Hemmerle oft zitiert: „Was der Sohn Gottes seit Ewigkeit schon wußte durch seine Gottheit, das lernte er auf andere Weise durch ein Zeitexperiment des Fleisches – Quod (filius Dei) ab aeterno sciebat per divinitatem, hoc aliter temporali didicit experimento per carnem" (Leben 64).[51]

5.2.4 Sprach-Raum

Levinas spricht von „inkarniertem Sprechen". Nach dem Blick auf die Zeitlichkeit der Sprache gilt es nun einen Blick auf den Sprach-Raum des Sprechens zu werfen.

Hemmerle spricht von einem „Raum der Sprache" (Vorspiel 43). Es ist ein Sprach-Raum, der aus der Zeitigung der Sprache entsteht: „Indem ich spreche, komme ich über mich hinaus, kommt die Sache über sich hinaus, kommen die hörenden und mitsprechenden Partner über sich hinaus. So aber entsteht in der Zeitigung der Sprache ein Raum. Seine drei Dimensionen heißen: Außen, Innen, Zwischen [...]. In seinem Hervorgang [...] eröffnet das Wort nicht nur einen Raum, es begeht diesen Raum. Sprache geschieht als mannigfache Bewegung, als Gang zu vielerlei Zielen –

[49] Levinas, Emmanuel (1989), Humanismus des anderen Menschen. Aus d. Franz. u. eingel. v. Ludwig Wenzler, Hamburg, 42 f.

[50] Wenzler, Zeit, a. a. O., 50; Dirscherl, Nähe Gottes, a. a. O., 491–497.

[51] Bernhard von Clairvaux, De gradibus humilitatis et superbiae, III, 6–10; s. auch Hemmerle, Klaus (1982), Brücken zum Credo. Glaubenswege, Freiburg, 134.

und doch ist die Gangart der Sprache eine, dieselbe“ (Vorspiel 43–44). Hemmerle nennt zur Beschreibung der Sprache die Raumdimensionen von „Innen, Außen, Zwischen“ (s. Innen – Außen 3.2.2). Sprache ist nach Hemmerle Bewegung, aus der das Wort hervorgeht, verschieden in unterschiedlichster Hinsicht, je nach Gangart, Richtung und Ziel der Bewegung.

Es ist möglich den Sprach-Raum analog zu den Dimensionen der Räumlichkeit zu beschreiben, allerdings den Raum nicht im physikalischen Sinn verstanden, sondern ‚existential‘ im Sinne der menschlichen Raumdimensionierung. Bernhard Waldenfels hat, wie wir oben gesehen haben, dem „gelebten Raum“ besondere Aufmerksamkeit geschenkt (OZ 61–94). Auch Levinas spricht von der Sprache (langue) und ihrem „Gesprächs- und Bedeutungsraum“.[52] Der Sprachraum ist der Ausdruck des „inkarnierten Sprechens (langage parlé)“ in der gesprochenen Sprache (langue) (TU 297). Allerdings verbietet sich bei Levinas eine physische Verräumlichung der Sprache ausdrücklich. Es sind signifikante Unterscheidungen bei ihm festzustellen.

Hemmerle bleibt bei der Beschreibung des Sprachraumes weitgehend beim Grundsätzlichen. Hier kann eine Durchdringung der Positionen, sei es was das Gotteswort, sei es was das Menschenwort betrifft, durch die Philosophien von Levinas und Waldenfels nützlich sein, weil sie die Kommunikation, wie sie sich zwischen Gott- und Menschwort sprachlich vollzieht, konkretisiert und erdet. Ein unübersehbarer Punkt ist dabei die Situierung des Sprechens.

Wir schauen zuerst auf Hemmerle. Er geht offensichtlich von der Sprechtheorie und dem Organonmodell Karl Bühlers aus. Die Sprechtheorie Bühlers wird von ihm philosophisch weitergedacht, wie es in sprachphilosophischen Studien üblich ist. Wir werden dann aber zu Levinas und Waldenfels übergehen. Denn über die Sprechtheorie Bühlers hinaus finden wir dort wichtige Ergänzungen.

5.2.4.1 Wort Gottes wird Menschenwort (Hemmerle)

Um das Wort Gottes besser zu verstehen, ist es notwendig, das menschliche Wort besser zu verstehen bzw. das Sprechen, wie wir Menschen es üben, zu erklären. Nur so werden wir die Dimensionen der Offenbarung und damit auch des Wortes Gottes uns verständlich machen. Für Hemmerle ist Sprechen ein Grundspiel, ein Grundphänomen des Daseins, wie wir oben gesehen haben. In Hemmerles Überlegungen zum Grundphänomen der Sprache spielt die Konzentration auf das „Wort“, auf den Anfang und die Gestaltwerdung des Sprechens, eine zentrale Rolle.

Hemmerle fragt nach der Konstitution von Sprache aus den Ursprüngen. „In seinem Hervorgang aus den Ursprüngen des Sprechenden, der Sache und der Sprache eröffnet das Wort nicht nur einen Raum, es begeht diesen Raum. Sprache geschieht als mannigfache Bewegung, als Gang zu vielerlei Zielen – und doch ist die Gangart der Sprache eine, dieselbe“ (Vorspiel 44). Sprache ist nach Hemmerle Bewegung, aus der das Wort hervorgeht, verschieden in unterschiedlichster Hinsicht, je nach Gangart, Richtung und Ziel der Bewegung. Verfolgen wir die Genese des Wortes aus

[52] Funk, Sprache, a. a. O., 306.

dem Grundphänomen des Sprechens. Die wichtigsten Gedanken zum „Wort Gottes" können am besten mit Hemmerles eigenen Worten wiedergegeben werden.

Zuerst ist das Hauptwort des Grundphänomens Sprechen für Hemmerle das Verbum: „Das Hauptwort eines solchen Denkens ist nicht mehr das Substantiv, sondern das Verb. Vom Mitgang mit dem Vorgang aus eröffnet sich, was vorgeht, wer vorgeht, woher und wohin das Vorgehen geht.

Nehmen wir zur Veranschaulichung ein Wort, das im Deutschen Verb und Hauptwort zugleich ist: Leben. Die ‚Sache', die das Hauptwort Leben meint, ist der Vorgang, das Geschehen, verbal verstandenes Leben. Seine Identität hat dieser Vorgang im Vorgehen selbst, in der Weise, wie er geht. Leben heißt Ausgehen von sich selbst. Im Ausgehen geschieht ständig die Reproduktion und Restitution des Ausgehens, Leben heißt Weiterleben. Im Ausgehen geschieht zugleich Assimilierung des Äußeren, Aufnahme des Äußeren ins Innere" (Thesen 141–142). – Die Funktion der Verbalität ist am besten am Grundphänomen „leben" zu sehen. Leben ist verbal „leben", Bewegung, Lebendigkeit, Weiterleben, Ausgehen und Zurückkommen des Lebens zu sich, Reproduktion und Restitution.

Aus dem Vorgang des Lebens oder Sprechens gliedert sich eine Struktur aus. Momente und Pole bilden sich, gehen wechselseitige Beziehungen ein, eine Struktur. Leben und Sprechen sind vielgliedrige Gebilde. Die Struktur entspringt der Mehrursprünglichkeit des Vorgangs: „Vorgang ist kein ungeschiedenes Strömen – in einem solchen ginge gerade nichts vor. Sondern Vorgang ist geschehende Beziehung, die nicht ginge ohne das Zueinander, Ineinander und Auseinander von Polen, zwischen denen sie spielt.

Pole, Bezugspunkte gehören also dazu; und der Vorgang, in dem sie verbunden und unterschieden sind, nivelliert sie nicht. Aber die Pole haben keinen isolierten Stand außerhalb des Geschehens, sondern sind sie selbst im Geschehen. Mehr noch: sie selbst sind Geschehen. Sie sind dies: sich mitteilen, sich beziehen, sich in den Vorgang hineingeben und aus ihm empfangen, ihn sein lassen und von ihm sein gelassen sein. In jedem Pol ist der ganze Vorgang, der ganze Vorgang ist das Sein eines jeden Pols. Die Pole unterscheiden sich durch die Weise, wie der ganze Vorgang aus ihnen hervorgeht und sie aus ihm hervorgehen. Diese Unterscheidung der Pole im Vorgang aber ist die Unterscheidung des Vorgangs selbst, will sagen seine Gliederung, aus welcher er Einheit und Unterscheidbarkeit, Struktur erhält" (Thesen 142–143).

Welches sind die unterschiedlichen Ursprünge des Wortes oder Sprechens: „So können wir an jedem Wort, das wir sprechen, die drei Ursprünge ablesen, die sich in ihm, in diesem *einen* Wort zugleich zeitigen. *Ich* spreche, ich bringe mich ins Offen in diesem Wort. Die *Sache* spricht, sie kommt zur Sprache, sie tritt in Erscheinung in meinem Wort. Und die *Sprache* spricht dieses Wort, sie trägt es, bringt es hervor, bietet es an, damit darin ich und die Sache eins werden und ins übergreifende Einverständnis eintreten können" (Vorspiel 43).

„Ein Beispiel: das Wort. Ich spreche das Wort, es geht von mir aus, ich schließe mich unmittelbar in ihm auf. Man kann sagen, zumindest in der einen Richtung: Zwischen mir und meinem Wort liegt nichts anderes. Ich verantworte es, gestalte es und richte es aus auf seinen Adressaten. Somit wurzelt der ganze Vorgang des Sprechens, wurzeln die bereits angeklungenen Dimensionen von Wort (Ausdruck, Gestalt,

Adressat [s. Bühler – KK]) in mir. Und doch wurzele auch ich als Sprechender, wurzelt mein Wort als meines in den anderen Ursprüngen.

Die Sprache ist Ursprung meines Wortes. Indem ich von mir aus spreche, beanspruche ich eine Sprachgestalt, die vorgeformt, zumindest vorbereitet ist dadurch, dass schon Generationen vor mir gesprochen haben, dass der Mensch als Sprach- und Ausdruckswesen geschaffen ist, dass er schon immer in einem Kommunikationsstrom steht. In meinem Sprechen spricht die Sprache weiter. Meine spezifische Klangnuance, meine persönliche ‚Grammatik' ist – in der umgekehrten Richtung – wenigstens ein Sandkorn auf dem Gebirge der Sprache, das andauernd anwächst, sich andauernd verschiebt. Und auch wenn ich noch so originell spreche, wenn ich sozusagen neue Sprache zeuge, mein Sprechen ist Weitersprechen, meine Leistung wiederum nur Sandkorn auf dem Gebirge der gesprochenen Sprache.

Und noch einmal: Du, zu dem ich spreche, du, der Adressat, bist Ursprung meines Wortes. An deinem Hören und Verstehen liegt mein Sprechenkönnen, an deiner Antwort mein Weitersprechen, und mein Anfangen selbst ist je schon Weitersprechen auf den Anfang hin, der du mir bist, der dein Begegnen mir ist. Mein Wort hat zumindest die drei Ursprünge: ich, die Sprache, du. Und es ließe sich mühelos entfalten: Alle drei Ursprünge entspringen auf unterschiedliche Weise in meinem Wort einander, in jedem Ursprung ist derselbe Vorgang ganz, aber anders. Die Anteile der drei Ursprünge lassen sich nicht quantifizieren, wohl aber differenzieren: dadurch, wie das Ganze jedem Ursprung entspringt.

Was wir am Beispiel ‚Wort' abgelesen haben, können wir an jedem Vorgang ablesen – sogar am scheinbar so einsinnigen des Zeitverlaufs. Nur wenn wir die ganze Zeit in und aus der Vergangenheit, der Zukunft und der Gegenwart lesen, verstehen wir Zeit" (Thesen 143–144).

Die Mehrursprünglichkeit verändert die Gestalt der Sprache: „Wenn das Hauptwort der neuen Ontologie das Verb ist, so tritt an die Stelle des einen Subjekts also die Mehrursprünglichkeit" (Thesen 143). – Die Differenz zur normalen Sprache wird deutlich. Statt des linearen prädikativen Satzes mit Subjekt, Prädikat, Objekt, wird das neue Sprechen von einer Reihe von Subjekten geformt, von allen Momenten, die mehrursprünglich aus dem Geschehen hervorgehen.

An dieser Stelle erhebt sich ein Einwand. Die bisherige Beschreibung des Wortgeschehens als Grundphänomen erscheint plausibel. Wie sieht es aber mit der wirklichen Sprache aus, mit den Subjekten, Objekten und Prädikationen der Sätze, die wir gebrauchen? Hemmerles Antwort darauf ist: das Substantiv wird im Vorgang des Sprechens aus dem Verb restituiert (Thesen 145):

„Gerade solche Steigerung des Vollzugs, die allen Bestand ständig zur Disposition stellt, bringt den Bestand, bringt das Substantiv jedoch wieder ins Spiel – freilich in einem neuen Sinn. Geben hält nicht fest, was es hat, aber enthält, was es gibt. Damit sind Außen und Innen in jeden Vorgang eingetragen, Außen und Innen können nicht ungeschieden ineinander bleiben. Gewiß, es gibt keinen Stand außer im Gang, keinen Halt außer in der Überschreitung, keinen Fixpunkt außer in der Beziehung über ihn hinaus. Doch so gerade wird Bestand, Selbstsein, wird Unterschiedenes konstituiert. Und nur dadurch gewinnt der Vorgang seine Ganzheit, seine innere Balance" (Thesen 146). – Was am Geben deutlich wird, gilt auch vom Sprechen. Im Vorgang des Gebens und Sprechens bleibt der Vorgang nicht bei sich, sondern geht von sich aus, um sich von diesem Ausgang wieder zurückzunehmen. Es entstehen „Außen" und „Innen", „Exteriorität" und „Interiorität".

Und nun spricht Hemmerle einen wichtigen, aber auch schwierigen Gedanken an, welche Bedeutung das Außen für das Innen hat. Innen und Außen beziehen sich aufeinander, dürfen nicht auseinanderfallen, aber auch nicht ineins fallen, da sie entscheidend für den Verlauf des Vorganges sind. Das Außen gehört zum Innen wie seine Grenze oder wie die „Haut" zum Menschen:

„Bestand, Selbstsein, Unterschiedenes sind aber nicht Endpunkte, Endpunkte, in denen das Geschehen ausläuft. Sie sind vielmehr Grenze, an welcher das Geschehen in sich zurückläuft, sind ‚Haut', welche die spannungsvolle Einheit eines Geschehens umschließt. In dieser Grenze bewährt sich die Macht des Ursprungs: er kann berühren. In dieser Grenze offenbart sich seine Ohnmacht: er kann berührt werden. Grenze ist als Grenze die Mitte zum Über-sich-hinaus. Jede Unterscheidung stellt in die Entscheidungssituation nach außen.

Überstieg und Rückwendung fordern einander gegenseitig heraus. Was nur aufbricht zu sich selbst, kommt nicht zu sich; was nur aufbricht von sich weg, kommt nicht zu seinem Anderen, weil es seinem Anderen nichts bringt, weil es sich selber seinem Anderen nicht bringt

So aber bekommt die ‚feste Gestalt', bekommen Kontur, Grenze, Bestand ihren neuen Sinn. Sie und Gegebenheiten, Gegebenheiten, an denen der Ursprung – der doch Geben ist – sich findet, sich freilich so findet, daß er darin in Beziehung tritt über sich hinaus, in eine Beziehung, die ihn über sich hinaus gibt" (Thesen 145–146).

Der Gedanke von „Außen" und „Innen", von „Grenze" und „Haut" ist so dicht, dass er ohne weitere phänomenologische Bemerkungen schwer zu verstehen sein dürfte (s. 3.2.2.). Er erinnert an Merleau-Pontys Phänomenologie von „chair (Fleisch / Leib)". „Chair" ist der Ort, wo sich Leib und Welt treffen. Der Leib ist immer schon Teil der sichtbaren Welt, zugleich wird die Welt immer schon durch den Leib erfahren. Merleau-Ponty bringt an dieser Stelle oft das Beispiel von dem Sich-die-Hand-Geben. Dadurch geschieht „Berührung". Berührung mit dem Anderen ist zugleich Erfahrung meiner selbst. Im Moment der Berührung spürt die Hand die andere Hand und sich selbst. Es ist zugleich ein Innen und ein Außen. Der Andere gehört zugleich zur anderen Welt (Außen) und zu meiner Welt (Innen). Merleau-Ponty nennt dieses Zusammen von Innen und Außen „Chiasmus (Verflechtung) von Leib und Welt im ‚Fleisch' (Chair)".[53]

Der Begriff von „chair" dürfte auch dem schwierigen Begriff der „récurrence (Rekurrenz)" bei Levinas zugrunde liegen. Levinas weist selbst auf das Beispiel vom Sich-die-Hand geben von Merleau-Ponty hin (ZU 142). Rekurrenz ist kurz gesagt (wir werden darauf zurückkommen) eine Reflexionsgestalt. Dabei handelt es sich aber nicht um die Reflexionsgestalt des Bewusstseins, wie wir sie aus der Geistphilosophie kennen, sondern nach Levinas um eine analoge des „Leibes" und der „Sinnlichkeit". Damit beschreibt Levinas das leibhaftige Aus- und Eingehen des Menschen aus sich, Ausgehen zum „Anderen" und zurückkommen auf sich, damit Möglichkeit der „Berührung" mit dem „Anderen" und Berührtwerden vom „Anderen". Rekurrenz ist für

[53] Merleau-Ponty, Auge, a. a. O., 280–281.

Levinas die Bewegungsgestalt von Ausgehen von sich (Transzendenz) und Zurückkommen zu sich (Rekurrenz als Reflexion). Rekurrenz ist eine Figur des Aus- und Eingehens des Leibes, die zurecht „(leibliche) Reflexion" genannt werden kann.

Im Blick auf die normale Sprache mit den Subjekten, Objekten und Prädikationen, wie wir sie gebrauchen, kann als Ergebnis der Reflexionsgestalt leibhaftigen Sprechens mit Hemmerle gesagt werden, dass die Substantive wie Subjekte und Objekte im Vorgang des Sprechens aus dem Verb restituiert werden (Thesen 145).

Der gesamte Vorgang des Grundphänomens Sprechen, der in den *Thesen* sehr dicht zur Sprache kommt, ist für das Kommende im Gedächtnis zu behalten. Es wird sich zeigen, dass es so etwas wie die Grundstruktur aller Grundphänomene ausmacht. Die Grundstruktur des Grundphänomens Sprechen umfasst die gesamte Bewegung vom verbalen Sagen (dire) über die vielfältige Ausfaltung der Struktur (Mehrursprünglichkeit) bis zur Gestaltwerdung im konkreten Wort (leibhaftiges Wort). Es wird ein wichtiges Modell für die gesamte Theologie sein.

Sprache als existenziale „Rede" bei Heidegger

Hemmerle geht auf die Ursprünge des Wortes oder der Sprache zurück. Er bewegt sich dazu in bekannten Traditionen, indem er diese in die Philosophie emporhebt. Auch hier wäre zunächst an das Organonmodell von Karl Bühler zu denken.[54] Aber Sprechen und Sagen umfasst eine Reihe anderer Bezüge und Dimensionen, die die Sprache nicht weniger bestimmen. Eine Sicht auf Heidegger macht das deutlich.

Bei Heidegger ist Sprechen vor allem „Rede": „Reden ist das ‚bedeutende' Gliedern der Verständlichkeit des In-der-Welt-seins, dem das Mit-sein zugehört, und das sich je in einer bestimmten Weise des besorgenden Miteinanderseins hält. Dieses ist redend als zu- und absagen, auffordern, warnen, als Aussprache, Rücksprache, Fürsprache, ferner als ‚Aussagen machen' und als reden in der Weise des ‚Redenhaltens'. Reden ist Rede über [...]. Das Worüber der Rede hat nicht notwendig, zumeist sogar nicht den Charakter des Themas einer bestimmenden Aussage. Auch ein Befehl ist ergangen über –; der Wunsch hat sein Worüber. Der Fürsprache fehlt nicht ihr Worüber. Die Rede hat notwendig dieses Strukturmoment, weil sie die Erschlossenheit des In-der-Welt-seins mitkonstituiert, in ihrer eigenen Struktur durch diese Grundverfassung des Daseins vorgebildet ist. Das Beredete der Rede ist immer in bestimmter Hinsicht und in gewissen Grenzen ‚angeredet'. In jeder Rede liegt ein Geredetes als solches, das im jeweiligen Wünschen, Fragen, Sichaussprechen über... Gesagte als solches. In diesem teilt sich die Rede mit. Die Rede ist die bedeutungsmäßige Gliederung der befindlichen Verständlichkeit des In-der-Welt-seins. Als konstitutive Momente gehören ihr zu: das Worüber der Rede (das Beredete), das Geredete als solches, die Mitteilung und die Bekundung. Das sind keine Eigenschaften, die sich nur empirisch an der Sprache aufraffen lassen, sondern in der Seinsverfassung des Daseins verwurzelte existenziale Charaktere, die so etwas wie Sprache ontologisch erst ermöglichen. In der faktischen Sprachgestalt einer bestimmten Rede können einzelne dieser Momente fehlen, bzw. unbemerkt bleiben. Dass sie oft ‚wörtlich' nicht zum

[54] Karl Bühler, Sprachtheorie, a. a. O., 28 zum Organonmodell: „Ausdruck, Darstellung, Appell".

Ausdruck kommen, ist nur der Index einer bestimmten Art der Rede, die, sofern sie ist, je in der Ganzheit der genannten Strukturen sein muss. [...] Das Entscheidende bleibt, zuvor das ontologisch-existenziale Ganze der Struktur der Rede auf dem Grunde der Analytik des Daseins herauszuarbeiten“ (SZ 162–163). – In dieser Aussage Heideggers kommt etwas von der Vielfalt der Redeformen und ihrer existenzialen Verankerung zum Ausdruck. Wenn Heidegger alle genannten Bezüge auch nicht selbst bearbeitet hat, so kommt seine Grundabsicht in der „formalen Anzeige“ zur Anwendung. Wir haben diese Zusammenhänge in Teil II. ausführlich ausgeführt, um die Dringlichkeit einer neuen Sprache aus Anlass der Entdeckung einer neuen Zeitlichkeit durch Heidegger zu unterstreichen.

Die formale Anzeige zeigt die tieferen Dimensionen des Lebens an, wie wir oben gesehen haben. Sie erschließt den entscheidenden Sinn des Lebens, auch den Sinn des Seins; bzw. sie weist auf die verschiedenen Sinne, welche im faktischen Leben walten. Der entscheidende Sinn, auf den die formale Anzeige hinweist, ist der *Vollzugssinn.* Er besagt, entscheidend für das Verstehen des Lebens ist das Mitgehen, Miterleben und Mitvollziehen der Lebenserfahrung, des Vollzugs. Er ist dabei auf die Leitungen angewiesen, in welche die Erfahrung selbst einweist, in die Bezüge von Umwelt, Mitwelt und Selbstwelt. Es ist der Sinn für die Bezüge und Richtungen, in denen das Leben sich vollzieht: der *Bezugssinn.* Vollzugssinn und Bezugssinn machen schließlich die Bedeutsamkeit der Erfahrung aus; sie sind die Sinndimensionen, in denen sich Leben vollzieht; sie sind bis in den Ausdruck der zur Sprache kommenden Lebenserfahrung zu wahren: im *Gehaltssinn.* Der Gehaltsinn ist sozusagen die Oberfläche dessen, was die Sinne bzw. Perspektiven der formalen Anzeige zu Tage fördern, die Thematisierungen und Objektivierungen des Erfragten, wie sie uns in der Philosophie und den Wissenschaften begegnen.

Die Dimensionen und Stufen der formalen Anzeige sind Hinweise für einen Sprachgebrauch, der die genannten Sinnbezüge auch berücksichtigt. Bei Levinas und Waldenfels finden wir einen ausführlichen Umgang mit der Sprache und ihren Ausdrucksmöglichkeiten.

5.2.4.2 Inkarniertes Sprechen (Levinas)

Das Gesicht eröffnet einen Raum von Kommunikation und Mitteilung, es ist die Gabe des Sprechenkönnens, die Eröffnung der Situation des Gesprächs. Nach Levinas ist es ursprüngliches ethisches Sprechen. Es ist zunächst ein wortloses Sagen, ein gegenstandsloses Sagen. Es ereignet sich vor dem thematischen Sprechen. Es ist „inkarniertes Sprechen“. Oben haben wir die Zeitlichkeit erörtert, welche mit dem „inkarnierten Sprechen“ gegeben ist, die „Zeit des Anderen“. Jetzt sollen die Formen und Ausdrucksweisen dieses Sprechens betrachtet werden.

Das „inkarnierte Sprechen“ geht vom Antlitz des Anderen aus. Es ist zugleich eine „Vorladung zur Identität“ und „die einzige Antwort [darauf ist] ‚hier, sieh mich‘ (me voici), bei der das Pronomen ‚ich‘ im Akkusativ steht, gebeugt schon vor jeder Beugung, besessen durch den Anderen, krank[55], identisch. ‚Hier, sieh mich‘ – Sagen der

[55] Levinas zitiert das Hohelied 5,8 „Krank bin ich vor Liebe“.

Inspiration, die nicht die Gabe schöner Worte oder Gesänge ist. Zwang zum Geben, mit vollen Händen, und folglich zur Leiblichkeit“ (JS 311).

Das inkarnierte Sprechen ist nicht gleichzusetzen mit der normalen Sprache. Sie ist ethische Sprache, Sprache der Verantwortung. Das verändert die Sprache. In dem Zitat werden die bedeutsamen Veränderungen angesprochen: die normalen Fälle, Kasus, ihre Deklinationen werden auf eigene Weise „gebeugt“: Der Nominativ und das Pronomen Ich (das Subjekt) werden gebeugt, gebeugt in der Folge der Verantwortung gegenüber dem Anderen. Verantwortung, die nicht in leeren Gesten erfüllt wird, sondern mit der Gabe von Leib und Blut, Geben mit vollen Händen. Wir werden die Beugungen des inkarnierten Sprechens nach Levinas und auch bei Waldenfels verfolgen.

Das Sprechen ist nach Levinas vor allem ein zeitlicher Vorgang, es ist die Beziehung zum Anderen. Die Betrachtung der Sprache von ihrem Sich-Ereignen (dire) her greift nach Levinas in das Gesagte (le dit) selbst ein. Das zeitliche Sprechen, das Sprechen als Beziehung zum Anderen (langage), verändert die Deklinationsformen der Sprache (langue), die „Beugungen“, wie Levinas formuliert. Am Auffallendsten ist bei Levinas die Heraushebung des Akkusativs; er ist ganz buchstäblich der „Anklagefall“.[56]

Die normale Sprache ist ein Nominalsystem, ein System von „Nennworten“ und „Symbolworten“, wie Bühler sie nennt. Dazu kommen die „Deklinationen“ (Beugungen) der Nomina. Neben den Nomina treten die „Verben“ mit den Zeitstufen, die consecutio temporis; sie beeinflussen die normale Sprache nicht weniger. Neben diesen Elementen der normalen Sprache haben wir auf das neue Denken und die neue Sprache bei Levinas hingewiesen. Neben das synchrone System der Normalsprache tritt das dia-chrone Sprechen, oder besser, nicht neben, sondern durch es hindurch wirkt jenes ursprüngliche Sprechen und jene anarchische Zeitlichkeit. Levinas besteht darauf, dass die anarchische Sprache das normale Sprachverständnis verändert, umformt, geradezu umkehrt. Levinas spricht von der „Umkehr“ als „un bouleversement de l'intentionnalité“ (SpA 225) und „une inversion de l'ordre“ (AQ 199 / JS 341).[57]

„Me voici“ – Für Levinas geschieht im Sagen (dire) die entscheidende „Beugung“ (Deklination) des Subjekts zum „Akkusativ“. Levinas nennt den Akkusativ wörtlich „Anklagefall“. In der diachronen Sprache wird das Verhältnis von Nominativ, Vokativ und Akkusativ entscheidend „gebeugt“, ja geradezu umgekehrt: „Am Anfang oder vor jedem Anfang steht demnach nicht das Ich, sondern das immer schon unter Anklage, eben das heißt: im Akkusativ stehende Ich, und zwar als immer schon angerufenes und so antwortendes Ich; und deshalb, genau genommen, weder Ich noch ich, sondern mich oder, noch genauer, eben antwortend: ‚hier, sieh mich‘ (me voici < vois – ici)“ (JS 311 Anm.).

In der deutschen Übersetzung des ‚me voici‘ geht der Bezug auf die elf Urväter und Propheten verloren: So entspricht ‚me voici‘ dem deutschen ‚Hier bin ich‘, welches Abraham, Jakob, Mose, Samuel und Jesaja Gott entgegnen (1 Mose 22,1 11; 1 Mos 31,11 46,2; 2 Mose 3,4; Jes 6,8; 58,9; 65,1; Apg 9,10). Das ‚me voici‘, eigentlich ‚hier bin ich‘, müsste bei Levinas als ‚hier, siehe mich‘ übersetzt werden, um den in

[56] S. AR 252–262.

[57] Casper, Angesichts, a. a. O., 35–37.

,me voici' vorhandenen Akkusativ, der von zentraler Bedeutung ist, zu transportieren. In dem vokativischen Ausdruck ,Sieh mich (an)' sind einige der wichtigsten Ideen Levinas enthalten: Im Sinne von ,Sieh mich, sieh mein Gesicht an' wird die Beziehung zu dem Anderen aufgenommen durch das Antlitz, durch welches das Ich immer schon angesprochen ist und in Verantwortung und Schuldigkeit steht.

Der Akkusativ (me voici), als Anklagefall, ist Ausdruck der Schuld, die dem Anderen gegenüber schon immer besteht; denn mit dem ,me voici' tritt entsprechend den biblischen Hinweisen der schuldige Mensch vor Gott. Die Engführung, die Levinas zwischen Akkusativ und Schuld bzw. Anklage vornimmt, ist nicht von ihm erdacht, sondern aus dem Griechischen gefolgert. Waldenfels interpretiert den griechischen Akkusativ: „Indem jemand *sich* verantwortet, tritt er auf im reflexiven Akkusativ, *im Anklagefall.* [...] Wer für eine Rede oder Tat geradestehen muss, gilt als jemand, der an etwas ,schuld' ist" (DG 1, 326).

Levinas will den Akkusativ gegenüber dem Nominativ aufwerten. „Ich stehe in der Passivität einer unabweisbaren Vorladung – im Anklagefall – ,Sich' (Soi). Ich nicht als Sonderfall des Universalen, ich als Sonderfall des Begriffs Ich; sondern als in der ersten Person gesagtes Ich (moi), als ich [...] (je), einzig in meiner Gattung" (JS 304–305). Das ,ich' ist gemeintes angesprochenes Ich (moi); als ich (je) ist es hingegen nur, wenn etwas daraus folgt. So kann das Ich als Ich bin vom Anderen angesprochen, aufgerufen, angeblickt etc. gelesen werden.

Für Levinas ist der Akkusativ der ursprünglichere Kasus, da ich immer schon, wenn ich den Mund öffne, sage: ,Hier, siehe mich'. Das Ich erkennt sich in der Schuldigkeit gegenüber dem Anderen: „Die Epiphanie des absolut Anderen ist Antlitz, in dem der Andere mich anruft und mir durch seine Nacktheit, durch seine Not, eine Anordnung zu verstehen gibt. Seine Gegenwart ist eine Aufforderung zu Antworten. Das Ich wird sich nicht nur der Notwendigkeit zu antworten bewusst, so als handele es sich um eine Schuldigkeit oder eine Verpflichtung, über die es zu entscheiden hätte. In seiner Stellung ist es durch und durch Verantwortlichkeit oder Diakonie, wie im 53. Kapitel des Buches Jesaja (Spur 224)".[58]

,Soi' – nicht der Nominativ, aber auch nicht mehr nur der Vokativ, sondern der Akkusativ zeigt nunmehr die Richtung und also den Sinn des Sagens von allem Gesagten an; er ist gewissermaßen der erste Fall der Sprache. Der erste Ruf, der ergeht: die „erste Berufung", „Berufung, die verwundet", ohne jegliche Möglichkeit des Schutzes vor ihr oder gar der Verteidigung ihr gegenüber. Subjekt – im Akkusativ, d. h. unter der Anklage (accusation) des Anderen, nicht mehr Ich (Moi), sondern Sich (Soi).[59]

„Die Verantwortung für den *Anderen* – in ihrer Vorzeitigkeit gegenüber meiner Freiheit, in ihrer Vorzeitigkeit in Bezug auf die Gegenwart und die Vorstellung – ist eine Passivität, die passiver ist als jede Passivität (passivité plus passive que toute passivité) – Ausgesetztsein dem Anderen, ohne dieses Ausgesetztsein selbst noch einmal übernehmen zu können, rückhaltloses Ausgesetztsein, Ausgesetztheit des Ausge-

[58] Jes 53,3; Seeger, Stefan (2010), Verantwortung, Tradition und Dekonstruktion, Würzburg, 226–227.
[59] Funk, Sprache, a. a. O., 304.

setztseins, Ausdruck, *Sagen.* Offenheit, Aufrichtigkeit, Wahrheit des *Sagens*" (JS 50–51, Gott 98).

Daraus folgt eine Reihe von Aussagen, die für Levinas beispielhaft in *Jenseits von Sein* sind: Der Anklagefall bringt mit sich die Grundbegriffe von *Jenseits von Sein:* „Verwundbarkeit, Ausgesetztsein der Beleidigung, der *Verletzung – Passivität,* die passiver ist als jede *Geduld,* Passivität des Akkusativs, des Anklagefalls, *Trauma* einer Anklage, unter der eine *Geisel* bis hin zur Verfolgung zu leiden hat, Infragestellung der Identität [in] der Geisel, die an Stelle der Anderen gesetzt wird: *Sich* – Niederlegung oder Niederlage der Identität des *Ich.* Genau das ist, radikal gedacht, die Sensibilität. In diesem Sinne Sensibilität als Subjektivität des Subjekts, *Stellvertretung* für den Anderen – der Eine an der Stelle des Anderen – *Sühne*" (JS 50) (kursiv – KK). Die Beugung des Akkusativs durch Levinas ist offensichtlich radikal.

Unauffälliger ist zunächst der Gebrauch des Genitivs bei Levinas. Er kennt aber auch einen besonderen Genitiv, der bei der Betonung des Akkusativs nicht vergessen werden darf. Er macht ein gut Teil von *Totalität und Unendlichkeit* aus. Er meint den Genitiv der Herkunft. Er meint das „Leben von ...". Er bezeichnet die Herkunft und Basis der Existenz, des Lebens, der Ökonomie des Ego. „Wir leben von einer guten Mahlzeit, von Luft, Licht, sichtbarer Wirklichkeit, Arbeit, Ideen, Schlaf usw.".[60]

„Wir leben vom ‚guten Essen und Trinken', von der Luft, vom Licht vom Schauen, von der Arbeit, von Idee, vom Schlaf usw. All dies sind keine Gegenstände der Vorstellung. Wir leben davon [...]. Diese Inhalte werden erlebt: Sie nähren das Leben. Man lebt sein Leben. Leben ist ein transitives Verb, das die Inhalte des Lebens zu Akkusativobjekten hat [...]. Die Beziehung mit dem Akkusativobjekt des Verbs ‚existieren', das transitiv geworden ist, ähnelt in Wirklichkeit der Beziehung zur Nahrung" (TU 152–153).

5.2.4.3 Dativ der Responsivität (Waldenfels)

Der Dativ ist bei Levinas durchaus bedeutsam, steht aber nicht so sehr im Mittelpunkt wie der Akkusativ. Waldenfels hat sich zum Dativ bei Levinas geäußert und vor allem die Betonung des Akkusativs bei Levinas hervorgehoben (DG 1, 339–341). Dabei dürfe allerdings der Nominativ und der Dativ nicht vergessen werden. Waldenfels bemerkt zum radikalen Gebrauch des Akkusativs bei Levinas:

„Die sprachliche Formel *me voici* beschränkt sich nicht auf den markierten Akkusativ, denn *ich* sage: *me voici.* Das Ich im Nominativ tritt hier durchaus mit auf, aber als ‚Subjekt des Aussagevorgangs', nicht als ‚Subjekt des Aussagegehalts', oder wie Husserl sagen würde, als ‚fungierendes Ich', nicht als thematisiertes Ich. Das Ich tritt auf als *Respondent,* also in einer bestimmten Obliquität. Jemand, der antwortet und nicht bloß vorhandene Antworten weitergibt, spielt also auch keine bloße Rolle, wenn er ‚ich' sagt; auf gewisse Weise *ist* er seine Rolle. Der Symmetrie, der wir auf der Ebene des Vergleichens begegnen, geht eine Asymmetrie voraus, die über jeden

60 Strasser, Jenseits, 69.

Vergleich erhaben ist. Daß diese Asymmetrie im Plural auftritt, bewirkt, daß jede ‚Suche nach Gleichheit' sich in einer Ungleichheit verfängt, die einer unaufhebbaren Unvergleichbarkeit entstammt" (DG 1, 300).

Von dieser Sicht aus formuliert Waldenfels eine gewisse Kritik an Levinas, ohne Levinas korrigieren, sondern ergänzen zu wollen.[61] Die kritischen Einwände von Waldenfels seien vollständig wiedergegeben: „[E]s sei daran erinnert, dass der Dativ uns nicht nur in Form eines Kasus und in Form dativisch gebrauchter Verben begegnet, sondern auch im *Dativ des Personalpronomens.* ‚Dir' steht für den Adressaten der Rede und Handlung [...]. Insofern bedeutet es eine Einseitigkeit, wenn Levinas in einer Revision der Zentrierung auf das Ich den Akkusativ als ‚Anklagefall' an den Anfang des Sprechens setzt. Jemand kann nur ‚angeklagt', das heißt zur Verantwortung gezogen werden, wenn ihm das Wort gegönnt und ihm eine Verantwortung zugeschrieben wird, die er übernimmt" (AR 591–592). „Ein Sprechen, das zu mir spricht, bevor es über etwas spricht, nimmt die Züge einer Anrede, eines Anrufes an".

„Weitere Fragen ergeben sich, wenn wir in Erwägung ziehen, daß Sagen für Levinas bedeutet, *zum Anderen sprechen,* bevor man etwas sagt, und dies über alles Gesagte hinaus. Dieses Sprechen schließt ein Geben, Anbieten und Antworten ein, und zwar als ein Sprechen nicht nur zum Anderen, sondern auch *für den Anderen:* ‚Sagen heißt ‚für den Anderen bürgen', wörtlich: ‚für den Anderen antworten *(répondre d'autrui)*' (AQ 60 / JS 115). Levinas wird nicht müde, eine ganze Serie von Verben vor uns auszubreiten, die alle den *Dativ* als Gebefall variieren, ja zelebrieren. Die Geste des Gebens übersteigt bei weitem das Gegebene. Dies ist ein faszinierendes Thema, das in einem unserer späteren Kapitel weiterverfolgt wird. Hier geht es einzig um die Frage, *wer spricht,* wenn ein Sprechen stattfindet. Levinas legt sich diese Frage ebenfalls vor. Er bedient sich fast der Worte Lacans, wenn er erklärt: Das, worauf es ankommt, ist das ‚*Wer* des Sagens *(le qui de dire)*' (AQ 60 / JS 114 Anm.33). Gefragt ist sozusagen der Sager, der nicht zusammenfällt mit dem Sprecher oder dem Sender, wie er in einem Kommunikations- oder Informationssystem fungiert. Damit spaltet sich das Ereignis des Sagens auf erneute Weise. Es spaltet sich in das *Wer* und in das *Zu-Wem* und *Für-Wen* des Sagens. Das klassische Subjekt, das als Quelle oder Träger von Reden und Handlungen fungiert, verliert seinen zentralen Ort, indem es sich in einer ‚dramatischen Verstrickung der Verantwortlichkeit' wiederfindet. Von daher bedeutet das Sagen, das dem, was gesagt wird oder gesagt werden kann, vorausgeht: ‚Nähe vom Einen zum Anderen, Verpflichtung der Annäherung, der Eine für den Anderen' (AQ 6 / JS 29)" (DG 2, 213 ff).

„Der Gebefall bildet einen Kontrast zum Akkusativ als dem Anklagefall, dem Levinas ebenfalls besondere Aufmerksamkeit schenkt. Natürlich lässt sich die grammatische Funktion der Fälle nicht auf solche Grundgesten des Sprechens reduzieren, was nicht heißt, dass sie gänzlich ohne sie zu denken ist. Bühler bezieht sich, in Fortfüh-

[61] Vgl. Waldenfels, Bernhard (2002), Die Andersheit des Anderen beim späten Levinas, in: Noor, Jüdisch, a. a. O., 57–67, hier 65–67. Zur Kritik Ricoeurs an Levinas: Welsen, Peter (2002), Die Aporien der elementaren Ethik – Paul Ricoeurs Einwände gegen Emmanuel Levinas, in: Noor, Jüdisch, a. a. O., 93–110.

rung der Wundtschen Kasuslehre, auf grundlegende Aktionsmuster wie positive Zuwendung, negative Abwendung, negative Zuwendung und räumt dabei dem sprachnahen Geben eine besondere Rolle ein, die ihn veranlasst, von einem speziellen ‚Adressendativ' zu sprechen" (DG 2, 213–214 Anm. 9).

Für die Responsivität ist das Geben entscheidend. Während bei Levinas der Akkusativ, der Anklagefall, dominiert, wobei er durchaus auch die Verantwortung gegenüber dem Anderen berücksichtigt, achtet die responsive Ethik vor allem auf den Dativ, den Gebefall. Für Waldenfels geschehen „Reden und Handeln im Zeichen des Dativs". Für Waldenfels gilt grundsätzlich: „Sprechen schließt ein Geben, Anbieten und Antworten ein" (DG 2 213). „Schon die Struktur der Sprache legt nahe, dass das Geben im Zyklus von Akten, Tätigkeiten oder Verhaltensweisen eine prominente Rolle zufällt, denn zumindest in dem Kasussystem der indogermanischen Sprache gibt es einen Gebefall, den Dativ (gr. πτῶσις δοτικὴ)" (AR 589).

Hat Derrida der Semantik der Gabe besondere Aufmerksamkeit geschenkt, so betont Waldenfels die Syntax des Gebens und damit den Dativ als Gebefall. Geben ist „Reden und Handeln im Zeichen des Dativs". Waldenfels Interesse gilt dem „originären Dativ", dem „Adressatendativ", der ohne ein direktes Objekt die Zuwendung zu und Ausrichtung auf jemanden ausdrückt. Geben und Antworten sind nicht nur Verben, die den Dativ regieren, „sie bezeichnen das Dativische des Geschehens selbst". Wo das Reden in Tun übergeht, wird aus der Anrede ein An-tun. Mit dem Geben als Antworten wird anderen etwas angetan. In Entsprechung zu Heideggers Existenzial des „Mit-seins" bezeichnet Waldenfels das Dasein in seiner dativischen Struktur als „An-sein".

Waldenfels hat das breite Feld der Syntax des Gebens erforscht und erarbeitet. Er kommt zusammenfassen zu dem Ergebnis: Dem syntaktischen Gewicht, das der Dativ grammatikalisch dem Geben als einer Ausrichtung des Sprechens, des Handelns und des Seins auf Andere gibt, korrespondiert die semantische Überdeterminierung des Gebens, die sich in einer unzähligen idiomatischen Vielfalt des Verbs „geben" niederschlägt. Diese zeigt sich nicht nur in den zahlreichen Verbindungen mit Präfixen wie „an-", „ab-" und „aufgeben", „ein"- und „ausgeben", „vor-" und „nachgeben", „zu-" und „umgeben", „vergeben", „(sich) übergeben", „(sich) hingeben", „(sich) ergeben", „sich begeben", „weitergeben", „zurückgeben", „wiedergeben", „sich verausgaben", die „einen reichhaltigen semantischen Zeit-Raum des Gebens entstehen" lassen, sondern auch bei Substantivierungen wie „Begabung", „Ergebnis", „Untergebener", „Ge-" und Begebenheit", Adjektiven oder Adverbien wie „ausgiebig" oder „freigebig", „angeblich" oder „vergebens". Gerade die unpersönliche Wendung „es gibt", bei der im alltäglichen Sprachgebrauch wohl kaum jemand an das Geben einer Gabe denkt, trägt zur Prominenz des Wortes „geben" bei. Zu seiner Flexibilität und Variabilität gehört auch seine weitläufige Verwendung als eine Art Stütz- oder Füllverb zur Umschreibung von sprachlichen und außersprachlichen Handlungen, die nicht explizit als Geben benannt werden müssen, wie eben „antworten"/„eine Antwort geben", „erklären"/„eine Erklärung (ab)geben", „versprechen"/„ein Versprechen geben", „raten"/„einen Rat geben", „stoßen"/„einen Stoß geben", „warnen"/ „eine Warnung geben", „helfen"/„Hilfe geben", töten"/„den Tod geben".[62]

[62] Zusammenfassung bei Frettlöh, Charme, a. a. O., 129–130.

5.2.4.4 Raum der Sprachformen

Im Blick auf den Sprach-Raum haben sich uns im Aufsuchen der großen Deklinationsformen wesentliche Schneisen und Wege, Dimensionen und Strukturen der Sprache aufgetan. Es sind sozusagen die großen Sprachachsen. Sie lassen sich noch einmal zusammenfassen. Die Formulierungen entstammen Holger Zaborowski.[63]

Levinas betont den Akkusativ als „Anklagefall". „Die Erfahrung des Akkusativs, die Levinas in der Erfahrung des Anderen aufgezeigt hat, zeigt sich auch in anderen Erfahrungen: Wirklichkeit [...] nimmt mich immer schon in Anspruch [...]. Phänomene lassen uns nicht gleichgültig, sie fordern uns heraus [...].

Mit der akkusativischen Dimension der Phänomene stoßen wir daher auf eine ‚Anklage' und einen Anspruch ganz eigener Art. Levinas hat von einem ‚absoluten Anklagegfall' gesprochen, einer ‚Anklage ohne Grund [...]. Es geht um mich und meine [...] Freiheit und Verantwortung. Die akkusativische Dimension impliziert daher eine vokativische Dimension: Dem ‚Dich' entspricht ein ‚Du'".[64]

Waldenfels stellt den Dativ, den „Gebefall" in den Mittelpunkt. „Dinge geben sich. Das bedeutet, dass sie sich in einem Korrelationsverhältnis immer jemandem geben, der seinerseits offen für die Gabe von Phänomenen ist. Wir können dies die dativische Dimension der Phänomene nennen. Kein ‚es gibt' ist ohne diesen dativischen Bezug denkbar: Mir – besser: uns – sind Phänomene gegeben".[65]

„Der Mensch ist der ‚Dativ des Erscheinens' (Dan Zahavi), derjenige, dem die Gegenstände der Welt sich zeigen [...]. Die Welt mit ihren Gegenständen ist nur als gegeben da, als jemandem gegeben".[66]

Der Genitiv kann in Angleichung an die Namen der anderen Fälle als „Herkunftsfall" bezeichnet werden: „Phänomene verweisen auf einen Ursprung, ein Wovon her, aus dem sie kommen, gegeben werden und uns ansprechen [...]. Aber es gibt die Erfahrung eines Woher – eines, wie Levinas mit Valery sagt, ‚tiefen, niemals ausreichend tiefen Einst' (JS 235 Anm.) und einer niemals Gegenwart gewesenen unvordenklichen Vergangenheit [...]: genitivische Dimension".[67]

Bisher wurden vier verschiedene Dimensionen der Sprache festgestellt: eine dativische, eine akkusativische, eine vokativische und eine genitivische Dimension. „Es gibt noch eine fünfte [...]: die nominativische Dimension, die Dimension des ‚Subjektes' [...]. Denn das ‚Mir', dem gegeben ist, das angeklagte ‚Mich', das herausgerufene ‚Du' ist immer auch ein ‚Ich'. Es gibt allerdings keinen Primat einer nominativischen Dimension. Denn das Ich ist nicht der erste und vorrangige ‚Schlüssel', um Phänomene in ihrer Gegebenheit zu verstehen. Viel eher steht das ‚Ich' der nominativischen Dimension in einem komplexen symphonischen Verhältnis mit den anderen Dimensionen, von denen die dativische vielleicht die grundlegende ist: Denn erst in der lich-

---

[63] Zaborowski, Holger (2004), Phänomenologie und Religion, in: ders., Enders, Markus; (Hg.), Phänomenologie der Religion. Zugänge und Grundfragen, 219–230.
[64] Ebd. 227
[65] Ebd. 223
[66] Bausenhart, Heidegger, a. a. O., 114.
[67] Ebd. 228

tenden Ur-Gabe von Wirklichkeit eröffnen sich Raum und Zeit, die Erfahrungen mit Wirklichkeit möglich werden lassen. Alle anderen Dimensionen stehen in Abhängigkeit von diesem denkend nicht einholbaren Geschehen: dass überhaupt etwas ist und nicht vielmehr nichts".[68]

5.2.4.5 Sprechereignis (Waldenfels)

Waldenfels beschreibt den ganzen Vorgang des Sprechens, das Verhältnis von Sagen und Gesagtem, das Band vom Sagen zum Gesagten, wie er es nennt, als Sprach- und Zeit-Raum, um schließlich das Ganze in einem Fächer von Bezügen und Richtungen zusammenzufassen. Das Sagen steht für den Sprechakt *(langage)*, das Gesagte für den Sprach-Zeit-Raum *(langue)* (DG 2, 209–211). Waldenfels legt aber großen Wert auf das Sprechereignis. Er unterstreicht den Unterschied der Sprache (langue) und des Sprechaktes (langage). Bisher haben wir vor allem die großen Sprachachsen mit Levinas und Waldenfels betrachtet. Das ist aber nicht alles. Sprache ist nicht auf den Aussagegehalt zu reduzieren, sie ist auch nicht nur als linguistisches, syntaktisches oder semantisches Element anzusehen. Der Sprechakt ist vor allem ein Sprech-Ereignis.

Eine entscheidende Dimension der Sprache wurde bisher noch gar nicht genannt. Entscheidend für jedes Sprechen ist nach Waldenfels: „Wer spricht von wo aus zu wem" (OZ 117). Sprechen geschieht wahrhaft leibhaftig. Es ist immer situiert, ist konkret. Hemmerle sekundiert: „Jedes Wort ist [...] situiertes Wort" (Vorspiel 48). Das Sprechereignis hat einen Sprecher, einen Adressaten und einen Anlass. Ein rein ideales Gebilde von Sprache gibt es nicht bzw. macht letztlich keinen Sinn. Die Situierung: Wer spricht, wo er spricht und zu wem er spricht, wird in den bisherigen Sprachtheorien nicht deutlich. Sie sind aber wesentlicher Bestandteil, dass Sprechen geschehen und verstanden werden kann.

Das gilt bereits für den Sprechakt: „Ziehen wir die wohlbekannte *Sprechakttheorie* in Betracht, so stellen wir fest, daß selbst im Rahmen dieser Sprachpragmatik der Prozeß des Sagens weder innerhalb noch außerhalb der Sprache stattfindet. Ein Sprechakt wie ‚Ich verspreche dir, daß ich morgen zur Stelle sein werde' hat seinen Ort nicht *außerhalb der Sprache,* als bestünde er in etwas, worüber wir sprechen. Der Sprechakt geht selbst nicht in den propositionalen Gehalt ein, als sei er Teil des Gesagten. Doch ebenso wenig ist er *innerhalb der Sprache* zu finden, als wäre er bloß ein linguistisches Element, das syntaktischen Regeln unterworfen und mit semantischen Zügen ausgestattet ist. Das Versprechen, das ich gebe, ist ein *Ereignis der Sprache* selbst. Es fällt zusammen mit dem Sprechen in actu. Sobald etwas gesagt wird, ereignet sich etwas, das weder zum Reich der Wörter noch zum Reich der Dinge gehört, sondern sich zwischen Wörtern und Dingen abspielt" (DG 2, 209–211).

Waldenfels bringt die entscheidende Dimension ein, die bisher noch kaum zur Sprache gekommen ist, auf die etwa Heidegger, aber auch Bühler hingewiesen haben,

---

[68] Ebd.

die haecceitas, die Konkretheit und Individualität, die im Sprechakt zum Ausdruck kommt: Um den menschlichen Raum zu beschreiben, ist von seiner Verankerung im „Hier" und „Jetzt" zu beginnen, es sind die „Raumachsen" zu verfolgen, es ist der Hervorgang des Raumes aus der „Bewegung" und die Bewegungsbahnen nachzuvollziehen. Schließlich ist die „Orientierung" im Raum wiederzugeben wie Nähe und Ferne, Drinnen und draußen, Höhe und Tiefe u. a. (OZ 61–94).

Waldenfels fährt im obigen Zitat fort: „Doch das ist nicht alles. Das Band zwischen Sagen und Gesagtem wird *mitbezeichnet* durch sprachliche Mittel wie Demonstrativpronomina (hier, jetzt, hiermit), Zeitformen (ich verspreche) und Personalpronomina (ich/dir). Wie Karl Bühler in seiner Sprachtheorie ausführlich darlegt, ist das Symbolfeld verankert in einem ‚Zeigefeld'. Auf ähnliche Weise beruft Emile Benveniste sich auf ‚Diskursinstanzen', mittels derer die Sprache in satzförmige Redehandlungen umgesetzt wird. Doch während das Sagen im Gesagten *angezeigt* wird, *überschreitet* es zugleich das Gesagte. Das Sagen kann weder auf Sachen zurückgeführt werden, die gegeben sind, noch auf Akte, die durch mich oder Andere vollzogen werden. Hier liegt zugleich die Grenze einer Theorie der Sprechakte. Das Sagen ist ein Sprech*ereignis,* das nur unter bestimmten Bedingungen als Sprech*akt* gedeutet werden kann." (DG 2, 209–211).

Was damit gemeint ist, führt Waldenfels an anderer Stelle aus: „Die Gesichtspunkte, unter denen etwas erscheint, stellen sich ihrerseits als *Differenzen* dar, abgehoben von anderen Gesichtspunkten. Etwas tritt hier auf und nicht dort, heute und nicht gestern, nachher und nicht gleichzeitig, drinnen und nicht draußen, als dieses und nicht als jenes, als etwas und nicht als jemand, als Ich und nicht als Du, als Eigenes und nicht als Fremdes, als solches und nicht als solches usf. Die Einnahme des Gesichtspunktes geschieht okkasionell, von Fall zu Fall im jeweiligen Ereignis, das Ordnungen verwirklicht oder verändert und somit kein bloßes Ereignis unter anderen ist. Um das eigentümliche Privileg zum Ausdruck zu bringen, das dem Hier und Jetzt zukommt, spricht Husserl wiederholt von einem ‚Nullpunkt' (vgl. Hua, Bd. IV, S.158). Die Stelle, von der aus sich ein Bezugsfeld entfaltet, ist keine gewöhnliche Stelle im System. Karl Bühler hat diesen Gedanken sprachtheoretisch umgesetzt in der Konzeption eines ‚Zeigefeldes', das sich als ‚Hier-jetzt-ich-System der subjektiven Orientierung' darstellt" (GN 22).

Das Sagen wird zum ethisches Sagen. Es erinnert nach Waldenfels an Levinas dire und le dit, an die Aufspaltung von Sagen und Gesagtem. Diese Aufspaltung gilt aber nicht nur für das ‚me voici', sondern auch für Raum und Zeit: Raum und Zeit konstituieren sich:

„Nicht nur der Adressat spaltet sich auf in *I* und *Me,* in das *je de l'énonciation* und das *je de l'énonce,* sondern der Adressat sowie Zeit (und Raum) der Rede unterliegen ebenfalls einer Spaltung. Das Hier und Jetzt der Rede fungiert als Nullpunkt der Rede, bevor es durch zeitliche und räumliche Daten ‚verraten', wird. Hier und Jetzt sind nicht einfach gegeben, sie markieren vielmehr den Zeit-Raum der Zeit- und Raumgebung" (DG 2, 210).

Wie sieht nun die Spaltung der Rede in Zeit- und Raum auf? Für Waldenfels ergeben sich die entsprechenden Verhältnisse aus dem ursprünglichen, d. i. ethischen Sagen:

„Der Blickwechsel von der Ontologie zur Ethik, den Levinas vornimmt, bedeutet [...] keinen Wechsel von einer Grunddisziplin zur anderen, er bedeutet einen ‚Terrainwechsel' von radikalerer Art. Hierbei entwickelt Levinas ,Kategorien', die im wörtlichen Sinne keine sind, da es sich nicht um Aussageweisen handelt, sondern um spezifische Redeweisen und Existenzweisen, die das Feld der Aussagen durchkreuzen [...]. Das Sagen zeigt sich im Gesagten, so etwa in den okkasionellen oder indexikalischen Ausdrücken. Wäre das Sagen nicht als Überschuß des Sagens im *Gesagten* gegenwärtig, so wäre es als schlechtweg Unsagbares die bloße Negation des Gesagten und bliebe diesem auf solche Weise verhaftet. Der Durchgang durch die Linguistik könnte hier vor einem drohenden Irrationalismus der Sprachlosigkeit bewahren, der Levinas Intentionen gänzlich zuwiderliefe. Levinas selbst entgeht dem Absturz ins schlechthin Unsagbare, indem er in seinem späteren Werk das Sagen durch eine Reduktion des Gesagten auf das Sagen gewinnt und nicht durch eine bloße Abkehr von ihm (vgl. AQ 56 ff / JS 106–110)" (DG 1, 309–310, 337–339).

Hier löst sich auch der Knoten, in den sich Levinas' Sprechen zu verwirren drohte, nämlich einmal ein ursprünglich ethisches Sagen zu fordern, zum anderen zu zeigen, wie solches Sagen sich ausdrückt. Auch das ethische Sprechen (dire) bedarf, so hatten wir gesehen, der gegenständlichen Rede (le dit). Aber es darf dabei nicht untergehen, sondern das ursprüngliche Sagen ist im thematischen Sprechen gegenwärtig. Die Redeweisen „durchkreuzen" sich im echten Sinne des Wortes Chiliasmus nach Merleau-Ponty.

Waldenfels hat das ganze Feld des Sprechens, des Fragens und Antwortens, auf ein Schema gebracht, einen „Fragefächer der Theorie von Responsivität". Responsivität beginnt mit An-Fragen, ihnen hat der Andere zu antworten. Dem Fragefächer antwortet ein Fächer der entsprechenden Antworten, den Waldenfels *Antwortregister* nennt (AR 200, LS 371). Der Fragefächer kann als Fächer aller Sprachfunktionen dienen. Für Waldenfels ist zunächst die Unterscheidung von „Sagen und Gesagtem" fundamental. Die bekannten Sprachtheorien, die vor allem mit der Unterscheidung von Signifikant und Signifikat arbeiten, geben das gesamte Spektrum, das sich aus dem Sagen ausfächert nicht wieder. Waldenfels entfaltet im *Antwortregister* einen ganzen Fächer an Dimensionen, die sich vor dem Hintergrund des Sagens für das konkrete Sprechen eröffnen. Dabei mag man von Karl Bühlers Sprachtheorie ausgehen.[69] Der Merksatz des Schemas der Sprachtheorie Bühlers wäre demnach: „Jemand sagt etwas zu Jemand", und d. h. Sprechen eröffnet drei fundamentale Dimensionen:

Was – 1. Sache, die dargestellt wird – Sachbezug
Wer – 2. der Sprecher, der sich ausdrückt – Selbstbezug
Wem – 3. der Appell, der sich an den anderen richtet – Fremdbezug

Aber daneben berücksichtigt das konkrete Sprechen eine weitere Fülle von Sprechdimensionen und -positionen, wie das Schema bei Waldenfels zeigt:

s. Schema AR 200
Sich – Selbstbezug
Was/Worauf – Akkusativ
Wer/Wem – Nominativ Vokativ Dativ Respondenten
Wann/Wo – Zeit/Raum – Ablativ

[69] LS 373; s. Feiter, Handeln, a. a. O., 278.

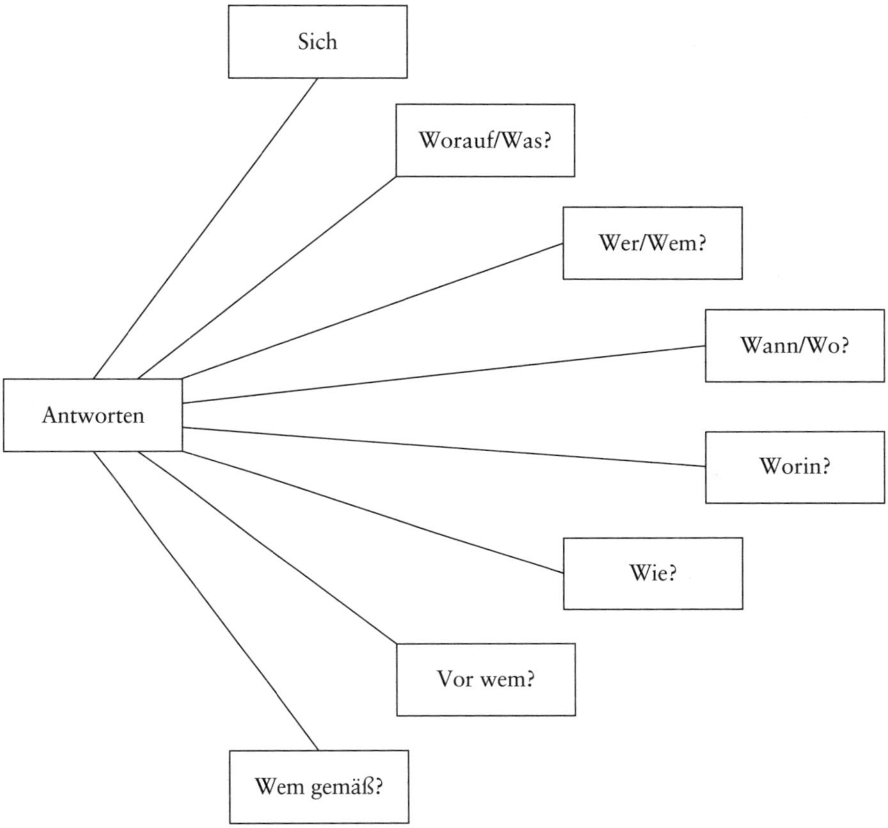

Worin – Kontext Situation Horizont – Ablativ
Wie – Redeformen Text Stile – Ricoeur
Vor wem – Instanz Forum Zeuge Dritte
Wem gemäß – Normen Traditionen Regeln – kommunikativ

Der Sprechakt *langage* eröffnet einen vielfältigen Sprach-Zeit-Raum. An erster Stelle wird der Sprachraum (der *langue*) von den Nomina und den Verben, ihren Positionen und Wertigkeiten bestimmt. Transitive und intransitive Verben, zweiwertige oder dreiwertige Sätze, aber auch der ganze Fächer von Zeitformen der Verben und der Fälle, Kasus, der Objekte oder Nomina. Dabei stellt das Sprechen keine fixen Strukturen vor, wobei die *langue* selbstverständlich ein Grundgerüst darstellt. Aber die Positionen zeigen sich in ständiger Bewegung. Sprechen eröffnet eine Struktur von Beziehungen, Relationalität, Korrelationen; Sinne, Richtungen, Orientierungen; Momente, Positionen, Stellen, Orte.

Langage Sprechen als Ereignis, Geschehen der Struktur; Bewegung bringt durch ihren zeitlichen Vorgang den Sprachraum hervor. Dabei verändern sich Positionen, Rollen. Vor allem hat Levinas auf bedeutsame Verschiebungen aufmerksam gemacht;

z. B. Levinas: Nominativ wird Akkusativ (Anklagefall) wird Vokativ etc.; Waldenfels hat den Dativ (Gebefall) hervorgehoben und damit auf die Responsivität des Sprechens aufmerksam gemacht.

Wir waren in unserer Betrachtung des „Gottes, der spricht", zum „Wort (Gottes)" gelangt. Es folgte die konsequente Frage, wie das „Wort Gottes" „Wort des Menschen" werden könne. Die Frage stellte sich in gleicher Weise bei Hemmerle wie bei Levinas. Hemmerle sprach vom „Gotteswort im Menschenwort", Levinas erinnerte an die rabbinische Weisheit „Die *Tora* spricht die Sprache der Menschen". Doch die Antworten gingen in eine unterschiedliche Richtung. Hemmerle dachte an das fundamentale christologische Prinzip der Menschwerdung (Inkarnation), dass Gottes Wort tatsächlich Mensch geworden ist, während Levinas vom menschlichen Wort als dem leibhaft gewordenen, inkarnierten (incarné) Wort sprach, aber nicht an den einzigen Gottessohn dachte, sondern den Weisheitsspruch universal verstand, dass das Sprechen (Gottes) im Angesicht des Anderen, Nächsten, der mich ansieht, leibhaft, Fleisch und Blut wird. Dass das Wort leibhaft und konkret, Fleisch und Blut wird, haben wir an den Sprachmöglichkeiten des Wortes, den vielfältigen Möglichkeiten der Sprache hinsichtlich des Sprach-Zeit-Raumes entfaltet. Wort zeigte sich so als leibhaftige Gestalt, Körper, des ursprünglichen und doch unsagbaren Sagens und Sprechens (Gottes). Damit könnte auch die christliche Antwort, wenn auch nicht zwingend, so doch verständlicher werden.

5.3 Wort Gottes wird Schrift

Hemmerles christologisches Axiom ist das „Gotteswort im Menschenwort", wie wir gesehen haben. Im Mittelpunkt dabei steht eine Wort-Theologie, die von dem Sprechen ausgeht, den Sprach-Zeit-Raum auslotet und schließlich das Wort als „inkarniertes Sprechen" versteht. Aber dass das Wort Schrift geworden ist, ist damit noch nicht eingeholt. Es ist offensichtlich ein wichtiger Schritt im Sprechen und auch in der Gottesrede. Nicht umsonst heißt es im Islam, dass das Wort nicht wie im Christentum Mensch, sondern Schrift, Koran, geworden ist. Mit einem gewissen Recht spricht man deshalb beim Islam nicht von Mensch-, sondern von Buchwerdung. Auf die besondere Schriftwerdung des Gotteswortes hat Levinas hingewiesen.

Ganz entscheidend stellt aber Paul Ricoeur nicht das Wort in den Mittelpunkt seiner Hermeneutik, sondern die Schrift. Ricoeur hat dazu Bedeutendes zu sagen. Sein hermeneutisches Programm steht geradezu für den jetzigen Stand dieser Studie: wie wird das Wort Schrift und warum verdient die Schrift besondere Beachtung? Das gilt auch für die Heilige Schrift. Ricoeur betreibt vor allem Texthermeneutik. Dazu kommt, dass Ricoeur die für uns entscheidende Diskussion zum Problem der Zeitlichkeit geführt hat. Als Ergebnis hat Ricoeur auf die Bedeutung der Fabel bzw. der Erzählung hingewiesen, die er als einzigartige Redeform menschlicher Lebensgeschichte erkannt hat. Auf der Grundlage dieser Erkenntnisse hat Ricoeur einige sehr bedenkenswerte Beiträge zur Bibelhermeneutik und -exegese hinterlassen. Seine Überlegungen zum Schriftwerden des Gotteswortes sind im Folgenden zu würdigen.

Deshalb werden wir die kostbaren Anregungen zur Schrift von Levinas bedenken und uns dann der Text- bzw. Bibelhermeneutik Paul Ricoeurs zuwenden.

5.3.1 Wort wird Schrift (Levinas)

Wir haben bei Levinas jene Aussagen zitiert, die das Axiom vom Gotteswort im Menschenwort aufnehmen und auf eindrucksvolle Weise verdichten. „Die Tora spricht die Sprache der Menschen". Darauf aufmerksam im Hinblick auf die grundsätzliche Aussage von Gotteswort und Menschenwort fährt Levinas nicht weniger überraschend fort: „Kontraktion des Unendlichen in der Schrift, es sei denn – und darin läge keinerlei Verarmung der kartesianischen Vorstellung von Gott noch des Ruhmes Gottes noch Seiner Nähe in der Religion –, es sei denn, es handele sich hier um die Prophetenwürde der Sprache (langage), fähig, stets mehr zu bedeuten als sie ausdrückt".[70]

Levinas findet des „Mehr im Weniger" vor allem in der Philosophie des Descartes (Gott 103, 109), worauf die Fortsetzung des Zitates anspielt. „Kontraktion des Unendlichen in der Schrift es sei denn – und darin läge keinerlei Verarmung der kartesianischen Vorstellung von Gott". Und Levinas findet dieselbe Kontraktion des Unendlichen in der Schrift. Levinas fügt hinzu, worin die Schrift (langage) ein Mehr gegenüber dem Weniger der Sprache (langue) enthält, nämlich mehr zu bedeuten als sie ausdrückt. Es ist das Mehr des Sagens (dire) gegenüber dem Gesagten (le dit). „[E]s handelt sich hier um die Prophetenwürde der Sprache (langage), fähig, stets mehr zu bedeuten als sie ausdrückt". Und weiterhin erstaunlich, Levinas schreibt diesem Sprechen, das mehr ist als es aussagt, „Propheten"-würde zu. Schrift ist prophetisches Sprechen. Religiöses Wesen der Sprache, Ort des Ursprungs der Heiligen Schriften aus der Prophetie, „den jede Literatur voraussetzt oder dessen sie gedenkt, ob sie ihn nun feiere oder profaniere".[71]

Und die weitere Aussage ist nicht weniger erstaunlich: Das Wort wird Schrift: „Wunder der Inspiration, die den Menschen selbst erstaunt vernehmen läßt, was er ausspricht, wodurch er das Ausgesagte bereits liest und interpretiert, wodurch das menschliche Wort bereits Schrift ist. Schrift begönne dann mit jener Zeile, die sich in gewisser Weise in der fließenden Sprache (langue) – zweifellos jeder Sprache – abzeichnet und verdichtet oder abhebt als Vers, um in ihr Text zu werden als Sprichwort oder als Fabel oder als Gedicht oder als Sage, noch bevor der Griffel oder die Feder sie als Buchstaben in eine Tafel, in Pergament oder Papier ritzt. Literatur ohne Lettern: Literatur ‚avant la lettre'!" (Verset 8).

Levinas nennt es „Inspiration", was der Prophet ausspricht, aber nicht nur er, sondern jeder, der das Sagen vernimmt, es liest und dabei schon auslegt. Levinas nennt schon Schrift, wie sich das Gesagte ausspricht, ohne schon fertiger Text zu sein, ‚Literatur avant la lettre', in den Formen von Sprichwörtern, Fabeln, Gedichten

---

[70] Verset, Vorwort 7–8; vgl. Wohlmuth, Tora, a. a. O. 36–40.

[71] Ebd. 8.; zur Prophetenwürde der Sprache vgl. Wolf, Kurt (1999), Religionsphilosophie in Frankreich. Der „ganz Andere" und die personale Struktur der Welt, München, 111.

oder Sagen. Bei diesen Formen avant la lettre denkt Levinas offensichtlich vor allem an die Bibel; denn diese besteht Großteils aus diesen Sprachformen. Levinas verbindet Inspiration mit einem besonderen „geistigen" Prozess. Wir werden auf die Bedeutung dieser Aussage für das Verständnis des (Heiligen) Geistes und der Inspiration zurückkommen (Teil VI).

In einem weiteren Abschnitt kommt Levinas auf die Schrift- bzw. Bibelexegese zu sprechen: „Das Rätselhafte des Bibel- oder Gedichtverses beruht daher nicht einfach auf Ungenauigkeit, die – durch Achtlosigkeit oder Unaufrichtigkeit – zu Mißverständnissen führt. [...] Die Sprache, aus der Heilige Schriften wurden und die ihr prophetisches Wesen bewahrt – womöglich Sprache schlechthin –, das bereits vernehmbare oder noch stumme Wort Gottes in jedem Sprechen entspringt nicht allein dem Eingebundensein der sprechenden Menschen ins Gewebe der Welt und der Geschichte" (Verset 9–10). – Die Bibelexegese hat es mit Texten zu tun, die ungenau und rätselhaft bleiben, weil sie keine eindeutigen Texte sind, sondern aus dem Sagen (dire) kommen, das vernehmbar ist oder stumm bleibt (Differenz von „dire" und „le dit").

Vor allem hat die Bibelexegese aber die Intention der Schrift zu beachten: „Über das, was sie mich wissen lassen will, hinaus setzt sie mich mit dem Anderen, zu dem ich spreche, in Beziehung; sie bedeutet in jedem Diskurs vom Antlitz des Anderen aus, das empört, aber unvergeßlich ist: Ausgehend von einem präverbalen Ausdruck ruft sie meine Verantwortung-für-den-Anderen ins Bewußtsein, die tiefer geht als jedes Evozieren von Bildern; Verantwortlichkeit, aus der meine Antworten aufsteigen. Meine Zuordnung zum Anderen in der Sprache ist Ausdruck erhaltener Weisungen: Schrift ist immer Vorschrift, Ethik, göttliches Wort, das mir gebietet und mich dem Anderen weiht (ordonner), heilige Schrift, noch bevor sie geheiligter Text wird" (ebd.). – Schrift ist ethisches Sprechen; Levinas greift zurück auf seine Unterscheidung von „dire" und „le dit". Vielleicht ist der Blick auf die Tora und das Schriftverständnis überhaupt ein Hauptmotiv für die Unterscheidung von dire und dit. Schrift geht nicht im geschriebenen Text auf, sie ist präverbal, Vor-Schrift oder „Vor-Wort" (JS 29) vor dem Wort, vor dem Aussprechen, Schrift ‚avant la lettre'.[72] Tora und Schrift setzen mich, den Leser, dem Anderen gegenüber, setzen mich ihm aus, heilige Schrift, die mich dem Anderen „weiht" („ordonner"[73]).

Dieses Innewohnen der Verantwortlichkeit im zugleich ethisch entschlossenen (ferme) und verschlossenen (fermé) „Sagen" des Bibelverses, das sich in der Sprache herausbildet, ist für Levinas gleichsam ein Hinweis, als wäre ich beim Sprechen nicht alleiniger Sprechender und als gehorchte ich bereits einem Anderen. Levinas nennt die Bibel die Ur-Schrift, die den ins Denken einfallenden Gott im „Gesagten" nennt. „Sie ist eigentlich das à-Dieu – hin-zu-Gott" – Sagen (Verset 10–11).[74]

Levinas will mit seinen Gedanken zur Bibelexegese aufmerksam machen auf das Eigene der Exegese der hebräischen Bibel und den Unterschied zu den in der westlichen Welt gebräuchlichen Weisen der Auslegung. Levinas macht in einem kleinen

---

[72] Wohlmuth, Tora, a. a. O., 28, 31.

[73] „ordonner" als „weihen" s. JS 308.

[74] A-dieu (GD 103 Anm.): zeitliches Abschiednehmen und Hinordnen auf Gott.

Artikel *Monotheismus*[75] auf das Verhältnis von Hebräischem und Griechischem aufmerksam. Beide bedürfen einander:

„Emmanuel Levinas befasst sich mit diesen Fragen, indem er den Sprachen bestimmte Ziele zuschreibt: ‚das Griechische', die Sprache der Philosophie, ist die Verknüpfung von Begriffen, die das westliche Denken ausmacht; ‚das Hebräische' mit seiner quadratischen Schrift, ‚les lettres carrées', ist das Medium für die interpretativen Ansätze, die von den Weisen der jüdischen Tradition eingesetzt werden; es sind Sageformen, die sprechen, ohne zu sprechen, und die die Sprache einer Ethik sind, die vor der Philosophie entstanden ist. Diese Behauptung ist nicht als Andeutung gemeint, als ob die Ethik etwas Apophatisches sei, eine Sprache des Schweigens, sondern vielmehr, dass die Ethik anders als ontologisch gesprochen wird. Für Levinas ist die Philosophie eine Ontologie, ein Denken der Bedeutung des Seins. Levinas versteht die (neu interpretierte) Ethik als eine Herausforderung an die Ontologie (Heidegger) und an eine Philosophie des Subjekts (Idealismus), eher als dass er deren Niedergang verkündet. ‚Die Philosophie ist eine Egologie', sagt Levinas in einer prägnanten Formulierung; sie muss von außerhalb ihrer selbst zur Ordnung gerufen werden. Das Judentum wird der postmoderne Stachel in der Seite der Philosophie sein, indem es der Philosophie ständig Vorhaltungen macht, sie nicht irgendeines bestimmten Vergehens beschuldigt, sondern einfach dafür, das zu sein, was sie ist, die Forum des Erkennens im besten und der Politik im schlechtesten Falle.

Aber damit ist die Sache noch nicht zu Ende. Wenn das Judentum seinen Auftrag erfüllen soll, muss es verstanden werden; es muss irgendwie in diese universelle Sprache eintreten, ohne die es nicht auskommt. Die Philosophie ihrerseits muss judaisiert werden. Beide sind sozusagen durch den anderen sowohl kontaminiert bzw. verseucht als auch gerettet".[76]

Levinas beschreibt den Unterschied und das Verhältnis von hebräischem und griechischem Sprechen: „[Das hebräische Sagen] zwingt den Anderen, in den Diskurs einzutreten, der ihn mit mir vereinen wird. Dies ist ein Punkt von höchster Bedeutung. Die Logik der Hellenen stellt bekanntlich ein Einverständnis zwischen Menschen her. Jedoch unter einer Bedingung. Unser Gesprächspartner muss einwilligen zu sprechen, man muss ihn zum Gespräch hinführen [...]. Aristoteles sagt uns, dass der Mensch, der schweigt, sich der Logik des Nicht-Widerspruchs endlos verweigern kann. Der Monotheismus, das Wort des Einen Gottes, ist genau das Wort, das nicht zu hören unmöglich ist, dem nicht zu antworten unmöglich ist. Es ist das Wort, das dazu zwingt, das Gespräch aufzunehmen. Weil die Monotheisten der Welt das Wort des einen Gottes zu Gehör brachten, kann der griechische Universalismus in der Menschheit zur Wirkung kommen [...], die monotheistische Kraft, dem Menschen den anderen Menschen erträglich zu machen und den anderen Menschen zu einer Antwort zu veranlassen, hat die ganze Ökonomie der Solidarität möglich gemacht".[77]

---

[75] Levinas, Emmanuel (1963), Schwierige Freiheit. Versuch über das Judentum, [frz.: Difficile liberté, Essais sur Judaisme, Paris ^{3}1983] Frankfurt a. M. ^{2}1996, 126–128.

[76] Wyschogrod, M. (1995), Inkarnation aus jüdischer Sicht, in: Evangelische Theologie 55 (1995) 13–21, hier 14.

[77] Levinas, Freiheit, a. a. O., 126–127.

Der dritte Abschnitt des Vorwortes von Verset ist nicht weniger erstaunlich. Levinas spricht von „Inspiration“. Der Leser ist für ihn bereits „inspirierter Leser“, wie er immer wieder sagt.

„Diese außer-ordentliche Struktur der inspirierten Texte der heiligen Schriften ist auch dadurch bemerkenswert [...]. Beim Lesen geht es eben nicht allein um Kenntnisnahme von Sachverhalten. Die Wahrheit der Offenbarung gehört, wie wir es bereits sagten, einem anderen geistigen Prozess an, sie bedeutet somit dem Ich in seiner nicht austauschbaren Identität. Das Verständnis, das es von der Offenbarung hat, bewirkt einen Sinn, der ‚in aller Ewigkeit‘ nicht ohne das Ich würde bestehen können: [...] Doch das von jedem und von jeder Zeit Eingebrachte trifft auf die Lehren aller anderen und alles Gewesenen. Daher der unablässige Rückbezug des Lesens auf die Ursprünge durch die Geschichte hindurch vom Schüler zum Lehrer; daher die Diskussionen von Kollegen in den Versammlungen, die sich über Jahrhunderte hinweg anreden, wobei das Ganze als Tradition der kommentierten Schrift in ihr aufgeht und immer neu eine sowohl gelehrte als auch moderne Lektüre verlangt. ... Amos 3,8 bedeutet: ‚Gott der Herr redet – wer weissagte nicht?‘ Die Lektüre eines prophetischen Textes ist in gewissem Maße selbst prophetisch“ (Verset 11–12).

Die Überlegungen Levinas zu Schrift- und Bibelexegese sind eine Anleitung, wie das Verständnis von „dire“ und „le dit“ auch für die Theologie, für Bibelwissenschaften und Exegesen von Bedeutung ist. Es sind Hinweise für eine theologische Hermeneutik, wie ursprüngliches und ethisches Sprechen auch in philologischen und propositionalen Texten beachtet werden sollten.

Das Thema der „Inspiration“ werden wir später im Kontext des Handelns des Heiligen Geistes aufgreifen und bedenken (Teil VI).

5.3.2 Schrifthermeneutik nach Ricoeur und Hemmerle

Hat Levinas vor allem das ethische Sprechen der Bibel im Blick, ohne die Schrift und den Text nicht zu vergessen, so können seine Überlegungen zur Bibelexegese vertieft werden. Levinas betont immer wieder, dass er selbstverständlich keine Bibelexegese im wörtlichen Sinne betreiben wolle. Es sind anregende philosophische und theologische Überlegungen, deren Bedeutung nicht zu übersehen sind. Für ein Verständnis der Bibel als Text werden wir auf Paul Ricoeurs Text- und Bibelhermeneutik zurückgreifen. Ricoeur hat immer wieder überzeugend darauf hingewiesen, dass der Text, die Verschriftlichung des Wortes, eine eigene und eigenständige Dimension der Sprache ausmacht. Er hat auf die Engführung einer alleinigen Wort-Theologie hingewiesen. Auf der Grundlage dieser Erkenntnisse hat Ricoeur einige sehr bedenkenswerte Beiträge zur Bibelhermeneutik hinterlassen. Wir werden seine Aussagen mit einigen von Hemmerle vergleichen.

Ricoeur hat sich immer wieder zur speziellen Bibelhermeneutik innerhalb der allgemeinen Hermeneutik geäußert. So in einem grundlegenden und umfassenden Artikel *Bibelhermeneutik*. Dazu ist allerdings zunächst grundsätzlich auf die Hermeneutik Ricoeurs einzugehen, um die Besonderheit dessen zu erkennen, wie er Bibelhermeneutik versteht. Levinas hat für die hermeneutische Arbeit Ricoeurs große Anerkennung gezollt. Er widmet Ricoeur einen Artikel (Verset 131 ff) und stellt in Ricoeurs Werk vor allem seinen Beitrag zur poetischen Sprache heraus: „Poetische Sprache“ sei so Levinas „die tiefste Dimension des menschlichen Seelenlebens […], geheimnisvolle Wurzel aller Seelenenergien, die die Seele des Surrealen Schwester sein lasse: ‚nur die poetische Sprache bindet uns zurück an eine Ordnung der Dinge, die noch vor unserer Fähigkeit liegt, uns diese Dinge als Gegenstände, einem Subjekt gegenüberstehend, zu konfrontieren’. In der dichterischen Vorstellung kann Unerhörtes verstanden, angerufen und gesagt werden“ (Verset 131). Wenn wir Ricoeurs hermeneutisches Programm etwas ausführlicher vorgestellt haben, werden wir auch Levinas leise kritischen Bemerkungen zu dem Programm besser verstehen. Er versteht Ricoeurs Beitrag vor allem im Rahmen der Poetik. Poetik ist ihm wichtig, aber offensichtlich nicht allein ausreichend für das Gotteswort bzw. die Tora.

Im Mittelpunkt der hermeneutischen Philosophie Ricoeurs steht bekanntlich der Text. Ricoeur versteht seine Arbeit innerhalb der hermeneutischen Phänomenologie. Es seien die Grundzüge genannt, die für Ricoeur entscheidend sind. In seiner Autobiographie gibt er zunächst seinen eigenen Weg wieder, den er vor allem von der *Lebendigen Metapher* zu *Zeit und Erzählung* [ZE] genommen hat. Es ist selbstredend klar, dass beide Stufen des Werkes von Ricoeur, nämlich Metapher und Erzählung, für die Theologie und vor allem für die Schrifthermeneutik von größter Bedeutung sind. Ein guter Teil der gesamten Bibel enthält grano salis metaphorischen Charakter (Gleichnisse u. a.) und ist vor allem Erzählung (von Geschichte und Heilsgeschichte). Zuerst gilt es nach Ricoeur zu erklären, warum es von der *Lebendigen Metapher* zu *Zeit und Erzählung* gekommen ist: Es ist der Fortschritt von der Hermeneutik der Wort- und Satzebene (Metapher) zur Hermeneutik von Texten (Fabel bzw. Erzählungen). Beide haben zwar gemeinsam, dass sie eine sprachliche Neuheit mit sich führen, nämlich eine „semantische Innovation“ und „eine heuristische Neubeschreibung der Wirklichkeit“. Das sind die beiden Element, mit denen sich Ricoeur vor allem befasst hat, die Beschreibung der semantischen Veränderungen und dadurch der Neubeschreibung von Welt und Wirklichkeit, wie sie ansonsten sprachlich nicht möglich ist. Levinas hat eben unter dem Stichwort des ‚Poetischen‘ darauf hingewiesen. Nun aber zu den Überzeugungen, warum Ricoeur meint, in narrativen Texten kämen diese Fähigkeiten besser in Erscheinung bzw. er sagt, die narrativen Text erfüllten mehr und besser die Eigenschaften der Metapher:

„Indem ich auf meinen Ausgangspunkt zurückkomme, möchte ich in wenigen Worten sagen, wie die narrative Theorie, die in den drei Bänden von Zeit und Erzählung entfaltet wird, rückblickend die Metapherntheorie erhellt, manchmal auch präzisiert und berichtigt. Auch die Theorie der Erzählung weist eine Ebene der semantischen Innovation und eine Ebene der heuristischen Neubeschreibung der Wirklichkeit auf. Bei der Erzählung liegt die Quelle der semantischen Innovation unzweifelhaft auf der Ebene des Textes und nicht auf der Ebene des Satzes; sie setzt hier also einen zusätzlichen Akt der Komposition auf der Ebene der miteinander verknüpften Redeelemente voraus; die Funktion der ‚impertinenten‘ Prädikation im Zusammenhang mit der Metapher wird hier von der Anordnung einer Vielfalt von Ereignissen zur Einheit der Fabel erfüllt. Nun ist es aber ein und dieselbe schöpferische Einbildungskraft, die auf der Ebene der Sprache die Synthese des Heterogenen bewirkt, die der sonderbaren Attribution und einer originellen Fabel gemeinsam ist. In dieser Hinsicht ist die Parallele durchaus auffällig. Die narrative Funktion zeigt jedoch besser als die metaphorische, dass die Einheit, die einer solchen semantischen Innovation am besten entspricht, jenseits des Satzes auf der Ebene des Textes liegt, nämlich einerseits in der Erzählung, andererseits im Gedicht. Dadurch wird nachträglich eine Behauptung gestützt, die in der Lebendigen Metapher nur gleichsam im Vorübergehen aufgestellt wird, dass nämlich jede Metapher ein Miniaturgedicht ist. Das trifft insbesondere für die Gedichte zu, die nicht eigentlich eine lokalisierbare Metapher im Gegensatz zu unbildlichen Ausdrücken enthalten; hier stellt das gesamte Gedicht eine Metapher dar, trägt also die ganze Rede aus ihrem scheinbar deskriptiven Stellenwert in ein Anderswo, das am Angelpunkt von Innovation und Heuristik hervortritt. Man muß dann das Maß des gesamten Gedichtes nehmen, um diesen Zusammenhang zwischen der ersten und der zweiten Sprachfunktion zu erkennen".[78]

Zeit und Erzählung [ZE] bringen die Eigenschaften von Lebendige Metapher, nämlich die semantische Innovation und die Neubeschreibung der Wirklichkeit, zur Erfüllung. Aber die Studien der Erforschung narrativer Texte wie Fabeln und Erzählungen ergeben noch einen zusätzlichen, und für die Theologie, sehr wichtigen Gesichtspunkt: das Lesen. Lesen, die Aneignung des Textes durch den Leser, ist in Ricoeurs Texthermeneutik eine eigene Stufe, nämlich die Mimesis III [ZE I, 113–120], die Reproduktion des Textes. Sie ist in seinem hermeneutischen Programm zu einem wichtigen Grundelement geworden. Für den Theologen verbindet sich wie oben bei Levinas die Theorie der Aneignung der göttlichen Offenbarung im Menschenwort mit anderen Worten der sogenannten „Inspiration". – Soweit zu den Gründen und Anfängen der Texthermeneutik von Paul Ricoeur.

Ricoeur hat sich immer wieder zur speziellen Bibelhermeneutik innerhalb der allgemeinen Hermeneutik geäußert. So in einem grundlegenden und umfassenden Artikel *Bibelhermeneutik* [Hermeneutik]. Dort stellt Ricoeur seine Überlegungen zur Bibelhermeneutik in zwei Teilen vor: I. allgemeine Hermeneutik – II. Bibelhermeneutik. – Mit den Aussagen dieses Artikels sollen Hemmerles Überlegungen zur theologischen Hermeneutik im Folgenden verglichen werden. Zunächst zu Paul Ricoeur im Referat des Textes:

„I. Allgemeine Hermeneutik". Ricoeur beginnt: „Der Text und die Interpretation. – Ich schlage vor, dieses Problem in vier Themenbereiche einzuteilen: (1) der Text als Beziehung zwischen Rede und Schrift; (2) der Text als strukturiertes Werk; (3) der Text als Entwurf einer Welt; (4) der Text als Vermittlung des Sich-Verstehens. Jedem dieser Wesensmerkmale des Seins des Textes werde ich ein Wesensmerkmal der Interpretation zuordnen (Hermeneutik 27)." – Folgen wir diesen vier Schritten in Kurzfassung:

1. Vom Wort zur Schrift – „Zunächst macht die Schrift den Text gegenüber der Intention des Autors autonom. Was der Text bedeutet, fällt nicht mehr mit dem zusammen, was der Autor sagen wollte. [...] Kurz, der Text muss sich [...] aus seinem Kontext lösen lassen, um sich in einer neuen Situation wieder in einen neuen Kontext einzufügen: eben dies tut der Akt des Lesens" (Hermeneutik 28).

2. Werkstruktur – „Ein Text ist nicht nur Schrift, sondern auch Werk. Ich unterscheide im Begriff des Werks drei Merkmale. Erstens ist ein Werk mehr als eine

[78] Ricoeur, Metapher, a. a. O., VII–VIII.

Reihe von Sätzen; es ist ein strukturiertes Ganzes, eine Art abgeschlossener Totalität. Zweitens ist das Werk einer kodifizierten Form unterworfen, die auf die Komposition angewendet wird und die aus einer Rede zum Beispiel eine Erzählung oder ein Gedicht oder einen Essay usw. macht; diese Kodifizierung heißt ‚literarische Gattung'; ein Werk hat sich also einer literarischen Gattung einzuordnen. Drittens erhält ein Werk eine besondere Gestaltung, die es als individuell geprägt erweist: diese heißt Stil" (Hermeneutik 29).

3. Textwelt – „Ich würde sagen: interpretieren heißt, die Weise des vor dem Text entfalteten In-der-Welt-Seins darzustellen. [...] Ein Text ist zu interpretieren als ein Entwurf von Welt, die ich bewohnen kann, um eine meiner wesenhaften Möglichkeiten darein zu entwerfen. Genau dies nenne ich Textwelt, die diesem einzigen Text eigene Welt. Diese Textwelt ist also nicht die Welt der Umgangssprache [...],[ist] Neubeschreibung der Wirklichkeit, [...] dass die dichterische Sprache das bewirkt, was Aristoteles in seiner Theorie der Tragödie die Mimesis der Wirklichkeit nannte" (Hermeneutik 32).

4. Sich-Verstehen vor dem Werk – Aneignung – „Daher heißt Verstehen Sich-Verstehen vor dem Text. Es heißt nicht, dem Text die eigene begrenzte Fähigkeit des Verstehens aufzuzwingen, sondern sich dem Text auszusetzen und von ihm ein erweitertes Selbst zu gewinnen, einen Existenzentwurf als wirklich angeeignete Entsprechung des Weltentwurfs. Nicht das Subjekt konstituiert also das Verstehen, sondern – so wäre wohl richtiger zu sagen – das Selbst wird durch die ‚Sache' des Textes konstituiert" (Hermeneutik 33).

Im Anschluss an Ricoeurs Grundzüge der Allgemeinen Texthermeneutik nun seine wichtigen Äußerungen zur Bibelhermeneutik:

„II. Biblische Hermeneutik." – „Einerseits erscheint die christlich-theologische Hermeneutik im Verhältnis zur philosophischen Hermeneutik, wenn man diese als allgemeine Hermeneutik versteht, als Hermeneutik eines Teilbereichs. Denn finden sich hier nicht dieselben Kategorien Wort und Schrift, Erklärung und Interpretation, Verfremdung und Aneignung? Aber eben indem wir die theologische Hermeneutik als eine bestimmte, den biblischen Texten geltende Hermeneutik verstehen, machen wir zwischen philosophischer und theologischer Hermeneutik ein umgekehrtes Verhältnis sichtbar" (Hermeneutik 34). Ähnlich sein Ergebnis in einem anderen Artikel zur Bibelhermeneutik: „Nichts ist besser in der Lage, den ‚exzentrischen' Charakter der Theologie aufzuzeigen, als die Anstrengung, die allgemeinen Kategorien der Hermeneutik auf sie ‚anzuwenden'" (Hermeneutik 34).

Und nun zur Beschreibung des umgekehrten Verhältnisses von Allgemeiner und Bibelhermeneutik, wiederum in den einzelnen vier Merkmalen in Kurzfassung:

1. „Vom Wort zur Schrift" – „Die erste ‚Anwendung' der allgemeinen Hermeneutik auf die Theologie betrifft selbstverständlich das Verhältnis von Wort und Schrift. Um es genauer zu sagen: die theologische Hermeneutik erhält von der philosophischen Hermeneutik eine erste Warnung, nicht vorschnell eine Theologie des Wortes zu entwerfen" (Hermeneutik 35). – Eine einseitige Wort Gottes Theologie vergisst leicht die eigene Dimension der Schriftwerdung. Text und Schrift bedeuten aber das Inkarnieren des Wortes in den konkreten Textkörper.

2. Werkstruktur: „Formen der biblischen Rede" – „Ich richte meine Aufmerksamkeit auf folgenden zentralen Punkt: das ‚Glaubensbekenntnis', das sich in den bibli-

schen Texten ausdrückt, ist von den Formen der Rede nicht zu trennen. […] Jede Form der Rede ruft einen bestimmten Stil des Glaubensbekenntnisses hervor" (Hermeneutik 37). – Ricoeur achtet besonders auf die Schriftwerdung der biblischen Sprache. Die Sprache bedient sich verschiedener Redeformen. In welche Redeformen geht das Wort ein, d. h. welches sind die besonderen biblischen Genera. Ricoeur stellt fest, das alle Redeformen von dem Bekenntnis des Glaubens geprägt sind.

3. Textwelt: „das neue Sein" – „Daraus folgt zuletzt, dass das, was auf diese Weise in der alltäglichen Wirklichkeit eröffnet wird, eine andere Wirklichkeit, die Wirklichkeit des Möglichen ist. […] In der Sprache der Theologie besagt das: ‚die Gottesherrschaft kommt', d. h. vom Sinn der Gottesherrschaft her, die nicht von uns kommt, ergeht ein Aufruf an unsere wesenhaften Möglichkeiten" (Hermeneutik 41). – In der Beschreibung der Allgemeinen Hermeneutik nennt Ricoeur diesen Punkt „heuristische Neubeschreibung der Wirklichkeit". Mit anderen Worten beschreibt die biblische Sprache ein neues Wirklichkeitsverständnis. Die Bibel spricht von einem „neuen Sein", das so außerhalb des Glaubens nicht gegeben ist. Die Botschaft des Neuen Testament ist die Ausrufung dieses neuen Seins: das Reich Gottes.

In dem Artikel zu Offenbarung verbindet Ricoeur diese neue Weltsicht mit der Prophetie und meint damit vor allem die Weltsicht des Alten Testament: „Die Prophetie streckt sich nach vorne auf jenen ‚Tag Jahwes' hin aus, von dem der Prophet sagt, dass er mitnichten ein Tag der Freude sein werde, sondern ein Tag des Schreckens. Mit dem Ausdruck ‚der Tag Jahwes' ist etwas in der Ereignisordnung angekündigt, das für die unmittelbar bevorstehende Geschichte das sein wird, was für die erzählte Geschichte die Gründungsereignisse waren. […] Die Struktur der Geschichte selbst steht in Frage, und nicht nur die Qualität des Wortes, das sie berichtet. Die Offenbarung ist vorrangig impliziert in diesem abwechselnd narrativen und prophetischen Verständnis der Geschichte" (Idee 48).

4. Sich-Verstehen vor dem Werk: „Aneignung […], hermeneutische Konstitution des biblischen Glaubens […]. Das Verhältnis zwischen der Welt des Werkes und dem Verständnis, das der Leser vor dem Text von sich selbst bekommt, hat für die biblische Hermeneutik drei Konsequenzen […]. Unterwirft man das Sich-Verstehen der Selbstdarstellung, der ‚Sache' des Textes, so schließt der Akt des ‚Sich-Verstehens vor dem Text' eine Kritik der Illusionen des Subjekts ein. Weil das Subjekt sich selbst in den Text einträgt und weil die Struktur des Verstehens, von der Heidegger spricht, von dem Verstehen, das den Text reden lassen will, nicht getrennt werden darf, ist die Kritik des Selbst integrierender Teil des Sich-Verstehens vor dem Text" (Hermeneutik 43–44). – Das Verstehen des Textes impliziert ein Sich-Selbstverstehen. Das Lesen des Textes besteht nicht nur in einem Rezitieren, sondern in einem Sich-Einbringen in den Text. Lesen ist ein Sich-Verstehen vor dem Text, das durchaus kritisch ausfallen kann.

In dem Aufsatz *Geschichte des Glaubens – Geschichte des Geglaubten* [AS II, 224–238] legt Hemmerle einige dichte Überlegungen zur theologischen Hermeneutik vor. Auch Hemmerle betont immer wieder, dass er keine fachwissenschaftliche Bibelhermeneutik oder -exegese vorlegen wolle. Deshalb ist ein Text, der für ein Symposion mit Levinas entstanden ist, wertvoll. Die Überlegungen erfolgen unter der thematischen Überschrift, die zugleich die inhaltliche Strukturierung des Vortrages wiedergibt: „Der hermeneutische Dreischritt: Aneignen, Übersetzen, Weitergeben – der theologische Dreischritt: Auslegung, Bekenntnis, Prophetie".

Zum Verständnis der allgemeinen Hermeneutik, also zu den ersten drei Stichworten „Aneignen, Übersetzen, Weitergeben", führt Hemmerle aus. Der Text sei mit dem Hinweis auf die Aussagen von Ricoeur zu einer Allgemeinen Hermeneutik zitiert:

„Ich möchte es einmal hermeneutisch und zum anderen theologisch sagen. Wenn das bisher Ausgeführte gilt, dann gibt es im Vollzug von Theologie hermeneutisch einen dreifachen Vorrang und theologisch einen dreifachen Charakter des wahrhaft theologischen und verkündenden Redens. Hermeneutisch ist das Maßgebende der Urtext, die Frage nach dem Urtext. Man muß immer nach dem Urtext fragen. Es ist keine historische Genüsslichkeit, sondern eine immanente Notwendigkeit des Glaubens, nach dem Urtext, nach der ipsissima vox, nach dem Wort zu fragen, das ergangen ist. Der Anfang hat seine Verbindlichkeit. Es ist aber ebenso notwendig, damit dieses Wort mir Wort sei, nach dem Verständnis zu fragen, nach dem, was es jetzt sage, was es jetzt heiße, dass es jetzt aufgehe. Dies ist aber nur möglich, wenn ich das Aneignen und Aufschließen des Urtexts zugleich als ein Übersetzen verstehe, das nicht nur ein Übersetzen im Sinn der Ausgleichung bedeutet, sondern das Weitergabe ist, Freigabe in einen weiterführenden, befragenden Prozess. Ich bin also einer, der sich unter das beugt, was ihn befragt – ich bin zuerst der Befragte, wenn ich es in diesen Kategorien sagen darf –, dann bin ich derjenige, der den Text befragt, um ihn zu verstehen, und schließlich bin ich derjenige, der ihn weitergibt und ihn so befragen lässt. Das ist der hermeneutische Dreischritt, der notwendig ist" [AS II, 228–229] [kursiv – KK].

In Gegenüberdarstellung wiederum zu Ricoeur seien Hemmerles Aussagen zur Hermeneutik der theologischen Glaubensaussagen zitiert:

„Theologisch heißt dies: Theologie ist erstens Auslegung und wird immer Auslegung bleiben. Das Wort selber drängt zur Auslegung. Theologie ist zweitens die Frage nach dem Bekenntnis, in dem wir uns zu diesem Wort miteinander bekennen. Im Bekenntnis kommt die Vielfältigkeit der Stimmen, von denen keine verloren gehen darf, in die Übereinstimmung miteinander. Daß also Gemeinschaft, Gespräch, Verständnis, Weg miteinander möglich sind, dies ist die zweite Frage: Wie können wir uns als die je Jetzigen gemeinsam zu diesem Wort bekennen? Drittens ist die Theologie immer prophetisch Sie nimmt immer Zukunft vorweg. Und wenn Prophetie echte Prophetie ist, dann ist nur eines ungewiss, nämlich wie sie in Erfüllung geht. Das ist das einzig Ungewisse echter Prophetie. Es ist das Wesen der echten Prophetie, dass sie die Erfüllung nicht subsumiert, sondern dass sie sich freigibt an die Erfüllung und dass sie die Erfüllung und damit das Angekündigte an seine Geschichte freigibt. Dies ist das eigentlich Prophetische, dass da etwas passieren kann, dass Neues werden kann: Siehe, ich mache Neues! Dieser dreifache Charakter der Theologie liegt in der Konsequenz des bislang Gesagten: Auslegung, Bekenntnis, Prophetie" [AS II, 228–229] [kursiv – KK].

Im Vergleich der Aussagen zur biblischen Hermeneutik von Ricoeur und zur theologischen Hermeneutik von Hemmerle sind trotz des unterschiedlichen Kontextes und Stiles doch zentrale Entsprechungen zu bemerken. Hemmerle hat seine Bemerkungen allerdings nicht vertieft. Anders Ricoeur. Was wir zitiert haben, sind sozusagen die Grundlagen seiner zahlreichen Äußerungen zur Bibelhermeneutik und Schriftexegese. Betrachten wir die Aussagen Ricoeurs zur Bibelhermeneutik näher. Sie ermöglicht den Schritt von den Grundsätzen einer Bibelhermeneutik zur Schriftexegese. Was wir bei Hemmerle, aber auch bei Levinas vermissen werden, und was beide nicht leisten wollten, nämlich den konkreten Weg zur Schriftexegese zu gehen, kann ein Stück weit mit Ricoeurs Ausführungen begangen werden. Natürlich sind die Beiträge Ricoeurs noch keine Anleitungen für eine fachwissenschaftliche Exegese. Es sind aber systematisch hermeneutische Hinführungen zum Lesen der Schrift.

Greifen wir deshalb im Folgenden Ricoeurs Betrachtungen der Schrift in der Reihenfolge auf, wie er sie oben vorgelegt hat: 1. das Verhältnis von Wort und Schrift, 2. die literarischen Gattungen der Schrift, 3. die neue Weltsicht der Schrift und 4. schließlich die Bedeutung der ‚Inspiration', d. i. des Lesens der Schrift (dazu Teil VI).

5.3.2.1 Vom Wort zur Schrift – Biblische Genera

Ricoeur geht von der zentralen Bedeutung der Schrift aus. Dazu ist das Verhältnis von „Wort Gottes" zu „Heiligen Schrift" zu bedenken. Es ist zu erinnern, dass Ricoeur in seinem Hauptwerk *Zeit und Erzählung* die Erzählung als die wichtigste Redeweise herausgestellt hat, in welcher Menschen miteinander kommunizieren und sich die Lebenswirklichkeit mitteilen. In der (historischen) Erzählung teilen sich die Menschen Geschichten und vor allem auch Lebensgeschichten mit. Es ist das Besondere der Erzählung nach Ricoeur, Zeit transportieren zu können, d. h. Menschen an der erlebten Zeit Anteil zu geben. Deshalb ist das Paradigma der Erzählung vor allem Zeit und Geschichte. Das gilt auch auf besondere Weise für die Heiligen Schriften. Sie sind vor allem Erzählungen.

Ricoeur: „Diese spezifische Besonderheit anzuerkennen bedeutet, auf der Hut zu sein vor einer bestimmten Verengung der Theologie des Wortes, die nur Wortereignisse wahrnimmt. Im Gegensatz zu dem, was man einen Idealismus des Wortereignisses nennen könnte, muss der Realismus des historischen Ereignisses wieder betont werden, wie es heutzutage ein Theologe wie Pannenberg fordert und damit Fuchs und Ebeling korrigiert. Ebenso schließt der Einflussbereich der Erzählung auch eine gewisse Form von Prophetie ein, insofern auch die Prophetie auf ihre Weise erzählend ist. Tatsächlich erschöpft sich der Sinn der Prophetie nicht in der Subjektivität des Propheten […]. Die Spannung zwischen Erzählung und Prophetie macht sich zuerst auf der Ebene des Ereignisses geltend, in einer Dialektik des Ereignisses. Diese selbe Geschichte, die durch die Erzählung als eine sichere gegründet wurde, ist plötzlich durch die Bedrohung ausgehöhlt. Die Grundmauern geraten ins Wanken. Die Weggemeinschaft Jahwes verwandelt sich in Schrecken. Die Struktur der Geschichte selbst steht in Frage, und nicht nur die Qualität des Wortes, das sie berichtet. Die Offenbarung ist vorrangig impliziert in diesem abwechselnd narrativen und prophetischen Verständnis der Geschichte" (Idee 48).

Es ist in der Bibelwissenschaft eine Selbstverständlichkeit, die verschiedenen literarischen Gattungen der Berichte herauszudestillieren und zu untersuchen. Ricoeur untersucht die verschiedenen Genera des biblischen „Diskurses", wie er die biblische Botschaft nennt. Er versucht dabei das in ihnen jeweils implizierte Offenbarungsverständnis zu erkennen und kommt zur Feststellung, dass Erzählung der Grunddiskurs durch alle anderen Genera hindurch ist. Ricoeur nennt als unterschiedliche literarische Gattungen: geschichtliche Erzählungen, Glaubensbekenntnisse, Propheten, Tora, Weisheit, Hymnen und Psalmen:

„Dieser erste Rang gebührt dem narrativen Diskurs, in dem nicht der Sprecher, sondern die Ereignisse im Mittelpunkt stehen. Gott ist hier nicht als ein diktierender Autor vorgestellt, sondern als ein Handelnder, der seine Spuren in der Geschichte hinterlässt. Auf die Erfahrungen mit diesem befreienden Gott gründet sich die Glaubensgemeinschaft. Der Sicherheit, ein auserwähltes, von Gott befreites und beschütztes Volk zu sein, steht die Prophetie gewissermaßen korrektivisch gegenüber, indem sie diese Identität immer wieder in Frage stellt. Auch für den vorschreibenden Diskurs ist die Verbindung mit dem narrativen fundamental, um ein Abgleiten in Heteronomie zu verhindern. [...] Der prophetische Diskurs ist dabei zwar als derjenige zu betrachten, der für den klassischen Offenbarungsbegriff die Leitvorstellung abgibt: als ‚verdoppelter Autor' oder ‚Stimme hinter der Stimme'". Für Ricoeur bildet er jedoch nur einen Ansatz unter anderen, und noch nicht einmal den erstrangigen. „Der weisheitliche Diskurs öffnet dieses Denken, das zwischen Gott und seinem Volk kreist, hin zur Universalität; zugleich kann man hier eine ähnliche ‚Unruhe-Funktion' beobachten wie hinsichtlich des Prophetischen, insofern die Weisheit sich an der Frage ungerechten Leidens abarbeitet und alle allzu schnellen Antworten verwirft – allen Versuchen, ein geschlossenes Denksystem zu bauen, ist damit ein Riegel vorgeschoben. Nur im hymnischen Diskurs schließlich findet sich ausdrücklich die in der Offenbarungstheologie häufig so zentrale Gestalt der Anrede Gottes, der Ich-Du-Beziehung".[79]

Wenn Ricoeur die unterschiedlichen Genera: geschichtliche Erzählungen, Glaubensbekenntnisse, Propheten, Tora, Weisheit, Hymnen und Psalmen nennt, so greift er offensichtlich auf die Redeformen zurück, die die Sprache zur Verfügung stellt, um das Wort Gottes den Menschen zugänglich zu machen. Mit anderen Worten: die literarischen Gattungen sind die Sprachmöglichkeiten, welche die Schrift ergreift, um das Wort Gottes, die Botschaft, in verschiedenen Zeiten und kulturellen Kontexten zu kommunizieren. Theologisch sprechen wir vom „Sitz im Leben". Das Wort Gottes kann nicht direkt ergriffen werden, das ist die Versuchung der Theologie, sondern das Wort Gottes will in den möglichen Redeweisen gehört werden. Bekannt ist die Aussage Hans Urs von Balthasar zur Offenbarung Gottes durch Jesus, die diese Einsicht bestätigt: „an den Antworten haben wir das Wort".[80]

Ricoeur zeigt, dass man die Schriftwerdung des Wortes auch anders darstellen kann. Die Untersuchung der Genera greift Ricoeur in *Die Verflechtung von Stimme und Schrift im biblischen Diskurs*[81] wieder auf und führt sie mit Hilfe bibelhermeneutischer Beobachtungen weiter. Die biblischen Gattungen können je nach Gesichtspunkt neu oder anders gelesen werden. Im Unterschied zu *Hermeneutik der Idee der*

---

79 Hoffmann, Nachwort, a. a. O., 130–131.

80 Balthasar, Hans Urs von, Verbum Caro. Skizzen zur Theologie 1, Einsiedeln 1990, 98.

81 Ricoeur, Paul (2008), Die Verflechtung von Stimme und Schrift im biblischen Diskurs in: ders., An den Grenzen der Hermeneutik, a. a. O., 95–116.

Offenbarung [Idee] strukturiert Ricoeur die Bibel jetzt nicht mehr anhand sprachlicher Genres, sondern mit Paul Beauchamp anhand der rabbinischen Struktur der „drei Schriften“: *Tora – Propheten – andere Schriften.* Anhand dieser Gliederung wird die „Arbeit des Textes an sich selbst“ sichtbar; der Text tritt nämlich in neue Kontexte und damit neue Bedeutungsebenen ein. Das Wort bringt unter anderen Umständen neue Texte und Schriftformen hervor.

„Denn die drei Textgruppen *Tora – Propheten – andere Schriften* bilden zugleich drei verschiedene Weisen des Verhältnisses von Wort und Schrift ab. Die *Tora* ist dabei bereits in einem doppelten Sinne Schrift: als Erzählung und als Gesetz. Zwar ist das Gesetz ein an uns gerichtetes Wort: ‚Höre, Israel!‘, aber zugleich ein Wort, das uns schon immer nur in mehrfacher Vermittlung erreicht: über Mose, über die zerbrochenen Bundestafeln (bereits Gott spricht nicht, sondern schreibt – oder ist es Mose, der die Worte des Herrn aufschreibt?) und schließlich über seine biblische Niederschrift. Zugleich wird dieses Gesetz über alle anderen erhoben durch die Erzählung der Gründungsereignisse, in die es eingebettet ist – Ereignisse, die zumindest in ihrem Kern der Begegnung zwischen Gott und Mose auf dem heiligen Berg in gleicher Weise Ereignisse ‚ohne Zeugen‘ darstellen wie die Schöpfungsgeschichte, in der Wort und Erschaffung der Dinge zusammenfallen. Einmal mehr gilt: Der Ursprung bleibt unerreichbar. [...]

Während das Gesetz und die Erzählung, in die es eingebettet ist, scheinbar zeitlos sind, spricht der *Prophet* in einer konkreten Zeit und für eine konkrete Zeit. Und sein Wort ist bedroht: Es fordert so sehr Widerspruch heraus, dass sogar die Verschriftlichung es manchmal nicht vor der Zerstörung bewahren kann: Die erste Schriftrolle mit den Worten Jeremias lässt König Jojakim von Juda prompt verbrennen. So begibt sich Gottes Wort hier in ein zerbrechliches, zerstörbares, möglicherweise lügnerisches Menschenwort. Wer sagt, dass der Prophet kein falscher Prophet ist? Und die Identität des Volkes, die die Tora begründet, stellt der Prophet fundamental in Frage.

Auch die *Weisheitsschriften*, oft gegenüber den anderen beiden Textgruppen an den Rand gedrängt, sind auf Grund ihres Zeitbezugs für die ‚mittlere Ebene‘ von Bedeutung: Sie wirken zeitlos und sind doch für die jeweils konkrete Zeit gültig. Auch diese Gestalt der Überbrückung zwischen göttlichem und menschlichem Wort benötigt die Schrift, um dem flüchtigen ‚Heute‘ die Beständigkeit des ‚Täglich‘ zu geben. Zudem öffnet die Weisheit Israel auf die Universalität aller Völker hin, ohne seine Identität preiszugeben – eine Öffnung, auf die die christliche Ekklesiologie zurückgegriffen hat“.[82]

Abschließend reflektiert Ricoeur auf den zugleich offenen und geschlossenen Charakter der Bibel: „Die Schrift der drei Schriften“ *Tora – Propheten – andere Schriften* markiert eine Schließung des Wortes Gottes im Sinn einer gewissen „Sättigung des Sinnraumes“[83], d. h. das Wort Gottes ist ganz in die Möglichkeiten der Schrift eingegangen. Zugleich bleibt die Bibel offen durch Wiederaufgriffe innerhalb ihres eigenen Textbestandes. Ricoeur spricht hier mit Beauchamp von „Deuterose“ (ebd.), d. h.

---

[82] Ebd., 100–110.
[83] Ebd., 111.

Deuterose ist eine erneute Besinnung auf Ereignis und Gebot des Bundes zwischen Gott und Mensch im Alten Testament. Geöffnet ist der biblische Text aber auch auf ein Außerhalb seiner selbst. Insbesondere die Idee des Bundes ist auf Universalität hin angelegt; und hier wird die christliche Neuinterpretation ansetzen.[84]

5.3.2.2 Polyphonie der biblischen Botschaft

Die Betrachtung der biblischen Redeformen ist keine l'art pour l'art, sondern sie haben jeweils Einfluss auf die Botschaft des Wortes Gottes. So etwa variiert das Gottesbild je nach Redeform. Ricoeur nennt dies die Polyphonie der biblischen Botschaft. Als Beispiel sei das Gottesbild angeführt: „Die Nennung Gottes in den ursprünglichen Ausdrucksgestalten des Glaubens geschieht nicht einfach, sondern vielfältig. Oder vielmehr: sie ist nicht einstimmig, sondern vielstimmig. Die ursprünglichen Ausdrucksgestalten des Glaubens sind komplexe, so unterschiedliche Redeformen wie Erzählungen, Prophetien, Gesetze, Sprichwörter, Gebete, Hymnen, liturgische Formeln, sapientiale Schriften. Alle diese Redeformen zusammen nennen Gott. Aber sie nennen ihn auf verschiedene Weise.

Es ist in der Tat bemerkenswert, dass jede dieser Redeformen, die soeben genannt wurden, einen besonderen Stil des Glaubensbekenntnisses ausdrückt, in dem Gott in ursprünglicher Weise genannt wird. Deshalb würde man das, was der biblische Glaube als sein Spezifikum hat, verfehlen, wenn man die Kategorien wie Erzählung, Orakel, Gebot usw. für rhetorische Kunstgriffe hielte, die dem übermittelten Inhalt fremd wären. Das Bewundernswerte ist im Gegenteil dies, dass Struktur und Kerygma einander in jeder Form des Gesagten angeglichen sind. In dieser gegenseitigen Angleichung von Form und Glaubensbekenntnis vollzieht sich die Nennung Gottes in ihren unterschiedlichen Gestalten" (Gott 59).

Wir werden auf diesen Zusammenhang von Redeform und Gottesbild in dem späteren Teil über die Gotteslehre zurückkommen und sie genauer betrachten (Teil IV).

Jetzt sei ein Blick geworfen auf einige wichtige Redeformen der Heiligen Schrift, die die biblischen Aussagen prägen. Das biblische Sprechen (dire Sagen) ist offensichtlich ganz von der Varietät der Redeformen geprägt: „Nur in diesem Spiel des Kontrasts, zunächst zwischen Erzählung und Prophetie, dann zwischen Geschichte und Gesetzgebung, dann zwischen Gesetzgebung und Weisheit, schließlich zwischen Weisheit und Lyrik, konstituiert sich das religiöse ‚Sagen' [le ‚dire']" (Idee 58).

5.3.2.2.1 Erzählung

Unter den Redeformen, die die biblischen Aussagen prägen, sind an erster Stelle die Erzählungen zu nennen. Darauf wurde unsere Studie durch die hermeneutische Phänomenologie Ricoeurs von Anfang an gelenkt. Bei der Problematik, Bewegung in die Wissenschaften und in die Theologie zu bringen, überzeugte vor allem der Ansatz

---

[84] Vgl. Hoffmann, Grenze, a. a. O. 136–137.

und die Lösung von Ricoeur. Dazu sei nur noch einmal die wichtige Erkenntnis von Ricoeur zitiert. Sie erinnert einerseits an die Aporie der Zeit, die in der Erzählung auf menschliche Weise gelöst wird, und andererseits an den Telos der Redeform der Erzählung, Zeit, vor allem Lebenszeit, zu erzählen: „[D]ie Zeit wird in dem Maße zur menschlichen, wie sie narrativ artikuliert wird: umgekehrt ist die Erzählung in dem Maße bedeutungsvoll, wie sie die Züge der Zeiterfahrung trägt" (TR I, 17 / ZE I ,13). Damit hat Ricoeur eine Richtung der sogenannten narrativen Theologie, wenn nicht begründet, so doch gestärkt.

Für die deutschsprachige Theologie geht diese Faszination der narrativen Theologie auf die 70er-Jahre zurück, genauer auf das Jahr 1973. Damals veröffentlichte die Zeitschrift *Concilium* zwei Plädoyers für die neue Art, Theologie narrativ zu treiben.[85] Das Stichwort lieferte Harald Weinrich, als er in seinem Aufsatz *Narrative Theologie* dem Erzählen eine Schlüsselstellung für die Theologie zurückgeben wollte. Die biblischen Texte seien hauptsächlich Erzähltexte, bei denen die Frage, ob Fiktum oder Faktum, nachgeordnet sei. Christentum sei einem fortgesetzten Prozess der Logisierung ausgesetzt gewesen, wodurch ein „Verlust narrativer Unschuld“ resultierte. Indem sich die moderne Theologie auf geschichtliche Faktizitätsfragen fixierte, habe sie sich einem Rückzugsgefecht ausgeliefert, in dem sie nur verlieren könne. Die eigentlich bedeutsamen, narrativen Gehalte seien dabei vernachlässigt worden. Allerdings verringerte Weinrich gleichzeitig die Bedeutung der Erzählung, indem er einen Keil trieb zwischen narrativer und historischer Erzählung.

Im selben Heft widmete sich der Münsteraner Fundamentaltheologe *Johann Baptist Metz* dem gleichen Anliegen mit einer *Kleinen Apologie des Erzählens*. Metz tat dies auf eine theologisch differenziertere Weise vor dem Hintergrund seiner politischen Theologie. Theologie müsse sich wesentlich für die Opfer der Geschichte engagieren und in einer „gefährlichen Erinnerung“ deren zerstörte Hoffnungen wachhalten. Metz pointiert: „Eine Theologie des Heils, die weder die Heilsgeschichte konditioniert oder suspendiert noch die Nicht-Identität der Leidensgeschichte ignoriert bzw. dialektisch überfährt, kann nicht rein argumentativ, sie muß immer auch narrativ expliziert werden; sie ist in fundamentaler Weise memorativ-narrative Theologie“ (339).

Es wuchs in der Folge die Überzeugung der Theologen, dass (theologische) Begriffssysteme beruhigen, Geschichten und Erzählungen zur Umkehr anregen, zur Nachfolge Jesu, zum Einsatz für die Opfer. Theologie müsse die kritisch-befreiende Kraft des Erzählens wiederbeleben.[86]

Ein massiver Einspruch ergab sich bald von Seiten von Jean-Francois Lyotard, der den Schwung der narrativen Theologie bremste und fast zum Erliegen brachte. Lyotards postmoderner Einwand gegen die Kultur des Erzählens war: „Die große Erzäh-

---

[85] Weinrich, Heinrich (1973), Narrative Theologie, in: Concilium 9 (1973) 329–334; Metz, Johann Baptist (1973), Kleine Apologie des Erzählens, in: Concilium 9 (1973) 334–341.

[86] Überblicke: Wacker, Bernd (1977), Narrative Theologie, München 1977; Lämmert, Eberhard (1993), Bauformen des Erzählens, Stuttgart; Matias Martinez, Michael Scheffel (Hg.) (2003), Einführung in die Erzähltheorie, München (1999); Stanzel, Franz K. (1995), Theorie des Erzählens (UTB 904), Göttingen.

lung hat ihre Glaubwürdigkeit verloren, welche Weise der Vereinheitlichung ihr auch immer zugeordnet wird: Spekulative Erzählung oder Erzählung der Emanzipation".[87]

Im Grunde trifft der Einwand Lyotards die phänomenologischen Ergebnisse von Ricoeur nicht. Lyotards Einwand spricht im Gegenteil in einem Punkt für eine andere Sicht von Erzählen. Denn in einer strukturalen Interpretation des Erzählens wird der Einwand Lytoards gerade ausgeschlossen: Erzählung von Zeit und Geschichte ist gerade nicht Spekulation, wie sie von Systemphilosophien wie dem Idealismus betrieben wird. Ricoeur hat diese Auseinandersetzung in *Zeit und Erzählung II* mit den Historikern intensiv geführt.

Franz Rosenzweig „erzählende Philosophie"

Levinas und Ricoeur stehen in einer Tradition, die sehr viel weiter zurückgeht als die sogenannte narrative Theologie. Gedacht sei vor allem an Franz Rosenzweig. Heinz-Jürgen Görtz charakterisiert Rosenzweigs Denken als „erfahrende" und „erzählende Philosophie", deren Quintessenz Rosenzweigs „Sprachdenken" und deren Mitte die „messianische Erkenntnistheorie" ist.[88]

Franz Rosenzweig hat auf die Bedeutung und Methode des Erzählens hingewiesen. Er gibt geradezu die andere Auffassung von Erzählung wieder, von der Lyotard ausging. Erzählung ist gerade nicht Substanzialisierung (historisches Faktensammeln) und nicht systematische Spekulation (à la Hegelsche Geschichtsphilosophie), nicht Erzählung, was in der Zeit geschieht, sondern „sie [die Zeit] geschieht [in der Erzählung selber"]: „Eine erzählende Philosophie hat Schelling in der Vorrede seines genialen Fragmentes ‚Die Weltalter' geweissagt. [...] Was heißt denn erzählen? Wer erzählt, will nicht sagen, wie es ‚eigentlich' gewesen, sondern wie es wirklich zugegangen ist. Auch wenn der große deutsche Historiker in seiner bekannten Definition seines wissenschaftlichen Wollens jenes und nicht dieses Wort braucht, meint er es doch so. Der Erzähler will nie zeigen, dass es eigentlich ganz anders war – es ist geradezu Kennzeichen des schlechten, begriffsversessenen oder sensationslüsternen, Historikers, darauf auszugehen –, sondern er will zeigen, wie das und das, was als Begriff und Name in aller Mund ist, etwa der dreißigjährige Krieg oder die Reformation, eigentlich geschehen ist. Auch ihm löst sich da etwas bloß Wesenhaftes, ein Name, ein Begriff, auf, aber nicht in ein anderes ebenso nur Wesenhaftes, sondern in seine eigene Wirklichkeit, genauer seine Verwirklichung. Ist-Sätze wird er überhaupt kaum bilden, selbst War-Sätze wie gesagt höchstens zu Anfang, Substantive, also Substanzworte, gehen in seine Erzählung zwar ein, aber das Interesse liegt nicht auf ihnen, sondern auf dem Verbum, dem Zeit-wort.

Die Zeit nämlich wird ihm ganz wirklich. Nicht in ihr geschieht, was geschieht, sondern sie, sie selber geschieht" [DND 148].

Auch Hemmerle steht in dieser Tradition. Eine zentrale Aussage von ihm ist: „Verdankendes Denken ‚zählt' nicht, sondern es ‚er-zählt', bezeugt im Bericht dessen, was

[87] Lyotard, Jean-Francois (1986), Das postmoderne Wissen. Ein Bericht [Edition Passagen 7], Graz-Wien 1986, 112, vgl. auch 175.
[88] Görtz, Neues Denken, a. a. O., 49–118, 119–130, 131–140.

sich begab, nicht die fassbaren Bestände, sondern das ihnen je Entgehende und in ihnen sich doch Zueignende" [AS 1, 136].

Ricoeur: narrative Schrift

An erster Stelle ist nach Ricoeur unter den Redeformen die Erzählung, die narrative Rede, zu nennen.[89] Das legt sich aus zwei Gründen nahe. Einmal führten Ricoeurs Studien von *Zeit und Erzählung* zu dem Ergebnis der besonderen Bedeutung von Erzählungen in allen jenen Lebensbereichen, in denen Zeitlichkeit eine überragende Rolle spielt. Zum anderen wurde Ricoeur im Lesen der Bibel und der biblischen Kommentare auf die zentrale Stellung der Erzählung im Alten wie im Neuen Testament aufmerksam:

Das Ergebnis von *Zeit und Erzählung* beschreibt Ricoeur so: „Der Erste Teil des vorliegenden Buches will die hauptsächlichen Voraussetzungen deutlich machen, die der Rest des Buches an den verschiedenen Disziplinen der Geschichtsschreibung und der Fiktionserzählung erproben soll. [...] [E]ine Voraussetzung beherrscht alle anderen, die nämlich, dass in der Strukturidentität der narrativen Funktion und im Wahrheitsanspruch jedes narrativen Werkes letztlich der zeitliche Charakter der menschlichen Erfahrung auf dem Spiele steht. [...] [D]ie Zeit wird in dem Maße zur menschlichen, wie sie narrativ artikuliert wird: umgekehrt ist die Erzählung in dem Maße bedeutungsvoll, wie sie die Züge der Zeiterfahrung trägt" (TR I, 17 / ZE I, 13).

Den Fund in den biblischen Schriften geht auf Ricoeurs Studium theologischer Werke zurück: „Wir sind durch die gesamte zeitgenössische Exegese auf den Primat der narrativen Struktur in den biblischen Schriften aufmerksam gemacht worden. Die Theologie des Alten Testamentes bildet sich zuerst als ‚Theologie der Überlieferungen' über einige Kern-Ereignisse, die Berufung Abrahams, den Exodus, die Salbung Davids usw. aus. Die Nennung Gottes ist so zuerst eine narrative Nennung. Die Theologie der Überlieferungen nennt Gott in Übereinstimmung mit einem historischen Drama, das als Bericht einer Befreiung erzählt wird. Gott ist der Gott Abrahams, Isaaks und Jakobs. Er ist so der Handelnde der großen Tat der Befreiung. Und seine Bedeutung als Handelnder ist solidarisch mit den grundlegenden Ereignissen, in denen die Interpretationsgemeinschaft sich als verwurzelt, gegründet, gestiftet erkennt. Es sind diese Ereignisse selbst, die Gott nennen. [...]

In diesem Sinne muss man sagen, dass Gott zu nennen zuerst ein Moment des narrativen Bekenntnisses ist. Gott wird genannt in der erzählten ‚Sache'. Dies gegen eine gewisse Emphase der Theologien des Wortes, die nichts als Wortereignisse bemerken. In dem Maße, in dem das narrative Genus primär ist, ist die Spur Gottes in der Geschichte, bevor sie im Wort ist. Das Wort ist sekundär, insofern es die Spur Gottes im Ereignis bekennt.

[89] An dieser Stelle gehen Levinas und Ricoeur ein Stück auseinander. Für Levinas ist nicht die Erzählung die erste Regung der Religion, sondern das „Gebot": „Das erste Moment der Bewegung hin zum menschlichen Verständnis ist das Gebot, nicht die Erzählung, damit beginnt überhaupt jede Sprache" (Levinas, Anspruchsvoll, a. a. O., 88, 81).

Doch meine Absicht ist nicht, die narrative Furche zu vertiefen. Sie ist vielmehr die, auf der Verschiedenheit der Weisen, Gott zu nennen, die der Hörer des Wortes in den Texten seiner Vorliebe entdeckt, zu insistieren“ (Gott 59–65).

5.3.2.2.2 Offenbarung ist polyphon

In dem Aufsatz *Hermeneutik der Idee der Offenbarung* wendet Ricoeur seine Einsichten auf den Begriff der Offenbarung an. Ricoeur plädiert dafür, Offenbarung nicht so sehr als monolithischen Reflexionsbegriff zu verstehen, ein Begriff, der vor allem den Bedürfnissen der Vernunft nach Begriffen entspricht, sondern Offenbarung an den Weisen der tatsächlichen Kundgabe Gottes auszurichten. Das sind die biblischen Redeformen:

„Der wesentliche Gewinn dieser Rückkehr zum Ursprung des theologischen Diskurses ist es, dass die Reflexion vor eine Vielfalt von Ausdrücken des Glaubens gestellt wird, die durch die Vielfalt der Diskurse geprägt worden ist, in denen sich der Glaube Israels und später der der Urkirche ausgedrückt hat. Statt eines monolithischen Begriffes *der* Offenbarung, der nur erreicht wird, indem man alle Diskurse auf die propositionale Ebene transferiert, begegnen wir einem pluralen, polysemischen, höchstens analog zu nennenden Konzept von Offenbarung – wobei der Begriff der Offenbarung selbst, wie wir sehen werden, einem dieser Diskurse entliehen ist“ (Idee 43).

Bei dieser Untersuchung der biblischen Diskurse kommt dem narrativen ein besonderer Rang zu: „Dieser erste Rang gebührt dem narrativen Diskurs, in dem nicht der Sprecher, sondern die Ereignisse im Mittelpunkt stehen“. Der narrative Diskurs durchdringt alle anderen Formen. Alle biblischen Redeformen haben einen erzählenden Grundtenor, ob sie selbst narrativ sind oder prophetisch, Tora oder Weisheit.

Das Besondere der Erzählung ist, dass sie ein Vorgang ist, „der das Mannigfaltige der Umstände, Ziele, Mittel, Initiativen und Wechselhandlungen, der Schicksalsschläge und aller unbeabsichtigten Folgen des menschlichen Handelns zu einer umfassenden und vollständigen Handlung vereinigt“ (ZE I, 8).

Danach nennt und entfaltet Ricoeur ausdrücklich die fünf (für ihn) wichtigen Diskursformen der Bibel:

Prophetischer Diskurs (Idee 43–45)
Narrativer Diskurs (Idee 45–49)
Der vorschreibende Diskurs: Tora Weisung (Idee 49–52)
Der Weisheitsdiskurs (Idee 52–55)
Der Diskurs des Hymnus (Idee 55–57)

Eine besondere Stellung nimmt dabei der Diskurs der Psalmen ein. Denn diese Redeform fällt aus dem Schema der anderen Diskurse heraus. In ihnen werden nicht zuerst Ereignisse erzählt oder gefeiert, sondern Gott wird selbst angeredet. Der Sprecher und der Angesprochene, Gott, sind das Herz der Psalmen. Deshalb sei Ricoeurs Beschreibung dieser Ausnahme wiedergegeben.

„Ich möchte diesen Weg nicht beenden, ohne das lyrische Genre erwähnt zu haben, dessen herausragender Ausdruck die *Psalmen* sind. Hymnen, Bitten und Danksagungen konstituieren ihre drei großen Genres. Es handelt sich hier keineswegs um marginale Formen des religiösen Diskurses. Das Lob, das sich auf die Wunder bezieht, die Gott in der Natur und in der Geschichte getan hat, ist keine Bewegung des Herzens, die einfach zum narrativen Genre hinzukäme, ohne seinen Kern zu verändern. Die Feier erhöht gewissermaßen die Erzählung und verwandelt sie in eine Anrufung. Wir haben vorhin mit dem alten Credo des *Deuteronomium* ein Beispiel dafür gegeben: ‚Mein Vater war ein heimatloser Aramäer' etc.

So gesehen ist das Erzählen ein Aspekt des Feierns. Ohne ein Herz, das die Herrlichkeit Gottes besingt, hätten wir vielleicht die Schöpfungserzählung nicht, jedenfalls nicht die Erzählung von der Befreiung aus Ägypten. [...]

Wenn man sagen sollte, in welchem Sinn der Psalter als geoffenbart zu verstehen sei, dann sicher nicht in dem Sinn, dass das Lob, die Bitte oder die Danksagung von Gott den jeweiligen (nebenbei höchst unterschiedlichen) Autoren in den Mund gelegt worden wären, sondern in dem Sinne, dass die Gefühle, die in dieser lyrischen Form ausgedrückt werden, von ihrem Objekt geprägt und an es angepasst sind. Der Dank, die Klage, die Feier entstehen durch das, was diese Bewegungen des Herzens sein lassen und auf diese Weise sichtbar machen. Die Erhöhung des *Pathos,* die wir in der Bewegung der Weisheit entdeckt haben, als das Leiden sich in Leiden-Können [savoir-souffrir] verwandelte, wird gewissermaßen im Psalter thematisiert. Das Wort gestaltet das Gefühl, indem es dieses ausdrückt. Und die Offenbarung ist eben diese Bildung des Gefühls, die die alltäglichen Modalitäten menschlichen Fühlens übersteigt" (Idee 54–57).

„Wenn wir jetzt einen Überblick über den zurückgelegten Weg versuchen, zeichnet sich eine Reihe von Folgerungen ab". Ricoeur nennt vier Folgerungen: Der religiöse Diskurs sollte nicht zuerst auf der theoretischen bzw. philosophischen Ebene stattfinden, sondern sich auf die ursprüngliche sprachliche Form der Offenbarung beziehen. Die Offenbarung ereignet sich in sehr verschiedenen Diskursformen. Diese sollten nicht als beiläufig behandelt werden, sondern ihre Kraft generativer Poetik anerkannt und für die theologischen Aussagen genützt werden. Für die Offenbarung hat dies zur Konsequenz, dass sie nicht nur uniform und monoton rezipiert werden kann, sondern in ihrer ganzen Vielfalt zu rezipieren ist. Schließlich weisen alle Formen darauf hin, dass die Botschaft von Gott keiner Weise des Wissens unterworfen werden kann. In allen Diskursformen kommt das Sprechen an die Grenze des Geheimnisses. (Idee 57–61)

5.3.2.2.3 Neues Sein – Neue Welt

„Die hermeneutische These, die der strukturalistischen These – nicht der strukturalen Methode und den strukturalen Untersuchungen – diametral entgegengesetzt ist, besagt, dass die Differenz zwischen dem Wort und der Schrift die fundamentale Funktion der Rede (die diese beiden Varianten umfaßt: mündliche und schriftliche) außer Kraft setzen kann. Die Rede besteht darin, dass jemand etwas über etwas sagt. Über etwas: das ist die unveränderliche Referenzfunktion der Rede. Die Schrift hebt sie nicht auf, sondern transformiert sie. In der mündlichen Rede können sich die Gesprächspartner, die sich von Angesicht zu Angesicht gegenüberstehen, auf das, wovon sie miteinander in der umgebenden Welt, die ihnen gemeinsam ist, sprechen, mit letzter Berechtigung beziehen. Nur die Schrift kann sich, indem sie sich an jeden, der lesen kann, wendet, auf eine Welt beziehen, die nicht da ist zwischen den Gesprächspartnern, auf eine Welt, die die Welt des Textes ist und dennoch nicht im Text ist. Ich nenne sie, mit Gadamer, ‚die Sache des Textes'. Die Sache des Textes – das ist das Objekt der Hermeneutik. Sie ist weder hinter dem Text wie der angenommene Autor noch im Text als seine Struktur, sondern vor ihm entfaltet.

Auch bei den biblischen Texten verhält es sich nicht anders. Gott, den die Texte, die mein Verlangen zu hören offen hält, nennen, ist der letzte Bezugspunkt dieser Texte, und zwar auf eine Weise, von der noch zu sprechen sein wird. Er ist in gewisser Weise durch die ‚Sache' dieser Texte, durch die Welt – die biblische Welt! –, die diese Texte entfalten, miteinbegriffen.

Indem ich so die hermeneutische Achse meiner Betrachtung auf die ‚Sache' des Textes richte, erkenne ich die Vergeblichkeit einer Untersuchung, die auf den Autor der Texte gerichtet ist und die Gott als die Stimme hinter der erzählenden oder prophetischen Stimme zu identifizieren suchte. Ich weiß wohl, dass eine lange Tradition die Offenbarung mit der Inspiration im Sinne einer Einflüsterung des Sinnes identifizierte; doch sie würde aus Gott eine Art Ur-Autor des Textes, von dem der Glaube sich belehren lässt, machen. Wenn das Wort Offenbarung etwas sagen soll, dann ist sein Sinn von Seiten der Sache her, die die Texte sagen, als ein bestimmter Zug der biblischen Welt, zu suchen" (Gott 51–53).

Wort Gottes wird „Schrift". Levinas und Ricoeur verweisen eindringlich auf das Schriftwerden des Wortes Gottes. Levinas spricht von der „Kontraktion des Unendlichen in der Schrift". Die Schrift ist als eigene Dimension in den Blick zu nehmen. Ricoeur mahnt, den Übergang vom Gotteswort zum Menschenwort nicht in einer etwas schnellen und direkten Wort-Gottes Theologie wiederzugeben, wie das in der Theologie oft geschieht, als ob in der Schrift sozusagen die „Stimme hinter den Stimmen" unmittelbar zu hören wäre. Gemeint ist, als ob die Stimme Gottes direkt aus der Schrift spräche. Er weist eindringlich darauf hin, dass das Wort Gottes nun auf eine neue Weise verfasst ist, als Text und Schrift. Das Wort Gottes ist deshalb nicht unmittelbar, sondern aus dem Text zu erheben. Nötig ist Texthermeneutik, wie sie Ricoeur betreibt und wie er sie in wichtigen Untersuchungen zur Schrifthermeneutik vorgelegt hat.

Levinas und Ricoeur legen unterschiedliche, aber wichtige Betrachtungen zur Schriftwerdung des Wortes Gottes vor. Zwischen Wort Gottes und Schrift hat Lessing einen garstigen Graben aufgerissen, indem er im Rückgriff auf Paulus zwischen „Buchstaben" und „Geist" unterschied und dafür hielt, dass der Paulinische „Beweis des Geistes und der Kraft" für eine heutige Zeit nicht mehr gelte, der „Geist" zum „Buchstaben" herabgesunken sei. In dieser Dichotomie von „Geist" und „Buchstabe" bzw. Text bauen Levinas und Ricoeur bedeutsame Brücken über den garstigen Graben. Es kann nicht sein, dass „Geist" und „Buchstaben" in der Bibel unversöhnt auseinanderfallen.

Levinas kommt vom jüdischen Verständnis des Textes und der Schrift her und weist auf das Geistige jeden Sprechens und auch der Schrift hin. Jeder Text und jede Schrift birgt in sich die geistige Dimension, das Unsagbare des Ungesagten. Das gilt um vieles mehr für das Buch Gottes, die Schrift. Ricoeur betreibt Texthermeneutik und geht vom Text und der verfassten Schrift aus. Er erforscht die Bibel nach allen Weisen und Richtungen, wie jeder Text zu untersuchen ist, um ihn für das menschliche Verständnis zu öffnen. Für die Bibel erforscht er die unterschiedlichen Diskurse und Gattungen, welche die biblischen Aussagen prägen. Dies zu tun ist aber kein Säkularisieren der Heiligen Schrift, sondern ist für den „Geist" des Gotteswortes in der Schrift von entscheidender Bedeutung. Texthermeneutik ist keine l'art pour l'art, sondern eröffnet das Verständnis und den Geist der Offenbarung und des Geoffenbarten, von Gott, Mensch und Welt. Der Gehalt der Offenbarung erschließt sich in der Weise, wie er in den Formen und Gestalten der Schrift hinterlegt ist. Die Versprachlichung der Schrift bringt den Inhalt der Offenbarung zum Ausdruck.

6 Tradition – Topologie des Wortes Gottes

Das Wort Gottes wird Schrift; die Schrift wird Tradition. Oder besser das Wortgeschehen Gottes geht in die Überlieferung über. Tradition wurde seit den Anfängen des christlichen Glaubens gepflegt, ohne theologisch eigens reflektiert zu werden. Die apostolische Tradition wurde natürlich besonders geschätzt, so die Geschichte der Konzilien, die Theologien der Kirchenväter u. a. Traditionen, die zu den jeweiligen Zeiten anfielen, wurden erörtert. Aber Tradition als eines der zentralen Themen des Wortes Gottes und der Theologie wurde theologisch kaum reflektiert. So geschehen bis zur Zeit der Reformation, als der Begriff von Tradition und Traditionen ins Kreuzfeuer des Streits geriet und sich der unreflektierte Gebrauch von Tradition rächte. Eben in dieser Zeit ist uns eine erste systematische Erkenntnislehre überliefert, in deren Mitte die Behandlung der Tradition steht. Es ist das Werk *De locis theologicis* des spanischen Dominikaners Melchior Cano (1509–1560). Seckler sieht im Werk Canos die erste „systematische Ausgestaltung des Traditionsprinzips“. Er fand darin die „Baugesetze des Überlieferungsgeschehens“. Das Interesse Canos sei es gewesen, die „Vergangenheit lebendig“ zu erhalten.[90] Im Folgenden werde ich versuchen, vor allem im Rückgriff auf die „loci theologici“, eine erneuerte Sicht von Tradition im Rahmen der Strukturtheologie vorzulegen.

Hemmerle versteht Tradition als eine Stufe des Wortgeschehens Gottes. Für ihn sind „Botschaft“ und „Nachfolge“ die bewegenden Momente des geschichtlichen „Wortgeschehens Gottes“. Mit der Geschichte des Wortgeschehens verbindet Hemmerle ein „neues Modell der Kirche“, wie er formuliert (Nachfolge 40). Geschichte der Kirche ist zugleich Geschichte der „Überlieferung“ des Wortgeschehens oder der „Tradition“. Denn Kirche ist „Creatura Verbi“, Geschöpf des Wortes Gottes. Die Geschichte des Wortes ist Grund der Geschichte der Kirche. Wortgeschehen ist die Kommunikation Gottes mit uns, ist die Form seiner Mitteilung. Der Gehalt der Mitteilung ist die Selbstmitteilung Gottes. Pottmeyer bestimmt deshalb den Gehalt von „Tradition“ entsprechend: „Es ist die Überlieferung des eigenen Sohnes in die Hände der Menschen für uns alle durch Gott“ (Pottmeyer 98).[91]

Die Formulierung macht bereits auf ein Geschehen mit mehrfacher Beteiligung aufmerksam, wobei allen Beteiligten im Geschehen eine besondere Bedeutung zu-

[90] Seckler, Max (2007), Die Communio-Ekklesiologie, die theologische Methode und die Loci-theologici-Lehre Melchior Canos, in: Theologische Quartalschrift 187 (2007), 1–20, hier 17–18. Zu *De locis theologicis* von Melchior Cano s. Hünermann, Peter (2003), Dogmatische Prinzipienlehre. Glaube – Überlieferung – Theologie als Sprach- und Wahrheitsgeschehen, Münster, 207–275; Körner, Bernhard (2014), Orte des Glaubens – loci theologici. Studien zur theologischen Erkenntnislehre, Würzburg; Pottmeyer, Hermann-Josef (2000), Normen, Kriterien und Strukturen der Überlieferung, in: Kern, Walter u. a. (Hg.), Handbuch der Fundamentaltheologie, 4. Traktat: Theologische Erkenntnislehre, Freiburg, 85–108; Seckler, Max (1988), Die ekklesiologische Bedeutung des Systems der ‚loci theologici'. Erkenntnistheoretische Katholizität und strukturale Weisheit, in: ders., Die schiefen Wände des Leerhauses. Katholizität als Herausforderung, Freiburg, 79–104.

[91] Pottmeyer, Überlieferung, a. a. O., 98–99.

kommt: Gott Vater, der seinen Sohn überliefert; der Sohn, der an unserer Seite sich hingibt; schließlich wir als die Empfänger, sei es als einzelne Gläubige oder als Gemeinschaft der Kirche. Um diesen „kommunikativen Überlieferungsbegriff" zu erläutern, verlangt Pottmeyer „eine entsprechende Strukturtheorie". Ohne die angesagte Strukturtheorie eigens auszuführen, gibt er uns den Hinweis, „Tradition" strukturtheologisch auszulegen. Diese Betrachtung geht einen anderen Weg, als die Schultheologie ihn gegangen ist. Das traditionelle Verständnis geht eindimensional von einem einmal vorgegebenen depositum fidei (Glaubensvorlage) aus, das den Menschen von den zuständigen Instanzen vorgelegt werden muss und von den Gläubigen entgegenzunehmen ist. Die andere Betrachtung wird bereits angeregt durch den anderen Begriff von Überlieferung und durch die mehrfache Beteiligung an diesem Geschehen. Sie schließt sich an die „loci theologici" des Melchior Cano an, die zwar immer bekannt waren, aber auf ein ebenfalls eindimensionales Schema reduziert wurden, während sie seit dem Zweiten Vatikanischen Konzil neue Aufmerksamkeit fanden.

Hemmerle hat sich eigenartiger Weise nie ausführlich bei den einzelnen Stufen des Traditionsvorganges aufgehalten. Das heißt aber nicht, dass er sich deren Bedeutung nicht bewusst gewesen wäre. Im Gegenteil, bei genauerem Hinsehen bemerkt man, dass er geradezu fundamentale Grundsätze des Überlieferungsgeschehens formuliert hat. Es sind die entscheidenden Grundsätze, welche er im Zusammenhang mit der Erörterung des Vorganges des Wortgeschehens vorgetragen hatte. Er spricht von einem „neuen Modell (der Kirche)". Nebenbei bemerkt stehen diese Grundsätze innerhalb der strukturtheologischen Auslegung Bonaventuras. Man darf im folgenden Zitat des „neuen Modells" das Wort „Kirche" nur durch „Überlieferung" ersetzen, da hier von beiden im selben Sinne gesprochen wird, und man wird auf die neue Sprache von Tradition aufmerksam:

„Gewohnterweise geht Ekklesiologie, theologische Lehre von der Kirche, anders vor. Sie sucht entweder den geschichtlichen Weg, wie es von Jesus und seinem Evangelium zur Gemeinde, zur Kirche kam, nachzuzeichnen und aus diesem Weg die unveräußerlichen Merkmale der wahren Kirche Christi herauszustellen; oder sie fragt nach den Bedingungen, unter denen Werk und Person Christi in der Geschichte gegenwärtig und wirksam bleiben können, und stößt von hier aus zu den Grundzügen von Kirche vor; oder nochmals anders, sie entfaltet grundlegende Bilder der Kirche aus Schrift und Tradition und fügt in sie die wesentlichen Bestimmungen ein, die zur Identität und Integrität der Kirche hinzugehören. Bonaventura zeigt demgegenüber einen – man kann das auch heute noch angesichts so vieler ekklesiologischer Entwürfe unseres zu Ende gehenden ‚Zeitalters der Kirche' sagen – neuen Weg ein: Kirche ist ihm Geschichte, aber er liest die faktische Gestalt der Geschichte von Kirche auf eine innere Geschichte hin, die immer und überall und doch je neu geschieht, solange Kirche geschieht. Kirche ist die Geschichte des Wortes Gottes, der Vollzug seines Ansatzes. [...] Vor allem aber ist Bonaventuras Alternative der Hinweis auf die mögliche und nötige Synthese zwischen Kirche als Bestand und Kirche als Vollzug: Weil Gottes Wort die Momente kirchlichen Selbstvollzugs je schon vorumgreift, besteht Kirche, ist sie da. Weil Gottes Vorgriff Zeitigung der Antwort, der je neu aus ihrem Ursprung erwachsenden Gemeinschaft ist, bleibt Kirche auch stets Ereignis, Aufgabe, ja Zukunft. Dieses von innen her geschichtliche Modell des Kirchenverständnisses überbietet jede statische und organisch-evolutive Ekklesiologie, sein streng theologischer Ansatz, sein Ausgang von Gottes Sich-Sagen könnte den Weg zeigen, warum und wie Ekklesiologie überhaupt nicht nur Zusatz und Nachtrag zum Eigentlichen der Theologie ist" (Nachfolge 40–41).

Stand im Zitat des neuen Ansatzes der Ekklesiologie die Dynamik und Geschichtlichkeit des Wortgeschehens im Mittelpunkt, so kennzeichnen die vier Grundsätze Hemmerles nicht nur sein Verständnis von Theologie überhaupt, sondern, wie gezeigt worden ist, auch die „Schrift" als Gestalt des Wortgeschehens und ebenso die Überlieferung als geschichtliche Gestalt des Wortes Gottes. Die Grundsätze bringen das Zusammen der vier Ebenen oder Ordnungen der Theologie *Botschaft, Nachfolge, Weg Jesu, Geheimnis Christi* zum Ausdruck. Ihr besonderes geschichtliches Zusammen macht auch die fundamentalen Merkmale der Tradition aus. Deshalb sei der zentrale Text der vier Grundsätze noch einmal daraufhin zitiert:

„Zugänglich ist die [...] *[Botschaft]* Gottes in Jesus für uns nur im Zeugnis, und das Zeugnis hat seinen Ort in der *Nachfolge* – dieses Wort verstanden im doppelten Sinn des unmittelbaren vorösterlichen Mitziehens mit Jesus aufgrund seines Rufes und der nachösterlichen Sendung, des nachösterlichen Anschlusses an den auferstandenen Herrn in seinem Geist. Solche Nachfolge ist nicht äußere, zusätzliche Verstehensbedingung zur Sache, zur Wahrheit Jesu, sondern konstitutiv für sie selbst. Jesus ruft zur Nachfolge, sein Wort identifiziert sich nur, indem es angenommen wird, indem es sich geben darf und andere sich ihm geben. Erst in der Nachfolge kommen Jesu Werk, Wort und Weg bei sich selber, bei seinem Ziel an. [...]

Das aber, worauf sich Nachfolge bezieht, ist eben nicht nur Botschaft, die neutral ausrichtbar wäre, sondern Botschaft, die einen *Weg* auslegt, die ein Weg ist. In der Botschaft Jesu begegnen wir ihm selbst – und dies meint keine Reduktion Jesu auf das Kerygma, sondern umgekehrt die Identifizierung der Botschaft am Weg Jesu, an dem, was er tut, erfährt, ist.

Und dieser Weg ist nochmals nicht eine zusätzliche ‚Anwendung' dessen, was Jesus an sich selber wäre, eine zufällige Nachgeschichte zu seinem Wesen. Sein Weg eröffnet sein *Geheimnis,* in seinem Weg geschieht sein Geheimnis. Gott, den Jesus kündet, den er handelnd, liebend, lebend und sterbend verherrlicht, der Mensch, dem Jesus dient, den Jesus übernimmt, der Jesus ist, und Jesus, der sich gebender Gott und sich gebender Mensch, von Gott angenommener Gott und von Gott angenommener Mensch ist, gehen nur gleichzeitig auf. Es bestätigt sich: Die Wahrheit Jesu ist integral.

Die vier Ebenen – *Nachfolge, Botschaft, Weg, Geheimnis Jesu* –, auf denen sich jeweils dieses Ineinander vollzieht, spielen so selbst ineinander" [kursiv – KK](Wahrheit 188–189).

Wir haben den Text zum Verständnis der Theologie Hemmerles noch einmal angeführt. Wir haben im Kapitel über die Schrift ihn als Ausdruck des Wortes Gottes, vor allem als das Zusammen von „Botschaft" und „Nachfolge" thematisiert. Im theologische Teil werden wir dann die thematische Ergänzung von „Weg Jesu" und „Geheimnis Christi" vortragen.

Für das jetzige Verständnis von Tradition sind drei Gesichtspunkte der angeführten Grundsätze wichtig: Ganz entscheidend ist die Grundlage der Überlieferung, dass die „Botschaft" für uns im „Zeugnis" gegeben ist und das Zeugnis seinen „Ort" in der „Nachfolge" hat. „Zeugnis" wird uns später im Kapitel über Jesus den „treuen

Zeugen" beschäftigen (Teil V). Jetzt ist dieses Zusammen von Botschaft und Nachfolge für das Verständnis von Tradition grundlegend. Die Botschaft kommt in der Nachfolge zur Sprache; die Nachfolge ist das Leben der Botschaft. Sodann nennt Hemmerle Nachfolge „Ort" des Zeugnisses. Im Folgenden werden wir die verschiedenen „Orte" der Überlieferung aufsuchen. „Ort" ist „Topos" und deshalb steht dieser Abschnitt unter der Überschrift der „Topologie".

Der nächste Gesichtspunkt ist die Stufe des „Weges". Weg ist die räumliche und zeitliche Verortung der Botschaft und der Nachfolge. Die Verortung des Weges ist zum einen der „Weg Jesu". Jesu Weg ist das Vorbild und die Wegweisung; Nachfolge ist das Nachgehen des Weges. Weg ist zum anderen Verortung in der konkreten Zeit und im konkreten Raum des Nachfolgenden. Es ist die Verortung in Raum und Zeit, wie sie der Menschwerdung des Sohnes Gottes entspricht.

Der weitere Gesichtspunkt ist schließlich das „Geheimnis Christi". Es ist der Gehalt und das Ziel des Lebens und Sterbens Jesu. Es ist auch der innerste Gehalt der Überlieferung, wie ihn Pottmeyer formuliert hat: „Es ist die Überlieferung des eigenen Sohnes in die Hände der Menschen für uns alle durch Gott". Der Gehalt der Tradition ist somit nicht zuerst ein gegenständliches depositum fidei, sondern Selbstmitteilung Gottes. Er ist auch nicht durch irgendeinen Vorgang der Information und Lehre zuerst zu erreichen, sondern auf dem „Weg" über die „Nachfolge" zur „Botschaft", die so Wirklichkeit wird.

In der jüdischen Theologie hat die Tradition bekannterweise eine hohe Bedeutung. Die Tradition wird dabei auf andere Weise gepflegt und weitergegeben wie in der Kirche. Die jüdische Tradition kennt nicht so sehr die Instanzen von Lehramt, Dogmen, Verurteilungen und Instanzen der Traditionssicherung, sondern die Gattung des theologischen Diskurses und Disputes. Man darf nur in die Mischna oder in den Talmud blicken, um zu sehen, wie dort die ganze Geschichte des Disputes unter den Thoragelehrten mit allen Pro und Contras aufbewahrt ist. Levinas schreibt dazu:

„Die[se] außer-ordentliche Struktur der inspirierten Texte der heiligen Schriften ist bemerkenswert [...]. Beim Lesen geht es eben nicht allein um Kenntnisnahme von Sachverhalten. Die Wahrheit der Offenbarung gehört, wie wir es bereits sagten, einem anderen geistigen Prozess an, sie bedeutet somit dem Ich in seiner nicht austauschbaren Identität. Das Verständnis, das es von der Offenbarung hat, bewirkt einen Sinn, der ‚in aller Ewigkeit' nicht ohne das Ich würde bestehen können: [...] Doch das von jedem und von jeder Zeit Eingebrachte trifft auf die Lehren aller anderen und alles Gewesenen. Daher der unablässige Rückbezug des Lesens auf die Ursprünge durch die Geschichte hindurch vom Schüler zum Lehrer; daher die Diskussionen von Kollegen in den Versammlungen, die sich über Jahrhunderte hinweg anreden, wobei das Ganze als Tradition der kommentierten Schrift in ihr aufgeht und immer neu eine sowohl gelehrte als auch moderne Lektüre verlangt. [...] Amos 3,8 bedeutet: ‚Gott der Herr redet – wer weissagte nicht?' Die Lektüre eines prophetischen Textes ist in gewissem Maße selbst prophetisch" (Verset 11–12).

In der Aussage Levinas' fällt die ähnliche Formulierung des Gehaltes der Offenbarung bzw. der Tradition auf, wie wir sie bei Hemmerle gesehen haben. In starken Worten bringt Levinas zum Ausdruck, dass die Offenbarung keine abgehobene Wahrheit ist, sondern die Antwort des Empfängers mit einbegreift. Nicht nur die Antwort des Einzelnen, sondern des Einzelnen in seiner universellen Bedeutung. Offenbarung wird von jedem Einzelnen mitgetragen. Deshalb sind dann zum einen die Ausführungen zu den Instanzen kennzeichnend, die im Judentum die Lehrer und die Schüler sind, und zum anderen der Hinweis auf die Reihe von Zeugen bis zu den Ursprüngen der Geschichte. Aber auch die Bemühung um die moderne Lesart wird mit der Tradition verbunden, welche in Diskussionen und Versammlungen von Weisen erforscht wird. Der Blick auf die andere Weise der Traditionsbewahrung kann auch für das christliche Verständnis von Tradition Anregungen enthalten.

In der Theologie herrscht weitgehend Übereinstimmung darüber, dass der spanische Dominikaner Melchior Cano (1509–1560) zum ersten Mal eine Systematik der Tradition vorgelegt hat. Sein Werk mit dem Titel *De locis theologicis* war über Jahrhunderte das Lehrbuch für die theologische Erkenntnislehre und Methodologie. Allerdings wurde das Werk in den Jahrhunderten sehr unterschiedlich gelesen und in die Theologie eingebracht.[92]

Es herrscht ebenfalls Übereinstimmung, dass das Vorbild für Canos Werk die *Topik* des Aristoteles war. Ein kurzer Blick auf Aristoteles' Topik ist durchaus lohnenswert. Zuerst fällt auf, dass von Aristoteles zwei Werke zur Erkenntnislehre erhalten sind, die *Topik* und die *Analytiken.* Dabei geht man oft davon aus, dass beide Werke nebeneinander Bestand haben, die *Topik* enthalte die Dialektik und erläutere den dialektischen Syllogismus, also die dialektische Urteilsgewinnung, während die *Analytik* das rationale und wissenschaftliche Urteil (Syllogismus) zum Gegenstand habe. *Topik* und Dialektik stehen bei Aristoteles für ein Denken, das in einem Disput zwischen gegensätzlichen Meinungen durch entsprechende Argumente einen Konsens erreichen will. *Analytik* enthält dagegen die Logik der streng rationalen Beweisführung, wie sie für die Philosophie und die rationalen Wissenschaften insgesamt kennzeichnend ist. Eine beachtenswerte Leseart der beiden Werke sieht zwischen ihnen eine Linie der Entwicklung, so dass die *Topik* vor der *Analytik* entstanden und die *Analytik* ein Folgewerk der *Topik* wäre. Eine solche Sicht hätte eine gewichtige Konsequenz für die Philosophie. Aristoteles wäre demnach anfangs davon ausgegangen, „Topoi“, gemeinsame „Orte“, für die gegensätzlichen Positionen im Meinungsstreit zu finden, auf die sich beide Seiten einigen könnten und so zu einem Konsens kämen. Die Ausgangslage und die Anfangsfragen wären demnach geradezu ‚responsiv‘. Es handelte sich um Anfragen und Antworten eines Diskurses, um einen gemeinsamen Ort zu finden. Aristoteles ist in der *Topik* wie gesagt auf der Suche nach solchen Topoi, Argumentationshilfen, die unterschiedlicher Herkunft und Art sein können. Dabei spielt die Vernunft selbstverständlich eine herausragende Rolle, aber nicht die alleinige. Mit anderen Worten hätte die Philosophie bei Aristoteles einen durchaus größeren Bereich der Erkenntnisgewinnung als der rein rationale; aber die Vernunft ist für Aristoteles ohne Zweifel der wichtigste und universale Ort. Immerhin scheint Aristoteles am Anfang der Philosophie nicht nur die eine klassische Logik der strengen Syllogistik, sondern eine Reihe von Logiken zu kennen. Eine Resonanz dieser Aristotelischen Einstellung könnte man in Canos „fremdem Ort“ der „Vernunft“ erkennen, die er als ersten „locus alienus (fremden Ort)“ anführt.

---

[92] Körner, Orte, a. a. O., 93–128.

Wie dem auch sei, die Abhängigkeit von *De locis theologicis* Canos von der *Topik* des Aristoteles ist deutlich. Es ist aber auch der Unterschied zur *Topik* zu beachten. Das betrifft zuerst das Verständnis der „loci (Topoi)“. Bei Aristoteles sind es gemeinsame konsensfähige „Orte“, an denen gegensätzliche Positionen zusammenkommen können, Orte der Argumentationslehre, durch die ein gesuchter und erwünschter Konsens möglich wird. Bei Cano sind es „loci theologici“, theologische Orte. Mit anderen Worten haben sie nicht nur den allgemeinen Sinn einer Argumentationslehre zur Erkenntnisgewinnung, sondern sie stammen deutlich aus dem Glauben und der Theologie. Sie stammen aus einer zugrundeliegenden Glaubenssystematik. Sie nennen vor allem zuerst anerkannte Glaubensinstanzen als Orte der Erkenntnisgewinnung. Die loci theologici sind demnach „Bezeugungsbereiche“ oder „-Instanzen“; es werden vor allem die zuständigen Instanzen des Glaubens genannt. Es sind auch „Dokumentations- und Argumentationsbereiche“ dort, wo gesicherte und zuverlässige Schriften und Texte u. a. Grundlage der Erkenntnis sind (z. B. die Schrift). Cano nennt sie auch „domicilia“, das sind „Wohnstätten“ oder „Wohnräume“. Mit den loci theologici sind also Orte gemeint, wo der Glaube zu Hause ist und aus seinem Eigensten schöpft.[93]

Es seien die zehn „loci theologici“ in der Anordnung von Cano zunächst aufgezählt. Hünermann nennt die Aufzählung „Topologie“ der Überlieferung.[94] Cano führt alle zehn Orte mit dem Titel „auctoritas (Autorität)“ ein:

1. Heilige Schrift 2. Traditionen Christi und der Apostel 3. Katholische Kirche 4. Allgemeine Konzilien 5. Römische Kirche 6. Heilige 7. Theologen 8. Natürliche Vernunft 9. Philosophen 10. Menschliche Geschichte.

Bedeutsam ist an dieser Reihe, dass die loci 1–7 als „loci proprii (eigentliche Glaubensorte“) und die loci 8–10 als „loci alieni (fremde Orte)“ bezeichnet werden. Im Blick auf die Reihung ist verständlich, dass in der Theologie meist nur die loci proprii genannt und betrachtet wurden, die loci alieni dagegen keine oder wenig Beachtung fanden. Es ist auch verständlich, dass die alte Auslegung fast ausschließlich das Gewicht auf die genannten Instanzen legte und ihnen gegenüber Gehorsam forderte. Damit schien die alte Auffassung von Tradition durch Cano sanktioniert zu sein.

Die Sichtweise auf das Werk Canos hat sich seit dem Zweiten Vatikanischen Konzil sehr geändert. Das hängt zum einen daran, dass man der Auffassung ist, dass es zwar richtig ist, die loci zu nennen, aber das Werk Canos eine Reihe von Orten nicht kennt, die man heute für theologierelevant hält. Cano selbst gibt zu verstehen, dass es möglicherweise über die genannten zehn Orte noch weitere gebe. Ebenso wichtig ist ein vorurteilloser Blick auf die Orte Canos und die Weise, wie sie von Cano vorgestellt und gereiht werden. Schließlich ist der Versuch zu erkennen, in den zehn Orten eine gewisse Systematik zu finden.

Die inhaltliche Interpretation der zehn loci mag nur angedeutet werden. Auffallend ist aber schon der Beginn mit der Nennung 1. Heilige Schrift und 2. Traditio Christi und der Apostel. Zum einen ist klar, dass dahinter die zwei Quellentheorie von „Schrift“ und „Tradition“ steht, die seit dem Zweiten Vatikanum so nicht mehr

---

[93] Seckler, Communio, a. a. O., 11–12; Körner, Orte, a. a. O., 124–127.

[94] Hünermann, Prinzipienlehre, a. a. O., 222.

aufrechterhalten werden kann. Das gilt selbst für die Schrift, aus der die Tradition nicht zu subtrahieren ist. Schrift und Tradition sind gemeinsam der erste Ort der Überlieferung oder, wie man heute sagt, die „Paratheke“ des Glaubens (Glaubenshinterlassenschaft), das Gesamt des überlieferten Gutes, wozu Schrift und Tradition ihren Anteil beibringen. Zum anderen macht Cano zur „Traditio Apostolica“ eine nähere Bestimmung. Es seien nämlich diejenigen Überlieferungen gemeint, welche die Apostel nicht schriftlich, sondern mündlich erhalten und weitergegeben haben.[95] Ob eine solche nicht schriftliche, aber andere Weitergabe des Glaubens nur auf die Apostel beschränkt war, ist nicht wahrscheinlich. Theologen optieren an dieser Stelle für den sogenannten „sensus fidelium“, den Glaubenssinn der Gläubigen, der neben der schriftlichen Paratheke auch heute noch Bedeutung hätte.

Die übrigen Orte und ihre Reihung wäre ebenfalls der Beachtung wert. Stünde also am Anfang die gesamte Paratheke der Überlieferung, dann wird als weiterer Ort die „Katholische Kirche“ genannt. Erst nach den „Konzilien“ wird die „Römische Kirche“ angeführt. Dahinter scheint bei Cano der ursprüngliche und universale Begriff des „Katholischen“ zu stehen. Sodann werden zu den engeren Orten der Kirche die „Heiligen“ genannt und auch die „Theologen“, wobei die scholastischen Theologen besonders erwähnt werden – vielleicht ein Hinweis des Dominikaners an die Adresse der Jesuiten, mit denen er in Streit lag. Schließlich werden die „fremden Orte“ kursorisch genannt, wie es der scholastischen Theologie entspricht, die sich sehr wohl bewusst ist, dass die Theologie der „Natürlichen Vernunft“, der „Philosophen“ und der großen „geschichtlichen“ Erfahrung bedarf.

Die Konzeption der loci theologici Canos ist bedeutsam, aber auch zu problematisieren. Das gilt vor allem für ihre theologische Rezeption. Hemmerle mag die Problematisierung zuerst aussprechen: „Derselbe Glaube, derselbe Christus und dieselbe Kirche gelten für die Christen aller Zeiten, Räume und Generationen. Die Zugänge, Fragen, Probleme und Perspektiven, die den Blick auf Glaube, Christus und Kirche freigeben oder erschweren, hängen jedoch von den zeitgeschichtlichen, kulturgeschichtlichen und lebensgeschichtlichen Bedingungen ab. [...]

Diese Fragestellung kann nicht unabhängig vom Lebenszusammenhang der Menschen, der Gesellschaft, der Religion in der jeweiligen Epoche angegangen werden. Alle Formeln und Gestaltungen christlichen Glaubens, auch und vor allem jene, die uns im Neuen Testament begegnen, spiegeln sowohl den zeitgeschichtlichen Kontext wie die kirchliche Praxis wider, ohne dass dadurch ihre die Situation übersteigende Gültigkeit angetastet würde“.[96]

Es ist bekannt, dass in der erneuerten Sicht auf das Werk Canos immer wieder andere weitere Orte genannt werden, die für die integrale Überlieferung des Glaubens relevant sind. Welche Orte es sein sollen oder sein können, das ist die Frage. Die Frage hängt davon ab, welche Systematik hinter der Reihe der von Cano genannten Orte steht, bzw. welche Glaubenssystematik notwendig wäre, die möglicherweise ergänzt

---

[95] „quoniam scripti non sunt sed de aure in aurem ad nos pervenerunt vivae vocis oracula rectissime dixeris“

[96] Hemmerle, Nachgehen, a. a. O., 296.

oder reformuliert werden müsste, um die Orte der Tradition den Bedürfnissen heutiger Glaubenserkenntnisse besser anzupassen.

Der Vorschlag ist, für eine erneuerte Sicht der loci auf unsere Untersuchungen zur Sprache zurückzugreifen. Wir hatten Sprache mit Levinas u. a. charakterisiert als ‚Lebens- oder Wohnraum'. Interessant ist, dass Cano selbst die loci immer wieder „domicilia" (Seckler 12) nennt, Wohnungen" oder „Wohnstätten".

Waldenfels hat in dem *Antwortregister* (AR 200) einen Fächer oder ein Netz aufgespannt, der nötig ist, damit das Sprechen beim Hörer ankommt. Waldenfels baut dabei auf den bekannten Sprachtheorien der „Intentionalität" und der „Kommunikation" auf und ergänzt sie durch den eigenen Beitrag der „Responsivität". Die „Intentionalität" vertritt die gegenständliche und thematische Dimension des Sprechens. Waldenfels verbindet mit der Sprachfunktion der „Kommunikation" die kommunikativen Regeln des Sprechens wie Traditionen u. a. Mit anderen Worten berücksichtigt die Kommunikation die „Orte" (Topoi oder loci), die alle aktualisiert sein müssen, damit die Botschaft und die Schrift bei den Hörern ankommen. Sie geben die Merkmale der responsiven Sprache wieder. Überlieferung vollzieht sich ebenfalls responsiv: Der Glaube wirft Fragen auf, den die Überlieferung zu beantworten sucht. Oder der Glaube ergeht als (An-)Ruf, auf den die Überlieferung antwortet. Wir wollen das Antwortregister Waldenfels mit den loci von Cano abgleichen und möglicherweise ergänzen. Zuerst seien noch einmal stichwortartig die acht Richtungen des Fragefächers und die entsprechenden Sprachdimensionen der Antworten genannt: 1 Sich – als Selbstbezug, 2 Was / Worauf? – Gehalt, 3 Wer / Wem? – Sprecher und Respondenten, 4 Wann / Wo? – Zeit und Raum, 5 Worin? – Situation, Kontexte, Horizonte, 6 Wie? – Redeformen, Texte, Stile, 7 Vor wem? – Instanz, Forum, 8 Wem gemäß? – Traditionen, Regeln, Normen (s. oben 5.2.4.5).

Betrachten wir mit Hilfe dieses Modells nun die loci theologici des Cano. Die Topoi 1 und 2 des Modells sind nur von dem responsiven Verständnis des Sagens und Sprechens her zu verstehen. Waldenfels unterscheidet mit Levinas grundsätzlich „Sagen (dire)" und „Gesagtes (le dit)". Dieses ursprüngliche Sprechen ist nun aber für das Verständnis der Überlieferung ebenfalls aufschlussreich. Denn Topos 1 „Sich" des *Antwortregisters* kann dann für Gott stehen, der „sich" sagt, sich mitteilt. Überlieferung ist das „Sich"-Geben und Mitteilen Gottes, ist bleibende „Selbstmitteilung" Gottes. Topos 2 ist dann das Sich-Aus(„Sprechen") Gottes. Gott spricht sich aus und teilt sich mit in seinem Sohn, dem Wort, das sich inkarniert. Dieser Grundgehalt der Überlieferung entspricht der Erkenntnis Secklers, der dazu sagt: „Empirisch gesehen ist die Einheit und Ganzheit der theologischen Erkenntnis [der Überlieferung] keine dinglich vorfindbare Sache".[97] Es geht um die Einheit und Ganzheit, was theologisch mit „Paratheke (Hinterlassenschaft)" wiedergegeben wird. Der Paratheke entspricht inhaltlich der Grundgehalt der Überlieferung, wie ihn Pottmeyer gefasst hat: „Es ist die Überlieferung des eigenen Sohnes in die Hände der Menschen für uns alle durch Gott".[98] Die Sicht von 1 und 2 im erneuerten Modell reformuliert damit gut den 1. locus theologicus von Cano.

---

[97] Seckler, Communio, a. a. O., 15.

[98] Pottmeyer, Überlieferung, a. a. O., 98.

In Topos 3 „Wer / Wem?“ des Modells rücken die Rollen der Sprecher und der Respondenten in den Mittelpunkt. Wieder ist daran zu erinnern, dass es sich um ein responsives Modell handelt, also um ein Programm von Ruf und Antwort, von Sprechen und Hören. In den Blick kommen demnach der ursprüngliche Sprecher und der ursprüngliche Empfänger. Der ursprüngliche Sprecher ist ohne Zweifel Gott, der durch seinen Sohn Jesus Christus zu den Menschen gesprochen hat. Der Empfänger der ganzen Offenbarung ist aber ohne Zweifel nicht zuerst irgendeine Person oder Instanz, sondern die Gemeinschaft der Glaubenden als ganze. Pottmeyer spricht von der Kirche als ganzer als dem ersten und fundamentalen „locus theologicus“. Die Antwort der Gemeinschaft des Glaubens ist gefragt. Es ist an die theologische Gemeinschaft der Gläubigen als „sensus fidelium“ zu denken. An dieser Stelle kann die Bedeutung des „sensus fidelium“ aufscheinen. Topos 3 dürfte so dem 2. locus theologicus entsprechen. Konkrete Personen und Instanzen des Empfanges werden deutlich erst danach genannt.

Selbstverständlich hat Topos 6 „Wie?“ für die Tradition eine hohe Bedeutung. Es ist die Frage nach den Redeformen. Dabei ist vor allem an die Schrift zu denken. Texte wie die Schrift haben fundamentale Bedeutung für die Tradition. Sie bedürfen einer eigenen Anstrengung der Untersuchung. Allerdings schöpft die Tradition nicht nur aus der Schrift, sondern neben Texten kommen Dokumente, Entscheidungen in Betracht, aber auch Traditionen der Kunst und Musik; vor allem die Liturgie spielt eine bedeutsame Rolle. *De locis theologicis* denkt offensichtlich vor allem an die Schrift als Grundlage der Tradition.

Topos 7 „Vor wem?“ hat die verschiedenen Instanzen der Tradition im Blick. Die Aufzählung der Instanzen beherrscht offensichtlich das Bild von *De locis theologicis*. Die Reihung und Rangordnung von der „Katholischen Kirche“ über die „Konzilien“ bis zur „Römischen Kirche“ ist sprechend und muss nicht kommentiert werden. Aber das „Vor Wem?“ hat nicht nur die Instanzen, sondern auch die Foren im Blick, welchen die Überlieferung etwas zu sagen und zu geben hat. Neben den innerkirchlichen Foren haben die „fremden Orte (loci alieni)“ eine immer größere Bedeutung gewonnen. Es sei etwa an die Ökumene gedacht oder an die Foren der Weltreligionen, vor allem an die jüdisch-christlichen oder islamisch-christlichen Gesprächskreise. Hünermann hat diesem Thema in seiner Neuinterpretation der loci theologici viel Raum gewidmet.[99]

Topos 8 „Wem gemäß?“ ist nicht zu unterschätzen. Er spricht die Traditionen, Regeln und Normen entsprechender Überlieferungen an. Man denke nur an die Bedeutungen der literarischen Gattungen für die Schrift. Für Ricoeur haben die literarischen Diskurse nicht nur formale Bedeutung, sondern prägen zugleich die Gehalte. Was von den Schriften gilt, nämlich die Gattungen genau zu untersuchen, sollte auch für die Traditionen gelten. Oder man denke an die Bedeutung der Philosophie für die Tradition und Theologie insgesamt. Philosophie ist ja keineswegs Bestandteil der Offenbarung, sondern gehört einer anderen Erkenntnisform an. Es muss nicht eigens erörtert werden, welche Bedeutung die Philosophie jedoch für die Tradition hatte und hat.

[99] Hünermann, Prinzipienlehre, a. a. O., 207–251.

Eine entscheidende Bedeutung haben die Topoi 4 und 5 des erneuerten Modells. Topos 4 „Wann / Wo?“ stellt die Frage nach Ort und Zeit der Überlieferung. Gefragt ist nach Zeit und Ort der Herkunft der Tradition wie auch nach Zeit und Ort, in die die Tradition den Menschen übergeben wird. Mit anderen Worten ist die Überlieferung wie die Schrift ins Leben zu übersetzen. Tradition ist wie Schrift zu verorten und zu aktualisieren. Ein Gesichtspunkt, der bei den meisten Interpretationen nicht beachtet wird, aber fundamental ist, weil die Topoi ideal und abgehoben bleiben, wenn sie nicht verortet werden. Levinas hat mit der Aufmerksamkeit auf die Inkarnation und Waldenfels mit dem ständigen Hinweis auf die „Zeigefelder“ (Bühler) unüberhörbar darauf hingewiesen. Topos 5 „Worin?“ konkretisiert den allgemeinen Hinweis auf Zeit und Raum noch einmal mit dem konkreten Blick auf die aktuelle Situation, den konkreten geschichtlichen Kontext oder den herrschenden Horizont, worin die Tradition ankommt. Es sind die gesellschaftlichen, kulturellen oder lebensweltlichen Kontexte und Situationen zu berücksichtigen, um die geschichtlichen Wege der Traditionen von der Herkunft bis zur Ankunft zu erkennen. Eine allgemeine Formulierung dieses Topos mag mit dem 10. locus theologicus der „menschlichen Geschichte“ angedeutet sein.

Eine vertiefte Betrachtung des erneuerten Modells der loci theologici von Cano durch Waldenfels würde auf weitere wichtige systematische Erkenntnisse stoßen. Sie würden den vorliegenden Konzeptionen von Pottmeyer, Körner und Seckler entsprechen. Nach Pottmeyer gehört die bisherige Erörterung, wie wir sie gerade im Rückgriff auf das *Antwortregister* von Waldenfels angestellt haben, dem Auffinden der „Orte“, der „Topologie“ der loci, zu einem ersten systematischen Gang der „Topik“ (1). Es ist das Finden und Beschreiben der in Frage kommenden Topoi. Pottmeyer nennt und erarbeitet drei weitere systematische Zugänge zum erneuerten Verständnis der loci: nämlich „Pragmatik“ (2), „Kriteriologie“ (3) und „Hermeneutik“ (4).[100]

„Pragmatik“ (2) ist ein ganz entscheidender Gesichtspunkt zum Verständnis der loci theologici. Es geht um das Verständnis, wie die einzelnen Topoi in sich wirken und was sie im Ganzen der Tradition bewirken. Zuerst ist zu sagen, dass die Topoi selbstständig sind. Sie haben ihre eigene besondere Funktion und ihre unersetzbare Wirkung. Die einzelnen loci theologici „sind nicht nur Orte, aus denen theologische Erkenntnis zu schöpfen ist, sondern lebendige und aktive Trägerschaften, in denen sich Erkenntnis ereignet oder ereignet hat“.[101]

Ein weiterer wichtiger Gesichtspunkt ist, wie diese selbstständigen Orte in der ganzen Tradition zusammenkommen, sie formen und prägen. Die einzelnen Orte haben ihre Eigenständigkeit und bilden für sich eine eigene Ganzheit. Es geht um das Zusammenspiel mehrerer Orte. Es geht um die umfassende Katholizität der Tradition. Seckler führt dazu das ekklesiologische Kennzeichen der „communio“ an. Wie die Kirche das Zusammen aller Gläubigen und Instanzen in der „communio“ ist oder sein sollte, so bringen sich die Orte in die größere kommunionale Einheit ein: Seckler stellt fest, die Orte haben „ihre institutionellen Subjekte und Instanzen, mit ihren spezifischen und perspektivischen Ganzheiten, daß aber das Ganze der veritas catho-

---

[100] Pottmeyer, Überlieferung, a. a. O., 99–107; s. Körner, Orte, a. a. O., 137–145.
[101] Seckler, Communio, a. a. O., 17.

lica als veritas catholica sich erst im Zusammenspiel dieser Ganzheiten realisiert".[102] Tradition ist nach Seckler kommunional verfasst, wie es die Kirche selbst ist.

Die „Kriteriologie" (3) ist eine Folge der Pragmatik. Die Pragmatik beschäftigt sich mit dem einzelnen Ort, seiner Eigenständigkeit und Wirkung; sodann mit seinem Ort im Ganzen. Aber selbstverständlich bezeichnet die Topologie kein bloßes Nebeneinander, sondern bedarf der besonderen Gewichtung. So kann kein Ort etwa die Paratheke verdrängen, sondern nur stützen. Es wird niemand darauf kommen, die Instanz des Lehramtes an die Stelle der Paratheke zu setzen. Schon die Berechtigung, locus theologicus genannt zu werden, bedarf der guten Unterscheidung und ist heute nötiger denn je, wo ein Mehrfaches an Orten genannt oder vorgeschlagen wird. Die Kriteriologie bringt eine gewisse Ordnung und Rangfolge in die Tafel der loci theologici.

„Hermeneutik" (4) ist nicht nur für die biblischen Texte zu fordern, sondern auch für die Traditionszeugnisse. Wie sich die biblische Hermeneutik darum bemüht, die biblischen Texte zu verstehen und zu verlebendigen, so ist dasselbe auch von den unterschiedlichen Orten der Tradition zu fordern. Die Forderung nach einer dogmatischen Hermeneutik besteht schon lange, sie müsste so selbstverständlich sein wie im Umgang mit anderen Texten und Dokumenten, etwa der Schrift oder auch historischen Zeugnissen; ihr wird aber kaum entsprochen. Darüber hinaus ist auch zu bedenken, dass die Grundlagen der Topoi nicht nur Texte sind, sondern viele Formen kultureller und gesellschaftlicher Überlieferungen. Sie bedürfen alle der besonderen hermeneutischen Übersetzung, um sie für die Tradition insgesamt brauchbar zu machen.

Tradition meint also den mehrfach vernetzten Vorgang der Überlieferung, d.i. der Selbstmitteilung Gottes an die Menschen. Pottmeyer hat dafür zu Recht eine „entsprechende Strukturtheorie" gefordert. In der Tat weist die angemessene Berücksichtigung eines komplexen Ganzen aus mehrfachen eigenständigen Quellen auf die phänomenologische Betrachtung hin. Wir haben es mit der Strukturtheologie im Sinne Hemmerles getan, deren Kennzeichen die Mehrursprünglichkeit von Strukturen und die Mehrfachbesetzung einzelner Positionen ist. Nur so scheint sowohl dem Ganzen wie den einzelnen selbstständigen Orten Genüge getan zu werden.

---

[102] Seckler, Communio, a.a.O., 19.

7 Christlicher Glaube ist Nachfolge Christi

Die Antwort auf das Wort Gottes, die „Botschaft“, ist „Glauben“. Die Antwort auf das Evangelium, die „Botschaft“ Jesu Christi, ist „Nachfolge“. „Nachfolge“ ist die Form christlichen Glaubens. So könnte man die Überzeugung Hemmerles kurz zusammenfassen. Dies auszuführen ist das Thema des folgenden Kapitels. Warum tritt bei Hemmerle an die Stelle des Begriffs des „Glaubens“ meist die „Nachfolge“? Dazu sei eine Geschichte von Hannah Arendt angeführt, die Levinas beim Gespräch in Rolduc erzählt hat: „Hannah Arendt hat nicht lange vor ihrem Tod in einer Radiosendung in Paris berichtet, daß sie als junges Mädchen in Königsberg dem Rabbiner in der Religionsstunde gesagt habe: ‚Wissen Sie, ich glaube nicht.‘ Darauf habe der Rabbiner geantwortet: ‚Aber wer fragt Sie danach!‘ Die Antwort ist sehr interessant. Was bei uns wichtig ist, ist nicht das Glauben, sondern das Tun. Als ob das zwei verschiedene Sachen wären! Was heißt eigentlich glauben? Womit wird geglaubt? Wird geglaubt mit Worten oder mit Ideen oder mit Überzeugungen? Womit wird geglaubt? Wie die Psalmen sagen: mit dem ganzen Leibe! Der Rabbiner wollte sagen: Natürlich ist das Tun das Wichtigste. Das Tun ist ein Akt des Glaubens. Das ist meine Konklusion“ (AS V, 329). Hemmerle hat darauf geantwortet, das sei „Nachfolge“, wie er es verstehe, „mit dem Herzen, mit dem Blut und mit den Gebeinen“ (AS V, 330–331).

Hemmerle hat bei seinen Aussagen über den Glauben gewöhnlich ein Programm in vier Schritten vorgelegt, das aus den bekannten Stichworten besteht: „1. Nachfolge, 2. Botschaft, 3. Leben (Jesu), 4. Person (Jesu Christi)“. Über die „Botschaft“ haben wir gesprochen. Jetzt ist die Frage, wie sich der „Glaube“ in dieses Programm einfügt.

„*Glauben – wie geht das?*“ ist das zentrale Thema nicht nur eines Buches, sondern ist eines der Hauptthemen im Denken Hemmerles. Denn am rechten Verständnis des Glaubens hängen offensichtlich alle großen Themen der christlichen Theologie. Die „Phänomenologie des christlichen Glaubens“ (AS I, 307) rückt immer mehr in den Mittelpunkt seines Denkens.

Glauben ist für Hemmerle ein Grundphänomen. Das „Grundphänomen“ jüdischer und christlicher Religion ist „Glauben“. Einige der Grundphänomene, die bei Hemmerle und Rombach Bedeutung haben, haben wir angeführt. Das für Hemmerle zentrale Grundphänomen des Glaubens hat auch bei Rombach geradezu paradigmatische Bedeutung. Rombach findet bei Augustinus zum ersten Mal umfassend dargestellt und erläutert, was Grundphänomene sind: allumfassende Sinngestalten und Lebensformen. Rombach nennt das Grundphänomen des Augustinus „Bekennen“ oder „Glauben“:

„Die früheste Entdeckung eines Tiefenphänomens finden wir bei Augustinus in seinen *Confessiones*. Dort ist das Bekennen, die confessio, das Grundphänomen, von dem alles andere abhängt. Bekennen ist der Grundbezug des Menschen zu sich selbst als dem Endlichen und zum Unendlichen als dem Unendlichen. Nur im Einbekennen der Endlichkeit scheint das Unendliche im Endlichen und das Endliche im Unendlichen auf. Es geht also hier erstmals um eine Doppelstruktur, die auf Identifikation gegründet ist; auf ein Identifikationsgeschehen freilich, das nicht das eine mit dem anderen verwechselt. Auch hier in dieser ersten – und vielleicht besten –Tiefenanalyse wird gezeigt, dass die Struktur ‚zunächst und zumeist' in Verkehrtheit, in ‚perversio', gelebt wird, und dass der Sinn menschlichen Daseins in der Umwendung, in der Kehre, in der ‚conversio' liegt. Ferner ist hier gesehen, dass die Neutralität, als die sich das menschliche Subjekt oder Ich zunächst und zumeist versteht, nur eine Verfallserscheinung des Grundphänomens ist, und es ist ferner gezeigt, wie die Megastruktur die Individualstruktur in der Form des Rückrufs auf sich vor holt. Ferner und vor allem ist gezeigt, dass alle negativen Phänomene des Daseins bis hinunter zu Krankheit und Tod, aus dem Verfallsgeschehen der Struktur erhellbar sind. So ergibt sich, dass menschliches Dasein nur dann strukturell richtig gelebt wird, wenn es über das Perversions-Konversions-Geschehen in die Identifikation einer Doppelstruktur vorgeholt wird. Nur hierin liegt mögliches ‚Ganzseinkönnen' oder das ‚Heil' des Daseins" (Welt 65).

In dieser Beschreibung des Grundphänomens des Glaubens gibt Rombach zugleich eine Kurzfassung der christlichen Auffassung von Religion wieder: Religion ist Beziehung des Menschen zwischen Endlichem und Unendlichem, oder in unserer heutigeren Begrifflichkeit, zwischen Transzendenz und Immanenz. Ein Verhältnis, das in ein lebensmäßiges Verhältnis gebracht werden muss, eine Doppelstruktur, die zu einer lebbaren Einheit zu bringen ist. Zugleich macht Augustinus das Eingeständnis, dass die Einheit zumeist verfehlt wird, der Mensch in der Perversion lebt. Deshalb hat der Mensch die beständig religiöse Aufgabe vor sich, durch „conversio" zu der ursprünglichen Einheit zurückzukehren. Darin sind Heil und Erlösung zu suchen. Ein solch religiöses Verhältnis kann man allgemein als „Glauben" bezeichnen.

Ohne auf weitere Religionen einzugehen, beginnt Hemmerle die Bedeutung des Glaubens für Judentum und Christentum auszulegen (Thesen 136–138). Das religiöse Grundphänomen im Judentum wie im Christentum ist „Glauben" im engeren Sinn. Aber der christliche Glaube wird durch Jesus Christus noch einmal auf signifikante Weise modifiziert. Dies ist im Folgenden darzulegen. Im Judentum ist die Exklusivität Gottes durch den strikten Monotheismus gewahrt. Gott tritt mit den Menschen in Verbindung durch den Bund, den er mit dem Volk Gottes schließt. Die Aufgabe des religiösen Juden ist es, den eingegangenen Bund zu halten. Im Christentum tritt Gott in Gestalt seines Sohnes auf die Seite der Menschen. Gott steht also auf beiden Seiten: Gott, der Gott ist und bleibt, und Gott, der Mensch wird, dabei Gott bleibt, aber zugleich Mensch wird. Die Antwort des Menschen auf dieses göttliche Geschehen ist der christliche „Glaube".

Der christliche Glaube ist ganz von der Gestalt Jesu Christi als Mittler zwischen Gott und Mensch geprägt. Er ist ganz auf Jesus Christus ausgerichtet, auf seine Person, auf seine Worte und Taten. Mit anderen Worten: „Glauben" wird sich ganz an der „Botschaft", am Evangelium von Jesus Christus, ausrichten. Die „Botschaft" ist andererseits aber auch auf den „Glauben" bezogen.

Diese „Doppelstruktur" des Glaubens, die Wechselseitigkeit von „Botschaft" und „Glaube", ist das Motiv, das Hemmerle ausdrücklich über das Buch *Glauben – wie geht das?* stellt: „Ein solcher Zusammenhang [von Botschaft und Glauben] kann aber nicht nur vom einen Pol her entfaltet werden, er muss auch in der umgekehrten Richtung gehen. Sicher hat die Botschaft den Vorrang, sicher ist der Anfang Gottes auf uns zu jener Anfang, der im Glauben, im Leben aus dem Glauben unserem eigenen Anfangen vorausgeht und es trägt. Der Anfang Gottes kommt aber nur im menschlichen Zeugnis auf uns zu, er wird nur dort als Anfang Gottes sichtbar, wo jemand bereits antwortend auf Gott zu anfängt, sich, sein Glauben, sein Leben dem Anfang Gottes einräumt. Dass Gott in der Botschaft des Evangeliums, dass Gott im Weg der Kirche auf den Menschen zugeht, das wird erst glaubhaft, das rückt erst in den Horizont des Menschen, indem Glaubende ihren Glauben, ihr Leben aus dem Glauben, ihren Ansatz, antwortend auf Gott zuzugehen, offen legen.

In der Tat erwuchs so auch die Besinnung, die sich in diesem Buch *[Glauben – wie geht das?]* verfasst. Leitend war der Hinblick auf die Schrift, auf die Botschaft. Vom Wort Gottes aus sollte sichtbar werden, wie Glaube geht. Doch in solches Wegblicken von sich auf die Botschaft zu nimmt der Glaubende notwendig sein Glauben, sein Leben, sich selbst mit. Er rechtfertigt, begründet, korrigiert, vertieft seinen eigenen Weg am Weg Gottes, er trifft auf diesen Weg Gottes nur als einer, der selbst einen Weg geht, seinen Weg geht“ (Glauben 213–214).

Hemmerle unterstreicht ausdrücklich die Doppelstruktur des Glaubens: zur Botschaft gehört das Glauben wie zum Hören das Antworten, wie zum Evangelium die Nachfolge, zur Kirche das Leben der Gläubigen als Antwort gehört.

„Glauben“ nimmt seine Orientierung an der „Botschaft“. Aber Botschaft „ist eben nicht nur Botschaft [...], sondern Botschaft, die einen Weg auslegt, die ein Weg ist“ (Wahrheit 189). Das Evangelium gibt den Weg Jesu wieder. Indem der Glaube auf diesen Weg achtet, wählt es seinen eigenen Weg, indem es den Weg Jesu selbst geht. Der christliche Glauben ist bei Hemmerle ein Nachgehen und Mitgehen des Lebens mit Jesus, „Nachfolge“. Nachfolge ist die christliche Antwort des Glaubens auf den Weg Jesu.

„Nachfolge als Zugang, aber nicht als Endstation; Nachfolge als Interpretation dessen, was sie erst interpretiert, von dem sie interpretiert werden muß, nämlich als Nachfolge zum Zugang, in dem dadurch keineswegs überflüssigen Text der Botschaft, und Text des gelebten Lebens ist Text der darin offenbarten Person Christi“ (Vorlesung 16.11.73, 158).

Es ist immer wieder darauf hinzuweisen, wie eng Hemmerle das Ineinander von „Botschaft“ und „Nachfolge“ sieht. So geht es in der Übersicht Hemmerles zum Entwurf der Theologie um das Zueinander der beiden großen Grundphänomene von „Gestalten / Bezeugen“ und „Interpretieren“. „Interpretieren“ ist das Aneignen der Botschaft. „Gestalten / Bezeugen“ meint die Umsetzung der Botschaft in den eigenen Weg. Die Botschaft aneignen und sie in der Nachfolge bezeugen, korrelieren sodann ihrer Struktur nach. Hemmerle benennt dann auch für die „Nachfolge“ das bekannte schematische Grundmuster, das wir von der „Botschaft“ her kennen, indem er es jetzt auf das Grundphänomen der Nachfolge anwendet: 1. „Negation“ – die Wahrheit Jesu ist zunächst anders als die gewohnte; 2. „Stimmigkeit“ – in sich ist die Wahrheit Jesu durchaus stimmig; „es geht“ mit ihr zu leben; 3. „Integration“ – tatsächlich löscht die neue Wahrheit die alte nicht aus, sondern integriert sie; 4. „Steigerung“ – das ist aber nur möglich, wenn sie die alte gewohnte Wahrheit integrierend übertrifft (Wahrheit 180–182).

„Die Struktur der Nachfolge ist zugleich die Struktur der Botschaft, und dieses Zugleich ist die Struktur von beiden, die eine Struktur des sich eröffnenden und mitteilenden Gottesreiches. Paschageheimnis, Inkarnation, Trinität sind die unverfügbaren, unablöslichen und unauflöslichen Gestalten, in denen sich die Botschaft Jesu als die Botschaft von Jesus hineinspricht und hineingibt in unser Leben, in unser Glauben, um so in unserer Umkehr die Zukehr Gottes zu uns, die Zukehr, die Gott selber ist, zu bewähren" (Phänomenologie 496).

7.1 Biblischer Glauben

Es ist zunächst zu fragen, wie der biblische Glaube ‚geht', um den Zusammenhang zwischen alttestamentlichem und neutestamentlichem Glauben zu erkennen und zugleich den Unterschied zu formulieren. Dabei ist der alttestamentliche Glaube in seiner Gestalt vor allem als „Vertrauen" zu kennzeichnen und der neutestamentliche christliche Glauben in Kontinuität, aber auch in der besonderen Gestalt der „Nachfolge Christi" vorzustellen.

7.1.1 Alttestamentlicher Glauben

Glauben ist hebräisch „אֱמוּנָה" ('æmûnāh). Damit ist der qualifiziert religiöse Glaube gemeint, nicht ein allgemeines Glauben. Die Wurzel des Verbs „glauben" ist „אמן" ('mn, Qal). „Glauben" wird mit „אמן" Hifil ('mn Hif.) wiedergegeben.[103] Dieses Glauben ist uns aus der Liturgie als „Amen (אָמֵן, 'âmĕn)" bekannt.

Die Wurzel אמן ('mn) kennt zwei charakteristische nominale Ableitungen: אֱמֶת ('æmæt) und אֱמוּנָה ('æmûnāh), die beide von Gott und dem Menschen ausgesagt werden können. Ersteres drückt die Verlässlichkeit, Treue aus; letzteres die Wahrhaftigkeit und Beständigkeit, also ein Verhalten, mit dem sich jemand treu bleibt. Während die Anwendung auf den Menschen oft zweifelhaft ist, gilt sie für Gott unbedingt: Gott ist und hat אמת, er handelt in אמונה, sein Wort ist „zuverlässig" (נאמן) und fordert daher „Glauben" (האמין). Glauben und Treue bzw. Beständigkeit sind nach diesem Befund nicht voneinander zu trennen. Dann aber ist Glauben auch Nachahmung des treuen und zuverlässigen Gottes, denn was dieser den Seinen erwiesen hat, erwartet er umgekehrt auch von ihnen (Ps 101,6; Jer 5,3).

Das „אמן" (Qal) ist selten und hat an einigen Stellen die Bedeutung des Tragens etwa eines Kindes durch eine Mutter oder einer Amme wie in Jes 60,4. Das Bild entstammt der Völkerwallfahrt, zu der die Mütter ihre Kinder tragen: „Steh auf Jerusalem und werde licht [...]. Völker ziehen zu deinem Licht und Könige zu dem Glanz, der dich überstrahlt. Lasse deine Augen ringsum schweifen und siehe: Sie alle sammeln sich, um zu dir zu gehen. Deine Söhne kommen aus weiter Ferne, und deine Töchter trägt (אֻמַּנָה) man auf den Hüften".

Zum festen Wortschatz des AT gehört das Nifal „נֶאֱמָן" (næ'æman) und bedeutet „fest, sicher, zuverlässig, treu, gewiss". Es wird von Gott und Mensch gebraucht. Vor allem aber ist Gott „treu". Er ist vor allem der „treue" Gott, der den Bund hält, wie in Deut 7,9: „So sollst du denn erkennen, dass JHWH, dein Gott, der wahre

[103] ThWNT 6, Art.: πιστεύω, 174–230.

Gott ist, der treue (נֶאֱמָן) Gott, der den Bund „בְּרִית“ (berit,) und die Huld „חֶסֶד“ (ḥæsæd,) bis auf tausend Geschlechter denen bewahrt, welche ihn lieben und seine Gebote halten“.

Das Zitat zeigt das Wortfeld auf, das der Glaube (אֱמוּנָה) eröffnet. Es ist der Kontext des Bundes (בְּרִית) zu beachten, den Gott mit seinem Volk geschlossen hat. Der Grund für den Bund ist der „treue“ Gott (נֶאֱמָן). Die Treue Gottes kann auch mit Zuverlässigkeit „אֱמֶת“ ('æmæt) wiedergegeben werden. אֱמֶת ('æmæt) meint „Wahrheit“, aber auch „Treue“. Es weist auf den besonderen Charakter der hebräischen Wahrheit hin, die zunächst nicht wie in der abendländischen Philosophie Logik meint, sondern „Bewährung“ (Rosenzweig). Der Bund des treuen Gottes bedeutet „Huld“ und „Gnade“ für die Menschen „חֶסֶד“ (ḥæsæd). Ähnliche Wortfelder des Glaubens finden sich in der Bibel immer wieder, vor allem in den Psalmen (Ps 111,7; Ps 19,8 u. a.).[104] Die Wortpaare „חֶסֶד אֱמוּנָה“ (Glaube – Huld, 'æmûnāh ḥæsæd)“ und „חֶסֶד אֱמֶת“ (Wahrheit/Treue – Huld, 'æmæt ḥæsæd)“ gehören etwa zum Grundbestand des liturgischen Lobpreises Gottes.

Die Treue wird vor allem von Gott ausgesagt. Sie bedeutet dann „das, was Gott zu Gott macht“ (ThWNT 185). Sie kann aber auch von dem „treuen“, zuverlässigen Menschen gesagt werden wie in Neh 9,8: „Du hast sein [Abrahams] Herz treu (נֶאֱמָן) vor dir befunden und mit ihm einen Bund geschlossen“. Treue ist auch von dem Menschen gefordert, um so der Treue des Bundesgottes zu entsprechen.

Die Bedeutung eigentlich religiösen Glaubens erhält das Verb אמן jedoch im Hifil „אֱמִין“ (hæ'æmin). Die Form des Hiphil als verbales „Glauben“ entspricht dem Substantiv „Glaube (אֱמוּנָה)“. Solches Glauben heißt „zu etwas oder jemand Ja und Amen (אָמֵן) sagen mit allen Konsequenzen“. Es ist ein „wechselseitiges personhaftes Verhältnis“. Es meint „zu Gott Amen sagen“: Da Gott, der treue, Grund und Urheber des Glaubens ist, sagt der Mensch „Amen“ (אָמֵן) zu allen Weisungen Gottes wie Verheißungen, Geboten, Botschaften. Durch solches Amen-Sagen drückt der Mensch Gehorsam, Anerkennung und Ehre Gottes aus (ThWNT 187).

Solches Glauben hat religiöse und theologische Bedeutung. „אמן“ (im Hif. und Nif.) meint die „Wechselbeziehung zwischen Gott und Mensch: Er bringt das Wesen Gottes zum Ausdruck, seine Zuverlässigkeit, Treue u. a., ‚was Gott zu Gott macht‘ einerseits, und andererseits die Antwort des Menschen darauf, der ‚Mensch sagt zu Gott Ja und Amen (אָמֵן, 'âmĕn)‘“ (ThWNT 187)

„Was Gott zu Gott macht“ (ThWNT) ist Ausdruck der „Ausschließlichkeit“ Gottes, seiner Zuverlässigkeit und Treue u. a. So heißt es Jes 43,10, wo die Existenz Israels in Gefahr ist und der Prophet Befreiung verheißt: „Alle Völker sollen sich versammeln und die Nationen sich zusammenscharen Ihr seid meine Zeugen, spricht Jahwe, und meine Knechte, die ich erkoren habe, damit man erkennt und mir glaubt (hæ'æmin, אֱמִין) und einsieht, dass ich es bin. Vor mir ward kein Gott gebildet, noch wird es nach mir einen geben. Ich, ich allein bin Jahwe, außer mir gibt es keinen

[104] Ps 111,7 (Lobpreis der Werke Gottes): "Das Wirken seiner Hände ist Treue (næ'æman, נֶאֱמָן) und Recht, unwandelbar sind seine Befehle“ oder Ps 19,8 (Jahwe, Sonne der Gerechtigkeit): "Vollkommen ist die Weisung Jahwes, sie labet die Seele; das Zeugnis Jahwes ist verlässlich (næ'æman, נֶאֱמָן), weise macht es den Toren".

Helfer". – Gott ist der einzige Gott. Er ist aber kein Autokrat. Er ist der „Helfer" Israels. Ein Titel, der für Jesus Christus bedeutsam werden wird. Im Glauben an Gott erkennt Israel den einzigen Grund seiner Existenz; im Glauben gewinnt Israel aber auch alle Fülle des Lebens: Macht, Kraft, Treue, Erwählung, Huld und Gnade.

„Der Mensch sagt zu Gott Ja und Amen" (ThWNT). Das Paradigma für den gottgefälligen Menschen vor Gott ist bei Nehemia Abraham: „Du hast sein [Abrahams] Herz treu (næ'æman, נֶאֱמָן) vor dir befunden und mit ihm einen Bund (בְּרִית) geschlossen" (Neh 9,8). In Deut 7,9 ff wird die Frage nach Leben und Tod gestellt. „So sollst du denn erkennen, dass JHWH, dein Gott, der wahre Gott ist, der treue Gott (næ'æman, נֶאֱמָן)), der den Bund und die Huld bis auf tausend Geschlechter denen bewahrt, welche ihn lieben und seine Gebote halten, der aber dem, der ihn hasst, an seiner eigenen Person vergilt; ohne zu warten, vernichtet er den, der ihn hasst, an seiner Person vergilt er ihm". – Wie für Israel so gründen die Existenz des Gläubigen und seine Person in Gott.

Zum Verständnis des alttestamentlichen Verständnisses des Glaubens seien zwei zentrale biblische Aussagen angeführt: das „absolute Glauben" bei Jes 7,9 als dichte Formel biblischen Glaubens überhaupt. Dann den Kernsatz Gen 15,6, auf Grund dessen Abraham „Vater des Glaubens" bei Juden, Christen und Muslimen genannt wird.

7.1.1.1 Absolutes Glauben (Jes 7,9)

Die zentrale Aussage zum Glauben im AT steht beim Propheten Jesaja: „לֹא תַאֲמִינוּ לֹא תֵאָמֵנוּ(lō ta'amīnū – lō te'amēnū)": „Glaubt ihr nicht, so bleibt ihr nicht", oder in der Übersetzung von Martin Buber „Vertraut ihr nicht, so bleibt ihr nicht betreut" (Jes 7,9). Was Glauben eigentlich ist, wird in der Bibel auf verschiedene Weise zum Ausdruck gebracht. Der tiefe Sinn des hebräischen Glaubens *„'æmûnāh"* (אֱמוּנָה) ist „Vertrauen". In Jes 7,9 haben wir die dichte Aussage dieses Glaubens an Gott. Die Aussage des Propheten ergeht an den König Ahas in einer kritischen Situation in der Geschichte Judas. Die Aussage ist offensichtlich auf besondere Weise geformt. Was die Formel meint, kann aus der Situation des Textes erschlossen werden.

In Jes 7,9 ist das radikale Glaubensverständnis des Alten Testaments auf die bekannte Formel gebracht: „Glaubt ihr nicht, so bleibt ihr nicht." Das Glauben ist hier absolut gebraucht, also ohne eine Ergänzung wie etwa einen Akkusativ „an mich". Dieser absolute Glaube ist die Antwort, zu der Jahwe König Ahas in einer offensichtlich vertrackten Situation herausfordert: Wenn der König und das Volk nicht glauben, werden sie zuschanden werden. Solch radikaler Glaube fordert letztes Vertrauen auf Gott. Martin Buber hat die Formel übersetzt: „Vertraut ihr nicht, so bleibt ihr nicht betreut". Damit hat er zum einen diesen Glauben als Vertrauen kennzeichnen wollen; zum anderen hat er darauf aufmerksam gemacht, daß hinter der Formel ein hebräisches Sprachspiel steht: „lō ta'amīnū – lō te'amēnū (לֹא תַאֲמִינוּ לֹא תֵאָמֵנוּ).[105]

[105] Zur Auslegung der Stelle s. Buber, Martin (1950), Zwei Glaubensweisen, in: ders., Werke. Bd.1: Schriften zu Philosophie, München 1962, 651–782, hier 665–666. Ähnliche Formulierungen finden sich bei Jes 28,16–17 und Jes 30,12 ff.

Der Sinn dieser Glaubensformel liegt nach Buber in der Wiedergabe eines Sprachspiels. Der Spruch träfe den König und das Volk in einer politisch brisanten Situation, die in Kürze etwa folgende sein würde: Das Südreich Juda und seine Hauptstadt Jerusalem stehen in einer verhängnisvollen Entscheidungssituation; es geht buchstäblich um Leben und Tod. Das kleine Juda ist von verbündeten feindlichen Heeren eingeschlossen; Jerusalem soll eingenommen werden. Das Herz des Königs und des Volkes zittert vor der Gefahr wie die Bäume des Waldes im Wind. König Ahas spekuliert in dieser vertrackten politischen Lage auf eine Sicherheitspolitik und auf die militärische Stärke, die ihm die Großmacht Assur anbietet. Seine Hoffnung auf Assur zu setzen wäre aber wahrscheinlich wiederum das Ende des kleinen Volkes. In diese Situation hinein trifft der Spruch Jesajas: „lō ta'amīnū – lō te'amēnū (לֹא תַאֲמִינוּ לֹא תֵאָמֵנוּ): Jahwe zu vertrauen ist die einzige Alternative, die Jerusalem bleibt.

Der Spruch geht wahrscheinlich auf einen alten Orakelspruch im Krieg zurück: Die einzigen Waffen Judas sind, Gott allein anzuhangen und zu vertrauen. Auf dem Spiel steht also nichts weniger als die trügerische Hoffnung auf weltliche, politische und militärische Macht eines ganzen Volkes; es kann nur im radikalen Glauben an Gott sein Leben retten. Das Sprachspiel führt die Dramatik dieser extremen Entscheidungssituation vor. Sie beruht auf dem Grundwort des Glaubens, das das „Vertrauen" zu Jahwe zum Ausdruck bringt, aber auch „Sicherheit" und „Zuverlässigkeit". Die letzte Pointe des Verses wird dann sichtbar, wenn man sich erinnert, dass Jerusalem nach Jes 1,26 in diesem Sinne die ‚sichere Stadt' bezeichnet wird. Aber nun ist deutlich, dass Jerusalem seine Sicherheit nicht auf menschliche Kräfte bauen kann, sondern die Stadt allein im Vertrauen auf Jahwe sicher gegründet ist. Jerusalem ist also – und mit ihr König und Volk – vor die Entscheidungsfrage gestellt, worauf es letztlich bauen will: auf eigene und menschliche Kräfte oder auf JHWH. Und die Antwort Jesajas ist eindeutig: Wenn ihr nicht auf JWHW absolut vertraut, so seid ihr dem sicheren Tod ausgeliefert.

Wie bei Jesaja einem ganzen Volk die Entscheidungsfrage vorgelegt ist, so bedeutet Glaube radikale Entscheidung auch für den einzelnen Gläubigen. Glauben ist absolut formuliert: Wem wird der König im Letzten und absolut vertrauen, Gott allein oder anderen Mächten und Gewalten? Glaube ist nach dieser biblischen Grundgestalt jenes absolute und ohne Alternativen festgehaltene Vertrauen, dass Gott der einzige Herr des Lebens ist; ohne ihn, so weiß der Glaubende, ist das Leben verwirkt. Glaube ist existenziales Vertrauen auf Gott

Martin Buber hebt vor allem diese „absolute" Formulierung des Glaubens hervor: „Es ist keineswegs ein abgekürzter Terminus, der durch die Weglassung eines als selbstverständlich empfundenen ‚an Gott' [Glauben ‚an Gott'] entstanden wäre [...]. Die absolute Konstruktion vermittelt [...] die Absolutheit des Gemeinten. Womit natürlich nicht gesagt sein soll, daß ‚ein Glaube überhaupt' gemeint sei [...], sondern allein, daß jeder Zusatz, weil zur Kennzeichnung einer Seelenverfassung geläufig, die Fülle und Gewalt des Gemeinten, der die Welt der Person wesensmäßig überschreitenden Beziehungswirklichkeit zu verfehlen geeignet wäre" (ebd.).

Damit hat das Alte Testament ein „Glauben" vorgelegt, das absolut ist. Es erinnert an den Glauben, den Rombach und Hemmerle mit dem religiösen Grundphänomen bezeichnen. Das Grundphänomen Glauben kann durch Kierkegaard veranschaulicht werden, wie ihn Heinrich Rombach rezipiert und auslegt. Glauben ist nach Kierkegaard ein Grundphänomen, wie Rombach ihn schreibt:

„So hat uns z. B. Kierkegaard gezeigt, dass der Glaube eine Grundstruktur menschlichen Daseins ist, in der sich die Individualität je bestimmt gestaltet. Glauben ist ein Grundphänomen, das nie nicht gegeben ist. Der Glaube kann nur in sein Gegenphänomen umschlagen, aber nicht aufhören. Das Gegenphänomen des Glaubens ist die Verzweiflung; menschliches Dasein ist immer entweder glaubend oder verzweifelt. Die scheinbare Neutralität, die zwischen Glauben und Nichtglauben stehen bleiben zu können ‚glaubt', ist in Wahrheit, wie Kierkegaard sagt, ‚Die Verzweiflung nicht verzweifelt zu sein'. So wie der Glaube die Gesundheit zum Leben ist, so die Verzweiflung die ‚Krankheit zum Tode'. Sie droht immer, aber nicht als Abfall vom Glauben, sondern als die innere Dekomposition des Glaubensphänomens selbst. Dies bedeutet zugleich, dass es nicht auf den Glauben an etwas Bestimmtes ankommt, obwohl man freilich auch nicht an Beliebiges glauben kann. Der Glaube und sein Bestimmtes bildet ebenso sehr eine strukturelle Einheit wie die Entschlossenheit und der bestimmte Entschluss. Das, wozu sich die Entschlossenheit entschließt (Vorlaufen in den Tod), besteht nicht vorher, sondern geht überhaupt erst dann auf, wenn sich die Entschlossenheit entschließt. Ebenso geht das, woran der Glaube glaubt, nicht dem Glauben voraus, sondern es entsteht erst im Glaubensphänomen selbst. Im Glauben konstituiert sich der Glaube und das, woran der Glaube glaubt, außerhalb des Glaubens ist das Zuglaubende nicht zu sehen. In beiden Fällen, im Glauben und in der Entschlossenheit, liegen dieselben Verhältnisse vor, die nichts anderes verlangen, als dass sie in struktureller Vollständigkeit gelebt werden. ‚Zunächst und zumeist' werden sie aber nicht in Vollständigkeit gelebt, sondern in Ontifikation gepreßt und in dieser Unentfaltetheit, als einfach ‚Vorhandenes' übernommen. Es gibt aber die Neutralität des zunächst nur Vorhandenen nicht, weder die vorhandene Entscheidungs-Möglichkeit noch den vorhandenen Gott. Dasein ist von Anfang an in einen Grundprozess gestellt, den es nach der Vollständigkeit seiner Struktur zu leben gilt. Nur dann lebt es ‚eigentlich'. Dies ist die Entdeckung der Daseinsanalyse, sowohl derer von Heidegger wie derer von Kierkegaard – und diese Entdeckung bleibt in Geltung, ob uns der ‚Jargon' gefällt oder nicht" (Welt 63–64).

Rombach exemplifiziert seine Rede von den Grundphänomenen geradezu an Kierkegaards Aussagen zum Glauben. Glauben ist ein ganzheitlicher Lebensvollzug, der ein Dasein bestimmen kann wie die Gesundheit das Leben. Glauben ist ganzheitlich und nicht teilbar. In Jes 7,9 ist diese Ganzheitlichkeit durch den absoluten Charakter ausgedrückt. Wie das absolute Glauben nicht durch irgendeine Ergänzung bestimmt ist, geht auch das Grundphänomen allen Bestimmungen voraus. Zwar äußert sich jedes gewählte Grundphänomen durch eigene Bestimmungen und durch konkrete Einstellungen und Haltungen, diese gehen aber nicht dem Vollzug des Grundphänomens voraus, sondern gehen aus ihm hervor. Das Glauben von Jes 7,9 ist ein radikaler Hinweis auf diese absolute Einstellung des Glaubens. Es bedarf keiner Erwähnung, „an wen …" zu glauben ist, weil es gar nicht nötig ist, solches zu erklären, da Glauben für den hebräischen Gläubigen nur Glauben an JHWH sein kann. Selbstverständlich ergibt sich aus einer solchen Einstellung eine bestimmte Glaubensform und -gestalt, der alttestamentliche Glaube, aber eben aus ihr und nicht in Folge von Bedingungen.

7.1.1.2 Abraham Vater des Glaubens (Gen 15,6)

Die andere zentrale Stelle zum Glauben steht in Gen 15,6: „Er (Abram) glaubte JHWH (אֲמִין, *hæ'æmin*"), und der rechnete es ihm zur Gerechtigkeit an (הֶאֱמִן בַּיהוָה וַיַּחְשְׁבֶהָ לּוֹ צְדָקָה׃)". Abraham gilt im Judentum, Christentum und Islam auf Grund dieser Aussage als „Vater des Glaubens".

Die Situation von Gen 15,1–6 ist bekannt. Abraham und seine Frau Sarah sind in hohem Alter und haben keinen Sohn. Das bedeutet eine große Katastrophe für jede Familie damals. Da ergeht an Abraham die Verheißung Gottes, seine Frau werde noch einen Sohn empfangen. Sarah lacht darüber; Abraham muss noch über ein Jahr warten. Und trotzdem: Abraham glaubte (אָמַן) ohne ein Wort des Widerspruchs. Er vertraute Gott und glaubte an das Unmögliche. Auch Abraham hatte einen absoluten Glauben ohne Wenn und Aber. Deshalb wurde dieser Glaube beispielhaft für das Alte Testament, aber auch für Jesus und für das Neue Testament.

Der Glaube wurde Abraham als „Gerechtigkeit (צְדָקָה) (*ṣ^e dāqā*)" angerechnet. Abraham ist der herausragende „Gerechte (צַדִּיק *ṣaddīq*)", der Ehrentitel für den jüdischen Glauben. Es wird große Bedeutung für die Nachgeschichte haben, dass Abraham auf Grund seines „Glaubens allein" „gerecht" genannt wird. Später wird der Gläubige vor allem nach der priesterlichen Kultsprache dann „gerecht", wenn er die entsprechenden religiösen Handlungen wie Opfer u. a. vollzieht. In Gen 15,6 ist mit „Gerechtigkeit" deutlich die Bundes-Gerechtigkeit gemeint. Im Anschluss an die Verheißung Gottes an Abraham und Gottes Zuspruch an ihn schließt Gott einen Bund mit Abraham (Gen 15,7 ff). Der Bundesschluss zwischen Gott und Abraham, oder auch mit dem Volk, ist mit Weisungen und Geboten verbunden. Gott verheißt seine Treue, wenn Abraham oder das Volk seinerseits treu sind und die Weisungen des Bundes erfüllen. Dieses gegenseitige Verhältnis, das im Bund besiegelt wird, ist Bundes-„Gerechtigkeit". „Gerechtigkeit" ist demnach die bundesgetreue Beziehung zwischen Gott und Mensch. Abraham wird in Gen 15 dieser Gerechtigkeit wegen gepriesen.

Der Glaube Abrahams steht paradigmatisch für den Glauben der Väter und das Alte Testament. Zeugnis dafür gibt die fast identische Aussage von Hab 2,4: „der Gerechte aber wird durch seinen Glauben leben (וְצַדִּיק בֶּאֱמוּנָתוֹ יִחְיֶה׃)".

7.1.1.3 Glauben durch Werke (Neh 9,8)

Das Alte Testament erinnerte sich zu allen Zeiten des Vaters des Glaubens Abraham. In einer späteren Zeit ist aber eine folgenreiche Veränderung festzustellen. Die entscheidende und aufschlussreiche Stelle findet sich bei Neh 9,8, wo es von Abraham heißt: „Du hast sein (Abrahams) Herz *treu* (næ'æman, נֶאֱמָן) vor dir gefunden und mit ihm einen Bund geschlossen (וּמָצָאתָ אֶת־לְבָבוֹ נֶאֱמָן לְפָנֶיךָ וְכָרוֹת עִמּוֹ הַבְּרִית) [...] und du hast dein Wort gehalten, denn du bist *gerecht* (וַתָּקֶם אֶת־דְּבָרֶיךָ כִּי צַדִּיק אָתָּה)".

Die Situation bei Nehemia ist die Zeit nach der Babylonischen Gefangenschaft. Das Volk konnte von Babel nach Jerusalem zurückehren. Es stand der Wiederaufbau der Stadt Jerusalem mit seinen religiösen Orten, aber auch des gläubigen Lebens dringend an. Dieser Aufgabe haben sich Esra und Nehemia gewidmet. Sie haben den zweiten Tempel und wichtige Orte von Jerusalem wieder aufgebaut. Gleiche Kraft widmeten sie dem Aufbau des Glaubens. Dabei stand ihnen aber vor Augen, dass die Untreue des Volkes gegenüber Gott und seinem Bund der Grund für das Exil gewesen war. Der Schwerpunkt galt deshalb dem Aufbau des religiösen Handelns und des sittlichen Verhaltens des Volkes.

Vor diesem Hintergrund erinnert Nehemia an Abraham, den „Vater des Glaubens". Aber es fällt die Akzentverschiebung auf. Abraham selbst wird nicht mehr „gerecht" genannt. Gott allein ist „gerecht" (צַדִּיק *ṣaddīq*). Das ist die konsequente Einsicht nach der Katastrophe. Doch Abraham wird wegen seines „treuen Herzens" (næ'æman, נֶאֱמָן) gerühmt. Das ist die hervorragende Aufgabe der Stunde. Untreue hatte zur Katastrophe geführt; jetzt gilt es, Treue gegen Gott und dem Bund zu üben und zu zeigen. Abraham diente auch dafür als Beispiel. Er hatte durch Leben und Handeln seine unbedingte Treue zu Gott und dem Bund erwiesen. Abraham wird in der Folge nicht so sehr wegen seines unbedingten „Glaubens" an Gott gerühmt, sondern wegen seines beispielhaften Lebens und Handelns, seiner religiösen und sittlichen „Werke" wegen.

In dieser Gegenüberstellung von „Glauben" Abrahams nach Gen 15,6 und Neh 9,8 tut sich damit eine Problematik auf, die im Alten Testament im Hintergrund agiert, aber auch das Neue Testament durchzieht und genau genommen die ganze Geschichte des Christentums prägt: Es ist das Problem des „Glauben allein" (Gen 15,6) und des „Glauben durch Werke" (Neh 9,8).

7.1.1.4 Rechtfertigung aus „Glauben allein" oder „durch Werke"

Das gottgefällige Leben, die alttestamentliche „Gerechtigkeit", wird in Gen 15,6 „durch Glauben allein" erlangt, bei Neh 9,8: „aufgrund der Werke". Dahinter steht das Problem der sogenannten „Rechtfertigung".

Das Alte Testament spricht nicht von „Rechtfertigung", sondern von der „Gerechtigkeit" Gottes und des Menschen.[106] Das ist auch der Grund, warum es üblich wurde, von „Rechtfertigung" in den Begriffen von „Gerechtigkeit", lateinisch „iustitia" u. a., zu sprechen. Westliche und abendländische „Gerechtigkeit" unterscheidet sich jedoch gründlich von der biblischen Gerechtigkeit eines Abraham. Es ist auf die Bedeutung des hebräischen Wortes für „Gerechtigkeit (צְדָקָה) (*ṣ*^{e}*dāqā*) zu achten. Denn „Gerechtigkeit" bedeutet alttestamentlich „Bundesgerechtigkeit", also Bundestreue und bundesgemäßes Verhalten, Gemeinschaftstreue, gemeinschaftsmäßiges Verhalten, wie wir gesehen haben. „Gerechtigkeit" ist zuerst eine religiöse, sodann eine soziale und ethische Kategorie, aber nur von Ferne eine philosophische und juridische wie im späteren Verständnis. Es sei erinnert an die sich über das ganze Alte Testament hinziehende Auseinandersetzung um das rechte Verständnis der „Gerechtigkeit" mit ihrer Zuspitzung in der Aussage des Jahwisten: „Der Gerechte lebt aus dem Glauben" (Gen 15,6; vgl. Hab 2,4; Neh 9,8).

---

106 Pesch, Otto Hermann, Art.: „Rechtfertigung", in: Neues Handbuch Theologischer Grundbegriffe 3, München 2005, 484–502.

Biblische „Gerechtigkeit" Gottes ist vor allem nicht austeilende, also belohnende und strafende Gerechtigkeit („iustitia dei distributiva"), sondern Gottes Bundestreue ist identisch mit seiner „Gnade" und „Barmherzigkeit". Deshalb ist es aufschlussreich, auf das Wortfeld des „Glaubens (אמן, 'mn Hif.)" zu achten, wie wir es oben getan haben. Die Situation dabei ist die des Bundes (בְּרִית), den Gott mit seinem Volk geschlossen hat. Der Grund für den Bund ist der „treue" Gott. Der Bund des treuen Gottes bedeutet „Huld" und „Gnade" für die Menschen „חֶסֶד" (ḥæsæd). „Gerechtigkeit (צְדָקָה) (*ṣ^edāqā*)" kann selbst die Bedeutung von „Barmherzigkeit" annehmen. Oft steht „Gerechtigkeit" als Begriffspaar neben „Gnade (חֶסֶד, (ḥæsæd)" oder „Erbarmen (רחמ, raḥam)".[107]

Im nachbiblischen Judentum bezeichnen die Begriffe „Gerechtigkeit" und „Barmherzigkeit" Eigenschaften Gottes.[108] Für die Eigenschaft „Barmherzigkeit" werden nahezu unterschiedslos „Gnade (חֶסֶד, (ḥæsæd)"und „Erbarmen (רחמ, raḥam)" gebraucht. Sie besagt die Güte Gottes, dem Bundesvolk wie auch dem einzelnen Gläubigen aus Großmut allein und bis zur Bedingungslosigkeit unabhängig von allem Verdienst zu vergeben und zu vergelten, wo sie gerechterweise Gericht und Strafe verdient hätten.

Vor diesem theologischen Hintergrund ist auch die Rechtfertigung bei Paulus zu sehen.[109] Es sei an seine Neuaufnahme der Diskussion um die alttestamentliche „Gerechtigkeit (δικαιοσύνη)" im Römerbrief und an die christliche Auffassung der Aussage dort erinnert, dass ‚der Gerechte allein aus dem Glauben lebe' (Gen 15,6; Hab 2,4 in Röm 1,17 u.ö.). Paulus unterscheidet eine „Gerechtigkeit aus dem Gesetz (δικαιοσύνη ἐκ νόμου)" und eine „Gerechtigkeit aus Glauben (δικαιοσύνη ἐκ πίστεως)". Erstere ist „Gesetzesgerechtigkeit", letztere „Glaubensgerechtigkeit". Für Paulus erlangt der Mensch durch „Glauben" „Gnade (χαρις)" (Röm 1,17). „Gnade" gibt Gott aus Barmherzigkeit (vgl. Röm 3,23 f). Die Glaubensgerechtigkeit wird bei Paulus zum Inbegriff der Rechtfertigung bzw. der „Gerechtigkeit Gottes". Mit anderen Worten ist bei Paulus alles auf das Verständnis von „Gerechtigkeit" als „Gnade" / „Barmherzigkeit Gottes" abgestellt.

Für die spätere Zeit der griechischen und römischen Philosophie und Theologie war es nicht mehr möglich, „Gerechtigkeit" (iustitia) mit „Barmherzigkeit" (misericordia: Gnade, Bundestreue) zusammenzudenken.[110] Man denkt hier unter dem Zwang der eigenen Begriffe zwangsläufig an die Tugend der „Gleichheit" („isotes", „aequitas"). Wenn man dann von dem „gerechten" Gott spricht, dann stellt man sich Gott vor als einen, der so an den Menschen handelt, wie es ihnen „gleichkommt", also am Sünder strafend, am Gerechten belohnend. Wie aber vor diesem abendländischen Denkzwang die Rechtfertigungslehre des Paulus noch verstehen? Diesen Weg ist vor allem der christliche Osten gegangen. Eine Zurückwendung zum biblischen Sinn der Gottesgerechtigkeit hat im Westen der Ambrosiaster getan, indem

107 Preuß, Horst Dietrich; Kamlah, Erhard, Art.: „Barmherzigkeit", in: TRE 2, 215 ff.

108 Signer, Michael A., Art.: „Barmherzigkeit im Judentum", in: TRE 2, 228 ff.

109 Wilckens, Ulrich, „Gerechtigkeit Gottes", in: EKK VI/1: Der Brief an die Römer. Einsiedeln 1978, 202 ff.

110 Ebd., 223 ff.

er mit der griechischen „isotes" wieder Gottes „verzeihende Barmherzigkeit" verband. Wegweisend für die westliche Patrologie wurde dann Augustinus. Er bestreitet das Verständnis einer iustitia dei distributiva und deutet sie vielmehr als Gerechtigkeit schenkende „Gnade". Augustinus hat so die Rechtfertigungslehre des Paulus aufgenommen und sie der Gnadenlehre zugewiesen. Darüber hinaus hat sich Augustinus erneut in den Psalmen-Kommentaren um ein systematisches Verständnis von „Gerechtigkeit" und „Barmherzigkeit" bemüht. Der gerechte Gott war für ihn zugleich der barmherzige Gott. Es ist erstaunlich, dass sich die abendländische Theologie gerade in dieser Frage nicht der Tradition des großen Kirchenvaters angeschlossen hat.

Auf die Problematik der Darstellung von Versöhnung und Erlösung im Zusammenhang von „Gerechtigkeit Gottes" und „Rechtfertigung des Menschen" weist vor allem das Ende der mittelalterlichen Auseinandersetzung hin. Es ist die Reformation und Martin Luther. Es sei nur ein bekanntes „Selbstbekenntnis" Luthers angeführt: „Das Wort Gerechtigkeit ist vor Zeiten in meinem Herzen ein Donnerschlag gewest. Denn da ich im Papstthum las: ‚Errette mich in deiner Gerechtigkeit' (Ps 31,1); item: ‚in deiner Wahrheit', von Stund an gedachte ich, Gerechtigkeit wäre der grimmige Zorn Gottes, damit er die Sünde strafet. Ich war St. Paulo von Herzen feind, wenn ich las, ‚die Gerechtigkeit Gottes wird durchs Evangelium offenbaret'. Aber darnach, da ich sahe, wie es auf einander gehet und folget, wie geschrieben steht: ‚Der Gerechte lebt seines Glaubens', und St. Augustin über diesen Spruch auch las; da war ich froh, denn ich lernete und sahe, daß Gottes Gerechtigkeit ist seine Barmherzigkeit, durch welche er uns gerecht achtet und hält. Also ward ich getröstet".[111]

Martin Luther macht darauf aufmerksam, dass er über den Begriff der „Gerechtigkeit" stolperte und damit über das Problem der Rechtfertigung. Er missverstand den Sinn von Gerechtigkeit, wie er ihm oft in den Psalmen und im übrigen Alten Testament begegnete. Vor allem stieß ihm der Gebrauch von Gerechtigkeit auf, wie er damals in der Kirche, also in der Theologie des Spätmittelalters üblich war. Es besteht kein Zweifel, dass Luther erst von Paulus und von Augustinus lernte, dass mit der biblischen „Gerechtigkeit" im Grunde „Gottes Barmherzigkeit" gemeint sei. Einen schwierigen Prozess hat Luther durchlaufen, um zu dieser Erkenntnis zu gelangen. Das ist aber nicht verwunderlich, da es zur Zeit der mittelalterlichen Philosophie und Theologie kaum Wege gab, „Gerechtigkeit" und „Barmherzigkeit" zusammenzubringen. Wir werden später im Rahmen der Erlösungslehre den Versuch unternehmen, von einer anderen Grundlage her, nämlich der Gabetheologie, der Problematik der Rechtfertigung eine andere Wende zu geben.

7.1.2 Neutestamentlicher Glauben

„Glauben" ist im NT „pisteuein (πιστεύειν)" und „Glaube" „pistis (πίστις)." Das griechische Wort für Glauben ist nicht exklusiv für den religiösen Glauben gebraucht, sondern kann auch in einem allgemeineren Sinn verwandt werden. Gegenüber dem

[111] Martin Luthers Werke. Kritische Gesamtausgabe, Weimar 1883 ff (WA = Weimarer Ausgabe): Tischreden 4, Nr.4007, 73,15–24.

alttestamentlichen religiösen Glauben gebraucht das neustamentliche Glauben Ergänzungen: „πιστεύειν" heißt „sich verlassen, vertrauen, Glauben schenken"; „πιστεύειν" mit Dativ heißt einer Person oder Sache bzw. „jemand etwas glauben"; „πιστεύειν" mit Akkusativ „etwas glauben". Für das neutestamentliche und christliche Glauben sind zwei weitere Ergänzungen von Bedeutung: mit der Präposition „πιστεύειν εἰς" bedeutet es Glauben „an ... (Jesus Christus)", und die Formel „πιστεύειν ὅτι" drückt ein Geschehen oder Ereignis aus. Zur Erläuterung des neutestamentlichen Glaubens sei auf drei zentrale Stellen hingewiesen: In Röm 4 stellt Paulus die Verbindung des Glaubens an Jesus Christus mit dem alttestamentlichen des „Vaters des Glaubens" Abraham her. Röm 10,5–13 ist eine Kurzformel des christologischen Glaubens. Und schließlich sei auf die klassische Glaubensformel in Hebr 11,1 eingegangen.

7.1.2.1 Glaube Abrahams (Röm 4)

Das ganze Kapitel Röm 4 ist dem Thema des Glaubens Abrahams und unseres Glaubens gewidmet. Das Kapitel macht deutlich, dass unser Glaube auf dem des „Vaters des Glaubens" Abraham ruht und deshalb auf dem Glauben des Alten Testaments aufbaut. In der Entscheidung, in welcher Glaubenstradition Paulus Abraham sieht, in der von Gen 15,6 oder der von Neh 9,8, ist Röm 4 eindeutig. Röm 4,3.9 erinnert an Gen 15,6: ‚Glaube allein' macht Abraham gerecht. Dazu kommt, dass Röm 4 am Ende einer Entwicklung des Gedankens steht, der mit Röm 1,17 („Glauben allein") einsetzt und dazu auf Gen 15,6 zurückgreift; dann den Gedanken der „Rechtfertigung" in Röm 1,18–3,20 verfolgt, nämlich, dass alle, Juden wie Heiden unter der Sünde stehen, aber allein durch Glauben gerechtfertigt werden (Röm 3,21–22) und schließlich der „Glaube" an die Stelle des „Gesetzes" tritt (Röm 3,28.30).

In diesem Kontext kann man Röm 4,1 ff als exegetischen Midrasch von Gen 15 durch Paulus lesen. Es sei nur der Gedanke des Textes in Stichworten skizziert: Röm 4,1–5 erinnert mit dem Rückgriff auf Gen 15,6 an Abraham, den „Vater des Glaubens". Röm 4,6–8 legt in der Art eines Midrasch Ps 32,1–2 auf den „Glauben allein" hin aus. Röm 4,9–17 nennt Abraham „Vater des Glaubens" für Juden und Heiden. Röm 4,18–22 erhebt Abrahams Glauben zum Topos auch unseres christlichen Glaubens; Abrahams Glauben ist „Hoffnung wider alle Hoffnung". Schließlich stellt Röm 4,23–25 die Verbindung von Jesus Christus zu Abraham her. Unser christlicher Glaube baut auf Abrahams Glaube und wird durch Jesus Christus und seinen Tod erneuert.

Paulus Glauben kann deshalb verstanden werden als Bestätigung des alttestamentlichen Glaubens, d. i. des festen Vertrauens auf Gott. In diesem Glauben steht Jesus und aus ihm lebt auch unser Glauben. Der christologische Glaube steht in der Kontinuität des Glaubens Abrahams „אמן ('mn Hif.)".

7.1.2.2 Christologischer Glaube (Röm 10,5–13)

Röm 10,9 kann als Formel des christlichen Glaubens bezeichnet werden: „Denn wenn du mit deinem Mund Jesus als den Herrn bekennst und in deinem Herzen glaubst, dass Gott ihn von den Toten auferweckt hat, wirst du gerettet werden". Zur Verdeutlichung dieser zentralen Aussage zum christologischen Glauben sei der Kontext mit zitiert:

„Mose schreibt von der Gerechtigkeit aus dem Gesetz (δικαιοσύνη ἐκ νόμου): ‚Der Mensch, der sie tut, wird durch sie leben' (Lev 18,5). Die Gerechtigkeit aus dem Glauben (δικαιοσύνη ἐκ πίστεως) aber sagt so: ‚Sprich nicht in deinem Herzen: Wer wird in den Himmel aufsteigen?' (Deut 9,4; 4,30.12 f), nämlich um Christus herabzuholen. Was sagt sie vielmehr: ‚Nahe bei dir ist das Wort, in deinem Mund und in deinem Herzen (Deut 30,14; Sir 51,26), nämlich das Wort zum Glauben, das wir verkünden (ῥῆμα τῆς πίστεως ὃ κηρύσσομεν). Denn wenn du mit deinem Mund Jesus als den Herrn bekennst (ἐὰν ὁμολογήσῃς ἐν τῷ στόματι σου κύριον Ιησοῦν) und in deinem Herzen glaubst, dass Gott ihn von den Toten auferweckt hat (πιστεύσῃς ἐν τῇ καρδίᾳ σου ὅτι θεὸς αὐτὸν ἤγειρεν ἐκ νεκρῶν), wirst du gerettet werden (σωθήσῃ). Denn mit dem Herzen glaubt man zur Gerechtigkeit und mit dem Mund bekennt man zum Heil (καρδίᾳ γὰρ πιστεύεται εἰς δικαιοσύνην, στόματι δὲ ὁμολογεῖται εἰς σωτηρίαν). Sagt doch die Schrift: ‚Jeder, der an ihn glaubt, wird nicht zuschanden werden' (Jes 28,16). Da gibt es keinen Unterschied zwischen Juden und Griechen; ein und derselbe ist ja der Herr aller, reich für alle, die ihn anrufen. Denn jeder, der ‚den Namen des Herrn anruft, wird gerettet werden' (Joel 3,5)".

Diese zentrale Stelle sei kurz erläutert. Der Text steht in der großen Auseinandersetzung des Paulus mit den Juden. Es geht um die Auseinandersetzung um die „Gerechtigkeit (δικαιοσύνη)"; entweder gilt die alte Gerechtigkeit „aus dem Gesetz (ἐκ νόμου)" oder die neue Gerechtigkeit „aus Glauben (ἐκ πίστεως)" (Röm 10,5). Zur Unterstützung der neuen Gerechtigkeit aus dem Glauben zieht Paulus die bekannte Stelle aus dem Buch Deuteronomium heran und interpretiert sie christologisch. In Deut 30,11–14 ist der jüdische Glaube zutiefst angefragt: Wie gelange ich zu Gott? Muss ich in die unbegreifliche Höhe emporsteigen oder in die unerforschliche Tiefe, d. i. wie erreiche ich Gott in seiner unnahbaren Transzendenz? Die Antwort darauf findet Paulus ebendort: Nein weder in die Höhe noch in die Tiefe, sondern „das Wort ist dir nahe", gemeint ist, Jesus Christus ist dir im Wort des Glaubens in deinem Herzen nahe. Es gilt nur an das Wort zu „glauben". Und nun wird der Glaube an Jesus Christus auf die doppelte Weise zum Ausdruck gebracht: einmal durch die Formel „πιστεύειν εἰς", den „Glauben an Jesus Christus", und durch die Formel „πιστεύειν ὅτι", durch das Kerygma von Tod und Auferstehung Jesu. Zwei Formeln, die das Gleiche auf unterschiedliche Weise zum Ausdruck bringen. Einmal gilt der Glaube dem „Herrn (κύριος)", dessen Tod und Auferstehung in den sogenannten Hoheitstiteln angerufen wird: „ὁμολογήσῃς ἐν τῷ στόματι σου κύριον Ιησοῦν". Zum anderen wird der Glaube bekannt durch den Glauben an das Ereignis von Tod und Auferstehung, die Grund sind für die Namen und Titel der Anrufung des Herrn: „πιστεύσῃς ἐν τῇ καρδίᾳ σου ὅτι θεὸς αὐτὸν ἤγειρεν ἐκ νεκρῶν".

Im Bekenntnis des Glaubens und in der Anrufung des geglaubten Jesus Christus ist Heil (σωθήσῃ). Nicht überlesen werden darf, dass Paulus Jes 28,16 anfügt, er damit auf die Glaubensformel des Propheten Jesaja verweist und sagt, sie hat sich in Jesus Christus erfüllt. Denn Jes 28,16 ist nur die positive Formulierung von Jes 7,9: „Glaubt ihr nicht, so bleibt ihr nicht". Und wie in Röm 4 betont Paulus schließlich, dass der Glaube an Jesus Christus zum Heil beider gilt, für Juden wie Heiden. In

Röm 10,5–13 wird somit sowohl der neue Glaube an Jesus Christus mit dem Glauben des AT verbunden wie auch der Unterschied beider Glaubensweisen herausgestellt.

7.1.2.3 Klassische Glaubensformel (Hebr 11,1)

Die klassische Glaubensformel steht in Hebr 11,1: „Glaube aber ist: Feststehen in dem, was man erhofft, Überzeugtsein von Dingen, die man nicht sieht (Ἔστιν δὲ πίστις ἐλπιζομένων ὑπόστασις, πραγμάτων ἔλεγχος οὐ βλεπομένων)“ (Hebr 11,1). Die Glaubensformel wird zwar als klassisch bezeichnet; damit ist aber noch nicht gesagt, dass sie einheitlich gelesen und interpretiert wurde und wird.[112]

Eine besondere Stellung zu Hebr 11,1 bezieht Benedikt XVI. in seiner Enzyklika *Spe Salvi* (2007), der Enzyklika über den Glauben. In Nr.7 geht der Papst auf die Glaubensformel Hebr 11,1 ausführlich ein. Der Dreh- und Angelpunkt der Auslegung des Papstes ist das Wort „Hypostase (ὑπόστασις)“, das er ohne Zögern und mit Berufung auf die alte Philosophie und Theologie mit „Substanz“ übersetzt. In der Übersetzung des Papstes lautet deshalb die Formel: „Glaube ist Hypostase dessen, was man hofft; der Beweis von Dingen, die man nicht sieht.“ Er beruft sich dabei auf die Kommentare der Väter und der Theologen des Mittelalters: „Für die Väter und für die Theologen des Mittelalters war klar, dass das griechische Wort hypostasis im Lateinischen mit substantia zu übersetzen war. So lautet denn auch die in der alten Kirche entstandene lateinische Übertragung des Textes: ‚Est autem fides sperandarum substantia rerum, argumentum non apparentium‘ – der Glaube ist die ‚Substanz‘ der Dinge, die man erhofft; Beweis für nicht Sichtbares.“ Dabei beruft er sich auf Thomas von Aquin (Summa Theologiae II–II^{ae}, q. 4, a. 1.14). Er stellt auch fest, dass die Auslegung der Formel in der katholischen Theologie bei Luther keinen Anklang fand und in der Folge die evangelische Theologie eine andere Auslegung suchte, die aber inzwischen auch nicht mehr gehalten wird (s. ebd., Anm.).

Was meint in der Interpretation des Papstes die „Substanz der erhofften Dinge (ἐλπιζομένων ὑπόστασις)“? Welche Substanz können Dinge der Hoffnung haben? Es muss sich, da es sich um Substanz handelt, um eine Form von Realität und Wirklichkeit handeln. Nun hat Hoffnung gerade keine substantielle Wirklichkeit für sich, sondern eine zukünftige vor sich. Benedikt formuliert deshalb: „Der Begriff der ‚Substanz‘ ist also dahin modifiziert, dass in uns durch den Glauben anfanghaft, im Keim könnten wir sagen – also der ‚Substanz‘ nach –, das schon da ist, worauf wir hoffen: das ganze, das wirkliche Leben“. Das ist offensichtlich eine fragwürdige Auslegung. Denn die These dieses Buches besteht im Grunde darin, dass Zeit wie die Zukunft gerade nicht substanzphilosophisch geklärt werden kann. Die entsprechende Aporie dazu wird seit Zeno und Aristoteles diskutiert (s. oben 2.2.1). Die weitere Auslegung von Hebr 11,1, die sodann in der Folge dieses Ansatzes erfolgt, erscheint dann auch recht gesucht. Dabei scheint mir die Auflösung der sicher nicht einfachen Glaubensformel relativ einfach zu sein.

---

[112] ThWNT 8, 584–585.

Martin Buber hat nämlich in dem folgenden Text erkannt, dass die Glaubensformel von Hebr 11,1 aus zwei Teilen besteht, die fast unverbunden nebeneinander stehen: Der erste Teil der Formel, die den Glauben als „Feststehen in der Hoffnung (ἐλπιζομένων ὑπόστασις)" beschreibt, drückt das hebräische Glaubensverständnis aus, während der zweite Teil, der von einem Wissen und „Überzeugtsein des Glaubens von unsichtbaren Dingen (πραγμάτων ἔλεγχος οὐ βλεπομένων)" spricht, einer anderen Geisteswelt angehört, nämlich der griechischen, die später mehr und mehr das Abendland und auch das Christentum geprägt hat.

Martin Buber erläutert zuerst den Kontext unserer Glaubensformel: Der Hebräerbrief muss seinen Lesern klar machen, was Glauben heißt, um sie verstehen zu lassen, dass sie gerade in diesem Glauben gefehlt haben. Für die Leser des Hebräerbriefes war es zu Unklarheiten über die ursprünglichen Eigenschaften des Glaubens gekommen, weil sie wie Grenzgänger zwischen jüdischer und griechischer Welt lebten; das alte Glaubensverständnis der Hebräer war nicht mehr selbstverständlich, das neue der Griechen aber wirkte fremd. Der Hebräer-Brief ruft deshalb die Urzeit israelitischen Glaubens – Exodus und Sinai – zurück; er versucht aber zugleich, der neuen Situation gerecht zu werden. Aus dieser Spannung heraus muss unsere Glaubensformel verstanden werden: „Das geschieht (Hebr 11,1) durch jene im Sinne griechischer Denkmethodik formgerechte Kennzeichnung, die zu ihrer Stunde, zwischen Paulus und Johannes, der christlichen Theologie eine grundwichtige Verfestigung geliefert und die Folgezeit tief beeinflußt hat. Der Glaube wird nicht einfach, sondern zwiefach bestimmt, und zwar so, daß die beiden Glieder unverbunden nebeneinanderstehen, die ‚Zuversicht des Erhofften' und das ‚Überführtsein von den ungesehenen Dingen'. Hier sind in denkwürdiger Weise ein israelitischer und ein griechischer Begriff des Glaubens miteinander verknüpft. Die Beziehung zur Zukunft, ohne ein Fünklein davon der natürliche Mensch überhaupt nicht leben kann, das Erhoffen, wird beim frühisraelitischen zur Zuversicht, weil er dem Gott, mit dem er vertraut ist (das bedeutet ja alttestamentlich das Wort ‚kenne', wenn es von dem Umgang zwischen Mensch und Gott gebraucht wird), vertraut. Dazu tritt aber als zweites der aus griechischer Philosophie wohlbekannte Elenchos, der ‚Beweis' oder das ‚Bewiesensein' oder, um dem Element der glaubenden Person gerecht zu werden, das Überführtsein".[113]

Die Bemerkungen Martin Bubers können nach unserer Darstellung des biblischen Glaubens konkretisiert werden. Der erste hebräische Teil „Feststehen in der Hoffnung (ἐλπιζομένων ὑπόστασις)" entspricht dem hebräischen Glaubensverständnis, wie wir es im Alten Testament und bei Paulus kennengelernt haben. Denn der Glauben des Abraham bestand in der festen Hoffnung auf das Eintreffen der Verheißungen Gottes, der ihm einen Sohn versprach, welchen Glauben Paulus in Röm 4 „Hoffnung wider alle Hoffnung" nennt. Und Jes 7,9 hat vom ‚Feststehen im Glauben', vom Halt, den der Glaube verleiht, gesprochen. Solcher Halt und solche Zuverlässigkeit des Glaubens wird aber in der Septuaginta öfter als „ὑπόστασις" wiedergeben. In einer Konkordanz ist dieser Wortgebrauch leicht zu verifizieren. Damit löst sich das Rätsel des ersten Teils der Glaubensformel relativ leicht auf. Der zweite Teil

113 Buber, Glaubensweisen, a. a. O., 675–676.

des „Überzeugtsein des Glaubens von unsichtbaren Dingen (πραγμάτων ἔλεγχος οὐ βλεπομένων)" ist Wort für Wort klassisch westlich, d. h. griechisch formuliert. So wird Glauben in der substanzphilosophischen abendländischen Philosophie weithin bis heute betrachtet: Glaube müsse den „Beweis (ἔλεγχος)" erbringen von sogenannten Wirklichkeiten oder Realitäten (πραγμάτων), die in einer rational logischen Anschauung „nicht sichtbar (οὐ βλεπομένων)" sind.

Hebr 11,1 stellt uns demnach nicht so sehr vor die Frage der Auslegung, sondern vor die Frage, wie die biblische und die westlich philosophische Welt zu verbinden sind.

7.2 Glauben ist Nachfolge Christi

Die Wurzel des Glaubens (אמן *'mn)* kennt zwei charakteristische Ableitungen: „Vertrauen (אֱמוּנָה)" und „Treue (אֱמֶת)", die beide von Gott und dem Menschen ausgesagt werden können. Damit ist die Wechselbeziehung zwischen Gott und Mensch im Bund zum Ausdruck gebracht. Wie Gott auf den Menschen zugeht und „treu" ist, soll der Mensch auf Gott „vertrauen" und „treu" zu seinem Bund stehen. Während die Anwendung auf den Menschen oft zweifelhaft ist, gilt sie für Gott unbedingt. Glaube und Treue sind demnach nicht voneinander zu trennen. Dann aber ist Glauben auch Nachahmung des treuen und zuverlässigen Gottes; denn was dieser den Seinen erwiesen hat, erwartet er umgekehrt auch von ihnen (Ps 101,6; Jer 5,3). Die Treue des Menschen zu Gott muss sich aber „bewähren". Solche Bewährung geschieht in der Zeit, geschieht durch das Leben (Rosenzweig). Der Glaube bewährt sich so im Leben. Glauben ist immer auf dem „Weg" der Bewährung.

Mit Jesus Christus tritt das zentrale Motiv in den christlichen Glaubensvollzug ein: Jesus Christus. Für Hemmerle gilt: „Der Grundzugang zu Jesus Christus ist die Nachfolge" (Vorlesung 16.11.73, 153 ff). Zum einen ist klar, dass Jesus Nachfolge wollte und deshalb Menschen in die Nachfolge rief.

Zum anderen gibt es aber über diesen äußeren Anlass den tieferen, eigentlichen Sinn. Jesus ist vor uns den „Weg" des Glaubens gegangen. Er hat vor uns die Geschichte zwischen Gott und Mensch vollbracht. Er hat den Weg zu Gott wieder eröffnet; er hat Versöhnung mit Gott gebracht. Er ist als Erster den Weg durch Tod zur Auferstehung zu Ende gegangen. Mit seiner Geschichte hat er den Weg geöffnet auch für unser Gehen. Der Weg ist geöffnet für uns, für unser Weitergehen. Wir können uns einbringen in die Geschichte Jesu, so dass die Geschichte Jesu mit Gott selbst weitergeht.

Mit der Menschwerdung Jesu hat sich die Situation des Menschen vor Gott verändert. Und damit auch die Situation des Glaubens. Gott kommt in anderer Weise auf den Menschen zu; damit ist die Weise des Zugehens des Menschen auf Gott ebenfalls eine andere geworden. Gott kommt uns in Jesus Christus entgegen. Die Vertikale, die Transzendenz Gottes, ist nicht mehr die einzige Beziehungsrichtung, sondern die Horizontale, das Gegenüber zu Jesus, bringt uns vor Gott. Gott hat seine Zuwendung an das Leben und die Geschichte Jesu gebunden. Das Leben und die Geschichte Jesu selbst ist nun der Aufgang Gottes. Jesus ist alles, was Gott dem Menschen gegeben hat. Hemmerle sieht darin das christologische Geheimnis verwirklicht: „Nichts vom Menschen bleibt draußen aus dieser Zuwendung [Jesu], aber auch nichts von Gott bleibt draußen aus ihr". Hemmerle spricht von der christologischen „Kurzformel", wie sie inhaltlich gleich in der christologischen Formel des „ungetrennt" und „unvermischt" von Chalkedon gefasst ist. Deshalb kann der Mensch Gott nicht mehr geben, als sich in das Leben und in die Geschichte Jesu hineinzugeben. Glauben kann deshalb ausgelegt werden: Ich bin dein Gott, folge mir, indem du Jesus folgst.[114]

„Nachfolge ist nicht nur ein Nachtun, sondern ein Gegenüberbleiben zu dem, dem nachgefolgt wird [...]. Nachfolge und Botschaft, Botschaft und Leben des Gründers und innere personale Struktur [dessen, der nachfolgt], des Selbstverständnisses oder überhaupt des Verständnisses des Gründenden und der Nachfolge [sind] konstitutiv miteinander identisch, aufeinander verwiesen" (Vorlesung, ebd. 173). Das Gegenüber des Glaubens wird im christlichen Glauben zum konstitutiven Gegenüber von „Botschaft" des Sohnes Gottes und der „Nachfolge" Christi. Christlicher Glaube ist deshalb „Nachfolge Christi".

7.2.1 Gestalt und Struktur der Nachfolge

Es ergibt sich die Frage, wie sich das Gegenüber von „Botschaft" und „Glauben" darstellt. Die Antwort erfolgt etwa in Mk 1,15. Es ist das „Weg"-Motiv der Evangelien, das dem Zusammengehen von „Botschaft" und „Glauben" in der „Nachfolge" entspricht. Dieses Zusammengehen macht auch Gestalt und Struktur der biblischen Nachfolge aus.

7.2.2 Nachfolge – Glauben auf dem Weg (Mk 1,15)

Wenn Hemmerle über den christlichen und neutestamentlichen Glauben zu sprechen beginnt, stellt er an den Anfang die programmatische Eröffnung des Evangeliums nach Mk 1,15: „Die Zeit ist erfüllt, und das Reich Gottes ist nahe. Bekehrt euch und glaubt an das Evangelium" (Glauben 23–32). In diesem Aufruf sind in der Tat die entscheidenden ‚Tatsachen' des christlichen Glaubens genannt. Es sind zwei Doppelglieder, die den Aufruf ausmachen. Die ersten Doppelglieder betreffen das Gottesverhältnis, die zweiten Doppelglieder das Verhältnis des gläubigen Menschen zu Gott. Die Aussage beginnt mit einer doppelten Zeitansage hinsichtlich des Verhältnisses zu Gott, die „Zeit ist erfüllt" und das „Gottesreich ist nahe". Die zweiten Doppelglieder zeigen die zwei Folgerungen für den Glauben auf, von dem bisherigen ‚Weg' „umzukehren" und an das „Evangelium zu glauben". Der erste Teil der Proklamation kündigt die Ankunft des Reiches Gottes an; der zweite Teil die Antwort des Glaubens. Glaube ist Zugehen auf Gott, Umkehr und Glauben, ist „Nachfolge". Nachfolge ist „Weg".

[114] S. Hemmerle, „Unterscheidung des Christlichen", in: Unterscheidungen, 75–89, hier 79.

„Weg" ist, wie wir oben gesehen haben, ein wichtiges Motiv im Denken Hemmerles. Es ist nicht von ungefähr, dass wir sowohl die Phänomenologie Heinrich Rombachs wie die von Klaus Hemmerle mit dem „Weg"-Motiv eröffnet haben. Das Motiv ist aufschlussreich und eröffnet den Zugang zu den unterschiedlichen Ansätzen.

Bei Heidegger spielt „Weg" ebenfalls eine zentrale Rolle.. Er führt das Substantiv Weg auf den Vollzug, das Verbum „wëgen" zurück: „Einen Weg bahnen, z. B. durch verschneites Feld, heißt heute noch in der alemannisch-schwäbischen Mundart wëgen. Dieses transitiv gebrauchte Zeitwort besagt: einen Weg bilden, bildend ihn bereit halten. Be-wëgen (Be-wëgung) heißt, so gedacht, nicht mehr: etwas nur auf einem schon vorhandenen Weg hin- und herschaffen, sondern: den Weg zu ... allererst erbringen und so der Weg sein" (Unterwegs 261, 197–198, 213)

Heidegger führt den „Weg" auf das transitive Zeitwort „wëgen" zurück. Weg ist so das Durchlaufen und Erfahren von Zeit. Dementsprechend ist Glauben in dieser Perspektive zu betrachten: Glauben ist nach Mk 1,15 durch eine besondere Zeiterfahrung geprägt und der Glaube ist Nachfolge, Umkehr vom bisherigen Weg und neue Ausrichtung auf die Frohbotschaft des Evangeliums.

Hemmerle legt die neue Zeiterfahrung des christlichen Glaubens aus. Heidegger, so haben wir gesehen, fand den Anstoß der neuen ‚Lebensphilosophie' seiner frühen Philosophie in der urchristlichen Zeiterfahrung. Bei den ersten Christen findet Heidegger, was für ihn entscheidend wurde, nämlich was er „faktische Lebenserfahrung" nannte. In der Tat sind seine Bemerkungen über die urchristliche Zeiterfahrung immer noch anregend und informierend. Sie können auch beispielhaft sein zur Aufdeckung der Zeiterfahrung des urchristlichen Glaubens, ohne Heideggers späteren Auslegungen und Folgerungen daraus folgen zu müssen.

Pöggeler hat darauf hingewiesen: „Der urchristliche Glaube erfährt das Leben in seiner Tatsächlichkeit. Er ist, wie der frühe Heidegger sagt, in der faktischen Lebenserfahrung, ist diese Lebenserfahrung selbst. Die faktische Lebenserfahrung aber ist ‚historisch'; sie versteht das Leben historisch oder, wie wir heute sagen würden, ‚geschichtlich'. Sie lebt nicht nur die Zeit, sondern lebt die Zeit selbst. Durch die Besinnung auf die urchristliche Religiosität als das Modell des faktischen Lebens gewinnt Heidegger die leitenden Begriffe, die die Struktur des faktischen Lebens oder, wie Heidegger später sagt, der ‚faktischen Existenz' herausstellen".[115]

Was Heidegger an dieser Zeitlichkeit fasziniert, ist, dass es eine Zeit ist, mit der man nicht ‚rechnen' kann. Das geläufige Rechnen mit der Zeit ist für Heidegger uneigentlich, weil es eine abstrakte, unendliche und lineare Zeit konstruierte, die sozusagen die grundlegendere Unberechenbarkeit der Zeit verdecken will. Diese Erfahrung der Zeitlichkeit fand Heidegger im Urchristentum. Für den Christen komme es allein auf dieses neue ‚Wie' des faktischen Lebens, nicht um einen festen Halt, vielmehr um das gerade Gegenteil: „Für das christliche Leben gibt es keine Sicherheit; die ständige Unsicherheit ist auch das Charakteristische für die Grundbedeutendheiten des faktischen Lebens. Das Unsichere ist nicht zufällig, sondern notwendig" (GA 60, 105).

Bei Hemmerle haben wir ähnliche Aussagen. Er unterscheidet zwischen fassendem, lassendem und verdankendem Denken. Eine zentrale Aussage von ihm ist: „Verdan-

[115] Pöggeler, Denkweg, a. a. O., 38.

kendes Denken ‚zählt' nicht, sondern es ‚er-zählt', bezeugt im Bericht dessen, was sich begab, nicht die fassbaren Bestände, sondern das ihnen je Entgehende und in ihnen sich doch Zueignende" (AS I, 136).

„Weg" ist deshalb nicht nur räumliche Erstreckung, sondern vor allem zeitliche Bewegung. Einen Weg gehen heißt deshalb nicht nur, von hier nach dort zu gehen, sondern ‚selbst Zeit zu leben'. Heidegger spricht in dieser Weise von der Wegerfahrung des Urchristentums, wo es darum ging, ‚nicht nur in der Zeit zu leben, sondern die Zeit selbst zu leben': „Die faktische Lebenserfahrung aber ist ‚historisch'; sie versteht das Leben historisch oder, wie wir heute sagen würden, ‚geschichtlich'. Sie lebt nicht nur in der Zeit, sondern lebt die Zeit selbst".[116] In seinen biblischen Betrachtungen über die Situation der urchristlichen Gemeinden um Paulus findet Heidegger das Paradigma, wie Christen nicht nur in einer bestimmten Zeit lebten, sondern die Zeit selbst lebten, Zeit, über die sie nicht verfügten, sondern in die sie sich im Offensein und Hören auf die ihnen von Gott gegebene Zeit fügten (GA 60 67–126).

Hemmerle weist auf das Motiv des „Weges" besonders in den Evangelien und in der Apostelgeschichte hin: „Die Apostelgeschichte selbst kennt als einen der ursprünglichsten Namen des christlichen Glaubens den Namen ‚der Weg' (vgl. Apg 9, 2; 19, 9. 23; 22, 4; 24, 14. 22; auch 1 Kor 12, 31b). Nach dem Johannesevangelium bezeichnet sich Jesus selbst als den Weg (vgl. Joh 14, 4–6). Doch auch abgesehen von diesen Stellen drängt sich uns folgende Beobachtung auf: Die Offenbarung und Erlösung, die Gott in Jesus Christus wirkt, hat den Charakter eines Weges. Gott, der je Größere, Entzogene, naht sich dem Menschen, ja nimmt den Menschen an und teilt sich ihm in der Hingabe seines Sohnes mit. In Jesus kommt Gott nicht nur auf den Menschen zu, sondern er geht mit dem Menschen, er geht den Weg des Menschen als seinen eigenen Weg. Jesu Weg ist Weg Gottes und Weg des Menschen in einem. Und so wird dem Menschen der Weg über sich hinaus, der Weg zu Gott wieder eröffnet – und zugleich mit dem Weg zu Gott im selben Geist, in dem Jesus zu uns gekommen ist, der Weg in die Welt, der Weg der Zeugenschaft. Dieser Weg Gottes in Jesus, der den Weg des Menschen aufnimmt und umwendet, ist vorbereitet und eingebettet im Weg der göttlichen Oikonomia, jener umfassenden Heilsgeschichte, die in Jesus Christus ihre Mitte hat und die von ihm aus die Menschheitsgeschichte insgesamt umfaßt. Aber mehr noch: Die Menschheitsgeschichte ist nicht nur Weg, der auf Jesus zuführt und von ihm ausgeht. Nein, Jesus selber ist der Weg. Ungetrennt und unvermischt verbindet er Göttliches und Menschliches, er teilt das Göttliche uns mit und nimmt das Menschliche in sich, in Gott auf. Und noch einmal mehr: Gott selbst ist nicht nur nach außen, ad extra, der Gott des Weges. In sich selbst glauben wir Gott als den, der lebendige Beziehung, lebendiges Zueinander von Vater, Sohn und Heiligem Geist ist".[117] – Es mag notiert werden, dass Hemmerle hier die Christologie von Chalkedon mit Hilfe des „Weg"-Motivs auslegt.

---

[116] Pöggeler, Denkweg, a. a. O., 38. Eine ähnliche Bedeutung hat das „Weg"-Motiv bei Rombach, s. StA 349, „Tao" in StO 9–12 und Welt 50–70.

[117] Hemmerle, Klaus (1980), Christus nachgehen. Jungen Menschen den Weg finden helfen, in: AS IV, 296–323, hier 303–304; s. Hemmerle, Glauben 17.

7.2.3 Struktur der Nachfolge (Lk 5,1–11)

Hemmerle legt den Vollzug der Nachfolge gewöhnlich durch den Aufweis eines Grundmusters aus, wie wir es bei der „Botschaft“ bereits getan hatte: „Wenn wir uns fragen, worin denn die [...] Struktur der Nachfolge Jesu besteht, [...] so zeigt sich ein Grundmuster, das ich zunächst einmal schematisch sage, dann aber inhaltlich ausfülle, weil dieses Grundmuster sich in all diesen Punkten als Leitfaden bewährt. [...] Dieses schematische Grundmuster sagt in sich sehr wenig, aber in der Hinführung glaube ich, zeigt es doch eine Grundbewegung: a) Negativität, b) Totalität, c) Horizontalität, d) Umkehrung. Was bedeutet das?“ (Vorlesung 16. 11. 1973, 162)

Zunächst soll gezeigt werden, wie Hemmerle das besagte Grundmuster aus den biblischen Nachfolgegeschichten erhebt und dann theologisch deutet. Aus den vielen Nachfolgeerzählungen sei die vom reichen Fischfang (Lk 5,1–11) angeführt, die Hemmerle oft paradigmatisch für die anderen auswählt.[118]

Hemmerle legt die Geschichte vom reichen Fischfang in 4 Schritte aus (Glauben 39–42): Es sind „Schritte, die nun im Offenbarungs- und Glaubensgeschehen sich ineinander, sich zum Weg fügen; [sie] lassen sich wie folgt formalisieren:

Lk 5,1–5a – Der erste Schritt ist Gottes Schritt auf uns zu, ist Weg, den Gott geht, sich überschreitend, sich verschenkend, sich mitteilend. Er spricht, er handelt. Im Vordergrund von Offenbarung und am Anfang menschlichen Glaubens steht das Handeln Gottes in diese Welt hinein, der Einbruch Gottes in diese Welt. Gottes Weg zu uns, der Weg, den Gott macht, die heilsgeschichtliche Dimension ist das erste.

Lk 5,5b – In diesem ersten aber ist ein zweites eingefaltet, was dieses erste trägt und doch erst durch dieses erste hindurch aufgeht: Gott macht nicht nur einen Weg, sondern Gott „ist“ Weg. Er veranstaltet nicht einen Ausflug über sich hinaus in die Welt, um uns etwas von seinem Licht und seinen Gaben mitzuteilen, sondern er begibt sich selbst auf diesen Weg und zeigt so, wer er ist: Gott des Weges, ein sich überschreitender, sich hingebender, liebender Gott, ein Gott, der in sich selber Liebe ist. Gott zeigt uns nicht nur, was er tut, sondern wer er ist, auch wenn sein Wesen stets unser Fassen-können überschreitet. Aber als dieser je Größere, uns je Übersteigende, gibt und gönnt er sich. Es ist sein eigenes Leben, es ist er selbst, an dem er uns Anteil gibt, indem er handelnd und offenbarend zu uns kommt.

Wie Gott auf uns zugeht, so ist er. Überscharf gesagt: Gottsein geht so, wie Gott es uns zeigt, indem er sich in Jesus Christus uns schenkt.

Lk 5,6–7 – Dies kommt aller unserer Freiheit zuvor und übertrifft all unser Können. Und doch ist es kein Geschehen, das nur an uns und über uns hinweg passiert. Es ist Geschehen, das sich uns mitteilt, indem es uns selbst auf den Weg ruft. Dies ist der Aufbruch Gottes zu uns, dass er uns selber aufbricht, damit wir aufbrechen. Der Weg, den Gott zu uns geht, der Weg, der Gott selber ist, erreicht uns, indem wir uns auf den Weg machen – dies der dritte Schritt. Offenbarung kommt im Glauben an, Glaubensinhalt (fides quae) vermittelt sich zum Glaubensvollzug (fides qua). In diesem Aufbruch aber sind wir selber ganz drinnen. Glaube ist nicht nur ein Weg, den wir machen. Glaube ruft uns selbst und ganz auf diesen Weg, verwandelt uns in Weg,

---

[118] Ähnlich Glauben 18–20, 49–51.

deckt es als unsere Berufung und unser Wesen von Gott her auf: dass wir selber Weg sind, Weg über uns hinaus, als „Weg" Bild Gottes.

Lk 5,8–11 – „Darin bereitet sich der vierte Schritt vor, der sich vom dritten nicht lösen läßt. Sicher, jeder muß aufbrechen, jeder persönlich glauben, jeder sich entscheiden, jeder den ersten Schritt tun. Aber dieser Schritt ist als Schritt auf Gott zugleich Schritt aufeinander zu, Schritt, der das glaubende Miteinander in Gang bringt und von ihm schon in Gang gebracht ist. Gemeinschaft, Kirche ist keine zusätzliche und äußerliche Dimension zum

‚Glauben an sich'. Offenbarung ruft Menschen, indem sie Menschen zusammenruft und somit zueinander ruft. Glaube geht nur, indem wir zueinander gehen und miteinander gehen. Hier ist der Ort, in dem mitten in der Geschichte Gott wohnt und durch seinen Geist seine Offenbarung und sein Heil weitergehen bis an die Grenzen der Erde und bis ans Ende der Zeit.

Der Weg Gottes auf uns zu; der Weg, der Gott selber ist; der Weg, den wir auf ihn zugehen; der Weg, den wir aufeinander zu und miteinander gehen – dies ist der eine Weg, der uns sagt, wie Glauben geht" (Glauben 18–19).

Hemmerle zieht aus den Aussagen die Folgerungen für den Glauben: „Sollten wir nicht immer, bei jeder Verkündigung, bei allem, was wir im Namen des Glaubens und der Kirche tun, bei unserem eigenen Glaubens- und Lebensvollzug diese vier Dimensionen gegenwärtig haben? Er macht den ersten Schritt, wir sind stets nur Antwortende auf ihn und müssen zuerst von uns selbst weghören auf ihn. Dabei macht er uns aber nicht nur Vorschriften und Mitteilungen über dies und jenes, sondern er gibt und erschließt und schenkt sich selbst; wer ihn liebt, dem will er sich offenbaren (vgl. Joh 14, 21). Doch nur wenn wir den ersten Schritt wagen, wir auf ihn zugehen, wir uns loslassen ohne vorherige Garantien und Sicherheiten, werden wir erkennen, dass sein Weg trägt, dass er uns zuvor schon entgegengekommen ist. Und ein Schritt auf ihn zu heißt immer auch ein Schritt aufeinander zu, ein Schritt, bei dem ich mich auf den anderen einlasse und ihn annehme. Dabei werde ich freilich auch entdecken und annehmen: Er hat schon den ersten Schritt auf mich zu gemacht. Mehr noch, ich stehe schon immer in einem Miteinander, das ich nicht mehr aufkündigen kann, weil es sein Weg zu mir und mit mir ist" (Glauben 19–20; vgl. Nachfolge 29–30).

In den anderen Nachfolgeworten der Evangelien wiederholt sich dieser oder ein ähnlicher Vierschritt: (1) ‚Botschaft' Jesu – (2) Ruf Jesu ‚Komm und Folge mir' – (3) ‚Nachfolge' – (4) ‚Siehe' (bei Mt, Mk und Lk), oder einfach „Komm und sieh" (Joh 1,39) (Glauben 38–46).

Die Grundstruktur der „Nachfolge" folgt dem „schematischen Grundmuster", das sich in den verschiedensten Themen und Bereichen durchhält und in Abwandlungen immer wieder Anwendung findet. In der Vorlesung über Religion führt Hemmerle das Grundmuster für die Themen der 1. „Nachfolge", der 2. „Botschaft" (das Evangelium), des 3. „Lebens Jesu" und der 4. „Person Jesu" aus. „Dieses schematische Grundmuster sagt in sich sehr wenig, aber [wie ich] glaube, zeigt es doch eine Grundbewegung: a) Negativität, b) Totalität, c) Horizontalität, d) Umkehrung. Was bedeutet das?" (Vorlesung 16. 11. 1973, 162).

Das Grundmuster von „Nachfolge" mag an einem anderen der zahlreichen biblischen Nachfolgeworte Jesu verdeutlicht werden, an Mt 10,37–40: „Wer Vater oder

Mutter mehr liebt als mich, ist meiner nicht wert. Und wer Sohn oder Tochter mehr liebt als mich, ist meiner nicht wert. Und wer sein Kreuz nicht nimmt und mir nachfolgt, ist meiner nicht wert. Wer sein Leben gefunden hat, der wird es verlieren, und wer sein Leben verliert um meinetwillen, der wird es finden. Wer euch aufnimmt, nimmt mich auf, und wer mich aufnimmt, nimmt den auf, der mich gesandt hat." Hemmerle hat die Aussage Jesu in vier Worte gefasst und mit dem Grundmuster korreliert:

1. „Negativität" – „Wer sein Leben gefunden hat, der wird es verlieren. Wer sein Kreuz nicht nimmt und mir nachfolgt, ist meiner nicht wert. "

Der erste Eindruck, den die genannten Worte Jesu machen, ist ein Schock. Zunächst ist alles negativ, Vater und Mutter verlassen, das Kreuz auf sich nehmen, sein Leben verlieren. Dies ist Nachfolge in einer ersten Stufe: Verlassen, Verkaufen, Aufgeben, Zurücklassen, Aufbrechen aus dem Gewohnten, Bisherigen, Gängigen, Gültigen. Die Negativität ist aber nicht alles, was Jesus von uns will; sie macht frei und bereit für Neues, Größeres. So ist die erste Stufe der Nachfolge gleichsam die negative Folie einer größeren Positivität.

2. „Totalität" (und „Steigerung") – „wer sein Leben verliert um meinetwillen, der wird es finden."

Die Negativität ist um eines Größeren willen der erste Schritt der Nachfolge. Wer alles andere aufgibt und verläßt, um Jesus nachzufolgen, lässt sich ganz oder total auf Jesus ein, will alles, was er von nun an hat oder ist, zur Disposition stellen und allein noch von ihm her haben. Verlass alles, das ist die eine Seite, und Du wirst von mir alles neu bekommen, das ist dessen Kehrseite. Dies macht gerade das Wort Jesu deutlich: Das Leben verlieren kann ja nicht heißen, dem Leben keinen Wert mehr zumessen, das Leben verachten, das Leben laufen lassen, sondern ein ganzes Leben einsetzen, hingeben an Jesus, in Gott hinein verlieren.

Alles verlieren, um alles zu gewinnen, ist nur um eines anderen willen zu verantworten. Um eines anderen willen aber auf volles Risiko zu spielen, ist zu verantworten und muss immer wieder verantwortet werden. Die Negativität bedarf eines sie vergessenden „Mehr"; die Totalität des Neuen muss dieses „Mehr" über das zurückgelassene Negative hinaus tatsächlich bieten. Alles muss in Jesu Weg hineingelegt werden, um alles neu und größer zurückzubekommen.

3. „Horizontalität" – „Wer Vater oder Mutter mehr liebt als mich, ist meiner nicht wert. Wer euch aufnimmt, nimmt mich auf, und wer mich aufnimmt, nimmt den auf, der mich gesandt hat."

Jesus ist der Komparativ; außer ihm gibt es nichts mehr zu tun. Ist damit aber alles getan? Soll Nachfolge in letzter Konsequenz nicht doch heißen, alles verlassen, die Welt hinter sich lassen, sein Leben aufs Spiel setzen, um nur noch das Eine im Auge zu haben? Gerade nicht! Ihn mehr lieben als Vater und Mutter kann nicht bedeuten, sie nicht mehr zu lieben; im Gegenteil bedeutet es, sie mehr zu lieben, anders und neu zu lieben, die größere Liebe Jesu an Familie und Ehe zu schenken und in die Liebe Gottes hineinzugeben. Das Leben verlieren in Christus fordert neuen und größeren Einsatz für das Leben heraus, nämlich das Leben mit Christus zu wagen und zu gestalten und es ganz in das Leben Gottes hineinzustellen.

Im Wort Jesu wird das Ineinander und Füreinander von Horizontalität und Vertikalität deutlich: „Wer euch aufnimmt, nimmt mich auf, und wer mich aufnimmt,

nimmt den auf, der mich gesandt hat". Nachfolge geschieht in der „communio". Die erste „communio" geschieht unter Menschen, die einander aufnehmen, füreinander da sind. Aber gerade in diesem horizontalen Füreinander ist er, Jesus, mit da, gerade in dieser „communio" bricht die größere „communio" mit Jesus auf.

4. „Umkehrung", aus Nachfolge wird Sendung – Die vier Worte Jesu stehen in einer Sendungsrede an seine Jünger. „Nachfolge" führt zu „Sendung". Die „communio" von Vater, Sohn und Mensch hat ihren Grund in der „Sendung" zu solcher Gemeinschaft: Der Vater „sandte" dazu den Sohn, wir sind zu nichts anderem vom Sohn gesandt. Und dieselbe „communio" verpflichtet ihrerseits zu weiterer „Sendung". Wer die Gemeinschaft mit Jesus erfahren durfte, wer Jesus nachfolgt, darf nicht dabei stehenbleiben, sondern muss hinausgehen, um von dem Erfahrenen Zeugnis zu geben, die Gemeinschaft Gottes in die Welt hinauszutragen, Gottes Namen weitersagen, sein eigenes Beschenktsein zur Gabe für andere machen.

Die Dimensionen des Grundmusters der Nachfolge werden bei Hemmerle dann zu Stationen. Ihnen folgt die Großstruktur des Buches *Glauben – wie geht das?* in den einzelnen Kapiteln: 1) Botschaft Jesu – Gottesherrschaft (Glauben 23–32), 2) Nachfolge (Glaube 35–51), 3) Gelebter Glaube – Ethik (Glauben 52–68), 4a) Kreuz (Glauben 69–89), 4b) Auferstehung (Glauben 90–109).

7.3 Theologie der Nachfolge

Eines der zentralen und dichten Bücher Hemmerles ist die *Theologie als Nachfolge.* Der Anlass dafür ist die Theologie Bonaventuras. Im Folgenden soll die Theologie der Nachfolge skizziert werden. Dazu sind die bisherigen Einsichten zu vertiefen und zu reflektieren. Eine erste Stufe der Vertiefung geht von der Nachfolge als „Doppelereignis" aus. „Botschaft" und „Glauben" sind Doppelereignisse; Rombach hatte von der „Doppelstruktur" gesprochen. D. h. der Glaube lebt aus dem Evangelium und das Evangelium verändert seine Situation in der Antwort des Glaubens. Die Gegenseitigkeit ist analog der dialogischen Situation zwischen „Rufen" und „Antworten". Auf der Grundlage des „Doppelereignisses" von „Rufen" und „Antworten" – die Beziehung von „Botschaft" und „Nachfolge" ist entsprechend – hat Bernhard Waldenfels die responsive Phänomenologie vorgetragen. Der erste Schritt zu einer Theologie der Nachfolge wird deshalb ein phänomenologischer sein. Diesem muss ein zweiter theologischer Schritt folgen, um die Theologie der Nachfolge zu erheben. Schließlich wird die Theologie selbst als Gestalt der Nachfolge, *Theologie als Nachfolge,* aufzuzeigen sein.

7.3.1 Phänomenologie der Nachfolge

Hemmerle hat das Doppelereignis von „Botschaft" und „Nachfolge", von „Ruf" und „Antwort" folgendermaßen formuliert: „Das Evangelium ist nämlich von sich her Ruf zur Nachfolge, und nur wo dieser Ruf verstanden und angenommen wird, ist er, was er von sich selber her sein will. Die ‚Veränderung', die dieser Ruf dadurch erfährt, dass er wiedergegeben wird aus der Perspektive der Nachfolge, ist jene ,Veränderung', welche die Quelle dadurch erfährt, dass ihr das Wasser entspringt. Anders gewendet: Wie eine heimliche Liebe, indem sie sich bekennt, eine neue Situation zwischen den Partnern schafft, so verändert das Evangelium, indem es ergeht, seine eigene Situation – und das hat es mit allem Ursprungsgeschehen gemein" (Nachfolge 26).

Was Hemmerle hier in dichter Weise von dem Doppelereignis „Ruf" und „Nachfolge" aussagt, kann in seiner formalen Beziehung phänomenologisch betrachtet werden. Dazu ist die responsive Phänomenologie Waldenfels hilfreich. Was macht Responsivität nach Waldenfels aus? Dazu zitiert Waldenfels in *Ortsverschiebungen Zeitverschiebungen* eine zentrale Stelle aus Maurice Merleau-Pontys *Phänomenologie der Wahrnehmung* (s. oben 2.2.2). Es ist eine Beschreibung des für Merleau-Ponty originären Erkenntnisvorganges der Wahrnehmung.[119] Es ist eine phänomenologische Beschreibung, wie originäre Erkenntnis entsteht, nämlich von Anfang an bereits responsiv. Was dort aber über Wahrnehmung gesagt ist, nämlich über das „Doppelereignis", kann von allen Grundphänomenen, also auch vom Glauben, gesagt werden, allerdings in entsprechender Unterscheidung.[120] Gerade für unsere Studie der Bewegungen und Beziehungen spielt das Verständnis der Doppelereignisse eine bedeutsame Rolle. „Doppelereignisse" und ihre „Doppelstruktur" sind geradezu Merkmale aller Weisen von „Bewegung" und „Beziehung". Die entscheidenden Etappen des christlichen Lebens und Glaubens folgen ähnlichen Doppelbewegungen bzw. Doppelereignissen.

Waldenfels kommentiert die Stelle Merleau-Pontys als zentrale Stelle der von ihm selbst vorgetragenen responsiven Phänomenologie. Waldenfels fährt mit dem Kommentar des zitierten Textes folgendermaßen fort: „In der Wahrnehmungsanalyse [ist] davon die Rede, dass wir von etwas getroffen, gereizt, bewegt werden, bevor wir es fixierend in den Blick nehmen. Dies besagt: etwas kommt *auf uns zu,* bevor wir *von uns aus* darauf zugehen. Entscheidend ist dabei die *doppelte Blickrichtung.* Darin unterscheidet sich die Doppelbewegung von dem Nacheinander einzelner Bewegungen, deren jede für sich *a fronte* von einer Zielursache oder *a tergo* von einer Wirkursache gesteuert wird. [...] Die Doppelbewegung, die wir im Auge haben, stellt sich demgegenüber als ein *Doppelereignis* dar, das sich einerseits als *Pathos,* Widerfahrnis oder Anspruch (Anblick, Anrede, Antun) andererseits als *Response* bestimmen lässt. Während das Pathos *mir* geschieht und *mich* trifft, bin *ich es,* der oder die eine Antwort gibt. Das Pathos ist ein Ereignis, aber es ist kein objektives Vorkommnis, das sich der Beobachtung erschließt, sondern ein Ereignis für jemanden, eben ein Widerfahrnis. Ein Widerfahrnis ohne jemanden, dem es zustößt, wäre wie ein Schmerz ohne jemanden, der ihn spürt. Aber auch die Antwort, ob als Blick, Wort oder Tat, ist ein Ereignis, also mehr als ein eigener Akt, sofern das eigene Tun geprägt wird durch das, *wovon* es getroffen oder affiziert wird und *worauf* es antwortet. Um ein Doppelereignis handelt es sich, sofern Widerfahrnisse oder Ansprüche nur fassbar sind in der Antwort und sofern umgekehrt die Antwort nur Antwort ist im Rückbezug auf ein Pathos oder einen Appell, von dem sie ausgeht. Dieses Doppelereignis

---

[119] S. ähnlich die Phänomenologie der Wahrnehmung bei Rombach PhB 171–282.
[120] Merleau-Ponty, Phänomenologie, a. a. O., 66; vgl. OZ 221.

entstammt keiner Synthese, sondern einer Dihairese, die zwar einen Kontakt schafft, aber in der Form einer Berührung aus der Ferne, eines Berührens des Unberührbaren" (OZ 226–227)

Am Anfang jeder Wahrnehmung und damit jeder Erkenntnis steht nach Waldenfels ein „Doppel-Ereignis". *Pathos – response* sind die Hauptworte der responsiven Phänomenologie. Doppel-Ereignis meint zwei Bewegungen in einem Dritten, dem eigentlichen Ereignis: Aktivität – Passivität – Aktivität; oder: Bewegung auf uns zu – von uns aus: Bewegung des Antwortens; oder: *wovon* ich getroffen werde – *worauf* ich darauf antworte, das macht die Responsivität aus. Oder entscheidend in einem Satz: „Während das Pathos *mir* geschieht und *mich* trifft (Anruf – KK), bin *ich es,* der oder die eine Antwort gibt (Response – KK)". Entscheidend dabei ist, dass das ‚Ich' aus dem Ereignis hervorgeht. Nicht ich bringe mich hervor, sondern ich gehe aus dem Appell hervor. Wie der Appell kein Appell ist ohne mich, so werde Ich im Anruf. Mit anderen Worten gehen sowohl Anruf als auch Antwort letztlich aus dem Ereignis hervor, aus dem Zueinander und Füreinander beider Instanzen in einem Dritten.

Es ist weiterführend, die Phänomenologie der Wahrnehmung von Waldenfels auf andere Erkenntnisakte wie das Sprechen, Denken, aber auch den Glauben zu übertragen. In dieser Linie lässt sich etwa lesen, was Hemmerle zum „lassenden Denken" ausführt: „Anrede ist eine Weise des Denkens, denn das Denken weiß, dass es anredend nicht in sich bleibt, sondern von sich weg, über sich hinaus geht, der Bezug zum Anderen des Denkens als Bezug im Denken ist gewahrt, ja gesteigert. Und doch weiß das anredende Denken, dass es anredend gerade nicht ‚fasst', sondern sich freilässt in die Überraschbarkeit aus dem Angeredeten, das in der Anrede in seinen Rang der Unfassbarkeit, weil eigenen Ursprünglichkeit erhoben ist. Denken, das seine Frage anredend, d. h. als Anfrage fragt, vermag den Überstieg vom fassenden zum lassenden Denken, und dieses lassende Denken allein ist bereit für den Aufgang des Heiligen." (AS I 122) – Nach Hemmerle eröffnet ein solches Denken, das sich anreden lässt und doch Denken bleibt, einen Zugang zum Religiösen, Heiligen.

Hemmerle öffnet den Vollzug lassenden Denkens auf eine Phänomenologie des religiösen Vollzugs hin, den er ganz ähnlich beschreibt, wie es Waldenfels mit Merleau-Ponty oben getan hat: „In der Tat, die theoretische Situation für eine Phänomenologie des religiösen Vollzugs ist eigentümlich. Sie umspannt, sozusagen im Kreislauf, folgende Momente: Das sie konstituierende und leitende Interesse ist, immanent, theoretischer Art: Was ist von sich selber her religiöser Vollzug, wie kann er aus sich selbst her seine Wesensgestalt erschließen? Um dieses theoretischen Interesses willen ist aber das Denken auf eine ästhetische Bereitschaft angewiesen [...]. Es zeigt [sich] indessen, dass es bloßem [ästhetischem] Mitspielen sich versagte; es fordert vom Vollzug den Ernst eines unmittelbaren Sich-Angehenlassens. [...] Was den einen Schritt dieses Ganges zum anderen weitertreibt, ist die innere ‚Verantwortung', ist das Ethos der theoretischen Frage selbst. Dieses Ethos wandelt sich in seinem Vollzug zum Ethos der Entscheidungssituation; als Ethos des theoretischen Fragens aber fordert es zugleich, dass die anfänglich gestellte Frage ‚theoretisch' beantwortet wird, dass also nicht allein das Zeugnis, sondern der Aufweis der immanenten Struktur des religiösen Aktes am Ende der phänomenologischen Untersuchung steht. Dieser Aufweis wäre freilich missverstanden, wo er nur als Wissbares vom Denken eingeheimst würde, er muss es mitnehmen und öffnen in den Weg zur Entscheidung hin, das ist seine, von der aufzuweisenden Sache her ernötigte Struktur selbst" (AS I, 290).

Der religiöse Vollzug ist theoretischer, aber nicht nur theoretischer Art. Er wird ausgelöst durch eine Betroffenheit, die zuerst ästhetisch sein kann, die aber (ethisch) zur Antwort und Ver-‚Antwortung' herausfordert, schließlich (religiös) in die Glaubensentscheidung ruft. Wo sind aber die Kriterien eines solchen Vollzuges? „Ein solch ‚lassendes' Denken findet sein ‚entscheidendes Kriterium' in der „Redlichkeit der Vernunft ihrer Sache gegenüber", wie Böhnke zurecht bemerkt.[121] Aber zu dieser Erkenntnis kommt das Denken nicht aus sich. Lassendes Denken lässt sich überraschen, vom Du her ansprechen. Es ist geschichtliches und dialogisches Denken und damit mehr als bloße Gegenstandserkenntnis. Es ist dem gegenüber, was sich ihm als Denken von sich her zeigt, *antwortendes Denken* (kursiv – KK). Lassendes Denken versteht sich nach Hemmerle als „antwortendes Handeln" (Reinhard Feiter).[122] „Verdankend weiß Denken sich als Antwort, in seiner Freiheit aus Freiheit sich geschenkt [...] auf die freie Weise des Verweisens" (AS I, 138).[123]

Damit ist aber nicht nur eine Phänomenologie des Denkens angedeutet, sondern sie betrifft den Menschen wesensmäßig, Hemmerle spricht vom Menschen als „reziproker Transzendenz" (AS I 283 f): der Mensch ist Antwortender, er geht aus der Öffnung und aus der Beziehung zum Anderen hervor. An anderer Stelle liest Hemmerle etwa das ‚Phänomen der Gemeinschaft' dialogisch als Gegenseitigkeit. Es ist im Grunde eine Phänomenologie der Dialogik. Darin scheint auf, wie Gemeinschaft geht. Für die Genese von Gemeinschaft bzw. Dialogik ist die Gegenseitigkeit konstitutiv, Gegenseitigkeit in Ursprünglichkeit: „Bausteine der Gemeinschaft sind deine und meine Freiheit" (AS IV, 176).[124]

Die Überlegungen Waldenfels' und Hemmerles zur responsiven Phänomenologie bzw. zu einer Phänomenologie haben ein weiteres wichtiges Ergebnis. Zum einen verdeutlichen sie eine Aussage Hans Urs von Balthasar zum Charakter der Offenbarung. Bekannt ist die Aussage von Balthasar zur Offenbarung Gottes durch Jesus, der das Wort Gottes ist: „an den Antworten haben wir das Wort".[125] Es ist gleichsam eine Kurzformel der Responsivität Bernhard Waldenfels, der Phänomenologie des Sprechens und Hörens. Und zum anderen fällt ein Blick auf Gott, der sich nach Hemmerle geradezu responsiv zeigt. Hemmerle hatte bereits in seiner frühen Schelling-Habilitation ähnlich und auf rätselhafte Weise über Gott gesagt: „Dann aber – dies die eigentliche, noch einzuholende These – ist Gott nicht ‚wie ich', sondern ‚wie der Andere': Gott als ‚wie der Andere' ist die neue Weise der Analogie, in welcher Entzogenheit und Gewährtheit, Freiheit und Gestalt, Verbergung und Offenbarung, Unähnlichkeit und Ähnlichkeit Gottes sich unserem Denken antun" (AS I, 194).

---

[121] Böhnke, Michael (2009), „Weg zu Gott ohne Gott?". Zur Phänomenologie der Gotteserfahrung bei Klaus Hemmerle und Paul Ricoeur, in: Phänomenologie und Theologie (QD 227), hg. von Klaus Held und Thomas Söding, Freiburg 2009, 52–73, hier 67.

[122] Feiter, Handeln, a. a. O.; vgl. Böhnke, Einheit, 30, ders., Weg, a. a. O., 67.

[123] Böhnke, Einheit, 17.

[124] S. Böhnke, Wie Einheit geht, a. a. O., 284–299, hier 286.

[125] Balthasar, Verbum Caro, a. a. O., 98.

7.3.2 Theologie der Nachfolge

Nachfolge ist Antwort auf die Botschaft. Nachfolge und Glauben sind responsiv, Doppelereignisse; Glaube ist dialogisch. Die responsive Phänomenologie eröffnet einen ersten Zugang zum responsiven oder dialogischen Glauben. Doch ist die eigentlich religiöse bzw. theologische Ebene damit noch nicht erreicht. Nachfolge vollzieht sich in einem Netz religiöser Bezüge. Nachfolge ist darüber hinaus kommunikativ zu beschreiben. Nachfolge geschieht in einem Netz wechselseitiger Kommunikation. Diese Kommunikation ist theologischer Art. Wie wir Nachfolge und Botschaft als Doppelereignisse erläuterten, so ist das Netz des Glaubens aus weiteren Doppelereignissen geknüpft. Erst in dieser kommunikativen oder kommunionalen Bezogenheit wird der religiöse Gehalt der Nachfolge erhellt. Hemmerle nennt die Stationen: „Wenn wir uns fragen, worin denn die zuvor genannte Struktur der Nachfolge Jesu besteht [so sind es] 1. Nachfolge, 2. Botschaft, 3. Leben Jesu, 4. Person Jesu Christi" (Vorlesung 16. 11. 1973, 162).

Hemmerle nennt sodann den Vorgang, wie die Kommunikation der Ereignisse in Stufen entfaltet werden soll: „Das Programm lautet: Wir versuchen in einer sehr knappen Weise, 1. die innere Struktur von Nachfolge – In Konsonanz damit und dafür grundlegend, 2. die innere Struktur der Botschaft Jesu – In ihr nochmals aufgeschlüsselt, 3. die Struktur des Lebens Jesu – und die von ihr sich explizierende, 4. Struktur der Person Jesu darzutun." (Vorlesung 16.11.73, 158 ff).

Die vier Ebenen oder Ordnungen Hemmerles – *Nachfolge, Botschaft, Weg, Geheimnis Jesu* – sind Ereignisse, die sich gegenseitig spiegeln. Mit anderen Worten ist die Nachfolge von den Ereignissen der Botschaft, des Weges, des Geheimnisses durchformt, und Gleiches gilt von Botschaft, Weg und Geheimnis. Diese Gleichheit oder Analogie der Bewegungen, zeigt sich, enthält eine gleiche Grundstruktur, die wir oben als Kriterien der Wahrheit entfaltet haben. (s. oben 4.1.3)

Hemmerle hat in dichter Weise diesen kommunionalen Weg skizziert. Es ist der Glaubensweg, der nun strukturtheologisch durchformuliert ist: „Die Dimensionen des Weges. – Der Weg, von dem wir sprechen, wenn wir von Glauben sprechen, hat immer gleichzeitig drei Dimensionen. Sie dürfen nie voneinander getrennt werden. Einmal und zuerst ist es nicht unser Weg, sondern der Weg Gottes zu uns. Er kommt, er fängt an – und diese Initiative ist das Tragende und Eröffnende. Dies ist der Hintergrund auch fürs Verständnis der unverfügbaren Wahrheit (Dogma) und des unverfügbaren Gebotes (Norm) und der unverfügbaren Institutionalität von Kirche, Sakrament, Amt.

Mit dieser ersten Dimension ist immer die zweite verbunden: Der Weg ist für uns eröffnet, damit wir ihn gehen können, damit wir etwas ‚anfangen'. Dogma, Gebot, Institution sind angelegt auf die konkrete Nachfolge, auf den von mir zu tuenden Schritt. Er ist gerade nicht der Schritt, den ich von mir aus kann, sondern der Schritt ins Unmögliche, ‚aufs Wasser' (vgl. Mt 14, 29 ff.). Der radikalste ‚Fall': der Schritt Jesu in das Todesdunkel am Kreuz.

Diese zweite Dimension des Weges bedeutet aber: Es geht nie an, bloß zu verkündigen, sondern es muss immer auch vorgemacht werden und mitgemacht werden, wie es geht. Verkündigung in Vollmacht bedarf auf Schritt und Tritt der Einlösung durch Zeugnis der eigenen Glaubenserfahrung.

Die dritte Dimension: Genauso radikal, wie der Weg Gottes auf uns zu gleichzeitig unser Weg auf ihn zu ist, ist der Weg der Nachfolge auch immer Weg zueinander und miteinander. Wen Jesus ruft, den ruft er zu seinen anderen Jüngern. Wen Jesus ruft, den ruft er in seine Liebe, die sich den anderen, allen schenkt. Im Ansatz ist daher mit Verkündigung und Zeugnis immer zugleich Gemeinschaft verbunden. Diese Gemeinschaft hat es aber an sich, gerade nicht in der einzelnen und kleinen Gruppe zu enden, sondern über sie hinauszuführen. Die Gleichzeitigkeit, die gegenseitige Einschließung von Botschaft, Nachfolge und Gemeinschaft, ist der springende Punkt dieses Modells. [...]

Der Anfang des Weges: Den Dimensionen des Weges entspricht auch der Anfang: es ist ein Anfang an drei Stellen, von drei Seiten zugleich. Zwar hat immer Gott den ersten Schritt auf uns zu getan – aber wir können es nur entdecken, wenn wir den ersten Schritt tun. Die Einführung in dieses Wagnis durch das Mitgehen ist der Weg, um aufzudecken, dass da ein Weg ist, der trägt, ein Weg, den einer schon gebaut hat auf mich zu. Und dieser Schritt auf Gott zu muss sich immer auch bewähren als Schritt auf den Nächsten zu. Darin, in diesem grundlosen Anfangen und grundlosen Je-neu-Anfangen mit dem Nächsten, erkenne ich, dass schon Gemeinschaft ist, dass ich mich schon eingliedere, dass die Kirche, die ich vom Nullpunkt an „baue", schon gebaut ist und ich mich als Stein in sie einfüge.

Die Dynamik des Weges führt von mir weg und so, nur so, auf mich zu. Nicht zuerst sich haben, um nachher sich zu geben, sondern sich geben und im Geben entdecken, dass man sich hat: dies ist die paradoxe Weise des Weges, der Gott selbst ist, des Weges, der die Liebe ist, die als erstes schenkt und nur im Schenken sich hat (dreifaltiges Leben!). Hier ist der tiefste Grund des christlichen ‚Ärgernisses', und an ihm, nicht an der Institution als solcher, wird die letzte Entscheidung jeweils fallen".[126]

7.4 Theologie – reflektierte Nachfolge

Theologie ist Glaubenswissenschaft. Theologie reflektiert den Vollzug und Gehalt des Glaubens und verfolgt die Kommunikation, in welche die Nachfolge sich einordnet und welche Bedeutung dem Glauben dabei zukommt. Es verwundert deshalb nicht, wenn Hemmerle zur Erläuterung der Theologie eben jene Beziehungen und jenes Kommunikationsnetz entfaltet, in welches wir Nachfolge einordneten. Theologie tut es aber auf ihre eigene reflektierte Weise; insoweit wird sie Glaubenswissenschaft genannt. Hemmerle ordnet der Entwicklung vom Glauben zur Glaubenswissenschaft drei Potenzen zu; es sind Stufen der Glaubensvertiefung. Wiederum sei als kurze Zusammenfassung Hemmerle zitiert:

[Erste Potenz] – „Die Sache christlichen Glaubens, Gottes Offenbarung in Jesus Christus, kennen wir nur, weil Menschen ihm geglaubt haben, weil Menschen ihm nachgefolgt sind. Geschichtlich gibt es das Evangelium ohne Nachfolge nicht. Nach-

[126] Hemmerle, Nachgehen, a. a. O., 308–310.

folge ist die Erschließungs- und Vermittlungssituation für das Evangelium; sie kommt nicht als äußere Zutat zu diesem Evangelium hinzu, sondern formuliert sich in seinen Text und in seinen Inhalt hinein – und dies keineswegs im Sinn einer Verderbung und Verdünnung des Urtextes, sondern als eine für ihn selbst konstitutive, aus ihm nicht herauszulösende Dimension. Das Evangelium ist nämlich von sich her Ruf zur Nachfolge, und nur wo dieser Ruf verstanden und angenommen wird, ist er, was er von sich selber her sein will. Die ‚Veränderung', die dieser Ruf dadurch erfährt, dass er wiedergegeben wird aus der Perspektive der Nachfolge, ist jene ‚Veränderung', welche die Quelle dadurch erfährt, dass ihr das Wasser entspringt. Anders gewendet: Wie eine heimliche Liebe, indem sie sich bekennt, eine neue Situation zwischen den Partnern schafft, so verändert das Evangelium, indem es ergeht, seine eigene Situation – und das hat es mit allem Ursprungsgeschehen gemein. Evangelium gegenwärtig in der Nachfolge, formuliert aus ihr, das ist Theologie in ihrer ersten Potenz; denn es ist denkendes, weil bekennendes, neu formulierendes, sich am Evangelium verantwortendes Verhältnis zum Evangelium.

[Zweite Potenz] – Doch worin liegt der Grund dafür, dass Nachfolge eine andere Situation fürs Evangelium schafft und somit das Evangelium verändert? Antwort: In der Nachfolge wird die Situation des Evangeliums zur Situation eines anderen, dessen, der nachfolgt. Er bringt sich selber, seine Erfahrung, seine Welt, sein Verhältnis zu sich und allem in das Evangelium ein. Indem er das Evangelium bekennt, bekennt er sich, sagt er selber sein Eigenes und Persönliches mit aus. Damit aber erhält das Evangelium prägende, bestimmende Macht über den Menschen und seine Welt, es wird zur Interpretation nicht nur des Gottes, von dem es kündet, sondern auch zur Interpretation des Menschen, dem sein Ruf gilt. Dies aber, Evangelium als Interpretation des Menschen und seiner Welt, ist Theologie in zweiter Potenz, und diese zweite Potenz ist streng gleichzeitig mit der ersten, läßt sich von ihr so wenig trennen, wie sich Nachfolge vom Evangelium trennen läßt.

[Dritte Potenz] – Doch in der zweiten ist bereits die dritte Potenz von Theologie mitgesetzt. Das Evangelium kommt zur Gegebenheit in der Nachfolge, wird interpretiert durch die Nachfolge. Die Existenz des Nachfolgenden und seine Welt werden interpretiert durch das Evangelium. Also verifiziert das Evangelium Existenz und Welt und verifiziert die Existenz durch ihre Nachfolge das Evangelium. In einem und demselben Geschehen, im Geschehen der Nachfolge, kommen das Evangelium und die Existenz zu sich selbst, indem sie zueinander kommen. Der Sprung des Evangeliums über sich hinaus und der Sprung des Nachfolgenden über sich hinaus schaffen eine Synthese, in der das Evangelium allererst ist, was es ist; aber auch der Nachfolgende erkennt und bekennt, dass er und seine Welt allererst vom Evangelium her sind, was sie sind. Wo solches Ineinander und Füreinander des Evangeliums und des Menschen kraft der Nachfolge, wo solche gegenseitige Interpretation und Integration sich selber hell sind, da erst ist Theologie im vollen Sinne da.

(1) Theologie in ihrer ersten Potenz heißt also: Nachfolge reflektiert das Evangelium.

(2) Theologie in ihrer zweiten Potenz heißt: Durch die Nachfolge reflektiert das Evangelium den Menschen und die Welt.

(3) Theologie in ihrer dritten Potenz heißt: Das Evangelium einerseits, Mensch und Welt andererseits reflektieren sich gegenseitig, dies aber ist reflektierte Nachfolge" (Nachfolge 26–31).

Rückblick

In diesem Teil der Offenbarung „Gott spricht" war das Wortgeschehen der Offenbarung zu betrachten. Oder besser gesagt nicht das „Wortgeschehen" im engeren Sinn, sondern das „Sprechereignis" „Gott spricht". Sprechereignis nennt Bernhard Waldenfels das Wortgeschehen insgesamt. Das Sprechereignis Gottes ist vom Ursprung (Offenbarung) bis zu seiner Ankunft bei uns (Glauben) zu beschreiben. Die gesamten Implikationen des „Gott spricht" ist in den Blick zu nehmen. Es ist zu erkennen, dass Sprechen nicht nur das Regelwerk von Sprache („langue"), sondern das Sprechen selbst ein Ereignis („langage") ist. Aber selbst das Sprechen als „Sprechakt" ist nach Waldenfels noch nicht genügend, um Sprechen von Anfang an zu begreifen, sondern es bedarf einer tieferen Betrachtung.

Levinas hat den Blick auf die Unterscheidung von „dire" und „le dit", von „Sagen" und „Gesagtem", geöffnet. Waldenfels folgt dieser Betrachtung und auch Hemmerle geht von ihr aus. Gemeint ist die Dimension eines reinen, ursprünglichen Sagens und Sprechens, das nicht mit der Sprechakttheorie allein erfasst ist, sondern die Dimension des Unsagbaren und Ungesagten in jedem Sprechen meint. Die Dimension des „dire" macht das Sagen und Sprechen erst möglich. Diese Dimension frei zu legen ist erhellend für den Anfang des Ereignisses, dass „Gott spricht".

Das ursprüngliche „Sagen" ist nicht „rein" in dem Sinne, dass es rein aus allem Sprechen und Sagen herausdestilliert werden könnte. Sondern das ungesagte Sagen („dire") ergeht zugleich im Gesagten („le dit"). Reines Sagen ohne Gesagtes gibt es bei Levinas und Waldenfels nicht; es ist mehr als Gesagtes und zugleich im Gesagten. Levinas nennt es „Rätsel" und „Spur", das im Gesagten mitgesagt wird.

Das Sagen ergeht im Gesagten. Diese Bewegung ist nur in einer Phänomenologie der Bewegung auszusagen. Das Sagen selbst ist transitiv und verbal. Das erste Sagen ist Verbum, aber nicht als Substantiv Logos. Das transitive Verbum wird Wort, muss Wort werden. Diese Bewegung vom Sagen zum Gesagten ist eine erste Stufe des „Sprechereignisses" oder „Wortgeschehens". Es ist das gesamte Wortgeschehen in den Blick zu nehmen. Es kann mit dem Symbolgedicht der Bewegung, dem „Römischen Brunnen" von Conrad Ferdinand Meyer (s. oben 45), zur Anschauung gebracht werden. Das Ergehen des gesamten Wortgeschehens, der Bewegung von „Gott spricht" bis zum „Hörer des Wortes", kann als Kaskade veranschaulicht werden. Wir haben den Bewegungsverlauf in den Stufen „Gott spricht", „Wort Gottes", „Schrift", „Tradition" und „Nachfolge" wiedergegeben.

Eine weitere Metapher mag den Übergang vom „Wort Gottes" zum „Menschenwort" erhellen, das sich in der „Schrift" verfasst hat und uns in der „Tradition" erreicht. Aristoteles erläutert die Vollzugsweise der „Bewegung" am Beispiel des „Bauens" (Physik I und II). Er nennt sodann andere Weisen der Bewegung. Leider führt Aristoteles nicht andere Handlungen wie „Sprechen" und „Erzählen" an, also dialogische und personalen Verhältnisse. Deshalb hinken seine Beispiele etwas hinter dem hier Gemeinten nach.

Aber das Beispiel des „Bauens" vermag doch einige Aspekte auch des Sprechens zu erhellen. Dem Bauen geht die Idee des Entwurfes voraus. Für den Übergang des Sagens in das Gesagte, das das Wort ist, ist vonnöten, dass es sozusagen einen Strukturplan, eine Idee der Sprache, gibt. Wir haben eine solche Grundstruktur der Sprache („langue“) aufzuzeigen versucht. Wir haben es getan in Erinnerung an Heideggers Redeweise von dem „Haus des Seins“ und an Levinas vom „Lebensraum“ des Menschen. Beschreibt man die „Räumlichkeit“ (Regelwerk der „langue“) und „Zeitlichkeit“ (Bewegungsweise der „langage“) der Sprache, dann lässt sich diese Beschreibung metaphorisch als „Haus“ und „Lebensraum“ des Menschen darstellen. Theologisch betrachtet enthält das „Wort Gottes“ dann so etwas wie die Grundgestalt und Grundstruktur eines Baues, der für den Menschen menschlich und bewohnbar wird.

Die Grundgestalt und Grundstruktur des „Wortes Gottes“ wird im Menschen Jesus Christus „Wirklichkeit“. Wir kennen die zahlreichen symbolischen Darstellungen Gottes als Baumeister und Architekt. In Jesus Christus wird der Bauplan Gottes Wirklichkeit. Das „Wort Gottes“ wird „Menschenwort“. Das Gotteswort ist von seiner Grundgestalt und Grundstruktur her keine abgehobene Idee, sondern entspricht zugleich wahrhaft dem Menschenwort. In Jesus Christus ist das Wort Gottes wahrhaft Mensch geworden. Und das Wort Gottes ist über den Tod Jesu hinaus „Schrift“ geworden. Das Wort Gottes liegt uns in der Verfassung der Schrift vor.

Es bedarf aber der Verlebendigung der Schrift für unseren Glauben. Es ist die Stufe, wie die Bewegung des Wortes Gottes uns, die Hörer des Wortes, erreicht. Der Übergang vom Wort Gottes zur Schrift und der Schrift für den lebendigen Glauben geschieht in der „Tradition“. Waldenfels hat in dem *Antwortregister* einen Fächer oder ein Netz aufgespannt, der nötig ist, damit das Sprechen beim Hörer ankommt. Waldenfels baut dabei auf den bekannten Sprachtheorien der „Intentionalität“ und der „Kommunikation“ auf und ergänzt sie durch den eigenen Beitrag der „Responsivität“. Die „Intentionalität“ vertritt die gegenständliche und thematische Dimension des Sprechens. Waldenfels verbindet mit der Sprachfunktion der „Kommunikation“ die kommunikativen Regeln des Sprechens wie Traditionen u. a. Mit anderen Worten berücksichtigt die Kommunikation die „Orte“ (Topoi oder loci), die alle aktualisiert sein müssen, damit die Botschaft und die Schrift bei den Hörern ankommen. Dieses Ziel der Bewegung kommt metaphorisch dem Sprachgebrauch des Melchior Cano entgegen, der die „loci“ auch „domicilia (Wohnungen)“ nennt. Das hieße, wenn die „Orte“ im Wortgeschehen bewohnt sind, ist das Haus der Offenbarung Gottes „bewohn- und lebbar“ geworden. In diesem Sinne haben wir die Tradition als „Topologie“ behandelt.

Ein weiteres und anderes Schema kann die Bewegungsweise des Wortgeschehens verdeutlichen. Es ist an die dreifache Stufung der Mimesis I–III von Ricoeur zu erinnern. Mimesis I entspricht der „Präfiguration“. Für das Sprechen Gottes entspräche die Präfiguration der idealen Grundgestalt und Grundstruktur des Sprechens und der Sprache. Mimesis II entspricht der „Konfiguration“. Für das „Wort Gottes“ entspräche dies dem inkarnierten „Wort Gottes“ im „Menschenwort“. Mimesis III entspricht der „Refiguration“. Die Refiguration bringt den Hörer des Wortes als wichtigen Mitspieler in die Bewegung des Geschehens ein. Sie verbürgt, dass die Botschaft beim Hörer ankommt.

An dieser Stelle kann ein Blick auf die Theologie geworfen werden. Auch in der kirchenamtlichen Theologie haben wir so etwas wie eine Kaskade der Stufen der Offenbarung. Die kirchenamtliche Formel dafür heißt gewöhnlich: „Es kommt dem universalen Lehramt der Kirche zu, in Treue zur heiligen Schrift und zur Tradition das Glaubensgut zu verkünden und auszulegen".[127] Es fällt auf, dass in der Formel nur von drei Stufen oder Ordnungen die Rede ist. Ein Hinweis auf die „loci" fehlt völlig. Sodann ist das Gefälle der Formel zu beachten. Die Kaskade scheint umgedreht zu werden: Nicht mehr so sehr die Bewegung von der Schrift über die Tradition zum Lehramt, sondern da Schrift und Tradition nicht genügend zur Wahrheitsfindung herzugeben scheinen, muss dafür das Lehramt eintreten. Unmerklich scheint das Lehramt die Führung zu übernehmen.

Die Formel ist auf ihre Stichhaltigkeit hin genauer zu betrachten. Als Grundlage für die Formel dient DV 10: „Die Aufgabe aber, das geschriebene oder überlieferte Wort Gottes verbindlich zu erklären, ist nur dem lebendigen Lehramt der Kirche anvertraut, dessen Vollmacht im Namen Jesu Christi ausgeübt wird. Das Lehramt ist nicht über dem Wort Gottes, sondern dient ihm, indem es nichts lehrt, als was überliefert ist, weil es das Wort Gottes aus göttlichem Auftrag und mit dem Beistand des Heiligen Geistes voll Ehrfurcht hört, heilig bewahrt und treu auslegt". – In der angeführten Formel fällt auf, dass nur der erste Satz zur Anwendung kommt, dass dem Lehramt die verbindliche Lehre anvertraut ist. Die beiden weiteren Sätze, welche die Stellung des Lehramtes innerhalb der Stufen von Schrift und Tradition festhalten, werden nicht berücksichtigt. Denn dort wird deutlich gesagt, dass das Lehramt nicht über dem Wort Gottes steht und dass es nichts lehrt, was nicht überliefert ist. Da dies aber, aus welchen Gründen auch immer, nicht deutlich in die Formel eingegangen ist, kommt es dann nicht überraschend zu Meinungen wie dieser: „Heilige Schrift, Tradition und Lehramt gehören zusammen, ja die Heilige Schrift des Neuen Testamentes hat als Grundlage das Lehramt, die Kirche".[128] Und zusammenfassend sei die Aussage des obersten Glaubenswächters der Kirche Kardinal Gerhard Ludwig Müller kürzlich wiedergegeben: „Das Lehramt, insofern es vom Heiligen Geist das Charisma hat, autoritativ den Glauben zu bezeugen und vorzulegen, kommt im eigentlichen Sinne nur dem Papst und den Bischöfen zu. Es ist nicht nur äußerlich, sondern auch innerlich verbunden mit dem Glauben der Kirche, der durch und durch Vernunft ist, weil sich in ihm die unendliche Vernunft Gottes widerspiegelt".[129] Bei einem solchen Glaubensverständnis gefriert wohl das Blut in den Adern.

---

[127] Schreiben der römischen Glaubenskongregation vom 14. September 1994 an die Bischöfe der katholischen Kirche über den Kommunionempfang von Wiederverheirateten Geschiedenen (Joseph Ratzinger), Nr. 4. Die Formel wird etwa in *Dominus Jesus* (Joseph Ratzinger) überall angewandt: in Nr. 2, 3, 4, 11,12,13, 14, 18.

[128] Etwa Bernhard Sirch, in: http://www.kath.net/news/25315.

[129] Herder-Korrespondenz 70 (2016) 15–22, hier 21.

Teil IV:

Gott und Trinität

8 Gott, „der sich gibt“

Bisher haben wir das „Wie“ der Theologie behandelt, im Folgenden geht es um das „Was“. Nachdem wir bisher die „Methode“ der Theologie im Blick hatten, geht es nun um die „Sache“ der Theologie. Thema der Methode war „die Offenbarung“. Die Offenbarung hatten wir entsprechend den vier Ordnungen Hemmerles in den beiden ersten Stationen der „Botschaft“ „Gottes, der spricht“, und der „Nachfolge“, die auf Gottes Botschaft antwortet, erörtert. Nun wird Gott selbst zum Thema werden. In Entsprechung zu dem „Gott, der spricht“, kann vom „Geheimnis“ Gottes in Kurzform gesagt werden, dass er ein „Gott ist, der (sich) gibt“. Gott gibt sich selbst in Jesus Christus. Um dieses Geheimnis zu verstehen, sind die beiden folgenden Stationen oder Stufen der vier Ordnungen zu gehen: es ist zunächst dem „Weg“ Jesu zu folgen, um dann zum „Geheimnis“ Gottes hingeführt zu werden. Mit anderen Worten sind nun die theologischen Sachthemen von Gottesrede, Trinität, Jesus Christus, Heiliger Geist, Soteriologie und Ekklesiologie zu behandeln.

8.1 Phänomenologie des Gebens und des Seins

Hemmerle beginnt die Darstellung Gottes und der Trinität folgendermaßen: „Ansatz bei der Liebe, beim Sich-Geben“. Und er führt weiter aus: „Phänomenologie der Liebe als Phänomenologie des Seins. – Woher sonst als aus einer Phänomenologie des Sich-Gebens, aus einer Phänomenologie der Liebe könnte diese neue Ontologie entwickelt werden? Eine solche Phänomenologie der Liebe bildet in der Tat den Hintergrund der folgenden Aussagen. Es geht indessen nicht darum, das Phänomen Liebe, Sich-Geben einzubringen in eine umgreifende Phänomenalität dessen, was ist, sondern umgekehrt die Phänomenalität all dessen, was ist, aus der Liebe, aus dem Sich-Geben neu und unverkürzt zu lesen“ (Thesen 140–141).

Mit Geben ist nach Hemmerle die Stufe des „Seins“ erreicht. Er spricht ja von der „Phänomenologie der Liebe (des Sich-Gebens) als Phänomenologie des Seins“. So will er nicht, wie er sagt, mit einer Phänomenologie beginnen, die vom Sein ausgeht, sondern vom Sich-Geben bzw. der Liebe, um umgekehrt Liebe als Sich-Zeigen von Sein und Seiendem aufzuweisen. Mit anderen Worten ist für Hemmerle nicht das metaphysische Sein das Erste, sondern die Liebe bzw. das Sich-Geben. Oder im Sinne Hemmerles ist „Sein“ Sich-Geben und Liebe (Thesen 141).[1] Das ist der Anspruch, der dem Ansatz Hemmerles zugrunde liegt.

Vorstufen für diese Anschauung des Seins als Liebe finden sich bei Heideggers „Sein als Gabe“.[2] Bemerkenswert sodann die These von Stefan Osters Dissertation, Thomas von Aquin liege ein Verständnis des Seins als „Gabe“ und „Liebe“ zugrunde,

---

[1] S. Vorspiel 44–49.

[2] Heidegger, Martin (1962), Zeit und Sein, in: ders. Zur Sache des Denkens GA 14, 3–30, hier 10; s. auch Sich-Zeigen ist Sich-Geben, ebd., 2 ff.

das Oster aus der Interpretation des *Homo Abyssus* von Ferdinand Ulrich und aus dem Werk Hans Urs von Balthasar gewonnen hat.[3] Böhnke spricht von der „Ursprünglichkeit als Sich-Geben“ in Hemmerles Gottesverständnis (Einheit 125–128).

Eine Phänomenologie des „Gebens“ und des „Sich-Gebens“ kann als Fortsetzung und Vertiefung des Bisherigen gesehen werden. Bisher handelten wir von dem „sprechenden Gott“, vom „Sprechen“ Gottes. Tiefer besehen ist aber Sprechen schon Gabe. ‚Wort ist Gabe‘ (Vorspiel 52). Die ‚Matrix‘ des Sprechens ist sozusagen das Geben (Vorspiel 111). „Geben“ geht dem Sprechen voraus, ist eine Stufe vor dem Sprechen, ist Matrix des Sprechens. Nach Levinas ist „die Sprache, die die Sache dem Anderen bezeichnet, [...] eine erste Gabe“ (TU 252). Sprechen ist Ausdruck des Gebens. Sprechen ist Mit-teilen. Damit ist bereits ein Hinweis auf das Geben mitgegeben. Geben ist Teilen, Mit-Teilen, bis hin zum Sich-Mit-Teilen. „[D]er erste Grund und das letzte Ziel [des Sprechens ...] heißt Sich-Geben“ (Vorspiel 52). Gottes „Selbst-Mitteilung“ ist seit dem Zweiten Vatikanischen Konzil der theologische Ausdruck für die christliche Offenbarung.

Wir haben bisher vom „sprechenden“ Gott gehandelt. Eine Stufe tiefer jedoch zeigt sich, dass Sprechen selbst Gabe ist, Gabe eines zugrundeliegenden „Gebens“. Sprechen vollzieht sich nach der Matrix des Gebens. Gott ist ein „sprechender“ und darin ein „sich gebender“ Gott, Gott, der das Sein „gibt“. Der Geber, der das Sein gibt, kann in christlicher Interpretation Gott genannt werden. Andeutungen zu einer solchen Sicht und Phänomenologie finden sich sowohl bei Heidegger wie bei Levinas. Heidegger meditiert in *Unterwegs zur Sprache* (GA 12) über den Satz „Es gibt“, „es gibt Sprechen“, und bemerkt zum Wesen des Wortes bzw. des Sprechens: „Vom Wort dürfen wir, sachgerecht denkend, dann nie sagen: ‚Es ist‘, sondern: ‚Es gibt‘ – dies nicht in dem Sinne, dass ‚es‘ Worte gibt, sondern dass das Wort selber ‚gibt‘. Das Wort: das Gebende. Was denn? Nach der dichterischen Erfahrung und nach ältester Überlieferung des Denkens gibt das Wort: das Sein“ (GA 12, 193). Das Sprechen selbst gibt und ist Gabe. Levinas bringt dies noch deutlicher zum Ausdruck: „die Sprache [ist] eine ursprüngliche Enteignung, eine erste Gabe“ und Wort ist „inkarniertes Sprechen“ (TU 297).[4]

Wir werden entsprechend von einer Phänomenologie des „Gebens“ ausgehen, um die theologische Lehre von Gott zu erörtern, und werden zu einer Phänomenologie des „Sich-Gebens“ (der Liebe) übergehen, um Gott in seiner Trinität zu erreichen.

Was bedeutet dieser Ansatz der Phänomenologie methodisch für die Theologie? Was bedeutet er methodisch für das Denken? Hemmerle formuliert die wichtigsten Grundsätze einer solchen Phänomenologie des „Gebens“: „Für eine Ontologie, die vom unterscheidend Christlichen ausgeht, kann die Grundfrage nicht mehr heißen: Was bleibt und was verändert sich? Sowenig diese Frage ausfallen darf, sowenig kann sie der unbefragte Ansatz sein. Denn wer vom Bleiben allein her denkt, der denkt

---

[3] Oster, Stefan (2004), Mit-Mensch-Sein. Phänomenologie und Ontologie der Gabe bei Ferdinand Ulrich, Freiburg; Ulrich, Ferdinand (1958), Homo abyssus. Das Wagnis der Seinsfrage. Einsiedeln 1998; dazu vor allem Balthasar, Hans Urs von (1961–69), Herrlichkeit. Eine theologische Ästhetik. 3 Bände. Einsiedeln, hier 3/1 (1965), 943–983.

[4] S. Sprache als Gabe bei Krewani, Levinas, a. a. O., 141.

von einem einsamen Ansatz, von einem Sich-Durchhalten, von einer Selbstintentionalität her. – Die revolutionierende Kraft des schlichten Wortes, dass allein die Liebe bleibt, ist kaum zu überschätzen. Denn wenn das Bleibende die Liebe ist, dann ist die Verlagerung des Schwerpunktes aus dem Selbst ins Andere, dann ist die (nicht mehr aristotelisch verstandene) Bewegung, dann ist die (ebenfalls nicht mehr als Kategorie, gar als seinsschwächstes Akzidens verstandene) relatio in die Mitte gerückt. Aber Beziehung, Bewegung werden nicht als ein neues Prinzip statuiert, aus dem sich alles doch wiederum in einsamer Deduktion ableiten ließe. Nur eines bleibt: das Mittun jener Bewegung, welche die agape selbst ist. Diese Bewegung ist der Rhythmus des Seins; es ist der Rhythmus des Gebens, das sich selber gibt" (Thesen 140–141).

Es sind die entscheidenden Grundsätze, die das Denken Hemmerles bestimmen: „Bewegung" und „Beziehung", wie Böhnke es richtig charakterisiert hat. Für die entsprechende Phänomenologie gilt: „Bewegung ist der Rhythmus des Seins", „[Beziehung] der Rhythmus des Gebens". Damit sind die wichtigsten Grundsätze der klassischen Metaphysik transponiert: die „Bewegung" nach Aristoteles wird ausdrücklich modifiziert, die Selbstreferenz bzw. Selbstintentionalität der Substanz bzw. des Selbst gegenüber der „Beziehung" aus der Mitte gerückt.[5] In diesen dichten Sätzen ist offensichtlich das Herzstück von Hemmerles Philosophie und Theologie gefasst. „Das Gegenständliche ist von seinem Wesen her das Beständige, Selbiges, ‚nichts Neues'. Ereignis und Person sind das je qualitativ Einmalige und Neue" (AS I, 125).

Ganz ähnlich hatte Hemmerle schon in seinem wichtigen Artikel *Die Wahrheit Jesu* formuliert und dabei die Zentralität des Ansatzes beim „Sich-Geben" für alle großen Kapitel der christlichen Theologie herausgestellt: für die Trinität, die Christologie, aber auch für eine christliche Anthropologie: „Fragen wir uns abschließend nach dem Schlüsselwort, das unser Verständnis von Wahrheit und insbesondere unser Verständnis der Wahrheit Jesu leitet. Immer wieder klang es an: *Sich-Geben. Gottes Geheimnis* heißt Sich-Geben; der Gott, der sich gibt, ist die christliche Alternative zur unbedingten Substanz, zur bloßen reditio in se completa unendlichen Geistes. Aber auch das *Geheimnis des Menschen* heißt Sich-Geben. Nur darin überschreitet der Mensch sich selbst, dass er sich geben kann. Dies ist seine Gottbildlichkeit und seine Angewiesenheit auf Gott, dass er sich selbst nur gegeben ist, wenn er sich Gott gibt und wenn Gott sich ihm gibt. Dies schließlich ist das *Geheimnis Jesu:* in ihm gibt sich Gott ganz dem Menschen, und zugleich ist er der ganz an Gott gegebene Mensch; somit aber ist Jesus die Identifikation des Menschen und Gottes, ihr Aufgang in ihre eine ungetrennte und unvermischte Wahrheit. Sich-Geben aber ist nicht nur Inhalt dieses dreifachen Geheimnisses, sondern auch unser Zugang zu ihm" [kursiv – KK] (Wahrheit 197–198).

8.1.1 Gebefall Dativ

Für Waldenfels geschehen „Reden und Handeln im Zeichen des Dativs". Für die Responsivität ist das Geben entscheidend. Während bei Levinas der *Akkusativ,* der

[5] Vgl. Welte, Bernhard (1980), Über zwei Weisen des philosophischen Denkens und deren Folgen für die Religionsphilosophie (GS III/3), Freiburg, 99–117.

Anklagefall, dominiert, wobei er durchaus auch die Verantwortung gegenüber dem Anderen berücksichtigt, achtet die responsive Ethik vor allem auf den *Dativ,* den *Gebefall.*

Waldenfels hat dem Dativ, dem Gebe-Fall, besondere Aufmerksamkeit geschenkt (AR 589–595).[6] Der Dativ hat über die grammatikalische Form eines Kasus größere Bedeutung, ja grundlegende Bedeutung für die Sprache, vor allem für das Sprechen, für das responsive Antworten:

„In den Kasussystemen der indogermanischen Sprache gibt es einen *Gebefall,* den Dativ (gr. πτῶσις δοτικὴ). Selbst wenn man sich hüten wird, der grammatikalischen Form des Kasus eine eigene syntaktische Funktion oder gar einen einhelligen Sach- oder Personenbezug zuzuschreiben, wird man ihr eine ‚kognitive Differenzierungsfunktion‘ nicht absprechen können. So erscheint bei gewissen Autoren der Dativ als eine ‚Zuwendgröße‘ im Gegensatz zum Akkusativ als einer ‚Zielgröße‘ (vgl. Koller 1988, 82, 91, 255 f.). Bühler spricht, wie schon früher erwähnt (III, 9.5), von einem ‚Adressendativ‘, indem er seinen Überlegungen das Organon-Modell zugrunde legt. Nominativ und Dativ stehen für Sender und Empfänger. Dies bedeutet, daß der Dativ nicht nur als Kasus eines indirekten Objekts benutzt wird, der das direkte Objekt zusätzlich bestimmt, sondern auch als ‚originärer‘ Dativ, so etwa im Falle von ‚Herrn oder Frau X schreiben‘“ (AR 589).

Waldenfels hat das Wort- und Sprachfeld des Gebens breit untersucht. Über die grammatikalische Form des Dativs lenkt er den Blick auf die Verben, welche den Dativ regieren. Verben bedeuten Vorgänge, ihnen liegt oft ein Geben als Unterfütterung zugrunde: „Der Gebrauch des Dativs geschieht mit Hilfe von *Verben, die den Dativ regieren.* Dabei handelt es sich im allgemeinen um dreiwertige Verben, die in dreistelligen Prädikationen Verwendung finden und die grammatisch betrachtet außer Subjekt und Objekt noch ein indirektes Objekt oder einen Richtungslokativ verlangen; ‚Franz gab *Anna* das Buch‘ oder ‚Franz legte das Buch *auf den Tisch*‘ (vgl. Lyons 1973, 357). Was speziell jene Verben angeht, die zum Wortfeld des ‚Gebens‘ gehören, so zeichnen sie sich durch eine erstaunliche Verwendungsvielfalt aus. Man kann auf sprachlichem Wege Befehle, Rat, Recht, Informationen, Erklärungen, Versprechen oder einfach das Wort geben; man kann jemandem Aufmerksamkeit, Blicke oder Gehör schenken; man kann mit Gebärden Hinweise oder eine Warnung geben; man kann sich selbst einen Ruck oder einen Stoß geben; man kann auf außersprachlichem Wege jemandem Leben, Nahrung, Hilfe, Liebe und auch den Tod geben. Der Akt des Gebens muss nicht in expliziter Form bezeichnet sein, er ist impliziert in entsprechenden Aktionsverben wie ‚raten‘, ‚befehlen‘, ‚zeigen‘, ‚anhören‘, ‚sich anstrengen‘, ‚helfen‘, ‚lieben‘ oder ‚töten‘. Bei entsprechender Umformung verwandelt das Tun, das in diesen Verben zum Ausdruck kommt, sich in ein ‚Objekt‘, das einem Anderen als Gabe angeboten, aufgedrängt oder einfach zugefügt und angetan wird wie im Falle der Verwundung und Tod“ (AR 590).

Aber mit der grammatikalischen Beschreibung des Dativs ist nur ein erster Anfang gemacht. Waldenfels bemerkt sofort die Bedeutung für eine responsive Philosophie: „Innerhalb der Deklinationsskala markiert der Dativ eine besondere Form der Ab-

---

[6] Vgl. auch DG 2, 282–284.

weichung. Er beschränkt sich nicht auf die Adressierung einer sprachlichen Botschaft, sondern er wird auch bei der Übermittlung eines Gutes oder eines sachlichen Geschehens verwandt (Bühler 1981, 251). Zu erinnern ist daran, daß in dem ‚Worauf' des Antwortens ebenfalls eine Form von Dativ steckt, der in anderen Sprachen, die den Dativ mit Hilfe von Richtungspräpositionen bilden (répondre á..., to respond to...), noch deutlicher hervortritt. Der Vorgang des ‚Antwortgebens' ist also in diesen und ähnlichen Fällen auch grammatisch vorgezeichnet und vorgeprägt mit all den Gewaltsamkeiten, die eine solche Vorprägung mit sich bringt; im vorliegenden Falle bedeutet dies die Einfügung des Antwortens in ein Kommunikationsgeschehen" (AR 589–590).

Das Geben bekommt besondere Qualität und Gewicht im Umfeld des Antwortens, d. h. des Sprechens und der Kommunikation: „Kandidaten für Akte des Gebens sind alle Formen von *Mitteilung* und *Aufforderung,* die sich an einen Anderen wenden, um ihn etwas wissen bzw. tun zu lassen. Dazu gehört das Umfeld der *indirekten Rede,* in der die Rede auf sich selbst zurückkommt. Man gibt Erklärungen, Begründungen, Rechtfertigungen, die unsere direkten kommunikativen Akte begleiten. Hierzu gehört auch das λόγον διδόναι und λαμβάνειν, mit dem man Erklärungen, Gründe und Rechenschaft abgibt und entgegennimmt" (AR 591).

Dativische Struktur hat aber nicht nur die Sprache und die Kommunikation, sondern auch das Handeln. Geben prägt nicht nur den sprachlichen Gebefall, sondern wird zum Gebeereignis, gehört zur Grundstruktur des Daseins: „Da schließlich das Reden jederzeit in Tun übergehen kann und da es aus einem Handlungskontext erwächst, erhält auch das Handeln als antwortendes Handeln eine dativische Struktur. Das ‚Tun', das nach unserer geläufigen Grammatik als zweiwertiges Verb gilt (*Jemand* tut *etwas*), wird dann zu einem ‚Antun', das als dreiwertiges Verb gebraucht wird (*Jemand* tut *jemandem etwas* an). Das Dasein, das eine solche dativische Struktur aufweist, könnte man in Abwandlung des Heideggerschen ‚Mitseins' und in Anlehnung an das Anreden und Antun als ‚Ansein' bezeichnen. Doch was berechtigt uns, den Spielraum des Gebens derart auszuweiten?" (AR 591)

Schließlich baut sich aus der Vieldimensionalität des Gebens geradezu ein Feld, oder wie es Waldenfels nennt, ein Gebefeld auf: „Die Semantik des ‚Gebens' erreicht eine außerordentliche Flexibilität und Variabilität, da durch Hinzufügung von *Präfixen* ein ganzes Gebefeld entsteht. Die deutsche Sprache bietet eine besonders reiche Skala von Variationen an, die von ‚vor', ‚nach' und ‚Zugeben', ‚ein' und ‚ausgeben', ‚auf' und ‚abgeben', bis zu ‚(sich) ergeben', ‚(sich) hingeben', ‚(sich) übergeben', ‚vergeben', ‚vorgeben', ‚weiter-' und ‚wiedergeben' reicht, begleitet von Substantivierungen wie ‚Begabung', ‚Eingebung', ‚Ergebnis', ‚Be-' und ‚Gegebenheit' und Adverbien wie ‚vergebens'. Die lokalen Präfixe lassen also einen reichhaltigen semantischen Zeit-Raum des Gebens entstehen" (AR 592). Das sprachliche „Geben" reicht bis zu einem „Sich-Geben".

Waldenfels macht dann noch auf eine Besonderheit aufmerksam, die dem Geben eignet und es auf besondere Weise dem responsiven Antworten zuweist. Geben weist auf ein Nehmen hin, also auf ein „Doppelereignis", wie wir es oben als besonderes Ereignis der Responsivität beschrieben haben (s. oben 7.3): „Schließlich ist noch auf einige Besonderheiten dieses eigentümlichen Leitverbs hinzuweisen. ‚Geben' gehört zu den Verben, deren Bezug auf einen Adressaten sich darin kundtut, daß er in einem

‚Nehmen‘ sein Korrelat findet. ‚Geben‘ und ‚nehmen‘ bilden ein *Verbpaar;* diese Paarbildung lässt verschiedene Deutungen zu, wie im Folgenden zu zeigen ist. Grammatisch-lexikalisch bieten sich als Vergleich Verben an wie: ‚lehren – lernen‘, ‚verkaufen – kaufen‘, ‚entleihen – verleihen‘, wobei jeweils der erste Verbalausdruck als Umkehrung des anderen verwendet wird“ (AR 592).

Wir werden auf dieses Doppelereignis von Geben und Nehmen noch zurückkommen, weil es eine besondere, die responsive Form des menschlichen Verhaltens aufschließt.

8.1.2 Geben biblisch

Oswald Bayer nennt mit Verweis auf Röm 6,23 und Joh 3,16 Gabe „ein Urwort der Theol[ogie]“, um zugleich ebenso kritisch wie einladend anzufügen: „was von dieser [der Theologie] aber erst noch zu entdecken und bis in die Ontologie hinein zu ermessen ist“. Bayer hat mit Hinweis auf den „λόγος δόσεως καὶ λήμψεως“ (Phil 4,15) von der „Logik des Lebens“ nach der Bibel gesprochen, die da ist: Die „Logik des Lebens ist: Geben und Nehmen, Nehmen und Geben.“ Das „Geben“ und „Nehmen“ entspricht dem in 1 Kor 15,3 klassisch belegten Begriffspaar „empfangen“ und „überliefern“ – παραλαμβάνειν und παραδιδόναι.[7]

Biblisch ist das „Geben“ in seinen verschiedenen Konnotationen ein Grundwort aller großen theologischen Themen. Dazu nur ein paar Hinweise: „Das erste Wort an den Menschen ist ein Gabewort: ‚Von dem allem darfst du essen‘ (Gen 2,16). [Dann] das Urwort der Gabe im Gabewort des Herrenmahls: ‚Nehmet hin und esset. Das ist mein Leib, für euch gegeben‘ (1 Kor 11,24). [...] δωρεάν gratis (Röm 3,24). Gottes Gabe ist ungeschuldet, unbedingt und bedingungslos; auch nicht durch die erwartete Antwort und Gegengabe der Kreatur wird sie [...] konditioniert“.[8]

Schöpfungstheologisch liegt der Ursprung und Erhalt allen Lebens in der Freigebigkeit Gottes. Die Psalmen singen darauf ein Lob: „Es warten alle auf dich, dass du ihnen Speise gebest zu rechten Zeit. Wenn du ihnen gibst, so sammeln sie; wenn du deine Hand auftust, so werden sie mit Gutem gesättigt“ (Ps 104,27 f). In der Brotbitte des Vaterunsers heißt es: „Unser tägliches Brot gib uns heute“. Die Bitte ist in die Kirche in einschlägige Tischgebete eingegangen: „Alle guten Gaben, alles, was wir haben, kommt, o Gott, von dir: Dank sei dir dafür“, und in zahlreichen Kirchenlieder besungen: „O Gott, du frommer Gott, du Brunnquell guter Gaben“. Gott gilt als der Geber „jeder guten und vollkommenen Gabe“ (Jak 1,17).

Christologisch-soteriologisch wird die Großzügigkeit des Schöpfers in der göttlichen Selbsthingabe Jesu an die Welt gesehen: „Er, der doch seinen eigenen Sohn nicht geschont, sondern ihn für uns alle preisgegeben hat, wie sollte er uns zusammen mit ihm nicht alles schenken?“ (Röm 8,32). Dass Gott sich in Jesus von Nazareth seiner Schöpfung selbst geschenkt hat, wird zum Grund, alles von ihm zu erwarten. Den Bittenden ist darum verheißen: „Bittet, und es wird euch gegeben!“ (Mt 7,7).

---

[7] Bayer, Ethik, a. a. O., 99–124, hier 102.

[8] Bayer, Ethik, a. a. O., 106–107.

Die Pneumatologie weiß vom Geist als der Gabe Gottes (Ez 36,26 f.; Apg 2,38; 10,45), die ihrerseits Grund aller anderen Gaben ist. Deshalb die Rede von den „Gaben des Geistes" (Jes 11,2; 1 Kor 12,1–11). Seit der Schöpfungsgeschichte ist das Gabemotiv für die Schuld Adams und Evas bekannt: „[...] da nahm sie von seiner Frucht und aß und gab auch ihrem Mann" (Gen 3,6).

Eine Ethik der Gabe geht aus von der göttlichen Vorgabe des Lebens und aller seiner Güter, die in den Dienst der Mitmenschen gestellt werden soll: „Dient einander, eine jede entsprechend der Gabe, die sie empfangen hat, als die guten Haushalter der vielfältigen Gnadengabe (χάρις) Gottes" (1 Petr 4,10). Für so von Gott Begabte wird selbst ein vorbehaltloses Geben möglich: „Wer dich bittet, dem gib!" (Mt 5,42). – „Was ich aber habe, das gebe ich dir" (Apg 3,6).[9]

8.1.3 Philosophie des Gebens

Eine Phänomenologie des „Gebens" hat in der klassischen Metaphysik seltsamerweise kaum eine Rolle gespielt. Aber auch nicht in den Systemphilosophien. Anders in neuerer Zeit vor allem in der französischen Philosophie, um nur an Marcel Mauss, Emmanuel Levinas, Jean-Luc Marion oder Derrida, und später an Henaff zu erinnern, und von dort in neueren philosophischen Ansätzen weltweit, in Deutschland erst in Ansätzen.[10] Aber bei genauerem Hinsehen zeigt sich, dass das Interesse der französischen Philosophie zurückgriff auf scheinbar anders ausgerichtete Philosophien, nämlich auf die Phänomenologie Edmund Husserls und Martin Heideggers.

Über die syntaktischen und semantischen Bedeutungen des Gebens seien einige der wichtigsten Grundlagen des intensiven Diskurses einer Philosophie des Gebens genannt: Zunächst bedeutet „Geben" noch einmal sprachlich: „in Besitz gelangen lassen", „schenken", „(dar)reichen", „zuteilen", „bestimmen" (Namensgebung), „gewähren". „Gabe" heißt entsprechend „Geschenk, Dargebrachtes", aber auch „Begabung" (im Sinne von „Anlage"). „Geben" hat stets einen Handlungsaspekt, ohne notwendigerweise einen bestimmten Geber vorauszusetzen: „Gegeben ist...", „Es gibt". Geben im starken Sinn ist ein „Gabe-Ereignis", eine Handlung und ein Vollzug, der eine Trias mit sich führt: die Frage nach einem Geber, nach der Gabe und nach dem Empfänger. Geben kann auch unbestimmt bleiben: „Es gibt". Diese unbestimmte Seite des Gebens ermöglicht, von „Gegebenheit" oder „Gegebenem" zu sprechen, wie es für Husserl, Heidegger und Levinas von Bedeutung wird. Doch auch diese Art von „Gebung" (bei Marion „donation") kann die Handlung nicht ganz verleugnen, so dass gewöhnlich die Frage nach dem „Geber" auftaucht. Im nichtmenschlichen Bereich erscheint Gebung bloß „kategorial", aber in der menschlichen Daseinsgestaltung und -Sinngebung begegnet es in der Art eines „Existentials" (Da-

[9] Frettlöh, Charme, a. a. O., 110–111.

[10] Hoffmann, Veronika (2013), Skizzen zu einer Theologie der Gabe. Rechtfertigung – Opfer – Eucharistie – Gottes- und Nächstenliebe, Freiburg [Gabe]; auch Waldenfels, Hyperphänomene, a. a. O., 222–228; Gondek, Hans-Dieter; Tengelyi, Laszlo (2011), Neue Phänomenologie in Frankreich, Frankfurt.

seinsstruktur), als „Gabe“. Ein „Sich-Geben“, das existential zu verstehen ist, ist mehr als ein „Sich-Zeigen“ einer Gegebenheit. Im existentialen Sinn erhält das Geben einen deutlich ethischen Charakter: „Gabe“ wird zur „Auf-Gabe“.[11]

Marcel Mauss

Schauen wir auf die französische Philosophie des Gebens. Zu nennen ist ein Buch, auf das sich fast alle Forscher, die sich dem Thema des Gebens widmen, in der einen oder anderen Weise beziehen. Es ist das 1924/25 erstmalig erschienene Werk *Die Gabe. Form und Funktion des Austausches in archaischen Gesellschaften* des französischen Soziologen und Ethnologen Marcel Mauss.[12] Mauss beschreibt die Gabepraktiken archaischer Gesellschaften. Er sieht dabei eine scheinbare Widersprüchlichkeit zwischen der offensichtlichen Freiwilligkeit der Gabe und der Tatsache, dass sie dennoch mit einer Form von Verpflichtung einhergeht. Diese Gabepraktiken werden deutlich von solchen des ökonomischen Tauschens unterschieden – es handelt sich also nicht um Formen ‚archaischer Ökonomie‘. Und doch fordert eine gegebene Gabe immer eine Gegen-Gabe. Die Weigerung, in diesen Gabezirkel einzutreten, bedeutet die Verweigerung von Gemeinschaft und kann deshalb einer Kriegserklärung gleichkommen. Denn die ritualisierten, öffentlichen Gestalten des Gebens erzeugen und sichern die Verbindung zwischen den Individuen einer Gruppe. Zugleich symbolisieren sie auch die Beziehung der Menschen zur Natur, den Toten und den Göttern. Die Gabe umfasst und integriert alle Dimensionen des sozialen Lebens und alle Institutionen: Religion, Recht, Ökonomie, Verwandtschaft etc. Sie spielt eine entscheidende Rolle für die Identität und das Funktionieren des Gemeinschaftswesens. Ihre enorme Bedeutung erlangt Mauss’ Studie aber nicht zuletzt dadurch, dass er von diesen ethnologisch orientierten Beobachtungen aus zu der Auffassung gelangt, dass es sich bei der Gabe um ein universales Phänomen handle: Wenn sie auch in modernen Gesellschaften nicht mehr dieselbe öffentliche Rolle spiele wie in traditionellen, so lebe sie doch in weniger sichtbaren, aber für das Zusammenleben dennoch bedeutsamen Formen fort.[13]

Eine berühmte Debatte zur Philosophie der Gabe im Anschluss an Mauss fand zwischen Jean-Luc Marion und Derrida statt. In seiner Auseinandersetzung mit Marion bezog sich Derrida auf Mauss in einer signifikanten Weise: „Einem vielzitierten Diktum Derridas zufolge hat Marcel Mauss in seinem Werk in Wirklichkeit gar nicht von der Gabe gehandelt. Denn, so Derrida, eine echte Gabe wäre nur möglich in

[11] S. Wolf, Kurt (2006), Philosophie der Gabe. Meditationen über die Liebe in der französischen Gegenwartsphilosophie, Stuttgart, 12–14; s. Waldenfels AR 586–626.

[12] Mauss, Marcel (1924), Die Gabe. Form und Funktion des Austauschs in archaischen Gesellschaften. Mit einem Vorwort von E. E.Eyans-Pritchard. Übersetzt von E. Moldenbauer. Anhang: H. Ritter. Die ethnologische Wende. Über Marcel Mauss, Frankfurt ²1994.

[13] Flatscher, Matthias (2004), Derridas „coup de don“ und Heideggers „Es gibt“. Bemerkungen zur Unmöglichkeit der Gabe, in: Zeillinger, Peter; ders. (Hg.), Kreuzungen Jacques Derridas. Geistergespräche zwischen Philosophie und Theologie. Wien, 35–53; Hoffmann, Veronika (2009), Ambivalenz des Gebens. Das Phänomen der Gabe aus philosophischer und theologischer Perspektive, in: Herder-Korrespondenz 63 (2009) 304–308.

totaler Einseitigkeit, in der jede Vermischung mit dem Tausch ausgeschlossen ist.[14] Sie müsste unbedingt gegeben werden: nicht aufgrund von etwas, das der Empfänger getan hat, und nicht in der Erwartung einer Gegengabe. Damit das der Fall ist, dürften aber der Gebende nicht als Gebender, der Empfangende nicht als Empfangender und die Gabe nicht als Gabe erkennbar sein.

Umgekehrt ist nichts, was als Gabe gegeben oder empfangen wird, wirklich eine Gabe; nicht weil sie nicht gegeben oder empfangen würde, sondern weil es, sobald sie als Gabe anerkannt wird, nicht unbedingt gegeben ist und damit keine reine Gabe ist. So sind die Bedingungen der Möglichkeit der Gabe zugleich die Bedingungen ihrer Unmöglichkeit, beziehungsweise die Bedingungen der Unmöglichkeit ihres Erscheinens als Gabe. Wer gibt, um zu geben, zerstört damit zugleich die Gabe".[15] – Die Absetzung Derridas von Maus macht sofort deutlich, dass es bei Maus und Derrida wie Marion um unterschiedliche Konzepte des Gebens und der Gabe geht. Die übliche Debatte bewegt sich normalerweise auf der ökonomischen Ebene, die andere auf einer mehr philosophischen (Derrida) oder phänomenologischen Ebene (Marion).

Jean-Luc Marion

Der andere Ansatz wird bei Marion deutlich. Er wählt gegenüber dem ökonomischen Ansatz einen grundlegend anderen Ausgangspunkt, nämlich den der klassischen Phänomenologie. Er greift auf Husserls „Gegebenheit" (donation) zurück als die Art und Weise, in der alle Phänomene erscheinen. Marion verweist dazu auf Husserls „Prinzip der Prinzipien", auf welches sich nicht nur Marion, sondern jede Phänomenologie seither, insbesondere auch Martin Heidegger, stützen. Es ist der § 24 der *Ideen I*, in dem dieses Prinzip eingeführt wird: „Doch genug der verkehrten Theorien. Am Prinzip aller Prinzipien: dass jede originär gebende Anschauung eine Rechtsquelle der Erkenntnis sei, dass alles, was sich uns in der ‚Intuition' originär, (sozusagen in seiner leibhaften Wirklichkeit) darbietet, einfach hinzunehmen sei, als was es sich gibt, aber auch nur in den Schranken, in denen es sich da gibt, kann uns keine erdenkliche Theorie irre machen. [...] Jede Aussage, die nichts weiter tut, als solchen Gegebenheiten durch bloße Explikation und genau sich anmessende Bedeutungen Ausdruck zu verleihen, ist also wirklich [...] ein absoluter Anfang, im echten Sinne zur Grundlegung berufen, principium".[16]

Husserl sucht einen absoluten Anfang seiner Untersuchungen zur Phänomenologie. Er nennt diesen „Gegebenheit". Es ist diese Gegebenheit, von der anzufangen ist. Sie ist uns in der Intuition oder Anschauung originär gegeben. Was diese sei, umschreibt Husserl sehr allgemein: alles, was sich gibt bzw. ‚darbietet', hinzunehmen, ‚als was es sich gibt', zugleich in den Grenzen, ‚in denen es sich gibt'. Ist das Prinzip des Anfangs scheinbar stark formuliert, mit der „Gegebenheit" selbst beschäftigt sich Husserl kaum mehr. Er beginnt einfach mit den Gegebenheiten, wie Marion bemerkt. Marion dagegen geht auf die „Gegebenheit" selbst zurück, die er französisch als

[14] Derrida, Jacques (1991), Falschgeld. Zeit geben I [frz. Donner le temps 1. La fausse monnaie, Editions Galilée], München 1993.
[15] S. Hoffmann, Ambivalenz, a. a. O. 305 f.
[16] Husserl, Edmund (1923), Ideen I, Hua IV, 43 f.

„donation“ wiedergibt. Fraglich ist allerdings, ob das Wort „donation“, das deutlich das Wort der „Gabe“ konnotiert, dem Begriff der „Gegebenheit“ bei Husserl entspricht, das eher ein kategorialer Ausdruck zu sein scheint.

Alles ist bei Marion Gabe im Sinn des „es gibt“: Es ist „für jemanden“ und so bereits Gabe. Statt über Gabe in der Struktur von „Geber – Gabe – Empfänger“ und damit immer, selbst noch in seiner Ablehnung, in einem ökonomischen und metaphysischen Horizont nachzudenken, muss man Marion zufolge die Gabe einer phänomenologischen Reduktion unterziehen, indem man Geber, Empfänger und Gabe einklammert. Was bleibt, ist die reine Gegebenheit. Die Phänomene sind sich selbst gebende Realitäten.[17]

Alles Seiende erscheint als gegeben. Im Vergleich zur „‚ersten Philosophie‘ (Aristoteles), die beim Seienden beginnt, wird so bei Marion im Blick auf Husserl alles zur ‚Gebung‘, die sich zeigt. Damit wird die Phänomenologie zur ‚letzten Philosophie‘, die nunmehr beansprucht, eine allumfassende, neue ‚Erste Philosophie‘ zu sein. „Dies ist die Grundthese der Philosophie Jean-Luc Marions, die nun vom einfachen Gegebensein bis zur alle Erwartung übertreffenden Offenbarung aufsteigt. Marion entwickelt eine Stufenleiter der Gegebenheiten, die von den Phänomenen des Gegebenen, die mit ‚geringer Anschauung‘ erfüllt sind, bis zu den ‚überwältigenden‘ religiösen Erfahrungen reicht. Es ist eine Stufung von der schlichten ‚Gegebenheit‘ bis zum ‚absoluten Ereignis‘.

Da die These von dem ‚Gegebensein‘ aller Phänomene am eindrücklichsten durch ein ‚Geben‘ im starken Sinn verständlich gemacht wird, stellt Marion in den Vordergrund seiner Untersuchungen die von ihm so genannten ‚saturierten Phänomene‘, die gewohnte Horizonte sprengen. Das methodische Vorgehen steht dabei unter Marions eigenem letztem Prinzip ‚Wieviel Reduktion, soviel Gegebenheit‘.[18] Die Reduktion wird immer weiter getrieben. Die saturierten Phänomene werden exemplarisch in differenzierter phänomenologischer Beschreibung vorgestellt. Sie reichen vom historischen Ereignis über die ästhetische Bildwirkung, die Leiblichkeit in ihrer ‚Selbstaffektion‘ bis zur ‚sprechenden‘ Ikone und schließlich zur Selbstoffenbarung des ‚Christusereignisses‘. Der Übergang in die Ethik erfolgt unter dem Eindruck ‚letzter Hingabe‘ in den verschiedenen Formen der Hingebung, und der Überstieg in die Metaphysik im Verhältnis von ‚Offenbarung und Sinngebung‘“.[19]

Das „reine Geben“ wird zum Paradigma jeder Gebung, insbesondere der Liebe. Dies ist der Punkt, wo die Diskussion Derridas mit Marion beginnt. Derrida äußert seine Vorbehalte gegen Marions „Phänomenologie“ der reinen Gabe und weist auf sein eigenes Anliegen in Hinblick auf Husserl hin, der innerhalb der Phänomenologie a-phänomenologische Bereiche herausgearbeitet hat: „I would like to remain phenomenological in what I say against phenomenology. Finally, what leads me in this

[17] Hoffmann, Ambivalenz, a. a. O. 306. Auf die dativische Struktur des „Es gibt“ hat Lorenz, Phänomenologieverständnis, a. a. O., 142, 146 hingewiesen; er nennt die Strukturontologie mit Rombach „Dativontologie“ (StO 157), Lorenz, Gott, a. a. O., 555–559; ders., Strukturtheologie, a. a. O. 309.

[18] S. auch Böhnke Kirche, 129 Anm.51.

[19] Wolf, Gabe, a. a. O., 31.

matter about the non-phenomenality of the gift is also the non-phenomenality of the 'other' as such, which is something I learned from Husserl's Cartesian Meditations. Husserl says that in the case of the alter ego we cannot have pure intuition, an originary perception of the other; we have to go through appresentation. That is a limit of phenomenology that appears within phenomenology. That is the place where I work also".[20] – Mit anderen Worten weist Derrida bei einer Phänomenologie des Gebens auf Grenzen der „Phänomenologie" selbst hin, in deren Bahnen Marion von Anfang an verbleibt. Derrida weist auf Bemerkungen von Husserl selbst zurück, die dieser hinsichtlich des Themas des „Anderen" geäußert hat, nämlich dass der Andere ein a-phänomenaler Gegenstand sei. Ebenso gelte dies für das Geben und die Gabe. Diese Andeutungen Derridas mit dem Hinweis auf Husserl gehen in die Richtung des Verhältnisses Levinas' zur Phänomenologie und dessen Philosophie des „Anderen".

Jacques Derrida

Wie kommt Derrida zu dieser Stellungnahme? Derrida geht vor allem in seinem Buch *Donner le temps 1. La fausse monnaie* ausführlich der Frage nach, was unter „Gabe", „Gabe-Ereignis" und „Geben" zu verstehen sei. Er weist in der „Vorbemerkung" dieser Publikation, deren erste Konzeption auf ein Seminar aus dem Jahr 1977/78 zurückgeht, aber erst über ein Jahrzehnt später, nämlich 1991, in Buchform erschien, darauf hin, dass er sich bereits in zahlreichen anderen Texten, die bis in die Anfänge seines Philosophierens zurückreichen, der Frage nach der Gabe gewidmet hat.[21]

Geben lässt sich nach Derrida in folgende Momente aufgliedern: Jemand, ein Subjekt oder ein Kollektiv von Subjekten, gibt jemand anderem etwas, nämlich ein Ding oder ein sonstiges symbolisches Objekt – oder in den Worten Derridas: „'irgend einer' (A) hat die Intention, B an C zu geben".[22] Diese dreigliedrige Struktur von Gebendem, Gabe und Gabenempfänger scheint einleuchtend und unumgänglich zu sein, denn jemand muss jemand anderem etwas geben, ansonsten findet ja kein Gabeereignis statt, es würde nichts gegeben werden, niemand würde etwas geben oder niemand etwas erhalten – kurz: so etwas wie „Geben" würde ohne Aufrechterhaltung dieser ternären Struktur überhaupt nicht stattfinden.

Derrida weist jedoch von Anfang an auf eine von ihm gehegte Skepsis gegenüber dieser Trias von Gebendem, Gabe und Gabenempfänger hin. Die von Derrida im Folgenden aufgezeigte Unmöglichkeit der Gabe lässt auf einen provozierten Bruch mit der herkömmlichen Logik des Denkens schließen. Denn, so wendet Derrida ein, die Bedingung der Möglichkeit von Gabe zerstört diese im selben Moment. Die Bedingung der Möglichkeit ist gleichsam auch ihre Unmöglichkeit, da die Gabe im vermeintlichen Akt des Gebens schon zu einem Tauschobjekt zu mutieren droht, da es nach einer Gegen-Gabe verlangt und somit in ein ökonomisches System übergeht. Die Gabe muss jedoch als Gabe jede Reziprozität umgehen, jedes Gebot der Rückga-

[20] Caputo, John D.; Scanlon, Michael J. (Hg.) (1999), God, the Gift, and Postmodernism, Bloomington: Indiana University Press, 75 f.; vgl. Flatscher, Derrida, a. a. O., 44–45.
[21] Derrida, Falschgeld, a. a. O.
[22] Ebd., 21.

be und Zirkulation aufheben, gleichsam außerhalb jeder Symmetrie, jeder Schuld und jedes wirtschaftlichen Kalküls stehen. Die „reine“ Gabe muss nach Derrida, wenn es sie überhaupt gibt, jeden ökonomischen Kreislauf einer Gegen-Gabe durchbrechen, ansonsten wäre sie nicht das, was sie ist, nämlich Gabe, sondern bloß ein Gegenstand des Tausches.

Prägnant macht er auf diese paradoxe und abgründige Situation aufmerksam: „Folglich gibt es keine Gabe, wenn es keine Gabe gibt; aber eine Gabe gibt es auch dann nicht, wenn es eine Gabe gibt, die vom anderen als Gabe gewahrt oder bewahrt wird; in jedem Fall existiert und erscheint die Gabe nicht. Wenn sie erscheint, erscheint sie nicht mehr“.[23]

Derrida: „Folglich müsste die Frage nach der Gabe ihren Ort vor jedem Subjektbezug suchen, vor jedem Selbstbezug des bewussten oder unbewussten Subjekts; und genau das geschieht bei Heidegger, wenn er hinter die Bestimmungen des Seins als eines substantiellen Seienden, hinter Subjekt und Objekt zurückgeht. [...] Nie wird ein Subjekt einem anderen Subjekt ein Objekt geben. Vielmehr sind Subjekt und Objekt stillgelegte Effekte der Gabe“.[24]

Derrida zielt auf eine typische Schwachstelle der herrschenden Logik: „eine Theorie der Gabe ist wesensmäßig außerstande, die Gabe zu denken“.[25] Soweit will Derrida allerdings nicht gehen, dass er überhaupt die Gabe leugnet. Gegen solche Missdeutungen wehrt sich Derrida mit Vehemenz in der 1997 an der Villanova University stattgefundenen Auseinandersetzung mit Marion: „So the gift does not exist as such, if by existence we understand being present and intuitively identified as such. [...] But I never concluded that there is no gift. I went on to say that if there is a gift, through this impossibility, it must be the experience of this impossibility, and should appear as impossible.[26]

Derrida gibt nicht zu verstehen, auf welche Weise eine solche Gabe zu denken sei. Einen Weg dazu könnte Bernhard Waldenfels in seinen Überlegungen zum „Geben“ innerhalb der responsiven Phänomenologie geben. Hat nämlich Derrida der „Semantik der Gabe“ besondere Aufmerksamkeit geschenkt, so betont Waldenfels die „Syntax des Gebens“ und damit den Dativ als Gebefall. In einer solchen Betrachtung treten „hier allgemeine Sprachbewegungen und Sprachrichtungen, also auch Dimensionen des Redens und Tuns, stärker hervor als in einer Betrachtung, die von Sinn und Referenz bestimmter Kennwörter ausgeht“ (DG 2, 282). Waldenfels will „den Ausgangspunkt wechseln und von einem anderen Geben ausgehen, von einem „antwortenden Geben (nicht austauschenden Geben)“ (AR 609). Wir werden im Anschluss an Levinas auf Waldenfels zurückkommen.

8.1.3.1 Heidegger – „Es gibt“ Sein und Zeit

Das Phänomen „Geben“ ist ein bedeutsames Thema vor allem im Spätwerk Martin Heideggers. Der Themenkomplex des Gebens und vor allem das „Es gibt“ hat bei

---

[23] Ebd., 26.
[24] Ebd., 36 f.
[25] Ebd., 44 f.
[26] Caputo, God, a. a. O., 59.

Heidegger eine lange Vorgeschichte: Bereits in seiner ersten Vorlesung aus dem Kriegsnotsemester 1919 findet sich eine Passage zum „es gibt". „Es gibt Zahlen, es gibt Dreiecke, es gibt Bilder von Rembrandt, es gibt Uboote; ich sage: Es gibt heute noch Regen, es gibt morgen Kalbsbraten. Mannigfache ‚es gibt', und jeweils hat es einen anderen Sinn und doch auch jedes wieder ein in jedem antreffbares identisches Bedeutungsmoment. Auch dieses ganz abgeblasste, bestimmter Bedeutungen gleichsam entleerte bloße ‚es gibt' hat gerade wegen seiner Einfachheit seine mannigfachen Rätsel" (GA 56, 67).[27] Ebenso enthalten *Sein und Zeit* (SZ 230) und die Vorlesungen im Umfeld rund um sein erstes Hauptwerk Passagen zum Thema (GA 26, 272). Ausdrücklich widmet sich Heidegger in dem 1962 gehaltenen Vortrag *Zeit und Sein* dem „Es gibt". Aber auch im Zuge der intensiven Lektüre der Dichtung Georg Trakls und nicht zuletzt in *Unterwegs zur Sprache* lässt sich eine nachdrückliche Besinnung auf das „Es gibt" gerade im Zusammenhang mit seinen Überlegungen zur Sprache ausmachen.[28]

In *Zeit und Sein* macht Heidegger eine grundlegende Aussage zu dem „es gibt": „Wir sagen nicht: Sein ist, Zeit ist, sondern: Es gibt Sein und es gibt Zeit. Zunächst haben wir durch diese Wendung nur den Sprachgebrauch geändert. Statt ‚es ist', sagen wir ‚es gibt'.

Um über den sprachlichen Ausdruck zurück zur Sache zu gelangen, müssen wir erweisen, wie sich dieses ‚Es gibt' erfahren und erblicken lässt. Der geeignete Weg dahin ist der, dass wir erörtern, was im ‚Es gibt' gegeben wird, was ‚Sein' besagt, das – Es gibt; was ‚Zeit' besagt, die – Es gibt. Dementsprechend versuchen wir, auf das Es vorzublicken, das Sein und Zeit – gibt. Also vorblickend werden wir noch in einem anderen Sinne vor-sichtig. Wir versuchen, das Es und sein Geben in die Sicht zu bringen und schreiben das ‚Es' groß" (Zeit 5).

„Es gibt" – Sein. Heidegger kommentiert diese Wendung im Blick auf die Philosophiegeschichte: „Im Beginn des abendländischen Denkens wird das Sein gedacht, aber nicht das ‚Es gibt' als solches. Dieses entzieht sich zugunsten der Gabe, die es gibt, welche Gabe künftighin ausschließlich als Sein im Hinblick auf das Seiende gedacht und in einen Begriff gebracht wird.

Ein Geben, das nur seine Gabe gibt, sich selbst jedoch dabei zurückhält und entzieht, ein solches Geben nennen wir Schicken. Nach dem so zu denkenden Sinn von Geben ist Sein, das es gibt, das Geschickte" (Zeit 8).

Die herkömmlichen philosophischen Auslegungsbahnen, die am Vorhandenen orientiert und somit ökonomisch sind, lassen das Denken der Gabe nicht zu. Der immer sich ereignende Entzug im „Es gibt", da das „Es" (qua Seyn) nie (wie Seiendes) ist, wird im Erscheinen selbst, z. B. in der metaphysischen (Sprach-) Philosophie, laut Heidegger, nicht mehr bedacht: „Die Metaphysik achtet jedoch dessen nie, was sich gerade in diesem ov, insofern es unverborgen wurde, auch schon verborgen hat" (GA 9, 380). Das Geschehen des „Es gibt" – und die ihm innewohnende Verborgenheit als Entzug – gerät laut Heidegger in der metaphysischen Tradition völlig außer Blick.

---

[27] Vetter, Helmuth (2014), Grundriss Heidegger. Ein Handbuch zu Leben und Werk, Hamburg, 36–38.
[28] S. Flatscher, Derrida, a. a. O., 44–45.

Es gilt nun, das Sein nicht mehr als Grund für das Seiende und somit stets vom Seienden als dem Begründeten aus zu denken, sondern als „im Entbergen verborgenes spielendes Geben" (Zeit 6) und damit aus der Relation selbst vor allen Relata (Sein – Seiendes) herauszunehmen. Heidegger schreibt das „Es" des „Es gibt" mit Majuskel. Dieses darf aber nicht wiederum als ein substantivierter Grund aufgefasst werden, sondern einzig und allein das Geben selbst – als dieser ‚lichtend-verbergende Hervorgang in die Unverborgenheit' – soll damit in den Blickpunkt rücken.

„Es gibt" – Zeit. Wie das Sein nicht ‚ist', sondern ‚es Sein gibt', so ‚ist' die Zeit nicht, sondern ‚es gibt' sie. Heidegger macht wieder auf den kleinen Unterschied aufmerksam, der aber weitreichende Folgen hat: „Die Zeit ist nicht. Es gibt die Zeit. Das Geben, das Zeit gibt, bestimmt sich aus der verweigernd-vorenthaltenen Nähe. Sie gewährt das Offene des Zeit-Raumes und verwahrt, was im Gewesen verweigert, was in der Ankunft vorenthalten bleibt. Wir nennen das Geben, das die eigentliche Zeit gibt, das lichtend-verbergende Reichen. Insofern das Reichen selber ein Geben ist, verbirgt sich in der eigentlichen Zeit das Geben eines Gebens" (Zeit 16).

Heidegger geht vom Geben des Seins und der Zeit zum „Sprechen" über. Es scheint ein Zusammenhang zwischen Zeit, Sein und Sprechen zu bestehen. Denn wie weder Sein noch Zeit einfach ‚sind', ebenso wenig ‚ist' das Wort. Und Heidegger kommt im Nachdenken zu einem Überdenken des Wortes als Gebendes. Es gibt nicht nur Worte, sondern das Wort selbst gibt. Im Sprechen reicht das Wort das Geben, von dem es sich selbst empfangen hat, weiter. Sprechen wird zur Geste des Gebens: „Was zeigt die dichterische Erfahrung mit dem Wort, wenn ihr das Denken nachdenkt? Sie zeigt in jenes Denkwürdige, das dem Denken von alters her, wenngleich in verhüllter Weise, zugemutet ist. Sie zeigt solches, was es gibt und was gleichwohl nicht ‚ist'. Zu dem, was es gibt, gehört auch das Wort, vielleicht nicht nur auch, sondern vor allem anderen und dies sogar so, dass im Wort, in dessen Wesen, jenes sich verbirgt, was gibt. Vom Wort dürfen wir, sachgerecht denkend, dann nie sagen: Es ist, sondern: Es gibt – dies nicht in dem Sinne, dass ‚es' Worte gibt, sondern dass das Wort selber gibt. Das Wort: das Gebende. Was denn? Nach der dichterischen Erfahrung und nach ältester Überlieferung des Denkens gibt das Wort: das Sein. Dann hätten wir denkend in jenem ‚es, das gibt' das Wort zu suchen als das Gebende selbst, aber nie Gegebene.

Wir kennen die Wendung: ‚Es gibt' in vielfachem Gebrauch, z. B. ‚es gibt an der sonnigen Halde Erdbeeren'; il y a: es hat dort Erdbeeren; man kann sie als Vorkommendes finden. In unserer Besinnung ist das ‚Es gibt' anders gebraucht; nicht: Es gibt das Wort, sondern: Es, das Wort, gibt […]. So verfliegt der ganze Spuk mit dem ‚Es', vor dem sich viele mit Recht ängstigen; aber das Denkwürdige bleibt, kommt erst zum Scheinen" (GA 12, 193–194).

„Sagen, sagan heißt zeigen: erscheinen lassen, lichtend-verbergend frei-geben als dar-reichen dessen, was wir Welt nennen" (GA 12, 200).

Bei allen Unterschieden zwischen Derrida und Heidegger scheint es doch eine Gemeinsamkeit beider Denker in Hinblick auf ihr Verständnis von Gabe zu geben. Sowohl bei Heidegger als auch bei Derrida lässt sich die Absicht ausmachen, den Blick auf eine nicht-ontifizierbare Dimension zu lenken, die mit herkömmlichen Betrachtungsweisen bricht. So wird die Rückgebundenheit an eine Ontologie der Vorhandenheit, die sich ausschließlich am Seienden oder an ökonomischen Systemen orientiert, ebenso in Frage gestellt wie ein Denken, das die Subjektivität zum alleinigen Zentrum der Überlegungen erhebt, da innerhalb dieser Auslegungsbahnen so etwas wie Gabe / Geben nicht in der von Derrida und Heidegger betonten Radikalität zu denken ist. Ein Aufweis der Gabe ist innerhalb dieses traditionellen Bezugsrahmens unmöglich; sie wird – wie Derrida mit aller Deutlichkeit sagt – kein mögliches Objekt eines theoretischen Diskurses.

8.1.3.2 Levinas – vom „Es gibt" zum „Geben"

Für Levinas ist das „es gibt" ein bleibendes Thema, seitdem er es früh von Heidegger gehört hat. Aber Levinas legt das „es gibt" auf andere Weise aus. Es bedeutet bei ihm kein anonymes Geben mehr. Das „es gibt" Heideggers steht zunächst für anonymes Sein. „Geben", auch das Geben des „es gibt", ist für Levinas mehr, es ist ein Geben, das sich im „Sagen (dire)" gibt und Ausdruck verschafft. Geben ist für Levinas kein anonymes „Es gibt"; Geben wird bei ihm in der Vollform seiner Bedeutung, als Grundphänomen, herausgestellt. Geben wird so zum Grundphänomen der Gottesrede wie bei Hemmerle.

Im Folgenden ist zunächst die Abzweigung Levinas' von Heidegger hinsichtlich des „es gibt" aufzuzeigen. Das Geben hinter dem oder im „es gibt" führt in eine weitaus tiefere Dimension als das anonyme und neutrale „Es", das irgendwie gibt. Bei Levinas tut sich im Sagen und Sprechen ein Geben kund. Deshalb ist der Aufgang des Gebens im Sprechen zu verfolgen; es ist das Geben in seinem Vollzug aufzuzeigen. Sodann weist Geben sprechend in die Beziehung des Selbst zum Anderen ein. Es ruft das Selbst in die Verantwortung gegenüber dem Anderen, um sich selbst vom Anderen her zu begreifen. Das Selbst wird ganz in die Verantwortung für den Anderen hineingenommen, es wird mit Leib und Seele vom Anderen betroffen. Wie das Sprechen inkarniertes Sprechen wird, so wird das Geben leibhaftig, es setzt Fleisch und Blut ein. Das Selbst ist so zum Geben seiner selbst gerufen. Das Selbst ist für den Anderen verantwortlich bis hin zum Sich-(für den Anderen)-Geben.

Vom „Es gibt" zum ethischen Geben

Das „es gibt" (frz. „Il-y-a") beschäftigt Levinas von Anfang an. Er hat es bei Heidegger gehört. Er sagt aber auch, dass sein Verständnis nicht dem von Heidegger entspricht. Bei Heidegger sei es ein Ausdruck der „Freude", dass „es gibt". Levinas nennt eine andere französische Quelle, nämlich die von Maurice Blanchot, bei dem das lärmende Rauschen eines neutralen „Es gibt" eher Angst erweckt (EU 36–37). „Dagegen stellt für mich das ‚es gibt' das Phänomen des unpersönlichen Seins dar: ‚es'" (EU 34). Für Levinas ist dieses unpersönliche „Es gibt" ähnlich „so wie ‚es regnet' oder ‚es ist Nacht' [...] die ‚lärmende Stille' des ‚Seins'" (EU 35).

„Es gibt" steht bei Levinas für das Sein. Und er gebraucht für dieses neutrale und anonyme Sein eindrückliche Bilder und Symbole. Es ist das Vorbeirauschen eines „anonymen Seins, das von keinem Seienden in Anspruch genommen wird" und in schwachen Impersonalia wie „es regnet" oder „es ist Nacht" zu einem unverbindlichen Ausdruck kommt[29]: „Etwas geschieht und sei es nur die Nacht und das Schweigen des Nichts. Die Unbestimmtheit dieses ‚Etwas geschieht‘ ist nicht die Unbestimmtheit des Subjekts, bezieht sich nicht auf ein Substantiv. Wie das Pronomen der dritten Person in der unpersönlichen Form des Verbs bezeichnet es keineswegs einen schlecht bekannten Urheber der Aktion, sondern den Charakter dieser Aktion selbst, die in gewisser Weise keinen Urheber hat, die anonym ist. Diesen unpersönlichen, anonymen, aber nicht zu stillenden ‚Verzehr‘ des Seins, der auf dem Grund des Nichts selbst vor sich hin murmelt, halten wir in dem Terminus il y a fest“.[30]

In *Vom Sein zum Seienden (De l'existence a l'existant)* hat Levinas verschiedene Modalitäten des Seins untersucht, die sich aus dem „Es gibt“ ergeben, Seinsmodi im verbalen Sinn wie Schlaflosigkeit, „Müdigkeit, Faulheit, Anstrengung“. Diese Phänomene sind ein „Entsetzen vor dem Sein“ und der Versuch einer Flucht vor ihm (EU 38).[31]

Dieselbe Schrift versuchte die Flucht aus dem Sein zu formulieren. Levinas dachte an das Seiende (l'existant), das sich im Sein poniert und sich dadurch gegen das Sein behauptet. Er sprach von der „Hypostase“ der Seienden, d. h. vom Übergang vom Sein zu einem Etwas. Das war aber zu kurz gedacht, wie Levinas später betont. Denn das Seiende entkommt dem Sein nicht, da das Sein dem Seienden weiterhin zugrunde liegt, [es ihm nicht entkommt]. „Um aus dem ‚es gibt‘ herauszutreten, ist es nicht notwendig, sich zu setzen, sondern sich abzusetzen“. Die radikale Absetzung vom Sein geschieht nach Levinas in der Beziehung zum Anderen, einer „selbst-losen Beziehung (dés-inter-essé)“ (EU 39). Der „Andere“ wird zur entscheidenden Flucht aus dem anonymen Sein.

Hypostase und Sein

Die Hypostase des Subjekts, des Seienden, ist der Grund für die Einsamkeit, ist die Einsamkeit des Seins. „Die Einsamkeit des Subjekts rührt her von seinem Verhältnis zum Sein, dessen Herr es ist. Diese Herrschaft über das Sein ist das Vermögen anzufangen, von sich auszugehen; von sich auszugehen, nicht um zu handeln, nicht um zu denken, sondern um zu sein. [...] Die Einsamkeit ist nicht deshalb tragisch, weil sie Entzug des Anderen ist, sondern weil sie in die Gefangenschaft ihrer Identität eingeschlossen ist, weil sie Materie ist“ (ZA 30–31).

Das Sein schließt das Subjekt ein, macht es einsam.[32] Der Andere reißt das Subjekt aus seiner Selbstbefangenheit, macht das Subjekt verletzlich. „Durch die Verletzlichkeit versuche ich das Subjekt als Passivität zu beschreiben. Wenn es keine Verletzlichkeit gibt [...], dann wird es für sich selbst gesetzt; und in dem Fall ist der Augenblick nicht mehr fern, in dem es Substanz ist, in dem es stolz ist, in dem es imperialistisch ist und in dem es den Anderen als Objekt hat“ (GD 103). Substanzialität ist Selbstbefangenheit, macht stolz, wird eigensüchtig und imperialistisch, indem sie das Fremde und Andere sich unterwirft.

[29] Levinas, Emmanuel (1947), Vom Sein zum Seienden (frz.: De l'existence à l'existant), Freiburg 1992, 12; vgl. Wolf, Gabe, a. a. O., 17.

[30] Ebd., 69.

[31] „Die Schlaflosigkeit“ (ZA 22–24) (EU 34 ff).

[32] Hypostase bei Levinas s. Dirscherl, Nähe Gottes, a. a. O., 367–369, 376–380.

Levinas nennt die Übermächtigung durch das Sein „conatus essendi". Wie die Rede von der Macht des Seins keine formale Rede der Metaphysik mehr ist, sondern existenziale und reale Wirklichkeit, so ist auch das Entrissen werden des Selbst durch den Anderen keine formale Bestimmung, sondern geht in Fleisch und Blut des Selbst ein. Es ist ein Geben mit Fleisch und Blut, das Selbst wird in seiner Leiblichkeit eingefordert. Geben ist leibhaft: „Sich-selbst-entrissen-werden-zugunsten-eines-Anderen im den-eigenen-Bissen-Brot-dem-Anderen-Geben; nicht die Harmlosigkeit einer formalen Beziehung, sondern der ganze Ernst und die ganze Schwere des Leibes, der in der Möglichkeit des *Gebens* seinem conatus essendi entrissen ist. Die Identität des Subjekts tritt hier nicht durch ein In-sich-Ruhen hervor, sondern durch eine Beunruhigung, die mich aus dem Kern meiner Substantialität verjagt" (JS 312).

Das „es gibt" wird von der Gegebenheit zur ethischen Gabe verwandelt: „Die Bedeutung – das Für-den-Anderen – ist dann nicht ein Akt freier Übernahme, ist dann nicht ein *Für-sich*, das die eigene Resignation verleugnet [...]. Die Bedeutung ist die ethische Befreiung des Sich durch die Stellvertretung für den Anderen" (JS 357).

Auch Levinas geht wie Marion auf Husserls „Prinzip der Prinzipien" zurück (SpA 264; GD 47). Auch Levinas geht auf die „Gegebenheit" zurück. Aber auch er nimmt Gegebenheit nicht als bloß gegeben hin wie Husserl, sondern das Gegebene ist bereits von Sinn durchlebt. Die Intuition des primär Gegebenen hat zum Gegenstand nicht irgendein opakes Objekt, sondern etwas, das von Sinn durchlebt ist. Jedes Gegebene trägt Sinn in sich; Levinas spricht ausdrücklich von „Sinn-Gebung" (dt. SpA 138). Anschauung oder Intuition ohne Sinn-Gebung ist nicht möglich. Levinas nennt dieses primäre Wahrnehmen des Sinnes im Gegebenen mit Husserl „Urimpression" (SpA 133–134).[33] Diese ist zwar „vor-prädikativ", aber in ihr haben wir „das erste Subjekt und das erste Objekt, Gebendes und Gegebenes" (SpA 133). Mit anderen Worten entfaltet sich nach Levinas Husserls Urimpression selbst aus einem ihm zugrundeliegenden Geben, das sich in die Zweiheit von Gebendem und Gegebenes gibt. In solcher primären Anschauung erfahren wir die Welt als „gegeben". „Die Welt ist das, was uns gegeben ist. Der Ausdruck ist bewundernswert genau: Gewiss, das Gegebene kommt nicht von uns, sondern wir empfangen es. Es hat schon eine Seite, durch die es Terminus einer Intention ist".[34]

Auch das transzendentale Bewusstsein, das bei Husserl fundamental und zentral der Anfang ist, vollzieht eine Sinn-Gebung. Das Geben geht dem Bewusstsein voraus: „Sinngebung: Alle Realität, alle realen Sinneinheiten setzen nach Husserl ein sinngebendes Bewusstsein voraus, das seinerseits nicht wieder durch Sinngebung ist: das absolute oder transzendental reine Bewusstsein; Husserl bezeichnet es als ‚Feld der Sinngebung' und als ‚Seinssphäre absoluter Ursprünge', die der schauenden Forschung zugänglich sei (Hua III, 120–1)" (GD 177 Anm.). – Die Grundlage des Sinnes liegt jedoch im vor-ursprünglichen Sein, in der Materie oder im Sein-für-den-Anderen: „Die Subjektivität aus Fleisch und Blut, in der Materie – die Bedeutsamkeit der

---

[33] Ur-Doxa bei Husserl (JS 91).

[34] Levinas, Sein, a. a. O., 45 f.; Levinas, Emmanuel (1981); vgl. ders., Dialog, in: Christlicher Glaube in moderner Gesellschaft. 1. Teilband, Freiburg, 61–85, hier 66–67.

Sensibilität, eben der-Eine-für-den-Anderen – ist vor-ursprüngliche Bedeutsamkeit, die jeglichen Sinn gibt, weil sie *gibt*“ (JS 177).

Aber, so bleibt die Frage, bleibt diese intensive Art des „Es gibt“ nicht doch im Letzten, als „Letztgegebenes“, unbestimmt, unpersönlich, selbst wenn der späte Heidegger dafür Begriffe wie „Anspruch des Seins“ oder „Gunst“, ja „Huld“ gebraucht? Ist Gegebenes nicht immer Vorhandenes? So jedenfalls für die theoretische Erkenntnis. Levinas geht hier eindeutig einen Schritt weiter, da er explizit die Gebungs-„Schwere“ des Seins, des „Unendlichen“, „Absoluten“ mit der Idee des „Guten“ identifiziert. Damit befreit er das „Es gibt“ endgültig vom Charakter einer neutralen Gebung und ermöglicht, von einer „Gabe“ des Seins zu sprechen, die von einem „persönlich“ in „Hoheit“ zu denkenden Ursprung kommt und dadurch zugleich ethischen Anspruch gewinnt“.[35]

Hier zeigt sich zugleich der Zugang zur Gabe in ihrer ethischen wie metaphysischen Dimension; denn „Was über die Frage nach dem Sein hinausgehen kann, ist nicht eine Wahrheit, sondern das Gute“.[36] Das Gute aber soll verwirklicht, weitergegeben werden.

Geben als vor-ursprüngliches Sprechen

Geben ist Vorlage oder Grundlage des Sprechens. Levinas: „[D]ie Sprache, die die Sache dem Anderen bezeichnet, ist […] eine erste Gabe“ (TU 252). Sprechen ist Ausdruck des Gebens. Sprechen ist Mit-teilen. Damit ist bereits ein Hinweis auf das Geben im Sinne Levinas gegeben. Geben ist Teilen, Mit-Teilen, bis hin zum Sich-Mit-Teilen: „die Sprache, die die Sache dem Anderen bezeichnet, ist eine ursprüngliche Enteignung, eine erste Gabe […]. Die Transzendenz ist keine Vision des Anderen – sondern ein ursprüngliches Geben […]. Die Transzendenz ist keine Optik, sondern die erste ethische Geste“ (TU 252–253). Der Ausweitung des Gebens im Sprechen bzw. die Vertiefung des Sprechens im Geben ist bei Levinas aufzuzeigen.

Levinas bringt die Verbindung von Geben und Sprechen einmal am Beispiel des Poetischen zur Sprache. Er kommt in einem Text zu Paul Celan darauf zu sprechen: „[Gedicht] ein Sang – das Sagen – steigt im Geben auf, im Einer-für-den-Anderen, in der Bedeutung der Bedeutung selbst. Eine Bedeutung, älter als alle Ontologie und alles Seinsdenken und alles, was Wissen und Begehren, was Philosophie und Libido meinen“ (Noms 125). – Gedicht, das Poetische überhaupt, ist eine Weise des nichtprädikativen, vor-ursprünglichen Sprechens. Es ist ein Geben, das sich dem Anderen öffnet ohne vorgeprägte Worte, sich dem Anderen darreicht, ihm Sinnworte anbietet und bittet, sie entgegenzunehmen und so eine neue Welt entstehen zu lassen.

Levinas öffnet das Sprechen auf das Geben hin. Er breitet das Ereignis des Sprechens als Ereignis des Gebens aus: „Dieses Über-alles-Maß-Hinausgehen ist *Sagen.* Die Redlichkeit ist kein Attribut, welches das Sagen eventuell erhält; durch das Sagen ist die Redlichkeit – bedingungsloses Sich-Aussetzen – erst möglich. Das Sagen gibt dem Anderen ein Zeichen, bedeutet aber in diesem Zeichen die Zeichengebung selbst. Sagen [dire], das mich dem Anderen öffnet, ehe es ein Gesagtes [un dit] sagt, ehe das

[35] Vgl. Wolf, Gabe, a. a. O., 26–29.
[36] Ebd., 11.

Gesagte dieser Redlichkeit zu einer Trennwand zwischen mir und dem Anderen wird. Sagen ohne Gesagtes und so gleichsam Schweigen. Sagen ohne Worte, aber nicht mit leeren Händen. Wenn das Schweigen spricht, dann nicht durch irgendein inneres Geheimnis oder durch irgendeine Ekstase der Intentionalität, sondern durch die hyperbolische Passivität des *Gebens,* die jedem Wollen und jeder Thematisierung voraufgeht. Sagen, welches dem Anderen das Unendliche bezeugt, das mich zerreißt, wenn es mich im Sagen wachruft" (Gott 116). – Sagen und Sprechen sind Ausdruck dieses vor-ursprünglichen hyperbolischen Gestus des Gebens: Wachgerufen werden, Sich dem Anderen öffnen, Sich ihm aussetzen, ohne (gesetzte) Worte durch Zeichen und Symbole, aber nicht mit leeren Händen, sondern durch den Gestus von Leib und Seele. Was kann dieser hyperbolische Gestus erreichen? „Bezeugen" – an dieser Stelle fällt ein erster Hinweis auf die Intentionalität des Gebens und Sprechens. Es ist das „Bezeugen", das durch Handlung und Gestus geschieht. In den Worten von Levinas ein Bezeugen von was? – „dem Anderen das Unendliche bezeugen". Geben ist nach Levinas immer auch Anruf des Unendlichen.

Aber wie es kein reines Sagen (dire) ohne Gesagtes (dit) gibt, so kein reines Geben ohne Gegebenes. Das Geben äußert sich in der Gabe, wenn auch die Gabe nicht bloßes Objekt oder Gegenstand werden darf: „Das vor-ursprüngliche anarchische Sagen, das Nähe ist, Berührung, nicht endende Pflicht – das gegenüber dem Gesagten noch indifferente Sagen, das sich selbst zur Sprache bringt im *Geben,* der – Eine-für-den-Anderen – erfordert die Bedeutung des Thematisierbaren" (JS 351).

Es dürfte ersichtlich sein, dass ein solches Geben im Sagen und Sprechen eine eigenartige Umkehrung des normalen Sprachgebrauchs des Gebens vollzieht. Im Vordergrund steht nicht zuerst der vermeintliche Geber oder auch die Gabe, sondern der im normalen Sprachgebrauch Empfangende. Er wird selbst als Gebender vorgestellt: Der Andere ruft, Ich bin aufgerufen. „Der Andere bleibt unendlich transzendent, unendlich fremd – aber sein Antlitz, in dem sich seine Epiphanie ereignet und das nach mir ruft" (TU 278). Der Angerufene wird dann zum Gebenden, wenn er dem Anruf antwortet. Das Antworten ist Geben, Anerkennen, Würde und Recht dem Anderen geben. „Den Anderen anerkennen – heißt geben" (TU 103). Es vollzieht sich im Grunde die gleiche Umstrukturierung, die wir oben beim Sprechen nach Levinas festgestellt haben. Diese Umkehrung ist ähnlich der Umstrukturierung des Sprechens für das Geben aufzuzeigen.

„Den Anderen anerkennen – heißt geben" (TU 103). Diese Aussage zur Intentionalität des Gebens erinnert an die Aussage des „Me voici" des Sprechens. Sie enthält auf ähnliche Weise eine Umkehrung der normalen Sprache. Am Anfang steht nicht das Ich, sondern der Andere: nicht das „Moi", sondern das „Me", und nicht das „Ich (Selbst)", sondern der Andere. Das Ich erhält sein Selbst durch den Anderen. Es ist die besondere Bedeutung des „Gebens" bei Levinas zu erläutern.

Geben äußert sich sprachlich im „Me voici". „Das Gesicht spricht": „me voici" ist bei Levinas die immer wiedergegebene sprachliche Antwort. Das Gesicht ruft auf, Ich habe mich zu stellen. „Am Anfang oder vor jedem Anfang steht demnach nicht das Ich, sondern das immer schon unter Anklage, eben das heißt: im Akkusativ stehende Ich, und zwar als immer schon angerufenes und so antwortendes Ich; und deshalb, genau genommen, weder Ich noch ich, sondern mich oder, noch genauer, eben antwortend: hier, sieh mich (me voici < vois ici)" (JS 311 Anm.).

„Auf dieses unnachgiebig zwingende Gebot ist die einzige Antwort: ‚hier, sieh mich', bei der das Pronomen ‚ich‘ im Akkusativ steht, gebeugt schon vor jeder Beugung, besessen durch den Anderen, krank (‚Krank bin ich vor Liebe‘, Hoheslied 5,8), identisch. Hier, sieh mich – Sagen der Inspiration, die nicht die Gabe schöner Worte oder Gesänge ist. Zwang zum *Geben,* mit vollen Händen, und folglich zur Leiblichkeit“ (JS 311).

Geben und inkarniertes Subjekt

Geben ist nach Levinas inkarnatorisch. Wer gibt und dabei sich selbst gibt, nennt Levinas „inkarniertes Subjekt“. Geben im Sinne Levinas bleibt nicht theoretisch. Geben geschieht leibhaftig. Was für das Sagen (dire) gilt, gilt auch für das Geben. Sprechen wird leibhaftig; Sprechen inkarniert sich; Wort ist „inkarnierte Sprache“ (TU 297) „Körpersprache“[37]: „die Sprache, die die Sache dem Anderen bezeichnet, ist eine ursprüngliche Enteignung, eine erste Gabe“. Sprache ist selbst schon Gabe, erste Gabe. Sprechen ist Enteignung, ist sich inkarnierendes leibhaftiges Geben.

Die Gabe beginnt, wie Levinas schreibt, mit der Gabe des Wortes. „Indem ich ein Ding bezeichne, bezeichne ich es einem Anderen“. Die Gabe endet aber nicht beim bloßen Wort, denn das Bezeichnen erlaubt es mir, „die Dinge in mögliche Angebote zu verwandeln“ (TI 184 / TU 302), und dieses Angebot schließt ein „Geben des Selbst“ ein (TI 184, 149 / TU 301, 252).

Für-den-Anderen Geben, ist Antwort geben, ist ein Zurück-Geben, eine zweite Gabe, bis hin zur Selbst-Hingabe. Solches Geben als Zurück-Geben nennt Levinas „Rekurrenz“, das Subjekt, das solche Antwort zurückgibt „inkarniertes Subjekt“: „Rückbezüglichkeit des Erwachens, das man als das Erschauern der Inkarnation beschreiben kann, durch welche das *Geben* einen Sinn erhält – ursprünglicher Dativ des Für-den-Anderen, wo das Subjekt Herz, Empfindsamkeit und austeilende Hand wird“ (Gott 114).

Geben ist nicht nur ein Austausch schöner Worte, sondern ist Tun, ist Verantwortung auf sich nehmen mit der ganzen Person, ist Geben mit Leib und Seele, Geben von Fleisch und Blut. Nicht anders das Sagen und Sprechen, das Ausdruck des Gebens ist: „Das Gesicht spricht“ (TI 37 / TU 87). Die erste Begegnung mit dem Anderen ist das Gesicht. Aber wie begegnet das Gesicht? Wir haben gesehen, Gesicht ist keine phänomenale Erscheinung im Sinne einer Phänomenologie. Levinas beschreibt die Erfahrung des Gesichtes immer wieder auf die etwa folgende Weise: „Die Nacktheit seines Antlitzes setzt sich fort in der Nacktheit des Leibes, der friert und der sich seiner Nacktheit schämt. In der Welt ist die Existenz ‚kath' auto‘ eine Misere. Hier besteht zwischen mir und dem Anderen eine Beziehung, die über die Rhetorik hinaus ist. [...]. Die Nacktheit des Antlitzes ist Blöße, Mangel. Den Anderen anerkennen, heißt, einen Hunger anerkennen. Den Anderen anerkennen – heißt *geben.* Aber man gibt dem Meister, dem Herrn, man gibt dem, den man in einer Dimension der Erhabenheit mit ‚Sie‘ anredet [...]. Den Blick des Fremden, der Witwe und des Waisen, ich kann ihn nur anerkennen, indem ich gebe oder verweigere; ich bin frei zu geben

[37] Wohlmuth, Levinas, a. a. O., 229.

oder zu verweigern, aber der Weg führt notwendig durch die Vermittlung der Dinge" (TU 102–105).

Im Geben geschieht die Umkehrung des gewohnten Verhaltens. Zuerst ist das Geben das Anerkennen des Anderen, in seiner Nacktheit und Not. Andererseits gibt man dem Herrn, den man in seiner Erhabenheit mit Sie anredet. Der Andere in seiner Nacktheit und Not, beispielhaft bei Levinas die Witwe und der Waise, wird zum Herrn des Subjekts, Meister und Lehrer des Ich: „Ich kann ihn [den Anderen] nur anerkennen, indem ich gebe oder verweigere" – das ist primäres Geben, weil es freiwillig ist und nicht anders zustande kommt. Dieses freiwillige Anerkennen und Geben ist aber mit Kosten verbunden: „Das Sagen, die passivste Passivität, ist nicht zu trennen von der Geduld und vom Leiden. [...] das Sagen bedeutet das Leiden in Gestalt eines *Gebens*" (JS 121).

Levinas hält sich nicht zurück, die Kosten, welche ein solches Geben vom Selbst verlangt, mit eindringlichen Worten zu beschreiben: „Wenn das Geben die Nähe selbst ist, so erreicht es seinen vollen Sinn erst da, wo es mir das nimmt, was mir mehr zu eigen ist als der Besitz. [...] Geben, für-den-Anderen-sein, wider Willen, doch dabei das Für-sich unterbrechend, heißt: sich das Brot vom Mund reißen, den Hunger des Anderen mit meinem eigenen Fasten stillen" (JS 134).

Geben ist letztlich „Gabe des Selbst" (TI 184 / TU 301). Die Identität des Selbst erwächst aus der Verantwortung für den Anderen. Geben entkleidet das Selbst seiner Substanzialität, seiner Selbstbehauptung. Es entkernt es sozusagen von seiner vermeintlichen Identität. „Die Verantwortung für die Anderen bedeutet – gegenläufig zur Intentionalität und zum Wollen, das zu verschleiern der Intentionalität nicht gelingt – nicht die Enthüllung einer Gegebenheit und seine Aufnahme oder seine Wahrnehmung, sondern meine Ausgesetztheit dem Anderen gegenüber, die jeder Entscheidung vorausgeht. [...] Auflösung des substantiellen Kerns, den das Ich im Selber bildet, Spaltung des ‚mysteriösen' Kerns der ‚Innerlichkeit' des Subjekts durch diese Vorladung zur Antwort [...] Alteration ohne Entfremdung oder: Erwählung (JS 310)".

Der ursprüngliche Dativ, der Gebefall, ist für Levinas „Inkarnation". Solches Geben geht den Leib an, ist „inkarniertes" Geben, ist ein Geben mit ‚Fleisch und Blut': „Der Leib ist nicht lediglich das Bild oder die Figur, er ist genau das *In-sich* der Kontraktion der Selbstheit und ihres Zerspringens. Kontraktion, die nicht die Unmöglichkeit ist, sich zu vergessen, in der Sorge um sich selbst sich von sich selbst zu lösen. Es ist eine Rekurrenz, ein Auf-sich-Zurückgehen von einer unabweisbaren Forderung des Anderen her, Sollen, das mein Sein übersteigt, Sollen, das zur Schuld und äußerster Passivität wird [...], Sollen, das Haben übersteigt, aber das *Geben* ermöglicht. Rekurrenz, die ‚Inkarnation' ist und in der der Leib, durch den das Geben möglich wird, *anders* werden lässt, ohne zu entfremden, denn dieses Andere ist das Herz – und die Güte – des Selben [...] Die Rekurrenz der Selbstheit – die Inkarnation – verfestigt nicht die Seele und lässt sie nicht anschwellen, sondern drückt sie nieder. [...] Das inkarnierte Subjekt ist kein biologischer Begriff. Das durch die Leiblichkeit vorgezeichnete Schema unterwirft auch das Biologische einer höheren Struktur: Ent-eignung" (JS 241–243).

Das Subjekt wird durch leibhaftiges Geben empfängliches „inkarniertes Subjekt": „Der Leib ist weder Hindernis, das der Seele entgegensteht, noch Grab, das sie gefangen hält, vielmehr das, wodurch das Sich die Empfänglichkeit selbst ist. Äußerste

Passivität der ‚Inkarnation‘ – ausgesetzt sein der Krankheit, dem Leiden, dem Tod, das heißt ausgesetzt sein dem Mitleiden und, als Sich, der Gabe, die ihren Preis hat“ (JS 242 Anm.12). Levinas nennt diesen ursprünglichen Dativ Beseelung des Subjekts: „Die Beseelung, das eigentliche Pneuma des Psychismus, die Anderheit in der Identität, ist die Identität eines dem Anderen sich aussetzenden Leibes, der sich ‚Für-den-Anderen‘ macht: die Möglichkeit des *Gebens*“ (JS 157).

In seinem späteren Werk betont Levinas mit besonderer Dringlichkeit die Leiblichkeit eines solchen Gebens, das auf eigene Kosten geht. In *Jenseits des Seins* heißt es: „Doch das Geben hat nur Sinn als ein Sich-selbst-Entrissenwerden-wider-*Willen* und nicht lediglich *ohne* mich; und das Sich-selbst-Entrissenwerden-Wider-Willen hat nur Sinn als ein dem-Sich-in-sich-selbst-Gefallen-des-Genießens-Entrissenwerden; sich das Brot abringen, das man gerade verzehrt. Erst ein essendes Subjekt kann Für-den-Anderen sein oder bedeuten. Die Bedeutung – der-Eine-für-den-Anderen – hat Sinn allein zwischen Seienden aus Fleisch und Blut“ (AQ 93 / JS 168). „Sollen, das das Haben übersteigt, aber das *Geben* ermöglicht“ (AQ 139 / JS 242). [...] Sagen der Inspiration, die nicht die Gabe schöner Worte oder Gesänge ist. Zwang zum *Geben,* mit vollen Händen, und folglich zur Leiblichkeit“ (AQ 181 / JS 311) (AR 616).

„Die Subjektivität des Subjekts ist ebendies: Verwundbarkeit, dem Leiden ausgesetzt sein, Sensibilität, Passivität, die passiver ist als alle Passivität, [...] die auszudrücken ist und die insofern zu *sagen* und insofern zu *geben* ist“ (JS 121).

Wo aber begegnen dem Philosophen das Gute und seine Gabe ganz zwanglos?: „In unserer Lebenswelt; schlicht: in der Gastlichkeit“ – „in einem Haus, das dem Anderen offen steht“, das einem fremden Antlitz „nicht mit leeren Händen“ entgegentritt. Mit dem „Überschuss der Beziehung zum Anderen“ – greifbar in der Gastfreundschaft – beginnt die Ethik und die „Metaphysik“ der Gabe. Die scheinbar vergessene Gabe wird hier für jeden offensichtlich. Bereits im Ansprechen des Gastes, des Anderen, zeigt sich die Gabe; schon die Geste der Einladung „stellt die besessene Welt in Frage“, und sie wird in der Anrede weiter artikuliert. Darum ist „die Sprache eine ursprüngliche Enteignung, eine erste Gabe“. Der Anruf eröffnet die Gabe und erschließt den Geber als Geber im „Angebot“ einer „gemeinsamen Welt“, auf die der Geber zeigt und die er mitteilend weitergibt. Als Akt der Güte, die das Sein des Anderen will und fördert, „öffnet das Anbieten die Perspektive des Sinnvollen“. Gabe will Sinn stiften; darin liegt ihr metaphysischer Bezug, der weiter zu erörtern bleibt.[38]

Geben und Gott

Das „Geben des Selbst“ (TI 184 / TU 301), auf das reines Geben hinausgeht, führt bei Levinas in eine außerordentliche Tiefe: „Die Verantwortung für den anderen Menschen, die Unmöglichkeit, ihn allein dem Geheimnis des Todes zu überlassen – das ist konkret – und durch alle Modalitäten des Gebens hindurch – das Empfangen der äußersten Gabe: für den Anderen zu sterben. Die Verantwortung meint hier nicht eine kalte juristische Forderung. Es ist der ganze Ernst und die Schwere der Nächsten-

[38] S. Wolf, Gabe, a. a. O., 12–15.

liebe" (GD 214–215). Nächstenliebe ist im Verständnis Levinas die Erfüllung reinen Gebens.

Das Verhältnis zum Anderen – zum Du, zur Frau, zum Sohn; im Gespräch, in der Liebe, im Tod – ist ein spezifisches, nicht reziprokes Unterschiedensein, aber kein desinteressiertes Nebeneinandersein, sondern ein „von Angesicht zu Angesicht"-Sein – ein souveränes Uneins-Sein, das „mehr ist als das Eins-Sein" der Metaphysik, denn „gerade dieses Zu-Zweit-Sein" mit dem Anderen „ist das Menschliche, das Geistige", mithin das „Göttliche", das im Antlitz des jeweils anderen Menschen sich zeigt, bevor es noch „gesehen" wird" (Noms 117). Bemerkenswert und beachtenswert ist die Aussage, dass Gott oder das Göttliche im Angesicht des Anderen, im ursprünglich Menschlichen, im Geistigen auftaucht. Der Gebende schlechthin, der Sein und Zeit gibt, das „nicht indifferente" Absolute kann nach Levinas nur „Gott" genannt werden (SpA 294).[39]

8.1.3.3 Waldenfels – Dativ der Responsivität

Für eine Phänomenologie des Gebens verdient die responsive Ethik von Bernhard Waldenfels besondere Beachtung. Über die allgemeine Bedeutung des Gebens als Dativ bzw. Gebefall habe ich oben bereits berichtet. Jetzt soll dem Zusammenhang von Geben und Sprechen nachgegangen werden, wie wir ihn bei Levinas kennen gelernt haben. Und in der Tat ist der Zusammenhang von Sprechen und Geben für die responsive Philosophie von Waldenfels ebenso zentral: „Sprechen schließt ein Geben, Anbieten und Antworten ein" (DG 2, 213, AR 589–595).

Waldenfels hat verschiedentlich auf die philosophische Geben- und Gabe-Diskussion zurückgegriffen (AR, DG 2). Er knüpft dabei zunächst an die Diskussion mit Mauss an (AR 595–608) und berücksichtigt auch Derrida u. a. (AR 596). Zum Verständnis seiner Position muss erwähnt werden, dass er beim Geben von der Differenz von „Geben" und „Gabe" ausgeht, ähnlich wie beim Sprechen von der Differenz von „Sagen" und „Gesagtem". Es sind die Vollzüge von Sprechen und Geben u. a. zu verfolgen, also die Grundphänomene, die offensichtlich eine ähnliche Struktur aufweisen und deshalb einer ähnlichen Erörterung bedürfen.

Waldenfels behandelt das Geben entsprechend dem Sagen und deshalb lenkt er die Aufmerksamkeit nicht so sehr auf die „Gabe", die weithin die Diskussion beherrscht, sondern geht hier zurück auf das „Geben". Im Vordergrund der responsiven Philosophie steht das Geben der Antwort. Es wird unterschieden zwischen dem Antwortgehalt, also dem weitergegebenen vorhandenen Wissen, das dem Fragegehalt entspricht, und dem Antworten, das auf einen fremden Anspruch eingeht: *„Das Geben einer Antwort geht nicht auf in der gegebenen Antwort"* (AR 191), wie das Sagen gegenüber dem Gesagten überschüssig ist. Folglich ist es kein Zufall, dass Waldenfels vornehmlich vom Geben statt von der Gabe redet. In dieser Bevorzugung des verbalen gegenüber dem nominalen Sprachgebrauch deutet sich die eigentliche Pointe seiner Überlegungen und – bei aller Nähe zu Derrida – eine vermittelnde Position zwischen

[39] Ebd., 18.

Mauss’ Identifikation von Gabe und Tausch und Derridas Dekonstruktion der Gabe als Tausch an.[40]

Wenn Waldenfels vom Geben und nicht von der Gabe ausgeht, so legt er den Fokus seiner Betrachtung auf das Ereignis des Gebens. Die Analyse des syntaktischen und grammatikalischen Gebrauchs von Geben dient der Betrachtung, die verschiedenen Formen des Gebens als „Ereignisse im Dativ“ wiederzugeben. Das Paradigma des Gebens ist in der responsiven Philosophie das Antworten. Antworten ist aber nur als Ereignis zu verstehen, als Zusammenspiel von Frage und Antwort. Oder, und das sind die Grundworte des Ereignisses jeden Antwortens, das Zusammenspiel von „Geben“ und „Nehmen“. Antworten ist, wie Waldenfels es formuliert, das Doppel-„Ereignis“ von „Geben“ und „Nehmen“. Der wichtige Beitrag der responsiven Philosophie ist aber die Erkenntnis, dass Geben und Nehmen nicht einseitig auf die im Spiel befindlichen Pole, also Fragenden und Antwortenden bzw. Subjekt und Objekt zu verteilen sind, sondern sie durchdringen sich gegenseitig. Waldenfels spricht von einem „gebendem Nehmen“ und einem „nehmenden Geben“, die sich gegenseitig bestimmen. Aus diesem Grund ist das Ergebnis eines solchen, nennen wir es Gesprächs, nicht von vornherein festzulegen. Ansonsten wäre es kein wirkliches Gespräch. Oder mit anderen Worten, das Ergebnis von „Geben“ und „Nehmen“, das Dritte des Ereignisses, die „Gabe“ ist kein vorher bestimmter, definierter Gegenstand. An dieser Stelle vermag Waldenfels auch die Philosophie von Levinas, bei aller Gemeinsamkeit und Ähnlichkeit, zu modifizieren. „Geben“ ist nach Waldenfels das ausbalancierte Verhältnis von „Geben“ und „Nehmen“. Oder um es grammatikalisch auszudrücken: Es ist die Balance zwischen „Akkusativ“ (Levinas) und „Dativ“ (Waldenfels). Diese Zusammenhänge sind nun zu erläutern.

Antworten ist „Geben“ und „Nehmen“

Das „Geben“ der Antwort ist zugleich ein Nehmen, das Ver-Nehmen des Anrufs. Waldenfels geht auf das Verbpaar „Geben“ und „Nehmen“ auf besondere Weise ein, um das Geben zu verstehen, das nicht ohne das Nehmen ist. Selbstverständlich kann Geben und Nehmen ökonomisch als Tausch verstanden werden; dies ist aber ein verkürztes Verständnis von Geben. Waldenfels geht auf den ursprünglichen Sinn des Gebens im Sagen zurück. Sagen ist ja selbst ein Geben, wie wir gesehen haben. Und wie dem Sagen das Hören entspricht, so dem Geben das Nehmen, Ver-Nehmen. Wie es kein wirkliches Sagen ohne Hören gibt, so kein Geben ohne entsprechendes Nehmen.

In einem Kommentar zur Philosophie Levinas kommt Waldenfels auf die Bedeutung des Dativs auch im Konzept von Levinas zu sprechen. Er schließt sich Levinas an, wenn er die Sinnspitze des Gebens in der „Gabe des Selbst“ sieht. Er macht aber zugleich auf die Bedeutung des Dativs aufmerksam. Das Ereignis des Dativs geschieht im Gegenüber von Geben und Nehmen: „Das Sagen gewinnt seine innere Artikulation im *Sagen zu … (dire à),* im Anreden, Anhören und Antworten, wobei das Anhören bereits ein ‚antwortendes‘ Hinhören besagt. Dieses *Sagen zu* […] vollzieht sich in einem *Geben und Nehmen,* das als ‚Gabe des Selbst‘ (TI 184 / TU 301) und als

[40] S. Frettlöh, Charme, a. a. O., 127–136.

Entgegennahme des Selbst über jede Weitergabe und Übernahme eines bezeichneten Sinnes oder Aussagegehaltes hinausgeht. ‚Das *hic et nunc* selbst geht auf den Besitz zurück, in dem die Sache ergriffen wird, und die Sprache, die die Sache dem Anderen bezeichnet, ist eine ursprüngliche Enteignung, eine erste Gabe *(une dépossession originelle, une première donation)*‘ (TI 148 f., JS 252). Dieses Sprechen im Dativ, das keine autarken Subjekte kennt, sondern nur *Geber* und *Empfänger,* führt dazu, daß die Singularität des Sprechens selbst in den Plural tritt“ (DG 1, 310).

Der Ansatz beim Sagen ist Waldenfels' wichtiger Beitrag in der Gabediskussion. Denn nun kann er formulieren, was er bisher zum „Antworten“ ausgeführt hatte: „Antworten heißt: ich gebe, *indem* ich nehme, und ich nehme, *indem* ich gebe“ (AR 615). Geben ist ein „Doppelereignis“. Es ist nicht auf eine Position zu reduzieren. Diese Formel führt das Geben aus dem einseitig ökonomischen Tauschgeschäft heraus: „Eine Symmetrie zwischen Geben und Nehmen lässt sich nicht herstellen, nicht etwa, weil die Gabe stets geringer ist als die Gegengabe oder umgekehrt, sondern weil das antwortende Geben und Nehmen jedem Vergleich zuvorkommt und über jeden Vergleich hinausgeht. Jeder Vergleich würde das Geben im Gegebenen der Gabe aufgehen lassen und ihm einen bestimmten Tauschwert zumessen und damit die Gabe in eine Art von Ware verwandeln. Demgegenüber gilt es auch hier an einer ursprünglichen Irreprozität festzuhalten (s. o. 3.1). Im vorliegenden Falle bedeutet dies, daß Geben und Nehmen keine bloßen Momente eines Tauschvorgangs sind, der auf den eigenen Vorteil abzielt, der ein gemeinsames Gut befördert oder einer koordinierenden Norm unterliegt. Wer das Geben und Nehmen als einen Güter- oder Gedankenaustausch deutet, vollzieht einen Schluss vom Späteren auf ein Früheres“ (AR 615–6).

Die Formel macht deutlich, dass es sich bei diesem Geben um ein doppeltes Geben, ein Doppelereignis, handelt: Ein *Geben, das nimmt,* und ein *Nehmen, das gibt.* Das Nehmen, das gibt, ist ein Antworten auf das erste Geben. Es ist ein „antwortendes Geben“. Nimmt das Geben, das einen Tausch meint, seinen Anfang beim Mangel des Anderen, den es aufzufüllen gilt, und ist sein Vorrang die Gabe, so enthält dagegen das antwortende Geben immer schon einen Überschuss, nämlich den einer Antwort, die nicht vorauszusehen und nicht auszurechnen, also völlig neu ist.

Das antwortende Geben ist ein Doppelereignis, d. h. es ist eine Bewegung, ein Geschehen, zwischen den gegebenen Momenten. Es kann nicht auf eine Position reduziert werden, sondern das Ereignis entspringt der Doppelbewegung. „Wir haben Geben und Nehmen bisher im Rahmen von Ziel-und Gebotsordnungen betrachtet, wo Geben und Nehmen sich wie Tun und Erleiden, wie Reden und Hören komplementär zueinander verhalten und wo die Rollen des Gebers und Nehmers reihum gehen wie die Rollen von Sprecher und Hörer im Gespräch. Doch demgegenüber zeigten sich Momente des Vorschusses und Überschusses, die über den Rahmen ökonomischer und rechtlich-moralischer Ordnungen hinausgehen. Diese Momente gewinnen eine eigene Bedeutung, wenn wir den Ausgangspunkt wechseln und von einem anderen Geben ausgehen, von einem *antwortenden Geben* (kursiv – KK), das uns *im* Antworten selbst immer wieder begegnet ist. Dieses andere Geben wäre keine bloße Umkehrfigur des Nehmens, sondern wie Hören und Antworten, so wären auch Nehmen und Geben ineinander verwickelt. Weiterhin erfordert der Rückgang vom Gesagten auf das Sagen einen entsprechenden Rückgang vom Gegebenen auf das

Geben. Nur so besteht eine Aussicht, daß das Reden und Handeln zu jenem Dativ zurückfindet, der das Geben bestimmt, das uns im Antworten selbst immer wieder begegnet" (AR 609) (DG 2, 220–223).

Wie Hören und Antworten sind Geben und Nehmen ineinander verwickelt. Das Geben ist aus der Ökonomie zu befreien. Was heißt das? Geben wird im allgemeinen im Zusammenhang von Geben und Nehmen verhandelt. Dem Geben auf der einen Seite entspricht ein Nehmen auf der anderen; hier der Geber, dort der Empfänger. Damit ist Geben aber in der Falle des ökonomischen Rechnens gefangen. „An-ökonomisches Geben" ist verwickelter. Waldenfels spricht von einem „nehmenden Geben" und einem „gebenden Nehmen" (AR 609–618). D.h. der Empfänger wirkt auf den Geber ein und so auch der Geber auf den Empfänger. Mit anderen Worten, das Geben ist in seinem Vollzug als ganzer zu sehen, aus ihm konstituieren sich die Momente. Es ist die Beziehung zwischen Geber und Empfänger in ihrem Ineinander zu betrachten; davon ist dann auch die Gabe bzw. Gegengabe betroffen.

So kommt es zu einer Verdoppelung von Geben und Nehmen, zu einem nehmenden Geben und einem gebenden Nehmen: Das *antwortende Geben*, das einen Anspruch vernimmt, kommt von einem Nehmen her; dieses ist aber ‚kein Ansichnehmen, kein Bekommen oder Erhalten, sondern ein Aufsichnehmen und Übernehmen'; genauer: ‚ein In-Anspruch-genommen-Sein'. Wer antwortend gibt, ist eingenommen vom fremden Anspruch. Aber auch auf der Empfängerseite kommt es beim Entgegennehmen zu einem Geben, einem Antworten auf den Anspruch, der in der Gabe liegt (AR 614–615).

Es geht also um Geben und Nehmen, „die Frage nach einer Art des Gebens und Nehmens, die den Kreislauf des Rechnens und Rechtens durchbricht. [...] Wir sollten uns freimachen, es ginge in erster Linie darum *etwas* zu geben und zu nehmen, [es zeigt sich] das Übermaß des Gebens" (AR 612).

Der Überschuss liegt im Woraufhin des antwortenden Gebens, er liegt in der Überbeanspruchung: „Das Geben, das auf einen fremden Anspruch antwortet, der nicht erfüllbar ist, da er aus einer nicht einholbaren Ferne kommt, hat seinen Ursprung in einem Überschuss, der jede mögliche Ziel- und Gesetzeserfüllung übersteigt. Das, worauf wir antworten, besteht nicht in etwas, das fehlt, das also in einer Ordnung bereits vorgesehen und vorgezeichnet ist, es besteht in einem Außer-ordentlichen, das diese Ordnungen durchkreuzt". – Beim antwortenden Geben ist nicht so sehr entscheidend, was, sondern, dass gegeben wird. Das zu Gebende ist – um M. Heideggers Terminologie zu gebrauchen – weder ein Vorhandenes noch ein Zuhandenes, es entsteht erst im responsiven Gebeereignis selbst; in diesem „erfindet man, was man antwortet; man erfindet aber nicht, worauf man antwortet". Im antwortenden Geben gibt man folglich – so lässt sich paradox formulieren – das, was man nicht hat.[41]

Waldenfels Ausführungen zur Gabe nehmen ihren Ausgang vom Geben einer Antwort, wobei zunächst an eine sprachliche Antwort gedacht ist; doch die Wahrnehmung der Responsivität bleibt nicht auf den sprachlichen Bereich beschränkt, sondern überschreitet ihn auf ein antwortendes Handeln und ein leibliches Responsorium hin. Die vielfältigen Phänomene des Gebens und Nehmens werden im *Antwort-*

---

[41] Ebd., 66–68.

register unter den Dimensionen der Antwort beschrieben. Waldenfels Sichtung des sprachlichen und außersprachlichen Gebefeldes (nicht Gabefeldes!) ist von der Vermutung getragen, ‚dass das Außen eines Gebens, das weder bei sich beginnt noch bei sich endet, sich im Ereignis des Gebens indirekt anzeigt und ausspricht'. Sie wird von vornherein von der Frage begleitet, „ob nicht [...] das Geben im Sinne des antwortenden Gebens jede Systematik sprengt und über jede Ordnung hinausschießt". Es ist die Unterscheidung von Gabe und Geben, mit der sich das Außer-ordentliche des Gebens und Nehmens andeutet.[42]

Mit anderen Worten: Responsivität sprengt den Rahmen jeder Ökonomie. Geben, das responsiv ist, vermag nicht in Tausch oder Ökonomie verwandelt zu werden. Es ist ein Geben, das sich in der Gegenseitigkeit der Momente konstituiert und dabei die Momente selbst mitkonstituiert.

8.1.3.4 Hemmerle – Ansatz beim Verbum Geben

Wenn Hemmerle eine Phänomenologie des Gebens beginnt, macht er deutlich, dass er „Geben" als Grundphänomen versteht. Eine solche Sicht mag nicht selbstverständlich sein. Deshalb greift Hemmerle zur Verdeutlichung auf die bekannteren Grundphänomene des „Sprechens" und des „Lebens" zurück (s. oben 5.2.4.1).

Zugleich macht Hemmerle auf die endscheidenden Veränderungen aufmerksam, die sich im Besprechen der Grundphänomene gegenüber der normalen Sprache auftun: das Hauptwort ist das Verbum, nicht das Substantiv und nicht Subjekt und Objekt; das Verb bezeichnet ein Geschehen, ein Ereignis. Die normale Sprache geht von der Substanz aus, um dem Subjekt unterschiedliche Eigenschaften zu präjudizieren, Subjekt und Objekt zu konstruieren. Nicht so das Verbum. Das Verbum eröffnet ein Feld, in dem sich die Momente gegenseitig bestimmen, eine Struktur, denen bestimmte Momente und ihre Relationen entsprechen. Im Geschehen oder Ereignis selbst konstituieren sich die Momente oder was in der normalen Sprache „Subjekt" und „Objekt" u. a. genannt wird. Dabei meinen die Grundphänomene Sprechen, Leben, Geben u. a. eigene Felder und deren innere Strukturen, die sie aus sich entlassen und wodurch sie sich unterscheiden.

„Das neue Hauptwort: das Verb. – Ansatz bei der Liebe, beim Sich-Geben ist Ansatz beim Geschehen, beim Vollzug. Am Anfang steht nicht mehr das Problem: Wie kommt das Subjekt über sich hinaus und wieder zu sich zurück? Anders gewendet: Wie kommt die Substanz zu ihren Differenzierungen, Bestimmungen, Wirkungen, ohne ihren Rang und ihren Stand in sich selbst zu mindern? Das Denken ist nicht Rückgang hinter den Vorgang, um ihn von einem isolierten Ursprungspunkt aus zu konstruieren. Vielmehr findet sich das Denken je schon bzw. allererst im Vorgang selbst.

Das Hauptwort eines solchen Denkens ist nicht mehr das Substantiv, sondern das Verb. Vom Mitgang mit dem Vorgang aus eröffnet sich, was vorgeht, wer vorgeht, woher und wohin das Vorgehen geht" (Thesen 141–142). – Das Geschehen entfaltet

[42] Ebd., 48–49.

ein Feld, eine Struktur, in der sich die entscheidenden Momente bilden: das Wer und das Was, das Woher und das Wohin der Zeit. Gemeint sind die jeweiligen Zeit-Räume etwa des Sprechens, wie wir sie besprochen haben. Mit anderen Worte geschehen die entscheidenden Differenzierungen und Weichenstellungen im Vollzug der Grundphänomene.

Am deutlichsten mag das Geschehen der Grundphänomene am „Leben" dargestellt werden, wie es Hemmerle vorschlägt: „Nehmen wir zur Veranschaulichung ein Wort, das im Deutschen Verb und Hauptwort zugleich ist: Leben. Die ‚Sache', die das Hauptwort Leben meint, ist der Vorgang, das Geschehen, verbal verstandenes Leben. Seine Identität hat dieser Vorgang im Vorgehen selbst, in der Weise, wie er geht. Leben heißt Ausgehen von sich selbst. Im Ausgehen geschieht ständig die Reproduktion und Restitution des Ausgehens, Leben heißt Weiterleben. Im Ausgehen geschieht zugleich Assimilierung des Äußeren, Aufnahme des Äußeren ins Innere" (Thesen 142).

Was vom Grundphänomen Leben gilt, gilt auf ähnliche Weise von den anderen Grundphänomenen, auch vom „Geben" und „Sich-Geben". „Geben hält nicht fest, was es hat, aber es enthält, was es gibt" (Einheit 111); „[Gott] ereignet sich in seinem Sich-Geben. Gott ist Ereignis vor jeder Feststellung; Sich-Geben ist nicht wieder Objekt, das gegeben, oder Subjekt, das Gebender wäre". Gott wird bei Hemmerle „verbal" ausgesagt (Einheit 217). Ohne auf die Hinweise Hemmerles zu einer Phänomenologie des Gebens Gottes im Einzelnen einzugehen, die im Rahmen dessen verbleibt, was wir bisher zur Phänomenologie des Gebens entwickelt haben, kann doch eine große Übereinstimmung in den Grundzügen mit den Aussagen einer responsiven Phänomenologie Waldenfels und der Levinas festgehalten werden.

8.1.4 Sein als Gabe

Hemmerle will nicht, so hat er die Rede über Gott in den *Thesen* begonnen, mit einer Phänomenologie beginnen, die vom Sein ausgeht, sondern vom Sich-Geben bzw. der Liebe, um umgekehrt Liebe als Sich-Zeigen von Sein und Seiendem aufzuweisen. Am Ende unseres Durchgangs durch die Versuche zu einer Phänomenologie des Gebens hat sich dieses Vorhaben bestätigt. Das Geben ist nicht so sehr von der Seinssage her zu verstehen, sondern umgekehrt das Geben hat sich als Grundzug des Seins und Daseins erwiesen.

Von diesem Stand der Dinge aus schaut Hemmerle auf die Geschichte der abendländischen Philosophie der Ontologie (Seinssage) zurück. Er stellt unterschiedliche Ansätze fest, die auf sehr unterschiedliche Weise vom Sein sprechen. Im Grunde bestätigt Hemmerle in der Seinssage die Unterscheidung Rombachs von Substanz- und Systemphilosophie.

Überwiegend hat die Substanzphilosophie die Ontologie des Abendlandes bestimmt: „Da steht zunächst ein Denken, dem Sein das letzte und äußerste Wort bedeutet. Wie immer Sein sich auslegt, wie viele Gestalten es annimmt, Sein selbst ist mehr als diese Gestalten und Deutungen. Grund allen Sprechens, lässt Sein kein Sprechen zu, das sein Geheimnis nochmals auf etwas anderes zurückführt. Sein selbst erscheint im Denken als der Überschuss über alles Denken. Man mag sich hier erinnern etwa an die Frühschrift des Thomas: *De ente et essentia (Vom Sein und vom Wesen),* in der die Komplexität des Seienden zurückgeführt wird auf den reinen Akt des Seins, aufs esse tantum (Sein, nur Sein). Dieses Einfachste und scheinbar Bestimmungslose drückt gerade die Fülle, den Inbegriff und den Grund aller Bestimmung, aller Inhaltlichkeit von Sein aus. Man mag sich – in anderer Richtung – auch erinnern an die Tradition einer theologia negativa, die weiß, dass man das Geheimnis Gottes im Nicht-Sagen und Verschweigen mehr berührt als im Sagen und Erklären. Das IV. Laterankonzil (1215) hat die Glaubensaussage formuliert, dass alles, was wir von Gott sagen, mehr sagt, wie er nicht ist als wie er ist" (Vorspiel 37–38). – Hemmerle referiert das allgemeine Seinsverständnis, ohne die differenzierenden Forschungen von Ferdinand Ulrich und Stefan Ostern zum Seinsbegriff des Thomas von Aquin miteinzubeziehen.

Darauf führt Hemmerle eine zweite große Strömung der Seinsauslegung an. Es ist die der Systemphilosophie, die mit Descartes ihren Anfang nahm und die Konzepte des Idealismus prägten: „Die dieser Deutung von Sein scheinbar genau entgegen gesetzte und doch komplementär auf sie bezogene verknüpft sich mit den Stichworten Subjekt, Geist. Je mehr das Sein es selbst ist, desto mehr kommt Selbstsein ins Spiel. Sein, das sich selber hat, das sich selber hell ist, ist Steigerung des Seins, ist mehr Sein. Reine Selbsthabe, reiner Aufgang aus sich selbst und daraus sich in sich selber schließende Rückkehr in sich selbst, dies ist die Fülle von Sein. Der Sinn von Sein heißt hier Ursprünglichkeit, Selbstmächtigkeit, Selbstvermittlung. Alles, was ist, das Andere und Andersartige des Seins, lässt sich nur vom Eigenen und Inneren des Geistes her begreifen, es wird zur Station auf dem Wege des Geistes aus sich selbst zu sich selbst. Diese Grundlinie abendländischer Metaphysik führt von den im Mittelalter lebendigen platonischen und aristotelischen Gedanken, etwa der reditio in se completa, der vollkommenen Rückkehr zu sich selbst, über den Ansatz beim Subjekt, der in der frühen Neuzeit hinein verflochten ist ins Substanzdenken (hier ist wiederum Descartes zu nennen), bis hin zum Gipfelpunkt in den großen Systemen des deutschen Idealismus, zumal bei Schelling und Hegel" (Vorspiel 38–39).

Aber Hemmerle bemerkt neben den Hauptströmungen der Seinsgeschichte noch eine weitere, die ein Vorläufer der von Hemmerle selbst vertretenen Seinsverständnisses ist: „Es ist nun keineswegs der Fall, dass die bedeutenden Entwürfe der Geistesgeschichte, die auf den skizzierten Linien liegen, das Recht und den Anlass der jeweils gegenläufigen Linien einfachhin übersehen hätten. Von jedem Einstieg aus lässt sich das Ganze bedenken. Aber es rückt eben in unterschiedliche Perspektiven. Und so ergibt sich eine weitere, zunächst leise, am Ende aber immer mächtigere Hinsicht aufs Ganze. Das eine und unauflösbare Ereignis des Seins ereignet sich im Widerspiel zwischen Selbstsein und Gegebensein, zwischen Ursprünglichkeit und Widerständigkeit. Dieses Ereignis des Seins ist Verhältnis, Gefüge, das die gegenläufigen Pole in--einander spielt, sie differenziert und vermittelt. Ereignis, Gefüge, Proportion, Beziehung als Sinn von Sein, hier sind wichtige Gedanken des mittelalterlichen Theologen Bonaventura, hier ist an der Wende zur Neuzeit Nikolaus von Kues, hier sind Leibniz, die Identitätsphilosophie Schellings und sind mannigfache Anläufe unseres Jahrhunderts von Rosenzweig in etwa über Heidegger bis hin zur Strukturontologie eines Rombach zu nennen" (Vorspiel 39) – Hemmerle sieht wie Rombach in den Vorläufern dieses Seinsverständnisses das Profil der *Strukturontologie* am Werk, wie es die deutlichen Hinweise auf die typischen Momente des Strukturdenkens nahelegen.

Im Ausziehen dieser Tradition, die sich nach Hemmerle auf unterschiedliche Weise in der Philosophiegeschichte immer wieder angedeutet hat, bilanziert er schließlich das Ergebnis, das sich für das Seinsverständnis aus einer Phänomenologie ergibt, die beim Geben beginnt. Es ist bemerkenswert, wie Hemmerle den Strom der Seinsphilosophie aus einem Ursprung hervorgehen sieht, wie wir ihn beschrieben haben. Sein gibt sich zu verstehen als Geben, womit die „Phänomenologie des Gebens“ beginnt: „Die reine Mächtigkeit von Sein gab sich zu verstehen als Sich-Geben. Gewiss ist Sein das Spiel, in welchem der Aufbruch aus sich selbst, die Widerständigkeit des Begegnenden, Gegebenen, insofern: Anderen und der Zusammenhang von beidem, das Verhältnis, die Gefügtheit ins selbe zusammenspielen. Sein aber ist mehr als bloßes Spiel. Es ist ganz Spiel, indem der Einsatz des Ganzen, der Ernst des Sich-Gebens in ihm geschieht. Und im Sich-Geben kehren neu dieselben Momente wieder. Sie heißen nun Geben, Gabe und Einheit von Geben und Gabe, Sich-Gegeben-Sein von Geben und Gabe. Hier lässt sich erahnen, wie wenig das christliche Dogma vom dreifaltigen Gott nur Spekulation ist, wie tief sich in ihm ursprüngliche Auslegung des Sinnes und des Ursprungs von Sein verfasst.

Sich-Geben ist indessen auch philosophisch nicht ein zusätzlicher Einfall zu dem, was sich im Spiel des Daseins offen legt. Wenn wir in diesem Spiel inne stehen, entdecken wir, dass nicht nur wir uns gegeben sind, sondern dass das ganze Spiel sich uns gibt. Wir sind herausgerufen, selbst zu spielen, mit dem ganzen Einsatz zu spielen; aber gerade wenn wir es tun, erfahren wir, dass unser Einsatz Antwort, dass unser Uns-Geben Rückgabe, Gegengabe ist. Am Anfang ist Sich-Geben“ (Vorspiel 40). – „Am Anfang ist Sich-Geben“, so das Fazit Hemmerles seiner Betrachtung des Seinsverständnis in der abendländischen Geschichte. Sein ist kein letztes Formale, kein Abstraktes, kein Letztbekanntes; es ist selbst Geschehen, Ereignis, Vollzug (lat. actus); der Vollzug des Gebens und Sich-Gebens. Gegeben sind wir uns, gegeben ist das Spiel des Daseins, gegeben ist das Sein. Sein ist Gegeben-Sein. „Sein ist Liebe, ist Beziehung“, so die Bilanz, die Hemmerle aus der Seinsgeschichte zieht (Leben 53–54).

Hemmerle führte die Rede von Gott ein: „Ansatz bei der Liebe, beim Sich-Geben“. Und er fuhr fort: Er wolle die „Phänomenologie der Liebe als Phänomenologie des Seins“ vortragen. Wir haben versucht, dieses Programm einer Phänomenologie der Liebe oder des Sich-Gebens als Phänomenologie des Seins im Rückgriff auf Levinas und Waldenfels zu beleuchten. Die Frage stellt sich, auf welche Weise ein solcher Ansatz bei einer Phänomenologie des Gebens und Sich-Gebens das Sprechen von Gott modifiziert und prägt: Es wäre „Gott, der (sich) gibt“. Der Ansatz wurde im Rahmen der Philosophie formuliert. Es wäre zu sehen, welchen Einfluss er in der Theologie haben könnte. Selbstverständlich sicher nicht als Sprungbrett für die Theologie. Da würde den philosophischen Ansätzen Unrecht getan. Auf einem derartigen philosophischen Grund jedoch weiterzudenken, sollte ebenfalls erlaubt sein. Wie wenig es geht oder gehen sollte, die Philosophie Platos oder Aristoteles theologisch zu vereinnahmen, so gut ist vertretbar, dass auf ihrem Fundament theologisch weitergedacht und aufgebaut wurde. Allerdings sollte ein solches Unternehmen immer auch eine kritische Distanz zur sogenannten Hellenisierung des Christentums oder der Ontologisierung des Glaubens haben. Dasselbe wäre zum Blick auf Strömungen der neueren Phänomenologie zu sagen, von denen wir uns bisher Großteils anregen ließen. Es wäre ein großes Missverständnis, Levinas oder Waldenfels oder auch Rombach für theologische Zwecke instrumentalisieren zu wollen. Aber sich als Theologe anregen zu lassen von philosophischen Gedanken, die auch in der Theologie weiterführen, sollte nicht untersagt sein.

Stephan Loos hat das Seinsverständnis Hemmerles theologisch weiter gedacht auf Gott und die Offenbarung hin und folgendermaßen zum Ausdruck gebracht: „Aber wie wäre es, und dies ist die Frage, die über die nächste hinausfragt, vorfragt in das Wesen von Offenbarung, wenn die äußerste und letzte Ursprünglichkeit von der Gestalt, um es paradox zu formulieren, wäre, wenn sie so wäre, dass sie sich geben, sich verschenken, dass sie Agape, dass sie Liebe ist, die, indem sie ihr anderes meint und möchte und will, gerade ihre je größere Herrlichkeit und Wirklichkeit darin bewährt, dass sie es riskiert, sich zu unterbieten, nämlich sich von sich loszureißen, sich in diesem Sinn zu verendlichen, sich auf endliche Weise zu kommunizieren. Könnte es nicht sein, wir können dieses ‚Können' nicht ausdenken, aber dürfte es nicht sein, wenn wir von dem Anspruch der Offenbarung zurück lesen, dass das letzte und äußerste Geheimnis, der letzte und äußerste Sinn von allem der wäre: communio, Mitteilung, Geschenk, Entäußerung, Sein-zu, Sein-für. [...] Und hätte dann nicht eine endliche, abkünftige Gestalt nicht gerade den Sinn, dieses äußerste und letzte zu verschenken und somit einzuholen, indem es es unterbietet, dasein lässt, verstehbar und missverständlich sein lässt für andere?"[43] – Loos hat damit auf äußerst dichte Weise den christologischen Ansatz Hemmerles in Worte gefasst.

Was Loos hier andenkt, ist etwas wie eine Vision. Wir sind noch nicht soweit. Aber in der Tat ist zu fragen, welche konkrete Bedeutung hat eine solche Phänomenologie des Gebens und der Liebe für die großen Themen der Theologie. Bisher konnten wir uns nur an den Ansatz Hemmerles halten, der auf dem Boden einer „Phänomenologie des Gebens" die Rede von Gott beginnen wollte. Es war schon der Ansatz zu klären. Welche Möglichkeiten bietet der Anfang beim Grundphänomen des „Gebens"? Ist er nicht von Anfang an zum Scheitern verurteilt, wenn man auf die mächtige Diskussion über eine „Philosophie des Gebens" achtet, wo es keine Möglichkeit zu geben scheint, wirkliches „Geben" anzunehmen? Wenn Geben immer wieder auf die unterschiedlichsten Weisen auf Tausch und Ökonomie zurückgeführt wird, ist der Begriff selbstverständlich für die Gottesrede nicht tauglich. Wir konnten allerdings andere phänomenologische Konzepte des „Gebens" finden, die von einem anökonomische „responsiven" Geben ausgehen. Die responsive Philosophie Waldenfels eröffnet damit ganz neue Wege.

Es ist vor allem auch die Philosophie von Emmanuel Levinas zu nennen, der auf eine bisher weitgehend verborgene Dimension des Gebens aufmerksam gemacht hat: jedes Sagen und Sprechen ist von einem vorgängigen Geben getragen; Sagen und Sprechen bringen das ihnen zugrundeliegende Geben zur Sprache. Theologisch ist diese Einsicht sehr bedeutsam. Wir haben in dem früheren Teil von „Gott, der spricht" gehandelt. Ist mit dem Sprechen Gottes, der Offenbarung, aber ein Geben Gottes mitgegeben, dann wird der Begriff der „Selbstmitteilung" Gottes, wie er zum

[43] Loos, Religion, a. a. O., 301. Vgl. in diesem Zusammenhang das Offenbarungsverständnis von Marion; Sich-Geben trinitarisch (Böhnke, Einheit, 158).

Verständnis der Offenbarung herangezogen wird, auf ganz neue Weise gefüllt. Überhaupt wird das Kapitel des sprechenden Gottes durch das des gebenden Gottes offensichtlich vertieft.

8.2 Von Gott sprechen – Biblische Hermeneutik (Ricoeur)

Es ist die Frage, wie der Ansatz von „Gott, der (sich) gibt“ auch das konkrete Sprechen von Gott betrifft, also das Sprechen der Offenbarung, der Schrift und der religiösen Sprache insgesamt. Oder mit anderen Worten: Wie die Schrift lesen, sie auslegen und verstehen, wenn sie von Gott spricht, der (sich) gibt? Hier führt uns Paul Ricoeur mit seinen Beiträgen zur biblischen Hermeneutik wiederum weiter. Es ist im Grunde Ricoeurs Frage, insofern er sich mit der Theologie befasst. Ricoeurs Bemerkungen sind tiefgreifend, so dass es sich lohnt, sie in einer etwas längeren Fassung zu zitieren.

Es ist auffällig, dass Ricoeur seine Aussagen zu biblischen Themen mit gleichen Überlegungen beginnt, wie wir sie eben bei Hemmerle hinsichtlich der unterschiedlichen Ansätze traditioneller Seinsverständnisse kennengelernt haben. Ricoeur wehrt zwei grundsätzliche Ansätze philosophischer Theologie zu Anfang ab. Es sind die Ansätze der Substanz- und Systemtheologie. Zuerst seine Bemerkungen zur Substanztheologie, die er Hybris der Metaphysik nennt:

„Eine Vorbemerkung: Das Wort ‚Gott' selbst gehört in erster Linie zu einem Redeniveau, das ich in Bezug auf Aussagen spekulativen, philosophischen oder theologischen Typs, wie zum Beispiel: Gott existiert – Gott ist unveränderlich, allmächtig – Gott ist die erste Ursache, usw., ursprünglich nenne. Ich stelle die theologischen Aussagen auf dieselbe spekulative Seite wie die philosophischen Aussagen, in dem Maße, in dem die Rede der Theologie sich nicht konstituiert ohne den Rückgriff auf Begriffe, die einer spekulativen Philosophie entlehnt sind, sei sie platonisch, aristotelisch, cartesianisch, kantianisch, hegelianisch usw. Die christliche Verkündigung zu hören heißt für den Philosophen, zuerst auf alles onto-theologische Wissen zu verzichten. Selbst und vor allem, wenn das Wort ‚Gott‘ darin vorkommt. Das Amalgam von Sein und Gott ist in dieser Hinsicht die subtilste Verführung. Dieses Verzichten auf das Wissen über Gott vollzieht die moderne Philosophie auf eine gewisse Weise mit ihren eigenen Hilfsmitteln. Ich denke vor allem an Kant und an seine Auffassung vom Ganzen der Philosophie als dem Wissen der Grenzen. Die Anzeige dieses Verzichts ist hier die Idee einer ‚transzendentalen Illusion‘, die die Vernunft notwendig hervorbringt, wenn sie es unternimmt, eine Kenntnis Gottes durch ‚Objekte‘ zu schmieden. Die Paralogismen, die Antinomien werden so für die kritische Vernunft die Instrumente der Askese, durch welche sie sich selbst in das Innere der Grenzen, in denen ihr Wissen gültig ist, zurückführt“ (Gott 57).

Ricoeur macht dann auf eine zweite Hybris der Philosophie aufmerksam, die wir mit der Systemphilosophie identifiziert haben: „Aber dieser Verzicht auf das Wissen über Gott durch die Hilfsmittel der Philosophie allein hat keinerlei apologetischen Wert, selbst nicht in seiner negativen Form. Denn selbst, wenn eine erste Hybris eingeebnet ist, die des metaphysischen Wissens, so ersetzt sie eine zweite Hybris, die eines Wissens, das nicht mehr metaphysisch, sondern transzendental ist. Dieses Wissen setzt das ‚ich denke' als Prinzip alles dessen, was gültig ist. Dieses Wissen konstituiert sich nicht mehr von der Seite der zu erkennenden Objekte her, sondern von den Bedingungen der Möglichkeit des Erkennens, also von der Seite des Subjektes her. Die Idee eines Subjektes, das sich selbst setzt, wird so das nicht mehr weiter begründete Fundament, oder besser das Fundament, das sich selbst begründet, durch den Bezug zu dem jede Gültigkeitsregel abgeleitet ist. So wird das Subjekt die oberste ‚Voraussetzung'. In der Ordnung der Voraussetzungen hält sich aber auch das Hören der christlichen Verkündigung. Aber in einem Sinn, in dem die Voraussetzung nicht mehr Selbst-Begründung, Anfang ihrer selbst und durch sich selbst ist, sondern Annahme eines vorgängigen Sinnes, der seit je her früher war als ich. Hören schließt Sich-Begründen aus. Die Bewegung auf das Hören hin erfordert also einen zweiten Verzicht, das Aufgeben eines Anspruchs, der subtiler und hartnäckiger ist als der des onto-theologischen Wissens. Sie erfordert die Entäußerung des menschlichen Selbst, in seinem Willen zur Herrschaft, zur Selbstgefälligkeit und zur Autonomie. Auf diese Entäußerung bezieht sich das Wort des Evangeliums: ‚Wer sein Leben retten will, wird es verlieren.' (Luk. 9,24) Dieser doppelte Verzicht auf das absolute ‚Objekt' und auf das absolute ‚Subjekt' ist der Preis, der für das Eintreten in die Modalität einer radikal nicht-spekulativen und vor-philosophischen Sprache zu bezahlen ist. Es ist die Aufgabe einer philosophischen Hermeneutik, von dem doppelten Absoluten der onto-theologischen Spekulation und der transzendentalen Reflexion zurückzuführen zu den ursprünglicheren Weisen der Sprache, durch die die Mitglieder der Glaubensgemeinschaft ihre Erfahrung für sich selbst und für die anderen interpretiert haben. Hier ist der Ort, an dem Gott genannt wurde" (Gott 57–59).

Ricoeur nennt die Einverleibung der großen philosophischen Konzepte der abendländischen Tradition für die Theologie Hybris. Er verbindet damit keinen grundsätzlichen Zweifel an den Möglichkeiten einer philosophischen Theologie, nennt sie aber einen Diskurs zweiter Ordnung. Dagegen sollte der eigentliche Diskurs herrschen, den er in der Hermeneutik der Offenbarung sieht, nämlich das Beachten der ursprünglichen Sprache der christlichen Glaubensgemeinschaft, die Sprache der Schrift und die Zeugnisse der Offenbarung: „Ich wiederhole zunächst die anfängliche Behauptung, dass die Analyse des religiösen Diskurses nicht zuerst auf der Ebene von Aussagen in theologischer Form vorgenommen werden darf wie: Gott existiert, Gott ist unveränderlich, allmächtig etc. Diese propositionale Ebene stellt einen Diskurs zweiter Ordnung dar, der nicht denkbar ist ohne die Aufnahme von Konzepten, die einer spekulativen Philosophie entnommen sind. Eine Hermeneutik der Offenbarung muss sich vorrangig den ursprünglichsten Modalitäten der Sprache einer Glaubensgemeinschaft zuwenden, folglich den Ausdrücken, durch die die Mitglieder der Gemeinschaft in ursprünglichster Weise ihre Erfahrungen interpretieren, für sich selbst und für die anderen" (Idee 57).

Um aus den Vorurteilen philosophischer Traditionen der Theologie herauszukommen, geht Ricoeur den Weg der Hermeneutik. Er beginnt mit den Texten der vorliegenden Zeugnisse. Sie sind aufgeschrieben in den Formen geprägter Sprache. Es sind also auch die Texte der Offenbarung auf ihre sprachlichen Formen hin zu untersuchen. Dort finden wir den authentischen Ausdruck der Glaubensgemeinschaft des Alten und Neuen Testaments. So befasst sich Ricoeur zuerst mit den literarischen Formen, den Gattungen, die er die verschiedenen Diskurse der Offenbarung nennt.

Wir haben die literarischen Formen bereits in dem obigen Teil der Offenbarung „Gott spricht“ behandelt. Ricoeur geht es aber nicht nur um die sprachliche Form, sondern die sprachliche Form ist entscheidend für den theologischen Gehalt. Es ist also nicht ohne weiteres möglich, den theologischen Gehalt sozusagen rein und theoretisch herauszudestillieren, ohne die besondere Form zu berücksichtigen, in der sie dem Leser begegnet: „Zweitens haben sich diese ursprünglichsten Ausdrücke in so verschiedenen Diskursformen wie der Erzählung, der Prophetie, den Gesetzestexten, den Weisheitssprüchen, den Hymnen, Bitten und Danksagungen verfestigt. Es wäre ein Vorurteil, diese Diskursformen für bloße literarische Genres zu halten, die man neutralisieren müsste, um ihnen den theologischen Gehalt zu entnehmen. Dieses Vorurteil ist bereits in der Reduktion der ursprünglichen Sprache des Glaubens auf einen propositionalen Inhalt am Werk. Um dieses Vorurteil an der Wurzel zu packen, muss man sich von der Überzeugung leiten lassen, dass die literarischen Genres der Bibel nicht eine rhetorische Fassade aufbauen, die man niederreißen könnte, um einen gedanklichen Inhalt zutage zu fördern, der seinen literarischen Vehikeln gegenüber indifferent wäre. Aber man wird dieses Vorurteil erst dann ganz beseitigen können, wenn man über eine *generative Poetik* verfügt, die für die großen literarischen Genres das wäre, was die generative Grammatik für die Erzeugung von Sätzen nach den typischen Regeln einer gegebenen Sprache ist“ (Idee 57).

Die äußere Form der Texte betrifft nicht nur die äußere Gestalt der theologischen Gehalte, sozusagen ihr äußeres Erscheinen oder Gewand. Die sprachlich geformten Gehalte sind ihrer Bedeutung nach das, wie sie auftreten, und das, was sie sind. Als innerster Kern aller biblischen Diskursformen identifiziert Ricoeur das Glaubensbekenntnis der Glaubensgemeinschaft. Aber das Glaubensbekenntnis ist wiederum nicht auf eine immer gleiche Grundformel zu bringen, sondern es tritt in den literarischen Gattungen des Pentateuch, in der Gestalt der prophetischen Rede, der Tora, der Weisheit oder der Psalmen auf unterschiedliche Weise auf, nicht verschieden in ihrem Sinn, aber unterschiedlich in ihrem Auftreten. Und dementsprechend ist der Glaube des Alten Testament nicht anders als in dieser sprachlichen Gestalt zu haben; beim Neuen Testament wird es ähnlich sein: „Ich befasse mich hier nicht mit den Implikationen dieser These für die Literaturwissenschaft. Sie betrifft den Status des Diskurses, der immer ein Werk eines bestimmten Genres ist, d. h. ein Werk, das als Erzählung, als Prophetie, als Gesetzgebung etc. geschaffen wurde. Ich gehe sogleich zu dem über, was unsere Untersuchung über die Offenbarung betrifft. Ich will sagen, um es kurz zu machen, dass das Glaubensbekenntnis, das sich in den biblischen Texten ausdrückt, in unmittelbarer Weise durch die Diskursformen geprägt ist, in denen es sich ausdrückt. So ist die Differenz zwischen Erzählung und Prophetie, die für das Alte Testament so charakteristisch ist, als solche theologisch bedeutsam. Es kann sich nicht jede beliebige Theologie mit der Form der Erzählung verbinden, sondern nur eine Theologie, die Jahwe als den großen Befreier feiert. Die Theologie des *Pentateuch,* wenn das Wort ‚Theologie‘ selbst nicht voreilig ist, ist eine Theologie, die der Struktur der Erzählung entspricht, d. h. eine Theologie in Gestalt einer Heilsgeschichte. Aber diese Theologie bildet kein System, denn auf demselben Niveau der Radikalität oder Originalität zerstört der *prophetische* Diskurs die Sicherheit, die auf der Rezitation und der Wiederholung der Gründungselemente aufbaut. Das Motiv des ‚Tages Jahwes‘ – Tag der Trauer, nicht der Freude – ist kein rein rhetorisches

Motiv, das man eliminieren könnte. Dasselbe gilt von der Weisung der *Tora* und ebenso vom spirituellen Gehalt des *Hymnus*. Das, was verkündigt wird, wird jedes Mal durch die Form der Verkündigung qualifiziert. Nur in diesem Spiel des Kontrasts, zunächst zwischen Erzählung und Prophetie, dann zwischen Geschichte und Gesetzgebung, dann zwischen Gesetzgebung und Weisheit, schließlich zwischen Weisheit und Lyrik, konstituiert sich das religiöse ‚Sagen' [le „dire"]" (Idee 57–58). – Es ist auffällig, dass Ricoeur hier auf das religiöse Sagen und Sprechen von Levinas (dire) zurückgreift, um das Ineinander von unsagbarem ‚Sagen' (dire) und der Notwendigkeit der ‚Sage', des Thematisierten (le dit), hinzuweisen. Offensichtlich will er ein gleiches Verhältnis zwischen dem unsagbaren Geheimnis Gottes und den Formen seiner Sagbarkeit in Schrift und Offenbarung andeuten.

Die genannten hermeneutischen Überlegungen sind entscheidend für die Gottesrede im Alten und Neuen Testament. Die Schrift spricht nach Ricoeur nämlich auf eine polyphone Weise:

„Die Nennung Gottes in den ursprünglichen Ausdrucksgestalten des Glaubens geschieht nicht einfach, sondern vielfältig. Oder vielmehr: sie ist nicht einstimmig, sondern vielstimmig. Die ursprünglichen Ausdrucksgestalten des Glaubens sind komplexe, so unterschiedliche Redeformen wie Erzählungen, Prophetien, Gesetze, Sprichwörter, Gebete, Hymnen, liturgische Formeln, sapientiale Schriften. Alle diese Redeformen zusammen nennen Gott. Aber sie nennen ihn auf verschiedene Weise" (Gott 59).

Die Verbindung zwischen theologischem Gehalt und sprachlicher Form ist in jeder dieser Redeformen keine zufällige. Es wird nicht dieselbe Aussage in jeweils anderer Form gemacht, sondern die Nennungen Gottes sind auch inhaltlich verschieden.[44]

Es sind somit die unterschiedlichen Sprechformen zu beachten, um den Sinn der Aussagen über Gott zu erkennen. Im Folgenden geht Ricoeur die bekannten literarischen Genera durch und versucht anhand ihrer das jeweilige Gottesbild zu charakterisieren. Im obigen Teil der Offenbarung „Gott spricht" haben wir die großen literarischen Diskurse der Bibel nach Ricoeur bereits vorgestellt. Jetzt ist nicht so sehr auf die Form als auf den Gehalt der Diskurse zu achten. Wie wir bereits früher gesehen haben, ist die *Erzählung* für Ricoeur primär. Das Glaubensbekenntnis des Alten Testamentes erfolgt vor allem in Erzählungen; die narrative Struktur durchformt aber auch die anderen Diskurse. Dementsprechend ist für Ricoeur das Ereignis, das erzählt wird, primär; das Wort oder die Worte, in denen das Ereignis ausgedrückt wird, sind demgegenüber sekundär: „In diesem Sinne muss man sagen, dass Gott zu nennen zuerst ein Moment des narrativen Bekenntnisses ist. Gott wird genannt in der erzählten ‚Sache'. Dies gegen eine gewisse Emphase der Theologien des Wortes, die nichts als Wortereignisse bemerken. In dem Maße, in dem das narrative Genus primär ist, ist die Spur Gottes in der Geschichte, bevor sie im Wort ist. Das Wort ist sekundär, insofern es die Spur Gottes im Ereignis bekennt" (Gott 60).

Ricoeur geht die großen Diskursformen der Schrift durch und achtet dabei nicht nur auf die sprachlichen Formen, sondern charakterisiert nun vor allem die themati-

---

44 Hoffmann, Veronika (2009), Offenbarung denken? Paul Ricoeurs Begriff des Zeugnisses, in: Orth, Poetik, a. a. O., 67–88, hier 70–71.

schen Aussagen zu Gott, die Gottesrede der Schrift. Er achtet darauf, wie Gott in den verschiedenen Formen zur Sprache kommt. Vor allem achtet er darauf, auf welche Weise Gott zur Sprache kommt, als Person und in welchen Personalpronomina. Entsprechend begegnet der Glaubende und Hörende Gott. Als jeweils Antwortender steht er in einer bestimmten Beziehung zu Gott. Sprechend dafür ist etwa der Unterschied zwischen narrativem Glaubensbekenntnis und dem Bekenntnis der Prophetie: „Vor allem beschäftigt [...] der wohlbekannte Gegensatz zwischen Erzählung und *Prophetie.* In der Erzählung scheint niemand zu sprechen; es ist, als ob die Ereignisse sich selbst erzählten: Gott wurde somit in der dritten Person im Horizont des erzählten Ereignisses genannt. In der Prophetie gibt sich die prophetische Stimme selbst kund, im Bewusstsein, berufen und gesandt zu sein (‚Das Wort des Herrn erging an mich: Auf! Rufe Jerusalem laut ins Ohr...‘ Jer. 2, 2). Gott wird jetzt als die Stimme des Anderen hinter der prophetischen Stimme bezeichnet. Anders gesagt, Gott wird genannt in der doppelten ersten Person, als Wort eines anderen in meinem Wort. Man begreift, wie durch das Vergessen des narrativen Genus und der anderen Genera, in denen Gott ebenfalls genannt wird, eine gewisse Hypostasierung des prophetischen Genus dazu geführt hat, Offenbarung und Inspiration zu identifizieren und die Nennung Gottes vollständig zu ‚subjektivieren‘. Gott, der als Stimme hinter der Stimme genannt wird, wird das absolute Subjekt der Rede“ (Gott 60–61).

Ricoeur achtet besonders auf die Personweise, wie Gott in den verschiedenen Diskursformen zur Sprache kommt, wie gesehen in narrativen Texten eher als „Er“, in prophetischen als „Stimme hinter der Stimme (des Propheten)“. Aber nicht nur die Präsenz der Person Gottes kommt unterschiedlich zum Ausdruck, sondern auch das Glaubensereignis, die Erfahrung von Göttlichem und Weltlichem, wird anderes. In der prophetischen Erfahrung ist die Erfahrung der Zeit etwa ein hervorstechendes Merkmal: „Man zerbricht also die wesentliche Dialektik des Narrativen und des Prophetischen. Man zerbricht sie vor allem auf der Ebene der grammatikalischen Personen selbst, während das prophetische ‚Ich‘ immer durch das narrative ‚Er‘ ins Gleichgewicht gebracht worden war. Aber man zerbricht sie noch mehr auf der Ebene der Ereignisse selbst. Denn die Prophetie ist nicht nur ihre eigene Stimme, sondern sie ist wie die Erzählung vom Ereignis angezielt. Ohne die Prophetie auf die Vorhersage der Zukunft zu beschränken, streckt sich die Prophetie doch nach vorne aus, ‚dem Tag Jahwes‘ zu, von dem der Prophet sagt, dass er kein Tag der Freude, sondern ein Tag des Schreckens sein wird. Der Widerstreit zwischen dem nahen Bevorstehen der Drohung (Prophetie) und der Erinnerung an die gründenden Ereignisse (Erzählung) führt einen Bruch in den Sinn der erzählten Geschichte selbst ein. Die Spannung zwischen Erzählung und Prophetie drückt sich so in einer Dialektik des Ereignisses aus und bringt ein paradoxes Verständnis der Geschichte hervor, als einer gleichzeitig in der Erinnerung begründeten und durch die Prophetie bedrohten. Dergestalt ist selbst im prophetischen Genus Gott in dem Ereignis und durch das Ereignis genannt und nicht nur als Stimme hinter der Stimme“ (Gott 61–62).

Ricoeur führt seine Analyse der Nennungen von Personen und Namen für die anderen Genera fort. So für die Unterweisung, die „Tora“: „Auch alle anderen Genera der Rede, in denen der biblische Glaube seinen Ausdruck gefunden hat, müsste man zusammenrufen, nicht nur in einer Aufzählung, die sie nebeneinander gestellt belassen würde, sondern in einer lebendigen Dialektik, die ihre Interferenzen zeigen würde. So tendiert die Weisung gebende [prescriptif] Rede der *Torah,* von der narrativen Rede und von der prophetischen Rede getrennt, dahin, sich auf die Dimensionen eines Imperativs einzuschränken, den Kant gleichzeitig für heteronom halten würde, wegen des Ursprungs des Gebotes, und für bedingt, wegen seiner Verbindung mit Versprechen und Drohungen. Gott wird somit als Urheber des Gesetzes genannt. In sich selbst genommen ist diese Nennung nicht falsch: Es gehört zum Sinn dieser Nennung, dass ich mich selbst als in der zweiten Person von Gott bezeichnet erfahre: ‚Du sollst den Herrn deinen Gott lieben, mit ganzem Herzen, mit ganzer Seele und mit ganzer Kraft.' (Deut. 6, 5) Dieses Du bin ich. Aber diese doppelte Nennung Gottes als des Urhebers des Gesetzes und meiner selbst als seines Vis-à-vis erhellt sich nur in der Dialektik zwischen der Weisung gebenden Rede und den anderen Redeweisen.

Zuerst ist die Weisung der Tora organisch mit den gründenden Ereignissen verbunden, die in der ‚großen Geschichte' erzählt werden und deren Kern der Exodus bildet. Zu diesem Übereinandergreifen zwischen dem Präskriptiven und dem Rezitativen fügt sich der konkrete Charakter der Gefährtenschaft [compagnonnage], der sich an die Idee des Bundes heftet. Dessen moderne Bezeichnung als Imperativ hinterlässt für uns nur noch die abstrakteste Spur des ursprünglich Gemeinten" (Gott 62).

Und noch einmal erhält die Erfahrung eine andere Gestalt, wenn die Tora mit der Prophetie verglichen wird: „Der konkrete Charakter der Unterweisung bestätigt sich, wenn man auf der anderen Seite den prophetischen Befehl und die prophetische Sendung heranzieht. Auch diese bezeichnete den Propheten als in der zweiten Person angerufen: ‚Geh und rufe.' Der gesandte Mensch ist so durch die prophetische Stimme als ‚Du' personalisiert. Dann wurde dieses ‚Du' das ‚Ich' der doppelten Stimme des Ausrufers. Eine ähnliche Dialektik der Personen vollzieht sich mit dem, was man die ethische Stimme nennen könnte: Das ‚Du' des Anrufs wird das ‚Ich' der Verantwortlichkeit.

Die Dialektik des Ethischen und des Prophetischen, die das Gegenstück zur Dialektik des Ethischen und Narrativen bildet, setzt sich über den Austausch von prophetischer und ethischer Stimme hinaus fort. Sie schreibt sich ein in die Bewegung des Befehlens, das sich Zug um Zug in der Genauigkeit der unzähligen Gebote entfaltet oder sich allein in das Trachten nach Heiligkeit oder allein in das Gebot der Liebe zusammendrängt. Das neue Gesetz, der neue Bund drücken, wenn man so sagen darf, eine Ethik gemäß der Prophetie aus. Gott wird dann genannt als Der, der sagt: ‚Und ich schenke ihnen einen neuen Geist. Ich nehme das Herz von Stein aus ihrer Brust und gebe ihnen ein Herz von Fleisch' (Ez. 11,19)" (Gott 63).

Die Unterscheidungen der verschiedenen Diskursformen sind offensichtlich am Alten Testament gewonnen. Aber für das Neue Testament gilt Ähnliches. In ihm verdichten sich die genannten Formen „Das Neue Testament treibt dieses Spiel des Austauschens bis zum Extrem. Das neue Gebot, wieder aufgenommen aus dem Deuteronomium, fügt sich in den evangelischen Bericht vom Leben des Erlösers ein, und nur in der Erinnerung an die Auferstehung und unter dem Vorzeichen der Verheißung der allgemeinen Auferstehung lässt sich das Gesetz des Reiches verstehen" (Gott 63).

Eine besondere Diskursform stellen die Bücher der Weisheit dar. Sie zeigen wiederum einen eigenen Charakter, besonders auch, wenn sie mit den anderen Diskursformen in Vergleich gebracht wird: „Aber die Nennung Gottes in der Erzählung, in der Prophetie und in der Weisung darf nicht der Bereicherung durch die *Weisheit* und den Hymnus beraubt werden. Die Weisheit ist nicht nur in den sapientialen Schriften enthalten. Den Rahmen des Bundes überschreitend bezieht sich ihre Betrachtung auf die Verfasstheit des Menschen in seiner Gesamtheit. Sie bezieht sich direkt auf Sinn und Nicht-Sinn der Existenz. Sie ist ein Kampf für den Sinn angesichts des Nicht-Sinns. Das ungerechte Leiden nimmt darin einen zentralen Platz ein in dem Maße, in dem es seine Rätselfrage an die Verbindung von faktischer Ordnung und ethischer Ordnung stellt. Darum sagt die Weisheit weniger, was man tun soll, als vielmehr, in welcher Weise man aushaken, das Leiden erdulden soll. Die Nennung Gottes ist hier weniger personalistisch als in der Weisung oder in der Prophetie, sei es, dass das Nichts Gottes der Unbegreiflichkeit Gottes gegenübergestellt wird, nämlich seinem Schweigen und seiner Abwesenheit, sei es, dass die Weisheit selbst wie eine transzendente, kaum personalisierte Entität gepriesen wird. Eine ganz andere Stimme als die prophetische oder als die ethische Stimme lässt sich hören, die nicht ohne gemeinsame Züge mit dem narrativen ‚Er‘ ist. An der Grenze der Weisheitsrede begegnet ein verborgener Gott, der den anonymen und unmenschlichen Lauf der Dinge als Maske nimmt. Auf eine neue Weise verinnerlicht sich das Verhältnis zu Gott im Hymnus der Lobpreisung, der Bitte und der Danksagung. Das ist nicht mehr nur der Mensch, der ein ‚Du‘ für Gott ist, wie in der prophetischen Sendung oder in der ethischen Weisung, sondern Gott wird ein ‚Du‘ für das menschliche Du. Diese Bewegung zur doppelten zweiten Person hin vollendet sich im Dankpsalm, wie die Bewegung zur doppelten ersten Person hin in der prophetischen Stimme als der Stimme des Anderen ihren Höhepunkt erreichte“ (Gott 63–64).

Eine Besonderheit innerhalb der biblischen Sprechformen machen die Psalmen aus. Denn sie sind Gebete, in denen der Beter Gott direkt anspricht mit Du und das Ich des Beters von Gott selbst angesprochen wird: „Ich möchte diesen Weg nicht beenden, ohne das lyrische Genre erwähnt zu haben, dessen herausragendster Ausdruck die *Psalmen* sind“. An anderer Stelle nennt Ricoeur die Psalmen und Hymnen „Sprache der Liebe“ (Liebe 13–27) und weist damit auf die Besonderheit dieser Texte hin.

„Hymnen, Bitten und Danksagungen konstituieren ihre drei großen Genres [der Psalmen]. Es handelt sich hier keineswegs um marginale Formen des religiösen Diskurses. [...]

Durch die flehentliche Bitte finden die Unschuldsbeteuerungen des Gerechten immer noch ein Du als Gegenüber, an das er seine Klage richten kann. Das Buch Hiob hat uns mit seinem Schluss gezeigt, wie die Fähigkeit zum Leiden [le savoir souffrir], die die Weisheit lehrt, durch die Lyrik der flehentlichen Bitte erhöht wird, ebenso wie die Erzählung durch das Lob erhöht wurde. Diese Bewegung in Richtung auf die zweite Person vollendet sich im Dankpsalm, wo die dankbare Seele jemandem Dank sagt. Die Anrufung erreicht ihre größte Reinheit, ihre größte Uneigennützigkeit, wenn das Flehen [supplication], von jeder Bitte um etwas [demande] entlastet, sich in Dankbarkeit verwandelt. Unter diesen drei Gestalten des Lobes, der Bitte und der Danksagung wird das menschliche Wort zur Anrufung: Es bezeichnet Gott nicht mehr nur in der dritten Person wie in der Erzählung oder spricht in seinem Namen in der ersten Person wie in der Prophetie, es richtet sich jetzt auch in der zweiten Person an Gott. Dabei gestehe ich gerne zu, dass die Ich-Du-Beziehung möglicherweise bis zum Überdruss hypostasiert worden ist durch das, was man den religiösen Personalismus eines Martin Buber oder eines Gabriel Marcel nennen könnte. Dieses Verhältnis findet sich de facto nur im Psalm und dort vor allem im Bittpsalm. Man kann deshalb nicht sagen, dass die Idee der Offenbarung gänzlich in dieser Kommunikation von Person zu Person aufgeht. Wie wir gesehen haben, begegnet die Weisheit einem verborgenen Gott, der den anonymen und den Menschen entzogenen Lauf der Dinge als Maske verwendet. Man muss sich deshalb auf den Hinweis beschränken, dass der Ursprung der Offenbarung im Durchlaufen der drei Positionen im Personensystem – ich, du, er – unter Modalitäten bezeichnet ist, die niemals vollständig zur Deckung kommen" (Idee 55–57).

Es sei nur erwähnt, dass bei Ricoeur die Form des „Gebetes" offensichtlich unterbelichtet ist. Das Gebet ist die eindringlichste Form der Zuwendung des Gläubigen an das „Du" Gottes. Ricoeur ordnet das Gebet der Bitte ein, ohne zu bedenken, dass das Gebet in sich selbst wiederum alle Weisen des Lobes, Dankes und Bittens umfasst, aber in der direkten Zuwendung an das Du.[45]

Ricoeur fasst dann seine Beobachtungen systematisch zusammen und formuliert das Ergebnis: „So wird Gott in verschiedener Weise genannt in der Erzählung, die Ihn erzählt, in der Prophetie, die in Seinem Namen spricht, in der Weisung, die Ihn als Ursprung des Imperativs anzeigt, in der Weisheit, die Ihn sucht als Sinn des Sinnes, im Hymnus, der Ihn in der zweiten Person anruft. Deswegen lässt sich das Wort ‚Gott' nicht begreifen als ein philosophischer Begriff, sei es der Begriff des Seins im Sinne der mittelalterlichen Philosophie oder im Sinne Heideggers. Das Wort ‚Gott' sagt mehr als das Wort ‚Sein', denn es setzt den ganzen Kontext der Erzählungen, Prophetien, Gesetze, Weisheitsschriften, Psalmen usw. voraus. Der Bezugspunkt ‚Gott' ist so durch die Konvergenz aller dieser partiellen Redeweisen angezielt. Er drückt das Kreisen des Sinnes in allen Formen der Rede, in denen Gott genannt wird, aus" (Gott 64–65). – Noch einmal weist Ricoeur auf den primären Sinn der biblischen Texte hin, die durch Texthermeneutik zu erheben sind, wobei die philosophische und systematische Begrifflichkeit der sekundären Ordnung zuzuweisen ist.

8.2.1 Der Gottesname (Ex 3,14–15)

Im Folgenden soll die Offenbarung des Gottesnamens Ex 3,14 vorgestellt und kommentiert werden. Dabei werden wir Aussagen der jüdischen Philosophen Rosenzweig, Buber und Levinas anführen, sodann wichtige Hinweise des Alttestamentlers Erich Zenger und Bemerkungen von Paul Ricoeur zu Ex 3,14. Damit soll die bisherige Interpretation des Gottesverständnisses auf die Probe gestellt werden.

In Ex 3,13–15 stellt Mose Gott im brennenden Dornbusch die Frage nach seinem Namen. Und Gott antwortet „Ich bin der ‚Ich-bin-da'" (so die Einheitsübersetzung).

[45] S. zum Gebet und seiner herausragenden religiösen Gestalt Schaeffler, Richard (1988), Kleine Sprachlehre des Gebetes, Einsiedeln; ders. (1989), Zwei Weisen des Sprechens von Gott. Eine Einführung in die Theorie der religiösen Sprache, Düsseldorf; sowie Görtz, Heinz-Jürgen (2013), Klaus Hemmerles „Einübung ins Gebet" – eine kleine „Phänomenologie des Glaubens", in: Bausenhart, Phänomenologie, a. a. O., 266–283.

Die Offenbarung dieses Namens gibt wie bekannt viele Rätsel auf. Aber zunächst sollte der Text weitergelesen werden, denn Gott fährt fort: „So sag den Israeliten: JHWH (Er-ist-da), der Gott eurer Väter, der Gott Abrahams, der Gott Jakobs, hat mich zu euch gesandt“. Die entscheidenden Verse lauten:

„Mose fragte: ‚Sie aber werden mich fragen: Wie heißt er? Was soll ich ihnen dann sagen? Gott antwortete Mose: ‚Ich bin der ‚Ich-bin-da“. Und er fuhr fort: ‚So sollst du zu den Israeliten sagen: Der ‚Ich-bin-da‘ hat mich zu euch gesandt‘. Weiter sprach Gott zu Mose: ‚So sag zu den Israeliten: JHWH (Er-ist-da), der Gott eurer Väter, der Gott Abrahams, der Gott Isaaks und der Gott Jakobs, hat mich zu euch gesandt. Das ist mein Name für immer, und so wird man mich nennen in allen Generationen“ (Ex 3,13–15).

Der Gottesname gibt viele Rätsel auf, die nur angedeutet werden können. Die Rätsel betreffen zuerst den Sinn von „אֶהְיֶה אֲשֶׁר אֶהְיֶה *ehyeh ăšer ehyeh*“. Was ist mit „hjh“ gemeint? Welche Bedeutung hat das Futur? Genauer das doppelte Futur im Haupt- und Nebensatz, das zweimalige *„ehyeh“?* Insgesamt fragt sich, ob die Nennung ein Name ist? Oder welche Bedeutung kommt der Nennung zu? Dazu kommt, dass das einfache Nennen „Ich bin der ‚Ich-bin-da‘“ offensichtlich hebräisch in das Tetragramm JHWH, ein „Vier-Buchstaben-Wort“, transponiert, sozusagen hypostasiert wurde. Was aber im Hebräischen nur eine Folge von signifikanten Buchstaben ist, wurde in den Übersetzungen als substantivischer Name wiedergegeben, zumeist als „Κύριος“ seit der Septuaginta.

Die Septuaginta hat „hjh“ mit „sein“ wiedergegeben und dementsprechend hätte sich Gott genannt: „Ἐγώ εἰμι ὁ ὤν“. Das ist aber schwierig, weil das Hebräische kein entsprechendes Wort in der Bedeutung des abendländischen Seins hat. Buber und Rosenzweig übersetzen es deshalb mit „dasein“. „hajah“ = „dasein“ (Rosenzweig), „das hebräische [‚Hajah‘] ist ja nicht wie das indogermanische ‚sein‘ seinem Wesen nach Kopula, also statisch, sondern ein Wort des Werdens, Eintretens, Geschehens“.[46]

Die Phrase *„ehyeh ăšer ehyeh“* wird sodann auf sehr unterschiedliche Weise wiedergegeben so: „Ich bin der ‚Ich-bin-da‘“ (Einheitsübersetzung), „Ich bin der, der ich sein werde (einfaches Futur)“, „Ich werde sein, der ich sein werde (doppeltes Futur)“ oder „Ich werde dasein, als der ich dasein werde“ (Rosenzweig).

In der Übersetzung der Septuaginta fällt die Dimension der Zeit völlig aus. Gott ist „Sein“ und als Sein gedacht, nämlich überzeitlich, universal, abstrakt. Die klassischen rabbinischen Kommentare finden in der Buchstabenfolge des Tetragramms JHWH die drei Zeitformen von Vergangenheit, Gegenwart und Zukunft angedeutet: „er war“, „er ist“, „er wird sein“ entsprechend den Buchstaben „HaJaH (er war), HoWeH (er ist), JiHiJeH (er wird sein).[47]

Und in der Tat werden in der Formulierung „Ich bin, der ich sein werde“ Gegenwart und Zukunft angesprochen: Gott ist gegenwärtig der, welcher er in Zukunft

[46] Albertini, Francesca (2002), היה/hjh versus εἶναι/einai? Das Verb ‚sein‘ im hebräischen und im griechischen Denken, in: Noor, Jüdisch, a. a. O., 125–140.

[47] Mosès, Stéphane (2004), „Ich werde sein, der ich sein werde“. Die Offenbarung der Namen in der biblischen Erzählung, in: ders., Eros und Gesetz. Zehn Lektüren der Bibel, München 2004, 65–80, hier 74.

sein wird. Die Vergangenheit ist im Zusatz angesprochen: „So sag den Israeliten: JHWH (Er-ist-da), der Gott eurer Väter, der Gott Abrahams, der Gott Jakobs, hat mich zu euch gesandt". Gott verweist auf die Väter, auf Abraham und Jakob, denen gegenüber er auf eigene Weise als Gott auftrat. Gerade diese Verquickung der Zeiten von der Zukunft in der Gegenwart und der Gegenwart aus der Vergangenheit ist für Stéphane Mosès dafür aufschlussreich, wie und was Gott ist: „Der Begriff Gott wird hier durch die drei menschlichen Erfahrungen definiert, durch die hindurch die drei Patriarchen Gott wahrgenommen haben und deren jede sich von den beiden anderen unterscheidet. Die Formel stellt damit nicht die Einheit Gottes an den Anfang, sondern die Vielheit seiner Manifestationen; die Einheit tritt erst allmählich in den Vordergrund".[48]

Das Tetragramm („Vier-Buchstaben-Wort") JHWH entspricht diesen möglichen Modi des Verständnisses: „Adonai" (hebr.), „Κύριος" (Septuaginta). „Dominus" (Vulgata) „Herr" und „Mein Herr" (rabbinisch) entspricht der weithin Tradition gewordenen Übersetzung der Septuaginta. Da das „Sein" in der abendländischen Philosophie herrschend geworden ist, herrlich im wahren Sinn des Wortes, wird auch Gott mit diesen Attributen belegt: „Κύριος", der „Herr", „mein Herr".

Die Benennung des Tetragammes als „Der Ewige" (Calvin, Moses Mendelsohn) folgt einem anderen Verständnis, dem zeitlichen, wie eben angedeutet. Denn Gott, der „er war", „er ist", „er sein wird" wird zwar mit Ausdrücken der menschlichen Zeit charakterisiert, aber die Gleichzeitigkeit aller drei Zeitformen ist jenseits jeder menschlichen Erfahrung der Zeit. „Diese – von den Mystikern oft erwähnte – Erfahrung ist die einer Kontraktion der Zeit (die nicht mit ihrer Aufhebung gleichzusetzen ist), in der älteste Vergangenheit und die entfernteste Zukunft in der Intensität einer und derselben Gegenwart aktualisiert werden" (Stéphane Mosès).[49] Diese Gleichzeitigkeit aller drei Zeitformen kann nur als Ewigkeit verstanden werden. Insofern hat die Bezeichnung „Der Ewige" eine tiefe Bedeutung.

Ex 3,14 bei Franz Rosenzweig, Martin Buber und Emmanuel Levinas

Franz Rosenzweig hat zum Verständnis des Gottesnamens in Ex 3,14 wichtige Anregungen gegeben.[50] Sie entstammen Überlegungen zur Verdeutschung des Gottesnamens von Ex 3,14 im Gespräch mit Martin Buber[51]: „Buber hatte zunächst die Lutherübersetzung ‚Ich werde sein, der ich sein werde'" übernehmen wollen. Dagegen wendet Rosenzweig ein: „[M]it sein geht es nicht. Das ist im Deutschen hoffnungslos platonisiert wie in allen nachplatonischen Sprachen, das mittelalterliche Hebräisch nicht ausgenommen. Wir wollen doch nicht die Abscheulichkeiten der

48 Ebd., 77.
49 Ebd., 75.
50 Die Interpretation Rosenzweigs von Ex 3,14 verdanke ich Görtz, Leben, a. a. O., Exkurs B.
51 S. Rosenzweig, Franz, Der Mensch und sein Werk. Gesammelte Schriften IV: Sprachdenken im Übersetzen (zit. als GS IV) 2. Band: Arbeitspapiere zur Verdeutschung der Schrift, Dordrecht 1984, 93–96.

Septuaginta weitergeben“.[52] Rosenzweig meint das Ἐγώ εἰμὶ ὁ ὤν der Septuaginta, das den Zusammenschluss der griechischen Metaphysik mit der Bibel und damit die onto-theologischen Voraussetzungen abendländischer Philosophie und Theologie ermöglicht hatte.

Es ist der Ort, an dem Levinas Einlassungen zum Gottesnamen besondere Bedeutung zukommt. Im Hintergrund steht die Sicht Rosenzweigs auf den biblischen Gott. Im Sinne der abendländischen Seinsphilosophie erscheint ihr Gott sozusagen als „Urphänomen“. Er ist ein „Urphänomen“ neben den beiden anderen „Urphänomenen“ „Welt“ und „Mensch“. Im ersten Teil des *Stern der Erlösung* setzt sich Rosenzweig mit den Urphänomenen auseinander und kommt zum Schluss, wie Casper formuliert: „Die Urphänomene sind gleichwohl nur Begriffe, d. h. Noemata. Und zwar deshalb, weil sie Erscheinungen des zwar rein fragenden, aber dennoch zeitlos anschauenden Denkens sind. Die Voraussetzung der Zeitlosigkeit des Denkens ist in der Erhebung der Urphänomene als die noch unbedachte Voraussetzung enthalten. Über die wirkliche Wirklichkeit der Urphänomene ist mit der Erhebung ihrer zeitlosen Phänomenalität deshalb auch noch nicht das mindeste ausgemacht. Sie werden sich vielmehr im Nachhinein, von der wirklichen zeitlichen Wirklichkeit her gesehen, als Abstraktionen erweisen“.[53]

Die wirkliche Wirklichkeit Gottes kann durch das metaphysische Denken nicht erreicht werden. Für die Erfahrung Gottes gilt die Aussagen Rosenzweigs: „Das Denken ist zeitlos, will es sein. [...] Sprechen ist zeitgebunden, Zeit genährt“ (DND 150–151). Es bedarf des zeitgenährten Sprechens von Gott. Es ist zurückzukommen auf das Zeitverständnis Levinas. Wir hatten gesehen: „Die Zeit des Selben“ ist die natürliche Zeit, „die Zeit des Anderen“ die andere Zeitlichkeit im Verständnis von Levinas. Die Zeit des Selben ist durch „Syn-chronie“ gekennzeichnet; die Zeit des Anderen gibt Levinas als „Dia-chronie“ wieder. Gott ist im Bruch der Synchronie nur als Diachronie zu erreichen. Das darlegende und synchronisierende Sprechen ist umzukehren in dia-chronisches, an-archisches Sprechen, wie es das Sprechen in der Verantwortung vor dem Anderen erfordert. Ein anderes Sprechen ist erfordert. Bei Rosenzweig ist es die „Umkehr des ‚metalogischen Denkens‘ in das ‚erfahrende Denken‘“.[54] Die Beziehung zum Anderen erfordert ein Geschehen der Umkehr. Es bedarf der Erfahrung des Anderen, eine Erfahrung, die nicht aus mir stammt, sondern Erfahrung des Anderen und Fremden ist. Levinas spricht von einer „expérience de l'absolument extérieur“ (SpA 214).

---

[52] Rosenzweig, GS IV 2, 93; „sein“ gesperrt gedruckt. – Demgegenüber hat Benedikt XVI. in seiner Regensburger Vorlesung mit der Septuaginta einen „wichtigen Schritt der Offenbarungsgeschichte“ ausgemacht und gerade die Übersetzung des Gottesnamens auf den Prozess bezogen, in dem der „biblische Glaube“ dem „Besten des griechischen Denkens von innen her entgegen“ gehe; vgl. Benedikt XVI. (2006), Glaube, Vernunft und Universität. Erinnerungen und Reflexionen, in: ders.: Glaube und Vernunft. Die Regensburger Vorlesung. Kommentiert von Gesine Schwan, Adel Theodor Khoury, Karl Lehmann, Freiburg, 2006, 11–32, hier 20 bzw. 19.

[53] Casper, Dialogische, a. a. O., 91; s. Görtz, Spur, a. a. O., 143–149. Levinas' Sicht auf Rosenzweig an diesem Punkt s. Görtz, ebd., 246–249.

[54] Görtz, Spur, a. a. O., 143–149.

Die Zeitlichkeit des Anderen meint eine neue Temporalität. Die neue Temporalität Gottes gibt Levinas mit dem Symbol der „Spur“ wieder. Die Spur wird von Levinas dabei in einem besonderen Sinn verstanden, nicht als Spur, die jemand mit der Absicht hinterlässt, etwas Bestimmtes zum Ausdruck zu bringen. Levinas möchte die Spur so verstanden wissen wie die Spur, die derjenige, der das perfekte Vergehen begehen wollte, unabsichtlich dadurch hinterlässt, dass er die Spuren, die er machte, zu verwischen suchte. Die Spur, um die es Levinas geht, stört die natürliche Ordnung der Welt, und zwar dadurch, dass sie sich nicht als ein lesbares Zeichen in der Welt kundgibt. „Ein Zeichen hinterlassen (laisser une trace) heißt deshalb zugleich ‚es verwischen (s‘absoudre)‘“.

Die Temporalität der Spur verfolgt eine neue und andere Zeitlichkeit: Sie ist immer schon vorübergegangen. Sie ist selbst Spur einer ganz anderen Zeit. Sie bedeutet den Bruch meiner Zeit, der „Zeit des Selben“. Sie kann nie in das vergegenwärtigende Denken eingeholt werden, wie es dem natürlichen Denken entspricht. Die Spur „impose une toute autre ordre version du temps“ (SpA 256).[55]

Was bedeutet nun diese neue Temporalität für den Gottesnamen in Ex 3,14? Die Diachronie ist Bruch, sie zerreißt das System des Seins. Rosenzweig stellt die neue Lesart der Stelle vor. ‚Hajah‘ hat einen anderen Sinn als ‚Sein‘. „‚Hajah‘“, fährt Rosenzweig fort, „hat ja nicht die Verstocktheit unseres Seins, sondern die Plötzlichkeit eines Eintretens“[56], d. h. die unausdenkbare Grundlosigkeit eines Ereignisses. „Die Worte sind nicht ‚Philosophie der Bibel‘“, fährt er in seinem Durchschreibeheft zu Exodus fort, „sondern ganz aus dem Augenblick herauswachsend und dadurch freilich auch die Ewigkeit fassend“. Und schließlich spricht er die entscheidende Umkehrung aus: „Der Gegenwärtige ist auch der Seiende, aber das Sein braucht nicht gegenwärtig zu werden.“

Rosenzweig ist sich der Dichotomie dieser Aussage bewusst. Wie kann der Ewige und immer Seiende zugleich im Augenblick und nur im Augenblich gegenwärtig sein. Die unmittelbar ontologische Deutung im Sinne der alten Metaphysik wird hier aufgebrochen in jene des Sinnhorizonts der Offenbarung. Dieser erst vermittelt dann auch den neuen, diesem Sinnhorizont sich verdankenden ontologischen Sinn des Schriftworts: „Nur weil dieser dir gegenwärtig Werdende“, so fährt Rosenzweig fort, „dir immer gegenwärtig werden wird, wenn du ihn brauchst und rufst – ich *werde* dasein –, nur deshalb ist er dann unserem Nachdenken, Nach-denken, freilich auch der Immerseiende, der Absolute, der Ewige, losgelöst dann von meiner Bedürftigkeit und meinem Augenblick, aber doch nur loszulösen, weil jeder zukünftige Augenblick eines jeden an der Stelle dieses meines jetzigen stehen könnte. Diese Ewigkeit wird also nur sichtbar an einem, an meinem Jetzt, dieses ‚absolute Sein‘ nur an meinem präsenten Dasein, jenes ‚Reine‘ nur am Unreinsten“.[57] – Gott kann nach Rosenzweig nicht ‚rein‘ angeredet und genannt werden. Rosenzweig nennt ihn, den Ewigen und Immerwährenden mit dem Namen „ER“.

Levinas ist hier deutlicher. Die Dichotomie kommt bei ihm deutlicher heraus. Sie führt schließlich zur Nennung des Göttlichen oder Unendlichen „Illéité“ und zum

---

[55] S. Casper, Angesichts, a. a. O., 37–42.

[56] So Rosenzweig im Durchschreibeheft zu Genesis 7,16.

[57] Rosenzweig, Franz, Brief an Martin Goldner vom 23.6.27, GS I 2, 1158–1162, hier 1161.

Namen „IL“.[58] Erinnern wir uns an die zentrale Aussage Levinas: der Mensch ist Zeuge der „Herrlichkeit des *Unendlichen.* Das Gesicht als Spur“ (JS 211, 317). Das „Unendliche“ tritt als „Herrlichkeit“ auf. Aber nicht direkt, sondern immer nur als „Spur“. Spur, die nie unmittelbar zu lesen und zu denken ist, sondern, die sich verwischt, sobald sie erscheint. Spur der Herrlichkeit, der Transzendenz. Transzendenz, die nie unmittelbar zugänglich ist und doch im Sagen gegenwärtig wird. Spur ist anwesend im Anderen: „Das Gesicht als Spur“. Die Spur ist im Gesicht des Anderen anwesend. Anwesend ist der Andere, das „Du“. Im Du ist zugleich anwesend das Unendliche in seiner Herrlichkeit. Aber nicht als Du, sondern als „IL (ER)“ (EU 81).[59] Es ist eine „Beziehung beiseite (relation latérale)“, eine indirekte, vermittelte Beziehung, die sofort verschwindet, wenn sie ergriffen werden soll. Das „IL“ ist eigentlich kein Name, es steht aber für einen Namen, da die Beziehung irgendwie genannt werden soll. Es ist auch ein „ER“, es ist kein neutrales, namenloses ES.

Von dem „IL“ leitet Levinas den abstrakten Begriff „illéité“ ab, den er dem Unendlichen und Göttlichen gibt. Illéité ein abstrakter Begriff sicher, aber gerade kein abstrakter Begriff, wie wir es gewohnt sind, von „Dieu (Gott)“ etwa den abstrakten Begriff der „divinitas (Gottheit)“ metaphysisch zu bilden. Ein Begriff, den wir zu bilden genötigt sind, der aber auch nicht leer ist, sondern als „Rätsel“ und „Spur“ sich zeigt (Deshalb erscheint auch fraglich, ob die deutsche Übersetzung der „Jenigkeit“, die Wolf vorschlägt, dem Sinne von „illéité“ im Sinne von Levinas entspricht). Illéité ist persönlich zu lesen: „La ‚relation avec illéité‘ est ‚personnelle et éthique“ (SpA 230). „Illéité […] gibt Anlaß, das Wort Gott auszusprechen, und läßt doch nicht ‚Gottheit‘ sagen (fait prononcer le mot Dieu, sans laisser dire divinité) – was absurd gewesen wäre, als ob Gott ein *sein* wäre“ (AQ 206 / JS 353).

Rosenzweig und Buber übersetzen daher schließlich Ex 3,14 mit: „Ich werde dasein, als der ich dasein werde“.[60] Rosenzweig erläutert dazu, dass „aus dem erzählerischen Zusammenhang nur eine Übersetzung gerechtfertigt [sei], die nicht das Ewigsein in den Vordergrund rückt, sondern das Gegenwärtigsein, das Für-euch-und Beieuch-dasein und -dasein werden“.[61] An anderer Stelle heißt es dazu in einem Brief: „[A]lle, die hier das ‚Sein‘, den ‚Seienden‘, den ‚Ewigen‘ finden, platonisieren. Nicht als ob das nicht auch alles daran hinge. Aber es hängt daran und steckt darin als philosophische Konsequenz. Der unmittelbare Sinn ist ein anderer, viel zugespitzter, viel direkterer: […] Gott nennt sich nicht den Seienden, sondern den Daseienden, den dir Daseienden, dir zur Stelle Seienden, dir Gegenwärtigen, bei dir Anwesenden oder vielmehr zu dir Kommenden, dir Helfenden. Denn das hebräische [‚Hajah‘] ist ja nicht wie das indogermanische ‚sein‘ seinem Wesen nach Kopula, also statisch, sondern ein Wort des Werdens, Eintretens, Geschehens.“

---

[58] Casper, Angesichts, a. a. O., 42–44.

[59] Levinas, Anspruchsvoll, a. a. O., 119, weist auf die entsprechend liturgische Praxis hin; vgl. ebd., 55–56.

[60] GS IV 2, 93; die Übersetzung von Ex 3,14 ist gesperrt gedruckt.

[61] Rosenzweig, Franz, „Der Ewige“. Mendelssohn und der Gottesname, GS III, 801–815, hier 806.

Ex 3,14 nach Erich Zenger

Erich Zenger hat in einem Arbeitspapier *Biblische Rede von Gott* auf dichte Weise die Offenbarung des Gottesnamens in Ex 3,14 zusammengefasst: „Alles Sprechen der Bibel, in dem die Wirklichkeit ‚Gott' zu Wort kommt, ist eingebunden in einen Geschehenszusammenhang, der nicht gelöst werden darf, ohne dass dieses Sprechen seinen Sinn verliert: es ist ein Geschehenszusammenhang zwischen Gott und Mensch, Gott und Welt, Mensch und Welt. Biblisches als menschliches Wort von Gott ist deshalb nie fertig, abgeklärt und einschichtig, sondern situationsgebunden, engagiert und immer hinter der in ihm angesprochenen Wirklichkeit zurück. Es ist nie ein geschichtsloser, neutraler Begriff oder eine Lehre ‚über' Gott, sondern gehört selbst in jene ereignishafte Relation, die vorgängig zu ihrer sprachlichen Artikulation wirklich ist, insofern Gott selbst wirklich ist. Wer von Gott redet, tut dies in der Bibel nicht in der Distanz der Subjekt-Objekt-Beziehung oder in der Zuschauerhaltung wie vor einem Gegenstand." – Die Rede von Gott, seinen Eigenschaften und Handlungen sind nicht zuerst in Begriffen, in präpositionaler Sprache, zu formulieren, sondern in verbaler Form, in Handlungsweisen. Der Geschehenscharakter ist deutlich. Paradigmatisch dafür steht für Zenger die Gottesrede von Ex 3,14.

Dementsprechend legt Zenger den Gottesnamen von Ex 3,14 aus: „Die Grundstruktur dieser Gotteserfahrung, die Norm allen biblischen Sprechens von Gott wurde, kündigt sich schon im Namen Jahwe an. Seine Deutung ‚Er ist' im Sinne von ‚Er erweist sich', d. h. er bringt sich durch sein Tun in Erfahrung, charakterisiert diesen als Danknamen, in dem der Mensch seine ständige (also auch zukünftige) Verwiesenheit an ihn bekennt. Auch wenn die Umformung des Jahwenamens von der dritten Person in die erste Person Singular in Ex 3,14 („ich erweise mich als der ich mich erweise") historisch jünger ist, trifft sie doch die tiefste Dimension des biblischen Gottesverständnisses: die Erfahrung Gottes wurzelt darin, dass dieser Gott immer schon von sich aus – das ist seine Gottheit! – auf Mensch und Welt aktiv bezogen ist, ohne freilich darin aufzugehen. Die Selbstoffenbarung in Ex 3,14 definiert ihn durch sich selbst; er ist mit nichts sonst vergleichbar, d. h. als der, der ans Werk geht, ist er unvergleichbar wirksam.

In der Schrift finden sich deshalb keine Aussagen über Gott an sich. Die biblischen Menschen fragen nicht, ob Gott an und für sich existiert, sondern nur, ob er für sie da ist, ob er sich ihnen zuneigt, ob er an ihnen seine Wirklichkeit erweist, indem er in ihrer Not, in ihrem Lebensentwurf wirklich, d. h. wirksam ist".[62]

„Wort und Wirklichkeit Gott provozieren in der Schrift immer eine Entscheidungssituation: Entsprechend dem biblischen Wahrheitsbegriff als Treue lautet auch in der Gottesfrage die Alternative nicht Wissen – Nichtwissen, sondern Annahme – Ablehnung, Treue – Verrat, Heil – Gericht, Leben – Tod (vgl. Deut 30,15; Jes 7,9)". Erich Zenger unterscheidet in der Selbstvorstellung Gottes in der Dornbuschszene

---

[62] Zenger, Erich (1973), Ein Grundtext biblischer Gotteserfahrung Ex 3–4: Methodische Auslegung (Theologie im Fernkurs Aufbaukurs Lb 5), Würzburg 1973. Treffend schreibt Franz Rosenzweig am 26. 09. 1910 an seinen Vetter Hans Ehrenberg: „Gottes ‚naturas contueri' [Naturen betrachten] überließ Luther der Spekulation, ‚beneficia eius cognoscere' [seine Wohltaten erkennen] nahm er für sich in Anspruch." (GS I 1, 111).

vier Aspekte. Es sind keine Attribute, die er Gott zuschreibt, Eigenschaften einer Person, sondern es sind Einstellungen und Verhältnisse des Menschen zu Gott. Es sind im Grunde die Zusagen Gottes an den Glauben, wie wir ihn oben beschrieben haben: absoluter Glaube, der in Gott Stand und Halt findet. Es sind die Entsprechungen Gottes zum Glauben der Menschen. Gott und Glaube sind responsiv. In einer weiteren Hinsicht stehen die Kennzeichen in einer großen Nähe zu den Kriterien der (Gottes-) Wahrheit, wie sie Hemmerle oben formuliert hatte. Es sind Kriterien und Grundsätze des Grundphänomens Glauben vor Gott:

„Zuverlässigkeit“: „Ich bin so bei euch da, dass ihr fest mit mir rechnen könnt. Wenn ihr auch wandelt im Tale des Todes, ihr dürft darauf bauen, dass ich da bin. Wenn ihr auch zweifelnd, schreiend oder stumm geworden von mir weglauft, ihr dürft wissen: Ich bin bei euch da, selbst wenn ihr mich nicht mehr erkennt.“

„Unverfügbarkeit“: „Ich bin so bei euch da, dass ihr mit mir rechnen müsst, wann und wie ich will – vielleicht auch dann und so, wie es euch sogar stört. Es mag durchaus Situationen und Stationen eures Lebensweges geben, wo ihr euch nicht gerade gerne daran erinnern lasst, dass ich bei euch da sein will, oder wo ihr lieber einen anderen Gott hättet.“

„Ausschließlichkeit“: „Ich bin so bei euch da, dass ihr allein mit mir rechnet als dem, der euch rettend nahe sein kann. Mit mir zu rechnen verlangt von euch die klare Entscheidung, damit Ernst zu machen, dass ich für euch der Einzige bin, der euch Halt und Maß geben darf. Nur in mir könnt und dürft ihr der wahren Liebe, der wahren Güte und dem wahren Leben begegnen.“

„Unbegrenztheit“: „Ich bin so bei euch da, dass mein Nahe-Sein keine örtlichen, institutionellen und zeitlichen Grenzen kennt. Wenn ich bei euch da bin, schließt das nicht aus, dass ich sogar bei euren Feinden da sein kann. Ja, mein rettendes Nahesein übersteigt die Erde, auf der ihr lebt und die ihr so oft zum Mittelpunkt eures Lebens macht. Sogar der Tod ist für mich keine Grenze, die meiner Lebenskraft Schranken setzen könnte“.[63]

Für Zenger ist Ex 3,14 nicht das ungelöste Rätsel, das bleibt, sondern er erkennt in den Theophanietexten am Sinai Ex 33 und Ex 34 wichtige Entsprechungen zu der Gottesrede von Ex 3,14 und dem Tetragramm JHWH. Die Theophanie am Dornbusch und am Sinai stehen offensichtlich in einer dichten Nähe zueinander und beziehen sich aufeinander. Eine gründliche Exegese vermag den Zusammenhang der Texte zu erkennen und so die Bedeutung des schwierigen Gottesnamens mit verstehbarem Sinn zu erfüllen.[64] In den Texten wird übrigens der Name JHWH in der Weise gebraucht, wie Zenger ihn zuvor beschrieben hat. Hier die Texte:

Ex 33,19–22 „Ich werde meine ganze Güte an dir vorüberziehen lassen und ich werde mich dir im Namen JHWH offenbaren: Ich erweise mich gnädig, wem ich mich gnädig erweise, und ich erweise mich barmherzig, wem ich mich barmherzig erweise […]. Und es wird geschehen: Wenn meine Herrlichkeit (an dir) vorüberzieht,

---

[63] Zenger, Erich (1979), Der Gott der Bibel. Ein Sachbuch zu den Anfängen des alttestamentlichen Gottesglaubens, Stuttgart, 111.

[64] Zenger, Erich (1979), Gott hat niemand je geschaut (Joh 1,18). Die christliche Gottesrede im Angesicht des Judentums, in: Bibel und Kirche 65 (2010) 87–93.

[...] wirst du meinen Rücken / mein Nachher schauen, aber mein Angesicht kann niemand schauen".

Ex 33,19 bezeugt durch seine Ex 3,14 entsprechende Satzform, dass sich die Aussage auf den Gottesnamen von Ex 3,14 bezieht und dessen inhaltliche Füllung ist. Dass die Aussage eine Verdeutlichung des Namens Gottes ist, bringt der Text selbst zum Ausdruck. Gott offenbart den Namen JHWH, und zwar in der Weise: „Ich erweise mich gnädig, wem ich mich gnädig erweise, und erweise mich barmherzig, wem ich mich barmherzig erweise". Gott stellt sich als gütig und barmherzig vor. Diese Aussagen sind ohne Zweifel Grundlage der Eigenschaften Gottes von Güte und Barmherzigkeit. Aber was Güte und Barmherzigkeit Gottes sind, wird von Gott gerade nicht in Begriffen definiert, sondern sie erweisen sich in den Handlungen Gottes. Was Gottes Güte und Barmherzigkeit bedeuten, wird sich zeigen, wenn er handelt.

Dann der zweite Text: Ex 34,5–7 „Und JHWH stieg hinab in einer Wolke [...] und er offenbarte sich ihm (d.h. Mose) im Namen JHWH. JHWH zog vorüber an ihm und rief aus: JHWH ist JHWH. Ein barmherziger und gnädiger Gott, langsam zum Zorn und voll Huld und Treue, bewahrend Huld den Tausenden, wegnehmend Schuld und Frevel und Sünde, aber er spricht nicht frei, prüfend die Schuld der Väter bei den Söhnen und bei den Söhnen der Söhne, bei der dritten und bei der vierten Generation".

Wiederum ist der Bezug von Ex 34,5–7 mit Ex 3,14 sichtbar. Gott will Mose den Namen JHWH offenbaren: „JHWH ist JHWH". Das erinnert deutlich an: „Ich bin, der Ich bin". Und wiederum stellt sich Gott als barmherzig und gnädig vor. Er ist ein Gott, der die Schuld der Vergangenheit wegnimmt und den zukünftigen Generationen seinen Beistand zusagt. Ein Gott also der Zeit, der war, ist und sein wird.

Zenger fasst das Ergebnis der biblischen Aussagen zum Gottesnamen im Buch Exodus zusammen: „Das ist die Pointe der Sinaitheologie: Nicht im Schauen einer Gestalt, sondern im Hören auf die Anrufung des Namens JHWH, der sich in der Geschichte und durch die Geschichte vollzieht, ereignet sich die Wahrnehmung und die Erkenntnis Gottes".[65]

Ex 3,14 nach Paul Ricoeur

Ricoeur versteht ähnlich wie Zenger die Vorstellung des Gottesnamens in Ex 3,14 als paradigmatisch für die Gottesrede insgesamt. Zugleich macht er auf ein weiteres Charakteristikum hin: „Das, was es in der Tat verhindert, die Dialektik der Nennung Gottes in ein Wissen umzuwandeln, ist dies, dass Gott gleichzeitig angezeigt wird als Derjenige, der sich unter den vielfältigen Weisen, von denen wir gesprochen haben, mitteilt, und als Derjenige, der sich zurückhält. In dieser Hinsicht hat die Episode vom Brennenden Dornbusch (Ex. 3,14) eine zentrale Bedeutung. Die Tradition hat diese Episode sehr richtig benannt: Offenbarung des göttlichen Namens. Dieser Name ist aber in einem präzisen Sinne unnennbar. In dem Maße, in dem den Namen des Gottes zu kennen hieß, Macht zu haben über ihn, ist der Name, der Mose anvertraut wurde, genau der des Wesens, das der Mensch in Wahrheit nicht nennen, das heißt, seiner Sprache zugutehalten kann. Mose fragte: ‚Sie aber werden mich fragen:

---

[65] Ebd., 91.

Wie heißt er? Was soll ich ihnen dann sagen?‘ Gott antwortete Mose: ‚Ich bin der ‚Ich-bin-da'.‘ Und er fuhr fort: ‚So sollst du zu den Israeliten sagen: Der ‚Ich-bin-da' hat mich zu euch gesandt.‘ So ist der Appellativ ‚Jahwe‘ – Er-ist-da – nicht ein Name, der definiert, sondern ein Name, der ein Zeichen gibt auf die Tat der Befreiung hin. Der Text fährt in der Tat mit diesen Worten fort: ‚Weiter sprach Gott zu Mose: ‚So sag zu den Israeliten: Jahwe (Er-ist-da), der Gott eurer Väter, der Gott Abrahams, der Gott Isaaks und der Gott Jakobs, hat mich zu euch gesandt. Das ist mein Name für immer, und so wird man mich nennen in allen Generationen' (Ex. 3,13–15). Also weit davon entfernt, eine positive Ontologie zu autorisieren, die fähig wäre, die narrative Nennung und die anderen Nennungen zu krönen, schützt die Deklaration ‚Ich bin der ‚Ich-bin-da“ das Geheimnis des ‚Für-sich‘ Gottes, und dieses Geheimnis verweist den Menschen seinerseits an die narrative Nennung, die durch die Namen Abraham, Isaak und Jakob angezeigt ist, und nach und nach an die anderen Benennungen.

Dieser Entzug des Bezugspunktes ‚Gott‘ ins Unendliche wird nahe gelegt durch die partikuläre Struktur bestimmter Redeformen des Glaubens, von denen wir bisher noch nicht gesprochen haben und die dem Neuen Testament und insbesondere der Verkündigung der Herrschaft Gottes durch Jesus eigentümlich zu sein scheinen. Gott wird hier gleichzeitig mit Herrschaft genannt. Aber Herrschaft ist hier nur durch Gleichnisse, Sprichwörter und Paradoxe bezeichnet, ohne dass eine buchstäbliche Übersetzung ihren Sinn erschöpfen könnte. Dieser indirekte Charakter der Nennung Gottes ist insbesondere bemerkenswert in den Gleichnissen“ (Gott 65–67).

Ricoeur sieht in Ex 3,14 das Paradigma des Redens von Gott, nämlich die narrative Rede von Gott in Form von Gleichnissen. Ricoeur beschreibt in den Bemerkungen zur Schrifthermeneutik die Gleichnisse mit den Merkmalen von narrativer Struktur, metaphorischem Prozess und Grenzausdruck: „Wenn der Fall des Gleichnisses exemplarisch ist, so deswegen, weil es narrative Struktur, metaphorischen Prozess und Grenz-Ausdruck vereinigt. Dadurch stellt es eine Kurzfassung der Nennung Gottes dar. Durch seine narrative Struktur erinnert es an die allererste Verwurzelung der Sprache des Glaubens in der Erzählung. Durch seinen metaphorischen Prozess macht es den (im oben erwähnten Sinne) dichterischen Charakter der Sprache des Glaubens in ihrer Gesamtheit sichtbar. Schließlich, indem es Metapher und Grenz-Ausdruck verbindet, liefert es die Matrize der theologischen Sprache selbst, insofern diese die Analogie und die Negation in der via eminentiae (Gott ist wie…, Gott ist nicht…) verbindet“ (Gott 69). – Ricoeur findet die Dimensionen des religiösen Sprechens in der Aussage des Gottesnamens von Ex 3,14 wieder, nämlich „Gott *ist,* aber er *ist nicht* (so wie ihr ihn denkt), sondern *ist* auf unendlich größere Weise (via eminentiae)“. Ricoeur kommt damit auf die klassische Weise theologischer Erkenntnis zu sprechen.

Zenger kommt den bibelhermeneutischen Aussagen Ricoeurs insgesamt sehr nahe, wenn er ähnlich wie Ricoeur die Gottesrede der Schriften paradigmatisch in Ex 3,14 angedeutet findet: „Wort und Wirklichkeit Gott provozieren in der Schrift immer eine Entscheidungssituation: Entsprechend dem biblischen Wahrheitsbegriff als Treue lautet auch in der Gottesfrage die Alternative nicht: Wissen – Nichtwissen, sondern Annahme – Ablehnung, Treue – Verrat, Heil – Gericht, Leben – Tod (vgl. Deut 30,15; Jes 7,9). Diesen Horizont der biblischen Gottesfrage offenbart schon ein flüchtiger Blick auf die drei sprachlichen Grundhaltungen der Bibel: das Erzählen vom Tun Gottes (z. B. die „Geschichtsbücher", Passagen der Weisheit als Reden von der segnenden Sorge Gottes, die neutestamentlichen Wundergeschichten), das Reden Gottes zu den Menschen (z. B. die Jahweworte der Propheten, die Gesetzesworte, die Jesuslogien) und das Reden des Menschen zu Gott hin (z. B. die Psalmen, die Hymnen und Doxologien der Urgemeinde). Die Schrift als ganze ist so von ihrer Grundgestalt her das erzählende Zeugnis von einem Geschehen, das durch die von Gott her ergehenden Worte ausgelöst bzw. gedeutet wird und jeweils nach einer Antwort des Menschen verlangt. Genuines Sprechen von Gott ist deshalb von seinem Ansatz her dialogisch, d. h. es vollzieht sich im polaren Spannungsbogen von Anspruch und Antwort, von anfordernder und angenommener Wirklichkeit. Gott ist nicht Gegenstand oder Schicksal, sondern Anrede, Frage und Verheißung".[66]

Ex 3,14 und Joh 1, 1–18 nach Erich Zenger

Schließlich bringt Zenger den Prolog des Johannes mit der Offenbarung des Gottesnamens in Ex 3,14 und den erfüllenden Aussagen von Ex 33 und 34 u. a. in Verbindung. Das bringt eine wichtige Aussicht auf die Gottesrede sowohl im Alten wie im Neuen Testament und ihres Verhältnisses zueinander. Es bedeutet nämlich, dass sich die Offenbarung des Wortes Gottes im Johannesprolog literarisch und thematisch auf die grundlegende Offenbarung des Gottesnamens in Ex 3,14 bezieht.

Joh 1,14: „Und das Wort wurde Fleisch und schlug sein Zelt auf unter uns und wir schauten seine Herrlichkeit, Herrlichkeit als des Einziggeborenen vom Vater, voll Gnade (Huld) und Wahrheit". Das zentrale Motiv der Offenbarung des Gottesnamens in Ex 33 und 34, aber auch von Joh 1,1–18 ist das (Nicht-)'Schauen' Gottes. Eine ganze Reihe von Motiven weisen auf die Vorlage des Johannesprologes im Alten Testament hin: Es sind die Theophaniemotive der Sinaioffenbarung (s. Ex 19–40): das „Zelt", in dem Gott „wohnen" und das „die Herrlichkeit JHWHs" erfüllen wird. Sodann das (Nicht-)Schauen, das teils eine wörtliche Übernahme von Ex 33 ist. Ex 33, 14 heißt es: „Mein Angesicht wird mit euch gehen"; dann aber Ex 33,20.23 „Mein Angesicht aber kannst du nicht schauen [...]. Mein Angesicht kann man nicht schauen".

Besonders dicht ist der Bezug des Johannesprologs zu Ex 34,6: „Wir haben seine Herrlichkeit geschaut – als Herrlichkeit voll Gnade (Huld) und Wahrheit" (Joh 1,14). Ähnlich Joh 1,16.17. In Ex 34,6 hatte es geheißen: „JHWH ist JHWH. Ein barmherziger und gnädiger Gott [...] voll Huld und Treue (Wahrheit)". Und dann Joh 1,18: „Gott hat niemand je geschaut [...] Dieser hat ihn ausgelegt" – Die Vorlage von Ex 3,14 und Ex 33 und 34 für Joh 1,1–18 bezieht sich vor allem auf das Schauen und Nicht-Schauen Gottes, wie auch auf den Gottesnamen. Gott wendet sein Angesicht den Menschen zu, seine Herrlichkeit ist zu erfahren; aber die Herrlichkeit seines Angesichts kann keiner der Lebenden sehen. Gott ist nicht erschaubar. Es bedarf jeweils seines Handelns, um ihn in seinem Tun zu erkennen. So ist die Ausgangslage auch für das Neue Testament. Deshalb ist Jesus der Exeget Gottes.

---

[66] Zenger, Gotteserfahrung, a. a. O.

Zenger fasst als Ergebnis zusammen: „dass die 2. Person der Trinität nicht im univoken Sinn identisch ist mit dem biblischen Jesus, dass sie weniger eine Person meint als einen Geschehenszusammenhang, in dem die Person Jesu integriert gedacht wird“.[67] So ergibt die Interpretation des Gottesnamens nicht nur Hinweise auf das rechte Verständnis des ‚Wesens‘ Gottes in sich, sondern auch bereits wichtige Hinweise auf die ‚Person‘ Jesu Christi. Es scheint durchaus bedenkenswert, die Aussagen über Gott in Ex 3,14 im Gedächtnis zu behalten für die Darlegung des Gottessohnes Jesus Christus in den Evangelien. Dann wird sich die Aussage Zengers vom Anfang der Schrift bestätigen, dass von Jesus in den Evangelien nicht so sehr der Name und die (substanzhafte) ‚Person‘ im Focus sind, sondern seine Zuwendung zu den Menschen.

8.3 Trinität – Liebe als Sich-Geben

Hemmerle führt die Bedeutung der Trinität Gottes in die Theologie mit folgenden Worten ein: „Die ‚Revolution‘ des Gottesbildes, die durch den Glauben an den personhaften Heiligen Geist und damit durch den Glauben an den dreieinigen Gott in der Menschheitsgeschichte eingesetzt hat, ist kaum zu ermessen. Sie hat sogar unser eigenes, christliches Bewusstsein noch nicht bis zum tiefsten Grund durchdrungen. Dass Gott ganz und gar Mitteilung, sich verströmendes Leben, dass er in sich geschlossene Seligkeit als lautere gegenseitige Hingabe ist, das dreht nicht nur das menschliche Bild von Gott um; es betrifft auch unser Selbstverständnis, unser Verständnis der Welt. Sein und Leben können auch für uns nur noch heißen: füreinander und miteinander sein“ (Glauben 147).

Hemmerle war die Darstellung Gottes und der Trinität folgendermaßen angegangen: „Ansatz bei der Liebe, beim Sich-Geben“. Wir haben die Gottesrede Hemmerles mit der „Phänomenologie des Gebens“ wiedergegeben. Die Phänomenologie soll vom „Geben“ zum „Sich-Geben“ weitergeführt werden. Es ist mit Böhnke der Schritt in die übergreifende theologische Fragestellung zu machen: „Wie geht vom Ereignis des Sich-Gebens her Trinität?“ (Einheit 218).

Auf aufschlussreiche Weise hat Martin Luther den christlichen Glauben an die Trinität zusammengefasst. Dabei ist für Luther überraschend „Geben“ und „Sich-Geben“ aller drei Personen das Hauptwort: „Das sind die drei Personen und ein Gott, der sich uns allen selbst ganz und gar gegeben hat mit allem, was er ist und hat. Der Vater gibt sich uns mit Himmel und Erden samt allen Kreaturen, dass sie uns dienen und nütze sein müssen. Aber solche Gabe ist durch Adams Fall verfinstert und unnütz geworden. Darum hat darnach der Sohn sich selbst auch uns gegeben, alle seine Werke, sein Leiden, seine Weisheit, Gerechtigkeit geschenkt und uns dem Vater versöhnt, damit wir, wieder lebendig und gerecht, auch den Vater mit seinen Gaben erkennen und haben könnten. Weil aber solche Gnade niemand[em] nütze wäre, wo sie so heimlich verborgen wäre und zu uns nicht kommen könnte, so

[67] Zenger, Gotteserfahrung, a. a. O.

kommt der Heilige Geist und gibt sich auch uns ganz und gar; der lehrt uns solche Wohltat Christi, uns erzeiget, erkennen, hilft sie empfangen und behalten, nützlich brauchen und austeilen, mehren und fördern".[68] – Trinität ist so nach Luther ein stufenweises Sich-Geben Gottes in sich, dann an die Menschen und in die Welt hinein. Auch das Ziel dieses Sich-Gebens ist dabei von Bedeutung, dass die Menschen sich geben, wie Gott sich gibt. Die einzelnen Schritte sind nun auszuführen.

8.3.1 Trinität nach Gisbert Greshake

Die heutige Problematik der Theologie ist eigenartigerweise an der Trinitätslehre aufgebrochen. Hier ist die Kritik am Sprechen der Theologie besonders deutlich. Man ist sich in der Theologie offenbar einig, dass man für das Verständnis der Trinität neue Wege gehen muss. Beispielhaft dafür sei das groß angelegte Werk von Gisbert Greshake *Der Dreieine Gott. Eine trinitarische Theologie* genannt. Zudem liegt ein erster anderer Ansatz, die Trinitätslehre vorzutragen, von Alexandre Ganoczy vor *Der dreieine Schöpfer.*[69] Ganoczy macht tatsächlich den Versuch, die Trinitätslehre von der Philosophie seines Würzburger Kollegen Heinrich Rombach her neu zu formulieren. Greshakes Buch kann man mit Fug und Recht als Standardwerk bezeichnen, das aber nicht nur ein Lehrbuch sein will, eine Neuauflage des Traktates „De Deo uno et trino", sondern eine große Synthese der Trinitätslehre ist, sowohl der Ergebnisse der Tradition wie deren gleichzeitiger Kritik und der Neuformulierung eines neuen Ansatzes. Aus diesem Grund mag es genügen, sich vor allem mit diesem Werk zu befassen, um Hemmerles Beitrag zur Trinitätslehre zu beschreiben. Zu beiden Werken liegt die Dissertation von Dominik Lorenz vor, von der ich bekennen muss, dass sie mich ein Stück weit auf den Weg dieses vorliegenden Buches gebracht hat.[70]

Greshake möchte der Trinität im christlichen Glauben wieder den Stellenwert geben, den sie nach dem Glaubensbekenntnis hat. So beginnt er sein opus magnum mit den Worten: „Im Herzen des christlichen Glaubens steht das Bekenntnis zum dreieinen Gott […]. In seinem Namen wird der Christ getauft […]. Darüber hinaus ist der Glaube an den trinitarischen Gott das ‚dreifache, unzerreißbare Band' […]. Kirche ist ‚das von der Einheit des Vaters und des Sohnes und des Heiligen Geistes her geeinte Volk Gottes'" (Greshake 15). – Greshake ist hier ohne weiteres Recht zu geben; der Glaube ist in seinem ganzen Vollzug, in allen seinen Bekenntnissen und Handlungen trinitarisch auszulegen. Das gilt nicht weniger für alle Themen und Traktate der Theologie. Das ist ja auch die Quintessenz von Hemmerles *Thesen.*

Gegen eine solche Überzeugung steht allerdings der Blick auf die Wirklichkeit des gelebten Glaubens, wie Greshake im Anschluss an die bekannten Aussagen Karl Rahners und anderer feststellt, „dass Christen bei all ihrem orthodoxen Bekenntnis zur

[68] Luther, Vom Abendmahl Christi. Bekenntnis, 1528; WA 26, 505,38–506,7.
[69] Vgl. Ganoczy, Alexander (2001), Der dreieinige Schöpfer. Trinitätstheologie und Synergie, Darmstadt.
[70] Lorenz, Phänomenologie, a. a. O.

Dreifaltigkeit in ihrem religiösen Daseinsvollzug beinahe nur ‚Monotheisten‘ sind. Man wird also die Behauptung wagen dürfen, dass, wenn man die Trinitätslehre als falsch ausmerzen müsste, bei dieser Prozedur der Großteil der religiösen Literatur fast unverändert bleiben könnte“ (Greshake 15).[71] Damit meinte Rahner wohl, dass im Grunde alle Bereiche sowohl der Theologie, wie der Liturgie und der Frömmigkeit davon betroffen wären. Andererseits stellt Greshake mit Kant und anderen fest: „Aus der Dreieinigkeitslehre, nach dem Buchstaben genommen, lässt sich schlechterdings nichts fürs Praktische machen“ (Greshake 17).[72] Bekannt sind auch die Vorbehalte Goethes: „[I]ch sollte auch glauben, dass drei eins sei und eins drei; das aber widerstrebt dem Wahrheitsgefühl meiner Seele; auch sah ich nicht ein, dass mir damit auch nur im mindesten wäre geholfen gewesen“ (Greshake 20).[73]

Im Gegenzug zu dieser deflationären Entwicklung des trinitarischen Glaubens in Theologie und Kirche will Greshake die umfassenden Potentiale des trinitarischen Glaubens herausstellen. Sie umfassen und durchdringen nicht nur Theologie und Glauben, sondern ähnlich wie bei Hemmerle alles Sein: „Dazu denkt er [Greshake] einerseits so, dass dieser Glaube die Potentiale der Schöpfung aufschließen, die Dunkelheit menschlicher Erfahrung erhellen, die Aporien der Welt klarer erscheinen lassen kann“.[74] Die Weise, wie Greshake die Theologie dazu führen kann, ist die Absicht, „Wege zu einer communialen Trinitätstheologie“ (Greshake 47) aufzuweisen.

Was Greshake unter „communialer Trinitätstheologie“ versteht, kann mit seiner Grundthese ausgesagt und diskutiert werden:

„*Gott ist dreieinig* bedeutet so viel wie: *Gott ist jene Communio, in der die drei göttlichen Personen im trialogischen Wechselspiel der Liebe das eine göttliche Leben als gegenseitige Selbstmitteilung vollziehen.* Weder ist (logisch!) ‚vor‘ dem communialen Wechselspiel der drei Personen auf eine substantiale Einheit zu rekurrieren [lateinisches Modell – KK] noch auf eine im Vater verwirklichte und von ihm an die beiden anderen Personen weitergegebene Einheit [orientalisches Modell – KK], vielmehr ist Communio als die prozesshafte Vermittlung von Einheit und Vielheit die *ursprüngliche und unteilbare* Wirklichkeit des einen göttlichen Lebens (in der Sprache der Philosophie: des einen actus purus des Seins, das sich damit in seinem Wesen als ‚kommunikativ‘ erweist), das die unterschiedlichen Vollzugsmomente dieses einen gegenseitige Kommunikationsgeschehens und damit sowohl Einheit wie Vielheit in sich birgt“ (Greshake 179).

Zunächst ist zu erkennen, dass Greshake entsprechend dieser Generalthese sein Buch angelegt hat. Interessant dabei die aufschlussreiche Entwicklung des Gedankens: Die Trinitätslehre Greshakes ist von der metaphysischen Problematik „Einheit und Vielheit“ geprägt. Deutlich metaphysisch ist der Hinweis auf den „actus purus“ zu sehen. Deshalb beginnt Greshake seine Abhandlung auch konsequent mit der Problematik von „Einheit und Vielheit“ (1. Teil, 1.Kapitel, S.47–73).

---

[71] Rahner, Karl, Der dreifaltige Gott als transzendenter Urgrund der Heilsgeschichte, in: MySal II, 319 f.

[72] Kant, Der Streit der Fakultäten. WW (Weischedel) IX, Darmstadt 1971, 303 f.

[73] J.W. v. Goethe, Gespräch mit J. P.Eckermann, 4. 1. 1824.

[74] Theobald, Christoph (2001), in: Concilium 37 (2001), 36.

Der zweite große Teil der Abhandlung gilt der Darstellung und Kritik der beiden großen Modelle der Trinitätslehre, dem lateinischen und dem griechischen Modell. Hauptthema dabei sind die drei Personen, die im lateinischen Modell als „substantielle Einheiten" aufgefasst sind. Im griechischen Modell gilt der Vater als Ursprung der Einheit, der diese an Sohn und Geist weitergibt (1. Teil, 2. Kapitel, S.74–171). In diesen Teil fallen dann auch die vielen kritischen Bemerkungen, die heute von Seiten der Theologie sowohl gegenüber der lateinischen wie griechischen Form der Trinitätslehre vorgetragen werden. Offensichtlich ist die Erkenntnis, dass es eines erneuerten Verständnisses bedarf. Vor allem stellt sich in jedem Falle die Problematik der Vermittlung von „Einheit und Vielheit" ein, die in keinem der beiden Fälle zu gelingen scheint.

Deshalb Greshakes Entwurf des „Weges einer communialen Trinitätstheologie". Sie wird im 1. Teil, 3. Kapitel, Seite 172–218 vorgetragen. Communio, so formuliert nun Greshake, leistet die „prozesshafte Vermittlung von Einheit und Vielheit". Wichtig ist hier die Betonung der prozesshaften, nicht der metaphysischen Vermittlung der Problematik von Einheit und Vielheit (auch des actus purus). Zum Paradigma dieser prozesshaften Communio wird die „Liebe" eingeführt, in der solche Vermittlung zwischen Personen geschieht, bei der Trinität im „trialogischen Wechselspiel der Liebe" (Greshake 187–190). In ein solches Wechselspiel der Liebe gehen die Personen als „ursprüngliche und unteilbare" Ursprünge ein. Es ist möglich, die Hervorgänge der Ursprünge bzw. Personen zu beschreiben, d. h. das „genetische Konstitutionsgeschehen" der Trinität nachzuvollziehen (Greshake 183–187).

Wichtig erscheint, dass diese Überlegungen zur Trinität mit der Analogie zu vereinbaren sind, die zwischen menschlicher, philosophisch-theologischer Erfahrung und Offenbarung bestehen (Greshake 172 ff; 179–182).

Im Nachgang zum Aufbau seien einige der zentralen Themen und Thesen der Trinitätstheologie Greshakes diskutiert.

Für Greshake ist das „zentrale Problem" der Trinitätstheologie das Verhältnis von „Einheit und Vielheit" (Greshake 60 ff). Er nennt es selbst das „metaphysische Grundproblem" (Greshake 443 ff). Nach ihm scheiden sich daran die Theologen hinsichtlich ihres Vortrages der Trinitätslehre; Greshake geht ebenso vor (HK 2002, 535). Es bleibt allerdings die Frage, ob die Problematik der „Einheit und Vielheit" tatsächlich das zentrale Problem darstellt. Es scheint notwendig, aus der metaphysischen Fesselung der Theologie zu entkommen. Aber andererseits ist es charakteristisch für Greshakes Umgang mit der Trinität. Einerseits versucht er, sie neu zu formulieren, andererseits scheint er sich nicht wirklich aus den metaphysischen Fesseln befreien zu können. Das bestätigt sich bei den entscheidenden Themen wie Einheit, Vielheit, Person, actus purus, relatio subsistens, aber auch von communio.

Aber ist die Problematik von Einheit und Vielheit überhaupt zu umgehen? Ist sie nicht in der Tat metaphysisch notwendig? Hat sie sich nicht als notwendig erwiesen, nicht nur in der theologischen, sondern auch in der philosophischen Tradition? Zum einen wird man dem zustimmen können. Zum anderen kann in die Diskussion eingeworfen werden, ob die metaphysische Form der Problematik die absolut notwendige ist. Wir werden bei Hemmerle eine andere Form, Einheit und Vielheit zu vermitteln, kennen lernen, die aus seinem Ansatz der Mehrursprünglichkeit hervorgeht. Die Problematik der Einheit und Vielheit trinitätstheologisch, d. h. metaphysisch zu lösen, scheint ein Ding der Unmöglichkeit zu sein. Denn entweder setzt man bei den drei Personen als substanziellen Entitäten an, der Vielheit, um dann in irgendeiner Weise das sie einigende Band eines Dritten zu suchen (lateinische Form) oder man geht von der Einheit aus, um darin die Vielheit zu finden (griechische Form). Beides scheint aber nicht aufzugehen.

Greshake konzentriert sich dann auch auf die Jahrhunderte alte Kritik an der lateinischen und griechischen Form der bekannten Trinitätstheologien, die seit Petrus Lombardus (1095–1160) vom „blutleeren Monotheismus“ bis zum „idealistischen Modalismus“ reicht. Dazu kommen die Bedenken von Barth und Rahner am trinitätstheologischen Begriff der Person: für „Person“ steht heute „Subjekt“. Wird der metaphysische Begriff der Person gedankenlos übernommen, besteht die Gefahr des Tritheismus.[75]

An dieser Stelle mag es von Interesse sein, wie Joseph Ratzinger sich in der Tradition der Trinitätslehre positioniert. Da mag es erstaunen, dass man bei ihm relativ wenig findet. Es wirkte schon erstaunlich, dass Ratzinger in seiner berühmten *Einführung in das Christentum* über die altkirchlichen Streitigkeiten, die sich vor allem um die rechte Begrifflichkeit von Wesen, Natur, Hypostasen, Person u. a. bemühte, kurz und bündig erklärt, jeder dieser für die Gotteslehre und Christologie zentralen griechischen Begriffe sei auch missverstanden, ja sogar häretisch verwandt worden. Er, der ansonsten ausgewiesene griechische und lateinische Patrologe, hat sich seltsamerweise in diese grundsätzliche Diskussion kaum eingemischt. Allerdings hat er in anderem Kontext, nämlich in seinem dogmatischen Schreiben zum Glaubensbekenntnis der Theologen darauf bestanden, eine besondere Form des Glaubensbekenntnisses und der Unfehlbarkeit müsse in der Begrifflichkeit gesehen werden, in der die unfehlbaren Dogmen formuliert sind. Damit genössen die urchristlichen (griechischen und lateinischen) Begriffe eine eigene Form von Unfehlbarkeit. Das wirkliche Verständnis Ratzingers hinsichtlich des letztgültigen Status der philosophischen Begrifflichkeit der klassischen Trinitätslehre ist offensichtlich schwer zu eruieren.[76]

In dieser Situation schlägt Greshake den anderen Weg der Vermittlung vor, nämlich die ‚prozesshafte communionale Vermittlung‘ von Einheit und Vielheit bzw. der drei göttlichen Personen. Es ist sein Programm des „Weges zu einer communionalen Trinitätstheologie“ (Greshake 47). Dazu geht Greshake den langen Weg über die theologische Tradition, um zu dem interpersonalen Gottesverständnis zu gelangen, das der göttlichen communio zugrunde liegt. Diese Tradition ist aber vor allem von der Metaphysik von Einheit und Vielheit, vom Ringen um die drei Personen Gottes bestimmt. Greshake ist dabei auf der Suche nach Spuren einer communionalen und dialogischen Konzeption in der westlichen und der östlichen Tradition.

Bei Greshake scheint ein Changieren bei den entscheidenden Begriffen der göttlichen Personen bemerkbar zu sein, wie den Begriffen der Person selbst, des actus

---

[75] Theobald, Michael (2001), in: Concilium 37 (2001), 34f; zu „Wesen“ „Person“ vgl. Rahner, Grundkurs, a. a. O., 139–142; s. dazu Dirscherl, Nähe Gottes, a. a. O., 132–138.

[76] Ratzinger, Einführung, a. a. O., 133–135; Ratzinger, Joseph (1998), Lehrmäßiger Kommentar zur Schlussformel der Professio fidei, in: Lehramtliche Stellungnahme zur „Professio fidei“. Verlautbarungen des Apostolischen Stuhles 144, hg. vom Sekretariat der Deutschen Bischofkonferenz, 22–25.

purus, der relatio subsistens u. a. So nennt er zu den entscheidenden Aussagen, was Person sei, vier Merkmale: Zuerst greift er dabei auf den Begriff der Substanz zurück, Person sei „substantialer Selbst-Stand“. Sodann charakterisiert er Person im nächsten Absatz als „relationale Größe“, bei den drei göttlichen Personen geradezu als „tripolare reziproke Konstitution“. Im dritten Abschnitt muss das sich geradezu ausschließende Verhältnis von Selbststand und Relationalität irgendwie zusammengedacht werden: „Selbst [ist] das Ineinanderfließen von Leben und Selbstheit“. Diese Konzeption löse das zugrundeliegende Problem: „Person vollzieht sich damit in einem ganz spezifischen Ineinander von Identität und Differenz, von Einheit und Vielheit“ (Greshake 175–176).

Wenn Greshake nicht von der herrschenden Metaphysik eingefangen wird, sondern vor allem aus biblischer und patristischer Tradition den communio Gedanken entwickelt, kommt er zu sehr weitreichenden und fruchtbaren Ergebnissen, die allerdings mehr angedeutet, denn ausgeführt werden.

So geht er von der zentralen Definition Gottes nach dem NT aus: „Gott ist die Liebe“ (1 Joh 4,8.16). An dieser Stelle erinnert er großartige Aussagen der Tradition bis hin zum Ausdruck der „Rhythmik der Liebe“ bei Urs von Balthasar: „Von daher läßt sich das trinitarische Geschehen – besser, als daß man seinen Ursprung vom Vater her betrachtet – als ‚ewige Rhythmik der Liebe‘ bezeichnen und die einzelnen, diese Rhythmik vollziehenden Personen darin als Rhythmen = spezifische Vollzugsgestalten gewissermaßen als ‚Knotenpunkte‘ dieses Liebesgeschehens. Jede ist auf eine ihr eigentümliche Weise ganz von den andern her und auf die andern hin: gebend / empfangend – empfangend / gebend – einigend / empfangend / zurückgebend, so daß jeder nur in den andern sie selbst ist und im Vollzug des eigenen Personseins die anderen in sich einbirgt und umfängt (Perichorese). So sind – wie v. Balthasar zutreffend formuliert – ‚alle drei [...] die eine und selbe Liebe in drei Seinsweisen, die unentbehrlich sind, damit in Gott überhaupt Liebe, und zwar [...] höchste, selbstloseste Liebe sein kann’. Wird das Liebesgeschehen dagegen – im Sinne der genetischen Prozessionslehre – auf den einen es hervorbringenden Urgrund (Vater) reflektiert, ist es im Grunde qua Liebesgeschehen verfehlt“ (Greshake 187).[77]

Es sei darauf hingewiesen, dass in diesen und ähnlichen Aussagen bei Greshake durchaus ein Paradigmenwechsel vorliegt, auf den er allerdings nicht eigens aufmerksam macht. In dem zitierten Wort von Balthasar liegt offenbar nicht das metaphysische Schema, sondern das Paradigma des „Gebens“ zugrunde. Vom „Geben / Empfangen“ her wird das Verhältnis der drei göttlichen Personen bedacht. Ein Grundwort dafür ist die „Perichorese“, das „Spiel der Trinität“ oder das Bild des göttlichen Tanzes bei den Kappadokiern (Greshake 93–94). Wie nahe Greshake hier am Paradigma von Klaus Hemmerle ist, macht sein Hinweis auf Heinrich Rombach deutlich (Greshake 190).

Die angeführte Kritik ist vor allem, was den metaphysischen Hintergrund betrifft, von der Arbeit von Dominik Lorenz angeregt.[78] Andere wichtige Kritiken, wie die von Wiederkehr oder Theobald, seien nur erwähnt. Wiederkehr und Theobald stellen

[77] Vgl. Böhnke, Einheit, 176–178.

[78] S. Lorenz, Phänomenologie, a. a. O.

bei Greshake ein autoritäres Offenbarungsverständnis fest. Wiederkehr fällt die „innere Logik [auf], die vestigia trinitatis als kreatürliche Grundstrukturen und Dynamismen aufzudecken, die freilich erst durch die neutestamentliche Trinitätsoffenbarung zu sich selbst, zur vollen Manifestation kommen“. Und Theobald spricht von Einheits- bzw. Offenbarungstheologie, wobei der ‚trinitarische Schlüssel‘ bei Greshake überall passt, vor allem bei Schrift, Tradition, aber auch in den Wissenschaften und in den Bereichen der Welt.[79]

8.3.2 Von Gott zur Trinität – vom Geben zum Sich-Geben (Hemmerle)

Das Grundmotiv Hemmerles zur Darstellung Gottes und der Trinität ist überall das „Sich-Geben“, die „Liebe“ Gottes. Er spricht von einer „Phänomenologie des Sich-Gebens, einer Phänomenologie der Liebe Gottes“. Eine solche Phänomenologie soll das Folgende unserer Darstellung bestimmen (*Thesen*).

Hemmerle ist sich des Neuen seiner Phänomenologie bewusst: „Das Neue der neuen Ontologie ist ihr Ansatz in einer Tiefe, die sich von unten nicht aufschließen lässt: beim dreifältigen Geheimnis Gottes, das uns im Glauben offenbar ist.“Das Geheimnis dieses Geheimnisses heißt Liebe, Sich-Geben. Von hier aus aber schließt sich alles Sein, alles Denken, alles Geschehen in seiner Struktur auf; es erfolgt die relecture des für den Glauben Offenbaren an den Phänomenen, im unmittelbaren Hinblick auf sie. Das Denken selbst lernt sich bei dieser ‚Phänomenologie‘ neu, es wird verwandelt, indem es Mitgang mit dem Gang des Sich-Gebens, mit dem Gang der Liebe wird. Das Denken entdeckt dabei, dass gerade dies seine Ursprünglichkeit, seine Unmittelbarkeit, sein Eigenes ist“ (Thesen 150).

Bei diesem Ansatz für das Verständnis fühlt sich Hemmerle in der Tradition verschiedener Konzeptionen der Theologiegeschichte: „Wir werden hier erinnert an die großen Trinitätsgedanken zumal der griechischen Väter und eines Bonaventura. Er – wie in gewichtigen Ansätzen auch Augustinus – hat in die Seinsspekulation eine Phänomenologie der Liebe eingebracht und die Liebe als den ontologischen Kern in den Geheimnissen des Christentums, aber auch im Sein des Seienden entdeckt. In denselben Kontext weisen auch die dogmatischen Grundbestimmungen von göttlicher Person als relatio subsistens und von trinitarischer Perichorese. Schließlich gehört hierher auch ein Denken, das – so bei Thomas – den actus oder – so wiederum bei Bonaventura und in etwa beim Cusaner – die proportio in seine Mitte rückte,

Das alles sind Vorstöße in die gezeichnete Richtung, Vorstöße aber, die in der Geschichte noch nicht zum Austrag brachten, wohin sie zielen. Ein Seinsverständnis, dem das Letzte die Substanz, das Stehen-in-Sich, die Widerständigkeit und Selbständigkeit ist, aber auch eines, dem die reditio in se completa, der Kreislauf von Selbstentäußerung und Selbstrückkehr, das Selbstbewusstsein also, führendes Modell ist, sind zu schmal dimensioniert, um die trinitarische Vorgabe christlichen Seinsverständnis-

[79] Wiederkehr, Dieter, Rez. Greshake, in: Greshake, 570–572; Theobald, Christoph, Rez. Greshake, in: Greshake, 572, und ders., Concilium 37 (2001), a. a. O.

ses voll einzulösen" (Thesen 140).[80] – Hier haben wir eine deutliche Kritik Hemmerles am Ungenügen sowohl der Substanztheologie wie auch der Systemphilosophie hinsichtlich der Trinität.

Hemmerle hat auf unterschiedliche Weise einen Zugang zur Trinität gesucht. Er hat Analogien genannt, welche auf besondere Weise das Geheimnis der Trinität aufschließen: das klassische Seinsverständnis der „Produktivität" in der *Nachfolge*, das „Wort" in den *Thesen*, Trinität als „Urspiel" in *Vorspiel*, vor allem aber als „Sich-Geben" (s. Leben 68–69, 80–100). Dabei haben diese Analogien die Gemeinsamkeit, dass sie sich nicht zuerst um die Begrifflichkeit bemüht, sondern um das Handeln Gottes am Menschen und an der Welt: „Hemmerle interessiert nicht in erster Linie, was Trinität ist, sondern wie das trinitarische Leben Gottes im Leben des Menschen geht" (Einheit 214). Wie das trinitarische Leben „geht", so die typische Denkweise Hemmerles. Führend in den Analogien sind deshalb die Grundphänomene von Sein (verbal), Sprechen, Spielen und vor allem Geben.

Sein als Produktivität

Sein als Produktivität ist das Paradigma, wie Hemmerle im Buch zu Bonaventura *Nachfolge* die Trinität in den Blick nimmt: „Das Verstehensmodell, das Bonaventura heranzieht, ist das einer ins Absolute und Trinitarische hinein gesteigerten Phänomenologie des Anfangs. Der trinitarische Gott wird als der lebendige Anfang, sein Sein als Anfangsein expliziert. Der unlösliche Zusammenhang von Sein aus sich, Sein sich selbst gemäß, also in Entsprechung zu sich, Helle für sich, und Sein um seiner selbst willen, auf sich selbst zu – wie er nach Ausweis unserer phänomenologischen Reflexion das Selbstsein charakterisiert – wird von Bonaventura ausdrücklich gemacht und auf den trinitarischen Gott zu gelesen: ‚Sein aus sich, das meint: Sein als entspringen lassender Ursprung; Sein sich gemäß, das meint: Sein als maß-gebender, ur-bildender Ursprung; Sein um seiner selbst willen, das meint: Sein als vollendender, abschließender Ursprung. Das heißt Sein als Ursprung, Mitte und Ziel oder Ende. Die Grundaussage der Trinität ist nach dem Paradigma der Produktivität: Der Vater ist entspringen lassender Ursprung, der Sohn urbildende Mitte, der Heilige Geist abschließende Vollendung'" (Nachfolge 72–73).

In der späteren Schrift *Vorspiel* weist Hemmerle auf den verbalen Sinn des Seins hin, auf das Leben hin, wie er in der Produktivität zugrunde liegt: actus ist „leben". Und schließlich führt das eröffnete Leben über sich hinaus zum „Geben": „Diese Einheit ist nicht starr und tot, sie ist geschehende Einheit, scholastisch gesprochen actus. Ihr Leben ist Steigerung; denn indem dasselbe Leben aus mehreren, so aber notwendig aus wesenhaft gleichen Ursprüngen aufgeht, läuft es in vielfacher Richtung. Und in jeder Richtung ist das Wohin dem Woher ‚mehr' als es sich selbst – und gerade dies ist die innere Identität dieses Lebens. Leben ist der Ineinsfall von erfülltem Leben, von Leben also, das nicht über sich hinaus muss, und übervollem Leben, das über sich hinaus kann und will. Sich-einander-Geben ist Ineinsfall von reiner Genüge und reiner Freiheit, sich über sich hinaus zu geben. Nirgendwo ist mehr Spiel, reiner Spiel, ursprünglicher Spiel als im Urspiel dreifaltigen Lebens" (Vorspiel 112).

---

[80] S. Böhnke, Einheit, 72.

Als ein zentrales Problem der Trinität erschien immer wieder der metaphysische Begriff der Person. Hemmerle ist sich dessen sehr bewusst und trägt einen Personbegriff vor, der nicht mehr Hypostasierung und Substanz zum Ausgangspunkt des Verständnisses hat, sondern vom Sich-Geben ausgeht, wie das folgende Zitat zeigt:

„Person erscheint als Ideologie. Ist dies der pure Zerfall des Menschen, oder ist es ein Hinweis darauf, daß Person nicht ‚ist‘, sondern daß Person den Menschen gibt – und gibt heißt: über sich hinaus gibt? Vielleicht haben wir das ‚Eigentliche‘ des Menschen im Niemandsland zwischen dem Augenblick, der jetzt ist, und der Welt und den Mitmenschen, die über ihn hinaus sind, postiert und darum beides vom Menschen abgeschnitten. Wir fragten weniger danach, wie dieser Mensch wirklich hier und jetzt sein, leben könne, sondern fixierten ihn auf sein grundsätzliches, allgemeines Image, das nur immer, aber nie jetzt gilt. Zum andern subtrahierten wir seine ‚Persönlichkeit‘ von seinen Beziehungen, in denen sein Dasein sich begibt und ereignet, in denen es Welt gestaltet und sich selbst entfaltet: Beziehung als ein an die Substanz angehängtes Akzidens. Wenn aber Person dies meint: die geschehende Beziehung, die das Jetzt weggibt an die anderen, an die Welt, und die das andere und die anderen hineinnimmt in das Ereignis des Augenblicks, wenn sie die Zeitigung der Welt in den Menschen und des Menschen in die Welt ist, dann ‚ist‘ sie zwar nicht; denn sie ist Bewegung und Beziehung – und doch kommt alles auf sie an, darauf, daß solche Zeitigung gelinge. Der trinitarische Personbegriff der ‚relatio subsistens‘ wird anthropologisch relevant“ (Heil 214).[81]

Nach Hemmerle ist „Person“ „geschehende Beziehung“. Damit ‚ist‘ sie nicht im klassischen metaphysischen Sinn, sondern sie ‚ereignet sich‘. Sie ist, und Hemmerle wählt die Schlüsselbegriffe seines philosophischen und theologischen Ansatzes um sie auszudrücken, „Bewegung und Beziehung“.

Es wird deutlich, wie die Grundphänomene von Leben und Geben bei Hemmerle immer mehr in den Vordergrund treten. Er transformiert metaphysische Aussagen zunehmend in phänomenologische.

Logos als Verbum

Eine andere wichtige Analogie zum Verständnis der Trinität ist bei Hemmerle das Grundphänomen des „Sprechens“. Die klassischen Trinitätsvorstellungen, etwa das psychologische Modell Augustinus, sind von der Analogie des Geistes bzw. des Wortes geprägt. Augustinus Modell war bekanntlich das des Selbstbewusstseins, die Trinität also in Analogie von memoria, intellectus und amor zu denken. Diese sind die Vermögen des „Selbst“-Bewusstseins und damit die Vermögen der substanzhaften Person. Deshalb sind sie auch als eigene und getrennte Vermögen substantiviert: Gedächtnis, Erkenntnis, Liebe. Sie sind Folge der griechischen Metaphysik, wie sie das folgende Zitat ableitet. In der Tat wären sie zur Beschreibung der Trinität besser geeignet, wenn sie nicht zuerst als substantielle Vermögen, sondern als Bewegungs- und Beziehungsgrößen beschrieben würden, was sie letztlich auch sind. Beziehungsgrößen, die ein vielfaches und weitgespanntes Netz der gegenseitigen Beziehungen eingehen, also sich gegenseitig fordern und sich wechselseitig voraussetzen. Die klas-

---

[81] S. Böhnke, Einheit, 231–234.

sischen Trinitätsvorstellungen bedürfen der Modifikation. Hemmerle liest sie auf ihren verbalen Sinn und auf die Vorstellung des Sich-Gebens hin.

„Die Darstellung des dreifaltigen Spiels [Hemmerles – KK] weicht ab von der klassischen Zuordnung der transzendentalen Bestimmungen zu Sohn und Geist. Der Vater zwar gilt auch in Patristik und Scholastik als das Sein, als die Macht, als die unbedingte Herkunft. Der Sohn hingegen wird das Wort, die Weisheit, die Wahrheit genannt. Dem Geist wird die Güte, die Liebe, die Gemeinschaft zuerkannt. Die äußeren Anlässe sind mannigfach. Wahrheit wird eben vom Wort, einem der Urtitel des Sohnes, her gefasst; die Dimension Gespräch, die Übereinkunft *miteinander* tritt in der Spekulation über die Wahrheit vor der Übereinkunft zwischen Intellekt und Sache zurück. Weil der Geist Sohn und Vater miteinander verbindet und weil Liebe Sich-Verströmen, Sich-Verströmen aber das Merkmal des Guten ist, wird der Geist vom Guten, vom bonum her gelesen. Das Modell für trinitarische Entwürfe ist, vor allem in der Folge Augustins, das Selbstbewusstsein. Hier wird die memoria, das Gedächtnis, die Präsenz dessen, was ist, auf den Vater hin, der intellectus, die Einsicht, das Vermögen des Wortes auf den Sohn hin, das Vermögen des Wollens, der Liebe auf den Geist hin gelesen. Erkennen folgt dem Sein – der Sohn kommt aus dem Vater, nach dem Vater. Wollen, Tun folgt dem Sein und dem Erkennen – der Geist kommt aus Vater und Sohn, nach Vater und Sohn. Auch die Zeitdimensionen spielen bei klassischen Versuchen, dreifaltiges Leben in den Horizont unseres Erfahrens und Denkens einzubringen, eine Rolle: der Vater als die Herkunft, der Sohn als die lichtende Gegenwart, der Geist als das Letzte, die Frucht, die Zukunft" (Vorspiel 114–115).

Um die Grundstruktur des Sprechens und Gebens aufzuzeigen, greift Hemmerle gern auf die Analogie und das Paradigma des „Lebens" zurück. „Nehmen wir zur Veranschaulichung ein Wort, das im Deutschen Verb und Hauptwort zugleich ist: Leben. Die ‚Sache', die das Hauptwort Leben meint, ist der Vorgang, das Geschehen, verbal verstandenes Leben. Seine Identität hat dieser Vorgang im Vorgehen selbst, in der Weise, wie er geht. Leben heißt Ausgehen von sich selbst. Im Ausgehen geschieht ständig die Reproduktion und Restitution des Ausgehens, Leben heißt Weiterleben. Im Ausgehen geschieht zugleich Assimilierung des Äußeren, Aufnahme des Äußeren ins Innere.

Dieses Innere aber ist nur da als das Woraufhin des Aufnehmens und das Woraus des Ausgehens. Die Kontrapunktik eines Lebendigen gegen anderes Lebendiges und gegen anderes Seiendes geschieht in der Beziehung, welche das Leben selber ist. Leben endet und das Lebendige endet, wo diese Beziehung endet.

Der Zusammenhang, welcher das Leben ist, spannt sich freilich noch weiter; er ist Zusammenhang zwischen Leben und Leben. Die innere Dimension des einzelnen Lebens, zu der bereits Ausgang, Mitteilung, Assimilierung, Reproduktion gehören, hat, untrennbar, eine Außendimension, die des Mitlebens, in welcher Leben für anderes Leben und von anderem Leben lebt" (Thesen 20).

Entscheidend dafür, dass das Sprechen oder das Wort bei Hemmerle zur Analogie für die Trinität gewählt wird, ist offenbar die verbale Struktur des Sprechens. Sprechen ist Grundphänomen, wie es Rombach genannt hat. Grundphänomene wie Sprechen, aber auch Spielen oder Leben und Geben eignen sich offensichtlich besser für das Verständnis von Gottes trinitarischer Struktur als etwa die substantivisch gedachten psychischen Vollzüge von memoria, intelligentia und amor bei Augustinus und ähnliche. Für die Analogie des Wortes mit der Trinität ist aber der Ansatz bei der Mehrursprünglichkeit des Wortes entscheidend. Verben bzw. Bewegungen wie Leben sind kein anonymes Fließen, wie Levinas im Anschluss an das „Es gibt“ Heideggers geäußert hat, sondern ein strukturales Geschehen in Beziehungen. Dazu greift Hemmerle auf das Paradigma des Wortes zurück, wobei das Wort wiederum nicht zuerst als Entität gemeint ist, sondern als lebendiges Sprechen (dire). Sprechen ist strukturiertes Geschehen.

„Vorgang ist kein ungeschiedenes Strömen – in einem solchen ginge gerade nichts vor. Sondern Vorgang ist geschehende Beziehung, die nicht ginge ohne das Zueinander, Ineinander und Auseinander von Polen, zwischen denen sie spielt.

Pole, Bezugspunkte gehören also dazu; und der Vorgang, in dem sie verbunden und unterschieden sind, nivelliert sie nicht. Aber die Pole haben keinen isolierten Stand außerhalb des Geschehens, sondern sind sie selbst im Geschehen. Mehr noch: sie selbst sind Geschehen. Sie sind dies: sich mitteilen, sich beziehen, sich in den Vorgang hineingeben und aus ihm empfangen, ihn sein lassen und von ihm sein gelassen sein. In jedem Pol ist der ganze Vorgang, der ganze Vorgang ist das Sein eines jeden Pols. Die Pole unterscheiden sich durch die Weise, wie der ganze Vorgang aus ihnen hervorgeht und sie aus ihm hervorgehen. Diese Unterscheidung der Pole im Vorgang aber ist die Unterscheidung des Vorgangs selbst, will sagen seine Gliederung, aus welcher er Einheit und Unterscheidbarkeit, Struktur erhält.

Wenn das Hauptwort der neuen Ontologie das Verb ist, so tritt an die Stelle des einen Subjekts also die Mehrursprünglichkeit. Ein Vorgang geschieht in den gegenwendigen Vorgängen, in welchen die Pole des einen Vorgangs sich aufeinander beziehen. Das eine Geschehen hat seine Einheit, seinen einen Gang und seine eine Richtung aus den vielen Polen, die zugleich aus ihrer je anderen Richtung aufeinander zu den ganzen Vorgang hervorgehen lassen.

Ein Beispiel: das Wort. Ich spreche das Wort, es geht von mir aus, ich schließe mich unmittelbar in ihm auf. Man kann sagen, zumindest in der einen Richtung: Zwischen mir und meinem Wort liegt nichts anderes. Ich verantworte es, gestalte es und richte es aus auf seinen Adressaten. Somit wurzelt der ganze Vorgang des Sprechens, wurzeln die bereits angeklungenen Dimensionen von Wort (Ausdruck, Gestalt, Adressat) in mir. Und doch wurzele auch ich als Sprechender, wurzelt mein Wort als meines in den anderen Ursprüngen.

Die Sprache ist Ursprung meines Wortes. Indem ich von mir aus spreche, beanspruche ich eine Sprachgestalt, die vorgeformt, zumindest vorbereitet ist dadurch, daß schon Generationen vor mir gesprochen haben, daß der Mensch als Sprach- und Ausdruckswesen geschaffen ist, daß er schon immer in einem Kommunikationsstrom steht. In meinem Sprechen spricht die Sprache weiter. Meine spezifische Klangnuance, meine persönliche ‚Grammatik‘ ist – in der umgekehrten Richtung – wenigstens ein Sandkorn auf dem Gebirge der Sprache, das andauernd anwächst, sich andauernd verschiebt. Und auch wenn ich noch so originell spreche, wenn ich sozusagen neue Sprache zeuge, mein Sprechen ist Weitersprechen, meine Leistung wiederum nur Sandkorn auf dem Gebirge der gesprochenen Sprache.

Und noch einmal: Du, zu dem ich spreche, du, der Adressat, bist Ursprung meines Wortes. An deinem Hören und Verstehen liegt mein Sprechenkönnen, an deiner Antwort mein Weitersprechen, und mein Anfangen selbst ist je schon Weitersprechen auf den Anfang hin, der du mir bist, der dein Begegnen mir ist.

Mein Wort hat zumindest die drei Ursprünge: ich, die Sprache, du. Und es ließe sich mühelos entfalten: Alle drei Ursprünge entspringen auf unterschiedliche Weise in meinem Wort einander, in jedem Ursprung ist derselbe Vorgang ganz, aber anders. Die Anteile der drei Ursprünge lassen sich nicht quantifizieren, wohl aber differenzieren: dadurch, wie das Ganze jedem Ursprung entspringt.

Was wir am Beispiel ‚Wort' abgelesen haben, können wir an jedem Vorgang ablesen – sogar am scheinbar so einsinnigen des Zeitverlaufs. Nur wenn wir die ganze Zeit in und aus der Vergangenheit, der Zukunft und der Gegenwart lesen, verstehen wir Zeit" (Thesen 142–144).

Die Analogie des Wortes und des Sprechens legt sich zur Erklärung der Trinität von sich her nahe, wenn das Sprechen in seiner strukturalen Verfassung, als Einheit und Mehrheit selbständiger Ursprünge gelesen wird.

Dreifaltiges Urspiel

Einen eigenen und besonderen Zugang zur Trinität stellt Hemmerles Analogie des Spielens dar. Die Analogie entfaltet die genannte von Wort und Sprechen um den Gesichtspunkt der Bewegung und der Beziehung. Spielen ist vor allem Bewegung, strukturierte Bewegung.

„Auf Gottes Spiel in Jesus hin haben wir die Spiele des Menschseins gelesen. Dieses Spiel, zuhöchst das dreifaltige Urspiel selbst, dürfen wir aber auch umgekehrt zu lesen versuchen aus dem Verstehen des Spiels und der Spiele. Das Einmalige, Unvergleichliche dieses Urspiels geht uns gerade auf, wenn wir es eintragen auf die Matrize vom Spiel.

Aufs erste erhalten wir eine Bestätigung: Ja, dreifaltiges Leben ist Spiel. Alles menschliche Hindenken zum unausdenklichen Geheimnis ‚weiß' im Grunde doch dies: Es ist ein eines, einziges, unteilbares Geheimnis. Im reinen Ursprung kann es keine Spaltung geben, welche die lautere Einheit zwischen Grund und Ziel, Sehnsucht und Erfüllung mindert. Und die Botschaft Jesu sagt vollmächtig dasselbe. Nur einer ist gut: Gott. Nur auf einen kommt es an: auf ihn. Einheit und Einzigkeit Gottes sind Grunddatum nicht nur des alttestamentlichen, sondern auch des neutestamentlichen Glaubens.

Aber diese Einheit spielt aus mehrfachem Ursprung. Sie ist umso unzerreißbarer, als sie nicht Einsamkeit ist, sondern sich im liebenden Auseinander und Zueinander wiederholt, einholt, in sich selber schließt und zugleich aufschließt. Das eine Spiel aus mehrfachem Ursprung, das ganze Spiel aus jedem Ursprung: dies ist nirgendwo dichter und radikaler anschaubar als in dem, was wir vom dreifaltigen Leben glauben und denken dürfen" (Vorspiel 111–112).

8.3.2.1 Zeitlichkeit der Trinität

Wenn Spielen besonders den Aspekt der Bewegung verdeutlicht, wird plausibel, warum Hemmerle in *Trinität und Zeit* besonders die „spezifische Zeitlichkeit" der Trinität hervorhebt. Bei ihr treten die Eigenheiten der trinitarischen Momente besonders in Erscheinung. Es mag eigenartig erscheinen, in Gott eine besondere Zeitlichkeit zu sehen. Dahinter steht seit Rahner die Diskussion über den Zusammenhang zwischen „immanenter“ und „ökonomischer“ Trinität: „die ‚ökonomische‘ Trinität ist die ‚immanente‘ Trinität und umgekehrt“ (MySal II, 328). Für unseren Zugang zur Trinität heißt das aber, dass auch der Zugang zur immanenten Trinität über die ökonomische möglich und unserem Erkennen entsprechend ist. Wohlmuth geht diesen Weg, indem er feststellt, dass unser Zugang zur Trinität zunächst ein heilsgeschichtlicher, d. h. zeitlicher, ist. Wohlmuth formuliert: „Die immanente Trinität ist die Wahrheit der ökonomischen“. An dieser Stelle erwähnt Wohlmuth auch Hemmerle.[82] Es sei an das Lieblingszitat Hemmerles von Bernhard von Clairvaux erinnert: „Was der Sohn Gottes seit Ewigkeit schon wußte durch seine Gottheit, das lernte er auf andere Weise durch ein Zeitexperiment des Fleisches“ (Leben 64). In der Tat zeigt ein Blick auf die Konstitution unserer Erkenntnis, dass sie in allen Dingen zeitlich strukturiert ist. Das gilt auch für die theologische Erkenntnis. Hier sind Kants Anschauungsformen von Zeit und Raum nicht hintergehbar. Allerdings bedarf es in unterschiedlichen Kontexten der besonderen Anschauung von Zeit. Es kommt zum Austrag, was wir oben über das Zeitverständnis Hemmerles ausgeführt haben (s. oben 2.2.3).

Die Betrachtung der spezifischen Zeitlichkeit Gottes legt sich deshalb besonders nahe, da wie gesagt, Hemmerle die Trinität als Bewegungs- und Beziehungsgeschehen beschreibt. Wie die Zeit unterschiedlich bewegt ist, nie nur linear, so ist Trinität auch nicht nur linear zu begreifen. Ebenso ist Beziehung nicht einlinig, sondern plural und kommunikativ. Ähnliches lässt sich von der Trinität sagen. Bewegung wie auch Beziehung eröffnet eine Reihe unterschiedlicher Betrachtungen. Sie werden vor allem beim Aufmerken auf den ‚zeitlichen Rhythmus‘ der Bewegung bzw. Beziehung wahrgenommen. Das Sich-Geben hat seine eigene „Rhythmik“ (Greshake 187). Sie prägt nach Hemmerle den „Rhythmus des Seins“, den „Rhythmus der Wahrheit“ und den „Rhythmus der Liebe“. Je nach Rhythmus der Bewegung und Beziehung folgt ebenfalls eine „Verwandlung der Kriterien“ (Wahrheit 189). „Die Kriterien von Wahrheit haben sich uns im Blick auf die Wahrheit Jesu zu Stationen von Geschichte verwandelt. Welches sind die Grundzüge der Zeitlichkeit?“ (Wahrheit 195) Die oben behandelten Kriterien werden zu Stationen, zeitlichen bzw. geschichtlichen Stationen, hier dienen sie der Betrachtung der göttlichen Rhythmik und Beziehung.[83]

In *Trinität und Zeit* wird das Zeitverständnis Hemmerles für das Verständnis der Trinität relevant. Wir haben oben die Modi der Zeitlichkeit und ihre unterschiedliche Strukturierung nach Hemmerle angeführt (2.2.3). Es sind, um nur einige zu nennen, die Zeiten als „Zwischen-Zeit“, „lineare Zeit“, „Verlaufszeit“, „Verfallszeit“, „horizontale, vertikale Zeit“ zur Sprache gekommen. Sie dienen nun zur Charakterisierung des Bewegungs- und Beziehungsgeschehens der Trinität.[84]

In zeitlicher Perspektive kann die Trinität unterschiedlich betrachtet und beschrieben werden, etwa in der traditionellen Weise: „Die andere Sichtweise, die in der Tradition weithin führend war: Der Vater ist sich gegenwärtig, sich hell im Wort, im

[82] Wohlmuth, Geheimnis, a. a. O., 116–119, hier 118 Anm. 21, und 128–131, 137–138.
[83] Böhnke, Einheit, 234–235.
[84] Trinität 286–289.

Sohn. Was er will, ist die Einheit mit dem Sohn im Geist. Der Geist als Gabe, die Vater und Sohn einander geben, ist das Ziel. Der Vater sendet den Sohn in die Welt, macht sich uns gegenwärtig im Sohn. Dies aber ist nicht das Ende der Bewegung. Ziel ist die Sendung des Geistes, in der wir den Vater und den Sohn erkennen, in die Einheit mit dem Vater und dem Sohn eintreten. Das Zeitalter des Sohnes, das Werk des Sohnes dauert an bis zum Ende der Geschichte. Wir sind auf den Weg des Sohnes gewiesen. Was aussteht, ist jene Gemeinschaft, in welcher der Geist ganz da ist und durch ihn wir ganz da sind in der Gemeinschaft Gottes als die vollendete Gemeinschaft der Heiligen. (Vorspiel 116). – Es ist deutlich zu erkennen, hier geht es um die gängige „lineare Verlaufszeit", nicht um die objektive physikalische Zeit, sondern die Zeit der metaphysisch theologischen Tradition.

Hemmerle hat aber vor allem eine andere Zeitlichkeit der drei Personen im Blick, die der heilsökonomischen Trinität gerechter wird:

„Im Blick auf den dreifaltigen Gott und seine Geschichte mit uns in Jesus: Der Vater ist Vater, indem er den Sohn zeugt, und beide wenden sich einander zu, sind einander gegenwärtig im Heiligen Geist. Der Vater verherrlicht den Sohn, sein Wille über den Weg Jesu ist die Verherrlichung Jesu als Sohn, seine Erhöhung zur Rechten. Und die – hier eingeholte – Einheit und Gleichheit von Vater und Sohn geht auf, wird Gegenwart auch für uns im Heiligen Geist. Der Vater will im Sohn – Ziel der Heilsgeschichte – uns zu Söhnen machen, und so sind wir unterwegs zwischen Vater und Sohn, sind auf dem Weg zum Ziel – im Heiligen Geist. Er ist der Raum, in dem wir leben, der Raum unserer Gegenwart. Dies ist die eine Sichtweise, jene, die für uns führend war" (Vorspiel 116).

Die Zeitlichkeit der Trinität fällt klassisch linear aus: Vergangenheit aus dem Vater, Gegenwart des Sohnes, Zukunft des Heiligen Geistes. Dagegen die heilsökonomische Zeitlichkeit: der Heilige Geist als Raum der Gegenwart; das Leben des Sohnes, der unser aller Zukunft beim Vater werden soll. Wie sind die unterschiedlichen Vorstellungen zu vereinbaren?

„Beide Sichtweisen schließen einander nicht aus, sie lassen sich vermitteln. Stoßen wir von zeitgeschichtlichen Anlässen ab, schauen wir aufs Phänomen, aufs Ineinander und Auseinander der Zeitdimensionen. Die Gegenwart steht einesteils zwischen Herkunft und Zukunft, Zukunft kommt also zuletzt. Anders betrachtet – und diese Betrachtung leitete uns –, kommt die Gegenwart ‚zuletzt'. Sie ist als Gegenwart nur verständlich von Vergangenheit und Zukunft her, sie ist ihr Zusammenstoß, ihr Zugleich. [Andererseits] Nur auf Zukunft hin wird unsere Herkunft offen, also gegenwärtig. Die Gegenwart in der Sprache verbindet und eröffnet füreinander den doppelten Vorrang und Vorgang von Zukunft und Herkunft. Daher lässt sich gleichermaßen alles auf Zukunft wie alles auf Gegenwart als ihr letztes hin lesen" (Vorspiel 115–116).

Wie nun Gegenwart und Zukunft verschieden zu lesen sind, so sind es auch die drei Personen, Hemmerle spricht etwa von einer doppelten Pneumatologie des Geistes: „So zeigt sich eine doppelte Eschatologie in der doppelten Pneumatologie, in der doppelten Stellung des Heiligen Geistes. Einmal ist der Geist der Gegenwärtige. So gelesen, ist die Zukunft – der verherrlichte, wiederkommende, unser Sohnsein vollendende Christus – in der Gegenwart des Geistes schon da. Das andere Mal ist der Geist der Zukünftige, die Vollendung. So gelesen, ist unsere Gegenwart noch Unterwegssein, das Ziel steht aus. Beide Sichtweisen ergänzen sich, fordern sich gegenseitig – nicht nur in einer abstrakten Ableitung, sondern in der christlichen Grunderfahrung, die immer das Noch-nicht und das Schon-jetzt gleichermaßen ernst zu nehmen hat“ (Vorspiel 117).

Wie sind nun die verschiedenen Lesearten mit der bleibend einen göttlichen Dreifaltigkeit zu vereinbaren? Wird die Perspektive des Gebens als Matrix führend, dann kann das Zueinander der Drei von jedem her gelesen werden. Denn die Bewegungsform, die im Geben am Werk ist, kann nicht auf einen Pol fokussiert werden, sondern ist das Rundum und Kreisen der Bewegung selbst, wie es dem Spiel eignet:

„Daß zwei so unterschiedliche Sichtweisen desselben möglich, wir dürfen sagen, daß zwei so unterschiedliche Spielweisen desselben dreifaltigen Spieles wirklich sind, hat Konsequenzen. Es gilt, und das ist die grundlegende Sicht: Der Richtungssinn des dreifaltigen Lebens ist unumkehrbar. Der Vater bleibt Vater, bleibt anfangloser Ursprung. Sein Vatersein ist Hervorgehenlassen des Sohnes. Und aus beiden zugleich geschieht der Hervorgang des Geistes. Weil aber in diesem Geschehen ganze Mitteilung, ganzes Sich-Geben sich ereignet, kann das ganze Spiel von jedem her – auch vom Sohn und vom Geist her – gelesen, kann es auf jeden zu gelesen, kann es in jedem als der vermittelnden Gegenwart gelesen werden. Jede dieser Lesarten nimmt uns zugleich in eine andere Perspektive der Geschichte Jesu und unserer Geschichte mit hinein“ (Vorspiel 117).

So kann wie der Geist auch der Sohn unterschiedlich gelesen werden und dasselbe gilt vom Vater. Und an dieser Stelle klärt Hemmerle seine eindrucksvolle Darstellung der Erschaffung Adams durch Michelangelo in zeitlicher Perspektive auf:

„Nachdem wir vom Vater als Herkunft her einmal den Sohn und einmal den Geist als Zukunft gelesen haben, sei nur noch eine Perspektive, eine ‚Spielart‘ nachgetragen, die uns schon in den letzten Schritt unserer Überlegung geleitet: der Vater als Zukunft (s. Michelangelo). Weil Sohn und Geist vom Vater ausgehen, weil der Vater der Ursprung des Sich- Gebens ist, ist er auch das Ziel, ist er der ‚einzig Gute‘, jener, zu dem das dreifaltige Leben zurückläuft. Das Hin auf den Vater ist die Dynamik des Geistes. Er ist der vom Vater Angezogene, ist von ihm her ermächtigt, die Kraft zu sein, in welcher Rückkehr zum Vater geschieht. Im Geist wendet sich der Sohn zum Vater, im Geist ist das Wort Antwort an den Vater. Dies ist auch die Bewegung des Lebens Jesu. Aus dem Heiligen Geist gezeugt, vom Geist getrieben, ist sein einziges Ziel, sein einziges Woraufhin der Vater. Sein Leben ist: je herkommend aus dem Geist unterwegs sein zum Vater. Dies wiederum ist die Bewegung unseres Lebens. Voraussetzung, Herkunft unseres Christseins ist die Gabe des Geistes. Nur aus ihr vermögen wir zu leben. Aus dem Geist aber leben wir hin auf den Vater, wird er unser einziges Warum und Wohin. Darin werden wir gleich gestaltet mit dem Sohn, gehen wir seinen Weg, werden wir Glieder an ihm. Hier hat unsere Nachfolge ihren Ort, bis wir mit dem Sohn aus dem Geist unser ganzes ‚Abba, Vater‘ sagen“ (Vorspiel 117–118).

Trinität als Urspiel. Vermag diese Analogie wirklich den Kern und das Wesen der Trinität auszusagen? Spielen gilt als eine der schönsten Nebenbeschäftigung des Menschen. Wie kann es zur Erhellung des Geheimnisses der Trinität beitragen? Nach Hemmerle sehr wohl, wenn das göttliche Spiel noch einmal aus einer anderen Perspektive, nämlich im Unterschied zum endlichen Spiel betrachtet wird:

„Dreifaltiges Leben zeigt sich indessen nicht nur als Bestätigung, sondern als absolute Überbietung dessen, was unser Beobachten und Denken am Spiel ablesen, vom Spiel aussagen kann. [...]. Menschen können miteinander ins Spiel ihres Daseins nur treten, weil sie in dieses Spiel die gleiche Art mitbringen, ihr Menschenwesen, das ihnen, ihrem Dasein als einzelne, sozusagen vorausgeht. Ich kann nur Klavier spielen, weil der Mensch zum Hören und das Klavier zum Klingen beschaffen sind, weil ich Finger habe, die Tasten zu bewegen, und weil es Tasten gibt, die sich von mir bewegen lassen. Fürs göttliche Spiel gibt es keine Voraussetzung. Es gibt nicht den Vater, den Sohn und den Geist und dann ihr Spiel, ihr Gottsein – es gibt nicht die Gottheit, das göttliche Wesen und dann die Spieler, die es in Szene setzen. Das göttliche Spiel – und das heißt Gott – ist nichts anderes über, vor, außer, nach ihrem Sich-einander-Geben.

Gerade so ist nicht nur ihre Gleichheit und Einheit miteinander ausgesagt, ihre absolute Identität mit dem Spiel, das sie spielen, sondern auch ihre absolute Differenz. Daß ich der Sohn bestimmter Eltern bin, ist zwar Bedingung dafür, daß ich da bin. Daß ich aber Mensch bin, mein Wesen, ist nicht von meinen Eltern gemacht, ist nicht von meinem konkreten Verwandtschaftsverhältnis abhängig. Daß in der Dreifaltigkeit der Sohn der Sohn ist, daß er aus dem zeugenden Ja des Vaters hervorgeht, der nichts anderes ist als dieses zeugende Ja – das ist der Sohn, ist er selbst und ist so in einem die unbedingte Gleichheit mit dem Vater und das unbedingte Verhältnis zu ihm, insofern auch die unbedingte Differenz von ihm" (Vorspiel 112–113).

8.3.2.2 Sich-Geben – Trinität

Das Paradigma der Trinität ist bei Hemmerle das „Sich-Geben", der Ausdruck des biblischen Zentralmotivs „Gott ist die Liebe" (1 Joh 4,8.16). Es ist dazu auf den Diskurs des Gebens zurückzukommen und ihn weiterzuführen. „Fragen wir uns abschließend nach dem Schlüsselwort, das unser Verständnis von Wahrheit und insbesondere unser Verständnis der Wahrheit Jesu leitet. Immer wieder klang es an: Sichgeben. Gottes Geheimnis heißt Sichgeben; der Gott, der sich gibt, ist die christliche Alternative zur unbedingten Substanz, zur bloßen reditio in se completa unendlichen Geistes. Aber auch das Geheimnis des Menschen heißt Sichgeben. Nur darin überschreitet der Mensch sich selbst, daß er sich geben kann. Dies ist seine Gottbildlichkeit und seine Angewiesenheit auf Gott, daß er sich selbst nur gegeben ist, wenn er sich Gott gibt und wenn Gott sich ihm gibt. Dies schließlich ist das Geheimnis Jesu: in ihm gibt sich Gott ganz dem Menschen, und zugleich ist er der ganz an Gott gegebene Mensch; somit aber ist Jesus die Identifikation des Menschen und Gottes, ihr Aufgang in ihre eine ungetrennte und unvermischte Wahrheit. Sichgeben aber ist nicht nur Inhalt dieses dreifachen Geheimnisses, sondern auch unser Zugang zu ihm" (Wahrheit 197–198).

Das Dilemma Gottes, der „sich gibt"

Das responsive Geben, das ein „Geben" und „Nehmen" ist, enthält eine Schwierigkeit, wenn man wie Hemmerle vom „(sich-)gebenden" Gott spricht, von „Gott, der gibt". Es entsteht die Schwierigkeit, wenn das Geben auf Gottes Geben oder theologisch auf die „Selbstmitteilung“ Gottes übertragen wird. Waldenfels hat das Problem charakterisiert: „Die Hoffnung, man könne aus diesem ambivalenten Geschehen (von Geben und Nehmen) ausscheren, ist eine fromme Illusion. Stattdessen könnte man freilich an Umwandlungsprozesse denken, die aus dem bloßen Wechsel von Geben und Nehmen herausführen. Für Platon, dem Philosophieren eine ‚Angleichung an Gott‘ (Theaitet 176 b) bedeutet, ist Gott ein Wesen, das keinen Neid und keine Missgunst kennt. Die sprichwörtliche Neidlosigkeit (ἀφθονία) Gottes, der als der Gute niemandem etwas missgönnt, beruht darauf, daß er bedürfnislos ist und alles in Fülle und Überfluss hat. Je mehr wir uns, philosophisch gesprochen, der Wahrheit nähern, in der jedes Ding offenbar wird; desto mehr nähern wir uns einem ‚gemeinsamen Gut‘ (Charmides 166d), das durch Teilung und Teilhabe nicht weniger wird. Der Unterschied von Geben und Nehmen schmilzt dahin; doch damit schwindet auch der Unterschied zwischen Eigenem und Fremdem, ohne den es kein Antworten gäbe, das über das Wiederfinden hinausginge“ (AR 610–611).

Nietzsche hat das Dilemma des gebenden Gottes erkannt und deutlich ausgesprochen: „In Nietzsches Figur des Zarathustra finden wir einen Nachhall dieser göttlichen, rückhaltlosen Freigebigkeit, die umsonst zu geben liebt, ohne zu nehmen, ohne zu rechnen und selbst ohne auf Dank zu warten. Doch der reine Geber, der sich verausgabt, ohne jemandem zu geben, der seine Gaben verstreut wie die Sonne, die ihr Licht ausstrahlt, oder wie die Quelle, die sich verströmt, gerät in eine übermenschliche Einsamkeit: ‚Aber ich lebe in meinem eignen Lichte, ich trinke die Flammen in mich zurück, die aus mir brechen. Ich kenne das Glück des Nehmenden nicht; und oft träumte mir davon, dass Stehlen noch seliger sein müsse als Nehmen‘ (KSA 6, 346) – noch seliger, denn im Raub wahrt der Nehmende seinen Stolz, so Prometheus, der sich mit dem Raub des Feuers gegen die Götter auflehnt. Paradoxerweise kehrt die Dankbarkeit sich um: – hat der Gebende nicht zu danken, daß der Nehmende nahm? Ist Schenken nicht eine Nothdurft? Ist Nehmen nicht – Erbarmen?‘ (KSA 4, 179). Das spontane Geben, das gibt wie die Natur, die nicht anders kann als geben, das reine Geben, das gibt, ohne auf eine Gegengabe zu warten, findet seine Antwort in einem Nehmen, das nimmt, als nähme es nicht, das den Gebenden von der Last seiner Geschenke, von seiner überreifen Frucht befreit wie in einer Ernte der Natur, ‚die sie selber hält‘“ (AR 611).

Wie es scheint, kehrt die Diskussion an den Anfang zurück. Wie es scheint, ist die bessere Auslegung des Gebens, nicht die Frage nach einem Geber zu stellen, sondern vom anonymen „Es gibt“ Heideggers auszugehen. Oder gibt es eine andere Möglichkeit, dem Kreis zu entgehen? Waldenfels sieht eine Lösung in einem Mehr als nur Geben und Nehmen. Er sieht die Lösung in einem neuen Geben, dem „Sich-Geben“. Sich-Geben ist so etwas wie reines Geben. Es ist ein Geben vor jeder Abzweckung auf Geber und Empfänger, aber auch vor jeder Gabe. Geben, Nehmen und Gabe ergeben sich aus dem reinen Geben, d. i. Sich-Geben. „Schließlich weist das Ereignis des Antwortens, das keine Ziele verfolgt, keine Regeln befolgt und keine Probleme löst, zurück auf ein *es gibt,* das noch keinen Geber kennt. Der Geber bestimmt sich erst im Zuge eines Sichgebens, das über alles Geben von etwas auf ähnliche Weise hinausführt wie das Sagen über das Gesagte. Wenn Mauss in Bezug auf polynesische Sitten feststellt, ‚daß jemandem etwas geben so viel heißt, wie etwas von sich selbst geben‘, so gilt dies für das Geben überhaupt, sofern dieses niemals in einer bloßen

Transaktion von Gütern aufgeht. Am Anfang steht kein ‚Subjekt', das einen Akt des Gebens ‚vollzieht', vielmehr sucht sich das Geben erst seinen Geber und Empfänger. Ein Geben, das sich von dem her bestimmt, worauf es antwortet, macht jemanden zum Respondenten, das heißt auch: zum Geber einer Antwort, der zugleich Empfänger dessen ist, worauf er antwortet" (AR 618).

Das Dilemma weist nur verschärft darauf hin, dass Geben kein eindimensionales Geschehen ist, auch kein einpoliges, selbst wenn es Gott in seiner übergroßen Güte meinte, sondern Geben, auch das göttliche Sich-Geben, vollzieht sich in den Formen des Gebens. Geben verläuft in den umlaufenden Strukturbahnen des Gebens, von Geber zum Empfänger im Geben der Gabe, in welchem sich die Beteiligten erst als Geber, Empfänger und Gabe konstituieren.

amor mutuus – Liebe als Sich-Geben

Richard von Sankt Victor legt eine Trinitätslehre vor, die er aus dem amor mutuus ableitet. Er will allein aus dem Begriff der Liebe bzw. des Liebens und nicht von den göttlichen Personen ausgehen. Amor mutuus meint zunächst eine Liebe auf der Basis der Gegenseitigkeit. In der Folge seiner Überlegungen kommt er schließlich zu einer Kritik der Substanz und des Personbegriffs des Boethius. Richard von Sankt Victor, den auch Greshake behandelt, hat wesentlich die Trinitätslehre Bonaventuras geprägt und wird deshalb auch von Hemmerle gut gekannt.[85]

Gegenseitigkeit ist das Kennzeichen des amor mutuus. Gegenseitige Liebe ist zunächst ein theologisches Thema. Gegenseitigkeit liegt auch dem philosophischen Begriff der „Anerkennung" zugrunde, wie er bei Ricoeur immer wichtiger geworden ist. Das letzte systematische Werk Ricoeurs trägt den Titel *Wege der Anerkennung* [Wege]. Grundlage des Werkes sind zunächst lexikographische und historische Untersuchungen zum Begriff „reconnaissance" (frz.). „reconnaissance" ist zunächst das Stammwort für „Anerkennung". Ricoeur macht dabei auf die einzigartige Bedeutungsvielfalt des Begriffs aufmerksam. „reconnaissance" und „reconnaître" haben eine dreifach gestufte Bedeutung, die in der deutschen „Anerkennung" und in entsprechenden anderen Sprachen nicht zum Ausdruck kommt. Im Untertitel der *Wege* werden die drei Bedeutungen angezeigt: „Erkennen, (Sich-)Wiedererkennen, Anerkanntsein". Ricoeur nennt seine Betrachtungen der Wege einen „Parcours", einen Durchgang, den er von dem aktiven „Erkennen" bis zum passiven „Anerkanntsein" durchlaufen will, um die ganze Breite und Tiefe des Ausdrucks zu erkunden. Diese Bedeutungsvielfalt des Wortes „reconnaissance" zwingt die Übersetzer dazu, den Begriff mit „(Wieder-/An-)Erkennen" wiederzugeben [Anerkennung].

Inhaltlich erkennt Ricoeur drei Bedeutungsdimensionen in den Worten „reconnaissance" und „reconnaître", die er „Mutter-Ideen" nennt: 1. Erkennen, identifizieren („connaître"), 2. (Sich-)Wiedererkennen, (Sich-)Annehmen („re-connaître"), 3. Dankbarkeit („reconnaissance"): „Durch Dankbarkeit bezeugen, dass man jemand gegenüber in Schuld ist" (Wege 31, bzw. 15–17). Die Bedeutung des Bogens, den Ricoeur im Durchgang durch den Begriff der „reconnaissance" durchläuft, liegt auf der Hand. In dem Begriff „Anerkennung" kommen die zentralen Begriffe zur Erfül-

[85] Böhnke, Einheit, 72, 80–90.

lung, mit welchen Ricoeur die früheren Untersuchungen kennzeichnete: in der „Anerkennung“ kommt zur Sprache, was er in *Selbst als ein Anderer* mit „(Selbst-)Bezeugung“ andachte [Anerkennung 151] oder was er in seinen Ausführungen zur „Gabe“ und „Liebe (Agape)“ zu sagen versuchte [ebd. 155].

Hinsichtlich des jetzigen Themas der „Gabe“ geschieht im Geben und Nehmen „Anerkennung“. Ricoeur legt dazu ähnliche Überlegungen vor, wie wir sie oben beim „antwortenden Geben“ von Waldenfels kennen gelernt haben. Anerkennung ist eine „erste Gabe“ des Gebens, aber auch eine „zweite Gabe“, nämlich die des An-Nehmens oder des Empfangens. Auch das Empfangen ist ein Geben, ein Zurück-Geben. Geben beruht also auf einer Gegenseitigkeit; Empfangen ist ein Moment des Gebens selbst (Ricoeur). Solches Geben, das in gegenseitigem Geben geschieht, trennt sich auf Grund der Gegenseitigkeit von dem Kreislauf des ökonomischen Austausches.

„Welchen Namen soll man dieser nicht kommerziellen Form der Gabe geben? Der Austausch zwischen Nehmen und Geben, zwischen Geben und Nehmen“.[86] Ricoeur und andere sprechen von einem „an-ökonomischem“ Geben. Im Geschehen von Geben und Empfangen tritt die erste Gabe als Verpflichtung oder Appell auf: „Im Zeichen der Agape muss man statt von einer Verpflichtung zur Gegengabe von der Antwort auf einen Appell sprechen, der von der Großherzigkeit der anfänglichen Gabe ausgeht“.[87] Denn dieser ersten Gabe gegenüber kann der Andere nicht einfach neutral bleiben. Ricoeur nennt die anfängliche Gabe „erste Gabe“. Eine solche Gabe löst in seinem Gegenüber eine Verpflichtung aus, sie fungiert wie ein Appell. Das Beispiel einer Liebeserklärung führt das Gemeinte einleuchtend vor Augen: Man kann die Liebeserklärung nicht einfach dankend entgegennehmen – man muss reagieren, entweder erwidern oder ablehnen. Die Alternative zur Ablehnung ist die Erwiderung, eine Gegen-Gabe, die derjenigen des Anderen antwortet. Diese Gegen-Gabe ist wirklich eine echte Gabe, eine zweite Gabe, da man nicht sagen kann, dass sie erzwungen wäre. Ricoeur unterscheidet terminologisch zwischen „mutualité“ (Gegenseitigkeit, Wechselseitigkeit) und „réciprocité“ (Reziprozität): Während „Reziprozität“ jegliche Form von gegenseitigem Austausch meint, sei es in Gestalt des Marktes, der Gabe, der Gerechtigkeit oder auch beispielsweise der Vergeltung, reserviert Ricoeur den Begriff der „Wechselseitigkeit“ für den besonderen Austausch einer Gabe, die dafür kennzeichnend ist, dass die Personen in eine wirkliche Verbindung miteinander treten [Anerkennung 156–157]. Es ist das Geschehen der gegenseitigen „Anerkennung“, das Geben von „erster Gabe“ des Gebers und „zweiter Gabe“ des Empfängers, die Ricoeur noch deutlicher die „zweite erste Gabe“ nennt. Der Empfänger kommt an zweiter Stelle; was er aber zurück ‚gibt‘, ist wahrhaft erste Gabe, da sie eigenständig und so nur vom Empfänger gegeben werden kann.

Hemmerle bringt das Gemeinte auf die erschließende Formel: „Die Liebe ist größer, wo sie nicht nur dem anderen sich schenkt als Gabe, sondern wo sie dem anderen schenkt, schenken zu dürfen“.[88]

Hemmerle kennt den amor mutuus. Der Begriff erfüllt aber noch nicht, was Hemmerle unter Liebe und Sich-Geben versteht. Hemmerle kommt in der Wiedergabe der

---

[86] Ricoeur, Rätsel, s. Hoffmann, Liebe, a. a. O., 517. Zu Ricoeur s. Gabe 264 ff, 442 ff.

[87] Ricoeur, Wege, a. a. O., 302.

[88] Hemmerle, Klaus (1986), Dein Herz an Gottes Ohr. Einübung ins Gebet, Freiburg, 57.

Liebe und des Sich-Gebens auf Augustinus zurück, auf die bekannte augustinische Formel, dass, „wer liebt, die Liebe selber liebt“.[89] In der Formel ist Hemmerles Verständnis der zentralen Aussage der Schrift über Gott: „Gott ist die Liebe“ (1 Joh 4,8.16) enthalten. Liebe und Sich-Geben ist dreifaltig. Sich-Geben geschieht im amor mutuus als gegenseitig nehmendes Geben und gebendes Nehmen. Entscheidend aber ist das Geben oder die Liebe selbst. Geben und Lieben sind Grundphänomene, die sich gemäß der eigenen Struktur entfalten. Die Formel ist Grundlage der Trinitätstheologie Bonaventuras, der sie selbst wiederum von Richard von St. Viktor übernommen hat. Dieser Ansatz ist für Hemmerle immer noch weiterführend, so dass er immer wieder darauf zu sprechen kommt. In der *Nachfolge* führt Hemmerle eine ausführliche Betrachtung Bonaventuras an, der verschiedene Formen von Liebe unterscheidet. Die höchste Form der Liebe ist die caritative, dreifaltige Liebe:

„Vollkommene Liebe heißt dreifaltige Liebe – Bonaventura setzt über die Spekulation des sich selbst verströmenden Guten noch die letzte Stufe, die in äußerster Knappheit die entscheidende Bestimmung einführt: die Liebe (Hexaemeron XI, 12). Er unterscheidet zwischen reflexiver, konnexiver und caritativer Liebe, d. h. zwischen Liebe, die sich auf sich selbst zurückbeugt, Liebe, die mit einem anderen verbindet, und Liebe, die schlechterdings Liebe ist. Reflexive Liebe ist die ärmste, die unterste Gestalt. Liebe, die sich auf einen anderen richtet, ist mehr Liebe, weil sie verschenkt, reicher macht und darin reicher ist. Vollkommen ist aber erst jene Liebe, die reines Verschenken, darin reiner Weggang und reines Zugehen ist. Bonaventura sagt karg: ‚Caritative Liebe ist vollkommener als die anderen, sie hat den Geliebten und den Mitgeliebten; also gehört sie zu Gott‘“.[90]

Hemmerle erläutert die kurze Formel Bonaventuras wie folgt; „Wieso ist nur jene Liebe ganz Liebe, in welcher der Liebende seinen Geliebten und Mitgeliebten hat? Liebe, die sich aufs Nur-Du beschränkt, kommt als Liebe nicht eigentlich in den Blick; denn entweder konzentriert sie sich und den anderen nur aufs Ich, oder sie konzentriert sich und den anderen nur auf den anderen – wenn sie aber beide aneinander freiläßt und beide aufeinander zuläßt, dann ist sie bereits ‚dreipolig‘. Die augustinische Formel, daß, wer liebt, die Liebe selber liebt, kann dem Verstehen einen Einstieg erschließen: Der Liebende will den Geliebten, geht auf ihn zu, sagt insofern also: Nur du; aber er sagt es so, daß darin auch er selbst da ist, er will sich als liebend; darin aber will er sich im Geliebten und in sich den Geliebten, er will die Beziehung selbst, sie ist die Freigabe des anderen und an den anderen, die aber erst dann sich und ihn ganz freigibt, wenn sie auch an seiner Ursprünglichkeit, an seinem Wiederlieben und Selberlieben interessiert ist; darin schließlich ist sie interessiert am Lieben als solchem, das so in seiner eigenen fundamentalen und zugleich den Vorgang vollendenden Ursprünglichkeit aufgeht.

Dieses Modell geht freilich von der endlichen Liebe aus und muß auf das unbedingte Niveau transponiert werden, auf das hin Bonaventura denkt. Dann ist der Lieben-

[89] Vgl. Augustinus, De Trinitate VIII, 7–10; IX, 2. S. Hemmerle, Nachfolge, 72–80, 90–101; Böhnke, Einheit, 83.

[90] Bonaventura bezieht sich hier auf einen Gedanken des Richard von St. Viktor, vgl. L.Scheffczyk, Lehramtliche Formulierungen und Dogmengeschichte der Trinität, in: MySal Bd. II, 210–213.

de von sich her Liebe selbst, die sich verschenkend ihren schlechthin Anderen, den Sohn als göttliche Person, in sich selbst, konstituiert. Sie konstituiert ihn aber eben so, daß darin sein Lieben ganz von sich aus, sein Lieben von ihm her mitkonstituiert ist, und indem beide einander die Liebe zusprechen, die sie sind, sprechen sie sich jenen Selben zu, in dem ihre Liebe als Gegenseitigkeit, als ganze und reine Liebe vollendet ist: den Mitgeliebten, den Heiligen Geist.

Solche Liebe ist, nach der Aussage Bonaventuras, rein, voll und vollkommen; rein in der initiativen Wegwendung des Vaters von sich, voll als ankommende und ausgehende (effluens et effluxa) im Sohn, vollkommen als sich selber in ihrer Fülle und Gegenseitigkeit einholend (refluxa) im Heiligen Geist. Nur in der Perspektive der Liebe wird auch deutlich, wieso die ‚passiven‘ bzw. ‚rezeptiven‘ Momente, die im Konstituiertsein von Sohn und Geist enthalten sind, Momente positiver, absoluter Ursprünglichkeit zu sein vermögen: Sich-unbedingt-Empfangen ist in der Ordnung der Liebe kein Minus zum Geben; die verschiedene Position der Personen in der trinitarischen Liebesbeziehung ist gerade deren Fülle“ (Nachfolge 159–160).

Und überraschenderweise verbindet Hemmerle Bonaventuras Aussage über die dreifaltige Liebe mit dem uns bekannten Bild Michelangelos der Erschaffung Adams: „[Gott] ist Liebe, die über sich hinausgeht. Diese Liebe sagt du. Dieses Du ist der Sohn. Aber weil die Liebe ganz ist, weil sie göttlich ist, deshalb ist sie nicht zweieinig, sondern dreieinig. Dies ist nicht im Sinne einer logischen Ableitung, sondern eines nachträglich ertastenden Verstehens gesagt, in Entsprechung zu einem Gedanken, den im Anschluss an Hugo von St. Viktor Bonaventura entfaltet (vgl. Hexaemeron XI,12. [...] Das Bild des Schöpfers, der seinen Lebensodem mitteilt an den Menschen, so daß dieser selber atmet, ist verankert im Urbild des Vaters und des Sohnes: sie schenken sich denselben Lebensatem, so daß er selber atmender Atem, lebendiges Leben, göttliche Person ist. – Dies scheint zunächst ein sublimer Gedanke zu sein. Trifft er indessen nicht ganz elementar das Innerste auch menschlicher Liebe? Ist sie nicht erst dann sie selbst, wenn sie vom Ich zum Du, vom Du aber mit ihm zusammen weiter ins Wir hinein fortgeht? Bloße Egoistik und bloße Dialogik sind zu wenig. Liebe ist offen über sich hinaus und nur so sie selbst. Nur der Geist ist ganz gut, der sich nicht verschließt, sondern mitteilt“ (Brücke 95–96).[91]

Liebe ist dreifaltig

Liebe ist phänomenologisch gesprochen Sich-Geben: „Liebe [ist] ursprüngliches Sich-Geben [...] mehrursprüngliches Sich-Geben“.[92]

[91] Bonaventura, Collationes in Hexaemeron. Das Sechstagewerk, übers. u. eingeleitet v. W. Nyssen, München 1964, 366: „Necessario enim oportet, quod ubi beatitudo est, ibi summa sit dilectio, et per consequens dilectio in summo. Est autem dilectio reflexa, connexiva, caritativa. Connexiva dilectio perfectior est, qua alterum diligo, quam reflexa, qua me diligo; caritativa autem perfectior ceteris est, quae habet dilectum et condilectum: ergo haec est in divinis. Hac dilectione Pater diligit Filium, et est infinitus ardor. – Item, est ibi dilectio gratuita, debita, permixta. – Item, est ibi dilectio pura, plena, perfecta, ut effluens et effluxa in Filio, ut refluxa in Spiritu sancto“

[92] S. Böhnke, Einheit, 103, 72–80, 102 ff; 73 spricht von der „Synthese von Form und Gehalt“.

Nach dem Motiv des Augustinus „wer liebt, liebt die Liebe selber", ist für die Liebe nach Augustinus nicht zuerst der Liebende und Geliebte entscheidend, sondern die Liebe oder das Lieben. Mit aller Deutlichkeit wird klar, dass das Grundphänomen des Gebens nur als gesamter Vollzug und gesamte Handlung widerspruchslos zu denken ist: „das Geben sucht sich erst seinen Geber und Empfänger". Das Geben als Vollzug meint ein Mehr und einen Überschuss, der nicht von den Positionen Geber und Empfänger ausgedrückt werden kann, auch nicht von einer abgelösten Gabe; sondern der Überschuss konstituiert erst die Positionen von Geber und Empfänger. Und die Gabe ist dabei das Geben selbst.

Wo sich das Geben nicht auf eine vorgegebene Gabe berufen kann, wo das, was sich gibt, sich erst im Ereignis des Gebens selbst ergibt, bleibt das Geben eine riskante Angelegenheit. Auch das Schenken bleibt angefochten von der Ambivalenz der Gabe. „Ein Geben, mit dem jemand gibt, was er nicht bereits hat, in dem er als jemand auftritt, der er nicht schon ist, […] steht auf keinem festen Grund. Es stellt sich dar als ein Geben *à fonds perdu,* [das] auf nichts bauen und nichts zählen kann, ohne seine ‚Seele' zu verlieren" (AR 622).

„Was aussieht wie Heroismus oder eine nie erreichbare Heiligkeit des Gebens, ist zu verstehen als unaufhörliches Korrektiv einer Gesellschaft, die immer schon unter dem Gesetz des Kalküls: ‚Ich gebe, damit du gibst' und des Gesetzes der Wiedervergeltung: ‚Wie du mir, so ich dir' steht" (AR 616–617).

Veronika Hoffmann kommt zu ähnliche Ergebnissen, wobei sie nicht so sehr von Waldenfels als von Ricoeur herkommt (Gabe 264–277). Vor allem ist es bei Ricoeur die „Gabe der Anerkennung", die das Ereignis des Gebens beleuchtet. Ricoeur ist durchaus in der Linie von Waldenfels zu lesen. Entsprechend der responsiven Antworten als „nehmendes Geben" und „gebendes Nehmen" führt Ricoeur das Bild von der „zweiten ersten Gabe" ein (Gabe 335–338). Auch Hoffmann weist auf die „Geist"-Bemerkung von Mauss zurück, fasst dann aber sehr treffend und unsere eigenen Überlegungen bestätigend ihre Ergebnisse zur „Theologie der Gabe und Pneumatologie" zusammen:

„Ein solches ‚Sich selbst Geben' stellt, auch das hat die hier zu Grunde gelegte Gabetheorie betont, einen spezifischen Vorgang mit einer anderen Logik als der des ‚etwas Gebens' dar. Diese eigene Logik des Sich-Gebens zeichnet sich insbesondere durch den Vorrang der *Bewegung* vor den Objekten des Gebens ab. In ökonomischen Tauschverhältnissen wie in der Hilfeleistung an Notleidende stehen diese Objekte im Zentrum, ihr Transfer ist das wesentliche Ziel des Gabeprozesses, dieser nur das Mittel für jenen. In der ‚Gabe der Anerkennung' jedoch steht die Bewegung im Zentrum und diese Gabebewegung zielt nicht auf einen Abschluss, indem die Partner ‚quitt' werden, sondern gerade darauf, weiter geführt zu werden. Das bereits eingangs als besonderes Kennzeichen des Geistwirkens genannte und konkret in den augustinischen Bezeichnungen *communio* und *caritas* in den Vordergrund tretende Moment der *Bewegung* findet hier eine klare gabetheologische Entsprechung. Und die damit entstehende ‚Mehrfachbesetzung' des Geistes im Gabegeschehen: als Gabe, als Geber und als Bewegung des Gebens enthält unter dieser Voraussetzung ihre Plausibilität und spiegelt die gabetheoretischen Grundannahmen: *Im* Geist gibt Gott als Geist sich selbst, und er tut es in der seiner Selbstgabe gemäßen Weise: in einer unabschließbaren Bewegung des (Sich-) Gebens, die noch die antwortende Gabe des Empfängers trägt" (Gabe 531).

Böhnke hat das Trinitätsverständnis Hemmerles vom Motiv des Sich-Gebens her in einer kurzen Formel zusammengefasst: „die erste göttliche Person als reines Sich-Geben, die zweite als vom reinen Sich-Geben empfangendes Sich-Geben und die dritte aus beiden sich empfangend sich als auf das Sich-Geben öffnende Füreinander des reinen und des empfangenden Sich-Gebens. [...] Außerhalb dieses Geschehens ist kein Sein Gottes, aber Sich-Geben enthält, was es gibt. Diesem Ansatz ist implizit, dass Empfangen innertrinitarisch kein gegenüber Sich-Geben defizienter Modus ist, da es ja das Interesse der hinwendenden Liebe ist, sich als Wirklichkeit des Anderen vom Anderen her bereichert in der rückwendenden Liebe als Zuwendung zu empfangen“ (Einheit 232).

8.3.2.3 Kritik an der klassischen Trinität

Hemmerle ist sich der Kritik an der klassischen Trinitätslehre sehr wohl bewusst. Er thematisiert seine Unterscheidung zur Tradition immer wieder in *Vorspiel, Thesen, Wahrheit* oder *Trinität.* In den theologischen Aussagen zur Trinität wird Hemmerles Neuheit und Unterscheidung von der Tradition besonders deutlich. Das hängt damit zusammen, dass er die Trinität entschieden als Bewegungs- und Beziehungsgeschehen formuliert. Trinität ist „Bewegung“ (AS II, 116), „Bewegung des Lebens Jesu“ „Bewegung unseres Lebens“ (AS II, 153), „Beziehungsdenken [ist] Bewegungsdenken“ (Einheit 134).

Trinität ist in erster Linie Beziehungsgeschehen, d. h. aber „Beziehung verbindet unterschiedliche Ebenen“ (Wahrheit 188), macht unterschiedliche Hinsichten, Sehrichtungen und Perspektiven möglich; „jede Beziehung kann in unterschiedliche Richtungen gelesen werden: von einem Pol her, auf einen Pol hin“ (Einheit 135). So auch die Trinität. Mit anderen Worten ist für Hemmerle Trinität kein starres System, sondern ein lebendiges Beziehungsgeschehen. Je nachdem, ob der Fokus auf Vater, Sohn oder Geist ruht, eröffnen sich neue Perspektiven, tut sich ein immer neues Beziehungsfeld der Pole Vater, Sohn und Geist auf.

Nach Hemmerle wird die klassische Trinitätslehre überwiegend linear vorgetragen: Vater – Sohn – Geist. Dies ist keine zufällige Reihung, sondern die Reihe der Hervorgänge. Das Zeitschema ist linear. Die neue Sicht der Zeitlichkeit Hemmerles führt dazu, auch nicht lineare Beziehungen zwischen den göttlichen Personen zu finden, nichtlineare oder, wie er sagt, mehrursprüngliche Verhältnissen. So spricht er von einer möglichen doppelten Pneumatologie des Heiligen Geistes, und so könnte man in jeder Person ähnliche Perspektivenwechsel finden. Wir haben die wichtigsten im Abschnitt über *Zeit und Trinität* erwähnt (8.3.2.1).

Veronika Hoffmann spricht von der „Mehrfachbesetzung“ der Positionen. D. h. je nach Bewegungsrichtung und Perspektive nimmt jede Person eine andere Position ein. Das ist substanztheologisch aber auch systemtheoretisch gar nicht auszudrücken. Es bedarf dazu des strukturalen Beziehungs- und Bewegungsmodells (Gabe 442–443).

Einen wichtigen Unterschied zur klassischen Tradition erkennt Hemmerle zurecht in einer zentralen Lehre, der von den Beziehungen Gottes nach außen, d. h. wie das Wirken Gottes nach außen, zur Schöpfung und Welt, zu denken sei. Ist jede der drei

Personen am Handeln an und in der Schöpfung entsprechend ihren Eigenschaften am Werk oder ist es Gott in Einheit. Der theologische Satz ist klar, er spricht von der „relatio Dei ad extra est una" (die Beziehung Gottes nach außen ist eine). Hemmerle führt zu seiner Sicht aus:

„Der an sich richtige Satz, daß die Beziehungen Gottes nach außen Gott als den einen, nicht als den dreifaltigen ins Spiel bringen, stand seit Augustinus einem Ausziehen der trinitarischen Linien im Weg. Wenn aber der eine Gott Sich-Geben ist und wenn gerade in der ‚ökonomischen' Trinität die ‚immanente' aufgeht und wenn ihr Aufgang selbst eine ökonomische Intention hat: die Teilgabe am Innersten Gottes und unsere Hineinnahme ins Innerste Gottes – dann wird die Analogie des Seins also doch zur Analogie der Trinität. Alles erfüllt sich und vollbringt sein Eigenstes, indem es in seine Beziehentlichkeit, in sein Über-sich-hinaus, in sein Sich-Haben im Sich-Geben, in sein Zu- und Füreinander tritt. Alles hat an sich selbst den Stellenwert, den es im Geschehen der Liebe hat. Der alte Satz behält also seine Gültigkeit: relatio Dei ad extra est una. Una heißt nun aber: gemeinsam. Das Sich-Schenken Gottes schenkt ihn. Vater und Sohn und Geist sind in diesem einen Sich-Schenken auf je ihre Weise wirksam, auf je ihre Weise an ihm ablesbar. Unsere Antwort, unser Denken und Tun, bezieht sich auf den einen Gott – aber gerade die Einheit unserer Antwort konstituiert sich im Eingehen und Wiederholen der Momente, in denen sich die Einheit des trinitarischen Geschehens konstituiert" (Thesen 151–152).

Diese Darstellung des dreifaltigen Sich-Gebens weicht ab von der klassischen Zuordnung der metaphysischen Bestimmungen von Vater, Sohn und Geist. Der Vater gilt in Patristik und Scholastik als das Sein, als die Macht, als die unbedingte Herkunft. Der Sohn hingegen wird das Wort, die Weisheit, die Wahrheit genannt. Dem Geist wird die Güte, die Liebe, die Gemeinschaft zuerkannt. Das Modell für trinitarische Entwürfe ist, vor allem in der Folge Augustinus, das Selbstbewusstsein. Hier wird die memoria, das Gedächtnis, die Präsenz dessen, was ist, auf den Vater hin, der intellectus, die Einsicht, das Vermögen des Wortes auf den Sohn hin, das Vermögen des Wollens, der Liebe auf den Geist hin gelesen. Es sind metaphysische und transzendentale Grundeinsichten: Erkennen folgt dem Sein – der Sohn kommt aus dem Vater, nach dem Vater. Wollen, Tun folgt dem Sein und dem Erkennen – der Geist kommt aus Vater und Sohn, nach Vater und Sohn. Die Zeitdimensionen spielen bei den klassischen Versuchen, dreifaltiges Leben in den Horizont unseres Erfahrens und Denkens einzubringen, offensichtlich ebenfalls eine Rolle: der Vater als die Herkunft, der Sohn als die lichtende Gegenwart, der Geist als das Letzte, die Frucht, die Zukunft. Es ist die Reihe der linearen Zeitlichkeit. Den metaphysischen Grundsätzen entsprechend kann die Beziehung Gottes nach außen nur „eine (una)" sein. Denn es geht ja um Schaffen und Wirken, um die Erschaffung der Welt. Und nach den metaphysischen Grundüberzeugungen geschieht Wirken immer nach den Gesetzen der Kausalität, also nach Ursache und Wirkung. Kausalität ist linear, sie verläuft auch zeitlich linear von Ursache zur Wirkung. Diese Überzeugung wird auch in die Theologie und in die Trinität hineingetragen. Hemmerle interpretiert das „una" darum nicht als „eins", sondern als „gemeinsam": in der Gemeinsamkeit und Einheit der drei göttlichen Personen sind die Eigenheiten jeder der Personen integriert und können sich im Werk entfalten. So kann Hemmerle den Satz von der relatio ad extra est una akzeptieren.

Zusammenfassend können die Positionen von Vater, Sohn und Geist nach Hemmerle folgendermaßen beschrieben werden. Dabei formuliert Hemmerle geradezu eine Synthese der unterschiedlichen Modelle, die er ansonsten gebraucht, Modelle der Produktivität, der Zeitlichkeit, der philosophischen Theologie, um die Trinität insgesamt als Sich-einander-Geben zu entfalten: „Am dreifaltigen Leben angeschaut: Die Eröffnung des dreifaltigen Lebens ist das Vatersein des Vaters, er ist die unbedingte Herkunft, er der unbedingte Anfang. Darin aber ist der Anfang des Anfangs der Sohn; denn er ist das Interesse des Vaters, die Zukunft des Vaters, welche der Vater sich einräumt. Der Sohn ist als das Wort, auf das der Vater hinaus will, das unbedingte Gut, das, was seinen Schoß aufschließt. Der Sohn ist ganz vom Vater her, er verdankt sich ganz dem Vater, und darin – Gutsein heißt sich verströmen – ist er Hinwendung, Rückwendung zum Vater. Beide geben sich einander, und so geschieht Übereinkunft, Gegenwart, Geist. Der Vater ist im Sohn, der Sohn im Vater. Der Geist macht Vater und Sohn einander gegenwärtig, gewährt ihnen, im Hersein von beiden, zugleich ihr Zueinander. Reiner Innenraum des göttlichen Lebens, ist er in einem die Kraft seiner Eröffnung nach außen, so daß wir eintreten dürfen, einbezogen werden ins Leben mit dem Vater und dem Sohn“ (AS II,114).

8.4 Gott Vater als Schöpfer

„Gott ist die Liebe“ (1 Joh 4,8.16), Gott ist „Sich-Geben“. Eine Phänomenologie des Sich-Gebens erschließt drei Positionen des Gebens: Geben durch Geber und Empfänger. In christlicher Sprache öffnet sich Gott in den sogenannten drei „Personen“ Vater, Sohn und Geist. Sie sind in ihrer eigenen Bewegtheit, ihrem Anteil am göttlichen Rhythmus, vorzustellen: Gott Vater, Jesus Christus, Heiliger Geist. Gott, der „(sich) gebende Gott“ begegnet uns zuerst als der „Geber aller Gaben“, in der Gabe der Schöpfung.

Hemmerle hat von Gott dem Schöpfer in beeindruckender Weise mit dem Blick auf das großartige Bild von Michelangelo gesprochen. Er hat dabei vor allem auf die Zeitlichkeit des Schöpfers und seiner Schöpfung geachtet. Der Blick auf die Zeitlichkeit, die Bewegung und Dynamik des Bildes, haben ihm ein neues Bild auf den Schöpfer und sein Geschöpf, Adam den Menschen, erschlossen (s. oben 2.2.3). Ein anderes wichtiges Motiv findet sich ebenfalls bei ihm, das Bild des größeren Gottes, der sich in die kleinere Welt der Schöpfung herablässt. Das Motiv für das Verhältnis von Schöpfer und Schöpfung, das sich bei Hemmerle durchhält, ist ein zentrales Motiv in der Philosophie Levinas'. Mit Levinas wollen wir das Motiv angehen.

8.4.1 Schöpfung – Kontraktion bei Levinas

Levinas führt in *Totalität und Unendlichkeit* unerwartet ein Motiv ein, das schon viele Jahre im Hintergrund präsent war, über das er aber in dieser Offenheit noch nicht geredet hatte. Er spricht über den Ursprung der Schöpfung und das Verhältnis von Schöpfer und Schöpfung als Verhältnis von Unendlichem und Endlichem: „Das

Unendliche ereignet sich, indem es in einer Kontraktion auf die Ausbreitung zu einer Totalität verzichtet und damit dem getrennten Seienden einen Platz lasst. So zeichnen sich Beziehungen ab, die einen Weg aus dem Sein hinaus bahnen. Ein Unendliches, das sich nicht kreisförmig mit sich zusammenschließt, sondern sich aus dem ontologischen Raum zurückzieht, um einem getrennten Seienden einen Platz zu lassen, existiert göttlich. Es stiftet oberhalb der Totalität eine Gemeinschaft. Die Beziehungen, die zwischen dem getrennten Seienden und dem Unendlichen entstehen, machen wieder gut, was in der schöpferischen Kontraktion des Unendlichen an Minderung lag. Der Mensch kauft die Schöpfung zurück. Die Gemeinschaft mit Gott ist weder eine Zutat zu Gott noch ein Verschwinden des Intervalls, das Gott vom Geschöpf trennt. Wir haben die Gemeinschaft mit Gott im Gegensatz zur Totalisierung Religion genannt. Die Begrenzung des schöpferischen Unendlichen und die Mannigfaltigkeit – sind mit der Perfektion des Unendlichen vereinbar. Sie artikulieren den Sinn dieser Perfektion.

Das Unendliche öffnet für sich die Ordnung des Guten. Es handelt sich um eine Ordnung, die den Regeln der formalen Logik zwar nicht widerspricht, aber über sie hinausgeht" (TU 148).

Levinas nennt hier den bedeutsamen Begriff der „Kontraktion". Es ist der Begriff, um die Schöpfung als Werk des Schöpfers zu begreifen. Genauer gesagt ist die Schöpfung kein dingliches Werk oder Objekt nur, das der Schöpfer in die Welt gesetzt hätte, sondern es ist der Schöpfer selbst, der durch Kontraktion seiner selbst Geschöpf geworden ist. Levinas spricht von der Kontraktion des Unendlichen, das dem Endlichen Platz gemacht hat. Das Prinzip der Schöpfung, das Levinas nennt: „Ein Unendliches, das sich [...] zurückzieht, [...] existiert göttlich". Es ist das Prinzip, das auch für Hemmerle und die christliche Theologie große Bedeutung hat, wie wir sehen werden.

Der Verweis auf eine Kontraktion des Göttlichen ist ein deutlicher Hinweis auf die Doktrin des *Zimzum* des Isaak Luria. Obwohl diese Vorstellung bei Levinas schon früher im Hintergrund stand, spricht er sie nun offen an. Es ist eine Schau der Schöpfung, die nicht wie üblich die Schöpfung als Werk Gottes ansieht, sondern als Kontraktion. Die Kontraktion geschieht in zwei Phasen: Die erste Phase ist die Selbstbegrenzung Gottes, der Rückzug aus dem, was ist, die Verfinsterung und das Chaos der Welt. In der zweiten Phase, der Expansion, schafft Gott einen Raum für das Geschaffene, wirft Gott das Licht zurück auf den Raum seiner Schöpfung und auf die Kreatur.[93]

Die Vorstellung vom ZimZum geht auf den Mystiker Isaak Luria (1534–1572) zurück. Luria selbst hat wenig geschrieben, dafür hat sein Schüler Chajim Vital (1542–1620) seine wichtigsten Lehren aufgezeichnet, zur Schöpfung in *Ez Chaim*.[94]

[93] Schöpfung ist ein ganz zentrales Thema bei Levinas, Kontraktion das leitende Motiv dazu: s. Wohlmuth, Geheimnis, a. a. O., 63–79, hier 67–68; Dirscherl, Nähe Gottes, a. a. O., 214–216, 437–442; Krewani, Wolfgang Nikolaus (1999), Diachronie der Schöpfung, in: Wohlmuth, Levinas, a. a. O., 43–63, hier 57.

[94] S. Gershom Sholem (1970), Über einige Grundbegriffe des Judentums, Frankfurt, 53–89.

Der hebräische Begriff Zimzum bedeutet: Selbstzusammenziehung Gottes, Gottes Kontraktion von sich selbst in sich selbst.[95]

Levinas hat den ZimZum offensichtlich in seiner Heimat kennengelernt.[96] Es wurde für ihn zeitlebens von großer Bedeutung, zunächst natürlich für sein Verständnis des Judentums. Dann aber auch für seine Philosophie. Es besteht eine eigenartige Kenntnisnahme des ZimZum in der neueren abendländischen Philosophie. Wir wollen uns vor allem auf eine Linie konzentrieren, die auch für Levinas wichtig wurde, auf die Vorstellung des ZimZum bei Schelling und in der Folge davon.[97]

Schelling gebraucht das Wort Zimzum in seinen Werken und Briefen zwar kein einziges Mal. Doch sind „Contraktion", das Zusammenspiel von „Contraktion" und „Espansion" (zimzum), das entscheidende und tragende Grundkonzept in seinen späteren Schriften geworden, ab der *Freiheits*schrift (1809), in den Schriften zwischen 1810 und 1815, vor allem in den *Stuttgarter Privatvorlesungen,* in *Die Weltalter.* Es handelt sich um die größte Zäsur in Schellings Werk. Bekannt ist der Einfluss von Schellings Idee der Kontraktion auf Rosenzweig, Gershom Sholem, Heidegger. Habermas hat sich in seiner Studie *Dialektischer Idealismus im Übergang zum Materialismus – Geschichtsphilosophische Folgerungen aus Schellings Idee einer Contraction Gottes*[98] als einer der wenigen ausdrücklich damit befasst.

Wir wissen, Schelling war mit dem schwäbischen Pietisten und Kabbalisten Friedrich Christoph Oetinger (1702–1782) bekannt. Oetinger will die jüdische Philosophie der Kabbala zur Grundlage einer ganz neuen Philosophie des lebendigen Gottes vorlegen, damit wollte er mit der metaphysischen Tradition von Gott als ‚unbewegtem Beweger' brechen. Der zentrale Gedanke ist dabei der der Kontraktion: „Es kann ja weder eine Manifestation noch eine Creation stattfinden ohne Attraktion, was die Hebräer Zimzum nennen".[99]

Schellings *Sämtliche Werke* wurden erst spät veröffentlicht. Franz Rosenzweig hat 1917 als erster auf die Parallele zwischen Lurias Kabbala und Schellings *Weltalter* in der *Urzelle* [des *Sterns der Erlösung* – KK] aufmerksam gemacht unter dem Motiv „Verinnerlichung Gottes". Danach ist Gershom Sholem diesem Hinweis nachgegangen.[100]

Versuchen wir in einigen Stichworten die Bedeutung der Kontraktion in der Spätphilosophie Schellings wiederzugeben. In den *Weltaltern* ist Gott das Absolute: ein Wesen, das nichts vor oder außer sich hat und das, was es wird, allein durch sich

---

95 „Contraxerit (…) se a se ipso in se ipsum", übersetzt Christian Knorr von Rosenroth, Cabbala Denudata. Bd.II. Frankfurt 1684, 70 f.

96 S. Levinas Bericht „Nach Gottes Bild – Rabbi Chaim Woloschiner zufolge", in: ders., Anspruchsvoll, a. a. O., 99–124; zum ZimZum ebd., 123–125.

97 S. Schulte, Christoph (1994), „Zimzum bei Schelling", in: Eveline Goodman-Thau, Gert Mattenklott, Christoph Schulte (Hg.), Kabbala und Romantik, Tübingen 1994, 97–118; ders. (2014), ZimZum. Gott und Weltursprung, Berlin, 296–322.

98 Habermas, Jürgen (1971), Dialektischer Idealismus im Übergang zum Materialismus – Geschichtsphilosophische Folgerungen aus Schellings Idee einer Contraction Gottes, in: ders., Theorie und Praxis. Frankfurt 1971, 172–227.

99 Friedrich Christoph Oetinger, Theologia ex idea vitae deducta, Herrenberg 1765, 216.

100 Schulte, ZimZum, a. a. O., 380–383.

selbst erzeugen kann. Gott ist die absolute Identität von Realem und Idealem, von Subjektivem und Objektivem, von Freiheit und Notwendigkeit, Unbewusstem und Bewusstem, Irrationalem und Rationalem, Zorn und Liebe (Werke VII 428, 432).

Die Bewegungen des Zimzum werden bei Schelling zu Bewegungen des Absoluten: Contraktion und Expansion. *Contraktion* meint: das Reale, Objektive, Notwendige, Materiale, Irrationale, Unbewusste. *Expansion:* das Ideale, Subjektive, Freiheit, Geist, Rationalität, Selbstbewusstsein. Contraktion / Expansion entsprechen Attraktion / Repulsion in Kants Naturphilosophie. Sie sind das erste Prinzip aller Dynamik und Bewegung in der Natur, des Organismus von Diastole und Systole, von Ebbe und Flut – und damit gegen das kausal-mechanistisches Weltbild der Aufklärung (Werke VIII 231).

In der *Freiheitsschrift* geht es Schelling um das Verhältnis von Grund und Existenz. Schelling unterscheidet dabei zwischen „dem Wesen, sofern es existiert, und dem Wesen, sofern es bloß Grund von Existenz ist" (Werke VII 357). Es ist die Differenz von „Seyn" und „Seyendem" (Werke VII 436–439). Gott ist der Grund und er ist auch Grund der Substanz; die Substanz wird in Gott als Existenz Subjekt. Gott als Existenz ist Grund der menschlichen Freiheit.

Aus diesen Grundlagen entwickelt Schelling die „Metaphysik des Bösen". Gott kontrahiert von einem Un-Grund in den Grund, einen bestimmten „Ort", Grund für Seiendes, das existiert. Dass Gott in die „Zeit" (nicht lurianisch) kontrahiert, ist Hauptthema in Schellings *Weltalter,* es ist eine Reflexion auf „Zeit und Ewigkeit": Un-Grund ist leere Ewigkeit, Kontraktion setzt einen ewigen Anfang von Leben, Bewegung, irdischer Zeitlichkeit voraus. Nach Schelling „hat alles seine Zeit" (Pred 3; Weltalter I 84); keine vorgegebene lineare Zeit, sondern jedes „hat seine Zeit in sich selbst", „von Augenblick zu Augenblick neu" (Weltalter I 78 f).

Schelling bringt auch die *Trinität* mit der Kontraktion in Verbindung: Über dem Widerstreit von Kontraktion und Expansion von Vater und Sohn, zwischen göttlichem Zorn und göttlicher Liebe entsteht der Heilige Geist als dritte Person der Trinität, die Zukunft und der „Ordner und Eintheiler der Zeiten" (Weltalter I 82). „Ein und dieselbe permanente Contraktion im Absoluten erzeugt somit zweierlei Effekte: sie ermöglicht im Anfang das innere Leben der göttlichen Trinität und bildet zugleich den Grund und die Bedingung der Existenz endlicher Welt, die entsteht, wenn im Widerstreit der Kräfte die Expansion die Contraction überwindet. Theogonie der Trinität und Kosmogonie von Welt und Zeiten sind im Widerspiel von Expansion und Contraction unlösbar verbunden".[101]

Einer, der bewusst erlebte, was Schellings neue Philosophie der Kontraktion für die Philosophie bedeutete, war Kierkegaard. Kierkegaard notierte am 22. 11. 1841 in sein Tagebuch, nachdem er in Berlin Schellings *Vorlesungen über die Offenbarung* besucht hatte: „Ich bin so froh, Schellings zweite Stunde gehört zu haben – unbeschreiblich. So habe ich denn lange genug geseufzt und haben die Gedanken in mir geseufzt; als er das Wort ‚Wirklichkeit' nannte, vom Verhältnis der Philosophie zu Wirklichkeit, da hüpfte die Frucht des Gedankens in mir vor Freude wie in Elisabeth".[102]

[101] Schulte, Schelling, a. a. O., 115.
[102] Kierkegaard, Die Tagebücher, hg. v. Hayo Gerdes. Bd. 1, Düsseldorf 1962, 273.

Die Traditionslinie der Kontraktion (ZimZum) von Isaak Luria zu Schelling und von Schelling zu Kierkegaard, sowie zu Franz Rosenzweig und Gershom Sholem und zur deutschen Phänomenologie wie Heidegger u. a. dürfte für das Verständnis von Levinas von erheblicher Bedeutung gewesen sein. Der Begriff der Kontraktion steht aber auch in einer anderen großen Traditionslinie, die für die Strukturtheologie erkenntnisbildend geworden ist und damit auch für Klaus Hemmerle Bedeutung gewonnen hat. Es ist die Traditionslinie, die bei Nikolaus von Kues greifbar ist und auf die Heinrich Rombach immer wieder hingewiesen hat. Sie steht am Anfang der Strukturphilosophie, wie Rombach den Cusaner sieht, und am Anfang der Strukturtheologie, wie Klaus Hemmerle immer wieder erinnert.

Rombach formuliert das Problem folgendermaßen: „Ein Rückblick in die Geschichte zeigt, daß das Strukturmodell zum ersten Mal bei Nikolaus von Cues auftaucht und von ihm verwendet wird, um ein schwieriges theologisches Problem zu lösen, das Problem des Verhältnisses von Gott und Welt. Ist Gott das Absolute selbst, so darf es nichts geben außer ihm. Das einzelne Geschöpf darf also nichts ‚außerhalb‘ Gottes sein. Es kann aber auch nicht ‚in‘ Gott einen ‚Teil‘ ausmachen, da Gott das Einfache ist und Teile in sich nicht kennt. Es muß also nach einer ontologischen Möglichkeit gesucht werden, das Verhältnis von Gott und Geschöpf so zu denken, daß absolute Identität besteht und zugleich absolute Differenz“ (StO 40). – Die Beschreibung ist ohne Zweifel das Problem der Schöpfung in der philosophischen Form der Kontraktion.

Zur Lösung des Problems bedient sich Cusanus des Modells der Kontraktion, ohne dass wir genau wissen, ob er selbst das Modell gefunden oder ob er es aus anderen Quellen (jüdischer Philosophie) kennengelernt hat: „Auf der Grundlage dieser Konzeption bildet er folgende Terminologie aus: Das Einzelmoment kann betrachtet werden, insofern es das Ganze ist, d. h. durch seine Bestimmtheit die Bestimmtheit des Gesamten aller Momente, einschließlich seiner selbst, zum Ausdruck bringt. So genommen wird sein Inhalt ‚quiditas absoluta‘ genannt. Es kann aber auch betrachtet werden als ein Moment, das sich scharf von den anderen Momenten unterscheidet und gerade durch diesen Unterschied funktional einbezogen ist in das Ganze. Als von allem anderen unterschieden, wird sein Gehalt ‚quiditas contracta‘ genannt. Contracta, weil der Gehalt nichts anderes ist als die Zusammenziehung des Ganzen an einer Stelle des Ganzen. Insofern ‚zusammengezogen‘, reagiert das Ganze jeweils anders, und so erscheinen die Momente getrennt und unterschieden. In sich selbst betrachtet sind die Momente jedoch das Ganze (das Absolute) selbst. Die quiditas contracta ist das, was wir hier Funktion nennen, die quiditas absoluta ist das, was wir die Identität des Ganzen nennen. Die These des Cusaners: die quiditas absoluta ist mit der quiditas contracta real-identisch, und zwar ohne Abstrich und Abschwächung“ (StO 41).

Die Kontraktion löst für den Kusaner aber nicht nur ein philosophisches Zentralproblem; Rombach nennt es die „Cusanische Formel: eines in allem, alles in einem“ (StO 299). Sondern es ist auch der Grundansatz für die Trinitätslehre, für die Trinitätslehre des Kusaners, aber auch für die Heinrich Rombachs, Klaus Hemmerles u. a.: „Ein historisch geschultes Auge bemerkt leicht, daß die Identität der drei Identitäten eine formale Entsprechung in der christlichen Trinitätstheologie hat“ (StO 40).

Klaus Hemmerle ist sich dieser Traditionslinie sehr bewusst, wenn er in den *Thesen* daran erinnert: „Gibt es nicht Ansätze genug in der Tradition abendländischer Metaphysik und im Versuch ihrer Überwindung, die in dieselbe Richtung weisen? Das Analogie- und Partizipationsdenken eines Thomas, die Weise, wie Bonaventura ars aeterna entfaltet oder wie Nikolaus von Cues das gegenseitige Insein von Ganzem und Einzelnem denkt, die in seiner Wirkungsgeschichte verschattete Denkstruktur eines Descartes, der die Vermittlung von Selbst, Welt und Gott, den Zugang vom einen zum anderen in einem höchst differenzierten Geflecht der gegenseitigen Erschließung und Bedingung erhellt, die letzten Gedanken des deutschen Idealismus, etwa in der Spätphilosophie Schellings, die Lehre vom Zugleich der Einung und Unterscheidung bei Baader, sein ‚eucharistisches' Verständnis von Welt und Gestalt, das Sprach- und Beziehungsdenken eines Rosenzweig, das Zudenken Heideggers auf die undenkliche Gewähr der Zeit und des Seins, schließlich die Strukturontologie von Heinrich Rombach: dies schlägt den Bogen einer weiten Konvergenz noch so unterschiedlicher Motive und Ansätze" (Thesen 150).[103]

Levinas nennt ein Wesen, das sich zusammenzieht, um für das Andere Platz zu machen (ZimZum) „göttlich". Das erinnert an ein theologisch bekanntes und verbreitetes Adagium, das in unterschiedlichen Zusammenhängen Verwendung findet: „Non coerceri maximo, contineri tamen a minimo, divinum est – Nicht umschlossen werden vom Größten, sich umschließen lassen vom Kleinsten, das ist Göttlich". Das Dictum ist bekannt durch Hölderlin, durch Ignatius von Loyola, wird aber auch von Ratzinger eingesetzt und von Hemmerle gebraucht.[104]

Die zentrale Bedeutung des Begriffs der Kontraktion bei Levinas wird dadurch unterstrichen, dass Kontraktion geradezu das Motiv und Stichwort bei Levinas ist für das Verständnis der Schrift, von Leib-Seele, für den Lebensatem, von Anthropologie und Psychismus, wie wir immer wieder anmerken werden (TU 165–166).

8.4.2 Gottes Allmacht

Zur theologischen Gotteslehre gehören die Traktate über die Eigenschaften Gottes. Es müsste aus der neuen Sicht des Sich-Gebens Gottes in Liebe aufgezeigt werden, wie sich diese Eigenschaften möglicherweise anders darstellen. An einer wichtigen göttlichen Eigenschaft soll dies aufgezeigt werden. Zudem erweist sich diese Sicht als Fortsetzung des eben behandelten Themas der Schöpfung. Wir haben den Begriff der Kontraktion von Levinas herangezogen und für die Theologie fruchtbar gemacht. Die Darstellung der Kontraktion enthielt bereits die verborgene Frage, wie dann die Allmacht Gottes zu denken sei, wenn Gott sich zu Gunsten eines neuen freien Geschöpfs zurückzieht. Oder noch tiefer: Wie den höchsten Begriff von Freiheit denken, nämlich Gottes Allmacht, in Verbindung mit seinem Geschöpf, das ebenfalls mit uneingeschränkter Freiheit begabt ist. Kierkegaard hat dazu die Allmacht Gottes neu charakterisiert.

---

[103] Zum Einfluss des Gedankens der Kontraktion (ZimZum) in der neueren Zeit s. Schulte, ZimZum, a. a. O., 376–466.

[104] Ratzinger, Einführung, a. a. O., 111 (Verweis auf Hölderlin und Ignatius).

Kierkegaard hat Schelling in Berlin gehört und sich begeistert über das neue Verständnis von Wirklichkeit bei diesem geäußert. Diese Neuerung hing offensichtlich mit Schellings neuer Sehweise von endlicher und unendlicher Wirklichkeit zusammen. Es war auch die Grundlage für die Schellings *Freiheitsschrift*. Es dürfte plausibel sein, dass Kierkegaards wichtige Überlegungen zur Allmacht Gottes mit den Erfahrungen bei Schelling angeregt worden sind.

Kierkegaard schreibt in den Tagebüchern: „Die ganze Frage nach dem Verhältnis von Gottes Allmacht und Güte zum Bösen kann vielleicht (anstelle der Begriffsunterscheidung, daß Gott das Gute bewirkt und das Böse zuläßt) ganz schlicht folgendermaßen aufgelöst werden. *Das Höchste,* das überhaupt für ein Wesen getan werden kann, ist dies: *es frei zu machen.* Eben dazu gehört Allmacht, um das tun zu können. Das scheint sonderbar, da die Allmacht gerade abhängig machen müsste. Aber wenn man Allmacht denken will, wird man sehen, dass gerade in ihr die Bestimmung liegen muss, sich selber so wieder *zurücknehmen* zu können in der *Äußerung* der Allmacht, dass gerade deshalb das durch die Allmacht Gewordene unabhängig sein kann. Daher kommt es, dass ein Mensch den anderen nicht ganz frei machen kann, weil der, welcher die Macht hat, selbst darin gefangen ist, dass er sie hat und deshalb ständig doch ein verkehrtes Verhältnis zu dem bekommt, den er freimachen will. Dazu kommt, dass in aller endlichen Macht, Begabung usw. eine endliche Eigenliebe ist. Nur die Allmacht kann sich zurücknehmen, indem sie sich hingibt, und dieses Verhältnis ist gerade die Unabhängigkeit des Empfangenden. Gottes Allmacht ist darum seine Güte. Denn Güte ist sich ganz hingeben, aber so, dass man dadurch, dass man allmählich sich zurücknimmt, *den Empfänger unabhängig macht.* Alle endliche Macht macht abhängig, nur die Allmacht kann unabhängig machen, aus nichts hervorbringen, was Bestand hat in sich dadurch, dass die Allmacht sich ständig zurücknimmt. Die Allmacht ist nicht in einem Verhältnis zu andern gelegen, denn es gibt kein Anderes, zu dem sie sich verhält, nein, sie vermag zu geben, ohne doch das Mindeste von ihrer Macht preiszugeben, d.h. sie kann unabhängig machen. Das ist das Unbegreifliche, dass Allmacht nicht bloß vermag, das Allerimposanteste, das sichtbare Weltganze, hervorzubringen, sondern auch das Allergebrechlichste: ein der Allmacht gegenüber unabhängiges Wesen. Dass mithin die Allmacht, die mit ihrer gewaltigen Hand so schwer auf der Welt liegen kann, zugleich so leicht sich machen kann, dass das Entstandene Unabhängigkeit erhält.

Es ist nur eine ärmliche und weltliche Vorstellung von der Dialektik der Macht, daß sie immer größer wird je nach dem Maße, in dem sie zwingen und abhängig machen kann. Nein, da hat Sokrates es besser verstanden, daß der Macht Kunst es gerade ist, frei zu machen. Indes im Verhältnis zwischen Mensch und Mensch läßt sich dies niemals machen, wiewohl es immer wieder nötig sein mag, einzuschärfen, daß dies das Höchste ist; allein die Allmacht vermag es in Wahrheit. Wofern daher der Mensch Gott gegenüber auch nur das geringste selbständige Bestehen voraus hätte, (in Richtung auf Materie) so könnte Gott ihn nicht frei machen. Die Schöpfung aus Nichts ist abermals der Ausdruck der Allmacht dafür, daß sie unabhängig machen kann. Der, welchem ich unbedingt alles schuldig bin, während er doch ebenso unbedingt alles behalten hat, er hat mich gerade unabhängig gemacht. Wofern Gott um der Erschaffung des Menschen willen selber ein wenig von seiner Macht verlöre, könnte er den Menschen eben nicht unabhängig machen".[105]

Kierkegaards Bemerkungen zur Allmacht erscheinen wie die existenziale Wendung der Kontraktion, die wir bei Levinas kennengelernt haben und wie sie bei Schelling wichtig geworden ist. Bisher lag die Kontraktion mehr philosophisch als existential im Blickfeld. Aber ohne Zweifel wirft die Auseinandersetzung um die Allmacht Gottes die Debatte um die geschaffene Freiheit ihr gegenüber auf. Und Kierkegaard findet eine Form, um Allmacht und Freiheit auf eine menschliche Weise zu versöhnen. Eine Form, die auch im gelebten Leben größere Geltung haben dürfte. Um ein Beispiel zu machen: Was will der Vater seinem Kind weiter-„geben"? Es ist Kierkegaard zuzustimmen: Der Vater wird selbst zurücktreten, damit sich sein Sohn in voller Freiheit entfalten kann. Und das wird in vielen Fällen zutreffen, wo es um die Gabe wahrhafter Freiheit im Leben der Menschen geht, um nur an die Situation der Erziehung und Bildung u. a. zu denken. Was aber im menschlichen Leben überzeugt, dürfte umso mehr für Gottes Geben zutreffen.

8.5 Die Eigenschaften Gottes

In Ex 3,13–15 geht es um die Offenbarung des Namens Gottes. Es ist das Entscheidende für den Hebräer, den Namen zu kennen. Er fragt nicht, wer oder sogar was Gott ist. Entsprechend die Frage Mose an Gott: „Mose fragte: ‚Sie aber werden mich fragen: Wie heißt er? Was soll ich ihnen dann sagen? Gott antwortete Mose: ‚Ich bin der ‚Ich-bin-da". [...] Das ist mein Name für immer, und so wird man mich nennen in allen Generationen'" (Ex 3,13–15). Die Fragen: Wer oder was ist Gott? Oder gar existiert Gott? Fragen nach dem Wesen und nach den Eigenschaften Gottes kommen in einer späteren Zeit auf – im Hellenismus – und mit ihr ein anderes weltbildendes Wissenschaftsideal, die abendländische Philosophie. Hier sind Namen nicht mehr von der Bedeutung wie dort. Jetzt wird nach dem Sein und Wesen Gottes gefragt. Natürlich sind diese Fragen von Bedeutung, da sie die Grundfragen eines ganzen Weltverständnisses werden. Aber sie sind nicht ohne Weiteres aus den Quellen der hebräischen Schriften zu gewinnen. Im Namen ist für den Hebräer auch etwas ausgesagt, was man mit dem Abendland Wesen nennen könnte; es hat dort aber nicht diese primäre Bedeutung. Der Name hat eine andere Bewandtnis.

Zur Gottesrede gehört in der abendländischen Welt die Beachtung seines Wesens und seiner Eigenschaften. Gott kommt dabei zuerst die Eigenschaft des Schöpfers zu. Gott ist in der westlichen Tradition zuerst und vor allem der Schöpfer. Eine andere Reihe von Eigenschaften sind danach zu nennen.

Rosenzweig hat vielleicht am deutlichsten geäußert, welche Folgen die rechte Weise der Nennung Gottes für die Theologie der Eigenschaften Gottes hat:

[105] Kierkegaard, S., Gesammelte Werke, übersetzt von Emanuel Hirsch, Düsseldorf 1950 ff, Abt. 17, 124–125.

„Die ‚Anthropomorphismen‘ der Bibel“, so Rosenzweig zum einschlägigen Artikel der Enzyklopaedia Judaica, „sind durchweg Aussagen über gottmenschliche Begegnungen. Nie wird Gott […] beschrieben.“ Im Verhältnis zu den Göttern der Ilias sei er, wie die Psalmen hören lassen, ein Gott ohne Eigenschaften: „Keine der biblischen Aussagen, auch der skurrilsten und anstößigsten, gibt es, die sich nicht in der Begegnung mit Schöpfung oder Geschöpf heute wie je verwirklichen kann. Wo es etwas zu sehen gibt, da hat Gott ein Auge darauf; wo ein Mensch ruft, da tut Gott ein Ohr auf; wo ein Mensch hinaufhorcht, oder andrerseits, wo ein Mensch sein Ohr verschließt, kann die Stimme des göttlichen Mundes sein Ohr füllen; wo er die Hand hilfeflehend ausstreckt, kann Gott sie ergreifen; wo er sich in Sehnsucht nähern möchte oder sich in Trotz zu entfernen sucht, wird Gott niedersteigen, ihm auf halbem Weg zu begegnen oder dem Flüchtigen am Ziel seiner Flucht entgegenzutreten; und wo eine Menschengemeinschaft in ehrlicher Meinung (nicht in magischem Zwangswillen, der sich von anderer, näherer Pflicht freikaufen möchte) ihn mit Opferdüften zu erfreuen sucht, da wird er – Verzeihung dem kecken Wort! – nicht humorlos genug sein, nicht hinzuriechen.

Gleichwohl dürfte man nicht sagen, daß er Augen, Ohren, Mund, Hand, Bein, Nase hätte; aber nicht weil Sehen, Hören, Reden, Ergreifen, Niedersteigen, Riechen, sondern weil das ‚Haben‘ eine seiner unwürdige Beschränkung wäre. Nicht ein Wissen um Gottes ‚Haben‘ oder ‚Sein‘ steht uns zu – solches Wissenwollen wäre stets ein Versuch, ihn abbildend festzulegen –, sondern ein unbegrenztes Vertrauen in seine unzubegrenzenden Kräfte, stets, jeden Augenblick, unsrer und aller Schöpfung augenblicklichen Leiblichkeit und Seelischkeit leiblich und seelisch, leibhaft und seelenhaft, zu begegnen.

Und wie es keine Begegnung gibt, mit der er uns nicht begegnen könnte, so gibt es keine noch so […] ‚sublimierte und vergeistigte Eigenschaft‘, die man von Gott aussagen dürfte. Nicht weil es menschliche Eigenschaften sind, sondern weil es Eigenschaften sind. Allgegenwart, Allmacht, Allwissenheit, Allgüte verraten sich nicht erst durch die Schwierigkeiten, in die das Denken bei dem Versuch, sie aus- und Vzusammenzudenken, gerät, als unerfahrene Hirngespinste, sondern schon durch die Vorsilbe ‚All-‘. Was weiß ich von ‚all‘! was ich erfuhr und erfahre, ist Gegenwart, Macht, Wissen, Güte, – jedes zu seiner und meiner Stunde“.[106]

Auf eine kurze und dichte Weise hat Hemmerle diese Sicht auf die Eigenschaften Gottes bestätigt und zusammengefasst: „Christlich gelesen, sagt das, was wir uns beim Wort Gott denken können, sagen Unbedingtheit, Einheit, Unveränderlichkeit, Ewigkeit, Allmacht nichts anderes mehr als das Eine: Sich-Geben. Es gibt keinen diesem Sich-Geben entzogenen ‚Rest‘. In seinem Sich-Geben ist Gott ganz drinnen, und dieses Sich-Geben ist seine Unbedingtheit, Einheit, Unveränderlichkeit, Ewigkeit, Allmacht“ (Vorspiel 113).

Die Aussagen Rosenzweigs und Hemmerles geben einen anderen wichtigen Hinweis auf die Erkenntnisweise und die Namen Gottes. Mit Namen sind wir gewohnt,

---

[106] Franz Rosenzweig: Zur Enzyklopaedia Judaica, in: ders.: Der Mensch und sein Werk. Gesammelte Schriften III (zit. als GS III), Dordrecht 1984, 731–746, hier 737–739; s. Görtz, Leben, a. a. O., 3–4.

Personen zu nennen. Gilt dies auch für die Namen der göttlichen Personen wie „Vater“, „Sohn“. „Heiliger Geist“? Zunächst sei noch einmal an die sogenannte Offenbarung des Namens Gottes in Ex 3,14 erinnert. Dort wird von Gott kein Name im strengen Sinne ausgesagt, sondern ein Handeln und ein Geschehen Gottes mit uns Menschen. Dem wird der Name „Sein“ nicht gerecht. Das wäre jene Hypostasierung bzw. Personifizierung, welche die Nennung Gottes gerade ablehnt. Die Nennung Gottes in Ex 3,14 meint nach Erich Zenger Gott nicht univok als Person, sondern meint einen Geschehenszusammenhang, das Heilshandeln Gottes an uns. Entsprechend stilisiert Rosenzweig die ‚Begegnungen Gottes mit dem Menschen‘ nicht zu Eigenschaften Gottes und sieht Hemmerle die klassischen Eigenschaften Gottes im dem Geschehen des „Sich-Gebens“ Gottes verwahrt.

Dieses Heilshandeln Gottes ist nicht zu hypostasieren. Es ist ein Handeln, eine Zuwendung an uns, und deshalb auf menschliche Weise auszusagen. Wenn Gott „Vater“ genannt wird, so ist Gottes Zuwendung zu uns als „Vater“ gemeint, ohne zugleich die Person des Vaters metaphysisch hypostasieren zu müssen. Die Zusammenhänge irritierten vor ein paar Jahren im Blick auf eine Aussage der früheren Familienministerin Kristina Schröder, man könne zu Kindern auch von Gott als „Göttin“ sprechen. Die Reaktion war heftig von allen Seiten. Man vermischte aber genau die beiden Sehweisen: Natürlich kann die Zuwendung Gottes an uns einmal als „väterlich“ oder als „mütterlich“ ausgesagt werden (wie es die Bibel ja selbst tut). Problematisch wird die unterschiedliche Zuschreibung dann, wenn man „Vater“ und „Mutter“ zu metaphysischen Personen hypostasiert. Dann geraten sie natürlich in Widerstreit. Handlungen und Verhältnisse kann man dagegen mehrfach zuschreiben. Hemmerle hat solche Zuschreibungen bei der Trinität hinsichtlich der Zeitlichkeit mehrfach getan. Eine Unterscheidung in der Nennung Gottes ist für die Theologen von Bedeutung, weil sie auf die Lehre der Trinität unmittelbar Einfluss hat. Im Gespräch mit Kindern allerdings, um das es Frau Schröder ging, wird man sich fragen, ob man das, was theologisch durchaus richtig ist, Kindern zumuten sollte, oder ob es nicht besser wäre, sich an die gewohnte Redeweise von Gott zu halten.

Rückblick

Nach dem „Sprechen“ (Offenbarung) ist das „(Sich)Geben“ das entscheidende Grundphänomen der Theologie. „Geben“ ist „ein Urwort der Theologie“. Alle großen Themen der Theologie haben das „Geben“ als Vollzugsform, ob es sich um die Schöpfung handelt, den Bund Gottes, das Wesen Gottes als Liebe, die Menschwerdung des Sohnes Gottes, das neue Leben der Auferstehung, die Gnaden und Gaben des Heiligen Geistes oder die eucharistische Gabe u. a. Es zeigt sich, dass dabei das rechte Verständnis des Grundphänomens des Gebens entscheidend ist. Es ist geradezu so, dass das Phänomen des Gebens eine ganze Kriteriologie für die unterschiedlichsten Weisen des Gebens, auch des theologischen Gebens, aus sich entlässt.

Der Leitgedanke dieses Kapitels war, die großen Themen der Theologie aus der Sicht der Phänomenologie des Gebens zu betrachten. Dies bringt mit sich eine erneuerte Sprache der Theologie. Es hat sich gezeigt, dass über viele Themen der Theologie einfacher zu sprechen ist, wenn sie aus der traditionellen Sprache der Substanz befreit und strukturphänomenologisch bzw. -theologisch als Gebereignis erläutert und beschrieben werden. Das betrifft die Rede von Gott insgesamt, vom Gottesnamen und der Gottesoffenbarung in Wort und Schrift, vom Zugang zur Trinität durch den Übergang vom „Geben“ zum „Sich-Geben“ und schließlich von der Sprache über Wesen und Eigenschaften Gottes.

Teil V:

Jesus Christus – Christologie

9 Jesus Christus

„Die klassischen Aussagen der Christologie treffen und bewegen kaum; Aussagen über Jesus, die heute gängig und eingängig sind, laufen hingegen leicht Gefahr, mehr über uns, unsere Bedürfnisse und Sehnsüchte als über ihn selbst zu sagen. Es ist zu wenig, ihn durch metaphysische Kategorien in die Landschaft des Seienden einzuordnen; es ist aber auch zu wenig, ihn hineinzuaktualisieren in die Landschaft heutigen Empfindens, Erfahrens und Mögens. Bloß metaphysische Wahrheit akzeptiert der Mensch nicht mehr als seine Wahrheit; gegen eine Wahrheit, die bloß die seine wäre, hegt er indessen den Verdacht, dass sie nicht die ganze, nicht die wahre Wahrheit sei“ (Wahrheit 176). – Hemmerle sieht das Problem der Rede von Jesus Christus in zwei Extremen, einmal der metaphysischen Sprache von Jesus Christus und zum anderen in der anthropozentrischen Verengung des Geheimnisses Jesu Christi. Welchen Weg schlägt er vor?

9.1 Jesus der „treue Zeuge“

An den Anfang seiner Aussagen zur Christologie stellt Hemmerle die Feststellung: „[für die Christologie] spielt die Rolle einer legitimen, ja unerlässlichen Vermittlung das ‚Zeugnis‘ [...]. Doch was erbringt diese Vorbemerkung für unser Thema? Im Grunde den Ansatz. Christlicher Glaube ist Glaube an Gott, ist unmittelbarer Zutritt zu ihm. Aber er ist erschlossen – und diese Erschließung ist nie von ihm ablösbar – durch den ‚treuen Zeugen‘ (Offb 1, 5; 3, 14), durch Jesus Christus. ‚Gott hat keiner jemals gesehen; der einzig geborene Sohn, der am Herzen des Vaters ruht, jener hat uns Kunde gebracht’ (Joh 1, 18)“.[1]

Das entscheidende Grundwort für das Evangelium von Jesus und für die Christologie ist nach Hemmerle „Zeugnis“. Über ein bloßes Nennen von Zeugnis ist eine genauere Betrachtung dessen, was Zeugnis bedeutet, zu unternehmen. Dass Zeugnis einer der Grundbegriffe der Bibel und vor allem auch des Neuen Testament ist, darf unbestritten gesagt werden. Allerdings hat Edmund Arens in seiner Studie zum *Bezeugen* darauf hingewiesen, dass es kaum theologische Betrachtungen zum Bezeugen und Zeugnis gibt, die über den besonderen biblischen Bereich hinaus die theologische Bedeutung des Bezeugens und des Zeugnisses berücksichtigen.[2] Deshalb bedeutet es eine Überraschung, dass Paul Ricoeur nicht nur dem philosophischen Begriff des „Zeugnisses“ Beachtung schenkt, sondern auch dem biblischen. Er hat dem bibli-

[1] Hemmerle, Unterscheidungen, a. a. O., 76–77.

[2] Arens, Edmund (1989), Bezeugen und Bekennen. Elementare Handlungen des Glaubens, Düsseldorf; vgl. Kienzler, Klaus (1976), Logik der Auferstehung. Eine Untersuchung zu R. Bultmann, G. Ebeling und W. Pannenberg. Freiburg, 170–289.

schen Zeugnis einen eigenen Beitrag gewidmet [s. Zeugnis].[3] Dieser Artikel wird Anlass zuerst des Folgenden sein.[4]

9.2 Biblisches Zeugnis

9.2.1 Biblischer Zeugnisbegriff (Ricoeur)

Ricoeur hat zwei Studien zum „Zeugnis" vorgelegt, eine zum philosophischen Begriff des Zeugnisses, eine zweite zum biblischen Zeugnisbegriff. Ricoeur gebraucht verschiedene Begriffe von Zeugnis. Den juridischen und philosophischen Zeugnisbegriff gibt er mit „attestation (frz.)", den biblischen und theologischen mit „témoignage (frz.)" wieder. Zu beiden Begriffen liegen von Ricoeur unterschiedliche Untersuchungen vor. Dass der biblische Zeugnisbegriff nicht einfach mit dem vulgären oder philosophischen identisch ist, ist offensichtlich. Es scheint mir aber nicht notwendig, beide Zeugnisbegriffe völlig voneinander zu trennen. Zeugnis umfasst im Verständnis Ricoeurs unterschiedliche Dimensionen, wie wir gleich sehen werden, nämlich die empirische, die juridische und die martyrologische Dimension Bei „attestation (frz.)" liegt der Akzent auf dem juridischen Aspekt und berücksichtigt vor allem die Zeugnisaussage vor Gericht; bei „témoignage (frz.)" steht mehr der Zeuge im Mittelpunkt, dem im Zeugnisgeschehen eine besondere Bedeutung zukommt (GGV 556). Es scheint mir deshalb nicht notwendig, beide Zeugnisbegriffe völlig voneinander zu trennen. sondern eher die innere Geschichte und Füllung des Zeugnisses vom vulgären bis hin zum theologischen zu berücksichtigen, wie es etwa auch das Johannes-Evangelium tut.[5] Es mag angemerkt werden, dass der Begriff des Zeugnisses im Werk Ricoeurs über den biblischen Befund hinaus immer mehr an Bedeutung gewann (s. Selbst, GGV182).[6]

Ricoeur entfaltet die Semantik des Zeugnisbegriffs entlang dreier Bedeutungsebenen, die er dem allgemein sprachlichen Gebrauch entnimmt (Zeugnis 10–18):

1) *„quasi-empirische Dimension"* – Erstens hat das Zeugnis eine „quasi-empirische" Dimension: Jemand bezeugt, was er gesehen oder gehört hat, und wird damit zum Augenzeugen. „Quasi-empirisch" ist diese Dimension deshalb, weil das Zeugnis nicht das Geschehen selbst, sondern den Bericht darüber darstellt. Deshalb genügt der Begriff der Augenzeugenschaft für das Zeugnis nicht. Wenn der Zeuge über ein Geschehen berichtet, so ist das Geschehen und sein Bericht nicht dasselbe, sondern

[3] Ricoeur, Paul (2008), Die Hermeneutik des Zeugnisses in: ders., An den Grenzen der Hermeneutik. Freiburg 2008, 7–40 [Zeugnis]; ders. (1994), Emmanuel Levinas, penseur du témoignage (in: Ricoeur, Paul: Lectures. Bd. 3: Aux frontières de la philosophie, Paris, 83–105).

[4] Hoffmann, Veronika (2009), Offenbarung denken? Paul Ricoeurs Begriff des Zeugnisses, in: Orth, Poetik, a. a. O., 67–88; dies., Offenbarung, a. a. O., 174–175.

[5] Ebd.

[6] S. zu *Selbst* Liebsch, Burkhard (2006), Das Selbst im Mißverhältnis zwischen Erzählung und Bezeugung, in: Orth, Faszination, a. a. O., 49–78.

der Zeuge berichtet aus seiner Erfahrung und Sichtweise über das Geschehen. Er unterlegt dem Gesehenen einen bestimmten Sinn. Dadurch entsteht eine spezifische Beziehung zwischen dem, der bezeugt, und dem, der das Zeugnis hört, die eine Verschiebung vom Sehen (der Dinge) zum Hören (des Zeugnisses) bedeutet. Dies wird erhebliche Bedeutung für das Geschehen und den Bericht des Zeugen haben. Ricoeur stellt vor jede Dimension des Zeugnisses dieses „quasi-“, weil jede weitere Dimension nicht das Geschehen selbst, sondern den Bericht darüber betrifft.

2) *„quasi-juridische Dimension“* – Zum Zeugnis gehört zweitens ein „quasi-juridischer“ Aspekt, insofern es der Urteilsbildung dient. Der Zeuge äußert sich von sich aus oder unter Anordnung einer Instanz gegenüber; er unterwirft sein Zeugnis einem äußeren Urteil. Den klassischen Kontext für das Zeugnis bildet das Gerichtsverfahren, und auch außerhalb dieses Zusammenhangs kommt er zur Anwendung. Wir sind nur dort gefordert, Zeugnis abzulegen, wo es einen Streit gibt, denn ein Zeugnis ist immer ein Zeugnis ‚für‘ oder ‚gegen‘. Das Zeugnis ist deswegen nicht einfach beschreibender, sondern auch ‚zuschreibender‘ Natur. So ist das Zeugnis Teil einer Argumentation, die in der Mitte zwischen Diskussion und (richterlicher) Entscheidung liegt. Wir treffen hier nach Ricoeur auf die „Äußerlichkeit“ des Zeugnisses, insofern der Urteilsprozess von Ereignissen abhängt, die ein anderer gesehen hat. Deswegen spielt für den Urteilsprozess nicht nur der Inhalt des Zeugnisses eine Rolle, sondern seine Bedeutung hängt erheblich auch von der Qualität des Zeugen ab.

3) *„quasi-martyrologische Dimension“* – Diese dritte Ebene kann man als die „quasi-martyrologische“[7] bezeichnen und sie bezieht sich auf das Verhältnis zwischen dem Zeugen und seinem Akt. Ein falsches Zeugnis ist kein bloßer Irrtum, sondern „un mensonge dans le cœur du témoin (eine Lüge im Herzen des Zeugen)“. Ein falsches Zeugnis ist ein Kapitalverbrechen des Zeugen und charakterisiert ihn zutiefst. Umgekehrt hängt die Glaubwürdigkeit eines Zeugen nicht einfach an der Exaktheit seiner Beschreibung, sondern glaubwürdig ist der, der nicht nur etwas bezeugt, sondern wirklich hinter dem Zeugnis steht. Der Zeuge beschränkt sich nicht darauf, etwas auszusagen und zu bezeugen, sondern er legt Zeugnis ab für … . Im äußersten Fall ist er bereit, für sein Zeugnis zu leiden und sogar zu sterben. Der Zeuge wird zum Märtyrer. Von hierher empfängt das Zeugnis eine Dimension, die man nach Ricoeur seine „Innerlichkeit“ nennen kann. Zeugnis, das den Zeugen integriert, ist ein „Zeugnis des Gewissens“ im Gegensatz zum bloßen „Zeugnis der Sinne“ (Offenbarung 173).

Ricoeur fasst die semantische Beschreibung des (hohen) Zeugnisses so zusammen: „Das ist es, was wir mit dem Wort ‚Zeuge‘ bezeichnen. Ein Zeuge ist ein Mensch, der sich mit einem gerechten Fall identifiziert hat, den die Menge und die Großen hassen, und der für diesen gerechten Fall sein Leben riskiert. […] Ein großer historischer Archetyp kommt hier zum Vorschein: der leidende Knecht, der verfolgte Gerechte, Sokrates, Jesus“ (Zeugnis 17).

---

[7] Ich übernehme den Begriff von Hoffmann, Offenbarung, 173, da ihn Ricoeur selbst so nicht gebraucht hat.

Prophetisches Zeugnis

Nach der allgemeinen semantischen Analyse des Zeugnisses wendet sich Ricoeur dem biblischen Sinn des Zeugnisses zu: „In diesen semantischen Komplex dringt der religiöse Sinn des Zeugnisses ein. Mit ihm ergibt sich plötzlich eine völlig neue Dimension, die man nicht einfach aus dem profanen Wortgebrauch ableiten kann. Aber in dieser semantischen Neufassung wird der profane Sinn nicht einfach aufgegeben; er ist in einer bestimmten Weise bewahrt und sogar erhöht. Ich werde deshalb das Eindringen des neuen Sinnes und die Bewahrung des alten Sinnes im neuen gemeinsam beschreiben" (Zeugnis 18). – Ricoeur will den Sinn des biblischen Zeugnisses am Begriff des μάρτυς im prophetischen Zeugnis und im Neuen Testament aufzeigen.

Ricoeur sieht einen vierfachen neuen Sinn des prophetischen Zeugnisses: Der prophetische Diskurs führt über die Ergebnisse der semantischen Analyse hinaus. Das betrifft insbesondere die Herkunft des Zeugnisses, denn dieses stammt nicht von dem Zeugen, sondern es kommt aus einer transzendenten Initiative, aus Gott, sowohl was seinen Ursprung als auch was seinen Inhalt betrifft. Deswegen tritt auch der Zeuge nicht aus eigenem Antrieb auf, sondern als ein Gesandter. Zugleich wird die Verbindung des Zeugen mit seinem Zeugnis enger. Der Prophet bezeugt nicht nur durch Worte, sondern auch durch Taten und möglicherweise mit seinem Leben. Schließlich dient das prophetische Zeugnis dem Kerygma, d. i. der Botschaft: Israel ist Zeuge für alle Völker.

Diese Verschiebung vom allgemeinen zum prophetischen Zeugnis steht aber nicht im Gegensatz zum alltagssprachlichen Sinn des Begriffs „Zeugnis", sondern bewahrt ihn. Was den „martyrologischen" Aspekt betrifft, „gilt hier wie in der profanen Ordnung, dass der Jünger Märtyrer ist, weil er Zeuge ist, nicht umgekehrt" (Zeugnis 20). Auch das Element des „juridischen" Rechtsstreits ist mitgegeben im prophetischen Zeugnisdiskurs, hier handelt es sich um den Streit für den einzigen Gott gegen die Götzen, in dem der Mensch als Zeuge aufgerufen ist.

Was aber ist mit der „quasi-empirischen" Dimension? Ist nicht gerade das prophetische Zeugnis kein Augenzeugnis? Ricoeur hält dem entgegen, dass eine Theologie des Zeugnisses, die nicht einfach eine Theologie des Glaubensbekenntnisses sein will, nur möglich ist, wenn im Bekenntnis des Glaubens ein narrativer Kern erhalten bleibt. Es ist die Frage, welche Wirklichkeit der Prophet bezeugt: „[D]er Zeuge bezeugt nicht isolierte und kontingente Fakten, sondern den radikalen, umfassenden Sinn der menschlichen Erfahrung; es ist Jahwe selbst, der sich im Zeugnis bezeugt" (Zeugnis 19). Zeugnis von Jahwe geben aber heißt, von der Geschichte des Volkes Israel mit seinem Gott, vor allem die Befreiungsgeschichte des Exodus erzählen, die im Hintergrund der prophetischen Botschaft steht: Der Gott, der durch den Propheten sein Wort verkünden lässt, und der, der das Volk aus Ägypten herausgeführt hat, sind durch die Erzählung der Geschichte des Volkes Israel derselbe. Diese Zuschreibung des Geschichtsereignisses zu dem Bekenntnis zu Jahwe erzeugt eine Spannung, die signifikant ist für das Verhältnis von Ereignis und Bedeutung (Sinn des Ereignisses), auch für das geschichtliche Ereignis und das religiöse Bekenntnis. Ricoeur schließt daraus: „Es gibt folglich überhaupt keinen Zeugen des Absoluten, der nicht Zeuge historischer Zeichen wäre, keinen Bekenner des absoluten Sinnes, der nicht Erzähler der Befreiungstaten wäre" (Zeugnis 21). Diese Verbindung des Prophetischen mit dem Historischen ist deshalb Ricoeur zufolge genauso wesentlich wie die des Prophetischen zum Juridischen (Offenbarung 173–174).

Zeugnis im Neuen Testament

Das Verständnis des neutestamentlichen Zeugnisses ist durch das prophetische Zeugnis gut eingeführt. Und doch sind Unterschiede festzustellen. „Der neutestamentliche Sinn von Zeuge und Zeugnis ist so durch den prophetischen Sinn gut vorbereitet; alle Spannungen dieses letzteren finden sich hier wieder, zusammen mit neuen Charakteristika, die den Übergang vom prophetischen Diskurs zu dem des Evangeliums markieren, ohne dass jedoch jemals die Kontinuität zwischen dem einen und dem anderen unterbrochen würde. Der ‚konfessionelle' Kern des Zeugnisses ist sicherlich das Zentrum, um das der Rest kreist. Das Bekenntnis, dass ‚Jesus der Christus' ist, stellt das Zeugnis par excellence dar" (Zeugnis 21).

In einem ersten Blick auf das Neuen Testament findet Ricoeur alle drei Dimensionen des allgemeinen und des biblischen bzw. prophetischen Zeugnisses wieder. Für die martyrologische Dimension ist dies evident, wenn man auf Kreuz und Auferstehung achtet. Die juridische Dimension ist zunächst ebenfalls leicht zu erkennen, wenn man die Konzeption des Johannesevangeliums berücksichtigt. Die empirische Dimension dagegen ist nicht so leicht zu bestimmen, da es sich in den Zeugnissen des Neuen Testaments, der Evangelien und der Apostolischen Briefe, in erster Linie um Bekenntnisse und nicht um Berichte handelt. Der „konfessionelle Kern" oder das Bekenntnis zu Jesus, dem Christus, ist ohne Zweifel das Zentrum des neutestamentlichen Zeugnisses. Wie verhält es sich da mit der empirischen Dimension? Im Hintergrund taucht die Frage nach dem „historischen Jesus" auf.

„Der ‚konfessionelle' Kern des Zeugnisses ist sicherlich das Zentrum, um das der Rest kreist. Das Bekenntnis, dass Jesus der Christus ist, stellt das Zeugnis par excellence dar. [...] Aber wenn das Zeugnis auch in seinem Sinnkern bekenntnishaft ist, so ist es doch nicht schlicht ein Glaubensbekenntnis; alle Züge des alltäglichen Sinnes sind im Kontakt mit diesem ‚bekenntnishaften' Kern wieder aufgegriffen, übernommen und verwandelt" (Zeugnis 21–22).

Der Zeuge ist auch im Neuen Testament zunächst der Zeuge von Gesehenem. Zugleich will er mit seiner Erzählung ein Bekenntnis zu Jesus dem Christus ablegen. Damit tut sich eine spürbare Spannung von Erzählung und Bekenntnis, von Bericht und Sinndeutung auf. Es ist aber zu sehen, dass sich in den Evangelien das Bekenntnis zu Christus, das „Zeugnis-Bekenntnis", und die Erzählung vom historischen Jesus, die „Zeugnis-Erzählung", miteinander verbinden. Kann solches noch als empirisch oder auch quasi-empirisch bezeichnet werden? Die Spannung von Erzählung und Bekenntnis kann in den Evangelien unterschiedlich groß sein. Ricoeur sieht in den vier Evangelien unterschiedliche Gestaltungen. Er reiht in der Skala von Möglichkeiten am einen Ende Lukas ein, nämlich mit der Betonung des Gesehenen, und am anderen Ende, mit der Betonung des Bekenntnisses zu Jesus dem Christus, das Evangelium des Johannes. Die Kategorie des Empirischen ist somit recht problematisch. Ricoeur geht auf die beiden Evangelisten Lukas und Johannes deshalb ausführlicher ein.

Zuerst charakterisiert er die Zeugenschaft bei Lukas folgendermaßen: „Bei Lukas ist der Zeuge ein Zeuge von Gesehenem und Gehörtem; er ist ein Zeuge der Lehre, der Wunder, der Passion und der Auferstehung: ‚Ihr seid Zeugen dafür', sagt der Auferstandene in Lk 24,48. Sicher, das Ereignis lässt sich von seinem Sinn nicht trennen; aber der Sinn hat sich in die Geschichte eingeschrieben, er ist angekommen, geschehen: Von all dem seid ihr Zeugen" (Zeugnis 22). Mag Lukas noch so sehr auf dem Gesehenen bestehen, er kann das Gesehene nur wiedergeben mit dem es tragenden Sinn. Das Zusammen von Ereignis und Sinn machen auch das Zeugnis des Lukas aus. Der Sinn ist dem Ereignis eingeschrieben; das Ereignis kann ohne seine Sinnhaftigkeit nicht wiedergegeben werden.

„Die Dialektik von Sinn und Ereignis, von Bekenntnis und Bericht spielt sich für Lukas im Wesentlichen im zentralen Bekenntnis – dem der Auferstehung – ab. Alles weist darauf hin, dass die ‚Erscheinungen' eine Schlüsselrolle gespielt haben, dass sie die Offenbarung über den Tod hinaus verlängert haben; in den verschiedenen Predigten, die die Apostelgeschichte wiedergibt, kehrt dieses Leitmotiv immer wieder: ‚Diesen Jesus hat Gott auferweckt, dafür sind wir alle Zeugen' (Apg 2,32; 3,15 etc.)" (Zeugnis 22).

Damit kommt den Erscheinungen, die den Sinn von Kreuz und Auferstehung kundtun, eine fundamentale Bedeutung für das Verständnis des neutestamentlichen Zeugnisses zu. Vor allem auch für das Verständnis dessen, was geschehen ist in Kreuz und in Auferstehung. Hier kommt Ricoeur zur Überzeugung: „Aber diese Integration des Ereignisses in den Sinn, des Berichts in das Bekenntnis geht nicht ohne innere Spannung vor sich; der Augenzeugencharakter des Zeugnisses kann ohne Zweifel ziemlich weit gedehnt werden. [...] Das Urchristentum hat zwischen den Augenzeugnissen des Lebens Jesu und der Begegnung mit dem Auferstandenen niemals einen fundamentalen Unterschied gesehen. Gerade die Abfassung der Evangelien geht daraus hervor, dass die prophetischen Inspirationen, die dem lebendigen Christus zugeschrieben werden, und die Erinnerungen der Augenzeugen direkt miteinander verzahnt werden; zwischen den Taten und Gesten Jesu von Nazareth, den Erscheinungen des Auferstandenen und den Manifestationen des Geistes in den pfingstlichen Gemeinden besteht keinerlei intrinsische Differenz, sondern im Gegenteil die Kontinuität derselben Offenbarung, die eine entsprechende Ausweitung des Zeugnisses von Gesehenem und Gehörtem rechtfertigt. Erst für einen modernen Geist, der durch die historische Kritik geformt wurde, sind die Weggemeinschaft mit Jesus und die Begegnung mit dein Auferstandenen zwei verschiedene Dinge. Die grundlegende Einheit zwischen dem Zeugen der Tatsachen, der Ereignisse, und dem Zeugen des Sinnes, der Wahrheit, konnte so eine gewisse Zeitlang bewahrt werden" (Zeugnis 22–23). – Diese wichtigen Aussagen nähern sich offensichtlich der Feststellung Hemmerles, dass eine Kontinuität bzw. eine gewisse Gemeinsamkeit besteht zwischen den Erzählungen des vorösterlichen Zeugnisses der Evangelien und den nachösterlichen Berichten und Zeugnissen. Mit dieser zentralen Aussage gibt Ricoeur eine These vor, die den Begriff des quasi-Empirischen, aber auch des Historischen betrifft. Darauf wird im Folgenden zu achten sein.

Bei Johannes, dem sich Ricoeur dann zuwendet, ist die quasi-empirische Dimension des Zeugnisses aber offensichtlich noch einmal problematischer. Ist das Zeugnis bei Johannes nicht reines Bekenntnis? Ricoeur versucht auch hier das Empirische zu retten:

„Bei Johannes verschiebt sich das Gleichgewicht deutlich vom Pol der Erzählung zum Pol des Bekenntnisses, selbst wenn der erzählerische Rahmen des Evangeliums beibehalten wird" (Zeugnis 23–24).

Und Ricoeur kommt zu einer grobflächigen Gegenüberstellung des Zeugnisbegriffes des Johannes und des Lukas. „Zwei sehr schöne Texte markieren unter dieser Rücksicht die Differenz des Zeugnisses im johanneischen Sinn zu demjenigen im Sinn des Lukas: Joh 5,31–39 und Joh 8,13–18. Sie beginnen bei der hebräischen Lebensweisheit (Deut 19,15), der zufolge mindestens zwei Zeugen erforderlich sind, um einen Beweis zu erbringen. Aber der Christus des Johannes verschiebt die Bedeutung des doppelten Zeugnisses völlig. Das erste Zeugnis ist dasjenige, das Christus über sich selbst ablegt: ‚Auch wenn ich Zeugnis über mich selbst ablege, ist mein Zeugnis gültig. Denn ich weiß, woher ich gekommen bin und wohin ich gehe' (Joh 8,14). Und welches ist das zweite Zeugnis?: ‚Die Werke, die mein Vater mir übertragen hat, damit ich sie zu Ende führe, diese Werke, die ich vollbringe, legen Zeugnis dafür ab, dass mich der Vater gesandt hat. Auch der Vater selbst, der mich gesandt hat, hat über mich Zeugnis abgelegt' (Joh 5,36 f.). Mit Hilfe dieser Sinnverschiebung lässt sich eine fast vollständige Verinnerlichung des Zeugnisses beobachten" (Zeugnis 25).

Während das Zeugnis des Lukas als Äußerlichkeit charakterisiert werden kann, denn der Zeuge des Lukas legt Zeugnis ab von einem Geschehen, das sich im Leben Jesu ereignet hat und das die Zeugen gesehen oder auf eine besondere Weise erfahren haben, so legt nun nicht ein ebenfalls äußerer Zeuge Zeugnis von Jesus ab, sondern Jesus selbst ist der treue Zeuge. Jesus als Zeuge gibt von sich selbst Zeugnis, indem er sich auf sich selbst und seinen Vater, der ihn gesandt hat, beruft. Als Zeuge verweist er also ganz auf sich selbst. Ricoeur spricht von der Verinnerlichung des Zeugnisses. Levinas wird hinsichtlich der Kriterien des Zeugnisses von dessen Exteriorität (extériorité) und deren Innerlichkeit (intériorité) sprechen. Es sind die phänomenologischen Dimensionen jeder Wahrnehmung. Es weist auf die Leiblichkeit der Erfahrung und Wahrnehmung, von „Innen" und „Außen" (s. oben 5.2.4.2 und 3.2.2.), aber auch des Zeugnisses hin. Auch bei Johannes ist nicht jeder Bezug nach ‚außen zu tilgen', sondern die „Werke" haben einen unübersehbaren Stellenwert im Zeugnis Jesu.

„So könnte es scheinen, dass das Zeugnis im Zeugnis Christi selbst [...] vollkommen verinnerlicht wäre. [...] Davon kann jedoch keine Rede sein: Selbst bei Johannes ist das Band zwischen dem christologischen Bekenntnis und der narrativen Verkündigung eines zentralen geschichtlichen Ereignisses nie durchschnitten; in Joh 5,31–39; 8,13–18 sollte uns ein Ausdruck hellhörig machen, der die Exteriorisierung des Zeugnisses markiert: der des ‚Werkes': ‚Ich habe es euch gesagt, aber ihr glaubt nicht. Die Werke, die ich im Namen meines Vaters vollbringe, legen Zeugnis für mich ab' (Joh 10,25; vgl. 10,37 f.: ‚die Werke meines Vaters vollbringen'). Diese μαρτυρία τῶν ἔργων von Seiten Christi selbst bewirkt, dass das Zeugnis, das über ihn abgelegt wird, kein Zeugnis von einer Idee, einem überzeitlichen Logos darstellt, sondern von einer Fleisch gewordenen Person. [...] Deshalb kann auch das Zeugnis-Bekenntnis noch immer im narrativen Rahmen eines Evangeliums bleiben, wie konventionell auch immer dieser Rahmen geworden sein mag: ‚Das Wort ist Fleisch geworden und hat unter uns gewohnt, und wir haben seine Herrlichkeit gesehen' (Joh 1,14). So verschieden Lukas und Johannes sind, so treffen sie sich doch an diesem Punkt. Das Zeugnis-

Bekenntnis könnte sich nicht von der Zeugnis-Erzählung ablösen, ohne in die Gnosis zu führen" (Zeugnis 26). – Eine einseitige Betonung des nur bekenntnishaften Zeugnisses bei Johannes würde zu kurz greifen, würde ihm eine wesentliche Dimension nehmen, nämlich dass das Wort ganz äußerlich, irdisch, Fleisch geworden ist (Joh 1,14). Allerdings bleibt bei Ricoeur die Frage zurück, ob der Bogen des Zeugnisses, den er vom Irdischen zum Bekenntnis spannt, noch in den Rahmen des quasi-Empirischen, und damit auch des sogenannten Historischen, passt.

Die „quasi-juridische" Dimension des Zeugnisses ist im Neuen Testament leicht zu erkennen, wenn man die Konzeption des Johannesevangeliums berücksichtigt und die Entsprechungen in den übrigen Evangelien erkennt. Das Evangelium insgesamt stellt vor einen Prozess; das ganze öffentliche Wirken Jesus ist ein Prozess; immer wieder wird auf die Zeugnisse, die Jesus in seinen Werken beibringt, verwiesen. Ricoeur weist dazu vor allem auf den Prozess Jesu selbst hin. Der breit ausgefaltete Prozess vor Pilatus spiegelt nach Ricoeur den kosmischen Prozess zwischen Gott und dem „Herrscher dieser Welt" wieder, den das Leben Jesu insgesamt darstellt. Und vor allem Jesus selbst ist der treue Zeuge angesichts der Bestreitung (vgl. Joh 1). Er ist Zeuge allerdings in einem sehr spezifischen Sinn, denn er ist nicht nur als Gesandter mit derselben Vollmacht ausgestattet wie der, der ihn sendet, sondern eschatologisch kehren sich auch die Verhältnisse um: Der Angeklagte vor Pilatus wird zum Richter der Welt. Auf der quasi-juridischen Ebene findet auch die insbesondere bei Johannes zu findende enge Verknüpfung zwischen dem Zeugnis und dem Geist statt. Dessen Bedeutung erhellt schon daraus, dass er der „Paraklet" genannt wird: „Der Paraklet ist die Gegenfigur zu derjenigen des Anklägers. Derselbe Paraklet, der ‚die Welt überführen (und aufdecken) [wird], was Sünde, Gerechtigkeit und Gericht ist' (Joh 16,8), wird als Anwalt der Glaubenden auftreten, wenn Satan der Ankläger geworden ist" (Zeugnis 29).

Nach den Analysen des Johanneischen Zeugnisses zeigt sich freilich, dass der Begriff der „quasi-empirischen" Zeugnisdimension mit Vorsicht gebraucht werden muss, insofern sich insbesondere auf dieser Ebene erhebliche Sinnverschiebungen beobachten lassen. Es handelt sich hierbei offensichtlich nicht zwingend um eine geschichtswissenschaftlich akzeptierte Kategorie. Aber bei allen Verschiebungen bleibt die Rückbindung des Zeugnisses an ein Geschehen immer erhalten und macht gerade die Eigenart der Zeugniskategorie gegenüber derjenigen des Bekenntnisses aus. Die Auflösung dieses Pols der Spannung würde zur Auflösung des biblischen Zeugnisbegriffs selbst führen (Zeugnis 26).

Der Erhalt der quasi-empirischen Dimension des Zeugnisses hat weitreichende Konsequenzen: Man kann keinen Sinn bezeugen, ohne zu bezeugen, dass etwas geschehen ist, was diesen Sinn bezeichnet. „Deshalb gibt es keinen Zeugen des Absoluten, der kein Zeuge historischer Zeichen wäre". Das bedeutet: Eine Verkürzung des Offenbarungszeugnisses auf die Eröffnung einer neuen Welt durch einen fiktionalen Text lässt sich damit nicht aufrecht erhalten. Das Zeugnis „führt die Dimension historischer Kontingenz ein, die dem Konzept der Welt des Textes fehlt, die absichtlich unhistorisch oder transhistorisch ist" (Idee 75). Und diese Konsequenz ergibt sich unabhängig davon, ob Ricoeur selbst sie immer im Blick hatte (Idee 79–80).

Zusammenfassend lässt sich zu den Ergebnissen der Studien Ricoeurs zum biblischen Zeugnis im Neuen Testament sagen: In den drei Aspekten der „quasi-empirischen", „quasi-juridischen" und „quasi-martyrologischen" Dimensionen wird die fundamentale Zeugnisstruktur der biblischen Aussagen zu Jesus Christus angesprochen: „Jesus ist der Christus". Zeugnis ist ein Strukturbegriff, der unterschiedliche Vorgänge und Wirklichkeiten der Kommunikation und Erkenntnis in sich verbindet und vermittelt. Er enthält die wesentlichen Dimensionen des „Zeugnisses" und die des „Zeugen". Denn die Position des Zeugen ist aus dem Zeugnis nicht herauszulösen, sondern ist ein integraler Bestandteil des Zeugnisses selbst. Hinsichtlich des neutestamentlichen Zeugnisses wird sowohl der vorösterliche Jesus wie der nachösterliche Christus gleichermaßen bedeutsam. Im vorösterlichen Jesus ist der „quasi-empirischen" oder der „irdische Jesus" angesprochen, im nachösterlichen der „Christus des Glaubens". Aussagen und Titel wie die des „Christus" u. a. vertreten das Recht der Christologie in der „quasi-juridischen" oder theologisch „dogmatischen" Dimension.

Entscheidend für das Zeugnis allgemein und für das biblische Zeugnis insbesondere ist das Ineinander der Dimensionen und Bewegungsrichtungen. „Philosophisch-semantisch wie auch biblisch treten die drei Dimensionen des Zeugnisses immer gemeinsam auf" (Offenbarung 176). – Hinsichtlich des irdischen (empirischen) Jesus ist weder die Perspektive der (juridischen) Berechtigung noch des (martyrologischen) Einsatzes des Zeugen herauszulösen. Ebenso ergibt sich die dogmatische (juridische) Berechtigung, über Jesus zu sprechen, aus der Einheit von (empirischem) Leben und (martyrologischem) Ostern. Und die (martyrologische) Botschaft erweist sich als Konsequenz des (empirischen) Lebens Jesu und seiner (juridischen) Rechtfertigung durch den Vater.

Im Einzelnen ergibt sich aus Ricoeurs Zeugnisbegriff, dass der Zeuge nicht aus dem Zeugnis herauszurechnen ist. Die „quasi-martyrologische" Dimension ist für das Zeugnis konstitutiv. Es ist das Zeugnis des Zeugen, der eine konkrete Person ist. Er kann nicht durch einen anderen ersetzt werden. Die Rolle kann dabei durchaus unterschiedlich sein. Der prophetische Zeuge ist etwa Gesandter Gottes. Auch Jesus ist Gesandter. Die Jünger sind „Augenzeugen" (in Anführungszeichen). Das Zeugnis des Zeugen ist ein Zeugnis Geben für … . Er wird mit seiner Person für das Zeugnis eintreten. In Jesus wird das Zeugnis zum Martyrium des Zeugen.

Ebenfalls von Bedeutung für eine Charakteristik des Zeugnisses ist die „quasi-juridische" Dimension. Sie macht darauf aufmerksam, dass der hauptsächliche Kontext des Zeugnisses das Gerichtsverfahren ist. Für einen Prozess ist aber das Zeugnis in seiner besonderen Eigenart von großer Bedeutung. Die Grundlage des Rechtsstreits ist das Zeugnis. Grundlage des Zeugnisses ist nicht ein begründetes Argument, denn dann bedürfte es keines Prozesses, sondern Grundlage ist nichts anderes als das Zeugnis selbst. Das Zeugnis steht zwischen der Aussage des Zeugen und dem Urteil des Richters. Es ist Sache des Gerichts, über die Wahrheit der Aussage und der Wahrhaftigkeit des Zeugen zu entscheiden. Damit ist aber eine besondere Eigenschaft des Zeugnisses verbunden. Es ist die Kontextualität des Zeugnisses. Zeugnis ist keine beliebige Aussage, sondern diejenige des konkreten Zeugen in den konkreten Lebenszusammenhängen des Berichteten und aus der Sicht des Zeugen.

Am schwierigsten ist offensichtlich die „quasi-empirische" Dimension des biblischen Zeugnisses wiederzugeben. Die empirische Dimension ist nach Ricoeur offensichtlich nicht einfach mit der „historischen" Dimension zu identifizieren. Das gilt für den allgemeinen Zeugnisbegriff überhaupt, insbesondere aber für den biblischen. Wie die empirische Dimension jedes Zeugnisses eine Einheit von „Sinn und Ereignis" ist, so das biblische Zeugnis die Einheit von „Bericht und Bekenntnis". Exemplarisch kommt diese Einheit in der Bibel in den Erzählungen vom Handeln Gottes in der Geschichte zum Ausdruck. Mit anderen Worten kann offensichtlich die Geschichte Israels nicht ohne das Bekenntnis zum Handeln Gottes in ihr erzählt werden. Andererseits vermag aber auch die sogenannte Heilsgeschichte Gottes nicht ohne Verankerung in der konkreten Geschichte wiedergegeben werden. Das besagt für die Berichte der Bibel, sie sind nicht einfache historische Erzählungen, die aus der Heilsgeschichte herausgelöst werden könnten. Aber die Erzählungen sind auch nicht bloße Bekenntnisse, die ohne Verankerung im historischen Geschehen ihr eigenes Leben führen würden. „Die Einheit von Sinn und Ereignis im Objekt des Zeugnisses transponiert sich in die unauflösbare Einheit von Bericht und Bekenntnis".[8]

Allerdings sind „Bericht und Sinn" bzw. „Erzählung und Bekenntnis" nicht als zwei voneinander unabhängige Stränge zu betrachten, sondern sie bilden einen Spannungsbogen, der unterschiedlich verlaufen kann. Ricoeur hat exemplarisch diesen Spannungsbogen bei Lukas und bei Johannes ausgeführt. Während Lukas eher in der Nähe des Poles des historischen Zeugnisses („Bericht", Erzählung) anzusiedeln ist, ist Johannes stark am anderen Ende anzusiedeln, nämlich am Pol des „Bekenntnisses". Ricoeurs Versuch besteht darin, dass weder Lukas „Bericht" ohne Bekenntnis des Zeugen der Auferstehung zu denken ist, noch Johannes „Bekenntnis" ohne die irdische Wirklichkeit der „Werke" des Gesandten und der Jünger. Aber es dürfte auch deutlich sein, dass gerade die „quasi-empirische Dimension" einer besonderen Beachtung bedarf.

Im Folgenden werden wir uns Jesus Christus zuwenden und uns dazu an die Empfehlungen Ricoeurs halten. Die Aussagen Ricoeurs regen zu einer theologischen Vertiefung seiner Bemerkungen an. Wir werden nun den Anregungen Ricoeurs im Einzelnen folgen, nämlich das Evangelium als Zeugnis des „treuen Zeugen" Jesu zu betrachten, also entsprechend den „quasi-empirischen", „quasi-juridischen" und „quasi-martyrologischen" Dimensionen oder gemäß der üblichen theologischen Sprache: die Dimensionen des vorösterlichen, „historischen" („quasi-empirischen") Jesus (9.3.), die nachösterliche („quasi-martyrologische") des „Christus des Glaubens" (9.4) und schließlich die („quasi-juridische" oder „dogmatische") Begründung und Rechtfertigung Jesu Christi durch die Christologie (9.5 und 9.7).

9.3 Zeugnis vom irdischen Leben Jesu

Hemmerle will mit Absicht keine wissenschaftliche Bibelexegese betreiben (Glauben 212). Aber er greift immer und überall auf die Schrift zurück. Die Schrift beschreibt den „Weg", den Jesus gegangen ist. Es ist die dritte Stufe der vier Ordnungen, die

[8] Hoffmann, Veronika (2009), Offenbarung denken? Paul Ricoeurs Begriff des Zeugnisses, in: Orth, Poetik, a. a. O., 67–88, hier 80; s. Zeugnis 30–31.

Hemmerle nannte, nämlich der Nachfolge („Glauben"), der Botschaft („Schrift"), des Weges („Leben Jesu") und des Geheimnisses Christi („Christologie"), die ‚ineinander spielen' und sich ‚ineinander vollziehen'. Den Weg Jesu mitgehen nach der Schrift, heißt, sich dem Geheimnis von Jesus Christus zu nähern.

An einigen Stellen gibt Hemmerle sich Rechenschaft, auf welche Weise er bei der Auslegung der Schrift vorgehen werde. Selbstverständlich will er die Erkenntnisse der Bibelwissenschaften möglichst berücksichtigen. Seine Überlegungen sind zum Aufgreifen und Interpretieren von biblischen Texten aber bisweilen aufschlussreich und können auch für die Bibelwissenschaften anregend sein. Vor allem gilt dies für das Aufgreifen der Evangelien und der neutestamentlichen Schriften. In seinem Buch *Glauben – wie geht das?* etwa entfaltet er das Thema des Glaubens im Rückgriff auf die Schrift. Am Anfang gibt er sich Rechenschaft über den Zugang zu den Evangelien. Es sind sehr grundsätzliche Aussagen. Dazu fällt auf, dass sie eine große Entsprechung zu den bibelhermeneutischen Überlegungen von Ricoeur haben, die wir eben referierten.

Führend ist die Grundfrage, wie denn das Neue Testament zu lesen, wie anzusetzen sei. Hemmerle nennt dazu die beiden entscheidenden Möglichkeiten, entweder bei der Botschaft des vorösterlichen Jesus zu beginnen, des irdischen Jesus, wovon man normalerweise ausgehen sollte, oder von der Botschaft des nachösterlichen Christus, dem Christus des Glaubens. Denn es ist Hemmerles Überzeugung von Anfang an: die Evangelisten beschreiben den sogenannten „historischen" Jesus nicht wie in einem Protokoll, sondern aus der Sicht von Ostern, aus dem Blick des nachösterlichen „Christus des Glaubens". Die Einheit von „Erzählung" und „Bekenntnis" ist von Anfang an gewahrt. Oder im Sinne Ricoeurs: „Die Einheit von Sinn und Ereignis [der neutestamentlichen Botschaft] transponiert sich in die unauflösbare Einheit von Bericht und Bekenntnis". Dabei kann die Spannung zwischen Bericht und Bekenntnis sehr unterschiedlich ausfallen, mehr sich dem Pol des Berichts oder mehr dem des Bekenntnisses nähern. Aber die grundsätzliche Einheit von Bericht und Bekenntnis kann nicht aufgelöst werden. Hemmerles Rechenschaft seines Zugangs zum Evangelium sei in einem längeren Zitat wiedergegeben, die den Zugang beschreibt und begründet:

„Wie geht Glaube? Dies von der Mitte der Botschaft des Neuen Testamentes her entfalten zu wollen, stellt vor eine Entscheidung: Wo soll man ansetzen? Zwei grundsätzlich verschiedene Möglichkeiten bieten sich an. Entweder man beginnt dort, wo die christliche Predigt begonnen hat, oder man beginnt dort, wo Jesus mit seiner Predigt begonnen hat. Man beginnt mit der Botschaft von Jesus dem Christus oder man beginnt mit der Botschaft Jesu, das heißt mit der Botschaft vom herannahenden Gottesreich, von der anbrechenden Gottesherrschaft.

Für die erstgenannte Möglichkeit spricht Gewichtiges. Denn obgleich die Evangelien vordergründig nicht so ansetzen, sind sie die Bezeugung des Lebens und der Predigt Jesu aus der österlichen Perspektive, aus jener Perspektive, in welcher das erste und entscheidende Wort heißt: Jesus ist der Christus, Jesus der Herr, er hat sich als solcher an Ostern erwiesen. Die Evangelien sind, vergröbernd gesprochen, auf Ostern zulaufende vorösterliche Ostergeschichten. Aber sie verankern eben die Botschaft der Ostern in dem, was vor Ostern geschah, sie ‚identifizieren' und ‚ratifizieren' die Predigt von Jesus dem Christus am Leben, Wirken, Sprechen Jesu.

Wenn wir freilich auf unsere Grundfrage blicken, wie Glaube geht, dann fällt uns als erstes eine merkwürdige Nähe zwischen der Predigt von Jesus dem Christus und der Predigt Jesu von der Gottesherrschaft auf. Ob die ersten christlichen Prediger nun Jesus als den gekreuzigten und von Gott auferweckten Herrn ansagen oder ob Jesus das Nahen der Gottesherrschaft ausruft, in beiden Fällen sind darin die Aussage und der Appell enthalten: Es geht nicht so weiter, wie es bislang ging! Der Weg der Welt nimmt einen entscheidend anderen Lauf als den bisherigen, als den der gängigen Erwartungen und Meinungen! Kehrt um, stellt euch ein auf die anders gewordene, von Gott, dem Herrn der Zeit anders gewordene Zeit!

Genau dieselbe Situation begegnet uns in der Ansage der Gottesherrschaft und im damit verbundenen Bekehrungsruf Jesu. Die Welt geht nicht mehr weiter wie bisher, und deshalb muss jeder sich neu orientieren, einen neuen Anfang setzen. In den Zeichen und Wundern verdeutlicht Jesus, dass nun eine andere Zeit angebrochen ist; in seinen ethischen Forderungen stößt er die Menschen in die neue Unmittelbarkeit Gottes zu uns, aus der eine neue Unmittelbarkeit zu Gott folgt; in den Gleichnissen sagt er die Nähe des handelnden Gottes an, auf dessen Tag nun alles zuläuft. ‚Jetzt ist der Tag des Heils' (2 Kor 6, 2), diese Kennzeichnung der Situation, in welcher der auferstandene Herr durch Paulus gepredigt wird; das Hier und Jetzt des zur Entscheidung rufenden Jesus entsprechen einander (vgl. z. B. Mt 12,41 f.; Lk 4,21).

Zeit geht anders, Leben geht anders, auch Religion, Verhältnis zu Gott geht anders! Dies ist die gemeinsame Basis, der gemeinsame Inhalt der Predigt Jesu und der Predigt über Jesus. Das, was Jesus in seiner Botschaft von der Gottesherrschaft ansagt, verwirklicht sich, spitzt sich zu in dem, was die christliche Predigt über Jesus den Messias und Herrn sagt. So entspricht es der ‚Logik' unserer Frage, bei dem anzusetzen, was Jesus uns als das Neue und Andere von Gott verkündet, um von hier aus sodann ihn selbst und sein Geheimnis zu verstehen" (Glauben 21–23).

In der längeren Passage zum Lesen der biblischen Zeugnisse können vier Punkte an die bibelhermeneutischen Ergebnisse Ricoeurs erinnern: Zuerst einmal verwandeln sich die üblichen Aussagen über Gott und Welt. Der Grund dafür ist die „Umkehr", die gleich zu Beginn des Evangeliums gefordert wird, die Metanoia (Mk 1,15). Für Hemmerle ist dies eine der Zentralstellen der Evangelien, für Ricoeur ist solche Umkehr das Neue der biblischen Schriften. Daraus erfolgt das Weitere. Die Umkehr verändert grundsätzlich die Sicht des Glaubens: der Blick des Glaubens auf das Leben Jesu verbindet Ereignis und Bekenntnis, verbindet vorösterliche und nachösterliche Perspektive zu einer integralen Sicht. Von großer Bedeutung ist dabei die Aussage Hemmerles, dass das Motiv zum Leben Jesu eine ganzheitliches ist. Die Botschaft von der „Gottesherrschaft" wird durch die Botschaft von „Ostern" nicht überholt oder abgelöst, sondern das Motiv ist integral oder umfassend, d. h. Kreuz und Auferstehung sind die Erfüllung der Predigt vom Reich Gottes. Schließlich „identifizieren" die Ostererzählungen den Lebenden mit dem Auferstandenen und der Titel „Christus" und die anderen Titel „ratifizieren", was Jesus für die Welt bedeutet und getan hat.

Das Grundwort für das Verständnis der Botschaft des Neuen Testaments ist bei Hemmerle „Umkehr". Was solche Umkehr bedeutet, mag durch eine kleine Betrachtung von Tomáž Halík verdeutlicht werden: „Konversion. Erst viel später erkannte ich die Wahrhaftigkeit des Vergleichs, der besagt, dass die Konversion wie ein Sonnenaufgang ist. Den Sonnenaufgang erlebt der Mensch ja nicht so, als ob am Himmel vor seinen Augen nur ein neuer Gegenstand hinzukommt, nämlich die Sonnenscheibe, sondern er sieht plötzlich alles anders als in der Nacht. So ist auch Gott, wenn er in unser Leben tritt, nicht nur eine Variable, die wir nun zu den ‚Dingen' dazuzählen, die wir zuvor irgendwie zur Kenntnis genommen haben, sondern vielmehr sehen wir plötzlich alles in einem anderen Licht und orientieren uns ganz anders in der Welt".[9]

Umkehr, Konversion, ist wie ein Sonnenaufgang. In der Sonne sehen wir die Dinge anders. Es bedeutet eine neue Sicht der Welt. Nicht dass die Welt eine andere würde, nicht dass andere Dinge und Gegenstände in die Welt kämen. Auf der Ebene der Objekte bleibt alles dasselbe. Aber alles ist anders. Die Anschauung wird eine andere. Raum und Zeit, die Formen der Anschauung, verändern sich und damit die Sicht auf die Welt.

Etwas Ähnliches hat Hemmerle in seinem obigen Text ausgedrückt. Eine ähnliche Erscheinung findet Hemmerle in der Beschreibung des Lebens Jesu in den Evangelien. Das irdische Leben Jesu erscheint in einem anderen Licht, im Osterlicht. Das heißt nicht, dass die Ereignisse des Lebens Jesu andere geworden wären, sondern es sind die Erlebnisse, die die Jünger erlebten, aber nun hat sich ein neuer Sinn in ihnen eröffnet. Vorösterliches Erlebnis und nachösterliche Erleuchtung verbinden sich und sind schwer zu trennen. Das heißt nicht, dass das vorösterliche Leben sozusagen ausgelöscht oder in eine andere Dimension emporgehoben wäre, aber auch nicht, dass die nachösterliche Erfahrung von der irdischen Erfahrung abgelöst werden könnte. Ricoeur erkennt die Gefahr der Ablösung der nachösterlichen Erfahrung von der vorösterlichen und spricht in diesem Fall von der Gefahr der „Gnosis".

Was die Erfahrung der Jünger war, wird auch zu unserer Erfahrung des Glaubens. Auch wir sind zur Umkehr aufgerufen und damit wird unser Blick auf Gott und die Welt eine andere: „Die Welt geht nicht mehr weiter wie bisher, und deshalb muß jeder sich neu orientieren, einen neuen Anfang setzen. Zeit geht anders, Leben geht anders, auch Religion, Verhältnis zu Gott geht anders! Dies ist die gemeinsame Basis, der gemeinsame Inhalt der Predigt Jesu und der Predigt über Jesus." Hemmerle hat dabei besonderen Wert auf die neue Zeiterfahrung gelegt. „Zeit geht anders, Leben geht anders". Wie die Anschauung der Zeit sich neu organisiert, so auch die Erfahrung des Raumes. Wir werden uns im Folgenden vor allem an diese Anweisung halten und die neue Anschauung der Evangelien und des Glaubens verfolgen. Es ist also sowohl bei den Berichten der Evangelien, als auch in der Nachfolge des Glaubens auf die neue Zeitlichkeit und die neue Räumlichkeit zu achten.

Eine ähnliche Erfahrung wie Halik machte Klaus Hemmerle bei einem Aufenthalt in den Bergen des Wallis. Er hat die großartige Landschaft in einem besonderen Licht erfahren. Er hat diese Sicht auch in einem Aquarell festgehalten. Es war in seinem letzten Jahr im Wallis und es ist eines seiner letzten Bilder. Hemmerle sprach immer wieder begeistert von dieser neuen Sicht auf Landschaft und Welt, wie er sie zuvor noch nie bewusst erfahren habe. Man fühlt sich bei der folgenden Erinnerung geradezu an Cezanne erinnert:

„Eine unerwartet intensive, ja einzigartige Erfahrung von Landschaft eröffnete sich mir beim Urlaub in den Bergen nach einer Zeit der Krankheit.

[9] Halík, Tomáž (2014), All meine Wege sind dir vertraut. Von der Untergrundkirche ins Labyrinth der Freiheit, Freiburg, 49–50.

Von dem Haus, in dem ich mit Freunden wohnte, führte ein Rundweg um eine Hügelkuppe. Von hier aus erschloß sich in immer neuen Konstellationen das Panorama der Alpen. Wie die Linien sich schnitten und zusammenstrebten, wie sie ihre Verhältniswinkel änderten und auseinanderliefen, wie sie sich in ‚Schößen' der Landschaft konzentrierten und Schichten von nahe und ferne zur einen Gestalt gerinnen ließen: Dies bedachtsam anzuschauen war eine unerschöpfliche Faszination – und es war mehr als nur ein gedankliches Spiel. Proportion, Konstellation, unabschließbare Vielfalt der Perspektiven im Einen und Selben ließen mich etwas von Gott erahnen, in dem alle Beziehungen und Verhältnisse, alle Linien und Wege dieser Welt entspringen und aufgehoben sind in ihrer unermeßlichen Fülle. Gedanken aus dem ‚Pilgerbüchlein der Seele zu Gott' von Bonaventura oder von Nikolaus von Kues wurden mir aufs Neue sprechend – und sprechend wurde mir zugleich das eigene Leben.

Welches Geschenk, dies einmal nicht als selbstverständlich verplanen und verbrauchen zu können, sondern als gewährt zu erfahren. Wie wichtig, in diesem gewährten Leben Linien zu entdecken, die so nicht die Hand der Willkür schreiben konnte. Wie kostbar, sich einbezogen zu finden in ein immer neues und immer weiteres Netz von Begegnungen und Verbindungen. [...] Linien, aus denen sich die Schemata erbildeten. [...] So werden auch unser Dasein und Leben zur ‚Landschaft', in der wir und andere Weg und Ziel finden" (AS V, 306).[10]

Hemmerle erfährt eine neue Anschauung der Landschaft der Berge, die er von früher gut kannte. Eine neue Anschauung der Landschaft, die sich durch das Erfahren von sich unterscheidenden und verbindendenden Perspektiven, von Linien und Proportionen, Beziehungen und Verhältnissen ergibt. Aus all diesen Sichtweisen und Richtungen ergibt sich die neue Erfahrung der Landschaft, das ist die neue Erfahrung des Raumes. Und in der Mitte aller dieser Verbindungen und Vernetzungen findet sich der Mensch. In dieser Landschaft erhält er seinen Ort. Er ist ein Ort zwischen Himmel und Erde.

Wenn Hemmerle im vorherigen Text von der neuen Erfahrung der Welt im Glauben hinsichtlich der Anschauung der *Zeit* gesprochen hat, so im jetzigen von derselben Erfahrung hinsichtlich des *Raumes*. Wir werden auf die beiden Anschauungsformen von *Raum und Zeit* im biblischen Zeugnis von Jesus dem Christus besonders achten.

9.3.1 Die Frage nach dem historischen Jesus

Ricoeur nennt die erste Dimension des Zeugnisses „quasi-empirisch". Das „quasi" ist zugleich ein Ausrufezeichen dafür, dass das Leben Jesu nicht einfach empirisch gelesen werden kann, wie es ein Gerichtsprotokoll der Fakten vorsieht. Und doch gehört die empirische Dimension in das Leben Jesu hinein. Es ist die viel diskutierte Frage nach dem Historischen, nach dem „historischen Jesus". Damit ist die grundsätzliche Frage nach dem Zugang zu Jesus aufgeworfen.

[10] Auch Bader, Wolfgang; Hagemann, Wilfried (Hg.) (2000), Klaus Hemmerle. Grundlinien eines Lebens, München, 233–235; s. Bild, ebd. 243.

9.3.1.1 Der Bibelwissenschaftler fragt nach dem Historischen

Die Frage nach dem irdischen Jesus ist die Frage nach dem „historischen" Jesus Es ist hier nicht auf die lange Geschichte der Diskussion über den historischen Jesus wiederzugeben. Es sind nur einige fundamentale Grundlagen dafür zu erwähnen.

Gerhard Lohfink hat in seinem Buch *Jesus von Nazareth. Was er wollte, wer er war* die Diskussion um den historischen Jesus mit einem sprechenden Beispiel begonnen. Er führt die Diskussion durchaus im Sinne Ricoeurs, dass jedes historische Ereignis der „Deutung" bedarf: „[...] nun die entscheidende Frage: Haben die Verfasser der Evangelien eigentlich etwas anderes getan? Haben nicht auch sie geschnitten, neu zusammengestellt, zitiert, angespielt, kommentiert, gedeutet? Natürlich haben sie das! Und zwar mit allen Mitteln eines sauberen Erzählhandwerks. Denn sie wussten: Ohne Deutung gibt es kein Verstehen. Selbst die genaueste und strengste Geschichtsdarstellung kommt nicht ohne ständige Deutung aus."

Und zur Illustration dieser wichtigen Erkenntnis jeder historischen Geschichtsschreibung und auch der biblischen Berichte des Lebens Jesu führt er ein eindrückliches Beispiel an:

„Am 25. Februar 2004 lief in der ARD ein hochgelobter Film über Stauffenberg und sein Attentat auf Hitler. Frank Schirrmacher schrieb zu diesem Film in der Frankfurter Allgemeinen Zeitung:

> Dies ist der genaueste Film über das Attentat des Claus Schenk Graf von Stauffenberg, der bislang gedreht wurde. Und er ist der unvollständigste. Wer ihn sich heute Abend im Fernsehen anschaut, kann sich auf die Korrektheit von Kulisse, Uniform und Chronologie verlassen. Der Regisseur Jo Baier hat nicht nur den bereits von der Gestapo im Minutentakt recherchierten 20. Juli exakt wiedergegeben. Er hat Hitlers Lagerbaracke und überhaupt das im ostpreußischen Sumpfgebiet liegende Führerhauptquartier bis hin zu den Mücken sehr genau rekonstruiert. Man kann nicht sagen, dass Baier irgendetwas im strengen Sinn vergessen hätte. [...] Wer wissen will, was ein deutscher Offizier namens Stauffenberg am 20. Juli 1944 den ganzen Tag lang tat, wird hier gut bedient.
>
> Wer aber wissen will, was der letzte Tag im Leben des Claus Schenk Graf von Stauffenberg bedeutet, wird sich verloren fühlen. Das hat damit zu tun, dass diesem Film auf merkwürdige Weise jede Mehrdeutigkeit fehlt. Man könnte auch sagen: Er ist eine Erzählung ohne Kontext, ein Geschichtsfilm ohne Geschichte. Und die Geschichte auf die gleiche merkwürdige Weise entdramatisiert, wie heutzutage Dramen enthistorisiert werden. Wer Stauffenberg war oder auch nur gewesen sein könnte, erfährt man nicht.

Genau hier liegt das Problem. Um ein Bild zu gebrauchen: Die bloßen ‚Fakten' schwirren chaotisch zu Billiarden durch den Kosmos. Wenn sie niemand ordnet und deutet, bleiben sie Müll, reiner Informationsmüll. Mit ‚Geschichte' hat dieser Informationsmüll nicht das Geringste zu tun. Das so genannte ‚Faktum' ist Vorstufe, Teilelement, aber noch keine Geschichte. Selbst Tausende von Fakten sind noch keine Geschichte. Geschichte ist gedeutetes Geschehen. Geschichtliches Erkennen ordnet und deutet das unendliche Chaos der Fakten" (Jesus 28–29).

Hemmerle kann die Aussage „Geschichte ist gedeutetes Geschehen" durch eine philosophische Betrachtung vertiefen:

„Das Ereignis ist der Überschuß seiner Deutungen über das Ereignis selbst und zugleich der Überschuß des Ereignisses selbst über seine Deutungen.

Lösen wir diesen aufs erste kompliziert erscheinenden Satz ein wenig auf. Eine Sache zeigt, was sie ist, indem wir etwas mit ihr anfangen – erinnert sei an den Beginn unserer Reflexionen beim spielenden Kind. Sie *wird* immer mehr, was sie ist, indem wir immer mehr mit ihr anfangen. Indem wir mit ihr dies und das anfangen, deuten wir sie, geht sie uns auf, erhält sie ihre Kontur und ihr Profil. Wenn man aber alles mit ihr angefangen hätte, was man mit ihr anfangen kann, dann wäre sie sozusagen verbraucht, fertig nicht im Sinn von vollendet, sondern im Sinn von erledigt. Sie ist interessant, weil man immer noch mehr, immer noch Neues oder immer neu, in neuen Situationen und Zusammenhängen dasselbe mit ihr anfangen kann. Was ich mit der Sache anfange, ist mehr als bloß die Sache, die Sache ist aber auch mehr als das, was ich mit ihr anfange.

Und wie es mit den Sachen ist, so ist es erst recht mit den Ereignissen. Sie bringen etwas in Gang, und solange das nicht abgeschlossen ist, was sie in Gang bringen, solange sie die Dynamik haben, immer Neues in Gang zu bringen, sind diese Ereignisse noch nicht ‚fertig'. Sie sind wie eine Quelle, die mehr ist als bloß das Wasser, das ihr entströmt. Und doch ist das Wasser, das ihr entströmt, nicht nur der Überschuß der Quelle, sondern auch der Überschuß über die Quelle. Ein Ereignis verstehen heißt, banal ausgedrückt, von dem her, was in ihm drinnen steckt, verstehen, was aus ihm herauskommt, und zugleich umgekehrt von dem her, was aus ihm herauskommt, verstehen, was in ihm drinnen steckt" (Glauben 70).

Um den Zugang zum irdischen Jesus heute zu finden, ist es offensichtlich erforderlich, sich Rechenschaft über den historischen Jesus zu geben. Lohfink legte die Problematik offen. Hemmerle hat die Problematik phänomenologisch vertieft. Im Folgenden soll die Frage im Rahmen unserer größeren Themenstellung der *Aporie von Raum und Zeit* vertieft werden. Beispielhaft soll auf den frühen Heidegger zurückgeblendet und die Weise des geschichtlichen Verstehens veranschaulicht werden. Was meint historisch? Was meint geschichtlich? Was heißt historisches, was geschichtliches Verstehen? Wie kann historisches oder geschichtliches Verstehen von Jesus erreicht werden? Wie haben die frühen Christen den irdischen Jesus verstanden? Wie haben sie an ihn geglaubt?

9.3.1.2 Der frühe Heidegger fragt nach dem Historischen

Auf den frühen Heidegger zurückzugreifen, um die Frage nach dem historischen Jesus anzugehen, mag aufs Erste befremden.[11] Dem Befremden mag aber begegnet werden, wenn – wie bekannt – Heidegger in seinen frühen Vorlesungen der 20er Jahre über *Phänomenologie der Religion* die aktuelle Situation der damaligen Bibelwissenschaften zum Ausgangspunkt seiner neuen Orientierung der Philosophie nahm. Programmatisch steht darin der Satz, der nicht nur für die Philosophie galt, sondern auch für

[11] Was ist historisch?, GA 60, 31–66; s. Herrmann, Friedrich Wilhelm von, Faktische Lebenserfahrung und urchristliche Religiosität. Heideggers phänomenologische Auslegung Paulinischer Briefe, in: Norbert Fischer, ders. (Hg.) (2007), Heidegger und die christliche Tradition, Hamburg, 21–32.

die Theologie „Das Kernproblem ist das ‚Historische'" (GA 60,31). Heidegger wurde auf Grund der Theologie, durch Augustinus und durch seine intensive Beschäftigung mit den Bibelwissenschaften, zum Überdenken des Historischen angeregt. Und er beließ es nicht mit allgemeinen philosophischen Gedanken über das Historische, sondern er verstand das Historische als neue Geschichtlichkeit bzw. Zeitlichkeit und exemplifizierte seine Erkenntnisse in der Auslegung der Paulusbriefe. Er prüfte die Aussagen des Paulus auf ihre Zeiterfahrung hin. Diese Überlegungen scheinen mir weiterhin kostbare Anregungen für das Lesen der Bibel und das Verstehen des Urchristentums zu enthalten.

Die Zeitlichkeit des Lebens kündigt sich bei Heidegger in der *Phänomenologie der Religion* (1920) unüberhörbar im beständigen Nachfragen nach dem ‚Historischen' bzw. Geschichtlichen an: „Die faktische Lebenserfahrung aber ist ‚historisch'; sie versteht das Leben historisch oder, wie wir heute sagen würden, ‚geschichtlich'. Sie lebt nicht nur in der Zeit, sondern lebt die Zeit selbst".[12] Was mit dieser frühen Aussage Heideggers gemeint ist, ist zunächst schwer zu ermessen. In seinen biblischen Betrachtungen über die Situation der urchristlichen Gemeinden um Paulus findet Heidegger das Paradigma, wie Christen nicht nur in einer bestimmten Zeit lebten, sondern die Zeit selbst lebten, Zeit, über die sie nicht verfügten, sondern in die sie sich im Offensein und Hören auf die ihnen von Gott gegebene Zeit fügten (GA 60, 67–126).

Der Fund Heideggers, dass die ersten Christen nicht nur „in der Zeit lebten, sondern die Zeit lebten", mit anderen Worten der Fund des „Geschichtlichen" im „Historischen", also der neuen Zeitlichkeit, hatte für sein künftiges Werk unabsehbare Folgen. Sie können als Vorstufen von *Sein und Zeit* und die darauf folgenden Werke verstanden werden. Es kann hier nicht der Ort sein, ein Urteil über die Nachgeschichte dieses Fundes abzugeben. Doch enthält der Ursprungsort des Fundes für die Theologie Bedenkenswertes. Vor allem gilt das für die Illustration dieses Fundes durch die Interpretationen einiger zentraler Texte der Paulusbriefe. Sie haben, denke ich, auch heute noch Anregendes zu unserem derzeitigen Thema zu bieten, wie sich nämlich die Erfahrung der neuen Zeitlichkeit, das Historische, in den urchristlichen Gemeinden äußerte.

In der *Phänomenologie des religiösen Lebens* (GA 60) sind aus dem WS 1920/21 Vorlesungen zu *Religiösen Phänomenen im Anschluss an Paulinische Briefe* aufgenommen. Es handelt sich um Auslegungen des Galaterbriefes, des 1. und 2. Thessalonicherbriefes, schließlich zusammenfassend zu 1 Kor 7. Heidegger hat die Texte auf die in ihnen ausgesprochene Zeiterfahrung der Urgemeinde hin analysiert und kommentiert. Er hat im Galaterbrief auf die „Verkündigung" des Paulus abgehoben, nach der für die Gemeinde eine neue Zeit, das „Evangelium", angesagt war, das nicht mehr dem „Gesetz" entsprach. In 1 Thess 4–5 stellte Heidegger die Erfahrung des „Gewordenseins" aus der Zeit und der Vollendung der Zeit in der „Parusie" heraus. Ebenfalls in 2 Thess orientiert sich die Erfahrung der Christen an den Verheißungen der Parusie und ordnet damit auch das Leben in dieser Welt. Zusammenfassend charakterisiert Heidegger mit 1 Kor 7 das Leben der frühen Christen in ihrer Welt, die

[12] Pöggeler, Denkweg, a. a. O., 38.

„urchristlichen Lebenserfahrung", ein Leben zu leben, „als ob" es kein Leben außerhalb Christus gäbe, und dabei doch in der Welt authentisch zu leben.

Heidegger betont, er beabsichtige in seiner Zuwendung zu den Paulinischen Briefen keine dogmatische oder theologisch-exegetische Interpretation, sondern „lediglich eine Anleitung zum phänomenologischen Verstehen". Erst „mit dem phänomenologischen Verstehen" öffnet sich ein neuer Weg „für die echte Religionsphilosophie und für die Theologie". Das lediglich formal anzeigende phänomenologische und in diesem Sinne philosophische Verstehen beabsichtigt „nur den Zugang zu eröffnen zum Neuen Testament" (GA 60,67). Im Übrigen könnte man Hemmerles Einstellung zur Schriftexegese ähnlich sehen. Im Folgenden sei ein Überblick über die Auslegungen der genannten Paulinischen Texte gegeben:

Zum Galaterbrief (GA 60,55–86) – Heidegger gliedert den Galaterbrief in drei Teile: 1. „Erweis der Eigenständigkeit von Pauli apostolischer Sendung und seiner Berufung durch Christus", 2. „Auseinandersetzung zwischen Gesetz und Glaube", 3. „Christliches Leben im Ganzen, seine Motive und seine inhaltlichen Tendenzen".

Heidegger greift das religiöse Phänomen der „Verkündigung" [εὐαγγέλιον] des Paulus heraus, die der Ebene der „Botschaft" von Hemmerle entspricht. Es kann im Sinne Hemmerles derart interpretiert werde, dass sich der Glaube ganz auf die Botschaft ausrichtet und seine Erfüllung von daher erhält. Die Verkündigung des Paulus ist „nach allen phänomenologischen Sinnrichtungen" zu analysieren. Die Verkündigung des Paulus ist für Heidegger deshalb zentral, weil sie der Grund und der Anker des Glaubens der ersten Christen ist, wie der Glaube überhaupt die Dimension der christlichen Weltsicht erschließt. In dem Phänomen der Verkündigung sei „der unmittelbare Lebensbezug der Selbstwelt des Paulus zur Umwelt und Mitwelt der Gemeinde erfaßbar" (GA 60,79–80). Die unterschiedlichen Sinnrichtungen sind offenbar die wichtigsten Indikatoren, die zur damaligen Zeit für Heideggers Verständnis des Lebens und seiner Zeitlichkeit entscheidend sind. Im Anhang gibt Heidegger eine Skizze des phänomenologischen Begriffs der Verkündigung: „Die Verkündigung, εὐαγγέλιον gehaltlich, bezüglich, vollzugsmäßig". Es sind die Stichworte mitgegeben, die die drei Sinnstufen markieren (s. oben 45). Und dann listet er einen Fragenkatalog auf, den Paulus sich vorlegte, um seine Verkündigung situationsgerecht zu gestalten. Denn Verkündigen heißt für Paulus, das Kerygma einer neuen Zeit und Welt anzusagen, einer „neuen Schöpfung". Diese Liste erinnert an Waldenfels Fragekatalog im *Antwortregister* (s. 5.2.4): „*Wann* wird verkündigt ... *wie* ... *was* ... *wer* und als *welcher* ... *Was* trifft *wie worauf*? Das Historische (Jesus Christus, Kreuz, Auferstehung) ... *Vollzugstendenz* und *Sendung* ... *Wie* der *Aneignung*, Umsturz des faktischen Lebens ... *Was* in der selbstlichen Grunderfahrung ... *Welche* neue Grundartikulation des Lebens ..." (GA 60,132). Es ist offensichtlich der Versuch der phänomenologischen Beschreibung der neuen Situation durch das Berücksichtigen der verschiedensten Zeit- und Ortsmomente, von Verhalten und Umständen, oder, um Bühler zu bemühen, das ‚Zeigefeld' aufzuzeigen, das aus okkasionellen Momenten besteht.

Interessant ist, dass Heidegger in diesem Zusammenhang einen Hinweis auf die damalige Exegese und Theologie gibt, welche die neuen Forschungsmethoden der Form- und Literaturkritik zwar einführte, die Heidegger auch gutheißt, wenn er sie danach doch „sowohl geschichtswissenschaftlich wie phänomenologisch" als „durchaus verfehlt" erklärt. Jedenfalls ist sich Heidegger bewusst, dass er sich hier in nächster Nähe zur Exegese seiner Zeit aufhält. (GA 60,81)

Zu 1 Thess 4–5 (GA 60,87–105) – In der anschließenden Vorlesung zum ersten Brief des Paulus an die Thessalonicher betont Heidegger, hier müsse die vollzugsgeschichtliche Situation (im Unterschied zur objektgeschichtlichen), in der Paulus den Brief schreibt, phänomenologisch durchsichtig gemacht werden. In dieser Blickrichtung ist zu fragen, wie ihm, Paulus, seine Mitwelt der Thessalonicher begegnet. Die Antwort lautet: Paulus erfährt die Thessalonicher in ihrem „Gewordensein (γενηθῆναι)". Das Gewordensein ist ein Hinweis auf die „neue Schöpfung", wie sie Paulus an anderer Stelle nennt. Das Gewordensein ist aber kein „beliebiges Vorkommnis im Leben", denn „es wird ständig miterfahren", so, „daß ihr jetziges Sein ihr Gewordensein ist". Mit anderen Worten wird die neue Schöpfung im gegenwärtigen Leben stets miterfahren. Das Bewußtsein des Gewordensein ist ein „Annehmen der Verkündigung" (δχεσθαι τόν λόγον). Das hier Angenommene betrifft nicht einen weltlichen Gehalt, sondern „das Wie des Sich-Verhaltens im faktischen Leben" (GA 60,94–95), es meint den Vollzugssinn des Lebens. Der Lebensvollzug des Christen orientiert sich nunmehr nicht mehr an der Welt, sondern wird aus der „Hinwendung zu Gott" bestimmt. Der aus der Hinwendung zu Gott orientierte Lebensvollzug ist ein „Wandeln vor Gott"

Das zweite Thema, das Heidegger dem ersten Thessalonicherbrief für die phänomenologische Analyse entnimmt, ist die Erwartung der „Parusie". Paulus lebe in einer ihm als Apostel eigenen Bedrängnis „in Erwartung der Wiederkunft des Herrn". Diese Bedrängnis bestimme „die eigentliche Situation des Paulus", so daß jeder Augenblick seines Apostel-Lebens von dieser Bedrängnis bestimmt sei. Das Erharren bezieht sich auf die Parusie, die Wiederkunft des Messias. Diese Parusie zeigt noch näher das Verhältnis zwischen Paulus und den Thessalonichern, beide sind in Not und Bedrängnis; in ihr und an ihr ist jeder Augenblick ihres Lebens bestimmt; sie stehen ständig unter dem Leiden des Erwartens, trotz der Freude des Apostels, „da ich es nicht mehr aushalten konnte" (3,1 u. 3,5). Das Erharren ist eine absolute Bedrängnis (τλίπσις), die zum Leben des Christen gehört. Das Annehmen ist ein Sich-hinein-stellen in die Not. Diese Bedrängnis ist eine absolute Bekümmerung mit dem Horizont der Parousia, in der Erwartung der Wiederkunft des Herrn. Das Durchhalten in der Bedrängnis des Lebens ist also das Entscheidende. Der Christ muß in Unsicherheit leben. Nicht die mystische Versenkung und besondere Anstrengung, sondern das Durchhalten der Schwachheit des Lebens wird entscheidend. Damit sind wir zur Selbstwelt des Paulus vorgedrungen. Nur wenn Paulus schwach wird, wenn er die Nöte seines Lebens durchhält, kann er in einen engen Zusammenhang mit Gott treten. Diese Grundforderung des Gotthabens ist das Gegenteil aller schlechten Mystik. In dieser Weise steht das Erharren im Vollzugszusammenhang des ganzen christlichen Lebens (GA 60,97–101).[13]

Die Gläubigen richten an ihn die Frage, wann sich die Wiederkunft (παρουσία) ereignen werde. Auf diese Wann-Frage geht Heidegger so ein, dass er den Unterschied zwischen der objektiven Zeit mit ihren Zeitstellen und der Zeitlichkeit des faktischen

[13] S. Kisiel, Anzeige, a. a. O., 30–34.

Lebens heraushebt. Paulus antworte auf die Frage nach dem innerzeitlichen Wann nicht „im weltlichen Verstande“, nicht in der Weise „einer erkenntnismäßigen Behandlung“, sondern durch Gegenüberstellung „zweier Lebensweisen“. Der Sinn des Wann ergebe sich daraus, „wie ich mich im eigentlichen Leben dazu verhalte“ (GA 60,99). Es ist die „christliche Hoffnung“, „die in Wahrheit der Bezugssinn zur Parusie ist“ und die „radikal anders [ist] als alle Erwartung“, die auf eine bestimmte oder unbestimmte Zeitstelle der objektiven Zeit aus ist (GA 60,102). „Die christliche Religiosität lebt nicht in der objektiven Zeit, sondern „lebt die Zeitlichkeit“ in der Weise der Zeitigung. Die Zeitlichkeit des faktischen Lebens ist eine „Zeit ohne eigene Ordnung und feste Stellen“ wie die objektive Zeit. Der „Sinn dieser Zeitlichkeit“ ist überhaupt „für die faktische Lebenserfahrung grundlegend“ (GA 60,104).

Zu 2 Thess (GA 60,106–115) – Die phänomenologische Auslegung des zweiten Briefes an die Thessalonicher hebt zwei Themen heraus: die Erwartung der Parusie Christi und die Verkündigung des Antichristen, der der Parusie voraufgeht. Das Ganze dieses zweiten Briefes kennzeichnet Heidegger als „ein Echo auf den gegenwärtigen Stand der Gemeinde“. Die phänomenologische Analyse des zweiten Briefes soll „die bisherigen Ergebnisse bewähren“.

Die Antwort des Paulus auf die Frage nach dem Wann der Parusie fasst Heidegger wie folgt zusammen: „Das Wann ist bestimmt durch das Wie des Sich-Verhaltens, dies ist bestimmt durch den Vollzug der faktischen Lebenserfahrung in jedem ihrer Momente.“ (GA 60,106) Wie im ersten Brief stelle Paulus auch jetzt wieder „zwei Weisen faktischen Lebens gegeneinander“, zwei Grundverhalten „des faktischen Lebens“: jene eine Lebensweise, in der die Menschen „in baldiger Erwartung der παρουσία nicht mehr arbeiten“, sondern „sich müßig herumtreiben“, also nur „weltlich bekümmert“ sind „in der Vielgeschäftigkeit des Redens und Nichtstuns“ und über das Wann in der objektiven Zeit spekulieren. Dagegen bestimmt sich die christliche Lebensweise durch einen Wandel nicht des Weltbezuges, sondern des Vollzugssinnes dieses Weltbezuges, der in der Liebe zur Wahrheit (ἀγάπη τῆς ἀληθείας) und im Glauben der Wahrheit (πίστις ἀληθείας) vollzogen wird. (GA 60, 106–109)

Zu 1 Kor 7 (GA 60,116) – Für eine noch schärfere Kennzeichnung des spezifisch Christlichen der faktischen Lebenserfahrung zieht Heidegger das 7. Kapitel des 1. Korinther-Briefes heran. In einem neuen Anlauf geht es ihm um die Beantwortung der Frage, wie sich der Christ in seinem Gewordensein zu Umwelt und Mitwelt verhalten solle. Dort heißt es: „Ein jeglicher bleibe in dem Beruf, darin er berufen ist“ (1 Kor 7,20). Was sich in der Annahme des Christseins im faktischen Leben wandelt, ist „nicht der Bezugssinn und noch weniger das Gehaltliche“, sondern der Vollzugssinn. So kann Heidegger sagen: „Also der Christ tritt nicht aus der Welt heraus“.

Durch das christliche Gewordensein werden die umweltlichen Bedeutsamkeiten „zu zeitlichen Gütern“, die „in der Zeitlichkeit [des faktischen Lebensvollzuges] gelebt werden“ (GA 60,117–119). Sie werden aber gelebt „als nicht“ (ὡς μὴ), wie es mehrmals im 1 Kor 7,29 heißt. Während dieses ὡς μὴ vielfach mit „als ob“ übersetzt wird, als sollten die lebensweltlichen Bezüge im christlichen Leben ausgeschaltet werden, betont Heidegger unter Hinweis darauf, daß es nicht ὡς οὐκ, sondern „ὡς μὴ“ heißt, daß dieses μὴ nicht die weltlichen Bedeutsamkeitsbezüge nichtet, sondern „die Tendenz auf das Vollzugsmäßige“ hat und nur jenes Vollzugswie nichtet, das den

Weltbezug in sich selbst und nicht im Gottesbezug zentrieren lässt (GA 60,121). In der angenommenen Christlichkeit des Lebensvollzuges bleiben die umweltlichen, mitweltlichen und selbstweltlichen „Bedeutsamkeiten des Lebens" erhalten; was sich aber ändert, ist ein neues Verhalten zu diesen Bedeutsamkeitsbezügen. Die Annahme der christlichen Verkündigung führt zu einer „Umbildung des Vollzugs", während „hinsichtlich der weltlichen Faktizität alles beim Alten" bleibt (GA 60,117–116). Auf Paulus hin gesprochen sagt Heidegger: „Paulus erhebt den Vollzug ins Thema" (GA 60,121).

9.3.2 Zeiten und Orte des Lebens Jesu

Es gilt das irdische Leben nach den Evangelien zu erzählen. Es geht um Erzählen, wie wir es oben mit Ricoeur kennen gelernt haben. Denn auch für die Evangelien gilt der überwiegend narrative Charakter, wie ihn Ricoeur für das AT entfaltet hatte. Erinnern wir noch einmal an die Charakterisierung der Erzählung nach Ricoeur: Das Besondere der Erzählung ist, dass sie ein Vorgang ist, „der das Mannigfaltige der Umstände, Ziele, Mittel, Initiativen und Wechselhandlungen, der Schicksalsschläge und aller unbeabsichtigten Folgen des menschlichen Handelns zu einer umfassenden und vollständigen Handlung vereinigt" (ZE I, 8).

Den literaturwissenschaftlichen Standards entsprechend, werden wir im Folgenden die großen Linien der Erzähltheorien streifen, die Fragen nach dem „Wer" (Autor) und „Wie" (Diskurs) der evangelischen Erzählungen anmerken, um das „Was" (die erzählte Welt) besser zu verstehen. Neben der Nennung des jeweiligen Autors (Evangelisten) sind uns nach den vorhergehenden Überlegungen die Erzählperspektiven des Diskurses besonders wichtig und hierbei vor allem die Parameter von Zeit und Raum.

Die von Ricoeur genannte umfassende und vollständige Handlung der Erzählung wird durch das Schema von „Raum" und „Zeit" erreicht. Sie stellen den Bewegungsraum dar, in den die Aktanten oder Personen mit ihren Zielen, Initiativen und Schicksalsschlägen, allen Weisen menschlichen Handelns, eingeschrieben werden. Dementsprechend werde ich, da hier keine Leben Jesu Geschichte auszuführen ist, mich auf das Schema von Raum und Zeit als wesentliche Kompositionselemente konzentrieren, innerhalb deren Rahmen die Personen sich bewegen.

Für Hemmerle ist charakteristisch, dass er das Evangelium vor allem von der christlichen Zeitlichkeit, Kairologie, her liest. Das bringt ihn in eine gewisse Nähe zum frühen Heidegger. Das Achten auf die Orte, die Topologie, der Evangelien des christlichen Lebens scheint bei ihm zunächst nicht die gleiche Aufmerksamkeit zu finden. Sein Schwerpunkt der biblischen Zeitlichkeit ist durchaus bewusst gewählt. Es ist ihm auch bewusst, dass es noch andere Möglichkeiten gibt, das Evangelium zu lesen.

Für Hemmerle ist die „Gottesherrschaft" (βασιλεία τοῦ θεοῦ) das zentrale Thema der Botschaft Jesu. Im Rückblick auf seine Darstellung der Botschaft Jesu in seinem Buch *Glauben – wie geht das?* resümiert Hemmerle, indem er die Zeitlichkeit der Proklamation der Gottesherrschaft hervorhebt:

„Unser Versuch, die Botschaft Jesu Christi und die Botschaft von Jesus Christus als einen Weg zu verstehen, hat uns von der Ansage der Gottesherrschaft in der

Predigt Jesu bis hin zu den Letzten Dingen geführt. Wir haben also einen Weg in der Zeit zurückgelegt. Sicher, wir haben da oder dort eingehalten und umgeblickt, so daß uns Früheres später und Späteres früher auffiel. Der Grundrhythmus blieb indessen jener zeithafte des Weges Jesu [...] durch die Welt zum Ende hin.

Dieser Zeitbezug ist nicht zufällig, nicht beliebig. Denn wir sind ausgegangen vom Erfülltsein der Zeit, das Jesu Botschaft ausruft. Das ‚Schon' und ‚Noch-nicht' der Gottesherrschaft bestimmte unseren Gang und unsere Sicht. Damit ist das entscheidende Wort gefallen, jenes, das den führenden Gesichtspunkt des Ganzen bestimmt: Gottesherrschaft. Wenn die Herrschaft Gottes anbricht, dann verändert sie die Gangart unseres Lebens und der Geschichte; denn Herrschaft Gottes bedeutet die neue Gangart Gottes, in welcher er auf uns zukommt, in unser Leben einbricht, auf neue und unerhörte Weise unser Gott wird.

Herrschaft Gottes, das ist keineswegs das einzige Interpretationsmodell des Neuen und Einmaligen, was Jesus bringt. In der Schrift selbst begegnen uns andere Deutemöglichkeiten. Und Herrschaft Gottes ist durch die auslegenden Striche, in denen wir ihren Inhalt zu erschließen suchten, keineswegs umfassend und erschöpfend entfaltet. Wohl aber scheint es möglich, die grundlegenden Aussagen der Schrift unmittelbar über die Herrschaft Gottes wie auch den Zusammenhang dieses Verstehensmodells mit wichtigen anderen, die das Neue Testament anbietet, einsichtig zu machen. Was bestimmt und beherrscht den Menschen? Woraus lebt er? Was blockiert seine Freiheit oder setzt sie frei? Was nimmt ihm seine Zeit aus der Hand oder gibt sie ihm in die Hand? Was erschließt oder entzieht ihm und der Menschheit die Zukunft? Das sind Fragen, an denen wir nicht vorbeikommen, wenn wir den Weg suchen, wie Glaube heute geht. Auf sie ist Antwort gefordert, auf sie wird Antwort gegeben, frappierende, befremdende und doch erlösende Antwort in der Botschaft von der Herrschaft Gottes" (Glauben 211–212).

Hemmerle weiß um die Perspektive, unter der er das Neue Testament vor allem auslegt: die Zeitlichkeit. Die Perspektive legt sich vom zentralen Motiv der Gottesherrschaft her nahe. Denn sie geschieht zunächst in einer zeitlichen Dimension: „Die Zeit ist erfüllt" (Mk 1,15). Und doch enthält die Ankündigung der Gottesherrschaft im zweiten Halbsatz auch eine räumliche Komponente: Basileia wird in der Einheitsübersetzung und allgemein als „Reich Gottes" übersetzt. Und das mit einem gewissen Recht, da die Basileia keine überzeitliche Erscheinung ist, sondern auch einen konkreten Ort meint. Die Gebietsbezeichnung des Reiches für die Basileia ist zwar nicht so primär wie die zeitliche der Herrschaft Gottes. Aber das Wort Basileia enthält beide Aspekte: die zeitliche und räumliche Dimension. Hemmerle weiß auch von anderen Weisen der Auslegung des Neuen Testamentes. Er deutet sie auch an: Wo ist die Gottesherrschaft? Wo ist der Mensch verortet? Das Leben Jesu und der Glaube an ihn bedarf des konkreten Kontextes, in dem er lebt und sich verwirklicht. Er bedarf des Lebensraumes.

Lohfink hat das große Raum-Zeit-Schema der Evangelien knapp zusammengefasst: „Wie die Gottesherrschaft ihren *kairos,* also ihre qualifizierte *Zeit* hat, so hat sie auch ihren *topos,* ihren *Ort*" [kursiv – KK] (Jesus 66).

Gerhard Lohfink beginnt das Buch *Jesus von Nazareth* mit einem Vorblick auf seine Kompositionsmethode. Er geht vom gemeinsamen Deutungsschema von „Ort" und „Zeit" in den Evangelien aus. Für Lohfink sind „Ort" und „Zeit" die Kompositionsmittel, nach denen die Evangelisten die Deutung der Ereignisse des Lebens Jesu vortragen. Wie schon erwähnt, hatte Lohfink sein Buch mit der Frage nach dem Historischen eröffnet und mit der Einheit von Faktum und Bedeutung beantwortet. Um sein Vorgehen zu illustrieren, gibt er eine eindringliche Deutung des Anfangs des Markus-Evangeliums Mk 1,21–39, das er nach dem Schema von Ort und Zeit kommentiert:

„Man sieht sofort: Es handelt sich um eine sorgfältig durchgeführte Komposition: Alles, was erzählt wird, spielt in Kafarnaum. Erst im letzten Satz greift das Geschehen über Kafarnaum hinaus. Gewahrt wird aber nicht nur die Einheit des Ortes, sondern auch der Zeit: Die Heilung beginnt an einem Sabbatmorgen mit dem Synagogengottesdienst [...] und geht dann anschließend [...] zum Haus des Petrus. Am Abend des Sabbats, sobald es gestattet ist [...], versammelt sich eine große Menge vor der Haustür. Jesus heilt viele und bleibt dann im Haus des Petrus zum Übernachten. Am frühen Morgen verlässt er das Haus und betet an einem abgelegenen Ort. Die Komposition reicht also vom Morgen des Sabbats bis zum Morgen des folgenden Tages. Die einzelnen Geschehnisse sind sorgfältig miteinander verknüpft, vor allem durch das für Markus typische ‚sogleich'.

Eine innere Einheit bildet auch das, was innerhalb dieses einen Tages geschieht: Machttaten füllen den Tag aus. Zuerst befreit er von Besessenheit, dann von einer fiebrigen Krankheit. Zuerst wird ein Mann, dann eine Frau geheilt. Am Abend wird das Ganze erweitert. Nun werden viele geheilt: teils von ihrer Besessenheit, teils von anderen Krankheiten [...].

Man sollte aber nicht nur die Strukturlinien der Komposition betrachten. Man muß auch die Stimmung wahrnehmen, die über dem Ganzen liegt: Markus schildert einen erfüllten Tag, der in sich ruht und voll Heil ist. Es ist bewusst ein Tag am Anfang des Wirkens Jesu. Es steht beispielhaft für viele weitere Tage. Dass es gerade der Sabbat ist, kann kein Zufall sein. Denn damit ist es jener Tag, an dem die Schöpfung nach biblischer Vorstellung zur Vollendung kommt" (Jesus 21–22).

Und zur Überraschung ist damit Lohfinks Deutung noch nicht zu Ende. Er stellt den Markus-Text in einen noch größeren Deutungszusammenhang, verbindet ihn sozusagen mit einer neuen Zeit und mit einem neuen Ort: „Aber der Deutungsprozess geht noch weiter. Die Evangelien sind ja nicht ortlos, frei in der Luft schwebende Texte. Sie sind Texte der Kirche, und ihr eigentlicher ‚Sitz im Leben' ist die Liturgie. Dort werden sie als Wort Gottes gefeiert. Dort werden sie als Evangelium proklamiert und authentisch ausgelegt" (Jesus 23). Und Lohfink weist darauf hin, dass in der Kirche an dem Sonntag, an dem Mk 1,21–34 vorgetragen wird, dem Evangelium als alttestamentliche Lesung Ijob 7,1–4.6–7 zugeordnet wird. Damit wird sozusagen ein neuer Ort, das Altes Testament, und eine neue Zeit, die Zeit der Verkündigung, eingeführt. Mit dieser neuen Verortung und zeitlichen Aktualisierung wird sozusagen noch einmal ein neues Netz des Verständnisses, neue Koordinaten der Zusammenhänge von Raum und Zeit aufgespannt.

Zum Schluss stellt Lohfink die Frage nach dem geschichtlichen Wahrheitswert einer solchen Darstellung durch Markus: „Natürlich darf man nicht ausschließen, dass es innerhalb dieses einen Tages mit all den geschilderten Geschehnissen tatsächlich gegeben hat. Möglich wäre es durchaus. Wahrscheinlicher ist jedoch, dass Markus hier verschiedene Traditionsstücke kunstvoll über einen Tag hin verteilt hat [...] und in einen noch umfassenderen Deutungszusammenhang stellt" (Jesus 22). „Wie verhält es sich also mit der Korrelation ‚Faktum' – ‚Deutung'? Wo sind in der Komposition Mk 1,21–39 die reinen Fakten, vorgängig zur Deutungsebene? Und würden uns die reinen Fakten, selbst wenn wir sie von den Deutungen ablösen könnten, auch nur im Geringsten weiterhelfen? Vor allem aber: Worin liegt überhaupt die Wahrheit der Komposition des Markus? Ist sie jenseits der Deutungebene zu haben?" (Jesus 25).[14]

Lohfink hat an diesem Beispiel zugleich ein großartiges Beispiel der unterschiedlichsten Hinsichten gegeben auf das, was wir Narrativität oder Erzählung nennen. Die Komposition der Orte und Zeiten sind wie ein Netz, das aufgespannt wird, vor und in dem sich die Ereignisse abspielen. Sie sind wie ein Netz, das die Ereignisse verbindet, aber nicht nach der allgemeinen Vorstellung eines gegenständlichen Netzes, das mit festen Koordinaten die Ereignisse einordnet, sozusagen als eingefrorene Fakten, sondern die Ereignisse bilden in ihrem Zueinander und Miteinander den Zusammenhang, das Weltbild, in dem sich die Ereignisse begeben, sich selbst auslegen und verständlich werden. Das Netz entspricht hier dem Bild eines strukturalen Ganzen, das sich im Zueinander und Miteinander der Pole und Positionen bildet und entfaltet.

Es ist selbstverständlich nicht möglich, das irdische Leben Jesu in seiner ganzen Vielfalt vorzustellen. Es sollen nur die fundamentalen Anschauungsformen von Raum und Zeit aufgeführt werden, innerhalb denen sich das Leben Jesu abspielte und seine eigene Gestalt findet.

9.3.2.1 Kairologie: Zeit-Dimensionen des Lebens Jesu

Um den Ausgangspunkt der Diskussion um den historischen Jesus zu markieren, kann man auf Albert Schweitzer und sein Buch *Geschichte der Leben Jesu Forschung* zurückgreifen. Dieses Buch bildet eine Zäsur in der Behandlung des Lebens Jesu vor Schweitzer, das ist vor 1900, und der Zeit danach. Denn Albert Schweitzer hat die Geschichte der Leben Jesu Forschung treffend zusammengefasst und das Ergebnis für die zukünftige Forschung festgeschrieben:

„Es ist der Leben-Jesu-Forschung merkwürdig ergangen. sie zog aus, um den historischen Jesus zu finden, und meinte, sie könnte ihn dann, wie er ist, als Lehrer und Heiland in unsere Zeit hineinstellen. Sie löste die Bande, mit denen er seit Jahrhunderten an den Felsen der Kirchenväter gefesselt war, und freute sich, als wieder Leben und Bewegung in die Gestalt kam und sie den historischen Jesus auf sich zukommen sah. Aber er blieb nicht stehen, sondern ging an unserer Zeit vorüber und kehrte in die seinige zurück [...].

In der wahren historischen Erkenntnis liegt eine befreiende und fördernde Macht. Unser Glaube baut sich auf der Persönlichkeit Jesu auf. Zwischen unserer Weltanschauung und derjenigen, in welcher er lebte und wirkte, liegt aber eine tiefe, wie es scheint unüberholbare Kluft. Man sah sich deshalb genötigt, seine Persönlichkeit

[14] Venetz, Hermann-Josef (2007), Auf dem Weg nach Galiläa (Markusevangelium), in: Bibel und Kirche 62 (2007), 145–151.

gleichsam aus seiner Weltanschauung herauszureißen und ihr einen Strich ins Moderne zu geben.

Dadurch kam aber eine eigentümliche Unlebendigkeit und Zwitterhaftigkeit in das Bild seiner Person. Man erhielt ein Zwitterwesen, halb modern, halb antik. Mit dem Modernen übertrug man auch die moderne Psychologie auf ihn, ohne sich immer vollständig klar zu machen, daß sie nicht auf ihn anwendbar ist und ihn notwendig verkleinert. Denn sie ist hergenommen von Durchschnittswesen, die aus Meinungen zusammengeflickt sind und sich nur in stetiger Entwicklung erfassen und beobachten lassen. Jesus ist aber eine übermenschliche Persönlichkeit aus einem Guß.

Dieser Jesus ist viel größer als der modern gedachte: er ist wirklich eine überirdische Persönlichkeit. Mit seinem Tode vernichtetet er jede Form von Weltanschauung, indem Eschatologie möglich wird. Damit gibt er allen Geschlechtern und Zeiten das Recht, ihn in ihren Gedanken und Vorstellungen zu erfassen, daß sein Geist ihre Weltanschauung durchdringe, wie er die jüdische Eschatologie belebte und verklärte".[15]

Das Ergebnis von Albert Schweitzer ist kurz zusammengefasst: Jesus kann nicht in der Weise des „historischen Jesus" festgehalten werden, wie es bisher geschah, sondern Jesus ist geschichtlich ein „eschatologisches" Ereignis. Damit ist die Frage nach der Zeitlichkeit gestellt. Mit Jesus ist die Zeitlichkeit in der Theologie zu einer Frage erster Ordnung geworden. Bis Schweitzer wurde der „historische Jesus" auf die lineare Zeitlinie gelegt. Mit diesem Zeitbild scheiterte aber das bisherige Jesusbild. Eine andere Zeitlichkeit ist gefragt. Darin besteht seit Schweitzer Einverständnis. Die Frage folgt allerdings auf den Fuß: Was meint „eschatologisch"? Das Eschatologische wird allgemein wiedergegeben als „schon" und „noch nicht". Welches Zeitverständnis ist aber damit gemeint? Ein sehr unterschiedliches offensichtlich. Denn das Eschatologische ist bei Markus, Lukas, Johannes und bei Paulus sehr verschieden. Überhaupt erscheinen die Zeitbestimmungen „schon" und „noch nicht" wie Hybride, die der linearen Zeit aufgepfropft werden: es ist wohl jeweils ein Zeitmoment „Jetzt" gemeint, dem schon etwas zukommt („schon") und dem aber auch etwas abgeht („noch nicht"). Das erinnert an Augustinus, der von einem solchen Zeitverständnis sagte, solche Zeit „ist" eher „nicht" als dass sie „wirklich ist". Es ist offensichtlich ein neues Zeitverständnis nötig, um die Zeitlichkeit Jesu und der Evangelien zur Sprache zu bringen. Wir werden deshalb nach dem biblischen Zeitverständnis fragen, indem wir versuchen, es nach den unterschiedlichen Schriften zu erheben und auszulegen.

9.3.2.1.1 Gottesherrschaft (Mk 1,15)

Hemmerle stellt an den Anfang seiner Auslegungen der Evangelien in der Regel Mk 1,15. Jesus beginnt seinen Weg mit der Botschaft: „Die Zeit ist erfüllt, und das Reich Gottes ist nahe. Bekehrt euch und glaubt an das Evangelium" (Mk 1,15).[16]

---

[15] Albert Schweitzer, Geschichte der Leben Jesu Forschung. Schlußbetrachtung, 632.

[16] Lohfink, Jesus 44–65; vgl. Venetz, Hermann-Josef (2007), Jesus von Nazareth: Prophet der Gottesherrschaft, in: Bibel und Kirche 62 (2007), 79–84, ders., Weg, a. a. O.

Dass der Begriff der Gottesherrschaft, die βασιλεία τοῦ θεοῦ, für die Verkündigung Jesu zentral ist, darüber sind sich die Bibelwissenschaftler schon lange einig. Nicht anders Gerhard Lohfink in seinem Buch *Jesus von Nazareth*. Lohfink verfolgt die weitere Geschichte des Wortes Basileia im Neuen Testament. Paulus hat ihn kaum mehr verwendet. Und auch im Johannesevangelium tritt er gegenüber der synoptischen Tradition zurück. Ähnlich ging es in der Frühen Kirche weiter: „Der Begriff ‚Gottesreich' beziehungsweise ‚Himmelreich' bekommt einen neuen Inhalt oder spielt theologisch nur noch eine Nebenrolle" (Jesus 246).

In Mk 1,15 geht es um das zentrale Thema der Evangelien: die „Basileia Gottes (βασιλεία τοῦ θεοῦ)". Hemmerle hält sich zuerst an die Einheitsübersetzung, die Basileia mit „Reich Gottes" wiedergibt, spricht dann aber fast ausschließlich von der „Gottesherrschaft". Das entspricht Lohfinks Empfehlung, besser den Begriff der Basileia als Gottesherrschaft und nicht als Reich Gottes wiederzugeben, obwohl diese Übersetzung seit Luther üblich geworden ist (Jesus 44).

Um Hemmerles Auslegung von Mk 1,15 besser zu verstehen, sind die weiteren exegetischen Bemerkungen von Lohfink in seinem Buch *Jesus von Nazareth* hilfreich (Jesus 44–65). Lohfink verweist auf den Gebrauch in Jesu Reden und Handeln, in denen die Basileia als etwas Dynamisches erscheint, was dem Ausdruck der „Gottesherrschaft" entspricht, während „Reich Gottes" die Vorstellung eines Gebietes, eines Ortes oder Raumes enthält, die von Jesus nicht intendiert wird: „Bei Jesus hat der Begriff der ‚Gottesherrschaft' etwas äußerst Dynamisches. Die Gottesherrschaft hat Ereignischarakter. Sie ist ein Geschehen. Sie ‚kommt', beziehungsweise: ‚sie ist im Kommen'. Auch deshalb sollte man den Begriff ‚Gottesherrschaft' vorziehen" (Jesus 45). Lohfink betont die Zeitlichkeit, das Sich-Ereignen, der Gottesherrschaft; die Ver-Ortung der Gottesherrschaft in einem Reich Gottes ist dabei eher sekundär. Zudem enthält das Kommen der Gottesherrschaft einen verbalen Sinn; es ist nicht ein Bestand gemeint, sondern ein Sich-Ereignen, ein Kommen, das zudem deutlichen zukünftigen Charakter hat. Es ist ein Kommen, das jetzt, in der Gegenwart, schon spürbar ist, aber im Kommen ist und deshalb künftig oder theologisch gesprochen eschatologisch ist.

Lohfink verweist dann auf den sprachlichen Hintergrund. Dem griechischen Begriff der βασιλεία liegt das aramäische *„malkuta"* zugrunde. „Basileia ist zunächst die Königswürde, die Königsmacht, die Königsherrschaft – und davon abgleitet dann räumlich auch das Königreich". Bei *malkuta* liegt das Schwergewicht ebenfalls zuerst auf der Herrschaft und nicht auf dem Reich, einem Territorium des Königs (Jesus 44–45).

Lohfink gibt weitere hilfreiche Hinweise zum Verständnis der Gottesherrschaft. Er weist darauf hin, dass man von der „Königsherrschaft Gottes" in Israel frühestens seit der Königszeit, also seit David und Salomo spricht. Damit ist aber klar, dass die Königsherrschaft Gottes von Anfang an eine Beziehung zur realen Welt Israels hatte. Der Begriff ist also in einen realen geschichtlichen Kontext eingebunden. „Niemals meint dieser Begriff in der Bibel etwas *rein* Innerliches oder *rein* Jenseitiges" (Jesus 45). Dass man später das Gottesreich oft rein jenseitig verstand, sieht Lohfink im Zusammenhang damit, dass Matthäus statt vom Gottesreich vom „Himmelreich" spricht. Nach Lohfink ist mit dem Matthäischen Himmelreich aber nicht die rein transzendente Wirklichkeit gemeint, wie sie dann verstanden wird, sondern Himmelreich ist die ehrfürchtige Wiedergabe von Gottesreich, weil man das Wort „Gott" im Judentum nicht aussprach. Himmelreich ist so nicht das transzendente Reich im Himmel, sondern das Gottesreich auf Erden (Jesus 45–46).

Und Lohfink macht eine letzte wichtige Vorbemerkung: Der abstrakte Begriff „Königsherrschaft" (hebr. *malkut*) ist relativ spät. „Ursprünglich sagte man verbal: ‚Gott herrscht als König'" (Jesus 46). Nach dem Exil aber gerät das Königsein in eine geschichtliche Dynamik und eine kultische Emphase, die meint: „Gott wird König". Mit anderen Worten wird das eschatologische Ausschauen und Hoffen zu einer behaupteten Gewissheit: Er wird endgültig König sein, Richter und Retter des Volkes: „Gott wird König". Die Erfüllung der langen Erwartungen steht bevor oder ist schon da.

Lohfink unterscheidet in der alttestamentlichen Theologie zwischen „theokratischem" und „eschatologischem" Königtum (Jesus 246–247). Er schließt an die Beobachtungen zur Gottesherrschaft sachgemäß Überlegungen zur „Eschatologie" an (Jesus 46–50). Das entspricht der Interpretation von Mk 1,15. Denn hier steht das zentrale Wort „Die Zeit ist erfüllt". Eine Aussage, die eine Zeitansage ist und zugleich eschatologischen Charakter hat. Dem entspricht dann auch, was Lohfink zum christlichen Verständnis der Eschatologie insgesamt bemerkt. Bei der Eschatologie wird gemeinhin das Ende der Zeit verstanden, etwas weit Entrücktes, das mit der gegenwärtigen Geschichte wenig zu tun hat. „Wenn wir aber von der Eschatologie des Neuen Testamentes reden – und Jesu Ansage der Gottesherrschaft ist reine Eschatologie –, so ist das ganz anders. Da geschehen die ‚letzten Dinge', also das, was alles verändern und verwandeln wird, nicht in ferner Zukunft, sondern in allernächster Zeit. Sie sind nahe, sie sind dem Menschen auf den Leib gerückt" (Jesus 47). Das sind ohne Zweifel entscheidende Aussagen über die Zeitlichkeit und die Eschatologie des Neuen Testamentes, die uns weiterhin begleiten werden.

Schauen wir nun auf die Auslegung von Mk 1,15 bei Hemmerle. „Die Zeit ist erfüllt, und das Reich Gottes ist nahe. Bekehrt euch und glaubt an das Evangelium" (Mk 1,15).[17]

Hemmerle weist in einer persönlichen Erinnerung auf die Bedeutung dieser Stelle für seine eigene Theologie hin: „Bedeutsam wurde mir eine Vorlesung, die ich als junger Student hörte. Ein neutestamentlicher Exeget [Anton Vögtle – KK] sprach über die Herrschaft Gottes. Dabei ging mir auf, daß die Ansage der Gottesherrschaft durch Jesus (vgl. Mk 1,15) ein Gottesereignis, eine Neuheit im Bild Gottes schenkt (Neuheit im qualitativen, biblischen Sinne des Wortes), die ich noch gar nicht in meinem persönlichen Denken eingeholt hatte. War nicht der Gott, um den es mir bislang ging, insgeheim viel eher der Gott der Spitze, der Gott des Horizontes, der Gott der Anfänge und des Endes, aber nicht jener lebendige Gott, der alles in allem (vgl. 1 Kor 15,28) ist? Der Gott jedoch, der in Jesus Christus seine Herrschaft und so sich selber ansagt, ist jener, der mitten hineindringt in mein Leben, von der Peripherie in die Mitte. Er setzt in jedem und allem, was mir begegnet, mich in Beziehung zu sich selbst, beschenkt mich mit sich selbst und nimmt mich als mich selbst in

[17] Hemmerle, s. Glauben 23–32; Vorspiel 102–109; AS I, 492; AS III, 213; Vorlesung 12.1.74, 11–12.

Anspruch. Es war mir, als ob Gott von der Kirchturmspitze auf den Marktplatz, vom Altar ins Kirchenschiff, von den Konklusionen in die Prämissen meines Daseins gesprungen wäre. Es gab eine neue Unmittelbarkeit und Einfachheit im Verhältnis zu Ihm und Seinem Wort" (AS III 120).[18]

Der erste Satz Jesu bei Mk 1,15 ist eine Proklamation und besteht aus zwei Hälften; jede dieser Hälften ist wieder aus einem Doppelglied gebildet:

„Die Zeit ist erfüllt – das Reich Gottes ist nahe. / Bekehrt euch – glaubt an das Evangelium".

Die Form der Aussage beschreibt nach Hemmerle eine Bewegung. In der obigen Erinnerung gibt Hemmerle diese Bewegung wieder. Lohfink stellt an den Anfang der Auslegung von Mk 1,15 weitere wichtige Bemerkungen. Sie entsprechen dem Gedanken der Bewegung bei Hemmerle: „Was der Evangelist hier zusammenfaßt, ist Proklamation. Jesus redet nicht über die Gottesherrschaft. Er sagt sie an". Und „Weiterhin: Am Anfang dieser Proklamation steht gerade nicht die Aufforderung [...], umzukehren und dem Evangelium zu glauben. Die Umkehr ist vielmehr Konsequenz des Heiles, das schon da ist: Die Zeit ist erfüllt. [...] Am Anfang steht also, wie durchgängig in der Bibel, das Handeln Gottes, nicht das Handeln der Menschen [...]. Das Handeln Gottes ermöglicht erst das Handeln des Menschen" (Jesus 53). Diese Bewegungsrichtung ist überall zu beachten.

Hemmerle hat diese Bewegungsgestalt der Basileia geradezu in eine Formel gegossen: ‚Es ist der Weg Gottes zum Menschen, und es ist der Weg des Menschen zu Gott' (Glauben 18–20). Hemmerle hat die Proklamation von Mk 1,15 als Bewegungsansage gefasst, als Weg von Gott zum Menschen und vom Menschen zu Gott, wie es Lohfink vorgeschlagen hatte:

„Die Zeit ist erfüllt" – der Weg beginnt nicht mit dem Anfang, sondern mit dem Ende der erfüllten Zeit. Die Zeit ist nicht auf eine leere Zukunft ausgerichtet, sondern umgekehrt, erst von der erfüllten Zukunft her wird solcher Weg möglich.

„Das Reich Gottes ist nahe" – Gott ist der eigentliche Zielpunkt dieses neuen Weges; weil er nun nahe ist, ist der Weg zu ihm möglich geworden.

„Bekehrt euch" – Gott hat einen Weg zu sich eröffnet, er kommt dem Menschen entgegen; deshalb soll sich der Mensch seinerseits auf den Weg machen.

„Glaubt an das Evangelium" – Evangelium ist Frohbotschaft, dass das Heil nahe gekommen ist; Glauben ist der Weg auf Gott zu, Glauben ist das neue Sich-Festmachen, Ausrichten und Antworten: Weg zu Gott durch die Nachfolge Jesu. Indem Jesus seinen Weg beginnt, konstituiert er auch den Weg. Er ist der Weg Gottes zum Menschen, und er ist der Weg des Menschen zu Gott. Gehen wir auf die Einzelaussagen in der Auslegung von Hemmerle näher ein.

„Die Zeit ist erfüllt". – Das ist das zunächst Unselbstverständliche. Gewöhnlich ist die Zeit gerade nicht erfüllt, sondern sie steht immer noch aus. Sie ist das Ausstehende, uns Entzogene, von uns gerade nicht Machbare. Am Ausstehen der Zeit erfahren wir Menschen unsere Verwiesenheit darauf, dass uns Zeit geschenkt wird, dass sich uns immer wieder neu Zukunft eröffnet. Dies charakterisiert unseren menschlichen Weg. Wir gehen diesen Weg in der Hoffnung, dass er zugleich eine neue Zeit mit

[18] S. Bader, Hemmerle, a. a. O., 42–43.

sich bringt, dass wir Zeit für den Weg haben, dass uns auf dem Weg die Zeit nicht ausgeht und damit auch der Weg zu Ende geht.

Nun sei also die Zeit erfüllt. Das kann nur heißen, dass sich Zeit gerade umgekehrt hat, dass wir ihr nicht mehr nur nachlaufen, sondern dass sie auf uns zukommt, uns einfordert, uns entgegenkommt.

Dass sich die Zeit umkehre, haben wir eindringlich an der Beschreibung Hemmerles von der Erschaffung Adams durch Michelangelo gesehen (s. oben 2.2.3). Insgesamt scheint die Bewegungsansage Mk 1,15 die gleiche Gestalt zu haben wie die Bilddynamik der Erschaffung Adams. Hemmerle hatte ja bekannt, dass ihm dieses Bild das neue christliche und theologische Zeitverständnis eröffnet habe. Hemmerle machte auf die Bildlogik des Bildes aufmerksam, die außergewöhnlich ist: Gott war in der gängigen Zeitenfolge die Vergangenheit, der Mensch ging auf die Zukunft zu. Nicht so bei Michelangelo: Gott ist deutlich als Vorübergehender dargestellt: Er kommt aus seiner Vergangenheit, um deutlich in die Zukunft zu entschwinden. Die Bildlogik wird dadurch selbst umgedreht: Adam blickt in Richtung seiner Zukunft, die von Gott kommt. Die gängigen Zeitekstasen drehen sich um: Adam ist ganz auf seine Zukunft ausgerichtet, sie belebt ihn, seine Vergangenheit liegt nicht hinter, sondern vor ihm.

Es könnte die Frage erlaubt sein, ob Hemmerle das neue Verständnis religiöser Zeitlichkeit zuerst in Michelangelos Darstellung gefunden hat oder im ersten Satz Jesu von Mk 1,15.[19]

„Das Reich Gottes ist nahe". – Dazu stellt Lohfink fest, dass die Bibelwissenschaftler immer wieder neu darüber nachgedacht haben, was das ‚Nahekommen' denn genau meine. Will es sagen, dass die Gottesherrschaft – in der Dimension linearer Zeit – jetzt näher sei, als sie es vorher war? Das würde unweigerlich bedeuten: Sie ist immer noch nicht da. Das Problem löst sich nach Lohfink, wenn man den ersten Halbsatz der Proklamation ernst nimmt: „Erfüllt ist die Zeit". Dieser Vordersatz kläre die Zeitfrage. Gemeint sei nichts anderes, als wenn wir sagen würden: „Jetzt ist es soweit". Dabei gehe es um die prophetischen Verheißungen: Jetzt erfüllen sie sich (Jesus 53).

Das Reich Gottes erscheint plötzlich im Horizont dieser Zeit, unserer Zeit. Gottes Ankommen ist erfüllte Zeit. Gott kommt nun in dieser Zeit zur Erscheinung. Um dies zu erkennen, bedarf es des neuen Begriffes der Zeitlichkeit und Geschichte. Wenn sich die Zeit umkehrt, dann ist damit auch die Umkehr Gottes gemeint. Für Hemmerle zeigt sich hier die „Grundstruktur des Christlichen": „Diese markinische Zusammenfassung der Predigt Jesu im 1. Kapitel (Mk. 1,15), wo uns gesagt ist, sozusagen als Kurzformel der Predigt Jesu: Erfüllt ist die Zeit, nahegekommen ist die Herrschaft Gottes, kehret um und glaubet an die frohe Botschaft. Dies μετανοεῖν als Umkehr und dies andererseits πεπλήρωται erfüllt. Die beiden Bewegungen, die hier durch den Einbruch dessen, was Jesus bringt, die Herrschaft Gottes, gezeichnet werden, diese beiden Bewegungen sind einmal die der Erfüllung und zum anderen jene Bewegung, die herausruft zur Umkehr. Das ἤγγικεν Naherücken der Herrschaft Gottes, hat erfüllenden Charakter und bedeutet zugleich Umkehrung, fordert Umkehrung, fordert sie

[19] „Die Zeit ist erfüllt" s. Jesus 451–453.

aber nur, weil eben von sich her diese βασιλεία, dieses Nahekommen auch Umkehr ist" (Vorlesung 12. 11. 1973, 11).

Die Grundstruktur des Christlichen erinnert erneut an die Darstellung der Erschaffung Adams bei Michelangelo und an die obige Erinnerung Hemmerles zur Vorlesung über die Basileia. Gott kommt uns entgegen, er ist nicht mehr nur der Ferne, seine Herrschaft ist nahe. Wir müssen nicht mehr nur in das Äußerste unserer Situation und unseres Daseins hinauslaufen, um Gott vielleicht am äußersten Horizont zu erfahren, sondern Gott hat alles umgedreht. Nun erfüllt er den ganzen Horizont, kommt er aus seiner Ferne uns nahe, wird er spürbar, erfahrbar. Er gibt sich in die Zeit hinein, erfüllt durch seine Anwesenheit die Zeit. Von nun an laufen wir nicht mehr nur hinter Gott und der Zeit her, sondern Gott und die Zeit kommen auf uns zu.

Wenn das Reich Gottes schon nahe und geradezu schon da ist, warum kann es in seiner Fülle noch nicht erfahren werden? Eschatologie enthält ein „Schon" und „Noch-Nicht", sie tritt in dieser Spannung auf. Aber das Noch-Nicht ist auf rechte Weise aufzulösen. Lohfink: „Das ‚Nahegekommen' enthält zwar ein ‚Noch-Nicht'. Dieses blickt aber nicht auf das Handeln Gottes, sondern auf die Antwort Israels. [...] Deshalb ist die Gottesherrschaft zwar nahe, aber noch nicht da. Sie ist dem Gottesvolk angeboten, [...] es muss noch gebetet werden: ‚Dein Reich komme' (Mt 6,10)" (Jesus 54). Das Noch-Nicht ist nicht Gott anzurechnen, sondern der Antwort der Menschen, dem zögerlichen Übernehmen des ‚Jochs' der Gottesherrschaft.

„*Bekehrt euch* (μετανοεῖτε)". – Ein Großteil der Verhängnisse biblischer und christlicher Missverständnisse hängt mit falschen oder verunklärenden Übersetzungen zusammen. Ein treffendes Beispiel ist das „μετανοεῖτε". Metanoia ist μετάνοια (griech.), es kommt von νοεῖν *noein,* „denken" und μετα *meta,* „um" oder „nach", und bedeutet wörtlich also etwa: „Umdenken, Sinnesänderung, Umkehr des Denkens". In vielen Übersetzungen bis heute heißt es aber „Tut Buße". Man kann ermessen, welches Verständnis für die Botschaft Jesu und für das Christentum damit verbunden war, dass der erste Aufruf Jesu nach dieser falschen Übersetzung gewesen wäre: „Tut Buße". Im Lateinischen wurde *metanoia* mit *poenitentia,* „Reue, Buße", übersetzt und häufig abgeschliffen mit *poenitentia* wiedergegeben. Diese Buße wurde dann unzutreffend abgeleitet von *poena,* „Strafe". So übersetzte Hieronymus das „μετανοεῖτε" mit „poenitete (Tut Buße)". Auf welche falsche Fährte diese Übersetzung führt, wird noch einmal deutlicher, wenn man auf den ursprünglichen Ausdruck der Umkehr achtet. Der hebräische Begriff שוב *schub,* der in der Septuaginta mit *metanoia* übersetzt wird, besagt eine Umkehr zu Gott nicht nur im Denken, sondern der ganzen Existenz, was die Veränderung des Verhaltens, vor allem aber auch Gehorsam gegenüber Gott, neues Vertrauen zu ihm beinhaltet. Aus der Botschaft der Umkehr zu Gott wird so leicht eine Drohbotschaft der Buße und Strafe.[20]

---

[20] Rosenzweig schreibt an Rudolf Ehrenberg am 4. 11. 1913: „Daß der Begriff der Buße, der hebräisch durch ‚Rückkehr', ‚Umkehr', ‚Wiederkehr' wiedergegeben wird, daß also dies hebräische Wort ‚Teschubah' im Neuen Testament metánoia [Umdenken] heißt, das ist einer der Punkte, wo die Weltgeschichte im Wörterbuch steht" (GS I 1, 142 f). Rosenzweig denkt dabei nur an die Graezisierung der hebräischen „Teschubah" als „Metanoia", eine in der Tat erhebliche Änderung. Wenn man daran denkt, dass die christliche Tradition daraus „Tut

Umkehr zu Gott. Das heißt nach der Kehre Gottes zum Menschen in der ersten Hälfte des Satzes von Mk 1,15: Verlasst die alten Wege, lasst euch auf den neuen Weg ein. Macht die Kehrtwendung mit. Es bedeutet zunächst nicht nur eine Wende des Denkens (griech. metanoia), sondern eine Umkehr der ganzen Existenz zu Gott (hebr. שוב schub). Gott hat sich auf den Weg zu uns gemacht. Er ist der Weg. Der Weg wird aber nicht Weg, wenn er nicht von uns gegangen wird. Deshalb wird unser Einsatz gefordert. Unser Weg ist der Weg der Umkehr. Er fordert unseren Abschied von den gewohnten und normalen Wegen. Er fordert uns selbst. Der neue Weg ist der Weg Gottes, er soll aber zugleich unser eigener Weg sein.

Die Umkehr der Existenz beinhaltet auch eine Sinnesänderung, eine Neuorientierung, ein Umdenken, ein neues Sehen und Erfahren der Wirklichkeit. Wie sehr sich das neue Sehen und Denken auf die Sicht auf Gott und Welt auswirkt, konnte aus dem Text „Konversion“ von Halik deutlich werden (s. oben 386).

„Glaubt an das Evangelium“. – Evangelium ist die Frohbotschaft von der Basileia. Botschaften als Evangelien gibt es sowohl in der religiösen wie politischen Welt der Antike. Im Zentrum des Evangeliums Jesu steht jedoch die Ankündigung der Basileia, die Verkündigung der Gottesherrschaft. Beim Propheten Jesaja ist der Ort zu finden, auf den sich Jesus beruft. So steht es bei Lukas: Am Anfang des Evangeliums des Lukas schlägt Jesus in der Synagoge von Nazareth die Schriftrolle des Jesaja auf und zitiert Jes 61,1–2. Diese Stelle entspricht der von Jes 52,7–9. Beide Male geht es um die Verkündigung einer Frohbotschaft. In Jes 52,7–9 ist die Verbindung von Evangelium und Basileia unmittelbar ausgesprochen: „Wie lieblich sind auf den Bergen die Füße des Freudenboten, der Heil ankündigt, der eine frohe Botschaft bringt und Rettung ankündigt, der zu Sion spricht: ‚König geworden ist dein Gott‘. Horch, deine Wächter erheben die Stimme, sie beginnen alle zu jubeln. Denn sie sehen mit eigenen Augen, wie der Herr zum Zion zurückkehrt. Brecht in Jubel aus, jauchzt alle zusammen, ihr Trümmer Jerusalems. Denn der Herr hat sich seines Volkes erbarmt, er hat Jerusalem erlöst“.

Die Stelle gehört in den Textzusammenhang von Jesaja 40–55; es ist der Teil des „Deuterojesaja“ oder des „Zweiten Jesaja“. Vorausgesetzt ist die Not des babylonischen Exils. In diesen Zusammenhang gehören ebenfalls die vier Gottesknechtlieder. Der leidende Gottesknecht vertritt das geknechtete Volk in Babylon. In Jerusalem und Judäa sind Israeliten zurückgeblieben und leben in Not. Ihnen wendet sich der Prophet zu. In dieser Situation erhebt der Prophet die Stimme und er verkündet die Frohbotschaft von der Rückkehr Gottes nach Jerusalem. Man geht davon aus, dass hier die Fundstelle für das Evangelium ist, das Jesus verkündet. Der Freudenbote naht sich Jerusalem, schon ist sein Nahen zu vernehmen; er kündet die Rückkehr der Deportierten nach Jerusalem an. Sie werden in einem festlichen Zug zum Zion zurückkehren und dann wird sich der Gott Israels als der Herr aller Völker erweisen.

„Offenbar hat sich Jesus in dem Freudenboten von Jes 52 selbst wiedererkannt. Er war überzeugt, dass sich jetzt, mit seinem Auftreten, die Heilsbotschaft aus Jesaja erfüllt“ (Jesus 247–250). Der Freudenbote ruft die Frohe Botschaft aus: „König ge-

---

Buße“ gemacht hat, dann wird diese Veränderung gewaltig, für die christliche Botschaft wirklich weltgeschichtlich.

worden ist dein Gott". Indem Gott Israel aus Babylon zurückführt und so widerhergestellt, erweist er sich als König. „Mit der Rückkehr der Verschleppten realisiert sich definitiv die Königsherrschaft Gottes in der Welt. Gott erweist sich nun endgültig als König, er manifestiert sich endgültig als König. [...] Genau hier hat Jesus angeknüpft. Er hat Jesaja 52,7–9 und überhaupt die Theologie des Jesaja-Buches in einer ganz persönlichen, ihm ureigenen Weise auf seine Gegenwart bezogen: Er selbst ist der Freudenbote, er selbst proklamiert die frohe Botschaft. Und diese Botschaft besagt, dass sich die Königsherrschaft jetzt ereignet, dass sie jetzt kommt. [...] Dass Jesus einen Text, der von Gottes Freudenboten und von der sich jetzt manifestierenden Gottesherrschaft sprach, einfach auf sich selbst bezogen hat, setzt eine atemberaubende Kühnheit voraus" (Jesus 250–252).

„Glaubt an das Evangelium". – Die Botschaft des Propheten von der Basileia radikalisiert den „Glauben" Israels. Er spricht von einem zweiten Exodus, also von einem neuen Heilsanfang Gottes mit seinem Volk und nun von der Einsetzung des einzigen Königs und Gottes. Es ist die Einsetzung der Alleinverehrung JHWHs, d. i. des Monotheismus.

Der Freudenbote verkündet das „Kommen" des Königs, nicht in einer fernen Zukunft, auch nicht in einer baldigen Zukunft, sondern „jetzt" ist er im Kommen und mit der Rückkehr der Verbannten wird er König sein. Dem Kommen des Freudenboten entspricht der Glaube an die Frohbotschaft von der Basileia. Wie das Kommen des Basileia eine zeitliche Struktur hat, sie kommt und ist schon da, so entspricht ihr die zeitliche Struktur des Glaubens. Der Glaube vertraut auf das Kommen und findet dort seinen festen Halt. Die Zeit kehrt sich von der normalen Zeit um zur religiösen Zeitlichkeit:

„Und nun wird dieses [alltägliche] Verhältnis umgekehrt, indem nun nämlich nicht mehr meine Planung das Entscheidende ist, sondern Gott kommt herein in seiner Basileia in Jesus Christus. Gott selber bricht ein. Mein Planen wird zweitrangig, aber eins ist sicher, ich habe von mir aus keine Sicherheit über die Zukunft gehabt, nun aber schenkt sich Gott in Jesus Christus mir als meine Zukunft. Ich habe Zukunft, Zukunft findet statt. Gott schenkt sich. Diese Zeitstruktur des Menschen wird umgedreht. [...] Er ist derjenige, der erfüllt. Beim πεπλήρωται ὁ καιρός = erfüllt ist die Zeit, geht es um die Zeit der Verkündigung und der Verheißung. Verheißungsstruktur, die von Gott anfängt, [...] muß gelesen werden von einem anderen her, nämlich von Gott her, von seinem Handeln her. Aber darin wird das, worum es mir eigentlich geht, gerade eingelöst, gerade erfüllt. Was Sehnsucht meines menschlichen Herzens ist, [...] wird gewährt, wird geschenkt" (Vorlesung 12. 11. 1973. 11).

Der neue Weg ist nur begehbar, wenn wir glauben, d. h. uns neu festmachen, wenn der Glaube die alten Sicherungen und Hoffnungen aufgibt, wenn wir uns in dem Einen und Einzigen festmachen, der nun unsere einzige Hoffnung sein kann, Gott, d. i. wenn wir glauben. Diese Hoffnung auf Gott ist aber durch die Hinwendung Gottes zu uns keine leere Hoffnung, sondern hat eine konkrete Gestalt, das Evangelium, d. i. die Gestalt und den Weg Jesus Christus. Das Evangelium ist nun selbst Weg, auf den wir uns einlassen können, wenn wir uns auf Gott einlassen: ‚Macht euch auf den Weg, indem ihr Jesus auf dem Weg nachfolgt'.

Hemmerle hat im Buch *Glauben – wie geht das?* die Darstellung des Lebens und Sterbens Jesu in Entsprechung zu Mk 1,15 gestaltet. Wie er für Mk 1,15 die Formel ausgegeben hat „Es ist der Weg Gottes zum Menschen, und es ist der Weg des Menschen zu Gott“ (Glauben 18–20), so stellt er dort an den Anfang der Auslegung des Lebens Jesu: „Eine Analyse des Evangeliums ergibt fünf Stufen, in denen sich das dort bezeugte Geschehen als Inhalt unseres christlichen Lebens [...] enthüllt: wiederum Gottes Weg zu uns als unser Weg zu ihm und unser Weg zueinander und miteinander.“ Hemmerle nennt dazu fünf Stufen:

1. Stufe: Jesus verkündet die Herrschaft Gottes, das Reich Gottes – Nicht mehr wir erreichen Gott, sondern er handelt, er dreht die Verhältnisse um. Was nottut, ist metanoia, Umkehr. Wir erreichen Gottes Handeln, indem wir unser Denken umdrehen lassen, nicht mehr von der Hypothese ausgehen, wie die Dinge wären, wenn Gott nicht wäre, sondern von der umgekehrten These: Wir leben so, dass unser Leben nur Sinn hat, wenn und weil Gott ist. Also: Entscheidung Gottes für uns – unsere Entscheidung für ihn.

2. Stufe: Nachfolge – Jesus verkündet nicht nur die Herrschaft Gottes, er ruft konkret Menschen, die in sein Verhältnis zum Vater, in seine Entscheidung für ihn bedingungslos eintreten. Nachfolge ist der Ort, an dem sich das Reich Gottes anfänglich verwirklicht. Diese Nachfolge heißt: Wir leben konkret auf Jesu Wort hin. Die Entscheidung für Gott wird zur Entscheidung für Jesus, zur Auslieferung ans konkrete Leben nach seinem Wort.

3. Stufe: Die Ethik Jesu – Es ist die Ethik der vorbehaltlosen Liebe. Sie ist aber nicht eine Ethik der Leistung, sondern einfach die Konsequenz daraus, dass Gott sein Reich, seine Herrschaft in Jesus anbrechen lässt. Wir sollen leben „wie im Himmel, so auf Erden“, vollkommen sein, wie der Vater im Himmel vollkommen ist, will sagen: die Weise, wie Gott gut ist und lauter ist, radikal in unser Gutsein und Lautersein übersetzen. Die Ethik des „Wie“ wird so zum Ort, an dem schon hier und jetzt etwas vom Endgültigen, von der Wirklichkeit, auf die wir hoffen, sichtbar wird.

4. Stufe: Kreuz – Die Herrschaft Gottes, die in Jesus anbricht, kommt nicht geradlinig, sondern sie kommt im Kreuz. Erst hier wird die ganze Radikalität der Hingabe Jesu an den Vater, aber auch die Radikalität der Liebe Gottes zu uns sichtbar. Was sich andeutete in der Vollmacht, mit der Jesus sein Wort als die verbindliche Ansage und den verbindlichen Anspruch der Gottesherrschaft verkündet, bestätigt sich jetzt: Gott selber gibt sich, indem der Sohn sich für uns hingibt. In jedem Scheitern und Versagen, in allen Dunkelheiten und Rätseln, auch in der Schuld dieser Welt und unserer eigenen begegnen wir ihm, der alles das angenommen und in sich selber ausgetragen und so verwandelt hat.

5. Stufe: Geist in der Mitte – Der Gekreuzigte ist der Auferstandene, auferstanden zum Vater, aber auch zu uns, in unsere Mitte. Seine Liebe, die uns zwar immer wieder ans Kreuz führt, hat doch schon jetzt recht, und dieses Rechthaben, dieser ihr Sieg, geschieht darin, daß wir miteinander der lebendige Raum sind, in dem er sich der Welt erweisen kann. Sein Geist in uns und zwischen uns lässt ihn selbst in unserer Mitte lebendig sein“.[21]

Im Zeugnis Jesu, seines Weges wird das Zeugnis aller Zeugnisse erschlossen, die uns das neue Sehen und Leben aus seinem Geist nahe bringen – das Geheimnis von

[21] S. Inhaltsverzeichnis von *Glauben;* die Kurzfassung entspricht Hemmerle, Nachgehen, a. a. O., 316–318.

Kreuz und Auferstehung erschließt sich im „Geist". Der Geist versiegelt sozusagen das Zeugnis, gibt ihm die innere Glaubwürdigkeit.

Hemmerle hat die Proklamation Jesu in Mk 1,15 vor allem zeitlich ausgelegt. Der Inhalt der Frohbotschaft ist die Gottesherrschaft und sie hat eine zeitliche Struktur. Sie hat „eschatologischen" Charakter, lebt in der Spannung von „Schon" und „Noch-Nicht". In dieser Spannung ist das Leben Jesu und seine Botschaft weithin zu lesen. Nicht nur in Mk 1,15, sondern an vielen anderen Orten ist die Textur der Evangelien von dieser Gestalt. Es seien im Folgenden nur einige weitere Beispiele genannt.

9.3.2.1.2 Das Heute (Lk 4,16–21)

Markus eröffnete die Verkündigung Jesu mit der Proklamation Mk 1,15. Lukas, wir haben es schon angedeutet, lässt Jesus zum ersten Mal in der Synagoge von Nazareth auftreten (Lk 4,16–21). Jesus schlägt das Buch der Propheten auf und zitiert die Stelle Jes 61,1–2, welche die Freudenbotschaft verkündet: „Der Geist des Herrn ruht auf mir, denn der Herr hat mich gesalbt. Er hat mich gesandt, damit ich den Armen eine gute Nachricht bringe (Evangelium), damit ich den Gefangenen die Entlassung verkünde, und den Blinden das Augenlicht, damit ich die Zerschlagenen in Freiheit setze und ein Gnadenjahr des Herrn ausrufe" (Lk 4,18–19). Und das Evangelium fährt fort: „Dann schloß er das Buch. [...] Da begann er ihnen darzulegen: *Heute* hat sich das Schriftwort, das ihr eben gehört habt, erfüllt" (Lk 4,20–21).

Die Nähe der beiden Jesajatexte 52 und 61 ist offensichtlich. Es handelt sich um die gleiche Frohbotschaft, beidemal als Evangelium bezeichnet. Ohne im Einzelnen darauf einzugehen, warum Lukas Jes 61 und nicht Jes 52 übernommen hat – das dürfte mit den etwas anderen Akzenten der Botschaft vom „Geist", der auf dem „Messias" ruht, und von der frohen Nachricht an die „Armen" zusammenhängen, Themen, die bei Lukas eine zentrale Bedeutung haben – liegt das Gewicht des Auftritts und der Aussage auf dem „Heute": „Heute ist die Schrift erfüllt worden". Das ist eine ungeheure Proklamation. Jesus beansprucht für sich, dass mit seinem Auftreten, mit seiner Verkündigung und mit seinen Taten die Verheißung des Jesaja und mit ihm die ganze Schrift erfüllt sind. Jetzt, heute, fängt die verheißene Zukunft an. Jetzt ist die Zeit der Erfüllung.

Das „Heute", das Jesus ankündigt, ist ohne Zweifel ein hoher Anspruch. Warum hat sich die Ankündigung aber tatsächlich nicht sofort erfüllt? Lohfink macht auf den Fortgang der Erzählung aufmerksam. Einmal findet Jesus freudige Zustimmung, dann aber auch strenge Ablehnung: „Ist das nicht der Sohn des Josef?" (Lk 4,22): „Das heißt: Das endzeitliche Handeln Gottes war zwar von allen erbeten und erträumt, aber in der Stunde, in der es geschieht, zeigt sich: Man hat es sich anders vorgestellt. Nicht so! Nicht so konkret! Nicht so hart im Raum! [...] Nicht gerade in Nazareth, und vor allem: Nicht schon in diesem Augenblick. [...] Die von Jesus ausgerufene Gottesherrschaft wird nicht angenommen. Das von Gott angebotene ‚Heute' wird in Abrede gestellt. Und nur deshalb wird das ‚Schon' zum ‚Noch-nicht'" (Jesus 54–55).

Lohfink schließt diesem Vorgang die Bemerkung an, dass dies das Kennzeichen des „eschatologischen" Charakters des Lebens Jesu und des Evangeliums sei: die

Spannung zwischen „Schon" und „Noch-Nicht": „Das ‚Heute' des Evangeliums wurde nicht nur in Nazareth nicht angenommen. Es ist auch später im Laufe der Kirchengeschichte immer wieder geleugnet oder verharmlost worden. [...] Auch viele andere haben angesichts der Verkündigung Jesu den Kopf geschüttelt und gesagt: Die Welt geht doch weiter wie bisher, nichts hat sich geändert, also kann auch die Gottesherrschaft noch nicht gekommen sein: Doch es hat sich etwas geändert: ‚Wenn ich durch den Finger Gottes die Dämonen austreibe, dann ist die Herrschaft Gottes doch schon zu euch gekommen' (Lk 11,20). [...] In Jesu Heilungstaten wird das Heute der Gottesherrschaft schon sichtbar und greifbar" (Jesus 55–57).[22]

An dieser Stelle mag man an Hemmerle erinnert werden, wenn er auf jene Vorlesungsstunde in Freiburg über die Basileia zu sprechen kommt (s. oben 400): „Ein weiterführender Schritt erfolgte wenige Jahre hernach, als ich blitzartig erkannte: Ich kann die Einheit in meinem Denken, Glauben und Leben nicht herstellen. Ich kann nicht eine fertige Lösung finden, die mich ‚in Ruhe läßt'. Nein, dieser Gott, der mir damals aufging, läßt einen nicht in Ruhe. Er ist der Gott des Weges, er ist der Gott des Augenblicks. Sein Anruf geschieht je im Jetzt, meine Antwort geschieht je im Jetzt – und was hernach kommt, ist in Seinen Händen. Die Einheit meines Daseins, die Einheit des Ganzen, so erfuhr ich, war auf die Spitze des jeweiligen Augenblicks, des jeweiligen Ja zum Wort Gottes gestellt, das als Ruf und Wille mich trifft" (AS III 121).

Paulus

Eine besondere Betrachtung wäre dem Zeitverständnis des Paulus zu widmen. Ein Eindruck davon ist in der Erinnerung an Heideggers frühe Interpretationen einiger Paulusbriefe bereits gegeben worden (s. 9.3.1.2). Dabei sollte eher auf den Ansatz als auf die tatsächliche Durchführung die Aufmerksamkeit gelenkt werden. Heidegger wird mit seiner Interpretation Existenzialismus vorgeworfen, wobei der Ansatz selbst kaum Existenzialismus atmete, während der weitere Weg Heideggers wohl dahin geführt hat.[23]

9.3.2.1.3 Zeitverständnis und Eschatologie des Johannes

Eine besondere Herausforderung stellt das Zeitverständnis und die Eschatologie des Johannesevangeliums dar. Eine sehr viel umfassendere und gründlichere als die genannte zu Paulus von Heidegger, aber durchaus von der Intention her ähnliche Untersuchung unternimmt Jörg Frey zum Zeitverständnis des Johannesevangeliums. Der Frage nach dem johanneischen Zeitverständnis gilt die umfassende Untersuchung *Die johanneische Eschatologie,* die 3 Teilbände umfasst. Davon widmet er *Band II: Das johanneische Zeitverständnis* eigens dem besonderen Zeitverständnis des Johannes.[24]

---

22 Zu „Heute", „Gegenwarts-Eschatologie", „Schon Jetzt" s. Jesus 54–62, 66, 91, 221, 459, 454.

23 S. Jesus 61.

24 Frey, Jörg (1998), Die johanneische Eschatologie. Bd.2: Das johanneische Zeitverständnis, Tübingen.

In der Frage nach der Eigenheit der johanneischen Eschatologie ist zuerst nach dem Zeitverständnis des Johannes überhaupt zu fragen. Frey macht zu Beginn selbst auf die Interpretation Heideggers zur Zeit aufmerksam, bezieht sich dabei aber zugleich auf die Rezeption des Zeitverständnisses Heideggers durch Bultmann. Mit der Theologie Bultmanns ist der Zusammenhang von biblischem Zeitverständnis und Eschatologie gegeben. Für Frey gilt danach nicht nur für Bultmann, sondern auch für Heidegger, dass beide ein existenzialistisches Vorverständnis von Zeit an die Evangelien anlegen (Frey 19–20).

Die johanneische Eschatologie ist an zwei Stellen komprimiert in fünf Worten zusammengefasst: ἔρχεται ὥρα καὶ νῦν ἐστίν: „die Stunde kommt und sie ist schon da" (Joh 4,22 und 5,25). Die Eschatologie bei Johannes steht in der Spannung „von der Stunde, die kommt" und von „Jetzt". Es ist die rätselhafte Aussage, dass die Stunde futurisch kommt oder kommen wird, verbunden mit der präsentischen Aussage, dass die entscheidende Zeit jetzt schon da ist. Es sind eschatologische Aussagen in der besonderen johanneischen Form. Zudem wird kurz nacheinander einmal nur die eschatologische „Stunde": ἔρχεται ὥρα „die Stunde kommt" (Joh 4,21 und 5,28) und dann „Stunde" und „Jetzt" gleichzeitig genannt: die „Stunde" (ἔρχεται ὥρα) ist jetzt schon da „καὶ νῦν ἐστίν" (Joh 4,22 und 5,25). Beide Stellen sind zentrale Stellen des Johannesevangeliums: In Joh 4 geht es um das Gespräch mit der Frau am Jakobsbrunnen über die wahre Anbetung Gottes, deren Stunde kommt und jetzt schon da ist. In Joh 5 geht es um die Vollmacht Jesu, die sich in der Auferstehung zeigt und die eschatologisches Leben mitteilt. (Frey 2–3).

Zur Aufklärung des eschatologischen „Jetzt" und „Noch-Nicht" widmet sich die Arbeit von Frey dem johanneischen Zeitverständnis. Der Ansatz ist allerdings ein ganz anderer als der Heideggers. Er ist literaturwissenschaftlicher Art. Zur Untersuchung der johanneischen Zeitverwendung legt sich der Einsatz einer sorgfältigen Analyse des Tempusgebrauchs in der johanneischen Sprache überhaupt nahe. Eine solche Untersuchung ist in umfassender Weise bisher kaum angegangen worden. Sie untersucht die Tempusverwendung des Johannesevangeliums nach allen Richtungen. Zunächst scheint dieser Ansatz in die Nähe der Tempus-Studien von Harald Weinrich zu führen.[25] Weinrichs Tempusinterpretation hat jedoch innerhalb der philologischen Disziplinen trotz ihrer großen Geschlossenheit Kritik gefunden, der sich Frey anschließt. Vor allem die Anwendung der Tempusinterpretation auf die romanischen Sprachen erscheint unbefriedigend. Frey schließt sich dem an und hält Weinrichs Theorie vor allem für die griechische Sprache, auf die sich dann auch seine Tempusinterpretation bezieht, für nicht ausreichend (Frey 44–57).

Frey geht den Weg der linguistischen Analyse, von einer akribischen Wortstatistik zu den temporalen Elementen der johanneischen Sprache. Zuerst geht er die Tempusverwendung bei Johannes durch, untersucht die Verwendung der einzelnen Tempora in der johanneischen Sprache; dann untersucht er jene Hinweise, welche ein besonderes Zeitverständnis beinhalten, so die Verwendung der Worte von χρόνος und καιρός von Adverbien und Adverbialausdrücken mit temporalem Sinn wie νῦν und ἐν ἐκεῖνη τῇ ἡμέρα u. a. Dabei wird untersucht, wie das 4. Evangelium mit Zeit umgeht. In der

[25] Weinrich, Harald (2001), Tempus. Besprochene und erzählte Welt, München.

Darstellung des johanneischen Zeitverständnisses versucht er die besonderen Probleme der Geschichte und der Eschatologie verständlich zu machen (Frey 15).

Für die Erkenntnis der johanneischen Eigenheiten des Zeitverständnisses und dementsprechend der Eschatologie ist eine besondere Beachtung der schon genannten Elemente ἔρχεται ὥρα καὶ νῦν ἐστίν bedeutsam: von ὥρα und νῦν (Frey 144–147), dann von den Zeitbegriffen χρόνος und καιρός Frey 208–209), von den Zeitabschnitten ὥρα und ἡμέρα (Frey 210–213), von den Zeitunterschieden νῦν und ἄρτι (213–214), von der qualifizierten Zeit Jesu wie ὥρα und καιρός und ἡμέρα (215–221), um die Verbindung von Präsens und Futur in den eschatologischen Aussagen zu ermessen (Frey 142–144).

Der „Stunde" und dem „Jetzt" kommt bei Johannes eine besondere Bedeutung zu. Sie enthalten das paradoxe Neben- und Ineinander zweier temporaler unterschiedlicher Perspektiven. Dazu fallen bei der Untersuchung der johanneischen Tempusverwendung immer wieder Verbformen im Perfekt, Aorist und Imperfekt auf, die ein Geschehen als zeitlich zurückliegend, abgeschlossen und doch als weiterhin bedeutsam aussagen, also zum erzählten Zeitpunkt nicht abgeschlossen oder vergangen sein können, sondern noch ausstehen. So etwa bei den Abschiedsreden Jesu. Wie bei den Abschiedsreden legen sich bei Johannes immer wieder zwei unterschiedliche Standpunkte oder Perspektiven in eigentümlicher Weise übereinander: „Dabei kommt es zu einer ‚Verschmelzung' der temporalen und sachlichen Horizonte der Zeit und Situation Jesu und seiner Jünger vor seiner Passion, von der erzählt wird, und der Zeit und Situation der nachösterlichen Adressatengemeinde, in der die Geschichte Jesu interpretierend zur Darstellung gebracht wird. Dieses Phänomen, das Ausdruck einer spezifischen interpretatorischen Bemühung ist, lässt sich mit einem von H. G.Gadamer entlehnten Begriff der ‚hermeneutischen Horizontverschmelzung' bezeichnen" (Frey 248). – Damit kommt Frey auf die zentrale Frage der besonderen Zeitlichkeit bei Johannes, der Frage nach der Darstellung des Lebens Jesu und des Christus des Glaubens, des Ineinander von vorösterlicher und nachösterlicher Sicht des johanneischen Evangeliums zu sprechen.

Die „hermeneutische Horizontverschmelzung" wird von Gadamer im Rahmen des Interpretierens historischer Texte eingeführt.[26] Das Problem dabei ist bekanntlich der historische Zeitabstand. Damit ist der Abstand verstanden zwischen dem Interpreten und einem zu interpretierenden historischen Text oder dem darin zu interpretierenden Geschehen. Bei Gadamer ist dieser Abstand aber nicht ein Abgrund, der überbrückt werden muss, sondern er ist vielmehr „in seiner hermeneutischen Produktivität" zu würdigen „als eine positive und produktive Möglichkeit des Verstehens". Verstehen vollzieht sich demnach als Verschmelzung der Horizonte. Dabei geht der Horizont des Interpreten nicht völlig in den Horizont der zu interpretierenden Tradition ein, noch wird der Horizont der Tradition einfach vom Horizont des Interpreten verschlungen, vielmehr bildet sich in der Verschmelzung beider ein neuer, dritter Horizont, in dem die Gegenwart durch das Verstehen der Tradition ausgeweitet wird.

Frey beschreibt die hermeneutische Horizontverschmelzung bei Johannes näher: „Daß eine derartige Horizontverschmelzung im Johannesevangelium vorliegt, wird

[26] Gadamer, Hans-Georg (1975), Wahrheit und Methode, Tübingen.

durch vielfältige sprachliche und sachliche Hinweise nahegelegt. Es läßt sich erkennen, dass der 4. Evangelist den temporalen Abstand zwischen seiner eigenen Zeit [...] und der erzählten Zeit Jesu offenbar sehr bewußt wahrnimmt und mit unterschiedlichen Mitteln – sachlich z. B. durch die Rede vom Geist-Parakleten, sprachlich durch Elemente der ‚Vergegenwärtigung' wie ausgedehnte direkte Reden Jesu, auffällige Präsens- und Perfektformen – diesen Zeitabstand für seine Leserinnen und Leser zu überbrücken versucht. Hinzu kommen die immer wieder angeführten Beobachtungen, dass der 4. Evangelist – konsequenter und programmatischer als die Synoptiker – in seine Darstellung der Geschichte Jesu die Gegebenheiten und Probleme seiner eigenen Zeit einzutragen scheint und die Worte Jesu mit seiner eigenen theologischen Sprache überformt und so die erzählte Geschichte für die Probleme seiner eigenen Zeit und der seiner Adressaten transparent macht" (Frey 249–250).

Eine Auslegung des Johannesevangeliums bedarf der Berücksichtigung der verschiedenen sich überlagernden und überkreuzenden Perspektiven, des zeitlichen Abstandes des Evangeliums zum Geschehen selbst, der Vergegenwärtigung des Kerygmas für die johanneische Gemeinde, die eine eigene Sprache erfordert und wozu Johannes seine eigene theologische Sprache und seine theologischen Überzeugungen einsetzt. Nach Frey ist im Johannesevangelium „ein klar strukturiertes Gefüge temporaler Differenzierungen" zu beobachten, zugleich eine auffallende „Verschmelzung der temporalen und sachlichen Horizonte der erzählten Zeit Jesu und der Zeit des johanneischen Erzählers und seiner Gemeinde". Die unterschiedlichen Perspektiven durchdringen sich: Der Evangelist belässt den Leser nicht in der historischen Distanz zum erzählten Geschehen, sondern spricht den Leser immer wieder durch vergegenwärtigende Elemente unmittelbar an. Dieses Einbeziehen des Lesers überspringt aber auch nicht die zeitliche Distanz von Erzählung und Geschehen, sondern hält die Differenz zwischen der Situation der Jünger und der eigenen Situation der Gemeinde aufrecht.

Das alles entscheidende Ereignis, auf das das ganze Evangelium erzählerisch zuläuft, ist das Geschehen des Todes Jesus in ‚seiner Stunde'. Von der Todesstunde Jesu aus erfährt das ganze Evangelium seine Mitte, von den Andeutungen auf den ‚Tag' und die ‚Stunde' während des Lebens Jesu, dann das Geschehen der letzten Tage, von Jesu letztem Mahl über den Prozeß, Kreuzigung und Tod, die österlichen Erscheinungen bis zur Geistverleihung und zur Sendung der Jünger. Die ‚Stunde Jesu' qualifiziert das ganze Leben als einzigartig eschatologisch. Das Geschehen Jesu, das aufgrund der Entscheidung in der Todesstunde ‚das eschatologische Geschehen' genannt werden kann, wird aber von Johannes geradezu protokollarisch auf einen bestimmten Ort und Zeitpunkt fixiert. Das eschatologische Ereignis ist zugleich eschatologisch jetzt und temporal damals in Jerusalem zu jener Zeit (Frey 290–291).

Die Eschatologie des Johannes spricht eine präsentische Unmittelbarkeit des Heils in Jesus aus und wahrt zugleich die temporale Distanz der Erzählung. Die Eschatologie des Johannes ist futurisch und präsentisch zugleich. Im Glauben gewinnt man das Leben: ‚Wer glaubt, hat das ewige Leben, ist vom Tod ins Leben hinübergegangen' (Joh 5,24). Das Heil ist futurisch: „Wer an mich glaubt, wird leben, auch wenn er stirbt" (Joh 11,25). Der Akzent liegt aber ganz darauf, dass man im Glauben jetzt das Leben gewinnt, um im Tod nicht zu vergehen. Umgekehrt ist der Nichtglaubende schon gerichtet (Joh 3,18). In Joh 5,25 ist ein für die Zukunft erwartetes Ereignis (die Toten hören die Stimme des Sohnes Gottes) sehr deutlich in die Gegenwart gezogen: „die Stunde kommt und ist jetzt da, in der die Toten die Stimme des Sohnes Gottes hören werden".[27]

9.3.2.2 Topologie: Raum-Dimensionen des Lebens Jesu

Hemmerle achtete besonders auf die Zeitlichkeit der biblischen Botschaft. Um Jesus zu verstehen, bedarf es der Kenntnis der besonderen Zeitlichkeit Jesu, wie Albert Schweitzer überzeugend gezeigt hat: Jesus ist eine eschatologische Gestalt. Gerhard Lohfink macht aber auf einen zweiten weiteren Aspekt aufmerksam: neben der Zeit ist auch der Raum der Ereignisse zu beachten:

„[Es] ist ein anderer Aspekt der Verkündigung Jesu in der Exegese noch längst nicht überall klar. Man entschärft die Sprengkraft der Gottesherrschaft ja nicht nur, wenn man sie in die ferne Zukunft oder gar in die Zeitlosigkeit verdrängt. Man kann sie auch der Wirkungslosigkeit überliefern, indem man sie ortlos macht. Für Jesus hat die Gottesherrschaft nicht nur ihre Zeit. Sie hat auch ihren Ort, an dem sie sichtbar und greifbar wird. Dieser Ort ist das Gottesvolk.

Um dasselbe mit zwei griechischen Begriffen zu sagen: Wie die Gottesherrschaft ihren *kairos,* also ihre qualifizierte Zeit hat, so hat sie auch ihren *topos,* ihren Ort. Sie ist keine U-topie. Utopie heißt: ‚Nicht-Ort', ‚Nirgendwo' […]. Demgegenüber ist die Gottesherrschaft für Jesus – trotz aller Gegnerschaft und Verfolgung – ein Geschehen, dessen Verwirklichung in der Geschichte beginnt. Deshalb ist sie faßbar und anschaubar. Zunächst in Jesus selbst, dann aber notwendig auch in dem endzeitlichen Israel, das Jesus um sich sammelt" (kursiv –KK) (Jesus 66–67).

Der erste Ort und der Raum, von dem Jesus ausgeht und in dem er sich bleibend aufhält, ist Israel. Das Volk Israel ist seine Aufgabe und sein Ziel. Genauer die Erwählung Israels ist seine Aufgabe und sein Ziel. „Erwählung" des Volkes Israels „um der Völker willen" nennt Lohfink die „Grundkonstante des Alten Testaments".

Jesus ist nicht weniger in diesem Horizont zu sehen. Jesus hat diesen Raum nicht aufgegeben oder verlassen. Dafür sprechen einige deutliche Indizien: die Wahl der Zwölf repräsentiert das Israel der Zwölfstämme (Jesus 75–77; 102–103); die Orte der Tätigkeit Jesu sind: Nazareth, Nain, Kana, Kafarnaum, Magdala, Betsaida und Jersualem; darunter ist keine heidnische Stadt. „Jesus konzentriert sich auf Israel" (Jesus 103–105). Die Völkerwallfahrt führt von Israel zu den Heiden (Jesus 105–109).[28]

Topologie des Markus

Gerhard Lohfink machte am Anfang seines Buches *Jesus von Nazareth* auf das Deutungsschema der Einheit von Ort und Zeit in den Evangelien aufmerksam, wie wir gesehen haben. Es ist das Kompositionsmittel, nach dem die Evangelisten die Deu-

[27] Zur „Stunde" s. Theobald, Michael; Weidemann, Hans-Ulrich (2004), Heilige Orte – heilige Zeiten. Die christologische Antwort des Johannesevangeliums, in: Bibel und Kirche 59 (2004) 125–130, hier 129.

[28] S. Gershom Scholem (1897–1982), s. Jesus 87.

tung der Ereignisse des Lebens Jesu vortragen. Das Evangelium des Markus gibt dazu ein gutes Beispiel ab. Lohfink stellt an den Anfang seines Buches die Frage nach der Deutung der so genannten Fakten. Und um diese Sichtweise zu konkretisieren, trägt er eine eindringliche Deutung des Anfangs des Markus-Evangeliums Mk 1,21–39 vor. Einmal legt er auf die Zeitlichkeit Wert, wie gesehen, aber auch auf die Orte. „Man sieht sofort: Es handelt sich um eine sorgfältig durchgeführte Komposition: Alles, was erzählt wird, spielt in Kafarnaum. Erst im letzten Satz greift das Geschehen über Kafarnaum hinaus. Gewahrt wird aber nicht nur die Einheit des Ortes, sondern auch der Zeit: Die Heilung beginnt an einem Sabbatmorgen mit dem Synagogengottesdienst [...] und geht dann anschließend [...] zum Haus des Petrus. Am Abend des Sabbats, sobald es gestattet ist [...] versammelt sich eine große Menge vor der Haustür. Jesus heilt viele und bleibt dann im Haus des Petrus zum Übernachten. Am frühen Morgen verlässt er das Haus und betet an einem abgelegenen Ort. Die Komposition reicht also vom Morgen des Sabbats bis zum Morgen des folgenden Tages. Die einzelnen Geschehnisse sind sorgfältig miteinander verknüpft, vor allem durch das für Markus typische ‚sogleich'".

Und zur Überraschung ist damit Lohfinks Deutung noch nicht zu Ende. Er stellt den Mk-Text in einen noch größeren Deutungszusammenhang, verbindet ihn sozusagen mit einer neuen Zeit und mit einem neuen Ort: „Aber der Deutungsprozess geht noch weiter. Die Evangelien sind ja nicht ortlos, frei in der Luft schwebende Texte. Sie sind Texte der Kirche, und ihr eigentlicher ‚Sitz im Leben' ist die Liturgie (Jesus 25).

Markus gibt im ersten Satz bereits seine Absicht wieder: „Anfang des Evangeliums von Jesus Christus, einem Sohn eines Gottes" (Mk 1,1). Er will eine Biographie zu Jesus vorlegen. Er nennt diese Evangelium. Den Begriff Evangelium kennen die Leser aus der politischen oder religiösen Welt. So etwa ruft der römische Kaiser Vespasian im Jahr seines Regierungsantritts im Jahr 69 n. Chr. eine Heilszeit als Evangelium aus. Den Titel „Sohn eines Gottes" (divi filius) tragen die römischen Kaiser in ihrer Nominatur. Markus wagt es, Jesus in den Kategorien römischer Kaiser-Rhetorik vorzustellen. Auch Jesus ist ein Herrscher, aber ein ganz anderer. Darauf macht sofort der 2. Vers des Evangeliums aufmerksam: „Wie geschrieben ist bei Jesaja, dem Propheten" (Mk 1,2). Die Verheißung des Gottes Israel geht nun, wie bei Jesaja steht, mit Jesus in Erfüllung. „Eine Jesus-Biographie zu schreiben, war ein innovatives Projekt, mit dem Markus um das Jahr 70 n. Chr. die Bedeutung Jesu für seine Lesergemeinde neu darstellt".[29]

Stefan Schreiber hat die Komposition des Markusevangeliums insgesamt beschrieben. Er sieht im Mk-Evangelium verschiedene Achsen angelegt: Er spricht von einer „geographischen" und einer „chronologischen Erzählachse", in ihnen von der „inneren Erzählachse ‚Sohn Gottes'" und einer ähnlichen Achse der „Nachfolge"

Die topographische Grobstruktur ist dreigeteilt: in Galiläa und Umgebung – Weg nach Jerusalem – schließlich Jerusalem. Die geographische Gliederung lässt sich an

[29] Schreiber, Stefan (2011), Die erste Lebensgeschichte Jesu. Das Markusevangelium, in: Bibel und Kirche, 70–77; s. Pesch, Rudolf (1976), Das Markusevangelium (HThK.NT I,1–2), Freiburg.

der markanten, theologisch motivierten Zweiteilung erkennen: Galiläa und Jerusalem stehen sich gegenüber. Von der Wüste (1,1–13) geht es nach Galiläa (1,14–8,26). Galiläa (und seine heidnische Umgebung) ist der bevorzugte Ort des Wirkens Jesu: Jesus verkündet die Basileia in Wort und Tat. Auf dem Weg von Cäsarea Philippi nach Jerusalem (8,27–10,52) steht Jesus und die Belehrung seiner Jünger im Mittelpunkt. Jerusalem steht von vornherein unter negativem Vorzeichen als Ort der Ablehnung und Verurteilung Jesu (vgl. ab Mk 11,1 ff; aber schon 3,22; 7,1). So führt schon die Gegenüberstellung von Galiläa und Jerusalem zur Betonung der Passion Jesu. In Jerusalem (11,1–15,47) werden die letzten Tage Jesu beschrieben. Das ursprüngliche Evangelium schließt mit dem Ort des Grabes in Jerusalem (16,1–8).

Über diesen topographischen Rahmen hinaus haben einzelne Ortsangaben häufig typologische Bedeutung: ein besonderes Ereignis Jesu findet „auf dem Berg" statt (Mk 3,13; 9,2); „der See" steht im Zusammenhang des öffentlichen Wirkens und Lehrens Jesu (Mk 2,13; 4,1; 3,7; 5,21); an mehreren Stellen ist „das Haus" der Ort der Jüngerbelehrung (Mk 7,17; 9,28; 9,33; 10,10).

Neben der geographischen Erzählachse ist die „chronologische" ebenso markant.[30] Schelkle und Venetz finden im Mk-Evangelium ein Wochenschema vor. Sie unterscheiden im Evangelium 7 Wochen. Die 1.Woche beginnt mit Mk 1,15: „Die Zeit ist erfüllt". Für die letzte 7. Woche in Jerusalem ist eine deutliche Gliederung sichtbar. Für den Jerusalemaufenthalt Jesu wird eine Tagesstruktur erkennbar, die bis zum Sonntag nach dem Karfreitag reicht (Mk 11,11; 11,19f; 14,1; 14,12; 15,1.42; 16,1). Mit dem Einzug in Jerusalem ist der 1.Tag deutlich markiert. Der 7.Tag wird mit „Sabbat" (Mk 15,42) datiert und mit dem Sabbat abgeschlossen: „Als der Sabbat vorüber war" (Mk 16,1). Vom Schluss her, von der Zuordnung des Todestages Jesu und der Grabeserzählung am Sabbat, kann man die zuvor genannten Wochentage bestimmen. Das Mk-Evangelium selbst nennt dazu keine Wochentage mit Namen, sondern spricht jeweils nur von Abend und Morgen eines Tages.

Das letzte Drittel des Mk-Evangeliums deckt die eine Woche in Jerusalem ab. Im Fall der Kreuzigung findet sich sogar ein Stundenschema. Dass die Kreuzestheologie im Zentrum der markinischen Jesusdarstellung steht, bildet sich so in der Zeitstruktur der Erzählung ab.

Ludger Schenke hat deshalb vorgeschlagen, ausgehend von der letzten Woche in Jerusalem unter Rückgriff auf die Erwähnungen des Sabbats dem Mk-Evangelium ein Sieben-Wochen-Schema zugrunde zu legen (Mk 1,14–31; 2,1–3,6; 3,7–6,13; 6,13–8,26; 8,27–9,29; 9,30–10,52; 11,1–16,1).[31]

Entlang der Raum-Zeit-Achse findet Schreiber eine weitere, „innere Erzählachse des ‚Sohnes Gottes'" (Schreiber 73). Die geographischen und chronologischen Achsen geben so das äußere Gerüst einer inneren Entwicklung des Glaubens her. Der Glaube an den „Sohn Gottes" wächst und entfaltet sich. Die markanten Aussagen vom „Sohn Gottes" stehen dazu bei der Taufe Jesu, den eine Stimme vom Himmel nennt (Mk 1,11). Die weitere Offenbarung geschieht bei der Verklärung auf dem Berg wie-

---

[30] Venetz, Weg, a. a. O., 145–151.

[31] Schenke, Ludger (2003), Das Markusevangelium. Literarische Eigenart Text und Kommentierung, Düsseldorf, 11–15.

derum mit der Stimme, die Jesus „Sohn Gottes“ nennt (Mk 9,7), bis schließlich zum offenen Bekenntnis des römischen Hauptmanns zum „Sohn Gottes“ unter dem Kreuz (Mk 15,39).

Parallel zu der inneren Achse der Entwicklung des Bekenntnisses zum „Sohn Gottes“ im Evangelium sieht Schreiber eine Entwicklung im Glauben der Jünger, hervorgerufen durch die Lehre Jesu und die Geschehnisse auf dem Weg nach und in Jerusalem. Man könnte dabei von einer „Achse der Nachfolge“ sprechen, die nicht nur den Weg der Jünger, sondern auch den der Gemeinde des Markus im Auge hat (Schreiber 73–77).

Land und Volk Israel bei Matthäus

Matthäus hatte die Logienquelle Q und das Mk-Evangelium zur Vorlage. Matthäus hat das Mk-Evangelium fast vollständig übernommen, allerdings mit Kürzungen zum Zweck der Straffung des Erzählganges und auch mit anderen Änderungen. Matthäus folgt ab Mt 12,1 dem Mk-Rahmen, davor hat er stärker in die Stoffanordnung eingegriffen, er hat sich aber auch hier meist an Markus orientiert.[32]

Die Gegenüberstellung von Galiläa und Jerusalem hat Mt von Mk übernommen und sogar verstärkt: Die Übersiedlung Jesu von Nazareth nach Kapharnaum wird mit einem Erfüllungszitat kommentiert, das sich auf Galiläa bezieht (4,12–16). Galiläa wird so zum Ort des ersten öffentlichen Auftretens Jesu. Und mit Galiläa endet das Evangelium. Der Auferstandene erscheint auf dem Berg in Galiläa und gibt den universalen Missions- und Taufauftrag (28,16–20).

Von der „theologischen Topographie“ hat Matthäus vor allem „den Berg“ aufgegriffen. Der Berg ist Ort der Lehre (5,1; 24,3: Ölberg), der Offenbarung (17,1; 28,16), des Gebets (14,23) und von Heilungen (15,29). Die Bedeutung des Motivs ist nicht festgelegt, aber besondere Begebenheiten der Geschichte Jesu werden dadurch betont, dass sie auf „dem Berg“ stattfinden. Allgemein religionsgeschichtlich verbindet sich mit dem Berg die Nähe zur göttlichen Sphäre; im Rahmen der alttestamentlich-jüdischen Tradition ist vor allem an die Bedeutung des Sinai zu denken. Ansonsten haben Ortsangaben bei Mt verknüpfende Funktion. Dasselbe gilt auch für die meist sehr vagen Zeitangaben.

Land und Volk Israel ist der zentrale Ort des Mt-Evangeliums. In der Mitte steht die besondere Erwählung Israels. Ihr allein gilt die Sendung Jesu, wie Matthäus im Vergleich zu Mk verschärft betont (vgl. Mt 15,24 mit Mk 7,27; außerdem die Aussendungsrede Mt 10,5 f). Auf der anderen Seite betont Matthäus auch den Unglauben und die Schuld Israels. Dabei differenziert der Evangelist aber zwischen dem Volk und seinen Führern. Bis in die Auseinandersetzungen in Jerusalem wird dem Volk eine positive Rolle zugeschrieben (vgl. 21,46). Erst im Prozess vor Pilatus endet diese Differenzierung: das „ganze Volk“ übernimmt die Verantwortung für den Tod Jesu (27,25) – allerdings auf Anstiftung durch die Hohepriester und Ältesten (27,20). Wenn Mt an der Unterscheidung zwischen Volk und Führung liegt, dann betont er

---

[32] Gnilka, Joachim (1986), Das Matthäusevangelium I–II (HThK.NT II,1–2), Freiburg, I, 60–62; Gilen, Marlies (2007), Das Geschick Jesu für die matthäische Gemeinde erzählt, in: Bibel und Kirche 62 (2007), 152–159.

besonders den Betrug um die Osterbotschaft. Durch den Betrug der Hohepriester (28,11–15) wird dem jüdischen Volkes die Botschaft von Ostern vorenthalten. Dann wäre das Ende des Mt-Evangeliums zu lesen als Einladung an die jüdischen Zeitgenossen, den Osterglauben anzunehmen. Für die heilsgeschichtliche Sicht Israels im Mt-Evangeliums bedeutet dies: Israel ist nicht verworfen, sondern verliert nur seine privilegierte Stellung. Wenn die Jünger in Mt 28,19 an „alle Völker“ gewiesen werden, ist Israel aus dieser Bestimmung nicht ausgeschlossen. Ein Vorrecht kommt ihm aber nicht mehr zu.

Der Anlass für die Abfassung des Mt-Evangeliums ist am besten in den Spannungen zu Israel zu suchen, die das Werk kennzeichnen. So vor allem das Verhältnis zu Israel und Tora. Sie weisen auf einen Konflikt mit dem Judentum im Hintergrund des Mt-Evangelium hin. Meist wird heute angenommen, dass es zur Trennung der matthäischen Gemeinde von der Synagoge gekommen ist. Das Mt-Evangelium ließe sich dann verstehen als Versuch, das Nein Israels „in einer grundsätzlichen Standortbestimmung zu verarbeiten“ (Ulrich Luz). Auch wenn man die Trennung noch nicht für vollzogen hält, ist doch die Auseinandersetzung mit dem pharisäisch geprägten Judentum der wesentliche Ort des Mt-Evangelium. Es ginge um die Vergewisserung des Glaubens an Jesus vor dem Hintergrund der eigenen religiösen, also der jüdischen Tradition. Jesus wird vorgestellt als Messias und als Erfüllung der Israel gegebenen Verheißungen. Es müsste sodann die heilsgeschichtliche Stellung Israels nach dem überwiegenden Nein zu Jesus bedacht worden sein. Dies hätte zu der oben beschriebenen Sicht vom Verlust des heilsgeschichtlichen Privilegs geführt, aber nicht zu einer Aussage über die Verwerfung Israels.

Der Reisebericht des Lukas

Lukas tritt am Anfang seines Evangeliums als Historiker auf. Er will, so stellt er sich selbst vor, in seinem Evangelium einen historischen Bericht vorlegen. Der Begriff dafür ist (διήγησις) der griechische Begriff für historische Erzählung oder Bericht. Mit dem Vorwort erhebt Lk einen literarischen Anspruch und führt sein Werk nach Art hellenistischer Historiker ein: nach sorgfältigen Nachforschungen will er nun „alles der Reihe nach aufschreiben“ (Lk 1,3). Schon aufgrund seiner Quellenlage aber konnte Lukas Leben und Wirken Jesu nicht in chronologischer Ordnung darstellen. Die in theologischer Absicht durchgeführte Gliederung des Evangeliums zeigt: Lukas war mehr Theologe als Historiker im Sinne seiner Zeit.[33]

Das Lk-Evangelium ist nach Vorwort und Vorgeschichte am besten in drei Teile zu gliedern. Ein deutliches Gliederungssignal dafür setzt der Evangelist im zweiten Hauptteil und von hier aus lässt sich das Werk geographisch aufteilen: In Lk 9,51 ist in feierlicher Form die Rede vom Entschluss Jesu, nach Jerusalem zu gehen – ein Gang, an den Lk an zwei weiteren Stellen noch einmal ausdrücklich erinnert (13,22; 17,11). Das Lk-Evangelium lässt sich demnach geographisch folgendermaßen gliedern: Jesu Wirken in Galiläa (4,14–9,50), Jesus auf dem Weg nach Jerusalem (9,51–19,27), Jesus in Jerusalem (19,28–24,53).

[33] Blüm, Matthias (2007), Von der Treue und Gnade Gottes. Der Evangelist Lukas als erzählender Theologe, in: Bibel und Kirche 62 (2007), 160–165.

Die Geschichte des Lk-Evangeliums wird vor allem durch den sogenannten „lukanischen Reisebericht" geprägt. Aufs Erste scheint es, dass Lk besonders befähigt ist, die Topographie des Lebens Jesu darzustellen. Dem ist aber nicht so. Die geographischen Angaben des Reiseberichtes sind auf andere Weise zu lesen. Der Reisebericht führt von Galiläa (4,14–9,50) nach Jerusalem (19,28–24,53). Jesus begibt sich auf den Weg nach Jerusalem: „Jesus ist wandernd vorgestellt, aber nun nicht mehr (wie Lk 5,1–9,50) landauf, landab im Judenland, sondern nunmehr (Lk 9,51–19,27) gezielt unterwegs nach Jerusalem. [...] Schon das Wandermotiv ist sprechend. Das Wandern (πορεύεσθαι) verbindet Lk 9,51–19,27 mit Lk 5,1–9,59. [...] Dieses Wandern ist lukanisch betont. Es ist für ihn christologisch durchsichtig. [...] Jesus ‚wandert' aber nunmehr nicht nur, er geht seinen ‚Weg'; er ist unterwegs nach Jerusalem".[34]

Der mittlere Teil des Evangeliums wird also mit „Reisebericht" bezeichnet. Doch die Vorstellung einer geographischen Beschreibung des Weges Jesu von Galiläa nach Jerusalem geht fehl. Nicht die einzelnen Orte am Wege sind wichtig, sondern der Weg insgesamt. Für Hemmerle hat der Weg eine besondere Bedeutung. Wenn er von der „Weg"-Christologie spricht, dann verweist er gewöhnlich auf Lk: „Die Apostelgeschichte selbst kennt als einen der ursprünglichsten Namen des christlichen Glaubens den Namen ‚der Weg' (vgl. Apg 9, 2; 19, 9. 23; 22, 4; 24, 14. 22; auch 1 Kor 12, 31b). Nach dem Johannesevangelium bezeichnet sich Jesus selbst als den Weg (vgl. Joh 14, 4–6)". Nach Schürmann fand Lk das Motiv des Weges bei Mk, aber erst er hat das Motiv schematisiert.[35]

Bei Lukas kann man von einer Theologie des Weges sprechen. Grund dafür ist das Ziel des Weges Jerusalem und das Erfüllungsmotiv, das Lukas mit dem Weg verbindet. Beides steht am Anfang in Lk 9,51: „Es begab sich aber, als die Zeit erfüllt war (συμπληροῦν), dass er hinweggenommen werden sollte (ἀναλήμψις), da wandte er sein Angesicht, stracks nach Jerusalem zu wandern" (Lk 9,51). Schon zu Beginn des Evangeliums kündet Lk das Erfüllungsmotiv an: „Schon viele haben es unternommen, einen Bericht (διήγησις) über all das abzufassen, was sich unter uns ereignet und erfüllt hat (πληρόειν)" (Lk 1,1). Das Ziel wird sich am Ende des Lebens Jesu durch die „Tage seiner Aufnahme" (ἀναλήμψις), das ist die Himmelfahrt Jesu, „erfüllen" (Lk 24,50f; Apg 1).

Der Weg wird beschrieben durch Lk 9,51–18,14 bzw. 19,44f als Bewegung Jesu auf Jerusalem zu. Jerusalem ist der Ort der Erfüllung. Lk 13,31 „Doch heute und morgen muss (δεῖ) ich weiterwandern; denn ein Prophet darf nirgendwo anders als in Jerusalem umkommen". Lk 18,31: „Wir gehen jetzt nach Jerusalem hinauf; dort wird sich alles erfüllen, was bei den Propheten über den Menschensohn steht".

Das theologische Denken des Lk ist vor allem an der Heilsgeschichte orientiert, die Geschichte Jesu ist ein Teil von ihr. Entsprechend spielt auch der Begriff der Erfüllung eine besondere Rolle, allerdings nicht so sehr wie bei Matthäus auf einzelne Schriftzitate bezogen, sondern in einem weiter gespannten Sinn: So steht der Weg Jesu nach Jerusalem unter der Überschrift der Erfüllung (Lk 9,51). Dann ist in das Erfüllungsgesche-

---

[34] Schürmann, Heinrich (1969–1993), Das Lukasevangelium I–II (HThK.NT III,1–2/1), Freiburg, II, 5.

[35] Ebd., II, 4 Anm. 21; vgl. Hemmerle, Nachgehen, a. a. O., 303–304.

hen die Gemeinschaft der Christusgläubigen eingeschlossen (Lk 1,1: „Ereignisse, die sich unter uns erfüllt haben"; Apg 2,1). Das Christusereignis selbst, wie auch die Geistausgießung an Pfingsten, erscheint als Erfüllung der Schrift, sei es dass der Gedanke grundsätzlich formuliert ist (vgl. Apg 3,24; 10,42; 13,27.29), sei es dass in diesem Zusammenhang einzelne Schriftworte zitiert werden (vgl. Apg 2,17–21.25–28.30f; 3,22f; 4,11; 8,32f; 13,34 f.47). Der Zeit der Erfüllung ist sodann die Zeit der Verheißung vorgeordnet, die Zeit von Gesetz und Propheten, die bis zu Johannes dem Täufer reicht (Lk 16,16; vgl. auch Apg 7,2–52; 13,17–22). Schließlich finden wir in Apg 13,32f direkt das Bezugspaar „Verheißung – Erfüllung" (vgl. auch 13,23).

Ziel- und Endpunkt des Heilsplanes, des Weges Jesu auf Erden ist Jerusalem. Dort ereignen sich die wichtigen Stationen des Heils: Ankündigung der Passion (Lk 13,33; 18,31–33), Betreten der Stadt, Lehre im Tempel (19,47–21,38), Passion (22,3 ff), Verheißung des Geistes (24,49, Apg 1,4), Himmelfahrt (9,51) und Anfang der Verkündigung (24,47). In Lk 13,31 spricht Jesus von Jerusalem als dem zentralen Ort seines Lebens: „Doch heute und morgen muss (δεῖ) ich weiterwandern; denn ein Prophet darf nirgendwo anders als in Jerusalem umkommen". Lohfink spricht von Jerusalem als dem „Raumsymbol für die Kontinuität zwischen Jesus und Kirche", Schelkle „Jerusalem ist die Mitte des Heils".[36]

In Jerusalem selbst ist der Tempel der zentrale Ort des Auftritts Jesu: der Tempel steht am Anfang des Lebens Jesu (Lk 1,9–23) und am Ende (Lk 24,53). Der Zusammenhang zwischen der Zeit der Erfüllung und der Zeit der Verheißung zeigt sich am deutlichsten in der Rolle, die Jerusalem im lukanischen Doppelwerk spielt. Als die Heilige Stadt Israels ist Jerusalem der Ausgangspunkt der Christusverkündigung. So erscheint der Auferstandene nicht in Galiläa, sondern in Jerusalem. Die Apostel werden vom Auferstandenen ausdrücklich angewiesen, nicht aus Jerusalem wegzugehen (Lk 24,49; Apg 1,4), hier geschieht die Geistausgießung, hier sammelt sich die erste Gemeinde, von Jerusalem aus geht die Christusbotschaft in alle Welt. Im Tempel beginnt nach der Apostelgeschichte der Anfang der Kirche (Apg 2,46). An diesem Punkt wird die Kontinuität der ganzen Heilsgeschichte deutlich.

Die Heilsgeschichte im Sinne des Lukas, die Spanne von Verheißung und Erfüllung, gibt dem lukanischen Doppelwerk auch seine Gestalt: „Welche grundsätzliche chronologische Einstellung Lukas bei der Abfassung von Evangelium und Apostelgeschichte vor Augen hat, lässt sich der Anlage seines Werks unschwer entnehmen. Der Zeit des Gesetzes und der Propheten (Lk 16,16a; 7,28) folgt – verbunden durch den Täufer als einer ‚Gestalt des Übergangs' (7,28; 16,16; Apg 1,22 u. a.) – die Zeit der Erfüllung der Verheißungen (Lk 1,51–55, 68–75, […] 9,51, […] 18,31–33, […] Apg 1,16; 2,15–21 u. a.), der Verkündigung der Gottesherrschaft (Lk 4,18–21 u. a.) als die eigentliche ‚neutestamentliche Heilszeit'. Diese besteht wiederum aus zwei aufeinanderfolgenden Phasen, dem Wirken des irdischen Jesus und der von Conzelmann so bezeichneten ‚Zeit der Kirche'. Besser wäre diese zweite Phase als ‚Zeit der Erhöhung' zu bezeichnen" (Sellner).

Umstritten ist die Bewertung des Einschnitts zwischen diesen beiden Phasen. Conzelmann hat bekanntlich die These vertreten, dem lukanischen Werk liege ein drei-

[36] Sellner, Hans Jörg (2007), Das Heil Gottes. Studien zur Soteriologie des lukanischen Doppelwerks, Hamburg, 224–225.

gliedriges heilsgeschichtliches Modell zugrunde, in dessen Zentrum die Zeit Jesu, genauer, der von Lk 4,13 und 22,3 gerahmte „Zeitraum als die Mitte der Heilsgeschichte“ stehe. Demzufolge teilt Conzelmann die Heilsgeschichte ein: „Zeit des Gesetzes und der Propheten“ – Jesus als „Mitte der Zeit“ – „Zeit der Kirche“, deren Kennzeichen die „Parusieverzögerung“ ist.[37] Ist es sinnvoll im heilsgeschichtlichen Konzept des Lk zwei oder drei Epochen zu unterscheiden? Verheißungs- und Erfüllungszeit lassen sich zunächst recht deutlich voneinander absetzen (vgl. Lk 16,16; Schema der Missionsreden in der Apg; Bedeutung der Erfüllungsterminologie). Gegen eine zu scharfe Abgrenzung der Zeit Jesu als „Mitte der Zeit“ spricht die terminologische Einheitlichkeit: Lukas fasst die Zeit Jesu und die Zeit der Kirche zusammen unter dem Begriff „Erfüllung“. Trotzdem kann man die Erfüllungszeit in zwei Abschnitte unterteilen, denn: einmal wird die Zeit der Erfüllung literarisch nicht in einem Buch dargestellt; dann hat die Zeit der Kirche mit der Geistausgießung einen deutlich gesetzten Anfang (Apg 1,5–8; 2,1 ff); schließlich wird mit der Unterteilung besser dem Charakter der Geschichte Jesu als einer „Grundgeschichte“ entsprochen. Das zweite Werk erzählt vom Zeugnis für Jesus Christus, ist also nicht einfach eine Fortsetzungsgeschichte des Evangeliums.

Der Tempel als Symbol Jesu bei Johannes

„Religiöse Menschen brauchen heilige Orte und heilige Zeiten. Christen können sie helfen, sich in das Christusereignis und das Geheimnis der Erlösung zu vertiefen. Doch das Johannesevangelium scheint diesem Grundbedürfnis eine Absage zu erteilen“.[38]

In der topographischen und chronologischen Struktur geht das Johannesevangelium eigene Wege. Jesus wechselt mehrmals zwischen Jerusalem und Galiläa hin und her, Galiläa ist nicht mehr das Zentrum der Wirksamkeit Jesu, der Schwerpunkt liegt deutlich auf Jerusalem. Im Blick auf die Dauer des Wirkens Jesu geben die Synoptiker keinen Anhaltspunkt. Nach Johannes muss Jesus gut zwei Jahre aufgetreten sein. Es werden zwei Paschafeste vor dem Todes-Pascha erwähnt, bei denen Jesus in Jerusalem war. Das Todesdatum Jesu wird anders in den Festkalender eingeordnet als bei den Synoptikern: Jesus stirbt am Rüsttag zum Pascha (Joh 18,28).

Johannes scheint heilige Orte und heilige Zeiten nicht zu kennen oder gering zu achten. Dazu ein sprechendes Beispiel, das Theobald wählt und ausführt. Wir haben die Begegnung Jesu mit der Samariterin am Jakobsbrunnen Joh 4,21.23f bereits im Zusammenhang mit dem johanneischen Zeitverständnis angeführt, jetzt sei der ganze Zusammenhang zitiert: „Glaube mir Frau, die Stunde kommt, zu der ihr weder auf diesem Berg (Garizim) noch in Jerusalem den Vater anbeten werdet, [...] die Stunde kommt – und sie ist schon da, zu der die wahren Anbeter den Vater anbeten werden im Geist und in der Wahrheit; denn solche Anbeter sucht gerade der Vater. Gott ist Geist, und die ihn anbeten, die müssen ihn im Geist und in der Wahrheit anbeten“. – Aus dem Wort Jesu geht hervor, dass die Kultorte der Samaritaner und der Juden,

---

[37] Sellner, Heil, a. a. O., 213–215.

[38] Theobald, Heilige Orte, a. a. O., 125–130. S. Schnackenburg, Rudolf (1965–1984), Das Johannesevangelium I–IV (HThK.NT IV,1–4), Freiburg, 101–151.

nämlich der Tempel auf dem Garizim und der Tempel in Jerusalem, abgeschafft sind zugunsten der einzig wahren Anbetung Gottes „im Geist".

Doch wie stehen diese Aussagen der Abschaffung der Kultzeiten und Kultorte mit den häufigen Verweisen auf die jüdischen Feste bei Johannes z. B. Laubhüttenfest (Joh 7,2), Pascha-Fest (Joh 2,13; 6,4; 11,5), Lauhüttenfest (Joh 10,22)? Es ist aber fraglich, ob diese Angaben chronologische Funktion oder ob sie nicht eher theologische Bedeutung haben. Zur heiligen Zeit der Wallfahrtsfeste, über deren Inhalte das Joh-Evangelium direkt nichts sagt, begibt sich Jesus nach Jerusalem zum Tempel. Von einer Teilnahme an kultischen oder liturgischen Feiern erfährt man nichts. Ebenso ist der Tempel weder Gegenstand von tempel- oder Zionstheologischen Aussagen. Vielmehr stellt der Tempel sozusagen die Bühne und das zum Wallfahrtsfest versammelte Volk das Publikum dar für die Auftritte Jesu (Joh 7,14; 8,20; 10,23).

Diese Bühne wird nach Theobald vorbreitet in der Erzählung der sogenannten Tempelreinigung. Johannes zieht die Erzählung an den Anfang des Evangeliums vor: „Das Paschafest der Juden war nahe. [...] Und er fand im Tempel der Verkauf von Rindern, Schafen und Tauben und die Geldwechsler, die dort saßen. Und er machte eine Geißel aus Stricken und trieb sie alle aus dem Tempel hinaus. [...] Schafft das hier weg, macht das Haus meines Vaters nicht zum Kaufhaus" (Joh 2,13–16). Damit wird die Bühne frei für Jesu eigenen Auftritt: Der Tempel als „Haus des Vaters" wird zum Lehrhaus, in dem er als Sohn seinen Vater repräsentiert und offenbart.

Zudem verweist der Hinweis auf das erste Paschafest auf das zweite (oder dritte) Paschafest voraus und kündet damit Tod und Auferstehung an. Auf die Frage der Juden nach der Legitimation seiner Handlung antwortet Jesus: „Reißt diesen Tempel nieder, und in drei Tagen werde ich ihn wieder aufrichten" (Joh 2,19). Er aber sprach vom „Tempel seines Leibes" (Joh 2,21).

Jesus selbst ist für Johannes der Tempel. Der Tempel ist für Israel der zentrale Ort der Gegenwart Gottes. Diese Gegenwart trifft in Wahrheit auf den Sohn Gottes zu. Die göttliche Gegenwart im Tempel stiftete mit dem Opfer- und Sühnekult Heil und Versöhnung. Wirklichkeit geworden ist das in Jesus, in seiner Hingabe in den Tod als das wahre Paschalamm.

Der Bogen, der in Joh 2,14–21 im Tempel eröffnet wird, endet in Joh 18,20. In der Nacht vor seinem Tod verteidigt sich Jesus gegenüber dem Hohepriester Hannahs: „Ich habe offen vor der Welt gesprochen. Ich habe immer in der Synagoge und im Tempel gelehrt, wo alle Juden zusammenkommen, und im Geheimen habe ich nicht gesprochen" (Joh 18,20). Johannes erhebt den Anschein, als ob Jesus nur an diesen herausgehobenen Gottesorten gelehrt habe. Man hat den Eindruck: Jesus gehört in den Tempel.

Jesus ist der einzig wahre Heilige Ort auf dieser Erde. Von den Inhalten der jüdischen Feste erfährt man im Johannesevangelium wenig bis nichts. Jedoch finden sich in den jeweiligen Kontexten deutliche Hinweise darauf, dass sie dem Evangelisten bekannt waren. Johannes überträgt sie aber samt und sonders auf Jesus, um zum Ausdruck zu bringen: Er ist das wahre Paschalamm, der wahre Spender des Lebenswassers. Er ist das wahre Licht der Welt, nicht die Tora. Die Tora zeugt nur von Jesus, darin erfüllt und erschöpft sich ihre Aufgabe. „Beides – die Feste wie der heilige Ort – dient jetzt im Evangelium sozusagen als inszenierte Metaphorik: Jesus soll durch sie ins rechte Licht gerückt werden. Dasselbe gilt übrigens analog für andere heilige Orte im Evangelium. Jesus ist der einzig wahre Ort, an dem sich authentisch begegnen lässt. Wo immer die Jünger im Namen Christi zusammenkommen, da ist heiliger Ort und geschieht Heiligung der Zeit".[39]

Die johanneische Transposition von Orten und Zeiten in die Person Jesu hat große Bedeutung für die Lesart von Jesus bei Hemmerle. Wir werden im Zusammenhang mit Kreuz und Auferstehung darauf zu sprechen kommen.

9.4 Martyrium in Kreuz und Auferstehung

Ricoeur fasst die semantische Beschreibung des Zeugnisses so zusammen: „Das ist es, was wir mit dem Wort ‚Zeuge' bezeichnen. Ein Zeuge ist ein Mensch, der sich mit einem gerechten Fall identifiziert hat, den die Menge und die Großen hassen, und der für diesen gerechten Fall sein Leben riskiert. [...] Ein großer historischer Archetyp kommt hier zum Vorschein: der leidende Knecht, der verfolgte Gerechte, Sokrates, Jesus" (Zeugnis 17).

Hemmerle sieht in Kreuz und Auferstehung den Höhepunkt des Lebens Jesu. Sie sind zudem das Siegel des Zeugnisses Jesu und seiner Sendung. Nach Hemmerle ist es die auf diese Sinnspitze zulaufende Linie, die in allen Evangelien führend ist: „Nehmen wir die Evangelien in den Blick. Sie alle laufen zu auf die Leidensgeschichte und das Auferstehungszeugnis als den abschließenden Höhepunkt. Das entspricht nicht nur der biographischen Stellung von Tod und Auferstehung im Leben und Wirken Jesu, sondern dieses Ende gibt auch die Erzählperspektive für das Ganze ab und bestimmt seine Ordnung. Überscharf gesagt: Nicht, weil Tod und Auferstehung zum Schluß des Lebens Jesu kommen, bilden sie die Spitze der Evangelien, sondern weil diese Spitze zugespitzt zur Geltung kommen soll, werden die vorlaufenden Linien auf sie hin durchgezogen, wird die Vorgeschichte von Kreuz und Auferstehung berichtet, zumindest: so berichtet. [...] so fällt doch bei allen vier Evangelien auf: Das Hinlaufen des öffentlichen Wirkens Jesu auf die Passion ist ein entscheidendes Gliederungsprinzip" (Glauben 71).

Die Evangelien sind nicht nur große Erzählungen des Lebens Jesu, Kreuz und Auferstehung identifizieren und ratifizieren auch die Ereignisse. Sie legen ein Bekenntnis ab von dem, der wirkte und verkündigte. Sie legen das Bekenntnis ab von „Jesus dem Christus". „Die Evangelien sind, vergröbernd gesprochen, auf Ostern zulaufende vorösterliche Ostergeschichten. Aber sie verankern eben die Botschaft der Ostern in dem, was vor Ostern geschah, sie ‚identifizieren' und ‚ratifizieren' die Predigt von Jesus dem Christus am Leben, Wirken, Sprechen Jesu" (Glauben 21).

In Kreuz und Auferstehung wird der „Zeuge" Jesus zum „Märtyrer", die höchste Form des Zeugnisses. Wir schauen auf die martyrologische Dimension von Kreuz und Auferstehung für das Zeugnis Jesu.

---

[39] Theobald, Heilige Orte, a. a. O., 128.

9.4.1 Das Kreuz

Zu den Berichten der Kreuzigung Jesu hat Gerhard Lohfink wiederum ein interessantes Gedankenexperiment angestellt in seinem Buch *Jetzt verstehe ich die Bibel:*

„Erlauben wir einmal unserer Phantasie die Vorstellung, die Passionserzählungen der Evangelisten wären nie geschrieben worden. Stattdessen hätte man den Ablauf der letzten Stunden Jesu mit einer versteckten Kamera gefilmt und alle Worte, die damals gesprochen wurden, mit einem verborgenen Mikrophon aufgenommen. Ton und Bild würden zu einem Film vereint und dieser Film würde uns heute ungeschnitten und ohne Kommentar, vorgeführt. Was wüssten wir dann?

Nun, wir wüssten dann auf jeden Fall eine Unmenge von Einzelheiten, die in den Evangelien nicht zu finden sind. Wir wüssten bis ins Detail, wie sich die Verhaftung Jesu abspielte. Wir wüssten endlich einmal genau, was vor dem Hohen Rat geschah. Wir wüssten, wie die Kreuzigung im Einzelnen vor sich ging und was sich dabei, äußerlich gesehen, ereignete. Das alles wäre sehr wichtig, erregend und erschütternd. Aber wüssten wir bei all dem, was damals tatsächlich in Jerusalem und auf Golgota geschah? Ich behaupte mit Nachdruck: Von dem eigentlichen Geschehen wüssten wir nichts.

Wir würden dann nämlich sehen, wie ein Jude von römischen Soldaten am Kreuz hingerichtet wird. Das wäre bestimmt erschütternd. Und doch – genau dasselbe hat die römische Besatzungsmacht damals mit Tausenden von Juden getan. Der Tod Jesu am Kreuz würde für uns also noch sehr wenig besagen, wenn wir nicht erführen, warum man Jesus den Prozess machte und warum man ihn hinrichtete. Aber würde uns das aus der Verhandlung wirklich deutlich werden? Würde uns die exakte Kenntnis des äußeren Ablaufs der Verhandlung enthüllen, warum man Jesus letzten Endes beseitigt hat? Wohl kaum! Um hierüber wirklich etwas zu erfahren, müssten wir das vorangegangene Leben Jesu kennen, sein Tun, seine Predigt, seinen Anspruch. Schon hier würde also unser Dokumentarfilm über die Passion versagen. Wir brauchten bereits einen Dokumentarfilm über die gesamte Zeit des öffentlichen Wirkens Jesu. Aber wäre uns damit dann wirklich geholfen? Könnten wir denn den Anspruch Jesu auch nur von ferne erfassen, ohne das Alte Testament zu kennen? Ist Jesus zu begreifen ohne das Gesetz und die Propheten, ohne die Erfahrungen und die Hoffnungen Israels? Ist Jesus überhaupt zu verstehen, wenn man sein Leben nicht unter der Rücksicht betrachtet, daß hier die Geschichte zwischen Gott und Israel in ihre letzte, entscheidende Phase getreten ist? Wie aber sollten diese Dimensionen des Geschehens durch eine reine Dokumentation, durch ein bloßes Berichten des äußeren Ablaufs, deutlich werden? Hier versagt der reine Bericht, hier versagt die Fakten aufreihende Chronik. Die Tiefendimension der Geschichte, ihr Geheimnis und ihr innerer Sinn, kann nur durch Auslegung und Deutung sichtbar gemacht werden.

Eben deswegen, weil es eine völlig unvoreingenommene Darstellung der Geschichte gar nicht gibt und bei der Darstellung die Deutung immer mit einfließt und hinzukommen muß, gibt es keine schwierigere Aufgabe als die, eine wahre Geschichte auch wahr zu erzählen. Das konnte nicht besser geschehen, als es in den Passionserzählungen der vier Evangelien geschehen ist".[40]

---

[40] Lohfink, Gerhard (1973), Jetzt verstehe ich die Bibel. Ein Sachbuch zur Formkritik, Stuttgart, 108.

Das Kreuz bedarf der Deutung. Nach Gerd Häfner bestehen derzeit in den Bibelwissenschaften zwei große Deutungswege des Kreuzes Jesu.[41] Ausgangspunkt ist: Der Tod Jesu am Kreuz war ein Schock für seine Anhänger, galt doch die Kreuzesstrafe für fromme Juden als Fluch Gottes (Deut 21,22 f.). Sind sie von Jesus getäuscht worden? Die erste Reaktion war sicher Zweifel. Doch hat Jesus seinen Tod nicht vorausgeahnt und seine Anhänger darauf vorbereitet? Die Berichte vom letzten Abendmahl legen das zumindest nahe. In der Forschung konkurrieren derzeit zwei Positionen, die für die Deutung des Todes Jesu historische Plausibilität fordern:

Die Sühnetodvorstellung – Die Abendmahlsberichte legen nahe, dass Jesu Tod als Sühnopfer zu verstehen ist. Demnach gibt er sein Leben hin, um die Schuld der Welt auf sich zu nehmen. Diese Deutung erwies sich als tragfähig und gab dem Tod Jesu einen Sinn, der für die junge christliche Gemeinschaft kein Problem mehr darstellte.

Für eine Rückführung der Sühnetodvorstellung auf den historischen Jesus wird in etwa wie folgt argumentiert: Jesus erkennt, dass die Mehrheit der Israeliten das von ihm verkündete Heilsangebot abgelehnt hat. Damit aber stellte sich die Frage nach der Wirksamkeit des von ihm verkündeten göttlichen Heilswillens. Mit Hilfe der Sühnetodvorstellung konnte die Basileia-Botschaft aufrechterhalten werden: Im Tod des endzeitlichen Boten Gottes erweist sich das Heilshandeln Gottes als wirksames Geschehen, insofern in diesem Tod Sühne geschieht und Israel auf diese Weise vom göttlichen Heilshandeln erreicht wird.

Tod als Eingehen in das Reich Gottes – Jesus hat trotz der Ablehnung durch Israel an seiner Vorstellung vom göttlichen Heilswillen festgehalten. Die Annahme, Jesu müsse seinem Tod heilsmittlerische Bedeutung zugemessen haben, um an seiner Botschaft festhalten zu können, sei demzufolge ein Postulat. Wahrscheinlicher sei, dass diese Deutung ein nachösterliches Konstrukt der Gemeinde sei, die damit versucht habe, dem Kreuz den Makel der Gottferne zu nehmen und in ein theologisches Konzept zu integrieren. Im „eschatologischen Ausblick" Mk 14,25 schließlich sei eine ältere Deutung des Todes Jesu aufbewahrt worden, die mit seiner Basileia-Verkündigung in Kontinuität stehe: Nach seinem Tod werde Jesus ins Reich Gottes eingehen. Trotz der konkurrierenden allgemein jüdischen Deutung des Todes gibt Jesus also seine Basileia-Vorstellung nicht preis, sondern schafft es, sie theologisch mit seinem nahen Tod in Zusammenhang zu bringen.

Gerhard Lohfink schlägt noch eine weitere Deutungsmöglichkeit vor, nämlich im Alten Testament das Verständnis zu finden. Er deutet deshalb drei große Wege der Interpretation an: 1) Den Weg vom Alten Testament, den Weg vor allem von den Propheten und Psalmen; 2) Den Weg vom vorösterlichen Jesus bzw. der Botschaft von der Gottesherrschaft; 3) des Weiteren den „Weg" der Erlösung, „für unsere Sünden", von Sühne und Versöhnung

Hemmerle hat von einer Reihe von Deutungsmöglichkeiten gesprochen. Er hat „Wege zum Kreuz" skizziert. Sie zeigen eine gewisse Nähe zu den angedeuteten

[41] Häfner, Gerd (2002), Nach dem Tod Jesu fragen. Brennpunkte der Diskussion aus neutestamentlicher Sicht, in: ders., H. Schmid (Hg.), Wie heute vom Tod Jesu sprechen? Neutestamentliche, systematisch-theologische und liturgiewissenschaftliche Perspektiven, Freiburg, 139–190.

(Glauben 74–80). Werfen wir einen Blick auf die drei großen Wege, das Kreuz zu verstehen.

9.4.1.1 Von der Gottesherrschaft zum Kreuz

Zuerst mag der Zusammenhang der Botschaft des irdischen Jesus vom Reich Gottes mit dem Kreuz eräutert werden. Im Anschluss an Hemmerles Erfahrung seiner Studienzeit und seines ersten Verstehens der Gottesherrschaft in der Vorlesung von Anton Vögtle fügt er seinem Erstaunen über die Wirklichkeit und Größe der Gottesherrschaft eine ganz andere Dimension der Gottesherrschaft an: die Frage nach dem Leiden und Kreuz. Und er kommt zur Antwort, dass Kreuz und Leiden zur Gottesherrschaft gehören: „Unlöslich verknüpft mit dieser ersten Wirklichkeit [die Basileia als Unmittelbarkeit Gottes zu verstehen] ist eine zweite: das Kreuz. Lieben, wie und weil Er uns liebt, dies heißt bereits auf das Kreuz blicken. Hier, in diesem bis zum Letzten gegebenen und vollzogenen Ja ist Jesus mit mir eins bis in den Grund und Abgrund. [...] Im Kreuz, im Sterben und in der Gottverlassenheit Jesu haben wir den Grund der Liebe, das Maß und die Möglichkeit der Liebe“ (AS III, 122–123).

In seinen späten Erinnerungen, die er kurz vor seinem Tod in einem Interview wiedergegeben hat, vertieft er diese Erkenntnis auf eindringliche Weise: Er nennt den Gekreuzigten die Ikone Gottes:

„Der Gekreuzigte als die Ikone Gottes – Nach dem, was ich bisher geschildert habe, mag sich der Einwand melden: Geht in dieser Gotteserfahrung [...] alles glatt, krisenlos, problemlos auf? Ohne etwas von der Faszination ihrer Entdeckung [von Chiara Lubich – KK] zurückzunehmen, muß ich nun eine Realität nennen, die für sie gewissermaßen die Kehrseite der grundlosen und grenzenlosen Liebe Gottes ist: der am Kreuz in Gottverlassenheit sterbende Jesus. Hier liegt der Schlüssel zur Mitte [der] Spiritualität. [...] Die Gewißheit ‚Gott liebt mich unendlich‘ drängte sie zu der Frage: Wo ist denn diese Liebe am radikalsten offenbar geworden? [...] ‚Gott, mein Gott, warum hast du mich verlassen?’ (Mk 15, 34). Da war klar: Hier und nirgends sonst hat Gott uns am meisten geliebt. [...] Als Theologe könnte man fragen: ‚Ist das wirklich der Höhepunkt des Leidens Jesu?‘ Mit dieser Frage habe ich mich oft auseinandergesetzt und bin zu dem Schluß gekommen, sie leidenschaftlich mit Ja zu beantworten. Ich will den Grund nur andeuten. Daß Gott in Jesus dort hingeht, wo Gott gerade nicht mehr ist, daß Gott sich in Jesus die Abwesenheit Gottes bei den Menschen zu eigen macht, daß seine Liebe bis dahin geht, daß er, um mit Paulus zu sprechen, für uns zur ‚Sünde‘ und zum ‚Fluch‘ wird (Gal 3, 13; 2 Kor 5, 21) – dies ist die Neuigkeit schlechthin der Gotteserfahrung. Es ist tatsächlich keine größere Verrücktheit der Liebe denkbar, als die Ferne von Gott zu teilen und mitzuleben aus Liebe zu denen, die ihm fern sind“ (AS V, 303–305).

Versuchen wir diese Überzeugung mit den Einstellungen der Bibelwissenschaft zu konfrontieren. Wiederum können wir uns an Gerhard Lohfink wenden.[42] Lohfink spricht in seinem Buch *Jesus von Nazareth* von der „Niedrigkeitsgestalt der Gottes-

---

[42] Jesus 62–65; 246–252; vgl. Häfner, Tod, a. a. O., 151–166.

herrschaft". „Man darf nicht denken, die Proklamation der Basileia und das Kreuz seien zwei völlig verschiedene Dinge, die nichts miteinander zu tun hätten. [...] Das gesamte Markusevangelium hat eine Substruktur, die darauf angelegt ist, dieses ‚Andere', Fremde, Befremdende, Widerständige der Botschaft Jesus zu zeigen. Im Markusevangelium sind die entsprechenden Jüngerbelehrungen geradezu zentral – und natürlich auch die Jüngerverständnisse, die jeweils vorausgehen. Das gesamte Markusevangelium läuft mit einer ungeheuren Zielgerichtetheit auf die Passion Jesu zu. Und bei den anderen Evangelien ist es nicht viel anders. [...] Der Kreuzestod Jesu modifiziert noch einmal die Botschaft von der Gottesherrschaft. [...] Erst durch den Tod Jesu erreicht diese Botschaft ihre eigentliche Tiefe" (Jesus 62–63).

Was in der Verkündigung Jesu schon von Anfang an enthalten war, tritt durch den Tod voll zutage: Die Gottesherrschaft verlangt einen Herrschaftswechsel, den der Mensch vollziehen muss. Sie verlangt Geschehen-Lassen und Sich-Hingeben. Das Reich Gottes kommt nicht ohne reines Empfangen, und dieses Empfangen ist immer auch Erleiden.

So im Johannesevangelium. In seiner Passion ist Jesus dem Reich Gottes keineswegs fern, sondern das Reich Gottes kommt gerade in der ‚Stunde', in der Jesus selbst nichts mehr tun kann, sondern sich der Wahrheit Gottes ausliefert und preisgibt. Genau dies ist die Grundlinie des Johannesevangeliums. Die ‚Stunde' tiefster ‚Erniedrigung' ist die Stunde seiner ‚Verherrlichung', also die Stunde, in der die Herrlichkeit Gottes das gesamte ‚Werk' Jesu erfasst.

„So erfährt Jesu Aussage der Gottesherrschaft durch seinen Tod noch einmal eine letzte Präzisierung und Zuspitzung: Der Begriff ‚Gottesherrschaft' kann fortan nicht mehr formuliert werden, ohne dass zugleich über die Hingabe Jesu bis in den Tod gesprochen würde. Das bedeutet für die Nachfolge Jesu: Sie können nicht im Bereich der Gottesherrschaft leben ohne den Gehorsam gegenüber dem, was diese Gottesherrschaft mit sich bringt. Und das geht inmitten einer widerständigen Gesellschaft und einer widerständigen Kirche nicht ohne Leid, nicht ohne Opfer, nicht ohne Passionsgeschichten" (Jesus 64).

Schließlich liest Hemmerle das Neue Testament und vor allem die Evangelien ganz vom Kreuz her als der Mitte der Basileia. „Die neutestamentliche Botschaft stellt das Kreuz heraus als den Weg, auf dem sich der Plan Gottes durchsetzt und erfüllt, auf dem seine Herrschaft wahrhaft herankommt. Sich aufs Kreuz einstellen heißt, sich auf die andere Logik Gottes einstellen. Das ist Inhalt der Antworten, die Jesus dem Unverständnis der Seinen für seine Leidensansage entgegenhält: Ihr solltet begreifen, so und nicht anders erfüllt sich, was ich euch von Anfang an sagte, so und nicht anders kommt Gottes Herrschaft" (Glauben 74–75).

Das Kreuz ist die Mitte der Gottesherrschaft. Alles läuft auf diese Mitte zu: „Versuchen wir einmal, diese Botschaft vom Kreuz in ihrer Mitte zu erschließen. Diese Mitte liegt für mich im Schrei der Gottverlassenheit: ‚Gott, mein Gott, warum hast du mich verlassen?' (Ps 22, 8; Mt 27, 4b; Mk 15, 34) Wie immer ich das Evangelium im Einzelnen deute und verstehe, so erblicke ich doch eine fundamentale Linie, die hineinführt in diese Mitte. Diese Linie möchte ich als das Evangelienhafte des Evangeliums bezeichnen, als jenes ganz Typische, das das Evangelium gerade abhebt von anderen Weisen der Botschaft von Erlösung, Heil und Rettung. In dieser Linie zeigt sich etwas, was den Jüngern von allem Anfang an fremd war und zu schaffen machte.

[…] Schließlich finden wir immer wieder bei den Synoptikern den kleinen und unteren Weg: im Vorrang der Kinder, der Kleinen und der Letzten. Dieser Weg des Evangeliums ist der Anweg zum Kreuz, und dieser Weg der Auslieferung ist der Weg in die Herrschaft Gottes" (Leben 137, 140–141).

9.4.1.2 Der leidende Gottesknecht im Alten Testament

Ein anderer Weg zum Kreuzverständnis nimmt seinen Ausgang vom Alten Testament. Es sind die Psalmen, vor allem Ps 22 und die Propheten, und hier die Gottesknechtlieder des Propheten Jesaja.[43]

Nach Markus betet Jesus in der neunten Stunde mit lauter Stimme den Anfang des 22. Psalms: „Mein Gott, mein Gott, wozu hast du mich verlassen?" Jesus hat wohl nicht nur den Anfang des Psalms gebetet, der ein Sterbegebet ist, sondern mehr. Manche sagen, Ps 22 gelte für Markus als Vorlage zur Darstellung der Kreuzigung. Dann fällt aber auf, dass er den Psalm geradezu umkehrt. Die Passionsgeschichte wird konsequent auf die Sterbeszene mit dem Klageschrei Ps 22,2 hin gestaltet: „Ps 22 wird von rückwärts her ‚abgespielt'. Ps 22,19 wird in Mk 15,24 aufgenommen; Ps 22,9 wird in Mk 15,30f eingearbeitet; Ps 22,8 wird in Mk 15,29 verwendet; Ps 22,2 wird in Mk 15,34 zitiert und übersetzt, Von dieser Bewegung her ist ausgeschlossen, dass das hoffnungsvolle Ende des 22. Psalms mitgehört werden soll".[44]

Der Anfang des Psalms, der Schrei aus Verlassenheit, wird zum letzten Ruf Jesu. Manche legen den Schrei so aus, als ob Jesus nach Markus in Verzweiflung geendet hätte. Dieser Interpretation dürfte aber ein Missverständnis zu Grunde liegen, das auf einen Übersetzungsfehler zurückgeht: Es heißt im ursprünglichen Text nicht „Mein Gott, *warum* hast du mich verlassen", sondern „*wozu* (εἰς τί) hast du mich verlassen". Die meisten Übersetzungen verwenden das „Warum" Ein bedeutsamer Unterschied. Mk 15,34 ist das Zitat von Ps 22,2: „Eloi, Eloi, lema sabachtani". Die Frage wird durch „לָמָּה (lema)" eröffnet. „לָמָּה (lema)" kann „Warum?" und „Wozu?" heißen. Allerdings übersetzt die Septuaginta einheitlich „εἰς τί (Wozu?)". Auch Hieronymus übersetzt in der Vulgata „ut quid". Die älteste Übersetzung ins Deutsche lautete: „Mein gott: varzuo hastu mich gelassen?" Doch die Frage wurde bis heute mit wenigen Ausnahmen wiedergegeben als „Warum?.[45]

Die Frage „Wozu hast du mich verlassen?" brächte einen bedeutsamen Unterschied in die Kreuzigungszene. „Warum?" zu fragen angesichts von Unglück und Tod führt zu Verzweiflung. Das „Wozu?" fragt nach einer Antwort. Ob dies nicht auch am Kreuz gesehen werden darf? Im Falle Jesu etwa in der Form: ‚Vater, wozu dient das alles? Wozu habe ich all das zu erleiden?' Jesus hätte dann nicht nur aus

[43] Zu Ps 22 Leben 149–155; Jesus 403–404.

[44] Zenger, Erich (2006), Psalmen. Auslegungen. Bd.4, Freiburg, 151 Anm.11.

[45] S. Ruegger, Hans-Ulrich; Hämmig, Annelies (2011), „Mein gott: varzuo hastu mich gelassen?" Philologische Annäherung an eine theologische Frage (Mk 15,34), in: Zeitschrift für die Neutestamentliche Wissenschaft 102 (2011), 40–58. An neueren Werken, die statt „Warum?" „Wozu?" formulieren, seien genannt Lohfink, Jesus, 403, und Zenger, Psalmen 4, a. a. O., 151.

Verzweiflung nach Gott geschrien, sondern nach einer Antwort von Gott gefragt. Es geht um eine Antwort auf den Tod Jesu. Das Evangelium nach Lukas unterscheidet sich davon. Das letzte Wort Jesu am Kreuz heißt bei Lukas: „Vater, in deine Hände empfehle ich meinen Geist" (Lk 23,46). Das kann als Antwort Jesu auf den Willen des Vaters verstanden werden. Aber die Frage in Form von „Wozu?" hätte überdies große Bedeutung für den Glauben. Mit der Frage „Wozu?" wird nach Zenger die „Theodizeefrage" offengehalten. Die Theodizeefrage stellt sich dann anders dar, wenn sie nicht wie abendländisch üblich „Warum?" fragt, sondern „Wozu?".

Die Gottesknechtlieder des Deuterojesaja

In den Evangelien sind die Gottesknechtlieder mehrfach zum Verständnis des Kreuzes herangezogen worden, sei es weil der Eindruck weitergegeben wurde, Jesus selbst habe sein Leiden und Kreuz mit dem des Gottesknechtes verbunden, sei es dass die neutestamentlichen Zeugnisse mehr oder weniger ausdrücklich auf die Lieder zurückgreifen, um ihr Verständnis des Kreuzes zu vermitteln. Zu nennen sind die vier Gottesknechtlieder: Jes 42,1–9, Jes 49,1–6, Jes 50,4–9, Jes 52,13–53,12.[46]

Dabei steht das vierte Gottesknechtslied von Jes 52,13–53,12 im Mittelpunkt. Allerdings kann auch dieses Lied sehr unterschiedlich gelesen werden: Entweder erleidet Jesus das Schicksal des Gottesknechtes als leidender Gerechter oder Jesus hat als Gottesknecht für die Sünde der Welt den Tod auf sich genommen und am Kreuz stellvertretend Sühne für alle geleistet und sich geopfert. Das vierte Gottesknechtlied ist ja nicht aus einem Guss niedergeschrieben worden, sondern besteht aus einer Sammlung sehr verschiedener Zitate.

Eine bemerkenswerte Lesung der ersten Interpretation hat Ulrike Mittmann vorgelegt.[47] Sie bezieht sich dabei vor allem auf den Evangelisten Lukas. Mittman geht von der Auslegung aus, dass sich Jesus in der Darstellung des Lk von Anfang bis Ende als Gottesknecht gesehen hat. Sie nennt dazu die Rahmung des Doppelwerkes des Lk, in der jeweils ein Hinweis auf den Gottesknecht gegeben wird: so am Anfang des Wirkens Jesu in der Synagoge (Lk 4,16–30), dann beim Gang der Emmausjünger nach Ostern (Lk 24,25–27) und schließlich in der Lesung des äthiopischen Kämmerers, die zu seiner Taufe führt (Apg 8,26–39)

Lk 23,32–49 nennt ausführlich Jes 53 vom leidenden Gottesknecht als Motiv für das Leiden und Sterben Jesu. Auffallend dabei ist aber, auf welche Weise und was Lukas aus dem 4. Gottesknechtlied für den leidenden Jesus auswählt und anführt:

„Interessanterweise sind es jene vom Mk abweichenden Passagen, in denen sich die erzählerische Stilisierung Jesu als des Gottesknechts findet. Wer Jes 53 vor Augen hat, merkt sofort, in welcher Weise Lk Jesus hier charakterisiert: Jesus ist derjenige, der klaglos leidet, obwohl er unschuldig ist (23,41). Er wird als Frevler unter Frevlern gekreuzigt (Lk 23,32) und bittet noch in der Stunde seines Todes für die Übeltäter

[46] S. Tagung zu den Gottesknechtliedern in der Katholischen Akademie in Bayern, in: Zur Debatte (2013) H.5.

[47] Mittmann, Ulrike (2013), Zur neutestamentlichen Rezeption der Gottesknechtlieder am Beispiel des Lukasevangeliums, in: Zur Debatte. Themen der Katholischen Akademie in Bayern (2013) H.5, 24–26.

(Lk 23,34). Er ist der Gerechte (Lk 23,47), der für den sündigen Menschen eintritt, obwohl ihm von seinem Volk zunächst Spott und tiefste Verachtung entgegenschlägt (Lk 23,35–39). Das Sterben Jesu erscheint hier ganz dem Leiden des Gottesknechtes in Jes 53 nachempfunden. Indem aber Lk Jesu Leiden des Gottesknechtes stilisiert, identifiziert er Jesus als den zu Israel und den Heiden gesandten Knecht. Lk stellt uns Jesus also ganz pointiert als denjenigen vor, der nach Gottes Willen den Tod auf sich nahm, um uns aus unserer Schuldenverfallenheit zu befreien. Und er stellt damit deutlicher als die anderen Evangelien heraus, dass Jesu Tod zu unserem Heil geschah, zur Erlösung der Menschen von der Macht des Bösen und des Todes".[48] – Aus Jes 53 entnimmt Lk 23 offensichtlich den Großteil seiner Motive. Andere Motive aus den früheren Gottesknechtliedern stammen bei Lk darüber hinaus vor allem aus dem 1. Lied wie das Motiv des „Erwählten" (Lk 23,35) und des „Geistbesitzes" (Lk 23,46) des Gottesknechtes.

Sellner hat in seinem Werk über Lk besonders auf die Darstellung des Kreuzes bei Lk geachtet. Dabei kommt er zu folgendem Ergebnis, das die Konsequenzen von Mittmann verdeutlicht und weiter auszieht:

„Vergleicht man das lk Doppelwerk mit anderen Schriften des NT, so fällt auf, dass bei Lk in der Darstellung des Heilsgeschehens vom Tod Jesu [wie Sühne und Opfer nach Jes 53 – KK] in weit geringerem Umfang die Rede ist als beispielweise in den paulinischen Briefen (Röm 3,25; 4,25; 8,3; 2 Kor 5,21; Gal 3,13 u.ö.), im Hebräerbrief (Hebr 9,11–28; 13,11 f) oder in den beiden anderen synoptischen Evangelien (Mt 12,18–21;20,28; 26,28). Man geht nicht zu weit, wenn man konstatiert: In den allermeisten soteriologisch bedeutsamen Texten von Lk-Apg fehlt vom Kreuz jede Spur. Spitzt man die Frage auf die Haltung gegenüber einer bestimmten Heilsdeutung des Todes Jesu zu, der sich auf Jes 52,13–53,12 stützenden Deutung als stellvertretender Sühnetod, so zeigt sich ein Phänomen, das man als unpolemische Marginalsierung bezeichnen kann: Wo Lk auf das 4. Gottesknechtlied zurückgreift, sind seine Zitate mit einer auffallenden Präzision so zugeschnitten, dass die im unmittelbaren Umfeld der zitierten Passagen deutlich präsenten Sühnemotive völlig ausgeblendet werden. [...] Damit wird man zumindest so weit gehen können zu sagen, dass Lk an der Deutung des Todes Jesu als eines stellvertretenden Sühnetodes kein Interesse zeigt, ja dass das Motiv zu meiden scheint. Von einer aktiven Bekämpfung wird man gleichwohl nicht sprechen können. Dass Lk den Leser vor dem Sühnetodgedanken warnen möchte, dass er vorhätte, gegen ihn zu polemisieren, wird nirgends sichtbar"[49] – Diese Tendenz, die Sellner offen ausspricht, ist in den Bibelwissenschaften immer schon bemerkt worden, weswegen Lk in Verdacht geriet, der Wahrheit Jesu nicht gerecht zu werden, man sogar die Frage aufwarf, Lk aus dem Kanon auszuscheiden.

Wenn nicht Sühne und Opfer, wie versteht Lk dann Kreuz und Tod Jesu? Nach Sellner und Hemmerle ist es vor allem das lukanische „δεῖ" („Es musste so geschehen"). Dies entspricht der anderen Lesart des Handelns, des Heilsplanes Gottes, wie er im Zentrum der Theologie des Lk steht.[50] Nach Hemmerle bringt dieses „Muß" die neue „Logik Gottes" zum Ausdruck:

---

[48] Ebd., 24.

[49] Sellner, Heil, a. a. O., 495, 406–408.

[50] Zum lukanischen „Muß" s. Sellner, Heil, a. a. O., Glauben 80–85; Einheit 137,140–141.

„Daß das Kreuz in all seiner Rätselhaftigkeit, in seinem elementaren Widerspruch zur Erwartung auch der Jünger angesichts der Botschaft Jesu vom kommenden Gottesreich einer tieferen Logik Gottes entspricht, davon kündet die Schrift allenthalben. Es ‚mußte' so kommen [...] (vgl. zum ‚Muß' im Kontext des Kreuzes bei Lukas vor allem 2, 49; 9, 22; 17, 25; 22, 37; 24, 7.26.44; Apg 17, 3)" (Glauben 80).

Und: „Das Kreuz ist nicht einfach nur eine Episode, die bloß hinten angehängt ist, weil es auf andere Weise nicht klappt. Das Kreuz ist auch in der inneren Logik der Synoptiker das Entscheidende im Heilsplan Gottes. In der Theologie des Lukas wird diese fundamentale Rolle des Kreuzes mit einem geheimnisvollen Wort bezeichnet, das durch das ganze Lukasevangelium hindurchführt: ‚δεῖ' – ‚es muß'. Es ist das heilsgeschichtliche ‚Muß'. Ich nenne nur eine Stelle, die dies besonders deutlich macht: ‚Mußte nicht der Menschensohn all das erleiden, um so in seine Herrlichkeit zu gelangen?' (Lk 24, 26) Dieses Muß zeichnet den neuen Weg: von den eigenen Plänen, von den eigenen Ideen sich hineinbrechen lassen in die Logik Gottes, in den Weg Gottes" (Leben 137).

Gerd Häfner bringt in diesem Zusammenhang eine neue Sicht des Kreuzes in den Blick.[51] Er sucht nach einer Erklärung, warum das Bekenntnis zum Sühnetod Jesu heute so anstößig ist. Er meint, es ist vor allem dann anstößig, wenn man von Gott her denkt: Gott hat beschlossen, seinen Sohn nicht nur in die Welt zu senden, sondern ihn auch den Tod am Kreuz sterben zu lassen. Diese Erklärung sei aber nicht die einzige, um Leiden und Kreuz Jesu zu verstehen. Dabei kann an Lukas gedacht werden. Zur Deutung des Todes als stellvertretendes Sühnesterben sei es durch die Erfahrungen am Anfang gekommen, welche die Jünger mit und nach dem Tod Jesu gemacht haben. Das Bekenntnis zum sühnenden Kreuzestod ist der Versuch, diese Erfahrungen zu verstehen.

Die ersten Erfahrungen der Jünger seien gewesen: Nach dem Karfreitag war der Jüngerkreis Jesu zunächst auseinandergefallen. Sein Tod am Kreuz war für die Jünger das Ende der Hoffnungen, die sie in Jesus und seine Botschaft vom Reich Gottes gesetzt hatten. Sie flohen bei der Verhaftung Jesu und kehrten zurück nach Galiläa. Erst durch die Ostererfahrung sammelte sich der Jüngerkreis erneut. Das Kreuz erschien nun nicht mehr als das letzte Wort über den Gekreuzigten. Mit Ostern ging den Jüngern auf: Gegen allen Anschein war Jesus nicht gescheitert und nicht von Gott verflucht. Gott hat sich vielmehr auf die Seite des Gekreuzigten gestellt, indem er ihn auferweckt, in Macht eingesetzt und zur entscheidenden Heilsgestalt bestimmt hat.

Von diesem Osterglauben her fiel notwendig ein neues Licht auf das Kreuz: Es konnte nun nicht mehr nur als Ort der Gottesferne gesehen werden. Wenn Gott sich so auf die Seite Jesu stellt, wie es der Osterglaube bekennt, dann konnte er auch im Kreuz Jesu nicht völlig abwesend gewesen sein. Das bedeutet: Kreuz und Tod Jesu müssen einen positiven Sinn haben, sowohl für das Verhältnis Jesu zu Gott als auch für das Verhältnis Jesu zu den Menschen. Um diese beiden Verhältnisbestimmungen geht es auch im Osterglauben. Der Gott, der im Kreuz Jesu handelt, braucht nicht

---

[51] Häfner, Gerd (2015), Gedeutete Erfahrung, in: Christ in der Gegenwart 67 (2015) Nr.18, 203; ders., Tod, a. a. O., 186–190.

das Kreuz, um vergeben zu können. Er gibt vielmehr zu verstehen, dass der Tod seines Sohnes ein universales und endgültiges Heilsangebot an die Menschen ist. Die Frage, ob Gott denn nicht vergeben könne, ohne dass ein Mensch stirbt, ist also falsch gestellt. Das biblische Zeugnis lässt keinen Zweifel an der Vergebungsbereitschaft Gottes, nicht zuletzt ist die Verkündigung Jesu davon geprägt. Das Bekenntnis zum sühnenden Sterben Jesu relativiert dieses Zeugnis nicht, sondern bestätigt es, wenn Kreuz und Auferstehung mit dem Vergebungswillen Gottes in Verbindung gebracht werden. Die Vorgabe aus der Geschichte blieb freilich anstößig: Die Offenbarung des göttlichen Heilswillens in einem schmachvollen Tod läuft den menschlichen Maßstäben zuwider. Dies zeigt aber nicht einen Gott, der ohne einen gewaltsamen Tod nicht vergeben könnte, sondern einen, der den Ort scheinbarer Gottesferne zum Ort des Heils macht, der – mit Paulus gesprochen – „das Törichte und das Schwache der Welt erwählt" (1 Kor 1,27).

Die neue Sicht vom Leiden und Kreuz Jesu von Häfner bringt eine neue Sicht in das christologische Verhältnis. Im allgemeinen theologischen Bewusstsein wird das Verhältnis von Gott und Mensch am Kreuz allein vom Heil der Menschen her betrachtet. Opfer und Sühne sind dann die Antwort auf das Kreuzesgeschehen. Häfner plädiert für eine Umkehr der Sicht des Verhältnisses in der Theologie. Aus der Sicht Gottes geht es im Kreuz um eine letzte Vertiefung: Gott nimmt den Menschen Jesus bis in die letzte Tiefe des Todes an, lässt ihn nicht im Tod, sondern zeigt sich selbst in der äußersten Verlassenheit an der Seite des Menschen. Gott heilt durch seine Annahme von Leiden und Kreuz den Menschen von der Wurzel her. Der Mensch kann so tief fallen wie im Tod, er ist von Gott nie verlassen.

Vor dieser Sicht Häfners her erschließt sich die christologische Sicht Hemmerles gut. Es ist diese Grundaussage von der ultimativen Zusage Gottes an die Menschheit, die Hemmerles Christologie insgesamt auszeichnet:

„Alles ist durch Christi Leiden und Sterben von Gott angenommen, ausgehalten, ausgelitten, in Gott hineingenommen und hat so seinen Ort, seine Einheit, seine Integration in ihm gefunden. Hier bricht Herrschaft Gottes an." Leiden und Sterben Jesu ist nicht das Ende der Basileia, sondern deren Vollendung: „Herrschaft Gottes geht dort auf, wo sie im Innersten und im Äußersten aufgeht, in der totalen Hingabe des menschlichen Herzens aus der Situation der Gottferne, des Abgrundes, des Todes. Jesu Ja zum Willen des Vaters in der nicht abgewendeten Situation des Sterbens in Verlassenheit und Elend ist so der Punkt des Einbruchs der Herrschaft Gottes."

Schließlich kommt Hemmerle in dieser Sicht zu den eindrücklichsten Aussagen seines Jesusverständnisses, seiner Christologie und seiner Auslegung von Gott. „In Jesus kommt Gott selbst dorthin, wo wir sind, kommt Gott an den von Gott entferntesten Punkt der Schöpfung. Er trägt alle Last und alle Verlassenheit dieser Welt. Er nimmt die ganze Geschichte der Menschheit auf sich, er ruft von den Enden der Erde und der Geschichte durch den Abgrund der Schuld und des Todes hindurch sein ‚Abba, Vater!'. Das Gebet des 22. Psalms, der in den Leidensgeschichten der Evangelien den Weg der Passion immer wieder begleitet und den nach Markus und Matthäus Jesus als Schrei der Verlassenheit, der sich in Vertrauen wendet, dem Vater entgegenruft, ist sozusagen die Wegkarte der anbrechenden Gottesherrschaft" (Glauben 84–85).[52]

---

[52] Vgl. Jesus 268–269.

9.4.1.3 Kreuz als Stellvertretung – Sühne und Opfer

Die neue Sicht von Gerd Häfner setzt die Auslegung des Kreuzes als Stellvertretung, Opfer und Sühne nicht außer Kraft.[53] Häfner versucht die Sicht Gottes auf das Kreuzesgeschehen zu formulieren. Und diese Sicht Gottes erfordert nicht notwendig, dass um des Heiles willen der Mensch Jesus sterben musste. Allerdings haben die geschichtlichen Umstände zu Kreuz und Tod Jesu geführt und Jesus hat sie angenommen, um auf diese Weise die Gottesherrschaft zur Erfüllung zu bringen. Stellvertretung und Opfer sind der Einsatz Jesu für das Kommen der Herrschaft Gottes, sind seine Hingabe an den Willen des Vaters. Mit diesem Einsatz bis zum Tod wird er zum „Märtyrer". Sein Martyrium besiegelt das Zeugnis seines Lebensauftrages. Um Gott mit den Menschen zu versöhnen, was die Menschen aus sich nicht vermochten, um an Stelle der Menschen vor Gott zu treten, die Stellvertretung, hat sich Jesus hingegeben. Diese Hingabe erforderte das Opfer des Lebens, den Tod. Die Basileia zu vollenden, die nun wahrhaft die Herrschaft Gottes über alles, was den Menschen ausmacht, bis hin zum Tod, hat Jesus alles hingegeben: „Dein Reich komme, dein Wille geschehe, wie im Himmel so auf Erden".

Das Bekenntnis zum sühnenden Kreuzestod ist der Versuch, diese Erfahrungen zu verstehen. Das Verständnis des Todes Jesu als stellvertretender Sühne ermöglichte nach Häfner, Auferstehung und Kreuz eng miteinander zu verbinden, wie es von Ostern her notwendig wurde. Jesus kann als Mittler des Heils in seinem Tod gesehen werden, wenn in seinem Tod die unheilvollen Folgen der Sünde aufgefangen, die Sünden vergeben werden. Das Bekenntnis zum sühnenden Sterben Jesu relativiert dieses Zeugnis nicht, sondern bestätigt es, wenn Kreuz und Auferstehung mit dem Heilswillen Gottes in Verbindung gebracht werden. Die Vorgabe aus der Geschichte blieb freilich anstößig: Die Offenbarung des göttlichen Heilswillens in einem schmachvollen Tod läuft den menschlichen Maßstäben zuwider.

Die Verbindung von Kreuz und Stellvertretung, Opfer und Sühne ist im Neuen Testament zu einem wichtigen Interpretament des Kreuzes geworden: in den paulinischen Briefen: Röm 3,25; 4,25; 8,3; 2 Kor 5,21; Gal 3,13 u. a., im Hebräerbrief (Hebr 9,11–28; 13,11 f), aber auch in den beiden anderen synoptischen Evangelien (Mt 12,18–21;20,28; 26,28).

Es gilt aber auch zunächst zu verstehen, was Stellvertretung, Opfer und Sühne in der Schrift bedeuten. Lesen wir die Begriffe mit Gerhard Lohfink, so zeigt sich, dass die biblischen Vorstellungen dieser Worte der neuen Sicht nicht widersprechen, sondern diese im Grunde bestätigen.

Sühne

Die größten Schwierigkeiten in der Wortreihe von Stellvertretung, Sühne, Opfer ergeben sich aus dem Begriff der Sühne. Lohfink ist der biblischen und der heute herrschenden Bedeutung von Sühne nachgegangen und stellt fest: das Wort „Sühne" hat sich in seiner Bedeutung heute sehr verengt. Sühne war zwar schon immer ein Wort der Rechtssprache gewesen. Doch im Mittelalter konnten das althochdeutsche „suo-

[53] S. Häfner, Tod, a. a. O., 166–190.

na“ und das mittelhochdeutsche „suone“ neben der Bedeutung „Bußleistung“ auch noch „Urteil“, „Vertrag“, „Schlichtung“, „Ausgleich“, „versöhnliche Beilegung eines Rechtsstreites“, „Friedensschluss“, ja sogar „Verzeihung“ bedeuten. Erst im 19. Und 20. Jahrhundert ist von diesem ursprünglich breiten Spektrum nur noch die Leistung übriggeblieben, durch die ein Verschulden ausgeglichen wird. Sühne ist dann die Strafe, die der Richter verhängt – damit das von dem Tätet verübte Verbrechen abgegolten wird.[54]

„Der moderne Mensch mag Derartiges nicht. [...] Hört er in einem theologischen Zusammenhang das Wort ‚Sühne‘, so taucht bei ihm sofort die Fratze eines grausamen Gottes auf, der aufs Tiefste beleidigt ist, der sein Recht gnadenlos einfordert und sich nur durch eine unendliche Sühne versöhnen läßt“ (Jesus 366).

Das ist aber eine sehr verengte, wenn nicht verkehrte Sicht der Sühne: „Der biblische Begriff der Sühne will etwas ganz anderes sagen, ja er stellt das heute übliche Verständnis von Sühne geradezu auf den Kopf. Von daher die entscheidende Frage: Darf man das Wort noch gebrauchen, wenn es in der Bibel einen ganz anderen Inhalt hat als der heute gebräuchliche? Sollte man statt dessen nicht einfach das uns verständlichere Wort ‚Versöhnung‘ verwenden.

Was meint die Bibel mit diesem heute so missverständlichen und missdeutbaren Wort? Sühne ist nichts anderes als Stellvertretung in letzter Konsequenz: nämlich Stellvertretung, die sich oft bis in den Tod für andere hergibt“ (Jesus 375–377).

Was mit Sühne wirklich gemeint ist, versteht man nur, wenn man sich den Unterschied zwischen Sühne im alttestamentlichen Sinn und Sühne in der Welt der Religionen vor Augen führt. In den Religionen ist das Opferwesen oft nichts anderes als eine symbolische Ersatzleistung, um Schuld abzuzahlen, oft sogar eine Selbstbestrafung, die sich der Mensch zufügt, um die Gottheit gnädig zu stimmen oder sie zu besänftigen.

Ganz anders in der Bibel: „In Israel geht alle Sühne von Gott aus. Sie ist seine Initiative. Sühne ist neue, von Gott geschenkte Ermöglichung von Leben. Sühne ist das Geschenk, trotz der eigenen Unheiligkeit und dem immer neuen Schuldigwerden vor dem heiligen Gott leben zu dürfen – im Raum seiner Nähe. Sühne erwirken heißt gerade nicht, Gott besänftigen und versöhnlich stimmen, sondern sich von Gott selbst dem verdienten Tod entreißen lassen“ (Jesus 377).

„Sühn-Opfer“

„In christologischer Hinsicht wird ‚Opfer‘ fast durchgehend und unbesehen mit ‚Sühnopfer‘ identifiziert“, stellt Veronika Hoffmann fest (Gabe 387). Das ist verhängnisvoll. Denn damit wird das Missverständnis zum Begriff der Sühne auf das Wort Opfer übertragen. Opfer wird dann als die zu leistende Strafe oder Bezahlung für eine über den Menschen verhängte Sühne aufgefasst.

Hoffmann hat sich ausführlich mit dem Wort „Opfer“ in den unterschiedlichsten Kontexten befasst, in den verschiedenen Religionen, im Alten und im Neuen Testament. Sie kommt zu für unser Thema interessanten Ergebnissen. Sie interpretiert die in Frage kommenden problematischen Begriffe gabetheologisch und schlägt zur Auf-

[54] Zu Stellvertretung und Sühne s. Jesus 373–381; s. Sellner, Heil, a. a. O., 495–497.

lösung der Probleme die innere Aporetik des „Gebens" vor, wie wir sie früher ausführlich beschrieben haben. Wie beim Grundphänomen des „Gebens" ist die ganze Bewegung in den Blick zu nehmen. Das Festhalten eines Momentes oder das Fixieren eines Elementes verdirbt das gesamte Geschehen.

So beobachtet Hoffmann, was geschieht, wenn im Zentrum des Sühneopfers das menschliche Tun steht: „Zudem besteht bei einer solchen Identifikation die Gefahr, dass das skizzierte Zueinander göttlichen und menschlichen Handelns aus der Balance und das ‚Sühnopfer' in den Verdacht gerät, doch eine Art Bezahlung oder Beschwichtigungsleistung des Menschen darzustellen – jetzt: des Menschen Jesus in Vertretung für die Menschen" (Gabe 387).

Hoffmann kommt deshalb zu ähnlichen Ergebnissen wie Lohfink, obwohl sie nicht zuerst exegetisch, sondern gabetheologisch argumentiert: „Gott allein kann ja Sühnung möglich machen. Aber andererseits gehören auch zur kultischen Sühne menschliche Gaben an Gott hinzu – genauso wie die zwischenmenschliche Sühne von Seiten des Schuldigen durch solche Gaben vollzogen wird. [...] Sühne [...] vollzieht sich nicht in einer einlinigen, sondern in einer doppelten Bewegung. Freilich sind die menschlichen Gaben deutlich die sekundären, die auf Gottes Angebot antworten. So ist die Sühne nicht etwas, das der Mensch einfach zu leisten vermag, aber durchaus etwas, in das er einbezogen und einstimmen soll. So kreuzen sich im Opfer wie in der Sühne Gottes Gaben an den Menschen und der Gaben an ihn. [D]ie Verschiedenheit der Grundrichtungen wird durch diese Überkreuzungen nicht einfach aufgehoben: Das Opfer richtet sich wesentlich von den Menschen aus an Gott, die Sühne stellt ein von Gott geschenktes Mittel dar, die Menschen wieder kult- und damit mit ihm gemeinschaftsfähig zu machen" (Gabe 383–384).

Hoffmann untersucht dann die wichtigsten Texte des Neuen Testaments zum Sühn-Opfer Christi: Hebr 4–10; Röm 3,25; Eph 5,2. Sie kommt zu dem Ergebnis: „Es gibt keinen einzigen terminologischen Beleg im NT für eine Umkehrung der Sinnrichtung des Opfers in dem Sinne, dass Gott den Menschen ‚opfere' (Gabe 393–406). Und: „Theologisch grundlegend ist die Tatsache, dass [...] nirgends im NT Jesu Opfertod im Sinne einer Gott gnädig stimmenden bzw. seinen Zorn abwendenden menschlichen Handlung verstanden wird, sondern als Ausdruck der liebenden Zuwendung Gottes zum Menschen" (Gabe 391).

Hoffmann nennt dann drei gabetheologische Möglichkeiten, das Sühn-Opfer theologisch aufzulösen. Diese ergeben sich aus der strukturalen Verfassung der „Sühne" als „Versöhnung" Gottes mit den Menschen. Zur Auslegung des Sühn-Opfers gebe es „drei Denkmöglichkeiten [...]: 1. Ein völlig einseitiges Handeln Gottes, 2. Eine Antwort des Menschen, die der göttlichen Gabe insofern gemäß ist, als er seinerseits ‚sich selbst' gibt, 3. Eine Antwort des Menschen, in der Jesus Christus Geber und Gabe ist – die Vermittlung nicht nur von Seiten Gottes, sondern auch von Seiten des Menschen her" (Gabe 404).

Und Hoffmann hebt dann die Problematik auf die Ebene, welche unser Thema besonders betrifft: die Gefahr der Hypostasierung der handelnden Personen. „Das Anliegen der 3. Antwort ist es hierbei, einmal mehr einen Rückfall in die schon rechtfertigungstheologisch prekär erwiesene Vorstellung zu vermeiden, dass sich Gott und Mensch im Vorgang der göttlichen Selbstmitteilung und Stiftung neuer Gemeinschaft als zwei distinkte Entitäten gegenüberstünden, die sodann nachträglich miteinander in Kontakt träten. Dass dies bereits zwischenmenschlich nicht der Fall ist, akzentuiert das gabentheologische Denken insgesamt. Wer hier einfach bis drei zählt: Geber, Empfänger, Gabe-Gut, dem ist das Entscheidende bereits entgangen. Und dies gilt a fortiori für den theologischen Kontext" (Gabe 404–405).

Und Hoffmann kommt auf den entscheidenden Punkt zu sprechen, der davor bewahrt, den gabetheologischen Begriff des Opfers nur in einer Richtung zu instrumentalisieren, nämlich als von Gott geforderte Leistung des Menschen. „Denn läßt sich im Leben, Wirken, Sterben und Auferstehen Jesu tatsächlich *ausschließlich* eine Bewegung Gottes zu den Menschen erkennen? Oder bietet die neutestamentliche Anwendung des Opferbegriffs auf Jesus Christus nicht die Möglichkeit, in ihm auch die andere Bewegung, diejenige des Menschen auf Gott zu, ausmachen, und zwar in ihrer idealen Ungebrochenheit? Hans Urs von Balthasar hat dieses radikale Ernstnehmen der Menschheit Jesu gerade in seinem Einssein mit dem Vater so ins Wort gefasst: ‚Gott sendet seinen Sohn, damit er den Vater auslege in menschlichen Gebärden; wir hören den Vater in seinem menschlichen Echo [...]: *an der Antwort haben wir das Wort*'. [Das bedeutete] eine ‚christologische Verdichtung'. [...] Noch einmal anders formuliert lautet die Frage: Lässt sich mit Hilfe der Opfermethapher beschreiben, inwiefern das Christusgeschehen wirklich ein Interaktiongeschehen von Gott und Mensch darstellt – was traditionell in der eher statischen Form der Zweinaturenlehren – gegossen wurde, kein völlig einliniges Handeln Gottes ist?" (Gabe 390).

Stellvertretung

Wie der richtig verstandene Begriff der „Sühne" als „Versöhnung" den Begriff des „Opfers" enthält und richtig stellt, so enthält er auch, wie oben schon angedeutet, den Begriff der „Stellvertretung": „Sühne ist nichts anderes als Stellvertretung in letzter Konsequenz: nämlich Stellvertretung, die sich oft bis in den Tod für andere hergibt" (Jesus 376–377).

Lohfink geht wie der Bedeutung von Sühne der anderen von „Stellvertretung" nach. Welche Bedeutung wird dem Begriff der Stellvertretung heute und welche wurde ihr in der Bibel gegeben. Lohfink sieht die Problematik des Begriffs der Stellvertretung darin, dass der aus der europäischen Aufklärung hervorgegangene Mensch Begriffe wie Sühne und Stellvertretung nicht mehr mit der Autonomie zusammenbringen kann, die er sich mühevoll erkämpft hat. Für das Leben im Gottesvolk seien Stellvertretung und Sühne geradezu elementar. Sie tun der Würde und dem Eigenstand des Menschen keinen Abbruch. Israels Existenz hing schon immer an Einzelnen, die mit ihrer ganzen Existenz glaubten. Dass der rote Faden der Heilsgeschichte nicht abriss, hing an Abraham, an Mose, an Elja, Amos und Jesaja; hing an dem König Joschija, an Johannes dem Täufer und an vielen anderen. In ihren Glauben konnten andere eintreten und so selbst zum Glauben kommen. Jesus ist mit seiner Stellvertretung für die Vielen keine Ausnahme, sondern der Höhepunkt und die letzte Verdichtung einer langen Geschichte von Stellvertretungen in Israel. Nur auf dem Weg der Stellvertretung kann Glaube überhaupt weitergegeben werden. „Wahre Stellvertretung entmündigt nicht, sondern will nichts lieber, als dass der andere frei wird, selbst zu handeln. Sie geschieht so, dass eine Person an die Stelle einer anderen tritt – nicht um sie zu ‚ersetzen', sondern um sie zur Einnahme ihrer Stelle zu befähigen" (Jesus 374).

„In diesem Sinn sind wir vom Anfang bis zum Ende unseres Lebens auf andere, auf Stellvertreter, angewiesen. [...] Im Leben des Glaubens gilt erst recht, was schon vorher für jeden gilt: Der Mensch ist auf Hilfe angewiesen; auf sich allein gestellt, muss er verkümmern. Jeder, der glaubt, lebt vom Glauben eines anderen, die ihm im Glauben vorangegangen sind – vom Glauben seiner Eltern, seiner Freunde, vom Glauben großer Vorbilder, vom Glauben der Heiligen" (Jesus 373–374).

Aus diesen Überlegungen zur Stellvertretung in Leben und Glauben ergibt sich eine wichtige Bestimmung zur Eigenschaft des Glaubens selbst. Die Botschaft Jesu ist also eine Frohbotschaft. Aber sie birgt in sich von Anfang an ein radikales ‚Für die anderen', ‚für Israel', ‚für die Welt'. Dieses ‚für' ist untrennbar mit der Botschaft selbst verbunden. Nähme man es weg, würde die Botschaft zu einer leeren Hülse, so Lohfink. Die Hingabe an den Willen Gottes, durch seine Hingabe an Israel, dadurch, dass er mit seiner ganzen Existenz für das Gottesvolk lebt. „Dieses ‚für' realisiert sich in vielerlei Weise. Zum Beispiel in seinen Krankenheilungen oder in den Weisungen der Bergpredigt. Er hat diese Weisungen, etwa die Feindesliebe, ja nicht nur verkündet. Er hat sie selbst gelebt. Die Jünger, die er um sich sammelt, lernen von ihm Vertrauen, Vergeben, Versöhnen, Mitsorgen, Dienen, Wegschauen von sich selbst und Hinschauen auf das Gottesvolk" (Jesus 369).

Lohfink führt als Illustration für die Bedeutung seiner Auslegungen von Sühne, Opfer und Stellvertretung für heute eine aphoristische Aussage Dag Hammerskjöld an:

„Ostern 1960. Die Vergebung zerbricht die Ursachenkette dadurch, dass der, der – aus ‚Liebe' – vergibt, die Verantwortung auf sich nimmt für die Folgen dessen, was du tatest. Sie bedeutet daher immer Opfer.

Der Preis für deine eigene Befreiung durch eines Anderen Opfer ist, dass du selber willig bist, auf die gleiche Weise zu befreien, ungeachtet des Einsatzes" (Jesus 378–379).

Lohfink überträgt dann die dichte Aussage Dag Hammerskjöld auf das Versöhnungshandeln Jesu: „Wenn die neutestamentliche Tradition vom Sühnetod Jesu spricht, meint sie, dass er durch den Tod – der ganz und gar Tod für die anderen war, Selbstentäußerung bis zum Letzten, agape im radikalsten Sinn – den Unheilszusammenhang der Welt durchbrochen und einen neuen Bund geschaffen hat, auf dem es möglich wird, die Folgen der Sühne aufzuarbeiten" (Jesus 378–379).

9.4.2 Auferstehung und österliches Leben

Hemmerle bezieht sich zur Auslegung der Auferstehung vor allem auf die geprägten Formeln, die als elementare Glaubensbekenntnisse der ersten Gemeinden in den Briefen des Paulus tradiert sind wie: 1 Kor 12, 3; 15, 3 f.; Röm 1, 3 f.; Phil 2, 6–11; 1 Tim 3, 16; 1 Petr 2, 22–24. Dabei ist Hemmerles Zusammenschau von Auferstehung und Evangelien, von Ostern und Botschaft auffallend. Er schreibt: „Man könnte formulieren, daß die Einheit des Neuen Testaments elementar die Einheit des Glaubens an die Auferweckung Jesu ist. Diese Einheit bekundet sich indessen nicht nur durch die Fülle jener Formeln, die ausdrücklich oder mittelbar das Urzeugnis und die Urüberzeugung neutestamentlichen Glaubens wiedergeben. Nicht weniger eindrucksvoll ist es, den Osterglauben als die durchgängige Perspektive zu sehen, unter der das Gesamt neutestamentlichen Zeugnisses und seiner theologischen Ausformung steht.

Die Erzählperspektive der Evangelien – wir sprachen im Zusammenhang auf die Passion bereits davon – ist bestimmt durch Kreuz und Auferstehung. Rückt in der Gliederung der Evangelien das Zulaufen auf die Passion in den Vordergrund, so in der kompositorischen Form der einzelnen Geschichte eher das ‚Österliche'" (Glauben 92–94). – Im Rückblick von Ostern auf das Leben Jesu wird die neue Perspektive der Erzählung der Evangelien erhellt; im Vorblick auf Kreuz und Leiden wird das Zulaufen des Lebens Jesu auf die Passion deutlich.

Aber mehr noch, und das ist das besondere Augenmerk Hemmerles, Kreuz und Auferstehung sind keine nur vergangenen Geschehen, sondern gegenwärtig im Leben heute: „Sicherlich wird erzählt, was Jesus *damals* sagte und *damals* tat, aber es wird uns erzählt von einem, der jetzt lebt, der jetzt seine Botschaft der Gemeinde und den einzelnen Glaubenden weitersagt und der jetzt erbarmend, richtend, rettend in unser Leben eintritt, wie er damals ins Leben des berufenen Jüngers, des angenommenen Sünders, des zur Umkehr und Besinnung gerufenen Kritikers oder Selbstgerechten eintrat. Wie sehr Apostelgeschichte und Geheime Offenbarung aus dem Blickwinkel von Ostern, aus der Gemeinschaft mit dem erhöhten Herrn sprechen, liegt auf der Hand. Ebenso richten sich die Briefe des Neuen Testamentes an Gemeinden, deren Achse und Mitte der in ihnen lebendige Herr ist. Es gilt, mit ihm zu leben, auf ihn zu schauen, sich für sein Kommen zu bereiten, das Zeugnis seiner Macht und Nähe zu geben. Dies ist das Interesse der Briefe insgesamt" (Glauben 93).

Von dieser Sicht auf Ostern erfüllt, wählt Hemmerle die zwei Perspektiven von Zeitlichkeit und Räumlichkeit aus, um das Ereignis von Ostern zu beschreiben, das eben kein nur historisches, sondern ein bleibend gegenwärtiges ist:

„So einhellig die Auskunft des Osterzeugnisses ist: daß Jesus auferweckt ist, daß er lebt, daß er der Herr ist, so vielfältig sind die Aspekte, die in dieser Einheit umschlossen sind. Wir greifen jene heraus, die uns die neue ‚Zeitlichkeit' österlichen Lebens und seine neue ‚Räumlichkeit' erschließen. Sie messen dem Gang unseres Glaubens seinen Raum und seine Zeit zu" (Glauben 94).

9.4.2.1 Zeitlichkeit der Auferstehung

Hemmerle wählt drei paulinischen Ostertexte aus, um aufzuzeigen, wie sie unter je verschiedenen Blickpunkten die neue österliche Zeitlichkeit, das österliche Ineinander von Gegenwart, Zukunft und Vergangenheit zur Sprache bringen. Im ersten Text 1 Kor 15 werde der österliche Glaube als Zukunft, als Horizont christlichen Lebens überhaupt aufgezeigt. Im zweiten Text Röm 6,1–14 werde die Zeitlichkeit von Ostern als in der Taufe sakramental gegenwärtige sichtbar. Im dritten Text Phil 3,10–14 wird diese Zeitlichkeit unmittelbar im glaubenden Lebensvollzug, im österlichen Leben anschaulich" (Glauben 94).

Zu 1 Kor 15 – Die Perspektive von 1 Kor 15, dem großen Ostertext des Paulus, gehe auf die Zukunft. Paulus wendet sich gegen Unklarheiten in der Gemeinde von Korinth, ob die Toten wirklich auferstehen werden. Paulus antwortet kurz zusammengefasst folgendermaßen: Die Mitte seiner Argumentation bildet die paradoxe Formulierung, dass Christus nicht von den Toten auferweckt worden sei, wenn nicht Tote auferweckt werden, wenn also nicht wir auferstehen: „Wenn es keine Auferstehung der Toten gibt, ist auch Christus nicht auferweckt worden. Ist aber Christus nicht auferweckt worden, dann ist unsere Verkündigung leer, und euer Glaube sinnlos. [...] Er hat Christus auferweckt. Er hat ihn eben nicht auferweckt, wenn Tote nicht auferweckt werden. Denn wenn Tote nicht auferweckt werden, ist auch Christus nicht auferweckt worden“ (Vers 13–16). Daß Christus von den Toten nicht auferweckt wurde, dies aber kann nicht sein – denn für die Auferweckung Jesu kann Paulus sich persönlich verbürgen, zusammen mit einer Reihe von Zeugen. Ihm und ihnen ist der Auferstandene erschienen (Vers 5–8). Durch dieses Gesehenhaben, durch die Selbstbezeugung des Auferweckten vor Paulus und den anderen Urzeugen, erhält das überlieferte Osterbekenntnis, das die Glaubensformel auch für die Gemeinde ist (Vers 3–5), seine Tragfähigkeit (Glauben 95).

Diese Sicht wird den Osterglauben Hemmerles durchgehend prägen. Es gilt nicht nur den Blick auf ein einmaliges einzigartiges Ereignis der Auferstehung zu richten, sondern mit uns und unserer Zukunft zu verknüpfen. Die Antwort des Paulus an die Korinther ist so, nicht auf ein mysteriöses unfassbares Ereignis im Leben Jesu zu starren, sondern im Glauben zu erfahren, dass Auferstehung nicht nur möglich, sondern geschehen ist. Es ist Gottes Handeln an seinem Sohn und mit ihm an der ganzen Menschheit. Wir leben in dieser Gegenwart von Ostern. Ostern ist kein nur vergangenes Ereignis, sondern jetzt gegenwärtig. „Im Bogen dieser die gesamte Geschichte nach Christi Auferstehung umfassenden Gegenwärtigkeit liegt der Zeitraum unseres Jetzt. In diesem Jetzt leben wir auf Hoffnung hin, aber diese Hoffnung ist bereits mächtige, den Leib des Herrn aufbauende, den Glauben vorantragende Hoffnung, wie das Wirken des Apostels und der anderen Zeugen es erweist (vgl. Verse 8–11). Es ist das Jetzt der angstfreien Gemeinschaft mit dem Kreuz Christi in der beständigen Bedrängnis und ihrer beständigen Überwindung, im Verzicht auf ein bloß jetziges Haben- und Genießenwollen (Verse 30–32). Es ist das Jetzt der besonnenen, nüchternen Bereitschaft, die Zeit mit ihrer Vorläufigkeit, mit ihren Problemen, mit ihrer Bedrängnis liebend und zuversichtlich zu bestehen (Verse 33 f. und 56–58)“ (Glauben 96).

„Jetzt ist der Tag des Heils“ (2 Kor 6, 2), verkündet Paulus den auferstandenen Herrn, „das Hier und Jetzt des zur Entscheidung rufenden Jesus entsprechen einander (vgl. z.B. Mt 12, 41 f.; Lk 4, 21)“ (Glauben 22).

Zu Röm 6,1–4 – „Die österliche Zeit wird zu unserer Lebenszeit durch die Taufe. Dies dürfen wir an der Tauftheologie des Paulus im Römerbrief (6, 1–14) ablesen. Jesus Christus ist ein für allemal gestorben und auferstanden. [...] Diese neue Gegenwart steht nun für uns bereit, sofern wir uns in sie hineingeben. Dies geschieht fundamental in der Taufe. In ihr werden wir in den Tod Jesu hineingetaucht, um mit ihm ins neue Leben hervorzugehen (vgl. Verse 3–8 und 11)“ (Glauben 96–97).

Doch eine Spannung bleibt. Wir sind jetzt bereits als Getaufte im neuen Leben, wir sind schon mit Christus auferstanden in sein neues Leben hinein (Röm 6, 4 und 13); doch die Vollgestalt des auferstandenen Lebens steht noch aus, wir sind noch zu ihr unterwegs: Auferstehung ist unsere Zukunft (vgl. Verse 5 und 7). Und ein Weiteres: Wir haben den Weg in ein neues Leben bereits angetreten, wir sind bereits von Gott her in es hineingenommen durch die Gemeinschaft mit Tod und Auferstehung

Jesu in der Taufe (Röm 6,2–4; 6–8; 11). Und doch ist dieser unwiderruflich gesetzte Anfang uns je neu aufgegeben, wir müssen ihn je neu von uns her vollziehen (Röm 6,12–14). Entsprechendes sahen wir beim anbrechenden Gottesreich: Die Herrschaft Gottes kommt uns zuvor und wir können sie nicht aufhalten – aber sie fordert uns heraus, dass wir ihr Kommen tun, und in dieses Kommen hinein umkehren, auf sie und darin auf Gott uns glaubend verlassen.

„Das Perfectum der Auferstehung Christi wird in uns zur Gegenwart durch die Taufe. Sie ist das Perfectum unserer Übereignung an Christus, diese Übereignung muß aber in je neuer Gegenwart geschehen und hat die Vollendung, die endgültige Aufnahme unserer Lebensgestalt in die Lebensgestalt des Auferstandenen noch als Zukunft vor sich" (Glauben 96–97).

Zu Philipper 3,10–14 – Dieselbe Zeitfigur beschreibt nach Hemmerle der Vollzug unserer Nachfolge, wie ihn Paulus im Philipperbrief (3, 10–14) zeichnet. Jesu Tod und seine Auferstehung sind der Grund, auf den mein Leben im Glauben baut. Dieser eine, schon gegebene Grund prägt meine Gegenwart, indem ich sie als Gemeinschaft mit den Leiden Christi lebe und in die Gestalt des Gekreuzigten hineinwachse. Perfectum von Kreuz und Auferstehung bestimmt nicht nur meine Zukunft, mein auferstandenes Leben mit Christus, sondern auch meine Gegenwart, die zugleich Bereitschaft zum Kreuz und Tragen des Kreuzes bedeutet.

„Um auch hier nochmals an der Zeitlichkeit der Gottesherrschaft anzuknüpfen: Der ist schon da, der unsere Zukunft ist, und so haben wir in der Gegenwart und ihrer Endlichkeit neue Zukunft. Das nimmt aber nicht die Endlichkeit unserer Gegenwart hinweg, sondern verwandelt sie von innen her" (Glauben 97–98).

9.4.2.2 Räumlichkeit des österlichen Lebens

„Jesus ist auferstanden zum Vater und auferstanden zu uns" (Glauben 102). Es ist zu erinnern an die Formel der Gottesherrschaft bei Hemmerle: ‚Es ist der Weg Gottes zum Menschen, und es ist der Weg des Menschen zu Gott' (Glauben 18–20). In der Auferstehung ist offensichtlich der Weg der Gottesherrschaft an ihr Ziel gekommen: Jesus, der Mensch, ist angekommen beim Vater, und Jesus, Gottes Sohn, ist auferstanden und so angekommen bei uns Menschen. Hemmerle nennt diesen Weg Gottes zum Menschen und des Menschen zu Gott die neue „Räumlichkeit" von Ostern: „Die ‚Räumlichkeit' von Ostern ist so bestimmt durch die Achse: Der Herr beim Vater – der Herr in unserer Mitte. Um diese Achse schwingt christlicher Glaube und christliche Hoffnung. So hat christliches Leben seinen Halt und seine Dynamik" (Glauben 105).

Diese neue Räumlichkeit hat in der Spiritualität und Theologie von Hemmerle große Bedeutung. Sie führt hinein in die Vorliebe Hemmerles für die johanneische Theologie und dort für die Theologie der Einheit und Gemeinschaft. Diese Bedeutung mag durch eine Erinnerung an Hemmerle verdeutlicht werden. Es handelt sich um jene späte Erinnerung, die Hemmerle von seiner neuen Sicht der Berge und Landschaft des Wallis berichtet hatte (s. oben 370). Nachdem Hemmerle seine neue Sicht plastisch wie oben beschrieben hat, findet er darin nicht nur eine neue Aussicht auf die Landschaft, sondern auch eine neue Sicht auf die Landschaft des Lebens, seines Lebens und dies im Anschluss an Johannes. Er fährt in seinem Bericht fort:

„Und so wagte ich, die Rundgänge des Schauens in die Welt- und Lebenslinien, in die ‚Gotteslinien' fortzusetzen. Mit selten so verspürter Eindringlichkeit wurde dabei mein Blick hineingezogen in das Johannesevangelium. In der Tat, hier begegnen uns die Lebenslinien Gottes. Der am Herzen des Vaters seit Ewigkeit Ruhende (vgl. Joh 1, 18) steigt ab, das Wort wird Fleisch (Joh 1, 14). Sein Leben kreuzt sich mit unserem Leben, vermengt sich mit ihm, und dabei ist es im Sog des Vaters: nach oben gezogen und gerade, in der äußersten Aussetzung, am Kreuz, alles an sich ziehend (vgl. Joh 12, 32). Gesandt sein und senden, den Weg weisen und nachfolgen, verherrlichen und verherrlicht werden (vgl. bes. Joh 12 und 17) – im Grunde immer und überall in diesem Evangelium Linien, Bewegungen, Anziehungen, gegenseitiges Innesein, und dies nicht als leichtes Spiel, sondern als todernste und lebensernste Gottes-, Welt- und Menschengeschichte. ‚Vom Vater bin ich ausgegangen und in die Welt gekommen; ich verlasse die Welt wieder und gehe zum Vater' (Joh 16, 28). Zugleich aber: ‚Noch eine kleine Weile, dann werdet ihr mich nicht mehr sehen; und abermals eine kleine Weile, dann werdet ihr mich sehen' (Joh 16, 16). Schließlich: ‚Und ich habe ihnen die Herrlichkeit gegeben, die du mir gegeben hast; denn sie sollen eins sein, wie wir eins sind, ich in ihnen und du in mir. So sollen sie vollendet sein in der Einheit, damit die Welt erkennt, daß du mich gesandt hast und die Meinen ebenso geliebt hast wie mich' (Joh 17, 22 f.). In dieser Bewegung vom Vater her und auf den Vater hin, in die Welt hinein und aus der Welt heraus, hin zu den Jüngern und mit und zwischen den Jüngern hinein in jenes Einssein, in welchem die Einheit des Vaters und Sohnes im Geiste aufstrahlt – da ist alles umfangen, nicht spekulativ in eine Synthese verdünnt, sondern ausgehalten und durchlitten in der Liebe, die bis zum Letzten geht, aber im Letzten und Äußersten Vollendung schenkt (vgl. Joh 13, 1 und 19, 30)" (AS V, 306–307).

Diese Linien des Auf- und Absteigens, des In-seins und Aus-seins nennt Hemmerle an anderer Stelle „Räumlichkeit" des neuen österlichen Lebens: „Wir wollen [...] die eigentümliche ‚Räumlichkeit' der Gegenwart des Auferstandenen entfalten. [...] Das Neue Testament spricht deutlich von der lebendigen Gegenwart des lebendigen Herrn unmittelbar jetzt, und dies in einer doppelten Weise: Einmal ist er jetzt beim Vater, und wir haben durch ihn den Zugang und die Verbindung zum Vater, wir steigen sozusagen ‚nach oben' über unsere begrenzte Gegenwart hinaus in die Gegenwart Gottes – und zum andern ist Jesus, der lebendige Herr, bei uns, er ist gegenwärtig mitten unter denen, die an ihn glauben. [...] ‚Nur noch kurze Zeit vergeht, und die Welt sieht mich nicht mehr [...]. An jenem Tag werdet ihr erkennen: Ich bin in meinem Vater, ihr seid in mir, und ich bin in euch' (Joh 14, 19 f.). Es ist ein österlicher Text. ‚Jener Tag' ist der Ostertag. [...] Er ist in uns, will sagen in unserem Innern, aber genauso, ja zumal zwischen uns, in unserer Mitte. Doch er geht nicht darin auf, erschöpft sich nicht darin, sein Leben in uns und zwischen uns zu haben. Nein, der in uns und zwischen uns lebt, lebt bei seinem Vater. Nur weil Jesus zum Vater hin auferstanden ist, ist es mehr als individuale oder auch kollektive Subjektivität, daß er in uns, in seiner Kirche lebt. Und weil der, der in unserer Mitte lebt, eben auch und zuerst beim Vater lebt, ist unsere Gegenwart zuinnerst verwandelt: Er trägt auch uns in sich, er nimmt auch uns in jenes neue Leben hinein, das sich nicht in dem erschöpft, was wir tun und erfahren. Jesu Gegenwart bei uns ist zugleich Anfang und

Unterpfand der Zukunft, ohne die unsere Gegenwart keine erfüllte, keine wahrhaft erlöste wäre" (Glauben 99–100).[55]

Hemmerle spricht hier von einer neuen „Räumlichkeit", die er, wie die neue „Zeitlichkeit", in der Schrift und in den Evangelien vorfindet. Diese neue „Räumlichkeit" hat er in der Aussicht auf die Landschaft der Berge eindrucksvoll vorentworfen und vor allem bei Johannes wiedergefunden. Es sind analoge Linien, Flächen, Bewegungen, die Hemmerle hier wie dort sieht. Zugleich erinnert die neue „Räumlichkeit" an die Koordinaten der „Zeitlichkeit", wie er sie für das phänomenologische Zeitverständnis formuliert hatte (2.2.3) und wie er sie in der biblischen Zeit wiederum findet (9.3.2). Wie die Verbindungen zwischen den Koordinaten Gott, Welt und Menschen „zeitlich" lineare, vertikale und kommunikative Bewegungen ergaben, so jetzt dieselben Koordinaten „räumlich" lineare, vertikale und kommunikative Beziehungen. Neue „Zeitlichkeit" und neue „Räumlichkeit" sind Grunddimensionen des Denkens und Glaubens von Hemmerle.

9.5 Christus des Glaubens

Der Christologie geht es um die Betrachtung des „Geheimnisses" Jesu Christi. Damit ist die vierte Stufe erreicht, die Hemmerle für den Gang seiner Theologie vorgegeben hat. Gemeint sind die vier „Ordnungen", wie sie Hemmerle nennt, nämlich der Nachfolge („Glauben"), der Botschaft („Schrift"), des Weges („Leben Jesu") und des Geheimnisses Christi („Christologie"), die ‚ineinander spielen' und sich ‚ineinander vollziehen'. Der Weg über Kreuz und Auferstehung führt endgültig vor das Geheimnis Jesus Christi. Der Weg enthüllt das „Geheimnis" Jesu Christi.

Ricoeur stellt zu Beginn seiner Überlegungen zum neutestamentlichen Zeugnis fest: „Der ‚konfessionelle' Kern des Zeugnisses ist sicherlich das Zentrum, um das der Rest kreist. Das Bekenntnis, dass ‚Jesus der Christus' ist, stellt das Zeugnis par excellence dar" (Zeugnis 21). Mit dem konfessionellen Kern des Zeugnisses ist der Bekenntnischarakter des neutestamentlichen Zeugnisses gemeint oder das „Bekenntnis-Zeugnis", wie Ricoeur formuliert. Die zentrale Aussage des neutestamentlichen Bekenntnisses ist: „Jesus ist der Christus", wie Ricoeur bestätigt. „Jesus ist der Christus" ist die zentrale Aussage der Christologie.

Die Christologie hat Begründungs- und Verkündigungscharakter des Lebens und Sterbens Jesu. Begründung und Verkündigung des Ostergeheimnisses können dem religiösen „(quasi) juridischen Zeugnis" Ricoeurs entlang gelesen werden. Denn das „juridische Zeugnis" ist nach Ricoeur vor allem durch die Momente der Begründung durch den Zeugen und durch die Zeugnisaussage charakterisiert. Vor allem ist die Begründung durch den Zeugen für das Zeugnis erheblich, es ist das Eintreten des

[55] S. Böhnke, Einheit 37–43;45–53; Hagemann, Wilfried, Trinität – Die Suche nach dem Ursprung, Vortrag bei der Tagung der Bischöflichen Akademie Aachen zum Thema „Klaus Hemmerle 80 Jahre. Freiheit – Spielräume des Menschen und Spielraum Gottes", 9.Mai 2009, 3.–4.

Zeugen für ... und sein Zeugnis von ... (Zeugnis 12). Die Christologie vertritt so die Dimension des „juridischen Zeugnisses" im Christusgeschehen. Ricoeur nennt einmal das Bekenntnis zu Jesus Christus entsprechend „juridische Mystik" (Zeugnis 29).

Der Kern der Christologie ist im Ostergeheimnis verbürgt. Das Ostergeheimnis ist in elementaren Formeln des Glaubensbekenntnisses der ersten Gemeinde bewahrt: „An die Auferstehung wird unmittelbar erinnert in schon geprägten Formeln, die als elementare Glaubensbekenntnisse erster Gemeinden den Briefen bereits vorausgehen (um hierfür einige Beispiele zu nennen: 1 Kor 12, 3; 15, 3 f.; Röm 1, 3 f.; Phil 2, 6–11; 1 Tim 3, 16; 1 Petr 2, 22–24)" (Glauben 93–94).

Hemmerle führt dann die zwei fundamentalen Weisen an, von Ostern zu sprechen. Es sind auch die zwei fundamentalen Weisen der Christologie, und so können wir sagen, des neutestamentlichen Zeugnisses von Jesus Christus: „Wir können diese Formeln auf zwei verschiedene Typen hin als ‚Grenzwerte' einteilen. Im einen Typ sind die elementaren Heilstatsachen von Kreuz und Auferweckung genannt, im anderen Typ ist eine Anrede, ein Titel Jesu, mit Vorzug der Titel des Herrn, Inhalt oder doch Achse. Eine elementare Form des ersten Typs ist uns bereits im Osterkapitel des 1. Korintherbriefs begegnet: ‚Christus starb für unsere Sünden, wie es die Schriften gesagt haben, und wurde begraben. Er ist am dritten Tag auferweckt worden, wie es die Schriften gesagt haben, und erschien dem Kephas, dann den Zwölf' (1 Kor 15, 3–5). Die knappste Form des anderen Typs: ‚Jesus ist der Herr!' (1 Kor 12, 3). Beide Typen berühren und durchdringen sich, erweitern sich z. T. zum Lied und Hymnus, wie etwa im Philipperbrief (2, 6–11). Hier ist die zweite Form von einer ausgefalteten ersten umspannt. Beide Typen sind einander dicht zugeordnet; wo Jesus als der Herr ausgesagt wird, da geht es um eine Verkündigung des Ostergeheimnisses. Und wo die Heilstatsachen von Kreuz und Auferweckung ausgesagt werden, da geht es um eine Begründung dessen, daß er der lebendige Herr ist" (Glauben 101).

Es sind also die beiden Aussageweisen zu unterscheiden. Einmal die Beschreibung des Heilshandelns Jesu, die begründet, dass er der lebendige Herr ist. Dann die Anrede des erhöhten Herrn in den sogenannten christologischen Hoheitstiteln. Da die Beschreibung des Heilshandelns Jesu sowohl den vorösterlich irdischen wie den nachösterlich erhöhten Herrn meinen kann, spricht man im allgemeinen von „impliziter" und „expliziter Christologie". Explizit ist christologisches Handeln, wenn es wie in 1 Kor 15 „Christus starb für unsere Sünden" explizit das Geheimnis des Erhöhten, der Jesus Christus ist, aussagt; implizit, wenn, wie in den Evangelien, das Handeln des irdischen Jesus erzählt wird, darin aber implizit die Vollmacht des Gottessohnes aufscheint. Explizite Christologie sind die christologischen Hoheitstitel, da sie ausdrücklich und explizit über den erhöhten Christus aussagen. Wir werden auf diese Weisen der Christologie zu sprechen kommen, um ihren Zeugnischarakter zu erläutern. Auf ähnliche Weise unterscheidet man den „Jesus der Geschichte" und den „Christus des Glaubens".

„Das Proprium Jesu kommt uns zu in nicht so sehr jesuanischen Kategorien, sondern – wenn wir nun schon einmal die christlichen wegheben – in Kategorien des Judentums. Das Proprium des Christus des Glaubens aber kommt uns zu durch die Titel, die ihn eben als den Christus des Glaubens ausgeben, und somit in den verschiedenen Christologien des NT; in der Κύριος-Christologie, in der Χριστός-Christologie, in der υἱός τοῦ θεοῦ-Christologie , in der kosmischen Christologie des Epheserbriefes, in der Logoschristologie in den johanneischen Schriften, in der ἱερεύς-Christologie des Hebräerevangeliums oder gar in der metaphysischen ‚Christologie‘, der Christologie des 3./4. Jhd., die dann auf der johanneischen Schrift, aber auch auf den anderen basierend, dieses entfaltet“ (Vorlesung 16.11.73, 151).

Zu nennen wäre des Weiteren die Christologie des Johannes, die man bisweilen „Hochchristologie“ nennt, da sie sich weitgehend von den Synoptikern unterscheidet, indem sie sich von ihnen abhebt. Das hat gerade für den Zeugnischarakter erhebliche Folgen, denn hier geben nicht mehr vor allem äußere Zeugen Zeugnis von Jesus, sondern Jesus selbst ist der „treue Zeuge“. Zeugnis wird zum „Offenbarungs-Zeugnis“. Zeugnis ist bei Johannes vor allem das Sich-Offenbaren des Sohnes Gottes.

Ricoeur: „Freilich ist es Johannes, der von allen Evangelisten der Herold des Zeugnisses par excellence ist; beim vierten Evangelisten findet sich quantitativ die überwältigende Mehrheit der Belege für die Worte μαρτυρεῖν (47 von 77) und μαρτυρία (30 von 37). Die Sinnverschiebung, die das Zeugnis betrifft, stammt aus dem neuen Sinn, die mit der Benennung als Zeuge verknüpft wird“ (Zeugnis 24).

„Christus selbst [ist] der ‚treue Zeuge‘ (Offb 1,5) […] oder auch der ‚treue und zuverlässige Zeuge‘ (Offb 3,14). […] Diese Sinnverschiebung, die den Begriff des Zeugen betrifft, überträgt sich auf das Zeugnis. Dieses ist nicht vorrangig das Handeln eines Menschen, wenn er Zeugnis ablegt, sondern das Handeln des Sohnes, der den Vater offenbart (Offb 1,2 spricht vom ‚Zeugnis [μαρτυρία] Jesu Christi‘ als Synonym für ‚Offenbarung [ἀποκάλυψις] Jesu Christi‘, 1,1 f.). Das Zentrum des Zeugnisses verschiebt sich so von der Bekenntnis-Erzählung in Richtung auf die Offenbarung selbst, von der Zeugnis abgelegt wird. Das ist die Bedeutung von: ‚Niemand hat Gott je gesehen. Der einzige, der Gott ist […], er hat Kunde gebracht (ἐξηγήσατο) (Joh 1,18)‘; die Exegese Gottes und das Zeugnis des Sohnes sind dasselbe“ (Zeugnis 24).

Wie verändert sich in dieser neuen Konstellation das Zeugnis selbst? Entscheidend für das Zeugnis allgemein und für das biblische Zeugnis insbesondere ist das Ineinander der Dimensionen und Bewegungsrichtungen. „Philosophisch-semantisch wie auch biblisch treten die drei Dimensionen des Zeugnisses immer gemeinsam auf“ (Offenbarung 172). Hinsichtlich des irdischen (empirischen) Jesus ist weder die Perspektive der (juridischen) Berechtigung noch des (martyrologischen) Einsatzes des Zeugen herauszulösen. Ebenso ergibt sich die (juridische) Berechtigung, über Jesus zu sprechen, aus der Einheit von (empirischem) Leben und (martyrologischem) Ostern. Und die (martyrologische) Botschaft erweist sich als Konsequenz des (empirischen) Lebens Jesu und seiner (juridischen) Rechtfertigung durch den Vater.

Soweit haben wir diese Auslegungsweise bisher verfolgt. Allerdings können sich die Schwerpunkte der einzelnen Dimensionen durchaus verändern. Bei Johannes besonders, aber auch bei den Synoptikern ist eine Verschiebung des Zeugnisses auf den Zeugen zu sehen. Die Zeugnisaussage (die quasi-empirische Dimension) hängt sehr von der Glaubwürdigkeit des Zeugen ab; und die Glaubwürdigkeit des Zeugen hängt von seinem Einsatz und Zeugnisgeben für … (die quasi-martyrologische Dimension) ab. Der Zeuge tritt in den Mittelpunkt.

Waldenfels unterscheidet einmal drei verschiedene Weisen von Zeugnis: Zeugnis als Verantwortung durch Rechenschaft Geben, Zeugnis als Selbst-Verantwortung und Zeugnis als responsive Verantwortung. Eine genauere Erörterung wird in dem anschließenden philosophischen Teil zum Zeugnis gegeben werden (9.6.1.3). Für jetzt mag die Unterscheidung genügen.

Die Zeugnisse des NT können gut in den Perspektiven der genannten Zeugnisweisen betrachtet werden: Ein großer Teil der in den Evangelien berichteten Zeugnisse kann als Rechenschaft Jesu gelesen werden: Rechenschaft Geben vor den Schriftgelehrten und Pharisäern, bis hin zum Prozess vor dem jüdischen und römischen Gericht; viele Berichte haben Prozesscharakter, der sich im Hintergrund abspielt. Aber damit sind die unterschiedlichen Zeugnisse Jesu nicht erschöpft. Andere Erzählungen scheinen Jesus zur Selbst-Verantwortung oder Selbstverteidigung zu drängen. Aber auch damit sind die Zeugnisse Jesu noch nicht erschöpft. Vor allem sind viele Zeugnisse Jesu als responsive Zeugnisse zu lesen.

Was wäre im Sinne von Waldenfels mit responsiven Zeugnissen gemeint? Bei ihnen geht es deutlich um die Mitte, in der nun der „Zeuge" steht. Es ist aber nicht der Zeuge als Subjekt gemeint, der etwas Gesehenes oder Gehörtes aussagt oder sich selbst vor- und darstellt, sondern das Subjekt ist der responsive Zeuge. Dies ist der Zeuge, der durch sein Zeugnis zum „Zeugen" wird, also gerade nicht durch ein Selbstzeugnis, sondern durch sein Zeugnis von Anderem oder besser für den Anderen. Sein Zeugnis für den Anderen schlägt sozusagen auf ihn zurück und er wird durch es zum Zeugen. Das Zeugnis also qualifiziert ihn zum Zeugen. Andererseits ist das Zeugnis für den Anderen ohne Zeugen auch nicht möglich. Für das biblische Zeugnis erscheint die Konstellation des responsiven Zeugnisses besonders erhellend. Es handelt sich um die gegenseitige Qualifizierung von Zeuge und Zeugnis.

„Das Zeugnis gibt schließlich zu interpretieren über die Dialektik von Zeuge und Zeugnis. Der Zeuge bezeugt etwas oder jemanden, der über ihn hinausgeht: In diesem Sinn geht das Zeugnis vom Anderen aus; aber das Engagement des Zeugen ist auch sein Zeugnis; das Zeugnis Christi sind die Werke Christi, seine Passion, und analog ist das Zeugnis des Jüngers sein Leiden. Ein eigenartiger hermeneutischer Zirkel setzt sich in Bewegung: der Zirkel von Offenbarung und Passion. Der Märtyrer beweist [prouve] nichts, haben wir gesagt; aber eine Wahrheit, die den Menschen nicht bis zum Opfer ergreift, ist nicht überzeugend [manque de preuve]. Was überzeugt [fait preuve]: die Offenbarung oder das Leiden?" (Zeugnis 33–34)

Diese responsive Zeugnisstruktur erinnert an die Gabestruktur: Ich gebe jemandem etwas, aber was ich gebe, qualifiziert mich zugleich. Die Rede ist von einem Gabeereignis, ein Dativ, das auf mich zurückschlägt. Der Dativ im Sinne von Waldenfels qualifiziert mich, er ist responsiv. Wenn man über den Dativ hinaus noch genauer den Akkusativ von Levinas mit einbezieht, der aus dem vermeintlichen Subjekt einen Akkusativ, einen Anklagefall, macht, so geht es nicht so sehr um eine Sache, sondern um das unter Anklage stehende Ich. Hier ist die Nähe des responsiven Zeugnisbegriffs zu dem biblischen greifbar.

Diese Analogie der Zeugnis- mit der Gabestruktur weist aber auch darauf hin, dass keine Dimension des Zeugnisses vereinzelt werden darf, ohne das Zeugnis in eine Schräglage zu bringen oder sogar zu vernichten: Das ist für die „empirische" (historische) Dimension selbstredend. Es gilt aber auch für die „martyrologische" Dimension, die den Zeugen als Subjekt im Blick hat. Hier gilt eine wichtige Feststellung Ricoeurs: Was den martyrologischen Aspekt betrifft, „gilt hier wie in der profanen Ordnung, dass der Jünger Märtyrer ist, weil er Zeuge ist, nicht umgekehrt"

(Zeugnis 20). Mit anderen Worten kann der Märtyrer in vielfacher Verwendung gebraucht werden. Die Frage ist etwa, ob der islamistische Selbstmörder wahrhaft Märtyrer ist. Oder Kreuz ist an sich kein absoluter Wert. Zur Zeit Jesu gab es viele Kreuzigungen. Die Achtung vor dem Märtyrer ist davon abhängig, wofür er Zeugnis ablegt. Das hat zum Ergebnis, dass der Zeuge eben durch sein Zeugnis für ... qualifiziert wird. Es ist damit der Hinweis gegeben auf das „responsive" Zeugnis. Es ist das Zeugnis, das aus der ganzen Bewegung von Zeugnis-Aussage, Glaubwürdigkeit des Zeugen und ihrem gegenseitigen Bezug besteht.

Entsprechend diesen Vorüberlegungen werden wir den dogmatischen (responsiven) Zeugnisbegriff des Neuen Testaments befragen. Wir werden vor allem nach dem Charakter des dogmatischen Zeugnisses fragen. Welche Konstellation und welche Schwerpunkte sind in ihnen wahrnehmbar. Das Modell dafür wird das skizzierte responsive Zeugnis sein.

Deshalb ist zuerst auf den „treuen Zeugen" zu achten, der Jesus ist. Wenn Jesus von sich als treuem Zeugen spricht, dann im Johannesevangelium vor allem in der Form von „Ἐγὼ εἰμὶ"; in den Synoptikern gibt es ähnliche Hinweise. Im Alten Testament ist das „Ἐγὼ εἰμὶ" eine Form der Offenbarung des Gottesnamens. Jesus gebraucht die Wendung ebenfalls als Offenbarungsformel. Andere Namen von Jesus Christus sind zu nennen, vor allem die sogenannten christologischen Hoheitstitel.

9.5.1 Offenbarungsformel und Gottesnamen

Fragen wir noch einmal nach der Offenbarung des Gottesnamens von Ex 3,14. Zusammenfassend beschreibt Hemmerle den Vorgang der Offenbarung am Dornbusch: „[Mose fragt Gott im Dornbusch:] ‚Wieso soll ich das Volk in eine neue Zukunft leiten können? Was gibt mir Mut, was gibt mir Recht dazu? Du, der du sprichst, welches ist dein Name? Und die Antwort aus dem brennenden Dornbusch: Ich bin der Jahwe, der ‚Ich-bin-da!' (vgl. Ex 3,14). Und das bedeutet: Dieser Gott schickt auf einen Weg. Auf einen offenen, ungesicherten Weg. Aber an jeder Wendung dieses Weges wird sich erweisen: Er ist da, er geht mit, er schenkt Zukunft, kommt sozusagen aus der Zukunft entgegen und holt die Sehnsucht, die Hoffnung, das Unterwegssein, das Am-Ende-Sein seines Volkes aus sich selber ab. Dieser Gott ruft genau dorthin, wohin allein ein menschliches Herz sich aus sich selber, aus der Mitte seines eigenen Ich sehnen kann: in die Zukunft, die erfüllt und birgt" (Quellen 32–33).

Gott offenbart seinen Namen, nachdem Mose die Frage seines Volkes weitergibt, wie er sich nennt, der das Volk geführt hat. Gott antwortet nach Ex 3,14 „Ich bin der JHWH, der ‚Ich-bin-da'". Nach dieser Wiedergabe des Gottesnamens wird überdeutlich, dass es hier in keiner Weise um eine ontologische Definition des Gottesnamens geht, sondern um die Nennung des Gottesnamens „JHWH", dass er ‚da-sein-werde', wo immer es sei. Mit anderen Worten, der Name Gottes, wird durch den Hinweis auf Gottes Da-sein in der Zukunft wiedergegeben. Die Zusage des Daseins Gottes ist eine soteriologische Aussage. D. h. der Name Gottes verweist aus sich selbst auf das soteriologische Handeln Gottes, verweist auf einen Weg, verweist auf die Zukunft. Wer den Namen Gottes nennt und ernst nimmt, muss in die Bewegung von Gottes Handeln einstimmen. Anders ist der Name Gottes nicht zu haben.

9.5.2 „Ἐγὼ εἶμὶ“ bei Johannes

Die Formel der Selbstoffenbarung Gottes ist in ihrer Zeugnisstruktur für die Aussagen des „treuen Zeugen“ im NT aufschlussreich. Es ist zunächst auf die Selbstoffenbarung des Zeugen „Ἐγὼ εἶμὶ“ zu achten. „Ἐγὼ εἶμὶ“ ist, wie gesehen, keineswegs schon ein Anspruch auf das Wesen der Göttlichkeit. Sondern die Formel ist die Eröffnung einer sich anschließenden Offenbarung. Und das „Ἐγὼ εἶμὶ“ des Joh-Evangeliums ist, wie zu zeigen ist, gleich wie in Ex 3,14 die Ansage eines soteriologischen Handelns Jesu.[56]

Zunächst sei ein Blick auf die „Ich-bin“-Worte bei Johannes geworfen: Die Forschung unterscheidet bei den Ich-bin-Worten im Johannesevangelium zwei unterschiedliche sprachliche Fälle: Einerseits finden sich – insbesondere in Joh 8 – Ich-bin-Worte ohne prädikative Bestimmung. Diese Worte (Joh 8,24.25.58; vgl. 13,19; 18,6) werden oft als „absolute“ Ich-bin-Worte bezeichnet. Sie sind auffällig, weil die Formulierung ἐγώ εἰμι eigentlich eine prädikative Bestimmung verlangt und der absolute Gebrauch insofern alle grammatischen Regeln sprengt. Andererseits wird im Johannesevangelium das „Ich-bin“ mit prädikativen Bestimmungen kombiniert, die metaphorisch zu verstehen sind. Hierher gehören die bekannten Aussagen des johanneischen Christus, in denen er das ἐγώ εἰμι (ego eimi) mit einer metaphorischen Prädikation im Nominativ verbindet: ὁ ἄρτος („Brot“): Joh 6,35.41.48.51; τὸ φῶς („Licht“): Joh 8,12 [vgl. 9,5]; ἡ θύρα („Türe“): Joh 10,7.9; ὁ ποιμήν („Hirte): Joh 10,11.14; ἡ ἀνάστασις καὶ ἡ ζωή („Auferstehung und Leben“): Joh 11,25; ἡ ὁδός καὶ ἡ ἀλήθεια καὶ ἡ ζωή („Ich bin der Weg, die Wahrheit und das Leben“): Joh 14,6); ἡ ἄμπελος („Weinstock“): Joh 15,1.5.

Eine intensive Diskussion fand und findet in der Forschung über die Frage nach dem Verhältnis der (primär absoluten) johanneischen Ich-bin-Worte zu alttestamentlichen Sprachformen statt. H. Zimmermann erhebt das absolute ἐγώ εἰμι im Munde Jesu zur neutestamentlichen Offenbarungsformel. Er schlägt eine Brücke von der alttestamentlichen Offenbarungsformel „anî JHWH“ („ich bin Jahwe“) in Deuterojesaja über ihre Übersetzung in der Septuaginta bis zum absoluten ἐγώ εἰμι im Neuen Testament. Zentral ist dabei Jes 45,18 („Ich bin der HERR, und sonst keiner mehr“).[57] Die Septuaginta übersetzt in Jes 45,18 das hebräische „anî JHWH“ mit dem absoluten ἐγώ εἰμι. H. Zimmermann kommt zu dem Schluss: „Das absolute ἐγώ εἰμι im Munde Jesu ist die alttestamentliche Offenbarungsformel“. Thyen sieht dieses Ergebnis in seinen Studien zum Johannesevangelium „voll bestätigt“. Er arbeitet Parallelen zwischen Joh 8 und Jes 43 heraus: Für beide Texte sei das Forum des endzeitlichen Gerichts prägend, so dass Begriffe wie „Zeuge“ und „Zeugnis“ von zentraler Bedeutung wären (Jes 43,9–12; Joh 8,13–18). In Jes 43,7 sei vom „Licht der Völker“ die Rede, in Joh 8,12 vom „Licht (der Welt)“. Von diesen Beobachtungen ausgehend kommt Thyen zu dem Schluss: „Die Intertextualität zwischen Johannes und Jesaja [macht] evident, dass Jesus mit dem ἐγώ εἰμι nicht eine beliebige Botenformel der

---

[56] Ego eimi – Joh und Synoptiker: s. S. Theobald, Michael (2002), Herrenworte im Johannesevangelium [Herders biblische Studien 34], Freiburg [Theobald].

[57] Theobald 452 Anm. 137.

Umwelt in den Mund gelegt wird, sondern dass sich darin der einzigartige ‚Ich Bin' von Jes 43,10 f. in Zeit und Geschichte zu Wort meldet, damit er sei, wer immer er sein will, wie er es einst Mose am Horeb verheißen hatte".[58]

Welche Bedeutung haben die „Ich-bin" Worte im Munde Jesu bei Johannes? Präsentiert sich Jesus selbst als göttlich, indem er die Offenbarung des Gottesnamens von Ex 3,14 in Erinnerung ruft? Oder gebraucht Jesus die Präsentation als Offenbarungsformel. Theobald urteilt dazu sehr klar: „Diese Sprüche kamen im Gottesdienst durch den Mund von Gemeindepropheten zu Wort, die sie im Namen des erhöhten Christus als dessen eigenen Zuspruch an die Gemeinde laut werden ließen; dieser Zuspruch sollte sie seiner rettenden Gegenwart bei ihnen vergewissern. Subjekt dieser Sprüche ist also der erhöhte Christus, nicht der irdische Jesus, wie bei den Sprüchen, die den Zeitindex des Lebens Jesu an sich tragen; aber auch nicht einfach der Erhöhte unter Absehen von seinem irdischen Leben, sondern Jesus selbst, wie er in Folge seiner Erhöhung zu Gott seiner Gemeinde heilbringend gegenwärtig bleibt" (Theobald 332). – Demnach sind die Ich-bin Worte nicht Worte des irdischen Jesu, sondern Worte, die Propheten dem erhöhten Herrn in den Mund gelegt haben, um seine Bedeutung für die Gemeinden des Johannes zu künden. Diese Verkündigung weist vor allem auf das gegenwärtige Heilshandeln des Erhöhten hin. Es sind soteriologische Eigenschaften, mit denen sich der Erhöhte den Gemeinden präsentiert.

Nur im Joh-Evangelium wird die Bedeutung Jesu ausgedrückt durch Ich-bin-Worte, die um ein Bild erweitert sind: Brot des Lebens (6,35); Licht der Welt (8,12); die Tür (10,9); der gute Hirt (10,11); die Auferstehung und das Leben (11,25 f); der Weg, die Wahrheit und das Leben (14,6); der (wahre) Weinstock (15,1.5). Die verwendeten Bilder sind geprägte Heils-begriffe. Die Ich-bin-Worte bringen zum Ausdruck, dass Jesus in seiner Person das Heil ist. Geber und Gabe des Heils sind identisch. Dies kann man gut an der Gestaltung des Brotwortes sehen. Auf den Verweis auf das Manna, das die Väter in der Wüste gegessen haben, folgt zunächst eine Erwiderung, die den Blick auf die Gegenwart lenkt: „Nicht Mose hat euch das Brot vom Himmel gegeben, sondern mein Vater gibt euch das wahrhaftige Brot vom Himmel". Dies führt zur Bitte nach diesem Brot: „Herr, gib uns immer dieses Brot!". Daraufhin offenbart sich Jesus selbst als dieses Brot: „Ich bin das Brot des Lebens. Wer zu mir kommt, wird nicht mehr hungern, und wer an mich glaubt, wird nie mehr dürsten" (Joh 6,31–35). In dieser Konzeption ist auch begründet, dass Jesus im Joh-Evangelium nichts anderes verkündet als sich selbst.

Bei der Durchsicht der Bildworte ist noch eine weitere Eigenheit zu bemerken. Sie betreffen offensichtlich die besondere Situation der damaligen Gemeinde, die zur Zeit des Johannes eine schwere Zeit durchmachte.

Die Bilder von „Tür" und „Weg" mögen eine gewisse Polemik enthalten: nur durch Jesus als Tür, nur durch Jesus als Weg kommt der Mensch zum Vater. Damit ist die soteriologische Exklusivität des Heils durch Jesus ausdrücklich gemacht. Alle

[58] Nach dem *Wissenschaftlichen Bibellexikon* im Internet, Art.: „Ich-bin-Worte"; s. Zimmermann, Heinrich (1960), Das absolute ἐγώ εἰμι als die neutestamentliche Offenbarungsformel, in: BZ 4 (1960), 54–69; 266–276, hier 270; Thyen, H. (1996), Art. Ich-Bin-Worte, RAC XVII, 147–213, hier 172–174.

anderen Heilsmitttler werden ausgeschlossen: „*Ich* bin der Weg", „*Ich* bin die Tür" – und niemand sonst (Theobald 330). „Licht" ist ebenfalls zunächst ein Bild des Heiles, aber es ist möglicherweise gegen die soteriologische Bedeutung der Tora gesprochen. Theobald hat in diesem Zusammenhang vor allem auch auf Joh 6,35 hingewiesen: „Ich bin das Brot des Lebens; wer zu mir kommt, wird nie mehr hungern, nie mehr dürsten". Dies dürfte eine polemische Spitze gegen Sir 24,19–21 enthalten, welche die Tora als Weisheit preist, die Hunger und Durst stillt. Joh 6,35 hätte dann den Sinn: „Hier ist mehr als die Weisheit" (Theobald 330, 252–255).

Den Hintergrund für die Polemik führt Theobald auf die Situation der Johanneischen Gemeinde zurück: „Über dem Bekenntnis zu Jesus als dem präexistenten ‚Sohn Gottes' wird es zum sogenannten johanneischen ‚Schisma' gekommen sein: Die Gruppe, aus der die johanneische Gemeinden hervorwuchsen, hatte sich notgedrungen von ihrer jüdischen Muttergemeinde trennen müssen, da sie mit ihrem Bekenntnis zu Jesus als dem von Gott selbst herstammenden einzigen Sohn in den schwerwiegenden Verdacht eines ‚Ditheismus' geraten war, der als grobe Verletzung des biblischen Monotheismus (vgl. 5,18; 10,33.36; 19,7) mit der Ausstoßung aus der Synagoge geahndet wurde (vgl. 9,22.34; 12,42). [...] Der Evangelist reagiert mit seinem Buch auf dieses Schisma, dessen nicht zu unterschätzende Folgen er mit ihm theologisch aufarbeiten will. An diese Eckdaten der Johannesforschung zu erinnern scheint mir hilfreich zu sein, wenn es gilt, die Ego-Eimi-Bildworte insgesamt als Überlieferungsgut der johanneischen Gemeinde zu würdigen. Denn mit ihrem aus der alttestamentlichen Offenbarungsformel herzuleitenden ego eimi sind sie prominent Zeugen der johanneischen Hochchristologie und gestatten als Überlieferung auch einen Blick auf die Hintergründe es Schismas. Insgesamt präsentieren sie Jesus als die eschatologische Epiphanie Gottes zur Rettung der an ihn Glaubenden, und zwar in einer derart exklusiven Weise, dass damit der Sprengsatz im Blick auf frühjüdische Konzepte von Bund, Tora und Erwählung gelegt ist" (Theobald 329).

9.5.3 Christologische Hoheitstitel

Der Kern der Christologie ist für Hemmerle das Ostergeheimnis. Er hat zur Kennzeichnung des Ostergeheimnisses auf die elementaren Formeln des Glaubensbekenntnisses der ersten Gemeinden zurückgegriffen. Dabei unterscheidet er zwei fundamentale Weisen der Glaubensbekenntnisse mit dem Kern der Auferstehung (s. oben 9.5). Nach Ostern prägten die Anhänger Jesu Glaubensformeln und Bekenntnisse. Sie preisen die Person Jesu (Homologien) oder erinnern an zentrale Heilsereignisse (Pistisformeln). Das Paradigma dafür ist Röm 10,9: „Denn wenn du mit deinem Mund bekennst: ‚Jesus ist der Herr' (= Homologie) und in deinem Herzen glaubst: ‚Gott hat ihn von den Toten auferweckt' (= Pistisformel)" (s. oben 7.1.2.2).

Die Formel der Homologie ist ein Symbolon, ein Kennwort für die gottesdienstliche Versammlung und Liturgie. Die Christen verstanden die Akklamation „Kyrios Jesus" so aktuell, dass sie sich im „Anrufen des Namens des Herrn" zusammenfanden und sich im Gebet vereinten (1 Kor 1,2). Die Namen Jesu werden zu Titeln Jesu und haben im Gottesdienst ihren Sitz im Leben. Jesus wird mit den sogenannten „Hoheitstiteln" durch die Gemeinde angeredet, verehrt oder verkündet.

„Das Proprium des Christus des Glaubens aber kommt uns zu durch die Titel, die ihn eben als den Christus des Glaubens ausgeben, und somit in den verschiedenen Christologien des NT; in der Κύριος-Christologie, in der Χριστός-Christologie, in der υἱός τοῦ θεοῦ-Christologie, in der kosmischen Christologie des Epheserbriefes, in der Logoschristologie in den johanneischen Schriften, in der ἱερεύς-Christologie des Hebräerevangeliums oder gar in der metaphysischen ‚Christologie', der Christologie des 3./4. Jhd., die dann auf der johanneischen Schrift, aber auch auf den anderen basierend, dieses entfaltet" (Vorlesung 16.11.73, 151).

Hemmerle äußert sich auch über die Form und Verwendung der Titel in der frühen Gemeinde. Es ist vor allem die Eucharistiefeier:

„Diese Formeln stammen aus der Versammlung der Gemeinde. Anderswo könnten sie ja nicht zustande kommen als eben dort, wo die Gemeinde beisammen ist, um ihren Glauben zu feiern und auszusprechen. Der erste, der ‚aussagende' Typ kann als Taufbekenntnis verwandt worden sein (Pistisformel – KK). Der zweite Typ, der ‚anrufende', ist als Zuruf der Gemeinde zu verstehen, in dem Jesus der Erhöhte gefeiert, gepriesen, proklamiert wird (Homologie – KK). Und er wird gefeiert, gepriesen, proklamiert, weil er da ist, weil er als der Gemeinde sich schenkend, als ihr nahe erfahren wird. Solche Nähe, solche Gegenwart in der Gemeinde hat zumal in der Eucharistiefeier ihren lebendigen Ort, reicht aber über die sakramentale Gegenwart hinaus. Die eucharistische Gegenwart ist dichteste Form der Gegenwart bei seiner Gemeinde, aber seine Gegenwart erschöpft sich nicht in der Eucharistie" (Glauben 101–102).

Mit dieser Beschreibung kommt Hemmerle in die Nähe dessen, was heute zu einer starken Richtung der Forschung geworden ist. Die Untersuchungen zu den Hoheitstiteln hatten sich in ihren Erforschungen und Klärungen oft einseitig auf hellenistische und römische Traditionen berufen. Ein Beispiel dafür ist das wichtige Buch *Kyrios* von Bossuet. Man forschte nach Bezügen und Entsprechungen in den antiken Texten und Kulten. Die Forschung hat seit einiger Zeit einen neuen Weg eingeschlagen. Sie setzt nicht mehr bei den Christustiteln an (Mensch, Gottessohn, Messias, Herr, Prophet, Retter, Logos usw.), die auf Jesus übertragen wurden und deren isolierte Begriffsgeschichte weithin unaufgeklärt blieb. Stattdessen tritt zunehmend die Praxis der Verehrung Jesu (in der anglo-amerikanischen Literatur „Jesus devotion" genannt) in den Mittelpunkt.[59] Die Forschungsrichtung sucht zu ergründen, wie Jesus in den jüdischen Gottesdienst einbezogen und dabei zunehmend mit Titeln, die auf seine Gottheit hinweisen, verehrt wurde.

Das ist das Überraschende, dass Jesus in den jüdischen Gottesdienst, der dem Gott Israels galt, einbezogen werden konnte. Dazu bedurfte es der Berufung auf seine göttliche Hoheit und Vollmacht. Es war eine Geste der Verehrung, aber auch ein „sakralrechtlicher Akt" (Weidenmann), dass Jesus diese Adoration der Gemeinden

[59] S. Hurtado, Larry W. (2003), Lord Jesus Christ. Devotion to Jesus in earliest Christianity, Grand Rapids Mich.; ders., eine erste deutsche Einführung: Jesusverehrung und die Frömmigkeit des Judentums zur Zeit des zweiten Tempels, in: Evangelische Theologie 68 (2008), 266–285; eine erste Hinführung gibt auch Weidemann, Hans-Ulrich (2013), Der Jüngerkreis bekennt: Jesus ist der Herr, in: Welt und Umwelt der Bibel 18 (2013), 18–25.

entgegennehmen konnte. Die Forschung sucht nach und nach den Hintergrund der sogenannten christologischen Hoheitstitel aufzudecken. Das Ergebnis ist in der Tat bemerkenswert: die Hoheitstitel kamen Jesus nicht zuerst aus einer fremden Kultur zu, sondern sie erwuchsen auf dem ursprünglichen Boden der frühen jüdischen Gemeinden, die Jesus im Gottesdienst verehrten.

Demnach wären die Hoheitstitel auf ihre Herkunft, auf die jüdischen Gemeinden und ihre Gottesdienste, zuerst zurückzuführen. Sie entstünden aus dem lebendigen Glauben der Jünger und Gemeinden. Sie präsentierten Jesus den Erhöhten in seiner Vollmacht als Menschensohn, Gottessohn, Messias, Herr, Prophet, Retter, Logos u. a. Sie sind sozusagen die Einsetzung in die Rechte des Gottessohnes, des Propheten, Lehrers und Richters durch die Jünger und Gemeinden. Eine Einsetzung, die einem „sakralrechtlichen Akt“ gleichkommt, also seine Erhebung und Verehrung im Gottesdienst rechtfertigt.

Die häufigsten Hoheitstitel sind weithin und umfangreich untersucht worden.[60] Wie gesagt wurden ihre interreligiösen, liturgischen und kultischen Hintergründe in großer Breite erforscht. Das ist nicht zu wiederholen. Mit Interesse wird aber zu verfolgen sein, zu welchen Ergebnissen die neuere Forschung hinsichtlich ihrer Entstehung in den frühen jüdischen Gemeinden kommen wird.

9.6 Philosophie des Zeugnisses

Für Johannes ist Jesus der „treue Zeuge“. Im Blick auf die hohe Christologie bei Johannes wird deutlich, wie die literarische Sicht des biblischen Zeugnisses in eine Theologie des Zeugnisses übergehen kann. Es fällt auf, dass die hohe Theologie des Zeugnisses bei Johannes sprachliche Ähnlichkeiten mit der Philosophie des Zeugnisses bei Levinas hat. An dieser Stelle ergibt sich ein Zusammenhang, der noch nicht hergestellt wurde, sich aber nahelegt, nämlich auf die Philosophie des Zeugnisses und auf eine Phänomenologie des „Zeugnis Gebens“ einzugehen.

Hemmerle hat in einer früheren Phase die grundlegende philosophisch-theologische Betrachtung *Wahrheit und Zeugnis (1970)* vorgelegt. Es ist interessant, dass Zeugnis in den weiteren Schriften zwar nicht mehr ausdrücklich reflektiert wird, aber überall zugrunde liegt, wenn man auf die jeweiligen sprachlichen Fassungen achtet. Bezeichnenderweise geht der frühere Aufsatz und damit das fundamentale Verständnis von Zeugnis in den späteren Aufsatz *Macht und Ohnmacht des Wortes (1978)* ein. Mit anderen Worten wird dort das ‚Wortgeschehen‘ (das Sprechen) in seiner strukturalen Grundform als Zeugnisgeschehen (Bezeugen) gesehen. Sprechen und Wort sind, wie wir sehen werden, selbst schon Zeugnisgeschehen, wenn das Wortgeschehen allein auch noch nicht das integrale Zeugnisgeschehen umfasst. Allerdings

[60] Etwa Hahn, Ferdinand (1974), Christologische Hoheitstitel. Ihre Geschichte im frühen Christentum (FRLANT 83), Göttingen; Kramer, Werner (1963), Christos Kyrios Gottessohn. Untersuchungen zu Gebrauch und Bedeutung der christologischen Bezeichnungen bei Paulus und den vorpaulinischen Gemeinden (AThANT, 44), Zürich. S. auch Jesus 437–466.

hat Hemmerle immer wieder darauf hingewiesen, dass seine Betrachtung des Zeugnisses vor allem philosophische und fundamentaltheologische Bedeutung, er die biblische Reichweite kaum weiter ausgeführt hat.[61]

Interessanterweise führt Ricoeur bei der Hinführung zu einem philosophischen Begriff des Zeugnisses Heidegger an, vor allem weist er aber auf Levinas hin. Zunächst fällt die Bedeutung des Zeugnisses bei Levinas nicht sehr auf. Aber, wie wir sehen werden, ist Zeugnis ein Zentralbegriff in *Jenseits des Seins*. Ricoeur hat der Philosophie des Zeugnisses bei Levinas einen eigenen Beitrag gewidmet *Emmanuel Levinas, penseur de témoignage*[62]. Levinas erweitert die Überlegungen Ricoeurs und vertieft sie. Vor allem geht Levinas auf die Tiefenstruktur des Zeugnisses, auf den inneren Zusammenhang von „Sprechen", „Geben" und „Bezeugen" ein. Das ist auch der innere rote Faden unserer Darstellung bisher von der Offenbarung („Sprechen"), zur Theologie („Geben bzw. Sich-Geben") und nun zur Christologie („Zeugnis geben").

Ricoeur beginnt den philosophischen Zeugnisbegriff mit seinem Lehrer Jean Nabert. Ricoeur war Schüler von Nabert. Zeugnis hat bei Nabert eine zentrale Bedeutung für Philosophie und Theologie; so in seinem Buch *Le désir de Dieu*. Ricoeur kommt immer wieder auf dieses Buch zurück. Nabert kennt drei Arten von Zeugnissen und Zeugen. Zunächst kennt er den vulgären Zeugnisbegriff, in dessen Mittelpunkt der Zeuge steht, der von Ereignissen und Handlungen berichtet, die er beobachtet hat. Davon unterschieden sind die Zeugen, welche mit ihrem Zeugnis die berichteten Tatsachen bezeugen wollen. Doch erst der dritte Begriff kommt dem näher, um was es dem philosophischen Zeugnis im Sinne Narberts geht, nämlich der Bezeugung des Absoluten bzw. Göttlichen in einer endlichen Welt.[63] „Das philosophische Problem des Zeugnisses ist das Problem des Zeugnisses vom Absoluten" (Zeugnis 7–8).

Wenn Ricoeur den philosophischen Zeugnisbegriff bei Nabert, Heidegger und Levinas behandelt, lässt er sich vor allem von einer bestimmten Kriteriologie der Zeugnisse leiten, nämlich von der „hauteur" bzw. „intériorité" und „extériorité" der Zeugnisse, d. h. der hohe Begriff von Zeugnis bringt eine gewisse „Höhe (hauteur)" – bei Narbert das „Absolute" und bei Levinas „Herrlichkeit" – und „Exteriorität" zur Sprache[64] Diese Kriterien sind offensichtlich vor allem der Phänomenologie Levinas' entnommen, wie wir gleich sehen werden.

[61] S. auch Hemmerle, Politik und Zeugnis (AS III, 180–193).

[62] Ricoeur, Paul (1994), Emmanuel Levinas, penseur de témoignage, in: ders., Lectures Bd.3: Aux frontières de la philosophie, Paris, 83–105.

[63] Orth, Cogito, a. a. O., 345–360.

[64] Ricoeur, Levinas, a. a. O., 83–84.

9.6.1 Zeugnis in den Philosophien von Heidegger – Levinas – Ricoeur

9.6.1.1 Bezeugung des Selbst (Heidegger)

Es mag überraschen, dass Ricoeur bei der Diskussion des philosophischen Zeugnisbegriffes auf Heidegger eingeht. Doch bei genauerem Hinsehen hat dies durchaus seine Berechtigung. Denn „Bezeugung" und „Selbstbezeugung" ist ein wichtiger Grundzug des „Gewissens" und der „Entschlossenheit". Gewissen und Entschlossenheit sind aber Zentralbegriffe des zweiten Teils von *Sein und Zeit*. So trägt das 2. Kapitel des Zweiten Teils von *Sein und Zeit* die Überschrift: „Die daseinsmäßige Bezeugung eines eigentlichen Seinkönnens und die Entschlossenheit" (SZ 267). Und dieses Kapitel enthält die entscheidenden Begriffe des Zweiten Teils von *Sein und Zeit* wie Gewissen, Ruf des Gewissens, Sorge, Seinkönnen, Entschlossenheit.

Das Gewissen ist für Heidegger eine Bezeugungsinstanz, es steht für ihn für „die daseinsmäßige Bezeugung des eigentlichen Seinkönnens". Wie bezeugt sich das eigentliche Seinkönnen im Dasein? Nach Heidegger durch das Rufen oder den Ruf überhaupt. Bezeugen geschieht somit durch das Rufen des Gewissens. An dieser Stelle wird die Besonderheit Heideggers deutlich. Die Bezeugung des Gewissens wird zur Selbst-Bezeugung. An folgender Stelle wird das sehr deutlich. Der Ruf wird von einem äußeren Ruf auf das Dasein zurückgebogen:

„Besteht aber überhaupt eine Notwendigkeit, die Frage, wer ruft, ausdrücklich noch zu stellen? Beantwortet sie sich für das Dasein nicht ebenso eindeutig wie die nach dem im Ruf Angerufenen? Das Dasein ruft im Gewissen sich selbst. Dieses Verständnis des Rufers mag im faktischen Hören des Rufes mehr oder minder wach sein. Ontologisch genügt jedoch die Antwort, das Dasein sei der Rufer und der Angerufene zumal, keineswegs. Ist denn das Dasein als angerufenes nicht anders ‚da' denn als rufendes? Fungiert etwa als Rufer das eigenste Selbstseinkönnen? Der Ruf wird ja gerade nicht und nie von uns selbst weder geplant, noch vorbereitet, noch willentlich vollzogen. ‚Es' ruft, wider Erwarten und gar wider Willen. Andererseits kommt der Ruf zweifellos nicht von einem Anderen, der mit mir in der Welt ist. Der Ruf kommt aus mir und doch über mich. [...] Daß der Ruf nicht ausdrücklich von mir vollzogen wird, vielmehr ‚es' ruft, berechtigt noch nicht, den Rufer in einem nicht daseinsmäßigen Seienden zu suchen" (SZ 275–6).

Das ist Heideggers Antwort auf die Frage, wer oder was das Gewissen ruft: „Das Gewissen offenbart sich demnach als eine zum Sein des Daseins gehörende Bezeugung, in der es dieses selbst vor sein eigenstes Seinkönnen ruft" (SZ 288). Und in SZ § 60 heißt es: „Die existenziale Struktur des im Gewissen bezeugten eigentlichen Seinkönnens", d. h. die existenziale Interpretation wird als Hermeneutin zur Deutung des Vorganges angerufen. „Die existenziale Interpretation des Gewissens soll eine im Dasein selbst seiende Bezeugung seines eigensten Seinkönnens herausstellen" (SZ 295).

Nach den Kriterien, die Ricoeur mit dem Zeugnis verbindet, ist deshalb die Selbst-Bezeugung des Gewissens kein wirkliches Zeugnis. Es ist der Zug des Sich-in-sich-Einschließens („intériorité"), die Ricoeur daran hindern, bei Heidegger das Kriterium der „Exteriorität" und damit einen authentischen Begriff des Zeugnisses zu finden. Ganz anders spricht Levinas vom Zeugnis.

9.6.1.2 Zeugnis der „Herrlichkeit" (Levinas)

In *Jenseits des Seins* wird „Zeugnis" zu einem Baustein der gesamten Schrift. Zwar fällt auf, dass Levinas den Begriff des Zeugnisses nicht ausdrücklich entfaltet. Aber ein genauerer Blick zeigt, dass Zeugnis der Grundbegriff des V. Kapitels von *Jenseits des Seins* ist. Das V. Kapitel erschien zuerst in *Archives de Philosophie* unter dem Namen „Témoignage (Zeugnis)". *Jenseits des Seins* V.2. hat die Überschrift „Die Herrlichkeit des Unendlichen" (JS 308–334); hier begegnet Zeugnis nicht als Begriff, dafür ist es der Zentralbegriff im Hintergrund und wird nach und nach ausdrücklich thematisiert. So in den Abschnitten „2.a. Inspiration (308–312),[65] „2.b. Inspiration und Zeugnis" (312–316), „2.c. Aufrichtigkeit und Herrlichkeit des Unendlichen" (316–319), „2.d. Zeugnis und Sprache" (319–326), „2.e. Zeugnis und Prophetie" (326–334).

Vom Sagen zum Geben – zum Zeugnis Geben

Ein dichter Text von Levinas in *Gott* macht die innere Strukturierung des Zeugnisses deutlich (Gott 116–119). Am besten wird es sein, den Text zunächst zu zitieren und in Schritten zu kommentieren. Im Text wird der Duktus deutlich, der vom „*Sagen*" zum „*Geben*" und schließlich zum „*Zeugnis geben*" führt. Es wird auch der Duktus unserer Auslegung des Zeugnisses sein:

„[Das] Über-alles-Maß-Hinausgehen ist *Sagen.* Die Redlichkeit ist kein Attribut, welches das Sagen eventuell erhält; durch das Sagen ist die Redlichkeit – bedingungsloses Sich-Aussetzen – erst möglich. Das Sagen gibt dem Anderen ein Zeichen, bedeutet aber in diesem Zeichen die Zeichengebung selbst. Sagen [dire], das mich dem Anderen öffnet, ehe es ein Gesagtes [un dit] sagt, ehe das Gesagte dieser Redlichkeit zu einer Trennwand zwischen mir und dem Anderen wird. Sagen ohne Gesagtes und so gleichsam Schweigen. Sagen ohne Worte, aber nicht mit leeren Händen. Wenn das Schweigen spricht, dann nicht durch irgendein inneres Geheimnis oder durch irgendeine Ekstase der Intentionalität, sondern durch die hyperbolische Passivität des *Gebens,* die jedem Wollen und jeder Thematisierung voraufgeht. Sagen, welches dem Anderen das Unendliche bezeugt, das mich zerreißt, wenn es mich im Sagen wachruft. Die so verstandene Sprache verliert ihre Luxusfunktion, die sonderbare Funktion, Denken und Sein zu verdoppeln. Das Sagen als *Zeugnis* geht jedem Gesagten voraus. Das Sagen ist, ehe es ein Gesagtes aussagt (und selbst das Sagen eines Gesagten ist – insofern es ein Dem-Anderen-Näherkommen ist – Verantwortlichkeit für ihn), bereits Zeugnis dieser Verantwortlichkeit. Das Sagen ist also eine Weise des Bedeutens vor jeder Erfahrung. *Reines Zeugnis:* Wahrheit des Martyriums, die in keiner Abhängigkeit von irgendeiner Entbergung, und sei diese selbst ‚religiöse' Erfahrung, steht. Gehorsam, der dem Verstehen des Befehls voraufgeht" [kursiv – KK] (Gott 116–117).

---

[65] JS 311–312 „Krank bin ich" (Hld 5,8).

Die dichte Stelle soll in Schritten nach und nach erschlossen werden. Levinas spricht von „reinem Zeugnis". Ein erstes Kennzeichen des reinen Zeugnisses ist die Redlichkeit, Aufrichtigkeit, Glaubwürdigkeit des Sagens. Der Text entfaltet dann „Zeugnis" in folgenden Schritten: Levinas bezieht das Zeugnis auf das *Sagen* (dire). Zeugnis liegt dem Sagen (dire) zugrunde. In jedem ursprünglichen Sagen ist Zeugnis bereits im Spiel. Denn die Tiefendimension des Sagens ist bereits *Geben;* Sagen ist schon Ausdruck eines Gebens. Geben gibt aber immer schon Zeugnis von dem Geber. Geben geht bis zum Sich-Selbst-Geben. Sich-Selbst-Geben ereignet sich vor allem im *Zeugnis geben.* Es geht bis zum äußersten Zeugnis, dem „Martyrium".[66]

Die Aufrichtigkeit und Glaubwürdigkeit des Sagens bzw. des Zeugnisses weist das Sagen des Zeugnisses als ethisches Sagen aus. Zeugnis ist ethisches Sagen, Zeugnis ist *Geben.* „Die Aufrichtigkeit ist kein Attribut des Sagens; vielmehr vollendet das Sagen die Aufrichtigkeit, die untrennbar vom Geben ist, erschließt sie doch die Vorräte, aus denen die gebende Hand schöpft" (JS 314–315).

Dieses Geben geht bis an die äußersten Grenzen des Sich-Aufgebens. Sich-Geben bis zum Sich-Aufgeben steckt hinter dem sprachlichen Akkusativ, dem Anklagefall „me voici": „hier, sieh mich". Levinas legt, wie wir gesehen haben, das „me voici" als Anklage aus, jetzt als ethische Verantwortung, mich dem Anderen auszuliefern. Das Pronomen „ich" steht im Akkusativ, nach Levinas gebeugt schon vor jeder Beugung, besessen durch den Anderen, „krank bin ich vor Liebe" (Hohelied V,8) (JS 311); es bedeutet Geben, den Leib Geben, den eigenen Bissen Geben (JS 308–312). „Hier, sieh mich – Sagen der Inspiration, die nicht die Gabe schöner Worte oder Gesänge ist. Zwang zum Geben, mit vollen Händen, und folglich zur Leiblichkeit" (JS 310–311). – Sagen ist immer auch ein Sich-Geben, Zeugnis von sich geben. Reines Zeugnis ist Sich-Geben bis zum Martyrium.

„Zeugnis der Herrlichkeit des Unendlichen"

Zeugnis vollzieht sich in der Tiefe von „Sagen" und „Geben". Zeugnis geht aber nicht im Sagen und Geben auf. Es ist mehr. Die Merkmale des authentischen Zeugnisses sind für Levinas: „Zeugnis der Herrlichkeit", „Exteriorität und Interiorität des Zeugnisses", „Subjektivität" und „Illeität". Gehen wir diesen Strukturmomenten im Einzelnen nach.

Überragend ist die Rede Levinas vom Zeugnis als „Zeugnis der Herrlichkeit" bzw. „Zeugnis der Herrlichkeit des Unendlichen" (AQ 184–185 / JS 316–319; EU 80–86). Es geht bei Levinas ohne Zweifel um das hohe Zeugnis, das „reine Zeugnis".

[66] Ähnlich formuliert Levinas in Jenseits des Seins. „Zeugnis ereignet sich im Sagen, im ursprünglichen Sagen. Sagen (dire) vor allem Gesagten (le dit) [...]. Es braucht eine Passivität der Passivität und, unter der Herrlichkeit des Unendlichen, eine Asche, aus der nicht erneut der Akt erstehen kann. Diese Passivität der Passivität, diese dem Anderen geltende Übereignung, diese Aufrichtigkeit ist das Sagen. Nicht Mitteilung eines Gesagten, [...] Sagen, das seine Offenheit offenhält, [...] ohne irgendetwas Gesagtes zu sagen. Sagen, das nichts anderes sagt als eben das Sagen, ohne es zu thematisieren. [...] Die Aufrichtigkeit wäre also Sagen ohne Gesagtes, offenbar ein ‚Sprechen, um nichts zu sagen'. [...] ‚einfach wie ein Grüß' Gott' [...] Gruß, der nichts kostet, aufgefaßt als reiner Vokativ " (JS 313 bzw. 315).

Die hohe Form des Zeugnisses ist für Levinas „Zeugnis des Unendlichen". Das beinhaltet eine innere Spannung. Einerseits kann das Subjekt nicht Ursprung des Zeugnisses sein, andererseits wird das Zeugnis doch von mir gefordert: „Reines Zeugnis, das nicht von einer vorher gemachten Erfahrung zeugt, sondern von dem der Einheit der Apperzeption nicht zugänglichen, nicht erscheinenden und in keinem Verhältnis zur Gegenwart stehenden Unendlichen. Das Zeugnis kann das Unendliche nicht umfassen, es kann es nicht begreifen. Es betrifft [concerne] und umfaßt [cerne] mich, indem es durch meinen Mund spricht. Und reines Zeugnis gibt es nur vom Unendlichen. Das ist kein psychologisches Wunder, sondern die Weise, in welcher das Unendliche *passiert* (s'y passe, Gott 103 Anm.), das durch den bedeutet, dem es bedeutet – und das vernommen worden ist, insofern ich vor jedem Engagement für den Anderen eintrete. Wie unter einer Sonne aus Blei, die in mir jeden schattigen Winkel, jeden geheimnisvollen Rest, jeden Hinter-Gedanken, jedes ‚was mich anlangt', jede Verhärtung oder jede Lockerung des Gewebes, wodurch ein Ausweichen möglich würde, unterdrückt – *bin ich Zeugnis – oder Spur, oder Herrlichkeit – des Unendlichen* (kursiv – KK), wenn ich das böse Schweigen breche, welches das Geheimnis des Gyges birgt" (Gott 117).

Das Unendliche ereignet sich im Sagen, muss sich aus-sagen. Aber nicht in einem bloßen Sagen, sondern in einem Sagen, in welchem es zum Ausdruck gebracht wird, das ist in meinem Zeugnis von ihm. „Das Unendliche ereignet sich als Sagen. [...] Von sich her ist das Sagen Zeugnis, gleich welches Schicksal ihm später zuteil wird, wenn es durch das Gesagte in ein System von Worten eintritt; Sagen, von dem dieses System abgeleitet ist" (JS 323).

Das Unendliche des Zeugnisses nennt Levinas auch „Herrlichkeit". Im Zeugnis kommt die Herrlichkeit des Unendlichen zum Ausdruck (Gott 115). Für Levinas ist „Herrlichkeit" das ‚Jenseits des Seienden und des Seins' oder das Andere des Subjekts (JS 316–7).

Der Ausdruck „Herrlichkeit" fällt auf. Es ist wahrscheinlich, dass Levinas bei dem ungewöhnlichen Begriff der Herrlichkeit (frz. gloire) an die hebräische und biblische „kabod" denkt. Es scheint, dass Levinas die prophetische „kabod" (GD 254 Anm.) ins Philosophische übersetzen wollte. „Unendliches (infini)" wäre der philosophische Begriff des Gemeinten. Herrlichkeit wäre der Versuch, dem biblischen Gebrauch die entsprechende philosophische Konnotation zu verleihen. Ein Hinweis auf diese Absicht könnte sein, wenn Levinas etwa von der „Herrlichkeit der Transzendenz" (JS 47) spricht.

Herrlichkeit ist biblisch ein prophetischer Begriff. Die prophetische Herrlichkeit kommt im ebenfalls oft gebrauchten Ausdruck der „Erhabenheit" zur Sprache. Dieser Hintergrund kommt etwa in einer Aussage wie der folgenden heraus, wo von der Erhabenheit des Anderen die Rede ist: „Epiphanie im Antlitz [...] von Oben [...] Erhabenheit, in der der Andere auf mich zukommt, und zwar konkret in der ethischen Unmöglichkeit, diesen Mord zu begehen. Den Anderen, der sich präsentiert, empfange ich in meinem Haus, indem ich ihm mein Haus öffne. [...] Die Dimension der Erhabenheit, aus der die Sprache kommt, bezeichnen wir mit dem Wort Unterweisung" (TU 247) .

Diese Zuschreibung des Unendlichen zur Herrlichkeit ist auch der Grund dafür, dass Herrlichkeit kein Gegenstand der Erkenntnis, überhaupt kein Gegenstand im

Sinne eines Gesagten (le dit), sondern ungesagtes Anwesen im Sagen ist: „Diese Herrlichkeit kann nicht erscheinen, denn das Erscheinen und die Gegenwart würden sie Lügen strafen, indem sie sie als Thema umschrieben und ihr einen Anfang in der Gegenwart der Vorstellung anwiesen, während sie als Verunendlichung des Unendlichen aus einer entfernteren Vergangenheit kommt als jener, die, in Reichweite der Erinnerung, sich der Gegenwart anschließt. Sie kommt aus einer Vergangenheit, die niemals vergegenwärtigt gewesen ist, die sich niemals präsentiert hatte und die folglich keinen Anfang hat keimen lassen“ (JS 316).

Zeugnis – Exteriorität und Interiorität

Die dichte Aussage „ich bin Zeugnis – oder Spur, oder Herrlichkeit – des Unendlichen“ benennt den innigen Zusammenhang von Ausdrücken, die erst entschlüsselt werden müssen. Im Zeugnis der Herrlichkeit verknüpft sich Unterschiedliches: einmal Herrlichkeit, die Verantwortung für den Anderen ist; dann das Subjekt des Zeugnisses, das „inspiriertes Subjekt“ ist (JS 324). Zuerst das Subjekt des Zeugnisses. Es ist nicht das normale Subjekt der Sprache. Ich werde, wenn ich Zeugnis vom Anderen gebe, selbst Zeugnis. Im Zeugnisgeben für den Anderen, das Ereignis der Herrlichkeit, werde ich selbst Herrlichkeit.: „Die Herrlichkeit kann nicht Phänomen werden, ohne in Verbindung zu treten zu dem Subjekt gerade, dem sie erschiene, ohne eingeschlossen zu werden in die Endlichkeit und die Immanenz. Doch ohne Prinzip, ohne Anfang – anarchisch – bedeutet die Herrlichkeit, indem sie das Thema sprengt, positiv, diesseits des Logos“ (JS 316–7).

Das Zeugnis geht auf in den Dimensionen von Exteriorität und Interiorität. Das entspricht der phänomenologischen Betrachtung. Jede Wahrnehmung und Erfahrung, auf höchste Weise das Zeugnis, zeigt sich in den beiden Dimensionen von Innen und Außen, von „Interiorität“ und „Exteriorität“ (s. oben 5.2.4.1 und 3.2.2.) Herrlichkeit steht für die unendliche Exteriorität des Zeugnisses, sie drückt sich aber aus durch die Innerlichkeit des Subjekts. Die Innerlichkeit des Subjekts kommt wiederum nur zu sich im Anruf der Herrlichkeit, der Verantwortung durch den Anderen: „Die Herrlichkeit ist nur die andere Seite der Passivität des Subjekts, bei der im Einstehen für den Anderen, in einer dem Erstbesten aufgetragenen Verantwortung, in Verantwortung für den Nächsten, die durch den Anderen inspiriert ist, ich, der Selbe, meinem Anfang in mir, meiner Gleichheit mit mir selbst entrissen werde. Die Herrlichkeit des Unendlichen verherrlicht sich in dieser Verantwortung und läßt dem Subjekt keine Zuflucht in seinem eigenen Geheimnis, das es vor der Besessenheit durch den Anderen schützen und das sein Entfliehen decken würde. Die Herrlichkeit verherrlicht sich durch den Ausgang des Subjekts aus den dunklen Winkeln seiner Selbstbezogenheit“ (JS 316–7).

Herrlichkeit ist kein Bestand oder Gegenstand. Sie ereignet sich, sie geschieht in dem Sagen „Hier bin ich“ – „Herrlichkeit des *Unendlichen*. Das Gesicht als Spur“ (JS 211, 317).

„Die Herrlichkeit des Unendlichen ist die an-archische Identität des Subjekts, des Aufgescheuchten, Vertriebenen, der sich seiner Vertreibung nicht entziehen kann, ich, zur Aufrichtigkeit gelangt, indem ich dem Anderen – für den ich und vor dem ich verantwortlich bin – Zeichen gebe von ebendiesem Zeichengeben, das heißt dieser Verantwortung: ‚hier, sieh mich‘. Sagen vor allem Gesagten, Zeugnis der Herrlichkeit. Zeugnis, das *wahr* ist, aber von einer Wahrheit, die nicht rückführbar ist auf die Wahrheit der Enthüllung und die nichts Sichtbares berichtet. Sagen ohne noematische Korrelation, im reinen Gehorsam gegenüber der Herrlichkeit, die gebietet; ohne Dialog, in einer Passivität, die von vornherein dem ‚hier, sieh mich' untersteht" (JS 317–8).

Im Zeugnis verbinden sich höchste Innerlichkeit (intériorité) und höchste Exteriorität (extériorité): „ich bin Zeugnis – oder Spur, oder Herrlichkeit – des Unendlichen". Ich als Zeuge bin beides: Ich selbst (höchste Interiorität) und zugleich das Unendliche (höchste Exteriorität). Diese Einheit ereignet sich im Zeugnis, im Mich-Geben an den Anderen: „Das Zeugnis kann das Unendliche nicht umfassen, es kann es nicht begreifen. Es betrifft [concerne] und umfaßt [cerne] mich, indem es durch meinen Mund spricht. Und reines Zeugnis gibt es nur vom Unendlichen. Das ist kein psychologisches Wunder, sondern die Weise, in welcher das Unendliche *passiert* [...] – ich bin Zeugnis – oder Spur, oder Herrlichkeit – des Unendlichen. [...] Extraversion der Innerlichkeit des Subjekts: es macht sich sichtbar, ehe es selbst sehend wird! Das Unendliche habe ich nicht ‚vor' mir, sondern ich drücke es gerade dann aus, wenn ich ein Zeichen des Schenkens der Zeichen, des ‚Für-den-Anderen' gebe – worin ich mich von jedem Interesse freimache" (Gott 117). – Interiorität und Exteriorität sind die beiden entscheidenden Dimensionen des Zeugnisses. Beide stehen in einem unendlichen Verhältnis zueinander. Das Unendliche des Anderen ist absolut, die Innerlichkeit des Subjekts absolut nicht hintergehbar oder übertragbar.

Exteriorität – die Herrlichkeit des Anderen

„[I]ch bin Zeugnis – oder Spur, oder Herrlichkeit – des Unendlichen" (Gott 117). Im Zeugnis der Herrlichkeit steht das „Unendliche" für die Exteriorität. Die Idee des Unendlichen, ihre Herrlichkeit, tritt im Anderen auf, in seinem Antlitz, in der äußersten Passivität meiner selbst. „Das Gesicht, das ich vor Augen bekomme, kündet von einer uneinehmbaren Exteriorität, mit der es zum Ausdruck bringt: ‚Du wirst nicht morden'".[67] Sie ist die Exteriorität, die für das Zeugnis unabweisbar ist.

„Die Idee des Unendlichen, die bei Descartes ihren Ort in einem Denken hat, [...] bringt die Disproportion zwischen der Herrlichkeit und der Gegenwart zum Ausdruck, die nichts anderes ist als die Inspiration. Unter der meine Möglichkeiten übersteigenden Last bricht die Passivität, die passiver ist als alle zu Akten korrelative Passivität, bricht *meine* Passivität in Sagen aus. Die Exteriorität des Unendlichen wird in gewisser Weise zu Innerlichkeit in der Aufrichtigkeit des Zeugnisses" (JS 322).

Zugleich ist die Exteriorität Grund des „Selbst im Anderen" oder „Desselben-im-Anderen".[68] „Derselbe-im-Anderen" ist ja das zentrale Thema von *Jenseits des Seins*. Die Exteriorität, der Andere, konstituiert erst das Selbst. Der Andere ruft mich an, er erteilt mir den Befehl zur Verantwortung. „Der Befehl, der mich dem Anderen weiht". Der Ruf des Anderen ist ein „ordonner", das als „weihen" oder „befehlen" übersetzt werden kann. Möglicherweise spielt Levinas mit dieser Doppeldeutigkeit.

---

[67] Wohlmuth, Tora. A. a. O., 30.

[68] S. SpA 18–19, 310; s. Dirscherl, Nähe Gottes, a. a. O., 462–478.

Der Befehl, der vom Anderen kommt, „weiht" mich dem Anderen, gibt meiner Angewiesenheit auf den Anderen eine besondere Weihe (JS 308 Anm.).

Die Exteriorität „Desselben-im-Anderen" meint „Stellvertretung" für den Anderen bis hin zur „Sühne": „Das Unendliche" offenbart seine „Herrlichkeit allein durch die Subjektivität, durch das menschliche Abenteuer der Annäherung an den Anderen, durch die Stellvertretung, durch die Sühne für den Anderen [...] dem Anderen verkündeter Friede" (JS 322–24).

Herrlichkeit meint „Stellvertretung": „Vor-ursprüngliche, anarchische Identität, älter als jeder Anfang; nicht Selbstbewusstsein, das sich in der Gegenwart erreicht, vielmehr äußerste Ausgesetztheit, ausgesetzt der Vorladung durch die Anderen, die sich hinter dem Bewusstsein und der Freiheit schon vollzogen hat, Vorladung, die in mich eingedrungen ist wie ein Einbrecher. [...] Rückhaltlose Ausgesetztheit an der Stelle genau, an der das Trauma sich ereignet. Wange, die dem Schlag hingehalten ist, der schon trifft, Aufrichtigkeit als Sagen, Zeugnis der Herrlichkeit des Unendlichen. Sie bricht das Geheimnis des Gyges, des Subjekts, das sieht, ohne gesehen zu werden, ohne sich auszusetzen, das Geheimnis des nach innen gekehrten Subjekts" (JS 318–319).

Die Stellvertretung ist „Inkarnation" im tiefsten Sinne: Leiden in der eigenen Leiblichkeit für den Anderen, Übernahme seiner Verletzlichkeit in die eigene „Verwundbarkeit" – analog zur „Mutterschaft" (in der hebräischen Sprachwurzel sind „Mutterschoß" und „Barmherzigkeit" eng verwandt). „Barmherzigkeit (rakhamim genannt), das Erzittern der Gebärmutter, wo das Selbe mit dem Anderen schwanger geht, diese Mutterschaft in Gott, wenn man so sagen kann, mildert die Strenge des Gesetzes". „Die Mutterschaft – das Tragen schlechthin – trägt auch noch die Verantwortung für das Verfolgen des Verfolgers" (JS 170–174).[69]

Zeugnis der Herrlichkeit ist „Anklage" und „Sühne": „angeklagt in der unbequemen Lage oder der Unbedingung des Akkusativs, im ‚hier, sieh mich', das Gehorsam gegenüber der Herrlichkeit des Unendlichen ist, die mich an die Anderen weist.[70] „‚Ein jeder von uns ist vor allen an allem schuldig, ich aber bin es mehr als alle anderen', schreibt Dostojewski in *Die Brüder Karamasoff.* Subjektivität des Subjekts als Verfolgung und Martyrium: Rekurrenz, die nicht ‚Selbstbewußtsein' ist, in dem das Subjekt sich selbst in der Nicht-Indifferenz noch von sich selbst entfernt hielte, noch irgendwie in sich bliebe und imstande, sich das Antlitz zu verhüllen. [...] ‚Hier, sieh mich' als Zeugnis des Unendlichen, doch als Zeugnis, welches das, was es bezeugt, nicht thematisiert und dessen Wahrheit nicht Wahrheit der Vorstellung, nicht Evidenz ist.

[Anm.: An dieser Stelle sei der auch an manch anderer sich aufdrängende Hinweis auf Franz Rosenzweig gestattet, der in sehr vergleichbarer Weise der ‚Wahrheit der Philosophen' das gegenübergestellt hat, was er die ‚Wahrheit für jemanden' nennt oder die ‚Wahrheit der Bewährung'. ‚Wahrheit hört auf, zu sein, was wahr ‚ist', und wird das, was als wahr – bewährt werden will.[71]]. Zeugnis – diese einzigartige Struk-

[69] S. Levinas, Anspruchsvoll, a. a. O., 86.

[70] „Hier, sieh mich, sende mich", Jesaja 6, 8. „Hier, sieh mich" bedeutet „sende mich"; s. JS 320 Anm. 11.

[71] Rosenzweig, Das neue Denken (DND), a. a. O., 158 f.

tur, Ausnahme von der Regel des Seins, irreduzibel auf die Vorstellung – Zeugnis gibt es nur vom Unendlichen. Das Unendliche erscheint demjenigen nicht, der es bezeugt. Im Gegenteil, das Zeugnis gehört zur Herrlichkeit des Unendlichen. Durch die Stimme des Zeugen wird die Herrlichkeit des Unendlichen verherrlicht“ (JS 320–321; ZU 134). – Burkhard Liebsch hat die Glaubwürdigkeit der Selbst-Bezeugung in *Selbst* von Ricoeur auf den gelungenen Ausdruck des „Wahrheitsmodus im Modus der Bezeugung“ gebracht. Damit ist die Wahrheit des Zeugnisses oder die Bewahrheitung durch das Zeugnis ausgesprochen.[72]

„Das eigentliche Geschehen des Ausdrucks besteht darin, von sich selber Zeugnis zu geben und zugleich die Gewähr für dieses Zeugnis zu übernehmen. Diese Bezeugung seiner selbst ist nur als Antlitz, d. h. als Wort möglich“ (TU 290).

Interiorität – Subjektivität des Ich

„[I]ch bin Zeugnis – oder Spur, oder Herrlichkeit – des Unendlichen“. Der Zeuge gibt nicht nur Zeugnis des Unendlichen, sondern er ist es selbst oder wird es im Ereignis des Zeugnisgebens für den Anderen. Levinas nennt dieses Ergriffensein oder Ergriffenwerden durch den Anderen oder die „Bekehrung“ „des Selben zum Anderen“ auch „Inspiration“ (JS 322). Das Subjekt ist „inspiriertes Subjekt“.

Das Ergriffensein oder Ergriffenwerden durch den Anderen ist für Levinas geradezu das Pneuma der Seele, oder wie Levinas sich ausdrückt, der „Psychismus“, das Atmen der Seele. Ihr Lebensatem. „Durch diese Alteration beseelt die Seele das Subjekt. Sie ist das eigentliche Pneuma der Psyche. Der Psychismus bedeutet die Beanspruchung des Selben durch den Anderen oder die Inspiration, jenseits der Logik von *Selbem* und *Anderem* und ihrer unüberwindbaren Gegnerschaft. Auflösung des substantiellen Kerns, den das Ich im Selben bildet, Spaltung des ‚mysteriösen‘ Kerns der ‚Innerlichkeit‘ des Subjekts durch diese Vorladung zur Antwort, durch diese Vorladung, die keinen Zufluchtsort läßt, keine Gelegenheit, sich davonzustehlen, und die so gegen den Willen des Ich erfolgt oder genauer: – wider meinen Willen; ganz das Gegenteil der Sinnlosigkeit, Alteration ohne Entfremdung oder: Erwählung“ (JS 310–311).

Herrlichkeit bedeutet „Erwählung“, Erwählung macht die Identität des Subjekts aus: „Die Identität, die so hinter dem Identischsein hervorgerufen wird, ist eine Identität bloßer Erwählung. Die Erwählung durchkreuzt den Begriff des Ich, um *mich* vorzuladen durch die Maßlosigkeit der Anderen und mich dem Begriff zu entwinden, in den ich mich unablässig flüchte, weil ich in ihm das Maß einer Verpflichtung finde, welche in der Erwählung gerade nicht definiert wird. Die Verpflichtung appelliert an eine einzigartige, im universalen Denken nicht verzeichnete Antwort, an die unvorhersehbare Antwort des Erwählten“ (JS 318).

„Vorladung zur Identität wegen der Antwort der Verantwortung, in der man sich nicht ersetzen lassen kann, ohne schuldig zu werden. Auf dieses unnachgiebig zwingende Gebot ist die einzige Antwort: ‚hier, sieh mich‘“ (JS 310–311).

Und noch einmal kommt Levinas auf sein zentrales Wort zurück und interpretiert es nun auf tiefste Weise, als Ausdruck eines höchsten „Zeugnisses“: „Sieh mich [me

---

[72] Liebsch, Selbst, a. a. O., 56, 75.

voici]. Wunderbarer Akkusativ: Seht mich, hier bin ich: unter eurem Blick, euch verpflichtet, euer Knecht. Im Namen Gottes. Ohne Thematisierung! Der Satz, in dem Gott zum ersten Mal ins Wort kommt, heißt nicht ‚ich glaube an Gott'. Die jeder religiösen Rede voraufgehende religiöse Rede ist nicht der Dialog. Sie ist das ‚sieh mich, hier bin ich', das ich zum Nächsten sage, dem ich ausgeliefert bin; das ‚sieh mich, hier bin ich', mit dem ich den Frieden, d. h. meine Verantwortlichkeit für den Anderen, verkünde. [...] als Schöpfer der Frucht ihrer Lippen [...] Frieden, Frieden dem Fernen und dem Nahen, spricht der Ewige'" (Gott 118). – Das „Siehe mich [me voici]", sozusagen das Schibboleth Levinas, enthüllt als tiefsten Sinn das Zeugesein.

Das Zeugnisgeben geht bis zur Erniedrigung und zum Martyrium, es ist ein „Geben des Selbst" (TI 184 / TU 301 f).

Zeugnis ist zuhöchst „inspiriertes Bezeugen" (Strasser 335 ff): „Es ist wahr, daß die Subjektivität den Unendlichen verherrlicht, aber sie preist ihn durch ihre leibseelische Hingabe, sie verherrlicht ihn durch ihre Selbstlosigkeit" (Strasser 332).

Spur und Illeität im Zeugnis

„[I]ch bin Zeugnis – oder Spur, oder Herrlichkeit – des Unendlichen". Zeugnis ist Zeugnis geben vom „Unendlichen". Das Zeugnis will das Unendliche nicht fassen. Es betrifft den Zeugen. Es spricht durch seinen Mund, ohne sich zu veräußern. Es bleibt „Spur", von Levinas mit „Herrlichkeit" gleichgesetzt. Zeugnis ist „Spur" und „Illeität".

„Herrlichkeit des *Unendlichen*. Das Gesicht als Spur" (JS 211, 308). Das Zeugnis drückt sich aus als Spur, das Gesicht ist Erscheinungsort dieser Spur. Unendliches und Herrlichkeit gehen auf oder „passieren" das Gesicht, das Gesicht, welches sich im Sagen äußert: „Dieses Sagen ist nicht von vornherein an die Strukturen der Korrelation von Subjekt-Objekt, Signifikant-Signifikat, Sagen-Gesagtes gehalten. Als Zeichen für den Anderen ist es die Aufrichtigkeit oder die Wahrhaftigkeit, nach deren Maß sich die Herrlichkeit verherrlicht. Das Unendliche hat also Herrlichkeit allein durch die Subjektivität, durch das menschliche Abenteuer der Annäherung an den Anderen, durch die Stellvertretung, durch die Sühne für den Anderen. Vom Unendlichen inspiriertes Subjekt, vom Unendlichen, das als Illeität nicht erscheint, nicht gegenwärtig ist, das immer schon ‚passiert', ist weder Thema noch Telos noch Gesprächspartner. Es verherrlicht sich in der Herrlichkeit, durch die ein Subjekt manifest wird, um sich bereits in der durch das Subjekt vollzogenen Verherrlichung seiner Herrlichkeit zu verherrlichen" (JS 324).

„Die Transzendenz ist so allumfassend, daß sie sich sogar der Beleidigung aussetzt, der Erniedrigung und der Zweideutigkeit der ‚Spur'. Gegenüber der Transzendenz besteht eine unendliche Asymmetrie, wie sich wesentliche Ungleichgewichtigkeit bereits in meiner Verpflichtung gegenüber dem Nächsten zeigt, die Aufforderung zur ‚Selbstvergessenheit' ist (jenseits des Maßes der Symmetrie bloßer ‚Koexistenz'), darin zugleich Aufleuchten der Herrlichkeit' (AQ 192f / JS 331)".[73]

[73] Wolf, Kurt (1999), Religionsphilosophie in Frankreich. Der „ganz Andere" und die personale Struktur der Welt, München, 112.

Levinas nennt das Kommen und Vergehen der Spur im Antlitz des Anderen „Illeität“: „Das Unendliche bleibt immer die ‚dritte Person‘, ein ‚Er‘, trotz des ‚Du‘, dessen Antlitz mich angeht“ (Noms 114).[74]

„[D]as Unendliche übersteigt [passe] in seiner Herrlichkeit das Endliche oder die Art und Weise, in der es *sich* vollzieht [*se* passe] und durch die Bedeutung des der-Eine-für-den-Anderen nicht ins Sein des Themas eintritt, vielmehr bedeutet und sich so vom Nichts ausschließt. Das Sagen des Zeugnisses, sein Sagen ohne Gesagtes [...] Losgelöstheit des Unendlichen, die wir *Illeität* genannt haben. Verstrickung, die man versucht ist, als religiöse zu bezeichnen, die sich jedoch nicht in Begriffen von Gewißheit und Ungewißheit zur Sprache bringen läßt und die auf keinerlei positiver Theologie beruht“ (JS 323).

„Gott und der Schöpfungsvorgang kommen aus einer Unendlichkeit, die ungegenständlich bleibt, eine Unendlichkeit, die „nicht erscheint, nicht gegenwärtig ist“, immer schon „vorbeigegangen“ (AQ 188 / JS 324). Hier wird eine ‚Höhe‘ erreicht, wo der Mensch nicht mehr wagt, Gott mit ‚Du‘ anzureden. Gott bleibt Person, aber als der absolut Andere, als der Heilige flößt er die Scheu vor seiner ‚Jenigkeit‘ (illeité) ein und kann nur noch als ‚ER‘ (AQ 233 / JS 395), ‚Jener‘, angesprochen werden, einer spezifisch jüdischen Tradition folgend (AQ 191 / JS 329). Die illeité ihrerseits bedeutet für mich einen unendlichen Anspruch, der jede begrenzte Eigensetzung durch den Menschen übersteigt; sie heißt, dass „ich verpflichtet bin, ohne daß diese Verpflichtung in mir begonnen hätte“ (AQ 15 / JS 46). Die Jenigkeit spricht aus einer Vorvergangenheit, die alle folgende Präsenz und Aktivität mittels einer ‚nichtrezeptiven Passivität‘ und sich nicht aufdrängenden („anarchischen“) Herrschaftslosigkeit begründet“ (AQ 13, 67 / JS 42, 125).[75]

Prophetisches Zeugnis

Das prophetische Zeugnis steht für Levinas paradigmatisch für das Zeugnis. Der singuläre Prophet zeichnet sich gerade durch seine Schlichtheit, nicht durch ein mirakulöses Pathos aus. Mit seiner Antwort ‚Hier bin ich‘ stellt er sich als Zeuge. Durch seine Klarheit und Aufrichtigkeit legt er Zeugnis für die ‚Güte‘ ab. In der Hingabe an den Nächsten verherrlicht er den Unendlichen (AQ 190 / JS 327).

Ruf und Inspiration des Propheten – Aus der Illeität kommt der Ruf an den Propheten. Er bedeutet Inspiration, so dass erst im Sagen dem Verkündenden der Inhalt klar wird. Das Prophetentum bestätigt dabei lediglich auf eminente Weise, was allem wirklichen ‘Sagen’ zugrunde liegt (dem allgemeinen Prophetentum) – die Öffnung, die auf ‚den Anderen in dem Selben‘ zielt und „ihn nicht wie unter der Tarnkappe des Gyges lediglich beobachtet“. „Das Ansprechen ist das Sagen des ‚Sagens selbst‘“ (AQ 190 / JS 327). Es ist stets ein Wagnis, denn es bedeutet Verantwortung, Sichbloßstellen, Einsetzen für andere. In diesem Sagen ‚ereignet sich‘ gänzlich unkonventionell ‚das Unendliche‘ (AQ 188 / JS 323).

---

[74] S. Casper, Angesichts, a. a. O., 33–52; Dirscherl, Nähe Gottes, a. a. O., 430–437.

[75] S. Wolf, Religionsphilosophie, a. a. O., 110–111, übersetzt „illeité“ mit Bezug auf das „Ille (Jener)“ mit „Jenigkeit“, 110–111.

Der Prophet ist Zeuge der Herrlichkeit des Unendlichen – Das Zeugnis des Propheten ist gewaltlos – abermals „Herrlichkeit des Unendlichen". Dieses hat im Übrigen keinen Beweis nötig. „Das Unendliche würde in dem Beweis, den das Endliche bezüglich seiner Transzendenz führen wollte, seine Herrlichkeit verlieren" (AQ 194 / JS 333). Die Transzendenz ist so allumfassend, daß sie sich sogar der Beleidigung aussetzt, der Erniedrigung und der Zweideutigkeit der Spur. Gegenüber der Transzendenz besteht eine unendliche Asymmetrie, wie sich eine wesentliche Ungleichgewichtigkeit bereits in meiner Verpflichtung gegenüber dem Nächsten zeigt, die Aufforderung zur ‚Selbstvergessenheit' ist jenseits des Maßes der Symmetrie bloßer ‚Koexistenz', darin zugleich Aufleuchten der „Herrlichkeit" (AQ 192f / JS 331).

Selbstvergessenheit ist die Voraussetzung der Gerechtigkeit, denn sie führt zum Unendlichen als dem Ursprung des Gerechten – dem Guten. Aus der Gerechtigkeit – auch gegenüber dem Dritten – entsteht die Idee des Maßes und mit ihr des Logos (der Ordnung) allen Seins (AQ 195 ff / JS 334 ff). So wird die Ethik zur Ersten Philosophie.

9.6.1.3 Zeugnis responsiv (Waldenfels)

Bernhard Waldenfels hat in DG 1 ein Kapitel unter die Überschrift *Antwort der Verantwortung* gestellt (DG 1, 322–345). Der Titel ist eine Übersetzung des frz. „réponse de la responsabilité" von Levinas. „Réponse de la responsabilité" ist bei näherem Hinsehen bei Levinas das Herz des ganzen Kapitels V über das Zeugnis in *Jenseits des Seins* (JS 289–374). „Antwort der Verantwortung" (réponse de la responsabilité) ist für Waldenfels selbst der zentrale Begriff der „Responsivität", die er damit von der einfacheren „Responsabilität" absetzt (DG 1, 324) (DG 2, 181–182). Responsabilität wäre der einfache Rückgriff auf Verantwortung allgemein, Responsivität bringt die besondere Verantwortung innerhalb des Antwortens zum Ausdruck. Und dies ist das besondere Kennzeichen dessen, was Levinas unter Zeugnis versteht: Zeugnis geben ist ein Antworten auf einen Anruf und die innere Verantwortung des Antwortenden gegenüber diesem Anruf oder Auftrag.[76]

Waldenfels bezieht sich mit diesem Kapitel ausdrücklich auf eine dichte Stelle bei Levinas: Im Zeugnis geht es nicht um „ein Ich, sondern ich, der Vorgeladene. Vorladung zur Identität wegen der Antwort der Verantwortung *(*réponse de la responsabilité*)*, in der man sich nicht ersetzen lassen kann, ohne schuldig zu werden". Auf dieses unnachgiebig zwingende Gebot ist die einzige gewichtige Antwort Levinas': „‚hier, sieh mich', bei der das Pronomen ‚ich' im Akkusativ steht, gebeugt schon vor jeder Beugung[77], besessen durch den Anderen, krank[78], identisch. Hier, sieh mich –

[76] S. auch Waldenfels, in: Noor, Jüdisch, a. a. O., 62–65; vgl. Feiter, Handeln, a. a. O., 221–230.

[77] „Am Anfang oder vor jedem Anfang steht demnach nicht das Ich, sondern das immer schon unter Anklage, eben das heißt: im Akkusativ stehende Ich, und zwar als immer schon angerufenes und so antwortendes Ich; und deshalb, genau genommen, weder Ich noch ich, sondern ‚mich' oder, noch genauer, eben antwortend: hier, sieh mich [me voici – vois – ici]" (JS 311 Anm.).

[78] „Krank bin ich vor Liebe", Hoheslied V, 8.

Sagen der Inspiration, die nicht die Gabe schöner Worte oder Gesänge ist. Zwang zum Geben, mit vollen Händen, und folglich zur Leiblichkeit" (AQ 180–181 / JS 311).

Waldenfels entwickelt den Gehalt der „Antwort der Verantwortung (réponse de la responsabilité)" in verschiedenen Stufen. Damit macht er auf die innere Reflexionsstruktur der Responsivität aufmerksam. Es kann ebenso als innere formale Struktur des Zeugnisses gelesen werden. Durch die Entwicklung der Struktur in Stufen wird die innere Strukturierung des Zeugnisses deutlich. Es wird vor allem deutlich die damit gegebene Umstrukturierung der im Spiel gegebenen Positionen. Wir haben innerhalb der Darstellung des „Sprechens" und des „Gebens" immer wieder auf die sich ereignende Umstrukturierung der Positionen aufmerksam gemacht (s. 5.2.4.2). An dieser Stelle wird diese Schritt für Schritt durchgeführt und somit besonders ausgewiesen. Waldenfels geht in drei Schritten vor, indem er drei Formen von Verantwortung unterscheidet: A. Verantwortung als Rechenschaft (DG 1, 324), B. Verantwortung als Selbstverantwortung (DG 1, 326), C. Antwort der Verantwortung (DG 1, 329).

A. Die erste Form der Verantwortung ist ein „Rechenschaft ablegen". Dafür steht die Formel: „Jemand verantwortet sich vor jemand *für etwas*" (DG 1, 324). Dabei können nach Waldenfels folgende Instanzen und ihre Positionen unterschieden werden:

1. Zunächst gibt es das Gesagte oder Getane, *für das* jemand sich zu verantworten hat.

2. Ferner verantworten wir uns *vor jemandem,* vor einem Forum, einer Gerichtsinstanz, die in mehr oder weniger persönlicher, mehr oder weniger anonymer Form auftreten kann. Entscheidend ist, dass Reden und Tun aus der *Perspektive eines neutralen Dritten* betrachtet und beurteilt werden, wo Gründe zählen und keine bloßen Meinungen und Wünsche.

3. Schließlich hat jemand *sich* zu verantworten. Der Tatbestand wäre eine bloße Tatsache, keine Tat, wenn er nicht einem Sprecher oder Täter oder mehreren Sprechern oder Tätern ursächlich zugeschrieben werden könnte. Diese Zuschreibung oder Zurechnung ist nichts, was einem Subjekt nachträglich widerfährt; denn dieses konstituiert sich als „Subjekt", indem es Eigenverantwortung übernimmt, indem es sich verantwortet.

B. „Selbst-Verantwortung". Das Besondere dabei ist die Hervorhebung des Akkusativs als „Anklagefall". Selbstverantwortung ist kommunikativ (DG 1 326). Die Formel dafür wäre: „Jemand verantwortet *sich* vor jemand für etwas"

„Die Verantwortung, die hier geltend gemacht wird, unterhält einen bestimmten Bezug zum Antworten, allerdings einen sehr eingeschränkten. Jemand redet und handelt verantwortlich, wenn er – wie schon der platonische Dialektiker – Rede und Antwort stehen kann, sobald er gefragt, angegriffen oder angeklagt wird. Indem jemand *sich* verantwortet, tritt er auf im reflexiven Akkusativ, *im Anklagefall,* dem Levinas eine solch fundamentale Rolle einräumt. Wer für eine Rede oder Tat geradestehen muß, gilt als jemand, der an etwas ‚schuld' ist. Doch anders als bei Levinas, für den das *Sich* Akkusativ bedeutet, der von keinem Nominativ abzuleiten ist (AQ 14 / JS 42), steht hinter dem klassischen Subjekt, das sich für etwas rechtfertigt, ein doppelter Nominativ: der Nominativ des präsenten *Sprechers und Täters,* der selbst etwas gesagt und getan hat, bevor die Rechenschaftsprozedur einsetzt, und der Nominativ des repräsentativen *Richters,* des Dritten also, dessen Anklage und Urteil letzten Endes in eine Selbstanklage und Selbstbeurteilung des Sprechers und Täters zu überführen ist. Denn sofern der Dritte allgemeine Gründe geltend macht, spricht aus dem Richter dieselbe Vernunft wie aus dem Täter" (DG 1 326). – Diese Form der Verantwortung verrät eine Nähe zu dem von Levinas Gemeinten; denn in ihr steht der Akkusativ im Mittelpunkt. Aber, und das unterscheidet Waldenfels von Levinas, neben dem Akkusativ ist der Nominativ durchaus im Spiel; nicht der Nominativ als Subjekt des Satzes, sondern als Sprecher bzw. Täter. Das Subjekt nimmt somit eine bestimmte Rolle ein.

„Auf dem Boden der Selbst-Verantwortung gedeiht eine *kommunikative Ethik,* die jede Fremdverantwortung als Verantwortung vor den Anderen letzten Endes absorbiert. [...] Die große Vision einer Verantwortung, die in Selbstverantwortung gipfelt, hat ihre Grenze darin, daß sie die Erfordernisse des Redens und Tuns einer Ordnung unterwirft, die nicht dem Reden und Handeln selbst entstammt. Was hier und jetzt zu sagen und zu tun ist, erscheint vorweg als Mittel zum Ziel, als Fall eines Gesetzes oder als Lösung eines Problems, das heißt als Moment einer vorgegebenen Ordnung" (DG 1 326). – Diese Form der Selbst-Verantwortung ist der Ausgangspunkt und die Grundlage der meisten Ethiken. Es gehört zu ihrem Instrumentarium, dass sie alle Formen der Kommunikation in die Ausübung vorgegebener Ordnungen einreiht.

C.: Für die „Antwort der Verantwortung (réponse de la responsabilité)" gilt die Formel: „*Einer gibt einem Anderen etwas zur Antwort*" (DG 1 329).

Als Vorformen dieser Form der Verantwortung weist Waldenfels auf die Verantwortungsethik von Max Weber hin. Oder sie steht auch hinter Levinas ethischem Konzept, indem sie „aus den Bahnen einer symmetrisch angeordneten Kommunikation" (DG 1, 324) ausbricht.

Das Entscheidende dieser Form der Verantwortung ist die völlige Umstrukturierung und Umorganisation der Instanzen und Positionen: „Die oben erwähnten Instanzen der Rechenschaftsabgabe (A.) verwandeln sich folglich in Instanzen des Antwortens (C.): *Einer gibt einem Anderen etwas zur Antwort.* Nach Waldenfels seien die wichtigsten Gesichtspunkte genannt.

(1) „Dies bedeutet, daß die Antwort sich nicht auf etwas bezieht, was gesagt und getan wurde, sondern auf *etwas, was zu sagen und zu tun ist.* Dieses *Gerundivum* ist früher als jeder Indikativ, der etwas benennt oder feststellt, früher auch als jeder Optativ, der Wünschenswertes bezeichnet. Es hängt ab von einem Imperativ, der als Imperativ nur vernommen wird, wenn ich auf ihn höre, gleich ob zustimmend oder ablehnend" (DG 1, 329).

(2) „Der Andere tritt im Antworten zunächst nicht auf als Dritter, vor dem ich mich verantworte, er tritt auf im *Dativ,* im *Gebefall,* als der, dem die Rede oder das Tun zugedacht ist. In diesem Sinn ist das Antworten der Perspektive des vergleichenden Dritten entrückt" (DG 1, 329).

(3) „Schließlich steht hinter dem, der zugleich sich ‚gibt', wenn er eine Antwort gibt, keine Person im Nominativ, sei es im Sinne eines souveränen Sprechers und Täters, der dem Antworten vorausgeht, sei es im Sinne eines Richters, der beide Seiten berücksichtigt.

Der Antwortende, der nicht bloß Vorhandenes weitergibt, wird im Antworten selbst zu dem, der er ist. Er ist kein Subjekt im traditionellen Sinne, das bestimmten Akten ‚unterliegt', er ist ein *Respondent* durch und durch, der sich selbst auf gewisse Weise unbekannt bleibt. Wenn er weiterhin ‚Subjekt' genannt werden kann, so im Sinne einer ‚Unter-werfung' *(sujétion)* unter den Anspruch des Anderen (AQ 17,161 / JS 49,280). In dieser Subjektion [...] liegt für Levinas die Subjektivität des Subjekts [...]. Das fremde Antlitz *ist* die Antwort auf die Frage *Wer?*, die sich darin von jeder Was-Frage unterscheidet und die auf gewisse Weise jeder Frage vorausgeht (TI 152 / TU 258; AQ 33 / JS 70 f.). Die Frage: ‚*Wer bin ich?*' beantwortet sich nicht, indem ich mich betrachte, sondern indem ich jemandem antworte und mich antwortend von Ihm unterscheide. Ich gehe nicht von mir aus, sondern ich komme auf mich zurück in einer rückläufigen Bewegung, die Levinas ‚Rekurrenz' nennt (AQ 130 ff / JS227 ff.)" (DG 1, 329–330).[79]

(4) „Eine *responsive Ethik,* die den Geist des Antwortens zu wahren verspricht, setzt voraus, daß nicht nur das Selbst, sondern auch das gemeinsame Band zwischen uns durch den Anderen in Frage gestellt wird. Diese Infragestellung geschieht in einem *Anspruch,* der zugleich *als Anspruch auf etwas* (Prätention) und als *Anspruch an jemanden* (Appell) ergeht. Dieser Anspruch im doppelten Sinne fällt nicht unter die geläufige Distinktion von Sein und Sollen, da er weder auf eine äußere Tatsache zurückgeführt noch in ein allgemeines Gesetz überführt werden kann. [...]

Der fremde Anspruch ist nicht erfüllbar wie ein Streben oder eine Vorschrift, er sprengt jede intentionale oder regulative Zirkularität. Er sprengt auch den hermeneutischen Zirkel, da er nicht verstehbar ist im Rahmen einer vorweg bestehenden Verständigungsgemeinschaft. Wir bewegen uns auf einer prämoralischen, einer präjuridischen und in gewissem Sinne auch auf einer präkomprehensiven Ebene, wo man gegenüber dem Anderen jederzeit unrecht hat, wenn wir mit den Maßen einer verteilenden und ausgleichenden Gerechtigkeit messen. Es handelt sich um ein Unrecht, das ich dem Anderen vergeben kann, aber nicht mir selbst (AQ 164 / JS 284)" (DG1 331–332).

Wie bereits oben angedeutet, gibt Waldenfels mit der Philosophie der Verantwortung das Herzstück von Levinas zentralem Kapitel zum Zeugnis „Antwort der Verantwortung (réponse de la responsabilité)" wieder. Mit dem Aufzeigen der inneren Struktur und der Beschreibung des Vorgangs der responsiven Verantwortung gibt er damit zugleich die innere Struktur und den formalen Vorgang des Zeugnisses wieder. Damit hebt er auch die Umstrukturierung und Umorganisation, wie sie im Zeugnis geschieht, heraus. Es sind zwar formale Zuschreibungen, aber doch wesentliche Gelenkstellen, um das innere Geschehen von Zeugnis zu erkennen.

Es seien nur entsprechend der Analyse Waldenfels die wichtigsten Ergebnisse für das Zeugnisgeben angedeutet: (1) Selbstverständlich werden Gegenstand des norma-

[79] S. Gott 106: „Sich-dem-Andern-Unterwerfen [sujétion á autrui]. Das Ich ist Passivität, die passiver ist als jede Passivität, weil es sogleich im Akkusativ [á l'accusatif] steht. Es findet sich – in einem Akkusativ, der nie im Nominativ gewesen ist – obgleich ohne Schuld unter der Anklage des Andern [sous l'accusation d'autrui]. Als Geisel [otage]"; s. auch Levinas, Anspruchsvoll, a. a. O., 60–61.

len Zeugnisses Tatbestände oder Wortinhalte sein (Rechenschaft). Aber die Form des responsiven Zeugnisses hat einen anderen Gehalt, den Waldenfels mit dem Gerundivum verbindet. Levinas nennt es die prophetische Dimension des Zeugnisses, da es nicht etwas Vorhandenes bevorzugt bezeugt, sondern ein Kommendes oder Zutuendes. (2) Das Zeugnis wird nicht einem äußeren Dritten vorgelegt, sondern dem Anderen. Der kennzeichnende Fall des Antwortens ist der Dativ, der Gebefall. Das Zeugnis hat nicht zuerst eine präpositionale Ausrichtung, sondern eine deutlich dativische Struktur. Zeugnis ergeht vor allem face-a-face.

Die wichtigsten Ergebnisse sind aber: (3) Was im Zeugnis zur Sprache kommt, ist nicht zuerst eine Argumentation, sondern das Einbringen des Subjekts: „diese Verantwortung beschränkt sich nicht auf das Beibringen von Gründen, sondern steigert sich in der Gabe der Rede bis zur ‚Gabe des Selbst', und als ‚Überfließen der Verantwortung' kommt sie in keinem Ergebnis zur Ruhe (TI 184,222 / TU 301,360)" (DG 1, 328). Waldenfels zitiert an dieser entscheidenden Stelle Levinas. Er weist darauf hin, dass hier nach Levinas die „Subjektivität des Subjekts" gemeint ist. Sie besteht, wie Levinas immer wieder formuliert im „Geben des Selbst" (AR 616). Es ist die entscheidende Frage, die oft an das Werk von Levinas gestellt wird und die von ihm doch recht deutlich beantwortet wird: „In der Subjektion liegt für Levinas die Subjektivität des Subjekts. Das fremde Antlitz *ist* die Antwort auf die Frage *Wer?*, die sich darin von jeder Was-Frage unterscheidet und die auf gewisse Weise jeder Frage vorausgeht (TI 151 / TU 258 / AQ 33 / JS 70 f.). Die Frage: *‚Wer bin ich?'* beantwortet sich nicht, indem ich mich betrachte, sondern indem ich jemandem antworte und mich antwortend von ihm unterscheide. Ich gehe nicht von mir aus, sondern ich komme auf mich zurück in einer rückläufigen Bewegung, die Levinas ‚Rekurrenz' nennt (AQ130 ff / JS 227 ff)" (DG 1, 330).

9.6.2 Zeugnis – Spiegelgeschehen der Theologie nach Hemmerle

Was bedeutet Zeugnis für Hemmerle? Hemmerle hat in früheren Jahren einen philosophischen Artikel *Wahrheit und Zeugnis* geschrieben. Später hat er sich zum Begriff Zeugnis systematisch nicht mehr geäußert. Anders sieht es aus, wenn auf die Grundbegriffe geachtet wird, die Hemmerle bewusst oder unbewusst zur Darstellung der unterschiedlichsten theologischen Themen gebraucht.

In theologischem Kontext ist dann Zeugnis bei Hemmerle ein führender Begriff. Unter den Begriff des Zeugnisses subsumiert Hemmerle die großen Dimensionen der Theologie. Im „Zeugnis" überkreuzen sich für Hemmerle die großen Bahnen der Theologie. Er spricht vom „Ineinander der [vier] Ebenen [der Theologie]" (Wahrheit 188), wie aus dem folgenden längeren Text hervorgeht: „Zugänglich ist die (Offenbarung) Gottes in Jesus für uns nur im *Zeugnis,* und das Zeugnis hat seinen Ort in der *Nachfolge* – dieses Wort verstanden im doppelten Sinn des unmittelbaren vorösterlichen Mitziehens mit Jesus aufgrund seines Rufes und der nachösterlichen Sendung, des nachösterlichen Anschlusses an den auferstandenen Herrn in seinem Geist. Solche Nachfolge ist nicht äußere, zusätzliche Verstehensbedingung zur Sache, zur Wahrheit Jesu, sondern konstitutiv für sie selbst. Jesus ruft zur Nachfolge, sein Wort identifiziert sich nur, indem es angenommen wird, indem es sich geben darf und andere sich ihm geben. Erst in der Nachfolge kommen Jesu Werk, Wort und Weg bei sich selber, bei seinem Ziel an. Und in einem nehmen Wort, Werk und Weg Jesu das Fleisch, die Wirklichkeit derer an, die ihm nachfolgen: Welt und Mensch sind durch die Nachfolge in der Wahrheit Jesu integriert, kommen in der Wahrheit Jesu in ihre eigene Wahrheit.

Das aber, worauf sich Nachfolge bezieht, ist eben nicht nur *Botschaft,* die neutral ausrichtbar wäre, sondern Botschaft, die einen Weg auslegt, die ein Weg ist. In der Botschaft Jesu begegnen wir ihm selbst – und dies meint keine Reduktion Jesu auf das Kerygma, sondern umgekehrt die Identifizierung der Botschaft am Weg Jesu, an dem, was er tut, erfährt, ist.

Und dieser *Weg* ist nochmals nicht eine zusätzliche ‚Anwendung' dessen, was Jesus an sich selber wäre, eine zufällige Nachgeschichte zu seinem Wesen. Sein Weg eröffnet sein *Geheimnis,* in seinem Weg geschieht sein Geheimnis. Gott, den Jesus kündet, den er handelnd, liebend, lebend und sterbend verherrlicht, der Mensch, dem Jesus dient, den Jesus übernimmt, der Jesus ist, und Jesus, der sich gebender Gott und sich gebender Mensch, von Gott angenommener Gott und von Gott angenommener Mensch ist, gehen nur gleichzeitig auf. Es bestätigt sich: Die Wahrheit Jesu ist integral" (kursiv – KK).

Und nun fasst Hemmerle die Stationen des Zeugnisses zusammen, es sind gleichsam vier Stufen, die den inneren Weg des Zeugnisses ausleuchten: „Die vier Ebenen – Nachfolge, Botschaft, Weg, Geheimnis Jesu –, auf denen sich jeweils dieses Ineinander vollzieht, spielen so selbst ineinander" (Wahrheit 189).

„Zeugnis" im Sinne Hemmerles erscheint hier gleichsam als „Ineinander der Ebenen" (Wahrheit 188–189), als Spiegelgeschehen der Dimensionen oder Ordnungen der Theologie, nämlich von „Nachfolge", „Botschaft", „Weg", „Geheimnis" Gottes und Jesu. D. h. in den großen Dimensionen der Theologie spiegelt sich eine gleiche. Grundstruktur und bezeugt damit ihre gegenseitige Zugehörigkeit: in der „Botschaft" spiegelt sich „Nachfolge", „Weg", und „Geheimnis"; in der „Nachfolge", im „Weg" und „Geheimnis" entsprechend die anderen. „Zeugnis" erscheint als multiformes Spiegelgeschehen, wie der zentrale Text aus *Die Wahrheit Jesu* im Anschluss entwickelt: Über die beiden ersten Stationen „Nachfolge" und „Botschaft" haben wir im Teil der Offenbarung gehandelt. Jetzt gilt es, den „Weg" Jesu nachzuvollziehen, den Weg des irdischen Menschen Jesu durch Tod und Auferstehung hindurch, in ihm enthüllt sich aber zugleich das „Geheimnis" Jesu, die Christologie. Es ist dabei die Erinnerung Hemmerles zu beachten, dass dies eigentlich nur geschehen kann, wenn die Stationen nicht getrennt betrachtet, sondern in ihrem Ineinander beachtet werden. Selbstverständlich ist die Aufgabe nur zu leisten, indem das Ineinander nacheinander beschrieben wird; aber es ist davon auszugehen, dass sich dabei alle Stufen noch einmal signifikant verändern und entfalten.

Hemmerle hat einmal den Gedanken des Spiegelgeschehens für das praktische Glaubensleben kurz so zusammengefasst: „Was soll diese methodische Bemerkung? Was hat sie mit der uns bewegenden Frage zu tun, wie Glauben geht? Vielleicht darf es einfältig so ausgedrückt werden: Schau, wie dein eigenes Sehen und Gehen, wie du selbst und deine Sicht Gottes und der Welt sich verändern, wenn du dich glaubend auf das einläßt, was als Gottes Botschaft, als sein Weg zu dir im Evangelium angeboten wird! Dann kannst du entdecken, wie Gott, Welt und Mensch sie selbst bleiben und dir doch neu werden im selben Weggeschehen. Dann wirst du erkennen, wie verschiedene Schichten und Perspektiven der Schrift *sich ineinander spiegeln* (kursiv – KK) und bei aller Verschiedenheit zusammengehören. Dann wirst du die Verbindung zwischen Evangelium, Kirche, und persönlichem Lebensvollzug entdecken“ (Glauben 213).

9.7 Christologie – Geheimnis Jesu Christi

Christologie schaut auf den „Weg Jesu“ und sucht darin das „Geheimnis“ des Lebens und Sterbens Jesu Christi zu ergründen. Hemmerle fasst zusammen: „Dies schließlich ist das *Geheimnis Jesu:* in ihm gibt sich Gott ganz dem Menschen, und zugleich ist er der ganz an Gott gegebene Mensch; somit aber ist Jesus die Identifikation des Menschen und Gottes, ihr Aufgang in ihre eine ungetrennte und unvermischte Wahrheit. Sich-Geben aber ist nicht nur Inhalt dieses dreifachen Geheimnisses, sondern auch unser Zugang zu ihm“ [kursiv – KK] (Wahrheit 198).

Der Inhalt der Christologie ist das Geheimnis, dass sich in Jesus Gott ganz dem Menschen gibt und der Mensch sich in Jesus ganz Gott gibt. Ein Geheimnis der Identifikation Gottes und des Menschen, das das christologische Konzil von Chalkedon im Jahre 451 mit der Definition des „unvermischt“ und „ungetrennt“ wiedergibt.

Wie das Zueinander und Ineinander von Gott und Mensch verstehen? Ohne Zweifel besteht zu allen Zeit die Aufgabe, das Geheimnis tiefer zu ergründen. Einen anregenden Artikel hat Emmanuel Levinas geschrieben, von dem es sich lohnt, ihn zuerst zu betrachten, bevor wir zur klassischen Christologie und ihrer Bedeutung für heute kommen.

9.7.1 Un Dieu homme? – Levinas

Levinas hat einen kurzen, aber bemerkenswerten Artikel aus Anlass eines Vortrages vor christlichen Theologen veröffentlicht: *Un Dieu homme?* (dt. *Menschwerdung*). Der deutsche Titel ist *Menschwerdung*. Man sollte aber die wörtlichere Übersetzung vorziehen: *„Ein Gott Mensch?“* oder *„Gott-Mensch?“*. Denn die Übersetzung Menschwerdung legt bereits ein Verständnis nahe, das Levinas nicht gerecht wird und das er ablehnte. Levinas schreibt nicht über „Menschwerdung“, also dass Gott Mensch geworden, wie wir Christen glauben, sondern er schreibt von Gott-Mensch, vom Verhältnis von Gott und Mensch. Levinas hat dies auf seine Weise zum Ausdruck gebracht. Aufschlussreich dazu ist Levinas Reaktion auf eine Anregung des niederländischen Philosophen Stephan Strasser, der eine interessante Einführung zu Levinas Werke vorgelegt hat, den Levinas durchaus auch schätzte. Strasser hat vor Jahren Levinas eine *Ostermeditation* gewidmet und darin Levinas zitiert: „Damit man sich wirklich opfern kann, muß man ein leibliches Wesen sein“. Strasser fand das treffend für die christliche Inkarnation und schrieb: „Darum mußte Gott leiblich werden, um sich ganz und gar geben zu können“. Strasser bemerkt dann im Bericht über diesen Vorgang: „Levinas hat mir nie darauf geantwortet".[80] Strasser geht ohne Bedenken von der Hypostase Gottes aus, aus der natürlichem Werden entsprechend eine weitere Hypostase, der Mensch, wird. Levinas kann einem solchen Zwei-Substanzen-Dualismus niemals zustimmen.

Levinas weiß, dass er sich in *Un Dieu homme?* mit der zentralen Glaubenswahrheit des christlichen Glaubens, der Menschwerdung, die wir Christen Inkarnation nennen, befasst. Er spricht es deutlich aus: „Ich meine diesen Jesus ohne Inkarnation, ohne das Drama des Kreuzes" (AS V, 340). Auch er spricht von Inkarnation, aber in einem anderen Sinn. Er will nicht die christliche Glaubenswahrheit der Menschwerdung oder Inkarnation bestätigen oder ablehnen, überhaupt nicht theologisieren, sondern allein darüber nachdenken, was die Philosophie zu den beiden Themen „Gott" und „Mensch" beitragen kann. Die Übersetzung des Artikels mit Bindestrich *Gott-Mensch* macht Sinn, wenn man dabei an Waldenfels anregende Bemerkung über die Bedeutung eines „Bindestriches" (DG 1, 7 Vorwort) denkt. Der Bindestrich verbände dabei Gott und Mensch und er trennte sie zugleich, ohne die Vorstellung zweier Hypostasen zu benötigen. Man könnte dabei bereits an die Formel von Chalkedon des „unvermischt und ungetrennt" denken. Wenn Levinas aus seiner Sicht über *Dieu homme* sprechen will, dann auf seine jüdische und vor allem philosophische Weise. Er nennt zwei zentrale Ideen des Christentums, auf die er eingehen will, eben auf das, was „Gott", und zum anderen, was der „Mensch" bedeutet. Zu Beginn des Vortrags fasst er beide Ideen zusammen.

Gott – „Das Problem des Gott-Menschen enthält auf der einen Seite den Gedanken einer Erniedrigung, die sich das höchste Wesen auferlegt, eines Abstiegs des Schöpfers auf die Ebene der Geschöpfe, das heißt eines Aufgehens der aktivsten Aktivität in der passivsten Passivität."

Mensch – „Das Problem enthält andererseits, wie als Folge dieser in der Passion bis zur äußersten Grenze getriebenen Passivität, den Gedanken einer Sühne für die Anderen, das heißt eines Einspringens für Andere, einer Substitution: Das Identische par excellence, das nie austauschbare, das Eine schlechthin, wäre demnach die Substitution selbst" (Dieu 73).

Und Levinas gibt gleich zu Anfang auch an, wohin er seine Gedanken lenken wird: „Ich denke, daß die Erniedrigung Gottes bis zu einem gewissen Punkt erlaubt, die Beziehung zur Transzendenz in anderen Begriffen als denen der Naivität oder des Pantheismus zu denken; und daß der Gedanke der Substitution – da er einer gewissen Modalität entspricht – für das Verständnis der Subjektivität unentbehrlich ist (Dieu 74).

Mit anderen Worten ist für Levinas das Problem „Gott-Mensch", ein Problem des Bindestriches. Levinas spricht nicht unmittelbar von „Gott", sondern vom höchsten Wesen, vom Schöpfer oder vom Unendlichen. Und hinsichtlich des Verhältnisses des Schöpfers zum Geschöpf spricht er von einer Erniedrigung, oder wie wir Christen sagen, von der Kenose Gottes. Er sieht die wesentliche Aussage zu Gott in der „Erniedrigung", nicht in der „Inkarnation". Er wird die „Beziehung zur Transzendenz",

---

80 Poorthuis, in: Wohlmuth, Levinas, a. a. O., 205; vgl. die Diskussion in: Nederlands Theologische Tijdschrift 29 (1975) 226–228.

die philosophisch für die Beziehung zu Gott steht, anders fassen. Es wird sich zeigen, „Kontraktion" ist für Levinas das Verhältnis von Endlichem und Unendlichem. Kontraktion ist aber „Erniedrigung", die an die christliche „Kenose" erinnert.

Damit ist auch eine wichtige Aussage über den „Menschen" gemacht. Wenn Levinas auf den Menschen zu sprechen kommt, so spricht er von dessen Mitte, der Subjektivität. Nach der Philosophie von Levinas ist damit die Beziehung zum Anderen im Spiel, die Verantwortung für den Anderen, in Levinas' Worten die „sub-jection" oder „substitution". „Stellvertretung" macht das Wesen des Menschen aus; mit Levinas ist die „Substitution" das Wesen der „Subjektivität".

Es ist deutlich, dass Levinas mit der kurzen Kennzeichnung seines Vorhabens auch die zentralen Glaubensaussagen der Christen auf seine Weise anspricht, das Problem „Gott-Mensch" und das der „Stellvertretung" Christi.

Die Gedanken Levinas' sind für den christlichen Glauben sehr anregend: Kenose und Stellvertretung. Zum Schluss seiner Betrachtung weist er unübersehbar auf die Hauptdifferenz hin, die ihn bei aller Nähe entschieden von der christlichen Vorstellung trennt. Es betrifft die christliche Vorstellung des Gott-Menschen in der einen Person Jesu Christi. Das lehnt Levinas entschieden ab: „Doch die Analyse, die zu meinen Schlußfolgerungen geführt hat, ging weder von einem Gott, noch von einem Geist, noch von einer Person, noch von einer Seele, noch von einem animal rationale aus. Jeder dieser Begriffe bezeichnet eine identische Substanz" (Dieu 81).[81] Das ist eine deutliche Absage an eine christliche Substanztheologie und an einen Substanzdualismus in der Christologie.

9.7.1.1 Gott-Mensch und Inkarnation

Um Levinas erste Idee von „Gott" zu verstehen, ist zunächst einmal seine Aussage genau zu beachten: „Das Problem des Gott-Menschen enthält auf der einen Seite den Gedanken einer Erniedrigung, die sich das höchste Wesen auferlegt, eines Abstiegs des Schöpfers auf die Ebene der Geschöpfe, das heißt eines Aufgehens der aktivsten Aktivität in der passivsten Passivität" (Dieu 73).

Zuerst fällt auf, dass Levinas beim Problem „Gott-Mensch" gar nicht von „Inkarnation" redet, wie wir Christen es in diesem Fall zu tun pflegen. Er redet ausdrücklich vom Problem „Gott-Mensch", also nicht von der Menschwerdung Gottes o. ä., sondern von dem Verhältnis von Gott-Mensch, eben einem Verhältnis mit Bindestrich. Levinas ordnet das Gott-Mensch Verhältnis in das Verhältnis von Schöpfer und Schöpfung ein. Er spricht von dem „Abstieg des Schöpfers auf die Ebene des Geschöpfes", das ist in theologischer Sprache die Kondeszenz Gottes und in der Sprache Levinas die „Kontraktion". Kontraktion ist dann nach Levinas das „Aufgehen der aktivsten Aktivität in der passivsten Passivität", d. i. Ermöglichung des Geschöpfes

[81] S. Wohlmuth, Geheimnis, a. a. O., 44–63, 55 ff; ders., Tora, a. a. O., 177–182; DG 1, 335–345; Gott das „außer-ordentliche Wort" (Strasser, a. a. O., 340 ff); Poorthuis, Marcel (1999), Asymmetrie, Messianismus, Inkarnation. Die Bedeutung von Emmanuel Levinas für die Christologie, in: Wohlmuth, Levinas, a. a. O., 201–214.

bzw. Menschen in Freiheit aus dem Abstieg des Schöpfers. Diesen Abstieg nennt Levinas „Erniedrigung“. Das erinnert an die „Kenose“ Gottes im christlichen Glauben. In der Diskussion von Rolduc hat Levinas vor allem auf das gemeinsam verbindende Verständnis der „Kenose“ hingewiesen (AS V, 327–332).

Der Bindestrich Gott-Mensch formuliert das Verhältnis von Gott und Mensch. Es ist offensichtlich der Unterschied zu wahren und zugleich wird die Einheit festgehalten. Diese Formulierung erinnert an die Formel des „unvermischt und ungetrennt“ von Chalkedon. Das ist das Anregende an den Überlegungen Levinas’.

Levinas greift zunächst auf die verschiedenen Verständnisse des Problems „Gott-Mensch“ in der menschlichen Geschichte zurück. Er stellt fest, dass es natürlich immer wieder Götter gab, die menschliche Gestalt annahmen. Vor allem denkt er dabei wohl an die griechischen Dichter. Gegen eine solche Vermenschlichung Gottes wandten sich die Philosophen wie Plato und Aristoteles; sie stellten den Unterschied zwischen Endlichem und Unendlichem wieder her; Gott steht in der Geschichte der abendländischen Philosophie für das Absolute. Damit war aber eine geradezu unüberbrückbare Trennung vollzogen. Der Gott des Aristoteles ist ein „kalter“ Gott. Für Levinas ist Gott aber ein Gott der „Nähe“. Nur wie diese Nähe erreichen?

Die Christologie des christlichen Glaubens steht für Levinas ohne Zweifel in dieser abendländischen Tradition. Damit auch die Formel von Chalkedon. Levinas greift zur Antwort auf das Problem von Gott-Mensch offensichtlich nicht auf die hypostatische Union zurück. Levinas denkt viel mehr an die „Kontraktion“ des Schöpfers und seiner Schöpfung. „Das Unendliche ereignet sich, indem es in einer Kontraktion auf die Ausbreitung zu einer Totalität verzichtet und damit dem getrennten Seienden einen Platz läßt. So zeichnen sich Beziehungen ab. [...] Die Gemeinschaft mit Gott ist weder eine Zutat zu Gott noch ein Verschwinden des Intervalls, das Gott vom Geschöpf trennt“ (TU 148). Die Idee der Kontraktion stiftet eine besondere Beziehung von Gott und Schöpfer. Sie vereinnahmt keine Seite. Sie lässt jeder Seite ihre Freiheit. Und doch bleibt die Einheit der Beziehung. Der Bindestrich zwischen Gott-Mensch drückt es aus, die Einheit und Unterschiedenheit von Gott-Mensch.

In *Un Dieu homme?* ist Levinas besonders daran gelegen, die Idee des Herabstieges, der Kondeszens oder „Kenose“, als „Erniedrigung“ aufzuzeigen. Damit tritt die Alternative in Erscheinung, die das Problem Gott-Mensch nach Levinas beinhaltet. Wenn eine Vermenschlichung Gottes wie auch eine Verabsolutierung der Transzendenz (des philosophischen Gottes) auszuschließen sind, dann zeigt sich in der Erniedrigung, entstehend aus der Kontraktion des Unendlichen ins Endliche, eine neue, nicht vorhersehbare Beziehung. Damit wird die Idee der Nähe Wirklichkeit. Eine Nähe Gottes bzw. der Transzendenz, die durch die Philosophie verloren gegangen ist, eine Nähe aber ganz besonderer, Gottes ganz eigener Art:

Gott – „Ist damit nicht der Gedanke einer Wahrheit, deren Erscheinen nicht herrlich, nicht strahlend wäre, der Gedanke einer Wahrheit, die durch ihre Erniedrigung sichtbar wird, wie das sanfte Säuseln in der biblischen Erzählung 1 Kg 19,12 – der Gedanke einer Wahrheit, die verfolgt wird, die einzige Möglichkeit einer Transzendenz? Nicht wegen der moralischen Qualität der Demut, die ich im Übrigen keineswegs schmälern will, sondern aufgrund ihrer Seinsweise, die vielleicht die Quelle ihres moralischen Wertes darstellt. Sich demütig zeigen, als Verbündeter der Geschlagenen, der Armen, der Gehetzten – das heißt genau nicht sich in die [philosophische – KK]

Ordnung eingliedern. In diesem Nichtkämpfenwollen, in dieser Schüchternheit, die nicht wagt zu wagen, diesem An-Spruch, der nicht die Stirn hat, Ansprüche zu erheben und das genaue Gegenteil der Frechheit ist, durch diesen Anspruch eines Bettlers und Heimatlosen, der nichts hat, wohin er sein Haupt legen könnte – der Gnade des ‚Ja' oder ‚Nein' desjenigen, bei dem er anklopft, ausgeliefert – ist der Demütige absolut störend; er ist nicht von dieser Welt. Demut und Armut sind eine Weise, sich im Sein zu verhalten – ein ontologischer (oder halbontologischer) Modus – und kein soziales Verhältnis. Sich in dieser Armut der Exilierten zu zeigen, heißt den Zusammenhalt des Universums sprengen. Die Immanenz durchbrechen, ohne sich in ihr einzureihen" (Dieu 76). Und Levinas fügt diesen Aussagen über Gott, der sich erniedrigt, den Vers von Jeremia an, der für ihn zentral ist: „Wir werden den erstaunlichen Sinn von Jeremias 22,16 verstehen: ‚Er schuf Recht dem Armen und Elenden. [...] Genau das heißt mich kennen, spricht der Ewige" (Dieu 79).

Und Levinas erinnert nicht unerwartet an Kierkegaard: „Zweifellos ist Kierkegaard derjenige, der die von dem Thema der Demut Gottes vermittelte philosophische Vorstellung der Transzendenz am besten verstanden hat. Die verfolgte Wahrheit ist für ihn weit mehr als nur eine schlecht erforschte Wahrheit. Wenn sie zu Verfolgung und Erniedrigung Anlaß gibt, so sind diese Modalitäten des Wahren. Die Stärke der transzendenten Wahrheit liegt in ihrer Demut" (Dieu 77).

Levinas kann sich aber nicht vorstellen, dass das Erscheinen dieses Göttlichen in einer Substanz oder Person, einem Messias oder Sohn, Wirklichkeit werden kann.

„Doch diese Öffnung der Vieldeutigkeit, durch die die Transzendenz eindringt, bedarf vielleicht einer weiteren Analyse. Kann denn der Gott, der sich erniedrigt, um ‚bei dem Zerschlagenen und Demütigen zu sein' (Jes 57,15), der Gott ‚des Heimatlosen, der Witwe und der Waisen', der Gott, der in der Welt erscheint durch seinen Bund mit dem, der sich aus der Welt ausgrenzt, kann Er in seiner Unvergleichlichkeit in der Weltzeit Gegenwärtiges werden? Ist das für seine Armut nicht schon wieder zuviel? Ist das für seine Herrlichkeit, ohne die seine Armut keine Erniedrigung ist nicht schon wieder zu wenig? Damit die Andersheit, die die Ordnung stört, nicht sogleich an der Ordnung teilnimmt, damit der Horizont des Jenseits offen bleibt, muß die Demut des Erscheinens bereits Abwesenheit sein" (Dieu 77–78).

Deshalb ist Gott für Levinas nur „Spur": „Die Denkfigur, die die Vieldeutigkeit (oder das Rätsel) dieses Anachronismus – ein Eintreten, das später als der Auszug erfolgt, das folglich niemals in meiner Zeit gewesen und somit unvordenklich ist – darstellt, nennen wir Spur. Doch die Spur ist nicht einfach noch ein Wort: sie ist die Nähe Gottes im Antlitz meines Nächsten. [...] Die Beziehung zum Unendlichen ist kein Wissen, sondern eine Nähe, die die Unvergleichlichkeit des Unumfaßbaren, das uns berührt, aber nicht aufhebt. Sie ist Sehnsucht, d. h. genau ein Gedanke, der unendlich viel mehr denkt als er denkt. Um einen Gedanken hervorzurufen, der mehr denkt als er denkt, kann sich das Unendliche nicht in einem Ersehnlichen inkarnieren, kann es sich, da unendlich, nicht in ein Ende, ein Ziel, einschließen. Es ruft durch das Antlitz hervor" (Dieu 79).

Und damit kommt Levinas zu der entscheidenden Aussage nicht nur des Vortrages, sondern seines Denkens: „die Spur [...]: sie ist die Nähe Gottes im Antlitz meines Nächsten" (Dieu 78). – Und Levinas führt zu dieser zentralen Aussage aus: „Für mich ist der Nächste der andere Mensch. [...] Im AT kommt Gott, wie sie wissen, auch zum Menschen herab. Gottvater kommt zum Beispiel in Gen 9, 5, 15 und Num 11, 17 und Exodus 19,18. Es gibt keine Trennung zwischen dem Vater und seinem Wort; das Herabkommen Gottes geschieht in Gestalt des Wortes, in Gestalt des ethischen Gebotes oder des Liebesgebotes. Im Antlitz des Anderen kommt zu uns das Gebot, das den Lauf der Welt unterbricht. Warum sollte ich mich in Gegenwart des Antlitzes verantwortlich fühlen? Das ist die Antwort Kains, als er gefragt wird: ‚Wo ist dein Bruder?' Er antwortet: ‚Bin ich der Hüter meines Bruders?' [...] Kains Antwort ist aufrichtig. Nur dass in seiner Antwort die Ethik fehlt, es ist nur Ontologie darin: Ich bin ich und er ist er. Wir sind durch Ontologie geschiedene Wesen" (ZU 140–141). – Es ist ein sehr anregender Gedanke Levinas, dass für ihn die Kondeszenz oder das Herabkommen Gottes an sich nichts Unbekanntes ist. Gott ist da in seinem Wort, in der Tora, in dem Liebesgebot, aber auf besondere Weise im Antlitz des Anderen. Aber das Herabkommen Gottes bedarf nicht der substanzialistischen Mensch-Werdung.

Levinas spricht hier nicht von der Menschwerdung, noch nicht von Inkarnation (wie gleich in anderem Zusammenhang), wie wir Christen. Und doch kann sein Gedanke zu Gott-Mensch für uns Christen anregend sein. Nicht zu einem Verständnis der hypostatischen Union; diese lehnt Levinas ab, da sie für ihn Substanzdualismus wäre. Im Gespräch von Rolduc kommt Bernhard Casper Levinas entgegen, indem er ausspricht, man sollte die Christologie nicht von der Hypostatischen Union her allein betreiben, sondern umfassender „im Lichte der Erlösung" (AS V, 339), also von der Zuwendung Gottes zum Menschen und vom Heilshandeln Jesu am Menschen her. Es könnte dann vielleicht doch zu einem vertieften Verständnis der chalkedonischen Formel des „ungetrennt – unvermischt" führen. Es ist die Frage, ob das „ungetrennt – unvermischt" nicht in der Weise des Bindestrichverhältnisses gelesen werden könnte, nicht substanztheologisch, sondern gemäß dem Verhältnis von Levinas: Gott im Anderen als Nähe – der Andere als Spur Gottes.

Aber noch einmal: Damit ist Levinas in keiner Weise christlich vereinnahmt. Denn für Levinas gilt, dass das Verhältnis Gott-Mensch kein singuläres in einer einzigen Person ist, sondern universal, jeden Anderen betreffend. Hemmerle versuchte im Gespräch von Rolduc eine Brücke zu schlagen zwischen den unterschiedlichen Sichtweisen von Jesus: „Wenn ich glaube, dass Kenose Gottes in ihm [Jesus] geschieht [...] als einer von uns, so verstehe ich, dass wir darin gerade mitgemeint und mitgerufen sind, nun mit ihm – und das heißt, jeder an seiner Stelle in seiner Einmaligkeit –, das Ganze zu tragen". Und Hemmerle erinnert an die beachtliche Aussage des Konzils „Gaudium et spes": „Denn er, der Sohn Gottes, hat sich in seiner Menschwerdung gewissermaßen mit jedem Menschen vereinigt (GS 22)" (AS V, 339–340). Die Aussage erscheint wie ein Echo auf Rosenzweigs Kernaussage: „Das echt Menschliche ist das Judesein in jedem Menschen" (AS V, 329). Ob die beiden Aussagen nicht eine Brücke sein könnten für eine Bindestrich-Christologie: Natur (Jesu) „unvermischt" und „ungetrennt" (Bindestrich) von Gott und Mensch – Natur allerdings nicht substanzhaft verstanden.

Das Verhältnis Gott-Mensch, wie es von Levinas angeregt wird, kann unter uns Christen durchaus in der Christologie weitergedacht werden.

9.7.1.2 Stellvertretung

Die zweite zentrale Idee des Christentums, die Levinas anspricht, ist die der „Stellvertretung“. Wiederum ist die Formulierung genau zu beachten:

Mensch – „Das Problem enthält andererseits, wie als Folge dieser in der Passion bis zur äußersten Grenze getriebenen Passivität, den Gedanken einer Sühne für die Anderen, das heißt eines Einspringens für Andere, einer Substitution: Das Identische par excellence, das nie austauschbare, das Eine schlechthin, wäre demnach die Substitution selbst“ (Dieu 73).

Das „Problem Gott-Mensch“, wie es Levinas versteht und wie er es zuerst mit der Idee der Kontraktion beantwortet hatte, führt zu einer weiteren zentralen Idee, zur Stellvertretung („substitution“), und das ist für Levinas zugleich die Idee des Menschen, seiner „Subjektivität“.

Subjektivität ist für Levinas Verantwortung für den Anderen. Levinas wählt dazu das Beispiel von Kain Abel. Levinas erläutert den Zusammenhang von Mensch als Subjekt und der Verantwortung für den Anderen in dem Essay *Eine Religion für Erwachsene:* Gott fragt Kain: „Wo ist dein Bruder Abel“? Kain antwortet: „Bin ich der Hüter meines Bruders?“ Levinas folgt einem rabbinischen Kommentar und schließt daraus: „Die persönliche Verantwortung des Menschen gegenüber dem Menschen ist so beschaffen, daß Gott sie nicht aufheben kann. So ist im rabbinischen Kommentar des Dialogs zwischen Gott und Kain die Frage: ‚Bin ich der Hüter meines Bruders?‘, nicht nur eine Unverschämtheit. Sie kommt von demjenigen, der die menschliche Solidarität noch nicht empfunden hat und der meint (wie viele moderne Philosophen), daß jeder für sich existiert und daß alles erlaubt ist“.[82]

An der Frage, mit der sich Gott an Kain wendet, und an der Gegenfrage, mit der Kain Gott antwortet, lassen sich nach Levinas zwei grundverschiedene Anthropologien, zwei grundverschiedene Visionen des Menschseins ablesen. Dem Menschenbild Kains entsprechend sind die Menschen radikal voneinander getrennt und nur auf sich selbst konzentriert. Aus dieser Haltung folgt die Gleichgültigkeit dem Anderen gegenüber: ‚Ich bin ich‘ und ‚er ist er‘. Was verbindet uns? In bestimmten Situationen finde ich, dass der ‚Andere‘ meine Interessen bedroht. Von hier bis zum Mord ist es nur mehr ein Schritt, wie es bei Kain der Fall ist.

Dem steht das andere anthropologische Bild gegenüber. Gott fragte: ‚Kain. Wo ist dein Bruder Abel?‘ Diese Frage beinhaltet eine bestimmte Anthropologie in Kurzform. Erstens beruht sie darauf, dass der Mensch wesentlich nicht allein ist. Der Mensch hat einen Bruder. Ein anderer Mensch ist sein Bruder. Diese Feststellung drückt mehr aus als nur, dass der Mensch nicht einsam sein soll. Sie weist darauf hin, dass zwischen den Menschen eine grundlegende Verpflichtung zur gegenseitigen Fürsorge besteht, welche sich schon aus der Tatsache herleitet, dass neben mir ein Anderer da ist. Diese Wahrheit bringt das gängige Sprichwort zum Ausdruck: „Den Bruder sucht man sich nicht aus, den Bruder hat man.“ Meinen Freund habe ich mir ausgesucht. Meinen Bruder muss ich akzeptieren so, wie er ist, mit allen seinen Tugenden und Lastern, und mit allen seinen Bedürfnissen, die ich solidarisch auf mich

---

82 Levinas, Freiheit, a. a. O., 32.

zu nehmen habe und die ich, je nach meinen Kräften und Möglichkeiten, zu befrieden habe.

Das zweite fundamentale Merkmal dieser Anthropologie ist die Anwesenheit Gottes. Eben Gott ist derjenige, der sich mit der Frage an Kain wendet. Gerade Er stellt fest, Abel sei Kains Bruder. So gewinnt die Bruderschaft eine besondere Begründung durch Gott selbst. Die Majestät des Höchsten bürgt für sie. Dazu wird ihr Inhalt wesentlich erweitert. Da es der Allmächtige ist, der davon spricht, resultiert die Bruderschaft nicht nur aus der Abstammung von gemeinsamen Eltern, sondern daraus, dass die Menschen die endgültige Grundlage ihrer Existenz und ihres Handelns in Gott, dem Schöpfer und Gesetzgeber, finden. Ohne Ihn würde ihr Menschsein unbegreiflich. Er ist derjenige, der den Menschen das fundamentalste Gebot-Verbot gibt: „Du sollst nicht töten", das ihrem Menschsein Gestalt gibt.

Wenn also Gott Kain fragt: „Wo ist dein Bruder Abel?" fragt er ihn in erster Linie nicht nach der Gewalttat, die er eben gerade verübt hat, sondern vielmehr nach seinem Menschsein. Die Frage Gottes kann man folgendermaßen verstehen: „Kain, wer bist du eigentlich? Kümmerst du dich um das Schicksal deines Bruders?" Wenn man dieser Denkspur folgt, erscheint die nächste Frage: „Kain, begreifst du, daß das Wesen deines Menschseins die tiefste Verantwortlichkeit für das Schicksal deines Bruders ist?"[83]

Das „Problem Gott-Mensch" führt Levinas zu der weiteren zentralen Idee, zur Stellvertretung „substitution", und das ist zugleich die Idee des Menschen, seiner „Subjektivität". „Die Subjektivität ist von vornherein Stellvertretung, dargeboten der Stelle eines Anderen" (JS 319).

„Die Vorstellung eines Gott-Menschen bekräftigt in dieser Transsubstantiation des Schöpfers in ein Geschöpf [Kontraktion – KK] auch den Gedanken der Substitution. Hat diese Verletzung des Prinzips der Identität nicht in gewissem Maß – aber genau das ist zu untersuchen – das Geheimnis der Subjektivität ausgesprochen?" (Dieu 79).

Jetzt erst spricht Levinas von „Inkarnation". Wie das? Der Unterschied zur christlichen „Inkarnation" ist deutlich. Levinas hält es also nicht für möglich, dass sich Gott in einem Menschen hypostasiere. Und doch sagt die Aussage über Gott auch etwas über den Menschen. Für Gott gilt das Prinzip der Selbstbehauptung nicht, jede Form von Hypostasierung wird aufgelöst, Gott erniedrigt sich. Darin kündigt sich auch das Prinzip des Menschen an, seiner Subjektivität, nämlich ebenfalls die Auflösung der Identität bzw. Hypostase, substitution, das Eintreten für den Anderen.

Jetzt erst spricht Levinas von „Inkarnation". Der Ausgang der Idee ist die Erniedrigung, die „Passivität" des Schöpfers, die geradezu zur „Passion" wird, das „Aufgehen der aktivsten Aktivität in der passivsten Passivität". Die Passion, die „passivste Passivität" erkennt Levinas in der Verantwortung für den Anderen, in der „Stellvertretung" (substitution). Er nennt sie auch „Sühne". Der Kontext, an dem Levinas allerdings von „Sühne" spricht, nämlich fast gleichbedeutend mit Stellvertretung, erinnert an den biblischen Begriff der Sühne als „Versöhnung", wie ihn Lohfink ausgelegt hat

[83] S. Jedraszewski, Marek (1999), Freiheit als Verantwortlichkeit für den Anderen. Biblische Wurzeln der Freiheitskonzeption in der Philosophie von Emmanuel Levinas, in: Wohlmuth, Levinas, a. a. O., 114–116.

(s. oben 9.4.1.3). Sühne ist dann ein Aufsichnehmen und Austragen der Last des Anderen und damit zugleich die Abgeltung einer ursprünglichen „Schuld“.

Diese Passion für den Anderen ist dem Subjekt ursprünglich eingezeichnet, ist „Inkarnation“. Inkarnation meint Levinas „buchstäblich“, d. i. „in-carné“, „Fleisch“ (chair) im Sinne Merleau-Pontys. Fleisch ist hier nicht schon Leib, ist auch nicht mit bloßer Materialität zu verwechseln. Es ist vielmehr gelebte, gespürte, phänomenal erfahrene Materialität. Das „Fleisch“ ist damit der Punkt, an dem sich Leib und Welt treffen. Inkarnation ist der Ort, wo der Andere mein Fleisch trifft. Inkarnation ist die Passion für den Anderen, sozusagen in mein ‚Fleisch und Blut‘ ursprünglich eingeschrieben. Das Subjekt ist für Levinas „inkarniertes Subjekt“ (JS 174, 243); Inkarnation ist das Prinzip der „Subjektivität“. Subjektivität ist „Fleischwerdung (Inkarnation)“.

Der Grundbegriff für das Verständnis der Schöpfung Gottes ist bei Levinas die „Kontraktion“, der Grundbegriff der Inkarnation ist der schwierige Begriff der „Rekurrenz“. Rekurrenz ist eine andere Form der Kontraktion. Rekurrenz ist die fundamentale Energie und Bewegtheit von Subjektivität. Der Leib und die Sinnlichkeit sind sozusagen die Anker der Subjektivität, sind der Energiekern der Kontraktion:

„Der Leib ist nicht lediglich das Bild oder die Figur, er ist genau das *In-sich* der Kontraktion, der Selbstheit und ihres Zerspringens. Kontraktion, die nicht die Unmöglichkeit ist, sich zu vergessen, in der Sorge um sich selbst sich von sich selbst zu lösen. Es ist eine Rekurrenz, ein Auf-sich-Zurückgehen von einer unabweisbaren Forderung des Anderen her, Sollen, das mein Sein übersteigt, Sollen, das zur Schuld und äußerster Passivität wird [...]. Sollen, das Haben übersteigt, aber das *Geben* ermöglicht. Rekurrenz, die ‚Inkarnation‘ ist und in der der Leib, durch den das Geben möglich wird, *anders* werden lässt, ohne zu entfremden, denn dieses Andere ist das Herz – und die Güte – des Selben. [...] Die Rekurrenz der Selbstheit – die Inkarnation – verfestigt nicht die Seele und lässt sie nicht anschwellen, sondern drückt sie nieder. [...] Das inkarnierte Subjekt ist kein biologischer Begriff. Das durch die Leiblichkeit vorgezeichnete Schema unterwirft auch das Biologische einer höheren Struktur: Ent-eignung“ (JS 241–243).

Versuchen wir das Verständnis der Rekurrenz nach Levinas zu verdeutlichen. Rekurrenz ist die geschöpfliche Form der Kontraktion. Kontraktion ist die doppelte Bewegung des In-Sich-Gehens und des Aus-Sich-heraus-Gehens. Diese Bewegung haben wir verdeutlicht in der Vorstellung der Schöpfung als Kontraktion Gottes. Levinas verwendet die Vorstellung auch für die Bewegung der Rekurrenz. Hinsichtlich des Menschen spricht er von „Psychismus“, dem Seelenleben, das er in der Bewegung des Atmens wiedererkennt. Atmen ist Ein- und Aus-Atmen. Atmen ist Bewegung der Rekurrenz: Ausgehen aus sich, um wieder zu sich zurückzukommen, um wieder von sich auszugehen.

Rekurrenz ist bei Levinas zugleich eine „Bewegung der Transzendenz“, wie Wiemer zu Recht feststellt.[84] Rekurrenz kann in Analogie zur „Reflexion“ verstanden werden. Reflexion ist die Grundbewegung des Bewusstseins. Bewusstsein kann mit

---

[84] Wiemer, Passion, a. a. O., 187; JS 227 Anm.a; s. Dirscherl, Nähe Gottes, a. a. O., 470–475.

Husserl als Aktivität des „transzendentalen Egos“ gesehen werden. Alles Bewusstsein hat in diesem transzendentalen Bewusstsein seinen Kern, woraus es entsteht, sich der Außenwelt zuwendet und darauf reflektierend, d. i. in sich zurückkehrend, erkennt. Reflexion ist „Bewegung der Transzendenz“, insofern es das transzendente Außen in sich reflektiert. „Rekurrenz“ ist die ursprünglichere Bewegung, vor jeder Reflexion. Ihr Kern ist kein transzendentales Bewusstsein, sondern die Leiblichkeit und Sinnlichkeit. Die Bewegung der Rekurrenz bedeutet ebenfalls ein Aus- und Eingehen der ‚Seele‘, das Seelenleben bzw. nach Levinas der Psychismus, ist die Bewegung der Leiblichkeit. Die Bewegung ist ebenfalls eine „Bewegung der Transzendenz“, weil sie ebenfalls nicht bei sich bleibt, sondern zum „Anderen“ ausgeht, um auf sich selbst zurückzukommen. Es ist die „Transzendenz der Leiblichkeit“. Levinas nennt immer wieder die beiden Weisen der Transzendenz, die des „Jenseits (des Seins)“ (au-delà) und des „Diesseits (des Anderen im Selben, EU 83)“ (en deçà) (SpA 18–19, 310). Die Reflexion realisiert die Transzendenz des „Jenseits“, die Rekurrenz diejenige des „Diesseits“.

Aus der Rekurrenz erhellt Levinas einmal das Verständnis des „Anderen“ und zum anderen das des „Subjekts“.

Waldenfels weist darauf hin, dass hier nach Levinas die „Subjektivität des Subjekts“ gemeint ist. Sie besteht, wie Levinas immer wieder formuliert im „Geben des Selbst“ (AR 616). „Die Frage: ‚*Wer bin ich?*‘ beantwortet sich nicht, indem ich mich betrachte, sondern indem ich jemandem antworte und mich antwortend von Ihm unterscheide. Ich gehe nicht von mir aus, sondern ich komme auf mich zurück in einer rückläufigen Bewegung, die Levinas ‚Rekurrenz‘ nennt (AQ 130 ff / JS 227 ff)“ (DG 1, 330).

Das Ausgesetzsein an den Anderen nennt Levinas „Inkarnation“: „Das Ich ist in sich, eingepfercht in sich, ohne Zuflucht zu irgendetwas in seiner Haut – unwohl in seiner Haut –, wobei diese Inkarnation keinerlei metaphorischen Sinn hat, sondern der allerwörtlichste Ausdruck einer absoluten Rückläufigkeit ist, die jede andere Sprache nur annähernd wiedergeben könnte. Das Man-selbst ist kein inkarniertes Ich, zusätzlich zu seiner Verbannung in sich, diese Inkarnation ist schon seine Verbannung in sich, ein der Beleidigung, der Anklage Ausgesetzt-sein. […] Umkehrung des Bewußtseins. Ein Ereignis, das das Bewußtsein seiner initiierenden Rolle entledigt, mich entblößt und vor den Anderen als Schuldigen stellt; ein Ereignis, das mich auf die Anklagebank versetzt; eine mich verfolgende, da jeder Verfehlung vorausgehende Anklage – und eine, die mich vor Mich-Selbst bringt, zum Akkusativ, vor dem kein Nominativ war“ (Dieu 80).

Das Selbst ist auf einen Begriff gebracht „Verantwortung für den Anderen“: „Wenn ein solcher Abfall von der Identität, eine solche Umkehrung möglich ist, ohne daß dies zur reinen Entfremdung wird, was kann sie dann anders sein als eine Verantwortung für die Anderen, für das, was die Anderen tun, um am Ende sogar für die Verfolgung verantwortlich gemacht zu werden, die sie erleidet. Entsprechend dem Vers 30 des 3. Kapitels der Klagelieder: ‚Er bietet dem, der ihn schlägt, die Wange und ist gesättigt mit Schmach.‘ Nicht etwa, weil das Leiden irgendeine übernatürliche Kraft besäße. Sondern weil ich es wiederum selbst bin, der für diese Verfolgung verantwortlich ist. Das Selbst ist eine Passivität diesseits der Identität, die der Geisel“ (Dieu 80–81).

Der zentrale Begriff der „Stellvertretung" ist bei Levinas, als Folge der Subjektivität grundgelegt: „Das Sich ist Sub-jectum: es findet sich unter der Last des Universums – für alles verantwortlich (JS 256). Von der jüdischen Tradition her denkt Levinas [...] an die Figur des Messias" (DG 2, 183). Waldenfels fasst dazu zusammen: „Stellvertretung [...] *ich bin verantwortlich, indem ich an der Stelle des Anderen stehe* [...] Verantwortung *für* den Anderen. [...] Der Verantwortliche redet und handelt *an Stelle von* im Sinne einer *Stellvertretung,* einer Substitution, wie der Titelbegriff des Zentralkapitels von *Autrement qu'être* lautet" (DG 1, 335).[85]

Jedraszewski macht noch auf eine weitere Quelle zum Verständnis der Stellvertretung, aber auch der verwandten Begriffe wie „Sühne" und „Schuld" bei Levinas aufmerksam. Es ist der Bezug zu dem leidenden Gottesknecht des Propheten Jesaja (Jes 53): „Mit *Totalität und Unendlichkeit* entwickelte und radikalisierte Levinas ununterbrochen das Verständnis jener Verantwortlichkeit für den Anderen. Oft bezeichnete er sie als ‚unendlich' (infini). In *Jenseits des Seins* wird sie durch Schlüsselbegriffe wie Nähe (la proximité), Rücklauf zu sich selbst oder Rückläufigkeit (la récurrence), Erwählung (élection), Substitution oder Stellvertretung (la substitution), incarnation (l'incarnation). Besessenheit (obsession), Verletzlichkeit (la vulnérabilité) ausgedrückt. In diesen Begriffen wollte Levinas zeigen, wie ein Mensch, der mit dem Anderen ethisch verbunden ist, dem leidenden Gottesknecht des Propheten Jesaja ähnlich wird. Die Berufung auf diese biblische Gestalt weist im Übrigen darauf hin, daß nach Levinas die Ethik im Absoluten verwurzelt sein muß. Wenn sie sich nicht auf das allerhöchste Gut beruft, verliert sie ihre ganze Kraft und Macht. Denn Gott erscheint als die fundamentale Quelle menschlicher Verantwortlichkeit für den Anderen".[86] – Hinter der Stellvertretung taucht bei Levinas die Gestalt des leidenden Gottesknechtes auf.

Stellvertretung ist die zweite zentrale Idee, die Levinas mit seinem Artikel *Un Dieu homme?* vorlegen will. Und diese Idee ist nicht weniger anregend für uns Christen. Denn wir verbinden die Soteriologie, das Heilshandeln Jesu, mit seiner Stellvertretung für uns Menschen. Überraschend für uns Christen ist, dass Levinas nicht das Verhältnis Gott-Mensch mit „Inkarnation" bezeichnet, sondern im Grunde die „Stellvertretung". Denn Stellvertretung ist Verantwortung für den Anderen. Inkarnation ist buchstäblich „In-car-nation", wie Levinas sagt, ist wahrhaft „Fleischwerdung" des inkarnierten Subjekts.

Und doch ist der Gedanke der „Stellvertretung" von Levinas für uns anregend. Dazu kommt noch ein überraschender Fund. Als wir die Bedeutung des 4. Gottesknechtliedes bei Lk besprachen, machten Mittmann und Sellner auf die selektive Übernahme des Gottesknechtliedes durch Lk aufmerksam. Mittmann hat die entscheidenden Verse zusammengestellt:[87]

„Wir müssen also, wenn wir Lk 23 lesen, die entsprechenden Worte aus Jes 53 immer mithören: ‚Fürwahr: unsere Krankheit – er trug sie, und unsere Schmerzen –

[85] S. Gott 108

[86] Jedraszewski, Freiheit, a. a. O., 118–119.

[87] Levinas liest Jes 53 offensichtlich wie das Judentum. Susanne Talabardon hat das Verständnis von Jes 53 im Judentum vorgetragen in einem Vortrag „Der Knecht des Ewigen – Jescha'ja 52,13–53,12 in jüdischer Interpretation", in: Zur Debatte 2013, H.5 32–33.

er schleppte sie (53,4a). [...] Und er war durchbohrt wegen unseres Frevels, zerschlagen wegen unserer Verschuldungen; Züchtigung zu unserem Heil lag auf ihm, und durch seine Strieme wurde uns Heilung zuteil (53,5). [...] Der Herr ließ ihn treffen die Schuld von uns allen (53,6b). [...] Er gab sein Leben als Schuldopfer (53,10ab). Als Gerechter macht er die Vielen gerecht, und ihre Verschuldungen – er trug sie (11b). [...] Er trug die Sünde der Vielen und trat für die Frevler ein (12c)".[88]

Josef Wohlmuth macht darauf aufmerksam, welche große Bedeutung Jes 53 in den *Carnets* Levinas' hat. Es ist deutlich, dass in der Leseart des leidenden Gerechten Levinas' die Verse Jes 52 und 53 nicht so sehr das Thema Sühnopfer und Sühne haben, sondern die Stellvertretung des Gottesknechtes: „Die Subjektivität ist von vornherein Stellvertretung, dargeboten der Stelle eines Anderen (und nicht Opfer, das sich an seiner Stelle selbst darbietet)" (JS 319). Der Gottesknecht ist der Gerechte, der stellvertretend unsere Krankheiten und Leiden trug, Schuld und Bosheit auf sich nahm, um sie auszutragen und so die Menschen zu befreien und ihnen Heilung zu bringen und neues Leben zu schenken.[89]

Diese Sicht der Stellvertretung, die auch Lohfink als biblisch bezeichnet hatte (s. oben 9.4.1.3), nähert sich offensichtlich dem, was Levinas mit der Idee der Stellvertretung verbindet. In der Diskussion von Rolduc wurde Levinas nach dem Sinn von Jes 53 gefragt, ob er mit den Christen einstimmen könne, dass das Lamm Gottes die Sünden der Welt hinwegnimmt. Levinas antwortete, indem er den Fokus von Jes 53 noch einmal deutlich macht, dass die Gottesknechtlieder des Jesaja vor allem die „Verantwortung des Menschen für den Anderen" betonen. „Ich meine die Erlösung der Menschheit betrifft jeden Menschen". Es ist die klare Aussage des Juden, nicht ein Einzelner, sondern jeder Einzelne sei für die ganze Menschheit stellvertretend verantwortlich (AS V, 337–338). „Die Epiphanie des absolut Anderen ist Antlitz, in dem der Andere mich anruft und mir durch seine Nacktheit, durch seine Not, eine Anordnung zu verstehen gibt. Seine Gegenwart ist eine Aufforderung zu Antworten. [...] In seiner Stellung ist es durch und durch Verantwortlichkeit oder Diakonie, wie im 53. Kapitel des Buches Jesaja (SpA 224)".[90]

Und doch ist auch hier festzuhalten: die Idee der Stellvertretung bei Levinas und die christlich verstandene Stellvertretung durch Jesus Christus unterscheiden sich wesentlich. Für uns Christen ist die Stellvertretung Jesu ein singuläres, einmaliges Handeln Jesu Christi. Die Idee der Stellvertretung nach Levinas dagegen ist universal gemeint, betrifft jeden Menschen. Stellvertretung ist nach Levinas bereits im Begriff

[88] Nach Mittmann, Debatte, a. a. O., 24.

[89] Wohlmuth, Josef (2015), Jom Kippur und Eucharistie. Ein Prospekt, in: Bruckmann, Angesicht, a. a. O., 17–66, hier 42 Anm.63.

[90] Jes 53,3. Krewani hat eine Entwicklung hinsichtlich des Anderen und seiner Beziehung zu ihm im Werk Levinas festgestellt und verfolgt. Demnach stand der Andere und die Beziehung zu ihm im Mittelpunkt am Anfang, im Laufe der Zeit wandelt sich der Begriff, den sich Levinas von dieser Beziehung macht. In der frühen Philosophie ist es die Liebe, die den Zugang zum anderen öffnet, in der späten hingegen die Verantwortung. Repräsentativ für die frühe Philosophie sind die Bücher *Vom Sein zum Seienden* und *Die Zeit und der Andere,* für die späte Philosophie *Jenseits des Seins* oder anders als Sein geschieht. *Totalität und Unendlichkeit* ist ein Werk des Übergangs (Krewani, Levinas, a. a. O., 26–30).

des Subjekts mitgemeint: „Sub-jectum: es findet sich unter der Last des Universums – für alles verantwortlich“ (JS 256).

Für alles verantwortlich zu sein, dies hat Levinas vor allem aus seiner Heimat und von seinem Lehrer Rabbi Chaim Woloschiner mitgebracht. Dessen Kernsatz heißt: ‚Der Mensch ist die Seele des Universums‘. Dort hatte er gelesen: „Das System der guten Werke, der Miswot, erlangt kosmische Reichweite und bekräftigt durch diese Universalität seine ethische Bedeutung. Die Gebote zu erfüllen, heißt, Stütze der Welt zu sein. Nicht durch die Substantialität – durch ein An-Sich und ein Für-Sich – lassen sich der Mensch und seiner Innerlichkeit definieren, sondern durch das ‚Für-den-Anderen‘ [...]. Der Mensch ist Innerlichkeit durch seine Verantwortung für das Universum“.[91] Und Levinas erinnert immer wieder an das Diktum: „Ein jeder von uns ist vor allem an allem schuldig, ich aber bin es mehr als alle anderen“, schreibt Dostojewski in *Die Brüder Karamasoff* (GD 104, Gott 113, EU 76).

Die Unterschiede zwischen Christentum und Judentum scheinen an dieser Stelle unüberwindlich. In der Ratlosigkeit auf eine Antwort begegnete ich einer Persönlichkeit ganz anderer Art als dem Juden Levinas, nämlich dem muslimischen Schriftsteller und Islamwissenschaftler Navid Kermani. Es mag noch in Erinnerung sein, dass Kermani im Jahr 2009 den Hessischen Kulturpreis erhalten sollte, dies aber in Frage gestellt wurde, da er fast zu selben Zeit einen Artikel über die Kreuzigung von Guido Reni in der *Neuen Züricher Zeitung* veröffentlichte, in der er sich in sehr deutlichen Worten über das Kreuz Christi und seine Stellung im christlichen Glauben äußerte. Ja, er sprach von „Gotteslästerung“ und „Idololatrie“. Er fand die Hypostasierung des Schmerzes als barbarisch, körperfeindlich, als Undank gegenüber der Schöpfung. Eine Haltung, die bei einem Muslim nicht ungewohnt ist. Dann aber kam bald danach die Verwandlung des Textes, der von der Öffentlichkeit nicht mehr registriert wurde. Auch Magnus Striet geht auf die heftige Reaktion Kermanis ein.[92] Das eigentlich Überraschende kommt aber erst. Kermani saß später ein weiteres Mal vor der Kreuzigung Christi Renis „und fand den Anblick so berückend, so voller Segen, so dass ich am liebsten nicht mehr aufgestanden wäre. Erstmal dachte ich: Ich – nicht nur man –, ich könnte an ein Kreuz glauben“. Warum diese Wandlung? „Jesus leidet nicht, wie es die christliche Ideologie will, um Gott zu entlasten, Jesus klagt an: Nicht, warum hast du mich verlassen, nein, warum hast du uns verlassen“. Und in seinem neuen Buch *Ungläubiges Staunen* kommt er auf diese Einstellung zurück und bekennt, für ihn „steht das Kreuz nicht für die Inkarnation nur in einem Menschen, es steht für die Inkarnation als ein Prinzip“. Mit anderen Worten widerspricht Kermani dem christlichen Glauben der Inkarnation in dem einen Menschen Jesus und bekennt sich stattdessen zu einem universalen Jesus, ein Jesus, der für alle Menschen steht und der das ganze Leid der Menschheit auf sich geladen hat. Die Position des Juden Kermanis ähnelt zunächst dem des Juden Levinas. Ob Levinas eine ähnliche Stellver-

---

[91] Levinas, Anspruchsvoll, a. a. O., 106, 115–116; s. Wohlmuth, Geheimnis, a. a. O., 153–155.

[92] Striet, Magnus, Erlösung durch den Opfertod Jesu?, in: ders., Tück, Heiner-Jan (Hg.) (2012), Erlösung auf Golgotha? Der Opfertod Jesu im Streit der Interpretationen, Freiburg, 11–32, hier 11 bzw.23.

tretung Jesu für die ganze Menschheit anerkennen würde, ist zwar zu bezweifeln. Für uns Christen bleibt aber die Anfrage, ob Jesus tatsächlich nicht vertretend für die Menschheit alles auf sich genommen und vor Gott anklagend und leidend getragen hat.[93]

9.7.2 Gott wird Mensch – Christologie

„Die klassischen Aussagen der Christologie treffen und bewegen kaum" (Wahrheit 176). Damit zielt Hemmerle am Anfang seines Artikels *Die Wahrheit Jesu* auf die Mitte der Christologie. Damit sind vor allem jene dogmatischen Christologien gemeint, die bis heute oft in Sinn und Sprache der Schultheologie vorgetragen, also auf dem Boden klassischer Ontologie und Metaphysik formuliert werden. Zu ihrem Grundbestand gehört die Substanztheologie. Wie für die Trinität ist für die Christologie die Frage, ob ein Substanzdualismus bzw. -tritheismus eine Christologie heute verständlich machen kann.

9.7.2.1 Inkarnation – Chalkedon

Für die Christologie des Konzils von Chalkedon gibt Hemmerle eine Kurzformel aus: „Um eine zusammenfassende ‚Kurzformel' dafür zu geben: Die für das Christentum konstitutive Epiphanie Gottes ist die Erscheinung, will sagen das Ereignis der Liebe Gottes, der Liebe, die Gott ist, in Jesus Christus. Zu diesem Ereignis der Liebe, der radikalen Zuwendung gehört aber ein Doppeltes: Nichts vom Menschen bleibt draußen aus dieser Zuwendung, aber auch nichts von Gott bleibt draußen aus ihr. In der Konsequenz dessen liegt genau die ‚metaphysisch' anmutende, aber sich keineswegs in ihrer metaphysischen Begrifflichkeit erschöpfende Formel von Chalkedon, nach der Jesu göttliche und menschliche Natur ungetrennt und unvermischt in der Einheit der Person verbunden sind. Hier wird deutlich, wo der grundlegende Unterschied zwischen dem ‚Mittler Jesus Christus' und anderen Heilands- und Mittlerfiguren liegt, die entweder allein auf der Seite des Menschen von Gott und über Gott reden und zu Gott hinführen oder aber ‚Mittelwesen' sind, die einen Ort ‚zwischen' Gott und den Menschen einnehmen, dadurch aber die Insistenz der Transzendenz Gottes in die Immanenz der menschlichen Welt und den Ernst der Ek-stase des Menschen in Gott hinein zugleich verfehlen".[94]

Die entscheidenden Momente dieser christologischen Kurzformel sind: Jesus ist „das Ereignis der Liebe Gottes". Das heißt inhaltlich: Er ist die „radikale Zuwendung" Gottes, zu ihr gehört „ein Doppeltes: Nichts vom Menschen bleibt draußen aus dieser Zuwendung, aber auch nichts von Gott bleibt draußen aus ihr". Das ist der entscheidende Satz zur Christologie. Oder wie Hemmerle noch deutlicher in den

---

[93] NZZ vom 14.03.2009, zitiert nach *Christ in der Gegenwart,* Rez.: Nivad Kermani, in: „Bücher der Gegenwart, Herbst 2015", 461.
[94] Hemmerle, Unterscheidungen, a.a.O., 79–80.

Thesen formuliert: die Zuwendung Gottes in Jesus Christus ist „eine radikale, vorbehaltlose Kommunikation zwischen Gott und uns. Er selbst teilt in Jesus all das Unsere und all das Seine. Nichts von sich ist draußen aus dem Geschenk, das er in Jesus Christus uns macht; nichts von uns ist draußen aus der Geschichte, die Gottes eigene Geschichte ist" (Thesen 138). Eine ungeheure Aussage: Jesus Christus lebt unsere, der Menschen Geschichte, und er lebt in ihr zugleich die Geschichte Gottes.

Und nicht von ungefähr weist Hemmerle auf die Formel von Chalkedon hin, „nach der Jesu göttliche und menschliche Natur ungetrennt und unvermischt in der Einheit einer Person verbunden" sind. Die Formel von Chalkedon der hypostatischen Union „zwei Natur in einer Person unvermischt und ungetrennt" ist die zentrale Formel der Christologie bis heute geblieben. So kommt sie auch kritisch in Frage für Hemmerles Formulierung der ‚einen Geschichte von Geschichte Gottes und Geschichte der Menschen'. Aber es wird auch deutlich, dass das „unvermischt und ungetrennt" von Chalkedon substanztheologisch kaum aufzulösen ist. Unvermischt und ungetrennt sollen menschliche und göttliche Natur in einer „Person (πρόσωπον)" oder „Hypostase (ὑποστάσις)" sein. Die Formel von Chalkedon ist eher formal. Sie enthält keine inhaltliche Erklärung darüber, was Person oder Hypostase sind. Es wird das philosophische Verständnis der Person als „substantia (ὑποστάσις) individua ineffabilis" (Boethius) vorausgesetzt. Es wird auch nicht erläutert, was mit göttlicher oder menschlicher Natur gemeint ist. Es wird nur formal über deren Verhältnis eine Entscheidung getroffen.

Aus dem „Tomus Leonis", dem Schreiben Leos des Großen, das dem Konzil vorlag und das in den Endtext eingegangen ist, wird zwar ersichtlich, dass die Aussagen über die göttliche und menschliche Natur von einem guten Verständnis getragen waren, wenn es heißt: „Die Eigentümlichkeit beider Naturen blieb also unversehrt und vereinigt sich in einer Person; und so wurde die Niedrigkeit von der Hoheit, die Schwäche von der Kraft, die Sterblichkeit von der Ewigkeit angenommen. [...] Der wahre Gott wurde also in der unversehrten und vollkommenen Natur eines wahren Menschen geboren, ganz in dem Seinigen und ganz in dem Unsrigen. [...] Wie nämlich Gott sich durch sein Erbarmen nicht verändert, so wird der Mensch durch die Würde nicht aufgezehrt. Denn jede der beiden Gestalten wirkt in Gemeinschaft mit der anderen, was ihr eigen ist: Dabei wirkt das Wort nämlich, was des Wortes ist, das Fleisch aber vollbringt, was des Fleisches ist" (DSH 293–294). Es wird dabei nicht von Substanzen gesprochen, sondern von Zuständen und Wirkungen; diese werden aber doch als Natureigenschaften wiedergegeben. Das Problem der kommenden Jahrhunderte war aber vor allem mit dem Verständnis von „Person" verbunden, die offensichtlich substanztheologisch verstanden wurde.[95]

Die christologische Formel von Chalkedon und das Motiv der Kontraktion (Levinas)

Die Formel von Chalkedon ist substanztheologisch nicht zu klären. „[D]ie christologische Formel ist nicht mehr von den ontologisierbaren Größen von ‚Person' oder

[95] Hünermann, Peter (1997), Jesus Christus – Gottes Wort in der Zeit. Eine systematische Christologie, Freiburg, 167–175.

‚Subjektivität' her" zu gewinnen (Wohlmuth).[96] Die Formel von Chalkedon müsste neu interpretiert werden. Eine Möglichkeit scheint im Anschluss an Emmanuel Levinas gegeben: die Idee der Kontraktion Gottes, der Kondeszenz des Schöpfergottes in die Schöpfung. Das führt zu der Überlegung, ob die Anregungen, die Levinas in seinem Vortrag *Un Dieu homme?* gegeben hat, zur Auslegung der Formel von Chalkedon von Nutzen sein können. Das betrifft die beiden Ideen, die Levinas behandelt hatte, nämlich das Problem „Gott-Mensch", der „Kontraktion", und die Frage nach der „Subjektivität", das ist nach der „Person".

Zunächst zum Problem „Gott-Mensch", im christlichen Sinn der „Inkarnation". Bei Hemmerle ist zwar die Idee der Kontraktion Gottes ausdrücklich nirgends zu finden. Sie ist bei ihm als Motiv aber doch sehr präsent. Anders ist die Christologie Hemmerles kaum zu verstehen. Die Idee der Kontraktion, deren Hintergrund bei Levinas das jüdische Zimzum der Kabbala ist, ist in der Philosophie und Theologie durchaus keine Unbekannte. Walter Kasper hat in seiner Habilitationsschrift *Das Absolute in der Geschichte. Philosophie und Theologie der Geschichte in der Spätphilosophie Schellings* auf die christliche Tradition seit dem Neuplatonismus bis zu Meister Ekkehart und zum Deutschen Idealismus, und hier vor allem auf Schelling, hingewiesen. Die Hauptquelle ist aber Nikolaus von Kues. Kasper hat ebenfalls Kierkegaard genannt, der Schellings Vorlesung zum Thema besucht hatte und begeistert davon war, wie oben gesagt worden ist.[97] Bei Schelling und den Zeitgenossen wie Kierkegaard spielt die Kontraktion Gottes eine bedeutsame Rolle in deren Theologie der Schöpfung. Hemmerle hat sich zwar in seiner Habilitation zur Spätphilosophie Schellings ebenfalls mit dessen Schöpfungslehre befasst; schon in seiner Dissertation zu Franz von Baader wie auch in seinem Bonaventurabuch *Nachfolge* war die Schöpfung ein zentrales Thema. Das Thema der Kenose ist präsent. Aber es gibt keine ausdrücklichen Hinweise auf eine direkte Rezeption der Idee der Kontraktion.

Anders allerdings ist es, wenn man auf das entsprechende Motiv bei Hemmerle achtet. Dann wird die Bedeutung des Motivs sichtbar. In diesem Zusammenhang sei wiederum an Hemmerles Interpretation von Michelangelos Schöpfung erinnert, die das Motiv deutlich ausspricht. Gott, der Ursprung allen Lebens, schwebt über den Kontinent der Erde, ruft Adam durch Berührung ins Leben und entschwindet wieder in die Unendlichkeit. Ein Blick auf den zum Leben erwachenden Adam auf dem Erdboden macht deutlich, Gott hat ein Geschöpf nach seinem Bild geschaffen, ein Mensch als Abbild Gottes, mit allen Eigenschaften der Schönheit und Würde eines Menschen, in voller Freiheit und Selbstständigkeit.

Über dieses Bildmotiv hinaus sind zwei weitere Aspekte zu nennen, die dem Thema der Kontraktion entsprechen. Einmal spielt das Motiv in der Theologie insgesamt und besonders auch bei Hemmerle eine offensichtliche Rolle. Bekannt in der Literatur und überall zitiert ist das schon genannte Adagium: „Non coerceri maximo, contineri tamen a minimo, divinum est – Nicht umschlossen werden vom Größten, sich um-

---

[96] Wohlmuth, Geheimnis, a. a. O., 59. Zur „chalkedonischen Hermeneutik" s. Wohlmuth, Levinas, a. a. O., 215 ff.

[97] Kasper, Walter (1965), Das Absolute in der Geschichte. Philosophie und Theologie der Geschichte in der Spätphilosophie Schellings, Mainz, 225–240.

schließen lassen vom Kleinsten. das ist Göttlich".[98] Es sei nur an Hölderlin und Ignatius von Loyola erinnert.

Das Motiv ist bei Hemmerle geradezu zu einer Argumentationfigur geworden, um den Ansatz seiner Christologie verständlich zu machen. In einem Text zu Weihnachten wird er sehr ausdrücklich: „Nein, nur der Gott, der unendlich viel größer ist als unsere eigene Kraft, ist der lebendige und wirkende Gott. Dieser Satz gilt, doch wird er in seiner ganzen Tiefe erst offenbar, wenn wir ihn im Sinne der Weihnachtsbotschaft umdrehen: Der je kleinere Gott, der Gott in meinen und unseren Grenzen ist der wirkende und handelnde Gott. An Weihnachten ist das Wort Fleisch, ist Gott Mensch geworden. Und das heißt: Gott in meinen Grenzen – in meinen Grenzen Gott.

Was möchte ich in dieser Doppelformel ausdrücken? Gott in meinen Grenzen: Er hat sein Gottsein geoffenbart, indem er es von der Ferne des Jenseits und der Höhe der Gedanken herein- und herunterholte, um es zu leben in unseren, in meinen Grenzen. Meine Begrenzungen, mein Scheitern, meine Unsicherheiten sind Gottes Ort in der Welt".[99] Die Argumentationsfigur vom „größeren Gott" (im Sinne von Anselm von Canterbury) im „kleineren Gott" ist bei Hemmerle oft anzutreffen (Leben 142–149).[100]

Christologische Formel und Karl Rahner

Welche Bedeutung kann die Idee Kontraktion für die Formel von Chalkedon erhalten? Dazu ist vor allem Karl Rahner zu nennen und dazu an seinen wichtigen Beitrag zur Christologie nach dem Konzil von Chalkedon zu erinnern.[101] Dabei ist etwas näher auf diesen bedeutsamen Artikel einzugehen, um die Situation der christologischen Formel besser einordnen zu können.[102]

Zunächst ist die allgemeine Charakterisierung der Formel von Chalkedon durch Rahner festzuhalten: „Diese Formel ist – eine Formel" (Rahner 170). D. h. die Formel „lebt gerade davon, dass sie Anfang und nicht Ende, Medium und nicht Ziel ist, eine Wahrheit, die frei macht für die – immer größere Wahrheit" (Rahner 169–170).

Rahner macht zu Anfang seines Artikels auf die Grenzen seiner dogmatischen Aussagen zu Chalkedon aufmerksam. Eine solche dogmatische Aussage kann nicht die ganze Weite der christologischen Wahrheit umfassen. Rahner weist auf die Bibeltheologie hin, in deren Blick auf das Leben und Sterben Jesu eine weitaus größere Gestalt des Sohnes Gottes zur Sprache kommen kann. Mit anderen Worten weist Rahner sehr klar auf die Bedeutung der Schrift für die christologische Wahrheit hin. Hem-

---

98 Ratzinger, Einführung, a. a. O., 111.

99 Christmette 1992, An die Priester, Diakone und Laien im pastoralen Dienst zu Weihnachten 1993; s. Brücken 162, Einheit 89; Nachfolge 152 ff.

100 S. auch Hemmerle, Brücken, a. a. O., 133–136, und ebd., das ganze Kapitel 3, S. 223–246; vgl. Quellen 40.

101 Zum Gespräch zwischen Rahner und Levinas zur Christologie s. Dirscherl, Nähe Gottes, a. a. O.

102 Rahner, Karl (1954), Probleme der Christologie von heute, in: Schriften I, 169–222; vgl. Wohlmuth, Levinas, a. a. O. 219 ff.

merle hat weitgehend die Schrift befragt. „Da ist zunächst die Bibeltheologie. Es soll hier keine Bibeltheologie in sich selbst getrieben werden. [...] Es soll gleichsam in einer transzendentalen Hermeneutik vom Dogma her gezeigt werden, dass das christologische Dogma der Kirche gar nicht den Anspruch erhebt, die adäquate Kondensierung der biblischen Lehre zu sein, dass also von ihm her Platz für weitere christologische Bibeltheologie bleibt" (Rahner 174).

Zudem äußert Rahner ein weiteres Desiderat: „Es wäre wünschenswert, dass eine theologische Phänomenologie des religiösen Verhaltens zu Christus erstellt würde" (Rahner 208). Diesem Wunsch entspricht das Werk Hemmerles weithin. Wie für die Phänomenologie stellt sich auch für Rahner das Problem der „Erscheinung" in der Christologie. Phänomenologie ist ja die Forschung alles dessen, was sich zeigt oder erscheint, um zu den Sachen selbst zu kommen. Wenn Jesus als der Mittler zwischen Gott und Mensch verstanden werden soll, ist zu fragen, ob es genügt, wenn man ihn nur zu einer ‚Erscheinungsform' Gottes selbst und eigentlich seiner allein macht, so dass die Erscheinung in keiner Weise eine Eigengültigkeit vor dem Erscheinenden hat. Eine solche Christologie liefe letztlich auf Mythologie hinaus. Dazu bemerkt Rahner: „Mythologisch ist die Vorstellung vom Menschwerden eines Gottes derart, daß das Menschliches an ihm nur die Verkleidung, die Livree ist, deren er sich ‚bedient', um seine Anwesenheit hier bei uns zu signalisieren, ohne daß das Menschliche gerade dadurch seine höchste Ursprünglichkeit und Selbstverfügung gewänne, daß es von Gott angenommen wird" (Rahner 176 Anm.3).

Vor allem bereiten Rahner aber die Begriffe von „Natur" und „Person" Probleme: „Person als ontologisches Prinzip eines selbst-bewußten, bei sich und durch sich selbst seienden und freien Aktzentrums [...] demgegenüber alle übrige Wirklichkeit (= Natur, Naturen) an und in dieser Person nur Material und Instrument [...] sein kann" (Rahner 180). Und Rahner trägt wenigstens als Gedankenexperiment vor: „Die klassische Christologie verwendet zur begrifflichen Aussage des Geheimnisses Christi formal-ontologische Begriffe, deren Inhalt auf jeder Stufe der Wirklichkeit, je für sich, wiederkehrt: Natur, Person, Einheit, Substanz und so weiter. Wäre es nicht möglich, darüber hinaus, ohne die klassische Christologie deswegen aufzugeben, jene Begriffe zu verwenden, in denen das Verhältnis des Geschaffenen zu Gott gefaßt wird?" (Rahner 184).[103]

Spräche man heute von Jesus als einer Person, so denkt man an ein freies Aktzentrum. Die Person Jesu schiene zu implizieren, dass die Personalität als Aktzentrum nur seiner Gottheit zukommt, so dass das volle Menschsein, zu dem es ja gehört, aufhörte, ebenso freies Aktzentrum zu sein. Von Jesus gilt nach Rahner gerade nicht die Rede: „wo eine Person, da eine Freiheit, da ein einziges personales Aktzentrum", denn dann wäre Jesus „der in Menschengestalt an uns handelnde Gott, aber nicht der wahrhafte Mensch, der in echter menschlicher Freiheit auf Gott hin unser Mittler sein kann". Ist im Gegensatz dazu, so fragt Rahner, „Jesus nicht im wahren Sinn Mittler, der nicht nur durch die formale Vereinigung zweier Naturen, sondern [...] durch sein Handeln" Heilsmittler geworden ist? (Rahner 180 f)

Rahner vermag das Personproblem der Theologie und Christologie nicht substanztheologisch zu lösen und wendet sich zur Interpretation von Chalkedon der Schöp-

[103] S. Kasper, Walter (1974), Jesus der Christus, Freiburg, 270–300 zur „Person".

fungstheologie zu. „Wäre es nicht möglich, darüber hinaus, ohne die klassische Christologie deswegen aufzugeben, jene Begriffe zu verwenden, in denen das Verhältnis des Geschaffenen zu Gott gefaßt wird?“ (Rahner 184). Dies verändert die Situation. Denn in der Schöpfungstheologie steht das Verhältnis von Gnade und Natur zur Debatte, oder auch von Gott und Mensch als Gottes Geschöpf.

Mit dieser Frage steht sofort die andere Problematik vor Augen. Wenn man die menschliche Seite an Jesus so sehr betont, wird man dann nicht zum Nestorianer, der eben aus Jesus zwei Aktzentren, d. h. zwei aneinandergefügte Personeinheiten macht? Die Behandlung dieser Problematik führt Rahner ins Zentrum einer Grundlagenbesinnung über das Verhältnis von Gott als dem unendlichen Schöpfer zur endlichen Schöpfung. Würde man zwei geschöpfliche Größen in ein intensives Verhältnis der Nähe versetzen, müssten sie sich notwendigerweise gegenseitig im Weg stehen. Im Gegensatz dazu sei aber das Verhältnis von Gott und Geschöpf ganz anders zu umschreiben. Und dabei wird die Nähe der Kontraktion und das Verhältnis von Schöpfung und Geschöpf im Sinne Kierkegaards spürbar. Es sei zu erfassen. „daß nur eine göttliche Person eine von ihr real verschiedene Freiheit so als ihre eigene besitzen kann, daß diese nicht aufhört, wahrhaft frei zu sein auch gegenüber der sie besitzenden göttlichen Person, und doch diese Freiheit diese Person selbst als ihr ontologisches Subjekt qualifiziert. Denn nur bei Gott ist es überhaupt denkbar, dass er selber die Unterschiedlichkeit in sich selbst konstituieren kann. Das ist gerade ein Prädikat seiner Göttlichkeit als solcher und seines eigentlichen Schöpfertums: die Möglichkeit durch sich selbst und durch den eigenen Akt als solchen etwas zu konstituieren, das in einem damit, dass es radikal abhängig ist, auch eine wirkliche Selbständigkeit, Eigenwirklichkeit und Wahrheit gewinnt, und zwar auch eben dem es konstituierenden Gott gegenüber. [...] Darin liegt ja schon das Mysterium der aktiven Schöpfung, die nur Gott zukommen kann. Die radikale Abhängigkeit von ihm wächst nicht in umgekehrter, sondern in gleichen Proportion mit einem wahrhaftigen Selbststand vor ihm“ (Rahner 182). Diese Aussage erinnert deutlich an die Kierkegaards (s. oben 8.4).

Deshalb könne die chalkedonische Formel: „Zwei-Naturen-eine- Person“ überschritten werden. Das mit „hypostatischer Union“ Gemeinte müsse letztlich in die folgende Richtung vorangetrieben werden: „Die menschliche Geschichte ist gerade dadurch, daß sie reine und radikalste Offenbarung Gottes selbst ist, die lebendigste, freieste vor Gott, von der Welt auf Gott hin und so mittlerisch, weil sie Gottes selbst *und* weil sie kreatürlichste und freieste ist. [...] Die Menschwerdung des Logos erschiene als ontologisch eindeutiges Ziel der Schöpfungsbewegung als ganzer; [...] sie erschiene von vornherein angelegt auf diesen Punkt, in dem Gott zum Anderen-von-ihm (dieses setzend) zugleich die einmalig größte Nähe und Ferne erreicht, indem er sich in seinem Bild am radikalsten einmal objektiviert und eben darin als Er selbst am wahrsten gegeben ist“ (Rahner 184–185).

Rahner bietet schließlich eine „Kurzformel“ an, mit der er die chalkedonische Christologie in eine andere Sprache übersetzt: „Jesus ist der Mensch, der die einmalige absolute Selbsthingabe an Gott lebt“ (Rahner 193).[104]

---

[104] S. Wohlmuth, Levinas, a. a. O., 219–221.

In dieser Kurzformel bezeichnet Rahner die Antwort des Menschen Jesu auf die Sendung des Vaters als „Selbsthingabe“ oder „Selbstmitteilung“. Im *Grundkurs des Glaubens* legt er dann diese Selbsthingabe ausdrücklich als „Gabe“ aus. Er bestimmt die „Selbstmitteilung“ Gottes: „Der Geber ist selbst die Gabe“ (Grundkurs 126 f). So führt Rahner in einem Beitrag zur Theologie der Gnade aus, der Kern des christlichen Wirklichkeitsverständnisses bestehe darin, daß Gott uns als seinen Geschöpfen nicht irgendwelche Geschenke macht, sondern sich selbst gibt und zwar nicht mehr in effizienter Kausalität, sondern durch Teilgabe an der göttlichen Natur.[105] Rahner argumentiert so beim Thema der Gnade gabetheologisch. Und wieder verbindet Rahner das Geschehen der Gnade mit der Gabe der Freiheit des Absoluten an sein Geschöpf. Das Gott-Welt-Verhältnis ist nach Rahner „das freie Verhältnis des sich selbst mitteilenden Absoluten, das als den Adressaten solcher sich selbst entäußernden Selbstmitteilung an das andere dieses andere in schöpferischer Wirkursächlichkeit schafft, um sich selbst in freier dialogischer Weise mitteilen zu können und in Inkarnation und Gnade die geschaffene Welt frei zu seiner eigenen Geschichte zu machen“.[106]

Wie schon bei der Umschreibung der hypostatischen Union führt Rahner nun auch hier aus, die freie Selbstmitteilung setze ein Geschöpf voraus, das in seinem übernatürlichen Existential, in der ‚potentia oboedientialis‘. auf diese Selbstmitteilung hin geschaffen sei. Die freie Selbstmitteilung Gottes ist als übernatürliche Gnade „der sich mit seinem eigenen Wesen mitteilende Gott selbst“. Im Grundkurs verbindet Rahner das Theorem der Selbstmitteilung Gottes in der ungeschaffenen Gnade mit dem Terminus der formalen Ursächlichkeit, die sich von der effizienten Ursächlichkeit unterscheide. In effizienter Kausalität schafft Gott das von ihm Verschiedene. In der formalen Ursächlichkeit schenkt sich Gott dem von ihm Verschiedenen, ohne sich selbst dabei zu verlieren. Das sei das Prärogativ Gottes. Die formale Kausalität besteht nach Rahner näherhin in folgendem: „Ein bestimmtes Seiendes, ein Seinsprinzip ist ein konstitutives Moment an einem anderen Subjekt, indem es sich selber diesem Subjekt mitteilt und nicht nur etwas von sich Verschiedenes bewirkt, das dann inneres konstitutives Prinzip an dem ist, das diese Wirkursächlichkeit erfährt.“

Am Schluss dieses Durchgangs durch die christologische Formel von Chalkedon des „unvermischt“ und „ungetrennt“ nach Karl Rahner, erhebt sich die Frage, ob es all der schwierigen metaphysischen Unterscheidungen von Natur und Person, von freien Aktzentren und der verschiedenen Kausalitäten bedarf, um auszusagen, was sich in einer „Phänomenologie der Liebe“, des „Gebens“ und des „Sich-Gebens“, nicht weniger zeigt (Thesen 140–142), ob die Kurzformel von Hemmerle nicht sehr der von Karl Rahner entspricht: Jesus ist „das Ereignis der Liebe Gottes“. Das heißt inhaltlich: Es ist die „radikale Zuwendung“ Gottes, zu ihr gehört „ein Doppeltes: Nichts vom Menschen bleibt draußen aus dieser Zuwendung, aber auch nichts von Gott bleibt draußen aus ihr“ (AS I, 311).

„Der Helfer ist die Hilfe“ (Kierkegaard)

---

[105] Rahner, Karl (1976), Gnade III. Zur Theologie der Gnade, in: Herders theologisches Taschenlexikon 3, 130–140, hier 130.
[106] Ebd., 131.

Die Kurzformel der Christologie von Chalkedon Rahners führt auf eine andere Sprachebene. Wenn er die christologische Formel von Chalkedon mit „Selbstmitteilung Gottes“ an die Menschen und „Selbsthingabe des Menschen Jesus“ an Gott wiedergibt, dann begibt er sich auf die gabetheologische Ebene. Er gibt diesen Wechsel präzis mit der Aussage wieder: „Der Geber ist selbst die Gabe“. Allerdings versucht er die Theologie der Gabe durch metaphysische Unterscheidungen wiederzugeben. Kierkegaard kann uns an dieser Stelle weiterhelfen. Denn „Der Geber ist selbst die Gabe“ erinnert nicht nur an Kierkegaards zentrale christologische Aussage „Der Helfer ist die Hilfe“ (Einübung 55), sondern entspricht ihr auch.

Eugen Biser nimmt die Formel der Selbstmitteilung „Der Geber ist selbst die Gabe auf“ und identifiziert sie ausdrücklich mit Kierkegaards großer Entdeckung „Der Helfer ist die Hilfe“.[107] Biser sieht darin Kierkegaards Antwort auf die Christologie: Wer ist Jesus Christus? In der einführenden „Anrufung“ der *Einübung im Christentum* bittet Kierkegaard eindringlich, Jesus Christus zu erkennen, wie er ist, das christologische Geheimnis von Chalkedon besser zu verstehen: „Daß wir dich doch sehen möchten als das, was du bist und warst und sein wirst bis zu deiner Wiederkunft in Herrlichkeit: als Zeichen des Ärgernisses und des Glaubens, als den, der als geistiger Mensch Retter und Erlöser des Menschengeschlechts ist, der aus Liebe zur Erde kam, um die Verlorenen zu suchen, um zu leiden und zu sterben“ (Einübung 51).

„Der Helfer ist die Hilfe“. Die „große Entdeckung“ Kierkegaards ist nach Biser eine christologische Formel. Sie steht für die Antwort Jesu auf die große Einladung, die Jesus am Beginn der *Einübung* ausspricht: „Kommet her zu mir alle, die ihr mühselig und beladen seid, ich will euch Ruhe geben“ (Einübung 52). Kierkegaard mag von der einladenden Jesusgestalt in der Frauenkirche von Kopenhagen beeindruckt worden sein, wie Biser festhält, nach der Jesus die Arme ausbreitet, um alle zu sich einzuladen. Aber Kierkegaard ist durch diese Geste noch tiefer beeindruckt: „Wie wunderbar – wunderbar, daß gerade der, der Hilfe bringen kann, daß gerade der sagt: kommt her! Welche Liebe! Liebreich ist es schon, denen zu helfen, die um Hilfe bitten, wenn man Hilfe bringen kann; aber selbst Hilfe anbieten! Und sie allen anbieten! […] Hilfe anbieten, nein, die Hilfe ausrufen, als brauchte der Helfer selbst Hilfe“ (Einübung 52). Die Tiefe dieser Einladung schließt sich auf, wenn man realisiert, dass es hierbei einmal um alle möglichen Weisen von Hilfen geht, die Jesus anbieten könnte, zum anderen aber um den Helfer, Jesus selbst, der sich anbietet. Jesus selbst, der Helfer, bietet sich an; er ist letztlich die Hilfe. Er ist mehr als alle möglichen Hilfen, er ist „die“ Hilfe. Mit anderen Worten, Jesus bietet nicht irgendwelche Hilfen an, sondern sich selbst, seine Person. Das ist Ausdruck der innigsten Selbstmitteilung.

Kierkegaard fasst die große Einladung, zu seiner Person zu kommen, in die Worte und erklärt damit die Bedeutung seines Axioms: „Es ist also nicht so wie sonst immer, daß der Helfer, der ‚kommt her‘ sagt, danach sagen muß: ‚geht nun wieder‘, indem er jedem einzelnen erklärt, wo die von ihm benötigte Hilfe zu finden ist, wo das

---

[107] Biser, Eugen, (1978), Geführt und gehalten. Spirituelle Impulse durch eine „Christologie von innen“, in: Geist und Leben 51 (1978), 178–195, hier 184 ff.; ders., Der Helfer. Eine Vergegenwärtigung Jesu, München, 177.

schmerzstillende Kraut wächst, das ihm helfen könnte, oder wo der stille Ort ist, wo er die Arbeit ruhen lassen könnte, oder wo jener glückliche Weltteil ist, wo man nicht beladen ist. Nein, er öffnet seine Arme und lädt alle ein – o wenn alle, die bedrückt und beladen sind, zu ihm kämen; er würde sie alle in seine Arme schließen und sagen: bleibt nun bei mir, denn bei mir bleiben, ist Ruhe! Der Helfer ist die Hilfe" (Einübung 55).

Und Kierkegaard macht zur Verdeutlichung der Einladung das Beispiel vom Arzt, dessen Beruf die Hilfe ist, der dem Kranken wohl ein Medikament verschreibt, das der Kranke immer bei sich hat und immer wieder einnehmen muss, während der Arzt als Helfer nach der Untersuchung weiter gehen muss, also nicht ständig als Helfer gegenwärtig sein kann. Anders Jesus: „Wenn aber der Helfer die Hilfe ist, muß er den ganzen Tag lang bei dem Kranken bleiben, oder der Kranke bei ihm – o, wunderbar, daß nun gerade dieser Helfer alle einlädt" (Einübung 56). Wie kann Jesus, als Helfer, als Hilfe beständig gegenwärtig sein? Jesus lädt selbst ein. Er bietet dabei keine Dinge oder Heilmittel an, sondern Jesus bietet sich „als Person" selbst an.

Jesus bietet sich als Person selbst an und seine Einladung geht an alle „Mühseligen und Beladenen". Auffällig ist, dass Jesus sich nicht nur an „Sünder" wendet, um sie zu „retten". Nein, es ist eine große Palette an Mühseligen und Beladenen, die Jesus nach Kierkegaard einlädt: „Die Einladung steht am Kreuzwege, wo zeitliches und irdisches Leiden sein Kreuz hinstellt und ruft: Kommet alle her, alle ihr Armen und Elenden; ihr, die ihr in Armut euch mühen müßt, um euch – keine sorglose, sondern eine mühselige Zukunft zu sichern [...]. Ihr Verachteten und Übersehenen, um deren Dasein sich niemand, niemand kümmert, nicht einmal so viel wie um das Leben eines Haustieres, das mehr Wert hat! – Ihr Bettlägrigen, ja kommet auch ihr; denn die Einladung wagt es auch, Bettlägerige zum Kommen einzuladen! – Ihr Aussätzigen auch! Denn die Einladung sprengt alle Unterschiede, um alle zu sammeln; sie will das wiedergutmachen, woran der Unterschied schuld ist [und viele andere mehr – KK]" (Einübung 57). Mit anderen Worten tritt Jesus an die Stelle der Menschen und auffallend eben vor allem an alle, die mühselig und beladen sind.

Die Person Jesu, Gottes Sohn, tritt an die Stelle der Menschen, er wird selbst Mensch, um alle Unterschiede zu überwinden. Biser zieht daraus die christologischen Folgen. Die christologischen Aussagen von Chalkedon erscheinen in einem neuen Licht.

Die Aussage von Origenes und der Väter „Ipse est regnum coelorum" (Thesen 138) entfaltet seine Tiefe: Jesus in Person ist das Reich Gottes. Wenn Jesus seine Arme öffnet, um alle einzuladen, dann ist es die Einladung ins Reich Gottes. Es ist aber in einem die Einladung, im Reich Gottes seine Person anzunehmen. Biser führt Theologen an, deren christologische Formeln den Einsichten Kierkegaards deutlich entsprechen. So Romano Guardini, wenn er in *Das Wesen des Christentums* feststellt: „Es gibt keine abstrakte Bestimmung dieses Wesens [Jesu]. Es gibt keine Lehre, kein Grundgefüge sittlicher Werte, keine religiöse Haltung und Lebensordnung, die von der Person Christi abgelöst, und von denen dann gesagt werden könnte, sie seien das Christliche. Das Christliche ist Er selbst".[108] Fast wortgleich spricht Walter Kasper

[108] Guardini, Romano (1953), Das Wesen des Christentums, Würzburg, 81.

in seiner Christologie von der Einheit der Person Jesu und des Gottesreiches: „Bei Jesus von Nazareth lassen sich seine Person und seine ‚Sache‘ nicht trennen; er ist seine Sache in Person. Er ist die konkrete Verwirklichung und die personale Gestalt des Kommens der Herrschaft Gottes“.[109] Biser verweist dann ebenfalls auf den oben angeführten *Grundkurs des Glaubens* von Karl Rahner und dessen christologische Kurzformel „Der Geber ist selbst die Gabe“: „Entscheidend für das Verständnis dieser Selbstmitteilung Gottes an den Menschen ist es, zu begreifen, daß der Geber in sich selber die Gabe ist, daß der Geber sich selbst in sich und durch sich selbst der Kreatur als ihre Vollendung zu eigen gibt“ (Grundkurs 126).

Nach Biser ist mit dem christologischen Satz „Der Helfer ist die Hilfe“ die „Grundintention Jesu erreicht. Doch worin besteht diese? Auf dem Hintergrund dieses Willens ist Jesu Dienst an der Menschheit zu verstehen. Weil er weiß, daß sich dem nichts so sehr wie das ängstliche Festhalten des Menschen an sich selbst und das nicht minder ängstliche Bestehen auf einer nicht unterschreitbaren Minimaldistanz zum Mitmenschen widersetzt und weil ihm überdies bewußt ist, daß sich das eine wie das andere aus der menschlichen Schwäche und Überforderung erklärt, bietet er sich den unter ihrer Lebenslast Gebeugten selbst als Stütze und Hilfe an. Deswegen besteht sein Dienst nicht wie bei anderen Wohltätern der Menschheit im Entwurf eines gültigeren Weltbilds, in der Anweisung zu einem besseren und seligeren Leben, in der Entwicklung einer neuen Therapie oder im Modell einer menschenwürdigeren Gesellschaftsordnung, sondern in einem Akt bedingungsloser Selbstgewährung. Und deshalb gilt von ihm der ebenso einleuchtende wie unerhörte Satz Kierkegaards: ‚Der Helfer ist die Hilfe‘“.[110] – Erinnern wir uns noch einmal an die Kurzformel Chalkedons von Hemmerle, um die Nähe zum „Helfer“ Kierkegaards zu sehen: Jesus ist die „radikale, vorbehaltlose Kommunikation zwischen Gott und uns. Er selbst teilt in Jesus all das Unsere und all das Seine. Nichts von sich ist draußen aus dem Geschenk, das er in Jesus Christus uns macht; nichts von uns ist draußen aus der Geschichte, die Gottes eigene Geschichte ist“ (Thesen 138).

Chalkedon und der „treue Zeuge“

Wir haben am Anfang dieses Kapitels der Christologie Jesus Christus mit Hemmerle den „treuen Zeugen“ genannt. Es bleibt die Frage, ob diese Bezeichnung die Bedeutung der christologischen Formel von Chalkedon wiedergibt. Jetzt ist es die Frage, ob die Kurzformel Hemmerles diese inhaltlich wiedergeben kann: „Nichts vom Menschen bleibt draußen aus der Zuwendung Gottes, aber auch nichts von Gott bleibt draußen aus ihr“ (s. 9.7.2.1).

Wir haben den Namen Jesu als „treuen Zeugen“ ausgelegt. Wir haben uns dabei auf die Empfehlungen von Paul Ricoeur zum biblischen Begriff des „Zeugnisses“ gestützt, nämlich beim Zeugnis die Dimensionen des „quasi“-empirischen, -juridischen und -martyrologischen besonders zu beachten. Und in der Tat haben sich im Ausziehen dieser Dimensionen die entscheidenden Dimensionen des „Menschen“ und

---

109 Kasper, Jesus, a. a. O., 218.

110 Biser, Eugen (1975), Wer ist mein Nächster. Zur Frage nach der Grundkategorie christlicher Mitmenschlichkeit, in: Geist und Leben 48 (1975), 406–414.

„Gottes" in der Gestalt Jesu gezeigt. Die Dimensionen seien noch einmal erinnert und theologisch vertieft. Wie spiegelt sich das „Geheimnis" Jesu Christi theologisch in den Dimensionen des Lebens Jesu (empirisch), der „Erniedrigung" des Kreuzes (martyrologisch) und der „Herrlichkeit" der Auferstehung (eschatologisch)?

Das irdische Leben Jesu

In der Betrachtung des „treuen Zeugen" Jesus ist die quasi-empirische Dimension oder das irdische historische Leben Jesu von fundamentaler Bedeutung. Eines der Schlüsselerlebnisse, die Hemmerle zum Schluss seines Lebens erzählt, ist jene Begegnung mit dem Mädchen, das ihn bittet: „Erzähle mir von Gott". Und er erzählt ihr, aber nicht nur ihr, sondern in seinen Büchern, Vorträgen und Predigten von Jesus. Von Gott erzählen ist für ihn von Jesus erzählen. Erzählen. Erzählen ist schon „Zeugnis geben". Wie haben recht ausführlich von den umfangreichen Erzählungen Hemmerles zum Leben Jesu berichtet. In ihnen nimmt der Mensch Jesu Gestalt an. Diese Perspektive ist für eine Christologie nicht zu übergehen. Sie entspricht einer dringenden Empfehlung von Karl Rahner:

„Täuschen wir uns, wenn wir vermuten, dass die formale Abstraktheit der Christologie auch dazu beigetragen hat, dass das Interesse an einer Theologie der Mysterien des Lebens Jesu schrumpfte"? (Rahner 210) „In einer heutigen durchschnittlichen Schul-Christologie muß man schon Ausschau halten, ob man etwas über die Auferstehung Christi erfährt, als ob diese vor allem in die Fundamentaltheologie gehörte. Über die Passion wird unter sehr formalen Gesichtspunkten in der Soteriologie gehandelt, die sich wenig interessiert zeigt an der Konkretheit der Person, das ‚ebenso gut' eine andere sittliche Tat Christi uns erlöst hätte, wenn es Gott gefallen hätte. Was aber hört man noch von Beschneidung, Taufe, Gebet, Verklärung, Darbringung im Tempel, Ölberg, Gottverlassenheit am Kreuz, Abstieg in die Unterwelt, Himmelfahrt und so weiter?" (Rahner 210–211)

Aber das Versäumnis begegnet nicht nur in der wissenschaftlichen Theologie, sondern auch in der allgemeinen Gläubigkeit: „Es kann wohl nicht bestritten werden, dass im durchschnittlichen religiösen Akt des Christen, wenn dieser sich nicht gerade meditierend auf das historische Leben Jesu bezieht, Christus nur als Gott gegeben ist. Es zeigten sich darin die geheime monophysitistische Unterströmung in der durchschnittlichen Christologie und eine Tendenz, vor dem Absoluten das Geschöpfliche versinken zu lassen, als ob Gott größer und wirklicher würde durch die Entwertung und Abwertung der Kreatur" (Rahner 208).

Schließlich spricht Rahner sehr deutlich die Folgen einer solchen Theologie für ein Verständnis der Definition von Chalkedon aus: „Für eine wahre Theologie des menschlichen Lebens [...] muss der rechte Blick erst wieder geübt werden, damit er nicht (‚abstrahierend') gerade das übersieht, was man real nicht vom Menschlichen Jesu scheiden kann: dass nämlich dieses Menschliche nicht menschlich ist [...] 'und dazu' noch Gottes ist [...], sondern dass das gewöhnlich Menschliche dieses Lebens die Ek-sistenz Gottes [...] menschliche Wirklichkeit und so Gottes ist und umgekehrt" (Rahner 212).

Josef Wohlmuth nimmt die Anregungen Rahners auf und zieht sie zugleich in Richtung auf die Christologie Hemmerles aus. Das Leben Jesu gipfelt in der äußersten Hingabe des Menschen an Gott und Gottes an den Menschen: „Vielleicht bedarf die

Christologie auch der ‚Reduktion' auf die historischen Glaubensquellen, in denen der Zugang zu einer trans-ontologischen Jesusinterpretation noch offener zutage liegt. In den Evangelien wird Jesus als der Mensch der äußersten Bereitschaft zur Hingabe an Gott und die Menschen vorgestellt. In diesem Zusammenhang könnte also die Christologie von den Mysterien des Lebens Jesu her, wie schon Rahner betonte, tiefer verstanden werden. Gerade von Jesus darf gesagt werden, das Fleisch werde Wort".[111]

Von Kierkegaard her erhellen zentrale Aussagen Hemmerles zu Chalkedon. Eine dieser zentralen Aussagen ist das Zitat der Väter: „Ipse est regnum coelorum (Jesus in Person ist das Reich Gottes)" (Thesen 138). Jesus verkündete und lebte auf Erden die Basileia, die Gottesherrschaft. Die Mitte der Basileia ist aber Gottes Geschichte mit uns und Jesu Geschichte als Geschichte Gottes unter uns. Die Gottesherrschaft steht unter derselben Formel wie die von Chalkedon:

„Indem Jesus Christus die Herrschaft Gottes ansagt und bringt und indem sie uns in ihm begegnet, geschieht eine radikale, vorbehaltlose Kommunikation zwischen Gott und uns. Er selbst teilt in Jesus all das Unsere und all das Seine. Nichts von sich ist draußen aus dem Geschenk, das er in Jesus Christus uns macht; nichts von uns ist draußen aus der Geschichte, die Gottes eigene Geschichte ist.

Jesus Christus ist also nicht nur Organ der Gottesherrschaft, die über ihm bliebe; und ebenso wenig ist er Gottes Untergehen, Gottes Sich-Verlieren in die Immanenz, in Welt und Geschichte. In Jesus kommt Gott ganz hinein in die Geschichte – und bleibt doch über ihr. Nur wo er über ihr bleibt, ist sein Innesein in ihr heilsam, erlösend.

Die Position der Religion hat sich verwandelt: nicht Gott über uns, der uns in unser eigenes Nichts hineindrückt oder in sein eigenes Alles aufsaugt, sondern Gott über uns, der dem Gott antwortet und begegnet, der unter uns ist, der uns trägt, auffängt, annimmt: wir zwischen Gott und Gott" (Thesen 138–139).

Hemmerles Kurzformel des christologischen Geheimnisses ist so: „Nichts vom Menschen bleibt draußen aus der Zuwendung Gottes, aber auch nichts von Gott bleibt draußen aus ihr" (s. 9.7.2.1).

9.7.2.2 Kreuz und Auferstehung

9.7.2.2.1 Kreuz

Ein Bild und ein Text mögen Hemmerles tiefstes Verständnis des Kreuzes ansprechen. Es ist das Bild des „Gekreuzigten" von Johannes vom Kreuz. Hemmerle hat dazu den folgenden Text geschrieben:

[111] Wohlmuth, Levinas, a. a. O., 228–229; vgl. auch Wohlmuth, Juden, a. a. O., 60–61; Rahner, 206–212.

Vaterlos
Mit dem Bild ist in sich selber Schluß.
Genauer: Mit Dem am Kreuz ist in sich selber Schluß.
Er blickt nicht auf zu einem Antlitz, das ihn anblickte.
Und sein Blick nach unten fällt nicht in einen bergenden Schoß.
Die ans Kreuz genagelten Hände sind nicht nach vorne oder oben ausgestreckt im Gestus der Bitte.

Durchhängend und zusammengezogen,
beides zugleich sein Leib.
Aber wo kommt mein Blick überhaupt an in diesem Bild?
Er findet seinen Weg von rückwärts seitlich oben.
Er trifft den am Kreuz Hängenden im Nacken.
Was für ein Weg: von rückwärts seitlich oben in den Nacken!
Der Blick gleitet den Längsbalken des Kreuzes entlang, bis er auf den Leib des Gekreuzigten stößt.
So aber verwandelt sich das Bild.
Die in sich verharrende Gespanntheit und Gekrümmtheit des Korpus
tritt doch in Beziehung.

In Beziehung wozu?
Ort der Beziehung: der Nacken.
Was liegt auf dem Nacken?
Nichts. Ein lastendes Nichts, das grenzenlos von oben hereinbricht.

Und dann sieht der Blick plötzlich mehr: auch links vor und über dem Gekreuzigten: Nichts.
Auch unter und hinter dem Kreuz: Nichts.
Und wo die nach vorne stoßenden Knie den Bildrand berühren, auf den auch der
geneigte Kopf und die angewinkelten Füße weisen:
wiederum Nichts.

Im Nichts, vom Nichts, ins Nichts.
Vaterlos, Gott-los.

Da bist du.
Und da hältst du meinen Blick fest, da bannst du mich,
daß ich bei dir bleibe.

Und du, der in sich Gekrümmte und Gewinkelte,
Ausgespannte und Eingeschlossene,
rührst mich an, machst mich still,
bist mir Wort.
Du sprichst mir – wovon?

Vom Nichts über dir, unter dir, um dich.
Und wenn ich dich lange genug | zu | mir habe sprechen lassen
in deinem Schweigen,
dann kann ich es nicht mehr sagen: Vaterlos, Gottlos (AS V, 375–376).

Das Kreuz stellt vor das Nichts. Der Gekreuzigte wird durch nichts und niemand gehalten. Der Gedanke des Nichts hat Hemmerle schon als philosophische Aussage bewegt. Er dürfte dafür von Heidegger angeregt worden sein. Bekannt ist, dass er von einer Aussage des Konfuzius zeitlebens beeindruckt war:

Lehm stemmt man aus zur Wohnung,
doch dort, wo die Wohnung nicht ist,
ist der Wohnung Sinn.

Ton formt man aus zum Becher,
doch dort, wo der Becher nicht ist,
ist des Bechers Sinn.

Drum merke: das Nichts macht alles aus.[112]

Zum Kreuz Christi haben wir von Hemmerle die eindringlichsten Worte. Es sei ein Text ausführlich wiedergegeben, der die Tiefe der Kreuzerfahrung Hemmerles erahnen lässt. Es ist eine Erfahrung, die er mit Chiara Lubich teilt:

„Der ganz und gar neue Gott

Als Theologe könnte man fragen: ‚Ist das wirklich der Höhepunkt des Leidens Jesu? Mit dieser Frage habe ich mich oft auseinandergesetzt und bin zu dem Schluß gekommen, sie leidenschaftlich mit Ja zu beantworten. Ich will den Grund nur andeuten. Daß Gott in Jesus dort hingeht, wo Gott gerade nicht mehr ist, daß Gott sich in Jesus die Abwesenheit Gottes bei den Menschen zu eigen macht, daß seine Liebe bis dahin geht, daß er, um mit Paulus zu sprechen, für uns zur ‚Sünde' und zum ‚Fluch' wird (Gal 3, 13; 2 Kor 5, 21) – dies ist die Neuigkeit schlechthin der Gotteserfahrung Chiara [Lubichs]. Es ist tatsächlich keine größere Verrücktheit der Liebe denkbar, als die Ferne von Gott zu teilen und mitzuleben aus Liebe zu denen, die ihm fern sind – und wenn es aus eigener Schuld wäre.

Das geht weit hinaus über eine Theologie, die nur von Wahrheiten und Geboten handelt. Davon will ich nichts wegnehmen. Aber hier ist etwas anderes: Es ist der ganz und gar neue Gott. Deshalb gibt es für Chiara und die Ihren nach dieser Entdeckung nichts Wichtigeres, als das beständige Suchen dieses schmerzerfüllten Antlitzes. In jedem Schmerz in uns und außer uns, jeder Gottesdunkelheit in uns und außer uns, jedem Nichtverstehen Gottes, jedem Fremdsein diesem Gott gegenüber begegnen wir deshalb dem, der uns in seiner Verlassenheit ganz und gar angenommen hat. Wenn wir uns darauf mit unserem ganzen Leben einlassen, dann haben wir die größtmögliche und abgründigste Gotteserfahrung überhaupt. Sie ist nicht steigerbar. Das ist keine Gedankenkonstruktion. Das erfahre ich nur, wenn ich mich andauernd in diese Realität hineinziehen lasse. So entdecke ich den ‚Deus semper maior', den Gott, der immer größer ist. Nur, wenn ich Jesus in seiner Gottverlassenheit erfahre und erkenne, kann ich mich auch radikal an diesen Gott ausliefern und seine Zuneigung zu den Menschen und zur Welt teilen. Wenn ich in diesen Abgrund der Gottverlassenheit hinein das ‚Abba, Vater' nachspreche, habe ich das Letzte erreicht. Wenn ich in diese Abwesenheit Gottes hineingehe, sie aushalte ohne jede Absicherung, mich Gott restlos ausliefere, dann ist die Herrschaft Gottes da. An diesem Punkt haben wir, glaube ich, all die Realitäten eingeholt, die uns als Seligkeit, Geschenk, Wunder begegnet sind. Zugleich werden wir zu jenen, die in den Abgrund Gottes und der Menschheit und in die Seligkeit Gottes und der Menschheit hineingegeben sind, die mit Jesus zu jedem Menschen sagen können: ‚Ich stehe zu dir und trage deine Last'.

[112] Aus: Hagemann, Trinität, a. a. O., 8.

Ich sehe in dieser Entdeckung Chiara Lubichs ein Geschenk nicht nur für alle, die als Christen leben wollen, sondern auch für die Theologie. Meines Wissens hat nirgendwo die Einheit aller Glaubenden, die in den johanneischen Abschiedsreden zum Ausdruck kommt, und gleichsam die Zusammenfassung all dessen ist, was Gott von uns will, eine solche Tiefe und Radikalität erreicht wie bei ihr. Aber diese Einheit enthält in sich sowohl das Leben der Dreifaltigkeit als auch die Gottverlassenheit Jesu. Damit ist ein Horizont aufgerissen, den wir auch in der Theologie so nicht gekannt haben, obwohl selbstverständlich auch früher schon Theologen über den einen oder anderen Aspekt dieses Zusammenhangs nachgedacht haben“ (AS V, 303–305).

Rahner macht auf eine gravierende Gefahr in der Christologie aufmerksam. Es ist die Gefahr des entleerten Kreuzes. Eines Kreuzes, das keine wirkliche Erfahrung enthält, sondern rein formal zur Erlösung herangezogen wird: „Man könnte, was hier als gravamen zu sagen ist, auf die einfache Formel bringen: Die heutige durchschnittliche Schul-Theologie ist in der Soteriologie nur interessiert an der formalen Würde der Erlösungstat Christi, nicht aber an dem konkreten Inhalt, der inneren Struktur des Erlösungsvorgangs in sich. [D]iese Satisfaktionstheorie in der Soteriologie [setzt] nicht nur stillschweigend voraus [...], Christus hätte uns durch jede andere sittliche Tat ebenso erlösen können, vorausgesetzt nur, dass es Gott so gewollt und diese Tat als stellvertretende Genugtuung angenommen hätte. Der innere Inhalt der erlösenden Tat (das heißt: Kreuz, Tod, Gehorsam, Gottverlassenheit, Sterben durch die Tat der Sünder selbst) ist also für die Erlösung als solche nur abstrakt [...] bedeutsam“ (Rahner 213).

Rahner folgert daraus eine neue Aufmerksamkeit der Theologie auf das innere Geschehen des Kreuzes. „Es müßte [...] eine Theologie des Todes im allgemeinen und Christi insbesondere ausgearbeitet werden, bevor man wirklich adäquat die Frage beantworten kann: warum sind wir durch den Tod Christi (und durch nichts anderes) erlöst worden, und wie sieht genau eine Erlösung aus, die gerade so und nicht anders bewirkt worden ist?“ (Rahner 215)

Hemmerle hat sich der Aufgabe gestellt, das Geheimnis des Kreuzes wirken zu lassen und zugleich zu verstehen, warum es den Menschen heute solche Schwierigkeiten macht, das Kreuz Jesu als eine Folge der Logik Gottes anzusehen. Er ist dabei auf ein sehr tiefe und weitreichende Aussage bei Bonaventura gestoßen:

„Das Kreuz als ein Moment in einer theologischen Schlussfolgerung, aufgehoben in die alles integrierende und überwindende Liebe, wie sie in der Auferstehung offenbar wird, ist das nicht zu harmlos, geht solche Logik nicht an der Wirklichkeit des Menschen, wie er ist, und des rätselhaften Gottes, wie er ist, vorbei? Die Gangart, welche die Logik der Liebe durchstimmt, ist bei Bonaventura indessen an einem einzigen Punkt offenbar nicht die des Enthusiasmus, des einfach überbordenden Sich-Verströmens und -Verschenkens; an einem Punkt gibt es etwas wie einen Abbruch, an dem der Sprung nicht von selbst gelingt, sondern in der äußerst mühsamen Konzentration des Entschlusses, des aufgehobenen Widerstandes gesetzt werden will. Dieser Punkt ist das Kreuz, und wir sind diesem Charakter des Kreuzes bereits begegnet: ‚Hier ist die ganze Kraft‘ – und Bonaventura setzt da das gewaltsame Wort ‚vis‘ – ‚aufzuwenden; denn wir wollen nicht leiden, wir wollen nicht gekreuzigt werden.‘ Dennoch ist gerade diese Differenz innerhalb des Gesamtganges der Logik der Liebe die entscheidende Stelle in ihr, jene, an welcher die Integration in der einen wie in der anderen Richtung allererst gelingt. Das Kreuz ist der Einstieg, der Einsprung in die Logik der Liebe; im Kreuz wird deutlich, daß man diese Logik nicht ausdenken kann, sondern daß Logik Logik der Existenz, des ganzen Daseins ist. Aber eben mehr als nur meines Daseins: Im Kreuz, gerade in ihm geschieht die Begegnung, im Kreuz rückt die Mitte, die Christus ist, hinein in den Raum unserer wirklichen Welt, unseres wirklichen Daseins" (Nachfolge 94–95).

„Hier ist die ganze Kraft aufzuwenden; denn wir wollen nicht leiden, wir wollen nicht gekreuzigt werden." Das scheint mir der Schlüsselsatz zu sein, warum auf der einen Seite es das Kreuz heute so schwer hat verstanden zu werden, und anderseits zu begreifen, welchen Glauben das Kreuz für den Glaubenden verlangt.

Der Schlüsselsatz erinnert an das „Ärgernis" bei Sören Kierkegaard. Das Ärgernis besteht in der Gleichzeitigkeit von „Herrlichkeit" und „Erniedrigung" im Reich Gottes, zu dem Jesus einlädt. Jesus ist zum einen der „Erhöhte", über ihn sprechen die Christen viel. Er ist aber auch der „Erniedrigte", dagegen wehrt sich unser Verstand (Einübung 182). Die Erniedrigung wird vor allem im Leiden und Kreuz Jesu öffentlich. Ganz ähnlich wie Bonaventura befindet Kierkegaard: „Herr Jesus Christus, höchst verschieden ist das Viele, zu welchen sich ein Mensch hingezogen fühlen kann; eines aber gibt es, zu dem sich ein Mensch von Natur aus nie hingezogen fühlt: zu Leiden und zu Erniedrigung. Wir Menschen meinen, wir müßten alles dies so lange wie möglich fliehen [...] Du aber [...] möchte doch dein Bild in deiner Erniedrigung so lebendig vor uns stehen, daß wir uns zu dir in deiner Niedrigkeit hingezogen fühlen, dir in deiner Niedrigkeit ähnlich werden zu wollen" (Einübung 181).

Kierkegaard schlägt ein Experiment vor, um uns zu dem Erniedrigten ebenso hingezogen zu fühlen wie zum Erhöhten. Wie kann die Blockade gegenüber Kreuz und Leiden überwunden werden? Kierkegaard: „Wir [wollen] ein Kind zu Hilfe nehmen, ein Kind, das noch nicht dadurch verdorben ist, daß es Jesu Christi Leiden und Tod einfach als Schulaufgabe auswendig gelernt hat, ein Kind also, das diese Erzählung zum ersten Mal hört, und laßt uns sehen, welche Wirkung sie hervorbringt, wenn wir sie einigermaßen leidlich erzählen [...]. Sieh, nun ist der Augenblick da [...]. Erzähl ihm, daß der Gekreuzigte dieser Erhöhte ist. Erzähle dem Kind, daß er die Liebe war, daß er aus Liebe zur Welt kam, geringe Knechtsgestalt annahm, nur für dieses eine lebte, die Menschen zu lieben und ihnen zu helfen, vor allem allen denen, die krank waren und betrübt, leidend und unglücklich [...]. Welche Wirkung, meinst du, wird diese Erzählung auf das Kind haben? [...] Versuch es, und du wirst sehen, daß das Kind dieses [die Erhöhung] zuerst völlig überhören wird, denn die Erzählung des Leidens hat auf das Kind einen so großen Eindruck gemacht, daß es von der Herrlichkeit, die darauf folgte, gar nichts hören mag" (Einübung 188–191).

Es ist die Liebe, die hinter der Erniedrigung, dem Leiden und Kreuz Jesu, steht. Das Kind wird es spontan erfassen und davon erfasst werden. Kierkegaard setzt das Experiment fort. Wie wird das Bild, das das Kind in seiner Kindheit in sich aufnahm, später wirken, wenn aus dem Kind ein Knabe geworden ist. Der Knabe wird sagen, wenn er groß geworden ist, wird er alle, die Jesus solches Leiden beigebracht haben, aufs Haupt schlagen, wie es dem Tatendrang eines Knaben in dem Alter entspricht. Aber damit ist es nicht getan. Der Knabe wird die Sinnlosigkeit seines Tuns erkennen: „Wenn dieses Kind dann ein Jüngling geworden [ist], [...] wirst du zum zweiten Mal diesen Anblick [des Erniedrigten] zu sehen bekommen, und dann wird er auch dich dazu bewegen, ähnlich wie er leiden zu wollen – der von der Herrlichkeit alle zu sich ziehen will" (Einübung 192).

Das Motiv für den Gesinnungswandel des Kindes und Christen ist Liebe. Es gilt, hinter Leiden und Kreuz Jesu den Beweggrund der Liebe zu erkennen. Aus Liebe zu den Menschen, vor allem aus Solidarität mit den Mühseligen und Beladenen hat Jesus das alles auf sich genommen. Und die Konsequenz davon wird möglicherweise sein, diesem erniedrigten Jesus nachzufolgen. Liebe wird durch Tun in und durch Liebe beantwortet, die Liebe Jesu durch die Nachfolge Jesu.

Die Stichworte von Leiden, Compassion und Nachfolge erinnern an Johann Baptist Metz große Abschiedsvorlesung über die „Gotteskrise". Am Ende seiner öffentlichen Zeit als Theologieprofessor fragte er sich, welche Bedeutung die Theologie für das Christentum hatte und hat. Und er machte dazu bedenkenswerte Bemerkungen:

„Immer wieder habe ich mich in den letzten Jahren gefragt, was eigentlich mit dem Christentum geschah, als es zur Theologie wurde. Dabei [...] ging es mir nicht um ein vereinfachtes Verhältnis, sondern um die Frage, ob in der Art der Theologiewerdung nicht etwas verdrängt, vergessen oder stillgestellt wurde, was gerade für die sprachliche und moralische Kompetenz des Christentums heute unverzichtbar ist. M. E. verlor das Christentum im Prozeß dieser Theologiewerdung seine Leidempfindlichkeit oder – theologisch gesprochen – seine Theodizeeempfindlichkeit, d. h. die Beunruhigung durch die Frage nach der Gerechtigkeit für die unschuldig Leidenden. Und im gleichen Atemzug verlor es seine Zeitempfindlichkeit, d. h. die Beunruhigung durch die Frage nach der Frist der Zeit. Wie lange noch? Maranatha. Dieser zweifach eine Verlust gilt üblicherweise keineswegs als solcher, er gilt vielmehr als Sieg, eben als Sieg der theologischen Vernunft, als theologischer Sieg vor allem über die jüdische Tradition des Christentums, und er ist doch in meinen Augen zur Wurzel der heutigen Kompetenzkrise des Christentums geworden, der gegenüber – ich wiederhole mich – alle Kirchenkrisen im Christentum sekundärer Natur sind.

Die christliche Gottesrede verlor ihre Leidempfindlichkeit. Von Anfang an versuchte die christliche Theologie, sich die beunruhigende Frage nach der Gerechtigkeit für unschuldig Leidende dadurch vom Leib zu halten, daß sie sie in die Frage nach der Erlösung der Schuldigen verwandelte. Die Theodizeefrage, die Frage nach Gott angesichts der abgründigen Leidensgeschichte der Welt, seiner Welt, geriet in einen soteriologischen Zirkel; sie wurde soteriologisch verschlüsselt – und dies nicht ohne schlimme Folgen. Das Christentum verwandelte sich aus einer Leidensmoral in eine Sündenmoral, aus einem leidempfindlichen Christentum wurde ein sündenempfindliches. Nicht dem Leid der Kreatur galt die primäre Aufmerksamkeit, sondern ihrer Schuld. Christliche Theologie wurde vor allem zu einer Heuristik der Schuldgefühle und der Sündenangst. Das lähmte ihre Empfindlichkeit für das Leid der Gerechten und verdüsterte die biblische Vision von der großen Gottesgerechtigkeit, der doch aller Hunger und Durst zu gelten hätte".[113]

Metz beklagt die fehlende Leidempfindsamkeit des Christentums, die vor allem durch eine rationale Theologie befördert wurde. Es ist die gleiche Beobachtung wie

[113] Metz, Johann Baptist (1994), Gotteskrise. Versuch zur „geistigen Situation der Zeit", in: ders., Diagnosen zur Zeit, Düsseldorf, 84 f.

die Kierkegaards, dass die Leidempfindlichkeit die erste Erfahrung des Kindes auf das Leiden und Sterben Jesu ist, solange es noch nicht durch Schule und Erziehung verdorben wurde. Es fragt nicht zuerst nach Schuld und Sünde; Barmherzigkeit und Mitleid ist größer und weiter als Schuld und Sünde. Aber dann verwandelte sich die christliche Leidensmoral nach und nach in eine Sündenmoral, die Christen verloren die Leidempfindlichkeit und wurden sündenempfindlich. Kreuz und Sterben Jesu Christi wurden vor allem als Satisfaktion für unsere Sünden gelehrt.

An dieser Stelle kann deutlich werden, wie sehr die christliche Lehre das Verhältnis Jesu in einer Richtung, auf Schuld und Sünde hin, kanalisiert hat. Mit Kierkegaard und Metz kann aber auch deutlich werden, wir sehr viele weiter und offener die Einladung Jesu ist, gerade auch des Erniedrigten und Gekreuzigten. Es ist eine Einladung an alle Leidenden, alle Mühseligen und Beladenen. Metz bringt den Vorgang der Glaubensentwicklung darüber hinaus mit der zentralen Frage aller Religionen, der Theodizeefrage, in Zusammenhang. Aus dieser Sicht wäre es eine Frage wert, ob nicht gerade das Leiden und die Niedrigkeit des Religionsstifters Jesu eine einzigartige Antwort auf die Frage nach der Theodizee war und sein kann: Jesus, der Sohn Gottes, der nicht große Heilmittel gegen das Böse verspricht und dafür Opfer verlangt, wie es Religionen ansonsten gewohnt sind, der zunächst auch keine vorschnelle Antwort hat, sondern mit-leidet, nur da ist und sich auf die Seiten der Leidenden stellt, um mit ihnen auszuharren. In guten und schlechten Tagen dabei zu bleiben und auszuharren, ist für Kierkegaard die Geste und der Tat größter „Liebe“ (Einübung 186).

Nach diesen Ausblicken auf Kierkegaard und Metz mag die Einstellung Hemmerles konsistenter werden. Im Kreuz ist nach Hemmerle die Logik der Liebe Gottes zu erkennen: „Darin liegt für mich keine trinitarische Romantik des Abbruchs, sondern die innere Logik der Liebe, die Gott ist. Und in dieser Logik gibt es nichts Göttlicheres als diese Gottverlassenheit. Denn sie ist der größte Ausdruck der Liebe, sie ist am meisten Liebe und das am meisten Göttliche. Wenn Gott im Medium der Endlichkeit, wenn Gott in der Geschichte etwas wirken will, kann er unter uns nichts Größeres wirken als einfach dieses, daß er dorthin geht, wo Gott nicht ist, und daß er die reine Abwesenheit Gottes durch die sie teilende Liebe zur höchsten Nähe Gottes werden läßt. Hier gibt er uns, zu sein, was er ist; hier schenkt er uns seinen Geist; hier ist alles geschenkt. Diese Gottverlassenheit bis zum Letzten ist der Ernstfall Gottes. Wenn die Botschaft von Jesus Christus und die Botschaft Jesu Christi die Botschaft von der Herrschaft Gottes ist und wenn diese Herrschaft Gottes nach 1 Kor 15 darin besteht, daß Gott alles in allem wird und Gott alles in allem ist, dann ist er im Grunde erst dort alles in allem, wo er auch im Gegenteil von sich selber, in der größten Entfernung von sich selber alles ist.

[…] Hier erreiche ich jene neue trinitarische Ontologie, in der ich eine ganz merkwürdige Logik entdecke, einen merkwürdigen Kreis, der vielleicht so beschrieben werden kann:

Gott ist die Liebe;
Liebe ist Sich-Geben;
Sich-Geben heißt Verlieren und Nichts-Werden;
Nichtssein aber ist Ausdruck der Liebe, die Gott ist.
Und so ist im Nichts und im Verlieren Gott die Fülle, und diese Fülle ist wiederum Sich-Geben und Sich-Verlieren ins Nichts. Dieser Kreis, dieses beständige Pascha, dieses Hinübergehen ins Nichts und durchs Nichts in Ihn, das ist unser Lebenskreis“ (Leben 152–153).

9.7.2.2.2 Auferstehung

Wie für das Kreuz der „Gekreuzigte" von Johannes vom Kreuz, so könnte für die Auferstehung die Aussage Hemmerles von den „Osteraugen" stehen. Den Wunsch nach Osteraugen hat Hemmerle in seinen Ostergruß von 1993 gefasst:

> Ich wünsche uns Osteraugen,
> die im Tod bis zum Leben,
> in der Schuld bis zur Vergebung,
> in der Trennung bis zur Einheit,
> in den Wunden bis zur Herrlichkeit,
> im Menschen bis zu Gott,
> in Gott bis zum Menschen,
> im Ich bis zum Du
> zu sehen vermögen.

Was mit den Osteraugen gemeint ist und was die Osteraugen zu sehen vermögen, mag ein Text von Hemmerle veranschaulichen:

„Ja, es gibt für mich wohl nichts, was mich tiefer überzeugt vom Evangelium als das Zeugnis jener, die sich mit Jesus auf die Logik seines Kreuzes eingelassen haben. Das Böse ist nicht gut, das Dunkle ist nicht hell, der Abgrund ist kein Himmel. Aber dies alles ist einfach da, und ich kann es nicht verdrängen, und wenn ich es nur bessere, dann sind die Fragen, die Hintergründe, die Dimensionen nicht ausgefüllt, die alles das aufreißt. Nun aber gibt es einen, der dies nicht wegoperiert mit einem Handgriff seiner Allmacht und der dies nicht weginterpretiert mit der Überlegenheit seiner Argumente, sondern der ganz einfach es teilt, es trägt, es begleitet von unten her. In allem, was nicht aufgeht, ist er mit drinnen. Und wer mit ihm da hineingeht, wer mit ihm aushält, wer mit ihm sich einläßt auf das Unten, in dem – das habe ich hundertfältig berühren dürfen – bricht eine Fülle, eine Tiefe, eine Weisheit des Menschentums auf, die es sonst nicht gibt. Mit den Augen dieser Menschen kann ich so auf die Wundmale des auferstandenen Herrn blicken, daß ich darin auch jenes Leid, jenen Abgrund geborgen wiederfinde, die ich nicht erklären, sondern nur versiegeln kann in der grenzenlosen Liebe dessen, der für uns und mit uns bis zum Äußersten ging.

Das ist Befreiung, aber nicht Beruhigung. Denn meine Augen nicht mehr zu verschließen brauchen vor dem, was ich nicht verstehe und nicht vermag, das bedeutet zugleich: meine Augen davor nicht mehr verschließen dürfen. Kreuz und Auferstehung sind Geborgenheit und Hoffnung, sie sind aber auch die unweigerliche Einladung und Aufforderung, Leid mitleidend bis zum Letzten und ohne Rückzug zu begleiten, in der steten Sensibilität und dem steten Mut, alles, was zu tun ist, zu tun und dort, wo nichts zu machen ist, dennoch auszuharren. Die Panik vor dem Unten und die Fixierung auf das Unten lösen sich gleichermaßen im Zeichen des Kreuzes und der Auferstehung.

Der Weg des Glaubens wird zu einem beständigen Leben aus diesem österlichen Geheimnis" (Quellen 43–45).

Es ist zu fragen, ob Hemmerle hier mit den Osteraugen eine Wahrheit des christlichen Glaubens ausspricht, die zu allen Zeiten überzeugend war und ist. Es ist auch bei ihm die alles bedrängende Frage des Glaubens und der Religionen, die Theodizeefrage: Warum das Leid und das Böse? Die Antwort Jesu darauf ist einzigartig: Er beruhigt nicht, er vertröstet nicht; er verspricht keine Heilmittel weder in Worten noch Taten, um das Leid zu überwinden, wie es die Götter zu tun pflegen und andere Religionen versprechen. Jesus hält keine Rede vom Kreuz herab. Er erträgt es, weil es ist, wie es ist; aber dass Gott es erträgt und mitträgt, das ist die einzigartige Antwort auf die Frage der Theodizee. Sie ist eine wahrhafte und ehrliche Antwort.

Dieser Realismus vor dem Leiden und dem Kreuz ist die eine Seite. Die andere Seite ist, wie es mit dem Gekreuzigten weitergeht: Jesus wird zu neuem Leben erweckt. Osteraugen werden von den Jüngern erwartet, aber auch von uns erhofft, um durch das mit Kreuz und Auferstehung verbundene Ärgernis hindurchzusehen. Die Jünger standen vor dem undurchdringlichen Ärgernis:

„In den Evangelien wird vor allem bei zwei Anlässen das Unverständnis der Jünger hervorgehoben, oder umgekehrt: der Schock, den Jesu Weg und Verhalten ihnen versetzt. Zum einen sprengt es ihre Fassungskraft, daß die Gottesherrschaft nicht direkt kommt, sondern auf dem schrecklichen Umweg des Kreuzes. Von der ersten Leidensankündigung bis zur Ratlosigkeit der Jünger am Ölberg, ja noch weiter bis ins österliche Gespräch mit den Emmausjüngern reichen die Zeugnisse. ‚Das sei ferne von dir!‘ (Mt 16, 22). ‚Wir aber hatten gehofft‘ (Lk 24, 21).

Der andere Schock ist die Auferstehung. Daß der Tote, der zum Leben Erweckte, daß er auferstanden ist, das läuft gegen alle Erwartung und Erfahrung; und die Evangelien stellen uns dies plastisch vor Augen (Mk 16, 8; Mt 28, 17; Lk 24, 11.31 ff.36–43; Joh 20, 9.13–15.24–29).

Die auffällige Unterstreichung des Mißverstehens, des Zögerns, des Erschreckens in beiden Fällen ist sozusagen ‚inszenierender‘ Hinweis darauf, wie groß und wie bedeutsam der Kontrast zwischen dem Handeln Gottes in der Heraufkunft seines Reiches und unseren menschlichen Maßstäben ist. Es passiert eine doppelte Umkehrung: Das Reich Gottes kommt ganz anders, als man es erwartet – es kommt durch die Ohnmacht und Torheit des Kreuzes hindurch. Und die Fortsetzung des Karfreitags läuft ganz anders als erwartet: Den der Vater weder vor dem Kreuz bewahrt noch vom Kreuz heruntergeholt hat, er wird zum neuen Leben erweckt. [...]

Die vorösterliche Botschaft Jesu von der herannahenden Gottesherrschaft und die österliche Botschaft von Jesus dem Herrn lassen sich nicht auseinanderreißen, sie gehören zusammen und erklären sich gegenseitig. Wer wissen will, was Herrschaft Gottes sagt, der muß sie aufs Kreuz hin und von Ostern her lesen. Wer wissen will, was sagt: Jesus ist der Herr!, der muß im Licht von Kreuz und Auferstehung das Evangelium lesen; denn der jetzt lebt, ist jener, der einmal gelebt hat. [...] Jesus Christus nicht mehr ‚dem Fleische nach kennen‘ (vgl. 2 Kor 5, 16) heißt nicht, sich um Leben, Worte und Wirken Jesu von Nazareth nicht kümmern, sondern heißt, diese vorösterliche Wirklichkeit verstehen aus dem lebendigen Zusammenhang mit dem österlichen Glauben. Dialektische Zerreißung, um nur noch dem österlichen Herrn zu begegnen, wäre unösterlich; die Reduktion auf den bloß Vorösterlichen wäre nicht wahrhaft ‚jesuanisch‘“ (Glauben 90–92).

Der doppelte Schock von Ostern, wie ihn Hemmerle beschreibt, lässt sich mit Kierkegaards Betrachtungen über das „Ärgernis“ wiedergeben und verdeutlichen: Es ist das Zurückweichen der Jünger vor der Erniedrigung Jesu in Kreuz und Auferstehung. Und es ist zugleich die Einladung des Erhöhten an die Mühseligen und Beladenen, zu ihm, dem Erniedrigten, zu kommen. „Glauben an Kreuz und Auferstehung heißt: leben mit dem ‚Gott von unten', kleiner Weg der großen Hoffnung. Ob hier nicht ein neuer Zugang aufbricht zur christlichen Urbotschaft von Kreuz und Auferstehung? Es ist eigentlich für uns ‚beruhigend', daß es den Jüngern Jesu auch nicht in den Kopf wollte: Da kommt einer, der in der Vollmacht Gottes spricht und handelt, da öffnet sich eine Perspektive für jene Zukunft, von der jedes Herz doch träumt: leidloses und grenzenloses Glück. Und der, der diese Perspektive aufreißt, begibt sich auf den unteren Weg, läßt den Erfolg hinter sich, taucht ein in die Angst, in die Ohnmacht, in den Schrei der Verlassenheit am Kreuz. Der Coup der spektakulären göttlichen Rettung findet nicht statt, Gott holt seinen Sohn nicht vom Kreuz, sondern aus dem Grab, und Zeugen sind nur die Glaubenden. Die Verunsicherten, die Verwirrten, aber eben doch die Bereiten, die von der Begegnung mit diesem Jesus Getroffenen. Und nur durch ihr armes Zeugnis dringt die Botschaft von der Macht Gottes, die alles zum Guten wendet, von der Auferstehung in die Welt. Die große Hoffnung macht den kleinen Weg, der uns nach oben mitnimmt, steigt für uns ab, lädt uns ein zu seiner Nachfolge, zur ‚Karriere nach unten' (H. Schürmann). Diese Logik läßt sich nicht mit ein paar Argumenten plausibel machen, und doch kann sie so tief wie nichts anderes jenen, der sich auf sie einläßt, überzeugen" (Quellen 40).

Und das Geschehen von Ostern ist nicht weniger ein Schock für die Jünger: „Glauben an den kommenden Herrn heißt: leben aus der Zukunft, aus jener Zukunft, die kein Es ist, sondern ein Du. Eigentlich ist es nur die Kehrseite. Kreuz, das sagt uns doch: Der Sohn Gottes, der dein Bruder geworden ist, geht mit dir bis in deinen Abgrund, bis in dein Ende, bis in jeden Abgrund und jedes Ende hinein. Der Gekreuzigte ist auferweckt worden, er lebt – das sagt doch: Im Ende bricht Zukunft auf. Und diese Zukunft ist nicht irgendetwas, sondern ist Er. Er, der uns begleitet, ist der, der uns zugleich entgegenkommt. Alles, was kommt, ist drinnen in ihm, in seinen verklärten Wunden. Alle Linien laufen zusammen auf das Antlitz dessen, der kommt, und er, der kommt, ist nicht nur ein Fluchtpunkt aller Linien in der Unendlichkeit, sondern dieser Fluchtpunkt rückt näher, ist in Bewegung. Die Linien der Zeit und der Geschichte laufen nicht allein und nicht zuerst weg von uns auf ihn hin, diese Linien gehen aus von ihm, aus von dem, der die lebendige Zukunft ist, und holen uns ein, treffen uns im Jetzt" (Quellen 45–46).

Die Jünger werden sich von Jesus alles Mögliche erwartet und erhofft haben. Was Ostern jedoch den Jüngern bringt, ist nicht ein „Es", sondern „Er". Er bringt nicht „irgendetwas", Macht, Reichtum, Erfolg, Glück u. a., sondern er bringt Sich ein. Es scheint sich die Entdeckung Kierkegaards zu wiederholen, dass „Der Helfer die Hilfe ist". Jesus ist ja der Einladende, der aus Liebe alle zu sich ruft. Er ist der „Liebende", der nicht dies oder jenes zu verteilen und zu verschenken hat, sondern eines gibt: „Liebe". Er selbst ist die „Liebe". Eugen Biser hat diesen Schritt, diese letzte Offenbarung von Ostern, ausgesprochen: „Er, der Helfer, ist die Hilfe. Dann aber ist er, [...] in letzter Steigerung [...], als der Liebende auch seine Liebe. Von seiner Präsenz durchwaltet, ist sie nicht nur die Zuwendung seines Herzens, die Ausstrahlung seiner Menschlichkeit, die Praxis seines Selbstseins. Sie ist vielmehr – er selbst und nichts außerdem".[114] Jesus ist die Liebe.

---

[114] Biser, Helfer, 225.

„Gott ist die Liebe", so die kurze Definition Gottes in 1 Joh 4,8. Jesus ist das Offenbaren der Liebe Gottes. Dass „die Liebe stärker als der Tod ist" (Hld 8,6) erhält an Ostern die entscheidende Tiefe. „Die Liebe hört niemals auf" (1 Kor 13,8). Ostern legt Zeugnis davon ab: die Liebe, die Gott und Jesus in Person ist, kann alles erleiden, aber nicht sterben. Sie ist stärker als der Tod; sie hört niemals auf. Was Menschen erahnen, was sie ersehnen, was Dichter aussprachen, dass Liebe „tiefe, tiefe Ewigkeit" (Nietzsche) wolle, das ist an Ostern offenbar und wahr geworden.

Die Osteraugen sind Augen des Glaubens. Es ist eine entscheidende Klippe zu überspringen, ohne den es keine Brücke der Zeit vor Ostern und der nach Ostern gibt. Hemmerle sieht den entscheidenden Satz des Glaubens an die Auferstehung in 1 Kor 15,16:

„Das Evangelium wird erst in seiner ‚Veränderung' durch die Nachfolge in seinen gültigen Urtext gehoben. Nachfolge wird aber zum Bekenntnis in der Folge der Auferstehung, und was geschichtlich von Anfang an das Zuerstbekannte im Bekenntnis der Nachfolge darstellt, ist die Auferstehung. In der Nachfolge werden menschliche Existenz und Welt ins Evangelium integriert, am Evangelium verifiziert. Der ursprüngliche Anspruch des Evangeliums, Botschaft des Heils, also der Integration von Mensch und Welt zu sein, schlägt sich nieder in der Verheißung der Teilhabe an der Auferstehung Christi. ‚Wenn wir nicht von den Toten auferstehen, dann ist auch Christus nicht von den Toten auferstanden' (1 Kor 15, 16): auf diese paradoxe Formel bringt es das älteste Auferstehungszeugnis des Neuen Testaments" (Nachfolge 85).

So verheerend der Blick auf den Gekreuzigten, so verheißungsvoll, was die Osteraugen zu sehen bekommen, wenn sie sehend werden: Jesus ist neues Leben geschenkt; auch uns ist neues Leben geschenkt. Es sind Verheißungen, welche in der Menschheit immer schlummerten. Dass sie an Ostern wahr werden, hat die Jünger damals und die Menschen danach überzeugt.

Dem Glauben an die Auferstehung folgt die Nachfolge: „Der Weg des Glaubens wird zu einem beständigen Leben aus diesem österlichen Geheimnis" (Quellen 45). Leben nach Ostern ist Leben mit ihm. „Leben mit dem, der lebt – das bedeutet Unmittelbarkeit zu ihm, lebendige Nähe. Es bedeutet aber ebenso Annahme eines Zeugnisses. Der jetzt lebt, mit dem wir leben sollen, er ist ein für allemal in sein Leben hineingegangen durch den Tod. Er hat, vom Vater auferweckt, sich Zeugen kundgetan, diese Zeugen haben sich mit ihrem Wort, mit ihrem Leben und mit ihrem Blut für seine Auferweckung eingesetzt, und auf dem Fundament ihres Zeugnisses steht christlicher Glaube" (Glauben 92).

9.8 Verkündigung Jesu – Gleichnisse vom Reich Gottes

Mit gleicher Aufmerksamkeit wie auf das Handeln Jesu wäre auf die Botschaft Jesu zu achten. Der Gesandte Jesus ist gekommen, um in Wort und Tat die Gottesherrschaft anzusagen und präsent zu machen. Es wäre auf die Verkündigung Jesu einzugehen, die großen Reden, seine Auslegungen der Weisungen des Alten Testamentes, seine Verheißungen, seine Gerichtspredigten, seine Abschiedsreden zu beachten.

Doch in vielem würde sich zeigen, dass Jesus in der Tradition der hebräischen Schrift auftritt. Jesus wird in den Evangelien als „Prophet“, als „Lehrer“, auch als „Dichter“ vorgestellt. Über die entsprechenden Diskurse, welche diese Formen prägten, haben wir im Teil zur Offenbarung mit Ricoeur ausführlich gehandelt (5.3.2). Jesus wäre in vielem in diesen Diskursen wiederzufinden.[115]

Gleichnisse in der Verkündigung Jesu

Eine Neuheit und Besonderheit in der Verkündigung Jesu stellen allerdings die „Gleichnisse“ dar. Sie machen einen beachtlichen Teil der Evangelien und besonders deren Redeanteile aus. Die Besonderheit der Gleichnisse resultiert aus der zentralen Botschaft Jesu: der Gottesherrschaft. So ist ein Großteil der Gleichnisse offen oder verdeckt, d. i. metaphorisch, auf das Kommen des Reiches Gottes bezogen.

Die kritische Gleichnisforschung setzte ein mit Adolf Jülicher (1857–1938) und dessen zwei Bände *Die Gleichnisreden Jesus* (1886/1899). Jülicher bedeutet eine Zäsur in der Auslegung der Gleichnisse. Gleichnisse wurden über Jahrhunderte vorwiegend als Allegorien behandelt. Bis heute besteht die Gleichnisforschung weitgehend in Auseinandersetzung bzw. Weiterführung oder Korrektur mit den Positionen Jülichers. Jülicher lehnt die bis dahin vorherrschende Methode entschieden ab, die Gleichnisse allegorisch auszulegen. Danach suchte man hinter jedem Bild eines Gleichnisses nach einem versteckten (sakramentalen) Sinn. So wurde etwa jedes Wort und jeder Begriff des Gleichnisses vom Barmherzigen Samariter (Lk 10,25–37) allegorisch auf eine biblische Gestalt oder Handlung übertragen. Jülicher fordert für die Gleichnisse eine nicht-allegorische Auslegung, da nur diese dem historischen Jesus gerecht werde.

Jülicher führt in seine Gleichnisauslegung die Unterscheidung zwischen Sach- und Bildhälfte der Gleichnisse ein. Zwischen beiden Hälften müsse der Vergleichspunkt gefunden werden, das tertium comparationis, das zwischen Sache und Bild vermittelt. Das Ergebnis sei die Erkenntnis einer allgemein sittlich-religiösen Wahrheit. Die Bildhälfte der Gleichnisrede habe den Sinn, die zeitlose „Satzwahrheit“ des Gleichnisses durch bildhafte Veranschaulichung dem Hörer erreicht. In der nachfolgenden Gleichnisforschung ist die Unterscheidung zwischen Bild- und Sachhälfte weitgehend geblieben, wenn auch mit tiefgreifenden Modifikationen sowohl dessen, was die Bildvorstellung betrifft, als auch was die Sachhälfte, d. i. Text und Auslegung betrifft. Dagegen wurde die zeitlose Satzwahrheit kaum mehr weiterverfolgt, dementsprechend auch nicht die Form des tertium comparationis.

Joachim Jeremias, ein weiterer Meilenstein für die Gleichnisse Jesu, führt ihre Herkunft und ihr Ziel folgendermaßen ein: „Die Gleichnisse Jesu, so wie sie uns überliefert sind, haben einen zweifachen historischen Ort. 1. Der ursprüngliche historische Ort der Gleichnisse wie aller Worte Jesu ist eine jeweilig einmalige Situation im Rahmen der Wirksamkeit Jesu. Manche Gleichnisse sind so lebenswahr erzählt, daß man

[115] S. Theißen, Gerhard; Merz Annette (2011), Der historische Jesus. Ein Lehrbuch, Göttingen. So ordnet Theissen die Verkündigung Jesu den großen Diskursgestalten des AT zu: „Prophet“ (221–255: Basileia, Vater unser, Gerichtspredigt), „Lehrer“ (311–358: Thora, Weisheit, Ethik, Gebot), „Dichter“ (286–310).

annehmen darf, daß Jesus an konkrete Begebenheiten anknüpft. 2. Danach haben sie, ehe sie schriftlich fixiert wurden, in der Urkirche ‚gelebt', die die Worte Jesu verkündigt, predigt, lehrt – in Mission, Gemeindeversammlung, Unterricht. Sie stellt die Worte Jesu zusammen unter sachlichen Gesichtspunkten, gibt ihnen einen Rahmen, gestaltet sie gelegentlich um, erweitert hier, allegorisiert da – all das aus ihrer Lage, nämlich der Lage zwischen Kreuz und Parusie [...]. Macht man diesen Versuch, den ursprünglichen historischen Ort der Gleichnisse zu ermitteln, so stößt man auf bestimmte Gesetze der Umformung" (Gleichnisse 19). – Es ist deutlich, dass es Jeremias darum geht, den ursprünglichen Ort der Gleichnisse zu erheben. Dann nennt er das Stichwort „Rahmen", das ebenfalls in die Forschung eingegangen ist. Gemeint ist der Rahmen, in den die ursprüngliche Erzählung gefasst worden ist. Gemeint sind die Einordnungen und Umformungen der Gleichnisse in das Leben der Gemeinden und ihrer unterschiedlichen Kulturräume. Hier sieht er manche Allegorie am Werk. Sein Interesse gilt neben dem Sitz im Leben der Gleichnisse bei Jesus diesen ekklesiologischen Umformungen.

Metapher und Gleichnis bei Paul Ricoeur

Ricoeur bringt eine neue Wendung in die Gleichnisforschung. Für ihn gewinnt die Metaphorik der Gleichnisse eine ganz andere Bedeutung. Sie löst die Allegorie völlig ab. Das wird aus dem Werdegang der Texthermeneutik verständlich, die wir oben wiedergegeben haben (5.3). Ricoeur ist ja von der *Lebendigen Metapher* zur Erzählung in *Temps et récit* gekommen, eine konsequente Fortsetzung, wie er später in der *Autobiographie* festhält. Es ist der konsequente Übergang von der Ebene des Satzes zu dem des Textes:

„[D]ie Theorie der Erzählung weist eine Ebene der semantischen Innovation und eine Ebene der heuristischen Neubeschreibung der Wirklichkeit auf. Bei der Erzählung liegt die Quelle der semantischen Innovation unzweifelhaft auf der Ebene des Textes und nicht auf der Ebene des Satzes; [...] die Funktion der ‘impertinenten’ Prädikation im Zusammenhang mit der Metapher wird hier von [...] der Fabel erfüllt. [...] Die narrative Funktion zeigt jedoch besser als die metaphorische, dass die Einheit, die einer solchen semantischen Innovation am besten entspricht, jenseits des Satzes auf der Ebene des Textes liegt, nämlich einerseits in der Erzählung, andererseits im Gedicht. Dadurch wird nachträglich eine Behauptung gestützt, die in der *Lebendigen Metapher* nur gleichsam im Vorübergehen aufgestellt wird, dass nämlich jede Metapher ein Miniaturgedicht ist. [... Ein zweiter] Punkt ist der umstrittenste von allen; es handelt sich um die metaphorische Wahrheit, die ich mit dem Begriff der metaphorischen Referenz verknüpfe. In der *Lebendigen Metapher* gehe ich so weit zu sagen, dass das Verb ‚sein' selbst vom Gedicht zur Metapher gemacht wird, insofern als es in einem Atemzug: das ist, das ist nicht, das ist wie sagt" (Ricoeur Metapher VII–VIII).

Eine Metapher etwa lautet „Der Mensch ist ein Wolf". Eine Metapher wird in einem Satz geäußert; hier mit der „impertinenten Prädikation", dass der Mensch ein Wolf sei. Die Bestimmung der Metapher wird für Ricoeur nicht nur in die *Lebendige Metapher* führend, sondern auch für die Erzählung von *Temps et récit* und damit schließlich auch für die Lesart von Gleichnissen. Er nennt dafür die Ebene der „semantischen Innovation", die sich in jeder Metapher findet, eine Innovation, die durch die „impertinente Prädikation" statthat, einer ungewöhnlichen, extravaganten Prädikation. Diese semantische Innovation eröffnet „eine heuristische Neuheit der Wirklichkeit", also eine neue Sicht auf die Wirklichkeit, die Ricoeur auch mit „metaphorischer Wahrheit" beschreibt. Ricoeur sieht die Metapher zuerst im Satz, dann im Text, und dabei wiederum am besten im „Gedicht" zur Sprache kommen. Das Gedicht oder das Poetische ist sozusagen die reine Gestalt der Metapher. Mit ähnlichen Momenten und doch auch mit anderen Eigenschaften ist die Fabel bzw. die „Erzählung" zu beschreiben.

Von dieser Grundlage aus mag die Definition der Gleichnisse, die Ricoeur gibt, verständlich werden: „Zunächst will ich die drei Züge zusammenfassen, die mir für die Definition der ‚literarischen Gattung' des Gleichnisses wesentlich scheinen: Das erzählende Gleichnis basiert auf einer Verbindung, die sich aus den Komponenten einer *narrativen Form*, eines *metaphorischen Prozesses* und eines besonderen *‚qualifizierenden Momentes' (qualifier)* zusammensetzt [kursiv – KK]. Der zuletzt genannte Faktor stellt die Konvergenz der Gleichniserzählung mit anderen Redeformen sicher, die alle auf die Bedeutung des ‚Reich Gottes' weisen" [Hermeneutik 248].

In einem anderen Zusammenhang gibt Ricoeur dieselbe Definition, gibt aber das dritte Moment des „qualifier" mit „Grenz-Ausdruck" wieder. Was er oben als „Reich Gottes" konkretisiert hatte, nennt er nun Grenz-Ausdruck. „Grenz-Ausdrücke" charakterisieren für Ricoeur das religiöse und theologische Reden insgesamt. In dieser genannten Passage beschreibt Ricoeur dann auch in kurzen Worten die Funktion und den Ablauf einer Gleichnisrede: „Wenn der Fall des Gleichnisses exemplarisch ist, so deswegen, weil es *narrative Struktur, metaphorischen Prozeß* und *Grenz-Ausdruck* [kursiv – KK]. vereinigt." – Es sind also die nämlichen Ebenen wie oben, die für Ricoeur für die Gleichnisse exemplarisch sind, mit der Hervorhebung des Grenzausdruckes. Danach erläutert er kurz den Sinn dieses dreigestuften Interpretationsmodells:

„Durch seine narrative Struktur erinnert es an die allererste Verwurzelung der Sprache des Glaubens in der Erzählung." – Die erste Stufe zur Interpretation des Gleichnisses ist bei Ricoeur somit die Beachtung der narrativen Struktur des Textes. Denken wir an die Interpretationsschritte der bisherigen Gleichnisforschung, so waren dies das Unterscheiden der Bild- und Sachhälfte der Gleichnisse. Der Text- und damit auch der Bibelhermeneutik Ricoeurs entsprechend legt er großen Wert auf die „Erzählung" und deren narrative Form.

„Durch seinen metaphorischen Prozeß macht es den (im oben erwähnten Sinne) dichterischen Charakter der Sprache des Glaubens in ihrer Gesamtheit sichtbar." – Die Erzählung bildet für Ricoeur aber nur den Ausgangspunkt. Es ist der metaphorische Prozess sichtbar zu machen, der in der Erzählung statthat. Wir haben oben gesehen, wie Ricoeur vor allem im Gedicht oder dem Poetischen überhaupt die Metapher vollendet sieht. So ist es dann auch, wie er die Gleichnisse versteht. Sie sind Ausdruck des poetischen Charakters der Sprache des Glaubens.

„Schließlich, indem es Metapher und Grenz-Ausdruck verbindet, liefert es die Matrize der theologischen Sprache selbst, insofern diese die Analogie und die Negation in der via. eminentiae (Gott ist wie…, Gott ist nicht…) verbindet" [Gott 69]. – In der religiösen Sprache beziehen sich die Metaphern vor allem auf „Grenz-Ausdrücke". Solche Ausdrücke werden in ‚Hyperbeln', ‚Paradoxien', eschatologischen

‚Sprichworten' u. ä. gebraucht. In der Sprache des Glaubens geht es meist um überkategoriale Eigenschaften des „Reiches Gottes". Wie beim Gedicht erfolgt die Bestimmung solcher Grenz-Ausdrücke durch ein „das ist, das ist nicht, das ist wie ..." entsprechend „Gott ist wie ..., Gott ist nicht". Oder in theologischer Begrifflichkeit der via positiva, negativa, eminentiae.

Eschatologische Gleichnisauslegung von Luise Schottroff

Eine neue Variante in der Gleichnisforschung legt Luise Schottroff mit der „eschatologischen" oder „sozialgeschichtlichen Gleichnisauslegung" vor.[116] Nach ihrer Auslegung bestehen die Gleichnisse Jesu aus drei Teilen: der Gleichniserzählung, der Gleichnisanwendung und der Antwort der Hörenden bzw. Lesenden (135–137). Zuerst gehen wir auf die drei Stufen ein. Danach werden wir sie an einem Beispiel erläutern.

Die Gleichniserzählung

In der bisherigen Gleichnisforschung wurde diese Stufe „Bild" genannt. Es wird eine fiktive Geschichte erzählt. Es sind Erzählungen, bei denen gewisse Bildgeschichten erzählt und wiederholt werden. Dabei galt das Interesse der bisherigen Auslegungen auf den Bildern, nicht auf die Erzählungen. Die Interpretation der Bilder war überhaupt der Schwerpunkt der Auslegungen. Die Bilder standen dabei oft für Allegorien u. ä. Die Erzählungen gaben dafür nur den fiktiven Erzählrahmen ab.

Das ist bei Schottroff anders. Die fiktiven Erzählungen sind zunächst Erzählungen, die etwas über die Erfahrungswelt der damaligen Zeit aussagen. Es sind keine historischen Erzählungen im strengen Sinn, aber sie wollen etwas über die Zeit, in der sie von Jesus vorgetragen worden sind, mitteilen: über die Welt des Lebens, der Arbeitsverhältnisse, der politischen Herrschaften, der Ungerechtigkeit des Reichtums und des Elends der Armut u.v.m. Aus diesem Grund sind die Erzählungen für die Gleichnisse höchst bedeutsam. Sie können nicht als fiktiver Hintergrund übergangen werden, sondern sind sozialgeschichtlich zu untersuchen. Sie geben Aufschluss auf die sozialen und gesellschaftlichen Verhältnisse der Zeit. Fiktiv können die Erzählungen genannt werden, weil sie mit allen Mitteln, die dem Erzähler zu Verfügung stehen, die Erzählung gestalten. Da aber die Erzählungen nicht nur Beiwerk der Gleichnisse sind, sondern die Grundlage ihres Verständnisses, besteht Schottroff auf der sozialgeschichtlichen Erforschung der Welt und Umwelt, aus der sie stammen.

Die Gleichnisanwendungen

In der bisherigen Gleichnisforschung folgt an dieser Stelle der „Rahmen" oder die „Rahmung". Die Gleichnisanwendungen waren gegenüber dem Schwerpunkt der Bilderinterpretation sekundär. Für Schottroff sind sie dagegen zentral für das Verständnis der Gleichnisse. Sie sind sozusagen die Aufgaben, vor welche die Gleichnisse die Hörer oder Leser stellen. Die Auflösungen der Gleichnisse sind nicht im Beitext mitgegeben, sondern aus den Gleichnissen zu erheben. Schottroff nennt drei Fragen, die die Gleichnisse an den Hörer oder Leser stellen: Wo ist im Gleichnis die *Tora* am Werk? Wo ist die befreiende Botschaft des *Evangeliums?* Was sagt das Gleichnis über

[116] Schottroff, Luise (2007), Die Gleichnisse, Gütersloh.

Gottes *eschatologische* Verheißung? Es sind drei Anwendungen, die die Gleichnisse gewöhnlich vorlegen und die zu beantworten sind: *Tora, Evangelium, Eschatologie* (136).

Die Antworten auf die Fragen liegen nicht vor, sondern sie müssen ‚erarbeitet' werden. Viele Gleichnisse beginnen mit der Aufforderung, die folgende Erzählung mit der Basileia, dem Reich Gottes u. ä., zu vergleichen. Schottroff macht aber auf den Unterschied zwischen „Vergleichen" und „Gleichsetzen" aufmerksam. In den meisten Auslegungen wird das Gleichsetzen mit dem Vergleichen verwechselt. Beim Vergleichen wird die Differenz der geschilderten Erzählung mit dem Reich Gottes sichtbar, beim Gleichsetzen nicht. Wenn dann von einem Sklavenhalter, der seine Sklaven foltern lässt (Mt 18,21–35), von dem Reichen, der seine Gäste ins Gefängnis wirft (Mt 22,1–4) usw. erzählt wird, dann ist es verhängnisvoll, wenn diese ‚Herren' mit Gott „gleichgesetzt" werden; dagegen soll Gott mit dem Tun dieser ‚Herren' „verglichen" werden.

Wenn es aber nicht um bloß fiktive Gestalten geht, sondern um Profile der Zeit Jesu, von denen man sprach und die bekannt waren, dann ist die sozialgeschichtliche Forschung aufgefordert, die Verhältnisse vorzulegen, wie sie sind oder waren. Und das ist mit den drei Anwendungen in eben diesem Sinne gemeint: Die Gleichniserzählungen geben im Verständnis der sozialgeschichtlichen Forschungen meist jüdisches Leben vor der „Tora" wieder, rechtschaffenes oder schuldhaftes Tun und Lassen. Deshalb ist die Differenz zu beantworten, die Jesus provozieren will, was ist das Ziel der Tora und wie gehen die Menschen, von denen erzählt wird, mit der Tora konkret um. Das Ziel der Tora ist ein Leben im Glauben und in Gerechtigkeit. Vor diesem Hintergrund eines Lebens gemäß der Tora oder gegen sie erhebt sich die zweite Frage, wohin führt Jesus, welches ist die Botschaft des Evangeliums, im Angesicht des geschilderten Verhaltens und im Angesicht der Tora. Es ist geht wieder um die Differenz, die aufbricht zwischen dem, was die Tora will und worauf Jesu Botschaft des Evangeliums hinaus will, Jesus, der sich unter den Willen des Vaters stellt.

Schließlich ist eine Antwort zu geben auf das Ziel und die Verheißung, die Jesus immer wieder vor Augen stellt: die Basileia, das Reich Gottes. Die Antwort ist zu geben auf die Frage: Das Reich Gottes, das Himmelreich, ist wie ... Es ist zugleich die Frage nach der „Eschatologie". Die traditionelle Gleichnisforschung findet das Reich Gottes u. ä. in weiter Zukunft bzw. im Jenseits. Doch sind solche Vorstellungen nicht abgehoben von den Menschen, denen die Gleichnisse gelten? Schottorff wehr sich gegen eine Eschatologie, die „dualistisch" ist, wie sie sie nennt. Eine Eschatologie, die dem abendländischen Weltbild folgt und zwischen Erde und Himmel einen Graben von Diesseits und Jenseits aufreißt. Dies ist ein weiteres zentrales Moment, warum sie diese Gleichnisauslegung außer „sozialgeschichtlich" auch „eschatologisch" nennt. Ist die Auslegung des Gleichnisses im Leben und in der Umwelt, im Alltag der Menschen damals verwurzelt, dann ist kaum anzunehmen, dass Jesus die Verheißung den konkreten Menschen auf ein fernes Jenseits gab, sondern eine Hoffnung gab, aus der sie lebten: aus der Hoffnung auf die Nähe Gottes, aus der Hoffnung auf Friede und Gerechtigkeit.

Schottroff interpretiert den Kern der Basileia Gottes nach der Tora und nach dem Glauben der damaligen Menschen, wie es Jesus zu Beginn getan hat „Die Zeit ist erfüllt. Die Basileia ist nahe. Kehr um und vertraut der frohen Botschaft" (Mk 1,15).

Hier ist hier wirklich die Nähe Gottes gemeint. Es ist Frage der Zeitlichkeit. Sie entspricht weniger dem abendländischen Zeitverständnis als dem religiösen und urchristlichen, wie wir es oben beschrieben haben. Den Inhalt der Basileia gibt Schottroff mit „gerechter Welt Gottes“ im Sinne der Tora an. Auf die gerechte Welt ging alle Hoffnung der Menschen; es war eine Hoffnung auf ein Ende der Gewalt auf dieser Erde, der Unterdrückung und der Ungerechtigkeit. Man hoffte auf ein „Ende“. Das Ende war kein Ende mit Schrecken, sondern ein Ende, das man erhoffte, wie es Gottes Verheißungen entsprach.

Die Antwort

Das Gleichnis, Erzählung und Anwendung, setzt die aktive Beteiligung der Lesenden und Hörenden, ihre Antworten in Wort und Taten, voraus. Eine Reihe von Antworten liegen oft in den Wiedergaben der Gleichnisse bereits vor. Neben den Schritten der Gleichniserzählung und Gleichnisanwendung werden die „ekklesiologischen Deutungen“, die in die jetzigen Fassungen eingegangen sind, sind in die Interpretation miteinzubeziehen und zu kommentieren.

Als Beispiel der Gleichnisauslegung im Sinn von Luise Schottdorf mag die Parabel dienen, welche sie selbst „Der beleidigte Gastgeber“ (Lk 14,12–24) nennt:

„Lk 14,12 Dann sagte er zu dem Gastgeber: Wenn du mittags oder abends ein Essen gibst, so lade nicht deine Freunde oder deine Brüder, deine Verwandten oder reiche Nachbarn ein; sonst laden auch sie dich ein, und damit ist dir wieder alles vergolten. 13 Nein, wenn du ein Essen gibst, dann lade Arme, Krüppel, Lahme und Blinde ein. 14 Du wirst selig sein, denn sie können es dir nicht vergelten; es wird dir vergolten werden bei der Auferstehung der Gerechten. 15 Als einer der Gäste das hörte, sagte er zu Jesus: Selig, wer im Reich Gottes am Mahl teilnehmen darf. 16 Jesus sagte zu ihm: Ein Mann veranstaltete ein großes Festmahl und lud viele dazu ein. 17 Als das Fest beginnen sollte, schickte er seinen Diener und ließ den Gästen, die er eingeladen hatte, sagen: Kommt, es steht alles bereit! 18 Aber einer nach dem andern ließ sich entschuldigen. Der erste ließ ihm sagen: Ich habe einen Acker gekauft und muss jetzt gehen und ihn besichtigen. Bitte, entschuldige mich! 19 Ein anderer sagte: Ich habe fünf Ochsengespanne gekauft und bin auf dem Weg, sie mir genauer anzusehen. Bitte, entschuldige mich! 20 Wieder ein anderer sagte: Ich habe geheiratet und kann deshalb nicht kommen. 21 Der Diener kehrte zurück und berichtete alles seinem Herrn. Da wurde der Herr zornig und sagte zu seinem Diener: Geh schnell auf die Straßen und Gassen der Stadt und hol die Armen und die Krüppel, die Blinden und die Lahmen herbei. 22 Bald darauf meldete der Diener: Herr, dein Auftrag ist ausgeführt; aber es ist immer noch Platz. 23 Da sagte der Herr zu dem Diener: Dann geh auf die Landstraßen und vor die Stadt hinaus und nötige die Leute zu kommen, damit mein Haus voll wird. 24 Das aber sage ich euch: Keiner von denen, die eingeladen waren, wird an meinem Mahl teilnehmen“.

Sozialgeschichtliche Auslegung

Die Erzählung besteht aus zwei Teilen. Oft beginnen die Auslegungen mit der engeren Parabel Lk14,16 ff. Die Einleitung Lk 14,12–15 ist aber wichtig. Sie situiert die eigentliche Parabel in den näheren Kontext. Die Parabel ist Teil einer Diskussion zwischen Jesus und anderen Gästen bei einem Gastmahl im Hause eines einflussreichen Mannes der pharisäischen Bewegung (14,1). Die Stimmung bei den Mahlgesprächen ist nicht feindselig, doch es ist zu spüren, dass die Leute aus der pharisäischen Bewegung, die hier anwesend sind, Jesus gegenüber kritisch eingestellt sind (14,1.6) und er ihnen gegenüber. Jesus kritisiert, dass sie hierarchische Strukturen praktizieren: Sie streben nach dem Ehrenplatz beim Gemeinschaftsmahl und sie sind nicht frei von der gesellschaftlichen Praxis, nur Verwandte und reiche Nachbarn einzuladen.

Jesus möchte die Zuhörer auf eine Praxis der Solidarität mit Armen verpflichten, die „Armentora", wie sie der Glaube nach der Tora vorsieht. Diese wird angesprochen in der Aufforderung Jesu, zum Festmahl „Arme, Behinderte, Lahme und Blinde" einzuladen (14,13). Nun ist durch die Tora und auch in der pharisäischen Auslegung diese Solidarität mit den Armen Aufgabe für alle, die dem Gott Israels zugehören. Die Probleme entstehen daraus, dass die faktische Lebenspraxis sich von der Tora entfernt, ohne dass die Menschen darauf achten (18,9–14). Jesus lehrt eine radikale Auslegung der Armentora. Er lehrt eine Heilsbotschaft für Arme (4,16–20), die die Armen in Subjekte der Befreiung verwandelt: Die Blinden sehen ... und die Armen verkünden das Evangelium (Lk 7,22)

Jesus kritisiert die Anpassung der frommen Juden, dass man z. B. wie in 14,12 Leute einlädt, von denen eine Gegenleistung erwartet werden kann. Dies ist aus Jesu Sicht Verrat an der Armentora Gottes. Ein namenloser Gast (14,15) reagiert darauf, weist auf die Verheißung Jesu vom „Reich Gottes", der Basileia, hin und preist diejenigen selig, die das Brot der Basileia, in „Gottes gerechter Welt" (Schottroff), empfangen.

Daraufhin erst erzählt Jesus die Parabel vom „beleidigten Gastgeber" (Schottdorf). Die Parabel erzählt von einer Einladung von Gästen aus derselben Klasse wie der jetzigen Gastgeber, die aber schief geht. Die Gäste finden ihre eigenen Angelegenheiten wichtiger als diese Einladung. Der Gastgeber wird daraufhin wütend und lässt in seiner Wut die Armen von den Straßen einladen (14,21). Die neue Gästeliste enthält die Liste von der Einleitung Lk 14,13: Es sind die Armen, Lahmen und Blinden.

Schottdorf kann dann eine rabbinische Legende von einem Zöllner anführen, der von Ratsherren brüskiert wurde und deshalb Arme zum Essen lud. Diese rabbinische Geschichte bietet eine perfekte inhaltliche Parallele zu Lk 14,16–24. Sie gibt eine zeitgeschichtlich offensichtlich bekannte Situation wieder. Das Gleichnis selbst kann so gut sozialgeschichtlich situiert werden. Demnach kann auch davon ausgegangen werden, dass die Ablehnung der Einladung die soziale Welt des Gastgebers und seiner Wunschgäste charakterisiert: Es geht um Ackerkauf, um den Kauf von 5 Gespannen von Rindern, um Eheschließung. Diese Ablehnungen sollen die Eingeladenen als Wohlhabende kennzeichnen. Sie sind wohlhabende Hausväter – wie auch der Gastgeber.

Gleichnisbilder

Die Auslegungstradition ist auch bei diesem Gleichnis weithin von der Annahme geprägt, dass die Parabel allegorische Elemente enthalte. So wird die Einladung der Wunschgäste auf die Erwählung Israels gedeutet. Doch Israel habe Gottes Ruf abgelehnt. Die Ersatzgäste, vor allem die zweite Gruppe von den „Wegen und Mauern" (V.23), hat eine lange Deutungstradition als Abbildung der Völkerkirche. Grundlage für diese Deutung ist vor allem das Wort „Gastmahl" / deipnon (14,16.17). Es wird als Abbildung des messianischen Festmahls Gottes verstanden (Jes 25,6–8 u.ö.). Das messianische Mahl spielt in der Jesustradition eine große Rolle und ist auch eine der

Grundlagen der Mahlpraxis des Abendmahles im frühen Christentum über Jesu Tod hinaus. Der Gastgeber wird in dieser Auslegungslinie mit Gott selbst oder mit Jesus identifiziert. Das steht nach dem Ablauf des Gleichnisses jedoch nicht unbedingt fest. Diese Identifikation des Gastgebers mit Gott wird geradezu ärgerlich und katastrophal, wenn Gott der Befehl des Gastgebers an die Knechte in den Mund gelegt wird: „Zwingt sie, hereinzukommen“. Die lateinische Übersetzung und Folge von Levinas': „compelle intrare“ ist bekannt, Die katastrophalen Folgerungen bei und nach Augustinus haben dem Namen Gottes und seiner Kirche schweren Schaden angerichtet. Es war der Grund, warum Gläubige und Andersgläubige in die Kirche getrieben wurden.

Gleichnisauslegung

Der Schlussvers (15,24) ist kein abschließendes Wort Jesu, sondern des Gleichniserzählers. Das Gleichnis endet ohne Rahmenbemerkung und Deutungsanleitung. Die Deutungsanleitung gibt der vorangehende narrative Kontext (14,12–14) und besonders 14,15.Es geht um das messianische Mahl als Mahl der Armen. Schon im Magnificat ist das Festmahl der Armen Zentrum der Prophetie Marias (Lk 1,53). Die messianische Zeit beginnt mit Jesu Geburt und Lebensweg. Seine Mahlzeiten mit Zollbediensteten und Menschen, die die Tora nicht halten, holen die Vision des messianischen Heiles in die unheile Welt, in der Arme und Kranke auf Straßen und Plätzen ihr Überleben erkämpfen. Aus Jesu Mahlpraxis wird nach seinem Tod das Abendmahl, d. h. die gemeinsame Mahlzeit seiner Nachfolgegemeinschaft. Das Abendmahl der Gemeinde bildet die messianische Gerechtigkeit schon ab (Apg 2,45–47; 4,34 vgl. Deut 15,4).

Bei der sozialgeschichtlichen oder eschatologischen Gleichnisauslegung fällt eindrucksvoll auf, wie sehr die Verkündigung Jesu gerade in den Gleichnissen Jesu Handeln entspricht. Schottroff befreit die Gleichnisse aus den vielen Schichten, welche die Traditionen auf diese aufgehäuft haben, ohne deren Wert herabzuwürdigen. Sie verortet die Gleichnisse im Handeln und Leben Jesu. Die Gleichnisse sind für sie weniger Material von Visionen und Allegoresen, verleiten sie nicht zu abgehobenen Spekulationen, sondern sie verortet sie im sozialgeschichtlichen Lebensraum damals und verankert sie in der konkreten Zeit. Damit ist dem Außergewöhnlichen der Gleichnisreden nichts genommen, sondern sie werden in die Nähe der Menschen damals gerückt und ihre Verwunderung dadurch erlebbar. Gleichnisse sind Erzählungen, die den Menschen nicht unbekannt waren, sie vor ihren Gott stellten und zugleich die Neuheit des Gottes Jesu und seiner Basileia eindrucksvoll ins Wort fassten. Es ist die Botschaft von der Gottesherrschaft, die in vielen Bildern evoziert wird und die Hoffnung anregt nach der lang ersehnten „gerechten Welt“ der (eschatologischen) Gottesherrschaft. Verständlich wird die Wirkung dieser Reden nur, wenn die neue Zeitlichkeit der Evangelien mitvollvollzogen wird, dass die Basileia nicht fern, sondern nahe ist. Die Gleichnisse sind unterschiedlichste Variationen zu Mk 1,15: „Die Zeit ist erfüllt, das Reich Gottes ist nahe“.

Rückblick

Auch Jesus Christus ist als „Gebeereignis“ Gottes auszulegen. Das „Gebeereignis“ des Sohnes ist als „Hin-Gabe“ des Sohnes an den Vater und an uns Menschen zu entfalten. Das Sich-Geben Jesu und die Liebe Gottes erreichen noch einmal eine Vertiefung. Aus diesem Grund greifen wir auf Hemmerles Kennzeichen Jesu Christi als „treuer Zeuge“ zurück. Damit legt sich eine „Phänomenologie des Zeugnisses“ nahe. Näher besehen stellt sich aber das „Zeugnis geben“ als eine besonders vertiefte Form des Grundphänomens des „Gebens“ dar. Es ist ein „Geben“, das ein „Sich-Geben“ enthält. Es vertieft das Geben auf eine besondere, umfassende Weise, indem der Mensch Jesus zum treuen Zeugen des „Gebens“ und des „Sich-Gebens“ Gottes an die Welt und Menschen wird.

Wir haben das Kapitel von Jesus, dem „treuen Zeugen“, in zwei große Abschnitte eingeteilt. Zum einen hat Ricoeur eine ausführliche Studie zum „biblischen Zeugnis“ vorgelegt, das in die Rede des Zeugnisses in der Schrift einführt. Ricoeurs Studie des biblischen Zeugnisses hat uns die entscheidenden Dimensionen der Schrift zu Jesus Christus erschlossen: die empirische Dimension – das irdische Leben Jesu; die martyrologische Dimension – Kreuz und Auferstehung; schließlich das Geheimnis Jesu Christi – die juridische oder theologisch dogmatische Dimension.

Zum anderen wurde in einem zweiten Schritt eine phänomenologische Vertiefung des biblischen Befundes des Zeugnisses vor allem mit Levinas vorgenommen. Gerade an der Philosophie Levinas' wird deutlich, wie sehr das „Zeugnis-Geben“ die hohe Form des „Gebens“ ist. Sie erinnert an die hohe Theologie des Johannes. Sie vollzieht sich gemäß der Grundstruktur des „Gebens“ von Geber, Empfänger und Gabe, wobei sich die Ebenen und Pole durchdringen.

Es wird zugleich deutlich, warum „Zeugnis“ der Grundbegriff der Theologie Hemmerles ist. Die vier Ordnungen Hemmerles – *Nachfolge, Botschaft, Weg, Geheimnis Jesu* – sind Ereignisse, die sich gegenseitig spiegeln. Es sind die Dimensionen oder Merkmale des christologischen Zeugnisses, die Hemmerle anführt. Mit anderen Worten ist die Nachfolge von den Ereignissen der Botschaft, des Weges, des Geheimnisses durchformt und Gleiches gilt von Botschaft, Weg und Geheimnis. „Zeugnis-Geben“ ist in Hemmerles Worten demnach das Sich-Spiegeln der Dimensionen des Geheimnisses Gottes in der Botschaft an die Menschen im treuen Zeugen

Teil VI:

Heiliger Geist

10 Geist – Heiliger Geist

Nach den theologischen Betrachtungen von Gott Vater und Sohn ist ein eigenes Kapitel dem Heiligen Geist zu widmen. Das ergibt sich nicht nur aus dem Glaubensbekenntnis, sondern auch aus der inneren Dynamik der Theologie. Wir haben den trinitarischen Gott bedacht. Für uns war dabei führend das Geschehen des „Gebens" und „Sich-Gebens" Gottes als Grundphänomen des trinitarischen Lebens. Das Grundphänomen des „Gebens" hat jedoch noch eine offene Stelle: das „Geben" selbst. Dazu sei als Zugang eine Aussage von Oskar Bayer zitiert: „Geber, Gabe, Begabte und Empfangende sind im Vorgang des Gebens unauflöslich zusammengeschlossen. Gebender, Geben und das Gegebene lassen sich jedenfalls nicht mit der indogermanischen Grammatik als Subjekt, Prädikat und Objekt unterscheiden und verstehen – wie der Satz ‚Gott hat die Welt geschaffen' oft, beispielsweise von Gerhard Gloege, verstanden wurde. Der Gebende, sein Geben und das Gegebene samt den Adressaten und Empfängern ist im Vorgang des Gebens und Empfangens so zusammengeschlossen, dass eine Schematisierung im Sinne jener Grammatik und der ihr entsprechenden Ontologie (Substanz, Akzidens) den Sachverhalt nicht trifft. Der Vorgang des Gebens und Empfangens ist vielmehr als trinitarisches Beziehungsgeschehen zu verstehen, in dem mir der Geber nicht nur gegenübersteht, sondern auch in mir ist, insofern er als Geist in mir Wohnung nimmt".[1]

Bayers Aufsatz ist ein Beitrag zum Buch *Gabe als Urwort der Theologie.* Für Bayer ist Gabe auch das Urwort der Trinität. Besser wäre allerdings, nicht zu sagen, das Urwort sei die ‚Gabe', sondern das „Geben". Denn Geben ist nach dem Zitat zurecht ein ganzheitlicher Vorgang, der die Momente von Geber, Gabe, Begabtem und Empfangendem unauflöslich zusammenschließt. Die Momente können auf die ‚Personen' der Trinität übertragen werden. Der Geist hat darin die Bedeutung des Zusammenschlusses. Der Geist ist das „Band" – so wird er theologisch meist zum Ausdruck gebracht –, der alle einzelnen Momente zu einem Ganzen zusammenschließt: nur die Momente bilden das Ganze und nur das Ganze konstituiert die einzelnen Momente. Der Vorgang des Gebens und Empfangens und darin das Gelingen des Vorganges ist „trinitarisches Beziehungsgeschehen", das im Heiligen Geist zur Erfüllung und zum Ende kommt. Theologisch wird diese Bewegungsgestalt „Perichorese" genannt.

Bayers Aussage bringt aber auch die innere Problematik des Gebens überhaupt und damit auch der trinitarischen Gabetheologie zum Ausdruck. Wie solches Geben wiedergeben? Wie davon sprechen? Zuerst scheint die Analyse des Gebens und ihre Aufteilung in die Momente von Geber, Gabe und Empfänger an die bekannte Grammatik mit den Bestandteilen von Subjekt, Prädikat und Objekt zu erinnern. Dies ist allerdings nicht der Fall. Und damit stellt sich das philosophische Problem. Mit der Absage an die grammatikalische Auflösung in Subjekt, Prädikat und Objekt ist auch das ihr zugrundeliegende Fundament von Metaphysik und die Ontologie von Substanz und Akzidenz nicht mehr ausreichend.

[1] Bayer, Ethik, a. a. O., 113–114.

Wie dann das Geben und damit auch das trinitarische Beziehungsgeschehen thematisieren? Wir haben dazu die Phänomenologie bemüht. Jetzt kann uns Hemmerles Zentralbegriff des trinitarischen Denkens weiterhelfen. Es ist der Begriff der „Perichorese". In seinem Aufsatz *Wahrheit und Liebe* macht Hemmerle darauf aufmerksam, dass Perichorese nicht nur ein Begriff ist, der die *Liebe* als Inbegriff der trinitarischen Theologie charakterisiert, sondern ebenso ein zentraler Begriff der Philosophie, da er den philosophischen Begriff der *Wahrheit* ebenso aufschließt. Und Hemmerle macht im selben Artikel darauf aufmerksam, dass er eine Reihe anderer zentraler philosophischer und theologischer Begriffe und Vorgänge ebenso erhellt. Perichoretische Vorgänge, so lässt sich sagen, sind von ihrer Bewegungsgestalt her „geistige" Vorgänge. Deshalb sei zuerst ein Blick auf entsprechende geistige Vorgänge in Philosophie und Phänomenologie geworfen, um danach die theologisch zentrale Perichorese, für die der Heilige Geist steht, zu besprechen.

Dann ist im Folgenden auf das Proprium des Heiligen Geistes innerhalb der innertrinitarischen und ökonomischen Grundvollzüge Gottes einzugehen. Es sind dazu die großen Themen des Heiligen Geistes zu betrachten: „Inspiration", „Gnade" und „Kirche".

10.1 Philosophie des Geistes

Nach diesen einführenden Bemerkungen mag es nicht befremden, dass Heinrich Rombach im Verlauf verschiedener Beiträge zur Strukturphänomenologie und -ontologie immer wieder auf den Heiligen Geist zu sprechen kommt, vor allem mit dem Blick auf das Ereignis von Pfingsten. Rombach kann uns damit eine erste Vorschau auf die Theologie des Heiligen Geistes geben.

10.1.1 Pfingsten – Geist bei Rombach

Heinrich Rombach hat nach einer Erinnerung seines Würzburger Philosophenkollegen Alexander Ganoczys davon gesprochen, dass seine Strukturphänomenologie seinen Ausgang bei der Theologie der Trinität nahm.[2] Eine besondere Seite der Philoso-

---

[2] Ganoczy, Schöpfer, a. a. O., 130 Anm. 511; vgl. StO 40. S. auch Lorenz, Gott, a. a. O., 540–541. Vgl. hierzu das Philosophische Geleitwort, das Rombach der Doktorarbeit von Matthias Türk vorangestellt hat: *Offenbarung und Struktur. Ausgewählte Offenbarungstheologien im Kontext strukturontologischen Denkens,* Frankfurt, 1999, IX–XIII, bes. XI, XIII. Dort schreibt Rombach, dass er „Strukturtheologie seit Erscheinen von ‚Substanz System Struktur', 1965, gelehrt habe", und in SA 276 vermerkt er lapidar: „Strukturanthropologie ist eigentlich Strukturkosmologie, oder letztlich Strukturtheologie. Aber auch umgekehrt: Strukturtheologie ist nur wahr als Strukturkosmologie und Strukturanthropologie." – Zum Verhältnis der Strukturontologie zum biblischen bzw. christlichen Glauben vgl. SSS I, 140–228; SO 41 ff., 54, 235, 259, 280, 290, 298; PhB 189 f., 225, 237, 239; SA 238 f., 260, 276, 278 ff., 428 f.; U 172–176; WS 102 f., 121 f., 136, 147–152 (s. Negel 122–123).

phie Rombachs ist es, das *Leben des Geistes* der Menschheit nach den Stufen der Entwicklung zu erforschen und darzustellen. Es ist erstaunlich, wie oft und ausdrücklich er dabei auf die christliche Vorstellung des Geistes, des Heiligen Geistes, und vor allem auf dessen Erscheinen an Pfingsten zu sprechen kommt. Er sieht in dem Pfingstereignis geradezu das einmalige Geschehen, wie sich der Geist zeigt und sich geäußert hat: „Es ist eigentlich nur einmal in der Menschheitsgeschichte geschehen, dass dieser Vorgang der Geburt des idemischen Geistes eigens erfasst und festgehalten wurde, im Pfingstereignis der Apostelgeschichte" (StA 382).

Der Ort des Hervorgehens des Geistes ist für Rombach die Strukturontologie, genauer der Hervorgang oder die Genese der Struktur. Das Phänomen des Geistes konstituiert sich im Vorgang des „Es geht" der Strukturgenese. Im Hervorgehen der Struktur korrelieren die Momente und gehen gegenseitig auseinander hervor. Es entstehen „Räume des Zwischen" (μεταξύ) (U 83), ‚zwischen' Erkennen und Gegenstand, ‚zwischen' Mensch und Ding, „Konkreativität ist das ursprünglich einige Geschehen" – ein Vorgang, aus dem ein eigener, spezifischer Geist [als ‚Zwischen'] geboren wird, der die jeweilige Struktur aus ihr selbst erfüllt und auf keinen anderen Ursprung als auf sich selbst zurückführt. Es entsteht der „Geist der Sache bzw. Struktur" (StA 381) (s. Negel 137).

Die Geistwerdung inmitten des Strukturgeschehens hat religiöse und theologische Bedeutung. Negel spricht bei Rombach von einer „phänomenologische Pneumatologie". Rombach erläutert die Geistwerdung der Strukturgenese mit Vorliebe am Beispiel von „Pfingsten" (Negel 137 ff). Rombach führt dazu aus, wie sich der Strukturgedanke seiner Philosophie aus der Erfahrung des Geistes, der „Begeistung" der frühen christlichen Gemeinde, entwickelte: „Der Strukturgedanke wurde anfänglich an der Grunderfahrung der Begeistung entwickelt. Begeistung wird zwar überall in der Welt erfahren, aber hat vielleicht nirgendwo so entscheidend eingeschlagen wie im frühen Christentum. Dort nämlich darum, weil nach dem Kreuzestod Jesu eine in größte Verständnisnot gestürzte kleine Gemeinde übrig blieb. Wie sollte sie die Gottessohnschaft Jesu verstehen, wenn er durch brutale Häscher hingerichtet werden konnte? Nun dafür fand man eine Lösung: In einer bestürzenden Grunderfahrung erlebte sich die Gemeinde so, dass Christus in jedem Einzelnen in der Gestalt eines beseligenden Geistes auferstand und weiterlebte. So das Pfingstereignis. In diesem Geist waren alle verbunden, ja ‚eins', und doch hatte jeder darin seine höchste und eigenste Identität. Jeder war er selbst, und doch waren alle zusammen der ‚fortlebende Christus'" (Welt 11).

Rombach spricht in den zahlreichen Aussagen zu dem Geistereignis von Pfingsten verschiedene Dimensionen an, die an die christliche Theologie des Geistes erinnern. Es sind Hinweise für die kommenden Aspekte unserer Betrachtungen der wesentlichen Dimensionen des Heiligen Geistes: Trinität, Inspiration, Gnade und Kirche als Werk des Geistes.

Wenn Rombach von „Geist" spricht, meint er nicht zuerst Vernunft und Rationalität, sondern das *Leben des Geistes*. Das eigentliche Wesen des Geistes kommt für ihn in der „Liebe" zur Erscheinung. Damit verbindet sich ein wichtiger Hinweis auf die Trinität als Liebe:

„Die Idemität muss nicht als ‚Geist' erscheinen, sie tut es weit öfter als Liebe und bekundet sich auch dann als ein höheres Leben, an dem gemessen ein ‚bloßes' Leben wie tot ist. Darüber brauchen die Menschen keine Aufklärung. Alle Romane, Kinos und Fernsehprogramme sind voll von Liebesgeschichten, die durch alle Trivialität hindurch bezeugen wollen, dass es eine Macht gibt, die höher ist als alle vorstellbaren Kräfte, eine Macht, die aus einem genetischen Zusammengehen entsteht, darin geboren wird, und die Beteiligten in einer Weise beherrscht und begabt, die auf keine ‚natürliche' Ursache zurückgeführt werden kann. Die Liebe ist die wahre Metaphysik des Lebens, konkret, lebendig und stark. [...]

Liebe ist die Begleiterscheinung eines Grundgeschehens, das wir das ‚reine Geschehen' nannten. ‚Rein' weil es nicht die Auswirkung irgendwelcher Ursachen und Handlungen irgendwelcher Handlungssubjekte ist. Es geht aus sich selbst hervor. In ihm *entsteht* der Geist, aus dem dieses Geschehen hervorgeht. Daher das ‚Von selbst'. Liebe lebt, solange sie sich in dieses ‚Von selbst' zurücknimmt. Das ‚Von selbst' ist die stärkste Form des Geschehens, die mitten im ‚Handeln' aufstehen kann, aber beileibe kein ‚Handeln' ist" (StA 383–384).

Diese Aussage enthält wichtige Merkmale der Liebe, wie sie auch für die Trinität bedeutsam werden wird: Er bezeichnet sie als eine Macht, die sich aus sich selbst, von selbst, entfaltet; sie ist ein genetisches Geschehen, das alle Beteiligten, Liebender und Geliebter, in der einen Liebe zusammenschließt. Liebe ist ein Geschehen, das kein Handeln ist, aber zum Handeln führt, das lebendig und mächtig, aber auch konkret ist.

An das, was wir theologisch „Inspiration" nennen, erinnert eine andere Aussage Rombachs über den Geist nach Pfingsten:

„Nach dem Tode Jesu versammelten sich die Jünger, sicherlich im Zustande der Irritation und der Verzweiflung. Dann mag sich aus diesem oder jenem Wort ein Gespräch ergeben haben, das zeugend und überzeugend auf alle wirkte, so dass jeder in seiner Weise und doch auch genau in dem Sinne des Ganzen beizutragen vermochte und daraus etwas entstand, was sowohl die Leistung aller wie die Leistung eines jeden gewesen ist. Diese neue Konzeption des Geschehens, die nicht mehr dem Einzelnen gehörte, sondern die Gestalt eines Von-selbst hatte, erfasste alle und trat ihnen gleichsam als selbst eine Egoität entgegen, als die höhere Egoität, die alle anderen in sich aufgenommen und überhöht hat, der ‚Geist' eben" (StA 382).

Angedeutet ist, wie aus der Gewissheit der Auferstehung, dem Wort von Ostern, unter den Jüngern ein Gespräch entstand, das sich zur mündlichen Überlieferung der frühen Gemeinden entwickelte und schließlich Schrift wurde. Die Struktur der sogenannten Perichorese ist dabei deutlich angesprochen: Jeder einzelne trug dazu bei, um ein Ganzes zu bilden, wobei das Ganze das Einzelne nicht auslöschte, sondern in sich aufbewahrt.

Der Geist hat eine reinigende, befreiende und erhebende Kraft für jene, über die er kommt, eine Kraft, die wir theologisch „Gnade" nennen:

„Der Geist einer Gemeinschaft ist das Strukturbild der Teilnehmer. Jeder erhält seine Eigenart neu und schärfer aus dem Begegnungsgeschehen zurück. Solche Gemeinschaftsgenesen können gewaltig und übermächtig sein mit Ausstrahlungen in die ganze Welt hinaus, oder sie können im kleinsten Kreis bleiben, ja ein ganz persönliches Geschehen zwischen Zweien sein.

Die Geschichte ist voll von solchen Gemeinschaftsbildungen, die zugleich Geistgeburten sind. Überall wird dabei die Erfahrung gemacht, dass auf diese Weise alle

Teilnehmer eine eigentümliche ‚Reinigung' erfahren und von ihren Schwächen, Selbstsüchtigkeiten und Blindheiten befreit werden, ohne dadurch ihre Eigenheit zu verlieren" (LG 296).

Die Aussagen können wie eine Vorausschau verstanden werden auf das Verhältnis von Natur und Gnade. Die Natur wird von der Gnade vorausgesetzt, vervollkommnet und erhöht.

Vor allem hebt Rombach die Gemeinschaft hervor, die sich der Geist schafft; eine Gemeinschaft, in welcher jeder Einzelne er selbst ist in Identität und zugleich zusammen mit den anderen: „fortlebender Christus". Die Grundstruktur von „Kirche" erscheint. Es ist die Vorstellung des Paulinischen Organismus in strukturaler Deutung:

„In einer bestürzenden Grunderfahrung erlebte sich die Gemeinde so, dass Christus in jedem Einzelnen in der Gestalt eines beseligenden Geistes auferstand und weiterlebte. So das Pfingstereignis. In diesem Geist waren alle verbunden, ja ‚eins', und doch hatte jeder darin seine höchste und eigenste Identität. Jeder war er selbst, und doch waren alle zusammen der ‚fortlebende Christus'. Der Unterschied zwischen Gemeinschaft und Individuum war aufgehoben, und zwar nicht durch eine Verallgemeinerung des Individuums – so wie die griechische Wissenschaft den einzelnen Geist in den allgemeinen Logos aufhob – sondern durch den ‚Geist des Ganzen', der den Einzelnen überhaupt erst tiefer und effektiver in sich einkehren ließ und dadurch in ein lebendiges Ganzes einbezog. Damit war das Grundbild der Struktur erfasst. Diese besagt, dass das Ganze nicht ‚über' den Einzelnen steht, sondern ‚in' ihnen lebt, jedes Einzelne überhaupt erst in voller Wirklichkeit zu einem Einzelnen macht, und doch auch es dadurch nicht von den anderen abscheidet, sondern mit ihnen ‚eint'. ‚Nicht mehr ich lebe, sondern Christus lebt in mir' (Paulus). Die Auffassung gab Nicolaus Cusanus die ontologische und philosophische Ausdrucksform. Das innere Wesen eines jeglichen war das ‚Non-aliud', das zugleich das Jeweilige selbst war, und ‚nichts anderes', wie zugleich auch ein genauer Ausdruck jenes Ganzen, das als dasselbe ‚Nicht-andere' in allen wohnte.

Das Ganze ist nichts anderes als das Einzelne. Es ist die innerste Wesenheit jedes Einzelnen, das zu diesem Ganzen gehört, wenn dieses Ganze eine lebendige Gemeinschaft ausmacht. Cusanus fasste dies, darin der Bibel folgend das Sinnbild des Körpers. Zwar ist das Auge etwas anderes als der Fuß, aber im Auge ist der Fuß Auge und im Fuße ist das Auge Fuß. Dies ergibt sich in der Grunderfahrung dann, wenn man bemerkt, dass der Fuß nur gehen kann, wenn er genau dem Augenbild der Wirklichkeit entspricht, so wie das Auge nur sehen kann, wenn sich das Ganze durch Fuß und Gehen schon immer in die Wirklichkeit hinein gegeben hat. Das Auge ‚ergeht' sich in der Wirklichkeit, so wie der Fuß den Boden ‚erkennt'. Der Leib ist nur dann lebendige Einheit, wenn sich diese seine Einheit in allen seinen Teilen als dieselbe (als Nicht-anderes) erlebt. Eine solche Auffassung widerspricht freilich der griechisch-europäischen Logik" (Welt 11–12).

Die Schlussbemerkung dieses Zitats von Rombach darf nicht übersehen werden, sonst mag sich ein falsches Bild einschleichen. Rombach spricht ja von der Konstitution der neuen Gemeinde nach Ostern und nennt sie „fortlebender Christus". Er nennt diese Gestalt auch Organismus. Dabei ist aber kein biologisches Motiv gemeint, wie der fortlebende Christus als Organismus der Kirche oft verstanden wird. Es ist kein biologisches, sondern ein strukturales Motiv. Deshalb der Hinweis, dass das Bild vom Organismus nicht griechisch-abendländisch biologisch – substanzhaft verstanden werden darf, sondern struktural. Das organisch substanzhafte abendländische Modell von der Kirche als fortlebender Christus insinuiert die Vorstellung, die Kirche als Leib Christi sei die organische Fortsetzung von Christus nach Ostern. Dies führte zu einem christusmonistischen Kirchenbild. Rombach hatte aber gleich am Anfang deutlich gesagt, die Gemeinschaft sei nicht eine organische Fortsetzung der Gemeinschaft, sondern der Geist ist es, der die Einzelnen zu Einheit und Gemeinschaft zusammenschließt. Deshalb ist die Forderung nach einer „pneumatischen" Kirche zutreffend.

In der Gemeinschaft, die aus dem Geist hervorgeht, sieht Rombach „das Grundbild der Struktur" erfasst. „Diese besagt, dass das Ganze nicht ‚über' den Einzelnen steht, sondern ‚in' ihnen lebt, jedes Einzelne überhaupt erst in voller Wirklichkeit zu einem Einzelnen macht, und doch auch es dadurch nicht von den anderen abscheidet, sondern mit ihnen ‚eint'." Es ist eine perichoretische Gestalt, in der sich Einzelnes und Ganzes zueinander verhalten und sich sozusagen – als drittes Moment – gegenseitig hervorbringen. Es ist die Struktur und Gestalt, die für den Geist und sein Werk bei Rombach charakteristisch ist und für das Verständnis von Trinität bei Hemmerle Bedeutung gewinnt.

10.1.2 Perichorese in Philosophie und Theologie

Das Urbild der „pneumatischen Kirche" kann durch das Motiv der Perichorese angemessen zum Ausdruck gebracht werden; ebenso das „Grundbild der Struktur", wie es Rombach in der urkirchlichen Gemeinschaft verwirklicht sieht. Perichorese ist ein hervorgehobenes Strukturgeschehen. So überrascht es nicht, dass Perichorese bei Hemmerle ein Grundwort ist. Das Paradigma der „Perichorese" hat für Hemmerle Augustinus mit seinem Wort über die Liebe vorgegeben. Nach Hemmerle ist Liebe phänomenologisch gesprochen Sich-Geben: „Liebe [ist] ursprüngliches Sich-Geben [...] mehrursprüngliches Sich-Geben".[3] Nach dem Motiv des Augustinus „wer liebt, liebt die Liebe selber", ist für die Liebe nicht nur der Liebende und Geliebte das Ganze der Liebe, sondern die Liebe oder das Lieben. Es wird klar, dass das Grundphänomen des Liebens bzw. Sich-Gebens nur als gesamter Vollzug und gesamte Handlung widerspruchslos zu denken ist: „das Geben sucht sich erst seinen Geber und Empfänger". Das Geben als Vollzug meint ein Mehr und einen Überschuss, der nicht von den Positionen Geber und Empfänger ausgedrückt werden kann, auch nicht von einer abgelösten Gabe; sondern der Überschuss konstituiert erst die Positionen von Geber und Empfänger. Die Gabe ist dabei das Geben selbst.

Hemmerle charakterisiert die Perichorese der Liebe, deren Struktur auch für das Sprechen und eine Reihe anderer Vollzüge Gültigkeit hat, folgendermaßen: „Immer wieder ist uns das Wort ‚Perichorese' begegnet. Es kennzeichnet einerseits den Gegensatz zu einem bloß additiven Einssein, das in sich unabhängige Stücke zusammenfügt,

[3] S. Böhnke, Einheit, 103, 72–80, 102 ff; 73 spricht von der „Synthese von Form und Gehalt".

Grenzlinien zwischen diesen Stücken verschiebt und sie schließlich zukittet. Das Wort ‚Perichorese' markiert den Gegensatz andererseits zu einem blockhaften, systemhaften Einssein, in welchem keine Beziehentlichkeit, keine Vielgestalt mehr Raum hat. Perichorese heißt: Partner umfangen das Eine und Ganze und sind von ihm umfangen, indem sie sich gegenseitig umfangen, indem der eine im anderen und der andere im einen ist. Solcher Art ist die Liebe, solcher Art ist das Ineinander und Auseinander der Personen in der Trinität. Die Anwendung auf den Weg zur Einheit im Glauben heißt nun nicht: Jeder Partner muß seine und des Anderen Position vertreten, dies wäre ja Verlagerung des Widerspruchs in die Partner selbst. Wohl aber heißt es: Es genügt nicht, Positionen nebeneinander zu setzen und Gründe für sie auszutauschen, sondern dem je andern offenzulegen, wie ich ihn und seine Position sehe, so daß er sich selber in der Sicht, die ich von ihm habe, erkennen kann. Dies erst ermöglicht in der Auseinandersetzung ein Sprechen über dasselbe. Ein weiterer Schritt, der zu einem perichoretischen Dialog gehört: je in mir selber sehen, warum, aus welcher Perspektive, aus welcher Geschichte, aus welchen Motiven her der andere denkt, wie er denkt. Dialog führt so an die Gründe, aus denen Gegensätze aufbrechen und bei denen ihre Heilung und Überwindung auch ansetzen muß" (AS V, 100–101).

In seinem Aufsatz *Wahrheit und Liebe* geht Hemmerle von dem Paradigma der Liebe aus, das zunächst kein bloßes theologisches ist, sondern zu einer Phänomenologie der Liebe entfaltet werden kann.[4] Allerdings ist das Paradigma theologisch für die Trinität höchst bedeutungsvoll. Wenn wir bisher unsere Aufmerksamkeit auf den Geber und Empfänger gelegt hatten, so jetzt auf den Vorgang des Gebens im Ganzen. Er ist bezeichnend für den Geist, der für das Gelingen des Ganzen steht.

Es ist Hemmerles Anliegen, die in der Liebe aufgewiesene Perichorese auch in anderen Vorgängen aufzuzeigen. Sein Hauptaugenmerk gilt dabei neben der Liebe vor allem der „Wahrheit". Das ist eine verständliche Aufmerksamkeit, da Wahrheit und Liebe für Grundworte der Theologie überhaupt stehen. Zugleich ist Wahrheit der Zentralbegriff der Philosophie. Hemmerle will die Bedeutung der Perichorese nicht nur für die Theologie, sondern auch für die Philosophie aufzeigen. Um Hemmerles Phänomenologie der Wahrheit abzukürzen, kann gesagt werden, dass Wahrheit geschieht, indem sie ausgesprochen wird oder zur Sprache kommt. Mit dem Sprechen tritt die Wahrheit aber in eine eigene kommunikative Bewegung ein, die perichoretischer Art ist:

„Die Sprache will einholen, erreichen. Und was sie einholen, erreichen, wem sie im Wort nahe kommen will, das stellt sich dreifältig dar. Wort – wir sagten es schon – will zutreffendes Wort sein. Die adaequatio ad rem, die Anmessung an die zu sagende Sache, ist der innere Wille, die innere Zielrichtung eines jeden Wortes. Sie lässt sich nicht lösen von einer zweiten, von der Richtung auf die Partner, aufs hörende, aufs antwortende Du. Wort ist Wort für Hörer, Wort für Verstehende, Wort für solche, die im selben Wort dasselbe, somit aber mich und die Sache verstehen. […]

Schließlich lebt Sprache von einer dritten, paradoxen und doch konstitutiven Richtung. Sprache will nämlich das Unsägliche, den Überschuss des Seins über die Spra-

---

[4] S. Lorenz, Richard (2013), Denken als Zeugenschaft und Antwort in Freiheit. Zur Bestimmung des Denkens im Werk Klaus Hemmerles, in: Bausenhart, Phänomenologie, a. a. O., 400–450, hier 421–438.

che, das Geheimnis einholen, es sagen. Paradox ist dies, weil das Unsägliche ja nur als ungesagt es selber bleibt, und doch wird sich sein Überschuss, seine Unsäglichkeit nur im Versuch des Sagens offenbaren. Wo Sprache sich nicht selber verfehlt, weiß sie dies und wahrt sie dies. Sie geht immer weiter, sie spricht immer neu, aber das je neue Sagen ist ihr zugleich der Mantel, der das Mehr, das Unsägliche schützt. Im Wort ist dieses Mehr, dieses Unsägliche anwesend in seiner Differenz; die Differenz selbst, die sich annehmende Unterbietung wird zum Vollzug der adaequatio, der Wahrung und Einholung“ (Vorspiel 44–45).

Die letzte Aussage Hemmerles zum Sprechen und dem Ungesagten bzw. Unsagbaren erinnert an Levinas' Sagen (dire) und Gesagtes (le dit). Ähnliche Aussagen finden sich bei Waldenfels, wenn er von dem ethischen Sprechen sagt: „Wenn das Ethische nicht in bestimmte Satztypen und Diskursarten eingeschlossen werden kann, so könnte es daran liegen, dass das Ethische in allem Gesagten und über alles Gesagte hinaus gegenwärtig ist, bevor es in die Sprache von Zielen, Geboten und Regeln eingeht [...]. Es könnte daran liegen, dass sich das Ethische als ein Sagen ereignet, das Sätze durchquert und niemals in gesagten Sätzen heimisch wird [...] die Bestimmung des Ethischen als *Überschuß, als Außer-ordentliches*“ (DG 1, 281–282).

Die Aussage Hemmerles über die Sprache erinnert an Levinas. Waldenfels bezieht sich ausdrücklich auf Levinas. Zum einen geht es um die kommunikative Beziehung von Sprechendem und Hörendem bzw. Antwortendem. Die Kommunikation und das Gesagte werden ermöglicht und getragen von einem Unsagbaren. Dies erinnert an Levinas Unterscheidung von Sprechen (dire) und Gesprochenem (le dit). Die Beziehung von „dire“ und „le dit“, die Beziehung zum Anderen, die sich im Sprechen aussagt, ist für Levinas so zentral, dass er dieses Geschehen mit dem „geistigen“ Geschehen schlechthin identifiziert: „*Geist* ist nicht mehr das ein für allemal Gesagte. Er ist das Sagen, das sich vom Selbst zum Anderen ständig den Weg bahnt, da, wo noch nichts Gemeinsames ist. Das Nicht-gleichgültig-sein (die ‚non-indifférence‘) des Einen für den Anderen! [...] Nur eine Beziehung vom einen zum anderen kann als *geistige* bezeichnet werden“ [kursiv – KK] (Noms, Vorwort,10). Und mehr noch, Levinas spricht an einer Stelle vom Aufgehen des Menschlichen und „Geistigen“ als dem Aufleuchten des „Göttlichen“: „[...] ‚von Angesicht zu Angesicht‘ – ein souveränes Uneins-Sein, das ‚mehr ist als das Eins-Sein‘, denn ‚gerade dieses Zu-Zweit-Sein‘ mit dem Anderen ‚ist das Menschliche, das Geistige‘, mithin das Göttliche, das im Antlitz des jeweils anderen Menschen sich zeigt, bevor es noch ‚gesehen‘ wird“ (Noms 117).

Wir haben „Sprechen“ und „Lieben“ bzw. „Sich geben“ u. a. mit Rombach „Grundphänomene“ genannt. Nun ergibt ein Blick auf die Grundphänomene insgesamt, die Rombach und Hemmerle nennen, dass sie sich nach einer ähnlichen Struktur entfalten. Es sind etwa die Grundphänomene des ‚Glaubens‘ bei Kierkegaard, der ‚Arbeit‘ bei Marx, des ‚Spiels‘ bei Schiller, des ‚Werteschaffens‘ (der Kreativität) bei Nietzsche“ (StA 133 ff) oder ‚Handelns‘ (StA 347 ff).[5] Rombach nennt die Grundphänomene auch Existenzialien (StA 348) und charakterisiert sie folgendermaßen: „Jedesmal ist ein Phänomen getroffen, das nicht ‚im menschlichen Dasein‘ vor-

[5] S. oben 3.2.3 den Verweis auf Eugen Fink.

kommt, sondern ein Phänomen, ‚in dem' das menschliche Dasein vorkommt. Es handelt sich also immer um eine Phänomenologie der untergreifenden Phänomene bzw. der unterfangenden Strukturen". Rombach hat sich mit dem Vorgang und der Struktur dieser Phänomene unter dem Stichwort der Tiefenphilosophie bzw. „Tiefenphänomenologie" befasst (StA 354 Anm.1). Er beschreibt dabei eine ganze Kette von „Unterarten" von Vollzügen, die aus einem derartigen Grundphänomen hervorgehen (StA 348).

Es kann in Anlehnung an Levinas festgehalten werden, dass die Grundphänomene insgesamt „geistige" Vorgänge sind. Rombach hat das *Leben des Geistes* beschrieben, Vorgänge, in denen der Geist lebt; Geist, aus dem die Vorgänge ‚von-selbst' hervorgehen. Der Geist ist so philosophisch und phänomenologisch ein Paradigma des genetischen Strukturgeschehens, das Band des Ganzen der im Grundphänomen agierenden Momente, der Zusammenschluss und das Gelingen der Beziehungen, die im Spiele sind. Vor allem und beispielhaft gilt dies für das „Sprechen" und „Sich-Geben" bzw. „Lieben", die in unseren bisherigen Überlegungen mit Hemmerle führend waren und für die Theologie von maßgeblicher Bedeutung sind.

10.2 Geist in der Theologie der Gabe

Für Hemmerle ist das Paradigma des Augustinus leitend: „wer liebt, liebt die Liebe selber". „Liebe", caritas, ist der entsprechend theologische Name für den Heiligen Geist. Dem Paradigma von der Liebe haben sich Richard von Sankt Viktor, Bonaventura u. a. angeschlossen. Es ist bis in die neueren Werke zur Trinität wie bei Greshake das zentrale Motiv. Liebe ist das Paradigma, welches das Wesen des Heiligen Geistes am besten erschließt: der Heilige Geist als Band der Liebe und als Zusammenschluss der in Liebe Vereinten.

„Liebe" ist das führende Motiv des Geistes bei Augustinus. Daneben nennt Augustinus in *De Trinitate* die Motive „donum" und „communio" zur Bezeichnung des Heiligen Geistes. Damit ordnet Augustinus den Heiligen Geist gabetheologisch ein. Darauf weist ausdrücklich der Name „donum (Gabe)" hin. Auch die Nennung von „communio" für die Tätigkeit des Geistes verweist auf den Zusammenhang mit der Gabetheologie. Es vertritt den kommunionalen Aspekt der Trinität, wie er bei Greshake im Mittelpunkt steht. Die Phänomenologie des Gebens enthält die kommunikative Dimension des gegenseitigen Gebens und Sich-Gebens. Auch in der Tradition und Theologie wird das Proprium des Heiligen Geistes mit verschiedenen Namen und Handlungen verbunden. Wir werden diese unterschiedlichen Zuweisungen zum Heiligen Geist von der Gabetheologie aus zusammenlesen und betrachten.

Liebe bedeutet nach Augustinus mehr. Augustinus verbindet alle drei Motive in der Auslegung „Gott ist die Liebe" mit 1 Joh 4,8.16.: „Wenn daher die Heilige Schrift verkündet ‚Gott ist die Liebe' (1 Joh 4,16), sowie dass sie aus Gott ist und in uns wirkt, dass wir in Gott bleiben und er in uns und dass wir das daran erkennen, dass er uns von seinem Geiste gab (1 Joh 4,7–14), so ist eben der Geist die *Liebe* Gottes (caritas). Wenn schließlich unter den Geschenken Gottes nichts größer als die Liebe und es kein größeres *Geschenk* (donum) gibt als den Heiligen Geist, was ist dann folgerichtiger, als dass er die Liebe ist, er, der sowohl Gott als auch von Gott heißt. Und wenn die Liebe, durch die der Vater den Sohn liebt und der Sohn den Vater liebt, beider *Gemeinschaft* (communio) in unaussprechlicher Weise erweist, was ist da zutreffender, als dass jener, welcher der beiden gemeinsame Geist, mit dem Eigennamen *Liebe* benannt werde?" [kursiv – KK].[6]

Augustinus erklärt die Trinität gabetheologisch. Liebe ist Ausdruck der Gabetheologie. Liebe ist Sich-Geben. Betrachten wir die Eigenschaften und unterschiedlichen Tätigkeiten des Heiligen Geistes im Lichte der Gabetheologie. Erinnern wir uns dazu an die zusammenfassende Aussage von Oskar Bayer, der die Trinität gabetheologisch einführte und dabei einen besonderen Akzent auf das Gelingen des Gebens durch Einwohnung des Geistes setzt:

„Geber, Gabe, Begabte und Empfangende sind im Vorgang des Gebens unauflöslich zusammengeschlossen. [...] Der Vorgang des Gebens und Empfangens ist als trinitarisches Beziehungsgeschehen zu verstehen, in dem mir der Geber nicht nur gegenübersteht, sondern auch in mir ist, insofern er als Geist in mir Wohnung nimmt".[7]

Veronika Hoffmann stellt die Verbindung von Gabetheologie zur Trinität über den Heiligen Geist her: „Das bereits eingangs als besonderes Kennzeichen des Geistwirkens genannte und konkret in den augustinischen Bezeichnungen *communio* und *caritas* in den Vordergrund tretende Moment der Bewegung findet hier eine klare gabetheologische Entsprechung. Und die damit entstehende ‚Mehrfachbesetzung' des Geistes im Gabegeschehen: als Gabe, als Geber und als Bewegung des Gebens enthält unter dieser Voraussetzung ihre Plausibilität und spiegelt die gabetheoretischen Grundannahmen: *Im* Geist gibt Gott als Geist sich selbst, und er tut es in der seiner Selbstgabe gemäßen Weise: in einer unabschließbaren Bewegung des (Sich-) Gebens, die noch die antwortende Gabe des Empfängers trägt" (Gabe 531) .

Betrachten wir die verschiedenen Zuweisungen an den Heiligen Geist aus der Perspektive der Gabetheologie. Das Kennwort für das trinitarische Beziehungsgeschehen ist „Perichorese". Perichorese trifft vor allem auf die zusammenbindende Aktivität des Geistes zu. Die Perichorese hat ihr Urbild in Gottes Zueinander: „In und zwischen ihnen herrscht eine Dynamik, die sich in drei weiteren Stichworten darstellt und erschließt. Johannes spricht immer wieder – erstes Stichwort – von einem gegenseitigen ‚Innesein' der Personen: du in mir – ich in dir; ich im Vater – der Vater in mir; ihr in mir – ich in euch; einer im anderen – der andere im einen. Dieses vielgestaltige gegenseitige Innesein wird mit einem klassischen Ausdruck der Theologie ‚Perichorese' genannt.

‚Perichorese' ist ursprünglich der Name für einen Tanz: Einer umtanzt den anderen, der andere umtanzt den einen, und so fließt alles ineinander. Und in der Tat, so geht Leben in der Dynamik jener Liebe, die Jesus lehrt und schenkt: Der andere wird die Achse meines Lebens, ich bin die Achse seines Lebens. Gott ist die Achse meines Lebens, ich bin die Achse seines Lebens. Alles entfaltet sich in diesem ‚achsialen Umspielen'. Wir können mit der großen griechischen Theologie der ersten Jahrhun-

[6] Augustinus, De Trinitate XV,19,37; s. Gabe, 528–530.
[7] Bayer, Ethik, a. a. O., 113 f.

derte sagen, daß die Perichorese der göttlichen Personen sich offenbart und mitteilt in der Perichorese von Göttlichem und Menschlichem in Jesus Christus" (Leben 44–45).

Die Perichorese zwischen Gott und uns hat ihr Urbild in Gottes Zueinander. Das trinitarische Beziehungsgeschehen der Perichorese beschreibt nicht nur das immanente Leben der Trinität, sondern auch das ökonomische der Trinität zur Menschheit. Für Hemmerle ist das Johannes-Evangelium die Hauptquelle für den Vorgang der Perichorese: „Die Steigerung und Vollendung finden wir in einem dritten, gerade bei Johannes zentralen, aber keineswegs auf ihn allein beschränkten Motiv: dem gegenseitigen Innesein der Personen (die Theologen sprechen von ‚Perichorese'). Weil Vater und Sohn ihr ganzes Wirken und sogar ihr Wesen miteinander und mit dem Geist gemeinsam haben, umfangen Vater, Sohn und Geist sich gegenseitig. Und wir erhalten daran Anteil nicht durch eine bloße zu Gottes oder unserem Sein zusätzliche Gabe; vielmehr gibt sich im Sohn Gott selber in unser Dasein und nimmt Gott unser eigenes Dasein in sich hinein durch die Inkarnation. Wir begegnen dem Menschen in ihm, wir begegnen ihm im Menschen. Daraus aber wächst jene gegenseitige Einheit, die Jesu Testament und das Ziel und die Vollendung von Kirche ist: alle eins, damit die Welt glaube (vgl. Joh 17, 20–23). Einander nicht nur Geschenke machen, sondern einander Geschenk sein, dies ist das Innerste und Äußerste der Kirche, das Innerste und Äußerste Gottes und des Menschen selbst".[8]

Die Perichorese zwischen Gott und uns wird in weiteren Motiven zum Ausdruck gebracht. Das Proprium des Heiligen Geistes benennt Hemmerle in einem Kommentar zu „Christifideles laici" mit Band der Liebe und als Geist der Fruchtbarkeit. Er spricht von der inneren Perichorese des Geistes als Band der Liebe und die Hineinnahme der Menschen in die Perichorese Gottes als Geist der Fruchtbarkeit: „[H]ier gelingt, ohne daß dies eigens thematisiert würde, unserem Dokument eine erhellende Zusammenschau zweier Ansätze: der Geist als das Liebesband zwischen Vater und Sohn – der Geist als das Prinzip der Fruchtbarkeit, des Wirkens nach außen. Zunächst scheint die Sicht des Heiligen Geistes als des Liebesbandes zwischen Vater und Sohn, als des einen Geschenkes, das sie sich gegenseitig machen und in dem sie sich selber einander schenken, im Vordergrund zu stehen. Doch wird alsbald deutlich, daß dieser Geist als das innigste Band zwischen Vater und Sohn zugleich das Prinzip für die Öffnung und Weitung dieser Beziehung auf uns hin ist: Menschwerdung, Verbindung der menschlichen Natur mit dem göttlichen Logos geschieht im Heiligen Geist" (AS V, 76–77).

Sodann steht der Heilige Geist auf besondere Weise für die „Selbstmitteilung Gottes". Er ist nach Rahner als „Geber die Gabe selber" und nach Kierkegaard, dass „der Helfer die Hilfe" ist. Die Aussage, dass „der Geber die Gabe selber ist" (Rahner), ist keine von Rahner gefundene Formulierung, sondern wurde im Glaubensbekenntnis von Toledo (693) ausdrücklich für den Heiligen Geist gebraucht. Für den Heiligen Geist wird dort vor allem der Name „donum" verwendet. Der Heilige Geist ist „donum donatoris (Gabe des Gebers)" und gleichzeitig „donator doni (Geber der Gabe)" (vgl. DH 570). Das wechselseitige Schenken verwirklicht sich im Proprium

[8] Klaus Hemmerle, Linien des Lebens, in: www.klaus-hemmerle.de, 74.

des Heiligen Geistes. Das, was der Vater dem Sohn und der Sohn dem Vater schenkt, kann nicht nur etwas Göttliches, sondern ebenfalls Gott selbst sein. Der Geist ist diejenige Gabe, die Gottes würdig ist; er ist der Beweis, dass niemand in der Heiligen Dreifaltigkeit etwas für sich behält, sondern seine Gottheit in Ganzheit verschenkt. Der Geber ist Gott, weil er die Quelle, der Anfang (arche) aller Göttlichkeit ist; der Beschenkte ist Gott, weil er nicht nur etwas von der Göttlichkeit empfängt, der Vater gänzlich verschenkt sich ihm; die Gabe ist Gott, denn die Gabe vom einen und vom anderen konnte nicht ‚weniger' Gott sein. Das Motiv, das Gottes trinitarische Liebe zuhöchst wiedergibt, heißt also Hingabe. Liebe zeigt sich als Gottes ungeteilte Liebe in der Hingabe und nur so. Die Relationalität (relatio) ist eine unentbehrliche Dimension göttlicher Personen. Von trinitarischer Auffassung der Personen ausgehend ist ‚relatio' keine Akzidenz (Zugehörigkeit), sondern gehört zum Wesen der Person. Für die spätpatristische Theologie heißt Person in Gott Relation.

Bisweilen wird das Proprium des Heiligen Geistes seit den Vätern als ein „Drittes" Moment bezeichnet. Das ist möglich, wo das Unterscheidende gegenüber den Proprien von Vater und Sohn im Blick ist. Sie wird problematisch, wo sie als Zahl für das Aufzählen ‚dreier Personen', also substanztheologisch, gebraucht wird. Denn das Proprium des Geistes ist offensichtlich gerade nicht substantiell, sondern ganz relational. Relationalität ist die Weise des Geistes, Beziehentlichkeit nach allen Seiten. Er steht für das nach allen Seiten offene Sein und die alle Seiten zusammenführende Einheit. Darauf macht Veronika Hoffmann aufmerksam: „Als Gabe und Geber seiner selbst ist der Geist schließlich neben Jesus Christus die andere der beiden je spezifischen Gestalten der *Vermittlung* zwischen Gott und Mensch, ohne dass diese Vermittlung als ein auch Trennendes ‚Drittes' dazwischenträte. Wenn Irenäus von Lyon von Sohn und Geist als den beiden ‚Händen des Vaters' in der Heilsökonomie spricht, dann fasst er mit dieser Metapher die doppelte Selbstvermittlung in die Welt. Als die neben dem inkarnierten Logos zweite und ebenso vollkommene, aber anders geartete Vermittlungsgestalt für Gottes Gegenwart in der Welt und seine Gemeinschaft mit den Menschen zeichnet sich das Geistwirken insbesondere dadurch aus, dass es auf die Seite der Empfangenden tritt, und diese dazu befähigt, Gottes Gabe – ihn selbst – anzunehmen und zu beantworten" (Gabe 531–532).

Interessant dazu die Redeweise Levinas von der Illeität und der „dritten Person". Er spricht von dem „ausgeschlossenen Dritten" des Seins und Nicht-Seins. Die „dritte Person, die wir ‚Illeität' nannten und die vielleicht das Wort Gottes ausdrückt. Jenseits des Seins, der Thematisierung und dem Ursprung widerstehend, ‚vorursprünglich': Jenseits des Nichtseins, Autorität, die mir den Nächsten als Antlitz anbefiehlt".[9]

Wir haben in diesem Buch von Gott in drei Grundworten oder Grundphänomenen gesprochen: „Sprechen", „Geben", „Zeugnis geben". Nun zeigt sich, dass die Aussagen über Gott im Proprium des Heiligen Geistes ihre Erfüllung finden, damit auch die Grundworte. Es ist im Folgenden das Proprium des Heiligen Geistes hinsichtlich dieser Grundvollzüge Gottes aufzuweisen. Dem Grundwort des „Sprechens" entspricht die „Inspiration" durch den Geist, dem des „Gebens" entsprechen die Gaben des Geistes oder die „Gnade" und schließlich dem „Zeugnis geben" die Nachfolge bzw. die „Kirche" als Gemeinschaft der Nachfolge Christi.

---

[9] Levinas, Anspruchsvoll, a. a. O., 64.

10.3 Inspiration – Sprechen Gottes

Dem Grundwort des „Sprechens“ entspricht die sogenannte „Inspiration“ durch den Heiligen Geist. Gott ist ein „Gott, der spricht“, der sich dadurch, dass er zu den Menschen gesprochen hat, den Anfang seiner Selbstoffenbarung möglich gemacht hat. Das Wort Gottes ist Gotteswort im Menschenwort. Das Wort ist an Menschen gerichtet und soll von Menschen weitergegeben werden. Die Botschaft wurde als mündliche Verkündigung weitergesagt und schließlich in die Form der Schrift gegossen und tradiert. Um den Anteil des Heiligen Geistes in diesem Überlieferungsvorgang zu erkennen, ist ein weiteres Mal auf das Wort, auf das Sprechen, zurückzukommen. Levinas vor allem hat uns die Dimensionen des Sagens oder Sprechens eröffnet.

Levinas hat aber auch auf einen anderen wichtigen Aspekt der Inspiration aufmerksam gemacht. Inspiration betrifft nicht nur den inspirierten Text, die Schrift, sondern nach Levinas ist auch der Leser, der die Schrift liest, inspiriert. Er ist „inspiriertes Subjekt“. Beide Bewegungen der Inspiration sind zu verfolgen: die Bewegung vom Sprechen zum „inspirierten“ Text und die Bewegung des „inspirierten Subjekts“ im Hören auf das Wort. Die Doppelbewegung des Inspirationsvorganges erinnert ohne Zweifel an Hemmerles Verschränkung von „Botschaft“ und „Nachfolge“: „Die Sache christlichen Glaubens, Gottes Offenbarung in Jesus Christus, kennen wir nur, weil Menschen ihm geglaubt haben, weil Menschen ihm nachgefolgt sind. Geschichtlich gibt es das Evangelium ohne Nachfolge nicht.“ (Nachfolge 26).

10.3.1 Inspiration (Levinas)

Das Vorwort *Jenseits des Buchstabens* enthält einen dritten erstaunlichen Abschnitt. Die beiden vorherigen Abschnitte zum Gotteswort im Menschen und zum Wort Gottes in der Schrift haben wir oben besprochen (s. 5.2.1 und 5.3.1); der fortlaufende Abschnitt behandelt das Thema der Inspiration: Durch Inspiration vermag Gotteswort im Menschenwort gegenwärtig zu werden, geschieht nach Levinas Kontraktion, Kontraktion von Unendlichem (Infini) und Endlichem (Fini), von Mehr im Weniger, von Gotteswort in Menschenwort. Inspiration wahrt das „Jenseits“ des Buchstabens, der Worte und der Sprache.[10]

Levinas führt aus: „Wunder der Inspiration, die den Menschen selbst erstaunt vernehmen läßt, was er ausspricht, wodurch er das Ausgesagte bereits liest und interpretiert, wodurch das menschliche Wort bereits Schrift ist. Schrift begönne dann mit jener Zeile, die sich in gewisser Weise in der fließenden Sprache (langue) – zweifellos jeder Sprache – abzeichnet und verdichtet oder abhebt als Vers, um in ihr Text zu werden als Sprichwort oder als Fabel oder als Gedicht oder als Sage, noch bevor der Griffel oder die Feder sie als Buchstaben in eine Tafel, in Pergament oder Papier ritzt. Literatur ohne Lettern: Literatur ‚avant la lettre‘!“

---

[10] Inspiration s. Wohlmuth, Tora, a. a. O., 38–40; vgl. Dirscherl, Erwin (1996), Das inspirierte Subjekt bei Emmanuel Levinas – eine Inspiration für die christliche Theologie, in: Wohlmuth, Levinas, a. a. O., 163–174; ders., Nähe Gottes, a. a. O.,

Levinas nennt es „Inspiration", was der Prophet ausspricht, aber nicht nur dieser, sondern jeder, der das Sagen vernimmt, es liest und es auslegt, ist inspiriert. Levinas spricht von Inspiration in zweifacher Form: Einmal ist das ‚Sagen' überhaupt inspiriert, selbstverständlich das Sagen des Propheten insbesondere, der die Botschaft des Wortes Gottes kund macht. Inspiriert nennt Levinas aber auch denjenigen, der das Wort des Propheten vernimmt und auslegt. Mit anderen Worten ist ein bloßes Vernehmen und Lesen allein nicht genug, dem Wort des Propheten und damit der Botschaft Gottes zu entsprechen.

Um Levinas' Aussagen über Inspiration zu verstehen, müssen wir auf die Philosophie des Sprechens bei Levinas zurückkommen. Nach ihm beginnt Sprechen letztlich nicht beim Sprechenden, sondern beim Anderen. Das Sprechen bedeutet für Levinas, mit dem Antlitz des Anderen konfrontiert zu sein. Der Andere, das Gesicht des Anderen, ruft das Sprechen eigentlich heraus. Das Sagen beginnt schon vor dem Sprechen oder Aussprechen. Selbst das Schweigen kann schon viel sagen und ist so eine Form des Sagens. „Das Antlitz des Anderen, das ist [das] das Geistige".[11]

Eine solche Vorstellung hat eine hohe Bedeutung für das Werden der christlichen Botschaft in der frühen christlichen Gemeinde. Wohlmuth sieht darin geradezu einen Anfang der Wortwerdung des Evangeliums aus der Anschauung des Lebens Jesu. Es wirft ein Licht auf die zentrale Aussage des Evangeliums, dass ‚das Fleisch Wort wird': „In diesem Zusammenhang könnte die Christologie von den Mysterien des Lebens Jesu her, wie schon Rahner betonte, tiefer verstanden werden. Gerade von Jesus darf gesagt werden, das Fleisch werde Wort. Das Fleisch wird Wort, vom langjährigen Schweigen in Nazareth an über die Verkündigung mit Vollmacht bis zum Verstummen am Kreuz. Die Inkarnation wäre äußerste Rekurrenz bis in den Tod. Gerade so geschieht Gottes Wort in Jesus, und wir dürfen es wagen, ihn als den Christus Gottes zu bekennen. Von Emmanuel Levinas her ließe sich somit tiefer verstehen, warum Jesu konkrete Existenz von derartig grundlegender Bedeutung bleibt und warum sie, schon ehe sie den Mund öffnet, um ein Wort auszusprechen, als ‚Körpersprache' des göttlichen Wortes, als Sagen vor allem Gesagten, verstanden werden kann".[12] – Wohlmuth verbindet eindrucksvoll das Wachsen des Lebens Jesu mit dem Wachsen des Wortes (Logos) aus dem Leben Jesu. Er nennt das Gotteswort im Menschenwort „Körpersprache", eine Vorstellung, die Wohlmuth von Levinas übernimmt.

Levinas nennt es schon Schrift, wie sich Sagen ausspricht, ohne schon fertiger Text zu sein, Literatur ‚avant la lettre', in den Formen von Sprichwörtern, Fabeln, Gedichten oder Sagen. Bei diesen Formen ‚avant la lettre' denkt Levinas offensichtlich vor allem an die Bibel, denn diese besteht Großteils aus diesen Sprachformen. „Es gibt Bücher überall in der ganzen Menschheit, und seien es Bücher ohne Bücher: inspiriertes Sprechen in Sprichwörtern, Fabeln und Folklore. Das Menschenwesen ist nicht nur ‚in-der-Welt-Sein', sondern auch *zum-Buch-Sein* in Beziehung zum inspirierten Sprechen, eine für unser Dasein ebenso entscheidende Umwelt wie Straßen, Häuser

[11] Wohlmuth, Levinas, a. a. O., 233.

[12] Wohlmuth, Levinas, a. a. O., 228–229; vgl. auch Wohlmuth, Juden, a. a. O., 60–61; Rahner, 206–212.

und Kleidung. Man versteht das Buch zu Unrecht als Zuhandenes, als das, was in der Hand liegt, als Handbuch. Meine Beziehung zum Buch ist durchaus keine reine Nützlichkeit, sie hat nicht dieselbe Bedeutung, wie die, welche ich mit dem Hammer oder mit dem Telefon unterhalte“ (ZU 139).

Die Überlegungen Levinas’ sind Folgerungen seiner Unterscheidung von Sagen (dire) und Gesagtem (le dit). Levinas achtet vor allem auf das Sagen, das Vernehmen und Wahrnehmen des ursprünglichen Sagens. Levinas zufolge beruht eine Sprache, die mehr enthält als sie aussagt, auf der Inspiration, und zwar auf einer natürlichen Inspiration, wenn man Sprache nicht darauf begrenzt, vor allem Informationen weiterzugeben. Ursprüngliches Sagen gehört wie jedes ausdrückliche Sprechen zum Wesen des Menschen.[13] „Man könne sich sogar fragen, ob der Mensch nicht als jenes Lebewesen zu verstehen sei, das der Inspiration fähig ist“.[14]

Was aber ist dann das Proprium der Bibel als Buch unter vielen Büchern? Es sind nicht die wunderbaren Ereignisse, die sie auszeichnen. Es geht bei ihr um eine Inspiration, die unter dem unmittelbaren Sinn der Aussagen liegt und einen anderen Sinn hat, der jenseits dessen zu hören gibt, was man unmittelbar hört, hörbar in einem Bewusstsein, das wach ist. Letztlich geht es bei Levinas um den Sinn, der sich nicht nur aussagt, sondern mehr, der gebietet, indem der Hörende dem Gesicht des anderen Menschen, d. i. dem „Sinn allen Sinns“, gegenüber tritt.[15]

Levinas führt in diesem Zusammenhang den Terminus „Ethik“ ein, der sich gerade auch im Kontext des talmudischen Textes nahelegt, wie Levinas ihn auslegt. Er nennt ein Beispiel: im Talmud bezieht sich eine biblische Referenz etwa auf den Tempelzehnten (Mal 3,10), wo es um eine absolute Freigebigkeit geht, d. h. das Geben wird radikal transformiert und für das Opfer keinerlei Gegenleistung erwartet. Der Sinn dieser Handlung, die „Großzügigkeit des desinteressierten Gebens“ (la générosité des-intéressée du donner) gibt der Sprache ihr Jenseits (un au-delà du discours). Es ist das absichtslose Geben, welches das Sagen und davon Sprechen herausruft.[16]

„Das Sprechen bedeutet für Levinas, mit dem Antlitz des Anderen konfrontiert zu sein“.[17] Der inspirierte Text setzt mich mit dem Anderen in Beziehung. „Ausgehend von einem präverbalen Ausdruck ruft es meine Verantwortung vor dem Anderen ins Bewußtsein, die tiefer geht als jedes Evozieren von Bildern; Verantwortlichkeit, aus der meine Antworten aufsteigen. Meine Zuordnung zum Anderen in der Sprache ist Ausdruck von Weisungen: Schrift ist immer Vorschrift, Ethik, göttliches Wort, das mir gebietet und mich dem Anderen weiht, heilige Schrift, noch bevor sie geheiligter Text wird“.[18] Der inspirierte Text konfrontiert jenseits des Buchstabens unmittelbar mit dem Anderen. Das göttliche, inspirierte Wort gebietet mir und „weiht“[19] mich dem Anderen. Ist dies die Bedeutung der Schrift, insofern sie eine heilige ist?

---

[13] Levinas, Anspruchsvoll, a. a. O., 21–44, hier 36–37; s. Wohlmuth, Tora, a. a. O., 38.
[14] Wohlmuth, Tora, a. a. O., 38.
[15] Levinas, Anspruchsvoll, a. a. O., 37, 96.
[16] Ebd., 38–40.
[17] Wohlmuth, Levinas, a. a. O., 165; vgl. Wiemer, Passion, a. a. O., 67–69.
[18] Verset 10.
[19] „ordonner“ (JS 308 Anm.).

Das göttliche Wort, das das Ich zum Untertan des Anderen, sub-jectum, werden lässt, stellt die Selbstsorge des Menschen, das um das Eigene Besorgtsein, in Frage. Es passiert eine Umkehrung des Seins; das meint die Rede von dem Des-inter-esse, d. i. von der Uneigennützigkeit. Diese Umkehrung des Seins, diese Uneigennützigkeit, bezeichnet Levinas mit dem Wort: Inspiration. Es geht um ein Innewohnen der Verantwortlichkeit im entschlossenen und verschlossenen (ferme fermé) Sagen des Bibelverses, das sich in der Sprache ausspricht. „Das Sagen des Bibelverses ist ein Sagen, als ob ich beim Sprechen nicht allein wäre und darin bereits einem Anderen gehorchte, einer Ur-schrift, die den ins Denken einfallenden Gott im Gesagten nennt. Die Beziehung zum heiligen Buch, zur Heiligen Schrift wird zum eigentlichen [...] à-Dieu-hin-zu-Gott, akzeptieren der Thora, ohne sie zu kennen".[20]

Das inspirierte Sagen fällt aus den allgemeinen Kategorien der Sprachtheorien heraus. Es ist ein Skandal. Und doch stellt Levinas die Frage, ob solches Sagen, in der Tora verwahrt, nicht letztlich Ursprung allen Sagens und Sprechens in allen Formen ist. „Ein Skandal für die Logik. Etwas, das man für blinden Glauben oder für die Naivität des kindlichen Vertrauens halten kann, und das doch die Grundtatsache jedes inspirierten Tuns, auch des künstlerischen ist, indem der Akt die Form erst zum Vorschein bringt. Doch man muß die Frage stellen, ob nicht jedes inspirierte Tun von der einzigartigen und erstmaligen Situation der Schenkung der Tora abgeleitet ist; ob von dieser Situation nicht ein Licht auf den Sinn einer jeden Inspiration fällt".[21]

Diese Sicht allen Sagens und Sprechens gilt dann aber auch für das religiöse Sprechen. „Der Ansatzpunkt für die Gottesfrage ist [...] im Antlitz des Anderen zu suchen, in dessen Würde. Das Antlitz des Anderen, das ist sein Wesen, das Geistige".[22] Auch das religiöse Sprechen von Gott beginnt bei Levinas beim Anderen. Solches Sagen ist letztlich das „Geistige". Inspiration ist für Levinas „das ‚Hier bin ich' des Menschen, der dem Nächsten die Arme öffnet. Inspiration ist ursprünglich nicht eine Muse, die Verse eingibt, sondern die ethische Beziehung zum Anderen im Gehorsam dem Allerhöchsten gegenüber".[23]

Das Beispiel der Inspiration ist für Levinas der Prophet. Am Beispiel des Propheten verdeutlicht er die Eigenschaften der Inspiration: „Aus der Jenigkeit [Übersetzung der „illéite" durch Wolf – KK] kommt der Ruf an den Propheten. Er bedeutet Inspiration mit einer derart unwiderstehlichen Selbstverständlichkeit, daß erst im Sagen dem die Verkündigung Aussprechenden ihr Inhalt klar wird. Das singuläre Prophetentum bestätigt dabei lediglich auf eminente Weise, was allem wirklichen ‚Sagen' (dire) zugrunde liegt (einem allgemeinen Prophetentum) – die Öffnung, die auf ‚den Anderen in dem Selben' zielt (und ihn nicht wie unter der Tarnkappe des Gyges lediglich beobachtet). Das Ansprechen ist das Sagen des ‚Sagens selbst' (AQ 190 / JS 327). Es

---

20 Verset 10–11: s. Wohlmuth, Levinas, a. a. O., 165. Zu Vor-Schrift, Ur-Schrift, Vor-Wort s. Wohlmuth, Tora, a. a. O., 28, 31, 45.

21 Levinas, Emmanuel (1973). Vier Talmud-Lesungen, Frankfurt, 79; s. Dirscherl, Subjekt, a. a. O., 164.

22 Wohlmuth, Levinas, a. a. O., 233.

23 Levinas, Anspruchsvoll, a. a. O., 93.

ist stets ein Wagnis, denn es bedeutet Verantwortung, Sich Bloßstellen, Einsetzen für andere. In diesem Sagen „ereignet sich" gänzlich unkonventionell „das Unendliche" (AQ 188 / JS 323). Der Prophet zeichnet sich gerade durch seine Schlichtheit, nicht durch ein mirakulöses Pathos aus. Mit seiner Antwort „Hier bin ich" stellt er sich als Zeugen. Durch seine Klarheit und Aufrichtigkeit legt er Zeugnis für die „Güte" ab. In der Hingabe an den Nächsten verherrlicht er den Unendlichen (AQ 190 / JS 327).[24]

Inspiration betrifft nicht nur denjenigen nach Levinas, der wie der Prophet eine Botschaft empfängt, sondern auch denjenigen, welcher die Botschaft des Propheten hört und aufnimmt. Inspiration ist zum anderen immer das Sich Öffnen ‚des Anderen im Selben'; das gilt für den Propheten wie für den, der seine Botschaft hört. Bei ihm wiederholt sich der Vorgang der Inspiration. Für Levinas ist nicht nur der Prophet inspiriert, sondern auch derjenige, welcher den inspirierten Text liest. Er bedarf der Inspiration, um die Inspiration des Propheten zu erkennen und zu verstehen.

Levinas formuliert für das Verständnis der religiösen Sprache und der Inspiration sehr ungewohnt: „Die Lektüre eines prophetischen Textes ist in gewissem Maße selbst prophetisch" (Verset 12). Levinas kommt sogar zu dem überraschenden Schluss: „Umkehrung der Ordnung: die Offenbarung geschieht durch denjenigen, der sie empfängt, durch das inspirierte Subjekt" (JS 341). Diese Sicht verändert das Verständnis von Inspiration noch einmal grundlegend. Das Lesen bzw. Hören des Wortes oder der Schrift erhält bei Levinas einen hervorgehobenen Platz.

Levinas erläutert seine Sicht, indem er Inspiration als eigenen geistigen Prozess vorstellt: „Diese außerordentliche Struktur der inspirierten Texte der heiligen Schriften ist auch dadurch bemerkenswert, daß sie ihren Leser angehen, nicht in dem allgemeinen guten Menschenverstand seiner Offenheit für ‚Informationen', sondern in der unnachahmlichen – und logisch nicht auszumachenden – Einzigkeit seiner Person und in der Eigenheit seines Wesens [...]. Beim Lesen geht es eben nicht allein um Kenntnisnahme von Sachverhalten. Die Wahrheit der Offenbarung gehört, wie wir es bereits sagten, einem anderen geistigen Prozess an, sie bedeutet somit dem Ich in seiner nicht austauschbaren Identität. Das Verständnis, das es von der Offenbarung hat, bewirkt einen Sinn, der ‚in aller Ewigkeit' nicht ohne das Ich würde bestehen können: der unersetzbare Anteil, den jeder Einzelne und jeder Augenblick der Botschaft – oder selbst der Anordnung –, die er empfängt, hinzufügt und deren Reichtum sich so nur im Pluralismus der Personen und der Generationen manifestieren kann. Begründung des unschätzbaren, absoluten Wertes jedes Ich, jeder Empfänglichkeit in dieser Offenbarung, die jedem Einzelnen zufällt, unaufhörlich, wie eine Verantwortung, für jeden und für jede Zeit von neuem. [...]

Teilnahme dessen, der die Offenbarung empfängt, am Werk Dessen, Der sich im Prophetischen offenbart. Und zweifellos ist es das auch, was Amos 3,8 bedeutet: ‚Gott der Herr redet – wer weissagte nicht?' Die Lektüre eines prophetischen Textes ist in gewissem Maße selbst prophetisch, auch wenn sich nicht alle Menschen mit derselben Aufmerksamkeit und Aufrichtigkeit dem Wort öffnen, das in ihnen spricht. Und wer umfängt heute schon noch mit seinem Wissen die ganze Tradition?" (Verset

[24] S. Wolf, Religionsphilosophie, a. a. O., 110–111.

11–12). – Offenbarung ist nicht Information von außen; Offenbarung hören, lesen und vernehmen ist nicht nur ein Zur-Kenntnis-Nehmen. Sondern Offenbarung ist Zuwendung und Anruf, sucht die Antwort des Menschen. Offenbarung bleibt nicht draußen, sondern will Nähe, will vom Menschen angeeignet werden. Das geschieht aber nicht, ohne dass das Außen sich ins Innen wendet und das Innen dem Außen entspricht. Wir haben bei der Inspiration das Zueinander von „Außen" und „Innen", von „Interiorität" und „Exteriorität" thematisiert. Offenbarung ist Zeugnisgeschehen (s. oben 9.6.1.2 und 3.2.2.).

In einer äußerst dichten Aussage fasst Levinas sein Verständnis von Inspiration, von Prophetismus und religiöser Sprache zusammen: „Wir können diese ‚Intrige' des Unendlichen, in der ich der Autor dessen werde, was ich vernehme, Inspiration nennen. Sie konstituiert diesseits der Einheit der Apperzeption den Psychismus der Seele. Inspiration oder Prophetismus, in dem ich Dolmetsch dessen bin, was ich ausspreche. ‚Gott hat gesprochen, wer wird da nicht zum Propheten' sagt Amos 3,8 und vergleicht die Reaktion des Propheten mit der Passivität der Furcht, die den ergreift, der das Gebrüll wilder Tiere hört. Prophetismus als reines Zeugnis; rein, denn vor jeder Entbergung: eine Unterwerfung unter den Befehl, vor dem Verständnis des Befehls. Anachronismus, der im Hinblick auf die in der Erinnerung wieder auffindbare Zeit nicht weniger paradox ist als eine Weissagung der Zukunft. Im Prophetismus passiert – und weckt – das Unendliche und verweigert als Transzendenz Objektivierung und Dialog, es bedeutet ethisch. Es bedeutet in dem Sinn, in dem man sagt: einen Befehl bedeuten [signifier un ordre]; es befiehlt [il ordonne]" (Gott 119).[25]

Levinas spricht von einer „Teilhabe des Lesers an der Offenbarung, an der Schrift. Der Leser ist auf seine Weise Mitautor".[26] Levinas führt eine berühmte Lehrfabel des Talmud Traktates *Baba Betsia* (59 b) an. In einem Streit über ein Problem der *Halaka* habe Rabbi Eliezer behauptet, eine Stimme vom Himmel habe seine Auffassung bestätigt. Die Kollegen widersprachen dem, indem sie feststellten, die Tora sei seit der Verkündigung am Sinai auf der Erde und nicht mehr im Himmel und erfordere deshalb die Auslegung durch die Menschen. Der Mensch sei derjenige, an den das Wort ergeht, aber gleichzeitig auch derjenige, durch den es Offenbarung gibt. Der Talmud hält zwar am prophetischen Ursprung der Offenbarung fest, betont aber zugleich die Stimme desjenigen, der zuhört. Es sei, als ob die Offenbarung ein System von Zeichen wäre, die vom Hörer gedeutet werden müssen – sehr anschaulich an der hebräischen Sprache, die nur Konsonanten kennt und erst vokalisiert werden muss. Levinas schließt, dass die Tora nach dieser Auffassung nicht mehr im Himmel ist, sie ist den Menschen geschenkt worden: „Nunmehr verfügen die Menschen über sie".[27]

„Die Stimme Gottes ist eine menschliche Stimme, Inspiration und Prophetie im Sprechen des Menschen" (Verset 33). Die Stimme Gottes ergeht in der menschlichen Stimme. Statt einer dialektischen oder sonstigen Vermittlung spricht Levinas deshalb

---

[25] Zum Prophetismus vgl. Miething, Frank (2001), Nachwort, in: Levinas, Emmanuel (1996), Neue Talmud-Lesungen (frz.: Nouvelles lectures talmudiques), Frankfurt, 89–116; Dirscherl, Subjekt, a. a. O., 166 ff; Wolf, Religionsphilosophie, a. a. O., 111.
[26] Levinas, Anspruchsvoll, a. a. O., 72.
[27] Ebd., 89.

von Prophetie und gar von Inspiration. „Der Logos ist schon prophetisch" (Verset 141).

Fassen wir die Grundaussagen von Levinas zur Inspiration nach diesem Zitat zusammen: Levinas nennt es Intrige des Unendlichen, was durch Inspiration geschieht. Das Unendliche drängt ins Sagen. Dieses Sagen geschieht aber auf eigenartige Weise. Nicht das Unendliche spricht sich in direkten Worten aus, sondern es nimmt den Propheten oder Zeugen in Pflicht. Der Prophet ist Autor des gesprochenen Wortes, zugleich aber auch Zeuge des ursprünglichen Sagens des Unendlichen. Dieses „vorursprüngliche anarchische Sagen" (JS 351) des Unendlichen durch den Zeugen nennt Levinas Psychismus, d. i. Leben des Geistes. Inspiration ist das eigentliche Leben des Geistes. Das Leben des Geistes ist zugleich reines Zeugnis. Zeugnis ist Inspiration, weil es im Dienst des Anderen, des Unendlichen, steht, sich diesem Dienst ohne Rückfrage unterwirft, die Botschaft ausspricht, dabei Autor des Gesagten wird, aber erst im Aussprechen das Sagen im Gesagten selbst versteht. „Wunder der Inspiration, die den Menschen selbst erstaunt vernehmen läßt, was er ausspricht, wodurch er das Ausgesagte bereits liest und interpretiert". Das Sagen beginnt schon vor dem Sprechen oder Aussprechen. Das ist Anachronismus, Verkehrung der natürlichen Zeitverhältnisse. Das Unendliche weigert sich so sich zu objektivieren, dass Sagen (dire) Gegenstand von gesprochenem Wort (le dit) wird. Ursprüngliches Sagen, das sich im Sprechen des Propheten und Zeugen äußert, ist kein objektives Sprechen, sondern ethisches, gegenüber dem Unendlichen verantwortetes Sprechen. Das gilt auch für die religiöse Inspiration. Sie spricht die Transzendenz nicht direkt aus, sondern hält sich nur an eine Spur, eine Spur, welche auf die illeité (das Unendliche, Göttliche) verweist.

10.3.2 „Rückverwandlung in lebendiges Wort" (Ricoeur)

Die Überlegungen zur Inspiration von Levinas sind für die christliche Theologie anregend. Vor allem seine Hinweise zum Lesen des inspirierten Textes durch das inspirierte Subjekt sind zu würdigen. Aber es ist schwierig, für Levinas Konzept in der klassischen Theologie einen Ort zu finden. Die Lehre der Inspiration ist in der Theologie anders positioniert und ausgerichtet. Die klassische Theologie wurde durch die Entwicklung der Bibelwissenschaften vor besondere Probleme gestellt. Für die Problematik und die neue Fragestellung mag die Aussage von Ricoeur stehen, der für uns auch in dieser Frage eine wichtige Position vertreten wird:

„Nun aber muss diese ursprüngliche Verkündigung, dieses Wort, das über schriftliche Aufzeichnungen, über Schriften, zu uns gelangt, ständig in lebendiges Wort zurückverwandelt werden, wenn das ursprüngliche Wort, das für das grundlegende und stiftende Ereignis Zeugnis ablegte, aktuell bleiben soll [...]. Dieses Verhältnis der Schrift zum Wort und des Wortes zum Ereignis und zu dessen Sinn stellt den Kern des hermeneutischen Problems dar."[28]

[28] Ricoeur, Vorwort zur französischen Ausgabe von Bultmann ‚Jesus', 175 f. (Übersetzung aus Hoffmann, Offenbarung 241).

Und dazu die Problematik, die aus diesem Verständnis resultiert: „Wir selber sind nicht mehr jene Zeugen, die mit eigenen Augen gesehen haben, wir sind die Hörer, die die Zeugen vernehmen: fides ex auditu. Wir können in der Folge nur glauben, indem wir den Text vernehmen und interpretieren, der selbst schon eine Interpretation ist: kurz, wir stehen nicht nur mit dem Alten Testament, sondern mit dem Neuen Testament selber in einer hermeneutischen Beziehung“.[29]

Damit ist auch ein neues Verständnis von Inspiration gefordert. Klassisch war die Theologie der Inspiration im Prinzip einfach: Da die biblischen Schriftsteller unter dem Beistand des Heiligen Geistes geschrieben haben, enthält die Bibel Gottes Wort. Wenn dieses unverfälscht bewahrt, weitergegeben und durch das Lehramt verlässlich ausgelegt wird, dann können wir sicher sein, dass die Offenbarung – ihrem Inhalt nach – uns erreicht. Inspiration ohne „Zeitindex“. Die Kritik an diesem Konzept entstand, wie die Diskussionen zwischen den beiden Vatikanischen Konzilien gezeigt haben, mit dem Heraufkommen der historisch-kritischen Exegese und der Natur- und Geschichtswissenschaften. Mit der Berücksichtigung des Zeitfaktors im Offenbarungsgeschehen ändert sich die Sachlage grundlegend.

Dass die alte Inspirationslehre nicht mehr zu den neuen Fragestellungen passt, zeigt sich einerseits an der Marginalisierung des Themas in der theologischen Diskussion, andererseits an Forderungen, die Inspirationslehre aufzugeben oder radikal umzugestalten. Auffällig ist unter dieser Rücksicht auch, dass in pneumatologischen Abhandlungen die Inspirationslehre keinen Ort zu finden scheint.[30]

Im Folgenden ist auf die neue Situation einzugehen, Inspiration aus dem Sprechen Gottes in Menschworten zu verstehen und besonders die Anregungen Levinas' dabei zu bedenken.

Die Situation und ihre Problematik wurden bereits von Lessing hellsichtig diagnostiziert. Sie entsprach Lessings „garstigem Graben“. „Wenn keine historische Wahrheit demonstriert werden kann, so kann auch nichts durch historische Wahrheiten demonstriert werden. Das ist: zufällige Geschichtswahrheiten können der Beweis von notwendigen Vernunftwahrheiten nie werden“.[31]

In den *Axiomata* behandelt Lessing das Verhältnis des Glaubens zur Schrift. Über die Zusammenhänge der *Axiomata* mit der historischen Kritik klärt am besten Lessings eigene Zusammenfassung am Ende der Schrift auf: „Bei mir bleibt die christliche Religion die nämliche, nur daß ich die Religion von der Geschichte der Religion will getrennt wissen. Nur daß ich mich weigere, die historische Kenntnis von ihrer Entstehung und Fortpflanzung und eine Überzeugung von dieser Kenntnis, die schlechterdings bei keiner historischen Wahrheit sein kann, für unentbehrlich zu halten. Nur daß ich die Einwürfe, die gegen das Historische der Religion gemacht werden, für unerheblich erkläre, sie mögen beantwortet werden können oder nicht. Nur

[29] Ebd., 181.

[30] S. dazu Hoffmann, Offenbarung, 240–241.

[31] Lessing, Gotthold Ephraim, Über den Beweis des Geistes und der Kraft, 3,309.311 (LM 13, 5.7). Es wird im Folgenden zitiert nach G. E.Lessing, Lessings Werke in drei Bänden, hg. v. K. Wölfel, Frankfurt 1967 (Insel-Lessing); dazu in Klammern G. E.Lessing, Sämtliche Schriften, hg. v. K. Lachmann, 3. aufs Neue durchgesehene und vermehrte Auflage, besorgt durch F. Muncker, Berlin 1968 (= LM, Band, Seite)

daß ich die Schwächen der Bibel nicht für Schwächen der Religion halten will. Nur daß ich die Prahlerei des Theologen nicht leiden kann, welcher dem gemeinen Manne weismacht, jene Einwürfe wären alle schon längst beantwortet. Nur daß ich den kurzsichtigen Hermeneutiker verschmähe".[32]

Der Grundunterscheidung von „Religion" und „Geschichte der Religion" folgen in den *Axiomata* notwendige Unterscheidungen, die im Zitat bereits angedeutet sind: Es sind die Unterscheidungen von „Religion" und „Bibel", von „Geist" und „Buchstabe", von „innerer Wahrheit" und „hermeneutischer Wahrheit".

Zur Unterscheidung von Bibel und Religion heißt es: „Die Bibel ist nicht die Religion" und „Der Buchstabe ist nicht der Geist".[33]

Zur Unterscheidung von „Geist" und „Buchstabe" sagt Lessing: „Daran liegt es, daß dieser Beweis des Geistes und der Kraft (des Origenes) itzt weder Geist noch Kraft mehr hat, sondern zu menschlichen Zeugnissen von Geist und Kraft (Nachrichten u. ä.) herabgesunken ist".[34]

Zur Unterscheidung von „innerer" und „hermeneutischer Wahrheit": „Als ob die innere Wahrheit eine Probe noch brauchte! Als ob nicht vielmehr die innere Wahrheit die Probe der hermeneutischen sein müßte!"[35]

Lessing hat die Situation diagnostiziert, aber keine befriedigende Antwort gefunden. Kierkegaard hat Lessings Position aufgegriffen und am Problem weiter gearbeitet, wie wir sehen werden.

Ricoeur macht in den Beiträgen zur Theologie, die wir teilweise bereits kennen gelernt haben, wichtige Bemerkungen zum Stand der Theologie der Offenbarung. So bedarf die Inspiration nach ihm einer eigenen Betrachtung und ist nicht einfach aus dem Modell der Prophetie abzuleiten, so als ob Evangelisten ähnlich wie die Propheten Autoren wären, die das Wort empfingen und niederschrieben. „Zum einen riskieren wir durch das prophetische Wort unversehens in eine Art Kurzschluss zwischen dem WORT des anderen und dem menschlichen Wort zu geraten, einen Kurzschluss, der die Vermittlung durch die Schrift überflüssig erscheinen lässt, insofern die Inspiration mit der Einflüsterung einer anderen als der eigenen Stimme identisch zu sein scheint: ‚So spricht der Herr'".[36] Inspiration erscheint so als direkte Kundgabe des Wortes, der Wortes Gottes, an den Menschen, das Menschenwort. Die Schrift, der Text im Sinne Ricoeurs, als eigentlicher Offenbarungsträger, würde überflüssig.

Das Paradigma eines solchen Inspirationsverständnisses ist nach Ricoeur die prophetische Rede. Doch Ricoeur korrigiert das weithin führende Verständnis: „Es kann legitim erscheinen, den *prophetischen* Diskurs als Richtschnur zu nehmen. Eben dieser ist es, der sich selbst als ‚im Namen von …' verkündigend darstellt. Die Exegeten haben auf die Einleitungsformel des prophetischen Diskurses hingewiesen: ‚Das Wort des Herrn erging an mich: Auf! Ruf Jerusalem laut ins Ohr …' (Jer 2,1). Wir treffen

[32] Lessing, Gotthold Ephraim, Axiomata, wenn es deren in dergleichen Dingen gibt, Insel-Lessing 3,442 (LM 13,133 f).
[33] Lessing, Axiomata, a. a. O., 3,424 (LM 13,114).
[34] Lessing, Beweis, a. a. O., 3,308 (LM 13,4)).
[35] Lessing, Axiomata, a. a. O., 3, 437 (LM 13, 127 f).
[36] Ricoeur, Paul (2008), Die Verflechtung von Stimme und Schrift im biblischen Diskurs, in: ders., An den Grenzen der Hermeneutik. Freiburg, 95–116, hier 101.

hier auf einen ganz ursprünglichen Kern der Idee der Offenbarung. Der Prophet kündigt sich selbst als jemanden an, der nicht in seinem eigenen Namen spricht, sondern im Namen eines anderen. Die Idee der Offenbarung scheint hier zusammenzufallen mit derjenigen eines doppelten Autors des Wortes und der Schrift. Die Offenbarung ist das Wort eines anderen hinter dem Wort des Propheten. Diese Zentralposition des prophetischen Genres ist derart maßgeblich, dass das nizänische Symbol in seinem dritten, dem Heiligen Geist gewidmeten Teil erklärt: ‚Wir glauben an den Heiligen Geist [...] der gesprochen hat durch die Propheten'.

Wenn man das prophetische Modell jedoch vom Gesamtkontext des Diskurses, der es umgibt, trennt, und insbesondere vom narrativen Diskurs, der für die Konstitution des Glaubens Israels wie auch der frühen christlichen Kirche so wichtig ist, dann steht es in der Gefahr, die Idee der Offenbarung in ein zu enges Konzept zu zwängen: dasjenige des Wortes eines anderen. Es bleibt aber doch dabei, dass die ausdrückliche Form des doppelten Wortes dazu neigt, den Offenbarungsbegriff an denjenigen der Inspiration zu binden, aufgefasst als eine Stimme hinter der Stimme [...] Idee einer diktierten Schrift, einer Schrift, die ins Ohr geflüstert wurde; die Idee der Offenbarung vermischt sich folglich mit derjenigen eines doppelten Autors der heiligen Texte" (Idee 43–44).

Für Ricoeur aber ist nicht diese Eingebung der „Stimme hinter der Stimme" das Wesen der Offenbarung, sondern die Offenbarung ist niedergeschrieben in der „Sache des Textes", der Mitte der Hermeneutik: „Die ‚Sache' des Textes ist der eigentliche Gegenstand der Hermeneutik. [...] Die andere Implikation ist diese: versteht man die ‚Sache' des Textes als die wichtigste Kategorie, so unterläßt man es, die Frage der Inspiration der Schriften in psychologisierenden Begriffen zu stellen, als werde dem Autor der Sinn, den der Text entwirft, eingegeben. Wenn man die Bibel offenbart nennen will, so muß das von der ‚Sache' her gesagt sein, die sie sagt, von dem neuen Sein, das sie entfaltet. Ich würde es wagen, die Bibel offenbart zu nennen, insofern das neue Sein, von dem sie redet, für die Welt, für die gesamte Wirklichkeit einschließlich meiner Existenz und meiner Geschichte offenbarend ist. Anders gesagt: soll der Begriff der Offenbarung einen Sinn haben, dann als Merkmal der biblischen Welt" (Hermeneutik 40).

Ricoeur wehrt sich gegen eine Auffassung der Inspiration als „Stimme hinter der Stimme", als ob Gottes Wort unmittelbar hinter dem Menschenwort zu vernehmen wäre. Für Ricoeur ist eine solche Auffassung ‚mystisch'. Es bedarf der Auslegung, der Exegese des Textes. Die Schrift oder der Text ist die Grundlage der Offenbarung der Text oder die Schrift.

Eine weitere Dimension prägt immer mehr das Verständnis der Inspiration bei Ricoeur. Ricoeur kommt aus der Sicht der Texthermeneutik zu wichtigen Einsichten von Inspiration und Offenbarung. Ein zentraler Teil des hermeneutischen Hauptwerkes *Zeit und Erzählung* ist die Einführung der dreifachen Mimesis. Mimesis meint bereits bei Aristoteles die sprachliche Nachbildung des Lebens in der Erzählung. Die dreifache Mimesis bildet den „mimetischen Bogen" der Erzählung. Ricoeur unterscheidet eine 1. Mimesis der „Präfiguration", das ist die symbolisch strukturierte Lebenswelt, die dem Erzähler vorliegt. Dann die 2. Mimesis der „Konfiguration", welche der Erzähler vollzieht, indem er seine Erzählung gestaltet und vorlegt. Sodann eine 3. Mimesis der „Refiguration", die der Leser beim Akt des Lesens vollzieht (ZE I, 87–136).

Mimesis III ist das Lesen des Textes. Lesen, die Aneignung des Textes durch den Leser, ist in Ricoeurs Texthermeneutik eine eigene Stufe, die Mimesis III, die Reproduktion des Textes [ZE I, 113–120]. Sie ist in seinem hermeneutischen Programm zu einem wichtigen Grundelement geworden. Wie oben bei Levinas so hat die Weise der Aneignung der göttlichen Offenbarung für das theologische Verständnis von „Inspiration“ große Bedeutung. Gerade im Rückblick auf die Aussagen Levinas zur Inspiration sind Ricoeurs Bemerkungen der Mimesistheorie bedeutsam. Es seien Ricoeurs eigene Aussagen der Autobiographie zitiert, auf welche Weise er das Lesen des Textes und der Schrift, die Mimesis III, in die Texthermeneutik aufnahm:

„Noch in einem zweiten Punkt bereichert und berichtigt die narrative Theorie retrospektiv die Theorie der Metapher. Dieser Punkt ist der umstrittenste von allen; es handelt sich um die metaphorische Wahrheit, die ich mit dem Begriff der metaphorischen Referenz verknüpfe. In der *Lebendigen Metapher* gehe ich so weit zu sagen, dass das Verb ‚sein‘ selbst vom Gedicht zur Metapher gemacht wird, insofern als es in einem Atemzug: das ist, das ist nicht, das ist wie ... sagt. Nun zeigt aber die narrative Theorie mit größerer Präzision, dass der Übergang von der Welt des Textes zur wirklichen, von den Menschen bewohnten Welt eine spezifische Vermittlung voraussetzt: das Lesen. Im Akt des Lesens, den Wolfgang Iser so gut beschrieben hat, und allgemeiner im Prozeß der Textrezeption im Sinne von H. R. Jauß begegnen sich die Welt des Textes und die Welt des Lesers, verschmelzen manchmal, geraten manchmal miteinander in Konflikt, überschneiden einander jedoch auf die eine oder die andere Weise. Das sage ich wohl schon in der *Lebendigen Metapher,* dort wo ich die Behauptung aufstelle, dass die sonderbare Prädizierung vom Leser vollzogen wird. Im Weiteren verlasse ich mich jedoch allzu leicht darauf, dass das Gedicht die Wirklichkeit und die Erfahrung der Wirklichkeit allein aufgrund seiner Referenzfunktion neu beschreibt. Die narrative Theorie gibt mir die Gelegenheit, diesen Begriff der Neubeschreibung genauer zu bestimmen, indem ich ihm die innere Dialektik einfüge, die auf der Überschneidung zwischen der Welt des Textes und der Welt des Lesers beruht. So kommen zwei Bücher, die zur gleichen Zeit entworfen, doch nacheinander geschrieben und veröffentlicht wurden, einander zu Hilfe“.[37]

Es ist ersichtlich, dass sich Ricoeur durch die Rezeptionsästhetik von Wolfgang Iser und Hans Robert Jauß u. a., der sogenannten Konstanzer Schule, anregen lässt und deren Anstöße in die Hermeneutik aufnimmt.[38] Damit hat Ricoeur mit seinem Werk der Rezeptionsästhetik selbst wichtige Impulse gegeben. Ricoeurs Beitrag wurde als „Ursprung der Theologie im Lesen“ (Huizing) rezipiert. Danach bestimmen sich Text und Leser gegenseitig. Der Sinn des Textes entsteht durch den „inspirierten Leser/in“, und der Leser/in lernt sich vor dem Text selbst zu verstehen. Ricoeur betrachtet den biblischen Text als „Entwurf von Welt“, der nicht „hinter“ dem Text verborgen ist, sondern sich „vor“ dem Text findet, was das Werk aufdeckt und entfaltet. Einen Text verstehen heißt demnach nicht zuerst, die „Sache des Textes“ zu verstehen, sondern sich selbst vor dem Text zu verstehen. Damit zwingt der Leser dem Text nicht ein begrenztes Verstehen auf, sondern er gewinnt an ihm „ein erweitertes Selbst“, bei der Lektüre der Bibel ein „neues Sein“ (Hermeneutik 33).

---

[37] Ricoeur, Metapher, a. a. O., VII–VIII.

[38] Iser, W. (1976), Der Akt des Lesens. Theorie ästhetischer Wirkung, München.

Die Quintessenz des Bibellesens hat Ricoeur in folgender Sentenz zum Ausdruck gebracht: „Ich beschränke mich deshalb darauf, an das Wort zu erinnern, das Gregor den Großen begeisterte: ‚Die Schrift wächst mit denen, die sie lesen.' Pier Cesare Bori hat das Wort Gregors als incipit seines Werkes *Die unendliche Interpretation* verwendet".[39]

Die Rezeptionsästhetik geht davon aus, dass Leserinnen und Leser (Rezipientinnen und Rezipienten) beim Erzeugen eines Textsinns eine aktive Rolle spielen. Sie entspricht damit den Intentionen Ricoeurs. In Abgrenzung von der Produktionsästhetik sucht die Rezeptionsästhetik den Sinn eines Textes nicht in der Erhellung seiner Entstehungsbedingungen oder der Intention des Autors. Die Frage nach Autor verliert deshalb ihre Relevanz, weil bei der Lektüre schriftlicher Texte der Autor physisch abwesend ist und nicht mehr den Sinn der Texte bestimmt. Mit dieser Loslösung der schriftlichen Texte von den Autoren werden die Texte frei, in verschiedenen Situationen neue Bedeutungen zu gewinnen, die nicht mehr auf die Verfasserintention zu reduzieren sind.

Nach Auffassung der Rezeptionsästhetik sind literarische Texte in dem Sinne „offene Kunstwerke" (vgl. Eco 1962), dass sie stets einer Leserin oder eines Lesers bedürfen, um aktualisiert zu werden. Im Grunde werden die materialen (Kunst)Werke erst im Akt des Lesens zu Texten, und deshalb sind literarische Texte nicht strukturalistisch-ontologisch, sondern nur im Spiegel ihrer Rezeption, d. h. zeitlich nach dem Leseprozess, zu beschreiben.

Die rezeptionsästhetische Perspektive betont das notwendige Zusammenwirken von Text und Leser im Akt der Interpretation. Zudem geht sie von der Situation des Lesers und seines Lesens aus. Damit kommt der „Zeitindex" in die Schrift hinein. Texte sind grundsätzlich offene Texte und bedürfen der Aneignung in der Zeit des Lesers. So lässt sich auch Offenbarung als ein zeitlich erstrecktes Geschehen denken. Dann ist die ‚Rückverwandlung in lebendiges Wort' durchaus auch die Sache des Lesers oder Hörers. Allerdings kann der Text nicht frei flottierend sein, sondern es bedarf der Leitung. Veronika Hoffmann plädiert an dieser Stelle für das „pneumatische" Lesen der Schrift. Es bedarf des „inspirierten" Lesers. Der Schritt vom Interpreten des Textes zum Zeugen der Offenbarung kann dieser nur tun, wenn und insofern der Heilige Geist ihm ‚den Sinn der Schrift erschließt' (vgl. Lk 24,32) wie der Auferstandene den Jüngern auf dem Weg nach Emmaus. In diesem Sinn geschieht Offenbarung durch das Zeugnis der biblischen Texte. Der Geist beschränkt nicht die Möglichkeiten der Schrift, sondern er eröffnet sie. Auch der Leser bedarf des Beistandes des Geistes, d. h. der Inspiration.

Der Geist ist die Form dieser Anwesenheit des Auferstandenen. Insofern ist im Unterschied zu den Rezeptionstheorien mit einer spezifischen „‚Passivität' des Vorgangs der ‚Offenbarungsaktualisierung' zu rechnen. Der Leser der Bibel wird in ihr nicht nur zum Hörer der Botschaft, sondern auch zum Zeugen der Offenbarung – als Selbstmitteilung Gottes auch an ihn. Helmut Gabel hat das pointiert so ins Wort gebracht: ‚Inspiration ist von vornherein im Strukturzusammenhang Autor – Text –

[39] Ricoeur, Paul (2008), Phänomenologie der Religion, in: ders., An den Grenzen der Hermeneutik. Freiburg, 85–94, hier 93; ders., Stimmen, a. a. O., 114; vgl. dazu Offenbarung 241 ff.

Leser anzusiedeln. […] Wenn man sagt, Gott sei Autor der Bibel, muss man genauso sagen: Gott ist der Leser der Bibel. Wie Gott durch menschliche Schreiber schrieb, so liest er durch menschliche Leser'".[40] In diesem Sinn ereignet sich das Geschehen der Offenbarung immer neu, aktualisiert es sich, ohne sich dabei zu 'wiederholen' oder sich von seinem Ursprung abzulösen.

Hoffmann, die die Gedanken Ricoeurs zu Offenbarung und Inspiration verfolgt und interpretiert hat, endet ihre Beschäftigung mit dem Ergebnis: „Wenn wir von der Ebene des Schriftzeugnisses zurückkehren zur Ausgangsfrage einer möglichen zeitlichen Qualifizierung des Zeugnisses, kann man folgern, dass, gut johanneisch, der Heilige Geist als der primordiale Zeuge betrachtet werden muss. Nur in pneumatologischer Perspektive kann aus dem ‚Gehörten' wieder 'Erfahrenes' werden. Ebenso kann mein Zeugnis seinerseits den anderen zwar als solches erreichen, damit dieser aber wiederum zum Zeugen werden kann, muss jenes auch bei ihm mit einem ‚inneren Zeugnis des Heiligen Geistes' zusammentreffen" (Offenbarung 250).

Ricoeurs mimetischer Bogen der drei Formen der Mimesis von Präfiguration, Konfiguration und Refiguration erinnert an den perichoretischen Vorgang und mag Hinweis auf den pneumatischen Vollzug sein. In der Tat schließt Ricoeur seinen Artikel der *Stimmen* mit einem deutlichen Hinweis auf den (Heiligen) Geist: „Die christlichen Gemeinschaften haben einen Ausdruck dafür, was solcherart sowohl das Buch als auch die Interpretationen abschließt und öffnet. Dieser Ausdruck bezeichnet das Ungesagte unserer gesamten Betrachtung, nämlich den Geist. Man sollte nicht sagen: WORT, SCHRIFT, Religion; sondern: WORT, SCHRIFT, GEIST. Es ist der Geist, der den größten Zirkel entwirft, innerhalb dessen das WORT und die SCHRIFT, die SCHRIFT und die bekennende Gemeinschaft sich gegenseitig konstituieren. Der Glaube, wie er von den Gläubigen bekannt wird, aber auch, wie er in Imagination und Wohlwollen unter Aussetzung des Glaubensvollzugs verstanden werden kann, besteht also darin zu glauben, dass das ‚innere Zeugnis des Heiligen Geistes' – seitens der Gemeinschaften der Hörenden und der Interpretierenden – und die Inspiration, die den SCHRIFTEN von diesen Gemeinschaften zugeschrieben wird, das Werk ein und desselben Geistes sind".[41]

Hoffmann führt die Aussage Ricoeurs theologisch weiter aus: „Als die neben dem inkarnierten Logos zweite und ebenso vollkommene, aber anders geartete Vermittlungsgestalt für Gottes Gegenwart in der Welt und seine Gemeinschaft mit den Menschen zeichnet sich das Geistwirken insbesondere dadurch aus, dass es auf die Seite der Empfangenden tritt, und diese dazu befähigt, Gottes Gabe – ihn selbst – anzunehmen und zu beantworten" (Gabe 532).

10.3.3 Kierkegaards Beitrag (Biser)

In der Betrachtung der Theologie der Inspiration kann über das Bisherige hinaus noch ein weiterer Schritt getan werden. Dieser Schritt geht zum einen auf Lessing

[40] Gabel, Helmut (2002), Inspiration und Wahrheit der Schrift, in: Theologie und Glauben 45 (2002), 126.
[41] Ricoeur, Stimmen, a. a. O., 114–115.

zurück und zum anderen auf die Weiterführung Lessings durch Kierkegaard. Lessings Leitmotiv des „garstigen Grabens" findet bei Kierkegaard eine bewusste Zuspitzung: „Kann es einen geschichtlichen Ausgangspunkt für ein ewiges Bewußtsein geben; wie kann ein solcher mehr als historisch interessieren; kann man auf ein historisches Wissen eine ewige Seligkeit gründen?"[42]

Von diesem neuen Lessing her interpretiert Kierkegaard sodann auch das wörtlich angeführte Adagium vom garstigen Graben der „zufälligen Geschichtswahrheiten" und „ewigen Vernunftwahrheiten".[43] Der Graben ist für ihn nur in einer neu zu entwickelnden Theorie existenzialer „Geschichtlichkeit" bzw. „Zeitlichkeit" zu überbrücken. Diese steht in strenger Opposition zu allen bisherigen objektiven historischen und spekulativen Geschichtstheorien. Geschichtlichkeit bzw. Zeitlichkeit werden zum Zeit- und Lebensraum der Innerlichkeit der subjektiven Existenz.

Eugen Biser ordnet den Beitrag Kierkegaards in die heutige Theologie ein. Das Schriftverständnis sieht er heute theologisch in die Konkurrenz von historisch-kritischer und hermeneutischer Methode gespalten. Doch das Wort wolle „Vergegenwärtigung". Es ist die Frage, welche Methode die „Aktualisierung des biblischen Wortes" vermag. Was wir verstehen, ist weder die Schrift noch das Wort. Die historisch-kritische Methode will natürlich zuerst die Schrift als Text verstehen. Die Hermeneutik scheint Hilfe zu bringen. Sie überbrückt die Distanz zur Vergangenheit; sie will Gleichzeitigkeit. Aber „was wir verstehen, ist weder die Schrift noch das Wort, sondern der sich in beiden bekundende Mensch [...]. Verständnis gibt es nur von Gegenwärtigem. Verstehen ist ein rein präsentisches Geschehen. Es ereignet sich jetzt – oder nie".[44]

Und damit ist die Alternative Kierkegaards zu den herrschenden Methoden gegeben. „Mit einer bloß intentionalen Anwesenheit ist dem Gläubigen nicht gedient, [...] das Interesse des Wortes reicht weiter als die Kompetenz der hermeneutischen Methode. Von ihm gilt, wie der Eingangssatz der Johannesprologs nach Art eines Schlüsselwortes bestätigt, die provokant-programmatische These Marshall McLuhans: ‚das Medium ist die Botschaft' (Magische Kanäle 1970). Und das besagt, als miteilendes Wort bringt es die wortgestaltige Selbstmitteilung Gottes – und damit sich selbst – zur Sprache. Vor jedem anderen Inhalt hat es somit ‚sich' zu sagen".[45]

Das ‚Medium ist die Botschaft' im Sinne Kierkegaards bedeutet, dass Jesus zwar die wesentliche Botschaft verkündet. Aber noch entscheidender als die Botschaft ist er, das Medium bzw. der Mittler, er die Person hinter den Worten und der Botschaft. Und Biser verweist dafür auf eine Vorstellung von Origenes, der wie von der Autobasileia von der Autosophia bzw. dem Autologos spricht. Was wir in der Christologie gesehen haben, dass der Inbegriff der Basileia Jesus Christus selbst ist, Autobasileia, so ist der Inbegriff der Weisheit und des Logos ebenso die Person Jesus Christus.

---

[42] Kierkegaard, Sören (1844), Philosophische Brosamen (dtv-bibliothek, 6064), München 1976, 11–130 hier 11.

[43] Kierkegaard, Sören (1846), Unwissenschaftliche Nachschrift (dtv-bibliothek, 6064), München 1976, 131–844, hier 224.

[44] Biser, Eugen (1977), Jesus – Der Helfer und die Hilfe, in: Joseph Sauer (Hg.), Wer ist Jesus Christus?, Freiburg, 165–200, hier 174–175.

[45] Ebd., 175.

Origenes: „Er (Jesus Christus) ist der menschliche Ort, an dem Gott in der Welt erscheint. Er ist das Wort Gottes, der Logos. Er ist die autobasileia, d.h. das Reich Gottes in Person, die Liebe Gottes selbst. Er ist auch autosophia, autoaletheia, autonomos". Er ist die „herrliche Gottesmacht (Autobasileia), das Wort des Vaters (Autologos) und die Weisheit (Autosophia) selbst, in welcher Alles, Sichtbares und Unsichtbares geschaffen ist".[46]

Auf die Botschaft Jesu angewandt führt Biser aus: „Im Blick auf die origenistische Rede von Jesus als der Autobasileia und Autosophia hieße das genauer: Er gab in all seinen Lehren, Weisungen und Hilfen sich selbst – sich als Inbegriff des Gottesreiches, sich als Antlitz seiner Wahrheit, sich als Norm seiner Weisungen, sich als Gewähr seiner Verheißungen, sich als Tür der von ihm eröffneten Zukunft. Darum geht es umgekehrt in seinem gesamten Vermächtnis, dem verbalen ebenso wie in dem sozialen und sakramentalen, um ihn in der Bedeutungsvielfalt seiner Selbstbewährung, die belehrt und erzieht, fordert und gebietet, heilt und tröstet und in alledem doch nur das übereignet, was er in und mit sich selber gibt. So berechtigt es daher ist, von der ‚Sache' Jesu zu reden, hat man damit doch nichts gesagt, solange man diese Sache nicht in der Einheit mit seinem Selbstsein denkt. Die Sache Jesu kann nur im Präsens verhandelt werden. Die Bedingung dieses Präsens aber ist die Realpräsenz Jesu in ihr".[47]

Die Hilfe ist der Helfer. „Das aber gilt, wie nunmehr mit zu berücksichtigen ist, nicht nur für das, was er der Menschheit an ‚Lebenshilfen', angefangen von der durch ihn ermöglichten Gemeinschaft bis hin zu den ethischen Wegweisungen und kommunikativen Impulsen, entgegenbringt. Es gilt genauso für seine Botschaft, seine Lehre und sein Wort. Sein Wort ist ein ‚Reden in Vollmacht' auch in dem Sinn, daß er in ihm selbst präsent ist. Nur von dieser Voraussetzung her ist der autorisierende Anspruch verständlich: [...] ‚auf dein Wort hin will ich die Netze auswerfen' (Petrus Lk 5,5), der Hauptmann von Kafarnaum: Der Mann glaubte dem Wort, das Jesus zu ihm gesprochen hatte (Lk 7,1–10) Sprich nur ein Wort, so wird meine Seele gesund".[48]

Schließlich verbindet Biser mit der Aufklärung des Sprach- und Wortgeschehens Jesu Christi die Konstellation der Christologie überhaupt: „Auf der sprachtheoretischen Ebene löst sich das Anfangsproblem der Christologie somit im Sinne des johanneischen Schlüsselsatzes: ‚Im Anfang war das Wort' (Joh 1,1), sofern sich darin zum einen die ‚Urerfahrung' der Jüngergemeinde niederschlug, in Jesus von Gott ‚angesprochen' worden zu sein, und sofern darin zum anderen der Botschafter dieser göttliche Anrede zu ihrem Inhalt erklärt wird. Am Anfang der Christologie müßte demnach der Gedanke stehen, dass Gott sein Schweigen – zumal auch das ihm durch seine philosophisch-begriffliche Nennung auferlegte – brach und daß er der teils aufhorchenden, teils unansprechbaren Welt – sich selber zusprach, sich in der Einheit von Sagen und Aussage, von Sinn und Mitteilung".[49] – Diese Auslegung Bisers trifft unsere eigene Interpretation vom Logos und entspricht der Christologie in Joh 1,1 (s. oben 5.1).

---

[46] Vgl. Origenes, Comment. in Matth XIV,7; Comment. ad Romanos 3,6; Contra Celsum III, 41; 5,39; 6,63; bzw. Origenes, Prinzip II,6,2.

[47] Biser, Jesus, a.a.O., 181–182.

[48] Biser, Helfer, a.a.O., 180.

[49] Biser, Jesus, a.a.O., 178.

10.3.4 Hemmerles Anregungen

Was zum Wort Gottes und der Schrift bisher in großer theologischer Dichte zur Sprache kam, hat Hemmerle in einem ganz anderen Kontext, nämlich anlässlich eines Weihnachtsgrußes 1992, auf sehr viel einfachere, aber nicht weniger eindrucksvolle Weise niedergeschrieben. Jesus Christus, der Logos oder das Wort, ist in allen Worten gegenwärtig. Er ist aber nicht nur worthaft gegenwärtig, sondern er selbst in Person. Der Text ist überschrieben:

In den Worten das Wort finden
Als das Wort Kind geworden
auf unserer Erde erwachte,
weckte es die Worte auf,
die in den Dingen,
in den Menschen
in den Ereignissen schliefen,
Worte, die zuvor sich verschwiegen, sich bekriegten,
wie Rätselsilben Bruchstück blieben.

Jetzt kam das Wort,
in dem alle Worte geschaffen waren.
Es kam, um sie aufzuwecken zueinander,
zur Versöhnung, zur Ergänzung, zum Gespräch.
Und heute: Wer weckt in den Worten
das eine, einende Wort?

Auf, lasst uns nach Bethlehem gehen
– zum Bethlehem hier zwischen uns –,
um in den Worten
das Wort zu finden,
das Gott die Ehre
und uns den Frieden gibt.

Aber auch die wissenschaftliche Theologie kann von Hemmerle zum Thema der Inspiration angeregt werden. Auf dem Hintergrund der bisherigen Ergebnisse der Diskussion zur Theologie der Inspiration fällt auf eine Reihe von Aussagen Hemmerles ein neues Licht. Vor allem Hemmerles wiederholte Verhältnisbestimmung von „Evangelium“ und „Nachfolge“ wird hier aufschlussreich. Denn die Botschaft kann dabei nicht nur ein Bestand bleiben, sondern bedarf des Lebens der Nachfolge.

Thesenhaft formuliert Hemmerle: „Interpretation gehört zum Ereignis, zur Identität des Ereignisses überhaupt und im Besonderen im Falle Jesu“ (Vorlesung 16.11.73, 159). Zum Lesen der Schrift gehört die Interpretation. Aber nicht nur Interpretation im Sinne der Philologie oder einer anderen wissenschaftlichen Methode, sondern der Aneignung im Leben. Hemmerle fährt an der Stelle fort:

„Nun aber ist im Falle Jesu dies in einer besonders scharfen Weise der Fall. Jesus verkündet etwas, was nicht in dem Augenblick, in dem er das verkündet, voll eingelöst ist. Er hat eine Verkündigung, die a) eschatologisch ist, βασιλεία τοῦ θεοῦ, die sich erst Schritt um Schritt enthüllt.“ Mit anderen Worten ist die Botschaft nicht ergangen und schon abgeschlossen, sondern offen wie das Kommen der Herrschaft Gottes. Und Hemmerle fährt fort:

„b) Er hat eine Verkündigung, die ihre Verstehensbedingungen – das ist das Zweite, das noch Schärfere – ihre eigenen Verstehungsbedingungen erst erzeugt. Er sagt etwas, das nur von denen verstanden wird, die ihm nachfolgen. Somit wird aber das Wort Jesu, die Tat Jesu in ihrer eigenen Meinung nicht getroffen, wenn ich sie sozusagen photographisch und tonbandähnlich in dem Augenblick aufnehme, wo sie gesagt wird, sondern wenn ich sie von dort aus aufnehme, wohin sie spricht, nämlich vom Glauben, der im folgenden auch [...] Reich Gottes heißt, βασιλεία τοῦ θεοῦ – Herrschaft Gottes [...]. Was er damit meint, geht denen auf, die hinein gehen in die βασιλεία τοῦ θεοῦ, die eintreten. Indem sie aber eintreten, repetieren sie nicht nur Worte, sondern erschließen sie den Sinn dieses Wortes von ihrer neuen Situation her. Nicht eine bloße Repetition, das sei noch einmal gesagt, sondern Er sagt etwas, was anstößt und was, wenn ich dem Anstoß folge, sich selber neu gibt. [...]

Wenn die Gleichnisse so sprechen, daß jenen, die nicht glauben, es verschlossen bleibt und jenen, die glauben, es aufgeht, ist durch diese Situation im Grunde die Ursituation Jesu“ (Ebd., 160–161).

Wenn Hemmerle dann fortfährt mit der Aussage, die wir schon in der Hinführung zu Hemmerle zitiert haben, wird deutlich, wie sehr das Verhältnis des Gläubigen zum Lesen und Verstehen des Evangeliums grundsätzliche Bedeutung für ihn hat: „Von daher gesehen ist es zwar für die Differentialanalyse sehr, sehr wichtig und unerläßlich, daß wir in diesen vorösterlichen Jesus zurückstoßen; unerläßlich, aber dabei die Endstation des Christentums nicht zu sehen hieße, die Liebeserklärung bei dem stehenlassen, wo sie nicht als das, was sie ist, sich bewähren konnte. Somit kann Verständnis Jesu nur in der Differentialanalyse, die zugleich eine Konsonanzanalyse ist, eine Explikationsanalyse ist, zwischen dem Nachfolgenden und dem Ursprung geschehen.“ (Vorlesung 16.11.73, 160–161). – Um noch einmal daran zu erinnern, so ist für Hemmerle die entscheidende Methode die Differentialanalyse, die zugleich eine Konsonanzanalyse ist, weil sie die Konsonanzen zwischen „Evangelium“ und „Nachfolge“ sucht und dabei auf die Differenz zwischen Ursprung (historischem Jesus) und Nachfolge (Christus des Glaubens) stößt und diese Differenz in ihrem Zusammenhang expliziert.

In einem anderen Zusammenhang des Buches *Nachfolge* kommt Hemmerle auf dasselbe Verhältnis von „Evangelium“ und „Nachfolge“ zu sprechen. Evangelium ist kein statischer Bestand, sondern eine lebendige Botschaft: „Die Sache christlichen Glaubens, Gottes Offenbarung in Jesus Christus, kennen wir nur, weil Menschen ihm geglaubt haben, weil Menschen ihm nachgefolgt sind. Geschichtlich gibt es das Evangelium ohne Nachfolge nicht. Nachfolge ist die Erschließungs- und Vermittlungssituation für das Evangelium; sie kommt nicht als äußere Zutat zu diesem Evangelium hinzu, sondern formuliert sich in seinen Text und in seinen Inhalt hinein – und dies keineswegs im Sinn einer Verderbung und Verdünnung des Urtextes, sondern als eine für ihn selbst konstitutive, aus ihm nicht herauszulösende Dimension. Das Evangelium ist nämlich von sich her Ruf zur Nachfolge, und nur wo dieser Ruf verstanden und angenommen wird, ist er, was er von sich selber her sein will. Die ‚Veränderung‘, die dieser Ruf dadurch erfährt, dass er wiedergegeben wird aus der Perspektive der Nachfolge, ist jene ‚Veränderung‘, welche die Quelle dadurch erfährt, dass ihr das Wasser entspringt. Anders gewendet: Wie eine heimliche Liebe, indem sie sich bekennt, eine neue Situation zwischen den Partnern schafft, so verändert das Evangelium, indem es ergeht, seine eigene Situation – und das hat es mit allem Ursprungsgeschehen gemein. Evangelium gegenwärtig in der Nachfolge, formuliert aus ihr, das ist Theologie in ihrer ersten Potenz; denn es ist denkendes, weil bekennendes, neu formulierendes, sich am Evangelium verantwortendes Verhältnis zum Evangelium" (Nachfolge 26–27).

Und in *Wahrheit* identifiziert Hemmerle den Weg der Nachfolge nach dem Evangelium mit dem zentralen Vollzug des „Zeugnisses": „Zugänglich ist die Theophanie Gottes in Jesus für uns nur im Zeugnis, und das Zeugnis hat seinen Ort in der Nachfolge – dieses Wort verstanden im doppelten Sinn des unmittelbaren vorösterlichen Mitziehens mit Jesus aufgrund seines Rufes und der nachösterlichen Sendung, des nachösterlichen Anschlusses an den auferstandenen Herrn in seinem Geist. Solche Nachfolge ist nicht äußere, zusätzliche Verstehensbedingung zur Sache, zur Wahrheit Jesu, sondern konstitutiv für sie selbst. Jesus ruft zur Nachfolge, sein Wort identifiziert sich nur, indem es angenommen wird, indem es sich geben darf und andere sich ihm geben. Erst in der Nachfolge kommen Jesu Werk, Wort und Weg bei sich selber, bei seinem Ziel an. [...] Das aber, worauf sich Nachfolge bezieht, ist eben nicht nur Botschaft, die neutral ausrichtbar wäre, sondern Botschaft, die einen Weg auslegt, die ein Weg ist. [...] Und dieser Weg ist nochmals nicht eine zusätzliche ‚Anwendung' dessen, was Jesus an sich selber wäre, eine zufällige Nachgeschichte zu seinem Wesen. Sein Weg eröffnet sein Geheimnis, in seinem Weg geschieht sein Geheimnis."

Inspiration ist nach Hemmerle aus dem Ineinander von „Botschaft" und „Glauben" zu erhellen. Ein intensives Zu- und Ineinander, das flankiert wird von den beiden anderen Wegen: „Die vier Ebenen – Nachfolge, Botschaft, Weg, Geheimnis Jesu –, auf denen sich jeweils dieses Ineinander vollzieht, spielen so selbst ineinander" (Wahrheit 188–189).

Heinrich Rombach nennt ein solches Sprechen „pneumatisch", also vom (Heiligen) Geist geführt: „Ein solches Sprechen ist ‚pneumatisch', es ist nicht nur Reden, sondern Bezeugen – und wer nicht bezeugend redet, ‚glaubt' nicht – selbst wenn er glaubt zu glauben. Wo immer aus dieser ‚Erfahrung' gesprochen wird, aus dem inneren Zusammenhalt der Dimensionen, wird aus dem ‚Geist' gesprochen; von daher versteht es sich, daß eine Rede, der der Ansatz bei der ‚Gotteserfahrung Jesu' gelingt, pneumatisch ist".[50]

10.4 Gnade – Gabe des Heiligen Geistes

Das Wirken Gottes im Heiligen Geist nennt die Theologie Gnade. Die Gnadenlehre war in der Geschichte die Kampfstätte vieler und heftigster Auseinandersetzungen. Stichworte dieser Auseinandersetzung sind etwa: Gottes Souveränität gegen die Freiheit des Menschen, Gottes Gottsein gegen das Menschsein des Menschen, Natur und Gnade, ungeschaffene Gnade (Notwendigkeit, Ungeschuldetheit, Freiheit) und habituelle Gnade (Rechtfertigung, heiligmachende, Verdienst) u. a. (Gabe 285–346).

---

[50] Rombach, Religionsphänomenologie, a. a. O., 491.

Im Folgenden versuchen wir die verschiedenen Sichtweisen auf Gnade im Blick auf den Geber aller Gaben, den Heiligen Geist, als innerste Mitte zu lesen: „Die Gabe [...] ist letztlich – in verschiedenen Gestalten und Intensitätsstufen – eine Selbstgabe des Gebenden an den Empfänger, eine Gabe, die Anerkennung gewährt und erbittet und auf Gemeinschaft zielt [...]. Auch der Geist als ‚Gabe über allen Gaben' hat diese Gestalt: Er ist Gottes Selbst-Gabe an die Menschen – in Gaben, in denen der Geist anwesend ist und wirkt, und zuhöchst im Geist selbst als Gabe" (Gabe 531).

Wir werden die Gnade vom Hintergrund der Gabetheologie her verstehen und darstellen. Gottes (Sich-)Geben ist Gnade. Gottes Gabe ist Gnade. Bayer hat die großen Themen der Gnade als Gnaden-Gaben ausgeführt: „Das Verständnis der Schöpfungswirklichkeit als Gabe [...] steht im scharfen Kontrast [...] zum neuzeitlichen Aktivismus, der sich nichts schenken lassen will. [...] Dies gilt in einer so radikalen Weise, wie sie radikaler nicht gedacht werden kann: Gottes Geben prägt die Gestalt seines Handelns als des Handelns dessen, ‚der den Gottlosen gerecht macht' (Rom 4,5) und in gleicher Weise ‚die Toten lebendig macht sowie das, was nicht ist, ruft, dass es sei' (Rom 4,17). Sein Handeln geschieht unbedingt, bedingungslos, unverdient – in diesem Sinne: aus nichts (‚ex nihilo'), allem Geschöpflichen zuvorkommend; es geschieht als ein nur in sich selbst gründendes, schlechthinniges, kategorisches Geben, das auch seinen Adressaten nicht etwa schon vorfindet, sondern überhaupt erst setzt. Gottes kategorisches Geben hat also die dreifach radikale Gestalt der iustificatio impii, der resurrectio mortuorum und der creatio ex nihilo. Schöpfung wie Neuschöpfung sind kategorische Gabe".[51]

Die Gnaden oder Gaben des Heiligen Geistes sind demnach vor allem: Schöpfung: Gabe des Lebens – Auferstehung: Gabe des neuen Lebens – Rechtfertigung: Gabe des erneuerten Lebens vor Gott. Über das neue Leben aus der Auferstehung haben wir oben im Abschnitt über Ostern gesprochen. Über das neue Leben auf Grund der Rechtfertigung Gottes werden wir im Kapitel der „Erlösung oder Soteriologie" eigens handeln. Das Geschenk des Lebens in der Schöpfung werden wir nun mit Karl Rahner u. a. erläutern. Es ist zugleich die Frage nach „Natur" und „Gnade". Wir werden zuerst Rahners Theologie der Gnade in aller Kürze theologisch referieren und sie dann mit Hilfe von Kierkegaard übersetzen. Sodann werden wir versuchen, die Gnadenlehre im Licht der responsiven Gabetheologie zu beleuchten. Gabe als Frucht des Gebens und Sich-Gebens Gottes.

10.4.1 Rahner – Gnade als Selbstmitteilung Gottes

Der zentrale Begriff für Gottes Verhältnis zur Welt ist bei Karl Rahner „Selbstmitteilung" Gottes. Selbstmitteilung Gottes entspricht dem Grundbegriff von Gottes „Sich-Geben" bei Hemmerle. Gott teilt sich selbst mit in seiner Offenbarung (Wort) und in seiner Gnade (Geist). Das zentrale Tun Gottes als Selbstmitteilung ist für Rahner das Geben. Und dabei ist die Kernaussage für das Sich-Geben Gottes entscheidend: „Der Geber ist selbst die Gabe" (Grundkurs 126 f). Allerdings entwickelt Rahner

[51] Bayer, Ethik, a. a. O., 106–107.

keine Phänomenologie des Gebens, sondern erläutert das Geben in den Kategorien aristotelischer Begrifflichkeit, mit dem Rückgriff auf unterschiedliche Kausalitäten.

Gnade setzt nach Rahner das Existenzverständnis des Menschen voraus (Natur): „Der Mensch ist das Ereignis einer freien, ungeschuldeten und vergebenden, absoluten Selbstmitteilung Gottes“ Mit anderen Worten ist bereits die Erschaffung des Menschen bzw. die Schöpfung Gottes Selbstmitteilung Gottes im besagten Sinne. Gnade setzt Natur voraus und bringt sie zur Erfüllung. Gnade ist dann die Erfüllung dieses Daseinsverständnis. Gnade ist der Aussage Rahners entsprechend „freie, ungeschuldete und vergebende, absolute Selbstmitteilung Gottes“. Gnade wahrt auf Seiten Gottes sein freies und absolutes Eingreifen, sie ist ungeschuldet und vergebend (rechtfertigend). Das Ereignis der Gnade heißt dann auch, dass Gott sich selbst zum „innersten Konstitutivum des Menschen“ macht. Aus diesem Grund wehrt Rahner von allem Anfang an den Eindruck ab, die Erfüllung Gottes bestehe in einem irgendwie sachhaften Dazutun Gottes, sondern: „Eine Selbstmitteilung Gottes als des personalen, absoluten Geheimnisses an den Menschen als das Wesen der Transzendenz meint von vorherein eine Mitteilung an ihn als geistig personales Wesen“ (Grundkurs 122).

Wie bei der Umschreibung der hypostatischen Union führt Rahner hier aus, die freie Selbstmitteilung setze ein Geschöpf voraus, das in seinem übernatürlichen Existential, in der „potentia oboedientialis“, auf diese Selbstmitteilung hin geschaffen sei. Die freie Selbstmitteilung Gottes ist übernatürliche Gnade, „Mitteilung des Heiligen Geistes Gottes“, „der sich mit seinem eigenen Wesen mitteilende Gott selbst“. Im Grundkurs verbindet Rahner das Theorem der Selbstmitteilung Gottes in der ungeschaffenen Gnade mit dem Terminus der formalen Ursächlichkeit, die sich von der effizienten Ursächlichkeit unterscheide. In effizienter Kausalität setzt Gott das von ihm Verschiedene. In der formalen Ursächlichkeit schenkt sich Gott dem von ihm Verschiedenen, ohne sich selbst dabei zu verlieren. Das sei das Prärogativ Gottes. Die formale Kausalität besteht nach Rahner näherhin in folgendem: „Ein bestimmtes Seiendes, ein Seinsprinzip ist ein konstitutives Moment an einem anderen Subjekt, indem es sich selber diesem Subjekt mitteilt und nicht nur etwas von sich Verschiedenes bewirkt, das dann inneres konstitutives Prinzip an dem ist, das diese Wirkursächlichkeit erfährt.“ Das bedeutet inhaltlich: „Gott ist in dem, was wir Gnade und unmittelbare Anschauung Gottes nennen, wirklich ein inneres konstitutives Prinzip des Menschen als des im Heil und in der Vollendung befindlichen“ (Grundkurs 126–127). Und Selbstmitteilung Gottes heißt dann: „dass Gott sich selbst und als er selbst an das Nicht-Göttliche mitteilen kann, ohne aufzuhören, die unendliche Wirklichkeit und das absolute Geheimnis zu sein, und ohne dass der Mensch aufhört, das endliche, von Gott unterschiedene Seiende zu sein. [...] Auch in der Gnade bleibt Gott Gott“ (Grundkurs 125–126). Die Strukturähnlichkeit dessen, was Rahner zur hypostatischen Union ausführte, liegt auf der Hand. „Gott teilt sich selbst mit in der hypostatischen Union in Jesus Christus, die nichts anderes ist als der Heilige Geist im Gerechtfertigten“.[52]

[52] S. Wohlmuth, Levinas, a. a. O., 224 f, 250 ff. Dirscherl, Nähe Gottes, a. a. O., 499 bemerkt an der Stelle zur formalen Ursächlichkeit: „Hier wäre über Rahner hinaus und auf Levinas zuzugehen“.

Rahner verbindet offensichtlich die traditionelle Lehre von „ungeschaffener“ und „geschaffener“ Gnade im Sinne der Theorie des Gebens. „Ungeschaffene Gnade“ entspricht der Selbstmitteilung Gottes, „Mitteilung des Heiligen Geistes Gottes“. Die „geschaffene Gnade“ entspricht der Frucht dieser Selbstmitteilung Gottes, die irdische Gnadengabe. Aber das ist nicht so zu verstehen, dass ungeschaffene und geschaffene Gnade objekt- bzw. sachhaft nebeneinander oder übereinander stünden, sondern sie durchdringen sich im Sinne des Gabemodells gegenseitig. Es gilt der Satz Rahners: „Der Geber ist selbst die Gabe“.

„Schon in der Transzendenz als solcher ist das absolute Sein das innerste Tragende und Konstituierende dieser transzendentalen Bewegung auf es hin und nicht nur ein äußerlich bleibendes Woraufhin und äußerliches Ziel der Bewegung. Dieses Woraufhin ist gerade darum kein solches Moment der transzendentalen Bewegung, dass es nur in ihr seinen Bestand und seinen Sinn hätte, sondern es bleibt als das Innerste auch das absolut Erhabene und Unberührbare über dieser transzendentalen Bewegung“ (Grundkurs 127–128).

So führt denn Rahner in einem Beitrag zur Theologie der Gnade aus, der Kern des christlichen Wirklichkeitsverständnisses bestehe darin, dass Gott uns als seinen Geschöpfen nicht irgendwelche Geschenke macht, sondern sich selbst gibt und zwar nicht mehr in effizienter Kausalität, sondern durch Teilgabe an der göttlichen Natur (Gnade 130). Das Gott-Welt-Verhältnis ist nach Rahner „das freie Verhältnis des sich selbst mitteilenden Absoluten, das als den Adressaten solcher sich selbst entäußernden Selbstmitteilung an das andere dieses andere in schöpferischer Wirkursächlichkeit schafft, um sich selbst in freier dialogischer Weise mitteilen zu können und in Inkarnation und Gnade die geschaffene Welt frei zu seiner eigenen Geschichte zu machen“.[53]

„Die Selbstmitteilung Gottes ist nicht nur gegeben als Gabe, sondern auch als die notwendige Bedingung der Möglichkeit derjenigen Annahme dieser Gabe, die die Gabe wirklich Gott selber sein lassen kann, ohne dass sie sich in ihrer Annahme gewissermaßen aus Gott zu einer endlichen, geschaffenen Gaber verwandelt, die nur Gott repräsentiert, die aber Gott nicht selber wäre“ (Grundkurs 134).

Gnade ist Gottes ungeschuldete Gabe. Aber auch die Antwort des Menschen ist von der Gnade getragen und doch frei und nicht ernötigt: „Auch für den begnadeten Menschen gilt: Je mehr sich ihm Gott selbst schenkt, umso mehr gelangt er zu seiner geschöpflichen Unabhängigkeit und Freiheit. Die Selbstmitteilung erwirkt zwar auch ihre geschöpfliche Annahme, aber dies degradiert nicht das Geschöpf, sondern erhebt es zu seiner eigentlichen Würde. Denn ‚Natur‘ ist auch hier „jene Wirklichkeit, die die göttliche Selbstmitteilung sich selbst so als ihren möglichen Adressaten schöpferisch voraussetzt, daß sie ihm gegenüber bleibt und bleiben kann, was sie ist: freie Huld der Liebe“.[54]

Geist ist der Grund der Bewegung der Gnade: „die transzendentale Erfahrung der gnadenhaften Selbstmitteilung Gottes oder – anders gesagt – die Dynamik und Finalisiertheit des Geistes als Erkenntnis und Liebe auf die Unmittelbarkeit Gottes in der

[53] Rahner, Gnade, a. a. O., 131.
[54] Wohlmuth, Levinas, a. a. O., 225.

Art, das das Ziel als solches auch die Kraft der Bewegung selber ist (was wir gewöhnlich Gnade nennen), und das Wesen der geistigen Dynamik können nur adäquat dadurch beschrieben werden, dass gesagt wird: Der begnadete Geist bewegt sich im Ziel auf das Ziel hin“ (Grundkurs 136).

Wiederum mag Kierkegaard verdeutlichen, was Rahner meint. Es ist noch einmal auf Kierkegaards Entdeckung zurückzukommen: „Der Helfer ist die Hilfe“. Die Tiefe der Einladung schließt sich auf, wenn man realisiert, dass es hierbei nicht um alle möglichen Weisen von Hilfen geht, die Jesus anbieten könnte, sondern um den Helfer, Jesus selbst, der sich anbietet. Jesus selbst, der Helfer, bietet sich an; er ist letztlich die Hilfe. Er ist mehr als alle möglichen Hilfen, er ist „die“ Hilfe. Mit anderen Worten, Jesus bietet nicht irgendwelche Hilfen an, sondern sich selbst, seine Person. Das ist Ausdruck der innigsten Selbstmitteilung.

Kierkegaard macht zur Verdeutlichung der Einladung das Beispiel vom Arzt, dessen Beruf die Hilfe ist, der dem Kranken wohl ein Medikament verschreibt, das der Kranke immer bei sich hat und immer wieder einnehmen muss, während der Arzt als Helfer nach der Untersuchung weitergehen muss, also nicht ständig als Helfer gegenwärtig sein kann. Anders Jesus: „Wenn aber der Helfer die Hilfe ist, muß er den ganzen Tag lang bei dem Kranken bleiben, oder der Kranke bei ihm – o, wunderbar, daß nun gerade dieser Helfer alle einlädt“ (Einübung 56). Wie kann Jesus, als Helfer, als Hilfe beständig gegenwärtig sein? Jesus lädt selbst ein. Nicht auf irgendwelche sächliche oder gegenständliche Weise, sondern Jesus bietet sich „als Person“ selbst an (Einübung 55).

„Seine Hilfe setzt dort ein, wo es mit der für den Existenzakt benötigten Kraft zu Ende geht, wo es sich von der ihm mit seinem Dasein zugemuteten Lebenslast überfordert sieht unfähig zur Annahme seiner selbst und seines Schicksals. Diesem Niedergebrochenen und halb schon Zerbrechenden bietet sich der Helfer als Stütze an. Aber er gibt ihm nicht Halt nach Art einer sachlichen Befestigung, eines Impulses oder Auftriebs, sondern dadurch, daß er sich mit dem Gebeugten zusammenschließt, um mit ihm zusammen die über seine Kräfte gehende Lebenslast zu tragen. […] Wie hinter einem Schirm bleibt der Helfer zunächst hinter dem verborgen, was sich im Anschein von kategorialen Zuwendungen darstellt und in einem metaphysisch-dogmatischen Sinn auch tatsächlich ‚helfende Gnaden-Gabe‘ ist“.[55]

10.4.2 Ricoeurs Beitrag (Veronika Hoffmann)

Veronika Hoffmann kommt zu ähnliche Ergebnissen, wobei sie vor allem Ricoeur folgt (Gabe 264–277). Bei Ricoeur ist es die „Gabe der Anerkennung“, die das Ereignis des Gebens erhellt. Ricoeur steht dabei durchaus in der Linie von Waldenfels. Entsprechend der responsiven Antworten als „nehmendes Geben“ und „gebendes Nehmen“ bei Waldenfels führt Ricoeur die Rede von der „zweiten ersten Gabe“ ein. (s. Gabe 315, 335–338).

[55] Biser, Jesus, a. a. O., 188.

Ricoeur hat die Besinnung auf die „Gabe der Anerkennung" vertieft (s. 8.3.2.2).[56] So spricht er davon, dass er das Phänomen der „Anerkennung" erneut mit Hilfe der Gabephilosophie durchdacht habe: „Schließlich habe ich mit einer erneuten Betrachtung über die Gabe geendet, und zwar ausgehend von einer Frage, die sich alle Untersuchungen über den Kampf um Anerkennung stellen: Wer kann sagen, daß er tatsächlich (an-)erkannt worden ist? Wann wissen wir und wann glauben wir, daß wir (an-)erkannt worden sind? Ja, können wir überhaupt (an-)erkannt werden? Es tut sich hier also – am Ende des Durchgangs – die Möglichkeit eines neuen unglücklichen Bewußtseins auf, d. h. einer Suche ohne Ende und ohne Ziel. Ich habe mich daher gefragt, ob sich nicht mit Hilfe einer neuen Interpretation der Politik der Gabe im Sinne der gegenseitigen Anerkennung so etwas wie eine Lichtung inmitten unserer Kriegsschauplätze finden ließe, d. h. eine wirkliche Erfahrung des (An-) Erkanntseins, und sei es auch nur symbolisch und vermittels einer Gabe."

Zu dieser erneuerten Betrachtung ist er angestoßen worden durch Marcel Henaff *Le prix de la vérité*. Henaff hat die Frage der Anerkennung jedoch umgedreht und sich gefragt, ob das Rätsel der Gabe nicht in der Gegenseitigkeit der Anerkennung gründet. Marcel Mauss hatte das Rätsel der Gabe in der Verpflichtung gesehen, etwas zurückzugeben: Warum verpflichtet derjenige, der gibt, den anderen, etwas zurückzugeben? Ricoeur führt dagegen das Beispiel der Liebe ein, der Agape, und stellt fest, dass dabei genau die umgekehrte Situation eintritt, nämlich dass man gibt, ohne etwas zurückzuverlangen. In dieser Idee der Agape erkennt er geradezu den Schlüssel für die „Gegengabe" und für den Empfang der Gabe.

Ricoeur kommt zu dem Ergebnis: „Dies [...] ist der einzig gangbare Weg dafür, zu sagen, daß die Gabe das Pfand und der Stellvertreter einer wechselseitigen Anerkennung ist, die sich selbst als solche nicht (wieder-)erkennt. Das ist das Rätsel dieser Gegenseitigkeit, das Henaff in seinem Buch *Le prix de la vérité* zu lösen versuchte: Es ist die wechselseitige Anerkennung, die sich, so sagt er, auf symbolische Weise im Geschenk ereignet, ohne sich selbst als solche zu erkennen. Es ist unsere Beziehung zu dem, wie er sagt, was ‚keinen Preis hat'."

Das Schenken oder die Agape vollendet nach Ricoeur die Phänomenologie der Gabe und des Gebens. Agape ist „reines Geben". Ricoeur fasst die Schritte einer solchen Phänomenologie zusammen: „Was ich damit schlicht sagen möchte, ist Folgendes: Unter dieser Perspektive müßten wir also innerhalb der Verpflichtung zur Gegengabe die Verdopplung der ersten, auf Freigebigkeit beruhenden Gabe genauer untersuchen; also das Zurückgeben wie eine zweite erste Gabe betrachten. Denn es ist die Ansteckung der ersten, freigebigen Gabe, die eine Schuld ohne Verpflichtung und ohne Verschulden hervorbringt. Folglich besteht auch der eigentliche Akt nicht in einem Geben-Zurückgeben, sondern im Empfangen, denn in der Art und Weise, wie man empfängt, zeigt sich, wie der Schenkende anerkannt wird; und in der Großzügigkeit des Empfangens findet sich derjenige, der zurückgibt, überhaupt erst in den Zirkel der Gegenseitigkeit hineingenommen. Und hier kommen wir wieder auf die Agape zurück, wie zu einer Gabe ohne Wiederkehr: Zurückgeben meint hier in gewisser Weise ein Sein in der Wiederholung des Gebens ohne Wiederkehr".

[56] Ricoeur, Paul (2004), Phénoménologie de la reconnaissance – Phänomenologie der Anerkennung, in: Orth, Anthropologie, a. a. O., 138–159, hier 155–159.

Hoffmann weist im Zusammenhang der Gabephilosophie auf eine „Geist"-Bemerkung von Mauss zurück. Dieser spricht einmal vom „Geist der gegebenen Sache". Maus weist also eine Dimension der Gabe dem „Geist" zu, weil auch für ihn die Gabe letztlich nicht auf Geber und Empfänger verrechnet werden kann, sondern die Gabe noch eine weitere Dimension anspricht. Hoffmann fasst dann aber sehr treffend hinsichtlich unserer Überlegungen ihre Ergebnisse zur „Theologie der Gabe und Pneumatologie" zusammen:

„Ein solches ‚Sich selbst Geben' stellt, auch das hat die hier zu Grunde gelegte Gabetheorie betont, einen spezifischen Vorgang mit einer anderen Logik als der des ‚etwas Gebens' dar. Diese eigne Logik des Sich-Gebens zeichnet sich insbesondere durch den Vorrang der *Bewegung* vor den Objekten des Gebens ab. In ökonomischen Tauschverhältnissen wie in der Hilfeleistung an Notleidende stehen diese Objekte im Zentrum, ihr Transfer ist das wesentliche Ziel des Gabeprozesses, dieser nur das Mittel für jenen. In der ‚Gabe der Anerkennung' jedoch steht die Bewegung im Zentrum und diese Gabebewegung zielt nicht auf einen Abschluß, indem die Partner ‚quitt' werden, sondern gerade darauf, weiter geführt zu werden. Das bereits eingangs als besonderes Kennzeichen des Geistwirkens genannte und konkret in den augustinischen Bezeichnungen *communio* und *caritas* in den Vordergrund tretende Moment der Bewegung findet hier eine klare gabetheologische Entsprechung. Und die damit entstehende ‚Mehrfachbesetzung' des Geistes im Gabegeschehen: als Gabe, als Geber und als Bewegung des Gebens enthält unter dieser Voraussetzung ihre Plausibilität und spiegelt die gabetheoretischen Grundannahmen: *Im* Geist gibt Gott als Geist sich selbst, und er tut es in der seiner Selbstgabe gemäßen Weise: in einer unabschließbaren Bewegung des (Sich-) Gebens, die noch die antwortende Gabe des Empfängers trägt" (Gabe 531).

10.4.3 Gnade – responsive Anleihe bei Waldenfels

Ein Weg zum Verständnis der Gnade kann auch mit Waldenfels gegangen werden. Ausgang ist wiederum die Phänomenologie des Gebens. Waldenfels kommt ebenfalls auf die auffallende Bemerkung über den „Geist der Gabe" von Marcel Mauss zurück.

Allerdings ist für Waldenfels nicht die Gabe selbst der Ort des Geistes, sondern Geist geschieht im Vorgang des Gebens. Die Gabe geht erst aus dem Geben hervor. Geben selbst ist responsiv, ist ein Geben und Nehmen. Waldenfels formuliert: „[N]icht in die Gabe, sondern in das Geben gibt sich, wer gibt, hinein. Wo sich das Geben nicht auf eine vorgegebene Gabe berufen kann, wo das, was sich gibt, sich erst im Ereignis des Gebens selbst ergibt, bleibt das Geben eine riskante Angelegenheit. Auch das Schenken bleibt angefochten von der Ambivalenz der Gabe. Ein Geben, mit dem jemand gibt, was er nicht bereits hat, in dem er als jemand auftritt, der er nicht schon ist, [...] steht auf keinem festen Grund. Es stellt sich dar als ein Geben à fonds perdu, [... das] auf nichts bauen und nichts zählen kann, ohne seine ‚Seele' zu verlieren. Gerade der Übergang vom eigenen Geben zum fremden Nehmen und umgekehrt markiert die Schwelle, wo jedes Geschenk seine Außerordentlichkeit verlieren und zu einer geschuldeten Gabe werden kann" (AR 622).

Der Vollzug des Gebens kann von keiner Seite determiniert, ausgerechnet werden, weder vom Geber noch vom Empfänger. Der Geber kann wirkliches Geben nicht berechnen oder erzwingen, ohne sich zu kompromittieren. Der Empfänger kann ebenso wenig das Geben verordnen und die Gabe sozusagen vorbestellen, ohne den Geber zu disqualifizieren: do ut des. Was bleibt ist das Geben selbst. Es ist das Überschießende des Gebens, das sowohl den Geber gegenüber dem Empfänger zum wahren Geber macht und ebenso den Empfänger gegenüber dem Geber zum wahren Empfänger, der dem Geben entspricht.

Waldenfels legt auf dem Hintergrund des alles Berechnen überbietenden Gebens seine Ansicht vor, dass responsive Ethik insgesamt nicht auszurechnen ist: „Eine *responsive Ethik,* die den Geist des Antwortens zu wahren verspricht, setzt voraus, daß nicht nur das Selbst, sondern auch das gemeinsame Band zwischen uns durch den Anderen in Frage gestellt wird. Diese Infragestellung geschieht in einem *Anspruch,* der zugleich *als Anspruch auf etwas* (Prätention) und als *Anspruch an jemanden* (Appell) ergeht. Dieser Anspruch im doppelten Sinne fällt nicht unter die geläufige Distinktion von Sein und Sollen, da er weder auf eine äußere Tatsache zurückgeführt noch in ein allgemeines Gesetz überführt werden kann. [...]

Der fremde Anspruch ist nicht erfüllbar wie ein Streben oder eine Vorschrift, er sprengt jede intentionale oder regulative Zirkularität. Er sprengt auch den hermeneutischen Zirkel, da er nicht verstehbar ist im Rahmen einer vorweg bestehenden Verständigungsgemeinschaft. Wir bewegen uns auf einer prämoralischen, einer präjuridischen und in gewissem Sinne auch auf einer präkomprehensiven Ebene, wo man gegenüber dem Anderen jederzeit unrecht hat, wenn wir mit den Maßen einer verteilenden und ausgleichenden Gerechtigkeit messen (AQ 164 / JS 284)" (DG 1, 329–332).

Waldenfels spricht von dem gemeinsamen Band zwischen dem Geber und Empfänger. Dieses gemeinsame Band ereignet sich im Vollzug des Gebens. Der Anspruch des gemeinsamen Bandes, der Beziehung von Geber und Empfänger, die diesen Namen verdient, kann durch keine Vorschrift und keine Moral vorgeschrieben werden. Die Integrität des Gebens ist deshalb prämoralisch, präkonservativ, präjuridisch, d. h. geht aller Festlegung durch Vernunft oder Moral voraus.

Im Geben ist ein Mehr enthalten, das weder auf die Seite des Gebers noch des Empfängers zu verrechnen ist. Es ist ein Mehr oder wie Waldenfels formuliert ein „Surplus" (AR 621). Und dieses Mehr macht gerade das Geben zum Geschenk oder zum wahren Geben. „Wenn wir uns fragen, an welcher Stelle der Unterschied zwischen einem geregelten Nehmen und Geben und einem außerordentlichen, erfinderischen Geben deutlich ins Auge springt, so bietet sich der Prozess des *Schenkens* an. [...] In dem lateinischen Wort *‚gratis'* zeigt sich noch ein Bezug zur ‚gratia', die Reiz, Gunsterweis, Gnade und Dank bedeutet. Es ist bemerkenswert, dass auch hier die Doppelgestalt von Gunsterweis und Dankbezeugung in einem Wort auftritt; entscheidend ist, dass beides über das Geschuldete hinausgeht" (AR 620). – Auch Waldenfels sieht im „Schenken" „reines Geben" sich ereignen.

An dieser Stelle fällt bei Waldenfels denn dann auch die treffende Kennzeichnung des Gebens, es geschieht „gratis", und das treffende Wort für die Handlung: „gratia (Gnade)". In der Folge kann deshalb Frettlöh mit Recht feststellen: „Wenn Waldenfels das Uneinklagbare eines solchen ungeschuldeten und unentgeltlichen, irreziproken und überflüssigen Gebens schließlich am Geben des Wortes im Versprechen und in der Vergebung, in der Bitte und im Dank veranschaulicht, stellt er selbst die Weichen für eine theologische Rezeption seiner responsiven Phänomenologie von Geben und Nehmen".[57]

Magdalena Frettlöh stellt dann sprachlich und theologisch den Zusammenhang der hier entscheidenden Begriffe her: „Im Griechischen markiert die Trias ‚charis – charisma – eucharistia' auch sprachlich diesen Zusammenhang: Wo charis empfangen wird, kommt es zur Begabung mit Charismen, mit denen Menschen einander und ihren Mitgeschöpfen dienen, und in der eucharistia, im Dank, strömt die charis angereichert von solchen Gabeereignissen zu Gott zurück und bringt Gottes charis erneut zum Überfließen. Eindrücklich zeigen die beiden Kapitel über die Jerusalemer Kollekte in 2. Korinther 8–9 diesen Kreislauf der charis (vgl. Frettlöh 2001). Mehr noch: Indem charis selbst sowohl ‚Gnade' als auch ‚Dank' heißen kann, hält das Wort göttliches und menschliches Handeln unauflösbar zusammen: ‚Schon der pagane Begriff bezeichnet sowohl das ‚Sich-Herabneigen' des einen als auch den ‚Dank' des anderen, aber auch ‚Anmut' und ‚Schönheit' – also das freie, unerzwingbare, glückhaft geschenkte Offensein füreinander, daher im Verhältnis zu Gott das von ihm geschenkte ‚Heil' und den ‚Dank' des Menschen zugleich'".[58]

10.5 Communio – Kirche

Nach dem dritten Artikel des Glaubensbekenntnisses ist die Kirche Geschöpf des Heiligen Geistes. In der Sprache der Theologie ist die Kirche die „Ikone der Trinität"; in Beziehung zu Jesus Christus ist sie „creatura Verbi" und „Leib Christi" und in Beziehung zum Heiligen Geist „Tempel des Heiligen Geistes".[59] Nach der Heilsökonomie des Glaubens ist die Kirche so die besondere Gnadengemeinschaft des Heiligen Geistes. Pottmeyer fordert deshalb mit Recht eine vor allem pneumatische Ekklesiologie.[60] An dieser Stelle ist auf die pneumatische Ekklesiologie insoweit einzugehen, insofern der Heilige Geist auch hier das Band, die Erfüllung, nämlich der menschlichen Gemeinschaft mit Gott, des Volkes Gottes ist. Die weiteren Dimensionen der Kirche werden dann unten unter dem Kapitel der Ekklesiologie behandelt werden (VI.12).

10.5.1 Pneumatische Ekklesiologie

Pottmeyer fordert vor allem eine pneumatische Ekklesiologie und führt dazu das Diktum von Adam Möhler an: „Gott schuf die Hierarchie, und für die Kirche ist nun

[57] Frettlöh, Charme, a. a. O., 127–136, hier 136.

[58] Frettlöh, Magdalena L. (2015), Die verlorene Anmut wiederfinden, in: Junge Kirche (2015), 19.

[59] Pottmeyer, Hermann (1985), Der eine Geist als Prinzip der Einheit in Vielfalt: Auswege aus einer christomonistischen Ekklesiologie, in: Pastoraltheologische Informationen 5 (1985), 253–284, hier 282; Greshake 377–378;

[60] Pottmeyer, Geist, a. a. O., 254.

bis zum Weltende mehr als genug gesorgt. Allein nach der höheren, ächt christlichen Ansicht, die besonders im Katholicismus hervortritt, ist der Geist Gottes das immerwährend in der Kirche waltende, sie ihrem Zwecke entgegenführende Princip; alles Übrige ist Organ dieses Geistes, Mittel usw.; und wer eines von diesen zum Mittelpunkt der Geschichte wählt, erfaßt sie äußerlich".[61]

Interessant, dass ein heutiger großer Vertreter der Tübinger Schule, nämlich Kardinal Walter Kasper, eine fast gleiche Aussage zur Bedeutung des Geistes in der Kirche macht: „Wenn der Geist die eigentliche Vergegenwärtigung und Verwirklichung des durch Jesus Christus geschenkten Heils ist, dann hat alles Äußere in der Kirche, sowohl die Schrift wie die Sakramente, die Ämter und erst recht die Disziplin der Kirche nur die Aufgabe, auf den Empfang dieser Gabe des Geistes vorzubereiten, sie instrumental zu vermitteln und sie zur Wirkung zu bringen".[62]

Pottmeyer zeichnet das Bild einer „christomonistischen" Ekklesiologie nach, wie sie vor allem bis zum Zweiten Vatikanischen Konzil vorherrschend war. Und er bespricht ihre Folgen, die wahrhaft tiefgreifend waren für das Lehramt, die Hierarchie, für das Amtsverständnis. Dabei waren die Ontologisierung und eine verkürzte Pneumatologie, Christologie und Ekklesiologie die hauptsächlichen Konsequenzen.[63]

Pottmeyer stellt dagegen die klaren Aussagen des Zweiten Vatikanischen Konzils. Es sind Hinweise für eine „pneumatische" Ekklesiologie.[64] Es seien die entscheidenden Texte genannt, die die Bedeutung des Heiligen Geistes im Leben der Kirche nach dem Konzil hervorheben:

Nach Ostern führt der Heilige Geist das erneuerte Leben Gottes weiter in der Kirche bis zur Auferstehung der Toten.

LG 48 „Die Wiederherstellung also, die uns verheißen ist und die wir erwarten, hat in Christus schon begonnen, nimmt ihren Fortgang in der Sendung des Hl. Geistes und geht durch ihn weiter in der Kirche [...] bis wir das vom Vater uns in der Welt übertragene Werk mit der Hoffnung auf die künftigen Güter zu Ende führen und unser Heil wirken (vgl. Phil 2,12)".

LG 48: „Christus hat, von der Erde erhöht, alle an sich gezogen. Auferstanden von den Toten, hat er seinen lebendig machenden Geist den Jüngern mitgeteilt und durch ihn seinen Leib, die Kirche, zum allumfassenden Heilssakrament gemacht. Zur Rechten des Vaters sitzend, wirkt er beständig in der Welt."

An Pfingsten wird das Wirken des Geistes, das das Leben der Welt durchdringt, öffentlich und universal. Die Katholizität der Kirche ist die Gabe und das Unterpfand des Geistes.[65]

AG 4: Am Pfingsttag „wurde die Vereinigung der Völker in der Katholizität des Glaubens vorausbezeichnet, die sich durch die Kirche des Neuen Bundes vollziehen soll, welche in allen Sprachen spricht, in der Liebe alle Sprachen versteht und umfängt und so die babylonische Zerstreuung überwindet".

[61] J.A. Möhler, Rezension, in: Theologische Quartalschrift 5 (1823) 497; vgl. Pottmeyer, Geist, a.a.O., 257; Böhnke, Kirche, 234.
[62] Kasper, Walter (1983), Der Gott Jesu Christi, Freiburg 2008, 259.
[63] Pottmeyer, Geist, a.a.O., 255–267; vgl. Böhnke, Kirche, 77–79.
[64] Pottmeyer, Geist, a.a.O., 267–284.
[65] Zu LG 14–15; AG 4 s. ebd., 269–271.

AG 4 „Ohne Zweifel wirkt der Hl. Geist schon in der Welt, ehe Christus verherrlicht wurde [...]. Bisweilen geht er sogar sichtbar der apostolischen Tätigkeit voran, wie er sie auch auf verschiedene Weise unablässig begleitet und lenkt".

Communio (gr. κοινονια) ist das Wesen der Kirche und der besondere Ausdruck ihrer Katholizität:

LG 13: „Alle über den Erdkreis hin verstreuten Gläubigen stehen mit den übrigen im Hl. Geist in Gemeinschaft. Kraft dieser Katholizität bringen die einzelnen Teile ihre eigenen Gaben den übrigen Teilen und der ganzen Kirche hinzu, so daß das Ganze und die einzelnen Teile zunehmen aus allen, die Gemeinschaft miteinander halten und zur Fülle in Einheit zusammenwirken. So kommt es, daß das Gottesvolk, nicht nur aus den verschiedenen Völkern sich sammelt, sondern auch in sich selbst aus verschiedenen Ordnungen gebildet wird".[66]

10.5.2 Communio der Kirche

Die Kirche wird in den Dokumenten des 2. Vatikanums an zentraler Stelle als Communio vorgestellt. Der Kernsatz dafür steht in LG 4: Kirche ist „das von der Einheit des Vaters und des Sohnes und des Heiligen Geistes her geeinte Volk Gottes" (Cyprian).

Ähnlich UR 2 „Dies ist das heilige Geheimnis der Einheit der Kirche in Christus und durch Christus, indes der hl. Geist die Mannigfaltigkeit der Gaben schafft. Höchstes Vorbild und Urbild dieses Geheimnisses ist die Einheit des einen Gottes, des Vaters und des Sohnes im Heiligen Geist in der Dreiheit der Personen".

„Wo drei, der Vater, der Sohn und der Geist sind, ist auch die Kirche [...], welche den Leib der drei bildet".[67]

Pottmeyer formuliert dazu entschieden: „So ist die Kirche als Volk Gottes, des Vaters, die Versammlung aller zum Glauben Berufenen, welche die gemeinsame Würde und Sendung verbindet. Sodann ist sie Leib Christi, der das Haupt seines Leibes ist und den ganzen Leib durch sein Evangelium, seine Sakramente und den Dienst der zum Apostelamt Berufenen zusammenfügt. Schließlich ist sie Tempel des Heiligen Geistes, der in den Vielen je nach seiner Gabe wirkt und Gemeinschaft schafft.

Wird einer dieser trinitarischen Bezüge unterbewertet oder vergessen, wird der Schwingkreis Kirche zutiefst gestört. Wird der Bezug zum Vater vergessen, schwindet die gemeinsame Würde und Sendung aus dem Blick, die Grundlage der communio. Wird die Kirche nicht mehr als Leib Christi verstanden, bricht die communio [...] der Glaubenden auseinander in die vielen, die sich gegenseitig auf den Geistbesitz berufen. Wird schließlich vergessen, dass die Kirche Tempel des Heiligen Geistes ist, erstarrt sie zu einer Hierokratie, dem Zerrbild der communio".[68]

Für Pottmeyer ist „communio" das Kriterium der Kirche. Klaus Hemmerle hat schon sehr früh den Begriff der „communio" als Grundkategorie der Kirche erkannt

[66] Ebd., 273.

[67] Zu den Formeln s. Greshake 378; Pottmeyer, Geist, a. a. O., 270, 281–282

[68] Pottmeyer, Geist, a. a. O., 282; vgl. Greshake 380.

und ins Zentrum seines Kirchenverständnisses und seiner Theologie gestellt. Hemmerle hat dabei auf LG 4 des Zweiten Vatikanischen Konzils verwiesen, ein Verweis, der sich als berechtigt herausstellen sollte, der aber nach dem Konzil weder vom Lehramt noch von der Theologie genügend berücksichtigt worden ist. In dem Kommentar zur *Römischen Bischofssynode 1971. Der priesterliche Dienst* hat Hemmerle zum ersten Mal in aller Deutlichkeit die Grunddimensionen der Kirche von „mysterium", „communio" und „missio" herausgearbeitet (AS IV,46–48). Bestätigt wurde diese Sicht in *Christifideles Laici* Nr.8 (1988), und *Pastores dabo vobis* Nr. 12 (1992). Dabei war und blieb für ihn LG 4 die Basisaussage, Kirche sei „das von der Einheit des Vaters und des Sohnes und des Heiligen Geistes her geeinte Volk Gottes" (Cyprian), die Zentralaussage zur „Communio" bzw. „Koinonia" der Kirche.

So schreibt Hemmerle bereits 1971 in *Der priesterliche Dienst:* „Zwei begriffliche Markierungen kennzeichnen das synodale Dokument im Ganzen. Einmal ist es die leitende Rolle des Bildes vom guten Hirten. [...] Zum anderen ist es das Begriffspaar missio und communio, unter dem zumal die konkreten Aussagen über den priesterlichen Dienst gegliedert sind (vgl. die Überschriften im II. Teil vor 17 und 21). [Es sind] dynamische Grundkategorien, [die zur] Grundstruktur der Kirche gehören, gerade weil ihr Wesen communio ist, communio, die sich aber ihrerseits ebenso wie missio doppelt transzendiert; denn communio ist – als gegenseitige, ‚innige' Gemeinschaft – zugleich communio mit dem sendenden Ursprung und mit denen, denen sie ihn und damit sich zuteil gibt. [...] Daß communio der Sinn von missio und daß missio die Bedingung von communio ist, darf als ekklesiologische Grundaussage des Synodenpapiers gelten".[69]

Aus großer Entfernung und vielleicht auch gesunder Distanz hat im Jahre 1980 in Bologna eine Tagung von Theologen stattgefunden, die sich die Aufgabe gestellt hatten, sich auf die Bedeutung und Wirkung der Kirchenkonstitution des Konzils zurückzubesinnen. Diese Rückbesinnung hat der Abklärung und der Klarheit gedient. Für unseren Zusammenhang ist aus dem Ergebnis dieses Gespräches in Bologna bedeutsam, dass man das Hauptanliegen und den Fortschritt der konziliaren Lehre über die Kirche mit den zwei entscheidenden Begriffen verband, die die Konzilsväter mehr oder weniger deutlich bewegten: Das eine war das Vordringen und das Wiederbeleben der frühchristlichen „communio"-Theologie, und das andere war das Anliegen, wie dieses alt-neue Kirchenverständnis in Kontinuität mit der neueren Tradition des Tridentinischen und des I. Vatikanischen Konzils auszusagen und zu verbinden sei.[70]

Die Bischofssynode 1985 hat dann zwanzig Jahre nach Konzilsende die entscheidende Aussage gemacht: „Die communio-Ekklesiologie ist der zentrale und grundlegende Gedanke der Konzilsdokumente. Die koinonia-communio, die in der Heiligen Schrift begründet ist, nimmt in der alten Kirche und in den östlichen Kirchen bis in

---

[69] Hemmerle, Klaus, Römische Bischofssynode 1971. Der priesterliche Dienst. Gerechtigkeit in der Welt. Eingeleitet von K. Hemmerle und W. Weber, hg. von der Deutschen Bischofskonferenz. Trier 1972, 14–18.

[70] Alberigo, Giuseppe (Hg.), Kirche im Wandel, Eine kritische Zwischenbilanz nach dem Zweiten Vatikanum. Düsseldorf 1982, 89–123; s. Darstellung bei Kasper, Walter (2011), Katholische Kirche. Wesen – Wirklichkeit – Sendung, Freiburg, 44–48, der im Anschluss an die Synode 1985 die Communio als Mitte der Kirche beschreibt.

unsere Tage hinein eine Vorrangstellung ein. Darum ist seit dem II. Vatikanischen Konzil viel getan worden, um das Verständnis der Kirche als communio zu fördern und konkreter in das Leben umzusetzen.

(Soweit zum Ort des Begriffs in der Ekklesiologie – dann fährt das Dokument fort:) Was bedeutet das vielschichtige Wort ‚communio'? Es geht im letzten um die Gemeinschaft mit Gott durch Jesus Christus im Heiligen Geist. Diese communio ist im Wort Gottes und in den Sakramenten gegeben. Die Taufe ist der Zugang zur communio der Kirche und ihr Fundament. Die Eucharistie ist Quelle und Höhepunkt des christlichen Lebens (vgl. LG 11). Die Kommunion des eucharistischen Leibes Christi bedeutet und erwirkt, das heißt, sie baut die tiefe communio aller Gläubigen im Leib Christi, der die Kirche ist, auf (1 Kor 10,16 f).

(Nach diesem Dokument ist communio offensichtlich vor allem eine theologische Aussage – ist sie nur das? Es heißt weiter:) Deshalb kann man die ‚Communio‘-Ekklesiologie nicht auf rein organisatorische Fragen oder Probleme reduzieren, die lediglich die Gewalten in der Kirche betreffen. Aber dennoch ist die ‚communio‘-Ekklesiologie die Grundlage für die Ordnung in der Kirche und besonders für die rechte in ihr bestehende Beziehung zwischen Einheit und Vielfalt“.[71]

Der Bischof von Aachen, Klaus Hemmerle, hat die Tragweite dieser Grundaussage folgendermaßen zum Ausdruck gebracht: „Seit die Communio-Ekklesiologie als Thema angeklungen ist, darf und wird sie nicht mehr zum Verstummen kommen. Sie hat zu Beginn des letzten Konzils die frühere ‚Pyramiden-Ekklesiologie‘ endgültig abgelöst, die den Bauplan der Kirche von der obersten Spitze der Hierarchie in einer Stufenfolge bis zur Basis der Laien zu lesen pflegte. Die Unterschiede sind keineswegs nivelliert, aber sie werden nunmehr neu interpretiert. Durch die Außerordentliche Synode (1985) ist die Communio-Theologie des Konzils verdeutlicht, und durch die letzte Synode in Rom (1987) hat sie sich in einem breiteren Rahmen durchgesetzt. Dieser Anfang muß Geschichte machen“.[72]

Wenn man auf das Heraufkommen der Idee der Kirche als „communio“ achtet, wird man sehen: Die Kommentare zu LG weisen verschiedentlich auf die leitende Grundidee der Kirche als Communio hin.[73] Diese biblische[74] und frühchristliche[75] Vorstellung der Kirche als „koinonia“ bewegte einen großen Teil der Konzilsväter und prägte ihr Nachdenken über die Kirche Gottes. Offensichtlich hatte man zu

---

[71] Schlussdokument der Synode: II.C.1; vgl. Herder Korrespondenz 40 (1986) 36 f.

[72] Hemmerle, Klaus (1990), Im Austausch Gestalt gewinnen. Nach-Denkenswertes zur Bischofssynode 1987 über „Die Berufung und Sendung der Laien in Kirche und Welt“, in: Miteinander Kirche sein. Idee und Praxis, hg. von J. Müller u. E. J. Birkenbeil, München 1990, 12.

[73] Grillmeier, Alois (1966), Kommentar zur Dogmatischen Konstitution über die Kirche, in: Das Zweite Vatikanische Konzil. Konstitutionen, Dekrete und Erklärungen, in: LThK2 Erg-Band I, Freiburg 1966, 156 ff; Ratzinger, Joseph (1970), Das Neue Volk Gottes. Entwürfe zur Ekklesiologie, Düsseldorf.

[74] F. Hauck, Art.: koinos, in: ThWNT III, 797–811; Kertelge, Karl, Koinonia, in: Ökumenische Rundschau 27 (1978) 445 ff.

[75] Zur patristischen Theologie der „communio“ s. Cyprian, De oratione dominica 23 (PL 4, 553); vgl. Lubac, Henri de (19974), Quellen kirchlicher Einheit. Einsiedeln, 172–187.

einem entscheidenden Punkt der konziliaren Einsichten zurückgefunden[76]: „Dieses wird zu einem durchgehenden Motiv der Konstitution: die Kirche ist Kommunioneinheit in der heiligen Eucharistie, im Heiligen Geist, in der sichtbaren (hierarchischen) Leitung und in den verschiedenen Dienstleistungen. Sie ist beseelte Leibeinheit in der Verschiedenheit der Glieder und Dienste. Auch die hierarchische Ordnung, nicht bloß die charismatische Begabung, ist eine Selbstmitteilung des Geistes. Er verleiblicht sich so in der Kirche und macht so ‚eine mystische Person aus vielen Personen'".[77]

Communio oder Gemeinschaft ist für Hemmerle aber nicht nur das konziliare Merkmal für die Kirche, sondern Gemeinschaft ist für ihn zu einem Hauptwort des gesamten Werkes geworden:

„[E]s wäre nicht unpassend, das Wort Gemeinschaft als Überschrift über das Gesamtwerk Hemmerles zu setzen, dessen Ansatz zutreffend als ‚Phänomenologie der Gemeinschaft' beschrieben werden könnte".[78] Etwa in den Aufsätzen *Spiritualität und Gemeinschaft* (1978), *Einheit und Gemeinschaft* (1995) und *Person und Gemeinschaft – eine philosophische und theologische Erwägung* (1993).[79]

Böhnke macht darauf aufmerksam, aus welchen philosophischen und theologischen Quellen eine solche Überzeugung hervorgegangen ist: „Wie und mit welchem Gewinn also ließen sich Einheitskonzepte, die in der Sprache der Substanzmetaphysik oder der Transzendentalphilosophie formuliert wurden und mit Geltungsanspruch überliefert worden sind, in der Sprache der Phänomenologie und speziell einer Phänomenologie der Gemeinschaft reformulieren? Kriterium hätte die Angemessenheit der Reformulierung für ein konsistentes und kohärentes Verstehen der Wirklichkeit zu sein. Das impliziert die Einsicht, dass in der Sprache der Substanzmetaphysik und der Transzendentalphilosophie formulierte Einheitskonzepte entweder Defizite hinsichtlich ihrer Konsistenz oder Kohärenz aufweisen".[80]

Zum Beispiel Kirchenräume

Die Diskussion um eine pneumatische Ekklesiologie und das Heraufkommen der Communio-Ekklesiologie geht über die engen Grenzen der Theologie hinaus und findet seit Jahren ein deutliches Echo etwa in der Liturgie und Kirchenarchitektur. So findet sich in dem Buch *Kirchenbau* (1960) des großen Architekten der 1920er Jahre Rudolf Schwarz eine interessante Aussage, rückblickend auf die 20er Jahre mit dem religiösen Schwerpunkt des Christkönigsfestes (1925):

„Es gab damals das Wort von dem christozentrischen Kirchenbau, welches meint, der Altar sei der Ort Christi, und die Gemeinde solle sich um ihn versammeln, das

---

[76] Zur Vorbereitung dieser Idee vor dem II. Vatikanum: Congar, Yves (1973), Chrétiens désunis. Paris; Lubac, Henri de (1943), Catholicisme. Les aspects sociaux du dogme (dt.: Katholizismus als Gemeinschaft 1943), Paris 1952; Hamer, Jerome (1962), L'Eglise est une communion. Paris.

[77] Grillmeier, Kommentar, a. a. O., 161.

[78] S. Böhnke, Wie Einheit geht, a. a. O., 284–299.

[79] Hemmerle, Klaus, Spiritualität und Gemeinschaft (1978) (AS IV, 170–187); ders., Einheit und Gemeinschaft (1995), in: Leben 75–94; Person und Gemeinschaft – eine philosophische und theologische Erwägung (1993) (AS III, 299–314).

[80] Böhnke, Kirche, 284.

Abendmahl zu feiern. Das Wort war gefährlich, weil es nur die halbe Wahrheit enthielt, und hat viel Unheil gestiftet, bis heute. Guardini hat darauf hingewiesen, daß das Gebet der Kirche nicht christozentrisch ist, denn alle Gebete gehen ‚durch Christus' zum Vater. Mitte schon, aber offene Mitte. Der Kirchenbau ist nicht christozentrisch, sondern trinitarisch, hier der Wohnort des Geistes, der alles belebt und die Welt zu ihrer Schönheit erblühen läßt, dahinter die Schwelle, der Ort des Herrn, der bei den Seinen ist und doch fortging zum Vater und dahinter die Räume der Ewigkeit".[81]

Das Konzept von Rudolf Schwarz ist in seinen zahlreichen Kirchenbauten anschaulich verwirklicht.

[81] Schwarz, Rudolf (1960), Kirchenbau. Welt vor der Schwelle, Regensburg 28 f.

11 Soteriologie – Gerechtigkeit und Barmherzigkeit

Das Wirken Gottes durch den Heiligen Geist nennt die Theologie Gnade. Die Gnaden- oder Erlösungslehre (Soteriologie) war in der Geschichte die Kampfstätte vieler und heftigster Auseinandersetzungen.[82] Wir werden im Folgenden versuchen, das Grundproblem der christlichen Erlösung, das Verhältnis von „Gerechtigkeit" und „Barmherzigkeit" oder das Problem der „Rechtfertigung", auf dem Hintergrund der Theologie des Gebens zu diskutieren. Hier steht die Satisfaktionslehre des Anselm von Canterbury wie ein Fels im Weg des Verständnisses. Ist die Theologie des Anselm von Canterbury aber zu Recht als Satisfaktionstheorie tradiert worden? An dieser Stelle kann uns wiederum Paul Ricoeur eine Hilfe sein. Ricoeur hat das Grundproblem von Gerechtigkeit und Barmherzigkeit philosophisch und phänomenologisch in *Liebe und Gerechtigkeit,* aber auch theologisch behandelt – ein Grund, sich erneut dem Thema zuzuwenden.

11.1 Erlösung durch Gerechtigkeit und Barmherzigkeit

Veronika Hoffmann hat auf eine kleine Schrift von Paul Ricoeur mit dem Titel *Liebe und Gerechtigkeit* aufmerksam gemacht. Die Schrift ist zwar nicht als vorrangig theologisches Werk gedacht, aber sie behandelt das zentrale Thema der Erlösungslehre bzw. der Rechtfertigung. Dieses theologische Thema wird weitgehend von der Auseinandersetzung um und Kritik an der sogenannten Satisfaktionslehre Anselms von Canterbury beherrscht. Anselms Lehre steht im allgemeinen Verständnis der klassischen Theologie für die strenge „Gerechtigkeit". Dem ist aber nicht so.[83] Die theologische Meinung beruht vor allem auf einem Missverständnis. Die Behandlung des Themas in *Cur Deus homo* steht bei Anselm unter dem Motiv des Verhältnisses von „Gerechtigkeit" und „Barmherzigkeit". In *Liebe und Gerechtigkeit* greift Paul Ricoeur dieses Verhältnis auf seine Weise auf. Er betrachtet das Verhältnis von Liebe und Gerechtigkeit aus der Perspektive der Gabetheorie, oder wie er es nennt, aus der Sicht der „Ökonomie der Gabe". Daraus folgt die Anregung, Anselms Werk aus der Perspektive der Gabetheologie neu zu lesen. Und in der Tat sind die Betrachtungen im Anschluss an Ricoeur und an weitere Erkenntnisse der Gabetheorie gerade auch für die Erlösungslehre erhellend und weiterführend.

---

[82] Zur Gabetheologie der Erlösung s. Gabe 285–347.

[83] Kienzler, Klaus (1981), Glauben und Denken bei Anselm von Canterbury. Freiburg, 198–219, 341–380; ders. (1997), Gott ist größer: Studien zu Anselm von Canterbury (Bonner Dogmatische Studien 27). Würzburg, 110–161; s. auch Wohlmuth, Geheimnis, a. a. O., 139–155.

11.1.2 Anselms Satisfaktionslehre

Im Mittelpunkt der Erlösungslehre steht die sogenannte Satisfaktionslehre. Satisfaktion meint Wiedergutmachung der Schuld und Sünde durch den Menschen. Diese Satisfaktionslehre geht nach theologischer Meinung auf Anselm von Canterbury zurück. Es ist eine Forderung der „Gerechtigkeit", dass der Schuldner seine Schuld zurückzahlt. Darauf wird Anselm traditionell reduziert; fälschlicherweise. Über die zugegeben zentrale Rolle der „Gerechtigkeit" obsiegt in Anselms Werk *Cur Deus homo* die „Barmherzigkeit". Es zeigt sich, dass das Verhältnis von „Gerechtigkeit" und „Barmherzigkeit" in der Tat das Herz der Erlösungs- und Rechtfertigungslehre ist.

Zuerst eine kurze Einführung in das viel diskutiert Werk *Cur Deus homo* von Anselm von Canterbury. Joseph Ratzinger fasst Anselms Satisfaktionslehre so zusammen: „Anselm von Canterbury war es darum gegangen, das Werk Christi mit notwendigen Gründen (rationibus necessariis) abzuleiten und so unwiderleglich zu zeigen, daß dies Werk gerade so geschehen mußte, wie es tatsächlich geschah. In großen Linien ließe sich sein Gedanke so wiedergeben: Der Mensch ist Sünder. Durch die Sünde des Menschen, die sich gegen Gott richtete, wurde die Ordnung der Gerechtigkeit (ordo) unendlich verletzt, Gott unendlich (infinite) beleidigt. Dahinter steht die Vorstellung, daß sich das Ausmaß der Beleidigung nach dem Beleidigten richtet; es hat andere Folgen, wenn ich einen Bettler als wenn ich den Staatspräsidenten beleidige. Je nach dem Adressaten hat die Beleidigung ein anderes Gewicht. Da Gott der Unendliche ist, hat auch die Beleidigung, die ihm von der Menschheit in der Sünde zugefügt wurde, unendliches Gewicht. Das solchermaßen verletzte Recht (iustitia) muß wiederhergestellt werden, weil Gott ein Gott der Ordnung und der Gerechtigkeit, ja die Gerechtigkeit selber ist. Entsprechend dem Maß der Beleidigung ist aber eine unendliche Wiedergutmachung nötig (satisfactio). Dazu ist der Mensch jedoch nicht imstande.

Soll also die Ordnung für immer zerstört, der Mensch ewig in den Abgrund seiner Schuld eingeschlossen bleiben? An dieser Stelle stößt Anselm auf die Gestalt Christi vor. Seine Antwort lautet: Gott selber bereinigt das Unrecht, aber nicht (wie er es könnte) in einer einfachen Amnestie, die das Geschehene doch nicht von innen her überwinden kann, sondern dadurch, daß der Unendliche selbst Mensch wird und dann als Mensch, der dem Geschlecht der Beleidiger zugehört und der dennoch die dem bloßen Menschen versagte Kraft unendlicher Wiedergutmachung besitzt, die erforderte Sühne leistet. So geschieht die Erlösung ganz aus Gnade und zugleich ganz als Herstellung des Rechtes. Anselm glaubte damit die schwere Frage des Cur deus homo, die Frage nach dem Warum der Menschwerdung und des Kreuzes, zwingend beantwortet zu haben".[84]

Ratzinger betrachtet *Cur deus homo* allein unter dem Gesichtspunkt der Satisfaktion, d. h. der geschuldeten „Gerechtigkeit". *Cur deus homo* besteht allerdings aus zwei Teilen, ist sozusagen ein Diptychon, dessen erster Teil der „Gerechtigkeit", der zweite der „Barmherzigkeit" gewidmet ist. Es scheint, dass Ratzinger das Werk kaum

[84] Ratzinger, Einführung, a. a. O., 187 f.

ganz gelesen hat. Zudem hat er nicht bemerkt, dass Anselm bereits im *Proslogion* 8 das Problem von *Cur deus homo* tiefgreifend anspricht.

Insgesamt geht es in *Cur deus homo* um die Darstellung der Erlösung im Zusammenhang von „Gerechtigkeit (iustitia)" und „Barmherzigkeit (misericordia)" Gottes. Das I. Buch von CDH würde ich als Buch der „Gerechtigkeit" bezeichnen; das II. Buch dagegen als das der „Barmherzigkeit Gottes". Beide Bücher gehören aber wesentlich zusammen, um Einseitigkeiten zu vermeiden.

Vergegenwärtigen wir uns, in welchen unversöhnlichen Gegensatz „Gerechtigkeit" und „Barmherzigkeit" am Ende des Mittelalters geraten waren, um die Brisanz der Aussagen Anselms abschätzen zu können. Dazu paradigmatisch das ‚Selbstbekenntnis' Martin Luthers: „Am Anfang, wenn ich den Psalter las und sang: ‚In deiner Gerechtigkeit erlöse mich!' – da erschrak ich allemal und war den Worten feind: ‚Gerechtigkeit Gottes', ‚Gericht Gottes', ‚Werk Gottes'. Denn ich wußte nichts anderes, als daß ‚Gerechtigkeit Gottes' sein strenges Gericht bedeutete. Nun sollte er mich auch noch von seinem strengen Gericht erretten? Da wäre ich ja ewig verloren! Aber ‚Barmherzigkeit Gottes', ‚Hilfe Gottes', diese Worte hatte ich lieber. Gottlob, als ich die Sache verstand und wußte, daß ‚Gerechtigkeit Gottes' die Gerechtigkeit bedeutet, mit der er uns rechtfertigt durch die geschenkte Gerechtigkeit in Christus Jesus, da verstand ich die Grammatik, da schmeckte mir erst der Psalter".[85]

Es ist geradezu tragisch zu sehen, daß Luther zur Krise der Rechtfertigungslehre durch die missverständliche und missinterpretierte Theologie wie die sogenannte ‚Satisfaktionslehre' des Anselm von Canterbury gelangte. Denn das I. Buch von CDH wurde in der Weise ausgelegt, wie Luther es hier tut: Gottes „Gerechtigkeit" ist zürnende Gerichtsgerechtigkeit, die unbarmherzig straft. Das gleiche Missverständnis hatte Luther, wie er selbst gesteht, mit der Rechtfertigung bei Paulus verbunden. Später wurde ihm Paulus der Helfer zu einem besseren Verständnis. Nun wissen wir, dass Paulus gerade in der Auseinandersetzung mit dem damaligen Judentum dem Begriff der „Gerechtigkeit" eine neue Wendung gab. Es ist dabei unverkennbar, dass Paulus, ob vermeintlich oder nicht, auf ein tieferes Verständnis von Rechtfertigung im Alten Testament zurückgriff und dabei die zentrale Aussage: „Der Gerechte lebt allein aus dem Glauben" (Röm 1,17 u.ö.) wieder in den Mittelpunkt rückte. Darüber hinaus hatte Paulus die Rechtfertigung mit dem Mittler Jesus Christus verbunden. Er erkannte, dass wir durch den „Christus crucifixus", „in seinem Blut, gerechtfertigt" sind (vgl. Röm 5,6–10). Dies ist bereits der Ansatz eines „Cur Deus homo ... crucifixus", wie wir ihn bei Anselm vorliegen haben.

Auch der andere Hinweis Luthers führt weiter. Er gibt Augustinus als Lehrmeister des rechten Verständnisses von Gerechtigkeit und Rechtfertigung an. Denn bei Augustinus habe er gelernt, dass „Gerechtigkeit" und „Barmherzigkeit Gottes" dasselbe seien. Damit sei sein Durchbruch in der Rechtfertigungslehre geschehen. Ein rascher Blick auf die Hinweise Luthers zu Augustinus Auslegung des Römerbriefes und seiner Psalmen könnte dies bestätigen. Interessant dabei die Exegese des von Luther angeführten Psalmes 31 durch Augustinus. Hier legt Augustinus die „Gerechtigkeit" in der Tat als „Gnade" und „Barmherzigkeit" aus und setzt sich dabei ausdrücklich

[85] Martin Luther, Tischreden 5, Nr. 5247 (September 1540).

von der Auffassung der Juden ab, die „Gerechtigkeit“ als Gerechtigkeit durch Gesetz und Werke verstünden. Augustinus macht auf ein zentrales Problem der jüdischen Exegese aufmerksam, das er wohl aus christlicher Sicht verkürzt und das er aber als Gegensatz zu seiner eigenen Auffassung benützt.

Insgesamt wird man sagen können, daß ein solches Verstehen von „Gerechtigkeit“ dem biblischen Befund – der „Gerechtigkeit (צְדָקָה *ṣ*^{e}*dāqā*)“ – des AT sehr nahe kommt. Wir haben oben über die Gerechtigkeit, die Bundesgerechtigkeit ist, gesprochen. Auf die Rechtfertigung bezogen entspricht sie dem Bild der „*ṣ*^{e}*dāqā*“, „der Gerechte lebt aus dem Glauben“ (Gen 15,6; Röm 1,17).

Ich kann nun den Rest von *Cur deus homo I* in kurzen Zügen wiedergeben. Anselm entfaltet also den Grundbegriff der „Gerechtigkeit“. Welcher Gerechtigkeit? Denken wir an den biblischen Begriff der Bundestreue bei Abraham. Zuerst gilt es die „Gerechtigkeit Gottes“ vom Standpunkt des Menschen aus zu bedenken: Wie steht der Mensch da vor dieser Gerechtigkeit? Er ist „Sünder“. Konsequent beginnt Anselm mit der Darstellung der „Sünde“ (CDH I, 11–15). Der Mensch hat Gott nicht die gebührende „Ehre“ erwiesen. Er hat den „ordo – Gottes Ordnung“ verletzt. Das kann ein gerechter Gott so nicht hinnehmen. Was tun? Wie kann wieder Gerechtigkeit werden? Durch „Barmherzigkeit“ allein? Das wäre zu wenig; dies kann der Mensch von einem gerechten Gott nicht erwarten (CDH I, 12). Durch „Strafe – poena“ – so die übereinstimmende Antwort der Theologen damals und wohl auch der Juden – oder durch angemessene „Genugtuung – satisfactio“ – das war wohl die herrschende Gerechtigkeitsauffassung der Zeit Anselms (CDH I, 19 ff). Damit wird auf Anselms zeitgenössisches Verständnis hingewiesen, dass möglicherweise zeitgenössische germanische und juridische Rechtsvorstellungen bei ihm Eingang gefunden haben. Dass jede „Gerechtigkeits“-vorstellung sich zugleich an zeitgenössischen Überzeugungen orientiert, ist wohl verständlich und hat auch bei Augustinus eine Rolle gespielt. Jedenfalls schließt Anselm im Verlauf der Debatte beide Möglichkeiten aus und kommt zu dem Ergebnis: Wollte der Mensch der verletzten „Gerechtigkeit Gottes“ Genüge tun, dann muss er erkennen, dass er es mit menschlichen Mitteln keineswegs vermag.

Wenn der Mensch von sich aus aber der Gerechtigkeit nicht Genüge tun kann, so schließt Anselm das I. Buch, dann bleiben nur noch drei Möglichkeiten: verzweifeln – auf irgendeine andere, bisher noch nicht erörterte Weise gerettet werden – oder durch Jesus Christus erlöst werden. Die Antwort darauf, ob es noch eine andere Möglichkeit der Erlösung außer den erörterten gebe, bleibt Boso, der Gesprächspartner Anselms, schuldig. Wenn aber alle Menschen verzweifeln müssten, dann würde der Sinn der Schöpfung nicht erreicht. Das wäre aber Gottes nicht weniger unwürdig. Das widerspräche der Treue Gottes zu sich selbst und seinem Werk. Also musste die Menschheit durch Jesus Christus gerettet werden, schließt Anselm das I. Buch.

Zum Verständnis der Erlösungslehre von *Cur deus homo* ist die Erkenntnis unabkömmlich, dass Anselm mit dem II. Buch in der Tat ein neues Buch beginnt. Das I. Buch ist mit dem Thema der „Gerechtigkeit“ an ein Ende gekommen bzw. es ist damit gerade nicht zu Ende gekommen. Das Thema muss neu angegangen werden. Wie kann Anselm hinsichtlich des Themas der Erlösung weiterkommen?

Anselm nimmt im II. Buch eine neue Perspektive ein. Ich habe oben gesagt, das I. Buch ist aus der Perspektive des Menschen geschrieben. Vor Gott versteht sich der

Mensch zuerst als Sünder. Deshalb seine Frage, wie kann er von der Sünde erlöst werden. Die neue Perspektive ist aber diejenige Gottes. Sie ist nicht die der Menschen. Es ist nicht nur die des Menschen, der als Sünder vor ihm steht, sondern es ist die des Gottes der Treue. Für diese neue Perspektive setzt Anselm deutliche Zeichen. So beginnt er den II. Teil nicht mit der Sünde, sondern von allem Anfang an, mit der Schöpfung. Die Frage ist nicht zuerst, wie kann dem Sünder Gerechtigkeit widerfahren, sondern wie kann der Plan, den Gott mit seiner Schöpfung hatte, zu einem guten Ende geführt werden. Anselm spricht jetzt vor allem von „Restauration" (CDH II,3.8.16.18), „Restitution" (CDH II,3.8.16.21)[86] und „Rekonziliation" (CDH II,16.21). Es soll der ursprüngliche Zustand, die ursprüngliche Beziehung zu Gott, wiederhergestellt werden. Anselm geht es um den Gott, der zu seiner Schöpfung und zu seinem Geschöpf steht. Der Perspektivenwechsel erinnert an denjenigen, den ich oben im Anschluss an Gerd Häfner referiert habe (s. oben 9.4.1).

Aus der neuen Perspektive der Treue Gottes wird das folgende Drama der Erlösung durch „Menschwerdung" und „Kreuz" verständlich. Mit der „Menschwerdung" erfüllt Gott die Forderung der „Gerechtigkeit". Es ist der Grundsatz der „Äquivalenz", der Grundsatz der Gerechtigkeit. Im „Kreuz" wird das „Übermaß" der „Barmherzigkeit" Gottes offenbar. Der „Erlöser" muss zugleich auf Seiten Gottes und der Menschen stehen; er muss „Gott – Mensch" sein. „Gerechtigkeit" und „Barmherzigkeit" schließen sich im Geschick Jesu nicht aus, sondern bilden das göttliche Handeln als Ganzes ab.

Es gilt einmal der Grundsatz der Äquivalenz, also der Grundsatz der Gerechtigkeit. Gott muss selbst die Initiative ergreifen, da dies kein anderer mehr kann; und er hat es getan auf Grund seiner unzerstörbaren Treue. Er muss aber zugleich „Mensch" sein; denn vom Menschen ist Gerechtigkeit gefordert. In der Menschwerdung ist so der „Gerechtigkeit" Genüge getan; denn die neugewonnene Gerechtigkeit vermag nur Gott selbst zu geben, sie ist aber zugleich neue Gerechtigkeit des Menschen vor Gott (CDH II, 6–9). Der Grundsatz der „Gleichheit" (Äquivalenz).

Doch ist „Gerechtigkeit" nicht das letzte Wort Gottes im Drama der Erlösung. Denn dann bliebe noch das Bild eines Gottes, der wie ein strenger Richter nur auf das Recht achtet und dabei selbst seinen Sohn nicht schont. Der Gottmensch hat aber die Gerechtigkeit in einem Übermaß erfüllt. Denn er hat aus eigener Freiheit („sponte") und nicht aus einer anderen Notwendigkeit gehandelt. Anselm wiederholt immer wieder dieses „sponte". Das „Kreuz Christi" steht für dieses Übermaß. Es steht für die unbedingte Freiheitstat des Sohnes und ist Ausdruck der übergroßen Liebe und „Barmherzigkeit" Gottes zu den Menschen. Anders kann das Kreuz nicht gedeutet werden. Denn die Hingabe am Kreuz und in den Tod kann durch nichts gerechtfertigt werden. Anselm sagt es ausdrücklich; sie kann nach ihm nicht einmal von Gott eingefordert werden. In Kreuz und Tod kommt das Übermaß des Einsatzes des Gottessohnes für die Rettung der Menschen zum Ausdruck (CDH II, 10 ff).

Anselm fasst am Schluss von *Cur deus homo* seine wesentlichen Überlegungen zusammen. Er schlägt einen Bogen von Anfang bis zum Ende. Dabei lässt er keinen Zweifel, dass das Verhältnis von „Gerechtigkeit" und „Barmherzigkeit Gottes" das

---

[86] „Tanto ergo mirabilius deus illum restituit quam instituit" (CDH II,16).

zentrale Motiv seiner gesamten Schrift, das innere Band von I. und II. Buch, gewesen war. „Die Barmherzigkeit Gottes aber, die dir verloren zu gehen schien, als wir die Gerechtigkeit Gottes und die Sünde des Menschen betrachteten, haben wir so groß und so übereinstimmend mit der Gerechtigkeit gefunden, daß sie größer und gerechter nicht gedacht werden kann. Denn was könnte barmherziger gedacht werden, als wenn Gott Vater zu dem Sünder, der zu ewigen Peinen verurteilt ist und nicht hat, wodurch er sich daraus befreien könnte, spricht: nimm meinen Eingeborenen und gib ihn für dich; und der Sohn: nimm mich und erlöse dich? So sprechen sie gleichsam, wenn sie uns zum christlichen Glauben rufen und ziehen. Was ist auch gerechter, als daß jener, dem ein Preis, der größer ist als jede Schuld, gegeben wird, jede Schuld erläßt, wenn er mit der gebührenden Liebe gegeben wird?" (CDH II,20)

Wie sehr Anselm bewusst um das rechte Verhältnis von „Gerechtigkeit" und „Barmherzigkeit" auch außerhalb von *Cur deus homo* bemüht war, zeigt ein Blick auf einige Kapitel des *Proslogion,* wo er offensichtlich gerade um diesen Zusammenhang ringt. Im 8. Kapitel will er verstehen, inwiefern Gott „barmherzig" ist und dies seinem Wesen entspricht. Gott ist nach ihm barmherzig, insofern er die Elenden rettet und die Sünder schont. Aber er ist insofern nicht barmherzig, da Gott seinem Wesen nach leidensunfähig ist. Die „Gerechtigkeit" Gottes erschöpft sich so nicht in einer Strafgerechtigkeit, die nur Gutes mit Gutem und Böses mit Bösem vergilt. Nein Gott ist offensichtlich auch den Bösen gegenüber gut. Anselm nimmt zur Gerechtigkeit Gottes „Güte" hinzu und erweitert damit den Begriff der Gerechtigkeit, da diese der Güte entspricht: „Denn obschon Du ganz und höchst gerecht bist, so bist Du dennoch deshalb auch den Bösen gut, weil Du in Deiner Ganzheit höchst gut bist".

Gerechtigkeit und Barmherzigkeit treffen sich so in der Güte Gottes. Sie können sich nicht widersprechen, weil sie aus dem einen Willen Gottes stammen, der gütig und somit nie ungerecht ist, aber auch nicht ohne Barmherzigkeit, d. h. verzeihend, weil er gütig ist. Die Begriffe definieren sich hier gegenseitig. Menschliche Begriffe können von Gott nur analog ausgesagt werden: „Ist es auch schwer einzusehen, wie Deine Barmherzigkeit sich von Deiner Gerechtigkeit trennen könnte, so müssen wir doch notwendig glauben, daß jene niemals der Gerechtigkeit widerstreite, denn sie geht aus der Güte hervor, die nie ohne Gerechtigkeit ist, vielmehr eines Herzens mit ihr. Denn wenn Du barmherzig bist, weil Du höchst gütig bist, und nicht höchst gütig wärest, wenn nicht auch höchst gerecht, so bist Du eben darum barmherzig, weil Du höchst gerecht bist". Ganz vermag auch Anselm den Zusammenhang nicht zu durchdringen; er bleibt ein göttliches Geheimnis: „Mag nun immerhin verständlich sein, warum Du wollen kannst, daß die Bösen gerettet werden, so können wir doch gewiß nicht begreifen, warum Du unter gleich Bösen die einen eher rettest durch Deine unendliche Güte und die anderen eher verdammst durch Deine unendliche Gerechtigkeit".

„Erlösung" im Sinne Anselms von Canterbury geschieht so aus einem unvorhersehbaren göttlichen Ratschluss. Gott hat sie in der Inkarnation und im Kreuz des Gott-Menschen Jesus Christus möglich gemacht. Im Christusgeschehen wird das Wesen von Erlösung im christlichen Sinne sichtbar. Sie ist Ausdruck der „Gerechtigkeit" und „Barmherzigkeit Gottes" zur Schöpfung und zu den Menschen. Dieser Gott ist dann aber nicht der unversöhnliche auf sein Recht pochende Gott, sondern der über alles gütige und barmherzige Gott.

Eine jüdische Legende, die Traugott Stählin überliefert hat, trägt den Titel „Gottes liebste Töchter". Sie kann in einer Erzählung aussagen, was Anselm theologisch zu erklären versuchte:

„Als Gott, der Vater am sechsten Tag seines Schöpfungswerkes noch einmal mit sich zu Rate ging, ob er den Menschen schaffen und wie er ihn schaffen sollte, da waren seine drei liebsten Töchter bei ihm: die Weisheit, die Gerechtigkeit und die barmherzige Liebe.

Zuerst trat die Weisheit auf und sagte: ‚Vater, schaffe den Menschen nicht. Er wird deiner Weisheit nicht folgen. Die Menschen werden sich selbst zu Narren machen. Dafür aber ist deine Schöpfung zu gut. Gib die Schöpfung dem Wahnsinn der Menschen nicht preis!'

Da kam die zweite Tochter, die Gerechtigkeit, zu Wort und sagte: ‚Vater, schaffe den Menschen nicht. Denn er wird deine Gerechtigkeit verwerfen. Es wird eine Schwester die andere verleumden vor dir und vor den Menschen. Es wird ein Bruder den anderen hassen, ja sogar töten. Die Menschen werden sich um Gerechtigkeit nicht scheren. Sie werden in ihrer Ungerechtigkeit und in Angst die Hölle aus deiner Welt machen.' Und Gott schwieg.

Da trat die dritte Tochter, die barmherzige Liebe, vor und sagte: ‚Vater, was meine beiden Schwestern vorbrachten, trifft zu. Es wird das eintreten, was sie vorausgesagt haben – aber erschaffe den Menschen trotzdem! Schenke ihm als einzige Kreatur Freiheit und Liebe. Zwar kann man die Freiheit missbrauchen, und die Liebe ist verletzlich. Aber Freiheit und Liebe – diese beiden – machen die Würde des Menschen und deiner Schöpfung aus. Ich will zu den Menschen hinabsteigen: Ich will sie Liebe und Freiheit lehren. Ich will sie selber lieben, so wie sie sind. Dann erst wird deine Schöpfung vollendet sein; denn die Krone deiner ganzen Schöpfung wird Liebe sein. Ich gehe zu den Menschen, und wenn es mich das Leben kostet.'

Da nahm Gott der Vater diese seine dritte Tochter in die Arme, küsste sie und erschuf danach den Menschen".[87]

Ganz in dieser Linie äußert sich Levinas: „In der jüdischen Theologie [...] ist Gott Gott der Gerechtigkeit, aber sein Hauptattribut ist die Barmherzigkeit. In der Sprache des Talmuds heißt Gott Rachmana, der Barmherzige. Dies ganze Thema wird in der rabbinischen Exegese behandelt. Warum gibt es zwei Schöpfungsberichte? Weil der Ewige – der in dem ersten Bericht Elohim genannt wird – zuerst eine Welt erschaffen wollte, die allein auf dem Prinzip der Gerechtigkeit aufgebaut gewesen wäre. [...] Doch sie hätte keinen Bestand gehabt. Der zweite Bericht, in dem das Tetragramm erscheint, zeugt vom Eingreifen der Barmherzigkeit" (ZU 138). Und als Quintessenz sagt Levinas: „Ich glaube eher [...], dass caritas ohne Gerechtigkeit nicht möglich ist, und dass die Gerechtigkeit ohne caritas entartet" (ZU 153).

11.1.3 Liebe und Gerechtigkeit nach Ricoeur

Veronika Hoffmann hat auf die kleine Schrift von Paul Ricoeur mit dem Titel *Liebe und Gerechtigkeit* aufmerksam gemacht. Ricoeur trägt die Dialektik von Liebe und

[87] Aus: Bertram Maier zum 1.Advent 2013: „Ich gehe zu den Menschen, auch wenn es mich das Leben kostet."

Gerechtigkeit nicht vor allem theoretisch philosophisch, sondern bezeichnenderweise an biblischen Beispielen aus. Somit ist es auch ein wichtiger biblisch-theologischer Beitrag. Veronika Hoffmann hat dann verdienstvoll den größeren Zusammenhang des Themas von den früheren Schriften Ricoeurs, hier vor allem von der *Interpretation des Strafmythos*[88] zu *Liebe und Gerechtigkeit*[89] und schließlich zu einem der letzten Werke, zu *Wege der Anerkennung*[90], aufgezeigt. Eine Entwicklungslinie, die für die Gabetheologie der Erlösung höchst aufschlussreich ist.

Zuerst zur *Interpretation des Strafmythos* – Die Frage nach dem Bösen und seine Überwindung ist eines der ersten Themen im Werk Ricoeurs. In der *Symbolik des Bösen* fragt Ricoeur nicht, was das Böse sei, sondern in welchem Zustand der Mensch ist und welche Wirkung das Böse im Menschen habe. Der Mensch befindet sich im Zustand der Schuld. Ricoeur widmet sich im 2. Band der *Symbolik des Bösen* dem Sündenfall. In der danach erscheinenden *Interpretation des Strafmythos* untersucht er die Sünde unter dem Begriff der „Sühne" und der daraus sich ergebenden „Strafe" – ein offensichtlich religiös interessierendes Thema. Die Strafe erscheint als die rationale Konsequenz auf das Böse bzw. das Vergehen, es macht die Sühne aus. Aber Ricoeur kommt zu dem Ergebnis, dahinter stecke ein „Paradox: Was in der Strafe das Rationalste ausmacht – dass sie ein Vergehen aufwiegt –, ist zugleich das Irrationalste, nämlich die Vorstellung, dass sie es auslöscht" (Strafmythos 255). Mit anderen Worten, wirkliche Wiedergutmachung durch Strafe ist nicht möglich, sie ist ein Mythos. Sühne und Strafe sind nach Ricoeur Ausdruck der „Logik der Äquivalenz" (Strafmythos 254 f), also der „Verteilungsgerechtigkeit", der distributiven Gerechtigkeit (Liebe 27–40). Diese Logik der Äquivalenz, so zentral sie für die Gerechtigkeit in der Welt ist, tilgt in Wirklichkeit das Vergehen nicht.

Gibt es keinen Ausweg? Ricoeur findet eine Möglichkeit in der entgegengesetzten „Logik der Überfülle", wie er sie bei Paulus findet, wo ‚die Logik der Äquivalenz von Vergehen und Strafe in der paulinischen Vorstellung der Rechtfertigung gesprengt werde'. Der „Ökonomie der Strafe", der „Logik der Äquivalenz", stellt Ricoeur die „Ökonomie der Gabe", die „Logik der Überfülle" entgegen (Strafmythos 263). Das erinnert an Waldenfels und das „Surplus (Überschuss)" des reinen Gebens (AR 621). So nur ist Vergebung möglich. Paulus kennt nach Ricoeur den Standpunkt der Vergeltung und Gerechtigkeit und vertritt ihn offensichtlich auch bei manchen Gelegenheiten (Röm 2,6–8). Er stellt dagegen aber das „um wieviel mehr" der Überfülle bzw. der Gnade (etwa Röm 5,15.17). „Die Logik der Strafe war eine solche der Äquivalenz [...] die Logik der Gnade aber zentriert sich um den Überschuss und das Übermaß" (Strafmythos 264).

Diese erste Überlegung Ricoeurs entspricht in etwa dem I. Teil von CDH. Im Mittelpunkt steht dort der Begriff der Gerechtigkeit, der bei Ricoeur dem heutigen

---

[88] Ricoeur, Paul (1969), Interpretation des Strafmythos, in: ders., Hermeneutik und Psychoanalyse. Der Konflikt der Interpretationen II, München 1974, 239–265.

[89] Ricoeur, Paul (1990), Liebe und Gerechtigkeit. Amour et justice. Mit einer deutschen Parallelübersetzung von M. Raden, hg. v. O. Bayer, Tübingen.

[90] Ricoeur, Paul (2006), Wege der Anerkennung. Erkennen, Wiedererkennen, Anerkanntsein, Frankfurt.

Denken entsprechend mit „Verteilungsgerechtigkeit" wiedergegeben wird und deren Kern er in der „Logik der Äquivalenz" sieht. Verfehlungen gegen solche Gerechtigkeit kann auch nach heute weit verbreiteter Meinung nur durch „Strafe" getilgt werden. Allerdings kann auch nach heutigen Rechtsüberlegungen Strafe das Böse nicht wirklich auslöschen. Im Mittelpunkt von CDH I steht die Verfehlung, die theologisch „Sünde" ist, deren Vergeltung durch „Strafe" (poena) wiedergutgemacht werden soll. Allerdings genügt auch bei Anselm Strafe ebenfalls nicht, um die Sünde zu vergelten. Seine Gründe sind aber religiöser Natur. Strafe allein würde Gott und dem Menschen nicht entsprechen. Aus diesem Grund bleibt für Anselm, wie das Denken seiner Zeit es will, nur Vergeltung als „Satisfaktion" übrig. Sie ist nicht weniger Ausdruck der Logik der Äquivalenz. Die Logik der Überfülle kommt in CDH I noch nicht zur Sprache, da dieser Teil in purer Verzweiflung endet. Logik der Überfülle wird dann das Thema von CDH II sein.

Liebe und Gerechtigkeit – In *Liebe und Gerechtigkeit* ist bei Ricoeur eine deutliche Hinwendung zur Gabetheorie zu erkennen. Er spricht und entwickelt eine „Ökonomie der Gabe".[91] „Das ist die Ökonomie der Gabe in ihren wesentlichen Ausdrucksformen: Gabe der Schöpfung, Gabe der Tora, Gabe der Vergebung, Gabe der Hoffnung" (Liebe 45,47). Dabei arbeitet er weiterhin mit der Dialektik der Logiken von Überfülle und Äquivalenz. Die „Logik der Überfülle" findet er vor allem im Evangelium ausgeführt. Die Gleichnisse vom Reich Gottes u. a. wie auch viele Metaphern geben Zeugnis von der Logik der Überfülle bei Jesus. Vor allem ist die Bergpredigt ein großes Zeugnis dieser Logik (Liebe 13–26). Ricoeur zieht die Linie der Logik der Überfülle weiter aus. Er findet in ihr auch das Motiv der Paulusbriefe: „Wenn wir den Brief an die Römer im Licht der Bergpredigt lesen, wird er anfangen, zu uns zu sprechen, und wir werden beginnen zu entdecken, daß Paulus dasselbe sagt wie Jesus, jedoch auf einer anderen Sprachebene. Das einzig Neue, was Paulus überdies hinzufügt, wird demgegenüber umso wertvoller werden. Dieses Neue besteht darin, daß Jesus Christus selbst das ‚um wieviel mehr Gottes' ist. Für das Evangelium war Jesus zuerst derjenige, der predigte und die gute Nachricht verbreitete. Jetzt wird er als der verkündet, der durch die Torheit des Kreuzes die moralische Äquivalenz von Sünde und Tod bricht [...]. Auf diesem Weg gibt die Kirche durch den Mund des Paulus dem Gesetz der Überfülle einen Namen: den Namen Jesu Christi". „Auf der Seite der Logik der Äquivalenz: Sünde, Gesetz und Tod; auf der Seite der Logik der Überfülle: Rechtfertigung, Gnade und Leben".[92]

In *Liebe und Gerechtigkeit* spielt Ricoeur die Dialektik von Liebe und Gerechtigkeit an der Bergpredigt und vor allem am Verhältnis von „Goldener Regel" und „Feindesliebe" durch (Liebe 43 ff). Ricoeur will „eine Brücke zwischen der Poetik der Liebe und der Prosa der Gerechtigkeit schlagen" (Liebe 41). Die Goldene Regel steht offensichtlich für das strenge Gerechtigkeitsprinzip, die Feindesliebe dagegen ist Ausdruck der „Logik der Überfülle", der „Ökonomie der Gabe".

---

[91] Hoffmann, Veronika (2006), Die Gabe der Anerkennung. Beitrag zur Soteriologie aus der Perspektive des Werkes von Paul Ricoeur, in: Theologie und Philosophie 81 (2006) 503–528, hier 515 Anm. 46, findet den Ausdruck „Ökonomie der Gabe" bei Ricoeur zum ersten Mal 1979, also noch nicht zur Zeit des Strafmythos.

[92] S. Übersetzung bei Hoffmann, Anerkennung, a. a. O., 514.

Schließlich stehen Feindesliebe und Goldene Regel, also Logik der Überfülle und Äquivalenz oder von Liebe und Gerechtigkeit, in einem wechselseitigen Verhältnis: „Ohne das Korrektiv des Liebesgebotes würde die Goldene Regel in der Tat ständig im militaristischen Sinne gedeutet, dessen Kurzform *‚do ut des‘* hieße, ich gebe, *damit* du gibst. Das Gebot ‚Gib, *weil* dir ja gegeben wurde‘ korrigiert das *Damit* der militaristischen Maxime und bewahrt die Goldene Regel vor einer immer noch möglichen, perversen Interpretation“ (Liebe 59). Mit anderen Worten benötigt die Goldene Regel, das Gesetz der Gerechtigkeit, um ihrer Lebbarkeit willen das Gebot der Liebe, um nicht höchstes Unrecht zu werden: „Das Liebesgebot hebt die Goldene Regel nicht auf, sondern reinterpretiert sie im Sinne der Großzügigkeit“ (Liebe 55). Auf der anderen Seite erhellt sich das Gebot der Liebe in der Entgegensetzung zum Gesetz der Gerechtigkeit. „Gerade weil die Liebe supramoralisch ist, hat sie nur unter der Leitung der Gerechtigkeit Zugang zum praktischen und ethischen Bereich. Von den Gleichnissen hat man manchmal behauptet, dass sie neu orientieren, indem sie desorientieren“ (Liebe 63).

Solche Großzügigkeit charakterisiert das Verhalten Jesu insgesamt: „Es ist dieses *Mehr-Geben,* das mir das Wesentliche dieser extremen Forderungen zu sein scheint. Und hinter diesem *Mehr-Geben* zeigt sich dieselbe Logik Jesu, die auch in seinen Gleichnissen, Sprichwörtern und eschatologischen Aussprüchen gefunden werden kann. Diese Logik der Großzügigkeit widerspricht der Logik der Äquivalenz, die unseren täglichen Austausch, unseren Handel und unser Strafrecht regelt, diametral“.[93]

Die Ökonomie der Gabe kann auch mit der Wendung wiedergegeben werden: „Da dir ja gegeben wurde, gib deinerseits“ (Liebe 49). Das ist ein Kernsatz der „Ökonomie der Gabe“ und macht deutlich, wie wichtig das Paradigma des Gebens in religiösem, aber auch außerreligiösen Bereich ist.

Es ist gut zu erkennen, dass *Liebe und Gerechtigkeit* am meisten *Cur Deus homo* nahe kommen. Darauf macht schon der Titel der kleinen Schrift *Liebe und Gerechtigkeit* aufmerksam, der deutlich den beiden Großthemen der beiden Bücher von CDH „Gerechtigkeit (iustitia)“ und „Barmherzigkeit (misericordia)“ entspricht. „Gerechtigkeit“ in CDH I ist gut mit „Logik der Äquivalenz“ wiedergegeben; traditionelle theologische Interpretationen sprechen von Anselms Satisfaktionstheorie insgesamt oft als einem „Äquivalenz-Denken“ (Heinrich Ott). Auf die „Barmherzigkeit“ in CDH II dagegen treffen die Bezeichnungen der „Liebe“ und der „Logik der Überfülle“ gut zu. Die Theologie des Anselm von Canterbury ist insgesamt von dem Begriff des „mehr“, des Komparativs, bestimmt. Das gilt selbstverständlich von der Formel des „maius“ seiner Gotteslehre; das gilt nicht weniger für die Soteriologie in CDH, die auf gleiche Weise durch ein „maius“, Gott ist größer (maius) in seiner Barmherzigkeit als nur durch seine Gerechtigkeit, formuliert wird. Zudem kommt Ricoeur zu seinen Erkenntnissen hinsichtlich des Verhältnisses von „Liebe“ und „Gerechtigkeit“ fast ausschließlich durch Texte der Bibel, aus der Bergpredigt, den Gleichnissen und den Briefen des Paulus. Mit anderen Worten gehört für Ricoeur das Verhältnis von „Barmherzigkeit“ und „Gerechtigkeit“ zum herausragenden Grundbestand der

---

[93] Hoffmann, Anerkennung, a. a. O., 517–518.

christlichen Bibel. Dort findet er am Klarsten die entscheidenden Aussagen der Logiken der Äquivalenz und der Überfülle, die nicht nur religiöse Bedeutung haben, sondern auch für die Philosophie erheblich sind.

Und doch geht Ricoeur über *Liebe und Gerechtigkeit* noch einmal hinaus in seinen Überlegungen zu *Wege der Anerkennung*. Die Frage wird sein, ob diese Überlegungen auch einen Schritt über CDH hinausgehen, die bei Anselm so nicht vorliegen und doch bedeutsam werden können für eine Soteriologie. Welche Gedanken wären damit gemeint? Es scheint, dass Anselms CDH vor allem einen innertrinitarischen Dialog führt, ein Geschehen zwischen Vater, Sohn und Geist, und dabei die soteriologische Bedeutung für die konkreten Menschen nicht ebenso im Zentrum steht. Versuchen wir, Ricoeurs *Wege der Anerkennung* innerhalb unseres Themas einzuordnen.

Wege der Anerkennung – Ricoeurs Werk ist nicht mehr so sehr religiös motiviert, sondern ganz philosophisch. Es ist ein weiterer Beitrag zur Gabentheorie. Ricoeur greift jetzt nicht mehr auf die beiden Logiken zurück, sondern formuliert das Problem anders: „Das Paradoxon lautet: Wie wird der Empfänger der Gabe dazu verpflichtet, die Gabe zu erwidern? Und wenn er sie erwidern muss, um großzügig zu sein, wie hat dann die erste Gabe großzügig sein können? Anders gesagt: Ein Geschenk durch seine Erwiderung anzuerkennen, heißt das nicht, es als Geschenk zu zerstören? Ist die erste Geste des Gebens großzügig, so zerstört die zweite, die unter dem Zwang zur Gegengabe erfolgte, die Uneigennützigkeit der ersten. Der System-Theoretiker ordnet diesen unter der Hand wieder teuflisch gewordenen Kreis als double bind ein" (Wege 286).

Ricoeur greift zur Lösung des Problems auf Marcel Henaff *Le prix de la vérité* (2002) zurück.[94] Henaff reformuliert das Verhältnis von Geben – Empfangen, ähnlich wie Waldenfels es tut. Dann zeigt sich, dass im Zentrum des Gebens nicht irgendeine Gabe oder der Austausch von Gütern steht. Hingegen ist der Zentralvorgang, der hinter der Bewegung von Geben – Empfangen – Zurück-Geben steht, derjenige der gegenseitigen „Anerkennung". Die materiellen Gaben, die dabei ausgetauscht werden, sind nur die Mittel, mit denen diese Anerkennung ausgedrückt wird: Indem ich etwas gebe, das mir gehört, gebe ich im doppelten Wortsinn etwas ‚von mir', ich gebe – symbolisch – einen Teil meiner selbst. Henaff: „Es handelt sich nicht darum, jemandem etwas zu geben, sondern darum, sich selbst jemandem zu geben vermittels von etwas".[95]

„Welchen Namen soll man dieser nichtkommerziellen Form der Gabe geben? *Der Austausch zwischen Nehmen und Geben, zwischen Geben und Nehmen*".[96]

Im Geschehen von Geben und Empfangen tritt die erste Gabe als Verpflichtung oder Appell auf: „Im Zeichen der Agape muss man statt von einer Verpflichtung zur Gegengabe von der Antwort auf einen Appell sprechen, der von der Großherzigkeit der anfänglichen Gabe ausgeht".[97] Denn dieser ersten Gabe gegenüber kann der An-

[94] Henaff, Marcel (2002), Le prix de la vérité. Le don, l'argent, la philosophie, Paris.
[95] Übersetzung bei Hoffmann, Anerkennung, a. a. O., 520–521.
[96] Ebd., 517.
[97] Ricoeur, Wege, a. a. O., 302.

dere nicht einfach neutral bleiben. Ricoeur nennt die anfängliche Gabe „erste Gabe“. Eine solche Gabe löst in seinem Gegenüber eine Verpflichtung aus; sie fungiert wie ein Appell. Das Beispiel einer Liebeserklärung führt das Gemeinte einleuchtend vor Augen: Man kann eine Liebeserklärung nicht einfach dankend entgegennehmen – man muss reagieren, entweder erwidern oder ablehnen. Die Alternative zur Ablehnung ist die Erwiderung, eine Gegen-Gabe, die derjenigen des Anderen antwortet. Diese Gegen-Gabe ist wirklich eine echte Gabe, eine zweite Gabe, da man nicht im mindesten sagen könnte, dass sie erzwungen wäre. Ricoeur unterscheidet terminologisch zwischen „mutualité“ (Gegenseitigkeit, Wechselseitigkeit) und „réciprocité“ (Reziprozität): Während „Reziprozität“ jegliche Form von gegenseitigem Austausch meint, sei er in Gestalt des Marktes, der Gabe, der Gerechtigkeit oder auch beispielsweise der Vergeltung, reserviert Ricoeur den Begriff der „Wechselseitigkeit“ für die partikuläre Form des Austausches, den die Gabe darstellt und für den kennzeichnend ist, dass die Personen in eine wirkliche Verbindung miteinander treten. Es ist das Geschehen der gegenseitigen „Anerkennung“, das Geben von „erster Gabe“ des Gebers und „zweiter Gabe“ des Empfängers, die Ricoeur noch deutlicher „zweite erste Gabe“ nennt. Der Empfänger kommt an zweiter Stelle, was er aber zurückgibt, ist wahrhaft erste Gabe, da sie eigenständig und so nur vom Empfänger gegeben werden kann.

„Unter dieser Perspektive müßten wir in der Verpflichtung zur Gegengabe die Verdopplung der ersten, auf Freigebigkeit beruhenden Gabe suchen. Wir müssen das Zurück-Geben wie eine zweite erste Gabe betrachten, denn es ist die Ansteckung der ersten, freigebigen Gabe, die eine Schuld [dette] ohne Verpflichtung [obligation] und ohne Verschulden [faute] hervorbringt. Folglich ist auch der entscheidende Akt nicht Geben – Zurück-Geben, sondern Empfangen, denn in der Art und Weise des Empfangens zeigt sich, daß der Schenkende anerkannt wird, und erst in der Großzügigkeit des Empfangens findet sich derjenige, der zurückgibt, überhaupt in den Zirkel der Gegenseitigkeit hineingenommen“.[98]

„Letzten Endes ruht alles auf dem Mittelglied der Trias geben – empfangen – erwidern. Auf Dankbarkeit [...] beruht das gute Empfangen, das die Seele der Aufteilung in gute und schlechte Gegenseitigkeit ist. Die Dankbarkeit sorgt, indem sie sie auseinandernimmt und wieder zusammenfügt, für die Beziehung zwischen Gabe und Gegengabe. Sie stellt das Paar geben – empfangen auf die eine und das Paar empfangen – erwidern auf die andere Seite. Der Abstand, den sie zwischen die beiden Paare legt, ist im Vergleich zur Äquivalenz des Rechtsverhältnisses, aber auch zu der des Verkaufs ein Abstand der Ungenauigkeit.“ „Reconnaissance ist Anerkennen und Dankbarkeit“.[99]

Henaff findet das Thema der Anerkennung des Anderen am weitesten vorangetrieben in Levinas' *Totalität und Unendlichkeit*. Denn hier gehe es um den Anderen als solchen: Das Antlitz fordert uns zur Anerkennung des Anderen in seinem Sein auf. Und was wir Menschen voneinander erwarten, sei zuerst genau dies: in unserer Würde unbedingt anerkannt zu werden.

---

[98] Übersetzung bei Hoffmann, Anerkennung, a. a. O., 524.
[99] Ricoeur, Wege, a. a. O., 303.

11.2 Bo J. Holm über Rechtfertigung

Im Anschluss an ähnliche Überlegungen des Gebens hat Bo J. Holm eine Rechtfertigungslehre als Gabetheologie entworfen.[100] Ohne dabei Anselm von Canterbury zu nennen, ist es möglich, seinem gabetheologischen Entwurf entsprechend die Erlösungslehre des Anselm in *Cur Deus homo* erneut zu lesen. Dabei ergeben sich bedeutsame neue Erkenntnisse, welche die traditionelle Auslegung in Frage stellen. Zu Beginn habe ich einen Überblick über Anselms Werk vorangestellt. Dieser ist nun mit Holms Entwurf zu vergleichen.

Die Grundsituation der Erlösung ist, dass das Verhältnis zu Gott zerbrochen ist. Der Mensch ist Sünder und hat Schuld auf sich geladen. Gabetheologisch lässt sich die Situation so ausdrücken, dass der Mensch sein Leben nicht mehr als Gottes gute Gabe anerkennt oder anerkannt hat. Sünde ist Abwendung von Gott. Schuld ist die Folge; die Gabe Gottes wird zur Bedrohung oder zur Pflicht, die Gabe zurückzugeben, oder zur Anklage wegen der mangelnden Rückgabe. In dieser zerbrochenen Beziehung zu Gott ist der Mensch seiner eigenen Aktivität und Initiative überlassen. Er ist angehalten, die Schuld zu begleichen und die Gabe zurückzugeben. Aber was er gibt, verfällt sofort der Ökonomie der Gabe. Gegenüber Gott gilt dann: do ut des. Der Mensch ist von der ökonomischen Vernunft getrieben, er versucht, mit seinen Gaben oder Werken von Gott etwas zurückzubekommen. Im Grunde gibt der Mensch nichts, weil er in seinem Geben eigentlich nur nimmt. Die Gabe erreicht Gott nicht, sondern fällt auf den Menschen selbst zurück. Sünde sagt, der Mensch ist in sich selbst gekrümmt (incurvatus in se) und kann sich selbst nicht aus der Zirkularität seines eigenen Handelns befreien. Der ökonomische Mensch ist der isolierte Mensch: Sünde, Tod und Einsamkeit gehören eng zusammen. Der sündige Mensch ist letztlich auch der gemeinschaftslose Mensch, geht der Gemeinschaft mit Gott verlustig.

In dieser Situation glaubt der Mensch entweder, dass er das Gesetz der Sühne erfüllen kann und handelt so vermessen. Er unterliegt der Illusion, dass der Mensch mit einer zeitlichen Gabe etwas Ewiges und Gültiges bei Gott verdienen kann, dass er mit Gott sozusagen einen Handel abschließen kann. Gott lässt sich aber nicht auf diesen Handel ein und lässt sich nicht bestechen. Mit Gott handeln wollen heißt, Gott nicht Gott sein lassen. Der Vermessene muss seinen Eigenwillen vernichten und sich selbst aufgeben. Die Gabe, die nötig wäre, kann der Mensch nicht geben. Verzweiflung wird die unumgängliche Folge sein. Es bleibt die Verzweiflung und die absolute Gottesferne, Einsamkeit, übrig.

Anselm von Canterburys *Cur Deus homo* lässt sich gut in der bisherigen Spur lesen. Sie entspricht im Grunde CDH I, das ich das Buch der „Gerechtigkeit (iustitia)" genannt habe. Insgesamt könnte CDH als zeitgenössisches Zeugnisses einer Diskussion zur „Gabetheologie" aufgefasst werden. In der Tradition war es durchaus üblich, Anselms Satisfaktionslehre in CDH geradezu als „Äquivalenz-Denken" zu charakterisieren, wie es etwa Heinrich Ott in seinem Aufsatz zu *Anselms Versöhnungslehre*

[100] Holm, Bo K. (2009), Der fröhliche Verkehr. Rechtfertigungslehre als Gabe-Theologie, in: Hoffmann, Urwort, a. a. O., 33–54.

getan hat.[101] Mit Äquivalenzdenken ist die damals herrschende Form des germanischen Strafrechts gemeint, das insbesondere um die Gleichheit streitender Parteien, Güter und Interessen besorgt war. Damit wäre also die besondere Bindung der Denkens Anselms an die Strafordnung seiner Zeit gemeint. Ein Hinweis dürfte die Charakterisierung geben, wenn dieses juristische Denken als Ausdruck der „Logik der Äquivalenz" betrachtet wird, wie wir es bei Ricoeur kennen gelernt haben.

Logik der Äquivalenz war bei Ricoeur Ausdruck der „verteilenden Gerechtigkeit", also einer Gerechtigkeit, die durch Verteilung und Vergleich Gerechtigkeit herzustellen suchte. Es ist die typische Form der Austauch-Gerechtigkeit, Austausch ist aber die Grundform ökonomischen Gebens. Holm hatte bisher die Logik der Äquivalenz in einer ökonomischen Auffassung der Rechtfertigung wiedergegeben. Die Ausgangssituation ist hier und bei Anselm durchaus gleich, aber doch auch wieder unterschieden: Bei beiden ist der Zustand der Sünde ein Sachverhalt, der nicht in Zweifel zu ziehen ist. Allerdings wird Sünde und die Erlösung aus ihr doch den zeitgenössischen Umständen entsprechend anders vorgestellt. Nach CDH I,10 kann die Ausgangsfrage Anselms so wiedergegeben werden: Wie ist zu denken, dass das Menschengeschlecht, das gesündigt hat, dennoch zu dem Ziel, zu dem Gott die Menschen geschaffen hat, der Glückseligkeit (beatitudo), zurückgeführt werden? wie kann der ursprüngliche Ordo restituiert werden? Von daher ist der Ausgang der Rechtfertigung nach Holm etwas anders formuliert: Sünde ist Verweigerung der Gemeinschaft mit Gott. Deswegen lautet seine Frage: Wie kann der Mensch, indem er seine Schuld sühnt, gerechtfertigt wieder in die Gemeinschaft mit Gott aufgenommen werden? Das sind in der Tat zeitgeschichtlich nicht zu übersehende Unterschiede. Es fällt auf, dass das Motiv der Gemeinschaft mit Gott, die „Anerkennung" der Würde des Menschen durch die Aufnahme in die Gemeinschaft mit Gott, bei Anselm kaum eine Rolle spielt. Das Verhältnis zu Gott wird bei ihm als ein Gott „Ehre erweisen" gedacht.

Die besagte Logik der Äquivalenz wird bei Anselms *Cur Deus homo* vor allem mit dem in CDH I,15 vorherrschenden Prinzips „aut poena aut satisfactio (entweder Strafe oder Genugtuung)" verbunden. Von diesem Prinzip wird gesagt, dass es das damalige germanische Strafrecht beherrscht hätte. In der Tat führt Anselm anhand dieses Prinzips in CDH I den Gedanken einer gerechten Sühne durch. Zuvor jedoch stellt er sich die Frage, ob Gott in seiner Allmacht nicht einfachhin dem Sünder durch „Barmherzigkeit" die Schuld erlassen könne (CDH I,12). Dies aber geziemte Gott auf keine Weise, dem Sünder sozusagen die Barmherzigkeit nachzuwerfen, wie in der Gabetheorie ein solches großmännisches Geschenkemachen selbstverständlich abgelehnt wird. Solche Geschenke sind keine wirklichen Gaben. Es widerspräche dem Wesen Gottes, der die Sünde einfach ignorierte, und es widerspräche dem Wesen des Menschen, der in keiner Weise seinem Schöpfungssinn näher gekommen wäre. Es ist eine „restitutio", eine Widerherstellung des ursprünglichen „ordo", des Verhältnisses von Gott und Mensch erfordert.

Diese Wiederherstellung kann „aut poena aut satisfactio" geschehen. Zur Vernichtung der Schuld kann das Mittel der „Strafe (poena)" eingesetzt werden. Aber auch

---

[101] Ott, Heinrich (1957), Anselms Versöhnungslehre, in: Theologische Zeitschrift 13 (1957), 187 ff.

hier weist Anselm die Möglichkeit ab, da poena wohl ein soziales Strafmittel ist, das die Gemüter einer Gesellschaft beruhigt, aber für den Schuldner selbst keine große Bedeutung hat. Es geht aber um die Wiederherstellung der ganzen Ordnung. In den Worten Anselms bringt Strafe im Sünder selbst nichts in Ordnung (CDH I,13–14). Zu denken wäre an Ricoeurs Aussage zum Strafmythos, dass eben die Konsequenz von Strafe weitgehend überschätzt wird.

Was bleibt, ist dann, wenigstens nach den damaligen Vorstellungen, die „satisfactio", die Wiedergutmachung (CDH I,19–24). An der Satisfaktion, sofern sie vollzogen wird, wären alle Parteien beteiligt: der Geschädigte, weil ihm gerecht zurückgegeben wird, der Schuldner, weil er seinen Anteil einzubringen hat, und das Ergebnis (etwa ein materielles Gut), weil es einen Ausgleich der Parteien vorsieht. Aber auch diese Lösung wird verworfen, weil der Anteil des Schuldners vor Gott vergebens ist. Die Anstrengung des Sünders ist vergebens, da sie das Ziel nicht erreicht. Zu denken ist daran, dass die Ökonomie des reinen Austauschs „do ut des" vor Gott nicht funktioniert. Der Mensch, der Sünder ist, verbleibt in seinem egoistisch ökonomischen Streben „do ut des". Das gilt vor allem auch in seinem Verhalten zu Gott. Der Mensch bleibt homo incurvatus, der auf sein Ego gekrümmte Mensch. Er müsste einen neuen Anfang machen; das kann er aber gerade nicht aus sich selbst.

Mit dieser Erkenntnis schließt CDH I. Die Satisfaktion scheint nicht möglich. Entweder meint der Sünder, er könne doch aus eigenen Kräften die Wiedergutmachung erreichen, dann ist er vermessen oder er sieht die Unmöglichkeit ein, dann kann er nur „verzweifeln" (CDH I, 22). Am Schluss von CDH I bleibt nach Anselm die „Verzweiflung", das Ende der „Logik der Äquivalenz", der iustitia. Es sei denn, jemand wüsste noch eine andere Lösung, und da diese nicht ersichtlich ist, bleibt noch die christliche Antwort, dass Jesus Christus, der Sohn Gottes, Mensch geworden ist, und so die Satisfaktion erreicht. Die Wiedergutmachung ist zugleich aber vom Menschen allein nicht zu erbringen, sondern muss von Gott selbst geschehen, muss von Gott und dem Menschen erbracht werden, vom Gott-Menschen Jesus Christus. Boso und Anselm einigen sich auf den letzte Weg. Nun gilt es, einen neuen Anfang zu machen in CDH II.

Der Stand von CDH I entspricht bis jetzt dem Entwurf der Rechtfertigung bei Bo J. Holm. Wie aus diesem Dilemma herausfinden? Es bedarf eines neuen Anfangs. Es bedarf eines neuen Denkens. Es beginnt das „Buch der Barmherzigkeit", wie ich es genannt habe, oder entsprechend der Gabetheologie von Holm die „Logik der Überfülle".

Auch für Holm kann die angesprochene Lösung zuerst in keiner Weise vom Menschen kommen, sondern muss von Gott kommen. Der Mensch vermag die Zirkularität des ökonomischen Gebens, des Austausches „do ut des", von sich aus nicht zu durchbrechen. Das Zerbrechen der Zirkularität kann nur vom „Geben" bzw. zuerst vom „Geber", der Gott ist, erfolgen. Aber nicht nur von Gott her muss die Zirkularität durchbrochen werden, sondern auch vom Menschen. D. h. aber der Mensch muss in den Stand gesetzt werden, die Zirkularität auch von seiner Seite zu durchbrechen, d. h. aus eigener Freiheit. Und hier kommt auch Holm auf die wichtige Schöpfungstheologie zurück, die die Erschaffung des Menschen mit der Freiheit des Menschen verbindet. Die Schöpfungstheologie folgt dem Grundsatz der Gabetheorie: „Das ist nur möglich, wenn das Geben Raum schafft für den Empfänger, d. h. Raum gibt für dessen Geben und dafür, dass der ursprüngliche Geber empfangen kann, was der Empfänger ihm seinerseits gibt".[102] D. h. auch hier, der größere Geber ist derjenige, welcher dem Empfänger zugleich die Möglichkeit gibt, in Freiheit die Gabe anzunehmen, zu empfangen und möglicherweise zu erwidern. Ein solches Zurück-Geben ist keine einfache Rück-Gabe im Sinne eines Tausches, sondern ein eigenes eigenständiges Geben. Ricoeur nannte sie die „zweite erste Gabe". Für die Schöpfungstheologie hieße dies, es ist Gottes „erste Gabe", den Menschen zu erschaffen. Die Gabe Gottes kommt aber als Gabe nur an, wenn der Mensch seinerseits die Gabe entgegennimmt, durch seine Gabe beantwortet, die in der Tat eine „zweite erste Gabe ist", eine „zweite", weil antwortend, und zugleich „erste", weil wahrhaft aus eigener Freiheit und Eigenständigkeit.

Damit scheint das Dilemma aber noch nicht gelöst. Denn die Schöpfung ist zwar als Gabe Gottes anerkannt. Wie kann aber der Mensch selbst eine „zweite erste Gabe" geben, da er gerade nicht zum uneigennützigen Geben fähig ist. Der Mensch als Sünder scheint nur ökonomisch zu handeln „do ut des". Wie kann Gott den homo incurvatus brechen? „Es gibt eine Austausch-Form, die strukturell identisch mit dem Handel ist, aber inhaltlich deutlich unterschieden. Das ist die Liebe. Zwischen Liebe und Bestechung gibt es eigentlich keinen strukturellen Unterschied".[103] Eine starke Aussage. Aber im Blick auf die Liebe bzw. Ehe wird Entscheidendes sichtbar. Natürlich ist Ehe keine Bestechung. Aber wenn die Ehe nicht mehr geht, dann tritt die ökonomische Basis umso mehr in den Vordergrund. Ehe ist auch ein Vertrag, wenn auch viel mehr. Und der Anfang eines Eheverhältnisses wird bisweilen kabarettistisch geradezu als Bestechung beschrieben. Ein Partner wendet sich an den anderen: ‚Ich liebe dich. Liebst du mich auch? Dann könnten wir heiraten?' Die Situation ähnelt äußerlich einer Bestechung, denn der Angesprochene kann sich nicht davon stehlen, sondern muss sich stellen. Er muss antworten mit Ja oder Nein. Ricoeur überträgt den Appell des Partners auf das Verhältnis von Gott und Mensch. Gottes Aufforderung wäre demnach „Liebe Mich". Und Ricoeur verbindet damit den Unterschied zwischen „Gesetz" und „Gebot". Die Liebesaufforderung kann selbstverständlich nicht Gesetz sein. Es ist ein Gebot mit einer einzigartigen Folge. Ricoeur nennt das Liebesgebot „poetisch", weil es nicht prosaisch vorgetragen wird, sondern eher der Poesie entspricht (Liebe 19). Aber, und das ist die innere Sicht, diese Antwort kann nur von dem Angesprochenen, und zwar aus freiem Willen, gegeben werden. Der Heiratsantrag wird nur Wirklichkeit, wenn der Angesprochene sein Ja gibt. Der Heiratsantrag, die sozusagen erste Gabe, ist etwas wie eine Vor-Gabe, die noch erfüllt werden muss. Das Ja des Angefragten, der diese Vor-Gabe empfängt, muss eine wahrhaft echte Gegen-Gabe, eine zweite erste Gabe, zurück-geben, so dass die erste Gabe zur wahrhaften Gabe erst werden kann. Sagt der Angesprochene Nein, kommt die erste Gabe nicht an, das Geben eines Eheversprechens scheitert insgesamt. Hier schließt sich das erste Geben durch ein Empfangen und das Empfangen durch ein Geben zusammen. Das Geben ist ein empfangendes Geben und gebendes Empfangen (s. Waldenfels).

---

102 Holm, Rechtfertigungslehre, a. a. O., 46.
103 Ebd., 47

Ricoeur und Henaff bezeichnen solches Geben als Geschehen der „Anerkennung". Was heißt dies für die Erlösungslehre? Für Anselm von Canterbury? Die Situation des verzweifelten Menschen war diese: der Mensch erkannte, dass er nichts Eigenes geben konnte, und er sich deswegen außerhalb der Gemeinschaft mit Gott verfangen hat. Nur Gott kann geben. Der Mensch kann es nicht. Das zu erkennen ist dasselbe wie Gott Gott sein lassen oder Gott die Ehre geben. Es ist ein asymmetrisches Verhältnis zwischen Gott und dem Menschen. Das wird anders durch die Liebe Gottes, sein Sich-Geben. Denn es ist die Selbst-Gabe Gottes in der Liebe, sich selbst zu geben und dazu dem Menschen noch die Freiheit zu geben, sich freiwillig für Gott zu entscheiden. Mit anderen Worten bietet Gott dem Menschen seine Gemeinschaft an und der Mensch hat die Möglichkeit, sie anzunehmen. Es ist das Verhältnis der Liebe Gottes, der Anerkennung Gottes und des Menschen füreinander. „Nur die Gabe, die den Empfänger zum Geber macht und ihm auf diese Weise die Möglichkeit gibt, an der Gemeinschaft teilzunehmen, ist wirklich Gabe".[104] Gott nimmt den Menschen in seine Gemeinschaft auf.

Anselm beginnt also mit CDH II ebenfalls ein neues Buch. Ich nenne es das „Buch der Barmherzigkeit", weil es mit einem klaren Bekenntnis zur „Barmherzigkeit Gottes" endet (CDH II,20). Dabei ist es aufschlussreich, dieses Buch nicht in der traditionellen Weise zu lesen, sondern entsprechend den Ergebnissen der Gabetheologie. Damit erhält die sogenannte „Satisfaktionstheologie" eine entscheidende Wende.

Zunächst resümiert Anselm noch einmal in CDH II,4 die Ausgangssituation in Anlehnung an die Eingangsformulierung von CDH I,10: Die Erschaffung des Menschen war dazu gedacht, dass er seiner (rationalen) Natur gemäß auch zur Vollendung seines Wesens (beatitudo) gelangt. Der Mensch hat allerdings durch seine eigene Schuld und Sünde die Vollendung in Frage gestellt. Die Ausgangsfrage in CDH II,4. wird gegenüber dem I. Buch insofern zugespitzt, als besonders unterstrichen wird, dass ein Scheitern des göttlichen Projektes, die Schöpfung des Menschen, der Göttlichkeit Gottes nicht angemessen wäre. Daraus resultiert eine Notwendigkeit: „Es ist also notwendig, dass er (Gott) mit der menschlichen Notwendigkeit vollende, was er begonnen hat. Das kann aber nur durch eine völlige Genugtuung (satisfactio) für die Sünde geschehen, die kein Sünder leisten kann" (CDH II,4).

Hier beginnt die crux von CDH. Denn es scheint, als ob Gott einer „Notwendigkeit" unterläge, derart, dass dann, wenn Gott den Menschen schon im Blick auf seine Vollendung geschaffen hat, es nur recht und billig ist, dass Gott, wenn es der Mensch nicht schafft, sein Werk selbst vollendet. Eine solche Notwendigkeit entspricht allerdings dem Austausch einer konsequenten Gabe-"Ökonomie". Deshalb ist es sehr aufschlussreich, dass Anselm gleich im nächsten Abschnitt eine Überlegung zu den verschiedenen Weisen von Notwendigkeiten vorträgt: Es gibt eine „zwingende Notwendigkeit", „die den Dank aufhebt oder mindert", und eine „Notwendigkeit, die ihn mehrt" (CDH II,5). Dies ist ein Hinweis auf die im Hintergrund bei Anselm arbeitende Gabentheologie. Denn selbstverständlich wird eine Gabe, ein Gut oder ein Vertragsgegenstand, der mit Notwendigkeit aus einem Tauschgeschäft oder Ähnlichem hervorgeht, nicht dankbar entgegengenommen werden. Er ist Teil des Geschäf-

[104] Holm, Rechtfertigungslehre, a. a. O., 51.

tes. Es sei denn, dass eine Notwendigkeit an sich nicht durch Handel oder Geschäft erledigt wird, sondern durch ein Mehr, etwa eine Großzügigkeit, dann wird der Empfänger dankbar die Gabe entgegennehmen. Wiederum lässt sich dies am Beispiel einer Liebeserklärung verdeutlichen. Die Notwendigkeit, die hierbei vorherrscht, ist nicht die Notwendigkeit eines „Gesetzes", niemand kann zur Liebe durch einen Anderen gezwungen werden, aber die Notwendigkeit eines „Gebotes" ist im Spiel. Der Angesprochene kann der Verpflichtung (Notwendigkeit) nicht entgehen zu antworten. Antwortet er Ja, wird der Antragsteller über diese Gunst hoch erfreut sein. In den Worten Anselms: „Wenn er sich freiwillig (sponte) der Notwendigkeit, Gutes zu tun, unterwirft und sie nicht widerwillig erträgt, dann verdient er freilich einen größeren Dank für seine Wohltat. Denn das darf man nicht Notwendigkeit nennen, sondern Gunst (gratia), weil er sie aus keinem Zwange, sondern unentgeltlich (gratis) auf sich nahm oder wahrt" (CDH II,5). Diese Aussage ist deutlich gabetheoretisch formuliert und für das Kommende von erheblicher Bedeutung. Die gabetheoretischen Begriffe wie „gratia (Gnade)" und „gratis" sind unübersehbar. Noch bedeutsamer aber ist der Grund, warum ein solches Tun gratis und gratia bezeichnet werden kann. Die Gabe wird freiwillig („sponte") gegeben. „Sponte" (freiwillig) ist eines der häufigsten Worte von CDH. Es weist auf die zentrale Bedeutung der Freiheit in Anselms Werk hin.

Freiheit ist bei Anselm aber auf beiden Seiten das Entscheidende: bei Gott und dem Menschen. Zwar wird dies bei Anselm nicht ausdrücklich formuliert, aber Schöpfung Gottes meint jene „Kontraktion", nach welcher Gott den Menschen erschafft, indem Gott sich freiwillig zurücknimmt und so dem Menschen einen Raum eigener Freiheit schafft. Es sei an Levinas erinnert. Auf die Freiheit im Heilsgeschehen kommt Anselm an zwei entscheidenden Stellen zu sprechen. Zuerst im Falle der Inkarnation und dann bei der Betrachtung des Kreuzes.

Zuerst handelt Anselm deshalb von der Notwendigkeit der „Inkarnation" des Sohnes Gottes, die aber zugleich „sponte" geschieht und deshalb „Gnade (gratia)" ist: „Wenn also, wie es feststeht, notwendig ist, dass aus den Menschen jene himmlische Stadt vollendet wird und das nicht geschehen kann, wenn nicht die erwähnte Genugtuung erfolgt, die einerseits nur Gott leisten kann und andererseits nur der Mensch leisten darf: so ist es notwendig, dass sie ein Gott-Mensch leiste" (CDH II,6). Die Notwendigkeit ist aber keine zwingende, sondern aus Gottes Freiheit geschehene, „all das Gute, das er [Gott] tut, ist gänzlich Gnade (gratia)" (CDH II,5)

Entscheidend für das Verständnis von CDH ist Anselms Betrachtung des „Kreuzes" Christi. Denn in der klassischen Theologie wird das Kreuz Christi als Spitze der Satisfaktionstheorie verstanden. Gottes Gerechtigkeit sei von einer derartigen Grausamkeit, dass er das Kreuz und den Tod seines Sohnes forderte. Das ist aber ein krasses Missverständnis. Hier ist ein gabetheologisches Lesen unerlässlich. Anselm handelt von Kreuz und Tod Jesu zunächst in CDH II,10–13. Das entscheidende Motiv von Kreuz und Tod Jesu steht in der Überschrift: ‚Jesus stirbt aus eigenem Vermögen (ex sua potestate)' (CDH II,11). Und das Motiv wird immer wiederholt: Jesu Kreuz und Tod geschehen „sponte", aus eigener Freiheit und eigenem Willen. Und dieser Tod am Kreuz erfolgt aus keinerlei Notwendigkeit. Anselm wiederholt es: Nicht einmal Gott selbst kann von seinem Sohn verlangen, Kreuz und Tod auf sich zu nehmen (CDH II,11). Was kann Kreuz und Tod aber dann anderes bedeuten als reine Gabe – Hin-Gabe? Kreuz und Tod sind so keine Notwendigkeit der Satisfaktion, sondern reine Liebe. Das heißt aber nicht, dass Kreuz und Tod mit der Wiedergutmachung nichts zu tun hätten. Wiedergutmachung ist gefordert. Deshalb hat Gott seinen Sohn in die Welt gesandt. Aber auf welche Weise der Sohn Gottes diese Wiedergutmachung vollbringt, folgt keinem Gesetz der Satisfaktion, sondern erfüllt diese in größerem Maß.

Damit ergibt sich aus der Liebe und Hingabe des Sohnes und der liebenden Zuwendung des Vater eine „Barmherzigkeit", die so groß und übereinstimmend mit der „Gerechtigkeit" ist, dass sie größer und gerechter nicht gedacht werden kann: „Misericordiam Dei ... tam magnam tamque concordem iustitiae invenimus, ut nec maior nec iustior cogitari possit (Die Barmherzigkeit Gottes haben wir so groß und so übereinstimmend mit der Gerechtigkeit gefunden, daß sie größer und gerechter nicht gedacht werden kann)" (CDH II, 20). So wird den Menschen – durch das Kreuz des Sohnes – ein Weg zur Umkehr und Versöhnung eröffnet, indem der Vater (zum Menschen) spricht: „Nimm meinen Eingeborenen und gib ihn für dich". Und der Sohn spricht: „Nimm mich und erlöse dich" (CDH II, 20). Im Ergreifen der Todeshingabe Jesu Christi vermag der Sünder die schuldige Ehre und zugleich die Satisfaktion zu erweisen. Damit ist nach Anselm die Möglichkeit eröffnet, dass diese Geschichte trotz der Sünde von Menschen an ihr Ziel kommen kann.

Das letzte Wort Anselms hinsichtlich der Erlösung durch Christus ist „Barmherzigkeit", nicht „Gerechtigkeit". Das gilt auch dann noch, wenn CDH vor allem von der Diskussion um die Gerechtigkeit beherrscht wird. CDH ist ein rationaler Diskurs. Gerechtigkeit kann rational begründet und zu Recht eingefordert werden, wie Anselm in seinen Schriften aufgezeigt hat. Gerechtigkeit ist Ausdruck des Menschen als geistiges Wesen und der für ihn konstitutiven rectitudo. Das ist Barmherzigkeit nicht. Barmherzigkeit kann nicht eingefordert werden. Sie kann nur bedacht werden, wo sie geschieht. Das Sprechen von Gerechtigkeit dient dann der Barmherzigkeit gleichsam als Negativfolie, um ihr Wesen sichtbar zu machen und ihr Übermaß aufzuzeigen. Nur in dem einen Fall der Erlösung durch Christus hat Anselm eine Konkordanz von Gerechtigkeit und Barmherzigkeit Gottes finden können. Damit steht er aber in der biblischen Linie von Paulus, Augustinus und auch Martin Luther – und nicht dagegen. Anselm hat sein Ergebnis teilweise im Rückgriff auf zeitgenössische Vorstellungen der Gerechtigkeit (Satisfaktion) gewonnen (wie ließe sich aber über Gerechtigkeit anders sprechen als zugleich konkret). Offensichtlich haben sich aber die Gerechtigkeitsauffassungen durch die Zeiten hindurch gewandelt. Hier wird Anselm zu modifizieren sein. Doch sein fundamentaler Ansatz der Suche nach der Konkordanz von Gerechtigkeit und Barmherzigkeit bleibt als theologische Aufgabe über die Zeiten bestehen.

Magdalena Frettlöh weist ihrerseits für die Rechtfertigungslehre auf die gabetheologische Interpretation von Holm hin: „Zum Gabeereignis gehört ein Wechselspiel von Geben, Empfangen bzw. Nehmen und Weitergeben, wobei Letzteres auch in ein Zurückgeben an den ersten Geber/die erste Geberin einmünden kann. Das sola gratia der Rechtfertigung gabetheologisch zu verstehen, heißt zunächst, dass Gott, der wesensmäßig gnädig ist, sich selbst gibt – in der stellvertretenden Lebenshingabe des Sohnes, sei es als Lösegeld zur Befreiung der von den Mächten des Bösen Gefangengehaltenen, sei es als Gott dargebrachtes Sühnopfer, sei es als Giftspeise, die dem Tod den Garaus macht, um nur drei von etwa einem Dutzend Sprachspiele zu nennen, in denen das ‚Wort vom Kreuz' konkret wird". Es ist diese göttliche Selbstgabe, in der Gnade und Gerechtigkeit zusammenkommen".[105]

Der Mensch nimmt in der Gemeinschaft Gottes an dessen „Geben" teil. Und das ist nun auch seine eigene Bestimmung, zu geben und weiterzugeben, was er selbst empfangen hat. Welches Geben ist dem Menschen aufgegeben? Einmal Gott die Ehre zu geben, wie gesehen, aber auch im Leben dieses Geben zu realisieren. Damit ist natürlich die Frage nach den „Werken" gestellt. Deshalb ist mit der Frage nach der „Rechtfertigung" auch die Frage nach den „Werken" gegeben. Es ist und bleibt: Gott gegenüber ist kein „do ut des" angebracht. Es ist an Ricoeurs Kernsatz zu erinnern: „Gib, *weil* dir ja gegeben wurde".

11.3 Der „barmherzige Samariter" nach Biser

Eugen Biser hat in einem Aufsatz *Wer ist mein Nächster* am Beispiel des Barmherzigen Samariters Kierkegaards Verständnis von „Gerechtigkeit" und „Barmherzigkeit" aufgezeigt. Die Erzählung erfolgt auf die Frage der Schriftgelehrten: „Wer ist mein Nächster?"[106] Biser folgt dabei dem „Sprachspiel des Gleichnisses".

Zuerst begegnen Priester und Levit am Weg dem halbtot Geschlagenen. Sie lassen sich nicht aus der gewohnten Bahn werfen. Sie registrieren zwar den „Toten am Weg", bleiben aber kalt distanziert. Ungerührt gehen sie, wie sie kamen. Anders der Fremde aus Samaria. Er hätte viel mehr Grund gehabt, an dem Daliegenden vorbeizugehen. Er ist ein Fremder im Land und auch einer anderen Konfession. Er ist aber ergriffen. Der Samariter kümmert sich um den Fremden, bietet ihm alle Hilfen, seine Hilfeleistungen entsprechen genau der Notlage bis hin zur Nachsorge. Das ist kein blinder Aktivismus, sondern folgt dem „Impuls der Liebe, die von keinem mehr ablässt, [...] als gäbe es für sie auf aller Welt nur ihn".

An dieser Erzählung erläutert Biser dann die Frage, wer ist eigentlich der Nächste. Der Nächste bekommt erst durch den Samariter ein „Gesicht". Der Barmherzige durchbricht die tödliche Stereotypie der beiden negativen Bezugsfiguren, von denen es jeweils heißt: „Er sah und ging vorüber". Warum sie so reagierten, wird nicht erläutert. Sie tun, was im Normalfall die meisten tun würden. Sie handeln wohl aus Eigenliebe und Selbstgerechtigkeit.

Ganz anders der Samariter, von dem ausdrücklich gesagt wird, dass er aus einem „ergriffenen Herzen" reagiert. Wie selbstverständlich handelt der Samariter. „Stärker wie das Ich ist nur das Selbst". „In einer ganz unerwarteten Spiegelung entdeckt der Barmherzige dort, wo er zunächst etwas völlig Konträres, ein ‚Bündel Elend' vorzufinden glaubte, mit einem Mal – sich Selbst, hervorscheinend aus der Not und Hilflosigkeit des Anderen".

---

105 Frettlöh, Anmut, a. a. O., 19.
106 Biser, Nächster, a. a. O., 406–414.

Eugen Biser sieht am Beispiel des Samariters die Eingangsfrage „Wer ist mein Nächster?“ nun umgewandelt in die entscheidendere „Wer hat sich als Nächster erwiesen?“ Und Biser interpretiert: „[D]ie Entdeckung des Nächsten erfolgte gerade nicht dort, wo sie ein sentimentales Vorverständnis des Textes erwartete, also nicht in der Elendsfigur des Überfallenen, sondern in der Zentralgestalt des ihm zu Hilfe Kommenden. [...] In erster Linie [ist] ‚Nächster‘ derjenige, der wie der Barmherzige des Gleichnisses die Rolle des ‚Helfers‘ übernimmt und damit, bewusst oder unbewusst, in die Fußspur Jesu tritt“.

Biser führt die Diagnose aber noch einen Schritt weiter. Er macht auf die innere Bewegung der Handlung aufmerksam. Er hält sich an das Paradigma der ‚Nächstenliebe‘, des ‚Gebens‘: Nächster kann der Halbtote sein; er ist es für den Samariter. Er ist es aber nur, weil er es für den Samariter ist. Die Pointe der Geschichte Jesu geht darauf, dass der Samariter der wahre Nächste ist, weil er sich so zu dem Halbtoten verhalten hat. Er hat sich aber auch nur so zu dem Nächsten am Boden verhalten, weil er in ihm sein „Selbst“ erkannte: „Wer ist mein Nächster, war mit der Rahmenerzählung des Gleichnisses Jesu gefragt worden. Die Spielbewegung des Textes führte, mit dem Epilog gesprochen, eindeutig zu der Antwort: der Barmherzige; denn er erwies sich dem Überfallenen gegenüber als Nächster. Der Bewegung des Sprachspiels liegt jedoch unverkennbar eine zweite zugrunde: die Binnenbewegung, die der Samariter, die Schlüsselfigur des Ganzen, durchläuft. Und in ihrem Sinn ist zu antworten: der ins Elend Geratene, der Notleidende. Beide Antworten sind, nach allen Anzeichen zu schließen, richtig; richtiger im Sinn des Gleichnisses ist jedoch die erste Grundintention Jesu.“ Biser gelingt damit ein sprechendes Beispiel vorzulegen für den von Levinas und Waldenfels gemeinten Wechsel des „Selbst“ vom „Ich (Moi)“ zum „Selbst (Soi)“ oder dem Subjekt- zum Akkusativwechsel im Falle der Responsivität und des „Gebens“.

Schließlich fragt Biser nach dem Sinn dieser Erzählung in der Absicht Jesu: „Worin besteht diese? Auf dem Hintergrund dieses Willens ist Jesu Dienst an der Menschheit zu verstehen. Weil er weiß, daß sich dem nichts so sehr wie das ängstliche Festhalten des Menschen an sich selbst und das nicht minder ängstliche Bestehen auf einer nicht unterschreitbaren Minimaldistanz zum Mitmenschen widersetzt und weil ihm überdies bewußt ist, daß sich das eine wie das andere aus der menschlichen Schwäche und Überforderung erklärt, bietet er sich den unter ihrer Lebenslast Gebeugten selbst als Stütze und Hilfe an. Deswegen besteht sein Dienst nicht wie bei anderen Wohltätern der Menschheit im Entwurf eines gültigeren Weltbilds, in der Anweisung zu einem besseren und seligeren Leben, in der Entwicklung einer neuen Therapie oder im Modell einer menschenwürdigeren Gesellschaftsordnung, sondern in einem Akt bedingungsloser Selbstgewährung. Und deshalb gilt von ihm der ebenso einleuchtende wie unerhörte Satz Kierkegaards: ‚Der Helfer ist die Hilfe‘."

Barmherzigkeit bei Papst Franziskus

Auf eine andere und noch schlichtere Weise gibt Papst Franziskus Antwort auf die Frage nach der Barmherzigkeit. In einem Interview hat er von einer persönlichen Erfahrung in seiner Jugend gesprochen.[107] Es war an einem 21. September, wie sich der Papst genau erinnert, und Jorge Bergoglio wollte damals wie viele seiner 17 Jahre alten Kameraden den „Tag der Studenten" feiern. Aber er entschloss sich, den Tag mit einem Besuch in seiner Pfarrei zu beginnen. Er war praktizierender Katholik, der oft die örtliche Kirche von San Jose de Flores besuchte. Als er in die Kirche kam, traf er einen Priester, den er nicht kannte und der auf ihn den Eindruck einer tiefen Spiritualität machte. Er war überrascht, als er feststellte, dass das nicht eine Beichte wie viele andere war, sondern eine, die seinen Glauben aufrüttelte. In dieser Beichte erkannte er seine geistliche Berufung. Der Eindruck war so stark, dass er beschloss, nicht seine Kameraden zu treffen, sondern zurück nach Hause zu gehen, und zwar mit einer festen Überzeugung: Er wollte Priester werden.

Was war geschehen? Der Papst sagte im Interview: „In dieser Beichte ist mir etwas Seltsames passiert. Ich würde sagen: Es war die Überraschung, das maßlose Erstaunen über eine wirkliche Begegnung. Von diesem Zeitpunkt an merkte ich, es ist Gott, der einen mit einer Ausschließlichkeit umwirbt, wie es sie nur in der ersten Liebe gibt. Man sucht Ihn, aber Er sucht dich zuerst". Und er fügt hinzu, dass es nicht allein das „Erstaunen über die Begegnung" war, die seine Berufung auslöste, sondern „die barmherzige Weise, in der Gott ihn damals ansprach" – eine Weise, die sich im Laufe der Zeit als Quelle der Inspiration für sein geistliches Amt entwickeln sollte. Mit anderen Worten, der junge Jorge Bergoglio fand sich in Schuld wie jeder andere vor Gott, wandte sich ihm zu und fand sich in der Hand eines barmherzigen Gottes bewahrt. Das Wort der „Barmherzigkeit" hat sich dem Papst eingegraben, es ist zum Hauptwort seines religiösen geworden. Es wurde auch zum Motiv des „Jahres der Barmherzigkeit 2016".

Wir haben in der Schrift das großartigste Beispiel zur „Gerechtigkeit" und „Barmherzigkeit" Gottes. Gemeint ist das Gleichnis vom „verlorenen Sohn" bei Lk 15,11–32. Rembrandt hat die Gleichzeitigkeit der Eigenschaften von Gerechtigkeit und Barmherzigkeit in Gott in seinem letzten Gemälde „Die Heimkehr des verlorenen Sohnes" von 1642 auf unvergleichliche Weise ins Bild gebracht. Der Vater umarmt seinen heimkehrenden Sohn. Ein Blick auf die beiden Hände der Umarmung zeigt deutlich, die eine ist eine Männerhand, die andere eine Frauenhand. Zum einen ist es wohl die Hand eines Vaters, der diesen Sohn zu Recht bestrafen müsste. Zum anderen ist es die Hand einer Mutter, die den verlorenen Sohn barmherzig zuhause aufnimmt. Die Pointe des Gleichnisses vom verlorenen Sohn ist das Bild vom barmherzigen Vater.

---

[107] S. Papst Franziskus (2015), Misericordiae vultus. Verkündigungsbulle des Außerordentlichen Jubiläums der Barmherzigkeit. Das Interview bei Haupt, Heiko (2014), Franziskus: Der Papst der Armen. Die exklusive Biografie, München, 19 f.

12 Kirche – Ekklesiologie

Einen interessanten Versuch zur Kirche legt Michael Böhnke in *Kirche in der Glaubenskrise* vor. Er stellt in die Mitte seiner Überlegungen die scheinbare Dichotomie der Kirche zwischen „Geist“ und „Recht“. Eine Spannung, die von Rudolph Sohm 1892 provokativ auf den Begriff gebracht worden ist: „Das Kirchenrecht steht mit dem Wesen der Kirche im Widerspruch [...]. Das Wesen der Kirche ist geistlich; das Wesen des Rechts weltlich“.[108] Diese Spannung von „Geist“ und „Recht“ erinnert in etwa an die Dichotomie, die wir mit „Gerechtigkeit“ und „Barmherzigkeit“ in der Soteriologie kennen gelernt und gabetheologisch zu beantworten versucht haben. Wir versuchen deshalb auch beim Thema der Kirche, die Gabetheologie einzubringen und vor allem die Kirche als Geschöpf des Geistes zu fassen.

Michael Böhnke versucht seinerseits, die Spannungen von „Geist“ und „Recht“, die in der Kirche aufgebrochen sind und weiterhin aufbrechen, in einem gesamtheitlichen Verständnis der Kirche zu versöhnen. Das Band dafür ist der Heilige Geist. Sein Vorschlag ist eine pneumatische Ekklesiologie.

Böhnke gibt folgende Diagnose vom Zustand der Kirche heute: „[E]ines ist offensichtlich: Die Kirche ist von zahlreichen Spannungen durchzogen – Spannungen, die von innen kommen [...] die ungelösten Spannungen von Geist und Recht. Sie durchzieht die Kirche, prägt alle ihre Dimensionen: innen und außen, oben und unten, sichtbar und unsichtbar. Die innere, unsichtbare und durch die Gotteskrise noch geschwächte Macht des Heiligen Geistes steht gegen die äußere, sichtbare und selbstbewusste Übermacht kirchlicher Strukturen und des göttlichen Rechts“ (Kirche 17–18).

Böhnke stellt die Grundspannung von „Geist“ und „Recht“ in den Mittelpunkt: „Wer nach innerkirchlichen Gründen der Glaubens- und der Kirchenkrise fragt, wird an der Spannung zwischen den ungleichen Geschwistern Geist und Recht nicht vorbei kommen“ (Kirche 18). Böhnke versucht den Spagat. Er versucht die Spannungen von Geist und Recht durch einen Kirchenbegriff zu überwinden, der beide Dimensionen von Geist und Recht umfasst. Er begreift Kirche kurz gefasst: „Kirche ist, anamnetisch-epikletisch verstanden, Zeichen der Treue Gottes“ (Kirche 314). Das Verständnis bedarf der Auslegung. Die zentralen Stichworte dazu sind die liturgischen Begriffe „Anamnese“ und „Epiklese“, sodann die „Treue Gottes“. In der Auslegung dieser Begriffe versucht er die Grundspannung der Kirche von „Geist“ und „Recht“ zu versöhnen. Wir werden die Begriffe und damit das Verständnis der Kirche aus der Gabetheologie zu erhellen versuchen.

Böhnke legt eine „epikletisch-anamnetische“ Ekklesiologie vor. Er kann sich dabei auf Walter Kasper stützen: „Die Kirche insgesamt hat letztlich epikletische Struktur“ (Kirche 77).[109] Die Begrifflichkeit „epikletisch-anamnetisch“ macht bereits darauf aufmerksam, dass Böhnke die Mitte der Kirche in der Eucharistie sieht. „Die Kirche

[108] Sohm, Rudolph (1892), Kirchenrecht I: Die geschichtlichen Grundlagen, Berlin 1970.
[109] Staubenrauch, s. Böhnke, Kirche, 90.

lebt von der Eucharistie" (Johannes Paul II).[110] Die Kirche hat wie die Eucharistie anamnetisch-epikletische Struktur: „anamnetisch" als Erinnerung an Kreuz und Auferstehung Jesu Christi und „epikletisch" als Herabrufung des Heiligen Geistes über die Opfergaben. Anamnese und Epiklese sind die zentralen Grundgebete der Eucharistie, die in der heutigen Liturgie im Hochgebet vor und nach der Konsekration gebetet werden.

Aber die epikletisch-anamnetische Struktur betrifft nicht nur den eucharistischen Vollzug der Kirche, sondern bezeichnet sie in ihrem geistigen und praktischen Sinn überhaupt: „Die anstehende Aufgabe lautet also, durch eine pneumatologische Reformulierung der Ekklesiologie (genetivus subiectivus et obiectivus) mögliche Verbindungslinien zwischen den auseinandertriftenden Verständnissen der Kirche im Glaubens-, Heilssinn einerseits und der Kirche im Rechtssinn andererseits neu zu eröffnen. So könnte vielleicht einer fächerzentrierten Entpneumatisierung des Kirchenrechts ebenso wie einer antijuridischen Akzentuierung des Geistes in Liturgie, Pastoral und Ökumene zumindest theoretisch wirksam begegnet werden, und zwar dadurch, dass die Kirche in all ihren unterschiedlichen Vollzügen und Strukturen von einem sie tragenden theologischen Grund her verstanden wird" (Kirche 30–31).

Böhnke findet die Verbindung zwischen „Geist" und „Recht" in der „Treue Gottes" zu seinem Volk: „Die Kirche und auch das Kirchenrecht gründen in der Treue Gottes. Das ist die zentrale theologische These dieser Studie" (Kirche 193). Die „Treue Gottes" ist Grund und Ermöglichung der Epiklese, sie ist auch Grund und Ermöglichung des Kirchenrechts: „Treue Gottes manifestiert sich in epikletischen Vollzügen, denn das Herbeiflehen Gottes in der Epiklese – ‚Herr, höre mein Flehen, vernimm mein Flehen; in deiner Treue erhöre mich, in deiner Gerechtigkeit' – setzt die Treue Gottes voraus und wird theologisch durch diese erst ermöglicht und legitimiert. Nur deshalb kann die Epiklese beanspruchen, konstitutiv für das kerygmatische, liturgische, diakonische und hierarchische Handeln in der Kirche sein zu wollen. Epiklese ist die Weise, in der wir als Kirche von Gott her als wir selbst leben" (Kirche 266–268).

Böhnke legt seine Untersuchung folgendermaßen an: Zuerst thematisiert er die Epiklese als konstitutive Form des gläubigen Handelns in Wort und Sakrament. Verkündigung und Liturgie können ebenfalls als wesenhaft anamnetisch-epikletische Vollzüge charakterisiert werden. Als tragender Grund der anamnetisch-epikletischen Vollzüge wird die Treue Gottes namhaft gemacht. Danach ist die Epiklese als Form auch für die weiteren Selbstvollzüge der Kirche zu erweisen. Dies wird am diakonischen und hierarchischen Handeln aufgezeigt: das Handeln der Kirche als communio hierarchica. In allen Handlungen der Kirche spielt die Epiklese eine oftmals erst wieder ins theologische Bewusstsein zu rufende Rolle (Kirche 203).

In den Gebetsformen von Anamnese und Epiklese vollzieht sich das Handeln der Kirche. Dass die Kirche aus der bleibenden Anamnese an Kreuz und Auferstehung Jesu Christi lebt, versteht sich von selbst. Vergessener und unbekannter dagegen ist die Epiklese, die Herabrufung und Vergegenwärtigung durch den Heiligen Geist.

---

[110] Johannes Paul II, *De eucharistia*, Nr. 1, in: Verlautbarungen des Apostolischen Stuhles 159, hg. vom Sekretariat der Deutschen Bischofkonferenz.

12.1 Geist und Recht in der Kirche

Nach dem apostolischen Glaubensbekenntnis wird die Kirche im dritten Abschnitt, der dem des Heiligen Geistes gewidmet ist, erwähnt. Kirche ist Geschöpf des Geistes. Diesem Verständnis der Kirche entspricht eine pneumatologische Ekklesiologie. Die Kirche ist auch Institution. Das Vatikanische Konzil hat sich in *Lumen gentium* die Kirche zum Thema genommen. LG ist eines der zentralen Dokumente des Konzils. In LG 8 wird die Grundspannung von „Geist" und „Recht" bzw. Institution angesprochen. Allerdings wird in den Kommentaren zu LG 8 oft einseitig auf die institutionelle Ebene abgehoben. Zum Verhältnis von Geist und Recht in der Kirche ist auf LG 8 ausführlicher einzugehen.

12.1.1 Geist und Recht nach Lumen gentium 8

Die Auslegung von LG 8 ist einer der umstrittenen Kernpunkte der Ekklesiologie und des Konzils. Der Hintergrund dafür ist das Verhältnis von Geist und Institution in der Kirche. Um LG 8 zu verstehen, ist zunächst auf den Kontext der Aussage zu einzugehen. LG 8 ist im Zusammenhang des 1. Kapitels von LG zu lesen: LG 1–4 entfaltet das Mysterium der Kirche. Sie ist das Abbild des dreifaltigen Gottes nach der Formel Cyprians. Danach werden die großen Bilder und Symbole der Kirche in LG 5–7 vorgestellt.

In LG 7 wird die Kirche deutlich als Geschöpf des Heiligen Geistes angesprochen. Diese Gründung ist auch für LG 8 zu berücksichtigen und wird dort als geistliche Dimension in die komplexe Wirklichkeit der Kirche integriert:

LG 7: „Damit wir aber in ihm [Christus] unablässig erneuert werden, gab er uns von seinem Geist, der als der eine und gleiche im Haupt und in den Gliedern wohnt und den ganzen Leib so lebendig macht, eint und bewegt, daß die heiligen Väter sein Wirken vergleichen konnten mit der Aufgabe, die das Lebensprinzip – die Seele – im menschlichen Leib erfüllt"

In LG 8 wird sodann die geschichtliche Gestalt der Kirche als komplexe Wirklichkeit von sichtbarer und unsichtbarer Dimension, von irdischer und geistiger Gemeinschaft, folgendermaßen beschrieben:

„Der einzige Mittler Christus hat seine heilige Kirche, die Gemeinschaft des Glaubens, der Hoffnung und der Liebe, hier auf Erden als sichtbares Gefüge verfaßt und erhält sie als solches unablässig; so gießt er durch sie Wahrheit und Gnade auf alle aus. Die mit hierarchischen Organen ausgestattete Gesellschaft aber und der geheimnisvolle Leib Christi, die sichtbare Versammlung und die geistliche Gemeinschaft, die irdische Kirche und die mit himmlischen Gaben beschenkte Kirche sind nicht als zwei Dinge zu betrachten, sondern bilden eine einzige komplexe Wirklichkeit, die aus menschlichem und göttlichem Element zusammenwächst. Deshalb wird sie in einer nicht unbedeutenden Analogie mit dem Geheimnis des fleischgewordenen Wortes verglichen. Wie nämlich die angenommene Natur dem göttlichen Wort als lebendiges, ihm unlöslich geeintes Heilsorgan dient, so dient auf eine ganz ähnliche Weise das gesellschaftliche Gefüge der Kirche dem Geist Christi, der es belebt, zum Wachstum seines Leibes [vgl. Eph 4,16].

Dies ist die einzige Kirche Christi, die wir im Glaubensbekenntnis als die eine, heilige, katholische und apostolische bekennen; sie zu weiden, hat unser Erlöser nach seiner Auferstehung dem Petrus übertragen [Joh 21,17], ihm und den übrigen Aposteln hat er ihre Ausbreitung und Leitung anvertraut [vgl. Mt 28,18–20], und für immer hat er sie als ‚Säule und Feste der Wahrheit' errichtet [1 Tim 3,15]. Diese Kirche, in dieser Welt als Gesellschaft verfaßt und geordnet, ist verwirklicht (subsistit) in der katholischen Kirche, die vom Nachfolger des Petrus und von den Bischöfen in Gemeinschaft mit ihm geleitet wird, auch wenn sich außerhalb ihres Gefüges mehrere Elemente der Heiligung und der Wahrheit finden, die als der Kirche Christi eigene Gaben auf die katholische Einheit hindrängen" (LG 8).

LG 8 bildet das Scharnier zwischen unsichtbarer und sichtbarer Kirche, zwischen trinitarischem Geheimnis des Volkes Gottes und seinem irdischen Weg (2. Kapitel). Die Unterscheidung von sichtbarer und unsichtbarer Kirche ist nicht sehr erhellend. Die Unterscheidung resultiert aus der herrschenden metaphysischen Begrifflichkeit der Kirche. Aber auch sonst ist LG 8 nicht überall glücklich formuliert. Grund dafür ist, dass das Konzil gerade zu diesem Artikel eine tiefgreifende und breite Diskussion über die Formulierungen hinter sich hatte. Das Resultat davon ist, dass in der Nachgeschichte LG 8 sehr unterschiedlich gelesen und interpretiert worden ist. Eine Partei sah im Artikel vor allem die Kirche als Institution bestätigt, die andere sieht die pneumatische Charakterisierung der Kirche in ihr betont. Leider beherrscht LG 8 weithin die Diskussion nach dem Konzil, so dass andere wichtige Teile der Konstitution nicht immer genügend berücksichtigt werden.

Die eine Seite, die die Institution der Kirche in LG 8 bestätigt sieht, beruft sich vor allem auf die Aussagen, dass Christus die Kirche hier auf Erden als „sichtbares Gefüge" gegründet habe. Durch Jesus Christus habe die Kirche sakramentalen Charakter, sie sei „eine einzige komplexe Wirklichkeit, die aus menschlichem und göttlichem Element zusammenwächst". Das sei eine Einheit, wie wir sie bei der Inkarnation Jesu Christi glauben. Vor allem legen die Vertreter Wert auf das „subsistit", worin sie die Aussage wiederfinden, die Kirche verwirkliche sich einzig in der römisch-katholischen Kirche (Kirche 102).

Diejenigen, welche LG 8 auf diese Weise interpretieren, wählen selektiv Aussagen in ihrem Sinn aus und verkennen andere Aussagen, die diesen Sinn modifizieren. Andere sehen in LG 8 eine „pneumatisch Reformulierung der Ekklesiologie" (Kirche 102). Es wird auf die starke Betonung des Heiligen Geistes in dem Text hingewiesen. So macht Alois Grillmeier in seinem maßgeblichen Kommentar zu LG darauf aufmerksam, es sei ein Missverständnis, die Kirche als „Fortsetzung der Inkarnation" zu verstehen, ein Missverständnis, das das Konzil gerade durch die Betonung des Heiligen Geistes vermeiden wollte.[111] Viele Theologen folgen diesem Urteil. Vor allem hat Heribert Mühlen herausgestellt, dass das Konzil das weithin vorherrschende Verständnis der Kirche als ‚verlängerter Inkarnation' „in einer weittragenden Weise pneumatologisch erweitert und vervollständig hat" (Kirche 105).

Die theologischen Unterschiede konzentrieren sich vor allem auf den Ausdruck des „subsistit" und auf die Analogie der Inkarnation von Jesus Christus und Kirche. Aus

[111] Grillmeier, Kommentar, a. a. O., 170–175.

dem Dokument ist deutlich zu ersehen, dass das Konzil in der Inkarnation eine Analogie zwischen „menschlichem und göttlichem Element“ in Christus und zwischen Geist und Gemeinschaft der Gläubigen sieht. Aber Analogie meint nicht Gleichheit, sondern will zugleich den Unterschied bezeichnen. Von der Einheit zwischen Geist und irdischer Kirche wird man gewiss nicht im Sinne einer ‚hypostatischen Union“ reden wollen, wie es für Jesus Christus zutrifft. Die hypostatische Union für Jesus Christus zu formulieren, war der frühen Kirche nur möglich, weil man das menschliche und göttliche Element substanzhaft verstand, wie wir es oben gesehen haben. Wenn es noch zu vertreten ist, göttliche und menschliche „Natur“ substanzhaft auszulegen, so macht diese Begrifflichkeit bei dem Wirken des Heiligen Geistes kaum mehr Sinn. Wie ist dann die „komplexe Wirklichkeit aus göttlichem und menschlichem Element“ zu begreifen? Jedenfalls als Einheit, aber nicht als hypostatische Einheit. Es scheint, in der Pneumatologie kommt die metaphysische Sprache der Substanz an ihre Grenzen und in der Folge fehlt eine zutreffende Sprache für das Wirken des Heiligen Geistes.

Hier kann der Vorschlag von Böhnke weiterführen. Er versteht die Kirche von der Eucharistie her als anamnetisch-epikletisches Geschehen. Die Kirche enthielte so in sich die Erinnerung an Leben und Sterben Jesus Christi und setzt sein Gedächtnis fort. Damit die Kirche aber auch sein kann, wie Jesus wollte, dass sie Wirklichkeit werde, fleht die Gemeinschaft der Gläubigen die Gegenwart und den Beistand des Heiligen Geistes auf sich herab, gemäß der Verheißung des Johannes: „Und ich werde den Vater bitten und er wird auch einen anderen Beistand geben, der für immer bei euch bleiben soll. Es ist der Geist der Wahrheit, den die Welt nicht empfangen kann, weil sie ihn nicht sieht und nicht kennt. Ihr aber kennt ihn, weil er bei euch bleibt und in euch sein wird“ (Joh 14,16–18). Böhnke kommentiert diese Verheißung Jesu: „Will die Kirche der Komplexität ihrer Wirklichkeit entsprechen, stimmt sie in ihren Vollzügen aktiv in diese Bitte Jesu um den Geist ein. Entscheidend ist dabei der Ansatz beim Vollzug, mit dem ein Denken überwunden ist, das von der Substanz oder dem ontologischen Wesen ausgeht. Die Kirche beherrscht die Komplexität der Wirklichkeit nicht. Der Geist ist kein Besitz der Kirche. Allenfalls orientiert er ihren Selbstvollzug“ (Kirche 147). Kirche ist demnach weniger Bestand als bleibender Vollzug aus dem Geist. Das Gebet der Kirche ist die Epiklese.

12.1.2 „subsistit“ nach Ratzinger

Der andere kritische Punkt von LG 8 ist das Verständnis des „subsistit“. Als Vertreter eines einseitigen Verständnisses hat sich vor allem Joseph Ratzinger hervorgetan. Der Ausdruck „subsistit“ ist zunächst kein glücklicher Ausdruck. Er trägt in sich die Bedeutung von „Subsistenz“ und „Substanz“. Er verführt, die Aussage von LG 8, die wahre Kirche sei in der katholischen Kirche „verwirklicht“ („subsistit), in substanzhafter Weise zu interpretieren. Und das geschieht bei Ratzinger. Dabei wollte das Konzil gerade ein solches Verständnis vermeiden, indem es diskutierte, ob man formulieren solle, die komplexe Wirklichkeit der Kirche „sei“ die römisch-katholische, „existiere“ oder „realisiere“ sich in der Kirche. Aber auf Grund eines Mangels eines besseren Begriffes, wählte man schließlich das „subsistit“, aber mit der ausdrücklichen Notiz, das „subsistit" sage aus, dass die wahre Kirche tatsächlich in der römischen Kirche „verwirklicht", aber nicht nur, sondern auch in anderen kirchlichen Gemeinschaften gegeben sei.

Ratzingers interpretiert das „subsistit" allerdings substantialistisch: die römische Kirche ist die einzig wahre Kirche. Andere kirchliche Gemeinschaften können nicht „Kirche" genannt werden.[112]

Ratzinger findet zu dieser Interpretation recht spät. Zur Zeit der Formulierung des Konzils scheint er mit der Interpretation, wie sie Alois Grillmeier in seinem maßgeblichen Kommentar zu LG gegeben, einverstanden zu sein. Eine andere Meinung ist jedenfalls nicht bekannt, ist auch nicht wahrscheinlich, da Ratzinger ja am selben Kommentar beteiligt war und einen Teil selbst beitrug.

Im Kommentar zu *Lumen gentium,* an dem neben Philipps auch Ratzinger mitgearbeitet hat, schreibt Alois Grillmeier zu LG 8: Zuerst habe im Text von LG 8 gestanden, die Kirche sei („ist") die „katholische Kirche, die vom Römischen Papst und den Bischöfen [...] geleitet wird". Dann habe sich die Theologische Kommission jedoch für das einfache ‚subsistit' entschieden und damit die Frage nach dem Verhältnis der einen Kirche zu den vielen Kirchen bewusst offen gelassen. Damit sei eine Entwicklung von unabsehbarer Tragweite möglich geworden. Den nun entscheidenden Satz: „Diese Kirche [...] ist verwirklicht in der katholischen Kirche (subsistit), die vom Nachfolger Petri und von den Bischöfen in Gemeinschaft mit ihm geleitet wird", erläutert Grillmeier folgendermaßen: „D. h. 1. Die wahre und einzige Kirche Christi existiert in geschichtlicher Konkretheit [...]. 2. Die konkrete Existenzform dieser von Christus gegründeten Kirche ist die katholische Kirche [...]. Es wird nicht mehr gesagt: ‚ist' die ‚römische' Kirche. Damit soll betont werden, dass die römische Kirche als Lokalkirche nur ein Teil der Gesamtkirche ist [...]. Es wird auch nicht mehr ein absolutes, exklusives Identitätsurteil ausgesprochen, etwa in dem Sinn: Die Kirche Christi ‚ist' die katholische Kirche [...]. Es wird nur einer konkreten Wirklichkeit Rechnung getragen, nämlich der Tatsache, dass außerhalb ihres Gefüges (= der katholischen Kirche) vielfältige Elemente der Heiligung und der Wahrheit zu finden sind".[113]

Ratzinger sieht das später ganz anders. Er behauptet, dass er dadurch im Recht sei, weil er bei dem Konzil dabei war.[114] In einer Ansprache auf dem Internationalen Kongress über die Umsetzung der Ziele des II. Ökumenischen Vatikanischen Konzils am 27. Februar 2000 äußert sich Kardinal Joseph Ratzinger nun ohne Umschweife, was er hin und wieder angedeutet hatte. Er erklärte das „subsistit" in LG folgendermaßen: „An dieser Stelle wird es notwendig, dem Wort ‚subsistit' etwas genauer nachzuspüren. Das Konzil differenziert mit diesem Ausdruck die Formel Pius' XII.,

[112] Erweiterte deutsche Fassung des Vortrages: L'Ecclesiologia della Costituzione Lumen Gentium, veröffentlicht in: Il Concilio Vaticano II. Recezione e attualità alla luce del Giubileo, a cura di Rino Fisichella, Milano 2000, 66–81, in: Joseph Cardinal Ratzinger: Weggemeinschaft des Glaubens. Kirche als Communio. Festgabe zum 75. Geburtstag, hg. vom Schülerkreis, Redaktion Stephan Otto Horn und Vinzenz Pfnür, Augsburg, 2002, 107–131.

[113] Grillmeier, Kommentar, a. a. O., 174–175.

[114] Ratzinger, Joseph (2000), Der angezweifelte Wahrheitsanspruch. Die Krise des Christentums am Beginn des dritten Jahrtausends, in: FAZ vom 8. 1. 2000; vgl. DJ 33.

der in seiner Enzyklika *Mystici Corporis Christi* gesagt hatte: Die katholische Kirche ‚ist' (est) der eine mystische Leib Christi. In der Differenz zwischen ‚subsistit' und ‚est' liegt das ganze ökumenische Problem verborgen. Das Wort subsistit stammt aus der in der Scholastik weiterentwickelten antiken Philosophie. Ihm entspricht das griechische Wort ‚hypostasis', das in der Christologie eine zentrale Rolle spielt, um die Einung von göttlicher und menschlicher Natur in der Person Christi zu beschreiben. ‚Subsistere' ist ein Spezialfall von ‚esse'. Es ist das Sein in der Form eines eigenständigen Subjekts. Genau darum geht es hier. Das Konzil will uns sagen, daß die Kirche Jesu Christi in der katholischen Kirche als konkretes Subjekt in dieser Welt anzutreffen ist. Das geht nur einmal, und die Vorstellung, das subsistit sei zu multiplizieren, verfehlt genau das Gemeinte. Mit dem Wort subsistit wollte das Konzil das Besondere und nicht Multiplizierbare der katholischen Kirche ausdrücken: Es gibt die Kirche als Subjekt in der geschichtlichen Wirklichkeit". – Es ist zu beachten, dass Ratzinger die Subsistenz der Kirche mit der Hypostasis (Substanz) und damit mit der hypostatischen Union der Inkarnation in Zusammenhang bringt, was das Konzil offensichtlich gerade vermeiden wollte. Weiter ist beachten, dass Ratzinger die Einmaligkeit und Einzigartigkeit der (römisch-katholischen) Kirche besonders herausstellt und damit ihre Exklusivität betont. Er bekennt ausdrücklich, dass dies das ökumenische Problem par excellence ausmache.

Ratzinger formuliert die Folgen seiner Sicht ungeschminkt: „Das Vatikanum II wollte nun mit der Subsistit-Formel – der katholischen Tradition getreu – genau das Gegenteil von ‚ekklesiologischem Relativismus' sagen: Die Kirche Jesu Christi gibt es. Er selbst hat sie gewollt, und der Heilige Geist schafft sie gegen alles menschliche Versagen seit Pfingsten immerfort und erhält sie in ihrer wesentlichen Identität. Die Institution ist nicht eine unvermeidbare, aber theologisch irrelevante oder gar schädliche Äußerlichkeit, sondern sie gehört in ihrem wesentlichen Kern zur Konkretheit der Inkarnation. Der Herr hält sein Wort: ‚Die Pforten der Hölle werden sie nicht überwältigen'". – Wiederum rekuriert Ratzinger auf das inkarnatorische Modell der Kirche. Außerdem zeiht er alle, die nicht seiner Meinung sind, des ekklesiologischen Relativismus. Im Grunde meint er aber nicht nur den ekklesiologischen „Relativismus", sondern er verbindet mit dem Gedanken sein dominierendes Thema, das er immer wieder anschneidet, wenn es in seiner Sicht um Wahrheit geht: der Relativismus hat sich in Theologie und Philosophie, insgesamt in der Welt heute breit gemacht.

Walter Kasper, Karl Lehmann u. a. haben sich zu der Interpretation des „subsistit" in der Sicht Ratzingers geäußert.[115] Lehmann stellt ausführlich dar, wie es auf dem

[115] Kasper, Kirche, a. a. O., 234–238; Lehmann, Karl (2007) , Zum Selbstverständnis des Katholischen. Zur theologischen Rede von der Kirche. Eröffnungs-Referat des Vorsitzenden der Deutschen Bischofskonferenz, Karl Kardinal Lehmann; bei der Herbst-Vollversammlung der Deutschen Bischofskonferenz am 24. September 2007 in Fulda, in: Pressemitteilungen der Deutschen Bischofskonferenz vom 28. 09. 2007. Vgl. auch Hünermann, Peter (2001), Stellungnahme zur Erklärung der Glaubenskongregation „Dominus Jesus", in: Rainer, Michael J., „Dominus Jesus". Anstößige Wahrheit oder anstößige Kirche Düsseldorf, 54–59; Häring, Hermann (2001), Theologie und Ideologie bei Joseph Ratzinger, Düsseldorf, 110–132 u. a.

Konzil zu dem „subsistit" kam und korrigiert dabei deutlich sowohl Ratzingers Bericht wie auch seine damit zusammenhängende Theologie der Kirche. Lehmann weist auch darauf hin, dass Ratzinger in früheren Jahren eine andere Sicht vertrat. Er schreibt in Anm. 34 des genannten Vortrages: „Ich möchte darauf hinweisen, dass sich diese und andere Aussagen – zum Teil auch wörtlich – in den früheren Ausführungen von Joseph Ratzinger/Benedikt XVI. finden. Ich verzichte hier auf einzelne Nachweise und verweise zunächst einmal auf die Ausführungen bei Th. Weiler, Volk Gottes – Leib Christi. Die Ekklesiologie Joseph Ratzingers und ihr Einfluss auf das Zweite Vatikanische Konzil, Mainz 1997, 36; 63 f.; 117; 119; 142; 147 f.; 243; 247; 265; 280; 318 f.; 329–332."

Die Wende in der Theologie Joseph Ratzingers ist immer wieder bemerkt worden. Es ist erstaunlich, welche Theologie Ratzinger zur Zeit des Konzils vertreten hat, wie sie in seinen Schriften der damaligen Zeit einsehbar ist. Man kann in vielen Themen nur von einem Schwenk um 180 Grad reden zu dem, was er dann als Kardinal und Papst vertrat.[116] Nach all den Wendungen der Theologie Ratzingers kann man an der Ernsthaftigkeit dieser Theologie mit Recht Zweifel haben. Es sei denn, man erkennt diese Theologie als Folge einer immer konsequenteren Substanztheologie.

Die Folgen der herausgehobenen Sicht des Kardinals Ratzinger und späteren Papstes Benedikts XVI. sind erheblich, um nur einige zu nennen. Die gravierendste Folge betraf vor allem die Ökumene und damit das Verhältnis der römisch-katholischen Kirche zu den anderen Kirchen, wie es in „Dominus Jesus" Nr. 16–17 zum Ausdruck kommt. Ratzinger unterstreicht darin noch einmal ausdrücklich seine Sicht vom Wesen der Kirche und von der Exklusivität der römisch-katholischen: „Der authentischen Bedeutung des Konzilstextes widerspricht [...] die Interpretation jener, die von der Formel ‚subsistit' die Meinung ableiten, dass die einzige Kirche auch in anderen Kirchen verwirklicht sein könnte. Das Konzil hingegen hatte das Wort ‚subsistit' gerade deshalb gewählt, um klarzustellen, dass nur eine einzige ‚Subsistenz' der wahren Kirche besteht".[117] Deshalb können andere Kirchen nicht als Kirche bezeichnet werden, sondern höchstens als kirchliche Gemeinschaften.

Auf das andere Stichwort des Relativismus haben wir bereits hingewiesen. Es fällt nicht zufällig im Kontext der Exklusivität der Kirche. Die Exklusivität hat, wie gezeigt, Bedeutung für das Verhältnis zu den anderen Kirchen, aber auch für die absolute Wahrheitsbehauptung der Kirche in jeder Frage.[118] Wie gesagt, ist dies einer der Schwerpunkte der Philosophie und Theologie des Kardinals und Papstes. Seine Rede vor dem Konklave über den Relativismus in Kirche und Welt hat die Kardinäle bekanntlich sehr beeindruckt.

Aber auch in Bezug zu den Religionen ist diese Einstellung entscheidend (s. Dominus Jesus 20–22). Bekannt geworden ist die Äußerung des Papstes in einem Vorwort zum Buch von Marcello Pera *Warum wir uns Christen nennen müssen. Plädoyer*

---

116 Als schlagendes Beispiel sei nur die Schrift genannt: Ratzinger, Joseph (1965), Ergebnisse und Probleme der dritten Konzilsperiode, Köln.

117 Kongregation für die Glaubenslehre, Erklärung Dominus Jesus über die Einzigartigkeit und die Heilsuniversalität Jesu Christi und der Kirche, 2000, Nr.16 Anm.56.

118 Kasper, Kirche, a. a. O., 47 f.

eines Liberalen (2009): „[Ü] ber die Glaubensentscheidung ist ein wirklicher Dialog nicht möglich, ohne dabei den eigenen Glauben auszuklammern. [...] in der öffentlichen Konfrontation den kulturellen Folgen der grundsätzlichen Glaubensentscheidung entgegenzutreten. In diesem Bereich sind der Dialog und eine gegenseitige Korrektur sowie eine Bereicherung möglich und notwendig".[119] – Diese Äußerung dürfte die wahre Meinung des Papstes Benedikt XVI. zu einem Dialog mit den Religionen wiedergeben. Also, da die Wahrheit der Kirche substantiell und absolut ist, ist ein wirklicher Dialog mit den anderen Religionen gar nicht möglich. Einen Dialog mit den Religionen kann man nur über kulturelle Eigenheiten und Besonderheiten führen.

Für den Kardinal und Papst verfügt die Kirche über die ‚substantielle Wahrheit', die keine Abstriche, aber auch keine Pluralität kennt, insoweit absolut ist, und in allen Fragen der Religion und der Welt vertreten werden muss.

Nach der Klärung der beiden Dimensionen der Kirche von Geist und Recht ist über beide Dimensionen nicht in dogmatischer Breite, sondern in systematischer Kürze zu sprechen: Zuerst soll über die Kirche als Geschöpf des Geistes, die „pneumatische Kirche", dann über die irdische Gemeinschaft der Kirche als „Institution" gehandelt werden.

12.2 Epikletische Kirche

Zur Erläuterung der pneumatischen Kirche halten wir uns an die Stichworte, wie sie Hemmerle im Anschluss an das Zweite Vatikanische Konzil immer wieder genannt und ausgeführt hat: Kirche ist „mysterium – communio – missio". In dem Kommentar zur *Römischen Bischofssynode 1971* hat Hemmerle zum ersten Mal in aller Deutlichkeit die Grunddimensionen der Kirche von „mysterium", „communio" und „missio" herausgestellt (AS IV,46–48). Bestätigt wurde diese Sicht in *Christifideles Laici* Nr.8 (1988), und *Pastores dabo vobis* Nr. 12 (1992). Sie ist heute weitgehend in die Ekklesiologie eingegangen.[120] Es ist deshalb zuerst das „Mysterium" der Kirche ins Auge zu fassen (12.2.1). Dann die „communio", welche vor allem in der Eucharistie zum Ausdruck kommt und die Kirche als Ursakrament ausweist (12.2.2). Schließlich ist die Kirche „creatura verbi". Sie ist dazu geschaffen, die Frohe Botschaft den Menschen zu vermitteln und der Welt weiterzusagen. „missio" meint die Sendung der Kirche in die Welt (12.2.4). Schließlich ist auf die Kirche als Institution zu schauen (12.3).

12.2.1 Mysterium der Kirche

Der Hintergrund für die Aussage, die Kirche als Mysterium zu begreifen, steht, wie oft wiederholt, in LG 4: Kirche ist „das von der Einheit des Vaters und des Sohnes

---

[119] Pera, Marcello (2009), Warum wir uns Christen nennen müssen. Plädoyer eines Liberalen.

[120] S. Kasper, Kirche, a. a. O., 285–462.

und des Heiligen Geistes her geeinte Volk Gottes" (Cyprian). Diese Formel ist für Hemmerle prägend geworden.

Kirche ist eine komplexe Realität. Es sind zuerst einmal alle Dimensionen zu nennen. Sie ist „Ikone der Trinität" (Hemmerle): „Trinität als Ikone des pilgernden Gottesvolkes – pilgerndes Gottesvolk als Ikone der Trinität. [...] Gottes dreifaltiges Leben ist Grund der Kirche, Grund als Woher und Wohin, Grund aber auch als Bild und Halt, als Maß und Kraft ihres gegenwärtigen Weges. Dies umschließt eine doppelte Beziehung, die mit den beiden gegenläufigen Sätzen beschrieben werden kann: Die Trinität ist Ikone des pilgernden Gottesvolkes – das pilgernde Gottesvolk ist Ikone der Trinität. Wir haben das Wort ‚Ikone' eingeführt, weil es dem Wort ‚Bild' gegenüber noch deutlicher auf drei entscheidende Momente hinweist: darauf, daß die Ikone nicht nur etwas zeigt, sondern es gegenwärtig setzt; darauf, daß die Ikone nicht nur Abbild ist, sondern Wirkbild; darauf, daß die Ikone nicht nur und nicht zuerst Imperativ ist, sondern Geschenk dessen, was sie darstellt, freilich kein beliebig sich anbietendes, sondern ein in Pflicht und Verbindlichkeit nehmendes Bild. [... Und] Dreieinigkeit [ist] Ikone der Kirche" (AS V, 93).

Dem entsprechen die wichtigsten Bilder und Symbole der Kirche: sie ist „Volk Gottes" (Vater), sie ist „Leib Christi" (Christus) und sie ist „Tempel des Heiligen Geistes" (Geist):

„So ist die Kirche als Volk Gottes, des Vaters, die Versammlung aller zum Glauben Berufenen, welche die gemeinsame Würde und Sendung verbindet. Sodann ist sie Leib Christi, der das Haupt seines Leibes ist und den ganzen Leib durch sein Evangelium, seine Sakramente und den Dienst der zum Apostelamt Berufenen zusammenfügt. Schließlich ist sie Tempel des Heiligen Geistes, der in den Vielen je nach seiner Gabe wirkt und Gemeinschaft schafft".[121]

Für Hemmerle wird die Ikone der Trinität bei Johannes zur Wirklichkeit der Kirche: „So ist die Verknüpfung der drei Ebenen von Einheit im Johannesevangelium entscheidend: Die Einheit Jesu mit dem Vater wird zur Einheit zwischen Jesus und uns, und wir werden darin eins miteinander. Diese Ebenen bilden die Grundstruktur des Johannesevangeliums.

In und zwischen ihnen herrscht eine Dynamik, die sich in drei weiteren Stichworten darstellt und erschließt. Johannes spricht immer wieder – erstes Stichwort – von einem gegenseitigen ‚Innesein' der Personen: du in mir – ich in dir; ich im Vater – der Vater in mir; ihr in mir – ich in euch; einer im anderen – der andere im einen. Dieses vielgestaltige gegenseitige Innesein wird mit einem klassischen Ausdruck der Theologie ‚Perichorese' genannt. [...]

Und wir müssen ergänzen, daß diese Wirklichkeit sich eben in unserer gegenseitigen Perichorese ereignet. Bis wir diese sich gegenseitig ‚umtanzende', sich gegenseitig – in jeder Gabe und jedem Auftrag des anderen – umspielende und ernstnehmende Liebe als Kirche entfaltet haben, muß noch eine große ‚Tanzschule' absolviert werden. Aber von ihr gibt es keine Dispens" (Leben 44–45).

Das innere Leben der Perichorese wird vom Geist bewegt. Er ist es auch, der das innere Leben nach außen leitet, auf die Menschheit hin öffnet: „Doch wird alsbald

---

[121] Pottmeyer, Geist, a. a. O., 282; vgl. Kirche 120–121.

deutlich, daß dieser Geist als das innigste Band zwischen Vater und Sohn zugleich das Prinzip für die Öffnung und Weitung dieser Beziehung auf uns hin ist: Menschwerdung, Verbindung der menschlichen Natur mit dem göttlichen Logos geschieht im Heiligen Geist" (AS V, 76–77).

12.2.2 Ursakrament Kirche – communio

Der „Ikone der Trinität" entspricht der Zentralbegriff der „communio", worauf Pottmeyer hinweist: „Wird einer dieser trinitarischen Bezüge unterbewertet oder vergessen, wird Kirche zutiefst gestört. Wird der Bezug zum Vater vergessen, schwindet die gemeinsame Würde und Sendung aus dem Blick, die Grundlage der communio. Wird die Kirche nicht mehr als der Leib Christi verstanden, bricht die communio der Ortskirchen in die vielen Kirchentümer auseinander, die sich gegeneinander auf den Geistbesitz berufen. Wird schließlich vergessen, dass die Kirche Tempel des Heiligen Geistes ist, erstarrt sie zu einer Hierokratie, dem Zerrbild der communio".[122]

Kirche ist aber kein Konstrukt von Begriffen. Sie ist vor allem „Vollzug", wie Hemmerle öfter wiederholt (Nachfolge 41 u.ö.). Sie ist vor allem das Geschehen, das seinen Ursprung und seinen Grund in der Eucharistie hat: „Die Eucharistie: Quelle und Höhepunkt des Lebens und der Sendung der Kirche" (Sacrosanctum Concilium 10).

12.2.2.1 Eucharistie als Quelle und Höhepunkt der Kirche

„Die Eucharistie ist Quelle und Höhepunkt des Lebens und der Sendung der Kirche". Der Sinn der Eucharistie ist die Vergegenwärtigung von Kreuz und Auferstehung. Sie geschieht in „Anamnese" und „Epiklese". „Die Vergegenwärtigung Jesu Christi in der Eucharistie ist keine magische oder mechanische Handlung. Sie geschieht vielmehr durch ein im Namen Jesu Christi an Gott den Vater gerichtetes Gebet um die Gabe des Heiligen Geistes" (Deutscher Katechismus).[123] Die Eucharistie ist die Handlung, bei der die Epiklese paradigmatisch ihre Wirkung entfaltet. Sie steht für alle Formen der Epiklese, der Herabrufung des Heiligen Geistes.

Die Bedeutung der Epiklese für die Eucharistie und die Kirche ist für die östliche Kirche eine Selbstverständlichkeit. Nikos Nissiotis etwa stellt fest: „Die Kirche ist in gewisser Weise die permanente Anrufung des Vaters um den Heiligen Geist kraft des in Christus gegebenen Heils. Dies ist wohl die beste Definition der Kirche, falls wir überhaupt eine benötigen" (Kirche 150)

In den Ekklesiologien des Westens spielt die Epiklese bisher keine vergleichbare Rolle. Nach Hans-Joachim Schulz sind „Christusanamnese und Geistepiklese als die Urvollzüge allen kirchlichen Lebens neu zu entdecken" (Kirche 150).

---

[122] Pottmeyer, Geist, a.a.O., 282.

[123] Deutsche Bischofskonferenz (Hg.), Katholischer Erwachsenen-Katechismus, Kevelaer 1985, Kirche 57.

Die Eucharistie ist keine mechanische oder magische Handlung. Die Vergegenwärtigung Christi geschieht durch den Geist, der auf die Gaben herabgerufen wird: „Der Geist verwandelt die geheiligten Gaben in den Leib und das Blut Christi (metabolé), damit sich das Wachsen des Leibes, der die Kirche ist, vollendet. In diesem Sinn ist die ganze Feier eine Epiklese, die sich in bestimmten Augenblicken deutlicher ausdrückt. Die Kirche ist unablässig im Zustand der Epiklese, der Herabrufung des Heiligen Geistes".[124]

Eucharistie ist eine Gabehandlung. Das Brotbrechen wird bei Matthäus, Markus und Lukas auf ähnliche Weise als Gabehandlung zum Ausdruck gebracht: „Er nahm, segnete, brach, gab, sprach: Nehmet". Die eucharistische Handlung wird etwa in der Konvergenzerklärung von Lima als Gabehandlung des dreieinen Gottes vorgestellt. Eucharistie ist so Handlung des dreieinen Gottes in Kirche und Welt. Lima: „Die Eucharistie ist vor allem das Sakrament der Gabe, die Gott uns in Christus durch die Kraft des Heiligen Geistes schenkt. Jeder Christ empfängt diese Gabe des Heils durch die Gemeinschaft am Leib und Blut Christi" (Lima Eucharistie nr.2).

Die Eucharistie ist eine Gabehandlung. Sie wird in den Evangelien durch Deuteworte eingeführt. Wohlmuth nennt die Deuteworte besser „Gebeworte". Das wirft eine Reihe von Fragen auf: Wer ist der Geber? – Was ist die Gabe? – Wer der Empfänger? (Gabe 409–411)

Erinnern wir uns an die Form des Hochgebetes der Eucharistie: Epiklese – Anamnese – Einsetzungsworte Jesu – Epiklese. Die Form entspricht der langen Tradition des Hochgebetes, wie sie vielfach bezeugt wird, etwa durch Cyrill von Alexandrien: „Nachdem wir uns durch diese geistigen Lobgesänge geheiligt haben, rufen wir die Barmherzigkeit Gottes an, dass er den Heiligen Geist auf die Opfergaben herabsende, um das Brot zum Leibe Christi, den Wein zum Blute Christi zu machen. Denn was der Heiligen Geist berührt, ist völlig geheiligt und verwandelt" (Cyrill von Alexandrien).[125]

Die Handelnden des Gebens und die Gabe selbst sind in der anamnetisch-epikletischen Handlung gut zu erkennen und zu beschreiben. In der Eucharistiefeier stehen „Epiklese" als Bitte und Dank am Anfang und Schluss des Hochgebetes. In gabetheologischem Verständnis sind sie der Anteil der Gläubigen, also des *Empfängers*. Die *Gabe* selbst steht in der Aufmerksamkeit meist im Mittelpunkt; es handelt sich um die Vergegenwärtigung von Kreuz und Auferstehung in den Opfergaben. Weit verbreitet ist, die Gabe als substanztheologische Anwesenheit des Jesu Christi zu verstehen. Leib und Blut Jesu sind sozusagen materialisiert in Brot und Wein präsent. An dieser Stelle mag deutlich werden, dass eine gabetheologische Betrachtung der Konsekration sinnvoll bzw. notwendig ist. In einer oft verkürzten Sicht ist sodann der sichtbare *Geber* der Priester. Der eigentliche Geber bleibt bisweilen im Hinter-

[124] Das Geheimnis der Kirche und der Eucharistie im Licht des Geheimnisses der Heiligen Dreifaltigkeit, in: Dokumente wachsender Übereinstimmung 2, Paderborn 1992, 533. J. Meyendorff konzipiert eine eucharistische Ekklesiologie, er bestimmt das Kirchesein der Kirche vom eucharistischen Vollzug her und charakterisiert diesen als „anamnetisch-epikletisches Gebet", s. dazu Böhnke, Kirche, 89.
[125] Böhnke, Kirche, 177.

grund und wenig beachtet. Für die Klärung der anstehenden Fragen sind zunächst einige notwendige Hinweise zu den Einsetzungsberichten des Neuen Testaments zu geben.

12.2.2.1.1 Einsetzungsberichte

Zuerst ist festzuhalten, dass wir zwei unterschiedliche Traditionen der Einsetzungsberichte haben: Zum einen den von Markus (Mk 14,22–24) und Matthäus (Mt 26,26–28), zum anderen den von Lukas (Lk 22,19–20) und von Paulus in 1 Kor 11, 23–25.

Nehmen wir die Einsetzungsformel von Markus, so heißt es Mk 14,22: „Während des Mahls nahm er das Brot und sprach den Lobpreis; dann brach er das Brot, reichte es ihnen und sagte: Nehmt, das ist mein Leib. 23 Dann nahm er den Kelch, sprach das Dankgebet, reichte ihn den Jüngern, und sie tranken alle daraus. 24 Und er sagte zu ihnen: Das ist mein Blut, das Blut des Bundes, das für viele vergossen wird."

Im traditionellen Verständnis liest man die Aussage so: „Jesus nahm das Brot ...und sagte: Dies ist mein Leib." Dies gilt als Kernaussage der späteren Lehre der Transsubstantiation. Die Substanz des Brotes wird verwandelt in den Leib Christi. Die Spitze der Aussage wäre dabei: Das Brot ist der Leib Christi. Dabei unterlaufen der Übersetzung aber drei Ungenauigkeiten: Einmal gibt es im Aramäischen, der Sprache Jesu, die Kopula „ist" nicht. Also ist es fraglich, ob wir es mit einer Identitätsaussage, d. i. Brot ist identisch Leib, zu tun haben.

Entscheidender aber noch ist ein sprachlicher Übersetzungsfehler. Er wird in der griechischen Übertragung deutlich: Jesus nahm also „Brot" (ὁ ἄρτος, masculinum) und sagte: „dies" (τοῦτο, neutrum) mein Leib. Mit anderen Worten mit „dies" (neutrum) kann das „Brot" (masculinum) nicht gemeint sein. Es liegt ein Kasuswechsel vor.[126] „Dies" ist ein Demonstrativpronomen und weist dem Kasus nach nicht auf das Brot hin, sondern: Worauf? Das ist die Frage. Eine erste Erklärung könnte Paulus geben, der formuliert τοῦτο ποιεῖτε ...: „Dieses tut zu meinem Gedächtnis" (1 Kor 11,24). Mit anderen Worten: Tut so zu meinem Gedächtnis, wie ich beim letzten Abendmahl getan habe. Das τοῦτο wiese dann auf eine Handlung hin, die Jesus mit dem Brot vollzogen hat. Es ist schon eigenartig, dass der Übersetzungsfehler in den wenigsten Kommentaren vermerkt wurde. Aber die überwiegende Tradition folgte der Spur des Fehlers, um die Lehre der Transsubstantiation zu stützen. Wenn man sich das Geschehen des Gründonnerstagabends nach der neuen Sicht vorstellt: Jesus hält das Brot in seiner Hand, bricht es und erklärt: Dies mein Leib. Eine bewegende Handlung: Jesus bricht das Brot und meint damit den bevorstehenden Tod.

Das letzte Mahl wird deshalb auch als „Brotbrechen" wiedergegeben. Die Rede vom „Brotbrechen" ist zwar biblisch und in der Theologie verbreitet. Aber sie hat sich in der liturgischen Praxis wenig durchgesetzt. Wenn man sich den Gestus der Wandlung mit der Erhebung der Hostie vor Augen hält, dann wird der theologische

[126] Luz, Ulrich (2002), Das Herrenmahl im NT, in: Bibel und Kirche 57 (2002) 2–8; ders. (2002), Das Evangelium nach Matthäus (EKK I/4: Mt 26–28), Düsseldorf, 112–113.

Hintergrund schlagartig klar. Es geht um die Brotsubstanz, die Hostie, nicht um das Brechen des Brotes bzw. Leibes und damit um den Hingabegestus Jesu. Ein Vorschlag zum Überdenken wäre deshalb, dieses Brotbrechen mit der Konsekration sichtbar zu verbinden.

Ein weiterer Hinweis in der angegebenen Richtung ist mit dem Wort σῶμα gegeben. ‚Leib' darf nicht im abendländischen Sinn als Gegensatz zur ‚Seele' und damit substanzhaft verstanden werden. Es ist insgesamt für die hebräische Bibel schwer, ein Äquivalent für das hebräische „Leib" zu finden, wie er etwa bei Paulus gebraucht wird. Es ist weder der Unterschied zur Seele gemeint, auch nicht lateinisch der Unterschied von corpus und anima, nicht einmal griechisch der Unterschied von Leib und ψυχή. „‚Leib' meint die Person, den ganzen Menschen" (Jesus 360).

Wie ist dann aber das Demonstrativpronomen τοῦτο gemeint? Paulus hat in 1 Kor 11,23–24 das Wort vom Leib verdeutlicht: Jesus nahm das „Brot" und sagte „Das ist mein Leib für euch". Der „Leib für euch" ist sicher nicht als Substanz zu verstehen. Verweyen geht so weit und versteht die Formulierung „mein Leib-für-Euch" geradezu als Formel für das Leib-sein überhaupt, also gegen ein substantialistisches abendländisches Verständnis: „Bei der Erklärung: ‚Das ist mein Leib' ist man versucht, an eine ‚Leib-Substanz' zu denken [...] ohne Bezug auf die Selbsthingabe Jesu, die doch im Mittelpunkt der ganzen Handlung beim Abendmahl steht [...]. Diese Möglichkeit entfällt in der von Paulus überlieferten Form ‚Das ist mein Leib für euch'. Hier darf das ‚für euch' nicht als Zusatz zu ‚mein Leib' betrachtet werden. Es macht vielmehr das Wesen des Leibes selbst aus. Dem griechischen Original entsprechend müsste eigentlich geschrieben werden: ‚Das ist mein Leib-für-euch'. Die ‚Leib-Substanz besteht nur in der Relation des ‚für'".[127]

Verweyen erörtert mit dem Leibverständnis des Einsetzungsberichtes zugleich den Sinn des Brotwortes: Es geht offensichtlich um die Selbsthingabe Jesu, die im Mittelpunkt der Handlung beim Abendmahl steht. In den Einsetzungsworten des neuen Hochgebetes ist das im Grunde auch ausgesprochen: „Das ist mein Leib, der für euch hingegeben wird". Lohfink bringt die Handlung der Selbsthingabe Jesu im Brotbrechen gut zum Ausdruck: „Jesus will sagen: ‚Dieses Brot bin ich selbst. Das bin ich mit meiner Geschichte und meinem Leben. Mein Leben wird zerbrochen werden wie das Brot. Ich gebe es euch, damit ihr Anteil an ihm habt'" (Jesus 360).

Im Verständnis der Selbsthingabe Jesu ist deutlich eine Gabebewegung vollzogen: Jesus ist der „Geber"; Jesus gibt sich hin, er ist auch die „Gabe". Die Jünger sind die „Empfänger". Was meint „Brot", was meint „Leib" in der Selbsthingabe Jesu? Jesus gibt sein „Leben" hin; er ist das „Brot des Lebens". Nun wird es, das Brot, das Leben, gebrochen. In dieser Handlung ist Jesus mit seiner Geschichte, seinem Leben, seinem Leiden und Sterben enthalten.

Aus diesen Überlegungen folgt: der Aussagesinn des Brotwortes Jesu geht nicht zuerst auf die „Substanz" Brot, die in den Leib Christi substantiell verwandelt wird. Die Aussageabsicht geht auf die Handlung der Selbsthingabe Jesu zu. Die Selbsthingabe Jesu ist die Sinnspitze des Brotwortes. Von der Gabe Jesu her erschließen sich

[127] Verweyen, Hansjürgen (2011), Fragen aus der Kirche an die Kirche (Freiburger Texte Nr.59), Freiburg, 66.

auch die Verständnisse von „Brot“ und „Leib“, nicht umgekehrt. Das bedeutet keine Aussage über den Zustand des „Brotes“, der sogenannten Transsubstantiation. Etwas Äquivalentes mag mit dem Brot geschehen. Es steht aber nicht im Mittelpunkt des Einsetzungsberichtes. Es ist nicht der Mittelpunkt der Handlung. Darauf die Lehre der Transsubstantiation zu gründen, war eine Folge der Vergewisserung und der Neugier der mittelalterlichen Zeit.[128]

Nach dem Brotwort spricht Jesus das Kelchwort (Mk 14,23–24): „Dann nahm er den Kelch, sprach das Dankgebet, reichte ihn den Jüngern, und sie tranken alle daraus. Und er sagte zu ihnen: Das ist mein Blut, das Blut des Bundes, das für viele vergossen wird“.[129]

Das Kelchwort ist zunächst ähnlich gebaut wie das Brotwort. Eigenartig ist allerdings, dass sich die Transsubstantiation allein auf Brot und Leib Christi bezog. Das mag damit zusammenhängen, dass hier nicht ausdrücklich vom „Wein“ die Rede ist, sondern vom „Kelch“. Wahrscheinlicher ist, dass von Brot-Substanz sehr wohl die Rede sein konnte; aber welchen Sinn sollte eine Wein-Substanz haben? Diese Beobachtungen verstärken den Eindruck, dass das Interesse der „Substanz“ galt. Sie war und ist Kern und Stern einer bestimmten Theologie, die ich mit Absicht Substanztheologie nenne.

In den Aussagen zu „Wein“ und „Blut“ ist der Handlungssinn des Einsetzungsberichtes deutlich. Im Grunde bestätigt es die Auslegung, die wir zum Brotwort vorgelegt haben. Es stellt sich die Frage, ob das „Brot“ im Brotwort nicht auf eine ähnliche Deutung offen ist wie der „Kelch“ im Kelchwort. Dies mag veranschaulicht werden, wenn man einmal die Brot- und Kelchworte bei den Evangelisten und bei Paulus vergleicht:

In Markus und Matthäus heißt das Brotwort: Jesus segnete, brach das Brot (ὁ ἄρτος), gab es, sprach: Nehmet „Dies ist mein Leib“ (τοῦτο ἐστίν τὸ σῶμα μου) (Mk 14,22; Mt 26,26).[130]

Das Kelchwort heißt bei Markus und Matthäus: Jesus nahm den Kelch (ποτήριον), dankte, gab ihn, sprach: Trinkt „Das ist mein Blut, das Blut des Bundes, das für viele vergossen wird“ (τοῦτο γάρ ἐστίν τὸ αἶμα μου τῆς διαθήκης) (Mk 14,23f; Mt 26,27). Das Deutewort über den Kelch ist in der Tradition von Markus und Matthäus dem Buch Exodus entnommen: Mose besiegelt den Sinaibund mit dem Blut des Bundes (Ex 24,8). Wenn nun Jesus dieselben Worte gebraucht, erinnert er an den Bundesschluss und vergegenwärtigt ihn zugleich. Es ist die Form der Vergegenwärtigung, die im Volk Gottes den Kern der jüdischen Erinnerungskultur ausmacht, um neben dem Vergegenwärtigen des Sinaibundes etwa an das Pessachmahl zu denken. Solches Erinnern kann nur als Form der „Realpräsenz“, also Vergegenwärtigen des Heilsgeschehens, verstanden werden.

---

128 Lehmann, Karl, Pannenberg, Wolfhart (1986), Lehrverurteilungen – kirchentrennend? 1. Rechtfertigung, Sakramente und Amt im Zeitalter der Reformation und heute, Freiburg, 98–113.

129 S. Wohlmuth, Jom Kippur, a. a. O., 17–66.

130 S. Wohlmuth, Geheimnis, a. a. O., 157–172.

Um anzudeuten, was „Realpräsenz" in der jüdischen Erinnerungskultur meint, sei zur Verdeutlichung an die Rede des Staatspräsidenten Ezer Weizmann im Deutschen Bundestag 1996 erinnert: „Erst 150 Generationen sind seit der Feuersäule des Auszugs aus Ägypten bis zu den Rauchsäulen der Shoah vergangen. Und ich, geboren aus den Nachkommen Abrahams im Lande Abrahams, war überall mit dabei. Ich war ein Sklave in Ägypten und empfing die Thora am Berg Sinai, und zusammen mit Josua und Elijah überschritt ich den Jordan. Mit König David zog ich in Jerusalem ein, und mit Zedekiah wurde ich von dort ins Exil geführt. Ich habe Jerusalem an den Wassern zu Babel nicht vergessen, und als der Herr Zion heimführte, war ich unter den Träumenden, die Jerusalems Mauern errichteten".[131]

Wenn Jesus auffordert: „Tut dies zu meinem Gedächtnis", dann ist damit eine ebensolche Vergegenwärtigung, Realpräsenz, gemeint. Das gilt nicht nur für das Kelchwort, sondern auch für das Brotwort. Denn es scheint plausibel, dass Jesus mit dem Brotwort eine ähnliche Handlung bezeichnete wie mit dem Kelchwort, eine Handlung, die wir als Brotbrechen bzw. Selbst-Hingabe Jesu ausgelegt haben. Wenn auch das ausdrückliche Deutewort beim Brotwort ausbleibt, die Geste des Brechens ist überdeutlich. Das Erinnern und Tun des Brotbrechens in der Eucharistiefeier ist real-präsent.

Wie schon angedeutet, folgen Lukas und Paulus offensichtlich einer anderen Tradition.[132] Das Brotwort bei Lukas lautet: Jesus segnete, brach das Brot (ὁ ἄρτος) und gab es ihnen mit den Worten: „Das ist mein Leib, der für euch hingegeben wird. Tut dies zu meinem Gedächtnis" (τοῦτο ἐστίν τὸ σῶμα μου τὸ ὑπὲρ ὑμῶν διδόμενον) (Lk 22,17). Es ist das Wort über das Brot, das in den Einsetzungsbericht der heutigen Eucharistie eingegangen ist. Bei Paulus ist das Brotwort gleich, aber kürzer: „Das ist mein Leib für euch" (τὸ σῶμα μου τὸ ὑπὲρ ὑμῶν) (1 Kor 11,23–24). Dieses Wort haben wir oben schon ausgelegt.

Das Kelchwort bei Paulus lautet: „Dieser Kelch ist der Neue Bund in meinem Blut. Tut dies zu meinem Gedächtnis" (τοῦτο τὸ ποτήριον ἡ καινὴ διαθήκη ἐν τῷ αἷματι μου) (1 Kor 11,24). Bei Lukas lautet das Kelchwort gleich, mit einer kleinen Ergänzung: „Dieser Kelch ist der Neue Bund in meinem Blut, das für euch vergossen wird (τοῦτο τὸ ποτήριον ἡ καινὴ διαθήκη ἐν τῷ αἷματι μου)" (Lk 22,20).

Das Kelchwort bei Lukas und Paulus bezieht sich auf die Verheißung eines „Neuen Bundes" beim Propheten Jeremia (Jer 31,31). Auch bei Jeremia geht es um die Erinnerung an den Bund, den Gott mit dem Volk geschlossen hat. Er wird erinnert und damit vergegenwärtigt. Er wird als Verheißung für die Zukunft verheißen. Wenn Jesus sich darauf bezieht, dann erinnert er sich in der Kelchhandlung dieser Verheißung und erinnert zugleich an den Sinaibund im Zeichen des Blutes. Zudem ruft Jesus dazu auf, dieses sein Handeln immer wieder zu vollziehen, d. h. zu vergegenwärtigen: „Tut dies zu meinem Gedächtnis".

Bei Lukas und Paulus haben wir auch über das Brotwort eine kurze Deutung, die auf eine Handlung hinweist. Das Kelchwort ist ausdrücklich mit einer Handlung

[131] Rede des Präsidenten des Staates Israel, Ezer Weizmann, im Deutschen Bundestag am 16. Januar 1996.
[132] Ebd., 171–174.

verbunden. Die Auslegung einer ähnlichen eucharistischen Handlung über Brot und Wein wird durch ein Wort Paulus bekräftigt: 1 Kor 10,16 „Ist der Kelch des Segens, über den wir den Segen sprechen, nicht Teilhabe (κοινονία) am Blut Christi? Ist das Brot, das wir brechen, nicht Teilhabe (κοινονία) am Leib Christi?" – ‚Den Kelch, den wir segnen', ‚das Brot, das wir brechen' – ist Teilhabe an ‚Leib' und ‚Blut' Christi. Deutlicher kann die Gabehandlung der Eucharistie kaum ausgesprochen werden.

12.2.2.2 Gabegeschehen der Eucharistie

Die Konvergenzerklärung von Lima nennt die Eucharistie ein Gabegeschehen des Heiligen Geistes: „Die Eucharistie ist vor allem das Sakrament der Gabe, die Gott uns in Christus durch die Kraft des Heiligen Geistes schenkt. Jeder Christ empfängt diese Gabe des Heils durch die Gemeinschaft am Leib und Blut Christi" (Lima Eucharistie nr.2).

Eucharistie kann als ein herausgehobenes Gabegeschehen betrachtet werden. Dabei ist von entscheidender Bedeutung, dass das Gabegeschehen als Ganzes berücksichtigt wird, in allen seinen Momenten des Gebens, d. i. von Geber, Gabe und Empfänger, besonders aber das Geben selbst, das Geschehen, das die genannten Momente erst dazu konstituiert, was sie in der Eucharistie sind. Wird das ganze Geschehen nicht berücksichtigt, drohen die Gefahren von Verkürzungen und Einseitigkeiten. So hat die Tradition über Jahrhunderte die Konsekration, und hier die Verwandlung des Brotes in den Leib Jesu, in den Mittelpunkt gestellt und sich darauf fixiert. Damit ist aber die Gefahr verbunden, die wir bei dem Gabegeschehen philosophisch und theologisch immer wieder gesehen haben, dass das Geben auseinandergerissen und in isolierte Momente gestückelt wird. Das Gebegeschehen wird dann zu einer Art Tauschhandel, die Gabe zum Tauschobjekt, das mit einer besonderen Kraft aufgeladen wird. In der Eucharistie wird die Brotsubstanz zum Leib Christi. Dies geschieht durch Konsekration oder Wandlung. Aber nicht nur die Opfergabe oder Hostie wird substantialisiert, sondern auch Geber und Empfänger werden in dem Geschehen isoliert und als substanzhafte Akteure vorgestellt. Die Wandlung findet durch den Priester und seine Wandlungsworte statt; die Gläubigen sind passive Empfänger, die die Wohltaten der Messe erwarten. Wie sehr die Eucharistie so auf eine geradezu „ökonomische" Ebene herabgewürdigt wird, wird derjenige erfahren, der bis heute immer noch damit zu tun hat, dass Gläubige sagen, sie wollten eine Messe „bezahlen", wenn sie eine Messintention „bestellen".

Gegen ein solch verkürzendes Verständnis enthält die Liturgie der Eucharistie selbst das wesentliche Verständnis. Es ist das Verständnis der Eucharistie als „anamnetische-epikletische" Feier. Anamnese und Epiklese geben der Eucharistie die entscheidenden Bewegungsrichtungen vor, wenn sie nur entsprechend berücksichtigt werden, was man heute, wie schon gesagt, nicht immer sagen kann. Es bedarf schon theologischen Verstehens, um in den verschiedenen Hochgebeten die anamnetischen und epikletischen Gebetsformen zu entdecken. Anamnese und Epiklese geben aber die entscheidenden Bewegungsrichtungen des Gebegeschehens vor, die dann auch die beteiligten Momente und Personen im gesamten Geben charakterisieren.

Veronika Hoffmann hat in ihrer gründlichen gabetheologischen Untersuchung der Eucharistie[133] auf ähnliche Weise für eine Betrachtung des eucharistischen Geschehens folgende Aufgaben formuliert: Sie fordert vor allem, dass 1. die Bewegungsrichtungen des Gebens berücksichtigt werden: ‚Anabasis' und ‚Katabasis'. ‚Anabasis' ist dabei die aufsteigende Bewegung, die der Anamnese entspricht; ‚Katabasis' die absteigende Bewegung, die in der Herabrufung des Heiligen Geistes, der Epiklese, erfleht wird. 2. sei zu beachten, dass in den anabatischen und katabatischen Bewegungen mehrfach weitere Bewegungen zwischen den Gabemomenten zu berücksichtigen sind, es zu „Mehrfachbesetzungen" der einzelnen Momente und Personen kommt. 3. Ist schließlich die Gabe der Menschen genauer ins Auge zu fassen (Gabe 410–411): „Die systematische Entfaltung einer Eucharistietheologie in der Sprache der Gabe geht grundlegend von der These aus, dass die Eucharistie nicht ein Gabegeschehen zwischen einem Geber und einem Empfänger darstellt, in dem eine Gabe gegeben – und ggf. mit einer Gegengabe beantwortet wird. Vielmehr verschränken sich mehrere Gabebewegungen miteinander. Auf der Linie der katabatischen und anabatischen Gebens kommt es dadurch zu ‚Mehrfachbesetzungen' der Positionen von Geber, Gabe und Empfänger. Zwei ‚horizontale' Gabebewegungen [innertrintarisch und ekklesial – KK] treten hinzu. Und diese Struktur stellt sich nicht als eine rein formale bloß verschiedener Bewegungsrichtungen dar, sondern die Bewegungen sind in ihrer Gestalt verschieden je nach dem, ‚was' gegeben wird" (Gabe 442–443).

Das Vorgehen der gabetheologischen Betrachtung des eucharistischen Geschehens, wie es von Hoffmann skizziert wird, erinnert an die Beschreibung der Bewegungen, wie wir sie bei Hemmerle für die Trinität kennengelernt haben (s. oben 8.3.2). Je nach Betrachtungsrichtung ist Hemmerle ebenfalls zu einer notwendigen „Mehrfachbesetzung" der göttlichen Personen gekommen. Hier wiederholt sich eine ähnliche Betrachtung, allerdings mit dem Unterschied, dass zu den innertrinitarischen Beziehungen noch die Beziehung des dreifaltigen Gottes zum Menschen als Empfänger hinzukommt. Zur Position Jesu Christi in der Eucharistie wird dies ganz deutlich: Jesus Christus ist gabetheologisch „Geber, Gabe und Empfänger" zugleich, je nach Perspektive (Gabe 441–443). Diese mehrfachen Perspektiven sind substanztheologisch oder systemtheoretisch nicht mehr zu formulieren.

Hoffmann gibt einen dichten Vorblick auf das komplexe eucharistische Geschehen und auf die Mehrfachbesetzungen der Positionen: „Es wird sich so zum anderen erweisen, dass Gott und Mensch jeweils auf allen Positionen zu finden sind: auf der des Gebers wie des Empfängers wie der (Selbst-)Gabe. Zum anderen ist damit mitgesagt, dass der Mensch nie das exklusive Subjekt der Gabebewegung ist. Und schließlich wird die gabetheologische Reflexion die Bedeutung der Christologie für das Verständnis der Eucharistie hervorheben: Es handelt sich nicht einfach um einen Dialog, ein Gegenüber oder Ineinander von ‚Gott und Mensch', sondern der ‚eine Mittler Jesus Christus' nimmt in eigener Weise alle drei Positionen – Gabe, Geber, Empfänger – ein. [So lässt sich] die [christologische] Formulierung des ‚unvermischt und ungetrennt' im Blick auf die anabatische und katabatische Geberichtung [...] im Blick auf Geber, Empfänger und Gaben systematisch entfalten" (Gabe 443).

---

[133] Ausführlich in Gabe 409–464.

Skizzieren wir in kurzen Worten, in welcher Weise die verschiedenen Personen und Momente in der eucharistischen Gabehandlung interagieren.

12.2.2.2.1 Geber der Gabe

Das anamnetische Gebet erinnert daran, dass das Heil in Kreuz und Auferstehung Jesu Christi gegeben ist, das als Gabe und Verheißung den Gläubigen zuteil wird. Gott ist „die erste Gabe“. Gott ist dabei fraglos der Geber. In der Selbst-Hingabe gibt der Sohn Jesus Christus Erlösung und Heil. Der Heilige Geist gibt diesem Geschehen in der Eucharistie Wirksamkeit und Wirklichkeit. Der Vater gibt in und durch Jesus Christus, wir empfangen. Die Rolle von Geber und Spender ist damit geklärt. Der Priester ist nicht Spender, sondern Anführer der Gläubigen.

An dieser Stelle legt es auch nahe, über die theologische Qualifizierung des priesterlichen Handelns als „in persona Christi“ nachzudenken. Die Bezeichnung ist weiterhin sinnvoll, wenn sie im Zusammenhang von bestimmten Handlungen von Priestern und anderen beauftragten Personen verwendet wird. Sie wird allerdings problematisch, wenn sie substanzhaft gebraucht wird, d. h. personalisiert wird. Dann träte die Person des Priesters substanz- und personhaft an die Stelle der Person Christi. Kurzschlüsse und Missverständnisse sind damit gegeben.

Walter Kasper klärt die Verhältnisse: „Primär ist die Eucharistie als Ganze Epiklese. Die in den verschiedenen liturgischen Traditionen unterschiedlich platzierte und interpretierte spezielle Epiklese macht den Gebetscharakter des Ganzen nur ausdrücklich. Sie macht deutlich, dass die Eucharistie nicht in die Verfügung der Kirche beziehungsweise des Klerus gestellt ist, dass es in der Eucharistie keinerlei Automatismus gibt, dass diese vielmehr demütiges wie vollmächtiges Gebet um das Wirken des Heiligen Geistes ist. Deshalb kommt der Erneuerung der Epiklese in der nachkonziliaren Messliturgie eminente grundsätzliche wie ökumenische Bedeutung zu“.[134]

12.2.2.2.2 Gabe der Eucharistie

Im Mittelpunkt der theologischen Aufmerksamkeit und im Mittelpunkt der eucharistischen Frömmigkeit steht seit langer Zeit die *Gabe,* und dabei vor allem die Gabe des Brotes, die Verwandlung des Brotes zum Leib Christi, die sogenannte Transsubstantiation oder entsprechende Begrifflichkeiten. Wie ist die Situation heute?

12.2.2.2.2.1 Transsubstantiation

Das Interesse an der Brot-Substanz findet sich zum ersten Mal im Messkanon ab dem 5. Jahrhundert.[135] Hier wurde bei den Wandlungsworten über das Brot gesagt: „Das

---

[134] Kasper, Walter (2010), Die Liturgie der Kirche, Freiburg, 281; vgl. ders., Kirche, a. a. O., 204–205; Böhnke, Kirche, 183

[135] S. Lehmann, Karl, Pannenberg, Wolfhart (1986), Lehrverurteilungen – kirchentrennend? 1. Rechtfertigung, Sakramente und Amt im Zeitalter der Reformation und heute, Freiburg,

ist mein Leib". Den Leib Christi, in den die Brotsubstanz verwandelt wird, verstand man demgemäß wie eine für sich bestehende heilige Sache, die in der „Hostie" (wörtlich: Opfertier) enthalten war. Die Transsubstantiationslehre der lateinischen Kirche wurde in die aristotelisch-philosophische Begrifflichkeit gefasst. Im 9. Jahrhundert hat Paschasius Radbertus erstmals von einem Verwandlungswunder gesprochen, wofür Ratramnus ihn damals in einer Gegenschrift tadelte. Im 11. Jahrhundert stritt sich Berengar von Tours mit Lanfranc von Bec über dieselbe Frage, wurde aber von Rom genötigt, sich zu dem Wunder der Transsubstantiation zu bekennen. 1215 kanonisierte die 4. Lateransynode, was Papst Gelasius I. im 5. Jahrhundert noch verneint hatte, dass nämlich Brot und Wein beim Abendmahlsritus aufhörten, Brot und Wein zu sein, und nur noch Leib Christi seien. Man tat dies anhand des Neologismus „transsubstantiare (die Substanz austauschen)". Seit Papst Innozenz III. gilt das Sprechen der Einsetzungsworte durch den Priester als der Moment der Wandlung oder Konsekration. Die Worte „Dies ist mein Leib" wurden daher auch Konsekrationsworte genannt. Gotthold Ephraim Lessing hat 1770 Berengars Schriften wiedergefunden und darauf hingewiesen, wie Orthodoxie die Seiten wechseln kann.

12.2.2.2.2.2 Transsubstantiation nach Ratzinger

Der Begriff der Transsubstantiation wird heute in der Theologie weitgehend vermieden, weil schwer zu erklären ist, was damit wirklich gemeint sei. Der Begriff war schon immer ein Neologismus. Es sei denn, dass man heute einen neuen Neologismus findet wie etwa Helmut Hoping, der von „Umsubstantialisierung" spricht.

Joseph Ratzinger hat bis vor kurzem noch auf die Transsubstantiation zurückgegriffen, wenn er in der *Professio fidei* 11 mahnt, „die Lehre von der wirklichen und substantiellen Gegenwart Christi in der Eucharistie" sei zu halten. Oder wenn er in einem Artikel zur Transsubstantiation äußert: „Die These, mit Brot und Wein gehe eine ‚Substanzverwandlung' vor sich, ist die philosophische Formulierung eines glaubensmäßigen Sachverhalts, die ihrerseits unmittelbar an physikalische Aussagen grenzt".[136]

Doch scheint eine gewisse Unsicherheit sichtbar zu werden, welche Wirklichkeit mit der Substanz denn tatsächlich gemeint sei, wenn er später äußert: „Was scheinbar Spiel ist, die Eucharistie, ist mehr Wirklichkeit als die Dinge, mit denen wir täglich umgehen. Hier ist die eigentliche Wirklichkeit. Hier ist der Maßstab, die Mitte, und hier begegnen wir der Wirklichkeit selbst, an der wir alle andere Wirklichkeit messen lernen sollten", und er dann die Gewissheit, welche Realität denn mit der Substanz gemeint, völlig aufgibt: Die eucharistische Verwandlung „bezieht sich per definitionem nicht auf das, was erscheint, sondern auf das, was nie erscheinen kann".[137]

98–113. Zu den Folgen eucharistischer Frömmigkeit wie Hostien etc. s. Böhnke, Kirche, 178, Verweyen, Fragen, a. a. O., 69.

[136] Ratzinger, Joseph (1967), Das Problem der Transsubstantiation und die Frage nach dem Sinn der Eucharistie, in: Theologische Quartalschrift 147 (1967), 129–158, hier 145.

[137] Ratzinger, Joseph (2001), Gott ist uns nahe. Eucharistie: Mitte des Lebens, 87 f.

Helmut Hoping unterstreicht diese und ähnliche Aussagen Ratzingers: „Gegenüber einem ‚naiven' Realismus, der den historischen, gekreuzigten Leib Jesu mit dem eucharistischen Leib unterschiedslos identifiziert und von einem eucharistischen Essen des Fleisches Christi spricht, zeigt Ratzinger mit Hilfe erhellender Erläuterungen zum Substanzbegriff, dass sich die eucharistische Wesensverwandlung nicht auf die species der Gaben bezieht, nicht auf die Atome und Quanten von Brot und Wein, also das materiell Messbare, sondern auf den nicht messbaren Grund ihres Seins".[138]

Auch die Formulierung der „Umsubstantialisierung" von Hoping ist ein Neologismus, der an der Unverständlichkeit der Aussage wenig ändert. Sie vermag nicht zu erklären, wie eine Substanz, die eine autonome Entität ist, plötzlich in ein anderes Was? umgewandelt werden kann. Die neue Begrifflichkeit ist offensichtlich Joseph Ratzinger verdankt. Auf der anderen Seite hatte doch Ratzinger in der Diskussion um die Subsistenz der Kirche, das „subsistit", selbst darauf bestanden, dass eine solche Umsubstantialisierung nicht gehe: „Das geht nur einmal, und die Vorstellung, das Subsistit sei zu multiplizieren, verfehlt genau das Gemeinte. Mit dem Wort subsistit wollte das Konzil das Besondere und nicht Multiplizierbare der katholischen Kirche ausdrücken: Es gibt die Kirche als Subjekt in der geschichtlichen Wirklichkeit" (s. oben 12.1.2).

Inzwischen hat Papst Benedikt XVI. seine frühere Redeweise offensichtlich geändert. Er spricht nun von der Wandlung und der „Verwandlung", allerdings nicht von einer Substanz, sondern der Innerlichkeit. Besonders deutlich hat er diese Ansicht bei der Eucharistiefeier des Weltjugendtags 2005 in Köln vorgetragen. Dazu ein Auszug aus der Predigt:

„Wie kann Jesus seinen Leib austeilen und sein Blut? Indem er Brot zu seinem Leib und Wein zu seinem Blut macht und austeilt, nimmt er seinen Tod vorweg, nimmt er ihn von innen her an und verwandelt ihn in eine Tat der Liebe. Was von außen her brutale Gewalt ist, wird von innen her ein Akt der Liebe, die sich selber schenkt, ganz und gar. Dies ist die eigentliche Wandlung, die im Abendmahlssaal geschah und die dazu bestimmt war, einen Prozess der Verwandlungen in Gang zu bringen, dessen letztes Ziel die Verwandlung der Welt dahin ist, dass Gott alles in allem sei. Alle Menschen warten immer schon irgendwie in ihrem Herzen auf eine Veränderung und Verwandlung der Welt. Dies nun ist der zentrale Verwandlungsakt, der allein wirklich die Welt erneuern kann: Gewalt wird in Liebe umgewandelt und so Tod in Leben. Weil er den Tod in Liebe umformt, darum ist der Tod als solcher schon von innen her überwunden und Auferstehung schon in ihm da. Der Tod ist gleichsam von innen verwundet und kann nicht mehr das letzte Wort sein. Das ist sozusagen die Kernspaltung im Innersten des Seins – der Sieg der Liebe über den Hass, der Sieg der Liebe über den Tod. Nur von dieser innersten Explosion des Guten her, das das Böse überwindet, kann dann die Kette der Verwandlungen ausgehen, die allmählich die Welt umformt. Alle anderen Veränderungen bleiben oberflächlich und retten nicht. Darum sprechen wir von Erlösung: Das zuinnerst Notwendige ist geschehen,

[138] Hoping, Helmut (2006), Gemeinschaft mit Christus. Christologie und Liturgie bei Joseph Ratzinger, in: Internationale Katholische Zeitschrift „Communio" 35 (2006) 558–572, hier 568.

und wir können in diesen Vorgang hineintreten. Jesus kann seinen Leib austeilen, weil er wirklich sich selber gibt".[139]

Bemerkenswert war, dass der Papst diese Rede vor Jugendlichen hielt. Jugendliche meiner Pfarrei, die in Köln dabei waren, habe ich interessiert gefragt, was der Papst beim Gottesdienst gesagt habe. Die Reaktion war enttäuschend. Der große Teil konnte sich überhaupt nicht erinnern. Wenige sagten etwas von irgendwelchen Wandlungen, die sie aber nicht verstanden hätten. Interessanterweise fand ich Monate später eine Glosse eines Sprachkritikers in der SZ, der eben den Ausschnitt der Rede, den ich zitierte, als Beispiel einer typisch verquasten Sprache der Predigten in den heutigen Kirchen kommentierte. Ähnliches widerfuhr dem Papst beim nächsten Weltjugendtag im Jahr 2008 in Sydney, wo Reporter nach dem Sinn der Ansprache fragten und keiner antworten konnte. Selbst der Pressesprecher des Vatikan Lombardi war überfragt und antwortete, er müsse die Predigt erst noch einmal genauer nachlesen.

12.2.2.2.2.3 Welche Gabe?

Eucharistie ist nicht nur das Zueinander von Gott und Mensch, sondern in diesem Zueinander ist vor allem auch die eucharistische Gabe zu beachten. Jedes Geben erfordert eine sichtbare Gabe: „Die sichtbare Gabe – das Objekt, die Geste – wird, so eine weitere Annahme der Gabetheorie, durch den Vorrang des Gebens nicht vollkommen marginalisiert. Vielmehr stellt sie den symbolischen Ausdruck, die symbolische Vermittlung jener Selbstgabe dar, die sich im Geben vollzieht. So schließt die Selbstgabe nicht aus, sondern ein, dass in dieser Gabe ‚etwas' gegeben wird, weil sie eben nicht abstrakt, sondern konkret, gewissermaßen inkarniert vollzieht. In derselben Weise wird die Gegenwart des Gottesgeistes nicht nur behauptet und erbeten, wo es um Gottes Selbstgabe ‚schlechthin' geht, sondern gerade auch an denjenigen Orten, wo *communio* und *caritas* von Gott und Mensch ihre symbolische Darstellung finden: z. B. [...] im Blick auf die Sakramente, insbesondre die Taufe oder die eucharistischen Epiklesen, und bezüglich der Charismen, durch die Menschen einander und ihrer Gemeinschaft, der Kirche, Gottes Gegenwart zusprechen" (Gabe 532).

In jedem Geben ist die Gabe ein zentrales Moment. Ist Eucharistie vor allem ein Beziehungsgeschehen zwischen Gott und Mensch, darf darüber die Gabe nicht vernachlässigt oder übersehen werden. Je nach Motivation des Gebens wird die Gestalt der Gabe sich ändern. Für die eucharistische Gabe ist dies eine kruziale Frage, worauf Hoffmann hinweist: „So nehmen Darstellungen, die sich vor allem an den beiden Bewegungsrichtungen – katabatisch, anabatisch – und ihrem – dialogischen, verschränkten – Zueinander orientieren, ein weiteres gabetheologisch wesentliches Element häufig nicht genau genug in den Blick: Nicht nur die Bewegungsrichtung und die Frage, *wer* jeweils der Geber und wer Empfänger ist, sind zu beobachten – und führen zu mehr als einer Antwort. Auch die *Gestalt* der Bewegung: *was* und *wie* hier gegeben wird, kann je nach Zusammenhang sehr unterschiedlich sein. Aber weder

[139] Verlautbarungen des Apostolischen Stuhles, hg. vom Sekretariat der Deutschen Bischofskonferenz; 169, 85–90, hier 85–86.

die Struktur ‚Gegenüber/Dialog' noch diejenige des ‚Ineinander' bietet eine klare Verortung der Frage, die beispielweise im Blick auf den Opferaspekt der Eucharistie zentral ist: *Was* wird hier jeweils gegeben? Die materiellen Gaben, Christi Leib und Blut, oder geht es um personale Hingabe – dann: Christi? Unserer selbst? Zu häufig, insbesondere wenn es um ein mögliches ‚Opfer der Kirche' geht, wird diese Frage nicht genau genug gestellt" (Gabe 441).

Die Antwort auf die Frage nach der Gabe kann nur sein: Gott ist „die erste Gabe". Die Gabe Gottes ist die Hin-Gabe seines Sohnes Jesu Christi. Die Gabe Jesu Christi ist aber näher zu bestimmen: „[D]ie Gabe des Abendmahles sind nicht mehr so sehr die ‚Sachen' Leib und Blut Christi, sondern die Person Jesu Christi selbst, und zwar in der Geschichte seines Todes" (Gabe 443–4).

In der Epiklese wird der Heilige Geist um die Vergegenwärtigung des Kreuzopfers für das Heil der Gläubigen angerufen. Gott in Gestalt des Heiligen Geistes wird auf die Opfergaben herabgerufen, die eucharistischen Gaben gegenwärtig werden zu lassen. Die Gläubigen erflehen das Herabkommen des Heiligen Geistes, die Gaben zu empfangen; der Priester spricht für sie das Gebet der Epiklese. Die Gabe ist die Vergegenwärtigung des Kreuzesopfers. Vergegenwärtigt werden soll die Hin-"Gabe" Jesu Christi an den Vater für das Heil der Welt. Wie vermag die Hin-Gabe Jesu Christi zur gegenwärtigen Gabe an die Gläubigen zu werden? Nicht anders als durch das „Geben" Jesu Christi selbst. Es ist das Geben Jesu Christi, das sich in der Eucharistie vollzieht. Es ist das eigentliche Geheimnis des eucharistischen Geschehens, dass die Hingabe Jesu an den Vater in der Kraft des Heiligen Geistes Gegenwart wird zum Heil der Menschen. Die Vergegenwärtigung der Hingabe Jesu ist kein nur geistiger Vorgang; er wird real-präsent, konkret und somit auch sichtbar. Deshalb ist die geistige Gabe des Opfers Jesu Christi sichtbar und konkret in Brot und Wein als „Leib" und „Blut" des Herrn.

In der Perspektive des ganzen Gabegeschehens wird deutlich, dass es nicht zuerst um die Substantiierung und Materialisierung der Gaben geht, wie die Gabe traditionell ausgelegt wird: Hostie als Gegenstand – Leib Objekt – das extra Opfer – Sühne – Stellvertretung, sondern es geht um die Vergewisserung und Sichtbarmachung der Realpräsenz des ganzen Gebegeschehens.[140]

12.2.2.2.3 Empfänger

In der Epiklese wird der Heilige Geist um die Vergegenwärtigung des Kreuzopfers für das Heil der Gläubigen angerufen. Aber die Gläubigen sind nicht nur die Flehenden und die Gabe des Heiligen Geistes Empfangenden. Die Menschheit ist im Menschen Jesus Christus ebenfalls vertreten. Jesus steht zugleich auf der Seite der Geber und Empfänger.

„Will man […] Verkürzungen entgehen, scheint es tatsächlich zu einfach, beim Modell eines ‚Gegenüber' von Gott und Mensch und einem ‚Dialog' zwischen ihnen stehen zu bleiben. Geht man stattdessen von einer Hineinnahme des Menschen in

[140] Zu den Begriffen Opfer, Sühne, Hostie u. a. s. Gabe

Gottes katabatische Bewegung und einer Aufnahme der menschlichen anabasis durch Christus aus, so führt das zu ‚Mehrfachbesetzungen', die in einem dialogischen Schema kaum beschreibbar sind. Sie sind struktural zu bedenken. Eben diese Mehrfachbesetzungen wiederum sind es aber, die verhindern, dass im reinen ‚Gegenüber' von Gott und Mensch ein gegenseitiger Ausschluss, wenn nicht gar eine Konkurrenz, von göttlichem und menschlichem Handeln entsteht. Dieser Gefahr ist eucharistietheologisch wie überall sinnvoll mit trinitarischen und christologischen Denkmustern zu begegnen. Deren Stärke besteht eben darin, komplexere Verhältnisse zu etablieren als solche, die mit Hilfe von Metaphern ‚Dialog' und ‚Gegenüber' sachgerecht abgebildet werden könnten" (Gabe 441).

Jesus steht so nicht nur auf der Seite des Gebers und der Gabe, sondern auch auf der Seite der Menschen, die die eucharistische Gabe empfangen. Erst durch das Einstehen Jesu für die Menschheit durch sein Opfer wird das eucharistische Gebegeschehen möglich. Er hat alles Menschliche auf sich genommen und ertragen, um die Menschen mit Gott zu versöhnen und so Versöhnung erst möglich zu machen. Es ist deshalb der doppelte Sinn der Gabe, den Jesus in der Eucharistie vertritt. Die eucharistische „Hin"-"Gabe" Jesu Christi ist einmal die „erste Gabe" Gottes an die Menschen, es ist aber auch die letzte „Hin"-Gabe des Menschen Jesus an Gott den Vater.

An der Hin-Gabe Jesu ist zu erkennen, dass die Gabe der Menschen als Empfänger keine Nebensächlichkeit ist. Der Mensch ist in der Eucharistie nicht nur passiver Empfänger. In Jesus wird dies überaus deutlich. Aber nicht nur Jesus vertritt die Menschen, sondern er lädt alle ein: ‚Tut dasselbe zu meinem Gedächtnis'. Der Empfänger ist nicht weniger zur Hin-Gabe angehalten, es Jesus gleich zu tun. Gabetheologisch spricht man von der „zweiten Gabe", die zu dem authentischen Geben hinzukommen muss. Man spricht sogar mit Ricoeur von einer „ersten zweiten Gabe", weil sie in keiner Weise von der ersten Gabe des Gebers ernötigt wird, sondern den Empfänger aus voller Freiheit einfordert.

„Indem charis selbst sowohl ‚Gnade' als auch ‚Dank' heißen kann, hält das Wort göttliches und menschliches Handeln unauflösbar zusammen: ‚Schon der pagane Begriff bezeichnet sowohl das ‚Sich-Herabneigen' des einen als auch den ‚Dank' des anderen, aber auch ‚Anmut' und ‚Schönheit' – also das freie, unerzwingbare, glückhaft geschenkte Offensein füreinander, daher im Verhältnis zu Gott das von ihm geschenkte ‚Heil' und den ‚Dank' des Menschen zugleich'. Es macht gerade die Anmut der Gnade aus, dass sie nicht nur von Gott zum Menschen geht, sondern als zwischenmenschlich angereicherte wieder zu Gott zurückkehrt. Den buchstäblich schönsten Gebrauch, den wir von der charis machen können, ist die eucharistia, der Dank. Mit ihm geben wir Gott zurück, was wir empfangen haben. Wir geben Gott aus Seiner/Ihrer Hand (vgl. 1 Chr 29,14b)".[141]

Die Gabe der Gläubigen ist vor allem Dank, Opfer und Nachfolge Christi: „Der darbringende Dank ist die beste Weise, eine Gabe als Geschenk eines anderen zu empfangen und zu gebrauchen" (Gabe 435). Es sei erinnert an Ricoeurs Durchgang durch die Bedeutungen des Wortes „reconnaissance" („Anerkennung). Das „Erken-

[141] Frettlöh, Anmut, a. a. O., 19.

nen“, „(Sich-)Wiederkennen“ schließt mit „Dankbarkeit“ ab: „3. Dankbarkeit („reconnaissance“): ‚Durch Dankbarkeit bezeugen, dass man jemand gegenüber in Schuld ist‘“ (Wege 31). Es ist das Kernwort der Gabephilosophie und des Selbst als „Selbst-Bezeugung“ (s. o. 8.3.2.2).

Und: „Es ist heute gemeinsame ökumenische Überzeugung, dass das Opfer der Christen in ihrer Selbsthingabe besteht, in der Bitte an den Vater, sich dem Lebensopfer Jesu Christi anschließen zu dürfen“ (Gabe 439–440 Anm. 441). In dieser Weise ist auch vom „Opfer der Kirche“ zu sprechen: Nicht Sachgabe, consecrata, sondern Selbstgabe; siehe Röm 12,1: ‚euch selbst als lebendiges und heiliges Opfer darzubringen‘ (Gabe 435–439).

Die Gemeinschaft im Geist schafft unter den Gläubigen eine neue Gemeinsamkeit, die Vereinigung in der neuen Gemeinschaft der Kirche, eine Gemeinschaft für das Leben der Welt. Böhnke hat entsprechenden Aussagen bei Hemmerle dazu gefunden und zusammengestellt:

„Ausgesprochen epikletisch beschließt Hemmerle seine Phänomenologie im Bedenken des Ursprungs der gegenseitigen Bewegung: ‚Was nottut, ist der Geist, jener Geist, der bei der Eucharistiefeier in der Epiklese auf das Brot niedergerufen wird, um es zu verwandeln in den Leib des auferstandenen Herrn. Dieser Geist, der creator und sanctificator spiritus, muss uns erfüllen, verwandeln, verbinden zum einen lebendigen Leib des Herrn für das Leben der Welt‘ (AS IV, 187). In der Epiklese ruft die Menschheit ‚nach dem Leben, das erfüllt und frei macht. Sie ruft nach jedem verbindenden Element‘ (ebd.), das der Geist als sich selbst gebende Ursprünglichkeit, zugleich freiheits- und gemeinschaftssetzend, ist. Das Anselmsche Axiom ‚Deus semper maior‘ wird hier in ein ‚Spiritus semper prior‘ umformuliert, wobei die Priorität als frei gewährende Implikation jedes freien Aktes aufgewiesen werden kann. Gemeinschaft erscheint als von sich gebender Ursprünglichkeit umfangene Gleichursprünglichkeit, in der zur Genese von Gemeinschaft das universale Gesetz der Gegenbewegung wie auch das universale Gesetz der doppelten Voraussetzung gilt. Gemeinschaft wird phänomenologisch erschlossen als ‚gegenseitiges Einswerden‘, anders ausgedrückt als ‚Einheit in Mehrursprünglichkeit‘. Und dies durchaus mit ontologischem Anspruch, gilt doch den Thesen zur trinitarischen Ontologie zufolge ‚Einheit als Mehrursprünglichkeit‘ (Thesen 142) als das Gesetz der höchsten Wirklichkeit, des trinitarischen Lebens Gottes und damit auch als Gesetz jedweder an dieser höchsten Wirklichkeit teilhabenden Wirklichkeit. ‚Einheit in Mehrursprünglichkeit‘ ist für Klaus Hemmerle strukturelles Charakteristikum von Subjekt, Gemeinschaft und zugleich der ‚Sinn des Seins‘. Die als Gemeinschaft verstandene Einheit prägt sowohl das Einheits- als auch das Freiheitsverständnis bei Klaus Hemmerle“.[142]

12.2.3 Epikletische Kirche

„Wo zwei oder drei in meinem Namen versammelt sind, da bin ich mitten unter ihnen“, hat Jesus versprochen (Mt 18,20). Diese Geistesgegenwart Gottes kann nicht

[142] Böhnke, Gemeinschaft, a. a. O., 288.

einfach vorausgesetzt werden; sie muss immer wieder aufs Neue erbeten werden, was in der Epiklese geschieht. Sie ist in allen ihren Formen nicht als Zuspruch zu verstehen, sondern als bittende Anrufung Gottes über einer Sache (z. B. Taufwasser, Abendmahlsgaben) oder über Personen (Gemeinde als Predigthörerin, Täuflinge, Abendmahls- oder Trauergemeinde).

Die Epiklese ist zunächst die erwartungsvolle Gebetshaltung der Gemeinde, die im Gottesdienst vor den unsichtbaren Gott tritt, um sich seiner Gegenwart zu vergewissern. Diese wird in der liturgischen Tradition häufig als Gegenwart des Heiligen Geistes formuliert. Wenn wir Gott loben, seinen Segen erbitten, uns von ihm in die Verantwortung christlicher Lebensgestaltung hinein senden lassen, in Klage und Bitte uns singend und betend an Gott wenden, das aufmerksame Hören seines Wortes bedenken, Kinder (und Erwachsene) durch die Taufe in seine Gemeinde aufnehmen, im Bekennen der Sünde Buße tun oder im Abendmahl die Gaben des Heils empfangen, so tun wir dies alles in der Grundhaltung der Epiklese. Diese wird im Verlauf eines Gottesdienstes an einzelnen Stellen liturgisch verdichtet und konkretisiert, z. B. in einem Gruß- oder Eingangswort, im ersten Lied im Sammlungsteil, in der Offenen Schuld mit Absolutionsbitte, in der Taufliturgie, vor dem Anhören der Predigt, als Vorzeichen oder Klammer der Fürbitten oder in Verbindung mit dem Gedenken an die Heilstaten Gottes in der Eucharistie. Gottes Geistesgegenwart auf dem liturgischen Weg.

In ihrer Geschichte gibt es im Blick auf die Epiklese verschiedene Akzente, die teilweise auch vom De-tempore-Charakter der Liturgie mitbestimmt sind. Beispiele sind die Bitte um die Gegenwart des auferstandenen Christus in der österlichen Mahlfeier („Herr, bleibe bei uns; denn es will Abend werden" Lk 24,29); die Bitte um das Wirken des Heiligen Geistes als Kraft zur Versöhnung und zum Frieden in der Pfingstfeier; die Bitte um den Geistsegen über der Abendmahl feiernden Gemeinde, dass sie, vereinigt mit Christus, ein Leib werde, oder wie in den christlichen Traditionen die Bitte um die Wandlung der Opfergaben von Brot und Wein zu den Heilsgaben von Leib und Blut Christi. Man spricht dann z. B. von einer Kommunion- oder einer Wandlungs- bzw. Gabenepiklese, was auch aus der liturgischen Stelle der entsprechenden Epiklesebitte hervorgeht. Schon früh, etwa bei Cyrill von Jerusalem im 4. Jahrhundert, wurde der ganze Messkanon epikletisch gedeutet (Kirche 177). Auch Rom kannte keine ausgebaute Epiklese im Sinne der orientalischen Kirchen; der ganze Messkanon wurde als eine einzige Epiklese verstanden. Mitunter wird die Epiklese statt als Bitte als performativer Sprechakt verstanden, der die Wirklichkeit, von der er spricht, selber mit herbeiführt.[143]

Böhnke spricht insgesamt von der epikletischen Kirche. Er kann die Zustimmung von Walter Kasper dafür finden: „Die Bedeutung des Heiligen Geistes für die Sakramente wurde vor allem durch die Neubelebung der Epiklese, das heißt die An- und

---

143 Ehrensperger, Alfred, Epiklese: Das Bitten um Gottes Gegenwart im Gottesdienst, Liturgische Kommission Schweiz (nach Böhnke, Kirche, 44); Gamber, Klaus (1988), Die Epiklese im abendländischen Eucharistiegebet, Regensburg 1988; Winkler, Gabriele (1994), Nochmals zu den Anfängen der Epiklese und des Sanctus im Eucharistischen Hochgebet, in: Theologische Quartalschrift 174 (1994), 214–231.

Herabrufung des Heiligen Geistes bei der Feier der Eucharistie und der anderen Sakramente herausgestellt. So hat die Kirche insgesamt eine epikletische Struktur. Ihre Vollmacht ist kein selbstherrliches Verfügen über das Wort Gottes und die Gnade. Sie muß vielmehr immer wieder hören, was der Geist den Gemeinden sagt (Offb 2,7.11.17.29 u. a.). Bei der Feier der Sakramente kann sie nur vollmächtig um das Kommen des Heiligen Geistes bitten. Die Kirche lebt aus dem beständigen Gebetsruf: ‚Veni, Sancte Spiritus'".[144]

12.2.4 Creatura Verbi – missio

Die Kirche ist „creatura verbi". Kirche ist Ursakrament; sie ist sakramentale Heilsvermittlerin. Sie ist ebenso Hörer des Wortes Gottes und Empfänger der Heiligen Schrift. Hemmerle findet das Wort von der „creatio verbi (Geschöpf des Wortes)" bei Bonaventura und nimmt es zum Ausgang eines „Neuen Modells" für Ekklesiologie. Das neue Modell der Kirche sei in Hemmerles eigenen Worten vorgestellt: „Gewohnter Weise geht Ekklesiologie, theologische Lehre von der Kirche, anders vor. Sie sucht entweder den geschichtlichen Weg, wie es von Jesus und seinem Evangelium zur Gemeinde, zur Kirche kam, nachzuzeichnen und aus diesem Weg die unveräußerlichen Merkmale der wahren Kirche Christi herauszustellen; oder sie fragt nach den Bedingungen, unter denen Werk und Person Christi in der Geschichte gegenwärtig und wirksam bleiben können, und stößt von hier aus zu den Grundzügen von Kirche vor; oder nochmals anders, sie entfaltet grundlegende Bilder der Kirche aus Schrift und Tradition und fügt in sie die wesentlichen Bestimmungen ein, die zur Identität und Integrität der Kirche hinzugehören. Bonaventura zeigt demgegenüber einen – man kann das auch heute noch angesichts so vieler ekklesiologischer Entwürfe unseres zu Ende gehenden ‚Zeitalters der Kirche' sagen – neuen Weg ein: Kirche ist ihm Geschichte, aber er liest die faktische Gestalt der Geschichte von Kirche auf eine innere Geschichte hin, die immer und überall und doch je neu geschieht, solange Kirche geschieht. Kirche ist die Geschichte des Wortes Gottes, der Vollzug seines Ansatzes. Gewiß kann diese innere Geschichte von Kirche nicht der Bewährung und Entfaltung an der äußeren entbehren, gewiß kann sie nicht eine Betrachtung etwa des apostolischen und marianischen Prinzips in ihr oder der Bedeutung von Amt, Sakramenten und Charismen ablösen. Aber wie das alles nicht ein spätgotischer Kapellenkranz um eine romanische Kathedrale, wie das alles nicht bloß sekundäre Aus- und Nachwirkung primärer evangelischer Wahrheit ist, das kann an der Alternative Bonaventuras deutlich werden, und hierfür kann diese Alternative den strukturalen Aufriß geben, der sich ins übersprungene Detail hinein ausarbeiten läßt. Vor allem aber ist Bonaventuras Alternative der Hinweis auf die mögliche und nötige Synthese zwischen Kirche als Bestand und Kirche als Vollzug. […] [Bonaventura] spricht von der Kirche als dem Geschöpf des Wortes (creatura verbi)" (Nachfolge 40–42).

Hemmerle zeichnet den Vollzug der Kirche als Wortgeschehen mit Bonaventura nach. Es ist die Bonaventura eigene Beschreibung von Kirche als „Gesetz (lex)",

[144] Kasper, Kirche, a. a. O., 204 f.; vgl. Verweyen, Fragen, a. a. O., 62–63.

„Friede (pax)" und „Lob (laus)". Es sind Merkmale der Kirche, die keine Bestände markieren, sondern Vollzüge des Wortgeschehens sind: „Kirche als Adressat des Wortes wird bestimmt als ‚die Einung der Verständigen, die eines Sinnes und in gemeinsamer Prägung leben, indem sie eines Sinnes und in gemeinsamer Prägung achten auf das Gesetz Gottes, einmütig und in gemeinsamer Prägung zusammenhalten im Frieden Gottes und einmütig und in gemeinsamer Prägung übereinstimmen im Lob Gottes. Doch dies ist aufeinander hin geordnet; denn Lob kann nicht sein, wo nicht Friede, und göttlicher Friede kann nicht sein, wo nicht Beobachtung des göttlichen Gesetzes herrscht' (Hexaemeron I,2).

Kirche wird also konstituiert durch eine Geschichte, und diese ist Geschichte ihrer Glieder miteinander in der gemeinsamen Geschichte mit dem Wort Gottes, mehr noch: Geschichte des Wortes Gottes selber [...].

Zeichnen wir diese Geschichte aus ihren inneren Momenten nach, auf die Hinweise Bonaventuras achtend, die freilich mehr Stenogramm als breite Exegese dieses Weges sind. Das Wort Gottes tritt in dreifacher Stellung auf: in der Stellung des Gesetzes, des Friedens und des Lobes. In allen drei Stellungen bewirkt dieses Wort ein Verhältnis derer, die ihm folgen, zu ihm und zueinander, und immer ist dieses Verhältnis das der Einmütigkeit (concordia) und der gemeinsamen Prägung aller durch das eine, gemeinsame Prinzip (uniformitas)" (Nachfolge 38–39).

Hemmerle zeichnet dann die Bewegung des Wortgeschehens für die Kirche nach. Die Bewegung des Wortgeschehens machen die Merkmale der Kirche nach Bonaventura aus:

„Wie kommt das Wort Gottes zu solch dreifacher Stellung, was unterscheidet die drei Stellungen voneinander?"

„Gesetz" – „Im ersten Fall, als Gesetz, ist das Wort das schlechterdings vorgängige, es kommt zur Gegebenheit allein von Gott her auf die Menschen zu, wird von seinem Ursprung her das Maßgebliche. Solches Maßgeben wird von Bonaventura freilich nicht als statische Vorhandenheit, sondern als lebendiges Wirken verstanden – er erinnert an die Feuersäule, die mit dem Volk Israel durch die Wüste zieht und an deren Bewegung allen offenbar wurde, ob zu handeln, ob zu ruhen ist; entsprechend solle auch die Kirche in gemeinsamem Hinblick auf das eine Wort Gottes ihre Einheit finden".

„Friede" – „Im zweiten Fall, als Friede, hat das Wort den Ort seines Aufgangs im Zwischen. Indem alle in der Kirche dem Wort folgen, wird es zum Wort in ihnen, wird es zum innerlich sie bewegenden Prinzip, von dem her das Verhältnis des einen zum anderen sich gestaltet. Aus dem Leben der Kirche und derer, die sie sind, geht Gottes Wort auf, und darin geht es als Friede auf. [...] Bonaventura vertieft dies durch den Hinweis auf die zentrale Stellung des neuen Gebotes, der gegenseitigen Liebe (vgl. Joh 13, 34 f). [...] Er findet hier die kühne ‚Definition': ‚Kirche heißt gegenseitige Liebe'".[145]

„Lob" – „Im dritten Fall, als Lob, reißt das Wort erneut die ‚vertikale' Dimension auf. Sein Ort ist wiederum das Zwischen, aber ein anderes Zwischen: Ursprung des Wortes, aus dem es aufsteigt, ist nun die Kirche, die in diesem Wort den Frieden, die

[145] „Ecclesia enim mutuo se diligens est", Hexaemeron I, 4.

Einheit als ihre Existenzweise gefunden hat; ihre antwortende Spontaneität vollbringt das Wort und bringt es über sich hinaus, zurück ins Herz des ersten Ursprungs. Zwischen Gott und uns steht sein Wort als unser Wort, im Lobpreis, in der Liturgie. Doch indem das Wort seinen Weg in unserer Nachfolge durchläuft, ‚passiert' etwas mit ihm: es bringt neue Fülle zu seinem Ursprung zurück. Bonaventura legt Wert darauf, daß der Einklang des göttlichen Lobes nicht Unisono, sondern Harmonie ist, daß die Vielfalt der konsonanten Ursprünge eingeht in die Antwort der Kirche, welche gerade so Liebe ist" (Hexaemeron I, 3–5).

Es sind die beiden Ursprünge, aus denen die Kirche ihre Quelle nimmt: die Eucharistie und das Wort Gottes. Beide Ursprünge sind Quellen, aus denen sich die Ströme des Heils und des Wortes ergießen. Beide Ursprünge entfalten sich im Leben der Kirche; das Leben der Kirche trägt die Ursprünge durch die Geschichte und Zeiten weiter; Kirche vollzieht sich lebendig durch Geschichte und Zeiten hindurch. Kirche nimmt in Geschichte und Zeit die Vollzugsgestalt von Wort und Sakrament an. Die Gestalt ergibt sich aus ihren Vollzügen des Heiles und des Wortes. Die Gestaltungen der Kirche sind die Sakramente und das Wort Gottes.

Der Bischof von Aachen Klaus Hemmerle hat die Tragweite der Grundaussagen zu communio folgendermaßen zum Ausdruck gebracht: „Seit die Communio-Ekklesiologie als Thema angeklungen ist, darf und wird sie nicht mehr zum Verstummen kommen. Sie hat zu Beginn des letzten Konzils die frühere ‚Pyramiden-Ekklesiologie' endgültig abgelöst, die den Bauplan der Kirche von der obersten Spitze der Hierarchie in einer Stufenfolge bis zur Basis der Laien zu lesen pflegte. Die Unterschiede sind keineswegs nivelliert, aber sie werden nunmehr neu interpretiert. Durch die Außerordentliche Synode (1985) ist die Communio-Theologie des Konzils verdeutlicht, und durch die letzte Synode in Rom (1987) hat sie sich in einem breiteren Rahmen durchgesetzt. Dieser Anfang muß Geschichte machen".[146]

12.3 Institution Kirche

Hemmerle weist immer wieder darauf hin: Was Kirche ist und zu sein hat, ist der Vollzug. Kirche ist für Hemmerle zuerst nicht Bestand, sondern Vollzug. Und entscheidend ist bei diesem Ansatz, dass der Bestand oder die Institution der Kirche aus dem Vollzug hervorgeht. Nicht umgekehrt, als ob zuerst die Institution errichtet sein müsste, damit Kirche werde. So liest er das Wesen der Kirche seit Bonaventura: „Es kommt Bonaventura selbstverständlich auf diese Institution Kirche an; aber was sie zur Kirche macht, genauer: was sie als Kirche existieren läßt und was sie als Kirche verifiziert, ist ein Vollzug" (Nachfolge 38).

Wenn diese Vorstellung nicht vorherrscht, dann kann es zu ähnlichen Spannungen und Ausfallerscheinungen kommen, wie sie oben Böhnke als Situation der Kirche in unserer Zeit genannt hatte. Hemmerle hat die Vorbehalte gegen die Kirche vor allem in Gesprächen mit Jugendlichen thematisiert: „Zwei Beobachtungen müssen in diese

[146] Hemmerle, Austausch, a. a. O., 12.

Skizze noch eingetragen werden – darauf bestanden zumal Vertreter der jungen Generation selbst –, wenn von Spiritualität die Rede ist. Die eine: Von den Institutionen und auch und gerade von der Institution Kirche will der weit überwiegende Teil der jungen Generation nichts wissen, besser: er wird von dem gar nicht berührt und beunruhigt, was sich da tut und wovon da die Rede ist.

Die andere: Auch jene, die mitmachen, auch jene, die sich ergreifen lassen, entdecken nicht selten in ihrem eigenen Leben einen Bruch oder entdecken ihn gerade nicht mehr, empfinden ihn nicht mehr, akzeptieren ihn nicht als Bruch. Gebet, Wallfahrt, Versenkung, Liturgie, auch Worte und Werte des Evangeliums erscheinen kostbar und anziehend – die Normen, die als verbindlich fürs Leben des Christen von der Kirche vorgelegt werden, gelten zugleich als unrealistisch, werden nicht im Ernst als maßgeblich fürs eigene Leben bemüht".[147]

Hemmerle ist daran gelegen, bei der Betrachtung der Kirche die Institution aus dem Vollzug der Kirche zu gewinnen. Auch hier sieht er einen Ansatz bei Bonaventura:

„Vor allem aber ist Bonaventuras Alternative der Hinweis auf die mögliche und nötige Synthese zwischen Kirche als Bestand und Kirche als Vollzug: Weil Gottes Wort die Momente kirchlichen Selbstvollzugs je schon vorumgreift, besteht Kirche [...]. Dieses von innen her geschichtliche Modell des Kirchenverständnisses überbietet jede statische und organisch-evolutive Ekklesiologie, sein streng theologischer Ansatz, sein Ausgang von Gottes Sich-Sagen könnte den Weg zeigen, warum und wie Ekklesiologie überhaupt nicht nur Zusatz und Nachtrag zum Eigentlichen der Theologie ist" (Nachfolge 41).

Der Ansatz zur Institution der Kirche ist so in der Mitte und dem Vollzug des kirchlichen Wirkens und Handelns zu suchen. Alois Grillmeier formuliert so die Institution der Kirche in seinem *Kommentar* der Konstitution *Lumen gentium* von der Mitte, der communio und der Selbstmitteilung Gottes her. Auch Institution und die hierarchische Ordnung gründen in der Selbstmitteilung des Heiligen Geistes.

„Dieses wird zu einem durchgehenden Motiv der Konstitution: die Kirche ist Kommunioneinheit in der heiligen Eucharistie, im Heiligen Geist, in der sichtbaren (hierarchischen) Leitung und in den verschiedenen Dienstleistungen. Sie ist beseelte Leibeinheit in der Verschiedenheit der Glieder und Dienste. Auch die hierarchische Ordnung, nicht bloß die charismatische Begabung, ist eine Selbstmitteilung des Geistes. Er verleiblicht sich so in der Kirche und macht so 'eine mystische Person aus vielen Personen'".[148]

Das sind die Ausgangspunkte für das Kirchenverständnis Michael Böhnkes. Wie aber „Geist" und „Recht", „geistliche Dimension" der Kirche und „Institution", von der Wurzel oder vom Vollzug her zusammenführen?

12.3.1 Treue Gottes als Fundament der Kirche

Böhnke formuliert die These seines Buches folgendermaßen: „Die Kirche und auch das Kirchenrecht gründen in der Treue Gottes. Das ist die zentrale theologische These

---

147 Hemmerle, Nachgehen, a. a. O., 11–12 (Einleitung).

148 Grillmeier, Kommentar, a. a. O., 161.

dieser Studie" (Kirche 193). Mit dieser These versucht Böhnke die Dichotomie von „Geist" und „Recht" in der Kirche zu versöhnen.

Böhnke geht, wie gesehen, davon aus, dass alle kirchlichen Vollzüge in Verkündigung und Liturgie, vor allem die sakramentalen Handlungen anamnetisch-epikletische Form haben. Er geht einen Schritt weiter und führt Epiklese und Anamnese auf die „Treue Gottes" zurück: „Sachgrund für Epiklese und Anamnese ist die verheißene Treue Gottes. Erkenntnisgrund dieser Treue ist die Anamnese des göttlichen Heilshandelns gemäß der Schrift. Die der erinnernd verheißenen Treue Gottes entsprechende Handlungs- und Autoritätsform ist die Epiklese. Sie ist die flehentlich an Gott gerichtete Bitte [...]. Das anamnetisch-epikletische Gebet ist die Form, in der sich die komplexe Wirklichkeit Kirche vollzieht. Sie ist deshalb als konstitutiv für den gläubigen Selbstvollzug der Kirche im sakramentalen Handeln zur Geltung zu bringen" (Kirche 176).

Die Treue Gottes ist der Existenzgrund der Kirche; Böhnke erkennt sie als denselben Rechtsgrund der Kirche. „Die Treue Gottes ist der Titel, in und unter dem das Recht und die ‚Eigenrechtsmacht' der Kirche als legitimiert angesehen werden kann. [...]. Insofern [kann] mit Thomas Pröpper die Treue Gottes als ‚Unbedingtheit der Liebe unter Zeitindex' verstanden werden" (Kirche 266).

Die „Treue Gottes" ist vor allem „Bundestreue" (Kirche 197). Etymologisch betrachtet haben Glauben, Treue und Wahrheit Gottes eine gemeinsame Wurzel. Es ist die Wurzel des Glaubens, אמן ('mn Hif.), wie wir oben gesehen haben (6.1.1). אֱמוּנָה *('æmûnāh)* meint den Glauben, der sich auf die Zuverlässigkeit Gottes verläßt und darin Halt findet. Das hebräische Wort für Wahrheit ist אֱמֶת *('æmæt),* was auch „Treue" bedeutet. Wahrheit ist für die Hebräer nicht zuerst logische Wahrheit, sondern Zuverlässigkeit, die sich geschichtlich bewährt. Solche Wahrheit ist Treue, in der Geschichte bewährte Wahrheit. Dies entspricht der Wahrheit im Sinne Rosenzweigs; sie ist Bewährung und zwar geschichtliche Bewährung. Solche Zuverlässigkeit und Bewährung ist vor allem für die Treue Gottes bestimmend.

Menke weist darauf hin, dass sich der Begriff der Treue im biblischen Sinn in der griechischen Welt wesentlich verändert hat. Wahrheit, die auf geschichtliche Bewährung baut, wurde zur zeitlosen und logischen Unveränderlichkeit. Gottes Treue wurde nun mit dem Attribut „ἀκίνητον (unveränderlich)" wiedergegeben Dies hatte grundsätzliche Folgen für die biblische „Bundestreue Gottes": „Es gerät aus dem Blick, dass der trinitarische Gott treu ist, weil der sich im Bund mit der eigenen Schöpfung und deren Geschichte selbst dazu bestimmt, sich von den Folgen der geschöpflichen Freiheit bestimmen zu lassen". Es wird deutlich, dass eine Vorstellung wie die Kontraktion Gottes, das Verhältnis der Freiheit Gottes zu der der Menschen, kaum mehr einen Platz hatte. Dieser Begriffswandel hatte u. a. Bedeutung für die Christologie, insoweit von Jesus Christus alles fern gehalten wurde, was auf ein Werden des Sohnes Gottes und damit auch des Menschen Jesus hingedeutet hätte. Das ist aber nicht biblisch gedacht und hat auch Folgen für die die Erlösungslehre, wie wir gesehen haben. Es führt zu der metaphysischen Notwendigkeit einer unabwendbaren Gerechtigkeit, in der Barmherzigkeit kein Platz hat. Dagegen hat Hans Urs von Balthasar von der Unterfassung des Sünders durch die barmherzige Treue Gottes gesprochen. Menke nennt dann die Folgen für die Wahrheit der Kirche: „Weil die Treue Gottes, biblisch betrachtet, ein personales Verhältnis bezeichnet, darf auch die Treue des Bundespartners, die Treue Israels bzw. der Kirche, nicht mit ungeschichtlichen Abstraktionen, mit Dogmen oder Institutionen identifiziert werden. Treue im Glauben besteht also nicht im Konservieren von Unveränderlichkeiten, sondern in dem nie endenden Bemühen der Kirche insgesamt und jedes einzelnen Gläubigen, der Treue Gottes zu entsprechen".[149]

Thomas Pröpper zufolge kann Treue zusammenfassend bestimmt werden als „die Unbedingtheit der göttlichen Liebe, die unter Jesus Christus offenbar geworden ist, unter Zeitindex, wobei die Liebe das Versprechen ihrer Treue beinhaltet". Sie kann somit als wirkende Gegenwart der Liebe, die Gott ist (1 Joh 4,8.16), verstanden werden (s. Jer 31,3)".[150] Die Treue Gottes verbürgt somit die Unbedingtheit Gottes, seine Beständigkeit und Zuverlässigkeit. Darauf kann die Kirche bauen. „Die Treue Gottes ist der Titel, in und unter dem das Recht und die ‚Eigenrechtsmacht' der Kirche als legitimiert angesehen werden kann" (Kirche 266).

Auf diese Bundestreue Gottes kann auch das Recht in der Kirche bauen. Sie baut auf die Treue Gottes. Böhnke kann ein solches Rechtsverständnis dann auch auf das Amts- und Leitungsverständnis ausweiten. Dabei ist aber zu beachten: „Die der Treue Gottes zugehörige göttliche Autorität kann von der Kirche jedoch nicht anders als epikletisch in Anspruch genommen werden. Das gilt auch dann, wenn sie kanonistisch als ius divinum bezeichnet wird" (Kirche 266). Nicht die Kirche, sondern die Treue Gottes ist der Rechtsgrund für das Kirchenrecht. Es kann nur epikletisch in Anspruch genommen. Die entsprechende Autorität ist nicht von einer durch Christus übertragenen rechtlichen Vollmacht her, sondern von dem der ganzen Kirche zugesagten Beistand des Geistes aus zu begründen.

Auf der Treue Gottes als der Rechtsgrundlage der Institution wären nun die notwendigen Dienste und Ämter der Kirche zu entfalten, so wie sie sich durch die Zeiten entwickelt und dabei die „Treue Gottes" mit „Zeitindex" bewahrt haben. Denn die Notwendigkeiten der Institution sind nicht zeitlos, sondern ebenso der Zeit bedürftig; Institutionen sind Ausdruck der Treue Gottes mit „Zeitindex". Institution hat teil an der „Zeitlichkeit", welche für Religion und Glaube maßgeblich ist (Wahrheit 183). Denn die Gabe der Zeit ist letztlich Gottes Gabe an das Leben.

12.4 Kirchenräume

Die Überlegungen zur Kirche und Eucharistie sind keine rein theologischen Angelegenheiten, sondern haben großen Einfluss auf das Leben der Gläubigen. Vor allem ist hiervon natürlich die Liturgie und die angemessene Gestaltung der Kirchenräume

[149] Menke, Karl-Heinz, Art.: „Treue Gottes", in: LThK 10, 214–215; vgl. Böhnke, Kirche, 198.

[150] Pröpper, Thomas (2011), Theologische Anthropologie 2, Freiburg, 1309; vgl. Böhnke, Kirche, 201.

betroffen. Die Diskussion wird bis heute geführt, ja scheint erneut aufgebrochen zu sein, wie verschiedene kontroverse Beiträge dokumentieren.[151]

Albert Gerhards etwa gibt die Entwicklung des Kirchenraumes nach dem letzten Konzil wieder. Eines der großen Ereignisse des Zweiten Vatikanischen Konzils war das Liturgiedokument. In der Folge kam es zu größeren Umgestaltungen der Kirchenräume. Ins Zentrum rückte die Entdeckung der Kirche als Versammlung der Gläubigen. Dies führte zu einer Verbreitung von „Volksaltären" und der Aufstellung von Priestersitzen und Ambonen. „Erst in jüngerer Zeit artikulierte sich von unterschiedlicher Seite ein Unbehagen gegenüber der standardisierten Anordnung der liturgischen Versammlung und ihrer Orte, wobei auch zunehmend die Gegensätze in der grundsätzlichen Auffassung zutage traten. Insbesondere der durch bloße Ummöblierung des liturgischen Raums erzeugte Bühnencharakter und die Inszenierung eines ständigen Gegenübers von Priester und Gemeinde erweist sich als ein Problem, das durch die ‚Wiederentdeckung' der Orientierung beim Gebet noch verschärft wird. Es ist evident, dass viele konkrete Raumordnungen ein problematisches Verhalten der Akteure, besonders der priesterlichen Leiter der liturgischen Versammlungen, auf ungute Weise unterstützen. Dies gilt insbesondere für das rechte Verständnis des Priesters in seinem Handeln ‚in persona Christi'. Die fortwährende Frontalsituation an der Sedilie, am Ambo und am Altar im Gegenüber zur Gemeinde suggeriert ein Rollenverhältnis, als sei der Priester ständiger Repräsentant Christi in allen Vollzügen. Dabei steht er wie die restliche Gemeinde als Sünder vor Gott, ruft den Kyrios Christus an, richtet das Gebet durch Christus an Gott, den Vater, ist Hörer des Wortes bei den Lesungen und – wenn ein Diakon mitfeiert – selbst beim Evangelium und bei der Homilie. Er ist Leiter, aber auch Mitbeter bei der Oratio Fidelium, spricht das Hochgebet im Namen der Kirche. Auch die Verba Testamenti sind keine isolierten Konsekrationsworte, sondern eingebunden in die narratio (Einsetzungsbericht), welche wiederum Teil des großen Dankgebetes durch Christus an den Vater im Heiligen Geist ist. Deren theologischen Nukleus bildet die Bitte über die Gaben und die Kommunikanten, damit letztere hineingenommen werden in die große Bewegung durch Christus im Hl. Geist zu Gott, dem Vater, wie dies die Schlussdoxologie in Wort und Geste zum Ausdruck bringt".

---

151 S. etwa den Diskussionsbeitrag von Albert Gerhards, Eucharistein – Gabe des Heiligen Geistes, in: Bruckmann, Florian (Hg.) (2015), Phänomenologie der Gabe. Neue Zugänge zum Mysterium der Eucharistie, Freiburg, 105–124, hier 106–108.

13 Rückblick

Die Aussage Hemmerles „Keine andere Wahrheit ist zeitlicher als die des Religiösen“ (Wahrheit 183) elektrisiert und hat mich elektrisiert. Ist diese Aussage nicht Ausdruck eines hoffnungslosen Relativismus, über den jeder rechtschaffene Christ den Kopf schütteln muss. Aber so leichtfertig ist Hemmerle mit der Wahrheit wahrhaftig nicht umgegangen. Es ist eher das Umgekehrte anzunehmen. Ist die Grundlage unseres Glaubens, das Evangelium, die zeitenthobene Botschaft einer zeitresistenten, ewigen und unveränderlichen Wahrheit? Eher nicht. Ein einfaches Überdenken dessen, was Jesus an Botschaft und Wirken in die Welt gebracht hat, drängt sofort und überzeugend die Einsicht auf, wie zeitgebunden, zeitempfindsam und zeitverpflichtet all das ist, was wir von Jesus glauben: von der Geburt über sein Leben und Wirken und bis schließlich zu seinem Tod und seiner Auferstehung. Die Zeit ist nicht ein Pfeil, der linear ins Unendliche fliegt, wie der Raum kein neutraler Behälter ist, in dem alles nichtssagend nebeneinander liegt, sondern die Zeit selbst ist höchst kreativ, was ebenfalls vom Raum gesagt werden muss. Eine der häufigsten Zitate Hemmerles ist jenes Wort Bernhards von Clairvaux: „Was der Sohn Gottes seit Ewigkeit schon wußte durch seine Gottheit, das lernte er auf andere Weise durch ein Zeitexperiment des Fleisches“ (Leben 64). Oder mit anderen Worten, Jesus kam nicht mit der Gott eigenen ewigen Wahrheit auf die Erde, sondern er lernte wie jeder von uns die Begebenheiten des Lebens. Und auch für Jesus war der Lehrmeister dieser Erfahrungen die Zeit.

Damit ist die Frage nach der Zeit und Geschichtlichkeit gestellt. Es ist die Grundaporie der Bewegung. Sie ist uns aus den Naturwissenschaften bekannt. Sie hat aber nicht nur die Naturwissenschaften revolutioniert, sondern sie betrifft nicht weniger die Geisteswissenschaften wie Philosophie und Theologie. Die Aporie von Zeit und Raum wird geradezu zum Kardinalproblem der Geisteswissenschaften. Paul Ricoeur hat in seinem Meisterwerk *Temps et récit* die fundamentale Aporie von Zeit und Raum von Aristoteles über Augustinus bis zu Kant und Heidegger gründlich analysiert. Heidegger stellt in der modernen Situation die Frage nach Zeitlichkeit und Geschichtlichkeit neu. Dabei erscheint vor allem der frühe Einstieg Heideggers in die Problematik relevant. Denn Heidegger versucht in seiner frühen Zeit, die Problematik der Historizität und Zeitlichkeit nicht durch Existenzialisierung zu umgehen, wie oft gesagt wird, sondern ein Rückblick auf die Anfänge zeigt, dass er sich gerade in die damalige Zeit der Diskussionen um Geschichtstheorien und -wissenschaften eingemischt hat, um sie tatsächlich zu überwinden, nicht durch Ausflucht, sondern durch ein neues Konzept von Raum und Zeit. Zu diesem neuen Konzept von Zeit und Geschichte wurde Heidegger aber durch die Zeiterfahrung des Urchristentums angeregt. Die Charakterisierung, die frühen Christen hätten nicht nur ‚in der Zeit gelebt, sondern die Zeit selbst gelebt‘, spricht die Umkehrung des üblichen Zeitverständnisses in eine neue Zeiterfahrung deutlich aus.

Aber wie dann die Zeitlichkeit der Religion und des Glaubens zur Sprache bringen? Das ist die crux der Theologie, vor allem der wissenschaftlichen und dogmatischen Theologie. Es ist davon auszugehen, dass die wissenschaftliche Sprache im allgemeinen einer „zweiwertigen“ Logik folgt, also einer Logik mit genau zwei Werten, genauer mit den zwei Wahrheitswerten „wahr“ oder „falsch“. Dieser Logik folgt auch die wissenschaftliche Sprache. Zeit und Ort, vor allem die Zeit, haben darin keinen Platz. Es ist eine ideale zeitenthobene Sprache. Da sich die Theologie auch wissenschaftlich geriert und anstrengt, sollte sie sich dieses Hintergrundes bewusst sein. Was das bedeutet, hat Carl Friedrich von Weizsäcker in einem Beispiel gut zum Ausdruck gebracht. Es ist wie der Blick auf den Fahrplan der Eisenbahn. Dieser ist akribisch aufgestellt nach Orten und nach Zeiten. Aber das ist ein ideales Gebilde; es ist zeit- und ortsneutral, auch wenn es Zeiten und Orte angibt. Denn es nützt nichts, wenn ich statt in Berlin in München am Bahnhof stehe und auch nicht, wenn ich den Fahrplan in einer anderen Zeitzone wie in Dehli in der Hand halte. Außerdem führt er von einer Herkunft x in eine Zukunft y und von Ort zu Ort. Aber er ist eigentlich dagegen gleichgültig, ob ich vor oder zurück will, ob ich vor der Ankunftstafel stehe und zurückblicke oder ob ich vor der Abfahrtstafel stehe und in eine andere Stadt will. Solche letztlich idealen Gebilde sind zeitenthoben. Man sollte auch nicht einwenden, die Sprache habe dafür doch Zeitformen und Ortszuweisungen. Man sollte sich nicht täuschen, die Zeitformen der normalen Sprache sind nicht Ausdruck der wirklichen Zeit, auch nicht der „erzählten Zeit“, wie etwa Weinrich in seinem Buch „Tempus“ eindringlich zeigt. Es bleibt bei der idealen Zeit, wie sie im Fahrplan festgehalten wird. Damit sind sie aber auch lebensuntüchtig, weil sie zunächst nicht dem Leben nützen. Es bedarf einer Referenz, um die idealen Gebilde lebenstüchtig zu machen. Es bedarf des konkreten Reisenden, der sich dadurch ins Spiel bringt, dass er seinen Ort und seine Zeit mit denen des Fahrplans korreliert. Dazu bedarf es aber der Verortung und der Verzeitlichung. Diese Dichotomie ist den Wissenschaften natürlich mehr oder weniger bewusst. Deshalb bedarf es überall der Verifikation oder der Praxis. Es ist kein Zufall, dass Theorie und Praxis, Wissen und Ethik in der Philosophie und in den Wissenschaften unterschieden werden und durch unterschiedliche Transfermethoden miteinander wieder in Verbindung gebracht werden müssen.

Die klassische Wissenschaftssprache ist zeitlos; sie hat einen idealen universalen Anspruch. Die Erkenntnis wird nicht durch den Zeitindex bestimmt, sondern durch die prädikative Logik, durch die logische Relation von Subjekt und Objekt. Diese Einstellung wird von der Strukturphänomenologie überholt. Erst nach dem Überholen dieser objektivistischen Einstellung kann das phänomenologische Denken beginnen. Rombach: „Die Tatsache zu begreifen, daß nicht nur das Objekt, sondern auch das Subjekt ein Konstitut, ein Hervorbringungsresultat des Phänomens der Wahrnehmung ist, bedeutet den Eintritt in die Phänomenologie. Wer dies nicht leistet, bleibt Objektivist oder Subjektivist, Positionen, die beide gleich naiv sind und dem jeweiligen Konstitutionskniff des Phänomens zum Opfer fallen. Der Phänomenologe greift radikaler auf die Konstitutionsvoraussetzungen zurück und erfaßt auch noch dasjenige als Prozeß, was andere unreflektiert als Voraussetzung für darin begründete Prozesse hinnehmen“ (PhB 193). Zum Verhältnis beider Erkenntnisweisen sei noch einmal an Albert Einstein erinnert: „Der intuitive Geist ist ein heiliges Geschenk und der rationale Verstand ein treuer Diener“.[152]

---

[152] Es sei auf die informativen Bücher dazu von Gerd Gigerenzer, Hans-Peter Dürr, Ernst Peter Fischer hingewiesen.

Mit einer Beschränkung auf eine nur wissenschaftliche Sprache kann die Theologie des christlichen Glaubens nicht einfach zufrieden sein. Der Anspruch einer Wissenschaft dieser Art ist und bleibt nützlich, aber sie kann nicht alles sein. Der Hebel ist anzusetzen beim absoluten Anspruch einer zweiwertigen Logik. Ein einfaches Nachdenken kommt bald zum Schluss, dass die Welt und das Leben in der Mehrheit seiner Formen so nicht ablaufen. Die Wahl der Methode, welche mit den genannten Aporien umzugehen versteht, ist in diesem Buch die Phänomenologie. Warum? Es ist daran zu erinnern, dass der frühe Heidegger gerade an dieser Stelle Husserl das „faktische Leben" oder das „Leben" überhaupt entgegenhielt. Sein Vorbehalt war zu zeigen, wie Leben geht, und wir es zur Sprache zu bringen ist. Heideggers Angriff galt der idealen oder gegenständlichen Sprache. Nicht dass er sie tilgen wollte, aber er war überzeugt, dass diese nur die oberste Schicht des Sprachgeschehens ist. Das Stichwort dafür ist bei Heidegger geblieben; es ist die Rede von der „formalen Anzeige". Die formale Anzeige ist ein Aushebeln der zweiwertigen Logik. Sprache verwirklicht sich nicht nur im Gebrauch zweier Werte, sondern sie ereignet sich auf dem Grund unterschiedlicher Werte bzw. Sinnschichten. Heidegger unterscheidet verschiedene Sinnschichten, einmal den obersten Sinn des Sprechens, nämlich den „Gehaltssinn", der dem allgemein üblichen gegenständlichen Sprechen entspricht. Der „Gehaltsinn" wird aber aus den tieferen, den drei „Bezugssinnen" konstitutiert, auf denen er aufruht. Es sind die Beziehungssinne des „Selbstseins", „Mitseins" und „In-der-Welt-Seins", also eine Vielfalt von Bezügen und Wertordnungen. Der tiefste und schwierigste Sinn ist jedoch der „Vollzugssinn". Er bestimmt den Vollzug; in ihm ist letztlich das zeitliche Moment des Geschehens angelegt. Der Vollzugssinn ist am schwierigsten darzustellen. Er ist überhaupt nicht darzustellen; er ist zu vollziehen. Leben ist nicht darzustellen, sondern zu leben. Leben ist verbal und transitiv „leben". Leben ist „die Zeit leben". Dies war der Anfang der frühen Philosophie Heideggers und zugleich sein Abweichen von der Phänomenologie Husserls.

Auf diesem Hintergrund hat sich schließlich die Phänomenologie entwickelt, natürlich über verschiedene Zwischenstufen, die nicht auszuführen sind, wie wir sie in der bekannten Definition von *Sein und Zeit* § 7 kennen: „Phänomenologie sagt dann: [...] Das, was sich zeigt, so wie es sich von ihm selbst her zeigt, von ihm selbst her sehen lassen". Einmal ist hier das Axiom „zu den Sachen selbst" wiedergegeben in der Formulierung „Das, was sich zeigt, so wie es sich von ihm selbst her zeigt". Das also ist die ‚Sache' oder der Gegenstand der Phänomenologie. Nicht weniger bedeutsam ist aber der Zusatz „Das, was sich zeigt, [...] von ihm selbst her sehen lassen". Das meint nicht tautologisch dasselbe, sondern bringt einen neuen Gesichtspunkt ein: die Sehweise oder Methode, wie die Sache zum Sehen oder Sprechen gebracht werden soll. Und in der Tat sind dies zwei unterschiedliche, aber zentrale Gesichtspunkte, die zwar unterschieden werden müssen, auf der anderen Seite aber zusammengehören. Dem Denken geht es nicht nur um das „Was", sondern vor allem auch um das „Wie". Das entspricht der zentralen Aussage Heideggers, die in *Sein und Zeit* folgt: „Der Ausdruck ‚Phänomenologie' bedeutet primär einen Methodenbegriff. Er charakterisiert nicht das sachhaltige Was der Gegenstände der philosophischen Forschung, sondern das Wie dieser" (SZ 27 bzw. 37). Methode und Gegenstand sind gleich wichtig, sie korrelieren. In der Formulierung von *Sein und Zeit* ist noch die formale Anzeige des frühen Heidegger zu erkennen. Sie wird ihn auch später begleiten. Das „Was“ meint den „Gehaltssinn“, den gegenständlichen Inhalt und das Thema. Ebenso wichtig, und für Heidegger in *Sein und Zeit* noch wichtiger, ist ihm aber das ‚Wie“, das ist die gesamte Tiefenstruktur des Sprechens wie das In-der-Welt-sein, Mit-sein und Selbst-sein bzw. Existenz. Diese machen ein Großteil der Themen von *Sein und Zeit* aus, als fundamentale Räumlichkeit im 1. Teil und als Zeitlichkeit im 2. Teil des Buches.

Formale Anzeigen sind „formal“, d.h. sie sind selbst nicht gegenständlich.[153] So-viel kann zur formalen Anzeige gesagt werden. Sie ist gedacht gegen die vergegenständlichende Redeweise der Philosophie und gegen die verobjektivierende Sprache der Wissenschaften.

An dieser Stelle ergibt sich folgerichtig, nachdem wir uns für die Phänomenologie entschieden haben, dass das Buch zwei große Teile hat: einmal ist das fundamentale „Wie“ oder die Methode zu entwickeln, mit der die Theologie die Vorlage des Glaubens angeht, nämlich mit dem Anfang von allem, dass „Gott spricht“ oder der sogenannten Offenbarung; sodann mit der Antwort darauf, dem „Glauben“ oder „Nachfolge“ (1. Teil). Von dieser Vorlage her kann dann das „Was“ des Glaubens und der Theologie entfaltet werden (2.Teil).

Gegenüber der zweiwertigen Logik (mit den beiden Wahrheitswerten von wahr und falsch) ist ein solches Sprechen und Denken „mehr“-wertig. Oder um es auf andere Weise auszudrücken. Erinnern wir uns an das oben über Intuition und deren Heuristik Gesagte. Gerd Gigerenzer hatte von drei Grundsätzen der Heuristik von Intuitionen gesprochen. Einmal setzt Intuition auf eigene oder fremde Erfahrung. Zum anderen nimmt sie Maß an der (Um-)Welt. Die entsprechende Heuristik besteht aus der geschehenden Kommunikation zwischen Erkennendem und Zu-Erkennenden. Das entspricht dem „Wie“ und „Was“ der Phänomenologie. Gigerenzer fasst deshalb das Ergebnis der inneren Kommunikation der heuristischen Erschließung zusammen: „Die Rationalität [der Heuristik] wird nicht logisch (durch innere Regeln der Konsistenz), sondern als eine Adaption von Heuristik und Umwelt verstanden, also eine zweistellige, interne externe Relation“. Dies erinnert an die phänomenologische Relation von „Was“ (Außen) und „Wie“ (Innen) (s. 3.2.2.).

Leben ist nicht nur zwei-wertig (mit den beiden Wahrheitswerten von wahr und falsch), sondern mehrwertig. Hemmerle hat einmal vom „Vierfarbendruck“ gesprochen. Es ist ein zutreffender Vergleich, da die Farbwiedergaben in Bücher und Medien von dem Verfahren des Vierfarbendrucks Gebrauch machen. Dabei werden vier Farben wie Schichten übereinandergelegt. Aber sie liegen nicht einfach übereinander, sondern sie wirken aufeinander ein, sie sind gegeneinander transparent und modellieren so das Bild. Dieses Interagieren der Schichten haucht den Darstellungen Lebendigkeit ein; man darf nur an Atlasse denken, bei denen der Vierfarbendruck Farbe und Leben in die Abbildungen bringt. Aber nicht nur dort.

Entsprechend baut Hemmerle die theologische Rede auf vier „Ordnungen“ auf, nämlich der Nachfolge („Glauben“), der Botschaft („Schrift“), des Weges („Leben Jesu“) und des Geheimnisses Christi („Christologie“). Hemmerle hatte von dem Zu-

153 Hemmerle AS I, 125: „Das Gegenständliche ist von seinem Wesen her das Beständige, Selbige, ‚nichts Neues‘“.

einander und Ineinander solcher Ordnungen als von dem „Vierfarbendruck der Wirklichkeit" gesprochen. Ein Bild, das sich auch für die Glaubenswirklichkeit nahelegt. Dort spricht er von „horizontalen Ordnungen", einer Ordnung des Nebeneinanders, und von einer „vertikalen Ordnung", einer Tiefenstruktur, die das Ineinander der Ordnungen bilden. In jeder einzelnen Ordnung durchdringen und durchkreuzen sich die Ordnungen. Sie sind wie „Druckplatten", die insgesamt den „Vierfarbendruck" (der Glaubenswirklichkeit) ergeben. Also jede Ordnung ist in jeder anderen auf ihre Weise ansichtig und anwesend. Erst der Gesamtdruck macht den Klang und die Farbe der Glaubenswirklichkeit aus (Vorspiel 21–22). Im Ineinander und Zusammen der „Ordnungen" von „Botschaft", „Nachfolge" und „Weg" wird das „Geheimnis" ansichtig.

Leben und Wirklichkeit sind mehrwertig. In ihnen wirken unterschiedliche Schichten, Ebenen oder Ordnungen. Aber die Schichten liegen nicht leblos nebeneinander oder übereinander, das würde den mittelalterlichen Stufenbau der Wirklichkeit nahelegen. Ordnungen und Ebenen ‚spielen' und ‚vollziehen sich ineinander', wie Hemmerle formuliert. Der irdische Jesus lernte die Höhen und Tiefen, die Stufen des Lebens nach Bernhard von Clairvaux kennen, der noch einmal mit Hemmerle zitiert sein mag: „Was der Sohn Gottes seit Ewigkeit schon wußte durch seine Gottheit, das lernte er auf andere Weise durch ein Zeitexperiment des Fleisches" (Leben 64). Durch die Zeit lernt der Sohn Gottes das Leben kennen. Aber nicht so, als ob die Zeit die neutrale Erstreckung wäre, die das Leben vor sich hertreibt, sondern umgekehrt, die Zeit lehrt und in ihr lernt auch Jesus.

Mit anderen Worten werden Erfahrungen des Lebens in der und durch die Zeit gemacht. Es ist ein „Gehen" mit der Zeit und durch die Zeit. Das Leben ist ein zeitlicher Vorgang und die Erfahrung des Lebens ist es, diesen Vorgang mitzugehen. Wir sind auf der Ebene des „Vollzugssinns" Heideggers. Es ist ein Geschehen, ein Sich-Bewegen und Gehen. Heidegger hat den Vollzug des Daseins später „Be-wëgen" genannt. Bewegung ist der zeitliche Vollzug, der sich seinen „Weg" selbst bahnt, nicht die Vorgebenheit des Weges, sondern ein „wëgen", transitiv wie „leben", den Weg aus sich finden und vollziehen. Rombach und Hemmerle haben an den Anfang ihrer Bücher den Titel „Ontologie der Bewegung" gestellt.

An dieser Stelle mag deutlich werden, warum sowohl Rombach wie Hemmerle mit dem „Weg"-motiv die Philosophie bzw. Theologie anfangen. Rombach beginnt die Strukturontologie mit dem Satz: „Wenn es darauf ankommt, in eine noch unbekannte Sache einzuführen, muß einiges über den Weg gesagt werden, der gegangen werden soll" (StO 9). Er bemerkt allerdings zugleich, dass über das Thema des Weges in der Philosophie wenig zu erfahren sei, da die Philosophie gewöhnlich nicht vom Weg her denkt, sondern vom Ziel her, dem Worum willen. Deshalb verweist er auf ein anderes Denken, in dem der Weg („Tao") das Grundwort ist. Allerdings haben die Missionare „Tao" (Weg) mit dem griechischen „Logos" (Vernunft) übersetzt, da beide Worte in den jeweiligen Philosophien eine ähnlich zentrale Bedeutung haben. Doch gibt dies Rombach die Möglichkeit, die grundsätzlichen Unterschiede von „Tao" und „Logos", und damit die grundsätzliche Verschiedenheit von westlichem und östlichem Denken, zu formulieren: „Logos geht auf Sein, Tao auf Nichts, Logos auf Wissen, Tao auf Nichtwissen, Logos auf Wille, Tao auf Nichttun" (StO 9). Hemmerle hat in ähnlichem Sinn auf Konfuzius verwiesen (s. oben 492).

Das interessante Phänomen an dem Grundwort des Tao sind vor allem die Bezeichnungen von „Nicht“ und „Nichts“. Damit ist alles andere als ein Nichttun oder Nichtstun gemeint. Sondern das Nichts und Nicht steht für das (positive) „Wesen“. Rombach greift dazu auf die bekannten Symbole des „Bechers“ und des „Rades“ zurück. Die Mitte des Rades ist die „Narbe“, ein Nichts oder Nullpunkt, aber zugleich Zentrum oder „Wesen“ des Rades. Das Beispiel des „Bechers“ weist darauf hin, dass das Wesen des Bechers weder im Wein noch im Becher allein besteht, sondern im Zusammen beider: „Der Becher bezieht sich auf den Wein wie der Wein auf den Becher [...]. Es gibt weder ein ‚Wesen des Bechers‘ noch ein ‚Wesen des Weins‘“, sondern das Wesen ist hier die Zuordnung, die ‚Brauchbarkeit‘ [...]. Das Wesen gehört nicht einem Ding, sondern die Dinge gehören dem Wesen“ (StO 10–11).

Das „Wesen“ der abendländischen Metaphysik und Substanzphilosophie ist die Positivität der Seinsfülle, das „Wesen“ des Tao das Nicht und Nichts. Das Nichts bedeutet aber keine bloße Negativität, sondern eine Nicht-Faßbarkeit, Unsagbarkeit, die Achse des Ereignisses, das die Dinge der Welt zusammenschließt und zusammenhält. Was geschieht aber, wenn „Tao“ und „Logos“ nicht als Gegensätze begriffen werden, sondern auch der „Logos“ der westlichen Philosophie jene Tiefendimension enthält, die Heidegger benennt, wenn er das Sprechen vor die gegenständliche Sprache stellt: ‚die Sprache spricht‘? Oder wenn Hemmerle erkannt hat, dass dem gegenständlichen Logos ein anderes Wort vorangeht, nämlich das Verbum, und so dem substanzhaften Logos das „Gott spricht“? Wir haben versucht, von dem „Gott, der spricht“ die Theologie der Offenbarung zu entfalten. Das führt zu einer nicht substanzhaften, sondern verbalen „Wort-“ und „Logos“-Theologie, die der Mahnung Ricoeurs entspricht.

Dem metaphysischen „Wesen“ entspricht bei Rombach die „Struktur“. „Die Erfahrung des Weges führt auf ‚Wesen‘ eigener Art, auf *Struktur*“ (StO 12). Die Erfahrensweise von Wesen bzw. Struktur ist der „Weg“. Der Weg ist deshalb kein vorgezeichneter Weg, sondern ein Weg, der sich im „Gehen“ eröffnet. „Gehen“ ist die Voraussetzung dafür, dass sich ein Weg ergibt. Es kann das Wort übernommen werden, das Franz Kafka zugeschrieben wird: „Die Wege entstehen dadurch, dass man sie geht“. So habe Kafka angemerkt und so ist es weitergegeben worden. Rombach wie Hemmerle haben dafür die einfach lautende Formel gewählt: „Es geht“. Aber wie es geht und dass es geht, ist eben nur im „Gehen“ zu erkennen, nicht zuerst durch Begründen und Demonstrieren. Nicht durch die Anstrengung der Rationalität sind entscheidende Weg zu finden und zu gehen, sondern durch das „(Zeit)Experiment“ des Gehens (Bernhard). Allerdings ist solches Gehen auch nicht ein Drauflosgehen, sondern es ist ein kontrolliertes, eben strukturiertes Gehen. Rombach hat dazu seine ganze *Strukturontologie* aufgewendet. Er hat die entscheidenden Dimensionen der Strukturen aufgezeigt und begrifflich gefasst, von der *Verfassung* der Struktureinheiten, über die *Dynamik* der inneren Bewegungen und deren zeitlichen *Genese* von Anfang bis zum Ende. Es ist die notwendige philosophische und begriffliche Grundlage für jede Strukturphänomenologie. Hemmerle hat dafür die theologischen „Sehbedingungen“, „Sehrichtungen“ und „Sicht-Kriterien“ der Wahrheit ausformuliert (Wahrheit 105).

Rombach und Hemmerle nennen „Gehen“ Grundphänomen, also eine Grundhandlung der Phänomenologie. „Gehen“ ist der Grundvollzug einer ganzen Reihe von Bewegungen und Gehweisen. Rombach hat am Beispiel des Grundphänomens des „Handelns“ eine solche Reihe von Handlungsweisen aufgewiesen, welche die Struktur des Handelns zum Grunde haben, ihr folgen und sie konkretisieren. Ähnliches wäre zu entfalten von den unterschiedlichen Geh- und Bewegungsweisen. Das „Weg“-motiv ist ebenso ein ursprüngliches Motiv der Bibel, des Alten wie des Neuen Testamentes. Es steht dafür, dass wie der Sohn Gottes so die Menschen und die Gläubigen in der Zeit ihre Erfahrung mit Gott machen und aus der Zeit die göttlichen Wahrheiten lernen. Das Zweite Vatikanum hat von den „Zeichen der Zeit“ gesprochen.

Neben „Gehen“ und „Handeln“ sind andere Grundphänomene zu nennen, wie wir es oben getan haben. Sie folgen in ihrem Vollzug und ihrem Vorgang ähnlichen Grundstrukturen wie das Gehen und das Handeln. Charakteristisch für sie ist die Verbalität und Transitivität; es sind Vollzüge und Ereignisse, Bewegungsvorgänge und -gestalten.

Für unser Buch und unser Thema der Theologie sind die Grundphänomene „Sprechen“ und „Geben“ von zentraler Bedeutung. Interessanterweise stehen diese nicht ebenso im Zentrum Rombachs. Die Grundphänomene „Sprechen“ und „Geben“ stehen für die beiden großen Teile der „Offenbarung“ („Gott spricht“) und der „Theologie“ (der Gottesrede von „Gott, der (sich) gibt“). Diese beiden zentralen Grundphänomene sind deswegen für die Theologie und das Verständnis von Hemmerle von besonderer Bedeutung, weil sich in ihnen Klaus Hemmerle von Heinrich Rombach unterscheidet. Es fällt ja auf, dass Rombach vor allem Grundphänomene des „Sehens“ und „Handelns“ anführt, also funktionale Modelle. Die Grundphänomene des „Sprechens“ und „Gebens“, also Beziehungsverhältnisse, finden bei Rombach nicht die gleiche Beachtung. Sie sind für Hemmerles Strukturtheologie aber gerade entscheidend. Denn die Modelle von „Sprechen“ und „Geben“, welche für Hemmerle die strukturphänomenologischen Paradigmen sind, dürften schwer auszusagen sein ohne die „Mehrursprünglichkeit“, wie sie für Hemmerle prägend geworden ist. Oder wie wäre von „Sprechen“ und „Geben“ angemessen zu handeln, ohne mit Levinas und Waldenfels die Ursprünge von Sprechen und Hören, von Geben und Nehmen, von Ich und Du usw., und ihre gegenseitige Beziehentlichkeit im Zwischen zu nennen? Dieser Unterschied ist auch anzuführen, wenn zum einen auf den letztlich etwas funktional erscheinenden Ansatz Rombach angespielt wird und dann Hemmerles Anschluss an Rombach auf eben dieselbe Weise nivelliert wird (s. Negel 321–327).

„Sprechen“ und „Geben“ sind zunächst philosophische Zentralthemen. Die literaturwissenschaftlichen und philosophischen Sprachtheorien beschäftigen die Philosophie und Theologie schon seit langem. Die Philosophie des „Gebens“ ist jüngeren Datums, aber in der frankophonen und angloamerikanischen Welt ein diskutiertes und in Deutschland nach und nach auch bemerktes Thema. Es ist deshalb hilfreich, sich mit den entsprechenden Theorien und Konzepten zu beschäftigen und sie hinsichtlich ihrer theologischen Relevanz zu reflektieren. Das kann allerdings nicht in extenso getan werden. In Erinnerung an Klaus Hemmerle fiel die Wahl auf die entsprechenden Philosophien der Phänomenologie. Es ist schon gesagt worden, dass die Phänomenologie Dimensionen einbezieht, die in anderen Richtungen so nicht anzutreffen sind. Und innerhalb der Phänomenologen erwies sich die Beschäftigung mit Levinas und Ricoeur sowie mit Waldenfels als äußerst anregend. Sie kamen einem

Desiderat bei Hemmerle entgegen, Phänomenologien des „Sprechens" und „Gebens" ausgeführt zu haben.

Für das Grundphänomen des „Sprechens" ist eine fundamentale Unterscheidung von Levinas entscheidend: der Unterschied von „Sagen (dire)" und „Gesagtem (le dit)". Es ist die Unterscheidung des Grundphänomens Sagen oder Sprechen. Sprechen ist zunächst ein ursprüngliches ungegenständliches reines „Sagen" mit den Vollzugsweisen der Verbalität und Transitivität. Es deutet auf den *Vollzugssinn* hin. Erst aus dem Vollzug des Sagens gehen die *Beziehungssinne,* die Formen der Kommunikation, und endlich die *Intentionalität,* das gegenständliche Sprechen, hervor. Waldenfels geht nicht weniger von der Unterscheidung von „dire" und „le dit" aus. Er verwendet besondere Aufmerksamkeit auf den „Sprechakt", der dem „Sagen" Levinas' (dire) in etwa entspricht und das *Sprechereignis* meint. Davon unterscheidet er die linguistischen und gegenständlichen Elemente der „Sprache" (le dit). Er weist dabei auf den Überschuss des Sagens über das Gesagte hin, das nicht in linguistische Elemente aufgelöst werden kann: „Ein Sprechakt wie ‚Ich verspreche dir, daß ich morgen zur Stelle sein werde' hat seinen Ort nicht *außerhalb der Sprache,* als bestünde er in etwas, worüber wir sprechen. Der Sprechakt geht selbst nicht in den propositionalen Gehalt ein, als sei er Teil des Gesagten. Doch ebenso wenig ist er *innerhalb der Sprache* zu finden, als wäre er bloß ein linguistisches Element, das syntaktischen Regeln unterworfen und mit semantischen Zügen ausgestattet ist. Das Versprechen, das ich gebe, ist ein *Ereignis der Sprache* selbst. Es fällt zusammen mit dem Sprechen in actu. Sobald etwas gesagt wird, ereignet sich etwas, das weder zum Reich der Wörter noch zum Reich der Dinge gehört, sondern sich zwischen Wörtern und Dingen abspielt" (DG 2, 209–211).

Die Phänomenologie des „Sagens" und „Sprechens", wie sie sich in den Sichtweisen Levinas' und Waldenfels' zeigt, ist für unser Verständnis von Gott und „Offenbarung" entscheidend: „Gott spricht" ist die erste Aussage der Offenbarung. In einer ersten Annäherung haben wir die Bedeutung des „Sagens" oder Sprechens für die Offenbarung erhoben. Der Unterschied und Zusammenhang von „dire" und „le dit" ist auch für „Gott, der spricht" grundlegend. Es eröffnet die ursprüngliche Dimension des Sagens (dire) und weist zugleich auf das Wort (le dit) hin. „Das Sagen zeigt sich im Gesagten". Sprechen ohne Aussage oder Ausgesagtes gibt es nicht; es weist auf den Zusammenhang und den Unterschied von „Sagen" und „Wort" hin. Das erste Ausgesagte des Sprechens ist das „Wort". „Das erste Wort sagt das Sagen selbst" (SpA 293).

Die Theorie der Sprechakte reicht nach Waldenfels nicht aus, um das „Sagen" zu erschöpfen. Der Unterschied von Sagen und Gesagtem schöpft das Ganze des Sagens nicht aus. Sagen ist mehr, ist ein Sprechereignis: „Doch während das Sagen im Gesagten *angezeigt* wird, *überschreitet* es zugleich das Gesagte. Das Sagen kann weder auf Sachen zurückgeführt werden, die gegeben sind, noch auf Akte, die durch mich oder Andere vollzogen werden. Hier liegt zugleich die Grenze einer Theorie der Sprechakte. Das Sagen ist ein Sprech*ereignis,* das nur unter bestimmten Bedingungen als Sprech*akt* gedeutet werden kann" (DG 2, 209–211).

Ist man auf die fundamentale Unterscheidung von „Sagen" und „Sprache" aufmerksam, so wird man auch bemerken, welche Bedeutung diese Unterscheidung bei Hemmerle für die Bedeutung der Offenbarung hat. Hemmerle hatte ja mit Absicht vermieden, das „Wort (Logos)" sofort in eine substanzhafte Wort-Theologie zu übersetzen, sondern auszugehen vom „Gott, der spricht". Die Sicht auf die Tiefendimension des „Sagens" eröffnet auch für das theologische Offenbarungsverständnis bisher unbemerkte Dimensionen.

„Das Sagen zeigt sich im Gesagten" (DG 1, 310). „Gott, der spricht" wird „Wort". Levinas spricht vom „inkarnierten Sprechen" und „inkarnierten Wort". Reines Sagen gibt es nicht. „Sagen" tut sich kund, zeigt sich: im „Wort" und in der „Sprache". Für Levinas ist es gleichsam eine „Inkarnation", wobei er allerdings nicht an die christliche Menschwerdung denkt. Sondern das „Sagen" muss sich „in-carne", in Fleisch und Blut verkörpern, muss sich wörtlich „in-karnieren". Dabei geht das Sagen im Gesagten nicht auf, sondern es bleibt die Differenz beider. Das Sagen endet nicht im Gesagten, sondern ist immer neu zu sagen, zu wider-sagen (dédire) und wieder zu sagen (redire) (DG 1, 314). Diese Spannung kann auch verständlich machen, warum dem Wort Gottes in der Geschichte des Volkes Gottes und in der Verkündigung Jesu widersprochen wird und von Gott immer wieder neu gesagt wird.

Levinas nennt das Sprechen und die Sprache „Lebensraum" oder gar „Wohnraum" der Menschen. Sprechen und das Produkt der Sprache (etwa ein Buch) ist nach Levinas kein Objekt nur des Kopfes, sondern es gehört zum Leben wie Essen und Trinken. Auch Heidegger hatte den Gedanken vom „Haus des Seins" geäußert. Wir haben diesen Gedanken ausgeführt, indem wir die Dimensionen der Sprache geradezu als „Lebensraum" entfalteten. Diesem Gedanken kommt die Vorstellung der normalen Sprache als präpositionaler Satz nicht entgegen. Sie verweist das Sprechen auf die rationale oder wissenschaftliche Ebene. Die Phänomenologien von Levinas und Ricoeur sind hier in einer weiteren Hinsicht innovativ. Sie zeigen nämlich, dass die präpositionale Gestalt der normalen Sprache mit der gewohnten Kasus- und Zeitstruktur keine dogmatische Festlegung sein muss, sondern dass es in ihrem Sprachverständnis zu entscheidenden Umstrukturierungen kommt. Diese betreffen vor allem die Deklinationen der Sätze. Levinas spricht von „Beugungen" und gibt als sprechendes Beispiel einer solchen Beugung an: „me voici". Das „voici" zeigt im Grunde auf ein Subjekt und vertritt einen Nominativ. Das „me" ist aber ein Akkusativ und regiert die Aussage. In diesem Fall ist so der Akkusativ letztlich das Subjekt. Es ist der bekannte „Anklagefall", wie Levinas den Akkusativ nennt, nach dem das Subjekt unter Anklage steht. Im präpositionalen Satz ist die Beziehung zwischen Subjekt und Objekt eindimensional und linear geregelt. Nicht so in den Phänomenologien des Sprechens von Levinas. Die Beziehungen können sich umkehren, so dass das Subjekt „Je" Akkusativ und der Akkusativ „Me" Subjekt werden kann. Die Sicht auf den Beziehungssinn macht diese Umstrukturierung möglich.

Über die Gemeinsamkeiten, die wir hinsichtlich einer Phänomenologie des Sprechens bei Levinas und Waldenfels festgestellt haben, bringt Waldenfels einen wichtigen weiteren Gesichtspunkt in das Verständnis von Sprechen und Sprache ein: Sprechen ist „responsiv". Sprechen ist vor allem ein Beziehungsereignis. Sprechen ist „Sprechen" und „Antworten". Sprechen ist beides. Ein Sprechen, das mit dem Subjekt als Sprecher beginnt, das aber nicht in der alleinigen Verfügung des Sprechers liegt, sondern von einer Antwort abhängt. Hier wird die auffällige Umkehr erneut sichtbar: Nicht nur der Sprecher entscheidet über das Gesagte, sondern auch der Antwortende. Ohne Antwort in irgendeiner Form, und sei es Schweigen, geht das

Sprechen ins Leere. Dagegen gewinnt das Sprechen seine Eigenheit davon, wie es ankommt und beantwortet wird. Waldenfels hat die Responsivität über Levinas hinausgeführt und damit Levinas auf bedeutsame Weise ergänzt.

Waldenfels hat mit der Responsivität eine wichtige Dimension in die gängigen Sprachtheorien eingeführt. Er weist selbst darauf hin: Über die führenden Sprachtheorien von „Intentionalität" und „Kommunikativität" hinaus, die dabei alle ihr Recht behalten, füllt die Responsivität des Sprechens eine wichtige Lücke.

Waldenfels bringt sodann eine weitere entscheidende Dimension ein, die bisher kaum zur Sprache gekommen ist, auf die etwa Heidegger, aber auch Bühler hingewiesen haben, die haecceitas, d. i. die Konkretheit und Individualität, die im Sprechakt zum Ausdruck kommt: Um den menschlichen Raum zu beschreiben, ist von seiner Verankerung im „Hier" und „Jetzt" auszugehen, es sind die „Raumachsen" zu verfolgen, es ist der Hervorgang des Raumes aus der zeitlichen „Bewegung" zu verfolgen und sind die Bewegungsbahnen nachzuvollziehen. Schließlich ist die „Orientierung" im Raum wiederzugeben wie Nähe und Ferne, Drinnen und Draußen, Höhe und Tiefe u. a. (OZ 61–94). Mit anderen Worten ist der Vollzugssinn, die Bewegung des Vollzugs, in seinem zeitlichen und räumlichen Vollzug zu beschreiben. Andernfalls bliebe Sprache im Theoretischen oder Idealen hängen.

„Das Sagen zeigt sich im Gesagten, so etwa in den okkasionellen oder indexikalischen Ausdrücken. Wäre das Sagen nicht als Überschuß des Sagens im Gesagten gegenwärtig, so wäre es als schlechtweg Unsagbares die bloße Negation des Gesagten und bliebe diesem auf solche Weise verhaftet" (DG 1, 309–310).

Waldenfels hat den gesamten Korpus der Sprache in seinen verschiedenen Gliederungen in einem „Fragefächer" entfaltet (AR 200). In ihm sind die wichtigsten Richtungen und Funktionen des Fragesatzes aufgeführt. Der Fragefächer ist natürlich zugleich ein Antwortfächer, da die Antwort ja die Fragen aufnimmt und auf sie entsprechend eingeht. Waldenfels nennt den Antwortfächer „Antwortregister". In einem solchen Antwortregister kommt der Sprachraum mit Zeitindex anschaulich zur Darstellung.

Ein Verfolgen der möglichen Umstrukturierungen der Sprache und der konkreten Verankerung in Zeit und Raum lassen den „Sprach-Raum" in der Tat als bewohnbaren „Lebens-Raum" erscheinen. Die Anregung einer solchen Vorstellung dürfte klar sein: Die Offenbarung kann als Sprech- und Wortgeschehen und zugleich als „Lebensraum" und „Wohnraum" oder mit Heidegger als „Haus des Seins" beschrieben werden.

In der theologischen Applikation fällt ein Blick auf die Offenbarung als Wortgeschehen, das auch als Antwortgeschehen zu verstehen ist. Dem „Gott, der spricht", antwortet der „Glaube". Jesus Christus, dem „Wort Gottes", antwortet die „Nachfolge Christi". Auffällig, dass Jes 7,9 den Glauben an Gott „absolut", also transitiv, vorstellt. Es ist ein Glauben ohne Ergänzung und damit ohne konkrete Festlegung. Es ist klar, dass nur JHWH der Adressat des Glaubens ist. Das ist Glauben in seiner reinen Form des Grundphänomens. Damit entspricht das Glauben seinem Gegenüber JHWH, dessen Namen, wie wir sahen, ebenso absolut ohne Eigenschaften in Ex 3,14 genannt wird. Der Name Gottes ist ein reiner Geschehensname, „Ich bin da, der ich da sein werde".

Das Wort wird Schrift. Die Schrift ist die weitere Stufe des Wortgeschehens. Schrift ist eine eigene Stufe der Offenbarung. Wiederum hat Levinas zwei entscheidende Grundsätze auch zur Schrift formuliert: Er spricht von der „Kontraktion des Unendlichen in der Schrift". Es ist das Prinzip der Schriftwerdung. Das Unendliche oder Göttliche kontrahiert in der Schrift. Und das andere: „Die Tora spricht die Sprache der Menschen"; die Tora, die Schrift, ist in der Sprache der Menschen verfasst. Sprechen wird im Wort leibhaftig. Sagen ist nach Levinas „leibhaftiges Sprechen" (langage incarné) (TI 181). Beide Grundsätze sind für Levinas zentral (Verset, Vorwort, 7–9).

Zur Auslegung der Schrift bedarf es nicht nur der Grundsätze, sondern auch der Schrifthermeneutik. Dazu ist der Rückgriff auf Ricoeur hilfreich. Ricoeur hat zur Mitte seiner Philosophie die Texthermeneutik gemacht. Er hat sich auch zur Bibelhermeneutik geäußert. Schrifthermeneutik baut auf der allgemeinen Texthermeneutik auf, weist aber auch markante Unterschiede hin. Die Fragen, die Ricoeur beschäftigen, sind: Wie wird das Wort Schrift und warum verdient die Schrift besondere Beachtung? Das gilt auch für die Heilige Schrift. Ricoeur hat Texthermeneutik vor allem vor dem Hintergrund der Zeitlichkeit betrieben. Als Ergebnis hat er auf die Bedeutung der „Erzählung" hingewiesen, die er als einzigartige Redeform menschlicher Lebensgeschichte herausgestellt hat. „[D]ie Zeit wird in dem Maße zur menschlichen, wie sie narrativ artikuliert wird: umgekehrt ist die Erzählung in dem Maße bedeutungsvoll, wie sie die Züge der Zeiterfahrung trägt" (TR I, 17 / ZE I ,13). Erzählung, so könnte man sagen, ist Text mit Zeitindex. Auf der Grundlage dieser Erkenntnisse hat Ricoeur einige sehr bedenkenswerte Beiträge zur Bibelhermeneutik und -exegese verfasst. „Erzählung" hat sich als besondere literarische Gattung der Biblischen Schriften herausgestellt, sei es als eigenständiger Erzähltext oder als narrativer Hintergrund unterschiedlicher Diskurse.

Text wie Schrift entfalten eine eigene Ordnungsstruktur. Es sind unterschiedliche Ebenen zu erheben. Ricoeur nennt sie: Wort wird Schrift, Werk, Text, dazu kommt das Lesen als Aneignung des Textes. „Schrift" ist allgemein ein eigener und selbstständiger Strukturzusammenhang, der sich vom bloßen Wortgeschehen unterscheidet. Unter „Werk" versteht Ricoeur ein strukturiertes Ganzes. Es wird etwa in den unterschiedlichen Redeformen oder literarischen Gattungen sichtbar. Insgesamt bedeutet die Schrift „Bekenntnis" des Glaubens. Dieses Bekenntnis kann in verschiedenen Redeformen vorgetragen werden. Ricoeur nennt fünf sogenannte Diskurse: den prophetischen, den narrativen, den vorschreibenden (Tora), den Diskurs der Weisheit und den des Hymnus oder der Psalmen. Bedeutsam für die Werkstruktur ist für Ricoeur: Die Betrachtung der biblischen Redeformen ist keine l'art pour l'art, sondern diese haben jeweils Einfluss auf die Botschaft des Wortes Gottes. So etwa variiert das Gottesbild je nach Redeform. Ricoeur nennt dies die Polyphonie der biblischen Botschaft.

Der „Text" selbst enthält die Botschaft. Es ist die Botschaft der neuen Wirklichkeit des Glaubens, die Botschaft vom „Reich Gottes". Wir werden auf die Botschaft Jesu zurückkommen. Auch das „Lesen" der Schrift ist für Ricoeur eine wesentliche Dimension des Textes und wird später unter dem Thema der „Inspiration" behandelt werden.

Wichtig für die Ebenen und Schichten der Schrift ist aber, dass sie untereinander agieren und wie im Vierfarbendruck sich aufeinander beziehen, sich gegenseitig beleuchten und so sprechend werden. Es erinnert an die strukturphänomenologische und -theologische Nähe zum Ansatz Hemmerles. Ebenso ist eine Nähe zum responsiven Antwortregister von Waldenfels feststellbar. Dieselbe Struktur kann für die weitere Entwicklung des „Wortes Gottes" in der Überlieferung oder „Tradition" angewandt und entsprechend verändert werden.

Im ersten Teil hatten wir das „Wie" der Theologie behandelt, im zweiten geht es um das „Was". Nachdem wir die „Methode" der Theologie im Blick hatten, geht es um die „Sache" der Theologie. Die erneuerte Methode des Wie hat aber auch entscheidende Folgen für die Sache des Was der Theologie. Oder mit anderen Worten: die Methode der Phänomenologie verändert auch die sprachliche Formulierung der Themen der Theologie. Oder mit Heidegger: „Die Gottes-, Trinitäts-, Urstands-, Sünden- und Gnadenlehre der Spätscholastik arbeitet mit den begrifflichen Mitteln, die Thomas von Aquin und Bonaventura der Theologie beigestellt haben. Das besagt aber, die in all diesen theologischen Problembezirken im Vornhinein angesetzte Idee des Menschen und des Lebensdaseins gründet in der aristotelischen ‚Physik', ‚Psychologie', ‚Ethik' und ‚Ontologie'" (GA 62, 369).

Thema der Methode war „die Offenbarung". Die Offenbarung hatten wir entsprechend den vier Ebenen Hemmerles in den beiden ersten Stationen, nämlich in den Dimensionen der „Botschaft" „Gottes, der spricht" und der „Nachfolge", die auf Gottes Botschaft antwortet, erörtert. Nun wird Gott selbst zum Thema. In Entsprechung zu dem „Gott, der spricht" kann vom „Geheimnis" Gottes in Kurzform gesagt werden, dass er ein „Gott ist, der (sich) gibt".

Nach dem „Sprechen" ist das „(Sich)Geben" das entscheidende Grundphänomen des Folgenden. Hemmerle nennt seine Weise der Theologie „Phänomenologie der Liebe" oder auch „Phänomenologie des (Sich)Gebens". Mit einem solchen Ansatz der Phänomenologie des Gebens ist nach Hemmerle aber auch die Stufe des „Seins" erreicht. Also nicht nur die Dimension der Theologie, sondern auch der Philosophie. Er spricht von der „Phänomenologie der Liebe (des Sich-Gebens) als Phänomenologie des Seins". Damit macht Hemmerle einen entscheidenden Schritt hinsichtlich seines Philosophie- und Metaphysikverständnisses. An dieser Stelle der *Thesen* formuliert Hemmerle deutlicher wie sonst die notwendige Überwindung der Aristotelischen Metaphysik der Substanz und Relation. Geben und Sich-Geben ist Beziehungsgeschehen. Dieses kann durch die Substanzphilosophie und -theologie nicht erreicht werden. Dazu bedarf es der Phänomenologie des Gebens. Hemmerles Philosophie ist eine „Ontologie der Bewegung", so haben wir gesagt; sie ist aber noch mehr „eine Ontologie der Beziehung". Beziehung ist selbstverständlich eine Form der Bewegung, aber nicht nur einer allgemeinen Bewegung, sondern einer Bewegung zwischen selbstständigen Momenten, d. h. zwischen Ursprüngen, die in Freiheit interagieren.

Wir haben von der „Phänomenologie des Sprechens" gehandelt. Tiefer besehen ist aber „Sprechen" schon „Geben". Nach Levinas ist „die Sprache, die die Sache dem Anderen bezeichnet, [...] eine erste Gabe" (TU 252). Nicht anders bei Hemmerle: ‚Wort ist Gabe' (Vorspiel 52). Die ‚Matrix' des Sprechens ist das Geben (Vorspiel 111). „Geben" geht dem Sprechen voraus, ist sozusagen eine Stufe vor dem Sprechen, ist Matrix, d. i. Tiefenstruktur des Sprechens. Sprechen ist Ausdruck des Gebens. Sprechen ist Mit-teilen. Damit ist bereits ein Hinweis auf das Geben mitgegeben. Geben ist Teilen, Mit-Teilen, bis hin zum Sich-Mit-Teilen. „[D]er erste Grund und das letzte Ziel [des Sprechens ...] heißt Sich-Geben" (Vorspiel 52). Gottes „Selbst-Mitteilung" ist seit dem Zweiten Vatikanischen Konzil der theologische Ausdruck für die christliche Offenbarung und die Heilsgabe Gottes an die Menschen.

Die Gabe und das Geben sind seit einiger Zeit zu einem großen Thema der Philosophie geworden. Wenn dem so ist und wenn das Geben tatsächlich als „Urwort der Theologie" bezeichnet werden kann, wird man gut tun, die philosophische Diskussion zu beachten. Eine Durchsicht der verhandelten Positionen lässt sehr unterschiedliche Konzepte erkennen. Beherrschend ist vor allem seit dem Grundbuch von Marcel Mauss die sogenannte „Ökonomie der Gabe". Sie steht zurecht für die verschiedenen Formen von Vertragsverhältnissen, welche durch Gaben besiegelt werden. Diese Formen sind für die Theologie zunächst nicht weiterführend, aber für eine Kriteriologie des religiösen Gebens relevant. Sie können Fehlformen des religiösen Gebens aufzeigen. Dem ökonomischen Denken wird von Derrida entschieden widersprochen, nicht weil es diese Formen nicht gäbe, sondern weil es sich dabei nicht um ein wirkliches „Geben" handle. Die Antwort auf Derrida waren Versuche, „an-ökonomische" Weisen des Gebens zu benennen. Zu ihnen sind die Phänomenologien von Levinas, Ricoeur und Waldenfels u. a. zu zählen, die für uns bisher schon Bedeutung haben. Die gesamte Diskussion ist für die Theologie nicht ohne Belang, weil in ihr in großer Deutlichkeit die Grenzen aufgezeigt werden, wo Geben in Ökonomie abgleitet und wo Geben tatsächlich reines Geschehen ist. Nur letzteres „Geben" kann für die Theologie letztlich bestimmend sein.

Für die responsive Phänomenologie Waldenfels' ist „Geben" das Grundwort. Für die Responsivität ist das Geben, der Dativ als Gebefall, entscheidend. Für Waldenfels geschehen schon „Reden und Handeln im Zeichen des Dativs". Also bereits das Sprechen wird vom Geben bestimmt. Während bei Levinas der *Akkusativ,* der *Anklagefall,* dominiert, wobei er durchaus auch die Verantwortung gegenüber dem Anderen berücksichtigt, achtet die responsive Ethik vor allem auf den *Dativ,* den *Gebefall.* Aber nicht nur das Sprechen, sondern alles Handeln geschieht im Zeichen des Dativs, d. i. geschieht auf dem Hintergrund von Geben und Nehmen.

Mit seiner Konzeption des responsiven Gebens hat Waldenfels m. E. eine wichtige Sicht in die Philosophie und Phänomenologie des Gebens eingebracht. Zudem hat Waldenfels auch auf die andere, lange andauernde Diskussion zwischen Heidegger und Levinas um das anonyme „Es gibt" eine Antwort gegeben. Für Levinas ist das „Es gibt" Heideggers, wie wir gesehen haben, ein anonymes Monster. Levinas befreit das Geben aus der Anonymität und siedelt es als Zwischen, zwischen Ich und dem Anderem, an. Geben entsteht im Angesicht und in der Verantwortung vor dem Anderen. Geben gipfelt in der „Gabe des Selbst". Waldenfels hat das „Geben" aus der Bindung an jeweils eine Position des Gebers oder Empfängers befreit und es responsiv als „an-ökonomisches" Geben ausgelegt. Das Geben ist zugleich ein Geben und Nehmen, responsiv genauer ein „nehmendes Geben" und „gebendes Nehmen". „Nehmendes Geben" und „gebendes Nehmen" sind beides authentische Formen des „Gebens", wobei „reines Geben" selbst noch einmal eine eigene Dimension darstellt. D. h. weder „nehmendes Geben" noch „gebendes Nehmen" machen die Vollform des reinen Gebens aus. Das Verbum „Geben" selbst ist das „Gebeereignis", das zugleich das Zwischen von beiden zusammenfügt und ein Mehr gegenüber seinen Momenten ist. Es sei an die Ähnlichkeit von „dire" und „le dit" in der Phänomenologie des Sprechens erinnert.

Auf dem Hintergrund der Phänomenologie des Sich-Gebens haben wir die großen Themen der Theologie in den Blick genommen: Gottesrede, Trinität, Schöpfung, Christologie, Pneumatologie, Soteriologie und Ekklesiologie. Für die Gottesrede waren die Frage nach dem Namen Gottes, nach Gottes Trinität und schließlich nach Gott, dem Vater und Schöpfer, die Themen.

Zuerst haben wir im Gottesnamen nach Ex 3,14 das Gabeereignis wiedererkannt. Es hat sich ergeben, dass der Name Gottes nach Ex 3.14 ein reiner Geschehensname ist: „Ich werde dasein, der ich dasein werde". Der Name ist verbal, „dasein", und völlig transitiv, ohne konkrete Angabe des Daseins; er ist die Zusage, da zu sein, wann und wo Gott dasein wird. Oder wie Rosenzweig sagt: „Denn das hebräische [‚Hajah'] ist ja nicht wie das indogermanische ‚sein' seinem Wesen nach Kopula, also statisch, sondern ein Wort des Werdens, Eintretens, Geschehens". In der Übersetzung von ‚hajah' als „sein" in der Septuaginta spielt die Zeitlichkeit signifikant keinerlei Rolle: „Ich bin, der ich bin". Die klassischen rabbinischen Kommentare dagegen finden im Gottesnamen die drei Zeitformen von Vergangenheit, Gegenwart und Zukunft angedeutet: „er war", „er ist", „er wird sein" entsprechend den Buchstaben „HaJaH (er war), HoWeH (er ist), JiHiJeH (er wird sein), indem sie diese Zeitansprache in der Buchstabenfolge des Tetragramms JHWH wiederfinden. Die Zeitlichkeit, so erklären sie dazu, ist nur um der menschlichen Verhältnisse willen angedeutet.[154] Denn die Menschen müssten in Zeiten denken. Für Levinas ist die Zeitlichkeit „Diachronie", das Aufreißen der Differenz vom Selben zum Anderen, hier die Diachronie zwischen Mensch und dem Anderen, Gott.

Hemmerle liest die Trinität Gottes ganz von dem Grundphänomen des Sich-Gebens her. Die Phänomenologie des Sich-Gebens oder auch der Liebe bewegt sich zum einen in den Bahnen der verbalen und transitiven Grundphänomene. Bei Hemmerle wird für die Trinität aber ein Unterschied gegenüber Rombach wichtig. Es ist die „Mehrursprünglichkeit", die den Zugang zur Trinität ermöglicht. Damit scheint er in einen Gegensatz zu Rombach zu geraten, als ob Hemmerle doch wieder Substanzen oder substanzhafte Personen einführen wollte. Es ist aber genauer hinzuschauen. Um es im Bild einer Landkarte zu sagen, so bildet die Strukturphänomenologie Rombachs die unersetzliche Grundlage zum Verständnis von Verfassung, Dynamik und Genese von Struktur und Strukturbeziehungen. Es sind die Bewegungslinien innerhalb einer Karte, die Vernetzungen von Momenten, die miteinander agieren und ein Ganzes bilden. Sie entstehen aus einem Ursprung des „von selbst". Damit hat Rombach eine große Landkarte der Strukturbewegungen vorgelegt, eine „Ontologie der Bewegung", wie er sagt. Auch Hemmerle hat sich diese Strukturontologie großteils zu eigen gemacht. Er hat aber zugleich von einer „Ontologie der Beziehung" gesprochen. Zum einen sind „Beziehungen" ebenfalls „Bewegungen", d. h. Bewegungen zwischen Polen, die sich aufeinander zu oder voneinander weg etc. bewegen. Beziehungen sind aber offensichtlich mehr. Bei Hemmerle sind die Pole zugleich „Ursprünge", Anfänge mit eigener Wertigkeit. Ursprünge aber, die nicht als Substanzen vorliegen, sondern durch die Vollzüge erst zu ihrer Gestalt gelangen. Auch Rombach spricht von Ursprüngen als dem „von selbst" der Strukturhervorgänge, aber er zeich-

[154] Mosès, Offenbarung, a. a. O., 74 bzw. 77.

net vor allem deren Hervorgehen und Aufeinanderagieren nach, sozusagen die linearen Bewegungen in zwei Dimensionen, während Hemmerle vor allem die Ursprünglichkeit der einzelnen Pole und dementsprechend ihr eigenes Aufeinanderwirken beschreibt. Für ihn ist das Zueinander, Gegeneinander und Miteinander von Ursprüngen oder Freiheiten wichtig. Diese Sichtweise kann mit der Responsivität von Geben und Nehmen nach Waldenfels verglichen werden. Es ist sozusagen eine Landschaft in drei Dimensionen: In Hemmerles Landschaft werden Bewegungen in die Landkarte eingezogen und zugleich auf die Profile der Landschaft geschaut. Dieses Konzept Hemmerles der „Mehrursprünglichkeit" steht so nicht im Gegensatz zu Rombach, sondern ergänzt dieses auf sinnvolle Weise. Es führt die Phänomenologie Rombachs im Sinne der responsiven Phänomenologie Waldenfels weiter.

Vor diesem Hintergrund einer Phänomenologie des „Sich-Gebens" ist Hemmerles Theologie der Trinität zu sehen. Die Phänomenologie des Sich-Gebens ist eine Phänomenologie der „Liebe". Das Grundwort und Phänomen der „Liebe", das Hemmerle aus der Tradition und vor allem bei Augustinus findet, spricht vielleicht am deutlichsten den Vorgang aus, der den Überlegungen der Liebe und der Trinität zugrunde liegt. Es ist die bekannte augustinische Formel, dass, „wer liebt, die Liebe selber liebt".[155] In der Formel ist Hemmerles Verständnis der zentralen Aussage der Schrift über Gott: „Gott ist die Liebe" (1 Joh 4,8.16) enthalten. Liebe und Sich-Geben kann demnach dreifaltig verstanden werden.

Die Formel des Augustinus ist in sich einsichtig und bedarf keiner eigenen philosophischen Begründung. Sie bestätigt aber eindrucksvoll die Phänomenologie der Grundvollzüge, d. i. die Struktur der Grundphänomene. Es ist einsichtig, dass in der „Liebe" keiner der beiden, weder Liebender noch Geliebter, die Liebe des Anderen erzwingen kann: weder der Liebende, der dem von ihm Geliebten seine Liebe mitteilt, kann vom Geliebten notwendig erwarten, dass er die Liebe erwidere, und umgekehrt. Wenn sich Liebe einstellt, so kommt sie durch keinen der beiden Verdienst allein zustande. Wie dann? Es ist nach Augustinus die Kraft der Liebe, die beide überzeugt und einander zuführt. Welche Macht Liebe hat, wird immer wieder deutlich, wenn ein Partner für die gegenseitige Liebe nichts mehr tun kann, weil er schwer krank oder aus einem anderen Grund nicht mehr fähig ist, was aber die Liebe des Liebenden in keiner Weise beendet, sondern im Gegenteil manchmal geradezu noch steigert. Hier ist deutlich das „Surplus" zu erkennen, von dem Waldenfels in den Grundphänomenen und vor allem im gegenseitigen Schenken und Sich-Verschenken feststellt: „Lieben" als Vollzug ist größer als die Summe der Liebe von Liebendem und Geliebtem, wie der Vollzug des „Gebens" größer ist als Geben und Nehmen für sich u. a.

Hemmerle entwickelt von der augustinischen Formel, dass, „wer liebt, die Liebe selber liebt", sein Verständnis. Wie Liebe aus drei Ursprüngen lebt, dem Liebenden, Geliebten und dem Lieben, so ist Gott „mehrursprünglich". Dabei ist wiederum zu erinnern, dass damit nicht substanzhafte Personen gemeint sind, sondern die besonderen Weisen, wie die einzelnen Ursprünge aus dem göttlichen Vollzug der „Liebe" hervorgehen: als Liebender, Geliebter und als Band ihrer Liebe. Dass es in unserer

[155] Vgl. Augustinus, De Trinitate VIII, 7–10; IX, 2; s. Hemmerle, Nachfolge, 72–80, 90–101; Böhnke, Einheit, 83.

endlichen Rede nützlich sein kann, von den göttlichen Ursprüngen wie von Personen zu reden, ist ein anderes Thema. Jedenfalls ist mit der Redeweise von den drei göttlichen Personen unsere menschliche Erfahrung gewahrt, dass Gott sich zu uns verhält, wie wir uns unter Menschen oder Personen in Menschlichkeit und Liebe verhalten. Dabei ist allerdings zu beachten, dass wir nicht in substanzhafte Vorstellungen abgleiten, um nicht in die ‚ökonomische' Falle des Gabeverhältnisses zu geraten. Um eine solche Gefahr zu nennen, wäre diese gegeben, wenn die Theologie etwa weiterhin von der Vorstellung ausginge, Gott habe von seinem Sohn das Kreuz und den Tod gefordert, um die Schuld der Menschen zu begleichen (die ‚ökonomische' Formulierung verrät deutlich den falschen Hintergrund).

Für Hemmerles Trinitätsverständnis ist noch ein weiterer wichtiger Gesichtspunkt entscheidend: Befremdlicherweise spricht Hemmerle von der Zeitlichkeit der Trinität und geht die klassische Trinitätslehre anhand dieses Merkmals kritisch durch. Wie wir aber schon beim Gottesnamen gesehen haben, ist Zeit und Zeitlichkeit der Anschauungsraum unseres menschlichen Daseins. Zeit als endlicher Anschauungsraum ist seit Kant unhintergehbar. Levinas hat diese Erkenntnis vertieft im Rückgriff auf Rosenzweig, der entdeckt habe, so Casper, „dass der Mensch letztlich gar nicht über das Sein verfügt. Sondern dass vielmehr das Sein erst dadurch ist, dass es sich zwischen Menschen zeitigt. Ich bedarf, um wirklich zu sein, des Anderen wie der Zeit".[156] Diese Erkenntnis ist Ausgangspunkt des Begriffs der Zeitlichkeit bei Levinas, der „Diachronie". Diachronie bedeutet bei Levinas zuerst die Differenz von Selbem und Anderem, die zugleich die zeitliche Ungleichzeitigkeit (Diachronie) der nicht synchronsierbaren Beziehung von Selbem und Anderem ausmacht. Die Diachronie ist Grund der Verzeitlichung von Vergangenheit, Gegenwart und Zukunft. Unsere menschliche Vorstellung von Gottes Trinität geschieht im Horizont endlicher Anschauung, der Zeitlichkeit; die Zeitlichkeit wahrt hier die Differenz oder Diachronie von Selbem und Anderem, d. i. von Menschlichem und Göttlichem.

Kommt man mit dieser menschlich vorgegebenen zeitlichen Sicht auf Gott zurück, dann ergeben sich wichtige Modifikationen der klassischen Trinitätslehre. Das Ursprungsgeschehen Gottes lässt sich unter dem zeitlichen Gesichtspunkt mehrfach aussagen. Das Ursprungsgeschehen Gottes kann genetisch betrachtet werden. Genetisch betrachten heißt, nach dem jeweiligen Ursprung betrachten. Jede der drei ‚Personen' ist ja selbst Ursprung. Genetisch ist die Trinität „mehrursprünglich". In der zeitlichen Perspektive kann jeweils von einem bestimmten Ursprung ausgegangen werden, um das ganze göttliche Ursprungsgeschehen zu beschreiben. Mit anderen Worten variieren die zeitlichen Bestimmungen von Herkunft bzw. Vergangenheit, Gegenwart und Zukunft je nach genetischer Betrachtung. So kann Hemmerle von einer doppelten Pneumatologie u. a. sprechen. Eine solche Betrachtung der „Mehrfachbesetzung" ist klassisch nicht möglich, da es von dem linearen oder zweiwertigen Denken beherrscht wird. Das Verständnis Hemmerles kommt zu weitreichenden Veränderungen in die klassische Rede von Trinität. Das betrifft etwa die komplexe Appropriationslehre der klassischen Theologie. Hemmerle ist sich seiner Kritik offensichtlich sehr bewusst.

In der Gottesrede hat Hemmerle eine neue Weise des Trinitätsverständnisses eingebracht. In ihr tut sich eine weitere Crux auf: Das Verhältnis Gottes zur Schöpfung,

[156] Casper, Dialogisches Denken, a. a. O., 363.

vor allem Gottes zum Geschöpf des Menschen. Die klassische Appropriationslehre vom linearen und bloß kausalen Einwirken Gottes genügt offensichtlich nicht. Nach dieser Lehre würde Gott allein in seiner Einheit, nicht nach den Weisen seines dreifaltigen Wirkens die Schöpfung ins Werk setzen. Für ein angemesseneres Verständnis führt Rahner die „causa formalis" ein. Eine tiefere Einsicht kann wiederum durch den Blick auf das Grundphänomen des „Gebens" erreicht werden. Levinas hat auf die „Kontraktion" Gottes im Werk der Schöpfung hingewiesen. Kierkegaard hat dieses Motiv auf das Freiheitsgeschehen des „Gebens" paradigmatisch angewandt. Was will der Vater seinem Kind weiter-„geben"? Es ist Kierkegaard zuzustimmen: Der Vater wird selbst zurücktreten, damit sich sein Sohn in voller Freiheit entfalten kann. Das ist ein weiteres beeindruckendes Paradigma des „Gebens", des Verhältnisses von „Geben" und „Nehmen". Das Motiv der „Kontraktion" hat Levinas für unterschiedliche Themen des Verhältnisses von Gott und Mensch benützt. Es hat auch für dieses Buch zentrale Bedeutung gewonnen, vor allem auch deshalb, weil es auf ähnliche Weise bei Hemmerle immer wieder aufscheint.

Um sich dem Gottes Sohn Jesus Christus zu nähern, wird man auf die „Phänomenologie des (Sich)Gebens oder der Liebe" zurückgreifen, wie es Hemmerle vorschlägt. Auch die Christologie ist als „Gebeereignis" auszulegen. Und doch scheint in dieser allgemeinen Form noch zu wenig gesagt zu sein. Das „Gabeereignis" des Sohnes ist als „Hin-Gabe" des Sohnes an den Vater und an die Menschen zu spezifizieren. Es scheint, dass das Sich-Geben Jesu und die Liebe Gottes noch der Vertiefung bedürfe. Aus diesem Grund greifen wir auf Hemmerles Kennzeichen Jesu Christi als „treuer Zeuge" zurück. Damit legt sich eine „Phänomenologie des Zeugnisses" nahe. Näher besehen stellt sich aber das „Zeugnis geben" als eine besondere Form des Grundphänomens des „Gebens" dar. Es ist ein „Geben", das ein „Sich-Geben" enthält. Es vertieft das Geben darüber hinaus noch auf andere, besondere Weise. Das gilt es für die Christologie zu entfalten.

Wir haben das Kapitel von Jesus, dem „treuen Zeugen", in zwei große Abschnitte eingeteilt. Zum einen hat Ricoeur eine ausführliche Studie zum „biblischen Zeugnis" vorgelegt, das in die Rede des Zeugnisses in der Schrift einführt. Zum anderen kann in einem zweiten Schritt eine phänomenologische Vertiefung des biblischen Befundes des Zeugnisses vor allem mit Levinas vorgenommen werden. Daraus sind einige Bemerkungen und Folgerungen zur Christologie anzuschließen.

Ricoeur beginnt seine Studie zum biblischen „Zeugnis" mit einem Blick auf die Semantik des Zeugnisbegriffs entlang dreier Bedeutungsebenen, die er dem allgemein sprachlichen Gebrauch entnimmt: Er nennt die drei Dimensionen eines allgemeinen Zeugnisbegriffes: die quasi empirische, juridische und martyrologische Dimension. Das „quasi" der Dimensionen steht jeweils als Ausrufezeichen für die Differenz, die zwischen allgemeinem und biblischem Zeugnisbegriff bestehen bleibt. Ricoeur versucht nun, diese Ebenen mit dem biblischen Gebrauch zu verbinden. Wir lassen uns von dem Vorschlag Ricoeurs leiten und behandeln nacheinander: das irdische Leben Jesu – die empirische Dimension; Kreuz und Auferstehung – die martyrologische Dimension; schließlich die Offenbarung des Offenbarers – die juridische oder rechtfertigende Dimension.

Der erste Schritt des „irdischen Lebens Jesu" ist selbstverständlich recht umfangreich, weil er ein gut Teil des Neuen Testaments zu erfassen sucht. Mit dem Leben

Jesu sind die gewichtigen Fragen des Historischen, insgesamt der Zeitlichkeit verbunden. Dabei ist zurückzukommen auf das Theologumenon, dass „das Wort Gottes Fleisch geworden ist“. Wir haben davon im Teil der Offenbarung gehandelt und im Zusammenhang der Rede von „Gott, der spricht“ die Dimensionen der Menschwerdung des Wortes Gottes, die Sprache, in ihren Dimensionen ausgeleuchtet. Wir haben die Sprache als Lebens- und Wohnraum des Menschen, als Sprach- und Zeitraum entfaltet. In der Betrachtung des irdischen Jesus haben wir versucht, das Leben Jesu in den Koordinaten von Zeit und Raum zu betrachten, wie es Hemmerle getan hat.

Auch im zweiten Schritt des „Martyriums von Kreuz und Auferstehung“ richtet Hemmerle den Blick auf die Räumlichkeit und Zeitlichkeit. Es ist die neue Räumlichkeit und Zeitlichkeit einer neuen Welt und einer neuen Zeit, die das neue Leben Jesu nach Ostern eröffnet. Bedeutsam wird aber vor allem, Kreuz und Auferstehung im Licht des Gebens, das sich darin vollzieht, zu betrachten. Das Martyrium Jesu Christi ist Sich-Geben in seiner höchsten Form. Selbsthingabe ist Geben in seiner höchsten Spitze. Sie sollte deshalb auch innerhalb des ganzen Gabeereignisses betrachtet werden. Und es zeigt sich, dass diese Betrachtung für das Verständnis von Kreuz und Auferstehung von größter Bedeutung ist. Es sind alle Beteiligten an dem Gabegeschehen zu berücksichtigen. Es führt zu Einseitigkeiten, wenn allein die Empfänger des Heilsgeschehens im Blick sind, Kreuz und Auferstehung also allein zur Tilgung von Schuld und Sünde gesehen werden. Es ist nicht weniger die Perspektive Gottes selbst, des Vaters, zu berücksichtigen, von dem nicht gesagt werden kann, er habe das Kreuz von seinem Sohn eingefordert, um für die Menschheit zu sühnen. Gottes Ziel ist offensichtlich der neue Bund, die Versöhnung der Menschheit mit Gott und so das neue Volk Gottes. Es ist nicht zuletzt die Rolle des Gekreuzigten in Anschlag zu bringen, der nicht aus Zwang von Seiten seines Vaters Leiden und Tod auf sich nahm, sondern „sponte“, aus freiem Willen, um so die Menschheit wieder mit Gott zu versöhnen. Damit erhalten aber die zentralen Begriffe im Zusammenhang von Kreuz und Auferstehung wie Schuld, Sünde, Sühne, Opfer, Stellvertretung u. a. einen neuen und anderen Klang.

Die Theologie des Offenbarers Jesus Christus ist bei Johannes hohe Christologie. Die Christologie des Johannes kann gewissermaßen die juridische Seite des Zeugnisses vertreten, weil es den Rechtsgrund und die Begründung für den Sohn Gottes thematisiert. Jesus ist der „treue Zeuge“. An dieser Stelle wird deutlich, wie die literarische Sicht des biblischen Zeugnisses in eine Theologie des Zeugnisses übergeht. Ricoeur hat darauf hingewiesen, dass Johannes zum einen der Theologe des Zeugnisses ist und zum anderen die bisherigen biblischen Dimensionen des Zeugnisses vertieft oder sprengt. Und nun fällt etwas anderes auf: die hohe Theologie des Zeugnisses bei Johannes hat sprachliche Ähnlichkeiten mit der Philosophie des Zeugnisses bei Levinas. An dieser Stelle ergibt sich ein Zusammenhang, den Ricoeur noch nicht hergestellt hat, sich nun aber nahelegt, nämlich auf die Philosophie des Zeugnisses und auf eine Phänomenologie des „Zeugnis Gebens“ einzugehen.

„Zeugnis“ hat bei Levinas einen zentralen Platz, wenn man auch nicht sofort darauf stößt. Wie Johannes in einer hohen Theologie das christologische Zeugnis einführt, so Levinas in einer hohen Sprache das philosophische Zeugnis. Levinas nennt es auch „reines Zeugnis“. Damit beginnt Levinas nicht wie üblich beim allgemeinen Verständnis von Zeugnis, sondern er beginnt mit dem hohen Zeugnis. Das mag befremden, aber es kann auch für das allgemeine Verständnis bisweilen nützlich sein, sich die hohe Form eines Begriffs anzusehen. Überragend ist die Rede Levinas' vom Zeugnis als „Zeugnis der Herrlichkeit" oder „Zeugnis der Herrlichkeit des Unendlichen" (AQ 184–185 / JS 316–319; EU 80–86). Es geht bei Levinas ohne Zweifel um das hohe Zeugnis, das „reine Zeugnis". Mit dem Begriff der „Herrlichkeit" ist die Nähe der biblischen „Herrlichkeit (kabod)" des Johannes ersichtlich. Wenn es auch nicht die „Herrlichkeit" des Sohnes ist, der den Vater verherrlicht, sondern die Herrlichkeit des „Unendlichen" oder Göttlichen, so ist der biblische Hintergrund doch präsent.

Die Merkmale des authentischen Zeugnisses sind für Levinas somit: „Zeugnis der Herrlichkeit", sodann „Exteriorität und Interiorität des Zeugnisses", „Subjektivität" und „Illeität". Er fasst diese Merkmale etwa in der Aussage zusammen: „Ich bin Zeugnis – oder Spur, oder Herrlichkeit – des Unendlichen". Die Merkmale des Zeugnisses nach Levinas erfüllen und vertiefen die Dimensionen des Zeugnisses, wie wir sie etwa bei Ricoeur kennen gelernt haben: hohes Zeugnis ist Zeugnis eines ‚Hohen', „Herrlichkeit", Botschaft oder Offenbarung. Im Zeugnis sind „Exteriorität" und „Interiorität" zusammen. Zeugnis ist zum einen Exteriorität, Zeugnis vom „Anderen"; Levinas nennt das Antlitz des Anderen bisweilen Herrlichkeit. Es ist zum anderen „Interiorität": „Ich bin Zeugnis", der „treue Zeuge" ist zugleich selbst Zeugnis; er kann aus dem Zeugnis nicht herausgerechnet werden. „Zeuge" sein macht die „Subjektivität" des Zeugen aus. Der Zeuge gibt schließlich Zeugnis der „Spur" oder der „Illeität", des Göttlichen. Es ist sichtbar, welche Nähe Levinas' Zeugnisbegriff zu dem der Schrift und besonders des Johannes hat, ohne den Zwang zur Verwechslung. Denn selbstverständlich ist der „reine Zeuge" von Levinas der Prophet oder der aufrichtige Zeuge, nicht der Sohn Gottes.

Auf dieser philosophischen und theologischen Grundlage des Zeugnisses können einige Bemerkungen zur Christologie gemacht werden. Und wiederum überrascht Levinas mit seinem Beitrag *Dieu homme?* Er regt zum Gespräch an. Levinas will nicht über die „Menschwerdung" im christlichen Sinne diskutieren, die er als Jude ablehnt. Er will etwas zur Christologie aus philosophischer Sicht sagen, nämlich zu „Gott (Dieu)" und zum „Menschen (homme)", genauer zum Verhalten Gottes zum Menschen und zum Verhalten des Menschen zu sich und damit zum Anderen. Auch dieses Verhältnis von *Dieu homme* entspricht bei genauerem Hinsehen dem religiösen Gabegeschehen: Einmal ist die Gabe des Gebers zu betrachten, wobei Gott der Geber aller Gaben ist, und zum anderen ist der Empfänger, der Mensch, zu sehen und wie er der Gabe Gottes entspricht. Levinas sieht es als höchste Gabe Gottes an, sich zu erniedrigen. Es ist das Wesen der Kontraktion Gottes, wie es der „Kenose" in unserem Glauben entspricht. Der Empfänger antwortet bei Levinas durch die Verantwortung für den Anderen oder durch Stellvertretung (substitution). „[D]ie Spur [...]: sie ist die Nähe Gottes im Antlitz meines Nächsten" (Dieu 78). Wenn sich die Anschauungen von Levinas und Christologie auch sehr nahekommen, das „Gabegeschehen" selbst bleibt für den Juden und Christen doch verschieden. Für den christlichen Glauben hat sich die Gabe Gottes in der Hingabe seines Sohnes verkörpert, während Levinas von dem universalen Geben Gottes an die Menschheit spricht.

In der Christologie ist deshalb auf das besondere Geschehen der Inkarnation einzugehen, das wahrhaft die Menschwerdung des Sohnes Gottes besagt, während Inkarnation bei Levinas einen anderen Sinn hat, nämlich die Fleischwerdung (In-car-nation) des „Sprechens“. Deshalb die Rede vom „inkarnierten Sprechen“ und eines „Gebens“, das bis zum Geben von Fleisch und Blut geht. Levinas kann zum Verständnis der Inkarnation anregend sein, die christologische Formel von Chalkedon kann er jedoch nicht auflösen. Es überrascht dann aber wiederum, wie Levinas die Stellvertretung des Selben für den Anderen mit dem Verweis auf Jes 53 verbindet, was dem christlichen Verständnis des leidenden Gottesknechtes in Kreuz und Tod sehr nahekommt.

Die letzten Kapitel zu Pneumatologie, Soteriologie und Ekklesiologie ziehen die bisherigen Überlegungen hinsichtlich der weiteren Großthemen der Theologie aus. Vor allem bewährt sich immer wieder der kritische Blick auf einzelne Themen und Handlungen aus der Perspektive des Gebens. Das Geben ist jeweils als ganzes Geschehen wiederzugeben, d. h. Geber, Empfänger und das Verbum Geben sind in ihrer Beziehentlichkeit zu erfassen und zu beschreiben. Die Phänomenologie des Gebens erweist sich für die Theologie als äußerst produktiv.

Vor allem ist der Pneumatologie aus der Perspektive der Gabetheologie ein zentraler Platz in der Theologie einzuräumen. Eine Phänomenologie und Theologie des „Gebens“, das nicht substanztheologisch orientiert ist, wird in allen Momenten des Gebegeschehens bemerken, dass es zu keinem Abschluss kommt, wenn das Geben nicht ganzheitlich wiedergegeben wird, wenn nicht die Verknüpfung, das Band von Geber und Empfänger geknüpft wird. Das betrifft in unseren Überlegungen vor allem das Grundphänomen des „Sprechens“, die „Offenbarung“, und grundsätzlich das Grundphänomen des „Gebens“ in der Theologie. In dieser Perspektive bedeutet es keinen Anhang, sondern eine zentrale Dimension, wenn für das „Sprechen“, die Offenbarung, der „Inspiration“ durch den Heiligen Geist besondere Aufmerksamkeit geschenkt wird, wie auch die Gottesrede nicht zu Ende kommt, wenn nicht das Band der Liebe, der Heilige Geist, einer besonderen Betrachtung gewürdigt wird. Schließlich sind alle Gaben und Gnaden Gottes Gaben des Heiligen Geistes. Die Kirche ist schließlich als communio Ikone der Trinität und Geschöpf des Geistes und selbst Band unter den Menschen. Die Perspektive der Gabetheologie verändert den Blick auf alle genannten Themen wie „Inspiration“, „Gnade“ und „Kirche“.

In der Soteriologie ist die gabetheologische Perspektive besonders dringend. Letztlich geht es hier um das zentral biblische wie theologische Problem der Rechtfertigung. Beim Thema der Erlösung bzw. Rechtfertigung ist die Gefahr besonders groß, in die ‚ökonomische‘ Falle zu geraten. Das geschieht dann, wenn das Geschehen der Erlösung nicht nach dem Maß des Gebens ausbalanciert wird. Dann kommt es zur schier unauflösbaren Opposition von „Gerechtigkeit“ und „Barmherzigkeit“. „Gerechtigkeit“ ist dabei die strenge Einstellung des Menschen, „Barmherzigkeit“ diejenige Gottes. Der menschliche Gesichts- und Standpunkt ist der einseitige der Gerechtigkeit, ein ‚ökonomischer‘, denn es gilt eine Schuld zu begleichen. Es bedarf dagegen der Balance zwischen Geber und Empfänger, zwischen Gerechtigkeit und Barmherzigkeit, um nicht in die Fänge der strengen Satisfaktionstheorie zu geraten. Aus der Perspektive Gottes dagegen vermag der Ausgleich von Gerechtigkeit und Barmherzigkeit zu gelingen.

Ähnlich stellt sich das Grundproblem der Ekklesiologie dar: „Geist“ steht gegen „Recht“, oder die unsichtbare geistige Dimension steht gegen die Institution der Kirche. Auch hier bedarf es der pneumatologischen Ekklesiologie. Besonders der innerste Kern der Kirche, das Ursakrament, d. i. die Eucharistie, bedarf der gabetheologischen Auslegung. Denn Eucharistie ist das Gabegeschehen par excellence, ist Selbst-Hingabe Jesu Christi an den Vater und Gabe an die Menschheit. Gerade die gabetheologische Betrachtung vermag kritische Fragen der Eucharistie zu klären: der Sinn der Eucharistie ist zuerst und vor allem die Hingabe Jesu Christi; dann sind die beteiligten Partner und die jeweiligen Zuweisungen zu bestimmen. Gerade die Gabe der Eucharistie weist auf eine „Mehrfachbesetzung" der einzelnen Positionen hin: Wer ist der Geber? – Gott, Jesus Christus, Priester? Wer sind die Empfänger und was ist ihre Gabe? – das Opfer der Kirche und/oder des Einzelnen? Was ist die Gabe? – die Hingabe des Sohnes an seinen Vater und an die Menschen und/oder Transsubstantiation, Realpräsenz etc.? Gerade hier zeigt sich, dass die Fixierung auf einzelne Positionen den Sinn der Eucharistie in Schieflage und zu Missverständnissen bringen kann.

Zum Schluss sei eine Bemerkung zum Verhältnis von Philosophie zur Theologie erlaubt, das in diesem Buch natürlich von großer Bedeutung ist. Das Verhältnis von Philosophie zur Theologie ist bekanntlich ein sehr sensibles. Das hat Klaus Hemmerle immer wieder zu spüren bekommen. Sei es, dass man der Theologie vorwirft, sie mische sich in die Philosophie ein, oder sei es, dass man den Philosophen vorwirft, sie betrieben insgeheim Theologie. Der letzte Verdacht ist vor allem in Frankreich immer wieder gegen Emmanuel Levinas und Paul Ricoeur erhoben worden, die dem zwar widersprachen, aber als Reaktion darauf streng auf die Unterscheidung zwischen philosophischen und religiösen bzw. theologischen Schriften und Aufsätzen achteten. Zu Bernhard Waldenfels ist mir ein solch lauter Vorwurf nicht bekannt. Es mag sein, dass Waldenfels gewisse Vorbehalte gegen die Theologie, wie er sie immer wieder einmal wie in *Hyperphänomene* (353–412) äußerte, deutlich genug waren, um solche Verdächte nicht aufkommen zu lassen. Im Rückblick auf das vorliegende Buch denke ich nicht, in irgendeiner Weise die Philosophie auf unangemessene Weise gebraucht oder gar für theologische Zwecke missbraucht zu haben, sondern angeregt worden zu sein, mit den philosophischen Forschungen neu über theologische Themen nachzudenken. Dabei wurde Philosophie dort belassen, wo sie ist, und nicht in irgendeiner Weise als ‚ancilla' benützt.

Andererseits mag der Vorwurf auch von der anderen Seite kommen, die Theologie, die hier vorgetragen werde, sei in großen Teilen Philosophie. Dieser Eindruck mag teilweise berechtigt sein. Er hat aber einen guten Grund. Es wird niemand der Meinung sein, die Theologie sei bis heute ohne Philosophie ausgekommen. Natürlich im Gegenteil. Die Theologie erscheint bis heute weitgehend in den Gewändern, die sie sich von der Philosophie geliehen hat. In der Tat war dies ein Anliegen des vorliegenden Buches, die Theologie aufzufordern, auf sich zu schauen und zu erkennen, wieweit sie von der klassischen Substanztheologie geprägt ist. Das zu erkennen war das Anliegen, keine pauschale Kritik.[157] Es ist meine Meinung, dass Ontologie und Metaphysik ihre Zeit hatten und so der Philosophie und Theologie gute Dienste taten, wie sie ihnen keine andere Wissenschaft zukommen lassen konnte. Aber auch Philosophien haben kein Ewigkeitsdatum, sondern einen Zeitindex, wie die lange Ausführungen

[157] Vgl. auch Lorenz, Gott, a. a. O., 544–548.

zu Zeit und Zeitlichkeit gezeigt haben dürften. Und so geschieht es, dass zu einer anderen Zeit die Grenzen einer solchen Philosophie und vor allem einer durch sie geformten Theologie zu Tage treten.

Philosophische Alternativen zu den klassischen Konzepten gab es nach dem Deutschen Idealismus zuhauf. Es war die Frage, wieweit diese für die Theologie hilfreich sein konnten, vor allem auch für eine Theologie, die sich in jener Zeit mit einer Philosophie als Wissenschaft des Absoluten messen und diese sogar übertreffen wollte. Anders dagegen waren neu aufkommende Ansätze zu beachten wie die Philosophien der Sprache, die in der Theologie sofort Aufmerksamkeit erfuhren, da es die Theologie von Anfang an mit der Offenbarung Gottes, also einem außerordentlichen Sprach- und Sprechphänomen, zu tun hat. Ähnliches Interesse gilt seit einiger Zeit auch den neueren Philosophien der Gabe. Zwar hatte die Theologie, wohl wegen ihrer substanztheologischen Ausrichtung, kaum auf das Geben Gottes und seine Gabe geachtet, aber eine tiefere Betrachtung des göttlichen Sprechens und Handelns zeigt überall die Tiefenstruktur der Gabe. Was also liegt näher, als diese philosophischen Ansätze, die nicht aus der Theologie kamen und doch für die Theologie offensichtlich von erheblicher Bedeutung waren, aufzugreifen. Zudem war es notwendig, nicht alle Ansätze zu referieren, sondern auszuwählen. Die Wahl fiel aus den schon genannten Gründen auf die philosophischen Phänomenologien von Levinas, Ricoeur und Waldenfels. Ihre Phänomenologien des Sprechens und des Gebens waren zunächst vorzustellen, da sie wohl kaum genügend bekannt sind. Sodann waren ihre Anregungen für die großen Themen der Theologie vorzutragen. Natürlich waren auch die Unterschiede zwischen philosophischer Anregung und theologischer Anwendung deutlich zu benennen. Schließlich konnte die Fruchtbarkeit dieser Ansätze für die Theologie und vor allem für die Theologie Klaus Hemmerles zwar genannt, aber meistens nicht mehr in extenso im Stil eines Handbuches der Theologie ausgeführt werden.

Um auf das sensible Thema des Verhältnisses von Philosophie und Theologie zurückzukommen, so sehe ich es eher gelassen: der Philosophie sei für ihre produktiven Anregungen gedankt, ohne sie in irgendeiner Weise umdeuten oder korrigieren zu wollen; die Theologie mag den Gewinn schätzen, den sie für sich hat, wenn sie anerkennt, was es bedeutet, ihre großen Themen im Lichte neuer philosophischer Ansätze besser zu verstehen.

Abkürzungen

Anerkennung	Ricoeur, Paul (2004), Phénoménologie de la reconnaissance – Phänomenologie der Anerkennung, in: Orth, Stefan, Facettenreiche Anthropologie, a. a. O., 138–159 [Anerkennung].
AQ	Levinas, Emmanuel (1961), Autrement qu'être ou Au-delà de l'essence, Paris [AQ] [dt. JS].
AR	Waldenfels, Bernhard (1994), Antwortregister, Frankfurt [AR].
AS I–V	Hemmerle, Klaus, Ausgewählte Schriften, 5 Bde., hg. v. Reinhard Feiter in Zusammenarbeit mit Michael Albus, Reinhard Göllner, Heinz-Jürgen Görtz, Hanspeter Heinz, Klaus Kienzler, Richard Lorenz, Wolfgang Schneider, Bernd Trocholepczy, Anton E. van Hooff. Freiburg 1995–1996 [AS I–V].
Auto	Rombach, Heinrich (o.J.), Versuch einer Selbstdarstellung, Broschüre der Verlage Alber und Herder, Freiburg [Auto].
Autobiographie	Ricoeur, Paul (1995), Autobiographie intellectuelle, in: Réflexion faite. Autobiographie intellectuelle, Paris [Autobiographie].
CDH	Anselm von Canterbury, Cur Deus homo.
Dieu	Levinas, Emmanuel (1991), Menschwerdung Gottes? (frz.: Dieu-homme), in: Zwischen uns. Versuche über das Denken an den Anderen (frz.: Entre nous, Essais sur le penser-à-l'autre), München 1995, 73–82 [Dieu].
DG 1–2	Waldenfels, Bernhard (1995), Deutsch-Französische Gedankengänge, Frankfurt [DG].
DND	Rosenzweig, Franz, Das neue Denken. Einige nachträgliche Bemerkungen zum „Stern der Erlösung", GS III, 139–161 [DND].
Einheit	Böhnke, Michael (2000), Einheit in Mehrursprünglichkeit. Eine kritische Analyse des trinitarischen Ansatzes im Werk von Klaus Hemmerle (Bonner Dogmatische Studien 33), Würzburg [Einheit].
Einübung	Kierkegaard, Sören (1848), Einübung im Christentum und anderes, hrg. on Walter Rest (dtv 6080), München 1977 [Einübung].
EU	Levinas, Emmanuel (1982), Ethik und Unendliches. Gespräche mit Philippe Nemo. Aus d. Franz. v. Dorothea Schmidt (frz. Ethique et Infini), Graz 1986 [EU].
Frey	Frey, Jörg (1998), Die johanneische Eschatologie. Bd.2: Das johanneische Zeitverständnis, Tübingen [Frey].
GA	Heidegger, Martin, Gesamtausgabe, Frankfurt 1975 ff.
Gabe	Hoffmann, Veronika (2013), Skizzen zu einer Theologie der Gabe. Rechtfertigung – Opfer – Eucharistie – Gottes- und Nächstenliebe, Freiburg [Gabe].
GD	Levinas, Emmanuel (1982), Wenn Gott ins Denken einfällt. Diskurs über die Betroffenheit von Transzendenz. Aus d. Franz. v. Thomas Wiemer (frz.: De Dieu qui vient à l'idée), Freiburg 1985 [GD].

GGV	Ricoeur, Paul (2004), Gedächtnis, Geschichte, Vergessen, München [GGV].
Glauben	Hemmerle, Klaus (1978), Glauben – wie geht das?, Freiburg [Glauben].
GN	Waldenfels, Bernhard (1998), Grenzen der Normalisierung. Studien zur Phänomenologie des Fremden 2, Frankfurt [GN].
Gott	Casper, Bernhard (Hg.) (1981), Gott nennen. Phänomenologische Zugänge, Freiburg, 45–79 [Gott].
Greshake	Greshake, Gisbert (2007), Der Dreieine Gott. Eine trinitarische Theologie, Freiburg [Greshake].
Grundkurs	Rahner, Karl (1976), Grundkurs des Glaubens. Einführung in den Begriff des Christentums, Freiburg [Grundkurs].
GS I–V	Welte, Bernhard, Gesammelte Schriften I–V, hg. von Bernhard Casper, Freiburg 2006–2011 [GS I–V].
Hermeneutik	Ricoeur, Paul (1974), Philosophische und theologische Hermeneutik, in: P. Ricoeur; E. Jüngel (Hg.), Metapher. Zur Hermeneutik religiöser Sprache, München (Sonderheft Evangelische Theologie), 24–45 [Hermeneutik].
HThKNT	Herders theologischer Kommentar zum Neuen Testament. Freiburg.
Hua	Husserl, Edmund, Gesammelte Werke, Dordrecht 1950 ff.
Idee	Ricoeur, Paul (2008), Hermeneutik der Idee der Offenbarung, in: ders., An den Grenzen der Hermeneutik. Freiburg, 41–84 [Idee].
Jesus	Lohfink, Gerhard (2011), Jesus von Nazareth. Was er wollte, wer er war, Freiburg [Jesus].
JS	Levinas, Emmanuel (1992), Jenseits des Seins oder anders als Sein geschieht. Aus d. Franz. v. Thomas Wiemer, Freiburg [JS].
Kirche	Böhnke, Michael (2013), Kirche in der Glaubenskrise. Eine pneumatologische Skizze zur Ekklesiologie und zugleich eine theologische Grundlegung des Kirchenrechts, Freiburg [Kirche].
KrV	Immanuel Kant, Kritik der reinen Vernunft.
Leben	Hemmerle, Klaus (1995) Leben aus der Einheit. Eine theologische Herausforderung, hg. v. Peter Blättler, Freiburg [Leben].
LG	„Lumen Gentium“. Die dogmatische Konstitution über die Kirche. Zweites Vatikanum.
Liebe	Ricoeur, Paul (1960), Liebe und Gerechtigkeit / Amour et justice. Mit einer dt. Parallelübers. v. Matthias Raden, hg. v. Oswald Bayer, Tübingen [Liebe].
LS	Waldenfels, Bernhard (2000), Das leibliche Selbst. Vorlesungen zur Phänomenologie des Leibes, hg. v. Regula Giuliani, Frankfurt [LS].
MySal	Feiner Johannes; Löhrer, Magnus (Hg.), Mysterium Salutis. Grundriss heilsgeschichtlicher Dogmatik, Einsiedeln 1965 ff. [MySal].
Nachfolge	Hemmerle, Klaus (1975), Theologie als Nachfolge. Bonaventura – ein Weg für heute, Freiburg [Nachfolge].

Negel	Negel, Joachim (2015), Projektion als Inspiration. Versuch einer phänomenologischen Reformulierung des Offenbarungsbegriffs, Freiburg [Negel].
Noms	Levinas, Emmanuel (1976), Eigennamen. Meditationen über Sprache und Literatur (Artikel aus frz.: Noms Propres), München 1988 [Noms].
Offenbarung	Hoffmann, Veronika (2007), Vermittelte Offenbarung. Paul Ricoeurs Philosophie als Herausforderung der Theologie, Ostfildern: Grünewald [Offenbarung].
OZ	Waldenfels, Bernhard (2009), Ortsverschiebungen, Zeitverschiebungen. Modi leibhaftiger Erfahrung, Frankfurt [Ort].
PhB	Rombach, Heinrich (1980), Phänomenologie des gegenwärtigen Bewusstseins. Der Weg der Philosophie zum Problem der Selbsthebung des Menschen, Freiburg [PhB].
PhG	Hemmerle, Klaus (1987), Eine Phänomenologie des Glaubens – Erbe und Auftrag von Bernhard Welte AS 1, 472–497 [PhG].
Rahner	Rahner, Karl (1954), Probleme der Christologie von heute, in: Schriften I, 169–222 [Rahner].
Selbst	Ricoeur, Paul (1996), Das Selbst als ein Anderer, übers. von J. Greisch, München [Selbst].
SpA	Levinas, Emmanuel (1949), Die Spur des Anderen. Untersuchungen zur Phänomenologie und Sozialphilosophie. Aus d. Franz., hg. u. eingel. v. Nikolaus Krewani (Artikel aus frz.: En découvrant l'existence avec Husserl et Heidegger, Paris), Freiburg 1983 [SpA].
SSS I–II	Rombach, Heinrich (1965–1966), Substanz, System, Struktur. Die Ontologie des Funktionalismus und der philosophische Hintergrund der modernen Wissenschaft, 2 Bde., Freiburg [SSS I–II].
StA	Rombach, Heinrich (1987), Strukturanthropologie. „Der menschliche Mensch", Freiburg [StA].
StO	Rombach, Heinrich (^{2}1988), Strukturontologie. Eine Phänomenologie der Freiheit, Freiburg [StO].
Theobald	Theobald, Michael (2002), Herrenworte im Johannesevangelium [Herders biblische Studien 34], Freiburg [Theobald].
Thesen	Hemmerle, Klaus (1976), Thesen zu einer trinitarischen Ontologie, Einsiedeln: AS 2, 124–163 [Thesen].
ThWNT	Theologisches Wörterbuch zum Neuen Testament, hg. von Gerhard Kittel und Gerhard Friedrich, hier Bd. 6 Art.: πιστεύω, Stuttgart 1969, 174–230 [ThWNT].
TI	Levinas, Emmanuel (1961), Totalité et infini, Essai sur l'extériorité, La Haye: M. Nijhoff [TI] [dt. TU].
TR I–III	Ricoeur, Paul (1983–1985), Temps et récit I–III, Paris: Édition du Seuil [TR] [dt. ZE].
TRE	Theologische Realenzyklopädie, Berlin.
Trinität	Hemmerle, Klaus (1987), Trinität und Zeit, in: AS II 280–294 [Trinität].

TU	Levinas, Emmanuel (1987), Totalität und Unendlichkeit. Aus d. Franz. v. Nikolaus Krewani, Freiburg [TU].
U	Rombach, Heinrich (1994), Der Ursprung. Die Philosophie der Konkreativität von Mensch und Natur, Freiburg [U].
Verset	Levinas, Emmanuel (1982), Jenseits des Buchstabens. Band 1: Talmud Lesungen. Aus dem Französischen von F. Miething (L'au-delà du verset. Lectures et discours talmudiques, Paris) Frankfurt 1996 [Verset].
Vorlesung	Hemmerle, Klaus (1973), Phänomenologie der Religion. Vorlesung an der Ruhr-Universität Bochum vom 12. 11. 1973 bis 16. 11. 1973 [Manuskript] [www.klaus-hemmerle.de] [Vorlesung].
Vorspiel	Hemmerle, Klaus (1976), Vorspiel zur Theologie, in: AS II, 12–121. [Vorspiel].
Wahrheit	Hemmerle, Klaus (1976), Die Wahrheit Jesu: AS 2, 176–200. [Wahrheit].
Wege	Ricoeur, Paul (2006), Wege der Anerkennung. Erkennen, Wiedererkennen, Anerkanntsein, Frankfurt [Wege].
Welt	Rombach, Heinrich (2003), Die Welt als lebendige Struktur. Probleme und Lösungen der Strukturontologie, Freiburg [Welt].
ZA	Levinas, Emmanuel (1948), Die Zeit und der Andere. Aus d. Franz. v. Ludwig Wenzler, (frz.: Le temps et l'autre), Hamburg 1984 [ZA].
ZE I–III	Ricoeur, Paul (1983–1985), Zeit und Erzählung, 3 Bde., übers. von R. Rochlitz u. A. Knop, München 1988–91 (Temps et récit I–III, Paris: Édition du Seuil) [ZE].
Zeugnis	Ricoeur, Paul (2008), Die Hermeneutik des Zeugnisses in: ders., An den Grenzen der Hermeneutik. Freiburg 2008, 7–40 [Zeugnis].
ZU	Levinas, Emmanuel (1991), Zwischen uns. Versuche über das Denken an den Anderen (frz.: Entre nous, Essais sur le penser-à-l'autre), München 1995 [ZU].

Literaturverzeichnis

Albertini, Francesca (2002), היה/hjh versus εἶναι/einai? Das Verb ‚sein' im hebräischen und im griechischen Denken, in: Noor, Ashraf; Wohlmuth, Josef, ‚Jüdisch' und ‚christliche' Sprachfigurationen im 20. Jahrhundert, Paderborn, 125–140.

Anselm von Canterbury (1962), Proslogion, ed. Franciscus Salesius Schmitt, Stuttgart.

Arendt, Hannah (1969), Martin Heidegger ist achtzig Jahre alt, in: Merkur 23(1969), 902–917.

Arens, Edmund (1989), Bezeugen und Bekennen. Elementare Handlungen des Glaubens, Düsseldorf.

Aristoteles (^{4}1985): Nikomachische Ethik, ed. Günter Bien, Hamburg.

Aristoteles (1982), Poetik (Reclam), übers. u. hg. von M. Fuhrmann, Stuttgart.

Aristoteles, (1978/80), Metaphysik, griechisch-deutsch, übers. von H. Bonitz, hg. von H. Seidl, Hamburg.

Aristoteles (1987/88), Physik. Vorlesung über Natur, übers. u. hg. von H. G.Zekl, Hamburg.

Augustinus (1987), Bekenntnisse, lateinisch/deutsch, übers. von J. Bernhart, Frankfurt.

Bader, Wolfgang; Hagemann, Wilfried (Hg.) (2000), Klaus Hemmerle. Grundlinien eines Lebens, München.

Bausenhart, Guido; Böhnke, Michael; Lorenz, Dominik (Hg.) (2013), Theologie und Phänomenologie im Gespräch. Impulse von Bernhard Welte und Klaus Hemmerle, Freiburg.

Bayer, Oswald, Ethik der Gabe, in: Veronika Hoffmann (Hg.) (2009), Die Gabe. Ein „Urwort" der Theologie, 99–124.

Benedikt XVI. (2006), Glaube, Vernunft und Universität. Erinnerungen und Reflexionen, in: ders.: Glaube und Vernunft. Die Regensburger Vorlesung. Kommentiert von Gesine Schwan, Adel Theodor Khoury, Karl Lehmann, Freiburg 2006, 11–32.

Benveniste, E. (1966), Probleme der allgemeinen Sprachwissenschaft, übers. von W. Bolle, München, 1974.

Biser, Eugen (1973), Der Helfer. Eine Vergegenwärtigung Jesu, München.

Biser, Eugen (1973), Im Schatten des Kreuzes, in: Geist und Leben 46 (1973), 324–333.

Biser, Eugen (1975), Wer ist mein Nächster. Zur Frage nach der Grundkategorie christlicher Mitmenschlichkeit, in: Geist und Leben 48 (1975), 406–414.

Biser, Eugen (1977), Jesus – Der Helfer und die Hilfe, in: Joseph Sauer (Hg.), Wer ist Jesus Christus?, Freiburg, 165–200.

Biser, Eugen (1978), Geführt und gehalten. Spirituelle Impulse durch eine „Christologie von innen", in: Geist und Leben 51 (1978), 178–195.

Blaschek-Hahn, Helga; Sepp, Hans Rainer (Hg.) (2010), „Mein Weg ist nicht mein Weg". Einführung in Heinrich Rombachs Phänomenologie des Konkreativen, Würzburg.

Blaschek-Hahn, Helga (Hg.) (2010), Heinrich Rombach. Strukturontologie – Bildphilosophie – Hermetik, Würzburg.

Böhnke, Michael (2000), Einheit in Mehrursprünglichkeit. Eine kritische Analyse des trinitarischen Ansatzes im Werk von Klaus Hemmerle (Bonner Dogmatische Studien 33), Würzburg [Einheit].

Böhnke, Michael (2013), „Wege zu Gott ohne Gott"? Zur Phänomenologie der Gotteserfahrung bei Klaus Hemmerle und Paul Ricoeur, in: Bausenhart, Phänomenologie, a. a. O., 451–473.

Böhnke, Michael (2013), Kirche in der Glaubenskrise. Eine pneumatologische Skizze zur Ekklesiologie und zugleich eine theologische Grundlegung des Kirchenrechts, Freiburg [Kirche].

Bruckmann, Florian; Dausner, René (Hg.) (2013), Im Angesicht des Anderen. Gespräche zwischen christlicher Theologie und jüdischem Denken. Festschrift für Josef Wohlmuth zum 75. Geburtstag, Paderborn.

Bruckmann, Florian (Hg.) (2015), Phänomenologie der Gabe. Neue Zugänge zum Mysterium der Eucharistie, Freiburg.

Bühler, Karl (1934), Sprachtheorie. Die Darstellungsfunktion der Sprache, Stuttgart 1982.
Casper, Bernhard (Hg.) (1981), Gott nennen. Phänomenologische Zugänge, Freiburg [Gott].
Casper, Bernhard (^{2}2002), Das dialogische Denken. Franz Rosenzweig, Ferdinand Ebner und Martin Buber, Freiburg.
Casper, Bernhard (2004), Religion der Erfahrung. Einführungen in das Denken Franz Rosenzweigs, Paderborn.
Casper, Bernhard (2009), Angesichts des Anderen. Emmanuel Levinas – Elemente seines Denkens, Paderborn.
Derrida, Jacques (1991), Falschgeld. Zeit geben I [Donner le temps 1. La fausse monnaie. Editions Galilée], München 1993.
Dilthey, W. (1900), Die Entstehung der Hermeneutik, in: ders., Ges. Schriften Bd. 5, Stuttgart-Göttingen 1974, 317–338.
Dirscherl, Erwin (1996), Die Bedeutung der Nähe Gottes. Ein Gespräch mit Karl Rahner und Emmanuel Levinas, Würzburg.
Dirscherl, Erwin (1996), Das inspirierte Subjekt bei Emmanuel Levinas – eine Inspiration für die christliche Theologie, in: Wohlmuth, Josef (1999), Emmanuel Levinas. Eine Herausforderung für die christliche Theologie, Paderborn, 163–174.
Drieschner, Michael (1992), Carl Friedrich von Weizsäcker zur Einführung, Hamburg.
Dümpelmann, Leo; Hüntelmann, Raffael (1991), Sein und Struktur. Eine Auseinandersetzung der Phänomenologie Heideggers und Rombach, Pfaffenweiler.
Dürr, Hans-Peter (2004), Auch die Wissenschaft spricht nur in Gleichnissen. Die neue Beziehung zwischen Religion und Naturwissenschaften, Freiburg.
Einstein, Albert (1988), Die Evolution der Physik. Von Newton bis zur Quantentheorie, Hamburg.
Feiter, Reinhard (2002), Antwortendes Handeln. Praktische Theologie als kontextuelle Theologie, Düsseldorf.
Feiner Johannes; Löhrer, Magnus (Hg.), Mysterium Salutis. Grundriss heilsgeschichtlicher Dogmatik, Einsiedeln 1965 ff. [MySal].
Fenski, Matthias (2002), Klaus Hemmerle und die Ökumene. Weggemeinschaft mit dem dreieinen Gott (Paderborner Theologische Studien 32), Paderborn.
Fink, Eugen (1979), Grundphänomene menschlichen Daseins, Freiburg.
Frettlöh, Magdalene L. (2001), Der Charme der gerechten Gabe. Motive einer Theologie und Ethik der Gabe am Beispiel der paulinischen Kollekte für Jerusalem, in: Ebach, Jürgen (Hg.), „Leget Anmut in das Geben". Zum Verhältnis von Ökonomie und Theologie, Gütersloh, 105–161.
Frey, Jörg (1998), Die johanneische Eschatologie. Bd.2: Das johanneische Zeitverständnis, Tübingen [Frey].
Frick, Andreas (1998), Der dreieine Gott und das Handeln in der Welt. Christlicher Glaube und ethische Öffentlichkeit im Denken Klaus Hemmerles (Studien zur systematischen und spirituellen Theologie 24), Würzburg.
Fuchs, Gotthard; Henrix, Hans Hermann (Hg.) (1987), Zeitgewinn. Messianisches Denken nach Franz Rosenzweig, Frankfurt.
Funk, Rudolf (1989), Sprache und Transzendenz im Denken von Emmanuel Lévinas. Zur Frage einer neuen philosophischen Rede von Gott, Freiburg.
Gadamer, H.-G. (1960), Wahrheit und Methode. Grundzüge einer philosophischen Hermeneutik (Ges. Werke Bd. 1), Tübingen: Mohr (5) 1986.
Ganoczy, Alexander (2001), Der dreieinige Schöpfer. Trinitätstheologie und Synergie, Darmstadt.
Görnitz, Thomas (1992), Carl Friedrich von Weizsäcker. Ein Denker an der Schwelle zum neuen Jahrtausend, Freiburg.
Görtz, Heinz-Jürgen (1984), Tod und Erfahrung. Rosenzweigs „erfahrende Philosophie" und Hegels „Wissenschaft der Erfahrung des Bewußtseins", Düsseldorf.

Görtz, Heinz-Jürgen (1992), „Erzählende Philosophie“, in: ders.: Franz Rosenzweigs neues Denken. Eine Einführung aus der Perspektive christlicher Theologie (Bonner dogmatische Studien, Band 12) Würzburg, 49–68.
Görtz, Heinz-Jürgen (1992), Franz Rosenzweigs neues Denken. Eine Einführung aus der Perspektive christlicher Theologie (Bonner dogmatische Studien, Band 12) Würzburg.
Görtz, Heinz-Jürgen (2009), In der Spur des „neuen Denkens“. Theologie und Philosophie bei Franz Rosenzweig, Freiburg.
Görtz, Heinz-Jürgen (2015), „Das Leben geht von der Transzendenz aus.“ – Skizze einer phänomenologischen Relecture des „neuen Denkens“ Franz Rosenzweigs, in: Jahrbuch für Religionsphilosophie Bd. 14 (2015).
Greisch, Jean (1993), Hermeneutik und Metaphysik. Eine Problemgeschichte, München.
Greshake, Gisbert (2007), Der Dreieine Gott. Eine trinitarische Theologie, Freiburg [Greshake].
Grondin, Jean (1997) Heidegger und Augustin. Zur hermeneutischen Wahrheit, in: E. Richter (Hg.), Die Frage nach der Wahrheit, 161–173.
Häfner, Gerd (2002), Nach dem Tod Jesu fragen. Brennpunkte der Diskussion aus neutestamentlicher Sicht, in: ders.; Hansjörg Schmid (Hg.), Wie heute vom Tod Jesu sprechen? Neutestamentliche, systematisch-theologische und liturgiewissenschaftliche Perspektiven, Freiburg, 139–190.
Halder, Alois (2000), Phänomenologie, in: Philosophisches Wörterbuch, Freiburg.
Hattrup, Dieter (2004), Carl Friedrich von Weizsäcker. Physiker und Philosoph, Darmstadt.
Heidegger, Martin (1910–1976) Reden und andere Zeugnisse eines Lebensweges [GA 16].
Heidegger, Martin (1918–22), Phänomenologie des religiösen Lebens [GA 60].
Heidegger, Martin (1919), Die Grundprobleme der Phänomenologie [GA 58].
Heidegger, Martin (1919–58), Wegmarken [GA 9].
Heidegger, Martin (1920–21), Einleitung in die Phänomenologie der Religion, in: Heidegger, Martin (1918–22), Phänomenologie des religiösen Lebens [GA 60].
Heidegger, Martin (1922), Augustinus und der Neuplatonismus, in: Heidegger, Martin (1918–22), Phänomenologie des religiösen Lebens [GA 60].
Heidegger, Martin (1924), Der Begriff der Zeit [GA 64].
Heidegger, Martin (1925), Prolegomena zur Geschichte des Zeitbegriffs [GA 20].
Heidegger, Martin (1927), Die Grundprobleme der Phänomenologie [GA 27].
Heidegger, Martin (1927), Phänomenologie und Theologie, in: ders. (1919–58), Wegmarken [GA 9].
Heidegger, Martin (1927), Sein und Zeit, Tübingen [GA 2].
Heidegger, Martin (1929), Kant und das Problem der Metaphysik [GA 3].
Heidegger, Martin (1933), Die Selbstbehauptung der deutschen Universität, in: Heidegger. Martin (1910–1976) Reden und andere Zeugnisse eines Lebensweges GA 16, 107–116.
Heidegger, Martin (1935–46), Holzwege [GA 5].
Heidegger, Martin (1936–38), Beiträge zur Philosophie (Vom Ereignis) [GA65].
Heidegger, Martin (1936–46), Vorträge und Aufsätze, Stuttgart [GA 7].
Heidegger, Martin (1946), Über den Humanismus [GA 9].
Heidegger, Martin (1950–59), Unterwegs zur Sprache [GA 12].
Heidegger, Martin (1951), Was heißt Denken? [GA 8].
Heidegger, Martin (1962), Zeit und Sein, in: ders. Zur Sache des Denkens GA 14, 3–30.
Heidegger, Martin (1962–64), Zur Sache des Denkens [GA 14].
Heidegger, Martin (1963), Mein Weg in die Phänomenologie, in: ders., Zur Sache des Denkens GA 14, 91–102.
Hemmerle, Klaus (1995 f), Ausgewählte Schriften, 5 Bde., hg. v. Reinhard Feiter in Zusammenarbeit mit Michael Albus, Reinhard Göllner, Heinz-Jürgen Görtz, Hanspeter Heinz, Klaus Kienzler, Richard Lorenz, Wolfgang Schneider, Bernd Trocholepczy, Anton E. van Hooff. Freiburg [AS I–V].

Hemmerle, Klaus (1966), Das Heilige und das Denken. Zur philosophischen Phänomenologie des Heiligen, in: AS I, 111–175.
Hemmerle, Klaus (1967), Besprechung von: Bernhard Casper „Das dialogische Denken" und Peter Hünermann „Der Durchbruch geschichtlichen Denkens im 19. Jahrhundert", in: AS I, 176–191.
Hemmerle, Klaus, Römische Bischofssynode 1971. Der priesterliche Dienst. Gerechtigkeit in der Welt. Eingeleitet von K. Hemmerle und W. Weber, hg. von der Deutschen Bischofskonferenz, Trier 1972.
Hemmerle, Klaus (1970), Wahrheit und Zeugnis, in: AS I, 221–238.
Hemmerle, Klaus (1972), Unterscheidungen. Gedanken und Entwürfe zur Sache des Christentums heute, Freiburg.
Hemmerle, Klaus (1972), Besprechung von: Heinrich Rombach „Strukturontologie", in: AS I, 416– 432.
Hemmerle, Klaus (1973), Die Kirchlichkeit des Glaubens und der Theologie, in: AS I, 457–471.
Hemmerle, Klaus (1973), Phänomenologie der Religion. Vorlesung an der Ruhr-Universität Bochum vom 12. 11. 1973 bis 16. 11. 1973 [Manuskript] [www.klaus-hemmerle.de] [Vorlesung].
Hemmerle, Klaus (1974), Bonaventura und der Ansatz theologischen Denkens, in: AS II, 164–175.
Hemmerle, Klaus (1974), Glauben an Gott, in: AS I, 384–399.
Hemmerle, Klaus (1974), Wandlungen des Gottesbildes seit dem II. Vatikanum, in: AS 1, 433–456.
Hemmerle, Klaus (1975), Theologie als Nachfolge. Bonaventura – ein Weg für heute, Freiburg [Nachfolge].
Hemmerle, Klaus (1976), Vorspiel zur Theologie, in: AS II, 12–121. [Vorspiel].
Hemmerle, Klaus (1976), Die Wahrheit Jesu: AS 2, 176–200. [Wahrheit].
Hemmerle, Klaus (1976), Thesen zu einer trinitarischen Ontologie, in: AS II, 124–161. [Thesen].
Hemmerle, Klaus (1977), Das problematische Verhältnis von Philosophie und Theologie. Theologische Perspektiven, in: AS I, 31–49.
Hemmerle, Klaus (1977), Grenzgänger der Transzendenz – eine Zielgruppe der Pastoral, in: AS IV, 90–108.
Hemmerle, Klaus (1977), Plädoyer für eine „naive" Theologie, in: AS I, 50–54.
Hemmerle, Klaus (1978), Macht und Ohnmacht des Wortes, in: Fries, Heinrich: Möglichkeiten des Redens über Gott, Düsseldorf 1978, 81–103.
Hemmerle, Klaus (1978), Glauben – wie geht das?, Freiburg [Glauben].
Hemmerle, Klaus (1980), Christus nachgehen. Jungen Menschen den Weg finden helfen, in: AS IV, 296–323.
Hemmerle, Klaus (1982), Denken der Grenze – Grenze des Denkens. Zur Phänomenologie Bernhard Weltes, in: AS 1, 239–263.
Hemmerle, Klaus (1982), Brücken zum Credo. Glaubenswege, Freiburg.
Hemmerle, Klaus (1987), Eine Phänomenologie des Glaubens – Erbe und Auftrag von Bernhard Welte AS 1, 472–497 [PhG].
Hemmerle, Klaus (1987), Trinität und Zeit, in: AS II 280–294 [Trinität].
Hemmerle, Klaus (Hg.) (1987), Fragend und lehrend den Glauben weit machen, München, Zürich.
Hemmerle, Klaus (1988), Propädeutische Überlegungen zur Glaubensvermittlung, in: AS IV, 351– 362.
Hemmerle, Klaus (1989), Wandern mit deinem Gott – religionsphilosophische Kontexte zu Mi 6,8, in: AS II, 295–314.
Hemmerle, Klaus (1994), Hirtenbriefe, hg. v. Karlheinz Collas, Aachen.
Hemmerle, Klaus (1994), Weite des Denkens im Glauben, Weite des Glaubens im Denken: AS 2, 354–370.

Hemmerle, Klaus (1995), Wegmarken der Einheit. Theologische Reflexionen zur Spiritualität der Fokolar-Bewegung, in: ders., Wie Glauben im Leben geht. Schriften zur Spiritualität, München, 199–301.
Hemmerle, Klaus (1995), Leben aus der Einheit. Eine theologische Herausforderung, hg. v. Peter Blättler, Freiburg [Leben].
Hemmerle, Klaus (1996), Linien des Lebens, in: www.klaus-hemmerle.de.
Henaff, Marcel (2002), Le prix de la vérité. Le don, l'argent, la philosophie, Paris.
Hoffmann, Veronika (2000), Offenbarung als dialogisches Geschehen? Paul Ricoeurs ‚Das Selbst als ein Anderer' und eine offenbarungstheologische Frage, in: Theologie und Philosophie 75 (2000) 206–225.
Hoffmann, Veronika (2006), Die Gabe der Anerkennung. Beitrag zur Soteriologie aus der Perspektive des Werkes von Paul Ricoeur, in: Theologie und Philosophie 81 (2006) 503–528.
Hoffmann, Veronika (2007), Vermittelte Offenbarung. Paul Ricoeurs Philosophie als Herausforderung der Theologie, Ostfildern [Offenbarung].
Hoffmann, Veronika (2008), Nachwort: An den Grenzen der Hermeneutik, in: Ricoeur, Paul, An den Grenzen der Hermeneutik. Philosophische Reflexionen über die Religion, hg., übers. und mit einem Nachwort versehen von Veronika Hoffmann, Freiburg.
Hoffmann, Veronika (2009), Ambivalenz des Gebens. Das Phänomen der Gabe aus philosophischer und theologischer Perspektive, in: Herder-Korrespondenz 63 (2009) 304–308.
Hoffmann, Veronika (2009), Offenbarung denken? Paul Ricoeurs Begriff des Zeugnisses, in: Orth, Stefan; Reifenberg, Peter (Hg.), Poetik des Glaubens. Paul Ricoeur und die Theologie, Freiburg, 67–88.
Hoffmann, Veronika (Hg.) (2009), Die Gabe. Ein „Urwort" der Theologie?, Evangelische Verlagsanstalt.
Hoffmann, Veronika (2009), Rück-Gabe? Weiter-Gabe? Gott in unseren Gabeverhältnissen, in: dies. (Hg.) (2009), Die Gabe. Ein „Urwort" der Theologie, 145–164.
Hoffmann, Veronika (2013), Skizzen zu einer Theologie der Gabe. Rechtfertigung – Opfer – Eucharistie – Gottes- und Nächstenliebe, Freiburg [Gabe].
Holm, Bo K. (2009), Der fröhliche Verkehr. Rechtfertigungslehre als Gabe-Theologie, in: Veronika Hoffmann (Hg.), Die Gabe. Ein „Urwort" der Theologie, 33–54.
Hünermann, Peter (1994), Jesus Christus. Gottes Wort in der Zeit. Eine systematische Christologie, Münster.
Hünermann, Peter (1995), Wort und Sakrament – Lebensvollzüge der Kirche, in: ders., Ekklesiologie im Präsens. Perspektiven, Münster, 90–111.
Hünermann, Peter (2003), Dogmatische Prinzipienlehre. Glaube – Überlieferung – Theologie als Sprach- und Wahrheitsgeschehen, Münster.
Husserl, Edmund (1950 ff.), Husserliana. Gesammelte Werke. Auf Grund des Nachlasses veröffentlicht in Gemeinschaft mit dem Husserl-Archiv an der Universität Köln vom Husserl-Archiv (Leuven), Den Haag bzw. Dordrecht, Boston, Lancaster [Hua].
Husserl, Edmund (1913), Ideen zu einer reinen Phänomenologie und phänomenologischen Philosophie. Erstes Buch: Allgemeine Einführung in die reine Phänomenologie, Tübingen 1980.
Husserl, Edmund (1954), Die Krisis der europäischen Wissenschaften und die transzendentale Phänomenologie, [Hua VI]., hg. von W. Biemel, Den Haag 1954.
Husserl, Edmund (1966), Zur Phänomenologie des inneren Zeitbewußtseins (1893–1917), [Hua X]., hg. von R. Boehm, Den Haag.
Iser, W. (1972), Der implizite Leser. Kommunikationsformen des Romans von Bunyan bis Beckett, München 1979.
Iser, W. (1976), Der Akt des Lesens. Theorie ästhetischer Wirkung, München.
Kasper, Walter (1974), Jesus der Christus, Freiburg.
Kasper, Walter (1983), Der Gott Jesu Christi, Freiburg 2008.
Kasper, Walter (2011), Katholische Kirche. Wesen – Wirklichkeit – Sendung, Freiburg.

Kienzler, Klaus (1976), Logik der Auferstehung. Eine Untersuchung zu R. Bultmann, G. Ebeling und W. Pannenberg. Freiburg.

Kienzler, Klaus (1981), Glauben und Denken bei Anselm von Canterbury. Freiburg.

Kienzler, K. u. a. (Hg.) (1996), Klaus Hemmerle. Auf den göttlichen Gott zudenken. Schriften zur Religionsphilosophie und Fundamentaltheologie 1. Ausgewählt und eingeleitet von Heinz-Jürgen Görtz, Klaus Kienzler und Richard Lorenz. (Ausgewählte Schriften 1, hg. v. Reinhard Feiter). Freiburg (AS I).

Kienzler, K. u. a. (Hg.) (1996), Klaus Hemmerle. Unterwegs mit dem dreieinen Gott. Schriften zur Religionsphilosophie und Fundamentaltheologie 2. Ausgewählt und eingeleitet von Heinz-Jürgen Görtz, Klaus Kienzler und Richard Lorenz. (Ausgewählte Schriften 2, hg. v. Reinhard Feiter). Freiburg (AS II).

Kienzler, Klaus (1997), Zur Einführung, in: Bernhard Welte, Religionsphilosophie, 5., überarbeitete und erweiterte Auflage, hg. von Bernhard Casper und Klaus Kienzler, Frankfurt, 13–42.

Kienzler, Klaus (1997), Gott ist größer: Studien zu Anselm von Canterbury (Bonner Dogmatische Studien 27). Würzburg.

Kienzler, Klaus (1998), Gott in der Zeit berühren: Eine Auslegung der Confessiones des Augustinus. Würzburg.

Kienzler, Klaus (2008), Bernhard Welte, Gesammelte Schriften, Bd. 2.3 „Jaspers“, eingeführt und bearb. von Klaus Kienzler. Freiburg (GS II.3).

Kienzler, Klaus (2008), Bernhard Welte, Gesammelte Schriften 3.1 „Religionsphilosophie“, eingeführt und bearb. von Klaus Kienzler, Freiburg (GS III.1).

Kienzler, Klaus (2013), Religionsphänomenologie bei Bernhard Welte, in: Bausenhart, Phänomenologie, a. a. O., 180–200.

Kienzler, Klaus (2013), Phänomenologie des Glaubens – von Bernhard Welte zu Klaus Hemmerle, in: Bausenhart, Phänomenologie, a. a. O., 227–247.

Kienzler, Klaus (2013), Strukturtheologie – von Heinrich Rombach zu Klaus Hemmerle, in: Bausenhart, Phänomenologie, a. a. O., 248–265.

Kierkegaard, Sören (1844), Philosophische Brosamen (dtv-bibliothek, 6064), München 1976, 11–130.

Kierkegaard, Sören (1846), Unwissenschaftliche Nachschrift (dtv-bibliothek, 6064), München 1976, 131–844.

Kierkegaard, Sören (1848), Einübung im Christentum und anderes, hg. von Walter Rest (dtv 6080), München 1977 [Einübung].

Kisiel, Theodore (1992), Das Kriegsnotsemester 1919. Heideggers Durchbruch zur hermeneutischen Phänomenologie, in: Philosophisches Jahrbuch 99 (1992) 105–122.

Kisiel, Theodore (1997), Die formale Anzeige. Die methodische Geheimwaffe des früher Heidegger, in: Heidegger – neu gelesen, hg. von Markus Hapel, Würzburg, 22–40.

Körner, Bernhard (2014), Orte des Glaubens – loci theologici. Studien zur theologischen Erkenntnislehre, Würzburg.

Krewani, Wolfgang Nikolaus (1992), Emmanuel Lévinas. Denker des Anderen, Freiburg.

Krewani, Wolfgang Nikolaus (2006), Es ist nicht alles unerbittlich. Grundzüge der Philosophie Emmanuel Levinas, Freiburg.

Lehmann, Karl (1984), Christliche Geschichtserfahrung und ontologische Frage beim jungen Heidegger, in: Pöggeler, Otto, Perspektiven, Königsstein, 154 ff.

Lehmann, Karl, Pannenberg, Wolfhard (1986), Lehrverurteilungen – kirchentrennend? 1. Rechtfertigung, Sakramente und Amt im Zeitalter der Reformation und heute, Freiburg.

Heidegger, in: Pöggeler, Otto, Heidegger. Perspektiven zur Deutung seines Werks, Königsstein, 154 f.

Lessing, G. E., Über den Beweis des Geistes und der Kraft, 3, (LM 13). Es wird im folgenden zitiert nach G. E. Lessing, Lessings Werke in drei Bänden, hg. v. K. Wölfel, Frankfurt 1967 (Insel-Lessing); dazu in Klammern G. E. Lessing, Sämtliche Schriften, hg. v. K. Lachmann,

3. aufs Neue durchgesehene und vermehrte Auflage, besorgt durch F. Muncker, Berlin 1968 (= LM, Band, Seite).
Lessing, G.E., Axiomata, wenn es deren in dergleichen Dingen gibt, Insel-Lessing 3, 417–446 (LM 13, 105–137).
Levinas, Emmanuel (1947), Vom Sein zum Seienden (frz.: De l'existence à l'existant), Freiburg 1992.
Levinas, Emmanuel (1948), Die Zeit und der Andere. Aus d. Franz. v. Ludwig Wenzler, (frz.: Le temps et l'autre), Hamburg 1984 [ZA].
Levinas, Emmanuel (1949), Die Spur des Anderen. Untersuchungen zur Phänomenologie und Sozialphilosophie. Aus d. Franz., hg. u. eingel. v. Nikolaus Krewani (Artikel aus frz.: En découvrant l'existence avec Husserl et Heidegger, Paris), Freiburg 1983 [SpA].
Levinas, Emmanuel (1961), Totalité et infini, Essai sur l'extériorité, La Haye: M. Nijhoff [TI] [dt. TU].
Levinas, Emmanuel (1968), Vier Talmud-Lesungen (frz.: Quatre Lectures Talmudiques, Paris), Frankfurt 1993.
Levinas, Emmanuel (1963), Schwierige Freiheit. Versuch über das Judentum, [frz.: Difficile liberté, Essais sur Judaisme, Paris ^{3}1983] Frankfurt ^{2}1996.
Levinas, Emmanuel (1970), Autrement qu'être ou Au-delà de l'essence, Paris [AQ] [dt. JS].
Levinas, Emmanuel (1972), Humanismus des anderen Menschen. Aus d. Franz. u. eingel. v. Ludwig Wenzler. Mit Anm. v. Theo de Boer, Adriaan Peperzak, Ludwig Wenzler (frz.: Humanisme de l'autre homme), Hamburg 1989.
Levinas, Emmanuel (1976), Außer sich. Meditationen über Religion und Philosophie (Artikel aus frz.: Noms propres, Hors Sujet), München 1991.
Levinas, Emmanuel (1976), Difficile liberté. Essais sur le judaisme, Paris.
Levinas, Emmanuel (1976), Eigennamen. Meditationen über Sprache und Literatur (Artikel aus frz.: Noms Propres), München 1988 [Noms].
Levinas, Emmanuel (1977), Vom Sakralen zum Heiligen. Fünf neue Talmud-Lesungen (frz.: Du Sacré au Saint. Cinq nouvelles lectures talmudiques, Paris), Frankfurt 1998.
Levinas, Emmanuel (1979), Die jüdische Lesart der Schriften, in: Anspruchsvolles Judentum. Aus dem Französischen von F. Miething (frz.: De la lecture juive des écritures, in: ders., L'au-delà du verset. Lectures et discours talmudiques, Paris 1982, 125–142), Frankfurt 1996, 21–44.
Levinas, Emmanuel (1981), Dialog, in: Christlicher Glaube in moderner Gesellschaft. 1. Teilband, Freiburg, 61–85.
Levinas, Emmanuel (1981), Gott und die Philosophie, in: Casper, Bernhard (Hg.): Gott nennen. Phänomenologische Zugänge, Freiburg, 81–123 [Gott].
Levinas, Emmanuel (1982), Die Tora mehr zu lieben als Gott, in: Brocke, Michael; Jochum, Herbert (Hg.), Wolkensäule und Feuerschein. Jüdische Theologie des Holocaust, München.
Levinas, Emmanuel (1982), Wenn Gott ins Denken einfällt. Diskurs über die Betroffenheit von Transzendenz. Aus d. Franz. v. Thomas Wiemer (frz.: De Dieu qui vient à l'idée), Freiburg 1985 [GD].
Levinas, Emmanuel (1982), Ethik und Unendliches. Gespräche mit Philippe Nemo. Aus d. Franz. v. Dorothea Schmidt (frz. Ethique et Infini), Graz 1986 [EU].
Levinas, Emmanuel (1982), Ausweg aus dem Sein. Französisch-Deutsch [Philosophische Bibliothek 567] (frz.: De l'évasion, Paris), Hamburg 2005.
Levinas, Emmanuel (1982), Jenseits des Buchstabens. Band 1: Talmud Lesungen. Aus dem Französischen von F. Miething (L'au-delà du verset. Lectures et discours talmudiques, Paris) Frankfurt 1996 [Verset].
Levinas, Emmanuel (1985), Vorwort, in: Stéphane Mosès: System und Offenbarung. Die Philosophie Franz Rosenzweigs, München.
Levinas, Emmanuel (1987), Totalität und Unendlichkeit. Aus d. Franz. v. Nikolaus Krewani, Freiburg [TU].

Levinas, Emmanuel (1991), Zwischen uns. Versuche über das Denken an den Anderen (frz.: Entre nous, Essais sur le penser-à-l'autre), München 1995 [ZU].

Levinas, Emmanuel (1991), Menschwerdung Gottes? (frz.: Dieu-homme), in: Zwischen uns. Versuche über das Denken an den Anderen (frz.: Entre nous, Essais sur le penser-à-l'autre), München 1995, 73–82 [Dieu].

Levinas, Emmanuel (1991), Franz Rosenzweig. Ein modernes jüdisches Denken, in: ders.: Außer sich. Meditationen über Religion und Philosophie, München, 99–122.

Levinas, Emmanuel (1992), Von der Beschreibung zur Existenz: SpA 53–80.

Levinas, Emmanuel (1992), Jenseits des Seins oder anders als Sein geschieht. Aus d. Franz. v. Thomas Wiemer, Freiburg [JS].

Levinas, Emmanuel (1992), Überlegungen zur phänomenologischen „Technik“: SpA 81–102.

Levinas, Emmanuel (1996), Neue Talmud-Lesungen (frz.: Nouvelles lectures talmudiques), Frankfurt 2001.

Levinas, Emmanuel (^{2}1996), „Zwischen zwei Welten“. Der Weg von Franz Rosenzweig, in: ders. (1963), Schwierige Freiheit. Versuch über das Judentum, [frz.: Difficile liberté, Essais sur Judaisme, Paris 1983] Frankfurt 1996, 129–154.

Levinas, Emmanuel (2009), Carnets de captivité et autres inédits, hg. von Rudolphe Calin; Catherine Chaliers (Ouevres I), Paris.

Leputsch, Michael (2005), Intellectus fidei als intellectus unitatis. Zum Vernunftbegriff bei Klaus Hemmerle (Religion, Kultur, Recht 4), Frankfurt.

Lohfink, Gerhard (2011), Jesus von Nazareth. Was er wollte, wer er war, Freiburg [Jesus].

Loos, Stephan (2006), Religion als Freiheit. Eine hermeneutische Phänomenologie der Religion nach Klaus Hemmerle (Technik und Weisheit 3), Freiburg.

Lorenz, Dominik (2007), Phänomenologie der Liebe als Phänomenologie der Freiheit. Ein Vergleich der trinitätstheologischen Denkmodelle Gisbert Greshakes und Alexander Ganoczys aus strukturphänomenologischer Perspektive (Kommunikative Theologie – interdisziplinär 8), Berlin.

Lorenz, Dominik (2013), Das Phänomenologieverständnis Heinrich Rombachs, in: Bausenhart, Phänomenologie, a. a. O., 127–150.

Lorenz, Dominik (2013), Klaus Hemmerles Strukturtheologie am Beispiel von „Theologie als Nachfolge“, in: Bausenhart, Phänomenologie, a. a. O., 300–315.

Lorenz, Dominik (2013), Fundamentaltheologie als Gespräch. Eine Analyse der phänomenologischen Methode Klaus Hemmerles im Beitrag „Der Begriff des Heils“, in: Bausenhart, Phänomenologie, a. a. O., 316–341.

Lorenz, Dominik (2013), Der göttliche Gott als Möglichkeit der Theologie. Grundzüge einer strukturphänomenologischen Theologiekonzeption, in: Bausenhart, Phänomenologie, a. a. O., 536–559.

Marion, Jean-Luc (1988), Aspekte der Religionsphänomenologie: Grund, Horizont und Offenbarung, in: Alois Halder – Klaus Kienzler – Joseph Möller (Hg.), Religionsphilosophie heute. Chancen und Bedeutung in Philosophie und Theologie, Düsseldorf, 84–103.

Marion, Jean-Luc (1998), Étant donné. Essai d'une phénoménologie de la donation, Paris.

Marion, Jean-Luc, Wohlmuth, Josef (2000), Ruf und Gabe. Zum Verhältnis von Phänomenologie und Theologie, Bonn.

Mauss, Marcel (1924), Die Gabe. Form und Funktion des Austauschs in archaischen Gesellschaften. Mit einem Vorwort von E. E. Eyans-Pritckard. Übersetzt von E. Moldenbauer. Anhang: H. Ritter. Die ethnologische Wende. Über Marcel Mauss, Frankfurt ^{2}1994.

Merleau-Ponty, Maurice (1966), Phänomenologie der Wahrnehmung. Übers. und mit einem Vorw. versehen von Rudolf Boehm. Berlin 2003.

Merleau-Ponty, Maurice (^{2}1994), Das Sichtbare und das Unsichtbare. Gefolgt von Arbeitsnotizen. Aus d. Franz., Waldenfels, Bernhard, zus. mit Regula Giuliani. Hg. v. Claude Lefort, München.

Merleau-Ponty, Maurice (2003), Das Auge und der Geist. Philosophische Essays. Philosophische Bibliothek 530 [darin dt.: L'œil et l'esprit, in: Art de France 1 (1961) 275–317] Hamburg.
Metz, Johann Baptist (1973), Kleine Apologie des Erzählens, in: Concilium 9 (1973) 334–341.
Miething, Frank (2001), Nachwort, in: Levinas, Emanuel (1996), Neue Talmud-Lesungen (frz.: Nouvelles lectures talmudiques), Frankfurt, 89–116.
Mittmann, Ulrike (2013), Zur neutestamentlichen Rezeption der Gottesknechtlieder am Beispiel des Lukasevangeliums, in: Zur Debatte. Themen der Katholischen Akademie in Bayern (2013) H.5, 24–26.
Mosès, Stéphane (1985), System und Offenbarung. Die Philosophie Franz Rosenzweigs, München.
Mosès, Stéphane (2002), Geschichte und Messianität, in: Noor, Ashraf; Wohlmuth, Josef, ‚Jüdisch' und ‚christliche' Sprachfigurationen im 20. Jahrhundert, Paderborn, 41–56.
Mosès, Stéphane (2004), „Ich werde sein, der ich sein werde". Die Offenbarung der Namen in der biblischen Erzählung, in: ders., Eros und Gesetz. Zehn Lektüren der Bibel, München 2004, 65–80.
Negel, Joachim (2015), Projektion als Inspiration. Versuch einer phänomenologischen Reformulierung des Offenbarungsbegriffs, Freiburg [Negel].
Negel, Joachim (2013), Weil die Welt nicht ganz dicht ist. Eine philosophisch-theologische Erörterung der Frage nach dem Wirken Gottes in der Welt, in: Wilfried Eisele (Hg.), Gott bitten? Theologische Zugänge zum Bittgebet (QD 256), Freiburg, 102–185.
Noor, Ashraf; Wohlmuth, Josef (Hg.) (2002), „Jüdisch" und „christliche" Sprachfigurationen im 20. Jahrhundert, Paderborn.
Obst, Thorsten (2010), Das Heilige und das Denken. Untersuchungen zur Phänomenologie des Heiligen bei Klaus Hemmerle (Bonner dogmatische Studien 49), Würzburg.
Orth, Stefan (1999), Das verwundete Cogito und die Offenbarung. Von Paul Ricoeur und Jean Nabert zu einem Modell fundamentaler Theologie, Freiburg.
Orth, Stefan; Reifenberg, Peter (Hg.) (2004), Facettenreiche Anthropologie. Paul Ricoeurs Reflexionen auf den Menschen, Freiburg.
Orth, Stefan; Reifenberg, Peter (Hg.) (2009), Poetik des Glaubens. Paul Ricoeur und die Theologie, Freiburg.
Oster, Stefan (2004), Mit-Mensch-Sein. Phänomenologie und Ontologie der Gabe bei Ferdinand Ulrich. Freiburg.
Ott, Hugo (1992), Martin Heidegger. Unterwegs zu seiner Biographie. Neuausgabe, Frankfurt.
Platon (1958), Sämtliche Werke, in der Übers. von F. Schleiermacher hg. von W. F. Otto, E. Grassi und G. Plamböck, Hamburg.
Platon (1958), Politeia, in: Platon, a. a. O., Bd. 3, 67–310.
Polti, Adolf (1997), Eine Philosophie der Narrativität. Zur Funktion der „Synthesis des Heterogenen" bei Paul Ricoeur, Bochum.
Pöggeler, Otto (1970), Heidegger. Perspektiven zur Deutung seines Werks, Königstein.
Pöggeler, Otto (1972), Philosophie und Politik bei Heidegger, Freiburg.
Pöggeler, Otto (1990), Der Denkweg Martin Heideggers, Pfullingen.
Pöggeler, Otto (1999), Heidegger in seiner Zeit, München.
Pöggeler, Otto (2002), Bild und Technik. Heidegger, Klee und die Moderne Kunst, München.
Pöggeler, Otto (2009), Philosophie und hermeneutische Theologie. Heidegger, Bultmann und die Folgen, München.
Pottmeyer, Hermann-Josef (1985), Der eine Geist als Prinzip der Einheit in Vielfalt: Auswege aus einer christomonistischen Ekklesiologie, in: Pastoraltheologische Informationen 5 (1985), 253–284.
Pottmeyer, Hermann-Josef (2000), Normen, Kriterien und Strukturen der Überlieferung, in: Kern, Walter u. a. (Hg.), Handbuch der Fundamentaltheologie, 4. Traktat: Theologische Erkenntnislehre, Freiburg, 85–108.
Rahner, Karl (1954), Probleme der Christologie von heute, in: Schriften I, 169–222 [Rahner].

Rahner, Karl, Der dreifaltige Gott als transzendenter Urgrund der Heilsgeschichte, in: MySal II, 319 f.
Rahner, Karl (1976), Grundkurs des Glaubens. Einführung in den Begriff des Christentums, Freiburg [Grundkurs].
Ratzinger, Joseph (1968), Einführung in das Christentum. Vorlesungen über das Apostolische Glaubensbekenntnis, München.
Ricoeur, Paul (1955), Geschichte und Wahrheit, übers. von R. Leick, München: List 1974.
Ricoeur, Paul (1950), Philosophie de la volonté I: Le volontaire et l'involontaire, Paris: Aubier.
Ricoeur, Paul (1960), Liebe und Gerechtigkeit / Amour et justice. Mit einer dt. Parallelübers. v. Matthias Raden, hg. v. Oswald Bayer, Tübingen [Liebe].
Ricoeur, Paul (1960a), Die Fehlbarkeit des Menschen. Phänomenologie der Schuld I, übers. Von M. Otto, Freiburg 1971.
Ricoeur, Paul (1960b), Symbolik des Bösen. Phänomenologie der Schuld II, übers. von M. Otto, Freiburg 1971.
Ricoeur, Paul (1965), Die Interpretation. Ein Versuch über Freud, übers. von E. Moldenhauer, Frankfurt 1974.
Ricoeur, Paul (1969), Le conflit des interprétations. Essais d'herméneutique, Paris: Édition du Seuil. (Dt. Übers. in zwei Teilen: 1969a/b.).
Ricoeur, Paul (1969a), Hermeneutik und Strukturalismus. Der Konflikt der Interpretationen I, übers. von J. Rütsche, München: Kösel 1973.
Ricoeur, Paul (1969b), Hermeneutik und Psychoanalyse. Der Konflikt der Interpretationen II, übers. von J. Rütsche, München: Kösel 1974.
Ricoeur, Paul (1969b), Interpretation des Strafmythos, in: ders., Hermeneutik und Psychoanalyse. Der Konflikt der Interpretationen II, übers. von J. Rütsche, München: Kösel 1974, 239–265.
Ricoeur, Paul (1974), Philosophische und theologische Hermeneutik, in: Paul Ricoeur; Eberhard Jüngel (Hg.), Metapher. Zur Hermeneutik religiöser Sprache, München (Sonderheft Evangelische Theologie), 24–45. [Hermeneutik].
Ricoeur, Paul (1975), Die lebendige Metapher, übers. von R. Rochlitz, München 1986 [LM].
Ricoeur, Paul (1981), Gott nennen, in: Casper, Bernhard (Hg.): Gott nennen. Phänomenologische Zugänge, Freiburg, 45–79 [Gott].
Ricoeur, Paul (1982), Biblische Hermeneutik, in: Hanisch, Wolfgang (Hg.) Die neutestamentliche Gleichnisforschung im Horizont von Hermeneutik und Literaturwissenschaft, Darmstadt, 248–339 [Hermeneutik].
Ricoeur, Paul (1983–1985), Temps et récit I–III, Paris: Édition du Seuil [TR] [dt. ZE].
Ricoeur, Paul (1983–1985), Zeit und Erzählung, 3 Bde., Bd. 1: Zeit und historische Erzählung (1983), Bd. 2: Zeit und literarische Erzählung (1984), Bd. 3: Die erzählte Zeit (1985), übers. von R. Rochlitz u. A. Knop, München [ZE].
Ricoeur, Paul (1990), Liebe und Gerechtigkeit. Amour et justice. Mit einer deutschen Parallelübersetzung von M. Raden, hrg. v. O. Bayer, Tübingen.
Ricoeur, Paul (1990), Soi-même comme un autre, Le Seuil.
Ricoeur, Paul (1996), Das Selbst als ein Anderer, übers. von J. Greisch, München [Selbst].
Ricoeur, Paul (1992), Lectures. Bd. 2: La contrée des philosophes, Paris.
Ricoeur, Paul (1994), Emmanuel Levinas, penseur du témoignage (in: Ricoeur, Paul: Lectures. Bd. 3: Aux frontières de la philosophie, Paris, 83–105).
Ricoeur, Paul (1994), Lectures. Bd. 3: Aux frontières de la philosophie, Paris.
Ricoeur, Paul (1995), Autobiographie intellectuelle, in: Réflexion faite. Autobiographie intellectuelle, Paris [Autobiographie].
Ricoeur, Paul (2004), Gedächtnis, Geschichte, Vergessen, München [GGV].
Ricoeur, Paul (2004), Der Philosoph und sein Glaube. Interview mit Yvanka B. Raynova, in: Deutsche Zeitschrift für Philosophie 52 85–112.

Ricoeur, Paul (2004), Phénoménologie de la reconnaissance – Phänomenologie der Anerkennung, in: Orth, Stefan, Facettenreiche Anthropologie, a. a. O., 138–159 [Anerkennung].
Ricoeur, Paul (2006), Wege der Anerkennung. Erkennen, Wiedererkennen, Anerkanntsein, Frankfurt [Wege].
Ricoeur, Paul (2008), Die Verflechtung von Stimme und Schrift im biblischen Diskurs in: ders., An den Grenzen der Hermeneutik. Freiburg, 95–116.
Ricoeur, Paul (2008), Hermeneutik der Idee der Offenbarung in: ders., An den Grenzen der Hermeneutik. Freiburg, 41–84 [Idee].
Ricoeur, Paul (2008), An den Grenzen der Hermeneutik. Philosophische Reflexionen über die Religion, hg., übers. Und mit einem Nachwort versehen von Veronika Hoffmann, Freiburg.
Ricoeur, Paul (2008), Die Hermeneutik des Zeugnisses in: ders., An den Grenzen der Hermeneutik. Freiburg 2008, 7–40 [Zeugnis].
Ricoeur, Paul (2008), Phänomenologie der Religion, in: ders., An den Grenzen der Hermeneutik. Freiburg, 85–94.
Rombach, Heinrich (1965–1966), Substanz, System, Struktur. Die Ontologie des Funktionalismus und der philosophische Hintergrund der modernen Wissenschaft, 2 Bde., Freiburg [SSS I–II].
Rombach, Heinrich (1973), Die Religionsphänomenologie. Ansatz und Wirkung von M. Scheler bis H. Kessler, in: Theologie und Philosophie 48 477–493.
Rombach, Heinrich (1974), Praxis und Theorie. Das Anwendungsproblem der Geisteswissenschaften, in: ders. (Hg.), Wissenschaftstheorie I: Probleme und Positionen der Wissenschaftstheorie, Freiburg, 168–173.
Rombach, Heinrich (1975), Phänomenologie heute, in: Phänomenologie heute. Grundlagen- und Methodenprobleme (Phänomenologische Forschungen 1), Freiburg 11–30.
Rombach, Heinrich (1977), Leben des Geistes. Ein Buch der Bilder zur Fundamentalgeschichte der Menschheit, Freiburg.
Rombach, Heinrich (1980), Das Phänomen „Phänomen“, in: Phänomenologische Forschungen, Bd.9, Freiburg, 7–32.
Rombach, Heinrich (1980), Phänomenologie des gegenwärtigen Bewusstseins. Der Weg der Philosophie zum Problem der Selbsthebung des Menschen, Freiburg [PhB].
Rombach, Heinrich (1983), Welt und Gegenwelt. Umdenken über die Wirklichkeit: Die philosophische Hermetik, Basel.
Rombach, Heinrich (1987), Strukturanthropologie. „Der menschliche Mensch“, Freiburg [StA].
Rombach, Heinrich (1988), Die Gegenwart der Philosophie. Die Grundprobleme der abendländischen Philosophie und der gegenwärtige Stand des philosophischen Fragens, 3. neu bearb. Auflage, Freiburg.
Rombach, Heinrich (1991), Der kommende Gott. Hermetik – eine neue Weltsicht, Freiburg.
Rombach, Heinrich (1994), Phänomenologie des sozialen Lebens. Grundzüge einer Phänomenologischen Soziologie, Freiburg.
Rombach, Heinrich (1994), Der Ursprung. Die Philosophie der Konkreativität von Mensch und Natur, Freiburg [U].
Rombach, Heinrich (2003), Die Welt als lebendige Struktur. Probleme und Lösungen der Strukturontologie, Freiburg [Welt].
Rombach, Heinrich (^{2}1988), Strukturontologie. Eine Phänomenologie der Freiheit, Freiburg [StO].
Rombach, Heinrich (o.J.), Versuch einer Selbstdarstellung, Broschüre der Verlage Alber und Herder, Freiburg [Auto].
Rosenzweig, Franz (1988), Der Stern der Erlösung, Frankfurt.
Rosenzweig, Franz (^{4}1976), Der Stern der Erlösung (Gesammelte Schriften II), Haag.
Rosenzweig, Franz, Das neue Denken. Einige nachträgliche Bemerkungen zum „Stern der Erlösung“, GS III, 139–161 [DND].

Rosenzweig, Franz (1979), Briefe und Tagebücher. 2. Band [Der Mensch und sein Werk. Gesammelte Schriften I 2] Haag.
Rosenzweig, Franz (1964), Das Büchlein vom gesunden und kranken Menschenverstand, hg. v. Nahum N. Glatzer, Düsseldorf.
Rosenzweig, Franz, „Urzelle“ des Sterns der Erlösung. Brief an Rudolf Ehrenberg vom 18.11. 1917, in GS III, 125–138.
Safranski, Rüdiger ([6]2009), Ein Meister aus Deutschland. Heidegger und seine Zeit, München.
Salmann, Elmar (1986), Die Freiheit als Welt und die Welt als Gefüge. Zur theologischen Bedeutung der Strukturontologie Heinrich Rombachs, in: Freiburger Zeitschrift für Philosophie und Theologie 33 (1986) 153–179 (zur Trinitätstheologie ebd. 169–173).
Sandbothe, Mike (1997), Die Verzeitlichung der Zeit in der modernen Philosophie, in: ders.; Grimmler, Antje; Zimmerli, Walther Ch. (Hg.), Die Wiederentdeckung der Zeit, Darmstadt, 41–62.
Sandbothe, Mike (2002), Lineare und dimensionierte Zeit. Ein Grundproblem der modernen Zeitphilosophie [Vortrag im Rahmen des Philosophischen Symposions: Zeit – Anfang und Ende, Straniak-Stiftung (Sarnen/Obwalden, Schweiz), Kloster Weingarten, 29. September – 2. Oktober 2002.].
Schaber, Johannes (1996), Zur philosophischen Aktualität der augustinischen Trinitätslehre. Martin Heidegger und Augustinus, in: Münchener Theologische Zeitschrift 47 (1996) 385 ff.
Schaeffler, Richard (1988), Kleine Sprachlehre des Gebets, Einsiedeln.
Schapp, W. (1953), In Geschichten verstrickt. Zum Sein von Mensch und Ding, Wiesbaden: Heymann (2) 1976.
Seckler, Max (2007), Die Communio-Ekklesiologie, die theologische Methode und die Locitheologici-Lehre Melchior Canos, in: Theologische Quartalschrift Q 187 (2007), 1–20.
Sellner, Hans Jörg (2007), Das Heil Gottes. Studien zur Soteriologie des lukanischen Doppelwerks, Hamburg.
Stenger, Georg; Röhrig, Margarete (Hg.) (1995), Philosophie der Struktur – „Fahrzeug“ der Zukunft?, Freiburg.
Strasser, Stephan (1978), Jenseits von Sein und Zeit. Eine Einführung in Emmanuel Levinas Philosophie, Den Haag.
Strasser, Stephan (1983), Emmanuel Levinas: Ethik als Erste Philosophie, in: B. Waldenfels, Phänomenologie in Frankreich, 218–265.
Theobald, Michael (2002), Herrenworte im Johannesevangelium [Herders biblische Studien 34], Freiburg [Theobald].
Theobald, Michael; Weidemann, Hans-Ulrich (2004), Heilige Orte – heilige Zeiten. Die christologische Antwort des Johannesevangeliums, in: Bibel und Kirche 59 (2004) 125–130.
Theologisches Wörterbuch zum Neuen Testament, hg. von Gerhard Kittel und Gerhard Friedrich, hier Bd. 6 Art.: πιστεύω, Stuttgart 1969, 174–230 [ThWNT].
Verweyen, Hansjürgen (1991), Gottes letztes Wort. Grundriss der Fundamentaltheologie, Düsseldorf.
Verweyen, Hansjürgen (2011), Fragen aus der Kirche an die Kirche (Freiburger Texte Nr. 59), Freiburg.
Waldenfels, Bernhard (1983), Phänomenologie in Frankreich – Mit einem Beitrag von Stephan Strasser über Emmanuel Levinas, Frankfurt.
Waldenfels, Bernhard (1985), In den Netzen der Lebenswelt, Frankfurt.
Waldenfels, Bernhard (1986), Métraux, Alexandre (Hg.): Leibhaftige Vernunft. Spuren von Merleau-Pontys Denken, München.
Waldenfels, Bernhard (1990), Der Stachel des Fremden, Frankfurt [SF].
Waldenfels, Bernhard (1992), Einführung in die Phänomenologie, München.
Waldenfels, Bernhard (1993), Husserl, Edmund: Arbeit an den Phänomenen. Ausgewählte Schriften, Frankfurt.
Waldenfels, Bernhard (1994), Antwortregister, Frankfurt [AR].

Waldenfels, Bernhard (1995), Deutsch-Französische Gedankengänge, Frankfurt [DG 1].
Waldenfels, Bernhard (1997), Topographie des Fremden. Studien zur Phänomenologie des Fremden 1, Frankfurt [TF].
Waldenfels, Bernhard (1998), Grenzen der Normalisierung. Studien zur Phänomenologie des Fremden 2, Frankfurt [GN].
Waldenfels, Bernhard (1999), Sinnesschwellen. Studien zur Phänomenologie des Fremden 3, Frankfurt.
Waldenfels, Bernhard (2000), Das leibliche Selbst. Vorlesungen zur Phänomenologie des Leibes, hg. v. Regula Giuliani, Frankfurt [LS].
Waldenfels, Bernhard (2000), Vielstimmigkeit der Rede. Studien zur Phänomenologie des Fremden 4, Frankfurt.
Waldenfels, Bernhard (2001), Verfremdung der Moderne. Phänomenologische Grenzgänge, Göttingen.
Waldenfels, Bernhard (2001), Leibliches Wohnen im Raum, in: G. Schröder, H. Breuninger, Hg., Kulturtheorien der Gegenwart, Frankfurt, 179–203.
Waldenfels, Bernhard (2002), Die Andersheit des Anderen beim späten Levinas, in: Noor, Ashraf; Wohlmuth, Josef, ‚Jüdisch' und ‚christliche' Sprachfigurationen im 20. Jahrhundert, Paderborn, 57–67.
Waldenfels, Bernhard (2005), Idiome des Denkens. Deutsch-Französische Gedankengänge, Frankfurt [DG 2].
Waldenfels, Bernhard (2006), Schattenrisse der Moral, Frankfurt.
Waldenfels, Bernhard (2009), Ortsverschiebungen, Zeitverschiebungen. Modi leibhaftiger Erfahrung, Frankfurt [OZ].
Waldenfels, Bernhard, Därmann, Iris (Hg.) (1998), Der Anspruch des Anderen. Perspektiven phänomenologischer Ethik, München, 35–49.
Weinrich, Harald (2001), Tempus. Besprochene und erzählte Welt, München.
Weinrich, Harald (1973), Narrative Theologie, in: Concilium 9 (1973) 329–334.
Weizsäcker, Carl Friedrich von (1948), Die Geschichte der Natur. Zwölf Vorlesungen, Stuttgart.
Weizsäcker, Carl Friedrich von (1971), Die Einheit der Natur, München.
Weizsäcker, Carl Friedrich von (1977), Der Garten des Menschlichen, München.
Weizsäcker, Carl Friedrich von (1988), Aufbau der Physik, München.
Weizsäcker, Carl Friedrich von (1992), Zeit und Wissen, München.
Welsen, Peter (2002), Die Aporien der elementaren Ethik – Paul Ricoeurs Einwände gegen Emmanuel Levinas, in: Noor, Ashraf; Wohlmuth, Josef, ‚Jüdisch' und ‚christliche' Sprachfigurationen im 20. Jahrhundert, Paderborn, 93–110.
Welte, Bernhard (1980), Über zwei Weisen des philosophischen Denkens und deren Folgen für die Religionsphilosophie (GA III/3) Freiburg, 109–117.
Welte, Bernhard (1977), Religionsphilosophie, 1. Auflage. Freiburg (*Religionsphilosophie*); [in Klammern zitiere ich zusätzlich nach Bernhard Welte, Gesammelte Schriften. Band III/1: Religionsphilosophie, eingeführt und bearbeitet von Klaus Kienzler, Freiburg 2008 [GS III/1]).
Welte, Bernhard (2006–2011), Gesammelte Schriften I–V, hg. von Bernhard Casper (GS I–V), Freiburg.
Welte, Bernhard (1966), Heilsverständnis. Philosophische Untersuchung einiger Voraussetzungen zum Verständnis des Christentums, Freiburg [GS IV/1, 30].
Welte, Bernhard (1958), Die Grenze als göttliches Geheimnis, in: ders. (1965), Auf der Spur des Ewigen, Freiburg, 62–74; 63 [GS III/3, 11–23; 13].
Wenzler, Ludwig (1984), Nachwort, in: Levinas, Emmanuel (1948), Die Zeit und der Andere. Aus d. Franz. v. Ludwig Wenzler, (frz.: Le temps et l'autre), Hamburg 1984, 67–92.
Wenzler, Ludwig (2006), Das „Tiefe Werk der Zeit". Paradox und Wunder der Zeitlichkeit bei Emmanuel Levinas, in: Athena 1(2006), 43–54.

Werbick, Jürgen (2004), Umkehren? – Umgekehrt werden! Was Paul Ricoeurs Bibel-Hermeneutik der Fundamentaltheologie zu denken gibt, in: Orth, Stefan; Reifenberg, Peter (Hg.): Facettenreiche Anthropologie. Paul Ricoeurs Reflexionen auf den Menschen, Freiburg, 115–136.

Wiemer, Thomas (1988), Die Passion des Sagens. Zur Deutung der Sprache bei Emmanuel Levinas und ihrer Realisierung im philosophischen Diskurs, Freiburg.

Wohlmuth, Josef (1996), Im Geheimnis einander nahe. Theologische Aufsätze zum Verhältnis von Judentum und Christentum, Paderborn.

Wohlmuth, Josef (1999), Emmanuel Levinas. Eine Herausforderung für die christliche Theologie, Paderborn.

Wohlmuth, Josef (2002), Die Tora spricht die Sprache der Menschen. Theologische Aufsätze und Meditationen zur Beziehung von Judentum und Christentum, Paderborn.

Wohlmuth, Josef (2005), Mysterium der Verwandlung. Eine Eschatologie aus katholischer Perspektive im Gespräch mit jüdischem Denken der Gegenwart, Paderborn.

Wohlmuth, Josef (2009), „... mein Leib, der für euch gegeben" (Lk 22,19): Eucharistie – Gabe des Todes Jesu jenseits der Ökonomie, in: Hoffmann, Veronika (Hg.) (2009), Die Gabe. Ein „Urwort" der Theologie, 55–73.

Wolf, Kurt (1999), Religionsphilosophie in Frankreich. Der „ganz Andere" und die personale Struktur der Welt, München.

Wolf, Kurt (2006), Philosophie der Gabe. Meditationen über die Liebe in der französischen Gegenwartsphilosophie, Stuttgart.

Wolf-Gazo, Ernest (1980), Whitehead. Einführung in seine Kosmologie, Freiburg.

Wyschogrod, M. (1995), Inkarnation aus jüdischer Sicht, in: Evangelische Theologie 55 (1995) 13–21.

Zaborowski, Holger (2004), Phänomenologie und Religion, in: Enders, Markus; ders. (Hg.), Phänomenologie der Religion. Zugänge und Grundfragen, Freiburg, 219–230.

Zenger, Erich (1979), Der Gott der Bibel. Ein Sachbuch zu den Anfängen des alttestamentlichen Gottesglaubens, Stuttgart.

Zenger, Erich, Der Gott der biblischen Gottesfrage, in: *www.k-l-j.de/download/doc/ grundkurs/ biblische_rede_zenger.doc.*

Zenger, Erich (2010), Gott hat niemand je geschaut (Joh 1,18). Die christliche Gottesrede im Angesicht des Judentums, in: Bibel und Kirche 65 (2010) 87–93.

Sachregister

Personenregister